中国企业文化研究会

努力团结所有致力于企业文化事业的理论和实践工作者
引领中国企业文化科学发展

● 方向正确　　　● 学术领先　　　● 行为规范

● 研究会资质

中国企业文化研究会成立于1988年，系经中华人民共和国民政部正式批准注册登记、第一家全国性具有法人资格的企业文化学术团体。

● 研究会宗旨

团结企业界、理论界和其他有志于企业文化建设的人士，共同促进我国企业文化建设的开展，提高企业的整体素质，增强企业的凝聚力和竞争力，从而提高企业的经济效益、社会效益，促进物质文明和精神文明建设的同步发展。

● 研究会任务

研究企业文化理论；协助企业探索企业文化建设的有效途径，总结独具特色的企业文化建设经验；召开各类企业文化研讨会；编辑出版企业文化书刊；组织国际企业文化交流；举办企业文化培训；开展咨询服务；组织企业文化信息交流以及其他有助于推动企业文化建设和为会员服务的各种活动。

● 研究会成就

研究会成立以来，以各种形式在全国开展百余次大中型研讨活动，举办了千余次研讨班和报告会，完成了中国第一项中国企业文化国家规划研究课题，出版了中国第一部《中国企业文化大辞典》《中国企业文化年鉴》和近百本企业文化著作。三十年来，研究会的专家们坚持理论与实践相结合，为全国多家大中型企业进行了咨询、策划和设计活动，有效地推动了企业文化的普及和发展。研究会在几次重要的会议上，先后提出了：企业文化是一门新型管理理论；建设具有中国特色的企业文化；企业文化坚持以文化人、以人为本的核心理论；企业文化是适应经济文化一体化时代要求的纽带；企业文化建设是坚持先进文化方向，促进两个文明相结合的有效方式；企业文化是社会主义文化的生长点等重要观点。无论困境与顺境，中国企业文化研究会始终不渝地坚持研究和推进实践，为中国企业文化事业做出了较大贡献。

● 研究会机构

名誉理事长：胡　平
理　事　长：孟凡驰
副理事长：李世华　吴建明　王鲁阳
秘　书　长：王　建
副秘书长：张艳涛　郭　刚
顾问委员会：（以姓氏笔画为序）
王维澄　王瑞祥　李奇生　陈清泰　郑必坚　金　鉴　贺光辉　徐惟诚　袁宝华　高占祥
学术委员会：（以姓氏笔画为序）
马仲良　文　魁　王　珏　王成荣　王锐生　邓荣霖　厉以宁　司马云杰　吴敬琏　张　德　张国有　李德顺
李燕杰　邹广文　赵春福　唐任伍　贾春峰　徐艳梅　黄　毅　韩庆祥

BBMG 金隅集团

北京金隅集团股份有限公司在北京市委市政府和市国资委的坚强领导下，历经60多年沧桑巨变，从北京市建材工业局逐步演变和成长壮大，特别是改革开放40年来，集团上下自觉坚持党的领导，加强党的建设，把方向、管大局、保落实，锐意改革，开拓创新，经过企业化、集团化、股份化、证券化、整体上市等重大改革改制，从原有生产砖瓦灰砂石等基础建材的地方工业局，发展成为以"新型绿色环保建材制造、贸易及服务，房地产开发经营、物业管理"为主业的市属大型国有控股产业集团和A+H股整体上市公司，位列中国企业500强、中国企业效益200佳和全国企业盈利能力100强。

金隅集团积极服务首都"四个中心"建设，主动服务北京城市规划、疏解非首都功能，参与北京奥运会、

2017年6月17日，中共北京金隅集团（股份）公司第二次代表大会在京召开

冀东发展集团1889文化创意产业园

金隅北水环保科技公司

大厂金隅现代工业园

北京城市副中心等国家重点工程和重大基础设施建设；先后重组河北冀东集团，控股天津建材集团，率先实现建材行业京津冀协同发展；依托京津冀，集团开拓进取，各产业板块强劲增长、协同发展，主营业务已延伸至全国23个省市区及境外多个城市。集团先后荣获"中国绿色建筑装饰产业示范基地""中国绿色建筑精品生产（采购）基地""全国企业文化示范基地""国际企业文化核心竞争力十强""中华环境奖""北京十大影响力企业""五一劳动奖状""北京影响力传媒大奖——绿色生态大奖""'十二五'企业文化建设十大典范组织"等殊荣。

　　金隅集团将在北京市委市政府和市国资委的坚强领导下，大力弘扬以"想干事、会干事、干成事、不出事、好共事"的干事文化、"八个特别"的人文精神、"共融、共享、共赢、共荣"的发展理念和"三重一争"的金隅精神为核心的优秀金隅文化，迎接挑战、抢抓机遇、稳中求进、顺势而为、实干兴企、志在一流，向着打造国际一流产业集团、进入世界500强的宏伟目标继续奋斗。

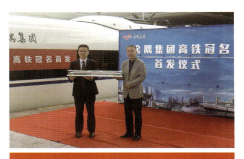

2018年5月8日，金隅集团冠名京沪高铁首发

金隅琉水环保科技公司国内首条飞灰工业化处置示范线

2018年6月6日，金隅集团党委书记、董事长姜德义荣获第十届"袁宝华企业管理金奖"

金隅地产开发集团重庆公司南山郡项目

2016年5月31日，金隅与冀东发展集团战略重组签约仪式在唐山市举行

位于大厂金隅现代工业园的金隅天坛家具现代化生产线

2018年5月4日，金隅集团收购天津建材55%股权成其控股股东

天津建材集团环渤海建材大厦

浙江华友钴业股份有限公司
ZHEJIANG HUAYOU COBALT COMPANY LIMITED

浙江华友钴业股份有限公司（简称华友钴业，股票代码603799）成立于2002年，总部位于浙江桐乡经济开发区。华友钴业是一家专注于钴新材料深加工以及钴、铜、镍有色金属采、选、冶的高新技术企业，中国民营企业制造业500强。公司主要产品为锂电正极材料前驱体、钴的化学品以及铜镍金属，钴产品的产能规模位居世界前列。

华友钴业始终坚持科技创新和科学管理，在锂电正极材料前驱体、钴铜湿法工艺、钴新材料、环境保护领域拥有了国内一流的自主核心技术，通过了ISO 9001、ISO 14001、OHSAS 18001、GB/T 19022、GB/T 15496和AQ/T 9006管理体系的认证，为公司做强、做大钴产业提供了坚实保障。

华友钴业经过十多年的发展积淀，完成了总部在桐乡、资源保障在非洲、制造基地在衢州、市场在全球的空间布局。形成了自有矿产资源为保障，钴新材料为核心，铜、镍产品为辅助，集采、选、冶、新材料深加工于一体的纵向一体化产业结构。

华友钴业在"十三五"规划中提出，坚持以锂电新能源材料产业发展为核心，围绕上控资源、下拓市场，中提能力，全面实施"两新、三化"战略，将公司从"十二五"的钴行业领先者转型发展成为全球锂电新能源材料行业领导者。

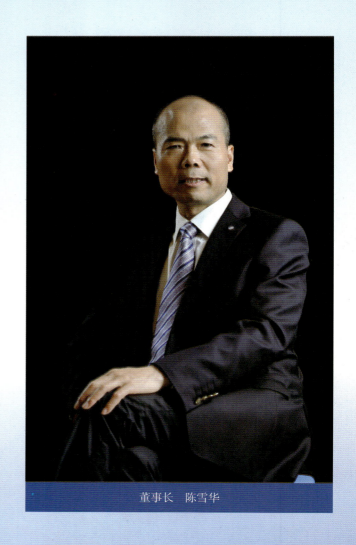

董事长　陈雪华

华友刚果（金）农业示范园 ▶

◀ 华友衢州科创中心规划图

浙江华友钴业股份有限公司（桐乡总部）

![东风汽车集团有限公司 DONGFENG MOTOR CORPORATION]

东风汽车集团有限公司
DONGFENG MOTOR CORPORATION

　　东风汽车集团有限公司（原第二汽车制造厂）始建于1969年，肩负共和国的重托，日益发展壮大，逐步成为集科研、开发、生产、销售于一身的特大型国有骨干企业，是国有经济的重要支柱企业。

　　截至2017年年底，东风汽车集团有限公司资产总额3256亿元，员工16万人。位居《财富》世界500强第65位，中国企业500强第15位，中国制造业企业500强第3位，中国汽车行业第二位。

　　东风汽车集团有限公司在汽车行业具有强大的行业影响力和品牌号召力，东风品牌以"品质、智慧、和悦"为核心价值，是中国汽车行业第一个驰名商标，中国十大最具成长力驰名商标，世界知名品牌500强。

　　"东风和畅，与你偕行"。"十三五"期间，东风汽车集团有限公司将以"和"文化战略为指引，以"让汽车驱动梦想"为企业使命，以"建设永续发展的百年东风，面向世界的国际化东风，在开放中自主发展的东风"为企业愿景，产销规模力争高质量跨越560万辆，致力于成为为用户提供全方位优质汽车产品和服务的卓越企业。

▲ 东风前沿技术参加央企创新成就展，备受瞩目

东风新一代AX7

东风天龙旗舰

▲ 东风汽车《加油！向未来》第三季新闻发布会启动仪式

▲ 东风公司援建的芦山县东风希望小学揭牌仪式

▲ "东风号"征战2017—2018赛季沃尔沃环球帆船赛

▲ 2017年7月30日，东风猛士参加纪念建军90周年朱日和阅兵

TISCO 太原钢铁(集团)有限公司
TAIYUAN IRON & STEEL (GROUP) CO., LTD.

太原钢铁（集团）有限公司始建于1934年，经过80多年的发展，已成为集铁矿采掘和钢铁生产、加工、配送、贸易为一体的全流程特大型钢铁联合企业和全球不锈钢行业领军企业，具备年产1200万吨钢（其中450万吨不锈钢）的能力。

材料是制造之骨，没有关键材料的创新就没有中国制造的强大。太钢曾先后生产出新中国第一炉不锈钢、第一张热轧硅钢片、第一块电磁纯铁，目前已形成了以不锈钢、冷轧硅钢、高强韧系列钢材为主的高效节能长寿型产品集群，重点产品应用于石油、化工、造船、铁路、汽车、核电、航空航天等重点领域和新兴行业，20多个品种国内市场占有率第一，16个品种独家生产，30

多个品种替代进口。太钢拥有800多项以不锈钢为核心的专有技术，120项处于国际领先水平。由太钢主导制定的国家和行业标准覆盖国内不锈钢产品的70%以上。

太钢坚持绿色发展，倡导节约、环保、文明、低碳的生产和生活方式，打造都市型绿色钢厂，主要节能环保指标居行业领先水平。

太钢先后荣获"中国工业大奖""全国质量奖""全国循环经济先进单位""全国自主创新十强""全国首批绿色工厂""全国最具社会责任感企业""全国企业文化建设先进单位""融媒体语境下最具品牌传播力企业"等称号，连续6年登榜"中国500最具价值品牌"。

为中国制造贡献太钢力量！太钢，正阔步迈向高质量发展新时代！

开展"感动太钢人物"评选活动，选树和宣传践行社会主义核心价值观的道德模范

▲ 研发生产不锈钢钢筋应用于港珠澳大桥建设，实现不锈钢钢筋在我国大陆桥梁的首次批量应用。产品在文莱淡布隆跨海大桥、马尔代夫中马友谊大桥建设中得到应用

▲ 率先研发成功时速350公里高铁动车组轮轴钢，通过60万公里路检，实现商业化供应

自主研发成功笔尖钢，破解了李克强总理提出的"笔尖难题"。目前，成功研制出新一代环保型笔头用不锈钢材料，实现笔尖钢迭代升级 ▶

▲
开展全民健身活动，
丰富职工文化生活

▲
弘扬"工匠精神"，
开展劳模事迹巡回宣讲

▲
开展"公众开放日"活动，累计有
10万公众和社会团体走进十里钢城

▲
建设关爱小屋，
关注职工身心健康

绿色太钢

华能伊敏煤电有限责任公司

华能伊敏煤电有限责任公司（以下简称华能伊敏煤电公司或公司）是国内首家煤电一体化企业，是中国华能集团有限公司全资企业，位于内蒙古自治区呼伦贝尔市鄂温克族自治旗境内，由华能呼伦贝尔能源开发有限公司管理。公司主营煤炭、电力生产及销售，目前发电装机340万千瓦，煤炭年产能2200万吨，总资产181.36亿元，现有在岗职工3760人，离退休职工3000人。40余年来，伊敏人艰苦创业、开拓奋进，在华能"三色"文化的引领下，发扬"创业、献身、进取、实干、友爱"的伊敏精神，在发展中积淀，在传承中升华，在创新中奋进，成功地创出了一条循环可持续发展之路，创造了独具特色的"伊敏模式"。形成了以社会主义核心价值观为引领，以践行"三色"企业使命为特征，以树行业典范、塑草原明珠、铸绿色品牌、创一流企业为内涵，秉承中国华能"三色"基因，履行央企责任，相融共赢、助力地方发展的"红色明珠"；资源节约、环境友好、奉献绿色、安全、优质、稳定电能的"绿色明珠"；煤环电一体、循经济、共享发展成果，创一流企业的"蓝色明珠"，打造了个性鲜明、富有"明珠"喻意的文化品牌。

2018年8月26日，全国企业文化现场会在伊敏煤电公司召开，华能伊敏煤电公司被授予"全国企业文化建设最佳实践企业"

2018年8月24日，全国中央企业精神文明建设工作现场会在华能伊敏煤电公司召开

公司大力开展"道德讲堂"建设，累计开展"道德讲堂"34期、四十余场次，8000余人次走进讲堂沐浴道德洗礼

华能伊敏煤电公司煤电一体化全景

全国文明单位

全国民族团结进步模范集体

全国工人先锋号

公司《明珠》文学杂志

公司拍摄的微电影屡屡荣获大奖

2018年6月28日，仅用65天就建成了鄂温克4.24万千瓦光伏扶贫项目并网发电，创造了扶贫攻坚的"伊敏速度"

远眺伊敏电厂

中国五矿
MINMETALS

中国五矿集团有限公司是由两个世界500强企业（原中国五矿和中冶集团）战略重组形成的中国最大、国际化程度最高的金属矿业企业集团，是全球最大最强的冶金建设运营服务商。公司总部位于北京，掌控的资产总规模达到1.68万亿元人民币，其中资产总额8600亿元，金融业务管理资产8200亿元，境外机构、资源项目与承建工程遍布全球60多个国家和地区。2017年，公司实现营业收入5000亿元，利润总额130亿元。在2017年世界500强排名第109位，其中在金属行业中排名第一。

中国五矿有着独特的全产业链竞争优势，公司在全球金属矿业领域率先打通了从资源获取、勘查、设计、施工、运营到流通、深加工的全产业链，形成了为金属矿产企业提供系统性解决方案和工程建设运营一体化全生命周期的服务能力。

新形势下，全体五矿员工正秉承"珍惜有限，创造无限"的发展理念，积极践行"一天也不耽误，一天也不懈怠"的企业精神，通过打造金属矿产领域的国有资本投资公司，努力承担"资源保障主力军、冶金建设国家队、产业综合服务商"的光荣使命，为打造世界一流的金属矿业企业集团而不懈奋斗。

中国五矿集团有限公司总部办公大楼

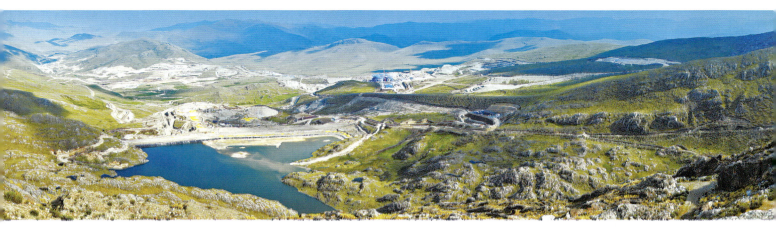

▲ 秘鲁邦巴斯铜矿矿区（世界第七大铜矿）

▲ 杜加尔河锌矿（世界第八大锌矿）

▲ 巴布亚新几内亚瑞木镍钴项目（世界第三大红土镍矿）

▲ 凤凰国际传媒中心项目

▲ 马中关丹钢铁项目

▲ 余永富院士指导科研人员进行研究

▲ 表彰劳动模范

▲ 职工运动会

▲ 开展应急援救培训

▲ 捐助"爱心包裹"

北京城建地产

北京城建投资发展股份有限公司（简称"北京城建股份公司"）成立于1998年，是由北京城建集团有限责任公司独家发起，以募集方式设立的股份有限公司。2018年，北京城建地产在成立二十年之际，提出了"新时代中国生活方式创领者"全新定位。目前股份公司拥有15家全资子公司，1家分公司，4家控股公司，16家参股公司，托管1家北京城建集团全资子公司（北京城建房地产开发有限公司）。已经拥有32个二级开发项目、10个一级开发项目、2个文化旅游地产项目和20多万平方米持有型物业。截至2017年年底，"北京城建地产"品牌在售项目为40余个，总可售货值超过2000亿元，总建筑面积超过1000万平方米。开发类型涵盖住宅、公寓、别墅、商业、酒店、写字楼等多种业态，逐步形成了别墅产品高端化、商品房产品品质化、保障房产品标准化的产品格局。开发布局以北京为中心，已扩展至重庆、成都、天津、南京、青岛、三亚等地。

公司综合实力、财富创造能力、财务稳健性三项指标多次进入"中国房地产上市公司TOP10"，连续多年荣获"中国房地产开发企业500强"称号，先后获得"中国房地产上市公司综合实力100强""沪港通最佳上市公司""首都文明单位标兵""学习型组织先进单位""首都劳动奖状"等荣誉，彰显了公司在房地产行业的突出地位和重大影响力。

北京城建集团组建三十周年活动

北京城建集团首届企业文化周

世华龙樾项目

城奥大厦项目

国誉府项目

北京合院项目

重庆龙樾生态城项目

首城·珑玺项目

顺义区平各庄项目组团（北京合院、仁悦居、和悦居）鸟瞰图

龙樾华府项目

北京合院项目

北京密码项目

海梓府项目

临河村棚改安置房项目

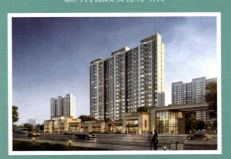

东城区棚改定向安置房项目

北京城建·海云家园项目

世纪仁和工业中心项目

交通银行
BANK OF COMMUNICATIONS

始于1908　您 的 财 富 管 理 银 行

交通银行始建于1908年，是中国历史最悠久的银行之一，也是近代中国的发钞行之一。1987年4月1日，重新组建后的交通银行正式对外营业，成为中国第一家全国性的国有股份制商业银行，总行设在上海。2005年6月交通银行在我国香港联合交易所挂牌上市，2007年5月在上海证券交易所挂牌上市。

交通银行的企业使命是：创造共同价值；企业愿景是：建设中国最佳财富管理银行；企业精神是：拼搏进取、责任立业、创新超越；经营理念是：一个交行、一个客户；发展战略是：走国际化、综合化道路，建设以财富管理为特色的一流公众持股银行集团；广告语是：百年交行——您的财富管理银行；员工发展理念是：共创、共荣、共享、共发展。

交通银行是中国主要金融服务供应商之一，集团业务范围涵盖商业银行、证券、信托、金融租赁、基金管理、保险、离岸金融服务等。截至2017年12月31日，交通银行境内分行机构235家，在全国239个地级和地级以

上城市、158个县或县级市共设有3,270个营业网点；旗下拥有7家非银子公司，包括全资子公司交银租赁、交银保险、交银投资，控股子公司交银基金、交银国信、交银人寿、交银国际。此外，交通银行还是常熟农商银行的第一大股东、西藏银行的并列第一大股东，战略入股海南银行，控股4家村镇银行。交通银行已在16个国家和地区设立了21家境外分（子）行及代表处。

2015年，国务院批准《交通银行深化改革方案》。围绕探索大型商业银行公司治理机制、实施内部经营机制改革、推进经营模式转型创新三大重点，交通银行稳步推动深化改革项目落地实施，改革红利逐步释放，转型动力有效激发，核心发展指标不断提升。2017年，交通银行已连续九年跻身《财富》（FORTUNE）世界500强，营业收入排名第171位；位列《银行家》（The Banker）杂志全球1000家大银行一级资本排名第11位，较2016年排名上升2位。

交行长期开展金融知识普及工作

交行深入开展脱贫攻坚，发挥专业优势助力精准扶贫，并在天祝、浑源、理塘定点扶贫，图为彭纯董事长在山西浑源参加助学活动

作为上海世博会全球合作伙伴，交行以"业务零差错、安全零事故、服务零投诉"的优秀表现助力了一届成功、精彩、难忘的盛会

交通银行创立110周年海报

交通银行正在开展"幸福交行家园"建设

交通银行是中国银行业服务口碑最佳银行

北京现代
质现代·智未来

北京现代汽车有限公司成立于 2002 年 10 月 18 日，由北京汽车投资有限公司和韩国现代自动车株式会社共同出资设立，注册资本 20.36 亿美元，中韩双方各占 50%，合资期限为 30 年。北京现代目前拥有五座整车工厂、五座发动机工厂和一座技术中心，年产能达到 165 万辆。

十六年发展，北京现代已拥有 ENCINO、新一代 ix35、全新瑞纳、领动、全新途胜、新名图、全新索纳塔、新 ix25、新名图、全新悦动、新朗动、悦纳等 24 款车型，涵盖了 A0 级、A 级、B 级、SUV 等主流细分市场，累计产销量近 1000 万辆。截至 2017 年底北京现代已实现销售收入突破 9100 亿元人民币，累计纳税超过 1153 亿元人民币，带动就业约 20 万人，为推动北京、河北、重庆等地区域经济的发展做出了积极贡献。

在"京津冀协同发展""长江经济带发展"的国家战略指引下，北京现代在河北沧州和重庆展开的新产业布局，加快了产能转移和转型升级的步伐，正式形成了"三地五厂"的全国产能布局，成为中国经济改革中一股不容忽视的力量。

北汽集团董事长徐和谊慰问沧州工厂

启动新堡垒项目 夯实基层党建文化

北京现代党委工会慰问重庆工厂

北京现代第七届职工运动会

企业文化节开幕——工匠话剧演出

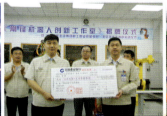
常锋机器人创新工作室启用

举办首届经销商篮球邀请赛

山东电力工程咨询院有限公司
SHANDONG ELECTRIC POWER ENGINEERING CONSULTING INSTITUTE CORP., LTD.

山东电力工程咨询院有限公司，前身为山东省电力工业局设计院（创建于1958年），2007年6月，由国家电网公司划转到国家核电技术公司。2017年6月，与中电投工程公司整合重组，注册地在山东济南，名称为山东电力工程咨询院有限公司（以下称山东院），现隶属于国家电力投资集团公司，是国家核电技术公司的成员单位。

山东院拥有行业最高的工程设计综合甲级资质，形成了火电、新能源、电网和增量配网、核电、综合智慧能源、非电六大业务板块，具备提供规划、咨询、勘察、设计、工程管理、寿期服务、技术研发、投资运营等全产业链服务的能力，是国内唯一同时拥有国内外1000MW火电EPC、三代核电常规岛EPC、交直流特高压业绩的工程公司。2016年、2017年连续两年入选ENR中国工程企业60强、中国承包商80强。

山东院是我国设计能力最先进、总承包管理能力最成熟的企业之一。设计的华能莱芜2×1000MW二次再热机组工程，发电效率、发电煤耗、供电煤耗刷新世界纪录。总承包建设的国投湄洲湾2×1000MW燃煤发电工程荣获国际卓越项目管理大奖金奖，成为我国首个获此殊荣的电力项目。土耳其阿特拉斯2×600MW超临界燃煤机组项目，是我国电力行业首个获国家优质工程金质奖荣誉的境外工程。印尼爪哇7号2×1050MW燃煤发电工程，是我国首个出口海外的超超临界百万千瓦机组工程，代表了我国电力工业的先进水平。

拥有大数据分析中心、电力气象联合实验室，掌握全球海床、台风等全套数据。作为国内生物质直燃发电技术的开拓者和引领者，完成第四代生物质直燃发电技术研究。拥有平原风电、山地风电、地面光伏、屋顶光伏、农光互补、渔光互补等各种形式设计和总承包业绩，光伏"领跑者"项目并网达300MW。EPCC海外光伏项目——马来西亚沙巴州50MW大型地面太阳能发电项目首批并网发电。

作为国内首批特高压设计咨询单位，设计了世界首条±1100kV直流输电工程。积极响应国家"一带一路"倡议，承担了20多个国家的电力规划咨询项目，承担了中蒙、中俄能源互联互通重大能源

山东院园区环境

项目设计咨询，以及缅甸首条220kV线路、老挝首条500kV线路、巴基斯坦首个±660kV电网工程。承担京沪高铁（山东段）、青荣城际、潍坊机场等电力迁改总承包工程10多项。配网建设和现役电网升级改造业务覆盖10kV及以上各电压等级。

积极融入三代核电自主化发展大局，参与海阳AP1000核电一期工程核电建设，完成CAP1400 ACME试验台架EPC总承包项目。正在承担示范电站CAP1400常规岛、湛江核电常规岛工程和项目前期工程，努力成为国内领先的常规岛总承包商、国家电投核电常规岛及前期工程的项目管理平台。

面对产业结构调整，以行业领先的技术储备和资质能力，向相关多元产业延伸。积极拓展综合智慧能源和港口、轨道交通等非电业务，牵头完成多项综合智慧能源软课题研究、规划，总承包建设福建平潭、横琴能源站等项目，致力于打造国内一流综合智慧能源服务商。

坚持创新引领，搭建了以企业为主体、以市场为导向，产学研相结合的研发体系，形成涵盖10大技术领域、34个学科、117个方向的学科体系，拥有国家级、省部级、企业级15个研发中心。先后获得知识产权成果281项，国家及省部级科技进步奖53项，优秀工程奖443项。

积极履行社会责任，融入支持当地社会经济发展。连续十年在全国6个省市，7个国家开展爱心助学100余次。通过多种方式吸纳周边困难群众就业200余人。2016年齐传江担任陕北延川县刘马圪塔村第一书记，带领群众脱贫致富，展现了国资系统优秀共产党员的风采。2017年被授予"全国文明单位"。

进入新时期，山东院将按照习近平总书记关于培育一批具有全球竞争力的世界一流企业的新要求，以体制机制创新为基础，以人才和技术为保障，瞄准世界一流水平，打造全球高端品牌，加快成为国内领先、国际知名的工程公司！

第四届员工集体婚礼

牟平500kV变电站工程（荣获改革开放35年百项经典工程暨精品工程，并斩获鲁班奖）

马来西亚沙巴州50MWp光伏发电项目（首个EPCC（总承包+运维）的海外光伏项目）

国投湄洲湾第二发电厂2×1000MW超超临界燃煤发电工程（荣获国际卓越项目管理大奖金奖、全国质量奖卓越项目奖）

华能莱芜电厂2×1000MW二次再热机组工程（是世界首台再热温度为620℃的二次再热百万千瓦超超临界燃煤发电机组，是目前世界上效率最高、能耗最低、指标最优、环保最好的火电机组）

中交上海航道局有限公司（以下简称"中交上航"）前身"浚浦工程总局"，创立于1905年12月26日，现为全球最大疏浚公司——中交疏浚集团旗下核心企业。

中交上航从事港航疏浚、吹填造陆、水利工程、市政建设和水环境治理等核心业务，兼营设计测绘、疏浚技术研发、现代物流等重要业务，可为客户提供业务相关投资融资、咨询规划、设计建造、管理运营一揽子解决方案。

中交上航先后承建长江口深水航道治理、上海国际航运中心——洋山深水港、上海青草沙水源地原水工程、上海横沙东滩整治工程及浙江曹娥江河口大闸枢纽、云南抚仙湖生态修复等数十项国家和省市重点项目，多次荣获国家科技进步一等奖、詹天佑奖、大禹奖、鲁班奖、国家质量金奖等国家最高奖项。1981年，中交上航率先走出国门，在南美、东南亚和非洲等地区承建了巴基斯坦瓜达尔港、斯里兰卡科伦坡港口城、委内瑞拉奥里诺科河等工程。

中交上航秉承"交融天下、建者无疆"企业精神，以"卓越运营"为导向，厚植"人才、装备、技术、资金、管理"五大优势，以前瞻视角"培育新业务、打造新模式、提升新动能"，致力于成为推进交通强国的主力军，践行"一带一路"倡议的先行者，建设美丽中国的排头兵，成就"百年上航、卓越领航"新梦想。

2018年荣获上海企业创新文化十佳品牌

主题党日活动

国学经典朗诵比赛

廉洁道德讲堂

洋山深水港区工程

16888方大型耙吸挖泥船—"新海凤"

长江口深水航道治理工程

中交疏浚技术装备国家工程研究中心

 中交上海航道局有限公司

空间电子信息技术研究院

空间电子信息技术研究院（504所）是我国空间飞行器有效载荷和卫星应用电子系统与设备研制、生产的核心单位。在卫星通信、卫星导航、雷达遥感与探测、激光通信、高速数传、卫星测控、星间链路、空间天线八大技术领域占据技术优势。为我国载人航天、探月工程、北斗导航、高分工程等国家重大专项任务做出了突出贡献，多次荣获国家科技进步奖、国防科技进步特等奖等，是我国航天系统有重大贡献单位。

多年来，空间电子信息技术研究院继承和弘扬航天三大精神，紧密围绕企业发展目标，确定企业文化的发展方向，制定了企业文化建设的长期规划和阶段计划，不断积淀和传承企业文化，推出了一系列企业文化成果。通过丰富的企业文化实践活动，形成了具有研究院特色、符合企业发展需要的特色航天文化。

研究院以"聚沙成塔"的坚韧，发挥企业文化的铸形塑魂功能，不断提升企业文化对企业发展的引领和带动作用，为研究院的快速发展铸造了软实力。2011年，被授予"全国文明单位""全国模范职工之家"荣誉称号，是航天五院"十一五"企业文化建设先进单位、集团公司文明单位、集团公司首批企业文化建设示范单位。2013年获得全国企业文化优秀成果奖。2014年，获全国五一劳动奖状荣誉称号。2015年，获全国"十二五"企业文化建设优秀单位。

▶ 研究院编制并发布企业文化手册等文化产品

▶ 研究院组织开展中国航天日科普讲堂活动

▶ 研究院举行升旗仪式活动加强爱国主义和航天精神教育

▶ 研究院组织召开天舟一号货运飞船出厂行政汇报暨进站动员

中国企业文化年鉴

袁宝华题

ZHONGGUO QIYE WENHUA NIANJIAN

2017—2018

中国企业文化研究会 编

北京师范大学出版集团
BEIJING NORMAL UNIVERSITY PUBLISHING GROUP
北京师范大学出版社

图书在版编目(CIP)数据

中国企业文化年鉴.2017－2018/中国企业文化研究会编.
—北京：北京师范大学出版社，2018.10
ISBN 978-7-303-24242-9

Ⅰ．①中… Ⅱ．①中… Ⅲ．①企业文化－中国－2017－
2018－年鉴 Ⅳ．①F279.23－54

中国版本图书馆CIP数据核字(2018)第237886号

营 销 中 心 电 话　　010-62978190　62979006
北师大出版社科技与经管分社　http://www.jswsbook.com
电 子 信 箱　　jswsbook@163.com

出版发行：北京师范大学出版社　www.bnup.com
　　　　　北京市海淀区新街口外大街19号
　　　　　邮政编码：100875
印　　刷：三河市东兴印刷有限公司
经　　销：全国新华书店
开　　本：889 mm×1194 mm　1/16
印　　张：37.25
插　　页：10
字　　数：1014千字
版　　次：2018年10月第1版
印　　次：2018年10月第1次印刷
定　　价：380.00元

策划编辑：周光明　张自然　　　责任编辑：张自然
美术编辑：刘　超　　　　　　　装帧设计：刘　超
责任校对：赵非非　黄　华　　　责任印制：赵非非

中国企业文化建设的历史贡献(代序)

孟凡驰

中国企业文化的研究和建设在 40 年的改革开放历程中经历了一个由自发到自觉、由盲目到理性的过程。40 年来，企业文化的理论研究和实际发展，对中国的社会发展和企业进步都起到了举足轻重的作用，其历史贡献不可磨灭。

一、企业文化对社会文化的重要贡献

(一)企业文化成为社会文化的重要生长点、组成部分和实践路径

其一，企业文化的理论研究和建设为中国社会现代化发展和现代文明实践提供了重要的实践证明和理论支持。企业文化建设包括两个必要体系，即本质体系和载体体系。本质体系是指企业价值观的确立，企业精神的打造，企业信仰的形成，企业领导班子经营哲学的深化，企业家经营思维方式和观念的变革，以及企业道德伦理的培育等。与本质内容相匹配的是企业文化建设的载体部分，即企业文化的环境培育、行为规范的建设、制度模式的设置、企业文化队伍的组织、文化设施的建设、企业礼仪的形成、企业文化活动的开展、企业标识系统的设计等。这两个体系与我国精神文明和物质文明建设的总方向一致，而且为两个文明建设提供了抓手和操作途径，成为两个文明建设的纽带。

其二，企业文化使抽象的文化理论、文化命题和文化规律空前地为社会基层成员所认识和掌握。中国五千多年的文化延续到现在，一直在推进文化教化活动、文化建设活动，"五四运动"开始的现代文化建设，也将近有一百年时间了，但是一直缺乏文化实践的方式和转化成大众自觉行为模式的渠道和手段，这几乎成了一个世纪性难题。近百年的文化建设史，理论研究很丰富，但大多限于象牙塔之中，学者们激烈的文化争论对社会基层大众的实践影响甚微。一大批文化名人提出了文化改造的广泛命题、文化对社会大众的武装问题，但没有收到理想效果。20 世纪 80 年代初，企业文化理论和建设方式诞生以后，才提供了文化由抽象到具体，由清谈到操作的转换途径，文化理论、文化命题和文化规律为社会大众广泛接受，企业家的文化自觉使文化成为社会发展的具体"文化力"。

其三，企业文化对文化作用和功能进行了科学的验证。有一种文化观认为，文化只是人们心灵的依托，是人们精神世界的家园和情绪慰藉的场所，没有任何现代化功用，中国现实社会现代化只能寄希望于现代的技术、设备和制度来完成，而文化起不到这种作用。企业文化的研究实践对这个问题有了一个全面的解答，因为企业文化的基本功用是人本目的价值合理性和管理工具价值合理性的统一。

文化一方面是为了人的精神世界，为了追求终极价值和人文关怀，为了人本身；另一方面文化在现实生活中，对实际的工作起到一种指导性、约束性的具体手段作用。企业文化从文化价值角度讲，目的价值合理性是"本"，工具价值合理性是"末"，企业文化效果是"本""末"兼具的。从文化哲学角度讲，企业文化具有形而上的功效，它要解决企业员工和干部的信仰追求、道德观念、伦理意识、企业精神和核心价值观的问题；它也具有形而下的功用，就是用文化的手段和方式来管理企业，要摆脱传统的、粗放的制度化、物质化、行政命令型的管理方式，实现文化型管理。文化既能当形而上的理念内容来抓，也能够当办法、手段、工具来用，所以它是形而上与形而下的统一。

"形而上者之道,托于器而行。"道必须依托于载体之中,它才能够实行。没有载体只有抽象理念,企业文化难于操作实践。"形而下者之器,得于道而无弊。"器是形而下的方法、手段,必须在大道引领之下,在正确的价值理念指导之下行动起来,才不会产生弊端,企业文化建设要"道器"合一。

企业文化的研究和实践证明,文化既有人们心灵依托信仰理念提升的作用,建设人们的精神世界家园的作用,又有对管理中的手段、方式、方法的改革作用。这既是对文化争论史中文化功用的世纪性命题的解答,也是对文化何以成为"软实力"的理解。

(二)企业文化研究和实践的开展,理论和概念使用的推广,冲破了人们文化观念上路径依赖的陈旧心理,助推了观念变革和思想解放

企业文化理论研究和自觉实践从 20 世纪 80 年代初在中国开始,就强调三个本质特征,即以人为本、以文化人和文化主导,当时还有很多陈旧的文化观念阻碍着对这一命题的理解。近年来我国提出的治国方略是科学发展观,强调第一要义是发展,核心是以人为本,基本要求是全面、协调、可持续,根本方法是统筹兼顾。把以人为本放在举足轻重的核心地位是观念上的巨大突破。中国古代认为"人者民也",民即是人,人即是民,后来在历史发展沿革中,民和官形成两个对应的概念。民是相对于官而言,形成官民两个社会阶层。现代话语表述中,人本或民本都是对人本思想的一种本质回归,二者没有根本差异。企业文化中的以人为本强调的是在组织管理中,不要只把精力集中在技术制度层面,而应该以人作为管理的主导因素,而不是以物作为管理的主导因素,强调尊重人的主体地位,启发人的内在自觉,使组织管理更具人性化。以文化人,是指管理方式方法上刚柔并济,制度和文化相结合,以文化为主导,情感和体制相协调,以情感为基础,反对和鄙视的是被动"管""卡""压",只用物质杠杆撬动人的积极性,简单地把人只看作生物意义和物理意义上的人,而应更重视人的文化主体地位。"以人为本"和"以文化人"两大本质特征冲破了人们狭隘的文化视野,丰富了现代文化意识,使中国文化参与到世界文化重塑的潮流中。

(三)企业文化的基本属性为文化由虚而实、由玄妙而通俗的发展提供了一个实践路径

对文化的理解存在两种片面性,一是认为文化是象牙塔中的"阳春白雪",只能是学者把玩之物,不能为社会基层实践普遍应用;二是把文化的丰富内容局限于世俗文化中的文体形式,只是乡俗民约中的礼仪形象而已。前者畏惧的是文化抽象内涵,后者局限于文化表征及外显载体。实际上,文化的本质是隐含在载体形式之中的,体现为价值观、精神、道德、伦理、信仰、哲学、思维方式等,是看不见的。看得见的文化都是形式和载体,如企业的制度、行为习惯、旗帜、环境、厂房、设备、服装、礼仪标语口号等。有些单位的企业文化建设往往被片面化为活动形式,很难和企业的管理、经营、战略相结合。

企业文化有两个基本属性。从亚文化角度说,企业文化属于微观经济文化、微观管理文化,它是社会主流文化的一个分支、一个组成部分和生长点。企业文化的另一个属性是管理学属性。这种属性体现了文化与社会基层组织业务工作的融合性,是文化功能实现的一种有效的途径和载体,它通过使管理方法和手段不断人性化的方式,使文化和管理工作结合起来,为文化由虚而实,提供了一个实践的路径。

二、企业文化对企业管理的重要贡献

(一)企业文化使中国企业现代化的内涵更科学、更全面、更具有本质意义

企业文化对企业管理进行系统的文化思辨,提升了企业家的文化自觉意识。新中国成立前,中国对于半殖民地半封建社会一些民族工商企业并没有形成真正意义上系统的现代化企业管理理论。1949 年以后,企业的管理基本上是沿袭行政管理模式,也不是现代市场经济的经营管理。在实行社会主义市场经济以后,我们才开始接受并逐渐实行现代管理。可是,我们多数接受的是管理中的手段、方式和技术,很少考虑企业管理中的深层文化内涵。

管理历来是科学和艺术两个方面的结合。在改革开放的初期，我国的企业引进国外管理科学的内容很多，却没有重视管理艺术的应用，管理艺术的本质就是企业文化。在中国人面前，管理的科学手段不是走向现代化、国际化之难点，难点在于管理文化的理解和应用。因此，对管理进行文化思辨，注入文化元素，运用文化手段和规律，应用文化的方式管理企业，对提高企业现代管理品位，唤醒人的文化自觉，提升人的文化主体意识，都会起到空前的作用。这是一个历史性的进步。

企业文化实践有助于我们认识和处理文化与制度的关系。有些企业管理人员认为制度是刚性的，是不可或缺的规范，文化是软性的，不是规范，只是倡导的东西，是可有可无的。这种观点没有认识到制度是刚性约束，是底线性的规范，文化是内在约束，是引领性的规范，是一种企业软实力。一个现代企业制度即使完美无缺，但是没有文化的自觉引领，那么这个企业也是维持会式的组织，员工充其量做到不违反制度，没有企业文化理念和文化灵魂的引导，没有自觉的文化建设，企业员工想要创造性工作，想要到达优秀或卓越的境界，就没有方向遵循，因为优秀和卓越是价值观高度认同基础上的文化承诺。

(二)企业文化成为企业内生性动力和再生性资源

企业文化不是外在于生产经营、管理方法、制度设计和战略规划的附加物和添加剂，不是单纯的形象宣传，它是企业内生性的动力，是可再生的资源，它决定着企业战略方向、产品质量、经营方法、管理水平、员工素质。因此，企业文化内容不断丰富，文化形象不断重塑，文化基因不断再造，使企业文化成为企业可持续发展的根本性保障。

当今世界经济和文化的一体化发展特点和趋势，给企业竞争和发展提出了新的要求：一是要求产品必须要有丰富的文化含量；二是服务必须要具备高层次文化品位；三是经营必须要有突出的文化特色；四是管理者要有全面的文化素质；五是战略规划必须要有深厚的文化基础。这些方面的水平决定着企业能否成为文化型的组织，进而决定企业现代竞争的实力。

(三)企业文化为中国企业参与国际化竞争，提供了跨文化障碍的解决方案

世界经济发展和竞争的全球化趋势，使中国企业的国际化道路成为历史性的必然选择。中国企业在国际化进程中的深层障碍在于文化差异。经济全球化的本质是企业全球化，在各国企业竞争与合作的博弈过程中有形的宪章契约和无形的文化理念共同起作用。中国企业家具有积极进取的商业精神，也有勤奋敬业的智慧，再加上全球信息化的飞速发展，在经营管理的制度手段等技术层面，与国际优秀企业快速接轨，有些行业的产品质量水平和现代化程度已与世界先进企业接近或持平。可是中国企业对企业发展的根本理念、终极价值、人文内涵等文化意蕴普遍缺乏文化自觉，在运用文化规律管理企业，培育核心价值体系方面更是一片空白。中国企业与国际企业接轨时，浅层次如技术手段、制度借鉴等方面接轨迅速甚至完美，而在企业价值观培养、战略确定、经营哲学等方面接轨时则显得力不从心，文化障碍是根本原因。在国际化进程中，中国企业对国际优秀企业所展现的文化的接纳方式应遵循直面、尊重、解析、融合的规律。文化的相融、相通、相互借鉴，既能解决中国企业国际化进程中的障碍，消解跨文化冲突，使中国企业在国际竞争中根基更稳，也能使中国企业在国际社会的经济、管理，乃至文化的话语权方面影响力更大。

(四)企业文化建设丰富了品牌的现代内涵

传统的品牌观念将品牌的公众诉求点限定在产品的真与善，认为产品只要持久地秉承原料好、价格低、经久耐用、货真价实的经营理念，就能成就品牌形象。殊不知，这种品牌理念忽视了产品的文化附加值，忽视了品牌的现代意义，忽视了真、善与美的统一。产品之美和经营之美，不是简单地指产品外形包装和经营的形式美，更重要的是指产品体现的人性化内涵、服务中的以人为本、经营中的哲学思辨、企业存在与发展的终极价值等内在的文化指向。

现代社会改变了人们的消费理念，决定消费者购买的欲望因素已经不仅仅限于生理感官方面的物质层面需求，不仅仅满足于一买一卖的狭隘营销关系。人们开始更多地追求体现在商品载体中的文化内涵，更多地体味商家在经营行为中的人文关怀及消费者自身被尊重的"上帝"感觉。人们在消费品牌产品、享受品牌服务时，要感受品牌对消费时尚的引领，要通过消费品牌的不同风格张扬自己的个性风采。现代品牌要能够为消费者提供新的生活理念和生活方式，诸如德国产品的严谨庄重、法国时装和化妆品的浪漫时尚、日本电器的精巧、美国夹克衫的潇洒随意，无不如此。企业文化在产品生产和经营服务中担当了这些文化责任。

（五）企业文化建设凸显人力资源开发的关键环节

企业核心竞争力体现为企业的创造能力和比较优势，文化的核心在于创造，文化的个性彰显引导着企业比较优势的形成，文化是企业提升企业核心竞争力的基础和理论原点。人是自然和文化双重因素的产物，文化是人类独有的财富，人的文化素质比生物本能更重要，它决定了人的创造潜能发挥水平。文化素质水平决定的创造力是人之所以为人的本质特征，也是人与其他动物的根本区别。文化素质决定创造力的强弱进而决定比较优势的多寡与核心竞争力的水平。

传统的人力资源开发集中在人的体能、技能和智能三个方面的内容，很少思考人的文化开发方面的意义和内容。作为人力资源的文化开发，企业经营哲学和愿景的确立、企业核心价值观的培养、企业精神和企业伦理的提炼、企业作风和文化环境的形成等，不仅制约着人力资源体能、技能和智能的开发力度和使用方向，也制约着企业的社会形象和当下效益，更制约着企业基业长青的长久战略能否实现，是企业全面、协调、可持续发展的保障。企业家文化的自觉开启，运用文化于教育管理的能力提升，企业员工文化素质的培养，对企业组织文化的高度认同与自觉追求，是文化开发的重点所在。如果企业家精英文化与员工大众文化高度融合为企业组织的主流文化，那么企业在激烈市场中的核心竞争力就能迅速提升和持续增长。

（作者系中国企业文化研究会理事长、教授）

目　录

特　载　篇

理 论 篇

实 践 篇

综 合 篇

后 记

特载篇

有关领导谈文化与企业文化

坚定文化自信　建设社会主义文化强国

黄坤明

改革开放以来，特别是党的十八大以来，在我国发展取得重大成就的基础上，党和国家事业发生了历史性变革，我国发展站到了新的历史起点上，中国特色社会主义进入了新的发展阶段。在以习近平同志为核心的党中央的坚强领导下，文化建设为实现党和国家事业的历史性变革做出了重要贡献，同时作为中国特色社会主义事业的重要组成部分，文化建设与党和国家全局工作同步同向、向上向好，取得了全面深刻的巨大成就，发生了具有历史性的深刻变革。

以习近平同志为核心的党中央为中国特色社会主义文化建设谋篇布局

党的十八大以来，以习近平同志为核心的党中央从坚持和发展中国特色社会主义、实现民族复兴中国梦的政治高度，紧紧围绕建设社会主义文化强国的战略目标，以高度的文化自信、文化自觉、文化担当，系统规划和全面铺开了新形势下的文化建设。党的十八大和十八届三中、四中、五中、六中全会都对文化建设做出重大部署，中央政治局会议、中央政治局常委会会议、中央深化改革工作领导小组会议等多次研究文化建设重大问题。党中央先后印发一系列重要文件，对文化建设做出全面安排、提出明确要求，形成了全面系统、科学完整的工作体系和工作框架。习近平总书记高度重视文化建设，倾注巨大心血，亲自谋划指导推动，先后召开全国

宣传思想工作会议和文艺工作座谈会、全国党校工作会议、党的新闻舆论工作座谈会、网络安全和信息化工作座谈会、哲学社会科学工作座谈会、全国高校思想政治工作会议等一系列重要会议，出席第十次文代会第九次作代会，会见全国道德模范代表、全国文明城市文明村镇文明单位先进代表、中国记协第九次理事会代表、全国文明家庭先进代表，发表一系列重要讲话，深刻回答了新的历史条件下文化建设中具有方向性、全局性、战略性的重大问题，体现了我们党对中国特色社会主义文化发展规律的战略思考和科学把握，是党中央治国理政新理念、新思想、新战略的重要组成部分，为推进文化建设指明了前进方向、提供了根本遵循。

对过去五年社会主义文化建设的总体评价

五年来，广大文化工作者深刻学习领会习近平总书记系列重要讲话精神和治国理政新理念、新思想、新战略，坚持为党的中心工作服务、为维护最广大人民根本利益服务，着力统一思想、凝聚共识，以文化的自信建设自信的文化，中国特色社会主义文化建设呈现崭新局面。

一是社会主义先进文化前进方向更加坚定。以马克思主义中国化最新成果为指导，增强"四个意识"、坚定"四个自信"，把坚持正确政治方向、舆论导向、价值取向的要求，贯穿体现到文化建设的全过程各方面。

二是以人民为中心的工作导向、创作导向鲜明有力。坚持为了人民、依靠人民，生动书写了人民的实践，热情讴歌了人民的业绩，真切抒发了人民的情怀，文化发展成果更多惠及人民群众。

三是向上向善的新风正气广泛弘扬。社会主义

核心价值观深入人心，以爱国主义为核心的民族精神和以改革创新为核心的时代精神有力彰显，讲道德、尊道德、守道德正在成为人们的自觉追求和行为规范，国民素质和社会文明程度进一步提升。

四是文化体制改革持续深入。把社会效益放在首位、实现"两个效益"相统一的体制机制基本确立，文化领域深化改革的基本框架搭建完成，标准化、均等化的现代公共文化服务体系日益完善，现代文化市场体系和现代文化产业体系更加健全。

五是文化繁荣发展成果丰硕。反映中国道路、中国精神、中国力量的精品力作大量涌现，中华优秀传统文化焕发出新的生命力和创造力，人民群众在精神文化生活中的获得感大大增强，中华文化在世界上的感召力与影响力显著提升。

用党的理论创新成果武装全党、教育人民，取得成效

宣传思想文化战线把学习宣传贯彻习近平总书记系列重要讲话精神和治国理政新理念、新思想、新战略作为首要政治任务，坚持用党的理论创新成果武装全党、教育人民，广大干部群众对中国特色社会主义的道路自信、理论自信、制度自信、文化自信不断增强，全党全社会思想上的团结统一更加巩固。

一是学习教育持续深化。组织编辑出版的《习近平谈治国理政》，编写出版的习近平总书记系列重要讲话《读本》和《读本（2016 年版）》，出版的习近平总书记重要讲话单行本 50 种、论述摘编 13 种，都为人们提供了权威学习读物。以领导班子和领导干部为重点，以党委（党组）理论学习中心组为抓手，推进党员领导干部思想教育和理论武装。制定党委（党组）中心组学习规则，中心组学习更加制度化、规范化。组织开展党中央治国理政新理念、新思想、新战略重大主题宣传，推出一批重头理论文章、新闻综述、言论评论等，进行全面深入阐释解读。

二是理论宣传普及深入人心。深入宣传阐释党的十八大和十八届三中、四中、五中、六中全会精神，组织中央宣讲团赴各地宣讲，编写出版理论热点面对面系列通俗理论读物。持续深入开展中国特色社会主义和中国梦宣传教育，围绕抗战胜利 70 周年、建党 95 周年、长征胜利 80 周年、建军 90 周年等重大活动，浓墨重彩开展主题宣传，组织制作播出大型电视纪录片，举办大型文艺晚会，引导广大干部群众从我们党领导革命建设改革的伟大历程中汲取前进力量、坚定必胜信心，汇聚起同心共筑中国梦的强大力量。

三是重大理论和现实问题研究深入开展。深入实施马克思主义理论研究和建设工程，安排部署 200 多项课题，全国性中国特色社会主义理论体系研究中心由 7 家扩容为 15 家，遴选支持 21 所重点马克思主义学院建设，重点资助 39 家中央和省部级党报党刊。举办"治国理政论坛"系列理论研讨会，推出一批研究成果。

四是中国特色哲学社会科学加快构建。中央出台专门文件，对加快发展体现中国特色、中国风格、中国气派的哲学社会科学做出全面部署。充分发挥国家社会科学基金示范引导作用，资助各类项目 2.5 万余项，投入近 90 亿元。加强中国特色新型智库建设，首批遴选 25 家单位开展高端智库建设试点。

在营造良好舆论氛围方面取得了成效

五年来，全面加强党对新闻舆论工作的领导，紧紧围绕党和国家工作大局，坚持团结稳定鼓劲、正面宣传为主，大力唱响主旋律、弘扬正能量，全面建成小康社会的舆论氛围愈加浓厚。

一是深入宣传中央大政方针政策，推动全社会思想高度统一、力量更加凝聚。精心组织习近平总书记在重要会议、重大活动、重要出访等场合的现场报道，全方位多角度宣传讲话精神，全面准确地宣传解读中央的重大判断和决策部署。围绕"四个全面"战略布局、供给侧结构性改革、新发展理念等，组织开展主题宣传。

二是深入宣传改革发展的巨大成就，激发干部群众振奋精神、鼓舞斗志。深入开展"回顾'十二五'、展望'十三五'"主题宣传，组织做好"一带一路"建设、京津冀协同发展、长江经济带发展等重大战略的宣传。精心组织"砥砺奋进的五年"主题宣传，组织制作播出《将改革进行到底》《法治中国》《大国外交》《巡视利剑》等电视专题片，全面生动地展现以习近平同志为核心的党中央治国理政的伟大实践和巨大成就。

三是切实加强舆论引导，着力稳定预期、安定人心。建立健全信息发布和政策解读机制，聚焦人

民群众普遍关心的热点问题，主动回应社会关切。做好重大突发事件的新闻报道和舆论引导工作。

四是媒体融合发展深入推进，网络空间日益清朗。主流舆论阵地巩固壮大，开办一大批网络化、移动化的新型媒体，立体多样的传播矩阵已成规模。推动出台《中华人民共和国网络安全法》，网络传播更加规范有序，网络生态更加积极健康。

用社会主义核心价值观凝心聚力取得了成效

五年来，我们牢牢抓住培育和践行社会主义核心价值观这个基础工程、铸魂工程，坚持以正确价值导向凝魂聚气、成风化人，坚持贯穿结合融入、落细、落小、落实，推动社会主义核心价值观内化于心、外化于行。

一是认知认同不断增强。组织中央地方、网上网下等各类媒体开设专题专栏，举办"核心价值观百场讲坛"，创作刊播"图说我们的价值观"公益广告，在全社会叫响"24个字"的核心价值观。

二是榜样力量充分彰显。集中宣传罗阳、龚全珍、廖俊波、黄大年等全国重大典型，推出万少华、张楠、高宝来等一批"时代楷模"。评选表彰第四届、第五届全国道德模范共116人，推出各行各业的"最美人物"，开展"我推荐我评议身边好人"活动，崇德向善、见贤思齐的社会氛围日益浓厚。

三是道德实践广泛深入。制定印发《培育和践行社会主义核心价值观行动方案》，组织开展勤劳节俭、孝老爱亲、诚信教育、志愿服务、文明旅游等主题实践活动，广泛开展传承家风家教、弘扬优良校风校训、创新发展乡贤文化。推进学雷锋志愿服务制度化、诚信建设制度化。

四是核心价值观入法入规有力推进。贯彻落实《关于进一步把社会主义核心价值观融入法治建设的指导意见》，把核心价值观的要求体现到法律法规的立、改、废、释之中，体现到市民公约、村规民约、学生守则、团体章程的修订完善之中，贯穿到立法、执法、司法全过程。

五是文明创建利民惠民。以培育和践行社会主义核心价值观为根本，深化拓展精神文明创建活动，评选表彰第四届全国文明城市（区）34个、文明村镇1159个、文明单位2242个和第一届全国文明家庭300个。

社会主义文艺繁荣发展成效显著

五年来，党中央从推进中华民族伟大复兴的战略高度，大力发展社会主义文艺，引领推动文化艺术事业从"高原"向"高峰"迈进。

一是广大文艺工作者深入生活、扎根人民的自觉性和主动性显著增强。组织广大文艺工作者深入学习习近平总书记文艺工作座谈会重要讲话精神，对全国文艺骨干和管理干部共13万人分期分批进行培训。广泛开展"深入生活、扎根人民"主题实践活动，组织动员文艺工作者深入基层单位、社区农村、边远地区，开展采风创作、慰问演出、文化惠民活动。

二是精品力作大量涌现。深入实施精神文明建设"五个一工程"、中国当代文学艺术创作工程，完善电影、电视剧、戏曲等重点文艺门类的扶持政策。加强对重大革命历史题材、现实题材、爱国主义题材作品的创作规划，加大扶持力度，推出一大批有筋骨、有道德、有温度的优秀文艺作品。

三是评价体系导向更加鲜明。实施马克思主义文艺理论与评论建设工程，成立中国文艺评论家协会，拓展新的文艺评论阵地。贯彻落实《关于全国性文艺评奖制度改革的意见》。加强对演出活动和从业者的管理引导，成立文艺工作者职业道德建设委员会。

传承和发展中华优秀传统文化取得了进展

五年来，坚持创造性转化和创新性发展，以高度的自觉自信，积极推动中华优秀传统文化传承发展。

一是传统文化资源的挖掘整理系统推进。对传统文化资源进行大规模整理梳理，统筹实施中华文化资源普查工程、国家古籍保护工程等15个重点计划项目，组织编纂《复兴文库》《中华优秀传统文化百部经典》《中国历代绘画大系》等。

二是传统文化精粹得到传承光大。制定出台支持戏曲传承发展的若干政策，实施京剧"像音像"工程、地方戏曲振兴计划，加大对文化遗产和非物质文化遗产的保护力度。

三是传统文化呈现新样式、焕发新活力。摄制播出大型纪录片《记住乡愁》三季180集，推出《中国汉字听写大会》《中国诗词大会》《中国成语大会》等一大批广受欢迎的电视节目。实施中华传统节日振兴工程，深入开展"我们的节日"主题活动。

文化改革发展见到了成效

坚持把社会效益放在首位、"两个效益"相统一作为文化改革发展的重要原则。十八届三中全会以来，中央确定的 104 项文化体制改革任务，目前已完成 99 项，其余 5 项正按计划推进，一批重要领域和关键环节改革举措取得重大突破，中国特色社会主义文化制度更加成熟更加定型。

一是具有四梁八柱性质的文化体制改革任务基本完成。制定出台国有文化企业两个效益相统一、新闻单位采编播人事制度、文化市场综合执法等 70 个有关改革文件。加快文化立法步伐，相继出台 3 部法律和 1 个有关法律问题的决定，制定修订 19 个行政法规，出台一系列部门规章。完善文化宏观管理体制，完成中央和省级新闻出版广电机构整合，理顺内外宣体制和互联网管理体制。建立健全有文化特色的现代企业制度，完善配套文化经济政策。

二是基本公共文化服务标准化均等化水平明显提高。推动出台《公共文化服务保障法》。加强综合性文化服务中心建设，大力推进基层设施资源的共建共享，实现"一站式"服务。大力开展文化扶贫，按照"七个一"的标准，即每村一个文化活动广场、一个文化活动室、一个简易戏台、一个宣传栏、一套文化器材、一套广播器材、一套体育设施，完成"百县万村"综合文化服务中心工程。实施贫困地区民族自治县、边境县村级综合文化服务中心覆盖工程。

三是文化产业保持蓬勃发展的良好态势。2016年，文化产业增加值从 2012 年的 1.81 万亿元提高到 3.03 万亿元，占 GDP 比重从 3.48% 提高到 4.07%。文化市场主体不断壮大，全国文化及相关产业企业数量超过 322 万户。文化产业发展增加了文化产品供给，促进了文化市场繁荣，有力带动了文化消费。推动出台《电影产业促进法》，电影票房从 2012 年的 170 亿元增长到 2016 年的 493 亿元，国产电影票房过亿元的从 21 部增长到 45 部。电视剧生产量 2016 年达到 334 部 1.5 万集，平均每天 40 集左右，产量连年稳居世界第一。图书出版从 2012 年的 41.4 万种、79.3 亿册，增长到 2016 年的 49.9 万种、90.4 亿册，总收入从 723.5 亿元增加到832.3 亿元。

国家文化软实力发生了积极变化

党中央把加快中华文化走出去作为一项重大战略，制定印发一系列指导性文件，部署推进国际传播能力建设和对外话语体系建设，国家文化软实力明显提升。

一是国际传播能力不断增强。整合中央媒体外宣资源，高起点、高标准打造外宣旗舰媒体，中国国际电视台 2018 年年初成功开播，目前开设英、法、西、俄、阿和纪录国际 6 个频道，在 168 个国家和地区落地。人民日报、新华社、中国国际广播电台等在海外的传播力影响力显著提升。加强同国外主流媒体和新闻界的交流合作，形成一系列常态化交流合作机制。

二是对外文化交流更加丰富、不断拓展。完善政府间人文交流机制，与 157 个国家签署文化合作协定。实施中国当代作品翻译工程、中国图书对外推广计划、丝绸之路影视桥、丝路书香等重点工程。2013 年以来"感知中国"累计在 22 个国家或国际组织举办近 30 场活动；2016 年"欢乐春节"在全球 140 个国家和地区举办 2100 多项文化活动。

三是对外文化贸易持续扩大。在国际贸易普遍低迷的背景下，我国文化产品和服务进出口总额一直保持千亿美元规模，2016 年达到 1142 亿美元，图书版权输出和引进品种比例从 2012 年的 1∶2.1 提高到 2016 年的 1∶1.55。一批优秀的中国图书、影视剧走出国门、热销海外。2017 年第十三届中国（深圳）国际文化产业博览交易会实质性成交 2241 亿元，比 2012 年增长 56.5%。

（作者系中央政治局委员、中央书记处书记，中央宣传部部长，中央精神文明建设指导委员会办公室主任。本文摘自《人民日报》）

架构传统文化与企业管理的桥梁

许嘉璐

"弘扬优秀传统文化，创新企业经营管理"这两句话之所以吸引人，是因为这两句话之间有个桥梁，这就是优秀传统文化如何体现、贯彻、渗透在企业的经营管理中。而在现实中，企业最需要的就是架构这个桥梁，实现优秀传统文化和企业经营管理的有机结合。

中国传统文化有特色，特色就体现在"信仰、道德和风俗习惯"三个方面。当然对于外国人而言，上海本帮菜、淮扬菜、四川菜、兵马俑、马王堆都是特色，这只是现象，真正的文化特质则在于"信仰、道德和风俗习惯"。这本来是常识，但是如果不加以强调，人们常常视而不见，听而不闻。

我用三个西方案例和中国的历史做一对比，凸显国人重视历史和传统的史实和构建传统文化与企业管理的桥梁的特殊意义。

第一个例子，欧洲在没有国家的时候由宗教统治，宗教内部不同教派之间纷争不断，又加上别的宗教和信仰，连续多年战乱不断，尤其是17世纪末，在欧洲发生了30年战争，"30年战争"成为一个专有名词，哲学大辞典、历史大辞典、百科全书就是30年战争，那时的欧洲人民互相残杀，导致人口减少一半，有的城市我们叫赤壁千里，他们即时则叫赤城无人，这段历史至今仍游离于欧美的历史教科书之外。

第二个例子，美国的发家史，美国从18世纪末开始进行工业化，特别是19世纪兴起，他们早期的发展是踩着踏着上千万的印第安人的血迹走过来的。现在美国的大学历史系、中学、小学的课本上都对这段历史避而不谈，美国的历史就只是从美国独立开始，美国独立的时候才12个州，讲西部大开发，而他们的西部大开发，只是讲如何修铁路，如何采金矿，如何排除印第安人干扰，最后接受印第安人，这显然不是纪事真实可信、无所讳饰的史籍。

第三个例子，眼前的中东局势，有新闻报道说西方媒体谈到今天的中东乱局不过是第一次世界大战前夕开始的，英国、法国、意大利、西班牙这些国家屠杀中东人民，屠杀以色列人民，屠杀亚美尼亚人民，要抢夺新月地带。今天的中东战争不过就是换了主子，手法改变了，武器改变了而已。用以上三个西方历史事例做对比，可看出中国人、中国文化特别重视历史，更重信史，因为我们的历史里面有民族的文化基因。优秀的企业总是根植于中华历史之中发展自己的，中华优秀传统文化也确实为企业文化提供了养分。

一些优秀企业的先进经验和走过的路不见得适用于其他企业，但是，无论是过去走过的路还是现在正在走的路以及未来要走的路，都有一根红线贯穿着。我们试图探讨那些成功企业贯穿在过去、现在和展望未来的那根红线，发现优秀的企业总是善于发扬传统、洞察世界的形势，实时、准确地分析时事。如：有的企业在"一带一路"战略提出之前就尝试从传统文化中寻找智慧，破解现实困局，有的企业已经在欧洲为国家为祖国建立了"'一带一路'的支点"。特别是一些"走出去"的企业，它们无论是在异国他乡直接做公益事业，还是与兄弟企业、与当地的友好相处合作，处处体现一种善，一种"达"。传统文化中"达"的本来意思就是《论语》上所说的"己欲立而立人，己欲达而达人"，没有终点的通常谓之达，这些企业从传统文化中寻找精神支撑和文化核心，坚持不懈地探索企业文化建设，体现出这些企业追求的是传统优秀文化与时代特点的结合，不是在书斋里、在图书馆里研究，而是在企业生产经营的实践中寻求真理和真知。

创新企业管理就是要追求优秀传统文化与时代特点相结合，让企业所倡导、实践的文化根植于中华历史，在企业经营管理中加以实践、深植。中国人的一切精神源头从历史传承到今天，就是坚守了我们的信仰、道德和风俗习惯，企业管理就是根植于这个民族传统文化的历史之上的。传统文化对于今天的企业来说，有许多智慧值得汲取，但是，在优秀传统文化和当代企业经营管理相结合的时候，一定要去粗取精，由表及里，只有这样才能发挥出中华传统文化中的正能量。

如：永远要有远虑。孔夫子说"人无远虑，必有近忧"。有些企业只看一两年，三五年，暂时获取了眼前的巨额利润，但是不能长久。办企业经常是困难重重，为防止跌倒就要有忧虑，解决眼前近忧的时候要稳，不要急，这是传统文化告诉我们的道理之一。

又如：知古见今，察世励己。习近平总书记告诫领导干部要多读史书，是有着强烈的现实针对性的。过去的史家都非常严谨，不是想当然的。国人重视真实的历史也是我们的民族性格使然。据我所知，在我国至今能用文字记录下自己的部落或者是国家的大事、甚至很多人物的事迹精神，如果成系列地说来，起码是有4000年了。在全世界五大洲中，古代没有几个，现在联合国成员国中可能也没有第二家，这是中华文化的特点。我们强调了解历史、强调熟悉历史的延续过程，强调一个节点，是因为世界一切事物的源头都储存在历史当中，特别是传到我们这一代核心的东西就是信仰、道德和风俗习惯。企业家适当的时候读一点历史的古籍著作，就会清晰地认识到任何民族的文化，之所以成现存状态，主要是受生产水平、生产关系、生产方式的制约决定的。如同要打造我们自己的企业文化，不能脱离大数据，这是今天的生产手段、工具，将改变我们的生活方式、生产方式。察世，就是要以认真的态度戴着望远镜、显微镜，在不同的文化中搜寻于我有用的优秀事物。用它来激励中华民族的优秀传统文化，但是世界上优秀的文化不只是中华民族有，有很多东西我们也还是欠缺的，需要我们博采众长。

再如：构建优秀企业文化要及时总结经验。总结就是反省，反省以后认识就更加深刻。深则益固，深则益国，如果每个企业文化坚守得好，合起来就是中国企业文化的强大繁荣。中国人重视信史。用司马迁的话概括，就是"究天人之际，通古今之变"。2000多年前的司马迁在屈辱和困惑中撰写《史记》，目的在于帮助世人。那时候他还不知道外兴，通古今之变。古今的历史变化常常是螺旋式上升的、波浪式前进的，各个阶段的历史极其相似，但是又不相同。如果把握了司马迁的这两句话，用于勉励企业家就是"跌倒了再爬起来，最后成功创造一个伟业"。这样的企业多了，具有中华民族特色的中华企业文化就构建起来了，而中国经济实力、文化实力和军事实力自然也就强大起来了。

文化说到底是人化的过程。现在的企业决策层，董事局平均年龄在不惑之年，大多数企业家都是同龄人。再过几年就要跨进知天命之年，所谓天命就是统管世界万物的现象，一个人从不惑之年到知天命之年有一个巨大的飞跃，这个飞跃不是营业额、利润，而是超越自己，超越现实。

由于世界格局的改变，今后金融、贸易、服务、外交所有的规则都可能会有改变，只不过这个改变是渐变的，如同一个巨大的生物，它的消亡和衰落也是渐变的。如同《易经》开篇所云"观乎天文，以察时变，观乎人文，化成天下"。将中国重视信史的传统，用于企业管理，就是要让传统文化在潜移默化中滋养企业人。

（作者系第九届、十届全国人大常委会副委员长，中国文化院院长。本文为作者在"第二届中国民营企业文化论坛"上的发言摘要）

弘扬工匠精神　打造中国制造新名片

苗圩

深入实施"中国制造2025"，加快推进制造强国建设，是我国工业未来一个时期重要的战略任务。我国制造业正处在提质增效的关键时期，培育和弘扬工匠精神，不仅传承优秀文化和价值观，更是破解制造业转型发展难题、推动产业迈向中高端的务实举措。

中国制造呼唤工匠精神

新中国成立特别是改革开放以来，我国制造业持续快速发展，建成了门类齐全、独立完整的工业体系，制造业规模跃居世界第一，创新能力不断增强，"中国制造"成为支撑我国经济社会发展的重要基石和推动世界经济发展的重要力量。但与世界制造强国相比，成本规模优势难掩质量、品牌、创新等方面的差距。国际品牌评估机构评选的全球品牌100强中，我国只占2席，一定程度上反映了这种差距。在全球范围内，制造强国的实现路径和支撑条件各不相同，但追求卓越、严谨执着的工匠精神却是共性因素。在现代工业文明中，工匠精神是精益求精、务实创新、踏实专注、恪守信誉等行为准则的综合体现。工匠精神是用"心"和"创新"不懈地提升质量与服务，既注重改进制造工艺、产品性能和管理服务，又强调持续创新和改善用户体验。工匠精神是对品牌与口碑的坚守，包含着对用户的诚信、对高品质的执着以及对百年老店的孜孜追求。工匠精神还意味着对法律和规则的敬畏，尊重契约精神，严守职业底线，严格执行工序标准。纵观世界两百多年的工业发展史，尽管传统的小作坊已被现代化的工业生产所取代，但沉淀下来的工匠精神和文化传统依旧贯穿于现代生产制造中，并从个体化的"工匠"行为演变为群体性的制造文化，成为推动现代制造业发展的灵魂所在。

在中华民族数千年的历史长河中，工匠精神源远流长，"巧夺天工""独具匠心""技进乎道"等成语典故，体现的正是匠人们卓绝的技艺和精益求精的价值追求。我国工业化进程中，也形成了"大庆精神""两弹一星精神""载人航天精神"等具有时代特征的工匠精神。但一段时期内，由于过度追求规模效应和短期效益，重数量轻质量、重生产轻品牌，传承工匠精神的社会环境和制度基础一定程度上被弱化。当前，制造业发展的环境和条件正在发生深刻变化。从国内看，我国经济已进入以速度变化、结构优化和动力转换为特征的新常态。传统的低要素成本竞争优势正在减弱，能源资源环境等约束不断增强，部分行业同质竞争、产能过剩严重，高品质消费品供给不足，满足不了消费升级的需要，中高端购买力通过境外消费、海淘等形式外流。

从全球看，随着新一轮技术革命和产业变革的孕育兴起，国际产业分工格局正在重塑。传统制造强国凭借技术、人才等优势在先进制造、工业互联网等高端领域先机，发展中国家凭借资源、劳动力等比较优势在中低端领域激烈角逐，中国制造面临着先进制造与低成本制造的双向挤压。中国制造要成功突围并迈上发展新台阶，必须坚持创新驱动发展战略，而支撑制造业创新发展的根本是创新型人才，其中就包含技艺精湛的能工巧匠和高级技师。从这一点看，我们必须秉承工匠精神，在品种、品质、品牌等方面深入挖掘，有效解决质量稳定性、精度保持性、消费安全性等问题，真正满足用户对品种多样化、品质高端化、生产定制化的需求，持续提升中国制造的基础能力与核心竞争力，让工匠精神成为推进中国制造"品质革命"的精神动力和力量源泉。

弘扬工匠精神，打造中国制造新优势

工匠精神是精于工、匠于心、品于行。在加快制造强国建设过程中，要将精益求精、不懈创新、笃实专注的工匠精神融入现代工业生产与管理实践，夯实基础，补齐短板，加快形成中国制造新优势，打造中国制造新名片。

以精益求精为出发点，树立中国制造质量品牌新形象。精益求精是工匠精神的精髓，也是打造中国制造质量品牌的关键。拼速度、扩规模、模仿赶超一度曾是市场竞争的关键词，企业往往依靠低成本的要素投入即可获取市场和利润。但当需要"更上一层楼"的时候，精益求精将成为企业的必然选择。

弘扬工匠精神，就是要鼓励企业树立质量为先、信誉至上的经营理念，普及卓越绩效、精益生产、质量诊断等先进生产管理模式和方法，严格执行工序标准，加强从研发设计、物料采购、生产制造到销售服务的全过程质量控制和管理；就是要引导企业诚信经营，增强以质量和信誉为核心的品牌意识，推进品牌文化建设，提升自主品牌的价值内涵；就是要支持企业提高全员精品意识和素质，通过对质量、规则、标准、流程的坚守，提高全球消费者对中国制造的品牌认可度和忠诚度。以不懈创新为引擎，提升中国制造核心竞争力。创新是工匠精神的重要内涵，也是中国制造迈向中高端的关键。工匠精神奉行"劳动者就是创造者"的理念，通过工匠们不断创新与革新，推动相关领域技术进步和产业发展。但创新不是一蹴而就的，需要长期持续投入、厚积薄发。

多年来，我国创新成果转化率不高，一个重要原因在于从实验室产品到生产线产品的转化过程中，缺乏大批有经验的技术工人特别是技师，工艺、成品率、工装等诸多技术实现问题难以解决。弘扬工匠精神，就是要增强创新意识，加强创新投入，以用户需求为中心加速技术创新、产品创新、管理创新和模式创新；就是要抓住新一代信息技术与传统产业加速融合的机遇，引导企业持续改进制造工艺、产品性能和品类，使产品更好地适应和引领消费需求；就是要引导骨干企业勇攀高峰，瞄准未来产业发展制高点，开展产学研用协同创新，攻克一批长期困扰产业发展的关键共性技术，持续提升我国在相关领域的实力和话语权。以笃实专注为内核，筑牢中国制造发展根基。笃实专注是工匠精神的重要特质，也是制造业由大变强的必要路径。弘扬工匠精神，就是要坚持发展制造业不动摇，引导企业树立"十年磨一剑"的专注精神，结合自身所长走"专精特新"发展道路；就是要培育和提升制造业单项冠军企业，支持企业专注于细分产品市场的创新、产品质量提升和品牌培育，在全球范围内整合资源，力争占据全球产业链主导地位；就是要推动大型央企聚焦主业，向关系国家安全、国民经济命脉和国计民生的重要行业和关键领域集中，向前瞻性、战略性产业集中，向产业链、价值链的中高端集中，做强、做优、做大，努力成为具有国际影响力和竞争力的一流企业。

着力优化工匠精神孕育生长的制度与环境

培育新时期工匠精神是一项系统工程。我们要按照党中央、国务院的决策部署，紧紧围绕制造强国战略，加大供给侧结构性改革力度，厚植工匠精神孕育生长的制度土壤，使工匠精神真正成为制造强国建设的价值内核与动力源泉，持续推动中国制造向中国创造、中国速度向中国质量、中国产品向中国品牌转变。树立正确导向，营造尊重劳动和崇尚技能的社会氛围。要从战略高度重视弘扬工匠精神的重要意义，践行社会主义核心价值观，培育有中国特色的制造文化，在全社会推动形成"技术工人也是人才""劳动光荣、技能宝贵、创造伟大"的时代风尚，并逐步形成尊崇工匠、争做工匠和做好工匠的职业取向。要建立工匠表彰制度，树立新时代大国工匠的典型，引导有条件的地区建立优秀技能型人才重奖制度。健全收入分配激励机制，完善劳动、技术、技能等生产要素按贡献参与分配的制度。鼓励各地根据人才缺口，加强对引进技能型人才的政策支持，切实解决其医疗、教育及社会保障问题，使更多技能型人才安心于岗位并持续积累创新。加大投入力度，健全技能人才培养和评价体系。建设制造强国，需要大批体现中国制造实力的一线技能型人才。要突出产业导向，促进专业设置与产业发展同步，课程内容与职业标准对接，教学过程与生产过程统一，实现职业教育与产业实践的精准结合，引导完善以企业为主体、职业院校为基础，学校教育与企业培养密切协同、政府推动和社会支持相互结合的技能型人才培养体系。支持企业推行订单培养、顶岗实习等人才培养模式，依托大型骨干企业、重点职业院校和培训机构，建设一批示范性的高技能人才培养基地和公共实训基地。建立与制造业人才培养规模和培养要求相适应的财政投入政策，鼓励和引导企业、社会组织投资人才培养。完善技能型人才评价和使用政策，健全制造业人才职业标准体系，细化职业资格制度。搭建普通教育与职业教育的流动通道，实现职业教育与学历教育同认可、同待遇。推动职业资格证书和学历证书、职称证书的互通互认，进一步畅通技能型人才职业发展通道，鼓励更多的年轻人走技能成才之路。发挥各方作用，形成追求卓越的激励约束机制。工匠精神的形成需要发挥政府、行业组织、消费者等多方主体作用，

通过有效的制度引导和约束，使精益求精、生产高品质产品成为企业的普遍选择。要完善行业标准体系，提高国内产品标准与国际标准的一致性程度，以高标准倒逼企业不断提高产品质量。坚持日常监管和市场整顿相结合，实施企业经营异常名录、失信企业"黑名单"等制度，加强对国家强制性标准执行情况的监督检查，加大知识产权执法力度和对制售假冒伪劣产品的打击力度。发挥联盟、协会、同盟等的载体与桥梁作用，加强行业自律建设，引导企业在诚信经营、质量品牌、消费者权益等方面积极履行社会责任。发挥消费升级对工匠精神的激发作用，进一步畅通消费者投诉渠道，扩大适用举证责任倒置的商品和服务范围。修订完善有关产品质量、消费者权益保护的法律法规，明确惩罚性巨额赔偿制度，使减少劣质产品成为企业的首要考虑因素。

深化供给侧结构性改革，完善制造业发展外部环境。工匠精神落地生根离不开有利于制造业发展的宏观环境。要加快推进供给侧结构性改革，统筹五大政策支柱，实施更加精准的产业政策，引导各类资源投向制造业。加强产业政策与财税、金融、环保、国土、社保等政策的衔接配合，加速实施国家中小企业发展基金、先进制造产业投资基金，深化产融合作，形成促进实体经济发展的政策合力。持续推进简政放权、放管结合、优化服务，清理废除妨碍创新创业的规章制度，探索市场准入负面清单制度，不断提高制度供给质量和水平。完善并落实市场退出机制，倒逼缺乏竞争力的企业退出市场。进一步落实各项惠企政策，加强涉企收费管理，降低制度性交易成本，切实为企业松绑减负，不断激发企业从事精品制造的动力。

（作者系工业和信息化部部长。本文摘自《求是》杂志）

把政府的"送文化"和群众的"要文化"结合起来

雒树刚

目前公共文化产品和服务存在有数量、缺质量的问题。要落实好政府的责任，保障好人民群众读

书看报、通过公共文化设施参与活动、进入博物馆展览馆进行鉴赏等基本文化权益。

2017年3月1日开始施行的《公共文化服务保障法》是文化领域具有"四梁八柱"性质的一部基础性法律,对于保障人民群众的基本文化权益,对于满足人民群众精神文化需求都具有重要的意义。文化部门要认真地贯彻这部法律,认真地履行好法律赋予的职责,具体说来,要在以下几方面着力:

第一,坚持正确的方向。文化是铸造灵魂的工程,承担着以文化人、以文娱人的重要使命,《公共文化服务保障法》明确规定,要坚持社会主义先进文化的前进方向,坚持社会主义核心价值观,文化部要把社会主义核心价值观生动活泼地体现到公共文化服务之中,用人民群众喜闻乐见的形式帮助人们认识到什么是正确的,什么是错误的,什么是值得提倡的,什么是需要反对和抵制的。文化部就是要大力提倡向上、向善的思想道德,提倡真善美,抵制假恶丑。公共文化服务的任务,就是要弘扬优秀文化,改造落后文化,抵制腐朽文化。

第二,向群众提供优质的文化产品和文化服务。现在文化产品和服务存在着有数量、缺质量的问题,这是人民群众反映比较突出的一个问题。一些文化产品和服务粗制滥造,甚至存在着低俗、媚俗、庸俗的问题,群众十分反感。针对这些问题,文化部门要大力培育精品艺术,培育文化精品,要为文化精品的创造生产营造良好的环境。要多向人民群众提供思想性、艺术性、观赏性相统一的文化产品和服务,多提供寓教于乐,能够打动人心,群众喜欢听、愿意看的文化产品和服务,也要多提供那些能够使人的心灵受到洗礼,能够让人们发现自然之美、生活之美、心灵之美的文化产品和服务。

第三,落实好政府的责任。《公共文化服务保障法》明确规定了政府在公共文化服务中的职责,明确了政府要保障什么,保障多少,怎样保障这一系列的责任。总地来说,政府的责任就是要保基本、保均等,保基本就是要保障人民群众的基本文化权益;保均等就是要保证人民要均等地享有基本的公共文化服务。所以,文化部门要认真落实好法律赋予的职责,要切实保障人民群众读书看报的基本文化权益,保障人民群众听广播、看电影的基本文化权益,保障人民群众能够通过公共文化设施参与文化活动的基本文化权益,保障人民群众进到博物馆、美术馆、展览馆进行艺术鉴赏的文化权益。

第四,扩大社会参与。《公共文化服务保障法》明确规定,坚持以人民为中心。公共文化服务政府要起主导作用,但是政府主导不是政府包办,公共文化服务要为大家,要大家办。要变政府的"独唱"为政府和社会的"合唱",切实落实人民在公共文化服务中的主体地位。要在公共文化设施的利用上广泛地推广理事会制度,让社会各界参与公共文化机构决策、管理、运营、监督各个环节。在公共文化服务的内容提供上,要把政府的"送文化"和群众的"要文化"结合起来,就是把政府的"送菜"与群众的"点菜"结合起来,只有让群众"点菜",公共文化服务才能提高效能,也才能增强实效性,所以,有人说只有让群众"点菜",群众才能为我们的公共文化服务点赞。

(作者系文化和旅游部部长。本文为作者于第十二届全国人大五次会议第三次全体会议开幕前在"部长通道"接受的采访,摘自中国网)

四十年,企业文化与中国改革开放同行

胡 平

1978年是改革开放的起点,2018年是改革开放40周年。从1978年到2018年,40年的时间,中国从一个低收入国家跃升至中等收入国家的行列,成为世界第二大经济体。随着十九大的胜利召开、"一带一路"的建立,中国的企业正逐步深化改革,加快扩大开放的步伐。

2018年也是中国企业文化建设发展的40年,又是十九大全面布局的开局之年。回望40年来中国企业文化的发展变革,从无到有,从局部到全面发展,经历了波折、险阻,最终汇入中国改革开放的历史洪流。总结40年中国企业文化建设的规律,对我们开拓未来将有很好的启迪意义。

历史的命运让我们无怨无悔地见证了企业文化发展

20世纪80年代,中国的企业还沿用"两参一改三结合"的管理思路。我们原来的基础是"大庆精神""鞍钢宪法",后来根据西方的企业文化选择了一部分，让工人参与到企业管理中来。工人参与企业管理对企业的发展有一定作用，调动了工人的积极性，这样就慢慢形成了我们自己的企业文化。

进入 20 世纪 90 年代，随着改革开放的不断深入，中国企业逐渐开始接触西方企业文化管理思想，引进、吸收西方的企业文化，并运用到中国的企业管理中。

西方企业文化形成的背景与资本主义发展历史是一脉相承的。马克斯·韦伯（Max Weber）在《新教伦理与资本主义精神》一书中就提到，一个人对天职负有责任乃是资产阶级文化的社会伦理中最具代表性的东西，而且在某种意义上说，它是资产阶级文化的根本基础。当时的西方资本市场实行的外部扩张政策与其宗教教义理念有着密切的关系。基督教新教伦理提倡大家竞争。西方的一些国家，像西班牙女王就奖励她的臣民去外面占领土地，这些思想对资本主义早期发展起了很大作用。

竞争的观点基于生命法则。中国传统文化中没有这种理念，中国的"竞""争"是分开理解的，"竞"是一个概念，"争"是一个概念。"竞"是大家一起前进的，"争"是你死我活的。同一方向的是"竞"，面对面的是"争"。竞争的理念对资本主义经济的发展繁荣是有进步意义和历史意义的。中国文化有自己的优势、特色，特别是近期提出的人类命运共同体理念，与西方倡导的理念是不同的。

人类命运共同体蕴含了中国儒家文化中的"大同"思想，"一带一路"的建设，帮助其他国家的发展，共同合作，达到共赢，是"大同"思想的新时代解读。企业文化应立足于自身的文化理念，同时企业自己要有创新，要在全世界创新，立足于全球。为了人类命运共同体这个目标大家一起努力，发挥中国人和中国文化的优势。

党建工作要根据中国特色抓住本质，引领企业发展

党建是有理想、有思想的指导。党建本身有自身的目标，作为一个企业，党建要依据企业的实际情况，制定具体的路径。当然，党建有党建创建的方法，企业文化有企业文化自身的领域，要全面贯彻落实十九大的精神，就要研究企业文化与党建工作二者的相互关系。党建工作要根据中国的特色，抓住本质，再根据企业自身发展的需要，然后一步

步引领企业向现代化企业发展，要避免讲空话。如果我们的文化坚守既有中国特色，又有中国文化的根，这样才能立于不败之地，两者互补，不能取代。历史的发展进步，就是要跟着时代创新前进，党建与企业文化两个都是这样，都有创新。两个方面不同轨道，但是很多地方是融合到一起的，二者有着独特的关联，但是又不能完全排斥，不能替代。两个方面各自都有很大的开拓空间，要通过总结实践经验使其在新的历史时期形成新的学说。

文化和经济的关系是手心手背的关系，不可分割

现在讲企业要走出去，走出去的具体方式、方法就是要与当地的文化融合，不与当地的文化融合，业务也就无法做下去。现在的企业文化，因为有"一带一路"要走出去的战略目标，要建设人类命运共同体，这不仅丰富了我们的企业文化，而且在更广阔的范围内衍生了企业的责任，确立了高远的发展目标，在引领世界的同时，也扩展企业文化发展更大的空间。20 世纪 80 年代初，做企业文化更多是把人家的企业文化抄过来，新时代的企业文化要创新，要走出去，要研究和了解所在国家的特点、风俗、宗教习俗。现在我们有些企业走出去的国家是有宗教信仰的国家，要盖教堂，就要有改革创新思维，就要学会原来不懂的东西，适应"走出国"的文化，进而达到合作共赢的目的。虽然说美国作为资本主义国家已经在衰弱了，当然衰弱过程中它还要抗争，不可能退出去。美国特朗普的执政政策，符合西方的文化，我们要跟他竞争，要取得优势，就是让我们的文化与经济融合。

我们古代的文化和经济是两张皮，古代人融合的观点在很多时空都强调分开。中国传统文化中的孙悟空能大闹天宫，西方的米老鼠没什么本事，可是西方人知道米老鼠的人远远超过孙悟空。西方的"米老鼠文化"是与经济融合的，打出去的形象是米老鼠，但内容是与经济发展融合到一起的。中国的"孙悟空文化"是孤立的、分割的，没有与经济联系到一起。后来我们提倡的"精神文明、物质文明两手抓，两手都要硬"。其实"文化和经济的关系是手心手背的关系，是不能分割的"。我们要确信：等到改革开放 100 年的时候，中国的"孙悟空"一定能打败"米老鼠"。这里的打败不是西方的竞争观念，不是

打到地上踩上一只脚，这不是中国的文化，而是打造人类命运共同体，一起前进，一起创造新的世界。

要关注民营企业文化和品牌文化建设

"天下为公"，可以对"地上谋私"。天有天上，地有地下，人只能在天下地上这两个层面。我们这个社会要树立"天下为公"的思想。如：民营企业解决了就业问题，也纳税，民营企业也有"公"。国有企业做不到的，"非公经济"做到了，应该肯定。企业文化过去讲得不够完整，可能是用西方的观点来讲我们中国的企业文化、私人企业的文化。私人经济的文化里面有品牌文化、有营销文化、有伦理文化等很多方面。私人的企业文化现在不占主导，但是他的分量很大，不可忽视，也要关注。

品牌文化大家都在讲。流行的说法是三流企业在生产产品，二流企业做品牌，一流企业定标准。目前国际上有 9 个标准是中国制定的，现在有这个条件，有这个权力，让中国的真正有能力的企业去主导世界经济。中国人要站在世界企业的前列，争取制定更多的标准，有更多的话语权和决策权。中国定的标准世界的工厂都要来执行，这也衬托出中国企业要干的大事太多了，与之联系的企业文化大有发展前途。

企业家要能做到"大富、大红、大德"

西方企业的企业文化是根植于宗教而总结提炼出来的。韦伯的《新教伦理与资本主义精神》中提到"没有企业家阶层就没有资本主义的发展，没有道德宪章就没有企业家阶层，没有宗教信念就没有道德宪章。"

企业文化要强调社会责任，我们过去讲得不够。事实上，衡量一个企业的文化含量就要考量它的社会责任。国企、民企都是一样的，不能说国企就尽到社会责任了，特别是企业家，国企的企业家和民营企业家，都要有很强的社会责任意识，很多事情就可以通过企业实现。我国历史上，明朝朱元璋时代有个叫沈万三的人，号称富可敌国，与朱元璋有政治分歧。朱元璋统一明朝后，他被充军云南，后来死在那里，临死时交代不要大富、不要大红。历史的经验告诉我们，作为官员要大富、大红，还要大德。企业家要能做到"大富、大红、大德"，就是一个了不起的企业家。所以企业文化里面要体现社会责任文化，既有大富、大红的愿望，又有大德伦理文化的社会评价，企业家有了这个伦理道德的观念，才称得上是一流企业家。为此，我们要提倡让企业家真正践行企业家精神，引领企业家文化。企业家文化需要企业家自身努力，还要有理论指导，我们要加强对企业家精神的研究。在新时代，企业家站在了时代的前头，应引领企业发展，要用与企业家相匹配的企业伦理道德、观念、滋养自己，还要通过媒体和企业文化研究组织引导，呼吁、宣传企业家精神。

传统文化与企业文化的传承与融合

企业文化要领先时代，跟上潮流，才有希望在竞争中取胜。特别是把中国文化融合在企业文化里面，形成中国企业文化特有的优势和企业的聚合能力。

总结中国的文化，使之成为历史前进的推动力，并站在时代的前头，创新是永久的话题。我们要把创新新时代企业文化作为自己的职责和使命，既要继承、发扬传统的东西，也要根据时代特色，在新的时代背景下挖掘、创新企业文化的时代内容。由于我们对中国的传统文化领会不深，过去很多宝贵的东西被遗失或丢掉了，很多人有着"外国人的东西是新的，老祖宗的东西落后了"的误识，影响了我们对传统文化的继承。其实中国传统文化在很多方面都是世界一流的！我们讲人类命运共同体，就需要"和而不同"，各有各的美，大家相向而行，在一起奋斗，历史前进了，大家就都赢了。

（作者系原商业部部长，原国务院特区办主任，中国企业文化研究会名誉理事长。本文为作者在 2017 年年底中国企业文化研究会文化创新总结会上的发言）

从经济学视角看文化自信

林毅夫

中华民族伟大复兴带来的不仅是中国梦实现，还很有可能帮助其他发展中国家实现现代化，为人类不断贡献其理论创新与文化自信的力量。第二次世界大战以后，那些刚取得政治独立的发展中国家，普遍存在"西天取经"的心态，认为学会西方先进国家的理论，拿来推行，就能够取得发展和转型成功，实现对发达国家的追赶。几十年的实践证明，发展中国家尚无依靠"西天取经"实现现代化成功的先例，用西方国家的理论也不能解释中国改革开放以来所创造的经济奇迹。

以我的专业领域发展经济学为例，发展经济学是第二次世界大战以后，应取得政治独立的发展中国家自主追求现代化之需，从现代经济学当中独立出来的子学科。第一波思潮是盛行于 20 世纪五六十年代的结构主义，强调市场失灵，主张以政府主导推行进口替代战略。第二波思潮是 20 世纪七八十年代兴起的新自由主义，强调政府失灵，主张以休克疗法推行私有化、市场化、自由化的华盛顿共识。第二次世界大战结束至今已 70 余年，全球 200 多个发展中经济体，绝大多数至今依然陷在中等收入或者低收入水平。少数几个赶上发达国家的东亚经济体所推行的出口导向发展战略，从结构主义角度来看恰恰是永远赶不上发达国家的。我国改革开放以后以渐进双轨方式转型，实现了稳定和快速发展，如果从新自由主义视角来看却是最糟糕的转型方式。西方主流理论总结于发达国家经验，而且经常还是以在发达国家也尚未完全达到的理想条件为前提，拿到发展中国家来运用，必然有"淮南为橘，淮北为枳"的局限性。在现代化、全球化大潮中，闭关锁国不行，照搬发达国家的道路、理论、文化亦不可行，学习参考他人要建立在对自己道路、理论、制度、文化具有高度自信的基础上。

文化复兴是一种文化自信，它意味着文化的绵延不断。中国文化何以几千年绵延不绝？首先，需清楚何为文化。我倾向于使用马林诺夫斯基的定义，他将文化分为三个层次：器物层次，即生产、生活工具；组织层次，包括社会、经济、政治组织；精神层次，即伦理、价值取向，等等。五千年来，器物层次和组织层次的中国文化都在发生变化，但以"仁"为核心的传统伦理价值体系始终绵延不断。从孔子的"仁者爱人"到"以人民为中心的工作导向"，都是中华文化核心价值延续的体现。

面向未来，伴随中国经济持续发展的潜力不断释放，以儒家文化为重要传统之一的中华文化，能否与经济基础发展相适应并不断演进，进而形成一个完整的器物、组织、精神三个层次自洽的文化体系？答案是肯定的。当西方还是封建社会的时候，中国就已是一个市场经济体系的社会。在欧洲中世纪，农民是半农奴，依附于土地，而中国从春秋战国时期开始，就已经有相当活跃的劳动力市场，商品市场也颇为活跃。可以说，中华文化以及以"仁"为核心的传统伦理价值跟市场经济体系是共融的。

从文化自我更新的角度来看，中华文化既能适应经济基础不断提升、政治组织与经济组织不断变化，又能保持其精神实质，并以相应形式与变化相呼应。以儒家为例，孔子所以被称为"圣之时者"，是因为他总是能够因地制宜、因时制宜；他的述而不作是有选择的，他把过去的经典按照时代需要给予了创新性整理和诠释，正所谓"苟日新、日日新、又日新"。其后儒家文化吸纳了佛家文化的内涵，发展为宋明"理学"和"心学"，以儒家文化为重要传承内容的中华文化有能力随着时代而调整、创新。这一点也可以从日本和"亚洲四小龙"有能力在儒家文化基础上实现现代化得到证明。

文化包含多个层面，当一种文化体系跟另外一种文化体系碰撞时，就会有强势弱势的差别，其决定因素在于经济基础。理论和实践都证明中国的经济基础，也就是中国文化的经济基础完全有可能不断提高。而且，只要有意识地实践、倡导，中国文化也有能力保持其核心伦理价值取向，根据时代的需要不断地进行上层建筑的创新。

今天，我们迎来了最接近中华民族伟大复兴的时刻，我们这一代知识分子可以更为冷静、平和、客观地重新审视中国文化和中华民族命运之间的关系。中国特色社会主义进入新时代，我们不仅会继续保持经济的稳步发展，而且会将中华文化发展为当今世界的先进文化之一。除中国以外，世界上还有 65％的人口生活在发展中国家，他们和我们一样都有实现国家现代化的梦想和追求，中华民族伟大复兴带来的不仅是中国梦实现，还因为发展中国家之间的条件相似，来自于中国复兴经验总结出来的理论，很有可能帮助其他发展中国家实现现代化，为人类不断贡献理论创新与文化自信的力量。

（作者系第十三届全国政协常委、政协经济委员会副主任，全国工商联专职副主席，北京大学新结构经济学研究院院长。本文摘自《人民日报》）

弘扬优秀传统文化　创新企业经营管理

孙安民

改革开放 40 年来，中国的民营经济从无到有，从小到大，从弱到强，得到了空前的发展。已经成为国民经济不可或缺的组成部分，一支有胆识有能力的民营企业家队伍也正在崛起。然而面临不断变化的国际国内形势和日益激烈的市场竞争环境，如何突破创新寻求更大发展，不仅是民营企业和企业家本身，更是全社会要共同面对的课题。我就"关于民营企业如何传承和弘扬传统文化，增强民营企业家的文化自觉与自信"谈几点看法：

第一，弘扬优秀传统文化增强民营企业家的文化自觉。民营企业作为国民经济的生力军，要发展突破创新，就必须加强企业文化建设，而企业文化的核心是企业成员共同的思想观念和价值追求。需要企业家倡导，员工认同，企业家所要倡导的企业文化不仅仅是企业家的管理思想，还要包括企业员工愿意接受并自觉遵守的核心价值观，而中华传统文化博大精深，凝聚了千百年来中华民族的生活经验、生存智慧，包含着中华民族最强大的精神基因。正像习近平总书记指出的，中华文化积淀着中华民族最深沉的精神追求，是中华民族生生不息发展壮大的丰厚滋养，一个成功的企业家，应该不断深化对弘扬中华优秀传统文化重要性的认识，进一步增强文化自觉和文化自信，要深入挖掘中华优秀传统文化的价值内涵，涵养企业精神，并以此为根基，着力构建与中华优秀传统文化一脉相承的企业文化体系，努力提高企业的软实力。

第二，弘扬优秀传统文化培育企业家的优良品质。面对迅速变化的国际国内大环境和市场经济形势，要在不断吸取西方文化的同时，不忘东方文化，做一个有能力的人，成功的企业家应该兼具人格魅力，有超强的管理能力。

所谓人格魅力就是修养和做事风格。企业家的魅力起码应该包括四个方面，一是家国情怀，二是学者智慧，三是商业思维，四是君子涵养。家国情怀就是事业和使命感，以改变世界让世界更加美好为使命，而不是单纯赚钱的企业家，才可以称得上伟大的企业家，没有强大的使命感是根本走不远的；

学者智慧就是洞察力，看到整个世界的发展趋势，进而把先进的技术变成真正需要的产品，而没有商业思维的企业家就会到处碰壁；君子涵养就是正直谦虚宽容的品质，不为外界所诱惑，宽容大度具有亲和力，这些都是优秀企业家应具备的品质修养，没有素质涵养的企业家是不能够被员工和市场所接受的。

第三，弘扬优秀传统文化提升民营企业文化管理水平。企业文化是企业之魂，民营企业要谋求做强做久，企业文化是更深层更持久的力量，中华文化以其独一无二的理念智慧、气度神韵增添了中国人民和中华民族内心深处的自信和自豪，也为民营企业文化提供了取之不尽、用之不竭的源泉。中央办公厅、国务院办公厅印发的《关于实施中华优秀传统文化传承发展工程的意见》指出，实施中华优秀传统文化传承发展工程，是建设社会主义文化强国的重大战略任务，要将中华优秀传统文化传承发展纳入国家战略的高度，民营企业要以此为契机，大力弘扬优秀传统文化，指导企业发展方向，统一企业价值取向，清洁企业精神环境，荟萃员工智慧，进而培育现代的企业文化。

第四，弘扬优秀传统文化促进民营企业全面创新发展。随着民营经济在国民经济中的比重越来越大，民营经济特别是高增长的民营经济经过多年的发展已经取得了令人瞩目的巨大成就，进入转型升级的发展通道，中国民营企业又到了一个新的发展高度，转型升级离不开创新驱动，企业要通过从产品创新到技术创新、市场创新、组织形式创新等全面创新，寻求新的商业机会，形成良性循环。要把创新当作自己的使命，使企业拥有竞争力，要从中国优秀传统文化中汲取智慧和力量，积极追求经济增长的质量和效益，提升产品的价值，提高自身的综合实力和核心竞争力，习近平总书记系列讲话强调：中华传统文化是我们在世界文化激荡中站稳脚跟的坚实基础，中国民营企业一定要结合新的时代要求，传承和弘扬中华民族的传统文化，立足创新发展，努力在世界经济大潮和中华民族的伟大复兴中有所作为，做出更大的贡献。

（作者系全国政协常委，第九届、十届全国工商联常务副主席，中华文化交流与合作促进会理事长。本文为作者在"第二届中国民营企业文化论坛"上的讲话）

弘扬劳模精神　引领工业文化

王新哲

工业文化作为人类文化的重要组成部分，是人类社会在实现工业化进程中个体和集体不断积累下来的物质生产、制度生产和精神生产的总和，包括工业物质文化、工业制度文化和工业精神文化三个方面。新中国成立后，随着我国工业化进程和社会主义现代化建设事业的不断推进，工业文化大规模发展，宝藏丰富。仅就精神生产而言，劳模精神就是工业文化软实力的具体体现和重要内涵。

劳模精神就是劳动模范者在社会实践中所表现出的价值观、道德观和精神风尚，内涵十分丰富，具体来说包括了劳模那种坚定的理想信念、以民族振兴为己任的主人翁精神；那种勇于创新、争创一流、与时俱进的开拓进取精神；那种艰苦奋斗、艰难创业的拼搏精神；那种淡泊名利、默默耕耘的"老黄牛"精神和甘于奉献、乐于服务的忘我精神；那种紧密协作、相互关爱的团队精神。劳模精神作为中华民族精神的重要组成部分，是工人阶级先进性的集中体现，是社会主义核心价值观的重大实践成果，也是代表中国特色工业文化的一种宝贵精神文化。

我国的劳模精神形成于革命战争时期，经历近一个世纪的发展，其时代特征也随之演变，但是不同时期的劳模精神一定是不同时代的标杆，是先进文化的代表。在此形势下，从中国优秀传统文化中汲取养分，从民族工业的传承中探寻精气神，从工业文化入手增强中国工业软实力已成为推进工业经济提质、增效、升级的新思路和新路径，迫切需要弘扬劳模精神，引领工业文化，支撑实现我国制造强国建设的宏伟目标。

一、劳模精神：一个时代的标杆

（一）革命战争时期的劳模精神

1933年8月，中央苏区为了促进生产，开展劳动竞赛，提出了以比数量、质量、成本等为内容的竞赛目标，并决定按时评比、表彰先进和评选模范。20世纪40年代中期，在中国共产党的领导下，陕甘宁边区又发起了一场声势浩大的劳动英雄和模范工作者运动，解放战争时期又出现了大量的"支前劳模"和新解放城市中的"工业劳模"。这一时期的劳模运动经历了从个人到集体、从生产领域到各个方面、从上级指定到群众评选、从数量增多到质量提高、从提倡号召到按规定标准予以推广、从革命竞赛到全面的群众运动的发展过程，体现了"服务战争、支援军事"的指导思想和"为革命献身、革命加拼命、苦干加巧干、经验加创新"的劳模精神，呈现出"革命型"的劳模特征。

（二）中华人民共和国成立初期的劳模精神

新中国成立后，为恢复发展国民经济，进行社会主义建设，党和政府坚持沿用了革命战争时期的经验做法，依托社会主义劳动竞赛和生产运动开展了形式多样的劳模运动，从1950年9月至1960年6月，这10年间评选出了成千上万的劳模和先进生产者。他们来自各行业的基层，一线产业工人是主流，典型代表有吴运铎、王进喜、赵梦桃、孟泰等。在他们身上体现出的是社会主义理想和爱国报恩的价值追求，其蕴含的劳模精神的内涵是"不畏困难、艰苦奋斗、自力更生、无私奉献、刻苦钻研、勇于创新、不怕牺牲、团结协作、爱岗敬业、多做贡献"。"一不怕苦、二不怕死"的硬骨头精神和"老黄牛"形象是他们的真实写照，提高操作技能和熟练程度、提升技术水平和生产能力、提出合理化建议和总结推广先进经验、从生产型向技术革新型转变是劳模们的典型特征。

（三）改革开放至今的劳模精神

从1977年4月至1979年12月，中共中央和国务院连续召开了五次全国性的劳模大会，共产生了来自工业、科技、科研、财贸、交通等领域的2541名劳模和先进工作者。值得注意的是，改革开放后，"知识分子成为工人阶级的一部分"的论断，进一步扩大了劳模队伍的外延，陈景润、袁隆平、蒋筑英、邓稼先等知识分子和科研工作者的优秀代表成为劳模队伍的新成员，极大地鼓舞了知识分子和脑力劳动者的工作热情。尤其是党的十八大以来，党带领全国各族人民在协调推进"四个全面"战略布局过程中，大力践行社会主义核心价值观，中央电视台专门推出的《大国工匠》系列节目，热情讴歌了一批先进劳模的典型事迹，反响强烈。总的来看，这一时期劳模精神的内涵也在不断丰富，奋力开拓、争创一流、建功立业、改革创新、创造价值、与时俱进等成为领跑时代的新向标。"以知识创造效益、以科技提升竞争力，实现个人价值、创造社会价值"成为劳模的价值追求，"知识型、创新型、技能型、管理型"成为当代劳模的鲜明特征，充满活力和感召力的劳模队伍为全面建设小康社会，推动社会主义经济建设、政治建设、文化建设、社会建设以及生态文明建设和党的建设做出了重大贡献，也是实现中国制造2025伟大目标的重要力量。

二、弘扬劳模精神，促进工业文化的发展

劳动模范是我国工人阶级和广大劳动群众的杰出代表，是先进生产力的代表，也是先进文化的代表。劳模精神包括由劳动模范这个集合体长期实践与创新所形成的整体价值观念、道德风范、敬业精神、行为准则、创新精神等，弘扬劳模精神，将有效促进工业文化的发展。

（一）弘扬劳模精神，创新工业文化内涵

从革命战争年代的赵占魁，到中华人民共和国成立初期的王进喜，再到近期的大国工匠，这些劳模通常在平凡岗位上，追求职业技能的完美和极致，其生产的产品同样如此。例如，中国商飞上海飞机制造有限公司高级技师胡双钱工作30多年来，创造了打磨过的零件百分之百合格的惊人纪录，很多零件用在中国新一代大飞机C919的首架样机上；中国航天科技集团运载火箭技术研究院特种熔融焊接工高凤林35年专注火箭发动机焊接工作，被称为焊接火箭"心脏"的人，130多枚长征系列运载火箭在他焊接的发动机的推动下顺利飞入太空；全国劳动模范、全国技术能手、中华技能大奖和航天技能大奖获得者、国防科技工业有突出贡献中青年专家毛腊生从业39年专注给导弹穿上耐高温、耐高压的"外衣"，配制砂子、对铸造导弹舱体的砂模进行造型，他设计、制造的许多产品为我国国防事业做出突出贡献，等等。这些大国工匠劳模数十年如一日地追求着职业技能的极致化，靠着传承和钻研，凭着专注和坚守，缔造了一个又一个的"中国制造"。他们生产的工业产品，包括工艺美术产品、工业设计产品、文化创意产品、工业装备产品等，集聚物化了劳模精神，蕴含了丰富的文化内涵，成为工业物质文化的重要组成部分。这些劳模在几十年如一日的平凡工作中，所生产产品的质量，所提出的产品标准规范等，为我国工业产品创立了新的标杆，创新了工业制度文化的内涵。更重要的是，这些劳

模在工作中表现出来的热爱本职、脚踏实地，勤勤恳恳、兢兢业业，尽职尽责、精益求精的创造与创新精神，早已成为工业精神文化的瑰宝。因此，大力弘扬劳模精神，必将极大丰富工业物质文化、工业制度文化和工业精神文化三个方面的内涵。

（二）弘扬劳模精神，加大工业文化宣传力度

党和政府历来十分重视劳模工作，对劳模精神进行了高度肯定和阐述，倡导并在全社会大力弘扬伟大的劳模精神。迄今由党和国家授予的全国先进工作者和全国劳动模范有数万人。1982年，奖励劳动模范和先进工作者被写入《中华人民共和国宪法》。如今，评选劳模和定期召开全国性的劳模大会，作为一种制度被固定下来。2013年4月28日，习近平总书记在同全国劳动模范代表座谈时指出，以"边区工人一面旗帜"赵占魁为代表的劳动模范在革命战争年代，以"新的劳动态度对待新的劳动"，带动群众投身人民解放事业；以"铁人"王进喜为代表的一大批先进模范在新中国成立后以"宁肯少活20年，拼命也要拿下大油田"的"铁人精神"，激励各族人民投身社会主义建设；以"蓝领专家"孔祥瑞为代表的一大批劳动模范和先进工作者在改革开放历史新时期干一行、爱一行，专一行、精一行，带动群众积极投身改革开放和社会主义现代化建设。可见，一直以来，广为传颂的劳动模范和劳模精神有巨大的感染力和推动力。劳模精神是工业精神文化的精髓，是工业文化的重要组成部分。工业和信息化部副部长刘利华同志在首届中国工业文化高峰论坛上强调，加大新闻宣传力度，推动全社会提高对工业文化重要性的认识，切实改变"重硬轻软"的现象。在建设工业强国的过程中，我们要以弘扬劳模精神为核心，大力宣扬中国特色工业企业文化理论。

（三）弘扬劳模精神，推进工业企业文化建设

弘扬劳模精神，就是要弘扬劳动模范高度的主人翁责任感。高度的主人翁责任感来源于工人阶级的阶级意识和当家作主的政治意识，是激发广大职工奋发向上的思想基础，是企业文化建设的重点。引导广大职工学习劳模精神，就是要像劳动模范那样，时刻牢记工人阶级伟大的历史使命，以国家、民族的伟大复兴为己任，胸怀大局，增强主人翁意识，以高度的责任感和忘我的工作热情投身到企业各项工作中，切实肩负起建设工业强国的光荣历史使命。

　　弘扬劳模精神，就是要弘扬劳动模范爱岗敬业、艰苦奋斗、勤奋工作、无私奉献的崇高精神和优秀品德。要引导广大职工像劳动模范那样，立足本职，刻苦钻研，埋头苦干，不断进取，奋发有为；要识大体、顾大局，提倡奉献精神，正确对待社会利益关系调整，努力做到个人利益服从国家和集体利益，局部利益服从整体利益，眼前利益服从长远利益；要努力树立爱岗敬业、诚实守信、奉献社会的良好职业风尚。这些崇高精神和优秀品德是优秀工业企业文化的圭臬，是我们实现工业强国的力量之源。

　　弘扬劳模精神，就是要弘扬劳动模范紧跟时代、勇于创新的精神。创新精神是企业文化的灵魂，没有创新，企业将停滞不前，国家也将失去活力。要引导广大职工紧跟时代前进的步伐，不断学习新知识，掌握新技能，提高自身的思想道德和科学文化技术素质，用科学的理论和现代科学技术知识武装自己，努力提高学习能力、创新能力、竞争能力和创业能力，推动各项事业的创新和发展。

　　总之，劳模是民族之精英、国家之栋梁、社会之中坚、人民之楷模，是党和国家的宝贵财富，是时代的标杆。劳模精神体现了主人翁责任感和艰苦创业精神、忘我的劳动热情和无私奉献精神、强烈的开拓意识和求实创新精神、良好的职业道德和爱岗敬业精神。劳模精神包含的是一种精神、一种理想、一种境界、一种追求、一种作风、一种志向。劳模精神是先进文化的代表，是当代工业文化建设的重要组成部分，是构建和谐社会、加强职工群众精神文化熏陶、培育企业核心竞争力、推进我国工业化强国建设所必须弘扬的时代主旋律。

　　（作者系工业和信息化部总经济师。本文摘自新华社）

专家谈文化与企业文化

中国特色社会主义文化的时代担当

季为民

任何一个国家，在发展政治、经济、社会、生态文明的同时，都会面临如何推动文化建设的命题。党的十八大以来，以习近平同志为核心的党中央，在文化建设领域不断开拓新实践、推出新成果，做出了与新时代相称的文化新贡献。党的十九大报告指出："文化是一个国家、一个民族的灵魂。文化兴国运兴，文化强民族强。没有高度的文化自信，没有文化的繁荣兴盛，就没有中华民族伟大复兴。要坚持中国特色社会主义文化发展道路，激发全民族文化创新创造活力，建设社会主义文化强国。"以习近平新时代中国特色社会主义思想为指导，坚定文化自信，推动社会主义文化繁荣兴盛，中国共产党人在实践中积累了丰富经验。

第一，坚持党对意识形态工作的领导，牢牢掌握意识形态工作领导权。意识形态之争实际上是道路、理论、制度、文化的方向之争，事关党的生死存亡，掌握意识形态工作领导权、管理权和话语权至关紧要。话语权是基础，管理权是保证，二者共同生成领导权。领导权的关键是坚持马克思主义的指导地位。当前的首要任务就是通过加强理论武装，推动习近平新时代中国特色社会主义思想深入人心，巩固全党全国人民团结奋斗的共同思想基础，在理想信念、价值理念、道德观念上达成共识。同时，要建构主流话语，增强话语权威。深化以习近平新时代中国特色社会主义思想为主要内容的马克思主义理论研究和建设，加快构建中国特色哲学社会科学，构建体现中国特色、中国风格、中国气派的哲学社会科学话语体系，引领各种社会思潮，形成一元主导、多元协调的话语格局，以主流话语反对和抵制各种错误观点。

第二，以社会主义核心价值观凝聚全体人民的精神追求，构建共同理想信念，弘扬当代中国精神。文化建设是国家治理现代化的重要方面，国家治理体系和治理能力现代化需要社会主义核心价值观的价值统领，而核心价值体系和核心价值观建设也需要国家治理体系的支持。要运用各种现代化治理的文化建设举措引领社会效益优先的文化事业和市场，提升国民教育、创建精神文明、传播文化产品、繁荣文化市场、发展文化产业，构建现代公共文化服务体系，把社会主义核心价值观融入社会发展的各方面，转化为人们的情感认同和行为习惯。而这些文化治理举措的前提则是坚持以人民为中心。坚定文化自信，也要贯彻党的群众路线，为人民对美好生活的向往服务，在人民群众中弘扬民族精神和时代精神。

第三，运用信息技术等现代传播手段，综合提炼中国特色社会主义文化的内涵和精华，讲好真实、立体、全面的中国故事，提升国家文化软实力。国家文化软实力是国家综合国力的重要组成部分，特指一个国家依靠政治制度的吸引力、文化价值的感召力和国民形象的亲和力等释放出来的无形影响力，它关乎民族兴衰、国家起落、政党存亡、人民安危，并决定国家形象的优劣。近年来，我国运用现代传播理念和媒介终端塑造国家形象的尝试引发广泛关注与热议，也让我们明白了一个道理：中国国家形象的建构必须彰显鲜明特色，即用世界话语传播独特的历史背景与文化传统，向世界描述一个文明大国、东方大国、负责任大国和社会主义大国的形象。同时，以互联网信息技术为代表的新媒体推动了传播载体和手段的创新，也为提高新闻舆论传播力、引导力、影响力、公信力提供了传播新理念、新方法和新平台，更好弘扬传播了中国特色社会主义文化，展示了我国意识形态的文化力量，使中国特色社会主义文化具有强大的吸引力、感召力和认同感。

习近平总书记在十九大报告中指出："发展中国特色社会主义文化，就是以马克思主义为指导，坚守中华文化立场，立足当代中国现实，结合当今时代条件，发展面向现代化、面向世界、面向未来的，民族的、科学的、大众的社会主义文化，推动社会主义精神文明和物质文明协调发展。"这体现了以习近平同志为核心的党中央，坚定文化自信，立足中国、面向世界，守正创新，以新时代中国特色社会主义文化的主体精神和文化自觉，推动中国特色社会主义文化发展的实践和担当。

坚定文化自信要勇于执着坚守。不忘初心，方得始终。坚持马克思主义，牢固树立共产主义远大理想和中国特色社会主义共同理想，是坚定文化自信的信念根基和前进动力。这要求我们要对经济全球化时代的世界文化格局和中国文化处境有清醒认识：对外，我们的文化在东西文化话语权的争夺中仍处于劣势，在世界文化版图中不断遭遇挑战、误读甚至被妖魔化；对内，中国特色社会主义文化观不断遭遇各种社会思潮的论争。这要求我们在新时代要以理想信念夯实文化自信的思想基础，使社会主义核心价值观成为凝聚全体人民的共同价值追求。

坚定文化自信要善于理性思考。国民文化成熟与否的重要标志就在于是否具有独立思考的理性精神。我们应该通过理性思考找回中国文化传统的优秀基因，重建文化自信的定力，努力为世界指引方向，而不是言必称西方，对自己的文化宝藏视而不见。东西文化各有优长，中国特色社会主义道路所取得的巨大成就正是中华优秀传统文化、革命文化和社会主义先进文化魅力的集中展示。这也是为什么有越来越多的西方有识之士来中国寻找文化发展"钥匙"的原因。

坚定文化自信要敢于开拓创新。周虽旧邦，其命维新。人类文明的每一次进步都是建立在创新创造基础上的。文化创新经常是民族发展的关键所在，为战胜风险挑战提供制胜之道。守正创新应该是新时代中国发展的文化战略。我们应该立足于人类文化整体创新，拿出心智和勇气着手解决人类共同面临的文化生态失衡问题。要发扬勇立潮头的浩气、超越前人的勇气、与时俱进的朝气，充分发挥创新潜能，做探索中国道路和世界大同的文化创新和知识创造生力军。

坚定文化自信要乐于担当奉献。新时代进行伟大斗争、建设伟大工程、推进伟大事业、实现伟大梦想，我们肩负着弘扬新时代中国特色社会主义文化、实现中华文明复兴的时代使命，这既是中华民族实现新时代中国特色社会主义文化复兴的重大责任，也是中华文明为世界文明创新奉献智慧的重大机遇。在这场前无古人的人类文化革新中，我们应该拿出与天地相呼应的才情、见识、勤勉和魄力，勇于担当奉献，有所作为，"为天地立心，为生民立命，为往圣继绝学，为万世开太平"。

（作者系中国社会科学院新闻与传播研究所副所长。本文摘自《光明日报》）

跨文化管理之道

孟凡驰

坚定两个信念

第一个信念，"一带一路"是积极的国家战略和企业战略，是前所未有的信息化和开放化，使得全球化成为一种不可逆转的趋势。世界上不管是发达国家还是发展中国家在认识这个问题上必须要清醒、理智。如果倒退50年，搞不搞国际化，搞不搞现代化、用不用信息化，可能是根据每一个企业家在文化自觉和技术自觉的先决条件以及他自身的素质来决定的，而在当前的这种形势下，不管你有没有这样的素质，是不是能认识到，都是这样的客观趋势，顺应这样趋势的民族就充满活力，企业会大发展，不适应不参与这种国际化，终将会被淘汰，逆全球化、去全球化及其逆全球化和去全球化所产生的狭隘的民族主义情绪是没有出路的。

第二个信念，"一带一路"跨文化融合是中国从富强走向文明的必经之路。跨国经营走"一带一路"的方向，在经济上我们国家获得一些前所未有的财富，应该说是不言而喻的，这个过程是使我们国家不断富强的一条道路，但能不能使我们国家同时更加文明起来呢？这点上观点是不一样的，有的说靠我们国家的传统文化就能文明起来，靠外国的技术就可以了。这种思路离不开所谓西体中用、中体西用，简单地非此即彼的文化思维模式，西学为体、中学为用或者中学为体、西学为用我认为都是非常狭隘的，体用之说本身具有历史的局限性，我的基本观点是互为体用，只要有利于人类的进步，只要有利于以人为本，只要有利于国家的文明进步，你的体我就吸收了，你的用我也吸收；我的体对你有用也可以吸收，我的用对你也有好处，你也可以用，所以我们不能说国家的文明靠传统，富强靠外国技术，这是一种绝对化的文化思维。

中国的改革开放40年了，使我们国家初步富强起来。但是我们国家的文明发展和经济发展的落差也是非常明显的。大家都能感觉到改革开放给我们带来的富强，还有世界地位。但是这个社会出的问题也比较多，尤其是我们价值体系的被冲击，信仰的缺失，还有人们整体前进中灵魂的茫然，以及大家对于未来的把握心里没有底，没有安全感等，大家或许会感觉到有些茫然的。

因此，我们说在文明发展建设中与富强相比是有很大的落差。只靠中国自身的文化，在当今时代恐怕不能建立起中国的文明。为什么呢？因为文化快速发展必须靠多元的异质文化不断地碰撞、不断地吸收、不断地遴选才能形成新的核心文化，所以单质的文化往往不能使一个国家保持不断发展的态势，不能使一个国家保持不断进步的生机和活力。文化的发展必须是异质文化、多元文化不断碰撞，淘汰各种不良文化内容才能发展起来。

文化的发展要冲破近亲繁殖状态，才能强壮新的基因，才能不断发展起来。日本这么小的国家，其文化如此发达是我们有目共睹的，日本文化的发展在明治维新之前，尤其是在德川幕府之前，基本上是闭关锁国的文化，它进行的明治维新改革胜利了。日本在文化上主要倡导两句话，一句话是"开国进取"，相当于我们的改革开放。第二个是"脱亚入欧"，即脱离亚洲模式，进入欧洲模式。他们没有说精神文明不要，而是全面吸收，吸收对他有用的，吸收文明的东西。但是我们往往就讲前面的"开国进取"，对于后一句话"脱亚入欧"我们往往不谈，亚洲

文化中的某些方面有些单调，不利于现代化的进步。中国文化要走出去，证明我们的存在感，拥有我们的获得感，才能实现中国的世界价值，把文化引进来才能丰富我们的文化内涵，使我们的文化基因不断发展壮大，文化走出去与引进来应该是相辅相成的，这方面要破除我们旧的观念。

充分把握企业文化传播的重点所在

在对外开放当中，文明文化的相互交流使中国文化走向世界。传播中国文化、做中国文化的使者，是我们中国文化的责任所在，每一个企业都有责任。传播过程中有方式的不同，企业作为一个特定的行业与文化事业单位不一样。文化部门传播文化比如艺术演出，到外面演出我们的京剧、举办画展、图书出版还有武术的交流，另外在国外办文化节等。这些都是对国际文化的输出。这些和我们企业不一样，文化传播特征是小众的，突出外在形式和非强制性的。

但是企业传播中华文化不同于上述方式，企业传播中华文化是通过特有的载体，产品、服务、经营、管理，有余力的时候再搞一些福利事业，产品、服务、经营、管理是特有的方式。比如，产品用日本的电器，这个产品承载着精细文化，当你欣赏这个产品的时候能注意到、看到精细化的艺术、工艺，使用美国的产品能看到什么叫作开放创新，使用德国的汽车能看出来什么叫作厚重、严谨、高质量，使用巴黎的服装和化妆品就知道什么叫浪漫和奢华，在产品中分析体验到的一种文化，是附着在产品中的。我们的企业首先要把产品、服务、经营和管理做好，把文化体现在这些载体之上。企业通过产品、服务等来传播文化，是具有大众性特征，重内在理念，有效、深刻、持久而且具有强制性。

遵循五大环节

第一个环节是了解。入乡随俗系统学习，系统了解当地宗教、地理、民俗、习惯、性格等情况，全面地了解。

第二个环节是理解。理解是理性地分析和沟通，文化上的问题，有的是能讲清楚为什么，有的是讲不清为什么。所谓能讲清的比如说像地理，为什么说西方是海洋文化、开放文化，西方国家大多数民族发祥地是爱琴海地区，这些地区多数是岛屿，往

往只生产一两样物产。比如，这个岛就盛产甘蔗，不能天天吃甘蔗，还得吃米得吃面，就开着船运输到另外一个岛去换米换面，另外的岛可能是盛产米和面。中国为什么会封闭，因为中国可以自给自足，开放的意识和对外商业交往会受到影响，一些文化是可以找到缘由和根本的。有些东西则是说不清讲不清为什么的。

第三个环节是包容。主观上一定要有包容的心态，主观上各美其美，保持共赢的态度。中国的包容还存在很多的问题，比如现在倡导共赢的理念在中国比较难，为什么？中国历来都习惯一种卧榻情结，"卧榻之侧，岂能容他人酣睡？""非我族类，其心必异"，怎么办呢？"同行一定是冤家"，这种意识还是非常深的，隐藏在我们的潜意识深处。有容乃大，不拒细流，我们的包容文化还是要下功夫，你有我有大家才都有。

第四个环节是尊重。相互适应，工作中调整，"己所不欲，勿施于人"，己所欲者也不要强施于人不要强加于人，你觉得好的别人未必觉得好。这里有一个中交四公司的案例，在毛里塔尼亚施工的时候，评选属地优秀员工，出发点是好的，大家可以理解，但是一开始却遭到了强大的阻力，评选是肯定一个或几个员工，其他的员工则群起而攻之，大家集体闹情绪。穆斯林的教义说，苦乐得失只相信阿拉，这是毛里塔尼亚当地的文化。如果不了解，评选一个却惹了一大批人，所以评选暂时就搁置了。后来慢慢沟通，在沟通的过程中，给大家人手一份冷饮、劳保用品，沟通完了大家慢慢接受了，再进行评选工作，属地员工就肯接受了，从接受到沟通有一个过程，这些事看似是小事，背后都有文化因素，解决得不好会影响整体职工的情绪。

最后一个环节是融合。经过了解、理解、包容、尊重最后达到融合，融合是互学互利，你中有我，我中有你。上海纺织集团材料中有一个观点，在融合文化中要变"求同存异"为"存异求同"，我看这不是做文字游戏，把求异放在开始然后再求同，这个观点可以认真思考，总之融合必须做到你中有我，我中有你，凡是相同的都是普适的，凡是有差异的都是个性化的，首先做到文化融合才能做到整体的融合。

（作者系中国企业文化研究会理事长、教授。本文为作者在 2017 年百人学术论坛上的总结）

"一带一路"背景下推进中外企业文化融合

李世华

习近平总书记在推进"一带一路"建设工作座谈会上强调，"要切实推进民心相通，弘扬丝路精神，推进文明交流互鉴，重视人文合作。"在建设"一带一路"的进程中，我们要按照习近平总书记的指示，坚持文化先行，树立文化引领经济的高度自觉，推动传统文化的传承与现代文化的创新，通过进一步深化与沿线国家的文化交流与合作，促进区域合作，实现共同发展。

第一，文化交流互鉴是大势所趋。不同文明之间的交流互鉴是当今世界文化发展繁荣的主要渠道，也是世界文明日益多元，相互包容的时代标志。文化传承与创新已经成为各国经济贸易合作的软支撑。我国企业积极推进中国与"一带一路"沿线国家和地区在各个通道的建设，是建设"一带一路"的主力军和骨干力量。中国企业在走出去过程中遇到了前所未有的挑战。主要是"一带一路"沿线国家的社会制度、宗教信仰、文化传统、经济体制、法律制度、开放程度等方面各有差异，以及与此相联系的不同的价值判断、市场规则、行为方式、生活习俗，这在一定程度上影响着经济合作的深广维度、进程持续和企业的营商环境、经营管理的正常运行。文化环境对企业运行来说其影响是全方位、全系统、全过程的，走出去的企业在国际化经营发展的同时，与所在国合作中的多元文化的差异冲突也日益凸显。深入进行中外企业文化比较研究，推动中外企业文化融合，是中国企业国际化经营中跨文化管理的一项重要的基础性工作。搞好"一带一路"背景下跨国企业先进文化建设将会提高"一带一路"战略落实的安全系数，为"一带一路"战略实施提供良好的文化支撑。

第二，理性识别文化差异，达成彼此文化尊重，推进中外企业文化融合。文化差异包括宗教的差异、历史的差异、价值观的差异、习俗的差异、习惯的差异，还包括语言、思维方式、工作理念、管理风格的差异，涉及伦理、信仰、法律、国际公约以及出行规则等方方面面。文化差异是企业发挥自身优势的条件，有利于增强企业的竞争优势，促进企业发展。企业要加强文化差异的区别，理性地面对文化差异，消除文化摩擦，以开放包容的文化理念，兼容并蓄不同国家和地区文化的精华，滋养自身企业文化生命，使之焕发旺盛的活力和强健的市场适应力，促进企业双边和多边的合作氛围。我国企业在"一带一路"沿线国家进行建设，必然会受到不同国家民族文化的影响，而不同民族的文化都经历了各自独特的历史形成过程，进而呈现出具有本国特色、形态各异的文化特征。中国企业在国际化经营中要保持谦虚心态，尊重外方文化，注意人格平等，要尊重对方的政治立场和道路选择，不强求、不干涉，学习、尊重各个国家的历史和文化，平等自主，和平共处，为合作创造和谐安定的社会环境。

第三，充分进行文化沟通，达成彼此文化理解，推进中外企业融合。"一带一路"沿线各国历史文化宗教不同，只有通过文化交流与合作，才能让各国人民产生共同语言，增强相互信任，加深彼此感情。这些年来，我国沿线、沿途国家的文化交流形式越来越新颖，内容越来越多，规模越来越大，影响越来越广，这就为我们走出去的企业开展文化交流，创造了很好的和谐氛围。企业要充分利用政府主导或举办的各种交流平台，加强与其他国家企业的文化交流，相互借鉴吸收，着眼于未来和长远利益。将国家利益和企业利益统一起来，在文化交流中让企业的文化理念、价值观念、沟通方式与世界接轨，共同创造新的管理文化。"一带一路"沿线国家有60多个，人口40多亿，发达国家与发展中国家同在，宗教信仰繁多，人与人之间由于利益不同、观念不同、信仰不同，难免会发生冲突和矛盾。中国企业要努力了解和掌握走出国的重大历史事件、中外名胜古迹、哲学宗教、音乐绘画、社交礼仪等，这样才能充当好促进"一带一路"文化交流的桥梁，成为学习先进文化的先行者和推进中国文化的志愿者。我们要研究"一带一路"沿线各国的国情和投资机会，研究各国的传统和企业文化，研究与不同国家企业不同的合作方式。企业作为国家文化软实力已经扮演着重要的角色，走出去的企业不仅代表着企业的自身，也代表着国家。美国企业尊重个人价值，重视自我价值的实现，提倡竞争精神、务实精神，鼓励创新。德国企业具有强烈的质量意识，重视产品和服务的质量，德国的制造做工严谨，这使得他们在世界市场上具有较强的竞争力，占有特殊的市场份额。这些国家的企业走出去毫无疑问也将国家的

软实力散播到了世界各个角落。因此，中国企业，尤其是具有国际影响力的大企业，要增强文化自信，树立良好的企业形象，为提升我们国家的文化软实力助力添彩。良好的、充分的文化沟通有助于企业更好地理解文化差异，化解文化冲突。通过沟通要让世界认识中国和中国企业，读懂中国和中国企业，知道中国企业的理念和规则。同时，要深入了解外国文化和企业，熟知外国企业的理念和规则，知道国际通用的规则法则，要努力了解东道主的语言与非语言沟通的差异，并建立起各种正式或非正式的、有形或无形的跨文化沟通的组织渠道。针对既存的文化差异和文化障碍建立起良好的相互理解与信任的协调机制、沟通机制和交流平台，以便及时有效地化解文化障碍。企业之间的合作关键是人与人之间的合作，要注重与相关合作企业核心人物的交流与沟通。为提高文化沟通效果，可利用技术交流学习机制，以技术交流学习为载体，推动文化沟通，建立人才双向交流机制，拓展文化融合的广度和深度，建立各种活动机制，多层面促进文化沟通。

第四，找到最大公约数，达成彼此文化共识，推进中外企业文化融合。在全球化大背景下，各国利益日益融合，国家之间也许文化不同、信仰不同、制度不同，但合作共赢却是最大公约数。构建合作共赢的新型国际关系，代替单打独斗的老做法，中外企业之间的关系也应如此。尽管与外国企业存在着诸多差异，但企业共同的愿景、使命、理念是最大的公约数，比如安全、创新、绿色、共赢的理念应是大多数中外企业共同的理想和追求，我们要彼此促进文化的融合，走出去和请进来的企业要尊重彼此文化，理性地面对文化差异和进行充分的文化沟通，在达成文化理解的基础上增进了解和互信，互相学习对方的文化精髓和特质，共享文化的厚重和多彩。直面文化差异，奉行求同存异，善于发现不同文化的智慧，在互利共赢的基础上，寻求文化的契合点，以文化的多样性融合，促双边或多边的市场对接、机制对接、产能对接。"一带一路"发展战略是和平发展的经济战略，是政策沟通、道路连通、贸易畅通、货币流通和民心相通的"五通"系统工程。我国企业应当树立帮助沿线发展中国家推动经济现代化建设、促进沿线发达国家发展经济、摆脱危机、让"一带一路"建设造福沿线各国人民的宗旨意识，同时，实现我国经济发展目标。在互利共

赢的投资下，完善双边和多边投资贸易协议条文，健全双边和多边投资贸易运行机制，在实施"一带一路"发展战略的实践中，将互利共赢的企业文化精神贯彻到底。要善于发现双边和多边利益会合点，总结和创新经济合作模式。在商务实践中勇于探索，瞄准双边和多边的不同需求点，实施有针对性的优势互补，积累实践经验，为我国政府创新体制机制，完善政策和法规制度提供事实依据。

第五，进行跨文化培训，实现跨文化创新，推进中外企业文化融合。要通过跨文化培训逐步形成一种既坚持自己的核心价值观，又体现与各种异质文化融合的灵活性与有效性，适应所在国的本土文化，从而开放自己，包容别人，为我所用，共享共赢。中外企业文化融合是把所在国及相关单位各具差异的个性文化通过充分的沟通、交流、吸收、借鉴、融合、创新，逐步建成统一的更高层次的企业文化体系的过程。其目的不仅要解决跨国企业中不同群体因文化传统、文化思维、文化实践等的不同而引发的文化碰撞和冲突，更重要的是通过文化的深度融合，实现文化的共识和认同，以引领和保证企业沿着既定的战略目标发展。要像中远海运集团那样通过培训推进中外企业文化的融合的过程。成为求同变异、求同尊异、求同化异的过程；成为传播中国文化激扬文化自信，树立中国形象的过程；成为主动融入、深入融入、巧妙融入的过程和情感共融、利益共享、合作共赢的过程。

第六，积极推行社会责任，积极履行社会责任，做受尊敬的企业公民，推进中外企业文化融合。积极履行社会责任是企业顺利实施国际化运营，赢得国际市场信任的通行证。随着"一带一路"战略、国际产能和装备制造合作的深入推进，在国际化经营中积极履行社会责任至关重要。要加强海外社会责任风险管理，牢固树立国际投资理念，深入了解当地政治法律、民族文化、宗教习俗和利益相关方诉求，加强风险识别和评估，为海外投资决策提供支撑。要加强海外社会责任履行，坚持诚信经营，尊敬所在国习俗，保护当地环境，维护当地员工权益，提高本土化率。积极参与社区建设，力所能及地支持所在国公益慈善事业，更好地融入当地社会，树立中国企业负责任的国际形象。要积极参与国际标准和规则的制定，熟练掌握运用国际社会责任的方法和规则，广泛利用多种平台加强与有关国际组织

的沟通交流，增强我们的话语权，提升国际影响力。中国企业要向全球展示我国和平发展、合作共赢的理念，打造命运共同体、责任共同体和利益共同体的时代精神。在服务国家战略，推进一带一路建设，融入和惠及当地民生等方面做出应有的贡献。

（作者系国务院国资委原副巡视员，中国企业文化研究会副理事长）

第四次工业革命与中国企业的价值取向

李德顺

第四次工业革命已经到来

所谓第四次工业革命是一个新词，是 2014 年 4 月 7—11 日在德国汉诺威工业博览会上，中国有 600 多个企业参会，在讨论工业事关命运和前途问题的时候，有人提出工业 4.0 版的概念，引起了大家的关注，由此进一步概括成第四次工业革命时代的到来，前三次工业革命：一是 18 世纪 40 年代到 19 世纪 40 年代的蒸汽机时代；二是 19 世纪 40 年代到 20 世纪 50 年代的电气化时代；三是从 20 世纪 50 年代开始的信息化时代，按照前面每个时代一百年算，信息化时代现在刚刚五十年。

汉诺威的文件建议（德国工业 4.0 实施建议）主要是讲了 21 世纪人类要把绿色革命作为自己工业生产的主题，也许信息化时代是这个新时代的开头，而后来的绿色革命是这个时代的主题，从信息化开始到绿色革命，从资源领域走向一个新的境界，先是由于电子计算机技术产生形成数据化、大数据，信息化的过程。信息化本身是对信息这一资源的开发和建设，作为资源的不仅仅有信息，更重要的是对人类而言，依赖性更大的资源是自然资源，是绿色资源，是生态资源。所以，如果叫第四次工业革命，代表这个革命的实质和主要目标可以用资源两个字概括，包括信息资源、生态资源、社会资源、文化资源等，总体上是资源侧的革命，这和中央提出的供给侧革命在精神实质上有相同之处。

怎么理解第四次工业革命

绿色工业革命在汉诺威会议上主要概括为大幅

度提高资源生产率，降低污染排放，经济增长与不可再生资源要全面脱钩，与二氧化碳等温室气体排放脱钩。一是不要排放温室气体，二是资源不要再用化石资源，不再用不可再生的资源，如果这样理解第四次工业革命的话，只是就工业企业生产而言，很专业也很狭窄。因为工业生产仅仅是指制造业，这个领域要担当起绿色革命的任务，主体不完整，不全面。所以，我们对这个问题的看法是，如果理解过于狭窄，就会给我们的制造业、工业留的选择余地和空间"小"，我们能做的业务范围也就更"小"。所以，我们对待绿色革命，要有一个大的、广义的工业革命界定，不仅仅涉及制造业，还要涉及全部生产和服务领域，不仅涉及全部生产领域，还要和人的日常生活领域融为一体，从总体上考虑绿色工业革命怎么加快经济发展方式的转变，加快生活文化方式的转变，并将几方面融为一体。从生态的角度看：低碳发展，促进生态赤字转向生态盈余，但生态的问题不仅仅是人和自然的问题，也是人和人的关系问题，是世界性的社会问题。因此，我们要有大生态、大绿色的整体观念。

绿色革命对我国企业核心价值观念的启示

从企业的角度着想，我们有了绿色革命的意识，我们企业价值观就需要有变化，或者在原有的企业文化与企业价值观上可以增加新的追求和现代选择。

一是企业主体的提升。企业主体要有新的、时代性的觉悟。新的时代性的觉悟就是企业要把自己放在人类命运共同体的前沿，放在事业的前沿；人类命运共同体是人类庞大的共同体，如果要前进发展的话，谁在最前边，在实践中我认为生产制造业企业处于最前沿。虽然我们在人类生产生活中始终处于前沿，但在生态保护、绿色革命中也要走在前沿。这就需要有一种全人类命运共同体的主体意识，因为我们不只是代表一个企业或者个人，我们代表的是人类命运共同体当中的一支主力军。而保护环境实现绿色生态的事业只能有一个主体，他的主体就是人类的整体，包括我们前人做的事情，后人要继续做，我们现在做的事情还要为我们的后人负责，留给人类及子孙后代持续发展的空间，或者保持好青山绿水，留下一片干净的土地。要做到此，就必须站在整个人类的高度才能有宽阔的胸怀。如果仅就一个国家、一个地区、一个企业、一个人来讲，

大家并不觉得自己对保护环境有多大的责任和多大的权利，相反的，有的地方认为开发资源、破坏环境我才能生存。所以，站在人类的主体和整体看问题，这个主体意识是一种提升。企业在这场革命中，谁在这方面提升得比较自觉，比较到位，它就可能发挥更大的作用，成为正能量之源。

传统的工业和生产方式，从信息革命开始发生变化。从世界范围比较看，日本人特别善于模仿，他模仿美国人搞的工业发展方式，到了20世纪70年代、80年代已经追上美国了，不但是世界第二大经济体，而且对美国也咄咄逼人。日本的企业家到处购买美国的企业，美国人惊呼日本人要吃掉美国了，日本靠传统工业发展方式已经追上美国了。但是突然之间美国出现了比尔·盖茨等一批人，这些人创造了知识产业，知识产业一经发展，美国又把日本人至少甩了20年。让日本的经济陷入停滞状态，这就是发展方式的威力和发展方式转变的效益。比尔·盖茨等精英们之所以能够形成新的知识经济产业，就是因为在信息化时代，发现了信息资源。事实上，自古以来就有信息，但直到20世纪中期才被注意、研究、使用。反观信息天才们如果不是站在人类整体高度，对联系人类文明进步的某些东西过目成诵，也难有信息时代。

二是权利和责任意识的提升，我们企业作为主体是一定权利和责任的担当者。企业都有权利，尤其是作为法人，有法定的权利和责任担当。在绿色革命时代，我们对自己的权利和责任要有一种扩展意识，这个扩展意识就是保护资源，保护环境，促进生态良性发展，这是企业应有的权利；我们作为人类成员，也是我们的权利。同时，在我们企业业务范围内，也应该有企业的责任。从文化的视角看，企业的价值说到底就是两个方面，一个是企业的自我价值，企业能够为自己的发展壮大做什么，为职工生活福利和业务能力、人才成长能够做得越多，企业自我价值就越大；另一个是企业的社会价值，就是企业为社会贡献了什么，贡献越大，越不可替代，企业就越不可战胜。企业的社会价值和自我价值的统一决定了企业价值。在绿色革命时代，我们对自己相应的权利和责任要有清醒的、自觉的拓展和深化，要把"绿色"考虑进去。过去人类没有环保意识，因而常常人类污染，现在受到了环境的报复。现在有了这种意识要从头做起，从点滴做起，一方

面监督环境保护，另一方面是担当环境保护，这是双向的权利，这是企业主体自我定位的提升，权利与责任的拓展。

三是对企业生存空间的扩展。如果说企业的生存、企业的地位和企业的命运，企业的存在方式，权利和责任扩展了，企业的存在方式就可以扩展，就利于朝着资源、发展、开拓、创新、保护资源的方向，可以有很多新的拓展。我觉得大的绿色环保概念很重要，我们不要仅仅盯在一两点上。保护环境和为保护环境服务，以及引导生活、生产消费，在这方面有很多事可做。现在我们有一些大的概念不到位，一级概念太狭隘太封闭，所以有的时候就觉得时间、空间没有余地，虽然知道该干，但是不知道能干什么，这就需要扩展自己存在的时空感。简单地说，需要我干的和我该干的事儿，比原来想的知道的要多很多。比如，为了环保有的地方可以往无纸化保障发展，这与各个行业都有关系，是生产生活方式的变革，少用纸，就为造纸厂减少砍树以及相关的运输、储存等，这也许使很多行业要转型，这正说明有很多东西在有形和无形中需要我们理解和开拓。所以，关键是存在感，存在的时空感，以及可以创新。

我们保护环境最终的目标是什么？专家说保护现有的物种不减少，我认为现有的物种减少要分析哪些受人类影响的，哪些不受人类影响。地球上的物种从来都是变化的，我们都知道恐龙的灭绝，不是人类造成的，那时候还没有人类，自然生态也是生生灭灭，也在不断转变。保护环境不能用外部环境作为尺度来衡量，要尽可能设计既要让人活好，又要保护好环境的标准。比如：我们给子孙留一片绿水青山，这是以人类延续和发展为尺度的标准。有些东西是由哲学家讨论，像每个企业自己的生产，消耗的材料，排放物要达到什么样的程度才符合绿色标准，不要说保护环境就不能生产，要生产就破坏环境，我们老陷入两极对立之中，这是对事情的时间和空间把握不完整，我们的视野太狭窄所致。

我想，观念的变革主要是影响企业存在的时空感，观念的拓展和提升非常重要。要用哲学思维考虑环境问题，因为好的哲学让人的眼光没那么狭窄，思维没那么僵化，心思没那么浮躁。我们人类有很多的盲点，哲学是帮人朝最向上的观念去想的，突破那些盲点，会看得更广更远，就像你在街道上走不出去，如果你跳出来看地图，再看街道形式就知

道怎么走了，而不是一条道走到黑，而是要解放思想。比如，转变发展方式，最主要的是靠谁来发展。有的企业发展不是靠企业本身、靠企业职工发挥聪明才智，而是老想着靠外部的政策、机遇，老把重点放在期盼支持的话，企业创新的活力就少，自己的主动性就少，发展余地的空间就少。所以，我们可以跳出单纯供求关系单一的思路，在绿色革命时代，以人类命运共同体的角度思考问题，在这种主体意识下，我们企业作为主人可以不坐等，直接面向社会，主动地从社会的发展角度向多方面寻求生长点，这也是可以开拓的。我一直希望中国也出现比尔·盖茨，后来出了一个马云，我很关注，我多次追问，马云能当中国的比尔·盖茨吗？多数人说不行，马云成功的诀窍是面向社会，面向市场需求，特别是在商品供销方面缺什么，缺服务，直接面对面的服务，他抓住"服务"搞了网购，他发展起来了。站在马云的角度，他是成功的。但是这个成功是我们过去教科书、企业管理手册、企业经营手册里没有强调的东西，这就是创新和超越。

我常想，从 2008 年开始这次世界性的经济危机，实际上是由于冷落了实体经济造成的，主要是金融业，我认为货币就是财富的符号，符号的 N 次方，这样的东西太大，不就是泡沫吗？这次世界经济危机就是房地产、证券弄来弄去，把整个世界经济卷入其中。金融业始终是为实体经济服务，为人民生活服务的，让钱活起来，成为畅通的血脉，才能使我们国家的经济健康发展。

从文化角度来讲，有广义和狭义的文化。文化不一定是文宣部门还要有文化部门的参与，这是广义的。在狭义的文化层面上，让学习创新成为企业文化的先锋导向，这些年学习和创新两个口号都被大家喊了很多，但是我觉得一直比较空洞，我们的学习创业、员工培训，即便有具体的政策支持的创意，也要落实在新的产品上，不断拓展市场，打造企业自己形象简明的文化品牌。特别是当所有的学习创新型企业文化建设能够影响第四次工业革命时，我们说企业在新时代必将创造出有中国特色、能够引领世界潮流的新企业和新企业文化。

（作者系中国政法大学终身教授、人文学院名誉院长，中国企业文化研究会学术委员。本文为作者在"中外企业文化 2016 南宁峰会上"的发言）

企业文化：创造生存的机制

张国有

理念、规则、机制、习惯、传统的总和

企业是企业创办者的作品，企业文化首先是个理念体系，首先需要创办者去创意和构思。文化需要在发散的基础上进行凝练。2008年北京奥运会已经过去10年了。在北京奥运会之前，需要设计一个奥运形象标志，要求将中国文化浓缩在一个小小的标志上。100个人就有100种方案。不管谁乐意不乐意，多种设计方案必须收敛，必须集中。最后，出来了一个大家都看到的含有中国印等元素的奥运标志。中国文化需要从它全部历史及成就中去凝练，企业文化也需要从它的全部历史及成就中去凝练。问题在于谁去凝练企业文化？当然首先是创办者，或者由创办者指定一些人，或组织一个团队等去贯彻创办者的意图。总之得有人去凝练。凝练企业文化的人会将自己对企业的理解凝聚进去。

这是个"创意挑战"。创意是随着想象而无约束发散的，但结果是有约束而收敛的。无论是由于经济考虑、市场选择，还是学术共识，或是不情愿的行政决定，最后出来的结果总是少数，或是一个。文化的创意及其凝练，纵观历史并对其有恰当的理解，这并非易事。有人建议用瓷器作为中国标志的元素，因为"China"是中国"陶瓷"到了西方，成了中国的代名词。有人反对，认为牵强附会。说China是chin的发音变化。Chin就是当时的"秦国"，秦国就是当时的中国。所以，"China"不是陶瓷，而是秦国音译。你认为哪个更合适？理念、规则是需要认可的，认可的东西才能反复而成为习惯，习惯因隔代传承而成为传统。"纵观历史"并进行凝练，能够传承并为后人不断认可的，才成为文化。

民族文化是个自然积累的过程，但企业文化是人创造的过程。有的企业刚刚创建，并无历史，无法纵观，但也要进行文化设计。这是创办者的创意。无论是政府作为创办者，还是个人作为创办者，都需要对企业的历史或未来进行思考，进行文化上的创意。

一个人、一些人、一群人，为了生存或更好地生存，建立起一个投入产出的流程，用于生产某种产品或者提供某种劳务，以此进行价值交换，从中获得盈利。这个过程，周而复始地进行下去。通过产品和劳务，在不断的流程中实现着个人和群体的愿望。平时，我们看到的流程形态多种多样，例如，种植小麦、开采石油、炼钢炼铁、制造汽车、制作餐食、研究设计、市场营销、物流运转、电子商务、金融保险、娱乐休闲等。凡是企业，都是以提供产品或服务、以盈利为生存手段的法人机构。

从企业的界定来看，第一，企业是人造的机构；第二，具有解决某种问题的能力，提供某些社会需要的成果；第三，以盈利为生存的手段；第四，法律认可的法人组织；第五，将相关的资源，组织在投入产出流程之中，形成有效的能量循环。所有来到企业的人员，都在流程中的某一个位置发挥自己的作用。流程将每一个人联系起来，每一个人及其联合性的群体推动着流程的不断运转。

看待和评价企业，平常关注比较多的是环境（市场变化）、手段（技术基础）、资金（筹措与使用）、人员（人力资源）、结构（组织设计）、信息（计划指令）、网络（社会联系）、物流（仓储供应）、盈余（利润、声誉）、战略（发展、变革）等方面的配置和运行，但对这些方面背后的信仰、理念、规矩、机制、习惯、传统等关注得比较少。平时关注比较少的部分，恰恰是企业持续发展的动力机制。

以企业生存的理由为依据，对关乎生存的企业价值创造进行设想，尤其对影响价值创造的关键要素给予界定，生出企业的"价值观"。"企业如何创造价值"的基本观念，产生于创办者，渗透于企业活动之中。如：迪士尼公司的价值观源于创办者迪士尼先生。迪士尼先生离开家乡到好莱坞创办自己的动画创作工作室时，就有了如何创作动画的基本准则。1923年开始制作爱丽丝喜剧系列时，这些准则就已经渗透其中了。经过多年的检验，这些准则实实在在地成为公司创造价值的准则。纵观历史，迪士尼公司的价值观主要有六个："创新""品质""共享""故事""乐观""尊重"。这六个创造价值的基本准则，加上公司存在的理由"为大众制造快乐"，构成迪士尼公司生存所依赖的核心理念。

核心理念成为公司规则及行为的指导思想。不少企业都有自己的使命及价值观，但非常贴切且长久不变又能为内外人士所记住的比较少。有的企业

对使命的表述 20 年中变动三次。使命变动，创造价值的准则也跟着变。有的越变越贴切，越变越有指导力量，这对企业生存非常有利。如果越变越空泛，越变越把握不住，企业文化从根基上就不牢靠了。企业文化作为理念、规则、机制、习惯、传统的总和，形成企业成长的动力机制，以这个机制为基础才能去追求更好的生存状态。

成果、资金、技术、创意、社会传统的结晶

企业成果反映企业的作为及追求，同时也受社会传统的影响，留下社会传统的印记。美国电影《阿凡达》是詹姆斯·卡梅隆执导、大群体创作、美国 20 世纪福克斯公司出品的影片。2010 年 1 月 14 日在中国上映。中国观众为《阿凡达》的图景和技术所展现的创意赞不绝口。8 天之后，2010 年 1 月 22 日，中国电影《孔子》也开始上映。这部电影是由胡玫导演、大群体创作、中影集团和大地娱乐有限公司联合推出的影片。《孔子》上映 20 天，票房超过 1 亿元人民币。在当时背景下，也是个可喜的成绩。这两部电影由不同的群体、不同的文化背景、不同的机构制作出来，前后相遇于 2010 年 1 月的中国。在文化机制上各有特色。

卓越的产品是成果、资金、技术、创意、社会传统的结晶，并不仅仅在于资金的数量。电影《阿凡达》制作成本 2.37 亿美元，按当时汇率相当于 16 亿元人民币。国内有人说，国外电影有大投资，所以能出大作品。我们舍不得投入，所以出不了大作品。如果给我 16 亿元人民币，我也能拍出这样的作品。实际情况并非如此。资金的确是重要因素，但不是最重要因素。即使有了 16 亿元人民币，未必能拍出《阿凡达》的效果。这里的关键因素并不在于资金，而是创作及制作群体能否聚集并驾驭对未来的想象。剧本需要超前的思维、极强的创意，要去构思以后 300 年甚至 1000 年幻想发生的事情。这个过程需要积累，需要创造的能力与机制，并非易事。

对未来的想象力与社会传统有关。美国历史较短，通常缺乏历史素材，可依据的史料仅有 200 余年的跨度。所以，美国群体前述有限，但后想的空间极大。加上美国科技发达，人才优秀，后想的科幻能力很强。所以，大量的科幻剧本出自美国。中国的历史素材极为丰富，有 5000 年的跨度，正因如此，中国群体后想的动力相对不足，但前述的条件

及能力都很强。所以，中国历史题材的剧本层出不穷。能有 2000 年前《孔子》的景象，却很难有 500～1000 年后的科幻。这和中国社会的传统有关。中美两群体之间的想象思维，相差 2000 余年。这个差距并非只是群体自身的能力，而是有社会传统的局限，并和群体文化密切相关。

文化并非虚置，还要有解决问题的技术手段。电影成就，即使有了创意的剧本，还要有创意的技术，能够运用现代数字技术，展现那种奇幻的场景。当然，创意技术是企业的技术积累。同样是电影创作群，以导演为核心的创作群体有自身长期积累的创作技术体系，以制片人为核心的制作群体有自身长期积累的制作技术体系。詹姆斯·卡梅隆在执导《泰坦尼克号》影片之后，花费 14 年时间，投资 2 亿美元，去研发 3D 虚拟影像撷取技术，又耗时 4 年时间来拍摄《阿凡达》。经过《泰坦尼克号》《阿凡达》等，其创意技术有了累进的转化、进步、升华。技术积累是群体文化的组成部分，更是群体文化的结晶。在创意技术领域，中国群体已经有了长足的进步，但和美国相比还是有相当大的差距。当然，决定性的因素是群体对核心理念的坚守。

企业处于社会之中，企业文化处于社会传统之中。当今社会是个市场机制的社会，所有的交易都与价值有关，所以，企业文化中也就有了"价值观"。企业的创意与制造主要是用于价值交换、追求经济利益和社会效益的活动。从事这样的活动，就要设置营利性的企业或工作室，进行商务机构的注册登记，以机构的形态进行创意产品的设计与生产，并创造自己的品牌，同时进行知识产权的登记和保护。许多企业的经营，其创始人创办企业往往与个人的兴趣、经历有关。创办人将自己的兴趣、能力转化成一个机构，通过机构实现自己的理想。所以，机构风格就是个人秉性的化身，个人文化就成了企业文化。

企业文化需要创意。在企业类别中，专有一类是典型的创意企业，其文化也是典型的创意文化。通常而言，企业的理念规则是以所做的事情及从事的业务为基础的。不同的业务特性有不同的使命和价值观。拍电影的和搞网络的、种庄稼的和炼钢铁的、搞运输的和卖保险的，文化机制各不相同。期望用一个企业文化的套路进行不同类型的企业文化建设，根本行不通。有的社会传统倾向于和而不同，

有的社会传统倾向于同而不和。两种传统就会影响企业出现不同的生机与活力。

无论什么样的社会传统，对于企业的生存创造，与七个创造性要素直接相关。第一，创意需求。企业为了什么而进行创造。第二，创意人才。创意首先源于人，在于个人的智慧及主动性。第三，创意技术。实现创意的技术也需要创造。第四，资金支持。没钱办不成事。第五，有成形的成果，有创意产品，有价值依附的基础。第六，有实现创意价值的市场。追求经济利益的创意需要市场的运作。第七，有继续创造的意愿和动力，使创造活动循环持续下去。许多企业都明白这些要素的关联性，都会在这些要素上下很大功夫。但真正持续成功的影响因素是支撑运行的人的信仰、理念、规则、习惯和动力机制问题，是在企业"硬件系统"的基础上，侧重追寻企业的"软件及软件驱动"问题。这些问题的解决，才有利于成果、资金、技术、创意、社会传统的结晶。

企业、意图、效率、机器与人的集成

企业文化需要超前的成果来滋养和维护。有超前的成果才有生存的可能，才能创造生存的机制。例如，人们一直在寻求高效率的地面位移系统，而企业担负着寻求这种系统的责任。我们看到，人行走的时均速为 5 千米，马车的时均速为 10 千米；汽车的时均速为 120 千米；高速铁路的时均速为 300 千米。现在有公司制造出了"真空隧道磁悬浮列车"，时均日为 1200 千米。马车、汽车、高铁等制造各种地面运输工具的企业，在不同的领域中，维持着自身的生存机制。相比之下，真空隧道磁悬浮列车具有超前成果的特性。其速度可以替代现时的飞机（飞机的时均速为 800 千米）。技术就是手段，效率就是优势，而产生技术和效率的文化就是生存的机制。

企业为什么有这样的意图、追求这样的效率？因为企业看到了未来的需求。地面交通效率的不断提高，地点与地点之间位移的时间在不断缩短。这种缩短将增加许多过去所没有的机会。例如，在沿海居住，在内陆工作；在乡村居住，在城市工作等，这就可以在更大范围、更长距离内选择生活和就业。还有，节省的时间可用于其他方面的活动，增加总

体价值等。企业也会考虑到节省位移时间的同时是否节省了位移的成本？地面运输系统和空中运输系统竞争的结果究竟有利还是不利？位移效率的提高有没有极限？这种极限性的提高究竟有什么意义？企业的意图在不断地受到拷问。这种情况下，就会发现，在超前成果的背后，一直就有企业人的思考，一直就有企业的理念、规则、机制在起作用。

在中国许多地方的餐馆，已经有机器人服务。机器人服务员走到客人桌前，打开盖子，一盘菜肴展现出来，并温柔地说："祝您用餐愉快！"。机器人取代了送菜服务员。在一线城市，除餐馆外，超市、药店、书店、医院、银行、仓储等领域，随着机器人成本的降低、效率的提高，机器代劳的现象就会越来越多。

企业文化是以人为核心的机制。针对个人和群体，企业有一系列的理念和规则，形成企业的习惯和传统。例如，有的公司要求员工在面对顾客时要遵循既定的服务要求，这些要求具体而实际，便于记忆和执行。当员工换成机器人时，某些规则是否要加以改变。这些理念和要求是：销售是为社会人类服务，获得利润是当然之报酬；对顾客不可怒目而视，亦不可有讨厌的心情；注意门面的大小，不如注意环境是否良好；注意环境是否良好，又不如注意商品是否良好；货架漂亮，生意不见得好；小店虽摆设不规整，但顾客方便，反而有好生意；对顾客应视如亲戚，有无感情，决定商店的兴衰；销售前的奉承，不如销售后的服务。当然，服务理念和要求都是针对人类的。当人类由机器人替代后，理念和要求是否还有意义？当 1000 平方米的超市原本有 16 个服务人员，这 16 个人的群体，就会形成群体文化。现在变成了无人服务超市，进出口、商品信息、结账等都由机器人来承担。有人的地方就有文化，无人的地方就无文化。"机器"本身没有人的思维，但"机器人"却加入了人的思维。人类人将自己该有的理念和规则嵌入机器之中，让机器人像人类人一样进行服务。所以，机器人体系的背后，仍然是人类人的理念、规则和机制，仍然是人类人的文化。当机器人代劳的情况出现的时候，人类人仍然是核心，将人类人的理念、规则、机制转化成机器人的内核，企业文化依然存在，存在于所有人

类人能触及的地方。企业文化作为"企业、意图、效率、机器与人"的集成状态，依然在创造着企业生存的机制。

（作者系北京大学光华管理学院教授，北京大学经济与管理学部主任，中国管理科学学会会长，中国企业文化研究会学术委员）

第四次的工业革命与企业创新

赵春福

关于第一次工业革命、第二次、第三次、第四次也就是工业 1.0、2.0、3.0、4.0，我们宣传报道得较多，其中，重要的问题是要认清第四次工业革命的特点，我认为它是以制造业的数字化、网络化、智能化为核心技术，实现信息技术、生物技术、新材料技术、新能源技术的广泛渗透，是以渗透整个工业领域的智能化、绿色化为特征的技术革命。

企业只有不断创新才能生存发展

第四次工业革命将建立一个高度灵活的数字化、个性化的生产模式，将改变创造新价值的过程，重组产业链的分工。在第四次工业革命中，企业只有不断创新才能生存发展。

第一，制造业是根本。对我们这样一个大国来说更是这样，如果现在大家都只是从事金融证券，没有实体经济做支撑，那像我们这样一个大国是没有出路的。

第二，走智能化的道路，工业革命 4.0 将传统的工业与信息化相结合，将全面实现制造智能化、产品智能化、服务智能化、管理智能化、生活智能化，各个行业将广泛地使用机器人。

第三，数字化走向数据化，数字化、网络化、信息化改变了人类的生存方式。现在又出现了大数据，大数据是未来世界发展的重大技术之一。

第四，互联网向物联网转变。物联网是互联网的延伸和拓展，拓展到物品与物品之间，物联网横跨了多种产业，率先进入的是制造业、医疗护理、保险业、销售业等，物联网的出现极大地改变了我们的生产和生活。

第五，从切削加工转为智能制造，过去我们一

个东西要把它通过不断地削减生产出一个产品。现在出现了 3D 打印技术，从快速成型发展到产品的设计研发制造的全部环节，大大节省了人力。

第六，工业革命将推动电子行业进一步发展。智能化到各个行业、各个领域，所有的智能化都离不开计算机，因此，智能化转型的浪潮必将推动电子企业进一步的大发展。

工业革命 4.0 带来了产业变革、商业变革，物质世界的数据化，将会使生产职业分工发生巨大的变化。在这样一个历史条件下，作为一个企业必须不断创新才能前进，才能发展，故步自封只能被历史所淘汰。工业革命 4.0 对我们中国来说是挑战，也是机遇，说挑战是因为中国还没有完全完成对上次革命的认识，但是发达国家已经开足了马力进入了新的工业革命。新的工业革命逼近是一个新的起点，这个新的起点也给我们后发展国家提供了赶超的机遇。

纵观我们企业的创新呈现出的特点，大多数企业是创新能力不足。其主要表现：一是对创新必要性和迫切性认识不足；二是创新人才不足；三是保护知识产权的能力不足；四是创新的开放与合作的程度不足；五是创新资金投入不足。

但是，在中国推动我们企业创新的积极因素也很多。从供给侧来看，一是有规模庞大、成本较低的工程师和科学家队伍；二是有政府强有力的支持；三是中国人有传统的创业精神；四是中国互联网产业快速发展。从需求上看，一是我们中国的市场广阔，人口众多，消费需求大。阿里巴巴这样的企业只能出现在我们中国这样人口众多的大国，小的国家不可能出现像阿里巴巴这样规模的企业；二是中国市场需求的多样性，对简单廉价的产品需要多。中国消费者容易接受新产品，中国的消费者有喜欢尝鲜的心理，对新产品持有一种开放的态度；三是政府不断推出各种各样的大型项目。这些都是推动中国企业创新的积极因素。

珍视我们企业的创新经验

中国企业最近 20 多年来在创新方面做了很多的工作，也取得了令人瞩目的成就，创造了很多成功的经验，有必要对这些经验进行分析和总结。

第一，从创新历程看，中国企业走过了一个从复制到进行渐进式创新的过程。在改革开放初期，

中国企业缺乏现代技术和管理经验，往往是从国外复制产品或者是再进行一点改造和独创，这也叫山寨产品，价格低，质量差。随着经济发展，中国的企业开始从模仿走向渐进式创新之路，持续地改进产品的生产和流程，满足客户新的需求。从模仿到渐进式创新是一个巨大的进步，如：阿里巴巴创办淘宝；百度最初是模仿了谷歌搜索的模式，然后自己进行渐进式的创新；腾讯原来是模仿一些网络游戏，后来推出了微信，这就是一个重大的创新，并获得了巨大成功，现在微信已经延伸到其他的国家。

第二，从一般的追随者到争取做世界标准的制定者。最初我们仅仅是跟着人家做，按人家的标准做，逐渐地我们的企业开始争取做世界标准的制定者。比如海尔等企业在这方面做了很多的工作。海尔一开始就高度重视创新，每年 4% 的收入投入到研发，已经提交了 4000 多项国内专利申请。特别值得骄傲的是中国的华为，华为研发资金占年收入的百分之十几，2014 年达到 14.2%，它与世界很多顶尖运营商进行合作，在全世界创办了 28 个联合创新中心。华为的技术被广泛应用于电信行业，华为的技术已经成为行业标准，这是了不起的壮举。如今，我们在南美洲、冰岛都能看到中国的华为。华为确实是值得我们骄傲的企业，现在华为的技术成为了世界的标准之一。

第三，从封闭式创新走向开放式创新。所谓开放式创新就是通过与外部参与者互动合作来实现创新目标。在中国的创新生态系统中，包括公司、大学、研究机构、供应商、客户和政府，中国的企业过去往往是依靠学术界、高校、研究所来完成开发。现在中国很多公司建立了自己的研发中心，北美、欧洲都有我们的研发中心。像海尔在 2009 年建立开放创新中心，中心的任务是在全世界探求外国技术和解决方案，中国企业的创新方式大致包括：一是成本创新，降低成本。二是流程创新，就是用新的流程和技术进行生产，或者交付已有的产品。比如远大集团，它的空调安装周期原来是 100 天，现在减少到 14 天。三是供应链创新。比如海尔建立了完美的供应链，它在全国建立了 40 多个物流中心，采用电子化管理方式，大大降低采购和物流的成本。仓库的面积减少 90%，原材料的持有期缩短了 70%。四是产品和技术的创新。这是指一项技术和产品或服务给一个国家或者全球带去了全新的价值，

根本性地改变人们的生活方式和工作方式。如历史上电视机、手机、电脑等，但渐进式的创新比较多。华为在 4G 的基础上赢得很多的奖项，2015 年在 5G 全球峰会上，华为荣获"5G 最杰出贡献奖"。远大集团研发的黑电空调产品把燃料直接用于空气的智能清洁，这项技术已经被全世界很多国家采用，包括美国的海军基地、空军基地，他们都用了我们远大集团的这项技术。五是商业模式创新，如网络销售、快递，这是一种商业模式的创新。腾讯网站通过微信的免费服务，在其他的产品和服务上收费，这种也是一种销售模式的创新。六是潜在客户创新，指一家企业服务于过去从未服务过的客户。如民生银行，他们的商代通，就是为大银行看不起眼的小企业服务，两年的时间民生银行成为了世界上最大的微小企业金融服务商。

适应第四次工业革命，中国企业要下大气力培育创新文化

第一，培育创新意识和创新思维。就是根据社会需要，利用现有的物质对原有的事物加以改变，创造新的事物。要求企业人表现出很强的求知欲、好奇欲、质疑欲、创造欲，富于创造性与批判性，具有标新立异、独树一帜的精神和追求。

创新思维方式有这样几个特点：一是求异性，要求关注事物的特殊性，关注事物的现象与本质，形式与内容的不一致。它的特殊性是创新思维方式的求异性的一个很重要的方面。因为我们一般多数人都对已有的权威结论怀有盲从和迷信的心理，人们很难创新，而求异思维不轻信常规，不轻信权威，以怀疑和批判的态度对待一切事物。二是联想性，我们有个联想公司，联想实际也是从思维方式引出的。联想是表面看将互不相干的事物联系起来，从而达到新的事物。我们经常说举一反三，这就是联想。联想思维可以利用自己的创新经验，也可以利用别人的创新经验，世界上任何事物之间都存在着一定的联系，这是人们能够采用联想的客观基础，联想就是经常寻找事物间的一一对应关系，它是创新思维很重要的方面。三是发散性，发散性思维是一种开放思维，过程是从某一点出发任意发散，没有一定的方向，没有一定的范围，主张张开思维之网，冲破一切困境，海阔天空地去想。发散性思维可以给我们提供很多的选择方案，能够提出别出心

裁、出人意料的见解，使无法解决的问题迎刃而解。发散性思维是创新思维的核心。四是逆向性，逆向性思维就是有意识地从常规思维的反方向去思考问题的思维方法。面对新的问题我们不能沿着前辈或者已经形成的固有思路去思考问题，而应该从相反方去寻找解决问题的方法。五是综合性，综合性思维是反对对事物仅从各个侧面的认识，而是将之统一为一个整体，从而把握事物的本质和规律的一种思维方法，当然不是简单地相加，而是从事物的内在上把握整件事物。

创新思维是人类创造力的核心，创造力首先是从创新思维开始的，是思维的高级形式，人类社会每一步的发展进步都离不开创新思维，没有创新思维我们人类就可能还处在野蛮时代。在创新思维中逻辑思维可以发现真理，非逻辑思维可以产生灵感。逻辑思维与非逻辑思维经常交织在一起，需要我们去培养开发。

第二，打造创新环境。一是在企业发展战略定位上给创新者充分的自由和思想的空间，不要千人一面。二是宽容失败，一个企业要有宽容失败的环境，每一次创新成功都包含着很多失败，可以说失败是成功绕不过去的坎。钱学森曾经说过，正确的结果是从大量的错误中得出来的，没有大量的错误做台阶就登不上最后正确结果的高峰。所以，一个企业没有宽容失败的氛围就无法创新。三是建立合理的创新的回报机制，这是另一个层面的问题，就是让创新者得到合理的回报。

第三，制定创新战略。企业的创新不是盲目的，应该制定战略，并且具有管控能力。这就要求我们的企业能够及时地发现市场机遇，而且要具有创新方案的整合能力，创新战略的管控能力，要克服战略惰性、能力惰性和人员惰性。

第四，建设创新队伍。队伍首先是企业家，因为企业家是领导者，企业家要具备一个创新职工的基本素质和能力。企业家首先是创新机遇的发现者，眼光要敏锐，才能先人一步。要注意两点：一是企业家是创新战略的制定者，不是盲目地创新，要根据企业的战略去制定创新的战略，而战略的制定要注意差异化，我们现在很多企业的文化战略雷同；还有企业家是创新资源的组织者，企业家是创新责任的担当者，创新是有风险的，企业要宽容失败。二是不拘一格地选好、用好各类人才。三是要积极

培育创新人才，培育创新者，培育职工的发现能力。创新者有一个共同的特点，就是不安于现状，想改变现状。

关注培养破坏性的创新团队，我们很多创新项目是原有项目的衍生品，破坏性的创新，颠覆性的创新是非常重要的。如：腾讯的CEO马化腾，他原来有个QQ，有一个团队要上微信业务，有人说上微信业务就是打碎自己的饭碗。可是马化腾支持，在自己的企业内部建设了一个颠覆性的一个创新队伍。微信成功了，也给腾讯带来了巨大的商业变化。马化腾说，如果我们不创新，我们就跟不上这个时代的潮流。所以，在企业内部，企业家要敢于给自己建立颠覆性、破坏性的创新团队，这样更利于我们创新发展。

创新力才是企业的核心竞争力，希望我们的企业大胆创新，做人类历史上新一轮创新浪潮的"弄潮儿"。

（作者系北京行政学院原副院长、教授，中国企业文化研究会学术委员。本文为作者在"中外企业文化2016南宁峰会"上的发言）

当前中国品牌塑造的问题与对策
——从文化规律看品牌塑造

文 魁

一、品牌与品牌文化、文化品牌

品牌就是商标，就像人有自己的名字，品牌本意是讲在工商注册受到法律保护。现在使用最多的是它的延伸内涵，主要有三个：优等品质、特殊品性、高端品位。品牌的特性，说到品牌，跟现在高等院校提出的"双一流"建设（国家战略），即要有国际一流的大学，还要有一流的学科类似。品牌的特性可以概括出20个特性：综合性、独特性、专有性、知名度、神秘性、吸引力、资产性、交易性、寄寓性、延伸性、情感性、易损性、溢价性、易盗性、积淀性、动态性、局域性、关联性、连带性、稳定性。要想把中国的品牌塑造起来，绝非易事。是要由很多走出国门、走向世界的企业，从一个品牌又一个品牌的积累改变人家对中国产品价格低、质量低的印象，才能真正把中国品牌树立起来。

品牌的功能表现为：一是形成可靠的信誉，信得过的产品。过去我们叫免检产品，这是一种信誉，这就是品牌。二是减少交易成本。交易是有成本的，但是品牌的交易成本要节省很多。三是迅速扩展市场。四是培育稳定的客户。五是标明消费者身份。品牌作为身份的一种标志，即顾客为什么要用这种品牌？是为了标明自己的身份，说明自己的地位。六是引领消费文化。在品牌的消费过程中，传递和培养着一种文化。

基于此，品牌文化和文化品牌的关系表现是：品牌文化是品牌中的文化，而文化品牌是品牌的升华，是品牌成为某种文化的标志。

二、文化规律：从元素到功能的形成

第一，认知。认知是文化形成的基本元素，不仅适用于品牌文化、企业文化，更适用于各个方面，包括现在社会文化、经理文化等。《人类简史》一书中把认知作为人类三大革命的第一个，就是认知革命。首先是语言、文字，这是区别于其他动物甚至区别于其他人类的标志。它表现为几个方面：

一是从客观事实中得出的一些认知。比如对自然、人类的认知，包括我们现在所讲的知识、经验、概念，像谚语"天上钩钩云地下雨淋淋"，这是一种认知，是很多经验的传达。

二是从个别事实推演出的认知，这是给予人启迪的。比如寓言、故事、警句、格言，还有现在讲的很多理念，都属于既有事实根据又讲出一个更深的道理。企业文化里有很多都是这样的。

三是对自然和社会特殊的感知。只有特殊的人会给你特殊的感知，如音乐、美术、文学，这不是每个人都能做到的，特殊的人有一种特殊的感知以及认知。

四是虚幻的认知。《人类简史》一书的作者把这个看作最主要的，就是虚拟的、根本没有的。这是人类认知的一个特点，就是能够讲故事、能编，讲的很多都是根本没有的事，比如传说、神话等，包括企业愿景、使命、价值观，还有理想、梦想。这里面谈到虚幻的认识，很多是集体的想象。

五是行为、准则、规矩、制度、风俗习惯。它是无形的，这是一种对于认知的显现。

六是固化认知。固化认知是有形的，会表现在产品、商品、建筑、设施、工程等。

第二，认可。所谓认可就是对认知的认可，一种认知不一定能得到认可，很多科学也不是一开始就被大众所接受。但是这是文化形成的必要条件。

第三，认同。认同是文化的真谛、本质，实现人与人之间的认同。但是认可和认同是有区别的，认可是文化的一种初级形态，认同是一种高级形态，认可只是承认。

正如讨论企业到底要不要有家的感觉。如果企业员工和老板的关系是简单的雇用关系，即员工认可老板，你雇用我，我在你这有工资；老板认可员工，我给你工资，你给我干活，双方认可达成协议，有一个合同、契约，也可以说认同，但这是一种初级形态。而高级形态则是所谓认同就是融合，一定把自己融合进去，你的事就是我的事，我跟你有机地融为一体。所以企业讲要有家的感觉，实际上是让职工和老板都有共同的价值规则，这两种形态是不一样的。

比如艺术，不管是音乐、美术还是其他行为艺术，观众去欣赏那只是认可，但是下决心一辈子从事这个职业那就是认同了，就是完全融为一体。包括现在的国际关系亦是如此。所谓认同，像我们不忘初心、牢记使命，那就是认同。

所以，企业的产品如果只是认可，可能就是一般的销售；如果是认同，就会有重视的用户，顾客愿意购买这个品牌的产品，就视这个品牌为其生命的一部分，那就是真正地融入。

第四，共振。共振是文化的功能，到最后认同会产生共振和共鸣，会产生巨大的推动力。

三、品牌塑造是典型的文化过程

用文化规律看品牌的塑造，实际上是非常典型的文化过程。首先品牌形成的元素——商品，它是各种认知的集合。各种认知把它集合在一起形成一种商品，商品包含着文化，所以它形成的基本元素就是认知。怎么才能塑造品牌、形成品牌？那就要获得消费者或者用户的认可，就是认可的过程。怎么才能认可？你内在品质、品行、品位能够取得消费者的认可，还有宣传，包括用户体验等种种手段。品牌形成的标志就是对品牌的认同。品牌产生的效应，就是生产与消费的共振、共鸣，这是达到了最好的境界。

四、品牌塑造的问题和对策

(一)品牌塑造中存在的问题

一是开发不足与开发过度。有的产品很不错，内涵也很丰富，但是企业不懂得把它塑造成品牌，所以导致开发不足，这是企业普遍存在的现象，或是开发过度，盲目追求影响。

二是看近不看远。没有看得很长远而是急功近利。

三是重表象、轻实质。在包装、形象上很看重，但是品牌的实力、实质性的东西，就是前面概括的品质、品性、品类，在这方面下功夫不够。

四是只在包装上下功夫。所谓打造品牌就是只注重包装，注重标志设计和色彩运用等，而忽视了品牌的本质。

五是品牌炒作。有些品牌进行炒作，品牌只是炒作出来的，所以出现了某些贴牌。过去中国的自行车有很多品牌，如凤凰、飞鸽，后来很多小企业也挂飞鸽、凤凰的牌子，结果把原来很好的品牌给搞砸了。

(二)品牌塑造的对策

首先，要深化认识，增强自觉。对品牌的文化规律、文化真谛、文化本质和品牌的几个特性，要深化认识。

其次，在品质、品性、品位上要下功夫。

再次，要运用互联网信息技术。

然后，要加强品牌管理。重视品牌保护，特别要重视文化品牌引领社会进步的作用。

最后，重视品牌保护。有效的品牌保护更令企业基业长青。

五、发展中国品牌的意义

目前，品牌文化和企业文化还有一些分离。品牌文化是对外，企业文化是对内，对内和对外如果一致，产生的影响力就会更大。现在很多企业品牌文化主要侧重于对外，企业文化更多侧重于对内。但是对内的认同和对外的认同又不一样，对内主要是企业员工的认同，对外则是消费者的认同，如果这两者结合在一起，可能会发生更好的效果。

企业要主动融入国家发展的大趋势。国家提出文化自觉，我们要以文化自觉来顺应国家发展大势，融入大文化，融入国家的大发展格局。所以，品牌建设要实现内外结合，比较典型的像同仁堂，它是以自律的几个文化标准要求自己，所以它的十大品牌都非常深入民心。一提起同仁堂，人们就想起它的"仁德"，这就是它品牌文化与企业文化有机地结合，这才能使品牌、企业文化和文化本身最终形成一种良性循环。

（作者系首都经贸大学原校长、博士生导师、教授，中国企业文化研究会学术委员）

培育具有中国特质的企业家精神

王成荣 刘若凝 林 峰

企业家精神的特质

企业家可以分为两类：一类是创业者，他们通过自己的创新劳动和智慧创造企业，像美国沃尔玛的创始人萨姆·沃尔顿以及日本松下的创始人松下幸之助等人，都是创业型的企业家。后来，企业家成为了生产要素，可以在市场上进行买卖，从而产生了职业企业家，也就是CEO。创业型企业家隐身幕后，通过CEO来执掌企业。当然也有创业型企业家和职业型企业家合二为一的，如苹果的乔布斯是苹果的联合创始人，就是最初的创业型企业家，又是后来的职业企业家；而在他之后的库克则是后来公司聘任的职业CEO。不管哪种类型，企业家的精神特质基本都是一样的，有以下几个方面：

一是天赋，包括眼光、胆量。我们说企业家有眼光、胆子大，就是因为他有比普通人更敏锐的直觉，直觉就是天赋，如同他们具有善辨音乐的"耳朵"一样，天赋是造就企业家的第一决定性因素，加之后天努力，就催生了企业家的成长成熟。当然有些企业家是出自著名的商学院，接受过系统的MBA教育，但也是基于天赋，通过接受系统教育，将本身天赋潜能更好地释放了出来。这就好像艺术家一样，有的人没有上过学，但是依靠天赋也可以达到很高的艺术成就；有的人有一定天赋，又通过系统的学习，提高了素养，锻炼了技能，最后成为了艺术家。归根结底，还是因为他身上有艺术的天赋与潜能，只是需要激发、提升和养成。企业家和艺术家的成长极其相似，在很大程度上创业和创作艺术是相通的。过去，很多商界老总学历不高，如霍英东、李嘉诚、宗庆后、曹德旺、鲁冠球、牛根生、陈丽华等，有些连高中都没上过，但是后来却取得了很大的商业成就，就是因为他们身上有一种超乎常人的勤奋和勇敢、大胆、执着等企业家特质。今天，像马化腾、马云、刘强东、李彦宏等人是受过高等教育的，但是他们能够取得今天的成就，其中的缘由有天赋的因素在内，这些人骨子里就是创业者，同时，受教育程度又提高了他们的修养，激发了他们的潜能，因而，他们创造了许多商业奇迹。

二是相关知识与经验的积累。企业家经商办企业是一种特殊的专业，需要丰富的哲学、经济学、市场学、社会学、文化学、心理学甚至政治学等知识，以及高超的技术技能，这一点跟受教育程度有关系，受教育越多，知识积累得越多、越快，融会贯通就越有可能，自然更有助于成功。但是企业家所需要的不少知识与经验是在实践中取得的，靠实践磨炼，靠正反两个方面的经验与教训的启迪，光靠课堂也是学不来的。

三是冒险与创新精神。真正的企业家一定经过残酷市场竞争的洗礼。市场经济讲的是自由竞争，只有在这样的环境中经受狂风暴雨的历练，才能形成冒险和创新精神。这是一个蜕变的过程、优胜劣汰的过程，也是一个精神升华的过程。有人诟病国有企业领导人缺少企业家精神，就是因为他们中部分人未经历市场竞争的大浪淘沙，而是在不完全自由竞争环境中成长的，冒险与创新精神打了折扣。而那些在市场上经历过风雨，摔过跟头，没有回头路可走的企业家，逐渐学会了创新和规避冒险。同时，还强化了他们雷厉风行的行事风格和敢于决断的个性特征。

四是执着。认定的事情一定坚持做下去，不撞南墙不回头，决不轻言放弃。我们有些人很"聪明"，思维像水一样，遇到困难不是迎难而上而是设法避开困难，绕个弯子过去。"聪明人"成不了企业家。欧美之所以诞生那么多世界大企业，有那么多科技发明与发现，这与理性有关，就是认死理。我们有些人做事，一心走捷径，投机主义严重；还有些人因为恐惧失败，害怕受折，所以不敢坚持。尤其中国自近代以来，鸦片战争以后，部分人一直有一种挫败感，害怕失败，结果就造成了一种"只许成功，不许失败"的心理。这都会影响企业家精神的形成。

失败是成功之母，很多时候，企业家都是要面对失败的，但在面对失败的时候不放弃，不动摇，依然坚持到最后一步、最后一分钟，就有可能成功。企业家就是这种看上去有些"轴"，却能取得成功的人，他们敢于冒险，善于行动，不怕失败，不言放弃。

五是领导力、感召力。企业家绝不是单打独斗的人，不像奥运会上单枪匹马去夺金牌的孤胆英雄。他们是"冒险事业的经营者和组织者"，带领的是一个团队。因此，企业家具有超强的领导力和感召力，他们能够把相同志向的人组织在一起，为了一个目标，发挥每个人最大的能力和本领，企业家就像指挥一艘乘风破浪的舰船一样，直达胜利的彼岸。

六是特别守信用。在企业家心中，信用比生命重要。"企业家"在当初组织远征军出征的时候，不管远征到哪里，遇到什么样的复杂环境，唯一能依靠的就是信用。这跟游牧民族的特性有关，"骑走家移"，在马背上吃住是家常便饭，每天面对不同的陌生环境，不断地进行冒险。这时候人与人之间唯一的保障就是信用，就是契约精神。这是企业家精神的基因。当今，企业家不管与谁做生意，一律讲信用，信用成为植根于其内心的一种文化信仰和习惯。

七是社会责任感。企业做大了，就会生出社会责任感。这时候的企业家是为个人，但已经超越了个人功利。每一项发明创造，一项新产品的推出，都要考虑消费者，考虑惠及社会。企业家是资本的所有者或经营者。资本当然要追逐利润，但是要追逐利润，获得利润最大化，就必须考虑最大程度有利于社会，造福社会乃至整个人类。其实，亚当·斯密在《国富论》里早已说得非常清楚了，在市场经济中，"每个人都不断地努力为自己所能支配的资本找到最有利的用途，固然，他们考虑的不是社会的利益，而是他自身的利益，但他对自身利益的研究必然会引导他选定有利于社会的用途。""他追求自己的利益，往往使他能比在真正出于本意的情况下更有效地促进社会的利益。"也就是说，他为了更好地得到自己的利益，就必须先考虑他人的利益；他更多地考虑到了他人的利益，反过来也能使得自己得到更多的利益。

以上七种精神特质是企业家必不可少的。正因为要具备这七种特质才能成为企业家，从而使企业家成为了商业社会的稀缺资源，企业家精神也因此成为了商业社会最宝贵的精神品格。

具有中国特质的企业家精神的文化源泉

企业家和企业家精神产生于西方文化，受基督教文化影响较大。马克斯·韦伯在《新教伦理与资本主义精神》一书中，认为基督教伦理助推了资本主义精神，为企业家的勤俭、拼搏精神以及公益精神、慈善气质打上了深刻的文化烙印。这一观点一直影响至今。西方的文化造就了西方的企业家和企业家精神，而中国农耕文化的土壤里也能够造就具有中国特质的企业家和企业家精神，这是由中国企业家生活和成长的、具有深刻底蕴的历史文化背景和民族文化基因所决定的。

具体来说，主要有以下几个方面：

一是中国文化的"人本"思想。儒家是"人本"思想的倡导者。孔子所说的"仁"，就是如何做人、爱人，强调的就是以人为本；"民本"思想也是"人本"。市场经济在启动的最初阶段，也许是暴力的、血腥的，只是追求利润。但是市场经济发展到高级阶段以后，一定会考虑"赚钱的目的是为了谁？是为了自己、为了员工、为了企业、为了国家、为了社会"，最终目的是为了"人"。而对企业家来说，最关注的直接受益者就是企业的员工，为了企业员工的物质利益和精神富足；同时其经营行为也是为了顾客，为了股东，为了国家和社会。所以"人本"思想能够为企业家和企业家精神注入强大动力。

二是中国文化的理想人格追求。中国人历来强调自我修养及道德的自我完善。孔子讲"三达德"，即智、仁、勇，孟子讲"富贵不能淫，贫贱不能移，威武不能屈"，都是对理想人格的描述。对于企业家阶层来说，只有不断地修身正己，坚持"己所不欲，勿施于人"，才能以自身高尚的道德准则和人格魅力在商战中处理好各种商务关系，并且管好自己的企业。这一点非常重要，因为目前中国企业家中有种现象：时而大红大紫，时而又销声匿迹，这固然与社会环境和市场环境有关，但最终还是与企业家自身的道德修养密切相关。

三是中国文化的社会责任意识。中国人受儒家"仁爱"思想影响，以民为重、以社稷为重、"天下为公""行天下之大道"的社会责任意识深入人心。约翰·奈斯比特在《亚洲大趋势》一书中曾举例说明，1993年美国人捐赠了1262亿美元给教育和慈善机构，捐赠了96亿美元给艺术、文化和人道组织。实际上，中国企业家及海外华商和他们比起来毫不逊色。在中国民族资本企业家中，就有范旭东、侯德榜、卢作孚等杰出代表；今日知名的企业家曾宪梓、霍英东更是蜚声海内外；海外华商中，菲律宾的龚诗贮、泰国的丁家骏、李石成、马来西亚的姚美良等，都是以艰苦奋斗、回馈社会为荣，与西方企业家的社会责任意识相比，不少中国企业家的家国情怀远胜于西方。

四是中国文化的团队意识与和谐思想。中国传统文化，有人说是"家天下"文化，这其实是突出了一种思想，去掉其中的封建性，就是主张"和为贵"，强调家族利益、团体利益，强调团体重于个人。中国的家族文化已经有几千年的历史，一度被认为是现代企业家成长的一个极大的障碍。可是在中国企业家中，尤其是在海外华商中，家族企业恰恰提供了很多成功的典范。例如，李嘉诚就是家族文化，甚至在世界范围内，家族企业成功的例子也比比皆是。团结友爱，守望互助，这种人与人之间的亲情力量难以抵挡。实际上在西方，也有不少依靠家族力量成长起来的企业，沃尔玛就是典型的代表。西方社会因为极端的个人主义，无情竞争，人情关系淡漠，协作性差，当市场经济发展到高级阶段以后，不得不向东方、向中国文化寻求特有的和谐思想和人情智慧。可以说，中国文化中的和谐思想和团体意识，能为企业家和企业家精神赋予更高尚的伦理道德特质。

五是中国文化的"天人合一"精神。中国文化并不认为人是自然的征服者、改造者，而始终认为人和自然是一体的，是密不可分的。在党的十八大报告中，正式明确了人与自然的关系，那就是"树立尊重自然、顺应自然、保护自然的生态文明理念"。事实上，在现代，西方企业也非常注重环境保护，但那还是为了经济利益，把保护自然当作工具而不是目的。"天人合一"思想既有助于社会，也有助于企业家创造出健康稳定、基业长青的企业。

中国文化中还有很多优秀的东西，如：厚德载物、宽恕谦敬、勇于奉献、勤俭节制、自强不息、以义取利、舍生取义、诚信无欺等精神品格。这都是中国企业家和企业家精神取之不尽、用之不竭的文化资源和精神宝藏。这些资源和宝藏被整理发掘、发扬光大，用于实践，创造继承，不仅有利于克服市场经济初级阶段可能产生的利己主义、享乐主义等弊端，而且对于今天西方国家高级市场经济阶段的企业家"综合病"，诸如极端个人主义、贪得无厌的赚钱冲动、紧张冲突的心理等，也能起到缓解乃至治疗的作用。

不忘本来，吸收外来，培植具有中国特质的企业家精神

中国传统文化的主脉是儒家文化。儒家文化中有讲等级秩序、鄙视财富的传统，的确表现出与市场经济在功利与反功利、竞争与反竞争、保守与变革、人治与法治、崇古与创新、等级与平等方面的冲突，但这种冲突主要表现在市场经济发展的初期，市场经济是规则经济和法治经济的特点决定了市场经济越发达，以儒家文化为主脉的中国传统文化和现代文明越有利于企业家和企业家精神的成长。

特别是中国文化历来有同化、融合其他文化的特点。中国文化之所以几千年延续不断，首先是其自身的根脉深厚，再就是中国文化善于吸收外来文化，然后转化为自己的东西，最终创造出新文化来，正所谓对优秀文化能够创造性转化，创新性发展。

企业家和企业家精神也是如此，它产生于西方，但是其基因并非不可改变。在自然界，可以通过"杂交"来改变基因。在文化方面，我们也可以改造企业家精神的基因，与中国文化相结合，创造出具有中国特质的企业家的文化动力，从而为中国企业家注入中国文化的精神和气质。

当前中国企业家的最大精神动力，莫过于以习近平总书记为核心的党中央提出的"两个百年"的宏伟目标和"四个全面"的战略布局的实施。正在走向民族伟大复兴、和平发展的中国，在向世界输出资本硬实力和文化软实力中正发挥着越来越大的作用。在特殊的历史交汇点，世界呼唤具有中国特质的企业家，呼唤具有中国特质的企业家精神。这样的机遇千载难逢，我们有理由相信，中国的企业家队伍会迅速成长，企业家阶层会很快形成，中国的企业家精神也会扎根中国大地，充分吸收中国优秀文化的营养，形成中国特质、中国风格、中国气魄。我们更有理由相信，伴随着中国企业走向世界，中国的企业家也会在全球竞争中快速成长，具有中国特质的企业家精神也会在世界上得以树立并发扬光大。

（作者王成荣系北京财贸职业学院院长、教授，中国企业文化研究会学术委员；刘若凝系《企业文化》杂志社副社长；林峰系《企业文化》杂志记者）

中国保险文化的理念与实践

邹广文

严格地说，保险业是现代社会的产物。在农业文明时代，人们的生活节奏较缓慢，由于生产力水平低下，使得人与自然的关系也较为和谐。在此情形下，保险不必成为普遍性的社会需求。但是人类进入现代文明后，较之于农业文明，人们的活动速度提高了，社会发展节奏加快了，这必然在人们的生理和心理层面产生重要影响，社会生活的变动与飘忽不定，呼唤着保险业的快速发展。在此意义上说，保险行业的发展正是与风险社会相依相存的。

从哲学的意义来说，人是灵与肉的二重性存在。身体是人生存之基础，只有身体安顿好了，人才有精气神，人才可能创造出高品质的文化生活。从人性之"灵"即精神方面来看，人又是一种目的性存在，人为了获得可持续的幸福，就需要对人生进行谋划，以使人生始终处于主动的地位。但通常我们讲人生无常，在人的日常生活环境中，各种风险事故的发生常使个人或家庭遭到损害而可能成为社会不稳定因素，这些不稳定因素会使人们正常的社会生活秩序遭到破坏。如果拥有了未雨绸缪、有备无患作用的保险，就可以消除这些不稳定因素，有效保障个人及家庭生活的稳定，从而维护社会生活秩序的安定。

保险文化及其基本内涵

社会保险业的兴起催生了保险文化。文化既是一个民族进步的灵魂，更是一个社会组织进步的灵魂。随着保险理念的日益普及，人们对于保险行业以及相关从业人员的素质也有了一个新的要求。在此情形下，保险公司的经营观念就需要发生深刻的变化。就需从先前那种单纯追求规模到注重速度与质量、结构、效率的统一，转变为注重自身文化素质的提升，以切实适应现代社会的需求。所谓保险文化，一般是指保险行业（公司）及其从业人员在长期的保险实践中所逐渐形成的并被社会所认可的价值观念与经营理念，以及这些观念和理念在保险经营实践、管理制度、员工行为方式与行业对外形象方面的体现总和。

首先，保险文化建设的最根本环节，是确立保

险行业的"核心价值观（或称保险精神）"。保险精神即是一个保险公司的精气神，是保险公司实践价值观的升华、提炼和凝聚，其中体现了全体保险员工共同一致、彼此共鸣的内心态度、意志状态和思想境界。保险精神作为一种保险公司内部员工群体心理定式的主导意识，是公司经营宗旨、价值准则、管理信条的最集中体现。它构成公司保险文化的基石，较深刻地反映公司的个性特征和它在管理上的影响，能起到促进公司发展、引领公司全局的作用。一家保险公司的保险文化是否有特色，提炼其富有特色的保险精神是至关重要的。尤其要避免口号化、说教化，而要追求鲜明的时代性与个性化。

其次，要进一步围绕保险行业的核心价值观来有针对性地设计制定"员工行为规范"。保险公司的行为文化是指员工在经营管理与学习中所产生的文化，它是企业经营作风、精神面貌与人际关系的动态体现，也是企业精神、企业价值观的折射。公司行为文化集中表现为保险员工的职业道德规范。与公司的规章制度相比较，员工的职业道德规范建设对于公司的影响更加具有普适性和持久性。因为公司规章制度的意义更多的是威慑性的，绝大多数员工是不可能去公然破坏规章制度的。但是一个公司越现代，员工的自律性就越强，职业道德规范的作用就越显得突出。职业道德规范不同于公司规章制度的地方在于，它不是一种对于员工的"必须如此"的强制性要求，而是"应当如此"道德层面的要求，目的在于唤起员工的主体自觉性。保险行业在职业道德规范的实践中，应该注意职业道德要求的层次性，尤其是越是公司的高层管理人员，越应该把道德自律放在首位，要求员工做到的自己首先要做到。在此基础上，公司要加强员工群体道德行为的塑造，这是企业文化建设的基础工程。每个员工必须认识到，公司文化是自己最宝贵的资产，它是个人和公司成长必不可少的精神财富，应当以积极热情的人生态度去从事工作，要以勤劳、敬业、守时、惜时的行为规范指导自己的行为。只有这样，公司才会逐渐形成良好的文化氛围。

再次，要根据保险公司的相关精神文化诉求，设计、推广公司的形象文化，如公司的标志、标准字、标准色等。保险公司的形象文化是公司文化的一种外在表现形式，它是社会公众与保险公司接触、交往过程中所感受到的总体文化印象。重视公司形象是市场经济条件下企业经营发展的必然选择。因

为公司面对的是市场，随着公司知名度的提高要通过系统的公司形象的传播将知名度转化成公司美誉度。形象文化是公司文化最为表层、直观的部分，通过向社会宣传自己的形象文化被社会广泛认可，使公司形象的塑造和宣传起到事半功倍的效果。人类已经进入互联网时代，视觉形象传达对于信息传播有着特殊的意义。良好的公司形象文化，不仅能增强投资者、合作者对本公司的好感和信心，还能使公司在激烈的市场竞争中更容易赢得口碑，进而扩大各种广告宣传效果及对顾客和公众的说服力，持续扩大公司产品在国内外市场上的占有率。所以说，通过文化精神、理念道德、行为文化和形象文化的系统实践，保险文化才有可能逐步在一个公司落地，并逐渐发挥其对保险行业管理水平的提升作用。

保险文化建设的着力点

培育一种健康的保险战略关乎中国保险行业的持续健康发展。保险行业作为一个较为特殊的行业，其意义和功用在于解决人们有关人身、财务的忧虑，增加安定感。从这一角度看，保险行业的健康发展直接关系到社会的和谐与稳定。因此，保险文化建设是一个理论性和实践性都很强的话题，我们既需要注重从理论上阐明保险文化建设中的重大问题，又要注重从实践上提出实实在在的政策与对策措施。中国的保险业经过 30 多年的发展，已经从自发发展逐渐步入自觉发展阶段。而今保险业处于发展的关键时期，更需要从保险业未来发展战略的高度加强保险文化的建设。

第一，加强保险文化建设是提高保险行业核心竞争力的内在要求。任何一个现代公司的维系和发展都需要两个纽带，一个是物质、利益、产权的纽带；另一个是文化、精神、理念的纽带，就好比"硬件"和"软件"，两者互相支撑，缺一不可。从"软件"方面来说，保险文化建设需要在保险实践中逐步树立、形成公司正确的价值观念，独特的文化精神，合理的经营之道，崇高的经营境界以及为广大保险员工所认同并自觉遵守的道德规范和行为准则。企业"软件"搞好了，同时配合以企业的"硬件"建设，才具有双重动力，保险行业的核心竞争力才会有显著地提高。

第二，以提升保险从业人员综合素质为根本抓手，致力于保险行业的健康发展。保险行业从业人

员的业务推广活动渗透各行各业，覆盖了城市乡村的各个角落，客观上满足了社会各层次客户的保险需求，为他们提供了方便、快捷、直接的保险服务。在此意义上，通过保险文化建设来提升保险从业人员的综合素质就变得愈加迫切。保险文化重在"化人"，人的素质提升是一项长期而系统的工作，通过和风细雨、潜移默化的保险文化渗透，才能让每个从业人员在文化观念上有一种自觉的文化认同，PH在行为上有一种自我约束力。保险文化建设重在推广和落实。在推动企业文化建设的过程中，需要全员参与，密切配合，确保文化建设工作的实际效果。尤其要帮助和引导保险公司干部职工树立正确的世界观、人生观、价值观、荣辱观，积极营造尊重劳动、尊重知识、尊重人才、尊重创造的氛围，使人力资源优势得到充分发挥，促进人的全面发展。

第三，适应当代社会的发展变化和需要，积极培育保险特色文化。随着社会的进步和现代生活水平的提高，人们的文化需求日益增长，客观上也对保险业提出了新的要求和挑战，即：需要不断结合社会需求，创新保险文化，向社会提供有特色的服务。首先是要加强保险业的"诚信"文化建设。诚信，是立人之本，中国的社会发展与现代化建设需要不断提升保险业的质量和品质，提高从业队伍的整体素质，改善行业社会形象，增强保险业在全社会的影响力。从这一角度说，一诺千金，责任重于泰山。因此，保险业就更应加强"诚信"文化建设，要将诚信意识内化到每一位销售人员的心里，落实到日常工作行为中。其次，要不断加强保险服务文化建设。不断致力于保险服务质量水平的提升，完善保险服务体系。保险营销要以保险客户的需求为原点，为保险顾客提供合适的保险产品，量体裁衣地为客户设计科学合理、针对性强的保险计划，为客户提供满意、周到细致的售前、售中和售后服务，尽量让客户满意，有意识地把他们培养成本公司的忠实客户。

第四，要积极探索保险文化的创新。创新是社会进步的不竭动力，创新也是保险行业不断发展的根本动力，创新不仅关涉保险公司素质的提高与核心竞争力的增强，更是关系到整个保险行业未来竞争力的提升。这其中产品创新是保险创新的核心问题，保险产品的好坏直接关系到保险业对经济社会的覆盖面与渗透度。应该说，与国外同行业相比，我国保险产品单一化、同质化现象仍然比较严重，

我国保险业的创新亟待加强。"变是唯一不变的真理"，因此保险行业要想跟上时代发展的主旋律，创新是必需的。要通过创新保险公司的运营机制，改变当前不少保险公司经营粗放的现状，使其科学化、合理化；要让保险销售人员从纯粹的保险营销员定位上升到专业的多元化金融服务人员，或者是理财经理，以更专业地为客户提供多元化的服务。真正实现转变保险发展方式，形成保险创业合力，重塑保险品牌形象的目标。

大力发展保险事业是保障我国社会安全和经济发展的重要举措，建立一个现代化的、具有中国特色的社会主义社会保险体系，直接关系到中国经济制改革的成败、社会的全面发展和社会的稳定。"以人为本"是当代中国的重要价值诉求，而公民个人及其家庭生活安定是整个社会稳定的基础，这就需要大力推进我国保险事业的健康发展。保险文化的建设作为保险行业发展的软实力，迫切需要树立起保险行业的文化自信，形成保险文化建设的长效机制，彰显出保险行业文化的独特魅力。

（作者系清华大学人文学院教授、博士生导师，中国企业文化研究会学术委员。本文摘自《中国保险》）

企业文化"一致性定理"

华 锐

所谓企业文化"一致性定理"，是指企业文化建设的核心逻辑框架，即：企业为保持内部价值观的一致性，必须以企业核心价值观为坐标，对其他相异的价值观念、态度和行为进行调整规范，使员工与企业达到心理上、行为上的一致与和谐，从而形成统一的文化观念、文化形式和行为方式的必然过程。企业文化"一致性定理"表明和昭示了企业文化建设的核心诉求和必然路径，在企业文化理论与实践中被充分证明了。可以说，企业文化建设的过程，就是企业核心价值观一致性的过程。

可以根据企业文化"一致性定理"，并借用佛家的三副对联形容企业文化建设的三个阶段：

企业文化建设的初级阶段——用洛阳白马寺后殿门上的对联形容："天雨虽宽不润无根之草，佛法虽广不度无缘之人"。该对联的意思非常明显，天上

下的雨虽然覆盖面广，浇灌万物，但是却无法滋润无根的草；佛法虽然无所不在，包含世间一切，但是对与佛法无缘的人来说却可能无法得到救度。任何一个人到任何一个企业，如果与该企业的核心价值观格格不入的话，就很难在企业中立足。保持员工与企业价值观的一致性，就是企业文化最初、最基本的作用，也是企业文化建设最初级的阶段。

企业文化建设的中级阶段——用九华山大悲宝殿上的对联形容："若不回头，谁替你救苦救难；如能转念，何须我大慈大悲"。此对联的意思为，你自己不回头觉悟，谁也不能救你脱离苦难；如果你一转念觉悟，那你就能出离苦难，不需要我大慈大悲救你了。这类似企业文化的以人为本、以文化人的功能，通过文化让企业和员工觉悟，从而才能使员工与企业、员工与员工之间同心同德、步调一致。这是企业文化建设的中级阶段，表明企业文化建设已经取得明显成效，能够发挥出应有的作用。

企业文化建设的高级阶段——用福州鼓山涌泉寺山门上的对联形容："净地何须扫，空门不用关"。这副对联很有意境。"净地""空门"含意双关。"净地"指佛教"净土"，本来就干净无垢，何须打扫？"空门"即佛门，如去如来，无遮无碍，还用关吗？其实，这也类似我们所期待的真正的企业文化，也是企业文化建设的高级阶段，企业与员工的价值观高度一致，达到了"不言而喻、不约而同、不令而行、不争而胜"的文化最高境界。

当前，我们运用企业文化"一致性定理"的意义，在于对新时代的中国企业文化进行方向性思维解析，也就是按照企业一致性的价值追求方向开展的思维。企业统一的价值追求的方向性思维是由企业文化的社会性特征、民族性特征和创新性特征所决定的，不论是企业的价值理念、行为习惯，还是形象展示、个性特色，都会受到企业所在国家、社会和民族文化的影响，尤其是会受到国家和社会发展大趋势的影响，并且必须要顺应国家和社会的发展大趋势，将企业的小价值观顺应于国家的大价值观，将企业发展的小思路顺应于国家发展的大思路，从而透过纷繁复杂的现象把握国家和社会发展的价值趋势，为企业科学发展提供强有力的价值指引和价值支撑。

当前，运用企业文化"一致性定理"应注意做到以下三点。

首先，要以习近平新时代中国特色社会主义思想为指导，围绕实现社会主义现代化和中华民族伟大复兴的总任务，落实在 21 世纪中叶建成富强民主文明和谐美丽的社会主义现代化强国的两步走战略，紧紧抓住人民日益增长的美好生活需要和不平衡、不充分的发展之间的新时代主要矛盾，坚持以人民为中心，着眼于促进人的全面发展、全体人民共同富裕，对企业文化的本质内涵进行一次方向总校准，进一步增强企业文化的导向力，即：顺应国家新时代发展大趋势，以企业愿景为主导，用方向引领的力量，增强员工个人愿景与企业愿景的相容性，增强企业发展与国家发展的匹配性。

其次，将社会主义核心价值观与企业核心价值观进行价值链接，融化为企业文化的核心内涵，作为企业价值支撑的核心力量，积极表现于企业集体动机行为和员工个体动机行为对新时代国家发展目标所具有的信赖性、依从性乃至服从性上，并逐渐形成一种稳定的心理、态度和行为倾向。

最后，要紧紧围绕党的十九大报告第一次提出的"推动国有资本做强、做优、做大""培育具有全球竞争力的世界一流企业"的目标，按照我国进入"强起来"新时代中国特色社会主义的发展新要求，以之作为丰富企业文化内涵的方向标，进一步推进企业文化建设的理论和实践创新，破除思维定式，打破企业惯用的、格式化的思考模式，将企业要素资源进行有效的内在变革，赋予企业资源以创造财富的新能力，从而提高其内在素质，驱动企业在市场上获得新的竞争优势。

（作者系中国企业文化研究会原常务副理事长）

中国传统文化核心价值观念论略

张　生

中国传统文化价值观念从一个核心范畴——"仁义"，扩展出五组基本价值，形成了一个紧密的价值体系。这个价值体系既简明，以人为本，可以凝聚价值认同；又具有扩展性，对个人修为、群体组织、国家安定起到支撑作用，形成长治久安的社会秩序。

社会主义核心价值观是中华文明复兴的精神支柱。培育和践行社会主义核心价值观，需要继承和弘扬中华传统文化精华，这是因为，中华传统文化是新时代中国特色社会主义文化的根基和重要组成部分，其内含的传统价值体系能够为培育和践行社会主义核心价值观提供历史文化参考和丰厚滋养。

先秦儒家提出了以"仁义"为核心的价值体系。孔子以"仁、义、礼"构建礼治秩序，孟子延伸为"仁、义、礼、智"。西汉中期以后，新儒家杂糅了法家、道家、墨家、阴阳家、兵家等各个学派，建构了中国古代社会的正统价值学说体系。董仲舒将孔孟的基本价值规范扩充为"仁、义、礼、智、信"，后称为"五常"。

仁义作为中国传统伦理的核心要义，对忠孝、智勇、诚信、廉耻、勤俭等其他伦理价值规范具有统领作用。在中国的文化传承中，"仁义"既是基本伦理规范，又发挥着统一思想的功能，是整个国家的核心价值。但中国传统价值又不限于"仁义"，其在"仁义"基础上由内心而行为、由个人而群体，形成了下列五组基本价值。"仁义"与这五组基本价值构成了中国传统文化核心价值观念。

孝与忠

孝是以血缘亲情界定个人和团体内在伦理属性、规范人际关系的价值准则，是人伦规范的核心。在家庭领域，孝不仅是指子女对父母的孝敬，而且包括父义、母慈、子孝、兄友、弟恭等内容。扩展到更大的社会空间，孝不仅是独爱其亲的私爱，还包括"老吾老以及人之老，幼吾幼以及人之幼"的群体"博爱"。忠在字形上，从中，从心，原指心态中正、立正纠错，作为道德概念，指为人正直、诚恳厚道、尽心尽力；后指对他人、对团体尽心任事不懈于责任，忠于国家、忠于职守。忠是孝的进一步扩展，是建立在家的基础之上的社会群体认同与责任，但在古代君主集权体制下，特别是明王朝以后，忠和孝都被片面化，仅仅强调臣民对君主的愚忠，而节略了君主遵从"仁义"的天道。在当代伦理价值体系中，基于国家对公民的保障，国家作为人民当家作主的政治法律共同体，公民对国家的忠诚源于政治法律责任，同时也源于伦理情感。忠孝是相互维系的伦理价值规范，两者互相促进、相辅相成，是我们当代爱国、爱家的伦理基础。没有忠孝，其他伦理价值都失去了养成的基础。

智而有勇

智是整个伦理价值系统的智识支持，其内涵包括了对情感的理性控制，对行为的成本与功利的权衡、对行为方式的技巧把握，其终极价值在于个人长远的、社会整体的利益最优化。中国古代在个人、社会和国家层面都不同程度地推动智识的发展，在社会层面注重家庭教化，注重兴办学校，并把家庭教化、学校教育作为衡量地方发展的重要指标；在国家层面，设立选拔制度，隋朝以后发展定型为以科举制为主体的考试选拔制度体系。勇在字义上，从力，从心，是行动力、决心、意志的体现，是实现其他伦理价值的力量保障。儒家并不崇尚智与勇，而注重事功的法家和兵家多智勇并重，其认为唯有智勇结合才能实现正义和美德，去除社会污秽而实现善治。自明朝以后，清政府为维护社会稳定，很大程度上背弃了教化、教育以人为本的宗旨，在科举考试中以八股取士，专以四书五经为教条，泯灭士人创造性，扼杀知识上的创新；且清政府重文轻武，忽略对人民勇武精神和技能的培养。

诚信奉法

《管子·枢言》有言："诚信者，天下之结也"。许慎《说文解字》对诚信的解释是："诚，信也"，"信，诚也。"基本含义都是诚实无欺，信守诺言，言行相符，这是为人的基本伦理规范。《孟子·离娄上》也曾讲道："诚者，天之道也；诚之者，人之道也。"诚信是做人必须遵循的，也是社会稳定秩序的伦理基石。奉法，源自法家的学说，是指每个人都要自觉遵守各种法纪，包括强制力较弱的软性规范和强制力较强的硬性规范。奉法不仅是外在的服从、畏惧法纪，而且是信奉并能自觉遵守各项法纪。诚信与奉法两者的结合，要求从内心到行为都能表里如一地履行自己的责任，遵守公共规范。诚实奉法对国家机关及其公职人员有更高的要求——不仅不能利用公权力进行欺诈，而且要做诚信奉法的表率。

廉而明耻

廉耻关乎人格之尊严，与社会风尚、国家秩序关系甚大。顾炎武曾说："廉耻，立人之大节；盖不廉则无所不取，不耻则无所不为。人而如此，则祸败乱亡，亦无所不至；况为大臣而无所不取，无所不为，则天下其有不乱，国家其有不亡者乎？……人之不廉，而至于悖礼犯义，其原皆生于无耻也。故士大夫之无耻，是谓国耻。"廉耻首先是为人的基本伦理操守，不知廉耻则迷失于财货，无所不欲，无所不取，无所不为，祸乱他人，也戕害自身；对于有权位者，不能惕守廉耻之防，则不仅有亏职守，甚而丧败国格。当代社会之风清气正、国家法纪昌明，需要每个公民深明廉耻，不能以伸张一己之权益而无所不为；特别是国家公职人员，更需要廉而明耻，知所戒惕。

勤俭戒奢

中国古代社会有"四海无闲田，农夫犹饿死"的诗句，反映了一个大国的资源和财富相对于庞大人口需求都显得匮乏不足，因而勤劳开源、节俭节流对于个人、家庭、国家都是生存与发展的重要伦理规范。中国古代的善治盛世，不仅每个劳动者、每个家庭都注重勤劳节俭，纵然君王贵族也特别以此相约束。唐贞观时期的名臣魏征曾劝谏唐太宗："上之所好，下必有甚，竟为无限，遂至灭亡。"勤俭应是每个人的美德，特别是一家之长、一国之主，更需要起到表率作用。

综上所述，中国传统文化价值观念从一个核心范畴——"仁义"，扩展出五组基本价值，形成了一套紧密联系的价值体系。这个价值体系既简明，以人为本，可以凝聚价值认同；又具有扩展性，对个人修为、群体组织、国家安定起到支撑作用，形成长治久安的秩序。如唐朝的魏征所言："求木之长者，必固其根本；欲流之远者，必浚其泉源；思国之安者，必积其德义。"以"仁义"为核心的价值体系，为礼法规范体系提供了正当性支持，为规范体系的遵守和有效实施提供了文化自觉。当规范体系退化而变得不合理的时候，以仁义为核心的价值体系能够对规范体系起到修复作用，使之回归合理和正当。

中国传统文化核心价值观念有其历史局限性，我们在继承和弘扬传统文化的过程中，必须去除那些糟粕。现代社会，我们应当破除传统仁义中的身份等级局限，在独立人格的基础上，建立起平等、相互的爱。

（作者系中国社会科学院研究员。本文摘自《光明日报》）

"互联网＋"时代的企业舆情管理与危机应对

郭惠民

"互联网＋"时代的最大一个特点，从媒体的发展角度来说，是它进入了一个社交媒体的时代。实际上 500 多年前，哥伦布发现新大陆时，就是全球化 1.0 的版本，至少我们知道了世界有多大。全球化 2.0 的版本，也就是 18 世纪中叶到 19 世纪中叶，以英国为代表的资产阶级工业革命。工业革命使得欧美一些国家发展到今天发达国家的水平。英国的资产阶级工业革命最有代表、最有象征意义的就是瓦特发明的蒸汽机，而蒸汽机的一大功能就是诞生了现代意义上的火车。由于有了火车，人流、物流加速了，经济也就发展起来。

第二次世界大战之后，美国经济的发展中很重要的一项工程就是修建高速公路，有了公路，汽车工业发展起来，人流、物流的便捷也带来了经济发展。中国改革开放以来经济的发展中除了对外贸易，就是投资带动经济增长。我们的投资主要投在基础建设上，那时有句话，"要想富，先修路"。从历史上来看，凡是通过建设这些通道、渠道，从而使人流、物流加速的地区，整个经济就活了，这个规律非常有意思。但是，发展到今天由于有了互联网，除了人流、物流之外，还有个信息流。

所以，从 20 世纪 50 年代至今，全球化 3.0 的版本已经不完全是经济的全球化，它是由计算机网络带来的信息传播全球化。现在某些逆全球化、反全球化势头在抬头，这跟整个世界经济有关系，经济状况好了，全球化势头就强；经济状况不好，逆全球化、贸易保护主义就会出现。所以习近平主席提出来全球化的中国方案，那就是人类命运共同体这样一个概念，这是新一版的全球化。在这个方案里面，中国在推动全球化方面，扮演着引领者的角色。

如今，以网络为标志的信息传播全球化已经极大地改变了我们人类生存的状态，因为人类是社会交往的动物，社交、交流、沟通，这是人的本能，但在不同的时期有它不同的生态，今天就是一个"互联网＋"的生态。在这个生态里，我们面临人声鼎沸，众声喧哗。现在有一个很时髦的运动，跑马拉松，"半马""全马"，实际上马拉松就是中产阶级的"广场舞"。

同时，人类也面临着两个世界，现实世界与虚拟世界。人们热议"互联网＋"经济，甚至有人以为虚拟经济将取代实体经济，实际上实体经济与虚拟经济不是对立的，它是并存互补的。如果没有实体经济，互联网经济、虚拟经济也不复存在。同理，物质世界、精神世界，现实世界、虚拟世界，都是并存而非替代的，而且现在的虚拟世界恰恰就是现实世界的一面镜子，镜像化地把现实世界呈现了出来。当今这样一个众声喧哗的时代，人人都在发声，除了大众传媒，还有众多自媒体，人际传播、群体传播又开始回复到人类传播历史舞台的中心。

有学者讲互联网是一个高维度媒体。人大概能够看得见、感受到的是三维的空间，但在互联网的发展里很多东西我们还没有发现。互联网时代的媒体发展到今天被称为社交媒体。具体地说，原来是微博，现在是微信。从微博到微信也就几年时间，微信以后可能还有新的东西出现。美国大片《星际穿越》里，专门讲人在高维空间里的状态是什么，时间空间里的变化又是什么，颇能反映这个问题。

在微博时代里曾有一个"西门子冰箱事件"，大V发了微博，结果是立刻有很多粉丝转载、评论，我们过去讲一传十，十传百，现在是一传百万、百万传千万，呈几何级数的增长。所以，我们要有危机意识。中国社会在短短的这几十年时间内，经历了西方发达国家几百年的历程。在急剧的变化中，难免会出问题。德国的社会学家曾经提出风险社会概念，并分析"中国社会最大的风险就是你用几十年走过了别人上百年的路，这样的发展犹如一块压缩饼干，很多东西被压缩进去，但是它最终是要还原的，因为经济的发展跟社会的发展是两条轨道，经济的发展不可能完全把社会发展中间应该走的路完全覆盖掉。"我们现在看到的就是这个问题。我们不妨预测一下，哪些事情是最容易出错的。

市场上有一本叫《黑天鹅》的畅销书，其中讲到"黑天鹅现象"，就是说你越是想不到的东西，它一旦发生之后，对你的影响才是真正巨大的，而那些你想得到的，其实对你的影响是有限的，因为是能够预测出来的，人们有了心理准备，其冲击力就减弱了。所以我认为要预防、预警。问题是在一个"互联网＋"的社交媒体时代，在众声喧哗的舆论环境里，我们怎么做好预案，怎么才能够做好危机的应对。

面对危机，媒体要有一个习惯性的做法，或者习惯性的思维方式，就是反应要快，一定要把事实真相讲清楚，要执着于事实真相的说明和解释。《牛津大辞典》每年都公布一个年度英文词。2015年的年度词是"表情包"，2016年又评出一个年度英文词"后真相"。"后真相"就是讲相对于人的情感、理念、信念，客观的事实对民意只有相对小的影响。我们现在进入了"后真相"的时代，"后真相"的时代人们关心的不是事实的准确无误，它关心的是你的陈述、表达、表态，是否有诚意，是不是有温度。我们现在把很多东西都物质化了，"后真相"要求人格化地描述事实，人是有温度的，要符合人之常情。在"后真相"时代，社会公众不断地在呼唤真相，而我们有时在处理危机的时候，一味地强调事实而忽略真相。面对危机，我们会有自我的意见，有我们自己的说法，也有反对我们的对手的意见，也有意见被边缘化时候。过去没有这样的舞台，没有这样一个网络空间，现在是人人可以发声的时代，每个人都可以把自己的东西拿出来说一说，晒一晒。现在边缘意见变得非常有势力、有影响。所以，要直面危机，你不能说谎、不能躲避、不能出丑。当你放弃自我意见的表达，保持沉默时，反对意见就成为主流。如果我们的传媒又找不到反对的意见，这个时候第三种意见出来，边缘意见就可能成为主流。

应当看到，当今时代在处理危机的时候，是三种意见的竞争，要协同三种意见，就需要跟利益相关方进行对话。因为有了对话，最后产生协同，而不是一种观点压制另外一种观点，这样它的合法性就不存在。

不说谎，是因为诚信本身就是一个企业最本质的需要，更何况现在这个时代里，经营的环节是透明的，世界的围墙也是透明的，而且现在是微博、微信的时代，只要说谎，立刻就会被揭穿。要想让自己的内心庄重，就不必说谎。

我们有不少大企业，但离伟大的企业还有距离。企业除了挣钱以外还有什么？挣钱盈利很重要，但要靠你的产品盈利，产品越来越多了，企业名声越来越大，你就开始做企业的品牌。产品也成为品牌了，企业也就成为品牌了。同时要看到：企业是社会公民，是社会的一分子，还要为社会做贡献，这个贡献就是企业的社会责任，就是企业的公益，所以我们还要做社会的品牌。

企业如何由一个大企业变成伟大的企业，它需要有一种理想、愿景、信仰、文化。现在《财富》500强企业里，中国和美国上榜的大企业加起来，可以占一半，而且中国的企业上榜数年年在增长，况且入围的确实是大企业，但在世界品牌500强里面，中国的企业就没有那么多，这就是差距。

面对危机，在态度与结论方面，态度优先。结论不可能马上就出来，但我们可以通过创造态度的空间来保护我们利益的空间；在关系与内容方面，关系更重要；在事实与价值方面，价值优先。我们经常把事实放在前面而忘了价值，价值是站位、道德。在我们的成长经历中，我们已习惯性地接受对世界认识的二分法。从小到大，父母教育我们的标准故事是，如何看清好坏、对错、美丑、善恶、黑白，这些简单的二分法是不是最后都有一个固定的结局呢？这结局一定是好的战胜坏的，对的战胜错的，美的战胜丑的，善的战胜恶的。

我们的企业在跟消费者打交道的时候，因为有些专业的背景，站得非常高，高过消费者一头，但别忘了，遇到危机的时候，要保持一个低姿态，要降低身段。通过道歉感谢和遵循道德标准来处理危机，越是权力、地位高的人，面临的往往是道德的"洼地"，容易受到道德的"俯冲"。所以，通过道歉可以降低自身的姿态，以德服人，然后提升自己的道德空间。

我们现在都是成年人，我们不能忘记了我们人类基本的常识，真理是生长在常识的土壤当中的。常识告诉我们世界不止是只有黑和白，还有灰，还有善与恶。我们不缺胆识，也不缺见识，就是缺了常识。基于此，我们要与反对意见、边缘意见进行沟通，达到协同。这就要先求同，再存异，这也是一个沟通交流的常识。在与反对者对话时，要尽量讲对方能够认同的观点和事实，要做到这一点，最简单的一种方式就是换位思考。我们在处理危机时，为了拉近与对方的距离，常常和对方讲，"假如我是你的话，我也会这样"，这就是换位思考。这实际反映的是我们与公众的价值排序，我们面临的是三类意见，自我的意见、消费者的意见、还有一批围观群众的边缘意见。对企业来说，出了问题，首先考虑的是得与失，企业是否会有损失，股价是不是要下跌，产品是不是卖不出去了，然后再考虑是非、公私、善恶等。

相关事实与价值的二分法，事实需要维护，但价值更需要救赎。在事实的维度上面，我们更多的看到的是利益，是真相，但在价值的维度上面，我们更多的是在寻求信任、意义。当今的社会缺的是人与人之间的信任，我们现在有具体的内容，有具体的信息，但是我们恰恰把意义忘记了，而我们人类追求的终极目标就是意义。

今天这个时代是个品牌的时代，从过去供不应求到今天这样一个供过于求的时代，人们的消费更多的是消费体验、消费感受。消费的是精神层面上的东西，也是物质功能之上的品牌，你现在购买商品是在购买品牌。所以，我们的危机管理最终是为了保护我们的品牌。

进入品牌时代后，我们的企业最重要的就是要做品牌的建设和品牌的保护，品牌的本质是声誉、信誉。我们如果只是被动地去处理危机，那是消极的品牌管理。积极的品牌管理应该从品牌建设做起，而不是从品牌的保护做起。怎样才能做好品牌建设？这就需要超越事实层面，不能就事论事，要寻求品牌的意义之所在，站位要高，要引领大众的生活，让品牌、产品引领人们生活的，这才能成为大品牌。

所谓大品牌就是伟大的品牌。品牌传播要先打动人，再打中人。打动人的方法就是由赞美物转变为赞美人。就是要人格化，就是要有温度，赞美人的成功、幸福，就要讲故事。品牌就是口碑，口碑就是一段段能打动人的传奇故事。所以，要讲好品牌故事，就要挖掘并传播有内涵的、能够打动人的、人格化的故事，来进行积极的品牌建设。从发布信息到传播观点，要能带动大家的集体记忆。是非的观点、道德的主张、价值的尺度，都要让它们在故事中流通。强与弱，美与丑，善与恶，富与贫，要在故事中形成冲突、形成张力，从而产生好看、好听的效果。

当年一位诺贝尔文学奖获得者写了一首很有前瞻性的诗，其中谈到"今天的人类要经常反思，在这海量的信息中间，我们失去了什么？失去了知识。我们在众多的知识中失去了什么？失去了的智慧。我们在每天的忙忙碌碌中，失去了什么？失去了生命的价值"，这几句发问对我们有深刻的启发意义。

（作者系国际关系学院副院长、研究生导师。本文为作者在第四届中国企业文化传媒年会上的发言）

中华文明是文化自信的充沛底气

李勇刚

习近平总书记在十九大报告中强调，文化是一个国家、一个民族的灵魂。文化兴国运兴，文化强民族强。没有高度的文化自信，没有文化的繁荣兴盛，就没有中华民族伟大复兴。这个重要论述，指明了文化自信对于民族复兴的重要意义。习近平总书记进一步指出，中国特色社会主义文化，源自于中华民族五千多年文明历史所孕育的中华优秀传统文化，并强调坚守中华文化立场。当前，在万众一心实现中华民族伟大复兴的历史进程中，历经五千多年漫长岁月而传承至今的中华文明，能够为新时代中国特色社会主义文化自信提供基于悠久历史的充沛底气。

这份充沛的底气，立足于中华文明一脉相承的连续性

作为世界上唯一同根同种且以国家形态持续至今的伟大文明，中华文明不论在文化价值、制度体系还是社会结构上都没有出现大的断裂。环顾历史不难发现，中华文明并不是诞生最早的文明——我们有文字记载的历史是五千多年，而其他文明有的产生于距今六七千年前。但是，中华文明五千多年的历史一脉相承，绵延至今。而其他的文明，尽管曾辉煌一时，却都中途断了线，有的成为永久之谜，有的成为千古之憾，化作和现在没有什么关系的"死"的文物，只能在博物馆中被人欣赏或凭吊。正如著名哲学家冯友兰所说："我国以世界之古国，居东亚之天府""盖并世列强，虽新而不古；希腊罗马，有古而无今。惟我国家，亘古亘今，亦新亦旧，斯所谓'周虽旧邦，其命维新'者也。"

不过，强调中华文明的连续性，并不意味着其一直平稳发展，线性上升。中华文明在历史上有高峰也有低谷，甚至一次次面临生死存亡的挑战。而中华文明的伟大之处，恰恰在于不断迎接挑战，战胜危机，通过螺旋式上升，一次次走向新的辉煌，从而在悠久的历史中整体延续着中华文明的元气与生机。近代以来，西方列强用坚船利炮敲开中国古老的大门，国人从器物层面到制度层面再到文化层面进行深刻反思，甚至一度陷入文化焦虑与文化危机之中。在此危急之时，中国共产党应运而生。从此之后，正如十九大报告所说，"中国人民谋求民族独立、人民解放和国家富强、人民幸福的斗争就有了主心骨，中国人民从精神上由被动转为主动"。而中华人民共和国的成立，中国特色社会主义事业的蓬勃发展，更是在实质平等的基础上奠定了中华文明的现代形态，使中华文明焕发出了新的生机和活力，在很大程度上恢复了一个古老文明应有的自信心和自豪感。

这份充沛的底气，孕育于中华文明海纳百川的包容性

中华文明虽诞生在中华大地，但自古以来就不是封闭僵化的，而是一个充满了活力、不断汲取内外多维文化、海纳百川的开放系统。与西方排他性的一神教传统不同，中华文明立足于"成己成物"的"仁道"，主张"己所不欲，勿施于人"，强调"礼闻来学未闻往教"，善于"和而不同"，乐于"成人之美"，在文明性格上从不愿意强加于人，从不推崇武力征服。在面对他者、面对异质性要素的强力冲击时，中华文明总是试图去尊重之、理解之、吸收之并融化之。中华文明的"大一统"传统强调"至大无外"，"无外"不是封闭排外，而是在历史实践中不断与外部交流交融，消融现实的差别和对立，最终化外为内，四海一家。

晚清时期开始，新的"中西"问题逐渐凸显，那就是代表着现代文明的西方传统所带来的强势挑战。而中华民族在中国共产党的领导下，开启了马克思主义中国化的伟大进程，这也是中华传统文化与马克思主义接触、吸收、融合的过程。中华传统文化把马克思主义这一外来文化中国化，马克思主义也激活和改变了中华传统文化。由此，中华文明不仅成功应对了西方文化的强势挑战，而且实现了在现代的重生，也实现了更高层次的文明包容性。今天，在民族复兴的伟大征途上，新时代的中华文化不仅植根于民族优秀传统文化的沃土，而且符合世界发展进步的潮流。

这份充沛的底气，最终扎根在中华文明以共同体为本位、强调责任伦理的主体性之中

在十九大报告中，"共同体"是一个高频词汇，不仅强调铸牢中华民族共同体意识，而且多次提到推动构建人类命运共同体。报告还指出，人与自然是生命共同体，人类必须尊重自然、顺应自然、保护自然。这些重要论述，深刻体现了中华文明一直以来以共同体为本位的主体性。

从文明比较的视野看，西方文明以个体为本位，而中华文明则以共同体为本位。以个体为本位的西方文明强调权利伦理，这种伦理崇尚二元对立的矛盾论，强调分化、竞争，推崇以实力压人的霸道。这种伦理往往片面强调个人应该享有的权利，而不顾及现实社会条件，更不顾及个人权利所激发出的

个人过分欲望对于整个地球资源和环境所造成的巨大压力。更有甚者，权利伦理一味地片面强调自由与人权，往往为了所谓的自由与人权，侵犯更多人的真正的自由与人权，最终所形成的，不过是西方世界唯我独尊的霸权和自私自利的贪婪。这种过度的、片面的权利伦理，最终给整个人类带来经济断层、社会撕裂、种族矛盾、恐怖主义、环境污染、气候变化等诸多矛盾和冲突。

要想应对这些矛盾和冲突，要想解决人类文明面临的挑战，要想在文明格局的调整中有所作为，必须全面复兴中华文明，彰显中华文明的主体性。中华文明以共同体为本位、强调责任伦理、崇尚家国情怀。中华文明的共同体意识和责任伦理、一方面立足于家庭、家族之"情"，强调亲情友爱；另一方面又通过"推己及人""将心比心"的"仁道"，而超越家庭、家族之"私"，由"齐家"而"治国"而"平天下"，一步步推广基于家的亲情友爱，一步步经营和构建更大范围的共同体，一步步承担更大的责任，一步步达到更高层次的和谐与共生。宋代大儒张载提出"为天地立心，为生民立命，为往圣继绝学，为万世开太平"，更是将家国天下的情怀和勇担责任的精神彰显无遗。与西方权利伦理相比，中华文明的责任伦理崇尚"天人合一"的"和合论"，更加注重整合、合作，推崇以道理服人的"王道"。这种伦理并不排斥自由与人权，只是要求两者必须符合和谐与正义的原则；这种伦理在保障个人合法权利的同时，更强调个人对于共同体的可持续发展所应该承担的责任。今天，我们倡导构建人类命运共同体，正是体现了一个负责任的大国对于整个人类命运的主动担当。

"天行健，君子以自强不息；地势坤，君子以厚德载物。"五千多年来，中华文明遵道而行，恢弘光大，继往开来，自信而从容地创造出一次又一次的灿烂与辉煌。今天，正是站在历史与文化之道的高度，习近平总书记在十九大报告中自信而豪迈地宣告："大道之行，天下为公。站立在960多万平方公里的广袤土地上，吸吮着五千多年中华民族漫长奋斗积累的文化养分，拥有13亿多中国人民聚合的磅礴之力，我们走中国特色社会主义道路，具有无比广阔的时代舞台，具有无比深厚的历史底蕴，具有无比强大的前进定力。"

只要我们以五千多年的中华文明为底气，高扬新时代中国特色社会主义文化自信的旗帜，我们一定能取得更大的胜利，创造更新的辉煌！

（作者系中央社会主义学院中华文化教研室主任。本文摘自《光明日报》）

农民工薪酬文化与企业文化研究

戴荣里

农民工已成为一些劳动密集型企业的生力军，农民工薪酬问题体现着企业管理科学化水平和人文关怀的深度，也构成企业品牌文化的重要内容。农民工薪酬文化的构建，是对企业文化的深层挖掘。

一、农民工薪酬文化的特点

（一）有效性

薪酬文化建设是事关包括农民工切身利益在内的企业文化建设。其有效性主要体现在薪酬标准制定、薪酬发放如何足额到位、薪酬对包括农民工工作忠实度的回馈等企业管理的深层次问题。目前，多数企业采取按月发放农民工工资的方式，效果很好。但确有一些企业采取两季或一次性发放报酬的方式，造成资金紧张，难以及时兑付，也让辛苦一年的农民工缺失了对企业的信任感并影响了农民工自身的幸福感。

（二）激励性

农民工进入各类企业的数量正在逐年增长。农民工在不同行业、不同岗位、不同时段上从事体力劳动偏多，工作辛苦，工作条件较差。薪酬文化的激励作用对农民工更显重要。工资性薪酬能让农民工看到劳动的阶段性成果，一次性奖励让农民工感受到自己为企业、为社会所做出的贡献有所回报，年终奖励让农民工感觉到企业的关怀。不同的薪酬所表现出的文化影响力对农民工的激励点是不同的。

（三）层次性

农民工薪酬文化应当随着农民工岗位的不同而体现出层次性。当下的农民工和20世纪的农民工在同质性特点上相比，已经出现了变化。现在，农民工几乎遍及各个领域，既有体力劳动者，也有脑力劳动者。即使在同一家建筑企业，也呈现出技术性工种和非技术性工种的差别。所以，企业对农民工的薪酬文化管理，要针对不同的情况做出相应的政策。企业要根据不同性质的农民工的劳动状况和劳动成果，建立不同的薪酬文化管理体系。

（四）传递性

笔者认为，农民工是两种文化的结合体。农民工进城从事劳务，既有其纯朴的一面，也有其认知局限的一面。同时，城市生活的视野也不断刺激农民工获得更多现代生活的渴望。农民工对薪酬要求也呈现出既有农民特点也有城市人特点的双重属性。这就使企业的薪酬文化产生出沟通城乡文化的纽带功能，因而呈现出我国当前城乡文明的特点。从这个意义上说，农民工薪酬文化在此时此刻体现了我国城乡文化融合的特征。

二、农民工薪酬文化与企业品牌文化构建

既然农民工文化具有有效性、激励性、层次性和传递性的特点，营造新时代农民工薪酬文化就要针对这些特点，使农民工薪酬文化与企业管理文化相结合，与企业核心竞争力相结合，进而发现、选拔、培养优秀的农民工人才，从更高层次上体现与企业品牌文化建设的互融性，达到二者的完美统一。

（一）农民工薪酬文化与管理文化的统一

农民工薪酬文化是一种工作衡量文化，也是一种人文关怀文化。薪酬文化管理也是管理文化的内在组成部分，甚至是极其重要的部分。薪酬体现了对农民工劳动成果的尊重，也体现了管理文化的深化。企业的管理文化需要认真研究薪酬文化的架构及其兑现方式，让农民工劳有所获，获有所感，增强对企业和职业的高度认同感和荣誉感。

（二）农民工薪酬文化与技术人才的选拔

建立层级多样的农民工薪酬文化，是企业选择农民工和农民工选择企业的双向文化融合体。有什么样的薪酬制度，就会引发企业采用什么样的技术人才；有什么样的技术人才，企业由此就会催生什么样的技术队伍，形成什么样的薪酬文化。农民工群体的非同质化催生了城市各个行业技术人才的奋勇争先。建立适应农民工技术群体的薪酬文化，使这些农民工技术人才脱颖而出，对企业的持续发展具有十分重要的意义。核心技术是企业品牌竞争力的基础，掌握了核心技术的农民工无疑是形成企业品牌的有生力量。农民工薪酬文化体系构建所不能忽视的一大原因在于，它关联着企业的核心竞争力体系建设，更关联着企业品牌文化的长期塑造。

（三）农民工薪酬文化与企业品牌文化的关系

对一些劳动密集型企业而言，农民工已经成为主力，无论从农民工自身管理还是从企业品牌文化建设的角度看，农民工的薪酬文化本身就是企业品牌文化建设的一部分。有恰当的、高于本行业的薪酬水平是农民工引以为豪的标志性体现；高薪酬所营造的企业社会形象，就是企业最好的一种品牌效应。围绕农民工薪酬，企业应建立一系列有效的薪酬制度，营造更好的农民工薪酬文化体系，这对企业品牌文化的促进提升无疑是最好的催化器。

（四）建立与企业品牌文化相适应的农民工

品牌和企业营造什么样的薪酬文化体系，就会创建出什么样的企业文化。品牌文化在不同的锻造期会形成不同的文化制度。以建筑施工业为例，对一位初涉建筑市场的农民工而言，建立与其身份和贡献相适应的报酬体系是适当的；而对长期在建筑企业担任施工的高级农民工技师而言，其报酬体系的确定，则要建立在与之相适应的更具激励性质的考核体系基础上，要考虑其潜在的贡献和品牌价值，这样才能让高技能农民工增强获得感，增强其对企业的忠诚度。农民工薪酬文化体现的是对农民工的劳动尊重、过程管理和人性关怀。农民工作为企业生产的重要主体，既承担着品牌技术储备的重任，又体现着作为社会公民的角色担当，企业对农民工薪酬文化的安排展现的是对企业品牌文化的坚守。具有高度文化自觉的企业，越来越重视农民工薪酬文化与企业品牌文化的高度融合。

三、创立与企业"走出去"相适应的农民工薪酬文化

创建与企业发展规律相适应的农民工薪酬文化，是企业顺应市场要求的需要，也是企业自身发展的必然选择。从企业发展的实际情况出发，有效地选用农民工，向农民工按企业绩效付酬，是农民工薪酬文化的基本内容。对国内企业是如此，对走向海外的中国企业也是如此。

（一）中国企业走向世界过程中的农民工队伍选择

中国企业在走向国际贸易和海外工程建设的过程中，也面临着农民工队伍的选择问题。一方面要从国内选择具有一定外语或技术专长的农民工；另一方面也要从海外选拔一些具有长期海外经历的中国农民工。同时，企业还要尊重所在国的法律、风俗要求和惯常做法，选择一些所在国的农民工。中国企业在走向海外的过程中，所选择的中国农民工

的高智性和外国农民工的属地化，为中国企业的农民工薪酬文化的营造增添了新的特点。

（二）尊重所在国环境的农民工薪酬文化的建立

无论是中国农民工还是所在国农民工，中国企业要想在海外发展，一方面要充分尊重、遵守所在国的法律规定，另一方面要建立起吸引农民工长期跟随企业的薪酬文化。薪酬文化的适应性让这些企业能获得长期发展；而薪酬文化的独特性则能给这些企业带来创新的阶段性成果。建立与所在国相适应又有中国特色的企业薪酬文化，应该成为新时代中国企业"走出去"需深入探索的问题。

（三）选择属地化管理的薪酬文化

"橘生淮南则为橘，生于淮北则为枳"，属地化要求企业必须适应所在国的风土民情。比如，有的企业在坦桑尼亚施工过程中，巧妙运用在坦桑尼亚具有 10 年以上施工经验的中国技术工人做工长，形成"底薪＋贡献＋创新性报酬"为特点的激励机制，极大地激发了员工的积极性；而对当地员工，则逐渐改变日发工资造成属地化农民工容易流失的习惯，由日工资改成周工资，再由周工资逐渐过渡到旬工资和半月工资，既保持了队伍的稳定性，又考虑了当地农民工的接受能力，起到了很好的薪酬文化设计效果。海外项目的薪酬文化只有和当地民众的风俗文化密切结合，才能取得良好效果。对薪酬文化的改良应该采取渐进式的态度，任何一蹴而就的心理，很可能会引发劳动队伍的不稳定和其他风险产生。

（四）农民工薪酬文化构成海外中国企业的品牌文化特色

中国海外企业文化的发展，不仅要借鉴国际惯例，还要在保持中国特色的基础上，适应所在国的制度文化。只有充分关注文化特色，企业薪酬文化才能形成自己的鲜明特点，也才能在文化交流中找到企业发展的力量。企业内部要营造对农民工的尊重，不仅要体现在日常的管理过程中，更要体现在薪酬文化设计的每个细节。

四、农民工薪酬文化与管理

当前，农民工是一支人数庞大的队伍。平等既是农民工薪酬文化的核心，也是保证公平正义的必然选择。同工不同酬的现象既有历史原因，也有企业认识上的误区。建立与农民工劳动量相适应的薪酬文化体系，是企业发展的必然选择，也是消除城乡差别，尊重个体劳动的必然体现。巨大的农民工群体呼唤更科学的薪酬文化体系的建立，而通过农民工队伍的正规化建设以达到同工同酬的目标尚任重而道远。制度执行到位是农民工薪酬文化的关键。尽管政府一再重申，但因制度执行不到位，每年仍然有部分农民工承受欠薪之苦。除了进一步完善制度之外，还应加大监督执法力度，企业也应加大相应的投入，形成科学的薪酬制度，进而惠泽每一位农民工。系统化管理是促使农民工薪酬文化向企业品牌文化转变的主要手段。薪酬文化的营造既得益于政策引领，更需要企业的文化创新。企业要学会运用高科技手段，采取量化考核、技术跟踪、逐月发放等手段，让每位农民工有切实的获得感。要站在企业品牌文化塑造的高度，既要考虑农民工薪酬兑现本身对企业品牌文化的点与点的呼应，又要考虑整个管理过程中，薪酬激励与农民工技术人才选拔、积极性发挥的对应性，更要考虑薪酬文化的合理性对企业品牌文化核心竞争力的提升所潜在的推动力需求，从更宏观的角度把握企业薪酬文化的顶层设计、中间回应和最终落实，切实形成有效的、有激励作用的、分层次的、多角度的薪酬文化体系。

（作者系北京建筑大学教授，中国中铁建工集团企业文化部副部长。本文摘自《中外企业文化》）

衡量中国传统文化"优秀"的标准

李宗桂

自 20 世纪 80 年代文化研究热潮兴起以来，学术界对于"文化评价的标准"有过认真的探讨。大致说来，提出的主要标准有：其一，政治标准、科学标准、艺术标准的统一，政治标准是求善，科学标准是求真，艺术标准是求美，三者结合是真善美的统一；其二，艺术标准与道德标准；其三，生产力标准；其四，以人的解放程度为标准。显而易见，这里的"文化评价的基本标准"论者具有清醒的价值尺度意识，显示了文化研究中的理性精神。但值得注意的是，论者讨论的是一般意义上的"文化评价的标准"，既不是"中国传统文化的评价标准"，更不是"中国优秀传统文化的评价标准"，这不能不说是一个令人遗憾的缺陷。当然，"文化评价的基本标准"论者们所提出的这些标准，本质上蕴含着"优秀"的价值指向。不过，从近些年中国优秀传统文化研究的理论需求和实践运用的层面看，上述评价标准显然需要进一步的拓展和升华。我认为，中国优秀传统文化的评价标准应当包括以下方面。

适应时代需求，推动社会发展

中国传统文化的一个优秀传统，是经世致用。经世致用不是为了盲目呼应往古的回声，也不是为了制造不切实际的虚幻的未来，而是立足当下，为治国理政提供资源，为社会发展创造条件，为个人安身立命提供精神家园，从而直接或间接推动社会发展，因而具有很强的时代性和实践性。

中国传统的思想文化，从其产生的时候起，就带有鲜明的现实性和实践性。先秦诸子"皆起于救世之弊"，诸子思想观点的表征往往是"言治乱之事"，而儒、道、墨、法、名、阴阳诸家的价值追求是"务为治"。白居易在其《与元九书》中自道"文章合为时而著，歌诗合为事而作"。这些都反映出中国优秀传统文化重视现实、关注时代需求、旨在推动社会发展进步的特点。

从中国思想文化发展史的历程看，一种思想理论，一个学派，一种制度，它的存在和发展必须适应时代的需要，否则就难以为继；必须有助于推动社会发展，否则同样难以为继。秦汉以后，作为学派的墨家不复存在；隋唐科举制度兴起以后，汉代的荐举贤良方正之士、魏晋的九品中正制的人才选拔制度自然消歇；辛亥革命以后，随着社会制度的革命性变革和现代学校制度的建立，科举制随之寿终正寝。方其兴也，顺应时势，有益于社会发展。世易时移，则成为了束缚社会发展的桎梏，为历史所抛弃。因此，任何一种理论，任何一种文化，衡量其优秀与否的标准之一，是看其能否适应时代需要、推动社会发展。能够适应时代需要、推动社会发展的，便是优秀的；反之，便是落后的甚至是腐朽污糟的。

当然，精华与糟粕都要经受实践检验。根据实践是检验真理的标准的观念，我们衡量中国优秀传统文化的价值尺度，毫无疑问是实践。作为民族传统文化的优秀成分，中国优秀传统文化必须经得起实践检验。所谓实践检验，既包括历史上曾经发生的实践检验，也包括现时代的实践检验。换言之，经过历史证明而又能在今天的文化建设和社会发展中经得起实践检验的传统文化，才是优秀的传统文化。

从历史经验而言，古代社会的向上向善的思想理念、传统美德、人文精神，是经过古代的社会实践检验的具有普遍价值的优秀传统文化。例如，汉代由董仲舒构建的"三纲五常"思想，其"三纲"是长期为封建专制政治服务的思想糟粕，在追求科学、民主、自由、平等的今天，理所当然要受到批判和否定。同时，我们要看到作为传统中国社会普遍价值理念和道德标杆的仁、义、礼、智、信，不但在历史上曾经起到了形成价值共识、促进文化认同、增强民族凝聚力的巨大作用，至今还对我们的社会和人民产生着深刻的影响。今天，我们可以用改革创新的时代精神，用社会主义核心价值观规整、引导仁、义、礼、智、信"五常"，赋予新的时代内容，给予创造性解释，并根据当代文化建设的需要，给予创新性的发展，使其成为解决当代中国社会发展和文化建设的有力资源。

无论是继承还是创新传统文化，都要突出实践标准，主要看能不能解决今天中国的问题和需求，能不能回应时代的课题和挑战，能不能转化为国家富强、民族振兴、人民幸福的有益精神财富。能够通过扬弃继承、转化创新的路径，使中国优秀传统文化成为有利于解决现实问题的文化，有利于助推社会发展的文化，有利于培育时代精神和时代新人的文化，这就是中国的优秀传统文化，这就是我们的文化实践观、文化创造观和文化价值观的统一。

有助文化认同，促进民族团结，助力民族复兴

文化认同是对民族文化核心价值的认同，是对民族精神的自觉服膺，是对民族成员标志的由衷肯定。文化认同是联系民族共同体的精神纽带，是增强民族凝聚力的精神依托，是民族认同、国家认同的重要基础。

中国优秀传统文化对于中华民族成员的文化认同，有着别的文化要素无可替代的作用。多元一体的中华民族，多元一体的中华文化，需要文化认同的支撑。多民族国家的形成和发展，需要共同的核心价值的凝聚和支持，需要民族共同体内部的相互理解、包容和支持。大一统观念的自觉认同和坚定实践，以文化的有无区分华夷，以团结统一为荣为上，以分裂纷争为耻为下，是经过长期积淀而形成的文化自觉意识。国家的统一、各民族人民的团结，是中华民族繁荣昌盛的必要条件。以儒家思想为代表的传统文化的一个重要的优长之处，是在历史上

对形成和维护我国团结统一的政治局面，对形成和巩固多民族和合一体的大家庭，对形成和丰富中华民族精神，对激励中华儿女维护民族独立、反抗外来侵略，对推动中国社会的发展进步、促进中国社会利益和社会关系的平衡，都发挥了极为重要的作用。

中华民族追求的伟大复兴，自鸦片战争以来已经在现代化的途程上经历了 170 多年。民族振兴、国家富强、人民幸福的宏愿，正在逐渐变为生动的现实。在 100 多年的追求现代化的历程中，以自强不息、厚德载物为核心的中国文化精神，以爱国主义为核心的中华民族精神成为我们不断进步的内在动力。显而易见，中国优秀传统文化对于民族复兴起的是正面的推动促进作用。因此，是否有助文化认同，是否能够促进民族团结、助力民族复兴，便成为中国优秀传统文化的评价标准之一。

提供精神支撑

所谓中国文化，本质上是指的中国传统文化最为核心的部分，即思想文化。因此，中国优秀传统文化应当成为中华民族的精神支撑，成为题中应有之义。党的十八大以来，全国上下已经形成了弘扬中华文化、建设中华民族共有精神家园的共识。精神家园的构建，不是一朝一夕可以完成的，也不是平地冒出来的，而是渊源于自己民族文化的深厚根基，依托于民族优秀传统文化的源泉。

建设中华民族共有精神家园，应当而且能够在中国优秀传统文化中找到精神资源。诚然，当代中国人精神家园的构建，首先要立足于改革开放以后社会发展和文化建设的实际，但安身立命之道的构筑，社会主义核心价值观的培育和弘扬，毕竟离不开本民族优秀传统文化的滋养。正所谓"不忘本来才能开辟未来"。社会主义核心价值观的弘扬和培育应当从中国优秀传统文化中汲取精神养分。中华优秀传统文化是社会主义核心价值观的源头活水，而社会主义核心价值观则是中华优秀传统文化的当代升华，因此，我们应当把传承和弘扬中华优秀传统文化与培育和弘扬社会主义核心价值观有机结合起来，从而为当代中国的进步和中华民族的发展提供精神支撑。中国优秀传统文化给当代中国提供精神家园建设的有益资源的同时，还应当而且能够培育有文化自信的底蕴。我们讲道路自信、理论自信、制度自信的同时，更要讲文化自信，因为文化自信是更

基本、更深沉、更持久的力量。从宏阔的历史视野考察，拥有历久弥新的优秀传统文化，正是我们文化自信的底气所在。

有益世界文明

中华文明与世界文明相连，中华文明是人类文明的重要构成。在全球化时代，中国不可避免地成为全球化进程中的重要国家，成为世界文明图景中的重要景象。如果说，上古时期的中国以"天下"误解世界而自大，明清时期的"天子"闭锁门户自外于世界文明的话，那么，步入近代的中国面临民族存亡危机，被迫睁眼看世界，尽管是被动的但最终纳入了世界体系。通过以坚船利炮为重要标志的西力东渐的震撼，天朝上国的迷梦慢慢苏醒，先进的中国人都向西方寻找真理，企图自强自救。在从物质层面到制度层面再到思想文化层面的全方位向西方学习的过程中，中国人深深感受到了西方文明的优长之处，于是奋起直追，负重前进，创造出中华文化新的辉煌。

改革开放以后的中国，真正地融入了世界，成为世界文明版图的重要构成部分。在开放的心态下，让世界文化走进中国，让中国文化走向世界，成为中国社会的共识，成为当下的文化自觉。在这种情况下，我们弘扬中国优秀传统文化，就要首先弘扬我们爱好和平的民族精神。以和为贵、协和万邦、亲仁善邻、好战必亡之类的爱好和平的思想，是我们处理国际关系的基本理念。"己所不欲，勿施于人"。中国需要和平、爱好和平，愿意尽最大努力维护世界和平，并坚定不移地走和平发展的道路。在与世界各国的平等交往中，在增强综合国力的实践和进一步和平崛起的进程中，弘扬中国优秀传统文化，增强民族特色，让世界了解中国优秀传统文化，增进互信，共同发展。在与世界的交往中，始终秉持和而不同的理念，"各美其美、美人之美，美美与共、天下大同"。这样，我们就通过对中国优秀传统文化的弘扬为世界文明的发展做出了应有的贡献。

从发展的视角看问题，本文提出的衡量中国优秀传统文化的标准，并不强求全部符合。其实只要符合若干条甚至一条，即属于有价值的优秀文化基因，诸美皆备固然最好，蕴含一美也很珍贵。

（作者为中山大学哲学系教授。本文摘自《北京日报》）

华为开放创新与文化内核

朱士尧

我用简要的几个数字告诉大家,华为的历史和当前在国际上的地位和影响。从两组数字看华为的发展,也可以看到在中国出现这样的企业是一个奇迹。

第一个数字:6个人。29年前,当华为成立的时候,初始创业团队都是普通老百姓,没有官二代,没有富二代,现在的创业热潮是响应号召,现在创业关注的是创业获得成功必须具备的条件。但29年前对这6个人来讲,所有条件一个都不具备,完全从零开始,28年的奋斗华为从6个人变成18万人,接近三年员工基本不增加,业绩增加两三亿元。不光人多了,人是什么人不一样,这些人做的事情也不一样。华为早前几十年通过自己的奋斗,从6个普通老百姓开始做通信设备,第十年开始走向国外,第一个产品卖给世界各国,同时在世界各地寻找优秀人才加入华为。华为的产品卖到177个国家,涵盖世界20%的人口。

20年前,华为公司有5万多人,但海外子公司有122个,占比例是75%。印度有华为两个单位,子公司4500人,中国人200人。华为在印度还办了研究所,3500个软件工程师,有40个中国工程师。我们的党员数量5800名,分布在全世界120个国家。华为的海外员工来自165个国家,产品几乎卖到全世界各个国家,从本质意义上来讲,华为现在不能单纯的是一个中国公司。

第二个数字:2万元钱,这是29年前华为成立的注册资金,两万元钱起家,现在是5216亿,原来叫万元,现在叫亿元。28年,增长了2500万倍,这是奇迹,而且这个奇迹不是过去式,现在还在进行,2015年增长了32%,2016年增长了37%。一年的增量是1300亿,这是真金白银,华为一年增量就是1300亿。难能可贵的是:华为在风不调雨不顺的情况下快速增长。从2008年开始,很多的企业小幅增长的速度非常快,华为到了几千亿元规模还是这么快的增长实属不易。华为在行业里的增长是世界第一,而且,华为是750亿,第二位还不到250亿。华为一年的销售是全世界行业的总和,这就是华为的行业地位。

在世界500强企业中,华为是第129名,

2015—2016年超越99家。华为不搞多样化,不上市,不利用资本市场,不用杠杆原理,这是真金白银。

特别是2015年,全世界所有500强公司面临的经济形势都很严峻,经营非常困难,挑战异常严峻,据权威部门统计,2015年全世界500强的销售收入平均下降12%,纯利润平均下降11.8%,华为在同样的形势下增长37%。这就是华为的实在的增长。事实就是这样:改革开放40年,我国经济发展非常快,很多行业很多产品,有223项世界第一,但品牌影响力较差,我们的品牌影响力能排到世界100名的只有华为一家。

华为的老板常说华为没有成功,华为只有成长。不管是成功还是成长,走到这个地位,最本质的或者很值得我们铭记的,就是华为29年集中所有的精力,增强内功的修炼,提升内生的竞争力、驱动力,而不是从外部找原因,从外部找寄托,从外部寻扶持。华为从来都是靠自己。29年来,总结到一点,就是华为长期坚持开放创新。即:长期坚持技术创新,使得华为有了超强的可持续的技术;长期坚持构建世界最先进的管理水平、管理资格体系;长期坚持企业文化的创新。企业文化的创新就是凝聚人心,将华为18万高级知识分子变成18万奋斗分子,自觉自愿地发自内心地坚持奋斗,这是华为走到今天获得成功的真正原因。

关于技术创新

技术不光要有创新,更要明确企业创新的驱动力所在。一是要投入,华为在人的投入方面是8万名,搞研发的起点要求研究生以上,资金投入10年投入300多亿元。任正非曾受到国家领导人的邀请,到人民大会堂参加会议,他说:"华为已经是世界的领头羊,我们肩负为人类探索新的通信手段的任务,极其艰难,我们感到迷茫,我们要进一步加强科研投入,未来华为的研发投入超过1000亿元"。2015年华为招聘了700个世界级科学家,2016年年底,华为已有1400个世界级科学家。二是要有人有钱。但要积累强大的平台,华为有16个研发中心,开发世界级的客户,建立了36个联合创新中心。三是要研发最先进的科研成果。

关于管理开放创新

我们觉得不同的人对管理有不同的看法,华为

是管理第一，技术第二。因为技术可以花巨大的价钱通过吸引顶级的人才、买最先进的科技仪器来实现，但管理是有效率的，管理让人才效率化，人才管理后效率才提高，管理理念不好，管理体系很难落实。我们不否认华为是"土八路"出身，华为早期根本没有按照现代企业制度来建设，早期也不懂现代化理论，但是长期坚持开放创新。华为的管理有两个重大的里程碑：一是 1996 年思考用了两年的时间总结华为的管理。1998 年华为做了企业界影响很大的经典的历史贡献，主动思考企业的愿景是什么，为了实现这个愿景，企业上上下下前前后后需要做什么，而且上升到"法"的高度，华为也是在国内第一个提出"基本法"的企业。

第二个里程碑是以开放的心态全面引进欧美发达国家的管理理念和管理制度。华为花了 10 多年的时间，用 100 多亿元的代价全面引进欧美的制度，根据项目换了不同的专家。但这样做绝不是盲目的，而是根据企业发展阶段，清楚地意识到抓住不同阶段的主要矛盾向世界学习最好的管理。通过三年的不懈努力，花费上百亿元学费，华为把"土八路"的企业转换为现代化的企业，"土八路"变成穿西装戴领带的企业，达到了世界先进水平。到 2009 年华为进入全球化阶段，我们没有沉浸在成功的喜悦当中，我们清醒地意识到，华为的发展又迈上了一个新的台阶，又进入了新的阶段，这个阶段对企业的管理理念、管理资本、管理方法又有新的要求、新的状态。我们要以虚心的态度，学习世界上最好的企业管理。

华为在管理上自己的创新也很多。我们长期不断地在技术和管理上进行创新，我们有一流的管理水平，华为不仅注重硬实力提升也注重软实力，那就是企业文化，就是"凝聚人心"。检验企业的文化管不管用，就是说你这个企业倡导的价值取向、价值理念、行为规范能不能做到你企业的人心都一样，跟老板想的都一样，大家朝一个方向去实现你的战略。"人心齐，泰山移"，"人心齐"就是企业文化的力量。

关于企业文化创新

文化的创新就是凝聚人心。我们曾经认真研究了狼性，狼性有三点非常好，学习它是为了提高我们竞争的能力，提高我们抢占市场份额的能力，因为市场竞争非常激烈，为了活得更好，为了抢占更多的市场份额，只有一个办法"抢"。"抢"的本领一

个是天生的，第二个是后天的磨炼，从这个意义上我们得到了经验。20 年前要求全体员工学狼性，最后要求一部分人学，因为市场人狼性强不强，决定你企业的生存能力。市场部的人狼性强就能抢得更多的份额，市场人都文质彬彬的，就抢不到份额。但是我们的研发人员不能学狼性，行政服务也不要学狼性。我们真正的文化是以客户为中心，以奋斗者为本，这是华为文化的官方表达。

任何一个企业，企业文化是有演变过程的，但是本质是不变的。华为为了让文化落地，25 年前就开始贯彻华为精神，一步一步提炼出来。我们开展企业文化工作的使命就是凝聚人心。

我们强调讲理念，为客户服务是华为存在的唯一理由，客户需求是华为发展的原动力。华为认为如不好好为客户服务，华为就没有必要存在。同时，对待客户需求要有类似宗教般的信仰和敬畏，坚持把对客户的诚信做到极致。现在社会上有一部分人没有信仰、没有敬畏，这很可怕。华为不光对社会是这样，对客户都要这样。一般的商人对客户需求是尽力而为。华为认为尽力而为档次太低了，华为是尽心尽力，尽力就是能做到什么样就做到什么样，尽心是有强烈的使命感和责任感，天大的问题都要解决，从来不放弃。我们对所有的工作一定要尽心尽力。

关于为客户创造价值

我们跟客户打交道，最后要的是结果，帮客户创造价值，帮客户成功。有的商人跟客户一谈判，就为了拿的单子多，一分钱都不肯让，客户的感受马上降下来了。我们是帮客户解决问题的，最后通过解决了问题自然而然地赚点钱是结果，不是为了把这个赚钱作为目的。我们跟一般商人不一样，社会舆论都是说商人在商言商，都是利益最大化，资本是独立的，都会追求最大化，全世界哪个国家都有这样的商人，都有这样的机构，但华为不是这样。我们不争利益最大化，是因为我们站在客户的立场，我要追求利益，可能会让客户成本最大化，既然客户不愿意你为什么强人所难，你也是客户，你可能也不愿意花大成本。同时，任何一个单独的企业是不能够单独的存在，一定要有产业的生态链，有上有下，大家都追求利益最大化，我们站在产业链上来看问题，有些人以为自己很聪明，他一定要砍价格，让人家没钱可赚。这是穷人的心理。作为企业来讲谈合同谈到压到人家没钱赚，人家凭什么要跟

着你瞎忙活而不赚钱。大家都要赚钱，都要过日子，每一个企业都要回去给员工发工资的，所以，我们追求适当的利益。所谓适当的利益就是在整个产业链中的利润，秉持有钱大家赚的理念，我们真正追求的不是某一项生意赚多少钱，不是追求利益最大化，不是逼得人家没钱赚，我们就是赢得客户的尊敬，这才是伟大的追求。因为当客户尊敬你，当社会尊敬你，很多的客户，买过你产品的客户就会跟你建立长期的合作，华为就是这样，20多年来坚持贯彻这个理念，得到全世界的认可。国内一大批优秀企业、超大型的企业都是我们的回头客。

关于凝聚员工

奋斗是党的理念，以人为本。企业不是政府，企业是社会的一个细胞。每个细胞都有自己的责任，企业细胞的责任是创造财富，员工对创造财富的态度不一样，任何一个行业，任何一个企业不存在抽象的员工，我们华为18万人是不一样的，5000人也是不一样的。按我的理解第一类叫奋斗者，本质特点是不分节假日，不分上下班，只要工作需要哪怕凌晨三点，只要有电话立刻到现场解决问题，只要客户需要马上上去这才是奋斗者，华为就是有很多奋斗者。无论发生什么事情，通信设备都要畅通的。第二类就是普通的劳动者，工作时间之外不要找我。普通劳动者只能维持现状，要造就伟大的企业，就必须要奋斗的，这个导向非常重要。年轻人要有理想，要有眼界，必须要奋斗，不奋斗不可能实现，要鼓励年轻人奋斗。第三类是出工不出力，

上班不迟到、不早退，但是8小时坐在电脑前不一定都在干活。任务打了七八折；第四类是游手好闲不干活，完不成任务，小事不愿意干，大事干不来，事没干，待遇没少。企业的导向就是绩效考核，鼓励大家创造更多的财富。无论是华为的股票奖金等，都是根据绩效来的，不是根据你的资历，就看创造的价值。当然，华为提倡奋斗，不一定要礼拜六、礼拜天上班，只有创造价值才叫奋斗，才能得到应有的保障，类似"没有功劳也有苦劳"的导向华为明确反对。因为你占用了公司的资源，占用了这个岗位，创造不出价值，你就给公司造成了机会损失。

华为的奋斗战略是指所有员工都认可的。18万人就是18万个奋斗者，我们不讲大话，主观上就是让你和你的家人过体面的生活。我们常常勉励自己，我们这么努力，创造这么多财富，为人类的文明做出了贡献，所以尽管我们主观上是为了自己，客观上是为社会、为国家做了更多的贡献。如：华为交了3000多亿元的税，为我们国家地位的提升贡献了力量。

华为以客户为中心，以奋斗为理念，体现在华为人日常行为的点点滴滴当中，变成了生产力，变成了财富。华为坚持把华为文化的理念、要求体现在员工的日常行为中，而且持之以恒，这就成了我们的企业文化，成了华为长期以来高速、持续增长的最强大的内生动力。

（作者系中国科学技术大学教授，华为原党委副书记。本文为作者在"第二届中国民营企业文化论坛"上的发言）

企业家谈企业文化

破一微尘出大千经卷

张瑞敏

人类社会的每一次繁荣进步都离不开科技的突破，但人类文明的每一次飞跃发展更离不开思想的解放。当互联网带来指数级科技的繁荣时，我们又一次站在了时代的"风口"，就在大工业发展正在把每一个个体变成"机器部件"的危急关头，时代列车转入一个新的轨道，"零距离""去中心化""分布式"的互联网思维把我们带进一个充满生机与挑战的"人人"时代。

在改革开放的大潮中，历经 34 年的创新发展，海尔从一个濒临倒闭的集体小厂成长为今天的全球白电第一品牌，在全球海尔拥有数以亿计的用户，每天十几万台海尔产品进入全球市场。人类工业文明的先进成果成就了海尔的今天，让海尔得以在 30 多年走过了传统发达国家企业百年的历程。我们追上了曾经奉为经典的榜样，同时也失去了可资借鉴的标杆。面对新的挑战，我们剩下的唯一没有被时代抛弃的武器是永远的"两创精神"——永远创业、永远创新。

唐太宗曾经问群臣，"创业与守成孰难?"他心里的答案是，创业难，守业更难。海尔的企业文化对这个问题的回答是，如果把创业和守业割裂来看就永远没有正确的答案，唯一的出路是只有创业没有守业。

创业精神的天敌是自己曾经成功的经验和思维定势。《道德经》云，"胜人者有力，自胜者强"。海尔文化的基因只有一个密码，那就是自以为非。企业如此，每一个人也是如此。因为在互联网时代，每一个人都是自己的 CEO，每一个人都应该成为创业家。

创业家与企业家只有一字之差，其内涵和本质却有天壤之别。企业家还是以企业为中心，而创业家却以用户为中心；企业家以创造完美的产品和服务为使命，而创业家以创造用户最佳生活体验为中心；企业家以规模和利润为成就标尺，而创业家以用户资源和粉丝为荣耀北斗；企业家以管理和控制为权力之杖，而创业家以自我组织为魔法宝盒。成千上万人成就一个企业家，而每一个创新的个体都可以成为一个创业家，正所谓"破一微尘出大千经卷"。

34 年，轻如尘芥弹指可挥去；34 年，重如山丘难以割舍。海尔从一个封闭的科层制组织转型为一个开放的创业平台，从一个有围墙的花园变为万千物种自我演进的生态系统。

创业初期，我们为社会奉献的是海尔牌产品，进而我们以向社会提供海尔牌服务为宗旨，今天我们向社会开放海尔的资源，为创客们提供的将是海尔牌的创业平台。在表层意义上，海尔向社会开放 U＋智慧生活的 API(由互联互通技术平台、生态服务万种 API 连接平台)，每一位创客都可以在此基础上延伸开发产品。在深层意义上，海尔向社会开放供应链资源，每一个供应商和用户都可以参与海尔全流程用户体验的价值创造。在本质意义上，海尔向社会开放机制创新的土壤，构建机会均等结果公平的游戏规则，呼唤利益攸关各方共建、共享、共赢。

自 2005 年以来，海尔就已经开始对人单合一双赢模式的探索，为此我们不惜放弃对传统绩效的单一追求。在没有标杆的摸索中，我们宁愿承受外界的质疑和批评，但我们没有轻言放弃，因为鼓励我们坚持下去的不是成功，而是对时代精神的求索。

我曾写过一篇文章《海尔是海》。今天我想说，海尔是一朵云，海再大，仍有边际，云再小，可接万端。

开放，开放，再开放。今天，在海尔的云创平台上，已经孕育和孵化出一百多个创客小微，他们既有海尔的在册员工离开企业进行的创业，也不乏有社会上的创业者来到海尔平台的在线创业者，他们值得尊重，因为海尔的创业平台转型本身也是一种创业。作为云创平台的海尔，不再是三十几年历史的海尔，而是一个初生的婴孩，一轮初升的朝日。

（作者系海尔集团董事局主席兼首席执行官）

谈企业品牌战略

任正非

在这个人人都谈品牌的时代，品牌的核心是诚信，品牌仍要以客户为中心，不是搞科普，更不是宣传慈善，而是沿着主航道，迎接一个又一个河口，最终走到大海。

战略宣传要以客户为中心

品牌的核心是诚信，是我们为客户提供的质量、服务与竞争力的提升。要紧紧围绕以客户为中心形成我们的宣传主线。

围绕品牌战略与宣传务虚。我考虑的是怎么紧紧围绕以客户的需求（远期的、近期的）为中心形成我们的宣传主线。怎么把我们对这种需求的解决方案做成体验，在全球可以体验。我们的战略宣传要坚决地以客户为中心。我们的宣传一定要让客户CTO看得懂，对政治家我们给他讲故事，让他能听得懂。我们讲战略宣传要以客户为中心，就要真正搞清楚客户的痛点在哪里，我们怎么帮客户解决他们的实际问题。在巴塞罗那通信展上我去看了爱立信的展台，爱立信只给客户讲客户的痛点，他们的咨询专家在客户来之前已研究过要对客户讲哪一点，到时就把这一点给客户讲透，完了客户愿意继续看就自己看。我们现在的展厅展览像接待小学生一样，让每个人都从头到尾看一遍，对每个人都从ABC讲

起……我们整个展览系统不是以咨询专家的身份出现，我们是以讲解员的身份出现。我们需要改进的就是要直接切入、深层次地揭示客户的痛点是什么，然后讲我们的解决方案是什么。

我们也不需要宣传我们做慈善，不能用社会责任代替了我们公司的形象和主流，品牌战略要讲清楚我们的主流是什么。抗震救灾、资助教育……这些东西在《华为人》报或外部媒体上发个花絮就可以了，不为客户服务的就是花絮，不说更好。观音说过什么吗？你亲自听见过吗？难道观音不慈善了吗？我们未来的以客户为中心，也不再是以单一的客户为中心。各模块的宣传各具特色，不必要协同、统一、僵化。

品牌战略要有一定的眼光

要在战略层面构建和宣传华为公司，让它引领这个时代，深入到人心。首先，我们的战略宣传，一方面是对自己，一方面是对社会，两者是融合的。我们对内的牵引要敢于理直气壮，对外的宣传要血脉相连一体化。我们总是要找到一个系统性的结构来向客户和社会传递信息，让客户看到华为的形象，让社会看到华为的形象，进而认识华为能引领这个社会如何变化的真谛。其次是方法。要把全球战略宣传的方法拿出来。全球哪里不能体验呢？我们要把体验中心通过网络扩展出去，把我们公司的展示和体验全球化。而且我认为，我们品牌战略和现在的展厅也会逐步走向融合。

我认为品牌战略有时要超越战略MKTG（市场学、销售学），因为战略MKTG还是要做实一点。在这个过程中，我们不断过滤掉那些不对的东西，两三年以后，目标越来越近、越来越清晰，我们也就走到正确的路上了。所以品牌战略的负责人不能完全着力在埋头苦干，还要有一定的眼光。没有视野，埋头苦干会浪费许多钱。

品牌就是沿着主航道走到大海

沿着主航道，把握好大江大河，我们一定能走到大海。现在享受互联网的人很幸福，做内容的人赚了很多钱，提供管道服务的人和我们这个做设备的人没赚到什么钱。但随着内容越来越丰富多彩，做内容的人也会是卖豆腐、卖水了，因为人家不一定要点你的内容，点别人的，也行。内容都是要通

过管道来传送的，大家都来点，小的管道服务商就堵了，因为他没有那么大的带宽。小的管道服务商没有了，他们用低价撬动的市场也没有了，这时候能提供超级服务的大管道服务商就可以减少恶性竞争的压力。如果他们能买得动了，我们就能活过来；即便他们不涨价，只要战略对手萎缩了，我们的价格不再像今天这样做得这么难，我们也就活过来了。将来的水太大了，一定要通过大江大河流出去，如果到时候把着大江大河的人是我们，我们就有条件生存。所以我讲多少人几家欢乐几家愁，现在愁的是我们，将来我们还会不会继续愁下去？我们怎么能活下来？我认为这个要作为一个非常重要的议题提到公司的议事日程上来进行研究。技术还是在不断进步的，价格还会继续下降。从我们公司来说，我们不追求高利润及财务指标的漂亮，我们追求内部管理的合理性。

以前有人批评我们，说你们有线也做，无线也做，怎么能成功呢？爱立信就只做无线。我当时回答说，有线、无线将来都是个传输信息的东西，我那时还想不到信息技术后来会发生这么大的变化。基于这样的认识，我们坚持了下来，走到了今天。往前走，有线、无线这两条河就合拢了；继续往前走，还会有一个河口……这个世界就是不断把下一个河口告诉你，实际上还是这条河流。不认识到这一点，大家以为公司的战略总在变，长江流到宜昌了，大家喊我们到宜昌啦，三峡多美啊！到武汉了，大家喊我们到武汉啦，江汉平原多富饶！到南京了，说长江中下游鱼米之乡！到上海了，说我们终于走向大海了！……我们看整个过程，其实还是长江，这个主航道并没有变化。所以在这个问题上我们也要有正确地牵引，让我们广大干部员工也能明白。华为公司在今天千军万马的时候，一定要找到出口，出口就是品牌战略做出的假设。有假设，有牵引，万江才能汇流。

（作者系华为技术有限公司主要创始人、总裁。本文摘自《中外企业家》）

以高铁品质打造企业党建"金名片"

刘化龙

中国中车是全球规模最大、品种最全、技术领先的轨道交通装备供应商。中国中车是在党和国家领导人的高度重视和关怀下诞生的。习近平总书记视察中车企业时曾赞扬中国中车的高铁动车产品是"一带一路"的"抢手货"，中国制造的"靓丽名片"。习近平新时代中国特色社会主义思想，特别是在全国国有企业党的建设工作会议上的重要讲话，从坚持和发展中国特色社会主义、巩固党的执政基础执政地位的高度，深刻回答了事关国有企业改革发展和党的建设的一系列重大问题，是加强新形势下国有企业党的建设的纲领性文献，对于做强做优做大国有企业、推进党和国家事业发展具有重要指导意义。如何把总书记的要求融入到中车的血脉之中，是中车一直探索和思考的重大课题。我们认真落实总书记的讲话精神，坚持用"高铁"的品质开展企业党建，做到总书记的要求"句句有回应，字字得落实"。

加强学习宣贯　争做党建"明白人"

中车通过党委中心组"集中学"、邀请专家"辅导学"、结合业务"嵌入学"、借助网络"线上学"、集中培训"课堂学"等方式，认真学习习近平新时代中国特色社会主义思想，坚决在思想上、政治上、行动上同以习近平同志为核心的党中央保持高度一致，筑牢中车的"根"和"魂"。根据中央组织部、国务院国资委党委对贯彻落实国有企业党建工作会议精神的有关部署和要求，我们制定了贯彻落实全国国有企业党的建设工作会议精神的 35 项目重点任务，要求相关部门要根据责任分工，细化工作措施，各子公司党委切实担当起管党治党主体责任，推动重点任务落实落地。日前，集团党委派出检查组，对任务推进情况进行了督导检查，从检查情况来看，各项工作按计划顺利推进。

完善顶层设计　绘制党建"线路图"

习近平总书记指出，中国特色现代国有企业制度，"特"就特在把党的领导融入公司治理各环节，把企业党组织内嵌到公司治理结构之中，明确和落实党组织在公司法人治理结构中的法定地位。中车高度重视党建工作顶层设计，坚持做到"四同步、四对接"。

系统规划党建工作。中车编制的《"十三五"发展战略》中，将党建工作作为重要章节，与公司生产经营同步谋划党的建设。2017 年 1 月，公司又召开了

"中国中车党的建设工作会议"，对党建工作做出全面系统的部署。

健全党的工作机构。中车总部独立设置了党委办公室、纪委、组织部、宣传部、巡视办公室、工会、团委、总部机关党委等机构。子公司层面，制定《关于中国中车所属一级子公司党委工作机构设置、党务工作人员配备、待遇和党建工作经费保障的实施意见》，规范了所属企业党的工作机构设置、党务干部配备、党建经费标准。

加强党的基层组织建设。目前，中国中车建立起了集团公司党委——一级子公司党委——基层党支部三级组织架构，实现了党组织的垂直管理。结合中车国际化的发展要求，制定了《关于加强中国中车境外单位党建工作的实施意见》，党委副书记带队赴我国香港地区调研，专题研究加强和改进境外单位党建工作的方法和路径。中车召开了海外党组织建设座谈会，又先后组织境外党建调研考察组，分别赴非洲、南美、东南亚、南亚等地区18个项目点调研党建情况。为加强基层党组织负责人和党务干部素质，在中组部全国组干学院、中国延安干部学院、北京大学、清华大学等地培训党员干部近3000人次。

积极探索党建和企业实现体制、机制、制度和工作对接。一是认真做好公司章程的制定和修订工作，集团公司把党建工作总体要求写进了公司章程，明确了党组织在公司法人治理结构中的法定地位。二是进一步理顺党组织与其他法人治理主体参与重大问题决策的关系，研究出台了《党委工作规定》和《"三重一大"决策制度实施办法》，针对"三重一大"事项，确保党委会研究讨论作为提交董事会、经理层的前置程序。同时，进一步研究细化了党委常委会议事决策范围清单，明确了党委直接决策和参与决策的7个方面、35项议事内容，厘清了党委和其他治理主体的权责边界。三是建立起"四会一述职"工作机制，即每年初召开党委工作会议，研究部署年度党的建设工作；每年定期召开党建工作座谈会，研究解决党建工作中遇到的新情况、新问题；每季度召开党群工作例会，总结安排季度重点工作；每月召开党委常委会，研究决策重要事项；开展所属企业党委书记抓党建述职评议工作，2017年首批听取了16家子公司党委书记抓党建述职，并打分排队，进行全系统通报。四是党建责任制与绩效管理

有机融合。研究制定了《党建工作责任制实施办法》，成立了考评领导小组，将党建工作划分为11个项目，制定了考核标准。在《2017年子公司绩效评价考核实施办法》中，将党建工作纳入子公司绩效考评，占比10%。

坚持党管干部　选好企业"领头雁"

习近平总书记指出，要坚持党管干部原则，保证党对干部人事工作的领导权和对重要干部的管理权，保证人选政治合格、作风过硬、廉洁不出问题。长期以来，我们坚持党管干部原则，发挥党委在选人用人中的领导和把关作用，持续深化干部人事制度改革，形成了以"竞争性选拔、市场化配置、任期制管理"为主要特征的干部人才队伍建设工作机制。

全力推行党委书记、董事长"一肩挑"。集团党委常委会多次召开专题会议，研究"一肩挑"问题。截至目前，所属设立党委、实行法人治理结构的51家一级子公司中，已有45家实现了"一肩挑"，另外6家也正在研究调整中。

推动形成竞争性选拔机制。我们将内部竞争上岗确立为子公司副职和中层干部选拔任用的重要方式。新中车成立以来，在10家子公司以内部竞争上岗或面向全系统公开选拔的方式，补充子公司正职5人、副职11人。

推动形成市场化人才配置机制。建立集团统一的职位管理体系，营建核心人才长期雇用、集团内统一调配使用的机制，建立健全一体化内部经理人市场。综合运用中长期激励和个性化福利等手段，建立健全基于职位、市场、能力和业绩的多元化薪酬体系。

全面推行、严格实施任期制。子公司领导班子成员任期届满，凡遇单届，对子公司领导班子和正职进行任期综合考核评价，符合条件的副职均重新参加竞争上岗；凡遇双届，对子公司领导班子和全体班子成员进行任期综合考核评价，并严格根据考核、竞聘结果淘汰不胜任、不称职人员。

坚持正确导向　营造发展"好环境"

习近平总书记强调，要把思想政治工作作为企业党组织一项经常性、基础性工作来抓，把解决思想问题同解决实际问题结合起来，既讲道理，又办实事，多做得人心、暖人心、稳人心的工作。我们

坚持正确的政治方向和舆论导向，加强宣传思想、企业文化和意识形态建设，为企业发展营造良好的内外环境氛围。

推进思想文化融合。南北车整合后，我们提出思想合、文化合目标，设计开展了"新中车，中车心"主题宣传教育活动，加速推进文化认同和思想融合，"同一个中车"逐渐深入人心，实现了思想上和文化上"1＋1＝1"的目标。

加强企业文化建设。我们加强企业文化的提炼总结和顶层设计，形成了以"正心正道、善为善成"为核心价值观的企业文化体系。我们把社会主义核心价值观与企业精神高度融合，提炼出"产业报国，勇于创新，为中国梦提速"为内核的中国高铁工人精神，并入选当代国企精神，涌现出"一生只做创新这件事"的院士刘友梅、"摘下机芯技术皇冠"的院士丁荣军、"感动中国2016年度人物"李万君、"毫厘之间见匠心"的宁云展等一批先进典型。

落实两个责任　扎紧廉洁"防火墙"

习近平总书记指出，各级党委要抓好国有企业党的建设，把党要管党、从严治党落到实处。要加强国有企业党风廉政建设和反腐败工作，把纪律和规矩挺在前面，持之以恒落实中央"八项规定"精神，抓好巡视发现问题的整改，严肃查处侵吞国有资产、利益输送等问题。我们严格落实"两个责任"，以监督和巡视为抓手，加强纪律建设，把反腐倡廉建设与规范管理、防范风险、促进发展紧密结合起来，努力朝着"不敢腐""不能腐""不想腐"的目标迈进。加大惩处力度，构建"不敢腐"惩戒机制。我们研究制定了党委履行主体责任、纪委履行监督责任的实施办法。推进纪律检查体制改革，出台并逐步实施纪委书记配置、任职和交流等20项措施。落实"一案双查"要求，强化责任追究。去年启动问责程序5起，对10个集体、26名个人进行了问责，传导压力，形成震慑。

规范权力运行，构建"不能腐"约束机制。要做到不能腐，强化约束是关键。我们抓好重点领域的廉洁风险防控，建立了覆盖重要业务和岗位的廉洁风险信息收集、风险评估、预警处置机制。我们还强化对领导干部权力运行的监督，对"三重一大"集体决策制度进行重点监察。我们还规范信访举报线索处置，做到了"件件有登记，件件有批示，件件有

着落"。

筑牢思想防线，构建"不想腐"自律机制。要做到不想腐，加强廉洁教育是根本。我们不断加强廉洁教育，采取廉政党课、学习培训等形式，开展百名纪检干部讲党纪教育活动，营造浓厚的廉洁文化氛围。我们还推进纪律提醒常态化，建立"廉洁教育群"，利用重大节日推送廉洁短信，做到警示教育"毛毛雨常下"。

注重成果运用，打造"常态化"巡视机制。中车组建了巡视工作领导小组、设立了巡视办公室和4个巡视组，各巡视组组长、副组长按照集团公司总师、副总师级别配置，便于协调开展工作。开创"常规巡视＋专项＋专题"巡视模式，推动巡视工作在深化中得到创新。今年将实现一级子公司巡视全覆盖。2017年是中国中车党建工作"建强提升年"。我们将结合贯彻党的十九大精神和全国国企党建会精神，努力把中国中车打造成为受人尊敬的国际化公司。

（作者系中国中车集团公司党委书记、董事长。本文摘自《思想政治工作研究》）

市场活力来源于企业家精神

宋志平

中共中央、国务院发布《关于营造企业家健康成长环境弘扬企业家精神　更好发挥企业家作用的意见》（以下简称《意见》），从改革发展全局的高度提出"三个营造""三个弘扬""三个加强"，为引领经济新常态、深化供给侧结构性改革注入强大动力。当前国内经济稳中向好，新的动力正在形成，习近平总书记指出"全面深化改革就是要激发市场蕴藏的活力，市场活力来自于人，特别来自于企业家，来自于企业家精神。"《意见》出台恰逢其时，激发了企业家创新创业的积极性，坚定了企业家做强、做优企业的信心，增强了企业家对中国经济健康发展的心理预期，对于全面提升中国企业核心竞争力、增强市场经济活力、加快经济结构调整、顺利实施"一带一路"战略、实现经济社会平稳健康可持续发展具有重要意义。

肯定企业家作用，振奋企业家精神

肯定企业家是经济活动的重要主体。《意见》明

确了企业家的地位和作用，指出改革开放以来企业家为积累社会财富、创造就业岗位、促进经济社会发展、增强综合国力做出重大贡献。这一重要论断对深化改革发展具有深远意义。"企业家"这个词是舶来品，法国人最早把流通过程中使货物增值的商人称为企业家，后来英国人又提升为使资源创造价值的企业主。自从经济学家熊彼特提出创新是经济发展的原动力，企业家是创新的组织者以来，人们对企业家的认识不断加深。管理学家德鲁克认为，企业家就是具有创新精神的人。企业家是稀缺要素，是企业的领导者，是市场经济中最活跃的因子。企业家通过创新活动优化资源配置，改变生产函数，塑造市场，承担风险，颠覆竞争模式，为社会创造新价值。《意见》是国家首次专门就企业家发布政策，为弘扬企业家精神、充分发挥企业家作用开辟了广阔空间。

明确提出"国有企业家"的概念。企业家不分所有制，勇于创新、创造价值的人就是企业家。在国有企业中为国家创新创业的人就是国有企业家。国有企业家是中国经济崛起的中坚力量。改革开放进程中，国有企业家突破资本、市场、技术、人才等重重困难，积极投入市场化改革，创造了享誉全球的中国制造。2017年财富公布世界500强企业名单，中国115家入榜企业中有48家中央企业、18家地方国有企业，包括中国建材集团在内的国有企业排名大幅提升。《意见》八次提及国有企业家，给国有企业市场化改革吃了一颗定心丸。这既是对国有企业市场主体身份的再确认，也是对国有企业干部角色转变的新要求，更是不断深化国有企业改革的重要信号，它意味着加强国有企业家的市场化管理、建立市场化的报酬和业绩标准、构建市场化的流动机制等一系列改革有了依据。同时也意味着国有企业家要加倍努力，转变角色，创造更大价值，更好地承担政治责任、经济责任、社会责任，努力成为企业家中的模范。

大力弘扬企业家精神。《意见》提出"三个弘扬"，列举了爱国敬业、遵纪守法、艰苦奋斗，创新发展、专注品质、追求卓越，履行责任、敢于担当、服务社会等精神，展现了现代企业家精神的丰富内涵。当代中国企业家的精神，核心是家国情怀和创新坚守的精神。近代以来中国涌现出许多杰出的企业家，从清末的洋务运动到民国的实业救国，从新中国工

业体系的建立到改革开放后多种经济成分的共同发展，始终围绕实业报国、振兴中华这个核心不懈奋斗，取得了辉煌的成绩。从一方面来看，当代中国企业家正在继承这个精神，敢为天下先、爱拼才会赢，新一代中国企业家群体性崛起受到全球关注。一些人正带领中国制造脱胎换骨向世界一流转变，一些人日益成为全球互联网和新经济的领跑者，还有人引领着金融、咨询、物流、文化等服务业快速崛起。在中国企业家精神引领下，中国正在加速打造自己的世界品牌，引领全球技术和商业模式的创新，在包括材料工业在内的许多领域，挺立在世界最前列。从另一方面来看，创新离不开坚守，只有"工匠精神"才能造就百年老店。优秀的企业家一定是专注坚守的痴迷者。中国建材集团的纸面石膏板和玻璃纤维也是坚守40年终于发展成为质量规模全球领先、世界一流。今天的企业家不仅要做好企业，还要做关心社会、给予社会最大回馈的人。2016年中国建材集团社会贡献值近600亿元，凸显了实体经济对社会的巨大贡献。完善、传承、弘扬爱国敬业、创新坚守的企业家精神，对于荡涤社会上的浮躁功利之气，促进中国经济社会稳定、可持续发展具有重要意义。

着力营造创新环境，激发企业家创新活力

从适应把握引领经济新常态、推进供给侧结构性改革的高度，《意见》提出"三个营造"，营造依法保护企业家合法权益的法制环境、促进企业家公平竞争诚信经营的市场环境、尊重和激励企业家干事创业的社会氛围。从法制基础、市场秩序、社会舆论角度提出了一系列针对性和可行性很强的方针政策，为企业家解除束缚，保障企业家权益，打消企业家顾虑，实实在在为企业家着想，让企业家能够专注创新。

依法加强对企业家的保护。《意见》从法制层面解决困扰企业家的三大难题，提出依法保护企业家产权和创新权益，保护企业家自主经营权。前者为企业家创造财富和创新活动解除后顾之忧，后者减少对企业的行政干预，让企业家安身、安心、安业，必将对市场产生巨大的心理预期。法制是大气候，让企业家感受到关怀，就会迎来中国经济的春天。美国20世纪60年代到80年代以创新经济代替管制型经济，成功跨越了大衰退，对今天有深刻启示。

就国有企业而言，随着企业决策、选人用人等自主经营权进一步落实，国有企业家也将能够轻装上阵，更好地参与国际竞争。

公平竞争是市场经济的基本法则。政府要确保各种所有制和各类企业都有公平竞争的环境，使企业焕发市场活力。《意见》要求落实公平竞争审查制度，建立竞争政策基础性地位。从大力实施产业政策到确立竞争政策的基础性地位，这是又一项重大政策转变。这表明中国产业体系和市场体系日臻成熟。政府正从造市者、参与者转向监管者角色。《意见》在要求政府简化、规范、公平监管的同时，提出通过征信等手段，强化企业诚信经营和市场自律。政府要转型成为服务型政府、监管型政府，企业家也要摒弃"等、靠、要"，学会到深海里去游泳。大企业尤其要成为市场秩序的维护者和行业自律的示范者，带动中小企业一起到国际市场上去竞争。

干事创业需要良好氛围。《意见》从构建"亲""清"的政商关系，树立正向激励导向，营造良好氛围等角度，激励企业家传递正能量。《意见》提出引导更多民营企业家成为"亲""清"新型政商关系的模范，国有企业家成为奉公守法守纪、清正廉洁自律的模范。《意见》还特别指出，要宽容企业家合法经营中出现的失误失败，宽容国有企业家改革创新中的失误。容错的关键在"容"字，要信任和理解企业家，包容和宽容企业家的失误，倾听企业家的呼声，帮助企业家克服困难，给企业家正向激励，让企业家越挫越勇、积累敢打能胜的经验。好的政商关系，好的创新氛围，有了好的政策引导，下一步就要靠政府、企业和社会共同努力来营造。

改善企业家服务培养，加强企业家队伍建设

当前要完成经济社会结构调整的艰巨任务，需要形成浩浩荡荡的企业家队伍。《意见》提出"三个加强"，从加强党的领导、转变政府职能、更好地发挥政府作用等角度，回答了如何加强对企业家高效、务实服务和加强企业家队伍建设的问题。

加强对企业家的优质、高效、务实服务。政策扶持上，支持企业家新锐稳定成长，加大对中期发展企业家的服务力度，鼓励成功企业家做强做优做大企业、参与国际竞争。政府部门要树立为企业家服务的意识，减少烦琐的审批程序，在改革中敢作为、多作为，更好地发挥作用。政策制定上，要完

善企业家参与决策，改善政策信息公开服务。要加大对创新企业的资金扶持力度，目前德国企业通过银行可获得占企业创新投入50％的政府补贴，值得借鉴。

加强党的领导，培育优秀企业家。企业家是国家的战略资源，要自觉成为党在经济领域的排头兵。《意见》提出要与国家战略同步，培养一批具有全球战略眼光、市场开拓精神、管理创新能力和社会责任感的优秀企业家；着重强调对国有企业家的要求，国有企业加强党建工作，关键是建好一支对党忠诚、勇于创新、治企有方、兴企有为、清正廉洁的国有企业家队伍，担起党交付的历史重托，起到示范引领作用；专门提到各所有制企业的党员企业家都要发挥先锋带头作用，要牢固树立政治意识、大局意识、核心意识、看齐意识，把爱党、兴党、护党落实到经营管理各项工作中去，立足实际，创造性地开展工作。优秀企业家团队忠诚可靠、能力高强、素质过硬、知识互补、结构合理，没有十年半载很难组织起来，要爱护信任，着力培养。中国建材集团是通过联合、重组快速发展起来的混合所有制企业，来自不同企业的国有企业家和民营企业家能够携手共进，不断进步，主要是靠加强党的建设，靠建设世界一流强企的共同事业，靠包容和谐的企业文化，靠催人奋进的企业氛围。

中国的企业家队伍是紧跟着党和国家的政策成长起来的。十八大以来，以习近平同志记为核心的党中央深切关怀企业家群体，对企业家寄予殷切希望。借着《意见》的东风，我们要撸起袖子加油干，大力弘扬企业家精神，全力以赴投入供给侧结构性改革，为促进中国经济社会可持续发展，为中华民族伟大复兴事业做出新的贡献。

（作者系中国建材集团有限公司党委书记、董事长。本文摘自《军工文化》）

坚持党的领导 建设核工业强国

王寿君

核工业是大国重器，是大国地位的重要标志，是国家安全的重要基石。中国核工业是在党中央直接领导和关怀下创建和发展壮大的。坚持党的领导、

加强党的建设是包括核工业在内的国有企业的光荣传统和独特优势，是中国核工业与生俱来的红色基因，是确保核工业发展方向的根和魂。62 年来，特别是党的十八大以来，中国核工业集团公司党组高度重视思想政治工作，准确把握习近平总书记对加强国有企业党的建设重要论述内涵，坚决贯彻落实以习近平同志为核心的党中央关于全面从严治党的战略部署，主动担负起全面从严治党的政治责任，大力弘扬"两弹一星"精神和"四个一切"的核工业精神，确保核工业始终是党和人民最可信赖的骨干依靠力量。

抓学习贯彻，把坚决维护核心作为最大的政治

全国国有企业党的建设工作会议召开后，中核集团党组多次召开专题会学习传达会议精神，研究贯彻落实具体措施，把学习贯彻全国国企党建会精神和十八届六中全会精神结合起来，认真学习党的有关文件，切实把中央精神和要求落到实处，坚决拥护党中央权威，自觉增强"四个意识"，特别是核心意识、看齐意识，在政治上、思想上、行动上同党中央保持高度一致。党组对总部全体党员进行了集中封闭轮训，并召开第四次党建工作会议，对全系统二级单位党政一把手进行现场培训宣贯。各级党委负责对本单位党员进行培训，确保会议精神传达宣贯纵向到底、横向到边。通过学习，进一步做到把坚决维护以习近平同志为核心的党中央权威作为最大的政治，把抓好党建作为各级党组织最大的政绩，把管党治党作为党委（党组）书记的第一责任，把做强、做优、做大中核集团作为第一要务。

抓顶层设计，确保国企党建会精神落实落地

根据中组部、国资委党委研究制定的 30 项重点任务，中核集团党组研究印发了《贯彻落实全国国有企业党的建设工作会议精神重点任务若干措施》（以下简称《若干措施》），提出了 32 项具体措施，逐一明确落实了牵头领导、责任部门、完成时限。党组成立了督察组，对《若干措施》进展情况现场督察，严格督促落实整改。坚持将党的建设与企业改革发展同步谋划，在谋划中核集团"十三五"发展综合规划时，同步出台了中央企业第一份比较系统的党建工作"十三五"规划，构建适应现代国有企业改革发展需要的"大党建"工作体系，特别强调了思想政治工作的重要性和明确了工作内容的具体方案。

抓纪律规矩，严肃党内政治生活

根据十八届六中全会和《党内监督条例》关于"专题民主生活会要经常开展"的精神要求，党组责成全面从严治党落实不力的成员单位党委限期召开领导班子专题民主生活会，开启集团严肃党内政治生活的生动实践。并对落实"两个责任"不力、违规违纪问题突出的单位领导班子成员实施严厉执纪问责。党组以永远在路上的恒心与韧劲推动管党治党从"宽松软"走向"严实硬"，唤醒责任意识、激发担当精神，增强党的意识，进一步营造风清气正、崇廉尚实、干事创业的良好政治生态。

抓责任落实，党组带头建立党建工作责任制体系

党组带头落实党建工作责任，领导支持纪检组履行监督责任。党组会议定期研究党建工作，党组书记、副书记带头与党组成员谈心谈话，党组成员带头约谈分管单位（部门）一把手，定期召开会议听取分管领域全面从严治党情况汇报，切实把全面从严治党当作分内之事、应尽之责，真正把担子担起来，种好自己的党建"责任田"。党的十八大以来，中核集团党组深刻认识到，通过以上率下，层层建立责任考核体系，通过考核"指挥棒"传递责任压力，是把党建工作抓紧抓实的一条重要经验。中核集团公司较早开展了党建工作考核。2017 年 5 月，根据中办印发的《中央企业党建工作责任制实施办法》，党组第一时间研究印发了《党建工作责任制实施细则》，明确了基层单位党委、党委书记、兼任党委副书记的总经理、专职副书记（或分管党建的班子成员）、其他党员班子成员、党建工作部门 6 个责任清单，并专门召开全系统视频会议进行宣贯部署。将党建考核和生产经营考核有机融合，各占一定比例，作为确定成员单位班子薪酬、各级领导干部选任的主要依据。从 2015 年起就开展了党委书记抓基层党建述职评议考核。2016 年年底，召开现场述职会，党组成员现场听取基层单位党委书记述职，逐一点评打分，会后形成综合评价意见，书面反馈给所在单位党委，并在党委会上通报，要求基层党委在述职会后一个月内，书面报送整改措施，明确任务书、

时间表，落实整改。十八大以来，中核集团先后印发了《党组工作规则》《基层党委工作规则》《党支部标准化建设指导意见》等 20 多部党建工作制度、文件，形成了较为完备的党建工作制度体系，使党建工作有法可依、有章可循，从"软指标"变成"硬约束"。

抓关键少数，落实党管干部原则

党组书记带头，加强党组班子自身建设，党组一班人自身要求严、工作氛围好，集团公司的政治生态和政治文化呈现新气象。牢固树立"为党和人民事业选干部"的思想，充分发挥党委的领导和把关作用，将习近平总书记提出的"对党忠诚、勇于创新、治企有方、兴企有为、清正廉洁"国有企业领导人员 20 字要求，贯穿于干部选拔任用全过程。狠抓成员单位党委换届，强化任期考核，成员单位领导班子建设得到进一步加强。严格执行《党委（党组）讨论决定干部任免事项守则》，切实做到"凡提四必""三个不得上会""两个不得""五个不准"。落实民主集中制，实行了干部选拔任用纪实制度。抓好人才规划落实，加强高端复合型人才培养。深入开展选人用人、履职待遇和业务支出专项检查，严肃组织纪律，规范薪酬管理，加强薪酬分配导向作用。拓宽"党组管理干部"的内涵，将少数高端技术、技能人才也纳入党组管理的范畴，培养造就核工业的后备院士和"大国工匠"。创新方式方法，优化激励机制，全面推行全员绩效管理，有效激发人才创新活力。将部分董事、监事岗位专职化，既发挥好老同志的作用，同时也为优秀年轻干部培养选拔提供平台，并对专职董事、监事开展了培训、考核。

抓基层基础，把习近平总书记对国企党建提出的具体要求落到实处

修订了集团公司章程，在全系统落实了将党组研究讨论作为董事会、总经理层决策重大事项的前置程序的要求。在 22 个设立董事会的重点单位实行了党委书记、董事长一肩挑，对符合条件的二、三级企业全部实行"一肩挑"的领导体制。在总部增设党建工作处，增加了党建工作部门编制和人员。为职数 9 人的班子配备了专职党委副书记。明确了党务人员编制不低于管理部门平均编制，党务人员待遇不低于管理部门平均薪酬，在职员工 500 人以上的成员单位党的组织、宣传等工作部门分设。把党支部书记全部纳入干部序列管理，明确基层一线研究所（室）、车间党支部书记与同级正职同选任、同考核、同待遇。在按照工资总额一定比例列支党建工作经费基础上，明确要求按照每名党员每年不低于 200 元的标准，落实支部活动经费，此外，党建重大专项经费可单列，确保党的工作有人管事、有能力管事、有钱办事。落实《基层党支部标准化建设指导意见》，评选表彰了首批 16 个标准化建设示范支部。通过"两学一做"，树立了从基础工作抓起、从基本制度严起、把从严治党落实到每个支部、每名党员的鲜明导向。

抓宣传文化和群团工作，实现内聚人心外树品牌

在我国核工业创建 60 周年之际，习近平总书记、李克强总理作出重要指示批示，中央主要新闻单位进行了宣传，主流媒体平均每 3 天刊发一篇对集团公司的正面报道，社会媒体正面报道 27.5 万条。60 周年主题宣传增强了中核在全社会的影响力。同时，国资委发布核工业精神，极大提升了核工业的社会影响力，极大振奋了全体核工业人的士气。组织出版《核铸强国梦》《中国核潜艇之路》《两弹一艇人物谱》等，其中《核铸强国梦》获央企"五个一"工程奖。连续三届开展以"核你在一起"为主题的核科普公众开放周活动、"魅力之光"杯全国中学生核电科普知识竞赛、全国高校学生课外"核＋X"创意大赛，形成了品牌效应。青年职工自编自导自演的核工业发展史舞台剧《核梦开始的地方》在清华大学公演。加强党对群团工作的领导，积极为群众办实事。近 2 年来落实送温暖资金和特困救助资金 2000 万元，帮扶救助特困职工 1500 人次，为困难职工和离退休老同志送温暖超过 3.4 万人次。积极支持中国核工业政研会开展思想政治研究工作，每年形成几十项课题成果，充分发挥了参谋、智囊团和信息库的作用。

中国核工业集团公司肩负着更好地推进战略核力量建设和核能开发利用，推动我国由核大国迈向核强国的神圣历史使命。中核集团公司党组将进一步加强思想政治工作，深入学习贯彻习近平总书记系列重要讲话精神，特别是总书记对国有企业、对核工业改革发展的重要指示精神，更加紧密地团结在以习近平同志为核心的党中央周围，按照国资委

党委的要求，全力推进集团公司"十三五"的改革发展，确保中核集团始终是党和国家最可信赖的骨干依靠力量，筑牢实现中华民族伟大复兴的安全基石。

（作者系中国核工业集团公司董事长、党组书记。本文摘自《思想政治工作研究》）

建设企业文化　践行新时代
中国特色社会主义思想

张天任

党的十九大作出了"中国特色社会主义进入了新时代"的重大判断。新时代中国特色社会主义思想，从理论和实践结合上系统回答了新时代坚持和发展什么样的中国特色社会主义，怎样坚持和发展中国特色社会主义，开辟了马克思主义新境界，是我们必须长期坚持的指导思想。一个企业想要有发展、有突破就要把握时代脉搏，时刻与国家发展方向相一致，坚持新时代中国特色社会主义思想为指引，将社会主义核心价值观与企业实际相结合，通过企业文化建设，将社会主义核心价值观在企业落地生根，在每一个职工心中开花结果。

构建共同精神家园

一个成功的企业不仅重视创造财富的价值，而且还非常重视企业员工对统一的价值观的认同，形成企业文化共识，通过独特的企业文化来吸引人才，凝聚人心，从而打造全体员工的共同精神家园。

作为我国新能源动力电池领域首屈一指的领军企业的天能集团，从创立到现在，已走过31年的历程。天能集团前身是一家村办企业，由于经营不善，全面亏损，1988年我承包了当时亏损的小厂。31年来，天能集团经过不断努力、锐意进取，从一个年产值不足10万元、职工不足30人的村办小厂发展成为现在年经营业绩超900亿元、职工近20000人的现代化国际上市集团公司，在浙、苏、皖、豫四省建有8大生产基地，拥有25家全资子公司、3家境外公司。创业的路是漫长的，有着数不清的坎坷，有着讲不完的动人故事，正是这些动人的创业故事孕育了独具特色的企业文化。一路走来，天能人充分展现了"艰苦奋斗"的精神，是一部丰富的"创业文化"史。

随着企业发展规模的日益扩大，天能的效益越来越好，员工人数越来越多，我们领导班子充分认识到建设好企业文化的重要性，也深刻体会到必须依靠企业文化的力量来规范、引导、约束员工的行为。

"天能是一所学校，天能是一支军队，天能是一个家庭。"这是天能企业文化的中心内容，天能将按照文化、品牌、战略三个层次，紧密结合企业管理执行系统，着力构建符合企业特点、具有时代特色、富有竞争力和创新活力的企业文化，用思想的力量凝聚人心，构建全体天能人共同的精神家园。天能把创建学习型企业当作企业文化建设的突破口，成立"天能大学"和"天能党校"等学习平台，制定公司创建学习型企业的实施方案，通过实施科技创新、管理创新、文化创新等具体的创新活动，激发广大员工干事、创业的工作热情，为实现公司的战略目标，营造和谐的生产经营氛围，提供巨大的精神动力。

用文化凝聚天能人

企业文化是企业所有团队成员共享并传承的一套价值观、使命及思维方式。所有成功的企业必然都有先进的企业文化作支撑，没有卓越的企业价值观、企业精神和企业哲学信仰，再高明的企业经营目标也无法实现。

回顾天能的发展历程，天能集团善于运用精神动力凝聚大批员工队伍和尖端科技人才。2013年，天能集团成为浙江省企业文化建设示范基地，2014年成为全国企业文化示范基地。天能集团对企业文化经过梳理，形成了"责任为魂、创新共赢"的理念，并制定了成为全球新能源解决方案商的宏伟愿景。

企业文化建设是一个系统工程，也是企业战略发展的首要任务，企业文化建设必须贯穿于员工们的每一个工作环节，要实现员工对天能文化的认同，进而自觉践行。天能员工拥有不断创新的激情、强大的执行力和责任心的善意，这些特质对于一个企业都会聚集成向前发展的动力源泉。随着文化建设的深植，我们组织编写《天能宪章》，这将成为天能未来发展方向和天能人日常管理行为的指南。

在企业快速发展的过程中，天能形成"责任"和"创新"为主要内容的"动力文化"。天能集团一直重视把员工的理想、信念、价值观统一于企业的共同价值取向和整体观念上，促进员工对企业的认同感、荣誉感和使命感，既吸引各方英才纷纷加入，又凝聚天能全体同仁共同奋斗。十八大以来，天能集团在原有的基础上不断探索企业文化建设引领企业发展的新模式，坚持践行"两山"发展理念，坚持走绿色发展的道路，更加丰富了"动力文化"的精神气质，凸显"变革""共享"，打造"红色动力"党建品牌，全面体现了社会主义核心价值观在天能变革发展中的具体实践。

凝聚力带来企业竞争力

党的十九大对新时代文化建设与发展作出重要战略部署，提出具体要求，这些重要论述也是推进新时代企业文化建设的方向引领。实践证明，以学习创新为理念，以人为本为宗旨，服务社会为己任的优秀企业文化不仅是企业发展的强大动力，同时也是打造百年企业的重要支撑。优秀的企业文化是企业长盛不衰的基因，对提升企业核心竞争力，促进企业科学全面发展具有不可替代的重要作用。

多年来，天能集团在实践中形成的"动力文化"理念，已成为每个天能人的核心价值观，有力地推动着企业又好又快发展。未来企业的竞争是文化的竞争，谁能走在企业发展的最前面，谁发展的前景就会更美好。天能集团尊重人才、培养人才，用企业价值观规范员工行为，打造共同精神家园，为员工提供个人成长的空间，提供充分施展才华的舞台。天能集团支持鼓励员工去实现更高的期望和具有挑战性的目标。天能提倡人才成功的享受，提倡要有信念，有担当，要有成就感和共同的物质享受，要有天能大家庭的爱。

天能集团的企业文化昭示了一种创新、共享、责任和奋进的效果。天能集团的企业文化实践，已经形成了深厚的文化积淀和先进文化组成。我们坚信，天能集团带领全体员工践行新时代中国特色社会主义思想，把企业精神、价值观、经营理念等融入到公司管理的每个环节，提升了文化管理，服务实业发展的品位，助推天能向着成为"全球领先的绿色能源方案解决商"的战略目标迈进，也必将为我国绿色能源产业发展提供更新、更大的"动力"。

（作者系全国人大代表，天能集团董事长）

靠文化化险为夷

雷　军

一、小米创业之初，仅仅两年半时间，靠文化从零做到中国第一

互联网思维是源自互联网精神的思维，但不是只有互联网才适用，它的本质是透明和高效。2010年一个小创业公司拿着3000万元人民币做手机，进入了全球竞争最激烈的行业。这个行业竞争有多激烈呢？国际手机市场上，其实只有两大玩家，一家叫苹果、一家叫三星。在中国市场上，我们入场时有300家，到现在活下来的只有20多家，其中前几家我认为基本上能活下来，后面10多家还在抢夺生存权。这是全球竞争最激烈的领域。在竞争这么激烈的领域，一个从零开始的创业公司只用两年半就做到第一名，到今天我自己都觉得匪夷所思。但是奇迹发生了。

创办小米是在我卖掉了卓越、金山成功上市、退休了三四年之后，在我40岁的时候决定做的事情。小米想干什么事情呢？我想为中国解决点实际困难，这个实际困难就是当时的国货不够好、价格很贵，很多人就去国外买。

二、过去两年，小米靠文化应对困难

过去两年小米遇到困难时，外界舆论几乎一边倒地觉得小米不行了。面对压力，我们和一些企业家交流的时候说到四个字：守正出奇。遇到问题的时候，大家希望用奇招来逆转，这是错的。遇到困难一定是某个基本功出了问题，守正比出奇更重要。其实企业都是被自己击败的，只有当你守正了，立住之后至多是好一点差一点，然后你再想奇招怎么胜出。尤其是大规模的企业，像小米现在一千多亿元的营业额、员工一万多人的时候，守正非常重要。

2017年第一季度我们的出货量是1362万台，2016年几个季度的数字都不好，全球出货量跌出了前五，负面报道很多，甚至曾有评论说"世界没有任何一家手机公司销售下滑后，能够成功逆转的，小米前途堪忧。"为什么手机销量下滑以后很难逆转？这是因为手机是供应链全球高度整合的行业，而且

上游也是高度垄断，技术迭代又非常快，你的成功是需要很多合作伙伴共同努力才能达成的。如果大家不看好你就意味着投给你的支持就减少，就会一步一步滑向深渊。

我们遇到的第一个困难，是线上市场遭遇恶性竞争。当我们450亿美元的估值出来以后，所有人都觉得他也能干，只要烧钱就行了。所以在过去两年时间里，一些同行在手机市场赔的钱是天文数字。

第二个困难，是我们专注线上，但错过了县乡市场的线下换机潮。小米整个商业模式就是为了高品质、高性价比。高性价比是效率革命，要提高效率在当时的市场情况下只有电商能够完成小米要的效率。所以我们在过去几年里面专注于电商，但是有一个天大的缺陷，电商只占商品零售总额的10％，到今天为止90％的人买东西还是在线下买，也就是说就算线上100％是你的，你也只有10％的市场。在过去几年中小米面临的最大问题是战略如何升级、如何才能胜出，所以我们最痛苦的是如何高效率做线下。

手机行业普遍定价是成本价的2～2.5倍，就是你需要花很多钱才能做得动线下市场。原来我们做电商接近零毛利就可以做，今天做线下的时候定价结构就有问题，我要成本价做电商的同时，又要加100％的价钱做线下，就开始左右手互博、人格扭曲。所以过去两年我们都在进行战略突围，要么就甘于做一个还算不错的手机电商公司，要么想办法提高整个中国零售业的效率，就要有像当年沃尔玛、Costco创办时一样的决心来改变中国的商业业态。

第三个困难，是高速成长带来的管理挑战。一个公司从十几个人长到超过一万人，到处漏水。关于我们做的生意我一再讲是"海鲜"生意，半天就要搞定，否则下午就臭了。曾经有一个手机公司老板跟小米的高管讲，我们做的是"冰块"生意，拿出去太阳一晒就没了。我们的生意很复杂，而且涉及巨大的现金流、库存和非常长的周期：订货需要提前4个月，库存周转要求很高。在这种情况下快速成长的公司稍有不慎就会陷入万丈深渊，而小米文化的"坚守"，让员工做到了突破商业模式，沉着应战。

三、小米靠文化成功逆转

2016年年初小米的全员动员会就提了两个字：补课。我们要真正具备与业务相衬的实力，要放下架子从零开始创业，缺啥补啥，对标行业领先者，保持谦卑的心态，练好基本功。

（一）补课

第一，组织结构对标，每个行业都有行业的规律。行业中领先的公司在一次次组织优化里面都找到了最优解，我们要尊重行业规律，向同行学习。

在业务管理上，最核心的是意识到手机工业的复杂度，需要产供销一体化。我们在手机部、供应链、小米网销售团队分别组建专门的参谋规划协调部门，一年里从零开始建立起超过100人的协同团队，这100个人在帮助协调整个庞大的产供销体系联合作战。

在几种能力具备了以后，2017年我们提了三大命题。我们面临的问题有300个，我说300个解决不了，我们要以创新、质量和交付三个命题为龙头来解决问题。对手机业务来说，质量是生命线，我们是靠质量在中国成为第一的，我们也是靠质量消灭了所有山寨机，但是2017年的问题是对手不是山寨机了，我们的对手是中国企业里面最牛的公司，问题是怎么能在质量上全面超过他们？

为此，我亲自牵头质量委员会，经过十多次专项会议的讨论，制定了翔实的质量行动纲要，并组建质量办公室专门督办。我们的目标是用品质的铁拳赢得市场。

2017年第二季度小米出货2316万部，环比增长70％，重返世界前五。现在看来，业绩回来的速度比我们想象得要快很多，我觉得它是我们过去一年半夯实基础、苦练内功的必然结果，所以我们又创造了一个奇迹，基本实现逆转。我认为逆转的核心是分清楚了优势和劣势，重点抓住劣势，放弃了KPI和销量，全力夯实基础，保证公司健康运营。

（二）核心技术创新

总结小米之所以能够逆转，还有一个关键原因是在于创新，因为不创新是逆转不了的。就在我们赶超的进程中，2017年年初Boston Consulting Group（波士顿咨询公司）发布的世界创新50强报告中，有两家中国公司入选，小米在35位。FAST COMPANY（快杂志）全球最具创新力的公司排名榜上，有6家中国公司入选，小米排在第13位。

小米2016年在全球发布了全面屏手机MIX，惊艳了全球。这款全陶瓷机身的手机屏占比达到了91.3％。我们把这种新手机设计形态命名为"全面屏"。现在包括 2017 年的三星 Galaxy S、八九月发布的 iPhone8，大家都跟进了这种设计，整个行业都接受了"全面屏手机"这种定义。我们站到行业的巅峰，引领了整个技术的潮流。

在相机上面的投入，小米 6 被用户高度认可的是：变焦双摄、拍人更美，我们通过公证处，认真做了小米 6 和另外两款同行旗舰手机的盲测。不光是屏幕，我们还在包括芯片在内的一系列核心元器件方面招揽人才，组建业内顶尖团队，投入巨大，下苦功夫，实现了大量核心技术创新，发明了硬件生态链的打法，丰富完善产品组合，有 63％的人觉得小米的手机好，迄今为止，小米已获得授权专利 4806 件，其中一半是国际专利。2016 年我们申请了 7071 件专利，获得了 2895 项专利，在支撑产品技术创新不断涌现的同时，这些专利储备也为我们未来进军欧美市场打下了良好的基础。

（三）商业模式创新

理解商业模式创新的本质是凸显"小米是一家什么样的公司"。最近我们把它简单总结成一句话：小米是手机公司，也是移动互联网公司，更是新零售公司。我们在移动互联网领域做了不少事情，也发展到较大规模，2017 年收入也是过百亿元的，当然，小米的存在价值还在于"从一家电商平台公司已经进化到新零售平台"。

小米所有的战略都源于小米手机做得好，带动了小米网的销售，小米网做起来以后，又销售了更多的手机给用户，然后在小米手机里预置了小米商城 APP 又再次拉动了销售，简单讲就是爆品推动平台，平台又推动爆品，是一种良性互动的模式。我们更大的战略突破是做了小米之家，用一两百个产品黏住用户，小米之家是具备电商效率的线下零售店，可以用电商成本做线下零售店！我们最早先建起了小米社区，聚集了一批手机发烧友。随后做了 MIUI 操作系统，MIUI 发布之后我们又做了手机，然后做了小米网电商。接着做了全网电商、互娱、生态链、小米之家、互联网金融和有品商城（原名叫"米家有品"）。有品商城是以众筹筛选为主的全网精品电商平台。

四、文化是小米的核心竞争力

小米内部的米粉文化，就是和用户交朋友，这也是我们所有业务展开的基础。第二做感动人心、

价格厚道的好产品。第三是铁人三项，就是三项基本功：硬件＋新零售＋互联网，第四是实业＋投资，用生态链完善产品组合，我们的业务极为复杂，永远要强调专注、简单。

我们生态链业务发展的历程可以比喻为"大船到舰队"。2014 年年初联合创始人刘德带着十几个人建立了生态链部门，陆续做了各种产品。现在手环做到了世界第一，空气净化器去年是中国第一，实际上也是世界第一。平衡车是世界第一，充电宝是世界第一，扫地机器人也是世界第一。整个公司获得了包括小米手机、电视、盒子、音箱在内的 145 项工业设计大奖。今天中国制造业设计出来的东西都是世界顶级的，每天都吸引很多外国人来我们小米之家"海淘"。周末去小米之家，每家都是人山人海。大家觉得零售业不行，其实是传统零售业不行，要想在零售业领域大有可为，关键是达到电商效率，并且与传统的零售业在展示和体验上的优势相结合。

小米之家的目标是三年开到 1000 家，五年内营业收入力争破 700 亿元。目前一家店平均 200 平方米，平均营业额在 6500 万元到 7000 万元之间。

小米能在短短一年多时间就做出这样的业绩，关键靠的是小米的价值观。第一是和用户交朋友。你把用户当成朋友，你想对待朋友应该是给到什么样的价钱、什么样的服务。第二要有合适的产品组合。第三坚持高品质、高性价比。当高品质、高性价比植入消费者的印象以后，用户觉得在小米买什么东西都不是要钱的，现在小米之家都是像超市一样摆着筐的，很多人都是拿着筐买东西。小米模式的核心是获取用户的信任。小米追求"把产品做好做便宜，让用户不要思考，买东西的时候不看价钱，靠的就是顶级信誉和经商的最高境界！

（作者系小米科技董事长兼 CEO。本文摘自《中国企业家》）

与国家同呼吸共命运

董明珠

我看到中共中央、国务院印发的《关于营造企业家健康成长环境　弘扬优秀企业家精神　更好发挥企业家作用的意见》（以下简称《意见》），非常高兴，

我认为这是对企业家群体的肯定，同时这份文件也让企业家意识到，自己的责任重大，要敢于担当。

什么是企业家精神？没有国家，哪有企业的存在？当然，有时候企业家也会觉得这里、那里有不满意，即便如此，也不能改变我们对国家的忠诚，所以，与国家同呼吸共命运，是最基本的企业家精神。

过去，很多企业都停留在模仿阶段，打价格战，导致了很多不良后果。例如产品质量低下，在很长时间里，"中国制造"成了低质低价的代名词，十八大以来，随着供给侧改革的推进，情况在悄然改变。越来越多的企业家意识到，不应盲目追求利益的最大化，而应该站在国家和消费者的角度去思考生产经营，塑造品牌，要站在更高的定位上发展企业。但这些变化还远远不够，企业家要在发展中找到自己的精神，这个精神是什么？就是挑战精神、奉献精神和大爱精神。

说起企业的社会责任，有些人认为扶贫就行了。如果你这边扶贫，又在那边偷工减料，制造劣质产品，这就不能称得上有社会担当！我觉得谈企业家精神还有非常重要的一点就是让你的服务对象满意。企业的价值究竟在哪里？挣钱是吗？挣钱只是结果，我们如果只是为了挣钱做事，就会不择手段。所以，企业家要有情怀，有胸怀。一个好的企业家，还要搭建平台，让更多的年轻人成长起来，支持国家、社会的持续发展。这几年，我们格力着重打造了非常透明的工作环境，只要是人才，就有机会脱颖而出。每个年龄层都有优秀的人，我们就是要把他们都挖掘出来、选拔出来，公司目前已经有"90后"的员工，被我们培养成老总了。

《意见》指出，要营造鼓励创新、宽容失败的社会氛围。作为经营者，每当企业做出重大战略决策时，首先要保证决策原则上不能失误，不会导致企业倒闭。当然，某一个时刻、某一个事情上的失误在所难免，谁也不可能有那么好的预知能力，但这些失误绝不能影响企业的生存和发展。在重大决策过程中，总会有赞成的声音，有反对的声音，每个股东都有权提出发展的意见，我们不能否定他们的意见，应该尽力去沟通，让大家知道你要干什么，理解你的规划。作为上市公司的经营者，要对社会负责、对员工负责，企业有好的员工，有对社会负责的精神，股东也会获得很好的回报。

我作为全国人大代表一直在讲，政府应该营造的是经营大环境，让实体经济发展起来，让企业用品质和技术去竞争。所谓更好的环境，首先是杜绝官商勾结，塑造"亲、清"的政商关系，让创新型企业有更大的舞台；另外，还必须用市场化的方式来培育企业，而不是采用行政手段，行政手段只能让企业变成温室里的花朵。过去在政府采购方面，出了很多问题，好的品牌进不去，低质品牌中标。如前段时间有一个工程项目，格力比中标企业品牌好、质量好，他还比我们多要400多万元的维修费，但这样的项目明显是不公平的招标。所以我建议，政府多听企业的声音，多到企业走一走，设立企业的绿色通道，这个绿色通道不是说企业要向政府要什么，搞不公平的事情，而是要得到政府的公平支持。创新型企业需要的不是政府资金上的支持，而是对市场的保护。《意见》明确了对企业家的保护，作为企业家更要做遵纪守法的模范。

（作者系珠海格力电器股份有限公司董事长、总裁。本文摘自《中国企业家》）

怎样在民营企业中发挥党建优势

周海江

习近平总书记强调，要积极推动民企党建工作探索，因地制宜抓好党建、促进企业健康发展。作为民营企业的党组织，积极履行好党建工作责任，才能保证企业有稳定的发展定力。多年来，红豆集团形成了"听党话、跟党走，看绿灯、走正道"的企业理念，以党建促进企业持续、快速、健康发展。

把党建工作融入企业骨血

履行好党建责任，是民企书记的第一职责。企业党建，既能增加企业的驱动力量，又能纠正纯物质驱动的方向偏差，还能凝心聚力。红豆集团一贯坚定信念听党话，毫不动摇跟党走。红豆集团党委目前下设3个二级党委和103个党（总）支部，共有党员1300多名，本部员工2.2万多人。党建工作在红豆绝非可有可无，而是早已融入企业血液，成为企业的主心骨，嵌入了现代企业制度之中。古语说"小智治事，大智治制"。只有把党建工作制度纳入企业制度整体框架，才能更好地发挥党组织的核心作用。

我们创立了"现代企业制度＋企业党建＋社会责任"三位一体的中国特色现代企业制度。在这一模式中，"现代企业制度"是基础，通过健全法人治理结构协调所有者、经营者、劳动者关系，规范企业行为，激发内在动力；"党的建设"是灵魂，通过党建工作形成企业独特竞争优势，推动企业利益与国家、社会利益高度统一；"社会责任"是使命，通过加强和创新社会管理，优化发展环境，促进稳定和谐。

把党建工作定位为"一核心三优势"

在党建工作定位上，我们概括为"一核心三优势"。"一核心"就是把企业党委作为政治核心，"三优势"就是把党的政治优势转化为企业发展的机遇优势、人才优势、和谐优势，解决企业存在的决策不准、人才不足、人心不齐等问题。

机遇优势。企业的发展机遇从哪里来？我们认为，党的方针政策就是最大的机遇，因为党的方针政策集中了全党智慧，最具科学性、全局性、前瞻性和导向性。近几年，红豆集团紧紧围绕党中央提出的产业结构调整和转型升级发展要求，完成了对传统产业的高新技术改造，大力发展以"红豆杉"为产业链的生物医药工程，实现了从"红豆衫"到"红豆杉"的华丽转身。

人才优势。企业的人才队伍从哪里找？我们认为，党组织就是企业最大的人才库，党员具有明显的先进性和纯洁性优势，是企业最可靠的人才。红豆集团党委牵头实施"红豆百才工程"，先后引进海内外高层次人才 60 多名。逐级建立管理层竞争上岗机制，让广大职工都有事业发展空间。长期坚持"双培一推"工程，把党员培养成企业骨干、把企业骨干培养成党员，推动党员骨干成为企业核心人才，发展壮大"党员当家人"队伍。

和谐优势。企业的人心不齐怎么办？党的理想信念和思想工作方法，最能激励人、团结人、弘扬正气、化解矛盾、凝聚人心。近年来，集团靠党的政治优势，战胜了危机，促进了和谐，稳定了队伍，实现了持续高速发展。

"五个双向"机制实现党建工作全覆盖

围绕党企融合，我们创立了"五个双向"工作机制，即班子双向进入、工作双向互动、人才双向培养、文化双向互促、制度双向互补，确保党建工作全面覆盖，为有效发挥党组织的政治核心作用和政治引领作用提供了保证。

班子双向进入。在企业决策、管理、经营、生产各个层面，我们全面推行党组织领导班子和管理层双向进入、交叉任职，从体制机制上保证党组织有效参与决策和管理。实行集团党委和管理层交叉任职。集团党委 11 名委员全部进入董事会、监事会、经理层，我作为集团董事局主席、CEO 兼任党委书记，纪委书记兼任监事会主席，组织部长、宣传部长分别兼任人力资源部、品牌文化部部长，形成了适应企业法人治理结构的党组织领导体系。实行厂长经理一岗双职。根据企业生产经营规模、部门建制特点和党员分布情况，不断完善集团内部党的组织网络，同步调整、配备党组织和经营管理班子。集团 13 个子公司党员总经理和近百名党员厂长全部任党（总）支部书记；红豆纽约外贸公司、柬埔寨西哈努克港经济特区设立时，同步建立党组织，确保企业发展到哪里，党的工作就覆盖到哪里。

工作双向互动。建立生产经营管理和党建工作双向互动机制，集团党委负责思想政治、企业文化、目标考核、人事任免等工作，参与企业重大决策、生产经营、管理和监督。建立双向互动决策机制。集团党委通过党委扩大会、管理层和党组织联席会议等方式，学习领会党的路线方针政策，把国家的方针政策转化为企业发展的具体行动。建立双向互动落实机制。建立周一晨报会、周五党委委员和公司经理例会等制度，加强党组织与企业管理层的互动交流，推动各项决策的落实。集团党委以"打造千亿红豆，彰显先锋力量"为载体，深入开展创先争优活动，动员基层党组织和全体党员立足本职岗位创先争优，带领广大职工共创一流业绩。建立双向互动考核机制。把实现企业绩效目标作为检验党建成效的重要标准，通过签订年度计划书、月度任务书、岗位责任书，强化对党组织和党员的目标引领，把党建工作的目标要求转化为推动企业发展的实绩需求。

人才双向培养。为充分发挥党组织培养人才、使用人才、凝聚人才的优势，形成企业各类人才双向培养、共同发展的良好局面，集团还全面推行人才双向培养。把企业生产经营骨干培养成党员。在一线职工中开展星级员工评选活动，推荐三星级以上职工免费上大学，在三星级以上员工中培养入党积极分子，送到红豆党校培训，目前已有 25％ 的三星级员工光荣入党。加大在高级人才中发展党员的力度，党员科技人才比例已达 31.7％。把党员培养成企业生产经营骨干。紧密结合生产经营开展党员教育、管理、培训，实现党员政治素质、专业技能双提升。生产车间操作工郭军伟在党组织培养下光荣入党，先后荣获"全国五一劳动奖章"和"全国技术能手"称号。在诸多典型的带动下，一大批党员成为技术能手和经营骨干，形成了培养一名党员、树立一面旗帜、带动一批职工的生动局面。把党员骨干培养成企业经营管理人才。我们还在企业建立党员示范岗、党员示范团队、党员示范区、党员营销团队、党员技术攻关小组，开展党员身边"无隐患、无违章、无次品"等活动，增强党员骨干岗位奉献意识和岗位建功能力，把他们培养成企业生产、经营、科研、管理的行家里手，成为让职工满意的党员当家人。

文化双向互促。集团党委坚持用社会主义核心价值观引领企业文化建设，通过加强引导、增进共识、创新方法、健全制度等措施，在集团上下形成基本道德规范，凝聚强大精神力量，提升企业核心竞争力。坚定共同理想信念。办好红豆报、红豆网站、红豆电视台和红豆大学，在企业中深入开展形势政策、基本国情、革命传统、改革开放和国防教育，帮助企业职工牢固树立中国特色社会主义共同理想信念。塑造健康向上的企业精神。举办"十佳歌手赛""红豆树下婚礼"，开展"争显先锋力量"主题演讲等活动，丰富职工群众文化生活，培育了"诚信、感恩、创新、卓越"的红豆精神。丰富企业文化内涵。以"铸造红色品格、打造绿色企业、建设幸福红豆"为愿景，连续举办十六届"红豆七夕节"，大力弘扬优秀传统文化，营造红豆"情"文化氛围。

制度双向互补。运用党的制度优势提升企业管理科学化水平。把党的民主集中制运用到企业重大问题决策之中，帮助企业掌握实情、科学决策。坚持任人唯贤、制度选人，把党委领导班子成员公推直选、党内考核评优机制引入企业人力资源管理，为企业员工创造了公平公正的发展机会。借鉴现代企业管理理念、方法提升党建工作规范化水平。引入 ISO 9001 质量管理体系，把企业管理的方法和理念导入党建工作，完善集团党建工作运行机制，使党建目标定量化、工作任务具体化、实施过程规范化、绩效考核精细化。坚持政治素质和工作业绩并重的导向，在基层支部和党员考核评优中，把业绩作为重要标准，保证被评为先进党支部的单位都是业绩最突出的部门，优秀党员都是工作最出色的员工。

（作者系红豆集团董事局主席。本文摘自《党建》杂志）

只有匠心　才有创新

车建新

何谓匠心？一是用心，二是细心，三是一丝不苟，四是精益求精，五是追求极致。这五条要真正做到，每一次做到，多少次做到，千百次做到，是很了不起的，也才是匠心之伟大所在。匠心本质上就是一种"品质思维"，是对于生产产品的一种态度，它含有设计品质、材料品质和工艺品质。匠心的目标就是品牌，品牌是什么？品质＋品位（感觉），否则品牌便是悬空的，不落地的。有人说，简单的事重复做，你就是专家；重复的事用心做，你就是赢家。我赞成这个说法。我是木匠出身，职业对品质的要求特别高，不光是对每个工艺的细节，对整个配套环节都必须细心。而对精细化品质追求长期坚持形成的习惯，才是祖师爷鲁班传承给我们的工匠精神。它不仅是个体的呈现，更是一个民族的性格符号。

我早年学木工手艺，首先是选材，要把最漂亮的木材放到橱柜的外立面和门框上，把最坚实的木料做柜脚，把图案美观木纹对称的材料选作门板，还可以把有结疤的木料雕刻成一朵花……再讲拼接，两根两米长的木条，刨好了拼在一起，对着阳光要看不见一丝丝光线。关键是榫卯工艺，开榫要先画一根很细很细的线，那木工笔也要削得很细，尽管只有三根头发丝那么细，但还是存在线左、线中、线右。如果开槽时，榫选择了线左，卯选择了线中，木头拼接时就会出现相当于一根半发丝的误差；如果榫是选择了线左，而卯选择了线右，那就是三根发丝的差距，结果门框是翘翘的，门装上去也是翘趄的，一个凸在前，一个凸在后。即使借刨来修正，但两面都要刨一样平，木材就变薄了，橱的坚固度也差了。所以，匠心的本质就是品质，品质的落点就是细心与认真。有人曾形容过德国制造，说认真是一种可怕的力量，自然德国便是凭着这"可怕的力量"，在战后崛起，成为汽车等许多行业之冠。再如瑞士的钟表工艺，日本的"煮饭仙人"等，都是靠认真誉满全球。像科隆大教堂、巴黎圣母院、具有法国皇家风情的香榭丽舍大道，由欧洲文艺复兴存留而来的许多建筑、绘画艺术，皆可谓精湛品质的经典。而我国古代大到恢宏的建筑，小至精美的陶瓷，和以鲁班为典范的无数发明创造，更是无一不以"可怕"的"匠心力"让世界惊叹！

那何为品位呢？品位既是极致之美，又是组合之美，就像我们如今融合了世界建筑艺术精华的商场外立面设计、商场内共享空间各种情景化呈现，以及时尚优雅的布展形态等等，有了品位，消费者就有了感觉，就自然提升了对你品牌的认同度。可以说，品位是品牌美誉度的外化符号。红星美凯龙从第一代到第九代的商场创新升级，是创造了一个商业模式，并且进入了哈佛大学的案例，因为我们是率先做连锁的企业。我们商场外立面我是受了太太化妆品的启发，女性用的化妆品外包装总那样漂亮，也是品位的外化嘛，所以我就把这个理念用到了商场的设计上。我们的商场建筑结构又为什么多选四四方方的呢？因为这样比较有气势。小时候我跟母亲去常州天宁寺拜佛，那些佛像很高大、很震撼，记忆里的元素又给予我启示：商场形态也要有震撼力，以诚信的象征气势去震撼消费者，影响消费者。商业以信誉为本，就需要有一个信誉的形象的代言嘛。

由匠心至创新，这里面是个递进关系：用心了，细心了，便会做到一丝不苟；做到了一丝不苟，还想精益求精；已经精到了，要更精，不断更好，要追求极致，当然需要反复琢磨，不断思考，同时会养成剖析事物本质、分析事物、找到事物本质的习惯，也就会萌生创新之念。有句成语叫"熟能生巧"，"熟"就是匠心，"巧"便为创新。在无数"一丝不苟"熟练技能的累积中，在"精益求精"和"追求极致"的强烈召唤下，创新的意识与巧思会油然而生。匠心的经营还是一个良性循环的过程：你制造的品质呈现了，就会受到尊重，受到表扬与羡慕，你就建立

了自信，就会热爱你的事业，就有热情和激情，就会有成就感，成就感就会成为你的引擎，也会成为你的气场。从而引发你丰富的想象力，萌生智慧。所以我一再讲成就感是人的引擎，因为它是人成功的自动循环的强劲的发动机。你一次次的高品质呈现，成就感就会一次次无数次地不断循环，给予你更多的自信，你就会更热爱事业，更具热情与激情，更大的成就感会给你更大的气场，让你萌生更大的智慧。反之，你做的事和产品很粗糙，即使没受到批评，但自己也没有感觉，你就会变得模糊、愚钝，就会被淘汰。所以，追求品质正是创新的情境。

其实，我们每个岗位都要求匠心与创新，这不是一部分人的事。每个员工把每件事都用心做到位，就是匠心；做每件事都有新的发现与进步，就是创新。所以无论是商场的管理人员、企划还是售后；地产上的接待、选材还是装修；乃至食堂、驾驶……任何一件小事，要么不做，要做就比别人多花20％～30％的精力把它做精细，这就叫"苦心经营"，但你先多花20％～30％的时间做出业绩来，有了成就感后，就会比别人少花许多时间。匠心与创新是一个因果关系。匠心是创新的"因"，创新是匠心的"果"，所以说，只有匠心，才有创新。首先匠心要求我们用"品质思维"去找事物的本质，总结事物的规律，寻找事物之间的联系，而寻找和解剖的过程，就是创新的基础。一个果，至少有"2～5"个因，要学会从果中去分析因，再从几个因中去推理果。深入进去，你还会发现每个事物不仅有"3"个基因，每个基因又有"3"个微因，每个微因更有"3"个纳因，加起来居然有"39"个元素，它正是创新的"合因"。而你找到的这"39"个元素，又绝非孤立，它们是动态的，你一旦让它们与另一个事物的"39"个元素进行碰撞、拆分组合，又交叉联系、互为尝试，就会"化学反应"出新的事物。如同我们小时候看过的万花筒，好像在演绎着创新和发明创造的无限可能，创新之果便会由此诞生。

创新其实是综合创新，需要我们时刻提升自己的技能，提升自己的技术功底，而技能升级本身就是匠心之重要部分。世界上任何事情都不是一蹴而就的，现在有许多人不思考匠心，不以匠心先做好事情，却只想一步到位去创新，其本质是急功近利，又非常华而不实。没有匠心在前期的反复准备、积累、琢磨、做大量的工作，创新会从天上掉下来吗？

孔子在《论语》里讲的"如切如磋，如琢如磨"，其实就是讲匠心的修炼，我说匠心的第一项修炼就是，一定要先把技能学到家。有些人一项技能还是很熟练的，但第二技能、第三技能、第四技能就不行，也就是没有升级。学校里功课五门十门一起学，重点是语、数、外三门，那我们也完全可以三个技能一起学。

我的学习攻略是：先攻一项技能，学强、学精，把它全面性地实践应用；另外两项技能呢，可先学一个概念，适当进行实践。也就是说，一个技能深入，两个技能参与。因为人的精力有限，你首先把第一个技能学到100%，甚至120%了，再马上去攻克第二个技能，也要先达到50%，接着再增加第三个技能的学习，起码达到30%，那这样你永远有三个技能在学习，在更新。我个人的"技能学习清单"，也就是我的成长史。早年，我是先学建筑木工，后学家具细木工的，这对我后来建家居商场都有很大的帮助，因为我自己懂建筑和设计了，开了商场以后，要学的技能当然更多。学哲学，学求是、求本论和方法论，学法律，学营销，学广告，学金融，学财务，学消费心理学，学社会心理学等。读了1000多本书。而随着企业的不断做大，要学习的知识和技能则更多：学行政、绩效、人事制度的管理；学品牌的建立与管理；学城市规划、购物中心的设计定位，商业空间的提升，品牌、建筑的再利用，包括为房地产选址等。我觉得干这一行，要学习得真像要读"百科全书"那样，成长与学习是相依相伴的，技能的升级又大大开发和升级了我的创新能力。

我曾经说过："其实发明不应叫发明，应该叫新元素的发现和元素的重新组合、对接，从而产生更有价值的新物质。"每一项成功的创新发明，必定是匠心力＋想象力的整合性创造。鲁班当年被一种长齿的草划破了手指，但他绝不像有的人那样会迁怒于草，甚至还上去踩两脚，而是仔细地观察，进而思考与联想：它能割破皮肉，当然也能割木头呀……于是，锯子诞生了。我再想牛顿发明"万有引力定律"，从一只苹果从树上掉下来砸到他头上前他已知天地关系，也知地球是圆的，是在宇宙太空中围着太阳转的，这些元素都在他大脑中，可关键是他善于即时分析：为什么苹果不跑上天空，也不往两边斜行，而是直接砸下来呢？牛顿正是重视细节，在自然现象中即时分析，寻找规律，才顿悟到这是地球的引力作用所致。

每一项创新都是非凡的，但也没有那么神秘莫测。有人说创新需要天赋，其实创新的天赋正源自匠心的锤炼，来自一次次业绩与成就感的积累和对事物即时分析习惯的养成。创新的本质就是匠心不断升华、智慧不断萌生的结晶。所以我坚信：只有匠心，才有创新。

（作者系红星美凯龙家居集团股份有限公司董事长兼CEO。本文摘自《中国经营报》）

创国际知名品牌　建世界一流企业

刘子斌

自党的十八大以来，党和国家高度重视文化和文化品牌建设，提出"推动中国制造向中国创造转变、中国速度向中国质量转变、中国产品向中国品牌转变"、培育工匠精神增品种、提品质、创品牌等策略。品牌是企业乃至国家竞争力的综合体现，也是参与经济全球化的重要资源。

多年来，鲁泰深入贯彻发展新理念，以振兴纺织产业为己任，以品牌建设为方向，紧扣经济社会和市场客户需求，以供给侧结构性改革为主线，持续加力推进新旧动能转换，不断提升发展质量、效益和品牌影响力，大力推进品牌国际化战略，培育面向全球竞争的新优势，着力打造享誉国际的中国纺织工业品牌企业，不断提升企业品牌价值和"中国制造"的整体形象。

鲁泰是全球最大的高档色织面料生产商和国际一线品牌衬衫制造商，多年位居中国棉纺织行业竞争力第一和中国色织布行业主营业务收入第一。鲁泰拥有全行业最完整的从棉花育种、种植到纺织、染整、制衣直至品牌营销的纵向生产链，在中国、美国等7个国家设立了12家控股子公司，40多个生产工厂，是一家集研发设计、生产制造、营销服务于一体的产业链集成、综合创新型、国际化的纺织服装集团。从建厂初期"中国纺织界的茅台酒"到"全球第一色织布"，再到荣膺"全国质量奖""中国工业大奖""国家科技进步一等奖"，鲁泰品牌享誉世界。

公司现拥有"鲁泰""鲁泰格蕾芬"等境内注册商

标 164 件，境外注册商标 677 件，注册地分布在全球 54 个国家和地区，产品先后荣获 4 个"中国名牌"、2 个"中国驰名商标"、2 个"国家出口商品免验"；产品 70％ 销往美国、欧盟、日本等国家和地区，中高档色织面料市场份额占全球市场的 18％ 以上，自主品牌面料出口率达到 50％ 以上。

从"借船出海"到"全球第一色织布"享誉世界

鲁泰成立伊始，就认识到品牌对企业长期发展的重要性，但也认识到品牌建设的艰巨性和复杂性。建厂初期，便确定了产品高档次、高品质的定位。1990 年，鲁泰使用自有品牌"双泰"把第一批纱线产品出口到泰国，随后相继使用"海皇""格蕾芬"等商标，将产品出口到新加坡、日本等国家和地区，在业界引起了极大反响。外国专家形象地称赞鲁泰的棉纱产品是"中国纺织界的茅台酒"。为有效提升品牌影响力，公司制定了"借船出海"的品牌发展战略，引进世界著名品牌"阿兰德隆""箭牌"作为发展自己品牌的起步点，通过"阿兰德隆""箭牌"的影响力迅速扩大了公司优质产品的知名度，从而带动公司自主品牌的发展与壮大。

经过 30 年的培育和发展，鲁泰纱线产品实现了从普梳到精梳，从中支到高支再到超高支的升级；面料实现了从熨烫到免烫，从无弹到有弹的提升；衬衫从有缝到无缝的华丽转变，积极引导了健康、可持续的生活方式，演绎了现代纺织发展的无限内涵。目前，"鲁泰""鲁泰格蕾芬"等自主品牌得到了长足发展，产品得到了 Burberry、Calvin Klein、HUGO BOSS、Armani、GUCCI、OLYMP、UNIQLO 等国际知名品牌商的青睐，如今鲁泰俨然变成了"中国高端纺织品"的代名词，在消费者眼中，鲁泰就是信誉、质量、价值的体现。

贯彻国家方针政策，大力实施品牌国际化战略

近年来，鲁泰根据国内外经济、市场形势的变化和国家"一带一路"等发展战略，牢固树立"创新品种、提升品质、打造品牌"的理念，以品牌建设为方向，大力推进品牌国际化战略。采购全球天然、可再生的纺织原料和安全、健康的染料助剂，引进具有国际先进水平的设备，建立与国际高端专家的合作；在意大利米兰设立办事处，对接设计之都的创意理念；在美国纽约建立子公司，时刻把握国际市场动向；充分运用东南亚的区位优势，建设生产工厂。这些全球资源的优化配置，让鲁泰在面料、服装研发与设计、生产与服务等方面走在了时尚、创新、创意的前列，为打造世界高档纺织品打下了坚实的基础。

如在时尚、创意、设计方面：公司先后聘请了有丰富设计经验的意大利著名面料设计师保罗·康特先生，成衣设计专家、阿玛尼前任设计总监里卡多·拉米先生，法国流行咨询专家艾格尼丝女士担任公司设计指导。设计团队采用"走出去"的方式，游走于米兰、巴黎、纽约、东京等时尚之都，依托全球可信赖的优质面料，向顾客推介最新设计和研发的产品，不断提高公司品牌和产品影响力。

创意设计、创新驱动，打造品牌原动力

鲁泰自主品牌建设以创新和创意为中心，通过立足国际流行趋势和市场最新变化，依托全球最大的高档色织面料生产商和全球顶级品牌衬衫制造商定位，不断增加产品的科技含量，提高产品档次和价值。鲁泰先后开发出了多功能衬衫、无缝线衬衫、新型抗菌整理面料、纯棉凉感面料等创新产品。先后获得省部级以上科技进步奖 50 项，其中国家科技进步一等奖 1 项，二等奖 2 项；承担省级以上科技计划 17 项；开发了 600 多项新技术，其中 12 项达到国内领先水平，34 项达到国际先进水平；主持或参与制定国家和行业标准 34 项。如：荣获国家科技进步一等奖的"筒子纱数字化自动染色成套技术与装备"，实现了筒子纱从手工机械化到全流程数字化、系统智能化的跨越，使我国成为世界首家突破全流程自动化染色技术并实现工程化应用的国家；荣获国家科技进步二等奖的超高支纯棉面料加工关键技术及其产业化，在国际上首先成功开发了 300 英支纱线并实现产业化生产，1000 米纱质量仅有 1.94 克；鲁泰还彻底突破传统用机针、缝纫线缝合衣片的观念，提出无缝制衣理论，并创造性地研制出新型高强环保黏合材料，在全球首次成功开发出具有抗皱、免烫功能的无缝线纯棉衬衫。该技术缩减了 60％ 的工艺流程和减少了 50％ 的设备种类，荣获"中国创新设计红星奖"。

高品质、优服务，育品牌文化，铸百年基业

鲁泰持续开拓国内外新市场，采用线上线下相结合的方式，拓展自主品牌产品的终端销售渠道和能力。同时，为顺应市场趋势，公司开展私人定制衬衣业务，高端私人定制品牌"君奕"上线运营。鲁泰成功实现了由OEM向ODM的转变、由"接单式"生产型企业向"菜单式"生产服务型企业的转变。为更好地满足客户对产品及服务质量的需求，鲁泰确定不同的主题年活动，2015年为"质量管理提升年"、2016年为"市场服务提升年"、2017年为"市场服务深化年"，持续提升公司质量管理水平，强化市场导向，增强公司产品和服务对客户的吸引力，提高公司的品牌影响力和美誉度。在2016年由中央电视台财经频道、中国品牌建设促进会等单位联合举办的"中国品牌价值评价信息发布"活动上，公司品牌价值达76.18亿元，在纺织服装类总榜单上名列前茅，同比2013年提高75%，品牌价值和影响力持续提升。

品牌力要依托于品牌的文化内涵。鲁泰在品牌文化建设上始终坚持质量是品牌的生命；服务是品牌的重要支撑；形象是品牌在市场上、消费者心中所表现出的个性特征；文化价值是品牌的内涵。公司组建鲁泰纺织乐团、时装表演队为企业品牌宣传和新产品推广服务。2013年"纺织之春"鲁泰纺织乐团音乐会在国家大剧院成功演出，成为第一个进入国家大剧院演出的工人业余乐团。鲁泰通过自主创新、文化创意，逐步提高产品知名度，提升品牌价值，使鲁泰品牌形成具有丰厚文化底蕴的创意品牌、文化品牌，不断树立企业形象，努力打造世界一流的纺织品牌和知名企业。

国家强盛靠品牌支撑，企业发展靠品牌引领。面对新的发展形势，鲁泰将牢固树立并切实贯彻"创新、协调、绿色、开放、共享"的发展理念，大力实施品牌强企战略和"三品"战略，大力研发新品、多出优品、打造精品，为推动"三个转变"，为建设纺织强国、制造强国积极贡献力量！

（作者系鲁泰纺织股份有限公司党委书记、董事长、总经理。本文为作者在"中外企业文化2017长沙峰会"上的发言）

用红色文化基因助推集团新崛起

何　清

在人民兵工86年的发展历程中，"把一切献给党"的红色基因和"自力更生、艰苦奋斗、开拓进取、无私奉献"的人民兵工精神作为党的伟大精神之一，始终感召着全体兵工人为党的兵工事业不懈奋斗。作为具有共产党纯正红色基因的中国兵器淮海工业集团（以下简称淮海集团），经历了星火燎原的舍身救国，支援国防的挺身建国，珍宝岛、中印、中越自卫反击战的保家卫国和新时期现代化经济建设的创新强国，是兵工之家、兵工摇篮。新时期，我们更要大力弘扬人民兵工精神，不忘初心、继续前进，传承红色基因，实现淮海集团的新崛起。

淮海精神和太行精神、八路军精神、人民兵工精神、黄崖洞精神一脉相承

淮海集团地处山西长治。长治是当年八路军总部所在地，是百团大战的发生地，是中国共产党掌握的第一个城市政权。2017年6月21日至23日，习近平总书记深入山西视察，几次深情地提到一定要发扬好太行精神，一定要把《在太行山上》再唱响，为我们指明了前进方向，提供了根本遵循。

太行精神是在抗日烽火中铸就的民族魂。"母亲叫儿打东洋，妻子送郎上战场。我们在太行山上，山高林又密，兵强马又壮，敌人从哪里进攻，我们就要他在哪里灭亡……"雄壮浑厚的歌曲《在太行山上》，是八路军和太行人民艰苦卓绝的抗战写照。太行精神的主要内容是："不怕牺牲、不畏艰难，百折不挠、艰苦奋斗，万众一心、敢于胜利，英勇斗争、无私奉献"，体现了中华民族高尚的民族性格、坚定的民族志向、远大的民族理想，激励着一代又一代人努力奋进。

八路军精神与太行精神密不可分。14年抗战中，八路军浴血奋战在巍巍太行山上，用生命、鲜血和钢铁般的斗志，依靠广大人民群众的拥护与支持，同侵华日寇展开了殊死搏斗。到1945年抗战胜利，抗日根据地已由晋察冀、晋冀豫、晋绥边区3个发展到19个，抗日军民对敌作战10万余次，歼灭日军43万人。八路军由出征抗战伊始的4万余人

发展到 102 万人之多，成为一支强大的人民武装力量。八路军精神凝聚了八路军指战员和广大人民群众百折不挠、浴血奋战、不怕困难、团结御侮的民族精神和气节，与太行精神密不可分。

淮海集团始终传承着党的伟大精神。淮海集团的前身兵工一厂副厂长阎守信，由朱德、彭德怀、滕代远签发任命书，说明企业出身正统，流淌着共产党纯正的红色血液。抗日时期的黄崖洞兵工厂，生产的武器弹药可以装备 16 个正规团，被誉为"八路军太行山上的掌上明珠"。在黄崖洞兵工厂诞生了中国第一支制式化步枪——八一式马步枪，是我党军工事业创新的雏形和源头。如今，淮海集团的企业精神就是"自力更生、艰苦奋斗、开拓进取、无私奉献"，这和人民兵工精神、黄崖洞精神完全一致，始终是全体淮海集团人砥砺前行的不竭原动力。

先进的企业精神、企业文化体系引领改革发展步伐

如果把企业比作一条龙，企业文化就是美妙的龙舞，就是龙的灵气、霸气、精气神所在，是龙头、龙骨、龙身发展到一定程度才能对外展示出来的内在美和外在美的统一。作为兵器工业集团的一分子，淮海集团将以弘扬人民兵工精神为主线，大力倡导企业家精神、科学精神、工匠精神，培育先进的企业精神、企业文化体系，用共同的"道"来鼓舞士气、凝聚力量。

以共同的发展愿景激励人。紧紧围绕建设中国特色先进兵器工业体系总目标，确立"以军为主、军民融合、管理科学、持续发展、员工幸福"的发展愿景。军品是企业在市场经济里劈波斩浪的"压舱石"，关乎履行核心使命，关乎生存发展，必须以军为主；注重军民融合，在习近平总书记提出的"统、融、新、深"上下功夫，主动作为；建立一套以技术、质量、品牌和效益为主指标的考核机制与评价标准，做到管理科学；通过需求引领、技术支撑、客户带动，实现持续发展；为员工搭建成长发展平台，切实解决实际问题，让员工幸福。

以一家人的团队文化凝聚人。提出"屈指成拳、同频共振、荣辱共担"的理念，中华武学精髓太极中对拳的解释为"拳者，屈指握固，团聚力气，用以击敌者也"。"屈指成拳"的屈，一是指要明白企业现在的问题，知耻后勇；二是指班子成员要"克己"，要

奉公；三是要屈指握固，团聚力气。唯有屈指成拳才能够增大合力。屈指成拳是定位，同频共振是要求，荣辱共担是从结果方面说的。提出这一理念，就是引导两级领导班子和全体员工做到"一家人、一条心、一件事、一辈子，感动自己，影响他人，造福后人"，像爱家一样爱企业，像治军一样治理企业，一起受苦、一起受制、一起受益，确保打出去的拳一定是力量最大、阻力最小、掌控最强、所向披靡的"拳"。

以结果导向的考核理念引导人。坚持以成败论英雄，以质量安全论高低，以廉洁论成败，以绩效论奖惩。有计划没行动等于零，有工作没努力等于零，有进步没持续等于零，有问题没处理等于零，有布置没监督等于零，有过程没结果等于零。质量安全是不可逾越的红线，就如同两根轨道，缺一不可。廉洁是底线，要想干事、能干事、干成事、好共事、不出事。发现问题是能力，解决问题是业绩，考核激励的依据就是绩效。

以"把员工装在心上"的群众观关爱人。切实解决好员工工作生活中的突出困难和问题，尤其是重点关心帮助困难员工和低收入员工，切实打通服务员工的"最后一公里"；要为员工搭建成长发展的平台，提供做事的机会、赚钱的机会、成长的机会、发展的机会，切实增强员工的目标感、安全感、归属感和幸福感；要正确处理员工长远利益和具体利益的关系，着力维护好大多数员工群众的长远利益。

传承红色基因推动淮海集团实现新崛起

近年来，淮海集团作为弹药企业的典型代表，存在产业结构不合理、产品附加值低、转型升级压力大等问题。冰冻三尺非一日之寒，化冰解冻也非一日之功。解决发展中的问题，需要我们用非常之力、恒久之功加以落实。淮海集团将大力传承红色基因，坚信目标、坚守阵地、坚持不懈，把企业文化建设和生产经营工作同步推进，经营企业、经营政策、经营市场、经营文化，做到有信仰、有信念、有信心，学识、见识、胆识兼备，实现淮海集团的新崛起。

树旗明志，履行核心使命。树旗明志，就是要永不言败、争当第一，履行核心使命，强化核心技术，提升核心能力，争当兵器弹药行业的领先者和排头兵。把技术创新作为引领发展的第一动力，促

进科技体制机制创新，鼓励多出创新成果、多出转化效益、多出精品工程。探索建立技术分红、股权、期权激励等形式多样的市场化激励机制，进一步激发科技人员的创新、创造的积极性、主动性，不断提升新产品贡献率。积极开拓创新，努力把更多的项目"拿回来"，把到手的项目高质量"干出来"，把企业的创新能力"提起来"，让淮海集团的可持续发展"有未来"。

高端引领，实现民品发展。民品要实现四个高端，即高端技术、高端产品、高端市场、高端客户，逐渐实现产品价值由价值链低端向中高端转变。一是向外走，做到"人无我有"，坚持"国际化、大客户、名配角"发展思路，以客户为中心，以市场为导向，融入区域经济发展，融入国际市场；二是向上走，做到"人有我优"，以客户为中心，不断加强技术、品牌、质量、服务能力；三是向下走，做到"人优我廉"，通过深化改革、加强内部管理瘦身健体、降低成本；四是向前走，做到"人廉我转"，推动民品产业模块化发展，逐步打造"专精特优"的行业小巨人。

拔指去尾，深化改革攻坚。拔指，就是要像鹰一样，把指甲、羽毛一根根地拔出来，实现重生；去尾，就是像猴子变成人去掉尾巴一样，要去改变。水到绝境是飞瀑，人到绝境是重生！改变，也许会痛苦一阵子；不改变，就可能痛苦一辈子！2017年至2020年，将是淮海集团改革发展的机遇期、攻坚期和决胜期。改革，更多的是思想、观念、行为和习惯的变革，必须要发扬吃苦精神、奉献精神，战胜"小我"，成就"大我"，拔指去尾、壮士断腕，历经化茧成蝶，历经苦难辉煌，实现凤凰涅槃，实现鹰的重生！要围绕军品、民品特种车辆等核心业务产品，调整配置技术、制造、装备、人才等资源，将优势资源集中到优势产业中去，提升企业盈利能力和核心竞争力。结合国家"处僵治困"政策支持，做好人员分流安置工作。在2018年年底前完成"三供一业"分离移交改造工作，减轻企业负担。推进"三项制度"改革，划小核算单元，改进绩效考核体系，实现成本中心向利润中心转变。

全面深入，推动精益管理。精益首先是一种思想、一种文化、一种素质、一种觉悟。精益比拼的不是瞬间的精彩，而是长久地稳健持续。精益管理，要在全面、深入四个字上下功夫，着眼于全系统、全体系、全过程，把精益管理向纵深推进，再上层楼、再进一步、再深一层。要以"九降低、三改善、一杜绝"为重点，以"补短板、增效益"为目标，促进经济运行质量持续提升。积极开展内、外部对标工作，对标先进、赶超先进。

"两学一做"，发挥党建优势。扎实推进"两学一做"学习教育常态化、制度化，深入开展固"根"聚"魂"工程、党组织"强基"工程和党员"创新"工程，更好地履行党委"把方向、管大局、保落实"的职责，更好地发挥党组织的战斗堡垒作用和党员的先锋模范作用。推进全面从严治党向基层延伸，用干净的人，做干净的事，创造干净的环境。

（作者系中国兵器淮海工业集团党委书记、董事长。本文摘自《企业文明》）

以大胸怀大格局大担当
开创品牌文化建设新境界

罗世威

中建一局成立于1953年，是新中国第一支建筑"国家队"，2016年作为中国建设领域唯一的企业，荣获了中国政府质量最高荣誉——中国质量奖，是2017年世界500强排名第24位、也是世界最大投资建设集团——中国建筑旗下最具国际竞争力的核心子企业。中建一局员工逾2万人，有全资企业和控股企业30余家，银行授信总额超过500亿元，其房屋建筑、投资、基础设施、海外四个业务板块协同发展，经营疆域覆盖欧、美、非、亚四大洲，遍布全国内除台湾省以外的所有省和自治区、直辖市，为客户提供全产业链的高品质产品和全生命周期的超值服务。国务院批准确立每年5月10日为"中国品牌日"、发布《关于开展质量提升行动的指导意见》等一系列重大战略部署为企业的品牌文化建设指引了方向，增强了企业的信心和决心。品牌是企业发展的终极目标和永恒主题，建设世界一流企业就要建设世界一流的品牌；文化是企业管理的最高境界，企业要基业长青，就要有先进的企业文化做引领。

按照党中央、国资委和中建总公司的要求，中建一局将品牌文化建设提升到企业发展的战略高度，纳入大党建工作格局，并确定为"十三五"规划目标，以品牌彰显文化，以文化提升品牌，以传播传递品牌文化。

一、坚持党对品牌文化建设的领导，以大党建工作格局坚强支撑品牌文化建设

（一）大党建工作格局为品牌文化建设把方向、管大局、保落实

中建一局党委在 2014 年第四次党代会上提出构建大党建工作格局，包括"3 个 5"：第一个 5，集团和子企业两级党组织要全面履行五项职能，即"抓战略、掌全局""抓文化、塑品牌""抓班子、带队伍""抓廉洁、守底线""抓自身、创价值"；第二个 5，各级党组织加强五位一体建设，即"思想建设、组织建设、作风建设、反腐倡廉建设、制度建设"；第三个 5，基层党支部要充分发挥五个价值创造点的作用，即"组织建设、廉洁从业、目标完成、制度执行和文化建设"。坚持党管意识形态、党管阵地原则，中建一局各级党组织书记是本单位品牌文化建设工作的第一责任人，分管党务的领导是直接责任人。随后，中建一局党委相继在成都、西安成立西南、西北区域联合党工团组织，推进区域联合深入践行大党建工作格局，以"组织联建、党员联管、服务联抓、资源联享、文化联创、活动联办"，推进各区域内子企业和在施项目品牌文化建设工作共同提升。

（二）打造"四维一体"项目党支部战斗集体，为品牌文化建设提供体系支撑

2017 年中建一局提出，要将项目打造成"四维一体"的战斗集体。"四维"，即坚定一个政治方向、打造一支军队、建成一所学校、组成一个家庭；"一体"，就是指项目党支部。坚定一个政治方向，就是与党中央保持一致，建设廉洁项目；打造一支军队，就是建设一支能够攻坚克难、完美履约、纪律严明、管理有序、赏罚分明的战斗集体；建成一所学校，就是以书香项目为载体，打造一个学习型组织；组成一个家庭，就是要体现员工关爱。通过"四维一体"建设，构建昂扬向上的项目品牌文化，形成项目发展合力。中建一局大党建工作格局，受到国务院国资委等上级领导部门高度赞誉，相继在中宣部《思想政治工作研究》、国务院国资委《国资报告》等权威媒体专题传播。

二、坚持品牌和文化建设两翼齐飞，将品牌文化建设工作提升到企业发展战略的高度

（一）提出"品牌兴企"战略，将品牌建设渗透企业运营管理全过程、覆盖全员

2012 年中建一局提出"1135 战略"，其中第 2 个"1"就是"品牌兴企"战略，将品牌建设工作提升到企业发展战略的高度。旨在打造企业的差异化竞争优势，全面提升企业的发展质量和可持续发展能力。2014 年发布《品牌建设指导意见》，作为实施"品牌兴企"战略的总体规划，明确品牌建设"四个维度"，即产品美誉、科技创新、人才队伍、企业文化；强调品牌建设 5 个基础条件，即经营规模、履约底线、项目代表作、履约代表作和四大业务板块协调发展；确定品牌建设路径，即坚持目标引领、底线管理，各项管理底线都是品牌建设底线，将品牌建设渗透到企业运营管理全过程，覆盖全员。2014 年在中建系统率先成立品牌管理部，作为推进品牌建设的战略管理部门延续至今，保证了品牌落实。

（二）将品牌文化领先目标写入本企业"十三五"规划，确定品牌文化定位

2016 年中建一局发布了本企业的"十三五"规划，提出"品牌建设和文化建设两翼齐飞"，将"品牌美誉领先"和"企业文化领先"确定为"十三五"愿景目标。同年底召开宣传暨品牌传播工作会，确定了中建一局品牌定位（品质·先锋）和品牌口号（中国品质·时代先锋），清晰了品牌内涵、外延以及"卖点"。

三、坚持目标引领与底线管理并举，塑造有形与无形品牌，做强硬、软实力，全面提升企业发展质量

企业的有形品牌出售的是产品，无形品牌出售的是文化。中建一局的产品不仅要满足客户对产品的功能需求，还要能满足客户的心理需求，这样才能赢得客户的忠诚度。希伯来神话中的利维坦，一手持仗彰显规则；一手持剑预示破规则就杀，诠释了坚持目标引领、底线管理并举塑造品牌的原则，即划定各项工作的目标与底线，按 PDCAS 循环工作方法，强化量化分析、晾晒排名，一方面激励领先者，另一方面对突破各类底线的行为问责，做到科学管行为，底线管人心，文化管习惯。

(一)塑造有形品牌，持续提升产品品质与服务品质

中建一局首创"5.5精品工程生产线"，以此推进有形品牌建设的标准化。生产线由"3个5"构成，即目标管理→精品策划→过程控制→阶段考核→持续改进5个步骤，人力资源、劳务、物资、科技、安全5个平台，以及质量、工期、安全、绿色建造、施工现场形象5条底线，中建一局的质量底线标准很高，即最低也要达到行业中等水平以上。

5条底线是坚决不可逾越的有形品牌底线，它超越时空、地域与建筑形态，确保中建一局的产品与服务品质。长安街上43座经典地标、世界最大国际贸易中心北京国贸建筑群、世界最大游泳馆水立方、中国在用最高楼深圳平安金融中心、全球最大会展中心深圳国际会展中心、"一带一路"名片莫斯科中国贸易中心等，都是5.5精品工程生产线上的精品。凭借5.5精品工程生产线，2016年中建一局荣获中国政府质量最高荣誉——中国质量奖，是中国建设领域唯一荣获该奖的企业，这是国家对中建一局品质和品牌的高度认可！今年8月莫斯科中国贸易中心在200多家企业的1000多个在施项目中脱颖而出，荣获莫斯科工程质量最高奖——莫斯科市优质工程奖第一名，是中国企业第一次荣获此奖项。截至目前，中建一局荣获的主要荣誉有2209项，其中国家科技进步奖、鲁班奖、詹天佑奖等工程类主要荣誉有2054项。

(二)塑造无形品牌，用先锋文化凝心聚力鼓舞士气，持续提升企业管理品质

通过企业文化建设，对外彰显品牌个性和魅力，对内激发全员自信、凝聚共识、汇聚力量、鼓舞士气，持续提升企业管理品质。2013年中建一局发布《中建信条——先锋文化手册》，深植中国建筑的企业使命、企业愿景、核心价值观、企业精神，提出先锋文化的行动纲领、行动要义、行动准则、行动路径，明确"先锋文化"是引领全体中建一局人实现"一局梦"的强大精神动力，阐明"先锋文化"的时代内涵，开启了中建一局先锋文化建设新篇章。

中建一局先锋文化建设，体现了以先锋业绩为价值引导和以奋斗者为本，贯穿了教育引导、制度保障和习惯养成，持之以恒、久久为功，将先锋文化内化于心、硬化于制、外化于行、固化于常。一方面为创新者、开拓者、担当者、敢于管理者提供广阔发展的空间和组织保障；另一方面对突破规则底线的组织和个人进行问责。

用制度保障文化理念落地。2014年发布《诚信体系建设管理规定》，将"诚信"理念解码为三种能力，即品格、能力和执行力。品格指做人、做事的品格，体现在"言必信"；能力和执行力指战略方针的落实能力、目标任务的实现能力和规章制度的执行能力，体现在"行必果"。出台《子企业诚信评估指标体系》，将"诚信"理念量化为品格、能力、执行力3大类、21项考核指标，对子企业进行年度诚信评估。建立员工诚信档案，将诚信确定为选人用人的底线要求，凡因"不诚信"受到追责处理的人员，实行职业禁入，严禁提拔和使用。"诚信"在中建一局不再是抽象的理念，而是每一级组织的底线考核标准，也是每一位员工必须践行的行为准则。

树先锋榜样带动全员。构建"先锋金字塔"（时代先锋、一局先锋、我身边的先锋），从塔尖到塔基树立不同层面的榜样标杆。两级领导人员层面，2014年提出543能力素养，即强化5种能力（认知与创新能力、战略能力、决策与执行能力、驾驭全局能力、意志力）、弘扬4种精神（冒险精神、拼搏精神、担当精神、奉献精神）、塑造3种品格（诚信、公平、刚健中正），要求两级领导人员要有大胸怀、大格局、大担当，具备企业家精神和素养，带领员工不断拼搏进取。子企业层面，以年度"贡献能力和发展速度"前五名为赶超目标；项目层面，以年度TOP100大项目部为对标样板；员工层面，以"我身边的先锋"为学习榜样。

用环境熏陶润物无声。发挥文化产品和文化活动的作用，生动表现先锋文化，引导员工从理念到信念，从制度到习惯，知行合一、拼搏奋斗、攻坚克难。

四、抢占品牌文化传播制高点，对外强势传播中建一局品牌，对内充盈正能量、高昂主旋律

"质胜文则野，文胜质则史，文质彬彬，然后君子"，孔子的名句说明了品牌文化传播对品牌建设不可或缺的作用，即企业的品牌建设由品牌战略、品牌形成、品牌传播三个重要环节共同推动、相互促进。品牌战略是方向和引领，品牌形成是战略的实现过程，是"质"，是企业综合实力的体现；品牌传播是企业价值观和所有行为内涵的诠释者和舆论推动者，是增强员工自信的重要精神来源和引导行为的文化力量，就是"文"。没有"质"的"文"就是在沙滩上建大厦，迟早会垮塌；没有"文"的"质"则像一个没有血肉的骷髅，没有持续成长的生命力。只有"文质彬彬"，才能实现企业硬、软实力的有机统一。

（一）发布品牌传播管理规定，作为中建一局品牌文化传播工作的制度遵循

2016 年颁布《中建一局品牌传播管理规定》，对品牌传播工作计划、传播媒介、传播内容、传播队伍、传播效果评价都做出详细规定，提出实现"四个统一"，即统一管理、统一声音、统一策划、统一形象，加强了品牌传播体系建设，推进了品牌传播上下联动、左右协同、整体发力。

（二）构建全员、全渠道、全生命周期的品牌文化传播工作大格局

2016 年年底宣传暨品牌传播工作会提出，要构建起全员、全渠道、全生命周期的品牌文化传播工作大格局。强化品牌文化传播的共同责任，推进基于人人代言的全员传播，构建以全体员工为塔基、以两级品牌管理部门、两级总部和大项目部为塔身、以两级领导人员为塔尖的"品牌传播金字塔"，全体一局人共同传播、塑造、推广、展示、维护中建一局品牌；推进基于全触点品牌体验的全渠道传播，把品牌传播覆盖到有形与无形的品牌全界面，通过施工现场等界面的全触点体验，通过自办媒体和外部媒体全渠道发声，讲实力说服人，讲历史激励人，讲成就鼓舞人，讲道理影响人，讲情怀感染人，讲境界征服人，持续累积正面品牌文化联想，深刻品牌文化记忆；推进贯穿产品全生命周期的品牌文化传播，通过故事化传播、形象化解读、人性化展示，赋予品牌文化温度，构建持久感动，创造品牌文化附加值。

自 2012 年来，中建一局荣获全国品牌文化类荣誉 67 项。企业文化建设方面，荣获全国建筑行业企业文化示范企业、全国企业文化建设 10 强，6 个子企业连续荣获省部级以上文明单位和文明单位标兵；品牌传播方面，荣获"十二五"全国企业文化传播全媒体建设 30 强、企业文化传媒融合创新 30 标杆；荣获国务院国资委"国企好新闻"奖，成为中建系统唯一获奖单位。中建一局微信公众号、《建设者报》、网站连续蝉联全国建设行业多项大奖。今年中建一局三次在《新闻联播》被报道，同时在《人民日报》、新华网、人民网、中新网等中央级媒体首发新闻 200 多条，中建一局品牌知名度、美誉度持续提升。

新时代开启新征程，中建一局将以党的十九大精神统领思想和行动，坚定品牌文化自信，不忘初心、牢记使命，只争朝夕、埋头苦干，以新气象、新担当、新作为、新业绩，奋力开创党建品牌文化建设新境界，开创中建一局转型升级新局面，全面实现"十三五"规划愿景目标！

（作者系中建一局（集团）有限公司党委书记、董事长）

全面深化改革需要大力弘扬企业家精神

陈东升

2014 年，习近平总书记在亚太经合组织工商领导人峰会开幕式上的演讲中指出："我们全面深化改革，就要激发市场蕴藏的活力。市场活力来自于人，特别是来自于企业家，来自于企业家精神。"

2017 年 3 月，"企业家精神"首次写入政府工作报告。近期《关于营造企业家健康成长环境　弘扬优秀企业家精神　更好发挥企业家作用的意见》（以下简称《意见》）又以中共中央、国务院联合发文的高规格，聚焦企业家精神，强调企业家作用，搭建起"中国版"企业家精神的总体框架。

《意见》提出营造企业家健康成长环境、弘扬优秀企业家精神、更好发挥企业家作用，既有对企业家的道德约束、责任要求，又有鼓励创新、包容试错，还有加强对企业家队伍建设的领导。把企业家的作用和弘扬优秀企业家精神放到党的事业、民族振兴事业这样的大局中，振奋人心。

《意见》对"中国版"企业家精神的系统全面阐述，囊括了经典经济学理论中关于企业家精神的思想，同时具有中国特色，特别是结合了中国传统思想文化和道德规范，拓展了企业家的作用与价值，认为企业家不仅是创新的源泉，更是创造财富、解决就业、承担社会责任的正能量模范群体。

《意见》的发布，倡导企业家们不仅要独善其身，更要兼济天下，自觉将企业的成长壮大，与国家的前途命运相结合，与实现中华民族伟大复兴的民族大业相结合，让企业家真正成为民族强盛的"筋骨"，成为民族复兴路上的"生力军"。

"企业家精神"是 19 世纪初著名经济学家熊彼特提出的。熊彼特认为，企业家与只想赚钱的普通商人或投机者不同，个人致富充其量仅是部分目的，而最突出的应当是"人生价值实现"，即"企业家精神"。企业家精神的灵魂是创新。企业家不断创新，"创造性地破坏"均衡状态，才推动了经济的飞跃式发展。伟大的企业和伟大的企业家，成为创造世界商业文明的重要角色。比如市场经济发达国家中的美国，从南北战争到第一次世界大战期间，J. P. 摩根、洛克菲勒、卡内基等一批企业家成就了美国制造业的辉煌；第二次世界大战后，美国开始进入中产阶级崛起和消费迸发的时代，一批知名消费企业相继登场，如好莱坞、迪士尼、可口可乐。今天，从计算机到互联网，再到移动互联网、人工智能、生命科学，美国又诞生了一批享誉全球的科技公司，如微软、苹果、谷歌和亚马逊等。

同样，中国企业家群体也是伴随中国崛起、中华民族伟大复兴的过程孕育成长起来的。从洋务运动到第一次世界大战时民族工商业的兴起，近代中国的商业力量可谓历尽坎坷艰难。而肇始于 40 年前的改革开放，让中国的企业家得到了新生和壮大。以产权制度变迁、公司治理完善为脉络，不断走到今天，汇聚成各具特色的企业家群像。中国现代企业制度从无到有，形成了完整的体系。今天中国的企业家已经进入了后 WTO 时代。现在的营商环境更加完善，中国企业家精神也逐步形成与发展，进入到"大众创业万众创新"时代。企业家精神不分所有制形式，国企、民企都可诞生伟大的企业家。独特的创新精神、冒险精神是企业家精神的精髓。真正的企业家精神不是温室中的幼苗，不依赖刻意地呵护。只要赋予公正、规范、透明的市场环境和法制环境，企业家自会迸发出强大的生命力和创新力。

中国经过改革开放以来 40 年的高速发展，正在进入一个创新驱动、效率驱动、中国特色社会主义高歌猛进的新时代。依靠创新驱动，进入新的业务蓝海，占据产业发展制高点，满足升级中的大众消费新需求；依靠效率驱动，整合上下游产业链条，整合海内外市场。整合的过程也是收购兼并的过程，是提升效率的过程。在这个过程中，效率低的企业被淘汰了，效率高的企业会越来越好。当中国经济进入以创新驱动、效率驱动为核心的时候，真正的

市场化的企业、真正的具有企业家精神的企业，会更能适应这样一种新时代的要求，也就是真正的企业家时代到来了。

企业家精神是一种乐观的精神，优秀的企业家就要看准潮流、迎上风口、义无反顾地迎接新的机遇和挑战。中国今天创业创新的潮流浩浩荡荡、不可阻挡，优秀的企业家需要顺应潮流、不断创新，在企业成长的进程中推动中国经济的向前发展。如：泰康 21 年聚焦专业，深耕寿险产业链，延伸了保险内涵，拓宽了产业边界，坚定走专业化、市场化、规范化的道路，坚定守住跟政府的"亲""清"关系，尊重生命、崇尚专业、敬畏市场，探索出一条保险与医养相结合、有中国特色的保险创新发展之路。在探索的过程中我们认识到，好的企业一定是坚持走创新和效率驱动之路的企业，好的企业家就是把企业做好、为社会创造财富和就业、为国家创造税收、为人民和公益慈善事业做贡献的企业家。真正的好企业、真正的企业家一定是这个社会永远的正能量。

（作者系泰康保险集团股份有限公司董事长兼首席执行官。本文摘自《光明日报》）

以情载道　文化强企

王润杰

交运文化有着悠久的历史，从 1910 年开通运营中国最早的汽车站起，到 1953 年圆满完成中国人民英雄纪念碑碑心石的运输，从新中国成立后服务国民经济发展直到现在发展成以大客运、大物流、大旅游为核心业务的国有大型交通产业集团，我们历经百年沧桑，始终与时俱进，与社会发展同行，在企业转型中不断创新交运文化发展模式，以"情"为核心凝聚起交运崛起的合力。

以品牌塑形　创新交运文化情感内涵

真情付出，缔造品牌旗帜。从"情满旅途"到"温馨巴士"再到"品牌集群"，交运之情始终贯穿交运品牌创建的全过程。早在 1995 年，我们就发起了影响全国的"'情满旅途'联手大行动"，开启了"情感"品牌创建的先河。2000 年，情感文化延伸到城市公交领域，诞生了"温馨巴士"品牌。2009 年、2012 年和

2015 年，"情满旅途""温馨巴士"和"交运"先后被认定为"中国驰名商标"，成为国内唯一拥有三枚驰名商标的企业。面对阶段性的辉煌，我们没有停止前进的脚步，"交运之情""温馨校车""温馨之旅""交运地产""汽车医院""交运家家送"等知名品牌的先后打造，形成了"品牌集群"模式，燃起了各经营板块发展的燎原之火。

以情动人，引领服务标准。立足于顾客不断提升的服务需求，把特色服务作为创新点，在汽车站为旅客提供"女士专属化妆室""哺乳室""邮寄儿童""出行指南"等贴心服务，在公交车内提供零币兑换、纸巾帕、爱心伞、报纸袋、医药箱、无线网络等便利服务，创新"互联网＋交通"新模式，自主研发"交运定制公交"平台，让群众出行便捷舒心。把安全服务作为基准线，把文化服务作为体验面，统一员工工装、行为规范和车体标志，实施文化进车厢，将车厢打造成为传播精神文明的流动窗口和道德讲堂，让出行群众接受优秀民族文化的熏陶。

以情化人，培育时代楷模。以情为核心的交运文化成为员工的共同信仰和价值判断。我们乘势而上，全面激发员工的创新精神，大力营造尊重劳动、争当劳模的氛围，实现了员工和企业共成长。深入实施争创百个星级班组、百名星级员工的"双百"争创工作，经济上建立"双百"奖励基金，政治上为表现突出和特别优秀的员工建立职业发展通道，体制上开展"全员大培训、岗位大练兵、技能大比武、素质大提升"劳动技能竞赛，形成了物质、精神、事业"三位一体"的"双百"创建机制，培养和选树了一批技术过硬、服务优秀、能担重任、爱岗敬业的星级班组和星级员工，呈现出群星璀璨的格局。他们用充满感情的真诚服务，用不畏强暴的凛然正义，用忍辱受屈的职业素养，用奉献社会的责任意识，赢得了"最美乘务员""最美司机""最美修理工""最美市民"等赞誉，成为交运文化的忠实实践者和形象代言人。也正是他们，用自己的行动，在这个英雄辈出的时代，打造了全新的交运形象。

以责任铸魂　创新交运文化担当

把员工关爱作为发展的"助推器"，在幸福快乐中汇聚起发展的动力。我们倡导并践行"幸福地生活，快乐地工作"理念，切实维护员工利益，着力打造员工幸福工程。面对员工的生活品质要求，率先

实施并完成了员工工资三年倍增计划，完善多元化薪酬标准，并向关键岗位、一线岗位和艰苦岗位倾斜；出台四条工资保障线，让连续工作满 20 年、25 年、30 年、40 年的在岗老员工收入更有保障；在国内首推每周四天工作制，把更多的时间让给员工，用于强身健体、学习培训、文体活动，自 2012 年实施"交运新工时"以来，员工工作效率提高了 30％以上；创新实施一线女驾乘人员"生理期特殊休假"制度，为哺乳期女职工开辟"爱心妈妈小屋"，建立员工健康档案，为单身员工发放"爱心便当"，给予员工全方位关爱。

把文体活动作为文化的"传播器"，在轻松愉悦中激发发展的活力。我们在实践探索的基础上，创新文体活动开展的形式，形成了党政领导支持、工会组织实施、集团上下联动的文体活动组织架构和工作格局，打造"娱乐、健身、竞技"共融的交运文体文化模式。一是创新文体活动主题，紧紧围绕企业改革发展的目标任务选定文体活动的主题，力求以鲜明的主题引领活动、凝聚力量、助推发展。二是创新文体赛事形式，在文体活动中都设定领导干部必须参加的项目，用制度和规则促使各级领导干部带头参与文体活动。如：在员工足球联赛中，首创了领导干部与普通员工、男女队员同场竞技的混合赛制模式，增强了比赛的参与性和趣味性。三是创新文体人才引进，良好的文体文化吸引了大量艺术骨干和专业运动员的加入，既为专业人才提供了退役后的就业选择，也为企业打造优秀文体团队储备了人才。

把责任担当作为价值的"评判尺"，在爱心奉献中集聚发挥正能量。企业的生命在于责任担当，我们把"社会需要交运，交运奉献社会"的承诺落实到具体行动中。在汽车站设立了"爱心基金"，用于资助特需旅客回家，让他们感受到社会的温暖；在临街场所建立了"爱心驿站""环卫之家""的士之家"和"市民之家"，为环卫工人提供免费早餐，为出租车驾驶员和广大市民提供休息场所，让他们体验到社会的尊重；在办公经营区开放了"爱心公厕"，成为有效缓解城市"入厕难"的文明之举；我们还组织了"爱心义捐"，发起"爱心支教"，帮贫困学子圆他们的求学梦；推出"爱心送考"，免费接送高考中考学生，真情洒满赶考路；设置"爱心陪护"，用温情服务空巢老人；与青岛一中联合打造"交运创新班"，

培养复合型人才，支持教育事业发展；建立"爱心招领"平台，给失主带来了失而复得的惊喜；通过跨越式发展开辟"爱心岗位"，近三年创造了 8000 多个工作岗位，用真情诠释了"大爱交运"；坚持"绿色发展"，把节能减排落实到企业发展方式的转变上来，成为新能源和现代信息技术应用的率先实践者。正像"微尘公益之星"颁奖词说的那样："铁肩担道义，公益写华章。交运之爱，不仅情满旅途，更情满社会。"

以文化强企　创新交运文化推动力

以诚为基，延伸产业链条。我们坚持以诚信为立业之本，在筑牢传统主业的同时，拓展新兴市场。把握顾客需求，提供定制服务。开通了全国首条"定制公交"，推出了摆渡公交、就医公交、景点公交、观光公交等定制服务，以满足乘客多元化出行需求。匹配城市发展，完善交通体系。为青岛西海岸国家级新区、红岛高新区和蓝色硅谷区量身定制"外联、内环、互通"的综合交通规划，打造大沽河沿线智慧旅游交通网络，形成了青岛全域"城区、城际、城乡、镇村"无缝衔接的城乡客运一体化，支撑了"全域统筹、三城联动"的大青岛空间发展战略。

以情为媒，拓展合作空间。交运文化的独特魅力，吸引了各方合作的目光，成为在新领域开拓市场的纽带。我们与各级政府机构对接，承担了青岛市"两会"、APEC 贸易部长会议、全国信息系统座谈会、金家岭财富论坛等大型活动的交通保障任务；我们与国家电网共同推进绿色清洁能源应用，当前新能源车辆已达到 3000 余部；我们与以色列以星集团、法国雪铁龙、广汽菲亚特、海尔、青岛邮政等大型企业开展深度合作，在集装箱制造、汽车 4S 店、电子商务、市场拓展等方面，实现了互利共赢。我们并购道路运输企业和地产企业，形成了社会优势资源和生产要素向交运集聚之势。

（作者系青岛交运集团总经理。本文摘自《企业文明》）

加强企业文化创新　助力企业转型升级

李汉阳

玉柴集团坚持文化"强基"、文化"创造"、文化"引领"，积极顺应新常态发展要求，通过培育变革创新文化、丰富绿色价值内涵、贯彻工匠精神、启动《玉柴宪章》项目、创新文化活动方式、倾情公益帮扶等举措，持续升级企业文化，充分发挥企业文化对企业转型升级的理念和意识的引领作用，使转型升级成为全体玉柴人的共识及企业发展的内生行动，有力助推了玉柴集团的转型升级和可持续稳健发展。

培育变革创新文化，增强企业内生动力

玉柴集团自 2013 年起实施"二次创业"，及时调整发展思路，走内涵式发展道路。以"大市场占份额稳规模，小市场大份额高收益"为经营思路，围绕做专产品、做专市场、做专服务、做实对标、做实精益、做实体系目标，推动管理向精益管理、效益与规模并举转型，推动品牌向国际动力知名品牌转型。按产品用途实行专业化管理，全面推进事业部制，实施机构扁平化；按照产品用途划小经营单位，推行"阿米巴"模式，构建全员创新创效机制，重金激励技术、产品和管理创新；在日本专家的指导下，对国六、T4 的产能布局重新规划，对生产工艺体系进行颠覆性变革，按日产 TDC 降本模式，大力推进降本增效工程，按产品用途、按平台、按机型细分成本收益管理，建成玉柴特色成本和收益管理体系；对标丰田、本田、康明斯等国外先进企业的管理理念，加强精益管理顶层设计，实施 JIT、TQM、QFD 等精益专项，初步建成玉柴精益运营体系（YCOS），进一步提升了玉柴的产品质量，降低了成本，提升了效率，增强了企业内生动力和综合竞争力。

丰富绿色价值内涵，推动绿色文化落地

2016 年，玉柴集团成功掌握了欧Ⅵ排放控制技术，发布了第 2 款欧Ⅵ发动机产品，欧Ⅵ产品成功批量投放北京市场；推出了比 12VC 更大功率、更高品质的 16VC 产品，12VC、16VC 是国内首款船电大功率高速发动机、首款独立布置电控单体泵大功率高速发动机，相比国内同类机型油耗减少 15%、排放量减少 10%、体积减少 10%、重量减少 15%。零部件铸造是发动机制造过程中的主要污染源，玉柴集团在铸造生产过程中以"死角无积尘、制芯无扬尘、造型少灰尘、熔化少烟尘、清理少砂尘"

为目标，深入开展绿色工程，通过回用废铁、废钢和使用再生砂进行绿色铸造，2016年，通过降低树脂加入量，提升再生砂使用比例至90%，使循环利用率同比提高了10%，减少废砂排放8.53万吨；废钢、回炉铁的利用率均为100%；同时粉尘合格率同比提升5%，高温、噪声合格率同比提升15%。因绿色工程深入推进且卓有成效，中国铸造协会授予集团下属单位广西玉柴机器股份有限公司铸造事业部"中国绿色铸造示范企业"称号。此外，玉柴还投资15.6亿元，建设了玉柴桂平农光互补光伏发电项目，该项目是集"农业种养/农业加工＋光伏发电＋休闲旅游"三产融合的新型业态产业，项目运营后将帮助农民由依赖"输血"脱贫逐步转换为"造血"脱贫，推动区域新型经济发展。

深入贯彻工匠精神，致力零缺陷、零容忍

庄子曾说"技进乎道"，"技"就是今天的"工匠精神"，它是工匠对自己的产品精雕细琢、执着专一的精神理念，它要求在日趋激烈的市场竞争中保持定力，在"品质从99%提高到99.99%"的极致追求中努力求索，不断提高产品质量。深入领会并充分贯彻工匠精神，是玉柴集团在这个千帆竞渡的时代挺立潮头、占领高点、增创优势的重要手段。一直以来，玉柴集团坚持"零容忍、零缺陷"的质量文化理念，着力构建全员精益质量管理模式，发动机产品可靠性持续提升，可靠性指标达到国际先进水平，产品质量水平处于行业前列；致力于标准化和流程化的建设，推动现代化的精益生产管理，努力塑造自觉、自动、自发和自愿的5S精益现场，精益生产体系建设得到进一步完善。玉柴集团的工人技术团队在日常工作中、在攻坚克难时，一直坚定"人无我有、人有我优"的技术追求，将技术和产品当作工艺品一样精雕细琢，他们身上所体现的"精益求精、刻苦钻研、大胆创新"意识，就是玉柴的工匠精神，就是玉柴匠人的不懈追求。2016年，玉柴集团技师、工程师队伍屡创佳绩，年内玉柴员工获得"中华技能大奖""全国技术能手""广西工匠"等荣誉，在2016年广西技能状元大赛中，玉柴集团勇夺大赛团体第一名，状元人数占比高达40%，创造了历史最佳战绩。

启动《玉柴宪章》项目，提升企业文化系统性

玉柴集团党委于2016年年底启动《玉柴宪章》项目。项目共分为4个阶段（即前期调研、大纲撰写、正文撰写、培训宣贯）开展。精心撰写了《玉柴集团企业文化调研报告》。该报告围绕使命感、参与性、一致性和适应性四个文化特征，结合调研情况和玉柴实际展开分析，对玉柴的组织学习、变革创新、运营管理、客户导向、理念使命愿景、核心价值观等方面内容进行诊断，对文化影响力和文化落地、玉柴灵活性和团队的整体凝聚力进行了剖析，具有较强的信度和效度。在项目后续进程中，玉柴集团遵循普遍性与特殊性、具体性与抽象性、根本性与纲领性、传承性和创新性等原则相结合，将《玉柴宪章》打造成玉柴的"根本大法"，传承强项、强化弱项，沉淀历史，开创未来。

创新文化活动方式，推动文化落地践行

一是制定《玉柴集团企业文化月活动管理规定》，以感恩、安全、创新、质量、绿色5个稳定主题为主导，结合年度经营管理和党委重点工作要求，灵活增加相应主题，打造"5＋"文化主题模式文化活动品牌，全年开展了"学担当、敢担当、善担当"读书活动、"强化安全发展观念，提升全民安全素质"安全月活动、"'微观玉柴'、新媒体走进玉柴暨'寻找玉柴大工匠'"创新月活动等富有特色的文化活动，有效实现了集团企业文化活动的规范化、系统化、品牌化。

二是运用"互联网＋"思维，针对阅读碎片化和网络化现状，围绕IT、战略和文化三个主题，精心策划、实施《玉柴大讲堂》，并将讲堂制作成视频课件供全员学习；制作推出4期以"企业文化与领导力"为主题的《玉柴文化微课堂》短视频，以网络视频方式传播企业文化。

三是推进职能文化建设，组织编制《YCPS文化手册》，培育、传播精益文化。提炼人力资源方面的文化理念和原则，提出"以建设者为本""企业与员工相互信任的命运共同体"等理念。玉柴集团企业文化建设硕果纷呈，顺利通过两年一度的"全国企业文化建设示范基地"复审，集团下属单位广西玉柴机器股份有限公司铸造事业部、广西玉柴机器配件制造有限公司申报并荣获"全国企业文化创新优秀单位"。

倾情公益帮扶活动，构建美丽和谐家园

"和谐"是玉柴坚守的人文观。2016 年，玉柴集团开展"夏送清凉"和大生产慰问活动，下拨专项经费 10 万元，全年慰问参与大生产员工 1.2 万人次，总金额达 13.8 万元；开展亲情服务和职工帮扶活动，全年为员工办实事好事 15 件，慰问帮扶困难员工 5967 人次，免费为员工洗衣服 3.9 万件，为 247 名职工子弟发放奖学助学金 102 万元。关注职工健康，组织员工体检 1.4 万人次，检查支出费用 174.84 万元，为员工购买自治区职工医疗互助保障补助金额 54.65 万元。玉柴集团不忘回馈社会，关爱社会弱势、困难群体，持续开展"绿色玉柴公益行"活动，组织到博白是两所条件艰苦的农村小学，捐赠价值 3 万余元的书籍及体育用品，持续打造玉柴公益品牌"爱心书屋"；到博白县龙潭镇那薄村贫困户开展扶贫慰问，为其送上慰问金、慰问品，鼓励其积极面对生活，早日脱贫。在 2016 年第 11 届中国企业社会责任国际论坛暨"2015 金蜜蜂企业社会责任·中国榜"发布典礼上，玉柴再次荣膺"金蜜蜂企业"称号，这是玉柴继荣获"2008 金蜜蜂·责任采购奖"、2011 年"金蜜蜂企业"之后再次荣获社会责任领域的大奖。

（作者系广西玉柴动力股份有限公司董事长）

文化力量　筑梦腾飞

陈雪华

企业文化是企业所有团队成员共享并传承的文化纲领，所有成功的企业必然都有先进的企业文化作支撑，没有卓越的企业价值观、企业精神和企业哲学信仰，再高明的企业经营目标也无法实现。十六年来华友钴业人在"钴"的世界里，执着坚守、艰辛耕耘，甚至在房地产业利润爆棚时，我们仍心无旁骛地保持战略定力，专注专业，发展事业。今天，我们旗下拥有 10 家全资或控股子公司，行业影响力与日俱增，华友钴业已成为代表中国民营企业走向世界的民族品牌。

"钴"是一种小金属，全球含量稀缺，却是电池材料、航天工业、武器装备业等的重要原料之一。但是中国钴的储量仅有全球储量的约 1%，绝大部分含钴的矿没有开采价值，中国钴消费量的 90%依赖进口。相比之下，非洲刚果（金）的钴储量占到全球的 47%，资源极为丰富。为了华友钴业的百年发展大计，我们在创业之初就确立了"哪里有矿，我们就去哪里"的经营理念，公司掌门人带着全部身家赶赴非洲，开启了传奇的非洲"淘钴史"。靠着浙商特有的闯劲儿，我们克服种种困难，用 10 个月的时间驻守在艰苦条件下的非洲，深入调研、广泛走访、掌握第一手资料。按照公司的"三步曲"发展目标，第一步我们成立了专业的进出口公司，向刚果（金）输出人和物；第二步在我国香港成立了贸易公司，方便资金的进出；第三步在南非成立物流公司负责矿资源的运输，逐步建立起非洲的贸易平台。2006 年，华友钴业在刚果（金）的第一个铜钴冶炼厂终于动工了。

为了获得稳定且低成本的钴矿原料，2008 年，我们以 2.64 元亿人民币的价格收购刚果（金）MIKAS 公司等矿山公司的控股权，开始了对刚果（金）矿山资源开采的话语权。当时在刚果（金）投资的中国企业尤其是民营企业不少于 30 家，但是很多没能坚持下来，尤其是金融危机时期，大部分的矿业公司都撤出或者关闭了矿山，但华友钴业不但坚持，而且还加大了矿业的合作力度，这所谓"弯道超车"效果明显。最近几年华友钴业约 50%的钴原料直接来自刚果（金）自产或采购，在竞争中具有了强大的资源优势。

企业文化成为创新发展的强大支撑

随着在非洲企业发展空间的拓展，文化共识成为华友钴业的重要课题。我们认为：文化决定管理，文化是企业最大的制度、最大的管理。文化是华友之根、是华友之魂。因此我们坚守着"选择了这个行业，就要热爱这个行业。要么不做，要做就做第一"的事业初心；提炼了"自强不息、追求卓越"的企业精神；确立了"诚信、创新、责任、学习、激情"的核心价值观；树立了"想干事、能干事、干成事"的"三事"干部标准和提高"核心能力与职业能力"的团队建设要求；构建了以"两新三化"发展战略为核心的包括愿景、使命、原则、发展理念、发展目标的产业文化；深化三点感悟、坚定三大自信、总结四条经验；塑造了具有华友特色的企业文化，营造了

风清气正的良好环境和奋发向上的创业氛围。有了非洲丰富钴矿产资源做后盾，有了逐渐成熟的矿资源产业链的支撑，2012 年我们为钴事业的发展做出了新的战略决策，选址衢州，建立钴新材料制造基地，提升华友钴业高端产品的制造能力。占地 700 多亩地的衢州钴新材料制造基地 2014 年建成投产，当年就实现产值 7.1 亿元，2015 年创下了产值 20 亿元的新纪录，从而巩固了华友钴业在国内行业的领先地位。随着钴材料价格的回升，以及衢州生产基地高端产品的推动作用，2016 年华友钴业虽也有亏损，但持续的时间很短。公司管理层顶着巨大压力，在困境中奋发，勇敢地闯过了难关。2016 年第三季度当季实现净利润 4246 万元。华友钴业笃信：机遇总是属于有准备的人。国家"十三五"规划发布了关于新能源汽车的战略布局，钴作为锂离子电池的重要原材料，随着新能源汽车行业的爆发增长迎来又一波发展机遇。凭着公司高管的睿智和眼光，华友钴业立即启动了锂离子三元正极材料前驱体项目，组织科研团队专攻锂离子动力汽车电池的原材料制造，也成为华友钴业转型升级的一个重要支点。对于能否成功转型，我们认为最关键、最核心的是创新驱动，因为我们刚入行时，钴冶炼的加工成本很高，现在经过系列技术攻坚，钴冶炼加工费用降低了 50% 以上，所以技术的进步和创新是企业保持竞争力的唯一途径。基于这种认识，华友钴业每年投入的科研经费达 5000 多万元，为 120 多名科研人员的研究提供稳定、优质的保障。

"文化纲要"成为企业员工的动力之源

企业文化是推动企业发展的不竭动力。华友是一家有着远大理想和目标追求的企业，是一批批华友人走到一起的"磁铁"，也是有着优秀文化基因的企业。而面对中非文化差异，华友人必须高度认同华友文化。高度认同就是要从内心深处尊重华友，在理念上、精神上和行为上与华友达成共识、形成合力，就能在利益诉求、思维方式和行为模式上找到共同点，华友文化的生命力在于实践。公司要求华友人努力践行华友文化。在实践中挖掘华友文化的价值、丰富华友文化的内涵。华友钴业出台《思想文化建设纲要》，对文化建设的认同做出了具体要求，倡导员工为华友文化建设添砖加瓦，进而增强员工在华友的存在感和归属感。

公司要求华友人不断开拓，砥砺奋进，勇于担当，增强文化自信。用文化力量凝聚事业梦想，激发组织活力，塑造卓越团队，打造命运共同体，共创事业，共享成功，让华友的优秀文化基因薪火相传。如今的华友钴业，已跨入制定产业标准的行列。我们已参与 5 项国家标准、16 项行业标准的制定。掌握了标准，就如同占领了行业制高点，掌握了"行业话语权"。

文化融合成为跨国经营的特色经验

我们深知，要想在异国他乡扎根办企业，光靠经济实力、给政府交税是不够的。更重要的是要为当地的老百姓办点实事，承担一些社会责任，共享中国企业发展给他们带来的实惠，才能站稳脚跟，赢得口碑，建立信任、赢得市场。我们积极参与当地基础设施建设、环境保护、捐资助学、社区共建、改善当地医疗卫生条件等，这几年累积在公共事业方面捐赠达千万元，华友钴业在当地树立了有责任、有温度的中国企业形象，获得了当地老百姓的真心接纳和社会各界支持。如今华友钴业雇用的海外员工数量已超过千人，当地人都以能成为华友人感到骄傲和自豪。

授人以鱼不如授人以渔。2011 年，华友钴业联合浙江大学、卢本巴希大学建立刚果（金）现代农业示范园区，引入中国的水稻、蔬菜、鸡、猪等农牧业产品，教当地农民种养技术和方法。我们把农业示范区越做越大、越做越好。2016 年年底，该农业项目还被列入联合国粮农组织对非援助项目，充分显示出国际组织对华友钴业积极履行国际责任的肯定与褒奖，也提高了华友钴业在国际舞台上的知名度。

企业是员工的精神家园，坚持把企业文化建设贯穿于整个经营活动中，把文化的基因深植到每名员工的心灵，把文化管理体现在各项制度管理活动中。强化员工与企业共同发展的理念，让奋斗的华友人感到更加幸福，实现奋斗者的价值、成就奋斗者的梦想。

（作者系浙江华友钴业股份有限公司董事长）

发挥党建引领作用　实现农信高效发展

崔联会

坚持党的领导是山西农信的"根"和"魂"。山西农信就是要坚持以习近平新时代中国特色社会主义思想以及党的十九大精神为指引，紧紧围绕全省农信社改革发展大局和经营发展战略，以加强政治建设为统领，以坚定理想信念宗旨为根基，全面加强党的政治建设、思想建设、组织建设、队伍建设、党风廉政建设和作风建设，把基层组织真正建成具有较强政治领导力、思想引领力、群众组织力、广泛号召力的坚强领导核心，更好地发挥党引领改革、促进经营、保障发展的作用。

旗帜鲜明讲政治，锚定加强系统党建的重要任务

坚持把政治建设放在首位，是始终保持山西农信改革发展的正确方向的内在要求。为此，山西农信就要在全省农信社树立旗帜鲜明讲政治的正确导向，严格遵守政治纪律和政治规矩，保证全系统在政治立场、政治方向、政治原则、政治道路上同以习近平同志为核心的党中央保持高度一致。要深入学习党章，严格尊崇党章，认真执行《关于新形势下党内政治生活的若干准则》，增强党内政治生活的政治性、时代性、原则性、战斗性。对党中央、省委、省联社党委制定的政策、做出的决议，要不折不扣坚决执行，决不允许自行其是、各自为政，决不允许有令不行、有禁不止，决不允许搞上有政策、下有对策。要层层压实全面从严治党的主体责任和监督责任，落实党建工作责任制，坚持党建工作与经营管理工作同谋划、同部署，做到两手抓、两手硬。要结合农信实际，大力弘扬忠诚老实、公道正派、坚持原则、依法合规、清正廉洁、严格自律的价值观，培养积极健康的党内政治文化。

持续抓好理论武装，不断筑牢全体党员干事创业的思想根基。山西农信要把习近平新时代中国特色社会主义思想和党的十九大精神作为理论学习的重点内容，让广大党员把握精神要义、领会深刻内涵。要深入开展党的任务宗旨、党章党纪党风、农信优良传统教育，不断强化广大党员的党性意识、

责任意识、奉献意识。要持续推进"两学一做"学习教育常态化、制度化，在全系统深入开展"不忘初心、牢记使命"主题教育，并结合实际、聚焦主题、扎实推进、确保效果。要进一步完善学习制度，发挥各级党委（党组）中心组的学习带动作用，发挥基层党支部和广大党员的主观能动性。要深入研究农信思想教育与理论学习的特点规律，做到规定动作标准化、自选动作特色化、创新动作时代化，充分运用互联网、微信公众号、手机客户端等新技术、新方法，不断增强学习教育的吸引力、感染力和说服力。

不断强化组织建设，切实保障党的路线方针政策贯彻落实。山西农信要以提升组织力为重点，努力加强全系统各级党组织建设，强化组织功能，发挥组织作用。要进一步健全和完善党领导下的企业化决策管理机制，所有法人机构都要尽快完成将党的建设写入章程工作，并严格贯彻执行。山西农信各级党委（党组）要发挥领导核心和政治核心作用，把方向、管大局、保落实。要切实规范党组织参与重大问题决策的内容、程序和规则，将党组织讨论研究作为前置程序，把党组织的决定贯彻到决策、经营、监督的各个环节。要严格执行《党委（党组）会议事规则》，坚决杜绝以行政会议、办公会议、联席会议等代替党组织会议的行为。要认真开展民主生活会、组织生活会，通过积极健康的党内思想斗争，帮助广大党员强化党性、修正错误、统一意志、增进团结。积极开展创优争先活动，总结、表彰和宣扬先进基层党组织、优秀共产党员。基层党支部要有制度、有阵地、有活动、有管理、有监督、有考核，担负好直接教育党员、管理党员、监督党员和组织群众、宣传群众、凝聚群众、服务群众的职责。要扩大党内基层民主，推进党务公开。要注重从基层一线、年轻职工、专业技术岗位发展党员，加强党员日常管理，加强党内关怀帮扶，始终保持党员队伍的朝气与活力。要带动工会、共青团、妇联等群团组织增强政治性、先进性、群众性，充分发挥桥梁纽带作用。

进一步夯实人才队伍工程，为农信社改革发展提供强力支撑。一要进一步加大人才引聘力度，有针对性地组织开展人才招聘，精准引进一批急需的高精尖人才。探索高管选聘市场化机制，形成吸引人才的优势，以市场化、竞争性方式引进一批职业

经理人，激发高管队伍活力。二要加强人才培养锻炼，建立全方位、多层次、线上线下相结合的教育培训体系，提升全员素质。推广"人才＋项目"实践培养模式，加大重点人才培养力度。深入开展岗位技能比武，弘扬工匠精神，发现和锻炼一线人才。帮助员工做好职业规划，形成"人人均可成才"的良好氛围。三要完善人才选用机制，坚持"四重"原则、落实"五查"制度，进一步深化高管人员和各级管理人员的选拔任用，强化"能者上、庸者下、劣者汰"的鲜明用人导向。探索建立优秀人才破格选用机制，完善专业技术职位和管理职位并行双阶梯晋升机制，打通优秀人才晋升通道。统筹考虑机构现状、业务发展和转型提质需要，优化人才区域、专业和岗位布局，最大限度发挥人才价值。同时，建立容错纠错机制，旗帜鲜明地为敢于担当、踏实做事、不谋私利的人才撑腰鼓劲，让有作为者有地位，让实干者得实惠。

扎实推进党风廉政建设和作风建设，营造全省农信风清气正的良好氛围。要认真贯彻落实党中央、中央纪委、省委、省政府关于加强党风廉政建设的具体要求，毫不松懈地抓好全省农信党风廉政建设和作风建设工作。要重点强化政治纪律和组织纪律，推动廉洁纪律、群众纪律、工作纪律、生活纪律严肃执行。要充分运用监督执纪"四种形态"，抓早抓小、防微杜渐、惩前毖后、治病救人。要加强纪律教育，强化纪律执行，严查信贷领域腐败现象和违规行为。要注重惩防并举、深化标本兼治，持续强化"不敢腐"的震慑力。认真解决职工群众反映强烈的突出问题，最大程度地维护职工群众的根本利益，凝聚推进转型提质的强大合力。要坚持领导带头、以上率下，不断巩固落实"中央八项"规定精神成果，坚持不懈整治"四风"问题，高度警惕、强力纠正形式主义、官僚主义新表现。要大力弘扬"红船精神"，永葆奋斗初心、乡土本色和党组织的先进性。要充分履行各级纪检监察部门的监督、执纪、问责职能，加大问责力度，强化督查工作，保障制度执行和工作落实。

将企业文化融入党建关注

建设新时代山西农信企业文化，为农信事业发展提供强大精神动力。企业文化是企业的灵魂，是推动企业发展的不竭动力。进入新时代，山西农信

既要继承、传承、弘扬山西农信发展过程中形成的"背包精神""三铁精神"，也要认真学习农信事业发展中典型人物、先进楷模的高贵品格和奉献精神。同时，要结合当前农信社发展实际，探索提炼新时代山西农信企业文化建设的新基因、新内涵。要紧扣社会主义核心价值观、企业使命、企业精神、企业愿景等，建设新时代山西农信的服务文化、进取文化、担当文化，以更加先进的企业文化引领和带动企业发展、事业进步。

推进高质量发展是全省农信社当前及今后一段时期的中心任务。系统各级党组织要充分发挥领导核心和政治核心作用，始终统揽全局、协调各方，把方向、谋大局、定政策、促改革，引领、推动农信社实现更高质量、更有效率、更加公平、更可持续发展。

贯彻新发展理念，提高农信社业务发展质量。山西农信系统各级党组织要认真研判经济、金融、市场形势，牢固树立新发展理念，注重传统业务的"稳定性"，在"调结构、稳增长、降成本、控风险"上下功夫；突出金融创新的多元化，推进科技信息、资金业务、服务产品创新；培育新的业务发展"增长极"，加快信用卡发行，打造"晋享系列"品牌，拓宽战略合作范围，扎实推动质量变革、效率变革、动力变革。

发挥党建引领作用，推动山西农信高质量发展

站在"讲政治"的高度，坚决啃下改制化险这块"硬骨头"。山西农信系统各级党组织要按照省联社党委"三个一批""四个不变""五个关系"的总体部署，继续坚持"五位一体"的工作格局，加大引资、引智、引制力度，采取多种方式推动高风险机构尽快脱离高风险行列。已改制的机构要加快公司治理、内部控制、经营创新等方面的体制转换，成为引领发展的"领头雁""排头兵"。

增强整体思维、大局意识，发挥"小银行、大平台"的独特优势。山西农信系统各级党组织在观察问题、处理工作时，要与全省经济社会发展大局、与全系统改革发展大局联系起来，善于围绕大局筹划部署工作，学会从大局出发，以大局着眼，自觉把各项工作融入大局之中来思考、谋划和部署，找准工作的结合点和着力点。省联社应按照"资源集中化、服务集成化、成本集约化"原则，有效整合全省

农信资源，集中力量办好基层行社办不了、办不成、办不好的事。各县级机构应借助省联社的坚实平台，巩固县级法人的职能作用，强化独立经营能力，牢记服务"三农"的根本宗旨，承载起支农支小的重任，担当起地方金融主力军的角色。

坚持以人民为中心的发展思想，全力以赴做好服务这篇"大文章"。山西农信系统各级党组织要按照党的十九大报告、中央经济工作会议的有关要求，紧紧围绕省委、省政府的决策部署，引导全系统回归本源、专注主业，不断提升金融服务供给质量，助力全省经济转型升级。重点是要不忘初心深耕"三农"，牢记使命"细作小微"，矢志不渝"精准扶贫"，抢抓机遇"倾力重点"。

牢记维护金融安全的政治使命，坚决打好防范化解重大风险攻坚战。山西农信系统各级党组织要坚持底线思维，突出问题导向，树立全面风险理念，形成风险防控合力，突出风险防控重点，要下大功夫、下大气力提升风险防控水平，全力以赴打好防范化解重大风险攻坚战，坚决守住不发生系统性、区域性金融风险的底线，为全省农信社高质量发展提供坚实保障。

（作者系山西省联社党委书记、理事长）

节点自治：成就员工自我管理

刘鹏凯

西点军校培养陆军军官，强调的并不是学员将来可以打败外国军队，而是要将假想敌对准美军内部最精锐的海军，击败"最强大的自己"，不断挑战新的高度。黑松林是一家小企业，只有51人，但"麻雀虽小，五脏俱全"。针对近年来日常生产中日益显现的矛盾，如企业员工人数少、生产任务重，产品批量少、生产任务不集中等实际状况，黑松林在不影响正常生产的情况下，不断对"心力管理"提出新的要求，找出方法，在实践中发现问题，设置了8个工作节点，放手员工，让员工从被动到能动，让员工成为自我领导，做到"上面一根针，下面一条线"，点、线、面有效循环，将说变成做，实现了从执行文化到自驱动文化的转变。

一、节点自治的背景和意义

2012年清华大学张德教授来公司调研时指出：从黑松林的管理现状来看，今后需进一步让员工增加自主性，实行"育才式管理"，以最大限度地发掘员工的潜力，在工作中实现人尽其才。成就员工自我管理是实现节点自治，最大程度发挥员工潜能的基础。一个管理者只有清楚地认识到这一点，就会充分信任员工的能力和动机，提供充足的机遇，给予适度的挑战，创造良好的环境和有效地进行指导，员工就能朝着提升自我，实现自身价值的目标努力。

黑松林公司多年来坚持"以单定产"，遵循"仓库零库存，销售零赊款，营销员零宕款"的"三零"财务管理原则，这些做法在发展初期为公司做实做强打下了坚实的基础。但随着公司规模与生产能力日益增强，以"小、快、灵"为特征的组织生产的方式渐渐显现出一些不尽人意之处，例如：生产计划性不强、备货发货周期短、产品和设备的转换快、各个种类的工人多、员工工作内容变动性强、跨班组协作度高、班组之间员工流动性大等，与时俱进的改革时不我待。黑松林公司营造环境、复制优秀、吸收创新，在生产一线推行节点自治，成就员工自我管理。公司建立了以厂部负责人兼任的车间生产管理委员会（以下简称"管委会"），将现有与生产相关的组织机构改编为8个平行节点，每个节点设1名节点管理员，通过在原有班组长及优秀员工中竞岗，选拔工作责任心强、有一定组织管理能力、熟悉工作流程的员工产生管理员，管理员享受一定的责任津贴。车间管委会主任对各节点实施全过程管理、全过程服务、全过程负责，统筹协调车间各项管理工作，进行计划组织、业务指导、控制督查、考核和奖惩。

车间节点自治管理的前提是充分信任员工的能力和动机。同时，在遵循企业各项规章制度的基础上，各节点结合自身实际情况，调动一切资源，激活员工工作热情，把各节点的工作任务落实到节点管理员，抓头头，头头抓，一级带着一级干，一级做给一级看。

根据"以单定产、计时工资"原则，生产任务如需两个或两个以上节点协同完成，由车间管委会主任统一调度，快速反应，马上行动，打歼灭战，确保任务按计划有序完成。节点内设备发生故障，能自主排除的由节点管理员与设备管理员沟通，按规定履行传递手续；当设备故障较大或有其他紧急特殊情况，由车间管委会统一协调。考虑到员工工作区域流动性较强，生产流程环节不确定等因素，各节点员工以作业区域划分为准，如跨作业区域合作，员工所属节点范围由车间管委会主任协调。

在节点自治管理过程中，黑松林公司强调"分工不分家"，管理者与员工建立融洽互信关系，不是让员工消极地接受指令、完成任务，而是采取兼收并蓄的措施，启发员工，让他们朝着提升自我、探索自我、接纳自我、实现自身价值的目标努力。本着"谁主管谁负责"原则，公司对节点管理员充分授权、放手、放权、放心，有事用不着瞻前顾后，该你管的事保证没人插手，你想把该你管的事、该做好的事推给别人，也不会有人接手。同时在一定范围内，让员工围绕计划任务，自己决定自己的工作节奏，工作的自主性，级级有权力，人人有责任，消灭了"人浮于事，忙闲不均"现象；分工明确，职责清楚，消除了互相推诿的可能；有分、有合、互信、互助，消除了"分工即分家"的企业病，真正做到了"人人身上有指标，千斤重担大家挑"。

二、节点自治的实现方式

为了重构人与组织的新型关系，对组织管理赋予新的内涵。黑松林车间节点自治涵盖了车间考勤管理、现场管理、定额管理、安全环保管理等所有生产、组织行为，把问题的核心告诉员工，让员工认同，自己管理自己。具体分为：

(一)考勤管理——弹性上下班制

在企业，制度与文化是互动的，可谓相辅相成。纪律不抓，一盘散沙。制度强调来自外界的监督与控制，是企业规定的行为底线；外界制度却又无法解决一切问题，再细致完善的规定，也不能穷尽企业管理的方方面面，心力管理强调的是内在的自觉与自律。培育员工自治，我们以"爱"作为管理的基调，把员工当作自己家人，实施人性化弹性考勤管理，自我调节工作时间，员工有急、特事情可按规定办理请假手续，月度工资按定额任务完成实绩或计时工资进行考勤考核。员工提前完成规定的定额生产任务，或所下达的订单任务已完成，均可按规定完善好手续后弹性上下班。

(二)现场管理——即时考评组考核制

为保持现场的规范化、标准化和精细化，持之以恒保持现场管理的"地上无滴胶，桶外无挂胶，桶内无积胶"的"三无"管理，培养员工的好习惯，车间各节点管理员要对节点内员工的生产现场、卫生保洁和绿化维护等包干区负责检查督促，确保现场包干区整洁、环境优美、物件堆放有序、生产操作本质安全、环境行为守法达标。对现场管理不合格的员工，节点管理员有权按规定进行处置。同时，每个月的25日，车间管委会即时随机抽调员工代表和节点管理员代表，形成考评小组，对每个员工的现场包干区进行月度考核，考核合格者分享"123关爱计划"，即每月1桶油，1盒鸡蛋，1袋大米的生活补助，考核结果并作为年终评先的依据。各节点员工考核结果的优劣，作为考核各节点管理员的参考依据。

(三)定额管理——生产任务"协商"制

节点自治，实施合理的工时定额是最大限度发挥员工潜力与自治的关键，唯实才能得民心。在审定更新各节点生产定额标准过程中，我们"攻心为上"，置身员工之间，以心交心，以心换心，深入一线开展调查，注重一个"细"字，狠抓一个"实"字，组成员工、节点管理员、车间管委会三结合的定额评估小组，对现行定额的合理性进行评估，运用"时间与动作研究技术""整合劳动组合与组合定量""保留有效劳动，去除无效劳动"等方法，最后得出标准工作时间和工作方法，确定合理的定额标准和工作量标准。

在审定评估定额标准确定后，我们采取"全员认同"管理法，先将讨论稿让员工自由讨论，自我评估合理性后再协商修订，最后由员工认同后签字执行，使制定出的定额人人讲合理，个个能执行。生产定额标准一旦确定，如果没有其他工装，工艺与设备改进等特别情况，定额不轻易调整，取信于员工。

通过生产定额"协商"制，我们与员工建立融洽互信的关系，鼓励员工探索自我、接纳自我，适当地启发员工而不是让员工消极被动地接受指令，完成任务等，正是心力管理对节点自治的有效补充。

(四)安全环保管理——全员巡检轮值制

为扎实推行安全环保工作全员化、基础化、细节化，黑松林车间节点管理要求，生产一线员工，除特殊规定岗位外，每个月每个员工必须依照车间管委会排列的安环值班表负责当日全厂的安全环保巡检轮值，打一场安全环保主体责任的人民战争，让人人参与，人人警醒。轮值过程中，如遇有情况不能当班，必须由代理值班人签字交接，车间管委会主任批准。

各节点管理员在生产过程中必须负责指导、监督所属员工的规范作业，正确佩戴防护用品，发现并消除节点内的安全、环保隐患等。一旦发现问题必须在隐患处贴上红色或黄色即时贴，写明隐患内容。红色代表重大隐患，黄色代表一般隐患，待整改完成，节点管理员需认真填写隐患记录表，待年终分别进行考核奖励。对做出突出贡献的重大隐患发现者、排除者予以重奖。对安全环保管理不负责任的员工，节点管理员有权按规定进行处罚。

（五）自我管理——"工作日记"引导制

作为车间节点管理的重要载体、平台和主要抓手，车间管委会主任每天下班后必须召开节点管理员班后碰头会，各节点管理员逐一简明扼要通报一天工作的重点，存在问题，需协调事宜以及明日计划，三言两语即可。最关键的是，节点自治需要去用心体悟，不能只靠老总一个人推着大家前进。企业负责人不是去帮助员工做他该做的事，而是要靠营造一个以员工为本的文化软环境，激发出觉悟和潜能，去引导员工从他律走向自律，让员工自己往前走，成就员工自我管理的高度自觉。

美国著名的潜能开发专家安东尼·罗宾曾说：假如每年给自己一次检讨的机会，你一年就只有一次修正错误的机会，假如每月给自己一次检讨的机会，你一年就有12次修正错误的机会。假如你每天给自己一次检讨的机会，你一年就有365次修正错误的机会。假如你每天早晚各检讨一次的话，你一年就有700多次修正的机会，这就是让自己每天进步的可能性。成功其实没有惊天动地的事情，如果说"简单"是结果，那么"不简单"便是动因。把"不简单"做到"简单"，就是简单的事情不断地重复做，就是每天进步一点点，由量变积累带来质的飞跃。

黑松林公司从2011年开始在全公司推行"员工工作日记"方式，让每一个员工每一天下班后用10分钟左右的时间写工作日记，学会自己提升。

"工作与学习"——记录一天的工作和学习的内容，梳理思路，查漏补缺；"反思与提高"——是一天工作的思考，反思总结，提高素养；"计划与执行"——计划第二天的工作，对工作及早思考，缜密计划；"管理者的话"——是管理者每天批阅员工工作日记的栏目，在此栏目内，管理者对员工工作绩效予以圈阅点评，对工作细节、思想情绪、方式方法等加以引导，工作计划加以补充和提示。

工作日记要求每个员工对当天完成定额任务情况进行自主记录，自我反思、自我计划、自我考核。如工作内容无定额，凭劳动力调配单或生产通知单，按实际完成工时记载，实行计时工作制。当日下班前，车间记录员对照员工自行考核的各项指标，进行督查汇总，作为月度工资发放的依据。

"一万小时定律"理论告诉我们：人们眼中的天才之所以卓越非凡，并非天资超人一等，而是付出了持续不断地努力，经过一万小时的锤炼，任何人都可能从平凡变成超凡。通过不断的"反思与提高""计划与打算"，不断地沟通修正，自我提升，大多数员工养成了良好的习惯，工作日记的记载质量与员工素质普遍得到了提升，工作的条理性和主动性得到了加强，业务技能水平普遍得到提高，心力管理倡导的"心之所及，力之所达"的文化氛围得到强化，员工自我管理带来的强劲驱动力日益显现和释放。

三、节点自治的考核与评价

亚里士多德曾提出"实践智慧"一说，称之为用正确的方式达到正确的目标的能力。既然是自我管理，工作的成效由谁来考核评价？黑松林公司的做法是，将这一复杂问题分解成若干步骤，分步解决，化难为易，化繁为简，分别从员工和节点管理员两个层面进行，推行双向考核制。

节点管理员的考核由车间管委会进行。车间管委会主任每天不定期对各节点工作进行走动管理督查，指出问题，每月25日车间管委会负责牵头，车间考核领导小组根据各节点组织意识、工作质量、工作纪律、工作业绩，以及员工考核情况等进行综合考评，分为"优秀、合格和不合格"，对发生重大安全、环保生产质量责任事故的一票否决，并追究管理责任；组织意识薄弱，计划任务未能达标，或在车间造成一定负面影响的节点管理员月度考核为不合格，不享受当月管理津贴，一年累计达4个月考核不合格，免去其节点管理员资格。节点管理员月度考核优秀，视同车间先进工作者奖励；一年累计6次优秀，且无不合格，自然当选企业当年度标兵。

根据双向考核机制，车间管委会团队由厂部年终统一考核，参照的主要依据是一线员工的意见。公司通过述职、座谈、问卷调查、无记名评分等形式落实主体责任，测评员工满意度，管委会班子是否称职由员工说了算。

节点管理员已经进入管理者的角色，主动承担起了节点工作的职责。大多数车间员工都能在工作中自动、自发用心自己做，做自己，主动担当，人的价值得到激活，内部创新得到激发。车间工作忙而不乱，共生、共赢、共治的关系普遍得到提升，经济效率显著提高。2014 年，公司全年销售比 2013 年增长 30% 以上，2015 年比 2014 年又增长了 22%。节点自治的做法使得员工自我认知水平和能力与企业的实力协同发展。提升员工自我管理的能力，实现员工个人价值，企业才能飞得高、飞得远。

（作者系黑松林粘合剂厂有限公司董事长）

从"军旅文化"到"工匠文化"

刘　伟

泰通建设集团是一家注重文化传承的企业。近年来，我们依据国家"一带一路"倡议，开始在产业发展方面越来越大踏步地实施国际化战略。而在企业文化建设方面，坚持"本土化"路线，致力于打造具有鲜明中国特色、民族传统和时代特征的泰通文化。

内因外势：泰通倡导"工匠文化"具有迫切性

泰通的企业文化建设经历了三个阶段。

第一个阶段，我们结合自身实际情况倡导"军旅文化"，尝试采用军事化管理，将军队文化移植到企业，我们不仅让每个泰通人以军人的责任意识和执行力投身于激烈的市场竞争，更让泰通集团成为一个积极向上、充满激情的学习型组织。通过对"军旅文化"的贯彻和坚持，逐步形成了一种企业军旅文化。

泰通企业文化发展的第二个阶段，伴随着企业的发展和思维意识的进步和转变。为了更好地吸引人才，培养人才，留住人才，我们适时地提出了"责任文化"的新体系。这是一个完整的企业文化体系，核心内容是"责任为本、厚德兴业"的企业宗旨和"对员工负责、对客户负责、对社会负责"的企业使命。

如果说，"军旅文化"时期强调的是全员服从，通过外在的纪律和制度约束，再加之思想引导，逐渐使员工养成好的习惯和好的思想意识，到了责任文化阶段，我们更希望每一个泰通人都能知道自己究竟为什么要承担责任，怎么去承担责任。这无疑需要有更加完善科学的规则、制度来做保障。泰通致力于以科学的制度保障企业文化落地。当然，我们也知道，任何外在的强加的遵守纪律和规章制度的约束都不如企业所有成员共同制定和认可的规则（文化）更加有效，也只有让员工发自内心地认同和自我约束，才能产生更好的效果，这也是企业文化升华的过程。因此，2016 年我们及时出台了《泰通基本法》，形成一个共同遵守的企业文化规则。事实上，将规则落地的过程也是一个品牌创建的过程，这也是泰通文化未来发展的方向。在此过程中，泰通企业文化建设的核心内容也与时俱进地进入都到"工匠文化"建设阶段。从"军旅文化""责任文化"再到"工匠文化"的不同阶段，这既是企业文化与企业发展相适应的不断认识自我、调整自我的过程，也是企业文化在发展不同阶段的递进过程。我们寄希望于每一次新的文化体系都能让泰通人进入职业化发展阶段，成为企业转型升级的内部催化剂。

泰通是做建筑起家的，拥有五项省级工法。我们的每一次参与竞标和工程项目的获取往往都要从企业实力和品牌信誉来分析把握大局，有时仅仅是因为我们的工作人员在做预算时不细致出现了一个小的失误，就有可能与项目失之交臂。我们的一家分公司在沈阳承接了万科的一个住宅小区植物景观建设项目，他们充分发扬工匠精神，在项目施工前做足了功课，根据万科的企业文化、审核标准精心准备，突出节能环保、成本控制和人性化、精细化和标准化设计。在种植层次方面采用七层植物分层配置，按照"先高后低，先内后外"的种植顺序，通过不同叶色、花色，不同高度的植物搭配，使色彩和层次丰富；从个体到构建植物景观类型的群体组合是一项十分繁杂的工作。我们这家分公司的工作人员在这个阶段创新采用标准化模块，大大提高了工作效率。由于他们的工作精益求精，项目质量达到甚至超过了万科设定的标准，因而得到业界普遍认可，也使我们在该领域与万科建立了长期的战略合作关系。我们以这家分公司为标杆，学习他们的一招一式，在集团范围内实施"工匠文化"创新工程，既注重专注做事的态度，更追求做人的高度，让争当"工匠"成为一种时尚。

匠心实质：一种热爱工作的职业情怀

工匠精神是一种热爱工作的职业情怀，和普通工人不同的是，具有工匠精神的工匠们，他们工作往往不单单是为了谋生，更重要的是为了事业和从工作中获得快乐。这也是他们很少改变和放弃自己所从事职业的原因。这些工匠都能够耐得住清贫和寂寞，往往数十年如一日追求着职业技能的极致化，靠着传承和钻研，凭着专注和坚守，缔造着一个又一个奇迹。

做"好工匠"的前提是有信仰，有了信仰才能真正热爱自己的工作，高标准地完成任务。具有"工匠文化基因"的人，都有一颗追求极致的心，用精益求精的态度无限接近完美，将产品雕琢成精品。在他们眼里，只有对质量的精益求精、对工作的一丝不苟、对完美的孜孜追求。除此之外，心无旁骛。这是一种执着的情怀。在匠人的心中，工作不仅仅是赚钱养家糊口的手段，更是饱含着对更高层次职业信仰、技术标准的追求，对本职岗位的热爱和敬畏，对企业、对国家的责任和使命。职业有分别，术业有专攻，工匠精神则没有岗位、职业的限制。远的不说，在我们泰通就有很多平凡岗位上的普通人在用自己的实际行动诠释着敬业、执着、责任担当的"工匠精神"。他们在企业价值观上更好地实现了认知和认同，共同遵守规则，爱岗敬业，主动自觉把企业的事业当成自己的事业；主动领会老板思想，按公司的意图用心做事，转变思维，提高执行力；因为有了信仰，能够自觉地将对精神的追求置于物质利益之上。

心中有目标　脚下有乾坤

2011年，泰通作为辽宁省首个民营援藏建筑企业进军藏北那曲。这里地处高原，条件艰苦。为了落实集团发展战略，项目部全体人员40多人的团队无一不忍受着剧烈的高原反应和恶劣的气候，坚持超负荷工作。即便是遇上大雪，我们的员工仍然坚守在工地上。大雪下了整整一个下午，没一个人要求离开，也没人发一句牢骚。他们用执着的精神和非凡的毅力在雪域高原创造了无数个施工奇迹，赢得了当地政府部门和人民群众的信赖，谱写了一曲泰通英雄赞歌。

如：集团已故的总工程师蔡培基是我国著名环境工程、水处理技术、建筑和机电安装专家。他在泰通最困难的时候主动提出不要工资，无偿工作；他废寝忘食，与总工办专家一起研究施工标准，并积极申报了五项施工工法；他开启了"校企联合培养创新型人才"的模式，向公司建议启动年轻人"个人成才计划"，有针对性地高效培养特定人才。为了帮助一线员工提升专业化水平，他主动申请利用周六休息时间给做培训，亲自指导他们如何撰写工程总结，给青年技术人员修改论文。有单位出高薪想挖走他，他却"死心塌地"跟随泰通。他淡泊名利，心怀梦想，执着于自己所爱，把自己的一生奉献给了我们共同的事业和信仰。他临终前说，"人这一辈子，专注做点东西才不枉此生。"这就是他对工匠文化的信仰，也在泰通耸立起一座人格丰碑。

在蔡培基精神的影响下，公司众多"80后"年轻人爱岗敬业、执着专业、对工作精益求精，有的担任集团财务部会计、工区等工作，都为公司发展做出了巨大贡献。

泰通倡导的"工匠精神""工匠文化"既不是迎合潮流，也不是"做秀"，更不是口号，而是力图培养一种存在于我们每一个人内心和灵魂深处的精神信仰和精神追求。虽然说自创业以来，我们一直坚持对精品的追求和塑造，但企业品牌发展之路充满荆棘，让所有人都能自觉践行和达到标准，仍需天长日久的引导和潜移默化的熏陶。令人欣慰的是，在我们多年的坚持下，通过典型选树和引领，号召全员向标杆看齐，大多数员工已能达成共识，并找到精神坐标。在泰通，似星星之火的"工匠精神"成为燎原之势即将形成。

作为企业的领导者，我们有责任通过职业化措施，通过系统的专业培训和引导，激励更多员工热爱本职工作，把情感灌注于工作中，把工作当成艺术，把完成任务的过程视为自我价值实现的过程，升华生命的过程，把工作和事业作为自己人生最具价值的有机部分。同时，鼓舞员工不断追求进步，追求更高层次、更高水平，不断刷新目标高度，把本职工作做细、做精、做到超乎寻常。做无愧于时代的先行者和探路人。

（作者系泰通建设集团董事局主席）

中国企业文化建设重要会议

中外企业文化南宁峰会

由中国企业文化研究会主办、广西投资集团协办的"深入推进企业文化创新　迎接第四次工业革命——中外企业文化 2016 南宁峰会"于 2016 年 11 月 12 日至 14 日在南宁举办。峰会围绕贯彻中央关于企业改革转型、中国制造 2025 等精神，分析新一轮工业革命中我国企业发展带来的挑战与机遇，研讨创新企业文化的思路、方法、模式，总结推广新时期企业转型发展的典型经验。来自全国各地的 660 名中外企业代表参加了会议。

国家工业和信息化部、国务院国有资产管理委员会、中国企业文化研究会、广西自治区国有资产管理委员会等有关方面的领导或负责同志莅临峰会指导，中国社科院、中国政法大学、《中国日报》海外版等机构的学者阐述学术观点，广西投资集团、交通银行股份有限公司、国家电力投资集团、浙江吉利控股集团、中国电子科技集团信息研究院等企业代表交流经验，中国石油天然气集团、中国工商银行、中国建设银行等大企业及下属单位代表参加峰会。

与会代表普遍认为，本届峰会是中外企业文化研讨交流的一次盛会，全国优秀企业家和企业文化工作者代表相聚南宁，深刻分析第四次工业革命中我国企业发展的机遇与挑战，深入研讨如何把握新的重大战略机遇、推动我国企业实现"弯道超车"，如何突破思维瓶颈、推动中国企业创新转型，如何构筑中国企业文化软实力，努力成为全球企业新典范等企业问题。与会代表一致反映，我们要弘扬长征精神、不忘初心、坚定信心、拥抱第四次工业革

命，在中国企业文化发展的新长征路上阔步前行，全面推动第四次工业革命背景下的创新企业文化，进一步促进中国企业大发展、大提升，为"两个一百年"宏伟目标的实现做出新贡献。

一、第四次工业革命带来新挑战新机遇

经济学家林毅夫认为，"以大数据为核心的第四次工业革命给我国的"弯道超车"提供了一个历史性机遇。但像过去的工业革命一样，在推动生产力水平提高、物质丰富的同时，这次革命也给个人以及整体的经济、社会、文化和政治的发展带来新的挑战"。第四次工业革命正迎面而来，中国、中国企业和中国的企业文化将面临怎样的挑战和机遇？

（一）第四次工业革命带来七大挑战

中国企业文化研究会常务副理事长兼秘书长孟凡驰教授指出，第四次工业革命对我国的挑战总的概括有七大方面。

一是第四次工业革命是一次数字化、智能化、系统化的革命，要求企业必须建设立体化的持续创新的文化。第三次工业革命也有数字化，但不系统化，也非颠覆性的思维。第四次工业革命对传统思维提出了严峻的挑战，要求企业必须建立立体化的持续创新的文化。不创新就得死，所以企业必须要重塑业务，做到持续创新的立体化和多元化。因此今后企业要有兼容并包的思维，注重从整体层面思考和系统性的创新，而不是把创新碎片化，也不是单一化的创新。

二是第四次工业革命主张赋权于民，并以人为本。克劳斯在《第四次工业革命》一书中指出，最后一切归结于人，归结于文化和价值观，也就坚定了我们一个信念，就是说这第四次工业革命，虽然说

技术化程度、现代化程度等都很高，但它还是根本上以文化为核心、以人为本的一次革命。

三是第四次工业革命通过推动智能工厂，实现虚拟技术和实体生产体系的协作。第四次工业革命中核心部分就是工业4.0这种制造标准的推行，要通过智能工厂的发展，实现虚拟技术和实体生产体系的协作。要实现产品生产的彻底定制化和建立新的运营模式，在经营上、管理上有新的应用模式，在产品上实行彻底的定制化，就要求企业必须加大精益文化和个性化的打造。像中交一航局做港珠澳大桥等的一批企业，这是中国人骄傲，但中国企业必须集体这样做，才能在世界上立于不败之地。我们要和世界接轨，抓住产业革命的机会，实现中国制造2025和工业4.0的对接，还必须重视规范化的建设。

四是第四次工业革命倡导的是共享经济，突破性地建立大数据平台，分享产品，分享资产使用权，分享服务。像滴滴打车等这些新形式，大部分都是分享商品、分享服务、分享使用权利，共享经济的特点是注重使用权而非所有权，但求我所用，不求我所有。这就要求强化社会诚信文化和协作文化。协同创新是第四次工业革命核心的特征之一，"一带一路"是达成共享经济的一项重大举措。要寻求文化共识，倡导共享、共赢理念和协作文化，才能够真正在"一带一路"中分享盛宴。

五是第四次工业革命是硬实力比较优势逐渐退却，对软实力弱小的将形成重大冲击。硬实力退却的标志是像廉价劳动力的优势、低成本优势、地缘优势等都在退却。这就要求必须发展我们的软实力，包括文化的包容性、领导力的提升、创新能力的加强，以及经营方式和管理方式的更新。

六是第四次工业革命可能导致赢者通吃，加剧不平等的状况，减降低企业和社会的凝聚力，加剧企业的不安定和社会的动荡可能动荡发生的，这就要求企业和国家必须建立新的共同价值观和共同行为准则，让第四次工业革命成为所有人的机遇。

七是第四次工业革命加快了企业全球化的速度，也加大世界文化的均质化进程。所谓均质化进程，即各国有各国不同的文化也有相同的文化，这种相同的文化程度会越来越高，影响越来越广，大家接受的程度越来越深，文化越来越均质化。这种均质化进程造成文化多元化的相互借鉴吸收，为世界做贡献成为一个重要任务。因此，建立以文化为中心的发展方式已成为各国的追求，而且这种多元一体的文化已经成为一种必然。

孟凡驰教授指出，第四次工业革命很可能引发世界范围内的文化复兴，相当于18世纪欧洲文艺复兴一样，这一场运动在中国可能造成文化上很大的变局。在此过程中，我们应该勇敢地吸收国际上的文化财富成为我们自己的财富，才是明智的选择。而且我们自己也应该为国际文化做出我们的文化贡献。中国应借此机会使我国文化走向世界，文化最能体现一个民族的实力，最能使中国立于世界民族之列。

(二)国有企业面临重大机遇

国务院国有资产管理委员会宣传局副巡视员金思宇指出，西方国家主导的前三次工业革命分别实现了机械化、电气化和自动化，中国是追赶者。第四次工业革命以智能化、信息化为核心，以大数据、云计算、人工智能为代表的新一轮产业革命将为世界经济发展注入前所未有的动力，彻底改变传统的生产、生活方式，重塑未来的经济格局。制造业是国民经济的主体，是立国之本、强国之基，目前我国已成为世界第二大经济体，建立了比较完善的现代工业体系，在世界制造业格局中占有举足轻重的地位，在高速公路、移动通信等领域取得了一批具有世界先进水平的重大科技创新成果，在推进中国经济转型升级，加快建设创新型国家的进程中，作为国之重器的国企发挥了顶梁柱的作用。当前正在进行新一轮科技革命与产业变革，我国正加快转变经济发展方式，国际产业分工格局正在重塑，国有企业尤其是中央企业必须紧紧抓住这一重要的历史机遇，紧跟时代发展步伐，积极应对，超前谋划，敢于担当，勇于创新，依据"十三五"规划，大力实施制造强国战略，进一步增强创新能力体系和支撑体系的建设。

(三)第四次工业革命要求企业提升格局

中国政法大学终身教授、中国社科院文化中心原主任李德顺提出，第四次工业革命总体上是资源侧的革命，与中央提出的供给侧革命在精神实质上有相通之处。人类在征服自然、开发资源做了这么多年之后，现在已经到了极限，再这么下去发展就不可持续了，而且我们人类在地球上生存都会受到威胁，怎么走出这个"死结"，现在最重要的是找到一条新的开发和使用资源的路子、方向，转变资源思维方式和资源实践的方式，用新的资源代替老的资源。在如何理解资源的构成、资源的价值、利用资源的路径和方式，以及保护资源、让资源的可持续性生存和发展等方面，整个人类的思想价值观念现在出现了一个新的变革迹象。要有一个大的广义的工业革命的观念，不仅仅涉及制造业，还涉及全部生产和服务领域；不仅涉及全部生产领域，要和人的日常生活领域融为一体，总体上考虑绿色工业革命怎么加快经济发展方式的转变，我们要有大生态、大绿色的整体观念。企业必须重新反思，企业的生存、企业的地位和企业的命运，以及企业的存在方式，以之为根基去扩展自身的权利和责任。要站在地球上全人类的高度才能有胸怀，把自己放在人类命运共同体的前沿，并且放在事业的前沿，才能真正朝着保护资源环境、实现绿色发展的方向前进。

二、打造推动企业转型提升的新文化引擎

科学管理之父泰勒曾指出科学管理是一场深刻的"心理革命"。第四次工业革命也是如此，企业要实现转型升级，就必须变革思想理念，打造与之相适应的企业文化新引擎。中国企业文化研究会理事长胡平对企业提出新的期望。

（一）企业文化转型提升的八大任务

中国企业文化研究会理事长、福建省原省长、商业部原部长、国务院特区办原主任胡平在开幕式讲话中指出，当前企业文化建设面临八大任务。

一是要倡导创新文化，大众创业、万众创新甚至于奔小康、解决农村的贫困问题也要创新，这方面的创新是很多的。中国经济处在世界的第二位，这也是一种创新的成果，有的创新是在经济活动中创造的，比如"双十一"的促销，所以各个方面都需要树立创新创业的意识，这是永无止境的。

二是促进文化与科技、经济融合，促进中国文化与世界文化融合。我们的文化、经济是两张皮，文化是文化，经济是经济，而西方资本主义国家从萌芽开始就把文化和经济连成一体了，我们要解决文化与经济、科技的融合问题。同时中国要走出去，我们不是像资本主义一样去占领，我们竞争的结果是和谐，你赢了我也赢了，应该达到这样的境界。

三是针对生态问题培育生态文化。在生态问题

上，任务非常重，很多都跟企业有关，汽车尾气的排放是主要问题，这就跟产品质量有关。还有土壤污染、水源污染等生态问题，如果我们的企业文化不把生态文明作为自己目标的话，我们的企业发展就很可悲了，这是我说的生态文化。

四是培育品牌文化，我们的工业企业的产品品牌文化意识开始树立起来了，但是跟西方对品牌文化的认识相比，可能还有很大的差距，我们开始在世界上有一点点地位了，但是很多西方的老牌企业不断在淘汰我们。品牌文化不是做个广告或者做个标志就解决了，品牌文化要真正扎根到产品里。

五是解决话语权的问题，我们的企业要走向世界，我们的标准是西方定的，我们没有参与权，我们就缺乏话语权了，这说明要在国际竞争中能够参与制定标准，这是我们最高的境界。

六是需要重视产品的营销，现在产品营销的手段很多，比如"互联网＋"，在家里面可以"买全球"，但是也有很多问题，发展的空间也还很大。营销文化怎么倡导，我们产品制造的时候应该有这个意识，也知道这个产品不是永恒的，销售一段时间以后应该有变化，这样才能立于不败之地。

七是解决企业的人的问题。企业的人在企业文化中要摆在一个重要的位置上，现在的销售环节弄虚作假，诈骗天天有，我们从产品开始，人的文化首先要树立起来，你的产品是做什么的，是为人民服务的还是捞钱的。从制造者和销售者都有人的问题，企业本身应该把它摆在重要的位置上。

八是塑造企业家文化。企业家要有带头作用，现在要实现改革创新，比如马云变成了搞网络销售的强人了，企业家做什么，在第四次工业革命中带动什么样的趋势，这是很重要的。我们的企业家应该人人是善人，广义的善人，要有社会担当意识，给社会做贡献，企业家才能站住脚，永远立于不败之地。

（二）新时期企业要重视文化支撑和文化引领

广西投资集团党委书记、董事长冯柳江提出，中国正走向世界，在全球化的时代背景下，我们不仅面临一系列的经济指标的挑战，更主要的是还要重视文化的挑战，推进文化支撑技术创新、文化引领企业改革发展战略。在"一带一路"的背景下，中国企业走出国门进入"一带一路"周边国家，不仅是经济行为，也是文化行为，文化软实力才是决定企

业能否成功进入并融合到"一带一路"周边国家发展的决定性因素。广投集团在走出去的过程中，注重独特性、传统性、互惠性，自觉发挥文化引领的融合作用，促进企业与当地的文化和经济的柔性融合发展。此外，我们的产品和服务如果缺乏文化内涵的支撑，必然空虚而毫无竞争力，因此企业要做大做强就必须建立企业盈利目标之上的完整的文化体系，不断加大创新力度，致力于打造有竞争力的文化品牌，提高品牌的知名度。

（三）中国制造业迫切需要发展工业文化

国家工业和信息化部工业文化发展中心主任罗民指出，文化的多元化决定了工业化的多元化。一个国家能否成为制造强国其文化特质往往具有决定性影响。受到数千年的农耕文化影响，我们的从业人员具有封闭保守，追求短时效应，做事不够精细的农耕文化特征。近几十年的工业化转型过程中，出现了投机取巧、急功近利等浮躁之风，产品质量和安全问题时有发生。2015 年国务院发布了"中国制造 2025"，首次提出了培育有中国特色的制造文化，制造业必须把技术发展的刚性推动与文化力量的柔性支撑并驾齐驱，不仅要提高产业规模、技术水平，还要注重文化软实力的建设。二是塑造国家工业新形象。通过增强工业科技研发和自主创新能力，掌握核心关键技术，提高工业产品的质量和服务水平，强化品牌建设，改变"代工厂"的形象。三是大力发展工业文化产业，用工业文化产品培育和传播中国工业文明。四是树立工业价值观，提高工业文化素养。加强技能培训的同时，大力加强价值观培育，继承和创新劳模精神、工匠精神，让更多年轻人专心专注钻研技能，努力使我国成为技能人才的强国。

三、以创新思维引领企业转型升级

中国企业文化研究会常务副理事长华锐提出，"第四次工业革命最本质的内涵和特征就是三个"共同"：一是人性本质的共同聚焦；二是人类命运的共同探索；三是人类需求的共同创新。第一次工业革命中国是观望者、旁观者，第二次工业革命我们是落后者，第三次工业革命我们是追赶者，但是到了第四次工业革命我们应该是起跑者，最终成为冲刺者。"

（一）观念变革引领企业改革发展

广西壮族自治区农行副行长、工会主席江武成说，广西农行的两次历史经验表明，企业的发展和改革离不开观念转变、理念提升和战略变革。他说，2000 年广西农行在广西市场排名第 3 位，2003 年就成为了广西的龙头老大，雄踞第一，与文化和战略有关，我们当时提出"卧薪尝胆、奋起直追、争当第一"。2014 年广西农银经历了十几年来最为困难的时期，无论是从队伍上还是经营上都出现了比较大的问题，企业从原来盈利 60 多亿元一下子变成了亏损几亿元，直到 2016 年才恢复到 20 多亿元的盈利。其间经历了理念、战略的变革和革新，这才引领企业用一年多的时间脱离了困境。从创新思维来看，以往的案例也充分展示了创新思维的力量。2010 年广西许多企业面临倒闭风险，某国有企业也被认定为即将关门，企业被拉闸停电，银行准备抽贷，工资都发不了。然而，我们分析认为这个企业还有潜力。在当地要签批企业倒闭的关键时刻，我们没有固守传统的思维模式，而是用主动创新思维找到新的出路：一方面我去说服有关领导不要让它倒闭，然后动员九家商业银行给企业注资，说服当地发展改革委员会在电价上给他们一定优惠，另一方面要求这个国企实施裁员、变革经营模式、改进业务流程，还推荐企业成为农行客户的供应商，帮他们打开销路……一系列行动之后，挽救了这家企业的命运，成就了其后续的经营发展，也成就了我们的业务。这个案例启示我们，企业发展到重要关头的时候，创新是一个非常重要的强心剂或者救命药。

（二）新时代新使命探索新型科研方式

中国电子科技集团信息科学研究院副院长宋宏介绍：中国电子科技集团是涉及整个电子信息领域最全的科技型集团，有 47 个研究所，过去几十年来为国家安全做出了很多贡献。然而 2013 年集团又成立了信息科学研究院，主要职能是两个核心：一是成为前沿性基础性的创新品牌；二是推行科技体制的改革。筹备研究院时集团领导给我们定位，研究院不要成为二机关，也不要成为研究所。后来才明白，研究院要成为科技创新协同开放的平台，不是自己招多少人干多少事，而是在方向上做引领，我们能够把集团内部研究所的专家、国内外的院校及研究机构的高端人才聚拢在一起开展工作。我们定个调子小核心大外围，我们自己人不能太多，但是和我们合作的团队或者人才，可能远远超过我们的几十倍。研究院成立后如何激发科研人员的创新激情就成为一个大课题。过去我们的研究人员每天从军队、从政府拿一些项目，干完就结束了。而作为创新平台应当怎么办呢？我们运用了新思维，开展创新创业大赛，由内部的年轻同志、学校的老师和学生提出创意，请了一百位集团内部的专家做导师来辅导创意，创意来了以后专家帮助创意团队，将之辅导接近成为成熟的技术，再引进投资基金、风险基金支持创意团队。2014 年总决赛的时候，有 8 个项目上了总决赛，当时募集的资金有 7000 多万元。我们发现很多机制还是不灵活，为什么？因为外部的机构可能认为对国企投资需要很多审批程序，认为国企不好打交道而不愿意投。我们又成立投资公司，后来发现外面的投资基金基本已经投完了，而且有个项目过了一年以后马上翻了 3 倍。所以我们成全了"双创"平台，把好的人才、好的技术吸引到我们的体系内。

（三）客户导向驱动企业创新发展

中国建筑第八工程局党委副书记于金伟说，中建八局 30 多年的跨越式发展成就显著，主要是强调三个导向：客户导向、目标导向、创新导向。特别是客户导向，要求我们把管理、服务做到极致，为客户实现价值最大化。目标导向就是把工程打造成精品工程进而打造企业品牌。创新导向则是管理创新、科技创新，追求卓越。几年来企业率先推行了绿色施工、绿色建造，在所有项目中运用了成本管理、材料管控以及设计优化，打造了集研发、设计、生产、施工于一体的建筑装配式的全产业链。坚持以客户导向、目标导向和创新导向为驱动，中建八局在许多项目推进智慧建造新模式，数字化、标准化的设计，模块化的生产，比如在敦煌召开的首届丝路文博会，中建八局联合中建钢构等公司用了仅仅 8 个月的时间，就在一片沙漠上完成了 26 万平方米的总建筑群和 32 千米的景观大道建设，完成了大家认为不可能的任务，也创造了中建八局的"敦煌模式"。

中国企业文化研究会学术委员会副主任赵春福教授认为，中国企业创新首先要下大气力来培育创新文化。一是要培育创新思维。创新思维是人类创造力的核心，创造力首先是从创新思维而来的。陶行知先生说："处处是创造之地，天天是创造之时，人人是创造之人"。我们的企业家要有这样的思维。

二是打造创新环境，在企业发展战略定位上给创新者充分的自由和思想的空间，宽容失败，建立合理的创新回报机制，让创新者得到合理的回报。三是建立创新战略。四是培育创新队伍，包括富有创新精神的企业家，不拘一格用人才，注意培养"破坏性、颠覆性"的创新团队。

四、安全是新工业时代的基石

安全是天。人类工业文明的发展归根结底要服务于人的全面发展，而坚守红线、底线，确保安全生产则是企业面临的最基本任务。第四次工业革命到来之际，我们如何充分利用新理念、新技术、新方法，为企业安全生产开辟新路径？

（一）用强大的安全文化系统引领安全运营

北京市地铁运营有限公司党委副书记杜秀君在发言中介绍，目前北京地铁运营管理多条线路，运营里程 460 千米，年客运量达 28.32 亿人次。后奥运及"十二五"时期，北京地铁进入了大规模网络化运营的新阶段，公司面临着大客流冲击进一步加剧、运力和运量矛盾更加突出、管理幅度更广、运营组织难度加大等新挑战，针对安全工作标准高、风险大、防范难等新特点，北京地铁大力加强安全文化建设，确立了"以人为本创平安，永远追求零风险"的安全理念和"小问题大影响"等安全工作理念，全面落实"人、机、环、管"四大要素和"治、控、救"三道防线组成的矩阵式安全控制体系。一是持续创新安全理念，建立完善安全文化体系架构，筑牢安全文化之"根"。二是促进安全文化落地深植，建立健全安全文化宣贯体系、管理体系、传播体系，夯实运营管理之"基"。三是加强安全品牌建设，创建安全管控体系品牌、教育基地品牌、"金手柄"品牌、志愿服务品牌，创建安全凝聚员工力量之"魂"。

（二）破解"三难"，让安全文化落地执行

中国烟草总公司重庆市公司副总经理冉幕寿分享了企业破解安全文化"融入主体难、体系构建难、落地执行难"的经验。一是抓住"三结合"，破解安全专项文化融合难的问题。安全文化与"三诚"服务品牌结合，使安全浸润为组织内部的基本守则；与"六心工程建设"结合，把安全渗透到服务链的各个环节；与"安全文化阶段"结合，将安全提升到企业战略管理的发展高度。二是厘清四个层次，破解安全文化体系构建难的问题。聚"行动者"之智，构建安

全文化理念体系；立"行动者"之则，构建安全制度文化体系；举"行动者"之力，构建安全行为文化体系；铸"行动者"之基，构建安全物质文化体系。三是打造三个平台，破解安全文化转化落地难的问题。打造安全管理信息化平台，实现安全集成管理；打造网上在线学习平台，拓展安全教育培训手段；打造岗位视觉规范平台，强化安全精细、精实管理。5年来公司累计投入600余万元，打造集"电子表格、实时提醒、电子地图、预警预测、芯片扫描、数据分析"等功能于一体，具有"基础管理规范化、安全检查远程化、绩效考核自动化、统计分析智能化"和联动车载GPS及视频监控系统为特点的"四化两联动"安全信息化管理系统。

（三）"三零六常九路径"建构立体安全文化体系

神华神东补连塔煤矿是目前世界第一大单井井工煤矿，井田面积106.43平方千米，可采储量12.64亿吨，核定生产能力2800万吨/年。补连塔煤矿党委书记王德清介绍，补连塔煤矿从2006年开始大力推进安全文化建设，在神东"一主多元"的文化格局下，重点打造了"三零六常九路径"特色安全文化体系，逐步形成上下同欲、知行合一的安全文化。"三零"是指管理零盲区、岗位零隐患、操作零违章的目标；"六常"指常备性安全理念、常规性安全制度、常态性安全活动、常设性安全载体、常抓性执行措施、常用性评估办法的安全文化管理方式；"九路径"则是理念融入、机制建设、员工培训、标杆建设、源头治理、现场执行、亲情管理、氛围营造、检查考核九条路径。通过加强全方位的安全文化建设，补连塔矿的安全生产取得实效，截至2016年10月底累计安全生产5904天，迈向了安全生产17周年，创造了多项全国第一、世界领先的经济技术指标。

五、为中国工业梦努力奋斗

迎接第四次工业革命、实现中国制造2025是中国工业梦。如何按照中央的要求塑造新时期中国企业的工匠精神，提升中国制造的精益化水平和品牌形象？

（一）愿中国企业更强更优

习近平总书记在G20杭州峰会讲话指出："我们清醒认识到，中国经济发展不少领域大而不强、大而不优，长期以来主要依靠资源、资本、劳动力等要素投入支撑经济增长和规模扩张的方式已不可持续，中国发展正面临着动力转换、方式转变、结构调整的繁重任务。建设创新型国家和世界科技强国，是中国发展的迫切要求和必由之路。"G20工业发展投资顾问、杭州G20峰会欧盟国家专家代表欧朦熙对此十分赞同。他说：18世纪末以水和蒸汽机为动力的机器生产革命，让不可能变成了可能，这就是工业1.0；20世纪初开始了流水线生产，成本降下来了，这就是工业2.0；20世纪70年代计算机技术和机器生产开始替代人工，一下子可以生产出更精准的产品，这就是工业3.0；今天的人和物是可以联在同一个平台进行信息交换，这就是工业4.0。工业4.0的工程未来包含了大数据、云计算、网络安全、VR、3D打印、物联网等技术。如果中国企业学习借鉴德国企业的小而优、小而强、高度智能化和绿色生产的经验，中国的2025会超过德国的4.0。

（二）打造新时期工匠精神要完成"两次超越"

中交第一航务工程局党委副书记刘俊华认为，在信息化、工业化的今天，新时期的"工匠精神"必然面临着两次重要的超越：第一次超越，是人类的创造力对机械的逻辑性的超越，"中国制造2025"依托的是匠人的创造性和艺术性的感性思维，这种感性思维是对机械逻辑思维的超越，并与其完美结合，推动制造水平的进步；第二次超越，是信仰强度和习惯强度的自我超越，掌握一门技术需要不断重复，对技艺的极致追求需要信仰支撑和良好的行为习惯支撑，这个过程是对自我人生境界的超越。他说中交一航局正是凭着"每一次都是第一次"的科学精神、"敢为世界先"的创新精神、吃苦耐劳的奉献精神、一丝不苟的精益精神铸就了"工匠精神"，完成了许多创举。例如，在珠港澳大桥建设中，把重达80000吨的沉管在最深45米海底厘米级对接，技术难度可与"天宫"对接媲美，被誉为桥梁界的"珠穆朗玛峰"。

（三）从"精益思想"到"精益智造"

中航工业昌飞集团是我国直升机科研生产基地和航空工业的骨干企业，产品基本覆盖了1~13吨所有直升机的型号，主要有直8、直10、直11、AC310、AC311、AC313等系列直升机。近年来，昌飞公司直升机新型号研制周期从6年缩短到3年，重大改进改型从3年缩短到1年半，生产能力提升了近3倍，产值和EVA增长了近4倍。昌飞集团企业文化总监余建华提出，昌飞的发展得益于以精益、创新、和谐、幸福为主要内涵的文化建设。特别是在中航工业"敬业诚信、创新超越"集团理念的基础上增加"精益求精、团队快乐"企业理念，从企业实践中提炼出以"精益文化"为核心，涵盖精益、执行力、团队、问题、数据的五大文化特质，确立以"执行第一、表单办事、问题透明、日清日毕、数据说话、持续改善"为主要内容的员工岗位行为准则，把精益思想渗透到实践之中，形成了以动态感知、实时分析、自主决策、准确执行为特征，网络化、数字化、智能化水平不断提升的昌飞精益制造模式。

六、建设"一带一路"，让中国企业造福世界

中国是历史悠久的文明古国，中国的崛起、中国企业的全球化，注定要走出一条有别于其他国家的新路。我们相信，秉承和合共赢思维、强调和谐文明的中国企业，将在新的全球化浪潮中写下壮美的篇章，让世界分享中国企业管理的独到经验以及中国产品与服务创造的巨大价值。

（一）一位外籍高管眼中的中国企业

Howard Dale是柳工锐斯塔机械有限公司董事长、柳工欧洲有限公司董事长。他出生于英国，有着30多年工程机械行业工作经验。他说，企业跨文化管理要关注五个问题：一是企业文化；二是战略，就是一个柳工一个战略；三是团队建设，一个团队要合作共赢；四是公共关系、品牌以及中外文化交流；五是外籍员工的发展。柳工的核心价值观是客户导向、以人为本、品质成就未来、合作创造价值。"我本人作为柳工的一名外籍高管，能够以切身的感受来证明，在业务开展过程中践行我们公司的核心价值观，能够让业务受益。"比如，2008年在国际金融危机中，全球工程机械销量急剧下跌，众多经销商面临严重的财政危机，柳工坚守价值观，与经销商患难与共、共渡难关，赢得经销商的高度信任，危机过后仅一年柳工的整机出口同比增长80%。再如，柳工印度工厂是中国制造企业在印度建立的第一家工厂，柳工派出优秀的员工前往印度，与当地的员工一起工作，他们向印度的员工传授工作方法并在具体工作中推动文化融合，使当地员工逐步接受柳工的工作理念和方法。此外柳工自2012年起对海外子公司外籍雇员开展跨文化调查，调查内容共

包括4大模块、10个维度，调查结果提交海外子公司管理层，帮助其开展管理优化并指导外籍员工的专题沟通活动等。

（二）跨文化管理的"四化"原则

中远海运集团拥有世界规模第一的经营船队，综合运力8532万载重吨/1114艘，也是最早一批践行国家"走出去"战略的企业集团，在全球150多个国家和地区的1600个港口拥有下属机构。中远船务工程集团有限公司党委书记、副总经理马智宏分享了中远海运跨文化管理的经验。一是坚持"本土化"运作。只有本土化才有全球化，这是跨国公司的普遍做法和经验总结。跨国企业在"走出去"的过程中，必须尊重世界文化的多元性，必须承认差异、尊重差异、包容差异，坚持"在撞击中融合、在融合中创新、在创新中发展"。二是坚持"全球化"思维。坚持"全球化"思维，把企业文化建设作为企业发展战略的重要组成部分，注重吸收西方先进管理经验和外籍管理人员智慧，将文化理念融入各项管理制度、工作标准、考评体系中，构建"战略、管理与文化"三位一体的现代综合管理体系。三是坚持"人本化"理念。跨文化管理的核心是要坚持把企业"以人为本"与员工"以企为家"统一起来，要树立"进了企业门，就是企业人"的人文理念，增强外籍员工对企业的认同感和归属感，培养和造就一支具有世界眼光、业务精湛、综合素质过硬的国际化人才队伍。四是坚持"公民化"责任。跨国企业必须强调共赢互利、遵纪守法、诚实守信和高度负责的"公民化"精神。恪守诚信经营，积极为所在国当地社会提供最好的企业运营和产品服务。履行社会责任，推进节能减排与环境保护工作，参与当地公益和慈善事业，造福当地社会和人民。强化文化传播，提高所在国政府和当地人民对企业的理解和认知，提升企业品牌形象和国际影响，有效融入当地主流社会。

（三）中西企业文化差异与成功企业共性

《中国日报》海外版高级专家Roger Bradshaw在会上分析了中西管理文化的差异。他说，在价值观方面中美文化主要有三个差异：一是西方思维方式更加直接、线性，而东方思维方式更加间接、迂回；二是西方人更好辩，喜欢表达不同见解，东方人则不愿说"不"而是不动声色地拒绝；三是美国人喜欢公开表达并以自我为中心，而东方人不愿公开表达且喜欢说"我们"。更深入的差异包括：美国人意识

形态中依赖规则、法理，而中国人解释规则时则更注重因人因事的变通；西方重视个人的权责、奖惩，而中国则讲求集体主义、讲和谐；解决冲突时，西方人喜欢使用司法渠道，而东方人则倾向"权威人"的介入和调节；西方人把失败当成负面表达，就像美国企业很注重短期效益，而东方人看得更久远，但德国企业例外，他们讲求慢慢经营发展。他还汇总了西方专家公认的成功企业的文化特质：一是使员工融入企业，有归属感；二是让员工在工作中得到满足感；三是建立组织成员共享的思维方式和感受；四是明确公司目标与愿景；五是重视多元多样。

中国企业文化研究会副理事长、国务院国有资产管理委员会宣传局原副巡视员李世华就"'一带一路'背景下推进中外企业文化融合"论题进行总结性陈述。第一，中外企业文化融合在"一带一路"建设中具有重要意义，搞好跨国企业先进文化建设将会大幅提高"一带一路"战略的安全系数，为"一带一路"战略提供良好的文化支撑。第二，理性识别文化差异，达成彼此文化尊重。第三，充分进行文化沟通，达成彼此文化理解。第四，找到最大公约数，达成彼此文化共识。第五，进行跨文化培训，实现跨文化创新。第六，积极推行社会责任，积极履行社会责任，做受尊敬的企业公民。

七、构建"幸福企业"

诚如孟凡驰教授所指出的，第四次工业革命不仅不会忽略人的地位，反而更加重视人的地位，更加强调满足人的需求。本次峰会上，坚持以人为本、建设幸福企业成为一些优秀企业的共鸣。这是中国企业走向成熟、迎接第四次工业革命的标志之一。

（一）"元动力"文化

浙江吉利控股集团企业文化部总经理叶万方在峰会上做了题为"激荡企业人气，成就快乐人生"的发言。他说，吉利经过多年的实践探索，创造性地建立了"元动力"文化。"元动力"的"元"是指企业的元气，是企业生命体的力量源泉与核心要素；什么是"元气"？员工的心构成了企业的元气，伤害了员工的心就是伤害了企业的元气。"元动力"文化的建设与发展，就是要理顺员工的气，凝聚员工的心。元动力文化建设以问题文化为基础，坚定不移地贯彻"发现问题是好事，解决问题是大事，回避问题是蠢事，没有问题是坏事"。吉利人认为成功等于品德

乘能力乘热情，所以影响企业发展的不是员工的技能问题，而是工作态度和工作意愿的问题。元动力颠覆了传统的管理思想，形成了"领导为员工服务，部门为一线服务，员工考核领导，一线考核部门"的新型管理关系和方式，保障了员工在一线发现问题并通过"问题解决票"反映问题和监督职能部门解决问题的元动力文化实践。例如，每个员工只要进吉利满一年以后就可以去评星级，而评星级有很多办法，不是人力资源部或者员工的上级部门去考核评定，而是有个积分制度，比如提了一个合理化建议可以加几分，参加一次培训都可以进行积分的积累，这是自然而然的积分，而不是某个职能部门给员工考核的，它是公平、公开、公正的。每一个星级都有一个分级，星级补贴就可以拿3200元。大家非常看重星级员工评选，它树立了一个全员导向——我要干好我的工作岗位，提高我的技能。

（二）用互联网思维计量员工幸福

交通银行党委宣传部部长、企业文化部总经理帅师分享了交行在员工关怀方面的创新做法。他说，2013年交行导入互联网思维，第一家建立了员工健康APP，利用智能手机把全球员工整合凝聚在一个平台上，交行在2013年首先发布了交通银行幸福指数，还有员工团购活动。APP平台上面都是一个个开放的模块，模块建立之初就把它开放，而不是一个封闭的内循环，目前上面有星光大道、一键好等近30多个模块，聚焦于互联网的场景，即12个字是吃喝玩乐、生老病死、衣食住行，当交行的员工在前方拼命工作的时候，交行党委给员工搭建这样一个平台，使他们在这个12个字，场景中都能获得高质量的回报，员工获得的是满满的正能量。健康交行从原来的五型平台打造成八型平台，互动型、专业型、交易型、增值型、生活型、分享型、娱乐型、公益型平台，真正打造知行合一、身心合一、乐惠合一、全网合一的平台，这些平台对重要客户也要开放，使交行的客户能够在被满足金融需求的同时能够享受到员工的最大福祉。在幸福指数发布当中，交行形成了一张表，通过工作幸福、生活幸福、成长幸福、人际幸福、幸福领导、组织幸福，使员工的幸福感落地，使幸福可以计量，目前交行发布的该幸福机制已经成为交行战略管理的重要产业链。

八、适应新时代，创新企业文化建设

第四次工业革命浪潮袭来，我们倡导企业以伟大的创新精神做新时代的弄潮儿，赶上下一轮经济腾飞的高速列车。然而，"互联网＋"时代，我们的企业文化建设也需要与时俱进、不断创新，提升企业文化的影响力、创造力。

（一）企业文化建设的"四季之法"

近年来，企业广泛探索企业文化建设的方法论，不断取得新的突破。本次峰会上广西投资集团副总裁郭敏分享了企业文化建设的"四季之法"。他提出，企业文化要汲取中国传统文化，尊重自然之道。广投集团积极探索通过文化与自然的融合，把文化宣贯落实好、收到实效。他们结合北方农耕文化把文化分为四个阶段，以一年的四个季节进行形象命名，命名为春种、夏长、秋收、冬藏四个阶段。春种是内化于心的过程，把一个阶段或者一个年度的企业文化的工作方案、内容，通过各种方式让员工知晓，能够贯彻到员工的心中。夏长是外化于形的过程，把文化理念通过视觉建设、文化长廊、宣传墙、报刊等各种方式展示宣导出来。秋收指的是固化于制，把企业文化固化起来，形成制度，标准化、规范化。冬藏，对一个年度的企业文化工作进行总结、评估、表彰，为新的年度文化工作打造一个新的起点。这样周而复始不断更替，完成了以后为下一阶段的春种、夏长、秋收、冬藏提供新的基础。

（二）企业文化建设"三大关键词"

交通银行提出，当今企业文化建设要抓住"三大关键词"——品牌、文化、关怀。在品牌建设中，交行提出"一品五牌"穿透策略，即品牌体系涵盖企业品牌、文化品牌、人物品牌、业务品牌、服务品牌五大方面，企业品牌重高度、文化品牌重态度、业务品牌重角度、服务品牌重温度、人物品牌居于中心。"一品五牌"通过精准的品牌定位、对位及卡位，实现了母品牌及子品牌目标客户的深度融合，达到了"一品五牌"品牌穿透策略的有效落地。文化建设中抓五大体系建设，即：理念体系、行动体系、管理体系、保障体系、宣传体系。员工关怀上形成三部曲，第一是从2000年到2010年明确提出了快乐工作、健康生活、平安退休；第二是从2013年提出了双资本推动，各级干部员工在关注经济资本效能提升的同时，更要关注幸福资本的提升，持续创造国有企业非货币福利。二是从2016年年初提出了员工至上、体验至上、分享至上，以员工关爱的理念凝心聚力，最后凝心聚魄。因为员工是企业的宝贵财富，当员工体验感到位企业就获得收获。

（三）集团文化落地"七维度"

国家电力投资集团公司党组副书记、副总经理余剑锋的发言材料讲到，重组整合18个月来，该集团从七大方面推进集团文化的快速落地，形成集团文化落地"七维度"。一是把握文化与战略的关系，将集团公司使命、愿景、核心价值观等集团文化核心理念作为编制集团公司"十三五"及中长期发展规划的重要原则和依据。二是把握文化与管理的关系，把文化制度化作为重要抓手，明确提出了制度生产要把与"和"文化的匹配作为重要的维度，认真修订和完善各项制度。三是把握文化与品牌的关系，制定了集团公司企业文化品牌方案和品牌建设"十三五"规划，建立了集团公司企业文化建设品牌目录，搭建起集团公司品牌架构和品牌体系，明确了品牌建设的工作重点和推进的路线图。四是把握集团文化与宣贯的关系，在"和"文化体系发布不久，组织了由董事长、总经理等领导授课的集团公司领导干部"和"文化培训班，集团领导干部、二级单位班子成员1000多人全部参加。五是把握"和"文化与部门的关系，紧抓部门这个重点和关键开展文化宣贯，推动集团文化与部门直接对接，同时通过安全文化建设和创新文化建设树立起亚文化建设的样本，把"和"文化向深层推进了一步。六是把握集团文化和所属单位的关系，制订研发了国家电投企业文化管理办法，统一价值理念，统一行为规范，统一视觉形象。七是把握文化与考核的关系，制定研发了国家电投企业文化建设考评管理办法，党组重点部署什么、重点抓什么就集中精力考核什么，集团公司党组对二级单位党组书记的述职评议考核也包括了对企业文化建设情况的考核。

中外企业文化2016南宁峰会在热烈的掌声中落下帷幕。本次峰会，中国企业文化研究会再一次以强烈的责任感、使命感以及严肃认真的态度和其权威性，让与会代表充分感受到第四次工业革命来了，也再一次呼吁和引领企业界贯彻落实中央精神，大力创新企业文化，打造引领中国企业再创辉煌的文化新引擎。工业是国民经济的支柱，在第四次工业革命来临之际，我们当增强文化自觉、文化自信、

特　载　篇

文化自强，以"两个一百年"宏伟目标为全国企业亿万干部员工的共同愿景，大力培育践行"创新、协调、绿色、开放、共享"的发展理念，大力树立比肩甚至超越全球领跑者的志气和毅力，推动中国企业铸就全球一流的创新力；大力贯彻"安全第一、预防为主、综合治理"的安全生产方针，推动中国企业登上安全发展、建设平安企业新台阶；大力培育科学务实、精益求精、勇攀高峰的精益思想，推动中国企业完成"品质革命"，成为全球信赖的"中国智造"品牌；大力培育"开放包容、互利共赢、以人为本、共创文明"的跨文化管理思维，以先进的文化推动中国企业在"一带一路"建设中为世界发展进步做出贡献；大力强化"尊重人、培养人、激励人、成就人、幸福人"的员工管理理念，构建员工与企业的"利益共同体、命运共同体和价值共同体"，打造"幸福奋进型"企业。

峰会已圆满结束，但是中国企业、中国企业文化研究会以及全国企业文化建设者们的企业文化新长征路才刚刚启程，让我们弘扬长征精神，带着使命与责任、带着光荣与梦想继续前进，为我国企业在第四次工业革命大潮中扬帆远航、再创辉煌努力奋斗！

（撰稿人刘三彰，系中国企业文化研究会测评中心主任）

中外企业文化长沙峰会

由中国企业文化研究会全力打造的"坚定文化自信、培育品牌文化、打造中国品牌——中外企业文化第十五届峰会"于 2017 年 11 月 11 日至 12 日在长沙举办。峰会围绕深入贯彻党的十九大精神，研究如何加强企业文化建设，交流培育强大品牌文化、打造中国特色企业品牌的重大意义、思路方法和实践案例。来自全国各地的 560 余名中外企业代表积极参加了本届峰会活动。

商业部原部长、国务院特区办原主任、中国企业文化研究会理事长胡平向大会发来热情洋溢的书面致辞。国务院国资委新闻中心主任毛一翔、中国工业和信息化部消费品司副巡视员王小青、中国企业文化研究会专家委员会委员、中国农业银行原监事长车迎新应邀在开幕式讲话。中国企业文化研究

会常务副理事长兼秘书长孟凡驰教授作会议总结。中国建筑一局（集团）有限公司董事长、党委书记罗世威，三一重工董事、执行总裁兼总工程师易小刚，中国石油大庆油田党委副书记、工会主席王昆，中国华信能源有限公司党委书记蒋春华，中信集团董事会办公室主任、品牌管理委员会办公室副主任王康，中国中车股份有限公司副总经济师兼企业文化部部长曹钢材，鲁泰纺织股份有限公司党委书记、董事长、总经理刘子斌，鞍钢集团公司党委宣传部、企业文化部、党委统战部部长谢玉先，中国建设银行股份有限公司公共关系与企业文化部副经理李锦望，用友网络科技股份有限公司副总裁傅毅，新浪网政府旅游事业部总经理、政务新媒体学院总编李峥嵘等一批在国内国际具有重要品牌影响力的企业代表到会交流经验。

智利驻华大使馆文化参赞助理梅娅、意大利丝路创新公司副总裁杨力介绍了国外企业品牌文化和品牌塑造的经验。首都经贸大学原校长文魁教授，北京财贸职业学院院长王成荣教授，北京工商大学国际学院院长王真教授在峰会发表学术观点。中国企业文化研究会副理事长、连云港企业文化学会会长李万来代表地方企业文化社团组织，在开幕式致辞。中国企业文化研究会副理事长、国务院国资委原副巡视员李世华代表研究会发布《关于加强品牌文化建设的指导意见》。中国企业文化研究会常务副理事长华锐主持峰会对话会。鞍钢集团、太原钢铁集团、中石化胜利油田、玉柴集团、攀钢集团、北京地铁、四川宏达等中国企业文化研究会副理事长单位领导到会祝贺。

一、新纲领、新任务引领企业文化迈向新时代

党的十九大明确了决胜全面建成小康社会的重大任务，开启了全面建设社会主义现代化强国的新征程。在全党全国深入学习党的十九大精神的大背景下，中国企业文化研究会在长沙举办"中外企业文化 2017 长沙峰会"，邀请有关部门、有关专家和在全国具有重要影响力的企业家代表相聚星城，深入研究企业文化领域如何践行十九大精神，如何站在社会主义新时代的战略高度培育中国企业品牌，为广大企业文化工作者明确了方向与思路。

中国企业文化研究会胡平理事长在书面致辞中

说，习近平总书记在党的十九大上明确指出中国特色社会主义已进入新的时代，我国社会主义主要矛盾已经转化为人民日益增长的美好生活需要和不平衡、不充分的发展之间的矛盾，这个变化是关系全局的变化，对我们的企业文化提出了一系列新的更高要求。胡平理事长指出，十九大对企业文化建设的要求主要包括五个方面：第一，必须坚定不移的贯彻创新、协调、绿色、开放、发展理念，全面提升企业发展理念、发展质量，创新企业发展模式。第二，增强文化自信，弘扬社会主义先进文化，集成中华传统优秀文化，吸收借鉴世界上最先进的企业管理文化，打造新时代中国特色企业文化。第三，培育新时代企业家精神，弘扬企业发展、追求卓越的精神，勇于担当社会责任的精神，树立新时代中国企业家典范。第四，弘扬劳模精神和工匠精神，大力建设知识型、技能型、创新型员工队伍，实现大众创业、万众创新的局面。第五，加强品牌文化建设，打造文化品牌，促进我国产业迈向全球价值链中高端，大力培育一批具有全球竞争力的一流品牌。

国务院国资委新闻中心主任毛一翔讲话认为，党的十九大进一步描绘了两个"一百年"的奋斗目标，再次强调提出到21世纪中叶全面建成社会主义现代化强国，使我们国家成为综合国力和国际影响力领先的国家，实现中华民族伟大复兴中国梦的强国方略。强国必须体现在各个方面，十九大报告十分明确地提出要加快推进人才强国、制造强国、科技强国、质量强国、航天强国、网络强国、交通强国、海洋强国、贸易强国、文化强国、体育强国、教育强国等强国战略的建设。从发达国家的成长经历可以看到，国家强盛必然伴随着众多知名品牌的出现，因此一个国家要强大首先必须要有一批强的品牌，其次随着国家的强盛会带动更多的品牌成为国际品牌。毛一翔主任分析指出，十九大明确提出我国经济已由高速增长的阶段转向高质量发展阶段，必须坚持质量第一、效率优先，推动经济发展、质量变革、效率变革、动力变革，提速必须把发展经济的着力点放在实体经济上，把提高供给体系质量作为主攻方向，显著增强我国经济质量优势，要求加快建设制造强国，瞄准国际标准提高水平，促进我国产业迈向全球价值链的中高端。我们国家产业链原来一直在比较低的水平，现在一定要努力往中高端

发展，培育若干世界级先进制造业集群，这都是十九大明确提出的要求。所有这些要求，都必将促进我国企业品牌国际化、快速发展和提升。

连云港市企业文化学会会长李万来认为，文化强民族强，21世纪是文化的世纪，没有文化的企业不会发展兴盛。企业已经进入产品和服务同质化竞争的时代，企业文化品牌创新是谋求企业核心竞争力的重要路径，也是最为紧迫的任务，品牌是企业的无形资产，是实际意义上的文化，品牌不仅是满足人们物质需要的物质产品，同时也是满足人们精神需求的精神产品。我们要坚持中国特色社会主义文化发展方向，进一步激发品牌文化的创新、创造活力，培育更多具有优秀品牌的文化强企，让我们以坚韧不拔、锲而不舍的精神奋力谱写社会主义品牌文化的新篇章。

中国企业文化研究会专家委员会委员、中国农业银行原监事长车迎新提出，企业在新时代要有责任有担当，走在时代前列。十九大报告明确提出党在新时期的历史使命，是要在坚持党对企业领导下，全面理解贯彻十九大精神，制定新时代发展规划，凝聚企业向心力，调动一切积极因素，以责任担当的精神为实现新时代党的历史使命而努力奋斗。要在企业内部营造建设伟大工程、伟大事业、伟大梦想的氛围，激励企业全体员工不断奋进，使企业永远都走在新时代前列。

二、新政策、新举措引导企业品牌建设走向新高度

为适应我国经济供给侧结构性改革的要求和建设"一带一路"的新形势，推动我国企业以高品质、负责任、有文化的品牌形象服务人民群众，为世界经济发展做出贡献，近年来党中央、国务院及各有关部门发布了一系列加强品牌建设的政策、指引。习近平总书记提出"中国制造向中国创造转变，中国速度向中国质量转变，中国产品向中国品牌转变"的重要指示，国务院办公厅发布《关于发挥品牌引领作用推动供需结构升级的意见》，工信业和信息化部等七部委发布《关于加快我国工业企业品牌建设的指导意见》，国务院国有资产管理委员会发布《关于加强中央企业品牌建设的指导意见》。为推动我国企业培育品牌文化、营造建设优秀品牌的热潮，中国企业文化研究会在峰会发布了《关于加强品牌文化建设的

指导意见》。

工业和信息化部消费品司副巡视员王小青发言指出，回顾改革开放三十多年来我国工业实现了跨越式发展，为满足人民生活的需要，促进国民经济发展做出了重要的贡献，但与工业经济发展的速度、规模比较，工业产品的品牌建设明显滞后。知名品牌数量及影响力与发达国家相比还存在较大的差距，多数企业市场、营销和战略管理能力偏弱，缺乏面对国际竞争的经验，部分企业以代工制造为主业，部分企业对品牌的认识停留在广告和形象上，没有认识到品牌价值的内涵，很多企业品牌培育能力不足，难以把所具备的能力和优势转化为顾客能感知的品牌价值，与制造大国的地位、制造强国的地位极不相称，这也是人们日益美好生活的需要和不充分、不平衡发展之间矛盾的表现。

工业和信息化部作为工业和信息化的政府管理部门，肩负历史使命，积极履责，统筹部署，发布了关于加强我国工业企业品牌建设的指导意见，提出了推进品牌建设的五大任务和工作内容。2016年工信部牵头起草以国务院办公厅名义发布了《关于开展消费品工业"三品"专项行动营造良好市场环境的若干意见》，还会同有关部门制定了《促进装备制造业质量品牌提升专项行动计划》与指南，就"增品种、提品质、创品牌"提出政策指引。主要措施包括：一是着力推进品牌培育，引导企业增强以质量和信誉为核心的品牌意识。在工业领域结合不同行业已有的诚信、质量、产品安全等管理体系及其行业特点，围绕质量安全、研发创新、诚信经营、市场需求和营销服务等关键环节，制定行业管理培育品牌标准，开展行业品牌人才培训，选择重质量、守信誉、有影响的企业开展系统的品牌培育试点工作，推动优秀品牌、企业进入国家认定的品牌培育示范企业。二是开展区域品牌试点示范工作，加强与地方政府、行业协会、产业园区互动合作，打造一批特色鲜明、竞争力强、市场信誉好的产业集群区域品牌。三是积极开展品牌价值评价。配合国家质检总局对品牌价值评价的工作进行部署，组织优秀品牌企业以依据国家标准开展品牌价值评价，争取品牌价值较高的企业入围每年12月12日中央电视台发布的品牌价值排行榜，扩大企业品牌知名度，加速我国工业品牌价值评价国际化进程。四是根据中央加强对品牌对内、对外宣传的指示精神，采取多种形式，讲

好品牌故事，并充分发挥各类媒体的作用，对消费者投票选出的喜爱品牌以及讲诚信、有责任、品牌价值高的企业开展系统性宣传。五是开展企业品牌护航行动、中国品牌"走出去"等行动。

为贯彻十九大精神，落实习近平总书记提出的"中国制造向中国创造转变，中国速度向中国质量转变，中国产品向中国品牌转变"的重要指示，推动国务院、工信部等七部委和国务院国资委相关文件精神，以品牌文化引领品牌建设，打造具有世界水平的中华民族品牌，中国企业文化研究会在本届峰会上发布了《关于加强品牌文化建设的指导意见》（以下简称《意见》）。《意见》指出，加强品牌文化建设是落实国家品牌发展战略的当务之急，是品牌塑造的首要内容和重要保证，是企业文化建设的重要组成部分，品牌文化是树立自主品牌消费信心、满足人们更高层次的物质文化需求的基础。《意见》提出，培育品牌文化要坚持战略导向、系统规划、价值主导、以人为本、彰显个性、继承创新，加强品牌文化理论和应用研究、品牌文化动态评估、品牌文化建设规划、品牌体系优化、品牌价值理念转化、中外品牌融合发展、品牌文化全媒体传播、品牌文化交流展示、品牌文化考核评价。

《意见》共分为4大部分，31条，阐述了加强品牌文化建设的重大意义，提出了培育优秀企业品牌的指导思想、目标和基本原则，指明了当前加强品牌文化建设的重点任务和主要措施。峰会代表对中国企业文化研究会发布品牌文化建设指导意见给予充分肯定。有代表认为，《意见》的提出恰逢其时，深刻揭示了企业品牌建设的核心在于品牌文化，为系统性培育强大品牌文化和优质企业品牌提供了重要的指引。

三、新观点、新视角推动品牌理解新认知

胡平理事长强调，要从适应我国社会主要矛盾的转换、满足人民需求、培育全新的负责任的大国形象和全球影响力的战略高度，充分认识加强企业品牌文化建设的重要性、紧迫性，增强文化自信，不忘本来，吸收外来，面向未来，构建彰显中国精神、中国价值、中国力量的世界一流企业品牌集群。与会专家学者就新时代品牌认知议题充分研讨，形成一系列成果。

(一)品牌影响世界经济格局

北京财贸职业学院院长王成荣教授指出,在全球化背景下,品牌变得非常重要,这不光是一个国家自己的事情,更是全球化的事情,它影响世界经济的格局。第一,全球 3% 的名牌产品占有 50% 的销售额,包括谷歌、苹果、亚马逊、可口可乐、沃尔玛、奔驰、华为、腾讯等。第二,品牌给民族文化带来巨大的影响,尤其影响人们的生活方式、价值观。当我们拿着苹果手机,使用苹果电脑的时候,会潜移默化地接受苹果的价值观影响。苹果作为美国本土公司,它的文化渗透其中。第三,品牌也决定着国家竞争力,以世界 500 强企业的分布图与世界品牌的分布图大致都可以看出来,品牌决定着国家的竞争力。中国在崛起,在世界 500 强企业当中已经中国已有 115 个席位,占 23%;在世界品牌 500 强,当中中国占 55 个席位占比为 11%,表明中国经济影响力确实上升了,这是一个重要标志。第四,品牌是有国籍的,因为它背后有文化,代表某种价值观,体现某个国家的文化追求,品牌是有文化、有国籍的。中国 220 类产品产销量确实在世界各个角落都能体现出来,汽车、玩具、服装、鞋、自行车、电脑显示器、空调、微波炉等产销量全是世界第一位。但是中国产品在世界上赚了多少钱?自主品牌现在出口额不到 10%,多数没有附加值。双星和耐克、阿迪都是做鞋的,同样一双鞋投入成本差几美分,销售价格差 3~5 倍。苹果 2017 年第一季度,吃掉全球手机利润的 83%,约 101 亿美元,这就是品牌的一种力量。富士康每生产一部手机,挣 4~4.5 美元,但是售价有 649~849 美元,除去额外的花费 47 美元,苹果的利润率在 70%。现在不是制造商拿利润,而是品牌商拿利润。中国产品销量很大,价格很低廉,我们遭到各种反倾销的投诉,急需要提高我们的品牌价值。

(二)培育优秀品牌的八大效应

智利驻华大使馆文化参赞助理 Mella Figueroa Andrea Del Pilar(梅娅)认为,建立优秀品牌文化有八个效应:一是一个好的品牌文化能够吸引留住高素质的员工。如果企业有高素质的员工,他们又有足够的动力,就会创造出更多、更好的产品和服务。二是优秀品牌的魅力可以吸引客户,增加其对公司和产品的忠诚度,有利于节约营销费用。三是优秀企业品牌增加员工的自豪感与敬业度,可以提高员工的生产率和参与度,就算有时候员工会请假,但是他的工作效率高,该做的事情都会做好。四是好的品牌带来更多购买行为,增加公司的收入和市场份额。五是优秀品牌的附加值较高,可提升公司盈利能力。六是品牌的魅力能够降低客户或者消费者对于价格的敏感度,像刚才提到的苹果,苹果手机产品很贵,但是很多人还是愿意花这么多钱购买。七是优秀品牌的股东回报率更高。八是好品牌重视员工成长,会提升员工整体能力。

(三)品牌价值发展的三个阶段

北京工商大学国际学院院长王真教授认为,品牌价值经过三个阶段的发展,发展还没有终止。第一个阶段是自由竞争时代的品牌识别,在众多同质性的产品里,如何让别人记住你的品牌,这是品牌最开始的目的。产品完全同质,只有细节不一样。怎么增加品牌识别,让顾客成为老顾客,重复地购买,形成品牌忠诚。第二个阶段是垄断竞争时代的产品差异化。产品出现差异,不管是质量差异、功能差异、服务差异还是名声品牌美誉度的差异,这时的品牌就凝结了所有的差异。第三个阶段是个性化时代的凝结生活方式,也就是在今天的最高级别,应该凝结生活方式。今天的生活方式其实就是现代的个性化。比如多样化的衣着表达人们的心态、对环境的认知与融合,表达了个性差异,表达了人们对文化、美的欣赏。这三个达到层次融合在一起,这个品牌就是一个完整、良好的品牌,能够把人的文化精神、精髓和产品高度融合。

(四)要把价值观"焊"在品牌里

意大利丝路创新公司副总裁 Jacopo Maria Bettinelli(杨力)提出,品牌的含义包括了名誉、质量、可靠性等因素,但最重要的是一致性。一方面要长期坚持提供好的产品或服务,另一方面产品和服务要与企业价值观保持一致。你的品牌是你不在房间里的时候,别人对你的评价。品牌要有文化,要把价值观"焊"在品牌里。最好的广告不是公司在广播、电视、电台或者海报上打出来的,而是客户说这个公司还是做得非常好,他们的感知比企业自我评价更重要。所以要把我们的文化传导到客户那里,才算很成功。比如电商,一个满意的客户或者不满意的客户,都可以在那点评,4 星、3 星到 1 星,这样大家都会知道,其他的客户都是按照这些评价来选择卖家。

（五）当前我国品牌建设的问题与对策

首都经贸大学原校长文魁教授提出，当前我国的品牌塑造存在五大问题。一是开发不足与开发过度，有的产品很不错，内涵也很丰富，但是不懂得把它塑造成品牌，所以开发不足，这是大量企业存在的。同时，开发过度也大量存在，有些企业盲目追求品牌影响。二是看近不看远，没有看到很长远的，而是急功近利。三是重表象、轻实力，在包装、形象上很看重，但是对品牌的实力、实质性的东西，就是前面概括的品质、品性、品类，在这方面下功夫不够。四是只在包装上下功夫，所谓打造品牌就是注重包装，注重标志设计和色彩运用等，而忽视了本质。五是品牌炒作，存在大量品牌炒作，品牌是炒作出来的。所以出现了贴牌，过去中国的自行车很多品牌，如凤凰、飞鸽，后来垮就垮在贴牌上，很多小企业挂一个牌也是飞鸽也是凤凰，结果把原来很好的品牌给砸了，这个也有。如何解决，他提出四点主要对策：第一是要深化认识，对文化规律、文化真谛、文化本质和品牌的几个特性深化认识；第二是要在品质、品性、品位上下功夫；第三是要运用互联网和信息技术，酒香也要宣传；第四是要加强品牌管理，重视品牌保护，特别要重视文化品牌引领。

四、新经验、新案例推动中国企业品牌建设新实践

实践是检验真理的唯一标准。中国企业品牌建设的重任终将依靠富有新时代特点的强大企业文化的中国企业来完成。峰会上中央企业代表、民营企业代表、地方企业代表交流分享了培育品牌文化、建设优秀企业品牌的经验。

（一）建设优秀品牌是战略性目标

中建一局是世界最大投资建设集团——中国建筑旗下的核心子企业，也是中国建设领域荣获中国政府质量最高荣誉——中国质量奖的唯一企业。中建一局房屋建筑、投资、基础设施、海外四个业务板块协同发展，经营覆盖欧、美、非、亚四大洲，遍布全国除台湾省以外所有省市自治区、直辖市，为客户提供全产业链的最高品质产品和全生命周期的服务。中建一局集团董事长、党委书记罗世威说，品牌是企业发展的终极目标和永恒主题，文化是企业管理的最高境界。自2012年开始中建一局就把品牌建设写入了企业发展战略，作为打造差异化竞争优势、全面提升企业发展质量的战略性任务。2014年进一步提出"品牌兴企"战略，成立品牌管理部，发布品牌建设指导意见，作为实施品牌战略兴起的整体规划，产品输入、科技创新、人才队伍、企业文化、经营规模、履约底线、项目代表作、履约代表作、和四大业务板块协同发展。2016年再次提升，提出品牌建设和文化建设两翼齐飞，将品牌美誉领先和企业文化领先确定为"十三五"愿景目标，并召开品牌宣传传播工作会，确立了中建一局品牌定位和品牌口号，清晰了品牌的内涵、外延和卖点。工程建设行业18万亿元的规模，中建一局是唯一一个在这个领域获得中国质量奖的企业，有责任做中国品质代言，我们的品牌口号就是中国品牌质量代言人。

（二）塑造品牌需要有形与无形并重

罗世威认为，塑造品牌要坚持目标引领和底线管理并举，塑造有形和无形品牌。有形品牌是产品，无形品牌是文化。中建一局的产品不仅要满足客户对产品的功能需求，还要满足客户的心理需求，这样才能赢得客户的忠诚。坚持目标引领、底线管理，塑造品牌的原则，划定各项工作的目标引领和底线管理，强化量化，一方面激励领先者，另一方面对突破各类底线的行为负责。用科学管行为，用文化管希望。中建一局首创5.5G工程生产线，推进有形品牌建设标准化，生产线有3个"5"构成：目标管理、精品策划、过程控制、阶段考核、实际改进5个步骤；因地制宜、劳务、物资、科技、安全5个平台；质量、工期、安全、意识、建造施工现场形象5条底线。质量底线标准很高，最低的也要达到全行业的中等水平以上。5条底线是坚决不可逾越的有形品牌底线，为确保中建一局的产品和服务品质，我们参与43座地标的建设，北京国贸建筑群、水立方、深圳平安金融中心、全球最大会展中心——深圳国际会展中心、"一带一路"名片莫斯科中国梦中心等都是5.5G生产的精品。

（三）品牌定位要紧贴企业实际

中信集团董事会办公室主任、品牌管理委员会办公室副主任王康介绍了中信集团"共生共享"的品牌定位。他说，中信品牌定位主要是基于三点：一是契合时代趋势与潮流，中央提出了创新、协调、绿色、开放、共享五大发展理念，习近平总书记提

出了构建人类命运共同体和利益共同体，作为一家有情怀、有水平的中央企业，中信的水平定位应充分体现这一时代强音。二是资源禀赋支持，共生、共享是一个比较宏大的理念，需要有足够的资源去支撑。中信是一家涉及 56 个行业的大型综合企业集团，多种产业资源共生共存，可以实现共享共赢。三是符合中信发展战略。中信 2016 年启动了"互联网＋"转型的战略，联合子公司、客户和合作伙伴以开放共享的理念共创、共建，涉及中国经济社会多个领域的生态圈。

（四）品质是品牌的保证

三一重工执行总裁兼总工程师易小刚发言提出，企业不能单纯地定位于销售产品和获取利润，更应该关注品质和价值传递。三一品牌来源于三一文化：创建一流企业、造就一流人才，做出一流贡献。怎么做到"三个一流"？品质是品牌的保证，是企业被认可和尊重的基石。公司成立之初步就把使命确定为"品质改变世界"，用高品质的产品、服务加上高品质的人才队伍和高品质的中国制造成就企业使命。三一每年将销售收入的 5％～7％用于研发，致力于将产品升级换代，推动技术迈向世界一流；以精益思想为指导，采用六西格玛方法优化流程，运用 IT 平台合理配置资源，创造性地建设具有三一特色的 SPS 生产方式，缔造了行业最高品质的产品。以客户需求为中心，"一切为了客户、创造客户价值"，三一重工建立了一流的服务网络和管理体系，率先在行业内推出"6S"中心服务模式和"一键式"服务。三一重工认为，要塑造企业品牌，还要在人道主义面前企业要义无反顾地有担当精神。日本福岛核电爆炸时，地震发生以后核反应堆已经分离，当时日本政府首先想到的是向欧洲国家求援，用飞机空运了一台很大的设备到现场，但是却不能完成使命，最后向中国政府求援，三一重工接到求援信息以后第一时间把 62 米混凝土泵运到了现场，成功完成注水降温任务，赢得全世界的关注和广泛肯定。

（五）历史文化是最厚重的品牌资源

文化是品牌最根本的内涵，而光荣的历史、鲜亮的旗帜则是品牌塑造最可宝贵的资源。"大庆精神"是中国企业文化史上的一座丰碑，是工业战线上独一无二、持续光辉的文化旗帜。中石油大庆油田党委副书记、工会主席王昆发言指出，面对经济新常态，大庆油田深入贯彻习近平总书记提出的"大庆就是全国的标杆和旗帜，'大庆精神'激励着广大干部群众奋发有为"的精神，当好标杆旗帜，建设百年油田，研究制定了大庆油田振兴发展纲要，推进创新驱动转型升级，坚持立足本土开拓海外，着力提质增效固本强基，全面从严治党，铸魂塑形，2016 年完成国内外油气产量当量 4400 万吨，继续保持我国第一大油田的地位。大庆品牌保持长盛不衰的秘诀是什么？王昆副书记介绍，一是始终坚持听党话、跟党走，突出忠诚担当，高唱"我为祖国献石油"的主旋律，引领大庆员工的价值追求；二是始终继承弘扬大庆精神，持续推动大庆企业文化建设，为大庆品牌提供坚实文化支撑；三是坚持深植基层，让大庆文化接地气、见行动；四是坚持以人为本，突出职工群众主人翁地位，关注员工需求，实现人企共赢。

（六）企业英雄是最佳的品牌代言人

鞍钢集团也是一家有光荣传统的企业，他们建设企业品牌的特色做法是弘扬英模文化，让企业英雄们为鞍钢品牌代言。鞍钢集团党委宣传部长谢玉先说，鞍钢的英模文化建设是以鞍钢英雄模范人物的先进事迹为载体，以英模的信仰追求、价值观念、道德品格、行为规范为主要内容，以培养、推荐、宣传、学习、礼遇英模为方式，以传承文化、凝聚力量、展示形象、打造品牌为目的，为广大职工广泛认可和践行的文化活动。68 年以来，鞍钢涌现出了 9800 多名各级道德模范、精神文明建设标兵，大家都知道鞍钢培养出了孟泰、王崇伦、雷锋、郭明义、李超等这些引领时代的中国典范。他们本身就是鞍钢亮丽的名片和形象代言人，他们的精神、他们的事迹、他们的贡献，不仅对广大职工具有激励带动作用，而且在社会产生广泛影响力，为鞍钢品牌不断提升做出了贡献。谢玉先部长还介绍了他们挖掘典型、宣传典型、学习典型的具体做法，比如组建以英模名字命名的 9 个创新工作室，建立 2000 个创新工作小组，其中一个创新工作室坚持了 10 多年开展创新活动，先后吸引 600 多名职工参与，每年完成创新成果 1000 项以上。

（七）创新是品牌永葆青春的动力源泉

基业常青的企业品牌往往是行业的进步标志，是消费文明的引领。而这来自于企业对创新的孜孜追求。峰会上展示的任何一个企业品牌都离不开创新的驱动，而民营企业创新尤为艰难。鲁泰纺织董事长刘子斌谈到，鲁泰矢志于打造国际品牌，长期不懈坚持创新，推动创意设计、创新驱动，打造品牌原动力，取得优异成绩。鲁泰一方面定位于高端制造，采购全球天然可再生纺织原料和安全健康原料，引进具有国际先进水平的设备，建立与国际高端专家的合作，在米兰设立办事处，对接设计之都的创意理念，在美国纽约建立子公司，充分利用东南亚的区位优势，建设生产工厂，让鲁泰在面料、研发、生产与服务等方面进入世界一流水平。另一方面鲁泰在时尚、创意、设计方面，先后聘请意大利著名面料设计师保罗·康特先生，成衣设计专家、阿玛尼前任设计总监里卡多拉米先生担任公司设计制造，设计团采用走出去的方式，游走于米兰、巴黎、纽约、东京等时尚之都，向顾客推荐新设计、新产品。公司近年来开发了 600 多项新技术，其中12 项达到国际领先水平，34 项达到国际先进水平，品牌影响力不断提升。

（八）塑造品牌需要配套措施

中国建设银行公共关系与企业文化部资深副经理李锦望说，2004 年建行股改上市后，建立了与之相适应的品牌定位，并按照品牌文化建设的规律实施了"三匹配"。一是与战略愿景相匹配，确定了建设国际一流的银行集团，并细化为"五个一流"标准，即：第一员工队伍素质一流；第二服务品质一流；第三管理能力一流；第四创造力一流；第五履行社会责任一流，"五个一流"是支撑国际一流的五根支柱，少哪一个这个品牌都会受到影响。二是与建设银行上市以后的制度、机制流程匹配，相互支撑。三是与员工的行为管理相匹配。通过"三匹配"，把建行的品牌与文化、制度、行为相统一。

（九）国际化品牌要有国际化传播视野

中车集团副总经济师曹钢材介绍，作为中国新名片，中车集团的产品覆盖 102 个国家和地区，全球83％拥有铁路的国家都使用了中车的产品，不仅如此中国中车还有两名举世无双的"超级营销员"，这就要求中车以国际化视野传播企业品牌。比如巴西奥运会期间中车提供了列车，奥运会是全球瞩目的，巴西承接奥运会比赛的时候一直让人看得很提心吊胆的，各个场馆到开幕前才勉强建好建完，但是地铁很早就建成通车了，成了当时为数不多的亮点，中车举办了隆重的开通仪式，国际奥委会主席、巴西总统都出席祝贺。再如西方有选举文化，每个候选人都愿意展示亲民、关注民生的一面，在一次地铁车辆开通仪式上，中车邀请到三国政要到场祝贺。这些借力的办法直接推动了中车品牌知名度的上升。此外，中车还很注重照顾当地社会民众的感情，借此增强中车品牌的亲和力。美国伊利诺伊州的首府春田有一栋红楼，是一个破产企业的一片废墟地，中车买下并在那建厂，在整个方案制定完即将付诸实施时，中车发现当地人对这座"红楼"特别有感情，中车研究后决定把它留下来，让它改造以后继续使用，这一举动赢得了伊利诺伊州议会、政府和居民的认可，使中车成为当地受欢迎的品牌。

五、打造凝聚中国智慧、中国力量、中国精神的世界一流企业品牌

中国企业文化研究会常务副理事长兼秘书长孟凡驰教授在会议总结时充分肯定了本次峰会的成果。他说，监管部门、国内企业、国外嘉宾和业内专家学者从各自不同角度分析了加强品牌文化建设的重要性，分析了品牌文化建设的优势与薄弱环节，指出了提升的思路、方法和路径，为我国企业培育世界一流品牌提供了有力的指导。孟教授指出，只有培育丰富有力的品牌文化，才能打造出更有世界竞争力的文化品牌。一是要加强企业"名人"品牌的培育，培树一批著名的企业家、企业领导人和管理人员以及一批著名的劳动者英模、真正的工匠。二是要提高认识，品牌对企业发展具有"马太效应"，越强大受益越多；品牌对消费者具有身份效应，体现其更高的精神追求和价值追求；品牌对国家形象具有代表效应，能够集中体现国家软实力和民族精神。三是建构坚实的基础文化和先进的移入文化。要确立企业家的基础文化理念，以高度的文化自觉认识企业存在的终极价值，企业为什么存在，为什么经营企业？我的企业向哪里去，未来的企业什么模样，这些东西看起来特别虚，可是它是最根本的东西，如果没有这些终极的价值思考，没有对企业未来的哲学追问，那么它就没有办法打造品牌，也没有共同语言。要加强先进价值理念"五移入"：移入品牌资产，强化品牌忠诚度、文化知名度、品牌感知质量与品牌联想；移入产品，使产品更有文化含量、更有文化内涵、更能够有丰富的元素；移入服务，使服务摆脱机械化、程序化的服务方向；移入经营，要体现明确的价值点，要有文化的诉求点、要有利益点；第五个移入品牌的扩张和延伸，品牌扩张、品牌延伸，扩大品牌收益空间。

峰会受到与会代表的广泛赞誉，大家普遍感觉峰会主题切合企业需求，对企业文化建设指导性很强。来自中航工业集团的企业文化专家张洪庆在微信文章中写道：岳麓山下，橘子洲头，中国企业文化研究会为全国企业文化同仁奉上了一场具有新时代意义的品牌文化盛宴，本次峰会堪称一场肩负时代使命与引领品牌文化的思想先导，一场坚定文化自信与推进品牌强国建设的全面动员，一场现代品牌文化与传统文化精神的深情对视，一场文化引领发展与品牌价值的成果交汇。连云港企业文化学会会长李万来说，中国企业文化研究会是我国成立最早最具权威性和影响力的全国性企业文化社团，30多年来始终保持中国特色社会主义企业文化旗帜，引导全国企业文化建设健康发展，理论研究上始终具有权威性、针对性、适应性、实践性，对全国各类企业进行指导和帮助。每年召开一次的中外企业文化峰会，为广大企业提供了新的信息、新的知识，受到广大企业家高度好评和拥护。

代表们参观考察三一重工和瞻仰毛泽东主席故居后，"中外企业文化 2017 长沙峰会"正式落幕。这次峰会是新时代引领我国品牌文化建设发展的盛会，广大企业带着峰会成果返程。我们相信，在党中央的领导下，广大企业同心协力、奋发有为，一定能掀起我国品牌文化建设的新高潮，一大批富有中国文化独特魅力的世界一流品牌将应运而生，为我国小康社会建设全面胜利和社会主义现代化强国建设做出精彩的贡献。

（撰稿人刘三彰，系中国企业文化研究会测评中心主任）

中央企业宣传思想工作会议

2017 年 1 月 23 日，中央企业宣传思想工作会议在京召开，会议总结了 2016 年中央企业宣传思想工作，并交流经验、分析形势、研究部署了 2017 年工作。国务院国资委副主任、党委委员黄丹华出席会议并讲话，国资委副秘书长彭华岗出席会议。

黄丹华指出，2016 年，中央企业宣传思想战线认真贯彻落实党中央、国务院决策部署，落实国资委党委工作要求，紧紧围绕中央企业改革发展大局，坚持正确政治方向、宣传导向、价值取向，主动作为，真抓实干，各项工作取得显著成效，为中央企业改革发展提供了强大思想保证、舆论支持、精神力量和道德滋养。面对全面从严治党和加强国企党建的新要求、中央企业改革发展的繁重任务、适应媒体深度融合的新趋势、企业国际化经营步伐不断加快的新任务，要增强做好宣传思想工作的责任感、使命感，坚持和把握四个原则：一是始终坚持同党中央保持高度一致，二是始终围绕服务中央企业改革发展大局，三是始终坚持敢于担当勇于创新，四是始终坚持善于统筹、协同联动。

黄丹华强调，2017 年是全面实施"十三五"规划、全面建成小康社会的重要一年，是供给侧结构性改革的深化之年，我们的党即将召开十九大，做好宣传思想工作意义尤为重要。中央企业宣传思想工作要全面贯彻党的十八大和十八届三中、四中、五中、六中全会精神，深入学习贯彻习近平总书记系列重要讲话精神和治国理政新理念、新思想、新战略，增强政治意识、大局意识、核心意识、看齐意识，紧紧围绕统筹推进"五位一体"总体布局和协调推进"四个全面"战略布局，围绕迎接、宣传、贯彻党的十九大这条主线，坚持稳中求进工作总基调，服从、服务中央企业改革发展中心任务，着力加强理论武装，着力加强新闻宣传和舆论引导，着力培育和践行社会主义核心价值观，为做强、做优、做大中央企业提供有力思想舆论保证和良好精神文化条件。

黄丹华要求，2017 年要在系统谋划整体推进的同时，突出抓好六项重点工作。一是加强思想理论建设，深化习近平总书记系列重要讲话精神的学习和宣传贯彻。二是加强思想认识和行动自觉，迎接、宣传、贯彻党的十九大。三是加强新闻宣传工作，壮大主流声音。四是加强社会主义核心价值观建设，推进文明创建和企业文化建设。五是加强主动担当，切实履行意识形态工作责任制。六是加强宣传思想工作队伍建设，着力克服"本领恐慌"。

中国航天科技集团公司、中国石油化工集团公司、中国宝武钢铁集团有限公司、中国长江三峡集团公司、中国中车集团公司、中国广核集团有限公司等企业在会上作了经验交流。国资委各厅局、有关直属单位负责同志，经验交流企业代表在主会场参加会议。各中央企业分管宣传工作的负责同志，党群（政工）部门、宣传部门同志，企业报刊网站等媒体负责同志共 1600 余人在分会场参加会议。

（来源：《企业文明》杂志社）

国有企业创新文化研讨会

2016 年 7 月 20 日，国务院国资委宣传局和经济日报社在京联合举办国有企业创新文化研讨会。研讨会以"创新文化与工匠精神"为主题，通过领导讲话、专家授课、现场交流、圆桌论坛等形式，深入学习贯彻习近平总书记系列重要讲话精神和李克强总理有关重要指示，积极践行"创新、协调、绿色、开放、共享"五大发展理念，认真落实全国科技创新大会和中央企业科技创新工作会议精神，加快实施创新驱动发展战略，积极推进创新文化建设，大力培育工匠精神，为国有企业改革发展提供智力支持和政策指引。

经济日报社社长徐如俊在讲话中表示，这次国有企业创新文化研讨会以创新和工匠精神为主题，将对国有企业实施创新驱动、倡导工匠精神，不断增强持续创新能力、打造新的竞争优势发挥应有的推动作用。工匠精神是"中国制造"的软实力。在全面落实"中国制造 2025"、从"跟随者"转向"引领者"的关键时期，国有企业要发挥领军作用，把追求细节完美、质量上乘的"匠心"融入设计、生产、管理、服务的每一个环节，有效解决设备可靠性、精度保持性、质量稳定性、消费安全性等问题，实现大工业时代的精细管理、精品制造。培育和弘扬工匠精神，既需要企业家追求卓越、生产者耐心坚守，更需要职业教育的改革、职业精神的培养、制度体系的激励、文化土壤的培育。要用规则制度引导工匠习惯，再把工匠习惯升华为工匠精神。要加强工匠培育体系的创新，坚持以提高质量、促进就业、服务发展为导向，加快发展与技术进步和社会需求相适应、产教深度融合的现代职业教育。要坚持标准引领、法制先行，努力构建质量共治机制，完善国家标准体系，加快相关法规建设，严格监管市场秩序，惩治假冒伪劣产品，强化知识产权保护。

中国企业联合会、中国企业家协会驻会副会长尹援平在讲话中表示，本次研讨会以"创新文化与工匠精神"为主题，契合中央要求，符合企业实际，对

国有企业加强创新文化建设，推动企业转型升级、提质增效具有重要的现实意义。当前，创新不足已成为制约我国经济持续发展的瓶颈。创新驱动发展，文化驱动创新，文化为创新提供适宜的环境和土壤。2016 年政府工作报告中首次提出培育精益求精的工匠精神，正切中我国制造业企业大而不强、产品档次整体不高、自主创新能力弱的要害。"工匠精神"是勤奋、勤勉和创新、创造的融合，是精益求精和开明开放的融合。对于企业来说，工匠精神就是要"做专、做精、做细、做实"。只有兼具创新与匠心的企业，才有可能成为引领发展的市场航标。要形成激励探索、包容个性、崇尚创新、宽容失败的企业环境，大力营造人人注重细节、追求完美、持之以恒的企业氛围。要通过制度建设形成完善的创新激励、创新评价、成果转化机制，形成完整、有效的创新价值链，为企业发展服务。要建立良好的组织协调机制，建立完善的人才培养机制和有效的考核激励机制。

国务院国资委宣传局局长卢卫东代表主协办方在致辞时说，这次研讨会以"创新文化与工匠精神"为主题，是深入贯彻落实党中央和国务院领导同志指示精神的重要体现。创新文化是以创新为主导价值观，蕴含着促进创新行为、推动持续创新的基因，是文化软实力的重要组成部分，也是一个企业永续发展的动力。工匠精神是引领时代进步的主旋律，代表着一个时代的气质，是一个大国制造业从大到强所必需的一种精神。创新文化与工匠精神有着十分紧密的联系。培育和弘扬一种文化和精神，是一个循序渐进、潜移默化的过程，不可能一蹴而就，要使创新文化和工匠精神内化于心，外化于行，成为企业广大员工乃至全体公民的自觉意识和行为，是一项长期的任务，既需要顶层设计、系统谋划，在舆论引导、政策支持、体制机制等方面综合施策，精准发力，更需要一种韧劲，绵绵用力、久久为功，在落细、落小、落实上下功夫。本次研讨会已搭建了一个很好的平台，期盼着在各位领导、专家、新闻媒体及工信部、科技部等部门的大力支持下，共同唱响弘扬创新文化和工匠精神的主旋律，谱写绚丽多彩的新篇章。

在专家授课环节，工信部工业文化发展中心主任罗民结合提出培育工匠精神的现实背景，剖析了工匠精神的基本内涵，阐释了在新时代背景下弘扬

工匠精神的对象、重点和意义，并由工匠精神引申至工业文化，阐明了工业文化对于建设制造强国的作用和意义，提出建设工业文化的发展思路。科技部创新发展司副司长崔玉亭介绍了我国科技发展的现状和"十三五"国家技术创新工程规划的相关内容，分析了科技创新所面临的新形势，为国有企业从战略上准确把握国家科技创新形势，科学制定和有序推进企业科技创新规划提供了指南。

研讨会上还发布了国有企业创新文化征文活动优秀论文获奖名单，并邀请一等奖获奖代表做大会交流。中国电科胡薇薇提出了"三位一体"创新文化管理模型，打通创新文化与科技创新之间的关键连接点，为解决创新文化与科技创新"两张皮"问题提供了一种路径和方法。航天科工苏庆元介绍了航天科工如何以"技术创新、商业模式创新和管理创新"为主要内容，通过活动实践平台搭建和保障体系建设，努力改造"传统人"，培育"现代人"，有力推动了企业不断创新发展、转型升级。宝钢何潮以"试论转型期的宝钢创新文化与企业家精神"为题，展示了优秀的企业家精神和创新文化在宝钢 30 年改革发展过程中如何发挥着重要作用，成为了宝钢转型发展和二次创业的核心力量。中国商飞俞彬彬从精神层、制度层、行为层、物质层四个层次，提出了中国商飞公司创新文化实践的新模式。中航工业刘洪德从导向、支撑、行动三个系统入手，论述了中航工业创新文化培育和践行的方法。中国建材张继武以本公司为例，重点介绍了在新常态背景下，充分竞争领域的国有企业如何以文化创新带动转型，引领发展。中国移动通信研究院郭吴昊运用仿生学原理，构建了创新型企业发展的树模型，深入研究和阐释了技术创新、创新文化引领和管理制度保障之间的内在联系和作用机理。中国交建查长苗介绍了本公司如何依靠自主创新推动企业发展、提质增效，构建了支持创新、促进创新、宽容创新失败的工作体制机制，从而推动企业脱胎换骨的发展，证明了创新文化是助推国有企业实现从大到强的重要力量。

（来源：国资委宣传工作局）

中央企业精益管理文化现场交流会

2016 年 6 月 7 日，国务院国资委在中国国电河北衡丰发电有限责任公司召开中央企业精益管理文化现场交流会，交流推广中央企业精益管理文化的经验和做法，促进企业提质增效工作向更高层次迈进。

会议深入学习贯彻习近平总书记系列重要讲话精神，认真落实李克强总理等国务院领导有关重要指示精神，积极践行五大发展理念，全面落实国资委战略，以"精益管理文化"为抓手，主动融入中心，服务大局，打好国有企业提质增效攻坚战。国资委宣传局局长卢卫东出席会议并讲话，中国国电集团公司党组书记、董事长乔保平出席会议，党组副书记、副总经理张国厚出席会议并致辞，国资委宣传局副巡视员金思宇主持会议。

与会代表参观了国电衡丰公司精益管理文化现场，听取公司主要负责同志情况汇报。中国国电河北衡丰发电有限责任公司、中国石油华北油田、国投电力靖远第二发电有限公司、中国石化镇海炼化分公司、中国中车戚墅堰机车有限公司 5 家企业主要负责人做大会交流。

会议指出，精益管理是提升企业管理水平、促进企业提质增效的有效举措。当前，世界经济仍处于深度调整中，我国经济下行压力仍然存在，中央企业去产能、去库存、去杠杆、降成本、补短板的任务艰巨，迫切需要提质增效、瘦身健体。党中央、国务院领导同志高度重视国有企业提质增效工作，李克强总理强调要以改革促发展，打好国有企业提质增效攻坚战，下决心瘦身健体，增强核心竞争力。全面推进精益管理，培育精益管理文化，是推进管理创新，向管理要效益、要方法、要提升的重要举措，也是中央企业提质增效的治本之策。这对转变企业发展方式，提高企业发展质量和效益具有十分重要的现实意义，是现阶段中央企业提质增效、瘦身健体的现实迫切需要。

会议认为，近年来一些中央企业在精益管理文化方面努力探索实践，取得了明显成效。部分企业认真引进精益管理理念方法，从战略和文化的高度审视精益管理，通过构建以精益思维为导向的精益文化，提升精益管理的执行力，引领企业不断创新，为企业实现可持续的良性发展提供动力和支持。中国国电集团公司坚决贯彻党中央、国务院的决策部署，坚持树立科学的发展观和正确的业绩观，坚持先进理念引领，坚持优秀文化强企，发挥党的政治优势和精益管理文化在提质增效中的积极作用，在国资委经营业绩考核中，国电连获 11 个"A"级。国电河北衡丰公司积极探索管理和效益提升的有效路径，引入实施精益管理，而且上升到文化管理的高度，形成了以"提升质量和效益"为目标，以"规范化、精准化"为要求，以精益管理工具为手段，以考核抓落实，以绩效促成效的精益管理文化体系，为企业的提质增效提供了有力的文化支撑。从量变到质变，最大限度地挖潜降本、提质增效，走内涵式增长的道路，企业的综合竞争实力不断增强。尽管衡丰公司规模不大，10 多年来却创造了不俗的经济效益。即使在全行业不景气的 2008—2011 年，衡丰公司依然保持了较强的盈利能力，彰显出精益管理文化的价值。2014—2015 年，衡丰公司利润总额连续两年突破 4 亿元，实现了国有资产的保值增值。中国石油华北油田面对近两年低油价的"生存大考"，不断拓展延伸精益管理的内涵和外延，锤炼形成具有其自身特色的精益管理文化，积极探索精细管理文化进一步内化于心、外化于行、固化于法，引领精细管理在各项工作、各个岗位深入践行，充分释放了各方面提质增效的潜能，走出了一条低成本的稳健发展之路。中国石化镇海炼化着眼于精细文化的深耕细作，通过思想、行为和价值引领，强化干部员工的精细理念，通过生产经营管理上的强基固本、不断创新，有效提升了企业效益和核心竞争能力。国投靖远二电在持续改进、不断创新的"日新"文化基础上，积极运用现代管理理论和方法，建设扎实的精益管理文化，不断优化基础管理、深化技术创新、细化节能降耗、挖掘内部潜能，有效提高了管理水平、运营效率和经济效益，实现了"精益"文化的落地。中国中车戚机公司在长期精益管理实践中形成了比较完善的精益管理文化价值理念体系，并全面落实到员工行为规范体系中，结合行业特点，重点剖析了公司最小管理单元"工位"精益文化的体系及做法，以点带面，有力提升了企业的产品竞争能力。

会议强调，中央企业要主动适应、把握和引领经济发展新常态，以提高发展质量和效益为中心，大力推进精益管理文化建设，不断提升企业管理水平和核心竞争力。一是要提高思想认识。要转变传统的思维模式，充分认识精益管理文化在推动企业生产经营过程中的价值作用，企业各级领导要发挥以上率下的引领作用，推动精益管理文化落地生根、逐步深化。二是要形成价值理念。要把精益管理理念融入企业战略、目标、愿景和使命中去，更加贴近市场、贴近客户、贴近员工，抓好理念宣贯落地，在实践中不断丰富完善。三是要坚持全员参与。要坚持"全员参与、持续改善"，建立有效的绩效激励机制，营造良好氛围，强化全员的认知认同，鼓励广大员工积极在工作实践中去探索应用。四是要用好管理工具。要在深入理解基础上，根据企业实际情况创新运用、灵活运用精益管理工具，放大精益管理工具价值，不能片面理解或机械照搬。五是要做到全面融入。要把精益管理理念和方法全面融入企业生产经营全过程，不断优化管理流程，创新经营机制，激发企业内在经营活力。六是要加强研究实践。要多开展课题研究，通过开展比较研究和管理对标，深度挖掘有价值的鲜活实践，总结推广成功经验，加大精益管理文化的推进力度。

（来源：国资委宣传工作局）

2016 中国 EAP 与职业心理健康年度论坛

2016 年 10 月 26 日，由国务院国资委宣传工作局指导、北京师范大学心理学院主办的"2016 中国 EAP 与职业心理健康年度论坛"在北京师范大学隆重召开。本届论坛旨在进一步深化企业文化建设，推进中央企业职业心理健康（Employee Assistance Program，EAP）工作，帮助中央企业深入了解 EAP 行业最新发展动态，学习专业知识，交流实践经验，切实加强中央企业深化改革和并购重组中的人文关怀和心理疏导工作。

论坛以"幸福员工·积极组织·健康中国"为主题，探讨"大健康"视野下，明确 EAP 发展新方向，探究如何利用 EAP 培养幸福员工，建设积极组织，打造健康中国。论坛汇聚国际心理学界、EAP 领域的资深专家、国内知名企业负责人，共同探讨了包括"组织成功深层原因、积极组织干预方法、EAP 开展模式、员工幸福定义与提升"等诸多热点话题，希望以系统、生态的方式汇聚组织层面力量，服务、推动企业的创新、转型与发展，实现员工与企业发展平衡性、包容性、可持续性的提升。

本届论坛汇集国内外著名心理专家与行业精英，

聚焦新问题、开拓新思路、创造新经验。《最强大脑》主持人、复旦大学副教授蒋昌建博士主持论坛，现场嘉宾分别围绕"积极与幸福组织建设"和"员工幸福如何定义与提升"开展了沙龙论坛，是一次国际化发展与本土化运用、理论研究与实际拓展的高端论坛。斯坦福大学心理学系杰弗里·科恩教授、悉尼大学心理学院安东尼·格兰特教授、法国布列塔尼大学查尔斯·马丁-克鲁姆教授、我国台湾张老师基金会董事长张德聪、著名媒体人杨澜以及北京师范大学党委副书记刘利教授、心理学院院长刘嘉教授、心理学院副院长张西超教授等发表精彩演讲。中国石化宣传部（企业文化部）主任吕大鹏、中国移动党组办公室党建工作处处长陈冬、中广核集团人力资源部高级经理周科英、国家电网天津电力公司工会主席尚锦山、中国石化西北油田分公司副总政工师余满和等中央企业代表，分别介绍了本企业开展EAP的有效做法。

与会中央企业代表认为，参加本次论坛收获很多，了解了EAP领域前沿思想和最佳实践案例，了解了EAP如何更好服务企业的新方法、新举措，学习交流了EAP在中央企业因地制宜的实践经验，将为推动中央企业EAP更好发展、促进柔性管理技术的灵活运用、助力中央企业全面深化改革提供精神动力。身负使命，需顺应潮流，方能有所作为。下一步，中央企业要因势而动、顺势而为，聚合员工的向心力，构建企业积极氛围，打造一支幸福、蓬勃的卓越队伍；努力建立增加企业核心竞争力的驱动机制，实现企业可持续健康发展，为共同提升全民心理健康水平做出贡献。

（来源：国资委宣传工作局）

第二届中国工业文化高峰论坛

2016 年 12 月 10 日，由工业和信息化部指导，工业和信息化部工业文化发展中心主办的"2016 中国工业文化高峰论坛"在京举行，本届论坛以"坚持文化自信　建设制造强国"为主题，探讨在工业领域坚持文化自信、塑造中国工业新形象、助力制造强国建设。全国人大常委会原副委员长、国家制造强国建设战略咨询委员会主任路甬祥，工业和信息化部总工程师张峰出席论坛并致辞。

路甬祥表示，实施制造强国战略，核心是科技创新，基础是培育和建设中国特色工业文化。培育建设中国特色工业文化，必须坚持社会主义核心价值观，传承中华优秀传统文化，汲取各国工业文化的精髓，适应知识网络时代和全球制造发展的大趋势和新要求。培育建设中国特色工业文化，要追求国家富强、社会公平，服务社会、造福人民，促进生态环境保护、修复，实现人与自然和谐协调、绿色低碳、可持续发展。要践行实事求是的科学精神，敬业求精的工匠精神和诚实守信、开拓进取的企业家精神。要围绕实施"一带一路"倡议，进一步扩大开放、深化合作，汇聚全球创新资源，坚定自主创新、跨越引领的文化自信和开放理念。

张峰在致辞时指出，建设制造强国是一项长期战略任务，不仅需要技术创新、产业升级的刚性推进，还需要工业文化力量提供源源不断的柔性支撑和强大精神动力。工业和信息化部成立了工业文化发展中心，支持开展工业文化的理论研究和系列专题研究，注重工业文化与业务工作的有机结合，主动向社会各界宣传解读工匠精神和企业家精神，取得了较好的社会反响。

张峰强调，加快工业文化的培育和发展，是一项重要而紧迫的任务。一是夯实工业文化发展基础。重点加强工业文化对工业软实力提升和制造强国建设支撑作用的研究，建立工业文化资源库，健全政策标准体系，推动形成支持工业文化发展的产业、财税、人才、土地等政策体系；二是发展工业文化产业。打造具有国际影响力的工业设计集群，培育一批示范性创新创业区域和大师工作室，研究建立国家工业博物馆，支持打造一批工业创意园区和工业文化特色小镇；三是塑造国家工业新形象。要着力塑造我国工业诚信、质优、创新、绿色的新形象，不断丰富中国制造的文化内涵；提升对外交流水平，创新宣传方式，讲好中国工业故事，传播工业文化，展示国家工业新形象。

文化部党组成员、故宫博物院院长单霁翔，工业和信息化部原党组成员、总工程师朱宏任，格力电器股份有限公司董事长、总裁董明珠，以及来自中国科学院、中国社会科学院、中国商用飞机有限责任公司、中国机械工业集团、中国石油和化学工业联合会、机械工业经济管理研究院、中国创投资产管理有限公司、江苏省区域发展研究会、湖北省黄石市政府等的十余名领导、专家与业界领袖，围绕论坛主题分别做了主题发言，研讨新形势下推动工业文化发展的新思路、新举措。

（来源：工业和信息化部工业文化发展中心）

第三届中国工业文化高峰论坛

2018年1月20日，第三届中国工业文化高峰论坛在北京成功举行。本次论坛由工业和信息化部指导，工业和信息化部工业文化发展中心主办，中国企业联合会企业文化建设委员会协办，是一次全国性、高规格、高水平的工业文化领域盛会。来自工业和信息化部有关司局及各地产业主管部门，高等院校、科研院所及行业协会、领军企业等的400余位代表齐聚一堂，围绕"新时代新思想新征程——弘扬工业文化建设制造强国"的会议主题，共同研讨加快中国特色工业文化发展，助力制造强国和网络强国建设的新思路、新路径和新举措。

工业和信息化部党组成员、总工程师张峰在致辞时指出，工业文化是中国特色社会主义文化在工业领域的具体体现，是社会主义文化的重要组成部分，理应在繁荣社会主义文化、提高国家文化软实力进程中发挥积极作用。大力推进中国特色工业文化建设，既是实施制造强国战略的有力举措，也是繁荣社会主义文化的重要途径。

张峰强调，全面贯彻落实党的十九大精神，交流研讨新时期工业文化的新特点、新趋势，对提高全社会对工业文化重要性的认识、丰富工业文化的内涵和提升中国工业软实力非常重要。一是构筑新时代的中国工业精神，为制造强国提供强大的精神动力。进一步激发和保护企业家精神，弘扬劳模精神和工匠精神，践行创新精神，倡导诚信精神，为建设制造强国提供强大的文化支撑。二是发展工业文化产业，为经济文化融合发展提供新动能。下一步将加强工业遗产保护和利用工作，支持建设工业设计公共服务平台，促进装备制造与文化创新融合发展，促进工艺美术、工业旅游、工业创意产业发展，培育工业文化新业态，着力打造制造业新的增长点。三是营造工业文化氛围，推动经济高质量发展。从促进丰富产品内涵、提升产品质量、塑造中国品牌、体现产品的人文关怀、加强企业社会责任

建设等多方面发力，形成工作体系，多管齐下有效推进。四是讲好中国工业故事，塑造国家工业新形象。着力塑造我国工业诚信、质优、创新、绿色等新形象，不断丰富中国制造的文化内涵，进一步提高对外交流水平，提升中国制造的美誉度，围绕中国制造新成就，展示真实、立体、全面的中国工业新形象。

中国企业联合会、中国企业家协会常务副会长兼理事长、工业和信息化部原党组成员、总工程师朱宏任，清华大学副校长、中国工程院院士尤政，工业和信息化部产业政策司司长许科敏，新华社新媒体中心党委书记、董事长陈凯星，中国兵器工业集团董事、东北工业集团董事长、党委书记于中赤，陕西文化产业投资控股（集团）有限公司党委书记、董事长王勇，本溪城市文化生态发展有限公司执行董事、总经理姜昱，全国劳动模范、全国时代楷模、鞍钢冷轧厂特级技师李超，中华技能大奖获得者、中国航天科技集团有限公司特级技师王连友等10余名专家学者、优秀企业和产业工人代表，围绕论坛主题分别做了主题发言。工业和信息化部工业文化发展中心主任罗民主持了会议。

在工业文化系列项目签约仪式上，工业文化发展中心与陕西文化产业投资控股（集团）有限公司、宁夏宁东能源化工基地管委会宁东镇分别签署了战略合作协议。"清城工业文旅小镇""青少年工业文化教育"和"先进制造商学院"等重点工业文化项目进行了现场签约，并向社会正式发布了中创工信首支智能制造基金。

（来源：工业和信息化部工业文化发展中心）

首届中国民营企业文化论坛

由中国企业文化研究会主办、天能集团承办的"民营企业文化创新与社会责任"——首届中国民营企业文化论坛暨天能集团现场会"于2016年6月25日至26日在浙江长兴召开。

本届论坛的主旨是：紧紧围绕贯彻落实党的十八届五中全会精神以及习近平总书记在民建、工商联委员联组会上"两个不动摇""三个没有变"的讲话精神，回顾总结改革开放以来民营企业文化建设的经验，深入探索民营企业文化建设的创新发力，加

快提升民营企业转型升级中的文化自觉，引领民营企业发挥更大责任与担当，促进民营企业"十三五"时期发展新常态下的经济转型，推进中国特色民营企业文化建设的繁荣与发展。来自全国各地的专家、学者、企业家及民企企业文化工作者 200 余名代表参加了会议。

开幕式上，中国企业文化研究会常务副理事长、秘书长、教授孟凡驰，全国人大代表、天能集团党委书记、董事局主席张天任，长兴县委书记吕志良向大会致辞；全国政协委员、第九届和第十届全国工商联副主席孙晓华，国务院特区办原主任、商业部原部长、中国企业文化研究会理事长胡平应邀出席会议并讲话。

会上，隆重发布"民营企业家长兴文化宣言"，由 12 名企业家在主席台共同宣读，"宣言"从坚持文化兴企，提高企业文化软实力；坚持理想信念，提振发展信心；坚持守法经营，把握"亲""清"要义；坚持致富思源，履行社会责任；坚持文化修炼，将企业办成学习型组织五个方面构成宣言的核心主旨，在"十三五"开局之年为中国民营企业指明了方向、提振了信心、弘扬了正能量！中国民营经济从最初个体户的资本积累到目前民营经济的蓬勃发展经历了一段顽强曲折的发展过程，它在我国由计划经济向市场经济转轨的过程中发挥了不可替代的作用。在当今世界经济和文化相互交融的新常态下，企业文化在民营企业转型发展中的作用日趋显现。本次大会着眼于民营企业转型发展的实际需要，采用官、产、学、研互动的方式，深入研讨我国民营企业文化建设的创新和提升；探索民营企业经济腾飞的着力点和可持续性；引领民营企业发挥更大、更好的社会担当；促进民营企业在新常态下"双创"精神焕发新作为；为切实实现我国民营企业在"十三五"时期的转型发展，专家、学者、企业家各抒己见、畅所欲言。

天能集团常务副总裁、党委副书记、工会主席陈敏如做了"民营企业文化创新与社会责任"的典型发言；北京师范大学管理研究院院长、教授、博士生导师唐任伍做了"当前经济形势分析与民营企业对策"的学术报告。

浙江吉利控股集团有限公司资深副总裁张爱群、中国华信能源有限公司办公厅总经理陈国庆、公元集团永高股份党委副书记、行政中心副总监高春泉分别以"培育工匠精神的着力点""转型升级中的文化理念创新""上市公司如何打造具有鲜明特色的企业文化"为题做了专题演讲。

中国企业文化研究会常务副理事长华锐作为企业文化专家与黑松林粘合剂厂有限公司董事长刘鹏凯，湖北鸿云科技股份有限公司董事长万守杰，吉林省易视顿光学科技有限公司董事长杨春武围绕"民营企业如何履行社会责任"专题做了对话交流。

稻盛和夫（北京）管理顾问有限公司副董事长韩旭、海尔集团党委宣传部部长汲广强分别以"日本经营之圣稻盛和夫'阿米巴经营'如何借鉴""海尔张瑞敏'人单合一'的开创性启示和操作"为题做了企业经营经典案例剖析。闭幕式上，中国企业文化研究会常务副理事长、秘书长、教授孟凡驰做了大会总结。

6 月 26 日，全体代表参观了天能集团文化展厅、天能大学文化学院、天能集团循环经济产业园和新四军苏浙军区纪念馆。在参观天能集团商学院企业教学体系的同时，对困扰中国民营企业人力资源保鲜、提升等现实问题，进行了实务性的模式解读和经验推介。

与会代表普遍认为，本届峰会是中国民营企业文化研讨交流的一次重大盛会，特别是在当前中国经济正处于增长速度换档期、结构调整阵痛期和前期刺激政策消化期"三期叠加"的关键时期，党的十八届五中全会通过的"十三五"规划建议明确提出"鼓励民营企业依法进入更多领域，引入非国有资本参与国有企业改革，更好激发非公有制经济活力和创造力"以及"激发企业家精神，依法保护企业家财产权和创新收益"等国家简政放权、商事制度改革、财税金融领域改革等改革红利逐渐释放，为民营企业发展带来巨大成长空间和无限商机的新形势下，全国民营企业文化战线的代表汇聚浙江长兴，共享我国民营企业文化建设的成功经验和理论成果，解析"十三五"时期中国民营企业文化建设的目标任务和实现途径，共商以文化创新驱动民营企业转型发展的方法与对策，各业精英还对我国民营企业家关注的供给侧改革、工匠精神、社会责任、非公经济发展的焦点课题进行了深入研讨，这对于民营企业抓住"十三五""创新、协调、绿色、开放、共享"五大发展理念带来的新机遇，对于引领我国民营企业文化均衡发展以适应新常态、开拓新道路、打造新模式、再创新辉煌具有重要而深远的意义。

商海逐鹿、文化制胜。大会汇集的一大批中国民营企业文化的先进经验和成功案例，是民营企业的无形资产和宝贵财富。对此，中国企业文化研究会将利用《中国企业文化年鉴》《中国企业文化杂志》《企业文化资讯》等纸媒平台、中国企业文化研究会相关网站，以中国企业文化研究课题、专家学者教学课件、案例解读等多种形式，对这些企业文化结晶加以深入探讨和广泛推介，继续团结企业界、理论界和其他有志于企业文化建设的人士，积极推动民营企业文化理论探索和实践创新，不断推出新的理论研究成果，为民营企业强企圆梦做出新的更大的努力和贡献！

第二届中国民营企业文化论坛

由中国企业文化研究会、上海市企业文化促进会联合主办，中国华信能源有限公司承办的第二届中国民营企业文化论坛于 2017 年 5 月 25 日至 26 日在上海隆重举行。第九届、第十届全国人大副委员长、中国文化院院长许嘉璐，国务院特区办原主任、商业部原部长、中国企业文化研究会理事长胡平，中华文化交流与合作促进会理事长、全国政协常委、第九届和第十届全国工商联常务副主席、北京市原副市长孙安民等主要领导到会并做重要讲话。上海市委宣传部副部长、市文明办主任潘敏，中国华信能源有限公司总裁陈秋途，中国企业文化研究会常务副理事长、秘书长孟凡驰致辞。

孟凡驰在致辞中表示，中国民营企业文化论坛，是中国企业文化研究会深入贯彻落实习近平总书记系列讲话精神，秉持"方向正确、学术领先、行为规范"宗旨，于 2016 年创立的，是旨在集合各方智慧，整合多方资源，致力于促进全国民营企业的合作交流，以传承和弘扬优秀传统文化推动民营企业文化建设与创新，帮助民营企业实现更好更快发展，为中国经济做出更大贡献而搭建的交流平台。论坛得到了社会各界的理论家、企业家的大力支持和积极响应，各方合力推进中国民营企业文化建设事业的格局正在形成。本届论坛的主题是"弘扬优秀传统文化，创新企业经营管理"，目的是进一步推动民营企业继承优秀传统文化，提升文化建设层次水平，促进民营企业的健康发展。

潘敏在致辞中表示，上海是中国共产党的诞生地，是近代中国工商业的发祥地，文化底蕴深厚、文化脉络清晰、文化传承有序、文化氛围浓郁。近年来上海从城市历史文化宝库中萃取精华、汲取能量，深入挖掘红色文化、近代工商业文化的时代价值，把优秀传统文化与契约精神、工匠精神、规则意识、法治意识紧密结合起来，制定发布上海市文化建设三年行动，实施"同心逐梦""迈向卓越""责任担当""阳关关怀""互联网＋"五大行动，组织开展企业创新文化品牌展评发布，营造惟不忘初心者进、惟从容自信者胜，惟改革创新者强的企业文化氛围，推动企业成为创新发展的主战场、生力军。

陈秋途在发言时说，改革开放 30 多年，民营经济得到突飞猛进的发展，但民营企业优秀文化成果屈指可数，任重而道远。中国民营企业只有不断完善企业文化管理，提高企业的软实力，才能真正做强做大，走向世界。期待中国民营企业文化论坛发展成为优秀民营企业展示的舞台，交流的讲台和学习的平台。相信通过大家的集思广益，论坛必将促进中国民营企业文化的塑造和品牌的发展，共同为中华民族的伟大复兴的中国梦贡献力量。

论坛内容丰富多彩。在主题分享环节，正泰集团股份有限公司党委书记林可夫介绍正泰集团的"传统文化与民营企业经营管理创新"的典型经验；北京隆盛泰健康科技股份有限公司董事长王卫东介绍稻盛和夫哲学与"阿米巴经营"的实践案例；美团点评网副总裁丁志雄分析"隐形冠军"民营企业经营管理的"新玩法"；大连市古建筑园林工程有限公司董事长徐德凝与大家分享"传统文化在企业实践"的体会。

本届论坛通过主题辩论环节，在中国企业文化研究会常务副理事长华锐的主持下，通过正方中国华信能源有限公司团委干事李嘉琪、《保险文化》资深媒体人李墨、营口宝山生态涂料有限公司董事长丛立学以及反方伽蓝（集团）股份有限公司高级公关总监陈涓玲、连云港企业文化学会副会长王树华、丰盛品（北京）农业科技发展有限责任公司董事长盛小林等，围绕"企业文化是否为"一把手"文化进行了精彩的辩论"。双方发言精彩纷呈，大家通过摆事实、讲道理，对民营企业老板"一把手"在文化建设中的主导作用进行充分地论证。

论坛在案例分享环节，华为集团原党委副书记朱士尧，做了题为《华为开放创新与华为内核》的经验介绍。在"上海市民营企业以文化创新变革经营管理的成功实践"环节，春秋航空股份有限公司人力资源部总经理王天和、上海复星高科技（集团）有限公司党委副书记祝文魁和汇投资集团股份有限公司副总裁倪鸣，分别介绍各自的管理经验。

论坛在观点分享环节，大连市企业文化研究会会长钟祥斌与代表们分享《传统文化的现代应用——中华文化企业文化化》的理论和实践意义。山东华威保安集团股份有限公司董事长荀金庆、泰通建设集团有限公司董事局主席刘伟、黑松林粘合剂厂有限公司董事长刘鹏凯、四川邦泰投资有限责任公司副总经理何流等，与专家展开对话，分别结合各自企业的成功管理实践，分析传承我国优秀传统文化与培育企业家精神在中国经济新常态下对企业转型升级的重要性。

最后，中国企业文化研究会常务副理事长、秘书长孟凡驰教授，以"传统文化在民营企业中的传承与弘扬"为题做了总结发言。他说，我们这次确立以"弘扬优秀传统文化，创新企业经营管理"为主题，其主要目的有两个：一是贯彻落实 2017 年 1 月中共中央办公厅、国务院办公厅发布的《关于实施中华优秀传统文化传承发展工程的意见》；二是探讨如何把传统文化应用到日常经营管理中，使传统文化在现代管理中发扬光大。中华民族传统文化源远流长，内容丰富，对中国传统文化的继承和发扬要取其精华，去其糟粕。但文化精华的取得非常难，不像其他的东西一下子能拨开。文化的继承扬弃，难在两个方面：一是精华和糟粕的交融性；二是理念和物质的杂糅性。他谈了在做人上的四点体会：第一点，要发扬传统文化，就要明德而行善，明确发挥光明的道德。企业家和职工有发扬光大中国传统道德的责任，有做到最好、最高境界的责任。第二点，要有责任担当，"天下兴亡匹夫有责"，"先天下之忧而忧，后天下之乐而乐"，我们自古以来都在传承这种有民族使命感的精神。第三点，要积极进取。古人讲"天行健，君子以自强不息"，这种积极进取精神，值得企业家发扬光大。本次论坛很多企业家在发言中焕发着非常大的活力，而且都有一种昂扬奋进、锐意进取的精神，这就是中华民族传统文化的有力体现。第四点，做人应该要中庸适度。

孟凡驰教授在总结中指出，在做企业方面，我们要发扬光大传统文化精神，有几点可以借鉴：第一是要铭记大道，天下为公。第二是兼容并蓄，既要善于继承中国传统文化，吸收同行业的优秀的文化经验，还要勇于吸收世界上先进发达国家的优秀文化。第三是要以人为本，对职工要做到"理解、关心、爱护"，对客户要做到"培养、塑造、提升"。第四是仁者爱人。第五是道法自然，重视道的力量，注重无形理念的作用。第六是创新发展，守正出奇。第七是和而不同，追求个性。

孟凡驰教授在总结中还指出继承传统文化要防止劣质文化的影响。比如官本位思想，重技术方法、轻终极追问，平均取向，重农抑商等。孟教授说，以上所讲的内容，是论坛经过一天半的讨论所涉及的有关做人、做企业一些启示。没有涉及的还有很多，中国企业文化研究会将来还会创造机会与大家共同讨论。

来自全国各地的有关部门领导、专家、企业家等各方代表 460 余人聚集一堂。他们聚焦热点、难点话题，总结典型经验，探求发展路径。与会者认为，本届论坛既是一次总结企业文化建设经验、展示民营企业风采的分享会，也是一次进一步统一思想、凝聚共识的动员会，更是深入贯彻落实习近平总书记指示精神、推进民营企业持续健康发展的誓师会。与会者表示，将在今后的管理实践中，积极借鉴先进企业文化建设的典型做法，进一步提升民营企业文化建设水平，为推进中国民营企业持续健康发展做出积极的贡献。

第十届中国企业文化百人学术论坛

2017 年 4 月 26 日至 28 日，由中国企业文化研究会主办、中国企业文化研究会学术部承办、中交第一航务工程局有限公司协办的"第十届中国企业文化百人学术论坛"在天津市举办。来自全国各地的 260 多位企业代表和专家学者参加了本次论坛。

本次论坛聚焦"'一带一路'建设中的企业跨文化管理和文化融合"主题，深入研究企业在走出去过程中面临的文化差异与文化冲突，研讨中国企业跨文化管理的思路、方法、经验与案例，为我国企业更好地参与"一带一路"建设提供文化建设解决方案。

论坛指出，加快"一带一路"建设是一项造福世界各国人民的伟大事业，广大企业在"一带一路"建设中既担负着重要的历史使命，也面临着重要的全球合作机遇。要大力推动我国企业走出去，大力弘扬"和平合作、开放包容、互学互鉴、互利共赢"的丝绸之路精神，深刻认识世界不同文明的共性和差异，自觉加强跨文化管理研究与实践，在尊重差异、包容多样的基础上加强文化交流、融合与互鉴，实现与沿线国家与地区的互利共赢。

论坛认为，"一带一路"建设中，中国海外企业不仅是中国经济组织的代表，也是中国文化"走出去"的重要载体，要通过打造企业品牌不断提升中国企业的形象和国家软实力。中国企业在近40年的改革开放中创造了许多新奇迹、新经验，培育了中国特色的企业和企业文化，中国经验不仅是中国的，也是世界的，要大力传播中国企业文化，与沿线各国、各地区分享中国企业理念、文化建设经验。要深刻总结企业在"'一带一路'建设中跨文化管理和文化融合工作"的路径和方法，探索和建立跨文化管理、文化融合的途径，努力引领我国企业走出去，以先进文化适应全球化发展格局，开拓新道路、打造新模式、再创新辉煌，为"一带一路"建设做出新贡献。

中国企业文化研究会常务副理事长、秘书长孟凡驰教授，中交一航局副总经理何俊峰在开幕式致辞。国务院发展研究中心对外经济研究部部长赵晋平应邀出席会议并讲话。中国社会科学院学部委员、中国区域经济学会会长金碚教授，上海外国语大学国际工商管理学院院长范徵教授，中国企业文化研究会学术部首席专家杜胜熙，中国企业改革与发展研究会副会长、《中国企业报》总编辑李锦等专家分别就"一带一路"建设中我国企业面临的机遇和挑战、跨文化管理与文化融合的方法与路径、驻外企业形象管理与文化传播等议题发表观点。

中交第一航务工程局有限公司党委副书记刘俊华，交通银行股份有限公司党委宣传部部长、企业文化部总经理师师在开幕式上分享企业实践案例。中国企业文化研究会学术委员会副主任赵春福教授、中国科学院大学管理学院博导徐艳梅教授分别就跨文化管理典型经验报告做深度点评并做学术观点阐述。开幕式由中国企业文化研究会副秘书长、学术部主任王建主持。

本届论坛还邀请了中国中车集团、中国工商银行、北京海纳川汽车部件股份有限公司、中国航空

工业南京机电、中国建筑第六工程局有限公司、中车长春轨道客车、中石油渤海钻探、鞍钢集团等多家企业代表分别就"一带一路"建设中集团跨文化管理与文化融合的顶层设计、"一带一路"建设中驻外企业多元文化团队建设、"一带一路"建设中驻外企业人本文化建设等专项问题分别进行广泛深入的研讨和交流，为走出去的企业以及即将走出去的企业提供了切实可行的经验和借鉴。

与会代表认为，在"一带一路"建设中，本届论坛的召开具有极其重要的时代意义和实践指导价值。论题契合时代需求和企业实践发展需要，既具有理论前沿性和时代先进性，又对企业具有实践指导意义，为企业的企业文化实践和理论研究的高度对接搭建了好的平台。论坛还发布了2017—2018年中国企业文化研究会重点研究课题。

第三届全国企业文化传媒论坛

由中国企业文化研究会主办的"第三届全国企业文化传媒论坛"2016年7月21日至23日在吉林省长春市举行。此届论坛以"'互联网＋'时代的企业文化传播与全媒体构建"为主题，聚焦"互联网＋"的企业文化传媒问题，围绕在新常态下如何推动企业文化全媒体深度融合，企业文化传播模式如何创新变革，如何构建创企业文化传播全媒体体系，如何实现企业文化全媒体内容生产、传播与价值增值的交流互动，如何实现企业品牌价值提升等问题展开讨论和交流。

中国企业文化研究会常务副理事长、秘书长孟凡驰教授，中国企业文化研究会副理事长李世华，国务院国资委新闻中心新媒体处处长、中央企业媒体联盟执行秘书长闫永，吉林省委宣传部宣传处处长刘斌等有关领导出席了7月21日上午的论坛开幕式，中国企业文化研究会副秘书长王建主持了开幕式，来自全国各地的160多家企业200多名代表出席了论坛开幕式。

孟凡驰教授在开幕式上作了题为《深化媒体工作者的文化自觉，增强企业文化自信》的主旨报告。他指出：做好"互联网＋"时代的企业文化传播与全媒体构建，智慧、技术和手段缺一不可，但更重要的是要注重文化价值观对传播媒体的指导作用和决定性作用。企业文化理念与传播媒体是"道""器"关系。

文化理念是"道"，传播媒体是"器"，在企业文化传媒实践中，不能舍本逐末，重"器"轻"道"，要更加注意文化价值观、企业文化理念和企业家精神的培育。深化文化自觉是传媒工作者的首要任务。要重视企业文化规律的认识和运用，正确认识企业文化作用于人、作用于技术和作用于生产经营的规律，要提高对文化本质内涵的理性认识和实践方式的科学把控，有文化定力和文化落地路径。要注意企业文化建设与企业文化管理的区别。传播工作者要率先做到文化自觉，实现文化自强，进而达到文化自信。

吉林省委宣传部宣传处处长刘斌在开幕式上发表了热情洋溢的讲话。

论坛期间，与会代表围绕论坛主题进行了深入研讨交流。北京师范大学新闻传播学院执行院长、博士生导师喻国明，中国人民大学新闻学院教授匡文波，中国国际公共关系协会副会长、学术委员会主任郭惠民分别围绕如何理解并践行习近平总书记系列重要讲话精神推进"十三五"企业文化传播全媒体发展与理念创新、"互联网＋"时代的企业文化传媒全媒体构建、"互联网＋"时代的企业文化传播媒体应急管理与危机处置等主题做了专题报告。

中国建设银行股份有限公司、中国石油天然气管道局、山西杏花村汾酒集团分别以《唱响好声音 传播正能量》《全方位传播企业 合力促进企业发展》《构建企业文化传媒工作大格局》为题目，在论坛上介绍了企业文化传播全媒体的实践经验。

国家电力投资集团公司、上海《大飞机》杂志社有限公司、中国工商银行股份有限公司、中国大唐集团公司、国家开发投资集团公司、中石油川庆物探公司分别将企业报刊、企业文化专题宣传片、企业微信和企业文化微电影等企业文化传媒优秀成果进行了展示、展播和分享。

中央企业媒体联盟执行秘书长闫永、中国一汽集团新闻中心主任崔宇、新浪政府合作总经理、政务新媒体学院总编李峥嵘、中国建筑一局（集团）公司党委工作部部长周静、中国航天三江集团公司宣传处处长谭青海围绕"如何应用'互联网＋'新技术助力企业文化传播"主题进行了对话交流。

中国企业文化研究会副理事长李世华在论坛总结时对"十二五"期间企业文化全媒体传播工作所取得的成绩给予了充分肯定，对"互联网＋"时代深入推进企业文化传媒工作，构建良性快捷、及时高效、信息全面的企业全媒体传播体系提出了要求。

经过交流与研讨，与会代表一致认为，"互联网＋"时代企业文化迎来了重大机遇，同时也遇到了前所未有的挑战，企业应充分利用良好的机遇，加强企业文化全媒体建设与管理，不断提升企业文化软实力，推动企业的新发展。

论坛期间，与会代表深入一汽集团进行了参观考察。

第四届中国企业文化传媒年会

2017 年 8 月 3 日至 4 日，由中国企业文化研究会主办，中国企业文化研究会学术部承办的第四届中国企业文化传媒年会在内蒙古自治区呼和浩特市成功举办。会议以"推动企业媒体融合发展，深度提升企业传媒价值"为主题，围绕深入贯彻习近平总书记系列重要讲话精神，聚焦"互联网＋"时代背景下的企业文化传媒创新发展问题，围绕全媒体传播如何助力企业经营发展、在全媒体时代，企业文化宣传之路如何提速前行？在中国经济转型升级的大环境之下，企业文化传播如何为经济发展注入更强动力？"'互联网＋'企业传媒"如何实现、党建、宣传、思想、文化、品牌一体化传播、"互联网＋"时代企业舆情管理与危机应对、企业传媒如何提高受众的关注度和参与度、以创新思维打造现代企业传播新模式、发现企业传媒新价值，开创企业传播新格局等问题展开深入交流和讨论。来自全各行业的 150多家企业，260 多位代表出席了本届年会。

在庄严的中华人民共和国国歌声中会议隆重开幕。主办方领导、中国企业文化研究会常务副理事长、秘书长孟凡驰教授在开幕式上致辞，国务院国资委新闻中心主任毛一翔，中宣部新闻出版局原局长、中国廉政行为研究会副理事长张凡应邀出席会议并发表演讲。中国企业文化研究会副秘书长王建主持开幕式。

开幕式上，国际关系学院副院长、中国国际公共关系协会副会长、学术委员会主任郭惠民教授做题为《"互联网＋"时代企业舆情管理与危机应对》的学术报告。

在会议上，中国石油呼和浩特石化公司党委书记、副总经理、工会主席刘至祥，国家电力投资集团公司党群工作部主任荆玉成，交通银行有限公司党委宣传部部长、企业文化部总经理、新闻发言人帅师对企业文化传媒融合发展的工作进行了典型分享。中国企业文化研究会秘书长孟凡驰教授对典型企业代表的报告进行了现场深入点评。中国建筑一局(集团)有限公司企业文化部部长于震、宗申集团有限公司企业文化部经理汪登位分别进行了专题发言，中国企业文化研究会常务副理事长华锐对他们的"'互联网＋'企业媒体"传播工作经验给予精彩点评。

企业实践，精彩纷呈。在传媒作品专题展播板块中，富滇银行股份有限公司企业文化部副部长周玮、招商银行股份有限公司总行办公室企业文化中心凌欣元、北京金山软件公司(猎豹移动)企业文化经理韩沙日娜、内蒙古伊利实业集团股份有限公司代表，都在现场展示了本企业的微信、微电影、宣传片等传媒作品，现代性、创新性、个性化的展示获得与会嘉宾一致好评。

人民日报"中央厨房"、人民日报媒体技术股份有限公司解决方案部主任杨海霞，国资委新闻中心新媒体处副处长、中央企业媒体联盟副秘书长金冬伟，腾讯网区域总编辑耿小勇，新浪网政府合作总经理、政务新媒体学院总编李峥嵘，清博大数据CEO郎清平等先后发表了专业观点。

中国企业文化研究会副理事长李世华在年会总结时对参加本次传媒年会的企业文化全媒体传播工作所取得的成绩给予了充分肯定，对"互联网＋"时代深入推进企业文化传媒深度融合，助力推动企业文化建设，构建良性快捷、及时高效、信息全面的企业全媒体传播体系提出了要求。

与会代表一致认为，"互联网＋"时代，企业文化传媒融合迎来了重大机遇，同时也遇到了前所未有的挑战，企业应充分利用良好的机遇，加强企业文化全媒体传播体系的建设与管理，深度提升企业传媒价值，使企业传媒在对内凝聚人心，彰显话语权力；在对外传播品牌方面，凸显文化软实力，推动企业提升文化自信，为企业稳健发展提供源源不竭的内生动力，以优异的成绩迎接党的十九大胜利召开。

会议期间，与会代表深入到内蒙古伊利实业集团进行了实地参观考察。

全国卫生系统第十一届走向人文管理高层论坛

为弘扬医学人文精神，积极推动医院人文管理，促进医院健康和谐发展，2016年7月14日，由中国企业文化研究会医药卫生委员会、北京医学会医学伦理学分会主办，哈尔滨医科大学、哈尔滨医科大学人文学院、哈尔滨医科大学附属第二医院承办的全国卫生系统第十一届走向人文管理高层论坛在哈医大二院召开。哈尔滨医科大学副校长刘文川、哈医大二院院长张斌、党委书记王永晨、中国医师协会人文医学专业委员会主任委员高金声、中国企业文化研究会医药卫生委员会主任委员滕秀琴、副主任委员王景祺，以及来自全国各大医院的百余名专家学者参加了此次会议。论坛由张法灿主持。

在论坛的开幕式上，哈尔滨医科大学副校长刘文川、哈尔滨医科大学附属第二医院党委书记王永晨分别代表会议承办单位做了欢迎致辞，中国企业文化研究会医药卫生委员会王景祺做了大会致辞。刘文川副校长向来自全国各大医院的医院人文管理领域的专家表示热烈地欢迎，并向与会的嘉宾介绍了哈尔滨医科大学在医学人文精神、文化传承等方面的做法。王永晨书记在致辞中进一步介绍了医院在人文管理上的经验和做法，医院一直重视"人本"关怀，把遵循正确、健康、积极的价值路线以及对进一步加强医学人文管理作为医院文化建设的重点。中国医药卫生文化委主任滕秀琴介绍了学会发展历程及其在医院文化发展中起到的重要作用，学会将在医改形势下发挥更大的作用，助力中国医改。

在随后的专题讲座上，协和医院袁钟教授、哈医大二院张斌院长、西南医科大学附属中医医院王琳书记分别作了关于中国传统文化、医院管理文化等方面的主题讲座。中国医学科学院北京协和医学院袁钟教授的《中华心灵深处驱动》报告受到与会者的欢迎，袁钟教授以中西文化、医学等方面做比较，深刻地阐述了中国传统文化的"道"和"术"，从中国传统文化的渊源及内涵，提升文明素养和医学价值观的方法等方面进行生动讲解。袁钟教授说，"医生要感受职业幸福感，以此来培养高尚灵魂和提升灵魂，要先做一个有尊严的好人，做一个'以救厄立志，以气节立人，以学问立身'的优秀医务者是当前医者的追求。"

哈医大二院张斌院长在会上做了以《建设以人为本的管理文化，走医院内涵式发展的道路》为题的医院文化建设报告。在报告中，张斌院长首先对医院和学科基本情况作了介绍，并对医院的文化形成以及以"人才为本"为核心的人才培养方案做了阐述，强调了人才对于医院内涵发展和人文管理的重要性。他详细介绍了医院"以学科建设为核心，打造人才；以平台建设为依托，培养人才；以团队建设为基础，整合人才；以目标管理为导向，考核人才；以全面服务为保障，激励人才"的理念指导下的人才培养的具体思路和措施以及以平衡计分卡绩效考核体系为核心的科学化管理举措。在公益行动上，医院通过开展"爱心日""汽车医院"和"先锋行动""精准扶贫"系列公益活动，体现该院对人文关怀的重视，以及宣扬传递"爱心"、奉献社会的医学大爱精神。西南医科大学附属中医医院王琳书记做了以《春风化雨，润物无声》为题的报告。介绍了西南医科大学附属中医医院，通过运用先进的理念凝聚人心、用宣传培训强化习惯、以优美的环境营造氛围、用精神关爱温暖员工、用优质的服务践行理念的方针来开展医院的文化建设，达到了以德聚人，以文化人的目的。

据悉，走向人文管理高层论坛已成功举办了十届，论坛一直以弘扬医院人文精神为主题，对推动医院的人文管理，促进医学人文精神的回归发挥了重要作用。医疗卫生单位在新形势下更应关注文化建设，将人文管理的理念落实到工作中，贯穿到医院发展的思路中，构建健康和谐的医患关系。

全国卫生系统第十二届走向人文管理高层论坛

由中国医师协会人文医学专业委员会、中国企业文化研究会医药卫生委员会、北京医学会伦理学分会主办，解放军第三〇二医院承办的全国卫生系统第十二届走向人文管理高层论坛暨三〇二医院党建文化示范观摩活动 2017 年 9 月 7 日在北京隆重举行。中国医师协会、中国企业文化研究会、中央军委后勤保障部机关有关领导出席会议，全国 100 多家知名医院、协作医院院长、党委书记等领导 200 多人参加活动。党建文化是在党的建设中培育形成的价值观念、理想信念、行为规范的总和，是党的

建设灵魂与活力之源。据了解，三〇二医院作为目前全国最大、全军唯一的三级甲等传染病医院，作为军委联勤保障部队的一支战略核心力量，近年来医院坚持用先进党建文化教育人、塑造人、鼓舞人，出色完成传染病医疗、教学、科研等任务，医院党委先后在 2010 年、2016 年被评为全军先进党委，成为军队医院党建文化的标杆。为进一步加强与全国知名医院和协作医院之间的人文交流，共享医院党建文化建设成果，三〇二医院在成功承办 2016 年京津冀军地医院文化交流研讨会后，2017 年再次承办大型军地医院文化盛会。

论坛伊始，三〇二医院院长姬军生、中国企业文化研究会医药卫生委员会主任委员滕秀琴，代表会议的军地主办单位发表了热情洋溢的致辞。三〇二医院党委书记、政委叶宏志以《厚植党建文化助力改革强军》为题作了大会主旨发言，内蒙古自治区人民医院党委副书记、纪委书记莎如拉，上海瑞金医院宣传部主任朱凡、北京正心正举应用科学研究院院长陈剑锋围绕历史文化、新媒体文化、人文力量等主题，作了专题授课和经验交流。中央军委后勤保障部卫生局副局长席立锁就医院贯彻落实习近平主席讲话精神，进一步发挥党建文化的引领和促进作用作了重要讲话。此次高层论坛主题鲜明、形式多样、内容丰富，既促进了理论研究，又增进了同行友谊，对提升军地医院党建科学化水平、加快推进医院全面协调可持续发展，深化拓展卫生领域军民融合创新实践将产生积极重要的影响。

活动现场，一系列文学作品、宣传画册、报纸杂志、音像制品让人应接不暇，有形象宣传片《三〇二，生命因你而美丽》、电影《天使—生命处方》、专题片《丰碑·路标·家园》，还有文学作品《大国担当》《五味人生》《溶进传染病世界》；有形象宣传画册《三〇二，世界因你而精彩》、纪实画册《决胜抗埃主战场》《心系家国·情动 2016》，还有《三〇二医院报》、《传染病信息》杂志，让与会人员形象直观地感受到了医院的红色基因、优秀团队、妙手仁术、使命担当和厚重文化。

与此同时，与会人员还观摩了三〇二医院党建文化成果。大家饶有兴致地参观了三〇二医院文化长廊、院史馆等文化景观，以及感染性疾病诊疗与研究中心、中西医结合诊疗与研究中心、重症医学中心、药学部等党建文化建设有代表性的科室。在

健身房、体操房、艺术创作室、人文书刊阅览室、乒乓球室等活动场馆，与会人员观摩了"幸福家园"系列文体活动展示。学习观摩后，中国科学院院士、全军传染病研究所所长王福生教授感慨地说："三〇二医院把厚植党建文化作为加强党的建设的主线和灵魂，在改革发展中，不断坚定强党强军、建院兴院的文化自信。在这里，我看到一名党员就是一面飘扬的党旗，一个支部就是一个坚强的战斗堡垒，他们的经验做法很值得学习！"

全国企业文化年会（2017）

中国企业联合会、中国企业家协会主办的2017年全国企业文化年会2017年7月22日至23日在北京召开。会议以"弘扬优秀文化 引领创新发展"为主题，深入探讨了新形势下坚持"四个自信"，全面推进企业文化建设，以促进企业实现更高质量、更高水平的发展，并对2016—2017年度全国企业文化建设突出贡献人物、全国企业文化优秀案例和全国企业文化优秀成果进行了表彰。中国企业联合会、中国企业家协会会长王忠禹，国务院国资委副主任刘强，工业和信息化部党组成员、总工程师张峰，中国企联常务副会长兼理事长朱宏任，国家统计局原局长李德水，中国企联驻会副会长尹援平等领导出席了开幕大会。刘强、张峰分别致辞，朱宏任作了题为"弘扬优秀文化 引领创新发展"的主题报告，尹援平对"2016—2017年度全国企业文化优秀成果"进行了点评。开幕式大会由中国企联常务副理事长于吉主持。

朱宏任在报告中指出，中华优秀传统文化是文化自信的重要来源，是中华民族的"根"和"魂"，是中国优秀企业文化的坚实根基。作为优秀传统文化的重要组成部分，优秀企业文化积淀了中国近代史上众多仁人志士实业报国、工业救国的精神追求，是代表着中国企业家和工人勇于创新、自立于世界民族之林的精神标志，承继着中国企业艰苦奋斗、重本守信、永创一流的精神特质，提供着中国制造转型升级、由大变强的精神源泉。

朱宏任强调，要大力弘扬创新文化、诚信文化、品牌文化、包容文化，增强发展动力，筑牢企业根基，持续做优做强。全国企业文化优秀成果企业都树立了坚定的文化自信，在经营实践中培育了优秀

的企业文化，实现了从小到大、从艰苦创业到蓬勃发展的蜕变，显示出优秀企业文化的无穷魅力。企业只要充分发挥优秀企业文化的引领推动作用，就一定会大有作为，实现全面增长。

刘强在开幕致辞中表示，党的十八大以来，以习近平同志为核心的党中央特别重视加强文化建设，推进文化管理创新，将社会主义先进文化建设纳入"五位一体"总体布局统筹推进，企业要认真贯彻落实习近平总书记系列重要讲话精神，真正把握好当前企业文化建设的重点任务与工作方向，切实加强党对企业文化建设的领导，积极引导企业和企业员工深入践行社会主义核心价值观，保障企业在中国特色社会主义旗帜下健康发展的正确方向。

张峰在致辞中说，改革开放以来，我国工业发展取得了举世瞩目的成就，成为世界第一制造大国，在迈向制造强国进程中，不单是产品、技术的竞争，更是文化影响力的竞争。他建议大力弘扬创新精神、工匠精神、诚信精神和企业家精神，并表示"工业和信息化部将以加快建设以制造强国为目标，以推进实施'中国制造2025'为主线，进一步推动工业文化发展，提升中国工业综合竞争力，塑造中国工业新形象，推动中国制造向中国创造跨越发展"。

中国兵器工业集团董事长尹家绪在年会上发表了演讲，介绍了中国兵器以弘扬"自力更生、艰苦奋斗、开拓进取、无私奉献"的人民兵工精神为主线，大力倡导企业家精神、科学精神、工匠精神，培育精益文化、创新文化、开放文化，用共同的"道"鼓舞士气、凝聚力量。中国恒天集团董事长张杰认为，中国恒天之所以能够持续健康发展，得益于"业绩、规则、诚信"价值观的引领，得益于"惠悦于民、恒达天下"企业理想的驱动，得益于"资本运作＋科技创新"双轮驱动、"聚焦主业、适度多元化"等经营理念的指导，使企业深化改革的基础更加牢固。清华控股有限公司董事长徐井宏分析称，当前科学技术爆炸式发展，全球经济融合势不可挡，虚拟经济与实体经济互动博弈，使企业经营面临极大的不确定性；企业要实现基业长青，企业文化是根本；优秀的企业文化有三点共性：一是有充满家国情怀的使命感；二是有敢为人先、与时俱进的创新精神；三是有脚踏实地、兢兢业业的实干精神。开滦集团董事长张建公介绍，开滦集团大力弘扬"特别能战斗"的企业精神，传承创新文化、制度文化等优良基因，

新形势下的开滦文化更加注重树立开放包容的文化观、融入产业经营、加强人本管理、培育团队精神，引领了企业改革转型和创新发展。

尹援平在点评中说到，本届全国企业文化优秀奖申报数量多、覆盖范围广、整体水平高，显示出广大优秀企业建设先进企业文化的不懈努力和所取得的显著成绩。从本届全国企业文化优秀奖来看，广大企业在继续做好企业文化体系建设的同时，结合企业实际，重点开展创新文化、工匠文化、和谐文化、融合文化、党建文化等特色文化建设，取得了明显成效，成为本届全国企业文化优秀奖的突出特点。她希望我国企业在新形势下能够建立强大的包容文化、高效的创新文化和优秀的品牌文化，推动企业发展向更高水平迈进。

中国人民大学教授、博导彭剑锋围绕"企业的顶层设计与企业文化管理"进行了专题演讲，他认为，企业文化要围绕两个基本命题进行系统思考和顶层设计：一是企业存在的目的、意义等基本生存、发展命题；二是企业在不确定环境下，如何变革和创新，不断突破成长瓶颈，实现持续、健康发展。他强调，企业文化通过战略、组织、人三个基本方面去落实，才能真正促进企业变革和创新。

与会专家、企业家代表还围绕"企业文化与企业管理深度融合""中华文化走出去与跨文化管理""工业文化助力制造强国建设"等主题探讨了新形势下企业文化建设的热点问题，并对中国航天科工集团第二研究院的企业文化建设进行了实地考察和互动交流。

来自国务院国资委、工业和信息化部、全国工商联、全国总工会的有关领导，地方企联和行业协会的有关领导，以及来自全国的企业家、专家学者、企业代表、媒体代表、各地企联和行业协会代表400多人参加了本次年会。

全国企业文化年会是中国企联适应经济社会发展形势和广大企业需要而开展的一项品牌活动。年会自创办以来，已经成功举办了十二届，表彰推出了近千项优秀的企业文化成果，成为我国企业文化交流与对话的重要平台，为推进我国企业文化建设发挥了桥梁纽带作用。

（来源：中国企业联合会、中国企业家协会网站）

全国建筑业企业文化建设经验交流会

2016 年 6 月 16 日，由中国建筑业协会主办、中国建筑业协会建筑史志与企业文化分会（以下简称"中建协文化分会"）承办的"全国建筑业企业文化建设经验交流会"在鲁班家乡、孔子故里——山东省曲阜市——召开。此次会议以"弘扬工匠精神、传承鲁班文化"为主题，来自全国各地的近 400 位业内同仁济济一堂，为我国建筑业吹响了文化建设的号角。

立"师"——师学工圣鲁班

中建协文化分会秘书长李国彦说，行业文化建设方面的第一次大会特意选在建筑业"祖师"鲁班诞辰 2523 周年的重要历史时刻，目的是要唤醒和激发全行业从业者对于鲁班文化的重视和热情。

会前，全体参会人员怀着敬仰之情参加了鲁班祭祀活动，齐念鲁班、共学圣人。中建协副会长兼秘书长吴涛强调，对于中国建筑业而言，最有代表性的传统文化就是"鲁班文化"。鲁班文化具有三大精髓：一是精湛；二是勤奋；三是创新。2016 年两会上，"工匠精神"首次出现在政府工作报告中，显示出建设中国特色社会主义对加强文化建设和弘扬"工匠精神"的迫切需求，这正与鲁班文化提倡的精神不谋而合。与会者一致认为，中国建筑业的文化建设，必须整合行业内外资源，加强对鲁班文化的研究、挖掘，为鲁班文化赋予新内涵，从鲁班文化中汲取行业进一步转型发展的"原动力"。

立"法"——确定发展方向

中国企业文化研究会秘书长孟凡驰教授在讲座中指出，在新形势下，中国的企业文化建设已进入高潮，行业企业必须给予高度重视。吴涛认为，加强建筑业企业文化建设，必须从贯彻落实"四个全面"的高度来认识其重要性和迫切性，必须紧紧围绕建筑活动的特点研究和探讨企业文化的深刻内涵。与此同时，行业协会和企业领导要在引领指导企业文化建设中有作为、敢担当、重成效。中建协文化分会会长李里丁对当前建筑行业企业文化建设现状作了简要的介绍与分析，对借助鲁班文化提升行业的素质与从业者的素养表达了信心，并对新时代的工匠精神加以延伸，提出了鲁班文化的基本内容：

严守规矩、诚信执业的工匠本色；勤于思考、勇于探索的创新意识；吃苦耐劳、爱岗敬业的奉献精神；尊重规律、求真务实的科学态度；精益求精、追求卓越的品牌战略；互相帮衬、合作共赢的行业风尚，为行业文化建设指出了未来的发展方向。

立"志"——激发建设热情

为更好地响应中央推动社会主义文化大发展、大繁荣的号召，提升建筑业文化软实力，主办方已拟定了《全国建筑业企业文化建设先进单位（个人）表彰办法》，在大会上征求意见。根据表彰办法，中建协文化分会从 2016 年起开展企业文化建设先进单位、先进个人表彰活动，以此激发全行业重视文化建设的热情，为行业可持续发展、为中国成为名副其实的建筑强国打好基础。

会议期间，中建五局、中铁四局、中建八局一公司、中天集团、陕建十一建集团、天津天一和中亿丰建设集团 7 家先进企业在会上分享了各自的文化建设经验，为行业企业有针对性地开展企业文化建设提供了借鉴。

与会代表普遍认为，活动恰逢其时、内容丰富，专家讲座质量高、发言企业有特色，参加鲁班祭祀活动有感触，收获很大。

（来源：《中国建设报》）

学习贯彻十九大精神培训班暨党建企业文化工作经验交流会

2017 年 11 月 22 日至 23 日，中国电子政研会在福建古田召开学习贯彻十九大精神培训班暨党建企业文化工作经验交流会。会议主题是以习近平新时代中国特色社会主义思想为指引，深入学习宣传贯彻党的十九大精神，研究部署党建政研工作，交流新时期加强和创新基层党建企业文化工作的经验。

会上，中国电子政研会会长王耀光同志作了题为《以党的十九大精神为引领，努力开创党建企业文化工作新局面》的主旨报告。他强调，要从更高站位、突出主题、聚焦亮点、领会精髓要义上认识党的十九大的重大时代意义、历史地位、丰富内涵和精神实质，提高学习贯彻十九大精神的政治自觉，切实在深学悟透、做实笃用、引领发展上走在前头，

做出表率，切实以习近平新时代中国特色社会主义思想统领电子信息行业工作全局，把十九大确定的各项目标任务在本单位落地生根，形成生动实践。同时，强调要始终坚持党的领导，把党的政治建设放在首位等重大政治原则，对构建现代化的网络党建平台和搞好新形势下企业文化建设的路径措施以及推进"十三五"规划实施期间企业文化建设的总体目标、重点内容提出了明确要求。

会议邀请中央党校陶元浩博士作了十九大精神专题辅导报告。中电长城网际系统应用有限公司党委书记、董事长黎军，华鑫置业（集团）有限公司党委书记龙乔溪，中国电科第 28 研究所党群工作部主任陶世清，中国电科第 20 研究所党总支书记段继岗，中电科电子装备集团有限公司党支部书记佘海云，中国电科第 29 研究所党团建设专员李媛媛等 6 位单位领导和代表作了关于学习贯彻党的十九大精神和习近平新时代中国特色社会主义思想、加强和创新新形势下党建企业文化工作经验的交流发言。

会议安排了"传承红色基因、弘扬古田精神"重走红军路互动式、体验式现场教学活动，继承和弘扬古田会议精神，"不忘初心，牢记使命，砥砺前行"。中国电子政研会副会长兼秘书长田丽平同志作了会议总结。来自全国电子信息行业各企事业单位的党委书记、副书记和代表共计 60 人参加本次培训。

（来源：中国电子政研会秘书处）

2016 年电力企业文化建设工作交流会

2016 年 5 月 27 日，由中国电力企业联合会主办的 2016 年电力企业文化建设工作交流会暨企业文化建设示范单位现场会在新疆乌鲁木齐成功召开。会议总结了中电联近十年来开展电力行业企业文化优秀成果评审工作的相关情况并部署了下一步工作重点，表彰了 2015 年电力行业企业文化优秀成果，中电联理事长、各副理事长单位代表交流了企业文化建设工作经验和心得体会。

企业文化建设示范单位国网新疆电力公司党组书记、副总经理叶军出席会议并致辞，中电联会员与企业文化建设部主任李斌作了重要讲话，中电联理事长、各副理事长单位及相关单位企业文化建设

工作主要负责同志以及部分获奖单位代表参加了会议。会议由中电联会员与企业文化建设部副主任白俊文主持。

叶军书记在致辞中表示，文化是企业的灵魂，也是企业核心竞争力的重要组成部分。多年来，国网新疆电力公司高度重视企业文化建设，涌现出了一批质量较高的示范点。中电联举办此次会议，为电力企业搭建了良好的学习和交流平台，有助于电力企业进一步提升企业文化建设管理水平。

李斌主任首先总结了电力行业文化建设取得的丰硕成果，详细介绍了中电联在推动电力行业企业文化建设中所做的工作，并就新形势下如何进一步做好电力行业文化建设工作提出了具体措施：一是继续做好电力行业企业文化评审工作；二是组织开展企业文化建设交流与培训；三是积极开展企业文化建设专项课题研究；四是协助企业做好企业社会责任的相关工作等。

李斌表示，促进电力行业企业文化建设的健康发展，是中电联的责任。中电联将充分发挥自身优势，加强与社会各方面的沟通交流，积极搭建电力行业内部沟通交流平台，弘扬电力行业核心价值公约，促进形成诚信、负责、合作、创新的行业文化，增强凝聚力，形成行业合力，为电力企业发展营造良好的行业环境。

与会代表对中电联在开展行业企业文化建设方面所做的工作给予了充分肯定，同时，大家还对中电联进一步发挥行业协会作用，促进行业企业文化整体水平提升等提出了意见和建议。

会议还组织与会代表参观了国网新疆乌鲁木齐县供电公司和达坂城供电所的企业文化建设示范点和党员活动室，进行了现场观摩和学习。代表们纷纷表示，这种实地参观学习和召开现场会的形式非常好，对开展本单位企业文化建设工作很有启发和借鉴，受益匪浅。

（来源：中电联会员与企业文化建设部）

2016 年中国水泥企业文化研讨会

以"勇担社会责任、弘扬企业文化"为主题的2016 年中国水泥企业文化研讨会，11 月 3 日在古城西安召开。会议由中国水泥协会、中国机械冶金建材工会全国委员会、陕西省水泥协会联合举办。本次会议是在全球经济较为低迷，中国经济发展增速放缓且中国水泥工业产能严重过剩、企业效益不断下滑、企业文化建设活动开展举步维艰的大背景下进行的，值得欣慰的是，本次会议得到了重组后的金隅冀东水泥公司及冀东陕西大区、冀东海德堡（扶风）水泥有限公司、冀东海德堡（泾阳）水泥有限公司、冀东水泥凤翔有限公司的大力支持和赞助。

在 2016 年中国水泥企业文化研讨会上，中国机械冶金建材工会全国委员会副主席毛迎春，中国水泥协会副会长、陕西省水泥协会会长、尧柏特种水泥集团有限公司董事长张继民，中国水泥协会执行副会长、北京金隅集团（股份）公司副总经理、唐山冀东水泥股份公司党委书记、副董事长姜长禄，中国水泥协会企业文化研究会高级顾问、北京水泥行业协会会长段建国，北京东方君和管理顾问有限公司董事长张晓，中国水泥协会常务副会长、中国水泥协会企业文化研究会理事长孔祥忠等领导与会致辞并作重要讲话。台泥集团、河北金隅鼎鑫水泥公司、中国联合水泥集团有限公司、拉法基豪瑞、金隅冀东水泥公司等企业代表及各地方协会代表 100余人参加了本次会议。

2015 年 10 月 20 日，由中国水泥协会和北京水泥行业协会主办的"中国水泥协会企业文化研讨会成立大会暨第一次会员代表大会"在京召开。这标志着以致力于推进我国水泥企业文化建设，提升企业的整体素质，增强企业的凝聚力和竞争力为目标，团结有志于水泥企业文化建设的人士所组成的社会团体正式成立了。会上审议并通过了《中国水泥协会企业文化研究会工作细则》《中国水泥协会企业文化研究会第一次会员代表大会选举工作方案》等多项议案。首届研究会顾问雷前治指出，随着我国经济的高速发展水泥行业硬件建设已经非常成熟，但软件建设也非常重要，中国水泥协会成立水泥企业文化研究会的目的也是为提升行业软件建设，他相信研究会在大家共同努力下一定会像我们的硬件一样为水泥行业做出更大的贡献。这次在西安召开的 2016年中国水泥企业文化研讨会的召开，标志着与会人员充分认识到企业文化建设与承担社会责任问题的重要作用。

会上，中国水泥协会副会长、陕西省水泥协会会长、尧柏特种水泥集团有限公司董事长张继民，中国水泥协会执行副会长、唐山冀东水泥股份公司党委书记姜长禄分别致辞。

张继民在致辞中表示，企业文化是企业的软实力，更是企业的核心竞争力，它某种程度上决定着企业的前途和命运。成功的企业都有一个共同点，那就是都拥有自己优秀的、独特的企业文化，它是日积月累形成的一套团队共同认可和遵守的行为准则和思维方式，从而造就了企业赖以生存的灵魂，它有着推动企业创新发展的不竭动力。因此，开展企业文化建设和交流学习工作正为越来越多的企业所认同，在经济社会加快转型的新时期，水泥企业也要主动适应经济新常态，更应该重视企业文化建设，培育出自己独具特色的水泥企业文化，从而推动自身改革，实现企业的可持续健康发展。张继民董事长坚信，在行业协会的带领下，通过企业文化研讨会的交流和学习平台，我们的水泥企业一定能够以深厚的文化底蕴和强烈的社会责任感为出发点，积极发挥水泥企业的光与热，做一家受社会和政府尊敬的水泥企业，做一个受人尊敬的水泥人。

北京金隅集团（股份）公司副经理、金隅冀东集团水泥公司党委书记、副董事长姜长禄，在致辞中首先分享了金隅与冀东的战略重组后，新的金隅冀东在资产重组和文化融合上取得的成绩。他表示企业的战略重组是企业发展史上的大事，也是顺应市场经济发展规律和行业发展趋势的历史必然，更是落实协同发展国家战略的具体实践，企业重组后，新企业文化融合是关键，它包含着企业员工的政治认同、思想认同和价值认同。他最后表示金隅冀东将以这次会议为契机，以高度的社会责任感和使命感，始终把保护自然环境、维护生态安全、创造和谐社会等作为企业发展的基本任务，始终坚持以经济效益和社会效益并重，引导广大员工积极践行干事文化，切实履行社会责任，充分彰显企业担当，努力实现企业价值和社会价值的双赢。

中国机械冶金建材工会全国委员会副主席毛迎春就水泥行业企业文化建设和承担社会责任问题，提出了几点看法：一是要高度重视水泥行业企业文化建设，逐步提升水泥行业整体社会形象；二是要理清企业文化与企业长远发展、与短期效益的关系，理清价值观的培育与行为养成的关系，理清突出重点与全面推进的关系；三是工会要积极作为，助推企业文化建设。就工会如何助推企业文化建设工作

他建议，一是通过开展企业的民主决策、民主管理、民主监督工作推动企业文化建设；二是通过调整劳动关系推动企业文化建设；三是通过开展技术创新和合理化建议活动推动企业文化建设；四是通过开展思想道德和文化教育推动企业文化建设。工会利用自己的阵地和各种文化设置，开展多种形式的文学艺术、体育活动等最大限度地丰富职工文化生活的活动，陶冶职工情操，促进职工身心健康，增强企业凝聚力和向心力。

中国水泥协会常务副会长、中国水泥协会企业文化研究会理事长孔祥忠发表了题为《水泥行业机构调整中的企业文化与企业社会责任》的重要讲话。孔祥忠会长从企业的盈利能力对社会责任的担当；企业的投资行为对社会责任的担当；企业的创新能力对社会责任的担当；企业维护行业利益的表现对社会责任的担当等四个方面进行了阐述。他指出，一家企业担当社会责任的能力和作为企业文化内在精神的外在表现，企业文化是核心和灵魂，社会责任是企业的外在形象和竞争力。在今天，中国水泥行业处于发展的历史特殊阶段，我们从诸多水泥企业社会责任的表现来分析企业文化建设的重要性和迫切性是很有必要的，这有助于水泥行业压缩过剩产能、提高产业和市场集中度，推进行业的结构调整和转型升级；有助于促进水泥企业的行业自律行为，建设诚信企业，提升企业形象。因此，我们水泥企业要注重提升企业道德水准和诚信度。

2016年企业文化建设活动开展受行业效益下滑影响举步维艰，可是就在这样严峻的困难情况下，不少的水泥企业仍然积极申请要求加入研究会。在本次的研讨会上，中国机械冶金建材工会全国委员会副主席毛迎春、中国水泥协会企业文化研究会高级顾问、北京水泥行业协会会长段建国、北京东方君和管理顾问有限公司董事长张晓等领导还为新加入研究会的唐山金隅冀东水泥股份有限公司、河北金隅鼎鑫水泥有限公司和通达耐火技术股份有限公司的代表颁发了入会证书。

参加2016年中国水泥企业文化研讨会的企业代表分别做了主题发言，他们的主题发言分别是：台泥集团驻京首席代表葛保罗的永续经营、《永续地球—拥抱社会责任、共促持续发展》；河北金隅鼎鑫水泥有限公司工会主席陈敬的《培训创新文化、提高创新能力、共创行业发挥春天》；中国联合水泥集团

有限公司副总经理庄春来的：《大型水泥企业在错峰生产中的责任与担当》；拉法基豪瑞中国企业传播公共事务及可持续发展副总裁乔天云的：《拉法基豪瑞可持续发展与企业社会责任》；金隅冀东水泥公司党群和纪检监察部部长赵晨光的：《站在新起点，踏上新征程，以文化之力助推企业不断实现更大社会价值》。

研讨会还安排了北京东方君和管理顾问有限公司董事长张晓做主题报告；中国水泥协会企业文化研究会副秘书长、河南禹州水泥协会会长王根发做了《钧瓷文化对建立水泥企业文化的启示》。最后，与会代表进行了企业文化简要交流研讨，他们纷纷认同并倡导水泥企业文化建设和社会责任担当是为了立足当前，着眼长远、一家有企业文化和社会责任担当的企业才能走得更远。

（来源：数字水泥网）

2016 年长江中原论坛暨中国企业文化大会

10 月 12 日，2016 年长江中原论坛暨中国企业文化大会在河南省郑州市举办，此次论坛主题为"新商业文明的传承与创新"，来自国内外企业文化方面的专家学者、企业家、文化名流、长江商学院校友等 500 余人参加论坛。

作为第十二届大河财富中国论坛十月季的重磅活动，此次论坛由长江商学院、河南日报报业集团、中国国际商会共同主办，吸引了众多企业家和政经学界精英。美国著名经济学家、诺贝尔经济学奖得主爱德华·普利斯科特在论坛现场发表主旨演讲。

当前，世界在经济发展模式、科技、国家治理体系、全球贸易与投资体系、全球治理、地缘政治、气候变化与可持续发展、包容性增长等方面正在经历或孕育着重大变革。这可能是一个最好的时代，也可能是一个最坏的时代。"长江商学院创办院长、中国商业与全球化项目教授项兵表示，中国企业的机遇与挑战是新商业文明。中国必须打造全球资源整合型企业，要具备全球视野、全球价值对接与应对全球化，要有一批真正可以征战全球市场的全球企业、支持国家的一带一路建设。此外，要加强与全球顶级企业的紧密合作，建立形成"你中有我、我中有你"的利益共同体。中国企业要擅长于"取势"，重视"优术"和"明道"。

（来源：人民网）

理 论 篇

"一带一路"建设中我国企业
面临的机遇与挑战

金 碚

我们讲国家的"一带一路"倡议体现了一个全球化新的趋势,我们所讲企业的机遇就是全球化。全球化给中国企业、中国的经济发展提供了很大的机遇。因为近现代经济发展从工业革命以来,世界上越来越多的国家走向了市场经济,基本上用市场经济的方式来实现经济增长。工业化的发展是用市场经济的方式实现工业化,不断地发展一定会走向全球化。工业化的发展不断地开拓市场空间和投资空间,就会有更大的发展前景。

历史的经验值得注意

19世纪到20世纪中叶的基本特点是工业化国家不断占领殖民地。工业要发展、经济要发展怎么拓展空间,是工业化占领的殖民地,那段时间是各种各样的列强争夺世界的一个全球化。在此前中国一直是世界上经济发展很好的国家。在那段的全球化过程中,中国是被动的。工业化被列强所掠夺的国家,那次的全球化有一个最重要的弱点是靠列强占领殖民地扩大领土的方式实现扩张。一些国家占领殖民地,最终会导致战争也是必然的。随着经济格局的变动,英国最早实现了工业化,德国要实现工业化的时候已经没有土地了,只有占领英国人已经占领的土地。日本人要实行工业化也要占领其他的地方,但这都是不可持续的。正是这样一种全球化的趋势导致了两次世界大战。

两次世界大战之后,人类开始反思,到底怎么样才能够又要实现全球化,使得经济能够发展,又不至于要打仗。经济全球化的2.0时代,差不多从20世纪中叶到21世纪初,这个时期基本的想法是受美国主导的。全球化2.0时代的基本特点是谁都不要强抢占殖民地,允许不同的国家、民族独立,但不要占地。美国人提出要门户开放,进行自由贸易。为维持自由贸易体系,需要一个货币体系,美国来主导这个货币体系。

既然要自由贸易,每个国家又是独立的,中间的交易过程中航道的安全由谁来保证呢?美国出来

做所谓的自由航行权利保证,有了自由航行权才能保证自由贸易。这个时代是由美国、苏联两个霸权国家维持世界贸易的通道。

苏联在20世纪90年代解体后,当时美国占据了世界警察的地位,要维持世界警察的地位,第一要有经济实力,当时大量的黄金储备在美国。第二它的GDP在世界上的份额占了40%～50%,而且美国的军事力量也很强大。

美国要维持这样的全球化也要有前提,第一是实力,第二是治理体系(像管理一个企业一样),管理企业制度必须要和企业文化相契合,如果没有文化基础做铺垫,就难以与管理制度契合,实现有效治理。所以,在第二次全球化的过程中,美国作者马汉抛出了《海权理论》一书,要世界跟中国做生意,允许西方传教士进入。如果中国不让西方传教士进入,就要用大炮打开中国的大门。也即是说,当时美国要维护世界秩序,经济上要争贸易、要开放,而且文化上要认同。

由于各国都开始发展经济,美国的相对地位减弱,实力也相对下降,美元跟黄金脱钩了,美国的GDP占到世界比重原来是40%～50%,现在也就是20%多了,经济上也不是"老大"了。当国际警察美国也力不从心了,所以这个国家本身的秩序也开始变乱。

这种情况下,全球进入全球化的3.0时代,即21世纪的时代。工业化市场经济的逻辑没有改变,但是全球化的具体方式、具体的格局发生了重大改变。中国在全球化2.0时代寻求复兴,3.0时代中国要崛起。但面对各国政治、经济、法律、文化、习俗却是非常不同的,抓住机遇,应对挑战,是我们的选择。

正视各国文化差异和挑战

这个世界经济逻辑就是不断地工业化,哪个国家要发展就要工业化,工业化一定是全球化。但是全球化不是一个文化一体化的世界,文化是多元化的,这个时候我们看到政治、经济、社会很多企业在异国的环境中进行自己的经营活动。但是在具体实践中,不同的国家经济制度和经济结构是非常不一样的。

各国政治体制、法律制度和政府权力功能也是不一样的。政治体制又是与那个国家的文化相一致

的。社会权力结构不一样，有立法、行政、司法、社团工会、媒体、宗族等都有各自权利范围，这个权力中越是发达国家，越是文明的国家，这种权力越是分离的，即各有各的权力，互相之间不可替代。特别是每个国家的文化价值观不同，都有很多价值目标、价值观是有差异的，每个国家价值目标的优先顺序是不同的，什么是第一，什么是第二，就业重要、安保重要还是利益重要、挣钱重要，这就对不同国家的合作可能产生摩擦。

从根本上说，当我们以全球化 3.0 的思维来推进一个工业化的时候，一定要想到跟前面二次是不一样的，一定会遇到一个问题就是经济一体化会遭遇文化多元化，经济在发展的时候，可以遵循一致的逻辑是，大家在一起挣钱，另一方面遭遇的是文化的多元化，包含政治、法律等，我们讲经济以外的因素都要有文化，经济可以一元化，文化是不可能的，文化永远是多元一体化，而且是异质的。从全球化 2.0 时代世界已经承认了，包括美国这样的国家，承认了国家民族是可以独立的，只不过在独立的前提下，美国企图用西方的文化来同化世界的文化，当然是同化不了的。

在这样的情况下，我们企业会遇到与原来封闭情况下不同的商业文化环境或者是产业文化环境。如：这个经济体的透明度和清廉度怎样？制度是否透明等。每个国家是不一样的。程序和结果的关系是目的和手段的关系，区别于目的和手段，手段是方式，目的是要达到的结果。人有理性知道什么是目的，什么是手段，如果人连目的和手段都分不清是不理性的。我们在经商的时候，交易的限度到底是什么？能不能在商言商都要思考。在文化多元化的情况下，有很多交易的空间，但是交易的空间也有限度。

又如：我们在中国广东要和法国合建一个核电站，同样一个项目，法国人说基础设施三年，中国人要不了三年只要一年。法国人说怎么可能一年呢？中国人说你试试吧，当然中国人主导这个基础建设，不到 1 年就完成了，八九个月就完成了。法国人觉得不可思议，法国人是 8 小时工作制，中国人一工作就是十几小时，法国人休息第一，劳动第二，在法国企业文化里面，员工在休息的时间领导给打电话，员工就会投诉你，凭什么我下班的时候给我打电话谈工作的事，这就是不同的文化背景。中国文

化就能使核电站一年竣工，法国的文化背景就得需要三年。

再如：有一年国人走出去到奥巴马的庄园里去做客，当时第一夫人米歇尔不在家，理由是要参加她女儿学校一个家长会活动。国事是第二位的，家庭是第一位的，这样的行为美国人认可，美国人说这才是美国人的价值观，怎么可以不顾自己的孩子、不顾自己的家呢？这就是每个国家的观念、习俗、守纪律的程度、守时的程度都不一样，所以，我们要承认文化差异，把握好要应对的问题。

积极探索与世界相融合的路径

我们需要积极寻找"一带一路"发展的工业化推进、文化的多元化与世界相融合或者相结合的方法路径。要探寻一条包容性的发展道路。中国有很多优点，如中国企业的效率、性价比高，中国人的勤劳等，我们的产品通常有较高的性价比，质量不能算是最好，但也能说得过，价格比较低，产能实力比较强，这些都是我们的优势。这个优势在"一带一路"国际合作中，特别是到了异国的文化管理中，一定要知道对于什么是好，什么是不好，什么是值得，什么是不值得，各个国家的理解是不同的。不要以为追求效率高、用得人很少、价位很低、便宜就是好，要针对不同文化的价值观做出正确的判断。

特别是我们要吸取第一次全球化和第二次全球化的成功经验和失败的教训。如：美国在第二次全球化过程中，他们没有很好地构建一个利益共同体，没有很好地理解除了要发挥经济上的优势以外，还要通过沟通和包容的方式获得理解形成共同的利益。特别是要避免造成中国企业掠夺性和汲取性的形象，当地人说在商言商，他们可能会认为中国企业的行为是汲取当地的资源、利益，没有使当地获得利益，而且获得的利益也只是企业的合作方，你认为只有合作伙伴获益了，多数人生产性激励不足，所以中国企业要树立文化沟通、包容的形象，就要尽可能贯彻包容性制度。特别是对外投资建设项目的时候，除了关切中国企业的合作方以外，还要关切经济活动可能导致受损人群的反映，任何一件事情，有人获利也会有人受损，受损的人群在社会上有话语权，他可以找媒体、他可以找律师、他可以找工会，实在不行有街还有其他方式，他完全可以有方法对企业进行干预，所以，中国企业进行全球化要紧紧依

靠地方政府，照顾到各方利益。

总之，"一带一路"让我们走出了全球化新的时代，这个时代有经济的逻辑，经济的逻辑是工业化、全球化、市场化，这个逻辑很快会清晰。从根本上来说，这对全球都有利。但它是在一个文化多元化的世界中来进行我们的经济活动，所以含有很大的复杂性。企业家、学者都有义务帮着探讨解决这些问题的办法和思路，我们也期待有相关的实招、实策应运而生。

（作者系中国社会科学院学部委员，研究生院教授、博导）

推进企业文化建设　迎接第四次工业革命

孟凡驰

企业文化建设如何助推中国企业参与第四次工业革命？提出这个问题的原因主要是有两个考虑：一个是第四次工业革命中的文化取向，第四次工业革命不仅是一场纯粹的技术革命，而且是一次深刻的文化理念和价值观的革命。如何实现文化理念和价值观方面的转变和创新是首要问题。第二个考虑是，传统固化的路径依赖对第四次工业革命的负面影响。新的革命来临了，其特点是什么？中国企业文化能否适应其特点？解决这两个问题，首先要认识第四次工业革命的特征。近年来，新能源、新材料、新环境、新生物等科技革命，带动了绿色产业的崛起，我们的生活方式、生产方式和思维方式也由此发生着深刻的改变。值得强调的是，与前三次工业革命相比，中国在这第四次工业革命中参与度比前三次都高，因而影响面最深最广。第四次工业革命中各种技术、数据以互联互通的平台形式勾联着全球政治经济的各个角落，兼容并蓄的包容性和预知预警的前瞻性，助推着人类持续的变革和创新，任何国家和组织都不敢懈怠。有幸的是，中国随着改革开放的不断深入，不仅跻身于第四次工业革命中，而且可以和发达国家站在同一条起跑线上，适时地提出了"一带一路"的战略构想，并加大简政放权力度，推进'放、管、服'的改革，强力推进"互联网＋"，大众创业、万众创新，构筑上下互动的国家创新体系。而且，不断改进和完善的国家创新体系，

为中国制造和中国创新提供了绝佳的机遇。那么，中国企业如何把握机遇，认识第四次工业革命的特点，如何建设与第四次工业革命相适应的企业文化，弄通、弄懂相关问题，不仅有助于我们国内企业之间的交流融通，更有助于我们同国外企业合作共赢，成为第四次工业革命的领跑者。

数字、智能、系统化的新经济形态需要多维、立体、前瞻的思维方式

第四次工业革命的特征之一是数字化、智能化、系统化。虽然第三次工业革命也拥有数字化，但没有像现在这样系统化。各种技术、数据互联互通，体现的包容是系统的、立体的、具有前瞻性的。这种特点有点像中国的围棋，布局不是线性的，而是多维系统的，每走一步预料三步，因而今天的经济形态具有前瞻性的特质。这个特点给我们的经济、商业、社会和个人带来前所未有的改变。国与国之间、行业与行业之间的互联互通，推进着整个社会所有体系的变革，并影响着我们所做的事情和做事的方式，而且对人类自身也产生着系统性的影响，尤其是对传统的线性思维方式产生了颠覆性影响。可以说，能否跻身于第四次工业革命，并在这次革命浪潮中领跑，首先取决于能否颠覆传统的线性思维方式，唯此，企业才有可能打破碎片化创新模式，实现立体化的持续创新。

世界经济论坛的主持创始人和执行主席克劳斯·施瓦布在《第四次工业革命》一书中讲，企业不创新就等于死，所以它必须要做企业塑造新业务，以实现立体化的、多元化的持续创新。这里有个关键词是持续。也正如法国哲学家伏尔泰所说："世界如果处于不确定状态会让你感到不舒服，但是确定又是特别荒谬的"，因为世界不可能不变。当前，我们不少决策体系和创造财富的方式都是前三次工业革命设计出来的，其特点是碎片化的、独立式的创新。第四次工业革命与前三次相比，是一个关联、立体、系统的本质变化的过程。这也是目前我们的企业文化必须进行全方位系统创新的原因。因此，今后我们的企业要用兼容并包的思维，注重从整体层面思考问题，并进行系统性的持续创新。如果你今天的创新不考虑其他人，不考虑其他因素，那么，你自身因素的变化往往是单一的，是一厢情愿的，因而也是不可持续的。这种基于考虑他人的系统化

思维的创新之所以在中国难以推进,是因为中国文化历史较长,形成了很多包袱,包袱之一就是我们对长期形成的文化思维的依赖。这种依赖使关键性变革步履维艰。

比如当年中国的铁路引进就充满了迂回曲折。那是第一次工业革命的时候,蒸汽机发明出来了,我们国家也有人接触到了铁路。1872 年李鸿章向清政府提出修铁路的计划,当时清政府就没同意。不同意的理由是修铁路要炸山、要架桥,这会惊动地神,惊动山神,惊动河神,这样会对保佑大清江山不利,要尊重这些神仙,所以不能动。李鸿章每次奏折都说修铁路有诸多利益、诸多好处,但清政府就是不批准。有一个理由竟然是,我们修了铁路会产生那么多的利益,而正因为产生这样多的利益所以才不能修,因为修了铁路利益多了人心就会变坏,其理论根据源于圣贤书上说过,"君子喻于义,小人喻于利。"还有大臣说,火车的闷罐里面男男女女都混在一起,一走几天几夜,难免出事,有伤风化。如此乱七八糟的问题生生把铁路议题搁置下来了。由此可见,传统文化理念的固守对创新变革的阻碍作用。

后来,李鸿章上奏说北洋水师的船得烧煤,拉煤需要用车,就这么迂回着才修了一条 9.8 公里的铁路,在当时的朝廷上还不敢说是铁路,只说修了一个"新马路"。修好的铁路还不敢使用蒸汽机,一节车厢用几匹骡子拉着在铁轨上走。在中国工作的一个英国工程师看到这个荒谬场景大感不解,后来他想可能是因为中国缺乏财力买不起机车,于是就把在唐山煤矿用的旧锅炉改造成蒸汽机送给李鸿章用了。此事传到朝廷,清政府就急了,让把铁路拆了。于是,李鸿章又采取了一个变通措施,虽没拆铁路但是不敢再用蒸汽机了,恢复了用骡子拉火车的方式。后来一直到中法战争打得比较紧张的时候,北洋水师需要煤量太大,才慢慢修起了铁路。

从 1872 年申请到 1889 年批准修建铁路,这用了 17 年时间,而用骡子拉车厢就拉了十多年。从这个例子我们可见中国人有迂回变通的聪明才智,但同时也看到了旧思维观念改变的难度之大。在第四次工业革命条件之下,要持续创新首先要观念创新,有必要对传统思维的依赖做充分的估量。

"赋权于民"的经济形态需要有"以人为本诚信从业"的理念

突破壁垒,建立大数据平台,分享产品、分享资产使用权、分享服务,这一系列以共享经济为特点的第四次工业革命,是一种体现"赋权于民"的经济形态。

现在大家感受到的日常生活中大部分都是分享商品、分享服务、分享使用权利,还有点对点的对等服务、个人资产共享、滴滴打车等。共享经济的特点是注重使用权而非所有权,但求我所用,不求我所有。

社交互动增强,反馈信息也要共享,协作性的消费主张便应运而生。这个特点要求我们处处要"以人为本"。在实践中我们也不难看到,只有以人为本才会延伸需求、才会有市场、才会有协作者;有协作者就需要社会的诚信文化程度高。诚信文化程度高,首先体现在"永远考虑共同的利益",而非一己之私利。以共享利益为追求目标,就能够在这场革命当中通过满足他人的需求,从而取得自身的利益。

诚信文化建设在一定程度上也需要依托相应的制度建设。在美国只要你有不诚信的行为,无论是个人还是组织都会有相应的记录。个人的诚信将会跟随你一生,并为之付出极高的代价。基于此,在美国生活处处能感受诚信服务。中国有一个留学生带着他的父母在美国参观一个公园,买了票之后进门之前突然想起来,在美国 62 岁以上老人的门票可以享受优惠,于是他就回去找后账,结果服务员特别热情地给他换了老人的优惠门票,也没有向他要任何证件,这就是一个诚信的社会。一个健康美好的社会应该是人人爱人人,人人信人人;一个糟糕的社会是人人害人人,人人骗人人。诚信在中国不缺理论,中国古代社会就讲"人而无信,不知其可也"。理论很多,但我们在诚信的做法上还是很欠缺的。美国学者福山把中国归为低信任度社会。时代进入第四次工业革命时期,经济形态都是共享式的,不讲信誉就会失去市场,就没有发展的机会,从这个意义上讲,建立一个诚信社会是第四次工业革命的特点决定的。

第四次工业革命通过共享平台,共享网络等实现互通共融,在这个过程中最忌讳的是造假。第四次工业革命主张"赋权于民",并"以人为本",这是很重要的一个特点。它强调数字化、信息化、手段化，但是它并不是纯粹技术手段的革命。"赋权于民，以人为本"就是人性化的革命。它排斥技术至上论，不主张"去人性化"，不排斥人性，而是在互联互通的经济形态中，首先树立以人为本的理念，建设"我为人人，人人为我"的文化。第四次工业革命有句话叫作"最后一切归结于人、文化和价值观"。这就更坚定了我们一个信念，第四次工业革命虽然说技术化程度、现代化程度等都很高，但它根本上还是以文化为核心、以人为本的一种革命。因此，我们要加强"以人为本诚信从业"理念的宣传，使之成为国人广泛的共识，在第四次工业革命中塑造全新的民族形象，通过"一带一路"引领潮流走向世界。

"协同创新"的核心特征需要树立"同享共赢"的理念

"协同创新"是第四次工业革命的核心特征，而我们国家提出的"一带一路"战略构想是达成共享经济形态的一次重大举措，也是中国文化走向世界的一个非常重要的契机。

首先要寻求文化共识，倡导共享共赢理念和协作文化。这就要求我们在投身于"一带一路"建设时，处理好跨国际文化关系，在文化上要学会与他人形成高度融合，唯此才能实现经济和文化的双收益。

中国文化传统中的协作基因和现代国际化的要求差距很大。中国古代文化中往往秉承一种"卧榻"情节法，即"卧榻之侧岂容他人安睡"。在民间也是历来信奉同行是冤家，所以竞争起来也多是置对手于死地而永绝后患。卧榻情结，导致争斗多是"零和博弈"，不让别人有翻牌的机会，这是一种糟糕的文化。共赢意识应该是源于改革开放过程中不断融入国际化的因素，因此，在第四次工业革命中，我们要继承中国传统文化中的精髓，剔除糟粕，以高度的自觉建立起协同文化，是我们目前必须面对的课题。

虚拟和实体生产的结合更须强化精细化规则意识

近年来，国务院总理李克强提出培育新动能和改造提升传统动能，坚持标准引领的双引擎制造强国战略，旨在助推中国在第四次工业革命中提速快跑。第四次工业革命中的核心部分是工业 4.0 制造

标准的推行，并通过智能工厂的发展，实现虚拟技术和实体生产体系的协作。虚拟和实体生产的体系是通过二者的高度协作，实现产品生产的彻底定制化和新的运营模式，相应地在经营上、管理上更新应用模式，以及在产品上实行彻底的定制化，这都要求企业必须加大高度精细、精益文化的建设，实现个性化的打造。比如智能化工厂：日本人用了 5 年时间，经过相当现代化的设置和布局，制造出准航空母舰直升机驱逐舰——"出云号"。这么短的时间内，又是如此高精、尖的技术，他们靠的就是把虚拟的和实体的设置制造高度融为一体。日本制造的"星云体系"，使整个大车间中几乎看不到人，或只有个别一两个人也是在操作设备，大部分人都隐在设计室进行虚拟的制造。在设计室中从图纸设计、制出零件，再用机器人安装，一系列过程都是虚拟制造和实体制造相结合，这是非常现代化的制造方式，而这种制造方式在中国还显得严重不足。

前些年德国有一个企业到中国考察。德国的工程师问："你们的电表设计年限是多少？"中国工程师说："我们的寿命是非常长的，20 年。"德国人工程师说："20 年也算是长寿命吗，我们一般的电表都用 50 年，而且还没有换。"中国工程师问德国的同行："你们一年产量多少？"德国工程师说："我们一年生产 3000 个。"中国工程师说："我们一天就生产 2000 个。"后来德国工程师说："我们是在做东西，你们是在做生意。"中国的精益化程度和世界先进国家的距离我们可想而知。德国制造的产品精益化程度还表现在：一台德国产的联合收割机要价 40 万欧元，比其他国家生产同等的产品要贵三分之一的价格，但是美国和澳大利亚的农场主还是买德国产的，因为德国的联合收割机可以用卫星导航，可以根据上一季的产量自动调整下一季的种子和肥料的使用量，现代化程度之高，有时不可想象。因此说，中国产品的精细化程度和精益文化还有很大差距。

中国也有一些优秀企业在紧追世界先进制造业。中交一航局做的港珠澳大桥号称交通史上的一座"珠穆朗玛峰"。这个桥是现在全中国乃至世界关注的一个大工程。这个工程最大难度并不在桥的跨度，而是在桥两端的两个岛。这两个桥头堡完全是人工造的，难度非常大，两个岛之间连接是用海底沉管一节一节地装成隧道，一节沉管平均重量 7.6 万吨，精密度稍微不够就渗水，压力又大，所要求的精度

和卫星在空中进行对接的精度是一样的，所以一航局精细化制造取得了很多专利。搞成这么大的工程是中华民族的骄傲，也是精益文化在中国的一个代表性杰作。

要和世界接轨，实现中国制造 2025 和工业 4.0 的对接，这就要求我们必须重视规范文化的建设，然而，中国规范文化的基因不够强。罗杰·布拉德肖先生说中国的文化是善于变通，他的感受还是挺准的。现实中，我们常常随意变通规则，时间长了就养成了不讲规则的习惯。让讲规则成为一种习惯，才能够形成一种规则文化；不建设规范文化，规范的行为就难以形成。

硬实力消退后软实力成为重要制胜因素

当前，国际实力的竞争硬正在逐渐退却，如廉价劳动力、低成本、地域等优势都在退却。过去接近国外大企业就能够享受到待遇，当时这种地域优势也算一项硬实力，但现在互联网形成一个整体以后，日常用品都能用快递来做，区隔优势被打破，这对软实力弱小的行业和企业形成了重大冲击。经济发展在本质上是一个文化的过程，比如投资方向、企业存在的价值、企业价值取向的选择，这个文化的过程包括文化的包容性、领导力的提升、创新能力的加强、经营方式和管理方式的更新。因此，在整个经济发展过程中，我们必须要加强企业文化软实力的建设。

就企业而言，软实力当前重要的是从文化的单向体系建设向专项文化深入。以日本路边的井盖和我们的井盖为例：我们的井盖上标识通常是"××城市×××局制造"，千篇一律没有特色。日本北海道所有井盖绘着体现北海道特色的水产图案。奈良每个井盖都绘着梅花鹿，体现这个城市的文化特色。人们从井盖这个小小的细节就能记住一个城市。这就是软实力。

从既成的文化体系向第四次工业革命要求的文化体系来提升整合，这就要求企业更需重视内涵式发展，重视文化对经济的贡献，重视创新贡献率的提升。曾有观点认为，日本这几年经济下降，可是，我看到有两个重要的资料显示，日本整个经济增长并没有退却，他们是在走非常稳健的内涵式发展道路，并对第四次工业革命的应对都有非常具体的措施，这种前瞻性表明他们已经有了充分地准备。日本这几年走的内涵式发展道路，将会更多地体现在发展后劲上。

对企业来说，企业的创新贡献率、企业的文化能力、领导者的能力和员工的凝聚力、职工的创造性冲动都是软实力的体现，这个软实力决定了企业的发展和活力。现在，国家提倡标准引领，也为中国步入世界制造强国奠定文化根基，对此，要有充分地认识，并将标准引领融入到精益文化建设中来。

"赢者通吃"负面效应有待共同价值观和共同行为准则来规范

第四次工业革命产生了一个不容回避的负面效应，就是赢者通吃。这种负面效应加剧了社会的不平等状况，减少和降低了企业和社会的凝聚力，加剧了企业和社会的动荡。

赢者通吃体现在什么地方？第四次工业革命最大的受益者是创新者。有的创新者还是投资者是股东。作为具备多方面实力的群体，经济和社会财富都会向他们集中，从而拉大工薪阶层和资本拥有者的贫富差距，加剧社会的不平等现象。为数不多但势力庞大的几家平台独占市场，财富急剧地向少数大型企业集聚，向知识含量量高的企业聚集，由此成就了少数的知识分子和企业，如阿里巴巴、京东。京东的发展冲击了在北京的实体商业，大商场关闭了好多家，尚未关闭的实体店经营也是非常艰难。面对这种新的不公状态以及第四次工业革命带来的这种冲击和负面影响，我们都要积极应对。

与前三次工业革命不同的是，第四次工业革命的挑战对象和主要任务是供给侧，而不在需求侧。中国最早使用供给侧这个概念是 2015 年 3 月 25 日，在中国金融 40 人论坛上，由日本经济学家提供的一篇论文，题为《从比较经济学来探讨中国经济新常态》，这篇论文提出来的主要观点是，需求侧包括消费、投资、出口，跟原来"三架马车"没有区别。供给侧主要是三方面，劳动、投资和全要素的生产率。劳动方式的改变，投资方向的改变，全要素生产率怎么改？这是企业第一要义。如何在供给侧的劳动者和生产领域，对劳动、投资和全要素的生产率进行科学适度地配置，市场实现集约有效供给，使经济运行和社会群体的发展处于相对平衡的状态，这是第四次工业革命面临的挑战。因此，企业和国家必须建立新的共同价值观和共同行为准则，让第四次工业革命成为所有人的机遇，这就是供给侧经济目标的文化根基。

当然，社会不公平，经济财富分配不均，古来有之。任何一个社会形态取得绝对平均是不可能的。因为，不管什么社会，人的先天禀赋是不一样的。就个体人员而言，先天禀赋本身既创造社会财富推动社会进步，又能造成社会的不公，财富慢慢都会拉开距离。处理社会财富不公的情况一般有这样两种方法：一种方法是暴力的，比如农民起义、城市暴动，由此来平抑社会贫富；另一种方法是社会采取温和的制度，宣传一种优秀的价值观，培育一种好的文化，让人们能够通过国家的税赋征收缩小差距，越是挣钱多的人交的税越高。中国几千年发展的历史多是农民起义的更迭，多是用暴力来平抑社会的财富。这种情况已经不适应现代社会的发展，现代社会讲究社会和谐、推崇和平崛起促进文明进步。

因此，在第四次工业革命来临之际，建立和制定全民新的共同价值观和共同行为准则，在劳动者和生产领域夯实供给侧经济目标的文化根基，解决赢者通吃形成的贫富差距，是每一个企业都要思考的命题。

开放包容推动均质化是企业走向世界的文化自觉

第四次工业革命加快了企业全球化的速度，也加大世界文化的均质化进程。所谓均质化进程，是指各国有不同的文化，也有相同的文化，这种相同的文化认同度越来越高，影响越来越广，大家接受的程度越来越深，所以文化越来越均质化。这种均质化进程助推了多元文化的相互借鉴吸收。推进均质化为世界经济发展做贡献，也就成为中国企业融入世界经济的重要任务。

企业融入世界经济，不能像远洋运输那样移到海外去，更不是自己做自己的企业，做好我们的内部工业就完了。第四次工业革命的关联性有的是显性的，有的是隐性的。这种关联性很可能渗透在企业生产经营的不同环节，而且多元一体的文化已经成为一种必然趋势，建立以文化为中心的发展方式已成为各国的追求。因此，对国际化的深度和隐性程度我们一定要有敏感度。

第四次工业革命很可能引发世界范围的文化复兴，相仿于18世纪欧洲文艺复兴一样，这一场运动在中国可能造成文化上的大变局。在这个过程中，我们应该做一个明智的选择，勇敢地吸收国际上的文化财富，使之成为我们自己的财富，而且我们也应该为国际文化贡献我们的文化成果。

在第四次工业革命过程中，互联网化和系统化把全世界的企业几乎联成一个整体，在这种态势之下，走完全排外之路是没有出路的。日本明治维新和我们中国的戊戌变法几乎同一个时代，相差不下10年，但是明治维新时提出两个口号，其中一个就是"开国进取"，以开放的胸怀，接受国外的经济、手段、方式，也接受它先进的文化，所以才能使日本的明治维新成功走向现代化。

在现代世界，文化在本质上就应该追求异质性和不确定性。欧洲的文化和精神实际在于异质性和不确定性，毅然去拥抱这种不确定性和异质性，欢迎不同的文化加入。这就相当于我们说的混血儿一样，父母亲血缘离得越远儿女越聪明。以前我们是比较守旧的单一文化繁衍模式，制约了我们的发展。其实，世界文化有很大的通约性，而且文化能够成为各国走向世界的通行证。中国的文化应该能够成为一种普适的文化，成为世界文化的一部分。黑格尔说过，个别的民族文化只有与世界文化融合贯通以后，才能完成你自己。因此，像我们中国文化中"己所不欲，勿施于人"这种黄金法则，应该是普适的、永恒的。还有很多文化都是带有普遍性的，或者叫普适性的文化，通过"一带一路"建设，把外国的文化和经济吸收进来，再把我们中国的文化通过经济渠道输出去，这也是中国文化走向世界，中国文化复兴的一次重要机会和通道。

（作者系中国企业文化研究会理事长。本文为作者在"中外企业文化2016南宁峰会"上的发言）

中国古代商业文化与商业精神

司马云杰

中国古代商业文化发展

商业文化是商品创造、生产、交换中所产生的文化。从这个定义出发看待商业文化，中国古代商业文化的产生可谓源远流长。伏羲处渔猎时代，有无商品交换，尚无记载。古书说"伏羲制俪皮嫁娶之礼"。制俪皮，已不是打猎获取的兽皮，而是经过制作的皮革产品。这已经是文化创造了。但它只是说作为婚嫁之礼之用，并没有说拿到市场去交换。因此，还不能断定它是商品文化。但神农时代，"包牺氏没，神农氏作，斫木为耜，揉木为耒，耒耨之利，以教天下"；随着农业的发展，剩余产品也作为商品开始了交换。《易传》所说"日中为市，致天下之民，聚天下之货，交易而退，各得其所，盖取诸《噬嗑》"，就是指当时的市场商品交换。噬嗑，即市场经纪管理者的吆喝声。王船山说："《噬嗑》之象，上下二阳，设为关肆；阴为民为利，九四象有司治市者，讥察于中，使三阴各退，不终合，以免黩货无厌也。"《易传》说："颐中有物曰噬嗑"，"颐中有物"，即经纪管理者吆喝的价格。《易传》说"噬干肉，得黄金"，说明商品已经进入货币交换了。到了黄帝、尧、舜垂衣裳而天下治，"刳木为舟，剡木为楫，舟楫之利，以济不通，致远以利天下"，"服牛乘马，引重致远，以利天下"，商品经济更为发展，商业文化更为发达了。随着大禹治水成功，"九州攸同，四海会同，六府甚修，众土交正，致慎财赋，三壤成赋"，不仅解决了赋税问题，而且各地之间的商品交换也发展了起来。如海岱青州一带的丝、枲、铅、松、怪石，"浮于汶，通于济"；淮海扬州一带的瑶、琨、竹箭、齿、革、羽、旄、卉服、篚织，"均江海，通淮、泗"等，就是当时各地区间的商品交换，也是说明各地商业文化的发展与写照。

随着商业文化的创造、生产及商品经济发展，社会人员构成就发生了社会分工，产生了士、农、工、商四个不同阶层，产生了商业文化的主体——商人。《周礼》讲"坐而论道，谓之王公；作而行之，谓之士大夫；审曲面执，以饬五材，以辨民器，谓之百工；通四方之珍异以资之，谓之商旅；饬力以长地财，谓之农夫"；《汉书》讲"士、农、工、商，四人有业。学以居位曰士，辟土殖谷曰农，作巧成器曰工，通财鬻货曰商"。凡此皆是讲的士、农、工、商的社会分工及商人阶层和商业文化主体的产生。《周书》曰："农不出则乏其食，工不出则乏其事，商不出则三宝绝，虞不出则财匮少。"可知士、农、工、商对社会发展和人民生存是多重要了。司马迁说："此四者，民所衣食之原也。原大则饶，原小则鲜。上则富国，下则富家。贫富之道，莫之夺予，而巧者有余，拙者不足。"特别是商人的出现及商业文化的发展，不仅"通四方之珍异以资之"，是各种珍贵物资的买卖者、交换者，即"通财鬻货"者，而且没有商业的发展，就会造成"三宝绝"，即食、事、财的断绝和缺少，社会是很难维系的。由此可知商业文化发展之重要。

中国古代商业文化与商业管理

司马迁说："故待农而食之，虞而出之，工而成之，商而通之。此宁有政教发徵期会哉。人各任其能，竭其力，以得所欲。故物贱之徵贵，贵之徵贱，各劝其业，乐其事，若水之趋下，日夜无休时，不召而自来，不求而民出之。岂非道之所符，而自然之验邪！"在司马迁看来，士、农、工、商的发展，包括"物贱之徵贵，贵之徵贱"，都是符合自然规律的事，而非政教管理期望发展出来的，故曰："自然之验邪！"

人不仅有"好是懿德"的先天道德本性，还有气质之性；而气质之性，一开始就包含着阴阳、动静、清浊、善恶，包含着物欲、情欲追求。为了生存，"人各任其能，竭其力，以得所欲"是天然合理的，故曰"富者，人之情性，所不学而俱欲者也"；故曰"天下熙熙，皆为利来。天下壤壤，皆为利往。夫千乘之王，万家之侯，百室之君，尚犹患贫，而况匹夫编户之民乎"；故曰"凡编户之民，富相什则卑下之，伯则畏惮之，千则役，万则仆，物之理也"；且司马迁认为，"夫用贫求富，农不如工，工不如商"，在士、农、工、商的四业中，从事商业活动是最能让人很快富裕的职业。然人过度追求物欲，追求富贵金钱，也会陷入非理性，陷入司马迁所说的"不轨逐利之民，蓄积馀业以稽市物，物踊腾粜，米至石万钱，马一匹则百金"的情况。而且为了物欲，为了赚钱，会弃农经商，打破正常的社会经济秩序。《禹贡》说，禹夏时"铸钱采铜，一岁十万人不耕，民坐盗铸陷刑者多。富人藏钱满室，犹无厌足。民心动摇，弃本逐末，耕者不能半，奸邪不可禁，原起于钱"的情况。据《山海经·大荒东经》《竹书纪年》《楚辞·天问》所载，商王亥曾作客于有易之国，从事畜牧牛羊而行淫享乐，有易之君绵臣杀王亥而取其牛的事件。凡此，皆属于人的非理性物欲，从事商业文化活动，正常社会经济秩序被打破。特别是为了霸业，单纯功利追求，更会容易造成社会不平衡与危机。所以，商业文化发展需要管理，需要政治干预，需要礼义教化。

前面所说神农时代《噬嗑》之象，上下二阳，设为关肆，就是属于商业文化管理。这发展到商周时期更为严格。周朝在地官司徒之下，设司市之官，"掌市之治教、政刑、量度禁令"；"凡市入，则胥执鞭度守门，市之群吏，平肆、展成、奠贾，上旌于思次以令市"，就属于严格的商业文化管理。

中国古代的商业文化管理，有两种模式是值得注意：一是经济管理上的政商合一与吏治管理上的政商分离。中国文化的"经济"二字，并非今天经济学所说的投入、产出、市场、利润、价格等活动，而是"经世致用，道济天下"之义。因此，从经世致用方面，国家管理商业活动，实行政商合一，士、农、工商，都要管，不能分离。一方面"以考百官府、群都、县、鄙之治，乘其财用之出入。凡失财用物辟名者，以官刑诏冢宰而诛之。其足用长财善物者，赏之"；另一方面又通过司市之官，"掌市之治教、政刑、量度禁令。以次叙分地而经市，以陈肆辨物而平市，以政令禁物靡而均市，以商贾阜货而行市，以量度成贾而征价，以质剂结信而止讼，以贾民禁伪而除诈，以刑罚禁虣而去盗，以泉府同货而敛赊"。这就是汉代经世致用方面的政商合一。二是在国家经世致用方面，实行政商合一，而在吏治管理方面，则实行政商分离的政策。汉朝明文规定，商人及其子女不得做官，不得介入政治。《史记》说："天下已平，高祖乃令贾人不得衣丝乘车，重租税以困辱之。孝惠、高后时，为天下初定，复弛商贾之律，然市井之子孙亦不得仕宦为吏"。这样做的目的，就是防止政治腐败的发生及仁义廉耻的丧失。因为，不仅商业发展会造成"野与市争民，家与府争货，金与粟争贵，乡与朝争治"的局面，而且"商贾在朝，则货财上流。货财上流，赏罚不信，民无廉耻，而求百姓之安难，兵士之死节，不可得也；朝廷不肃，贵贱不明，长幼不分，度量不审，衣服无等，上下凌节，而求百姓之尊主政令，不可得也"。当初，汉高祖"令贾人不得衣丝乘车"，是过严了点儿，苛刻了点儿，是不利于商业经济发展的，但汉代实行政商分离在防止政治腐败方面，有一定的借鉴意义。也说明，商业文化创造与商品经济发展，还需要一种伦理道德精神。

中国古代的商业文化精神

中国古代经商不叫经商，不叫做买卖，而是叫"做生意"，它的意思是：把没有生意的地方，干枯死寂的地方，焕发出生机，做出生意来。这种"生意"，生机勃勃的兴起，在中国文化中有一个范畴概念，称之为"仁"。仁，就是生意，就是生机，就是乾元，就是造化，就是大化流行、生生不息，就是宇宙生命精神！所以说，中国商业文化的根本精神，正如《易经》所言，指陈玄门造化及儒门《论》《孟》教典，真正可为天地间大道真脉与流行不息之真精神者，只一个字即可说的，那就是"仁"。故明儒罗近溪说："天地之大德曰生。夫盈天地间只是一个大生，则浑然亦只是一个仁，中间又何纤毫间隔？故孔门宗旨，唯是一个仁字"。这就是中国文化精神的本体论，商业文化精神的本体论。

唯"仁"是天地间之大道真脉，是儒门教典之真精神，也是商业文化的真精神。一部《论语》，一个"仁"字重复出现了一百零九次，无非是强调"仁"的精神；《大学》《中庸》之所阐释发挥者，也无非《易经》"大德曰仁"的精神。"大哉乾元！万物资始"；"至哉坤元，万物资生"，天地之间，正是有了乾元、坤元的两种最原始根本的力量，才构成了宇宙万物的大化流行、生生不息。故仁者，天地之大德，生生之大用者也。中华民族，唯有得此天德大用，得此天地精神，才浩浩不息，绵绵相续，卓然独立，存在于天地之间的。知仁，则知中国文化要义；知仁，则知中国文化根本精神与核心价值观。

因此，中国文化精神，中国商业文化的精神，不是一切向钱看，单纯追求功利，追求利润最大化，而是立于天地之大仁，仁爱天下，唤起国家民族的生命精神；不是凯恩斯所讲的"恶有用"，利用"恶"从事一切经济活动，而是以仁德为根本，居天下之广居，立天下之正位，行天下之大道，兼济天下苍生；不是不管人死活，以满足自我的纵乐，而是经天下之大经，立天下之大本，以诚明之心，德合内外，至诚不息，成己成物；不是二三其德，好货好色，巧取豪夺，而是以天德大道，仁爱百姓，兼济天下。

故中国文化精神之宗旨，彻天彻地，固执圆融，自内及外，浑然一体，贯彻始终者，只是仁的精神，只是生生的精神，只是大化流行、浩荡不息的精神，只是中华民族求生存、图发展的精神，而不是佛陀的自我解脱精神或基督耶稣的拯救精神。一切从事商业活动的人们，一切经世致用、道济天下的人们，都必须以天道至德，仁爱天下，都必须内心怀天地之仁德，反诸身，涵诸心，生化圆融，纯一不二者，以此生生之理，道济天下，必须以至诚不息为天职，以仁义之道行天下，以刚健中正之道协和万邦，以浩浩大化知觉主宰处为最高性命之理。

（作者系中国社会科学院研究员，中国企业文化研究会学术委员）

中华孝文化及企业文化的启示

邓荣霖

孝感市是全国唯一以孝命名的地级市。孝感素有"孝子之乡"的美称。多年来积极探索和挖掘孝文化的现代价值，致力于"孝文化"的传承和发展，造就了孝道昌隆、民风淳朴、诚信友爱、社会和谐的良好环境，形成了具有战略性、指引性作用的"至孝至诚、图强图新"的城市精神。

从本地实际出发，建设具有特色的文化名城

"孝文化"是中华文化的有机组成部分。孝感注重深入开展研究，充分发掘文化精髓。尤其是 2006 年把"中华孝文化名城"确定为城市发展战略目标，着眼于长远和未来，成立了 10 余家中华文化研究机构，并与国内有关省市、高校、我国港澳台地区以及与东南亚和美国、加拿大等十余个国家或地区的专家、学者组成中华文化研究学术团队，从宏观、中观和微观等层面构筑新时代的中国精神、中国价值、中国力量，经过十二年的努力，取得了丰硕的研究成果。成就了具有"孝文化"特色的中华文化名城，并在社会上生了广泛的辐射作用。

推进中华文化名城的基础设施建设

孝感市改革开放 40 年来的招商引资工作取得明显成效，在公路建设和基础设施建设方面的成就尤为突出。特别是项目建设彰显了中华文化元素，强力提升了中华文化名城建设的影响力。

如：凤凰天仙城是中华孝文化名城的突出景区，

就是由孝感市与我国香港乐天股份有限公司于 2012 年 9 月签约的中华文化名城项目。项目总投资 80 亿元，占地 10312 亩。项目依托于王母湖的地理条件优势，在王母湖畔规划建设中华文化名城项目，包含中华孝文化、凤凰传媒文化、水生态文化为一体的文化旅游景区，让项目体现出"品牌高端、品质高端，生态立城、绿色打底，城乡统筹、产城融合"等特点，再现了中华文化在城市基础建筑层面的成就和魅力，为人们展现出中华文化的人文景观。

通过中华文化名城建设，推进廉政建设和社会建设

孝感市的廉政机关建设以中华孝文化为指导思想，把孝廉机关建设纳入党政机关年度工作计划和目标考核要求。确立孝廉机关建设示范点，以点带面，工作扎实，建立孝文化和反腐倡廉教育基地，筑牢党政机关干部拒腐防变的思想道德底线，推动了全市各类机关单位的廉政工作。

孝感市教育系统在弘扬中华孝文化过程中，坚持校内教育与校外教育相结合的方针。构建"学校主课堂、家庭小课堂、社会大课堂"三位一体的孝文化建设体系，引导学生在校能"知孝懂孝"，在家能践行"孝心孝行"，在社会能"崇孝评孝"，把孝德教育作为学校德育的一项基本内容，在校内校外践行，实现了家庭教育、学校教育、社会教育的有效衔接和有机结合。

如：孝感市玉泉小学"以孝润德，童蒙养正"的思路创建孝德校园，形成"仁爱、诚信、好学、尚美"的校风。让教师为人有品德、做事有品质、生活有品位，让学生成为快乐学习的主人；让家长成为学校最亲密的朋友。根据各年级段学生的年龄特点，该校提出低年级学生要尊敬父母；行"孝顺之心"，中年级学生要理解父母，行"关爱之心"；高年级学生要感恩父母，行"仁爱之心"。该校通过教学及实践活动，让学生感悟孝之心、孝之行、孝之道，不断培养与提升"知孝行孝的能力"。

又如：坐落在孝感市的湖北工程学院，于 1993 年组建了孝文化研究基地。以文化自觉与文化自信为指导思想，立足中华孝文化资源，构建新型智库，把研究成果转化为服务资源，实施孝感市"中华孝文化名城"的战略目标，促进地方的社会事业发展，取得了显著成效。该学院通过学术研讨会、专家咨询会、专项课题研究、提交论证报告的多种形式，为"中华

孝文化名城"建设取得了理论与实践相结合的成果。

再如：孝感市依据老年人口规模大、增长快、高龄失能化和空巢老人增多的明显特征，在构建"中华孝文化名城"过程中，加快社会养老服务体系建设。不断完善本地区以居家为基础、社区为依托、机构为补充、医养相结合的养老服务体系。采取健全养老服务政策、完善机构养老设施、推进农村幸福院建设、加大医养融合力度、强化养老机构安全管理的多种有效措施，营造浓厚的孝文化养老氛围。充分发挥孝文化的感召力、吸引力和凝聚力，增强全社会的尊老、爱老、助老、孝老意识，提升养老服务的整体水平，营造安全、便利、诚信的养老服务环境，有效地促进养老等社会事业的科学发展。

坐落在孝感市的湖北职业技术学院，探索以孝文化与老年护理相融合的老年护理专业建设，将其纳入"中华孝文化名城"的重大项目建设中，为进一步完善社会养老服务体系并提升养老服务质量做了实践性探索。

弘扬中华孝文化，促进文化产业发展

孝感市在促进文化产业发展的过程中，重视发挥各地区的有利条件和资源优势，形成了具有特色的文化产业。如：孝昌县的历史源远流长，文化资源丰富，是孝文化的重要发祥地。现已形成孟宗公园、七里湖文体公园、孟宗系列茶诸项孝文化产业基础。云梦县拥有古泽云梦、楚国别都、黄香故里、秦律圣地诸项人文品牌，列入非物质文化遗产保护名录，成为待开发的文化遗产项目。

湖北之海文化艺术有限公司于 2004 年在浙江省义乌市成立，2014 年整体迁到孝南开发区，是一家集设计、研发、生产、销售于一体的文化企业。主营产品包括现代浮雕画、玉石雕刻艺术品、汉之绣三大系列。公司立足于弘扬中华文化精神，秉承"创新、诚信、专注、奉献"的经营理念，瞄准全国"行业第一、享誉中外"的发展定位。产品辐射全国，并出口到加拿大、法国、德国等十多个国家。

"湖北和天下"公司，是一家从事资源循环利用投资业务的有限责任公司，是由 10 人投资组建的民营企业。这家企业用"孝诚文化"涵养企业文化：对外"孝敬"客户，对内"孝敬"员工。诚信文化是诚实与信用相融合的表现，反映市场经济发展的要求。市场经济即是诚信经济。市场经济条件下的企业文化，是为实现经营目标而具有凝聚力的全体员工认同的价值观。所谓"认同"，就是融在员工思想中，化在员工血液中，做在员工行为中。所谓"凝聚力"，是以个体行为为起点，群体行为为基点，组织行为为目标的共同价值观，是个人价值与企业价值的有机统一，是企业所有人齐心协力的无形力量。文化是一种习惯。企业文化是全体员工约定俗成的精神力量和工作方式与生活方式。企业只有具备内部凝聚力，才有外部竞争力。孝感市的孝诚文化，体现了企业与文化的关系，经济与文化的关系，是企业发展的持久动力，市场经济发展的指导思路。思路决定出路，出路决定财路。

孝感麻糖米酒有限责任公司是一家综合型食品生产经营企业。其前身是 1954 年建成的孝感麻糖厂，2001 年改制转为民营的孝感麻糖米酒有限责任公司。企业文化以立足时代、创造精品为指导思想，立位为"传承孝文化，树百年品牌"。以"良心工程，永无止境"为企业使命。确立"诚信务实，开拓创新"为企业理念。尤其是以产品质量为企业生命线，酿造麻糖米酒精品，发扬光大老字号。质量第一顾客至上，精益求精创名牌。为保证产品质量，该公司设有产品研发中心、质量检验中心，形成一套完整的质量标准体系，包括原料产地环境质量标准、生产技术标准、产品质量标准、卫生标准、包装环保标准、储藏和运输标准及其相关的标准。该公司建有孝感麻糖米酒博物馆，并已成为国内外食客参观的一个旅游景点，成为青少年学生接受"孝文化"和"食文化"的教育基地。

孝感市的企业仅仅是"孝文化"产业的代表，而更多的以中华孝文化为动力的新型企业正在应运而生，这些企业将形成新时代的中华孝文化产业链，促进地方经济发展。

（作者系中国人民大学教授、博导，中国企业文化研究会学术委员）

从文化规律看文博事业

文 魁

对文化实质的思索

任何一种组织都要有自己的宗旨、目标，都要

把分散的、个人的认识和力量统一起来完成一个既定目标，就是凝心聚力。这就是文化的功能，文化建设就是要达到统一认识、凝心聚力的目的。从这个意义看，文化必须有几个要素：

首先，文化是发生在人与人之间的，建立在人与人合作基础上的。有很多经典著作揭示人和动物的区别，马克思曾说过，在蜘蛛和蜜蜂面前，人类常常自叹不如，蛛网和蜂巢可以做到如此精美。但是它们都没有事前设计，人类最蹩足的设计师也一定有施工前的设计方案。通过这个生动的比喻，我体悟到，在大自然中，动物界有着非常奇妙的种种组合，这种组合靠的是本能。蜜蜂的分工是本能，是由本能形成的。人从动物进化出来后，人与人之间的合作是不可避免的，而且是必须存在的，这就是人的社会性。人们要合作，就必须有一种相互联系的方式，遗憾的是，人类合作的本能已经不具备了。人与人之间要联系，就要借助一定的方式和工具传递信息，这就是最早产生的语言、文字。人们把语言、文字作为文化，但实际起的作用是达成人与人之间的合作，文化具有一种沟通的意义。

其次，在这种基础上，又逐步积累起人对自然和人类本身的种种认知还以及对认知的认可、认同。先从认同说起，我对组织文化的最初感受就是一种认同，如：老师要清楚学校是干什么的；学生要清楚到学校是干什么的。学生对老师、老师对学生、老师和学生对学校都应该有一个共同认知，有一个共同的东西，这就是认同。说到企业的文化建设，其实所有企业的目标都是让其所有的员工对企业产生认同感，这就是文化建设的真谛。但是在达到这种认同之前，还得有两件事情：一个是对什么认同；二是对企业的什么认同。这就是要提出对企业的认知，人类的认知能力是区别于动物的最基本特征。

很多企业文化的表述都不太一样，但一般都会提出企业的愿景、企业的目标，而且做了很多宣传教育，形成了一种共识和认同。我认为，文化是人类群体性知行合一的过程，及这一过程产生的物质财富和精神财富。

文化规律：从元素到功能的形成

什么是文化规律？我把自己对文化规律的思考概括为：从元素到功能的形成过程。

企业搞文化建设是为了达成认同，一种组织认同。在这之前还有两个环节：一是认知，这是文化的基本元素，也是文化的原始形态。比如对未来的预测，我们讲的中国梦，理想、信念都是各种认知；还有就是行为准则，包括物化的认知、制度的认知等，都是人类认知的一种基本的元素。二是认可，对认知的认可。文化的初级形态就是对这种认知的认可。比如企业发展的目标是什么，有些企业的领导人或是企业家提出来目标后，他做的所有工作，就是让所有员工对这个目标，对这种认知有一个认可。这包括各种宣传教育。学校教育，就是让学生认可学校的知识、理念。我认为也可从认知、认同这两个层次看企业：一是认知，比如说，企业就是一种合同雇用关系，认可就行，我不到你这工作，我就拿不到工资，没法生活；企业主也是我不雇佣你，就没人给我干活。彼此认可，就能达成协议，这是一种契约，就是认可企业。如果有家的感觉，那就是一种认同，是命运共同体，企业有着内在的高度一致性，就是认同企业。认同是把自己放进去企业里去了，你中有我、我中有你，你这儿就是我的事业。所有的艺术家都是对自己所从事的艺术达成了认同。艺术家把艺术当成生命来看，不管什么艺术都是如此。一般的就业、一般的职业，只是一种认可，认同则是一种高级形态，比如企业讲的核心员工，要志同道合、同生死、共患难就是认同。现在讲的粉丝、信仰、忠诚，就是超越了认可，达成了认同。我们搞组织文化建设，就为了实现所有员工对企业理念的认可，而其中核心员工还要进一步认同。达到认同以后，就会产生一种巨大的效应。这种效应有的企业叫共振，有的企业叫共鸣。相反，我们也可以发现，如只是认可，没有认同，那就必然存在着矛盾，但可以"和而不同"，可以共事，所以认可只是文化的初级形态。只有真正认同了才会产生共鸣、共振，文化的功能才得以充分彰显，文化力常常超乎我们的预期。如果连认可都不能形成，那就可能会发生文化的冲突。

从文化规律来看，文化建设的第一步是形成对企业的科学认知；第二步就是要形成对认知的普遍认可，也是关键一步。我们所有做的文化建设工作，是要达到认可的共同目标；最后进一步升级为认同，企业文化就是这样一个过程。

文博是人类认知与认可的物化遗存

我们的文博事业也好、博物馆及其馆藏文物也好，它是人类认知与认可的物化的遗存。在历史上一定是对一种认知产生了认可甚至是认同，然后物化了，最后成为了遗存物，它的文化价值是很大的。我们可以看到每件企业的文物都记载着企业曾经有过的知行合一的过程，从它的历史，我们可以找到企业发展之源，可以找到攻坚克难之宝，还可以发现企业之魂。博物深藏着人类在认知过程中的丰富内容。如果把企业文物系列的陈列，系列的组织，按照一定的脉络梳理，不但可以展示群体性知行合一的历史，还可以展示企业作为一个组织整体，不断进取、不断壮大的成长轨迹，从中可以看出企业最初是怎么组织起来的，又是如何发展壮大的，可以起到大视野、长焦距的作用。这里重要的文物，它可能是地区的标志，可能是行业的结晶，甚至是城市的标志。所以企业里存在的文物，是城市文化中的企业家园。

北京市整个的文化是由各种文化组成的，不要小看任何一个文物，它在企业博物馆里陈列，但是它的价值可能超越了企业，可能是行业的代表，可能是地区的标志，甚至是民族的一种骄傲，还可能是全人类的。现在我们申遗，就是人类的价值。企业文博虽然不大，但它具有人类的价值，它有广泛的价值。这是我按照文化规律对企业文博的一点认识。

企业文博的文化价值

企业文博具有深刻文化价值。

第一，是企业文化建设的重要平台。虽然不同企业文化建设存在差异，主要有两种表现：一种是文化建设的自觉性不够，有的只是单纯地响应上级号召，做表面文章，甚至是一种标榜，企业口号都是一些空洞口号；另一种则是很自觉的，一定要通过文化建设达到企业的目标。文化建设做的自觉的企业，特别是民营企业，没有必要去喊空洞的宣传口号，文化建设的目的很明确，是自觉的。企业文化建设的一个重要平台就是我们的企业博物馆。

第二，是可以挖掘企业的文化宝藏。企业文化不是一天形成的，企业从创办到发展所经历的所有事件、所有人物、所有故事、所有事迹，把它串起来就可以发现，这些就是文化宝藏，这些都是有待发掘的。有了这个博物馆就可以去发掘，可以更自觉、更主动、更有效地去挖掘这个文化宝藏。

第三，是为研究企业发展规律提供历史资料。这个规律既包括企业组织形式发展规律，也包括工艺技术演进规律。如：最早酿酒是怎么一步一步发展到今天的？一个个记载也是一个个对酿酒知识的认知；还有产品升级换代，这些都可以通过博物馆来反映。博物馆要有专门的研究人员，除了日常的讲解、管理以外，应该有人深入研究，以不断深化的认知彰显其文化价值。

第四，也是企业软实力所在，就是凝聚员工对企业的认同感、自豪感。文物是有感情的，我们的文物都是几百年上千年的东西。历史虽短的文物，有一种情感在里面，小时候我们用过，是我们经历过的，原来我在工厂工作过，我们做过的，这种感觉就不一样。有时，看到旧物件，就能勾起人们对曾经奋斗经历的回忆，从而凝聚员工对企业的自豪感。这是文化建设的一个很重要的目标，就是"员工不忘初心，开创企业的未来"。

第五，是企业文博，同时也是行业文化、地域文化、城市文化、民族文化的有机组成部分。

第六，是最现实的价值。从现在我们整个社会发展状况来看，它还可以扭转现在的浮躁风气，特别是针对年轻人心浮气躁、急于求成的心态更可以彰显其价值，就是看我们的祖辈是如何做人做事的，同仁堂"炮制虽繁必不敢省人工，品味虽贵必不敢减物力"的古训等，会使我们今日一些商家为所作所为汗颜。一个经久不衰的企业要靠几代人精益求精的持续改进才得以传承，靠速成是难以持久的，靠包装是没有生命力的。所以企业文博对扭转社会浮躁风气，张扬时代的工匠精神，有极大的教育意义。

第七，是品牌文化的价值。特别是老字号，老字号最有资格办博物馆，只有老字号才有博物，但是它的价值在于它的文化内涵。我们要研究我们的品牌是怎么形成的，如何取得了诚信，如何赢得的信誉，企业文博的品牌价值的独特性，值得进一步发掘。

第八，是可以带动社会和城镇的发展。我们现在搞小城镇建设，小城镇就是特色城镇。现代世界城市的发展已不同于过去都集中在中心城市。我们发展特色小城镇是符合世界城市发展规律的。寻找这个规律与文博事业息息相关。过去发现文物后，都是把文物集中到中心城市大博物馆，现在的发展趋势是就地保护。如：在意大利小镇的教堂，对《最后的晚餐》这幅画，他们不把它挖下来送到大城市，而是就地保护了。这样一幅画就地保护了，这种就地保护可能就能带动当地城镇的发展。我们这个企业的博物馆和企业的文物，还有着广阔的前景。

企业博物馆记载着企业人从认知到认同，知行合一的文化过程，这里的每一件文物都有着令人难忘的经历和感人的故事，每一段历程都饱含着创业的艰辛和荣耀。这里不但可以告慰每一位对企业成长和发展付出心血的前人，而且可以启迪后来者，对企业文化进行再认知，形成对事业的认同，产生共鸣，启动共振，发挥企业文化的强大功能。

（作者系首都经贸大学原校长，博士生导师、教授，中国企业文化研究会学术委员）

全球化背景下的中国品牌塑造

王成荣

全球化（globalization）通常是指全球联系不断增强，人类生活在全球规模的基础上发展及全球意识的崛起。狭义的全球化是指经济全球化，经济全球化体现在贸易、生产、资本、技术四个领域，自由化、依赖性和强者主导是其主要特征。虽然全球化一直有争议，但当今世界各国联系，尤其是经济联系日益密切、相互依赖，人类生活范围越来越广泛却是事实。

一、全球化背景下的品牌并购

（一）全球对外直接投资（FDI）与品牌并购

从 2014—2018 年全球对外直接投资（FDI）数据看，2014 年为 1.23 万亿美元，增长 −16％；2015年为 1.76 万亿美元，增长 43.09％；2016 年 1.52万亿美元，增长 −15.79％；2017 年约为 1.65 万亿美元，约增长 8.55％；2018 年预测为 1.8 万亿美元，预测约增长 15％。

FDI 的重要影响就是品牌并购。2015 年全球公司并购总额为 4.6 万亿美元，超过 100 亿美元的并购案达到 68 件。美国辉瑞（Pfizer）对爱尔兰艾尔建（Allergan）的收购总额达到 1600 亿美元，比利时百威英博以 1174 亿美元收购英国的南非米勒公司，大型并购达到金融危机以来的高潮。

品牌经济时代跨国品牌并购有五大动因：一是获取品牌市场影响力；二是取得技术优势；三是扩大市场规模；四是造就规模效应；五是强化垄断地位。

（二）全球化条件下国际分工造就品牌强势

在全球化背景下，由于国际分工，一般来讲品牌所有者与品牌产品生产商是分离的，品牌所有者要在全球范围内寻找比较优势。如宝马汽车的设计在德国，汽车钢板生产在日本，发动机生产在澳大利亚，变速箱生产在美国和加拿大，轮胎生产在韩国，全球有 20 多个国家参与制造宝马汽车。波音飞机在全球 70 多个国家生产，最后在西雅图组装，中国西安、上海、成都的工厂就给波音飞机生产尾翼，全世界天空上飞的 3000 多架波音飞机的尾翼都源自中国；同时，沈阳的工厂为波音飞机生产舱门，重庆的工厂提供锻造件。我国的 C919 飞机一些关键分系统也来自国外，发动机采购自一家美法合资公司，起落架来自德国供应商，内饰也来自奥地利。

（三）品牌影响着世界经济的格局

纵观全球，大约 3％的名牌产品占有 50％的市场。谷歌、苹果、亚马逊、可口可乐、沃尔玛、奔驰、华为、腾讯等，都是典型代表。

世界财富 500 强的分布图与全球品牌的分布图表明，品牌决定着国家的竞争力，影响着世界经济的格局。财富 500 强中国上榜企业达到 115 家，美国是 132 家。在 2017 Brand Frinance 全球品牌 500强榜单上，中国品牌占据 55 席，美国占据 233 席。中国全球品牌占比低于财富 500 强占比。

二、品牌的本质与品牌力量

（一）品牌的本质是品牌关系即信任

Brand 英文为"烙印"的意思。这种标记起源于西班牙的游牧民族，最早他们在自己拥有的牲畜身上打上烙印，以便在交换时与他人的牲畜区别开来。

菲利普·科特勒认为：品牌是用来识别一个企业的产品和服务，并与竞争者相区别的一个名称、专有名词、标记、标志、设计，或是这些要素的综合。当代社会品牌的泛化现象，优秀的人、物和活动都可以称为品牌。

品牌的内在特征是质量优异，蕴含较大的文化附加值；品牌的表象特征是高知名度、高美誉度、高顾客忠诚度、高市场占有率、高经济效益、高无形资产价值、高社会效应、长市场生命周期；品牌主要有公司品牌、产品品牌、服务品牌等。总之，品牌是一种标识、一种承诺、一种综合体验、一种态度、一种感情链接和寄托。但品牌的核心是表明一种信任关系，即所有者与生产者、消费者以及各利益关联方，包括公众之间的一种相互支持、相互信赖的经济关系。

品牌力＝技术力＋文化力＋营销力。品牌的质量支撑是技术力；品牌的个性支撑是文化力；品牌的市场支撑是营销力。

（二）品牌技术力来自技术积累与创新

中国品牌近些年来技术含量大为提升。华为2016年在142个国家和地区卖出了超过1.62亿部手机，在IDC给出的数据中，华为2016年全球出货量排名第三位，仅次于三星和苹果，市场份额为9.5％。全年研发投入按欧盟委员会的统计为83.58亿美元，超过苹果74.1亿美元。腾讯、阿里、百度、联想等也有较大的研发投入。

从整体看，中国GDP占全球第二，但全球竞争力排名第28名，世界50国科学实力指数排名第8位，全球国家科技实力排第20名以后。我国对外技术依存度超过50％，而这一数据在发达国家只有在10％左右。看了美国阿冈国家实验室、因特尔公司、MIT和斯坦福大学，确实感到我们与美国等发达国家在某些方面的科技实力上还有较大差距，这是制约中国品牌成长的关键因素。

（三）品牌文化力源于核心价值

品牌核心价值的基本条件：一是独特性，即独一无二，容易识别，不可模仿；二是人文性，即体现对人类的终极关怀，震撼人的内心深处，拉近品牌与人类情感的距离；三是执行性，作为一种价值主张，不仅要得到消费者的认同，而且能具体物化在产品与服务中；四是兼容性，既能兼容其所有的产品，又能兼容不同时代人类的情感，使之能够永续演绎下去。例如劳斯莱斯的核心价值是"皇家贵族的坐骑"；沃尔沃的核心价值是"安全"；苹果的核心价值是"简洁"；雀巢的核心价值是"味道好极了"；万宝路的核心价值是"西部牛仔雄风"；同仁堂的核心价值是"同修仁德，济世养生"；全聚德的核心价

值是"美味与尊贵的体验"等。

（四）品牌文化力取决于品牌个性

品牌个性也称品牌性格、品牌形象，是购买者人格的象征。美国学者珍妮弗·阿克尔把品牌个性分为五个维度15个层面：第一个维度纯真（Sincerity）：实际、诚实、健康、快乐；第二个维度刺激（Exciting）：大胆、英勇、想象丰富、时尚；第三个维度称职（Reliable）：可靠、智能、成功；第四个维度教养（Sophisticated）：高贵、迷人；第五个维度强壮（Ruggedness）：粗野、户外。在此基础上，又细化为42个品牌人格：即实际—实际、家庭导向、偏向小城镇的；诚实—诚实、诚恳、真实；健康—健康、原生；快乐—快乐、感性、友好；大胆—大胆、新潮、兴奋；英勇—英勇、酷、年轻；富有想象—想象丰富、与众不同；时尚—时尚、独立、当代；可靠—可靠、刻苦、安全；智能—智能、技术、团体；成功—成功、领导、自信；高贵—高贵、魅力、美丽；迷人—迷人、女性、柔滑；户外—户外、男性、西部；强壮—强壮、粗糙。

以这种划分，我们可以清楚得知CK时装的品牌个性倾向于"大胆——大胆、新潮、兴奋"；POLO牛仔装和T恤显现"户外——户外、男性、西部"；GUCCI更显"高贵——高贵、魅力、美丽"。

（五）品牌文化力蕴含工匠精神

工匠精神的本质是精益求精、一丝不苟、专注坚持、专业敬业、追求完美和极致。把质量视为生命。世界公认，德国、瑞士、意大利、英国、日本等国的工匠精神比较强。瑞士的钟表匠对质量的追求从99％提高到99.99％。英国的约翰·哈里18世纪用40年的时间只做了5只航海钟，其中一只航行64天只慢5秒。日本超过100年的老字号有21066家，超过200年的有3148家，超过1000年有8家。寿命最长的是金刚组，2018年1440岁。日本老字号大多数有核心技术或工艺，由工匠世代传承。寿司之神小野二郎90多岁，用56年时间专注做寿司，他的小店开在东京CBD一座办公楼的地下室，但却是全世界闻名的米其林三星店，他也是年纪最大的三星主厨，在日本地位相当崇高，而"寿司第一人"的美称更是传播于全球。优秀的品牌其中渗透着工匠精神；反过来说，工匠精神也构成品牌文化的一部分。

另外，品牌文化力也折射创造者、设计者的人

格力量，有关品牌创造者、设计者的轶事、传说也构成品牌文化的一部分。如柳传志、任正非、马化腾等人的名字与他们创造的品牌文化紧密联系在一起；张瑞敏与砸冰箱的故事相联系等，都是在不断的传颂与演绎中，不断提高着品牌文化的价值。

（六）品牌营销力"好酒也得勤吆喝"

提升品牌营销力必须加强品牌策划。做好品牌战略三角分析，在顾客、竞争者和企业自身构成的三角中，经过优劣势分析，选择最佳战略。同时在"跟随者—竞争者—领导者"三个品牌营销战略目标、以及"无差异性—差异性—集中性"三个营销策略中做出最佳选择。

提升品牌营销力必须做好品牌战略管理。如顶级化战略，坚持唯一性；规模化战略，保持适度；多元化战略，抓住机会，规避陷阱；国际化战略，必由之路；人格化战略，不可或缺；形象化战略，造就忠诚顾客，使品牌保持永远年轻；神秘化战略，制造"黑箱"，提升文化价值；顾客主导战略，永远坚守，初心不改。

提升品牌营销力要坚持4T营销（惯力营销，Custom Marketing）。4T营销是以品牌文化为导向的营销，包括：传统（Tradition），即建立与当地特殊文化间的关系；特性（Trait），即建立长期的消费依赖与客户黏性；气质（Temperament），即塑造品牌应该具备的气质感；类型（Type），即锁定自我价值的类型，核心价值主张不可朝令夕改。

提升品牌营销力要关注半球理论。半球理论表明，在某个领域内，领导者最多只能占据半个球体那么大的面积，就像一束光打在球体上，只能照亮半面球体，而另一面球体则一定留给阴影。这里的球体指的不是实际市场，而是消费者的心智领域。从半球理论中我们可以得到几点启示。

一是一个品牌不能贪，不要企图全面占领消费者的心智，而不允许其他品牌进入。正像日本著名管理学家、经济评论家大前研一所说："创造一种普世皆爱的产品，本身就是一种非常错误的诱惑"。二是不能总是从平面角度分析，还可以从立体的（比如球状）角度看待现状。三是一个小品牌也可以找到适合自己的位置，或者在大品牌的相反半球找到位置，或者在两半球的临界状态找到一些小的生存空间。四是半球理论契合品牌的全球化趋势，为如何进军这个"无国界的世界"提供一些新的角度。

提升品牌营销力还须注重广告宣传。广告是品牌营销的利器。据测算，成功的品牌产品广告投入产出比是1：37；成功的品牌形象广告投入产出比为1：227。品牌成功的广告，一是要有整体性、科学的策划；二是广告目标侧重品牌而不仅仅是产品；三是准确的广告定位；四是适当的广告诉求。要善于进行整合传播，把公共关系、制造新闻、形象战略结合起来。

三、中国品牌如何"走出去"

（一）中国品牌"走出去"不能靠廉价

中国目前是制造大国，却非制造强国、品牌强国。目前中国的200多类产品，如汽车、玩具、服装、鞋、自行车、电脑显示器、空调、微波炉等等，产销量在世界排名第一，但中国的制造业得分仅为61分，距居前三位的英国（78分）、瑞士（78分）、美国（77分）还有较大距离；自主品牌出口额所占比例较低，多数没有品牌附加值。相反，世界上反倾销与抵制中国货的情况却屡见不鲜，如美国、欧盟，甚至印度也在抵制中国货，去年以来印度就有35起针对中国的反倾销调查。因此说，中国品牌塑造需要马云、马化腾，更需要任正非、张瑞敏和董明珠等实业家。

（二）迎接中国品牌时代的到来

无论从品牌经济基础、收入水平与基尼系数、品牌文化冲击、中国文化传统等角度分析，还是从体验经济与体验消费的角度看，中国的品牌时代已经到来。生产升级带来质量提升和文化附加值增加，消费升级促使体验消费，竞争升级促进产品竞争发展到品牌竞争。

要特别关注体验消费问题。进入体验消费阶段，人们追求商品与服务带来的物质满足的同时，更重视心灵体验与个性魅力，这一阶段具有个性化和文化附加值的品牌对消费者更有吸引力。体验经济与体验消费包括娱乐体验、教育体验、逃避体验、审美体验、比较体验，五种体验交叉、交织在一起，体验的最高境界是"甜蜜地带"（Sweetspot）。《体验经济》分析：体验在产品生产和销售中占有重要的地位。

我认为，就某些品牌产品而言，其价值的20%来源于功能，30%来源于品质，50%来源于造型、款式、包装等所彰显的文化与给使用者带来的体验。

品牌意识的觉醒和品牌消费的增加，推动品牌制造。目前正是发展中国品牌，并且推动中国品牌走向世界的大好机遇。

（三）中国品牌"走出去"的路径

中国品牌"走出去"的路径，一定要从资本走出去，逐渐变成技术走出去，最终到中国品牌走出去。改革开放以来，中国一直在积极利用外资，从这几年情况看，对外投资在加快。截至2016年年底，中国合计利用外资17683万亿美元，对外投资9939.4亿美元（非金融类）。在对外投资中，有相当一部分为海外品牌并购。一批有代表性的并购项目对推动我国相关产业转型升级、全球价值链布局以及提高品牌影响力起到积极促进作用。中国化工收购瑞士先正达，交易金额430亿美元；万达收购美国传奇影业，交易金额35亿美元；海尔收购美国通用家电，交易金额55.8亿美元；京东接盘美国沃尔玛一号店，接盘价格14.9亿美元；腾讯并购芬兰Supercell（超晶胞），交易价格86亿美元；滴滴与美国Uber（优步）相互持股，滴滴估值达350亿美元；美的收购德国库卡集团（机器人制造）94.55%股份，价格40亿欧元。

并购不是目的，更重要的是通过并购学习先进技术、经验，提升自己的品牌的技术含量和文化含量。目前中国在基础设施和电子科技领域，如高铁、核电、电信等领域，联想、海尔、华为等有了一定品牌影响力。但总体评估，中国品牌与世界品牌差距不小。今后我们重点应发展高科技品牌、时尚品牌，高科技品牌和时尚品牌附加值最大，因而要在这样的领域树立起中国品牌的地位。

（作者系北京财贸职业学院院长、教授，中国企业文化研究会学术委员。本文为作者在"中外企业文化2017长沙峰会"上的演讲）

中国企业文化自信与企业发展

唐任伍

党的十九大将中国特色社会主义文化同中国特色社会主义道路、理论、制度一道，作为中国特色社会主义的重要组成部分，强调要增强"四个自信"，反映了文化自信的地位和作用。

企业作为现代社会的细胞，不仅是物质财富的主要创造者，更是精神文明的主要推动者，肩负着推动社会主义文化创新发展的历史使命。企业文化作为中国特色社会主义文化的组成部分，在推动中国经济发展，增强中国经济竞争力，规范企业社会责任，提升中国社会文明发展水平方面，起着重要的作用。因此，提高中国企业的文化自信，破除中国企业文化虚无论，深入挖掘优秀传统文化中蕴含的有利于现代企业经营管理的人文道德理念，为中国企业战胜困难，生生不息，提供强大的精神支柱，意义重大。

破除中国企业文化虚无论，增强中国企业文化自信力

一些人认为，中国现代企业起步时间晚，现代企业制度基本上靠从国外引进建立起来，因此，中国企业缺乏文化滋润，使得中国企业普遍缺乏战略规划、品牌意识和质量保证，生存的时间短。必须承认，由于中国没有经历过典型的资本主义发展阶段，现代企业建立和现代企业制度的形成确实起步晚，但这并不意味着中国企业文化的荒芜。实际上，企业文化只是一个国家、一个民族文化的子系统，它的丰富和发展程度离不开这个国家和民族整体文化发展的状态。中华民族有5000年文明发展历史，孕育的中华文化丰富多彩，博大精深，为中国企业的发展和壮大提供了丰厚的土壤和养分，为中国现代企业制度的建设提供了最根本的精神基因。19世纪中叶以后，大批的民族企业在深厚的优秀传统文化滋养下，形成了爱国、诚信、远景、使命、目标、规划、执行、检核等独特的企业文化，促使中国民族企业蓬蓬勃勃发展起来。

新中国成立后，中国在对民族企业进行社会主义改造中，逐渐形成一套独具特色的企业文化，如"鞍钢宪法""两参一改三结合""大庆精神"等。改革开放以后，中国以开放的态度，大力引进、吸收外资和借鉴西方国家的现代企业制度，将西方企业文化中的竞争观念、效率观念、质量意识、规则意识、品牌意识等，与中国"天人合一""人本主义""革故鼎新""与时俱进""诚信俭朴""脚踏实地""重义轻利""惠民利民""和谐共赢"等优秀的传统文化有机结合起来，中国的企业获得大发展，2017年世界500强企业中国有115家企业，成为仅次于美国的第二大企业500强上榜国家。

中国企业文化虚无主义思想体现了对西方企业文化价值观的盲目附从，是一种缺乏企业文化自信的自卑心理。一些人在面对西方企业文化入侵时，对本国传统的道德价值取向、文化精神进行质疑和否定，甚至将传统文化中的精华当作现代企业发展的精神枷锁和绊脚石，用西方企业文化来冲击、甚至取代传统文化在企业中的古为今用。实际上，一个国家企业的发展和企业文化的形成，是需要文化积淀的，如果不分青红皂白地在企业文化建设中抹杀优秀传统文化，全盘接受西方企业文化，以商品化的人际关系替代人与人之间的道德交往，肯定会导致企业目标的缺失和经营的衰败。中国传统文化虽然形成于封建社会中，但不能把一个民族长期凝成的传统仅仅当作封建统治阶级的意识形态加以全盘否定。历史传统不能被割裂，传统文化中的长与短、利与弊都应被客观地看待。虽然西方近代文明取得了商品经济的快速发展，但中华传统文化经过历史长河的积淀，更深厚也更扎实，儒家思想中的"利义观"就是对资本主义"唯利是图"观的否定。

坚持企业文化自信更有利于增强企业的核心价值观

核心价值观是一个企业的稳定器，每一个企业都有自己的核心价值观。如果一个企业没有自己的核心价值观，就会魂无定所、行无依归，就会一盘散沙。而企业的核心价值观必须同自己的历史文化相契合，同自己承担的历史使命和需要发展的方向相适应。文化虚无主义无法凝练和坚守企业独有的核心价值观，只有坚持文化自信，明晰自身的发展目标和社会责任，回答好建设什么样的企业、创造什么样的价值、承担什么样的社会责任这些重大问题，才能努力为全面建成小康社会、实现中华民族伟大复兴的"中国梦"贡献自身的力量。

中国共产党人不是文化虚无主义者。中国的企业生长在文化传统深厚的土壤和环境中，在有针对性地鉴别、消化、吸收西方现代化文明普遍成果后，有条件致力于传统与现代的创新结合，建立起具有中国特色的社会主义企业文化。树立起这种文化自信，就能面对西方企业文化的大举进军，不胆怯、不气馁，将企业的这种核心价值观转化为企业成员的情感认同和行为习惯，既有效避免企业的过度世俗化，又防止陷入文化决定论的旋涡，在企业发展的征程上，有自信，尊道德，讲效益，重贡献，求进取，展现出中国企业的新风貌、新姿态、新作为，提升企业的核心竞争力。

企业树立文化自信必须彰显社会主义核心价值观，这是因为企业核心价值观最大限度包容和体现了现代社会的人本精神，是企业内部成员与所有社会关系价值观的最大公约数。每个现代企业树立自己的核心价值观，这种价值观不是一个人或一个组织的反应，也不是单纯的老板文化、总裁文化，而是定位于中国特色社会主义条件下的企业文化，它不仅蕴含了对传统文化精髓的现代化解释，还融入了当今社会主义先进文化的时代特征，是一个开放而富有张力的体系。在现代企业发展中，为了更好地展现社会主义核心价值观的生动性，做到入脑、入心、入行，就需要全体成员对其进行简单化、生活化地接受，这样才能充分发挥其对员工人生观和价值观的引领。同时，以具象化和典型案例的宣传，在企业中形成争先创优的竞争意识，进而促进企业在激烈竞争中能够开花结果。

中国的企业在现代化的发展过程中，在吸收、借鉴世界上优秀企业的企业文化成果的同时，要避免隔断自身民族历史传统，要深入挖掘五千年历史传统的文化精髓，在中国文化的深厚根基上消化、吸收西方现代文明，致力于创造一种继承传统、不缺现代、又不完全西方化的新企业文化，既能容纳西方现代文明又能遏制西方工商业文明负面后果的新文明体系。

致力于企业文化的创造性转化、创新性发展

中华传统优秀文化是中国企业的"根"和"魂"，是最深厚的文化软实力，是中国企业生长、发展和做大、做强的"沃土"，取之不尽、用之不竭的精神动力源泉。因此，中国企业在构建自身的企业文化时，必须以增强文化自信为目标。企业文化自信决定了企业的道路自信、方向自信和发展自信。企业文化建设的根本目标就是要建立员工的文化自信，梳理企业发展成长史，在总结发展经验及发展成就的基础上，提取企业在发展过程中的优良传统，尤其那些同中华优秀文化相一致的精神，让员工真切感受企业发展的艰辛历程和取得的巨大成就，增强员工对企业的文化自信和对绿色和谐的企业文化环境的获得感，把个人目标与企业发展目标紧紧联系

在一起，与企业共创未来。

中国企业坚持文化自信，不是墨守成规、故步自封，而是以文化自信的勇气和境界，推动中华文化与西方文化、传统文化与现实文化相融相通，致力于中华文化的创造性转化和创新性发展，营造出一种创新、绿色、协调、开放、共享发展的企业文化。

创新是企业发展的动力之源，是引领企业发展的第一动力。核心技术、关键技术是买不来的，企业只有通过创新发展，把核心技术、关键技术牢牢掌握在自己手中，才能在激烈的竞争中把握发展的主动权，抓住企业发展的"牛鼻子"，不被别人卡脖子，应对各种威胁企业发展的状况，适应外部环境的变化。

协调发展是企业保持可持续发展的内在要求。长期以来，人们认为中国企业发展的生命周期短，"活不过三代"是中国企业的宿命。原因在于企业中员工之间、员工与管理者之间、企业与政府、企业与社会、企业与顾客、企业与供应商等，矛盾复杂，关系紧张，难以协调，导致企业常常因为"木桶效应"而失败或者短命。因此，建立起协调发展的企业文化，是坚持企业文化自信的重要环节。

绿色发展是企业永续发展的必要条件。企业是市场的细胞，与自然是一种共生关系。因此，企业在发展过程中，在实现企业效益、创造出经济价值的同时，需尊重自然，顺应自然，保护自然，承担起企业自身的社会责任，通过创新实施绿色、低碳生产方式，节约资源，保护好空气、水和生态环境，把自身建设成为资源节约型、环境友好型的现代企业，为推进美丽中国建设做出企业应有的贡献。

开放发展是企业发展繁荣的必由之路。现代企业是在全球化环境下运行的，要素、市场、人才、项目都需要在开放的系统中，通过内外联动去获得，封闭起来无法产生创新力，企业得不到发展，只能自生自灭。大量的事实证明，世界500强企业都是国际性企业，没有一家是关起门来发展起来的。因此，建设开放性企业文化，从世界市场上获取各类资源，按照国际标准在世界舞台上与高手过招，才能不断壮大。

共享是中国特色社会主义制度下企业的本质要求和应该承担的社会责任。中国传统文化中向来就有"治天下也，必先公，公则天下平矣"的理念，在中华传统优秀文化滋润下成长起来的中国企业，有责任通过自身的经营体现社会主义制度的优越性，多生产、多提供增强人民获得感、满足感和幸福感的产品和服务，让广大人民群众共享企业发展成果、改革开放成果，从而提升人民的主人翁成就感。

坚持企业文化自信、强化企业文化的创造性转化和发展，必须坚持马克思主义为指导，对中国传统文化不是食古不化，而是要去粗取精、古为今用；要以辩证思维看待世界上优秀企业形成的文化，不能照单全收，而是要去伪存真、洋为中用；更重要的是要充分发挥企业员工的主观能动性，积极创新。只有坚持这些原则，才能真正实现企业文化的创造性转化和创新。

坚持企业文化自信必须以弘扬中国精神为己任

企业作为经济组织，承担的责任重大、使命光荣，建设企业文化，必须站得高看得远，有愿景、有担当，应立足于国家和民族的"大我"，而非局限于企业个体的"小我"，以弘扬中华民族传统美德和中国精神为己任。弘扬中国精神，是企业文化自信的基石，也是企业成长壮大的根本。中国企业只有在中国精神的指导下，才能建立起高层次的企业文化。

中国精神首先是爱国精神。爱国主义是中国企业精神的厚重凝结。鸦片战争以来，中国的企业经历了大兴实业救国、大义勇为不辱国、挺身而出以卫国、添砖加瓦为建国，直到今天的自主创新以强国，企业的命运与国家的盛衰紧密相连。不同时代的企业爱国主义内涵有所不同，今天的企业的爱国主义精神，对内体现在服务好国家的经济民生发展和中华民族伟大复兴，服务好"四个全面"和"五位一体"的国家发展大战略；对外则体现在实施好"一带一路"发展倡议，讲好中国故事，传播中国声音，构建人类命运共同体，对国家、对民族、对世界有担当，使中国精神熠熠生辉。

中国精神又是改革创新精神。创新是民族发展之魄、强盛之魂。企业文化作为社会文化的一部分，就是要鼓励企业把创新精神熔铸在企业文化中，在发展中树立创新意识，顺应时代发展潮流，企业成为创新主体，以创新精神灌注企业的生命力，营造出一个员工学习新知识、钻研新技能的氛围，把企业建设成为学习型组织、创新型企业。

中国精神更是精益求精的工匠精神。工匠精神是对劳动的一种心存敬畏的价值观，是一种追求卓越的理念，更是中国制造业的转型方向。任何科学技术的发展都不能取代劳动者的双手，我国要实现由制造大国向制造强国的跃升，必须有工匠精神的坚实支撑。要将工匠精神落实到每一个人，融入到产品和服务的生产、销售中的每一个环节，以中国智慧、一流的技术标准、一流的服务，以高质量、高附加值的品牌产品和服务奉献给世界，重塑中国企业形象，铸造中国企业精神。

（作者系北京师范大学管理研究院院长、教授、博导，中国企业文化研究会学术委员）

关于推进企业媒体融合发展的思考

李世华

我们正处在网络信息时代，这个时代具有鲜明的网络化、信息化、智能化特征。人类的生产方式、生存方式、生活方式、思维方式和行为方式都发生了深刻变化，全球经济、政治、文化、军事、外交发展格局也发生了深刻改变。在前所未有的挑战与冲击下，企业传统媒体必须要有强烈的危机意识和忧患意识。要进一步解放思想、更新观念，树立传统媒体和新兴媒体一体化发展的理念，强化互联网思维，坚定站在新兴媒体发展前沿，大胆探索、锐意创新，加快融合发展步伐。

着力推动企业媒体融合发展

推动传统媒体和新兴媒体融合发展，是党中央着眼于巩固宣传思想文化阵地、壮大主流思想舆论而做出的重大战略部署。促进媒体融合发展，推动企业文化全媒体传播，是新时期企业媒体提高新闻宣传水平，提升舆论引导能力的重大课题，也是"中国制造 2025"企业文化建设的时代命题。面对网络信息时代新变化，企业传统媒体只有创新、升级内容产品、生产方式、传播手段、服务模式和盈利模式，顺应时代发展趋势，推进与新兴媒体融合发展，才能在剧烈变化的传媒格局中寻找到新的发展空间。

一是搭建"全媒体"传播平台。以各种方式整合传媒资源，实施媒介转型，开拓新媒体业务。通过采编流程改造和技术改造，彻底改变传统采编模式和传播模式，发掘新的新闻信息业态和产业空间。在充分应用好报纸、电视、广播、杂志、音像、电影、出版等传统媒体介质的同时，广泛采用网络论坛、微博、手机报、微信、飞信等新兴传播媒介，使新旧传播手段相互渗透融合，发挥新媒体便携、快捷、全时在线、普及率和参与度超高等诸多优势，涵盖视、听、形象、触觉等人们接受资讯的全部感官，实现对受众群体的全面覆盖，提升新闻传播效果。搭建"动静结合、深浅互补、全时在线、即时传输、实时终端、交互联动"的全媒体平台。

二是开展"全媒体"集成服务。所谓集成服务，就是整合媒体的网络、内容、终端和人才等资源，构建统一、开放的多媒体、多功能、智能化平台和终端，调整、改造、升级新闻信息生产方式、供给方式、服务方式和商业盈利模式，打造多样化、个性化、对象化产品，提供综合性、全程性、交互性新闻信息服务。专业人士展望集成服务最终要构架一个"天上一片云，地下数张网，中有交互台，集成服务场"的格局。"天上一片云"是指云计算技术，是开展新闻信息集成服务最重要的技术支撑，贯穿于集成服务的全流程。"地下数张网"是指包括采集网、传输网、终端播发网等在内的网络体系，决定了集成服务所能延伸到的领域和范围，以及服务效率的高低。"中有交互台"是指规模化、标准化、智能化的新闻信息交互平台，是开展集成服务的核心所在。"集成服务场"是指在具备"云""网""台"的基础上，通过资源整合、流程再造等构建起新闻信息集成服务系统。

新闻信息集成服务是一种传统媒体领域和新兴媒体、非媒体领域互相渗透，传媒和非媒体信息服务机构深度融合的生产，是一种既面向主流，又面向"长尾"的生产，是一种深度互动的生产，也是一种以服务为导向的生产。通过集成服务，可以为受众提供可视化、动态化、多维度、多媒体、立体式的新闻信息内容，实现新闻信息服务量身定做、精准传播、有效互动，提高用户对新闻信息的参与度、关注度、满意度，在互动中服务、在服务中引导，取得社会效益和经济效益双丰收。

三是在融合发展中变革。媒体机构作为工业时代的产物，在生产流程方面，形成了一套以采访获得的资料为主要劳动对象、以编辑记者的智力精力为主要劳动工具、以版面或栏目为呈现归宿、自给自足的工作流程，相对封闭，多环节、高成本。在网络信息时代，这种组织架构和工作流程已经不能适应时代发展，媒体只有以新科学思想和管理理念改革创新体制机制、重塑再造组织结构、革新升级管理模式，构建以新的内容形态、媒介形态、产业形态、组织形态为核心的新业态，才能从根本上解放和发展生产力，充分调动方方面面的积极性，使各个生产要素进发出新的活力与能量，在媒体的融合发展中实现新闻信息生产传播模式的真正转型升级。

积极推进企业文化全媒体传播

一是以内容为核心。高品质的传播内容始终是全媒体时代媒体实施差异化竞争的利器。全媒体是一种传播形态、传播方式，最终是为传播内容服务的。进入网络信息时代以来，有人认为与终端、平台、资本、技术等相比，内容已经变得无足轻重。这是对传媒发展规律的误读和对传媒发展趋势的误判。虽然当前新的传播技术和传播渠道层出不穷，但高品质的内容以及基于这些内容的产品，仍然是媒体机构在新时代生存发展的根本，并在未来媒体发展中起到关键作用。可以说，没有了内容的优势，传统媒体就什么都不是；没有内容这个核心资源，新媒体平台也只不过是冰冷的虚拟空间。网络信息时代，坚守正确的政治方向和舆论导向，坚守真实、优质的新闻内容，坚守提供正能量的海量信息，应是企业媒体机构永恒的追求。当前企业传媒要重点关注、着力传播企业文化建设的内容有："互联网＋"时代企业文化建设转型、企业价值理念体系战略适应性创新和全面转化、加强企业文化建设，提升企业的文化领导力、用企业文化大数据量身定制，为基层单位和员工提供个性化的文化服务以及"一带一路"建设中企业跨文化管理与文化融合、运用全媒体"讲好企业故事"等，提升媒体的传播力、引导力、影响力、公信力。

二是以网络为基础。当今时代，社会信息化迅速发展。从人们的衣食住行到国家重要基础设施的安全，互联网无处不在。互联网是传播人类优秀文化、弘扬正能量的重要载体，也是人们的精神家园。只有加强信息基础设施建设，铺就信息畅通之路，

才能不断缩小不同国家、地区、人群间的信息鸿沟，才能让信息资源充分涌流。网络建设要坚持依法治网、依法办网、依法上网，让互联网在法治轨道上健康运行。同时，要加强网络伦理、网络文明建设，发挥道德教化引导作用，用人类文明优秀成果滋养网络空间、修复网络生态。在建设网络强国的进程中，我们正在向着网络基础设施基本普及、自主创新能力显著增强、信息经济全面发展、网络安全保障有力的目标不断前进。

三是以终端为重点。从长远看，传统媒体与这些终端、平台等生产和运营商之间将存在着明显的跨界"竞合"关系，而且这种关系会进一步深化、拓展。这将对发挥双方各自的优势，共同分享市场和用户，促进形成上下游全覆盖的产业链，完善产业布局，发挥重要作用。但需要强调的是，传统媒体在合作中绝不能自我迷失、寄人篱下，而应当找准、站定在产业链条中的位置，巩固和扩大自身优势，积极掌握信息传播的主导权和话语权，决不能在合作中成为终端平台拥有者的附庸。

四是以技术为先导。传媒发展史实际上就是一部技术发展史。在未来，技术将成为媒体发展的先导，对待先进技术的态度将成为决定媒体发展的关键因素。同样，企业媒体要想在未来市场占有一席之地，就必须坚定奉行"技术先行"的理念，加大对技术的投入，大力提高整个业务体系的技术含量，用先进技术来引领和带动业务发展，产生更高的效率和效益，形成强大而持久的竞争力和生命力。

五是以受众为"上帝"。在商界，一直以来信奉着"顾客就是上帝"的从业宗旨。在媒体竞争日益激烈的今天，如何赢得受众，便成为媒体人的追求。受众是大众传媒中的信息接受者，企业员工在企业文化传播中既是信息产品的消费者和传播符号的"译码者"，又是传播活动的参与者和传播效果的反馈者。在全媒体传播中要贯彻用户思维，从销售作品向用户运营转变，从提供内容向提供服务延伸，满足更多的用户个性化需求，重视粉丝经济和知识产权衍生价值。要尽力提供满足受众新需求的产品，打造和占领新兴渠道和平台，善用社交媒体，善与用户交往，在主动交往中引导新生代。要认真研究受众需求。习近平同志指出："读者在哪里，受众在哪里，宣传报道的触角就要伸向哪里，宣传思想工作的着力点和落脚点就要放在哪里。"当前，受众的

生活方式、娱乐方式、接受信息方式都在发生深刻变化，这种变化还将持续下去。媒体融合发展要不断研究这种变化、适应这种变化，体现一定的前瞻性、预见性，搭建起更加平等、开放的平台，构建起更加迅捷、高效的信息交流模式，使不同年龄、不同区域、不同文化背景的人都能成为自己的用户。

六是以人才为根本。一切媒体的竞争最终都取决于人才的较量。企业媒体也不例外。在企业特别是大型企业集团改革中，要建立企业媒体人才引进、培养、使用机制，加大新兴媒体内容生产、技术研发、资本运作和经营管理人才的培养引进力度，积极探索媒体融合发展条件下吸引人才、留住人才、用好人才的有效办法，营造干事创业的良好环境，建立一支高素质的新闻人才队伍，为企业媒体融合发展提供有力的人才支撑和智力支持。

要特别注重培养创意型人才。当前，随着媒体融合程度的加深和媒体形态的多元化发展，人才缺乏成为媒体融合发展的一个瓶颈，培养勇于突破常规的创意型人才已是当务之急，打造勇于打破常态的"全媒型"团队已刻不容缓。"全媒型"团队应保持思想的敏锐性和开放度，深刻把握桌面互联网、移动互联网、社交媒体、电子屏等的发展脉动，积极吸纳先进传播理念、舆论引领理念，善于提供有思想深度、有独到见解的内容，在分众化、差异化传播中不断满足人民群众日益增长的精神文化需求。

（作者系国务院国资委原副巡视员，中国企业文化研究会副理事长。本文为作者在"第四届中国企业文化传媒年会"总结发言，有删改）

企业文化是企业实践的最大资产

孟宪忠

进入 21 世纪以来，我们面临着人类历史上亘古未见的巨大的技术、经济、社会变化，这些变化与以往的变化比较起来，不仅是变化的规模不同，而且性质不同。我们需要深刻地认识这些变化对管理学的挑战。我们今天的任务不是再依凭奠定在工业经济基础上的经典的管理理论去构造什么体系，而是介入和融入变革的实践、创新的实践，分析这些实践对经典管理理论的挑战，反思我们以往的理论

需要突破、创新之处，以创新的理论引导创新的实践。我们可以从产业实践说起。

1886 年，德国工程师卡尔·本茨（Benz）发明了汽油机动力的汽车，开创了奔驰汽车乃至汽车工业的历史；1916 年，宝马成立，用速度与激情诠释了极限驾驶与高峰体验之悦；1913 年，亨利·福特率先使用汽车装配线，极大提高了生产效率，一举称霸世界；1927 年，小阿尔弗雷德·斯隆通过多品牌市场细分、贷款购车、二手车置换等创新的市场策略将通用汽车打造成年产上千万辆的世界最大的汽车帝国。这些，堪称一个世纪的辉煌。但在今天，他们都面临着生死抉择。我们来看没有汽车基础的年轻人都在做什么？提出了哪些挑战：Google 的WAYMO 汽车公司不是要生产世纪最好的汽车，它要颠覆传统的汽车，要生产不用人驾驶的无人驾驶汽车。它的使命是"开辟汽车新的行驶方式"。在Google 看来，汽车的本质是数据处理，是传感器、中央处理器、操作设备的统一数据处理。而只有更精确的无人驾驶智能技术才能减少、避免全世界每年人为驾驶造成的 120 万人的死亡事故。特斯拉汽车成立于 2003 年，至今不过才十几年历史，产量也不过 10 万辆，但特斯拉的股票市值远远超越了年产千万辆的全世界最大的美国通用汽车公司。因为特斯拉不是仅仅靠生产汽车盈利，它的使命是："加速全球向可持续能源的转变"。这一使命意味着：它代表着未来。挪威宣布 2025 年不再使用燃油汽车；德国在讨论是否在 2030 年淘汰燃油汽车；中国也在研究燃油汽车的退出时间表。特斯拉代表了未来，今后的汽车将不是汽油机、柴油机动力。汽车当然是在道路上行驶的，但今天偏偏有一些无拘无束的年轻人要汽车飞起来。

2009 年 3 月，飞行汽车 Transition（飞跃）在美国实现首飞；斯洛伐克工程师 Stefan Klein 研发的飞行汽车 Aero Mobil 是当今最优雅美丽的车型，该车地面最大时速 160 公里，空中时速 300 公里，收起翼展几乎与奔驰 S 级同宽，可以轻松驶入车库。这些飞行汽车公司的愿景是："开辟空路时代"。飞行汽车不是梦，李书福收购了硅谷飞行汽车公司Terrafugia，就是要以飞行汽车助力吉利的未来。

有史以来，汽车都是有数万零部件，都是在工厂装配线最后组装完成的。现在却有企业彻底推翻了传统汽车生产模式，不要零部件厂，不要总装厂，

一次打印成型汽车。总部位于美国亚利桑那州凤凰城的 Local motors 实现了 3D 打印汽车技术，并将其产业化，现在不但可以打印小型乘用车，还可以打印大巴。约翰·罗杰斯说，他们的使命是："今后将不再生产汽车，而是塑造汽车"。这一切给我们的启示是，他们所做的正是颠覆性创新。传统的汽车给客户提供了空间移动，时间节省了。但今天，Google 提供的是无人驾驶、身心轻松，特斯拉提供的是节省能源、生态环保；Aoremobil 带给您无阻的交通、放飞灵魂的自由；Local Motors 则是节省大量耗材，完全个性化……这一切都是传统汽车所没有与做不到的。

传统的竞争都是在同质基础上的差异化竞争。所谓"同质"，即所有汽车生产厂生产的都是汽油机、柴油机汽车，区别只是我生产的是 4 缸发动机的汽车、你生产的是 6 缸；我的发动机是直列式，你的发动机是横列式；我的是 5 速变速箱，你的是 7 速变速箱；你少了一些配置，我多了一些配置……今天则是没有了燃油发动机，没有了变速箱，没有了司机，没有了成千上万的零部件，汽车不仅是地上行驶还飞上蓝天……今天的竞争不只是在同质化基础上竞争谁做得更好，而是竞争谁更智能，谁是从来没有的创新。一个世纪以来，我们都将汽车定义为行走的机械产业。今天，汽车还仅仅是"行走的机械"吗？它是智能产业，是新动力、新能源产业，是飞行产业，是 3D 打印产业，一句话：汽车是多产业、多技术的融合产业。而引起这些颠覆性变革的人工智能、大数据、云计算、物联网，与工业化时期引起的经济、社会变革的工业机械技术、自动化技术有本质的不同。

面对汽车业的颠覆性创新，我们不得不思考：为什么百年奔驰、宝马、福特、通用没有率先探索汽车发展的智能化、节能化、空路化、3D 打印的新方向呢？可能有两个原因：一是保守现有利益。这些汽车公司都是燃油汽车最大的市场拥有者，都是传统燃油汽车的获益者，开辟新的汽车方向等于否定自己现在的市场与利益。二是正因为这些都是最大的汽车厂家，他们的规模优势足以阻挡一些小企业的创新探索。但历史的变革、创新潮流是阻挡不住的。我们今天特别应该感谢 Google、特斯拉、Aoremobil、Local motors 公司，正是他们的尝试、创新，促进了传统汽车大厂也开始汽车产业的全面

创新。这是人类历史上从来没有遇到过的变革之巨大、变革之不同。从古到今，人类社会经历了农耕文明、工业文明，现在开始过渡到信息文明。今天变革的基础是信息智能，就像工业社会需要不同于农业社会的工业管理理论一样，我们也需要不同于工业社会的智能时代管理理论。变革的基础和本质被颠覆的绝不仅仅是汽车产业，而是众多产业，包括管理学、教育学乃至整个教育。我们不能对大概率的变革视而不见。如果技术、经济、社会都发生了巨大变革，管理学不变，行吗？在今天，我们都知道创新的重要性，但我们讲了太多的创新，为什么现实中还缺少创新呢？创新中最重要的是创新方式的创新，工业化时期形成的企业实验室、公司研究所自给自足的创新方式亟需突破。近年来，世界上成功创新的企业都在实施：从企业内实验室、公司研究所创新向平台创新的转变；从"研发"到"购发"的转变；从单纯自主向自主合作的转变；从产业技术研究到跨产业、数字化基础研究的转变……我们不跟踪、研究这些新的创新方式，我们的创新理论必然滞后。在今天，我们都知道跨界融合，我们看到汽车产业是多个产业的融合，但我们的管理学理论一个重要的分析框架就是迈克尔·波特的产业经济学。核心竞争力的提出者加里·哈默尔说，"今天，产业的边界正在变得模糊化，各行各业之间的界限越来越不清楚。事实上，我认为不应该再使用产业这个词，因为它已失去了实际意义。这是一个十分危险的词，因为它会使公司局限在过去的产业之内，分不清谁是竞争对手。"C. K. 普拉哈拉德也说，"今天许多行业已经渐渐走上了融合的道路……我们已经不大容易去区分某项产品属于何种类别，每项产品对于消费者有什么不同意义。比如个人电脑是属于哪一类产品？它的主要功能是家庭娱乐、工作、休闲、还是辅助生产工具？其实都正确，只不过要看当时使用的目的来决定。"我们的管理学亟须突破单一产业经济的基础。再如战略，我们当然承认迈克尔·波特的战略理论的历史地位。他的《竞争战略》《竞争优势》《国家竞争战略》一时洛阳纸贵。但我们必须看到，迈克尔·波特的战略本质上是工业化时期技术、产品相对稳定时期的现有市场竞争战略，本质上是如何做好确定性的技术、产品。时过境迁，今天是 WUCA 时代，是充满不确定性的动态复杂时代，我们再也不能单纯地只看到现有市

场对手的竞争，我们今天最大的对手是时代变革、是新生的趋势。我们需要的是现有市场竞争、新生市场转型、为未来市场做准备的多重战略思考。需要的不是一成不变的僵化战略，而是弹性能力、多元准备、实时决策、追踪调整的战略。

再说到文化。我们都看到了特斯拉的成功，但以马斯克为代表的特斯拉为什么能够成功呢？马斯克说，特斯拉的文化是他们最伟大的资产，特斯拉的企业文化是：做不可能的事，遵循第一原理，快速行动，持续创新，像主人一样思考，我们全力以赴……在这里，做不可能的事不是蛮干，而是遵循自然规律第一原理前提下，做别人认为困难，别人认为不可能的事。我们的管理学研究、教学中很轻视企业文化，认为它是不能直接带来金钱的虚的东西。其实不然，伟大的目标才能产生伟大的动力，企业的愿景、价值观是企业的目标导向和动力源泉，灵魂有时比肉体重要，指南针有时比地图更准确；文化也是伟大的能力，是渗透在企业的技术、产品、生产、营销、服务所有环节的力量。一句话，Google、苹果、亚马逊、Facebook、微软、华为、海尔的成功首先是文化的成功，必须深入研究这些伟大公司的文化基因。工业化时期管理的主要目标是效率，是最大化地使用现有资源，今天即使谈效率也是创新带来的效率。管理的目标既要实现现有资源的效率，更要放在促进价值创新、创造方面的更大效率。同时，管理的目标还在于升华人性、赋能员工。在今天，我们看到，一切生产都将逐步过渡到智能化的生产，一切产品也将是智能化的产品。人机共存的生产，甚至无人工厂的智能生产管理与工业化时期全人工的机械化生产管理能一样吗？人机混合思维的决策与传统工业化时期只是人做决策能一样吗？奠定在智能化基础上的人机共存生产、混合思维决策的管理绝不同于奠基在工业化基础上的管理。更重要的是，在今天，生产的主体即管理的对象都发生了根本的变化。"谁是生产体"这个问题在 20 世纪是不言自明的，企业是唯一的生产主体，一切产品、服务都由企业提供。可在 21 世纪的今天，再仅仅认为现有形式的企业是唯一的生产主体，我们可能从根本上就狭隘地界定了生产，狭隘地界定了产品，狭隘地界定了更广阔的生产力量。农业社会的手工生产有作坊，工业社会的规模化、机械化有流水线的企业组织，后工业社会的

3D/VR/AI 有相应的创客组织，互联网下有网络化的平台组织。所以，在今天这样一个时代，现有形态的企业需要持续升级突破，以变得更柔性敏捷、更员工赋能、更无缝整合。所以，无边界、扁平化、去中心化、阿米巴、自组织、合弄制等组织变革应运而生。

概言之，除了现有企业的进化、优化外，各种创客、各种平台及生态组织更应是未来重要的生产主体，且这些新兴、新型的生产主体与工业化以来形成的企业主体有许多不同的特点、不同的发展路径，我们要深入研究这些新的主体，推动和促进其发展，才能从根本上提高全社会经济系统发展能级与成效。应该看到，智能化、大数据、云计算、物联网等引发的技术变化、经济变化与社会变化对管理目标、管理对象、管理内容、管理理论、管理方式都提出了众多挑战。我们的管理学不能固步自封，不能闭门造车，而要深入变革的实践、创新的实践，在实践中汲取鲜活的思想，推陈出新，引领并服务于实践。

（作者系上海交通大学战略管理研究所所长、教授、博士生导师。本文摘自《中外企业文化》）

企业文化"四本原理"

华　锐

企业文化"四本原理"，是指根据企业文化是企业价值博弈活动的结果的本质特征，概括为：

企业文化的本源——价值主张；

企业文化的本质——价值凝聚；

企业文化的本能——价值创造；

企业文化的本分——价值分享。

企业文化"四本原理"形象地描绘了企业文化形成的"生命体征"。一方面，从企业文化的内在结构和要素相互关系上讲明：价值主张是企业文化产生的本源，没有价值主张就没有企业文化；价值凝聚（共同的价值观和行为）是企业文化的内在要求和本质特征；价值创造是企业文化自身应有的行为及本能反映；价值分享是企业文化自有的名分，是必不可少的分内之事，"四本"之间相互联系、相互支撑、相辅相成。另一方面，从企业文化的"生命链条"及

形成过程说明：企业文化发端于价值主张、初始于价值凝聚、价值创造、终成于价值分享，是一个完整的价值链条，一环扣一环，缺一不可，任何一个环节发生问题，都不会成为文化。

我们知道，社会事物之间的相互作用在本质上就是价值作用，任何社会事物的运动与变化都是以一定的利益追求或价值追求为基本驱动力。价值问题是任何社会科学都无法回避的问题。新时代中国企业文化关于文化主张、文化形式、文化行为、文化创造、文化分享的"五位一体"综合论述，以及"以奋斗者为本、以价值创新造福人类"的核心内涵，所依据的就是企业文化"四本原理"。

以大家熟知的"阿芙乐尔号"巡洋舰的故事为例。

一百零一年前，十月革命一声炮响，给中国送来了马克思列宁主义。这革命的一炮来自原俄国波罗的海舰队的"阿芙乐尔号"巡洋舰，舰长124米，宽16.8米，1903年编入现役，1905年5月曾参加过日俄间的对马战役。"阿芙乐尔"意为"黎明"或"曙光"，在罗马神话中，"阿芙乐尔"是司晨女神，她唤醒人们，送来曙光。1917年二月革命时，舰上水兵发动起义，参加推翻沙皇的斗争。1917年5月12日，列宁到正在工厂大修的"阿芙乐尔"号上发表演说，使水兵们受到教育，纷纷加入布尔什维克党。1917年10月24日21时45分，"阿芙乐尔号"巡洋舰炮击当时临时政府所在地圣彼得堡——冬宫，宣告了"十月革命"的开始。但鲜为人知的是，十月革命胜利三年后，"阿芙乐尔"号巡洋舰再度开炮，但这次炮口对准的却是"自己曾经的信仰"，曾经的伙伴和战友的苏联红军。原来，苏维埃中央采取空想态度，将战争遗留下来的"战时共产主义"确定为和平时期发展战略，导致工业总产值下降，日常消费品与生产资料正常供应停滞不前，尤其是采取"余粮收集制"严重损害了农民群众切身利益，再加上权力垄断、官僚主义滋生，严重动摇了社会根基。1921年2月28日，驻扎波罗的海的喀琅施塔的水兵"叛乱"（直到1994年1月，"叛乱"才得以平反昭雪）。所谓水兵"叛乱"，其实是表达了对当时苏维埃政府的政策严重不满。在列宁心中，水兵就是革命的象征。对此，他感到非常痛心。1921年10月，列宁在一次党代会上承认："由于我们企图过渡到共产主义，到1921年春我们就遭到了严重的失败……这次失败表现在：我们上层制定的经济政策同下层相脱

节，它没有促进生产力的提高，而提高生产力本是我们党纲规定的紧迫的基本任务。"总结教训后，列宁作出果断决策，推行新经济政策。

这个经典的历史故事，可以说是对企业文化"四本原理"一个非常难得的深刻诠释：一是正确的价值主张产生强大的价值凝聚力和创造力，鼓舞"阿芙乐尔"号巡洋舰的水兵向冬宫开炮；错误的价值主张失去价值共识，则产生反作用力，致使"阿芙乐尔"号巡洋舰的水兵向当时的苏联红军开炮。二是价值主张、价值凝聚、价值创造的最终目的是价值分享，没有价值分享或是不公平的价值分享不会成为文化。也就是"打土豪、分田地"，不能只"打土豪"不"分田地"。

企业是社会发展的产物，是以盈利为目的，运用各种生产要素（土地、劳动力、资本、技术和企业家才能等），向市场提供商品或服务，是实行自主经营、自负盈亏、独立核算的具有法人资格的社会经济组织，本身就会在自觉不自觉地以价值主张、价值凝聚、价值创造、价值分享为假设前提中开展价值博弈活动，并逐步形成一种价值自觉——企业文化自觉的过程。

为此，新时代中国企业很有必要运用企业文化"四本原理"创新企业文化建设。

一是基于企业文化的本源——价值主张，进一步明确新时代中国企业文化核心内涵的价值追求。企业是一种价值存在物，企业为达到某种价值目标而表现出的主观认识或愿望就是价值主张，其内容主要包括价值目标、价值取向、价值追求、价值标准等，并由此构成企业对于市场、客户、社会、股东、员工等客观存在和关系的判断、做事原则和标准，从而成为该企业的企业文化核心内涵。正如我们平时所讲的一样：不同的企业有不同的价值主张，不同的价值主张产生不同的企业文化。由此而论，中国企业必须顺势而为，结合实际提出本企业的新时代价值主张，充分发掘新时代企业文化创新的本源，明确新时代企业文化核心内涵的价值追求——价值理念、价值标准、价值行为等。

二是基于企业文化的本质——价值凝聚，进一步形成新时代中国企业文化核心内涵的价值共识。企业是一个价值平台，企业文化就是在这个平台上以价值主张为主导，在不断地进行价值解构和重构过程中实现价值共识、价值凝聚的结果。这是企业文化本身所固有的根本属性，反映了企业文化的根

本性质，是一个企业的企业文化区别于其他企业的企业文化的基本特质所在。为此，新时代的中国企业必须发挥企业文化的本质属性功能，以新时代的价值理念凝聚客户、员工、社会、股东的价值共识，实现企业与客户、员工、社会、股东等相互之间的价值链接。

三是基于企业文化的本能——价值创造，进一步聚焦新时代中国企业文化核心内涵的能力目标。企业是一个"有血有肉"的生命体，创造价值就是企业这个生命体的行为本能，而这种本能的基因就是企业文化，是企业文化所彰显的价值主张、价值评价、价值选择和价值追求使企业自然而然地形成的一种本能——价值创造。虽然从一般意义上讲，价值创造是指企业生产、供应满足目标客户需要的产品或服务的一系列业务活动及其成本结构，但如何评价价值、创造价值，将内在价值转化为外在价值、潜在价值转化为现实价值则是每一个企业的本能。基于企业文化核心内涵的能力目标，主要是指企业（企业家、员工）实现自身价值目标所不可或缺的核心知识和基本能力，以及获取、收集、处理、运用信息的能力、创新实践能力、终身学习能力等。因而，新时代的中国企业必须不断学习、不断探索、不断创新、不断前进，加速提升自身的能力建设，加快提高本企业的文化本能创造水平。

四是基于企业文化的本分——价值分享，进一步体现新时代中国企业文化核心内涵的价值目标。价值目标一般是指人们对某种客观事物（包括人、事、物）的意义、重要性、值得获得性或者实用性的总评价和总看法，是价值创造、价值分享的基础。企业不仅是一个价值创造者，也是一个价值分配者。在价值主张、价值凝聚、价值创造的同时，企业必须要解决价值分享的问题，这就是企业文化的本分，是企业文化建设不可缺少的重要一环。新时代的中国企业文化应该是能够分享的文化，要使企业的价值目标与员工的价值目标有机统一起来，让员工在创造价值的同时能够分享价值，使员工从内心深处真正相信企业的价值观，让员工看得见、摸得着企业的价值观。不能创造有益价值的文化不是真正的企业文化，不能实现价值分享的文化也不是真正的企业文化。

（作者系中国企业文化研究会原常务副理事长）

企业文化是文化强国的组成部分

毛一翔

党的十九大再次强调提出到 21 世纪中叶，全面建成社会主义现代化强国，使我们国家成为综合国力和国际影响力领先的国家，实现中华民族伟大复兴的中国梦的强国方略。党的十九大明确提出要加快推进人才强国、制造强国、科技强国、质量强国、航天强国、网络强国、交通强国、海洋强国、贸易强国、文化强国、体育强国、教育强国等强国战略的建设。

现代化强国必须是品牌强国，从先期发达的国家成长经历我们可以看到，国家的强盛必然伴随着众多知名品牌的出现，在这个方面，我们国家要强盛，首先必须要有一批强的品牌。其次，随着国家的强盛，会带动更多的品牌成为国际品牌，以不完整的世界品牌 500 强为例，2011 年世界 500 强入选国家 26 个，美国是 239 席占第一，法国 43 席占第二，日本 41 席占第三。英国、德国、中国随后，中国当时是 21 席。2012 年 26 个国家入选，美国 231 席，法国 44 席，日本 43 席，中国内地 23 席，基本上比前面的中国 21 席多两个。2013 年入选国家 27 个，美国是 232 席，法国是 47 席，日本是 41 席，中国是 25 席，又增加了几席位。2016 年，入选国家 28 个，美国是 227 席，法国 41 席，日本、中国、德国、瑞士、意大利等品牌成为第二阵营，日本、中国分别为 37、36 席，也就是中国变成 36 席了，到 2017 年，中国上榜品牌数 55 个，从这个小数来看，我们中国的国际品牌是上升的。但是另一方面来说，我们跟国际上大的品牌美国比起来，那我们还是有数量级差别，但是我们跟第二阵营相差越来越接近，从这个角度看，一个国家的强盛，必然伴随品牌的强大。

我们国家产业链原来一直在较低端，现在我们一定要努力往中高端发展，培育若干世界级先进制造业集群，这都是十九大明确提出的要求。所有这些要求，必将促进我国企业品牌国际化、快速发展和提升。

强品牌必须牢牢把握品牌要义。典籍介绍"品牌"一词来源于古代的牲畜和奴隶身上打的烙印，现在所理解的品牌化,是随着 19 世纪末的工业革命一同而来的,现实中,我认为品牌的核心要义有四点非常重要。

一是品牌是符号。这个符号除了我们平常看得到的品牌组织的外包装 LOGO 以外,这个符号还是折射概念里面颜色、概念里面符号学的概念,很深奥。美国市场营销学对品牌的定义是,"品牌是一种名称、俗语、标记、符号和设计,或者它们的组合应用,其目的是建立辨认(也是符号),某个销售者或某群销售者的产品和服务,并使之同竞争对手的产品和服务区别开来"。大卫奥博维认为"品牌是一种错综复杂的象征,它是产品属性、名称、包装、价格、历史声誉、广告方式的无形组合"。品牌同时也因消费者对其使用的印象以及自身的经验不同而有所界定。营销学者莱威说"品牌不仅是用于不同的制造商品的标签,它还是一个复杂的符号,代表了不同的意义和特征,最后的结果是变成商品的公众形象、名声和个性。"品牌中的这些特征比产品中的技术因素显得更为重要,这是我想说的第一,品牌是符号,这个好理解,符号就是 LOGO,符号就是包装,符号就是牌子。

二是品牌是态度。是消费者公众的心理评价,前面的符号看得见摸得着,从这一点而言品牌是消费者公众的心理评价。但态度是看不见,摸不着的,就如同"情人眼里出西施",全看他的心理评价。美国哈佛大学大卫·阿诺说"品牌就是一种类似成见的偏见",品牌化不仅是加强产品的特征,而且与顾客如何看与买这个产品有关。飞利浦·科特勒在《市场营销管理》一书中说"品牌在本质上代表卖者对交付给买者的产品特征、利益和服务的一贯性的承诺"。所谓品牌是态度,第一是商家对客户的态度;第二是客户对你的态度。

三是品牌是关系。品牌是一个组织、一个企业跟客户与公众的关系,不仅是对客户,也是对产品与客户,是与社会公众的关系。飞利浦·科特勒说品牌就是产品、称号、人、企业跟消费者之间的联结和沟通,产品、称号、人,指的是企业的人,企业、单位和消费者之间的联结和沟通,也就是说品牌是一个全方位的架构,是设计、消费者与品牌沟通的方方面面,并且品牌更多地被视为一种体验,一种消费者能亲身参与的更深层次的关系,一种以消费者进行理性和感性互动的总和。假如不能与消费者结成亲密的关系,产品从根本上就丧失了被称为品牌的资格,这里面的话很深刻。

新西兰学者梅丽桑·戴维斯(音)在《品牌概念不仅仅是名字》这本品牌专著里面说"许多人简单地认为品牌化就是为企业塑造一个形象,它是通过创造一个标志或者一个名字或者以可以识别的形式来实现的",他说品牌化的内容要远远超过这些,它不仅包含了视觉的、有形的元素,也包含了感情的无形的元素,在品牌和消费者之间建立关联。奥美广告公司干脆说"品牌就是产品和消费者之间的关系"。所以我们建立品牌一定要牢牢把握住并努力建成和消费者的关系、和社会的关系和公众的关系,把这个关系建立起来,你这个品牌自然地就树立起来了,如果说品牌就是一个标志,就是一种长相,像这个人似的,只是一种长相,而不是一种长久关系的话,这个人再漂亮也没人看。

四是品牌是文化。品牌说到底是企业文化,是社会文化、是涉及整个社会的背景文化,涉及生产者企业的文化、涉及消费者消费习惯的文化,是这么多文化的综合体现。梅丽桑说"品牌在今天所代表的不仅仅是产品、服务本身,也不仅是品牌形象、品牌本身,企业经营、产品和服务背后的风格就是文化,它包含为企业工作的人,以及支撑整个企业的经营哲学和人文精神",品牌代表的是一个价值体系,一个符号,一种态度。品牌是建立在卖家对买家承诺之上的,卖家承诺买家在某个方面长期和短期的利益,这个利益是建立在产品功能之上的,也可能是心理或感情之上的。功能上的大家好理解,但是心理、感情上的往往容易被忽略,但是他说"品牌除了功能上的,更重要的还是心理上的、感情上的。"特伦斯辛普说"品牌同人一样,也具有自身独特的个性,如真诚、实力、经历、耐久等",所有这些经典的言论都是说品牌除了物质的、符号的以外,品牌还是文化,还是感情,还是关系。

上述四点要义反映了品牌的核心要求,是我们在培育和打造世界级品牌中值得细心回味的理念。当然,加强品牌建设必须重视品牌传播。以品牌战略为引领进行整合品牌公关传播。我提出一个新的概念,即整合品牌公共关系和传播宣传。上述没有特别提到产品的质量、品牌的质量问题,其实产品质量、效用是品牌得以知名的、必不可少的本来要义,质量很重要、很关键,质量是品牌存在的"本"。

品牌始终是"烙印"，是和品牌形象的统一体。真实的品牌形象是组织与公众共同构建的，是消费者理解的品牌内涵与品牌所想要达到的要素的一致。有两句话很实用于理解品牌：第一句话"打铁还需自身硬"，说的是品牌要保证自己的质量好，真正做到铁是"硬"的；第二句话"酒香也怕巷子深"，酒是好的，也是很香的，但是巷子太深了，外面也很难闻到。所以要打造好的品牌，更快地提升品牌价值，必须两个方面都要兼顾，整个品牌公关传播就是基于品牌战略理论、公共关系理论、企业文化理论和新闻传播理论。要运用大数据、云计算等网络信息技术手段对企业和社会现有的宣传资源进行整合，以实现一个品牌一个声音的宣传效果。

相关整合品公关传播我认为有五个核心主张：一是企业宣传是有目标的。这个目标应该与企业的战略相一致，应该为实现企业的品牌战略服务，也就是说我们企业的宣传，不要忘记了企业的本性，这个本性就是打造企业的品牌形象，就是要为实现企业的品牌战略而服务。二是企业的品牌是由企业和公众共同构建的。三是企业品牌战略的实现有赖于企业良好的公共关系。品牌不仅仅是产品，不仅仅是销售，不仅仅是让利，很重要的一条它还是公共关系，除了与消费者的关系，还有更广泛的与社会公众的关系。四是在品牌公关传播中，公众或者受众或者利益相关者都处于至关重要的地位，受众为中心，客户是"上帝"，以人民为中心等，都是这个概念。五是品牌公关传播的根基在于企业与公众的共通的文化价值背景。我们企业的公共关系、企业品牌传播需要一个背景，这个背景就是企业和社会公众要有共通、共同的文化价值观。

因此，宣贯品牌和打造品牌同样重要，没有良好、有效的品牌宣传，就不会有知名的国际品牌。

（作者系国务院国资委新闻中心主任。本文为作者在"中外企业文化 2017 长沙峰会"上的发言）

企业文化管理的若干动态与趋势

黎　群

企业战略转型是指企业长期经营方向、运营模式及其相应的组织方式、资源配置方式的整体性转变，是企业重塑竞争优势、提升社会价值，达到新的企业形态的过程。随着中国经济步入新常态和经济全球化步伐的加快，我国已经进入一个新的发展机遇与挑战并存的时期，许多中国企业也进入了一个新的战略转型期。做好战略转型期的文化创新与变革，使之协同企业的变革，发挥文化的促进作用，将是决定企业最终能否战略转型成功的关键。特别是在文化层面，不同行业百花齐放的做法揭示了企业管理发展的动态和趋势，给人以启迪。

中石化的战略转型与文化变革

中国石化致力于推进公司转型发展，加快转变发展方式，先后提出了新的发展目标和发展战略。2011 年提出了六大发展战略——资源战略、市场战略、一体化战略、国际化战略、差异化战略、绿色低碳战略。2016 年公司再次调整发展战略，提出"十三五"时期大力实施"价值引领、创新驱动、资源统筹、开放合作、绿色低碳"五大发展战略，推动中国石化实现更高质量、更有效益、更可持续发展。

中国石化于 2009 年 11 月制定并颁布了《中国石油化工集团公司企业文化建设纲要》，首次提出了集团公司的核心价值理念体系。该理念体系包括 5 项内容："发展企业，贡献国家，回报股东，服务社会，造福员工"的企业宗旨；"建设具有较强国际竞争力的跨国能源化工公司"的企业愿景；"爱我中华，振兴石化"的企业精神；"精细严谨，务实创新"的企业作风和"诚信规范，合作共赢"的经营理念。

战略转型促动公司文化创新与变革。战略转型，中国石化更加强调市场化、国际化，海外资产、雇员激增，强调要更加突出发展质量和效益，更加突出技术进步，更加突出绿色低碳，更加突出以人为本，客观上要求对公司文化进行变革和发展，以与新的发展思路相匹配。为此，集团公司在充分调研基础上，对 2009 年下发的《中国石油化工集团公司企业文化建设纲要》（以下简称《纲要》）进行了修订。2014 年 8 月，集团公司正式发布 2014 年修订版《纲要》，2016 年 11 月，集团公司进一步修订印发了新版《中国石化企业文化建设纲要》，确立了"为美好生活加油"的企业使命，"建设世界一流能源化工公司"的企业愿景，"人本、责任、诚信、精细、创新、共赢"的企业核心价值观，建立"严、细、实"的企业作风。

中粮集团的领导力模型

文化管理最终要将抽象的理念外化为管理者和普通员工的行为。由于文化本身的隐喻性和每个人自身思维的差异性，在文化理念转化为行为的过程中，如果没有明确的引导，往往会导致实际行为及结果的千差万别，难以达到企业所要求的行为标准。因此，最佳的做法是在理念体系的基础上，提出明确的行为体系，以实现对管理者和员工的引导与规范。中粮集团认识到，行为系统是理念导入的工具与方法，应具体、可操作，具有强烈的实践性，必须与理念体系保持一致。

管理团队是企业组织的中坚力量，管理团队建设可以为管理团队成员指明方向，使管理团队成员拥有共同的价值观和行为准则。为此，对于管理人员，中粮开发了中粮经理人领导力模型。中粮经理人领导力模型根植于集团的核心价值观，包括高境界、强合力、重市场三个维度。高境界要求经理人目标高远，自我驱动。强合力要求经理人强化协同意识，整合资源，塑造组织优势。重市场要求经理人洞悉市场，客户至上，注重价值创造。模型中每个维度又细分为 3 个子维度，每个子维度列示有具体的行为要求。

吉林石化的基层文化建设评估

运用基层文化建设评价深入推进基层文化建设。对于大型企业而言，一方面需要坚持公司文化的统一要求，以统一全体员工的思想和行为，增强公司的凝聚力、向心力和执行力，维护公司的品牌，树立公司的整体形象；另一方面企业在坚持统一性的基础上，还要给所属成员单位发挥个性留出空间，积极推进各层面的亚文化建设。各下属单位可以在与母公司核心文化一致的基础上构建具有自身特点的基层文化体系。企业文化建设在大型组织中普遍存在层级衰减的现象，运用基层文化建设评价有利于深入推进基层文化建设，提升基层企业文化建设工作的水平。

吉林石化从 2010 年开始实施年度基层企业文化建设评价工作，形成了"年初体系评价，年中示范推进，年末评先选优"的企业文化建设推进机制。

一是在年初全面开展企业文化建设评价工作。按照"可实施、可控制、可检测、可改进"的原则，建立了一套符合公司实际的企业文化建设评价体系。通过对全公司各二级单位车间、班组、员工进行访谈和问卷调查，把各单位按成熟阶段、上升阶段、认知阶段进行分类，摸清了底数，查找了不足，规范了工作内容，进行了面对面地指导，为整体提升企业文化建设水平奠定了基础。

二是在年中组织系列推进活动。通过举办企业文化大讲堂，专家现场指导、展示鲜活案例，有效地提高了各级管理人员对企业文化工作的理性认识。开展了企业文化建设现场推进会，通过到先进单位现场参观考察，让各单位企业文化管理干部深入感受企业文化建设工作，学习先进经验。

三是在年末组织开展企业文化示范单位评选活动。评选出公司企业文化建设示范单位、优秀单位，收获建设成果，鼓舞先进，鞭策后进，推进企业文化创建工作。

吉林石化公司通过企业文化建设"三段式"推进机制，使基层文化建设工作取得了快速推进。

阿里巴巴的价值观考核

为了激励员工认真对待核心价值观，企业需要对员工将价值观转化为实际行动所付出的努力给予公平的评价与奖惩。引入价值观考核可以有效深植企业文化。企业在价值观管理过程中可以逐步实施主观业绩评价。阿里巴巴积极实践价值观考核。阿里巴巴在核心价值观的基础上，根据工作性质的不同，将抽象的"六脉神剑"和"九阳真经"细化为员工和管理人员具体的行为准则，而不再仅仅成为一句口号。阿里巴巴的价值观考核是推行价值观的有力方式，它考核的是员工在日常工作中所展现的态度、行为与六大价值观的符合程度，考核价值观的过程是全体员工对价值观的理解达成共识，激发员工对价值观真正地认可和尊重的过程，最终促使全体员工在工作中始终如一地体现出来。

从改变员工的行动上面入手，将"六脉神剑"中的每一条价值观都细分为 5 个行为指南。而这 30 项指标就成为了员工价值观考核的全部内容。以"客户第一"价值观为例，价值观考核内容及评价标准为：1 分：尊重他人，随时随地维护阿里巴巴形象；2 分：微笑面对投诉和受到的委屈，积极主动地在工作中为客户解决问题；3 分：与客户交流过程中，即使不是自己的责任，也不推诿；4 分：站在客户的立场思考问题，在坚持原则的基础上，最终达到客户和公司都满意；5分：具有超前服务意识，防患于未然。

为了防止价值观考核流于形式，阿里巴巴要求员工自评或主管评价下级时，打分过高（总共5分，打3分以上）或过低（2分以下），都要给出说明实例，将关键事件与考核结合起来，减少考核的随意性。

在考核中，阿里巴巴按照"271"原则对员工的工作表现进行评估：20%超出期望，70%符合期望，10%低于期望。不能够遵守价值观打分的基本要求，不能将员工区分开的领导，自己的打分将被影响。

阿里巴巴将所有的员工分成了三种类型：有业绩没团队合作精神的，是"野狗"；和事佬、老好人、没有业绩的，是"小白兔"；有业绩也有团队精神的，则是"猎犬"。阿里巴巴需要的是"猎犬"，而不是"小白兔"和"野狗"。对于"小白兔"，公司会通过业务培训来提升他们的专业素质，而对于"野狗"，公司在教化无力的情况下，一般都会坚决清除。

（作者系北京交通大学经济管理学院企业文化管理研究所所长。本文摘自《当代电力文化》，略有改动）

"一带一路"战略本身的实际成效以及实践经验的思考

赵晋平

我们要认识"一带一路"的战略意义，尤其是在当前经济全球化正处于一个十字路口时，经济全球化是我们企业走出去的一个重要机会时。同时，也是企业文化相互借鉴、相互交融的一个重要的平台。在全球范围内，一些逆全球化的趋势正在明显加剧，我们要从我们所面临的全球化的严峻挑战角度，认识推进"一带一路"建设的重要性。

从我们目前所处的全球经济增长的阶段来看，这是在国际金融危机之后，全球经济进入了一个缓慢复苏的阶段。从2010年至今，全球经济经历过7年多缓慢地复苏之后，增长出现了温和回升的迹象。但问题是，在全球经济中，也出现了一些不确定性的因素。这些不确定性因素，对于目前正在温和回

升的全球经济将带来巨大的冲击和影响。最值得我们关注的，首先是特朗普当选美国总统之后，美国新政策的变化，这些变化，如美国政府所发布的一系列的行政命令带有强烈的贸易保护主义和行政保护主义色彩，再如特朗普宣称要对美国所有的贸易伙伴进行所谓公平贸易的调查，并采取相应的报复性的措施。又如美国政府已宣布要退出TPP，要重新进行谈判，要进行大型的税制改革，而这些税制改革主要目的之一是要限制美国企业的对外投资，要对外国的企业进入美国投资设立更多条件和障碍。这些预示着逆全球化的趋势在明显加快，同时我们看到的不仅仅是美国的特朗普这样一只"黑天鹅"，还有英国"脱欧"，在这样一个背景下，由于贸易保护主义明显抬头，会给全球的贸易和投资增长，特别是给全球经济增长带来了巨大的不确定性，如果这些贸易保护主义措施得以实施的话，全球经济将遭受到严重的冲击。

我们曾经做过一个简单的测算，美国的进口如果下降10%的话，全球对美国的出口会下降1.3%，代表着2730亿美元的贸易额，全球GDP会下降0.29个百分点，按说10%不是一个非常夸张的数字，因为这样一种贸易保护主义对于贸易和进口的影响可能会更为严重。在这样的背景下全球经济的复苏将会受到严重的挫折。如果欧盟重新出现一个"黑天鹅"事件导致贸易保护主义明显抬头的话，把这个因素考虑在内，也就是说美国贸易进口下降10%，经过简单的测算，全球这两个最大经济体的贸易占到14%，意味着全球对这两个地区的出口可能会下降4.5%，所代表的贸易额是7383亿美元，相当于全球GDP的1个百分点。在这样简单的测算下，贸易保护主义真正得以落实的话，意味着全球贸易增长明显下降。

考虑到各个经济体之间、彼此之间通过这种贸易战的方式进行贸易保护，对贸易保护全球化的完整化的影响，据我们的测算，仅仅是美国这样一个贸易保护主义政策如果实施，也就是说美国进口如果下降10%，会导致加拿大的GDP下降3.7个百分点，因为加拿大对美国市场的依赖程度是非常高的，也会导致墨西哥的经济增长率下降3个百分点，同样是因为这样的原因。对中国、韩国的影响，中国可能会下降1.2个百分点，这是一个不小的比重。这样一种逆全球化，特别是强烈的贸易保护主义引

发的贸易战争是没有赢家的，尽管这些国家的贸易增长会下降，美国也会深受其害，美国本身也会下降0.2个百分点，贸易保护主义特别是去全球化对全球经济正在复苏的态势会造成进一步的倒退。更为严重的是对全球化本身的走势造成影响，我们看到的是像特朗普绕过WTO对贸易伙伴进行单方面的贸易措施，这是违反国际贸易自由化、投资自由化原则的，是一种逆全球化的行为，而这种行为很有可能会在一定范围内进行蔓延。

为什么包括美国在内他们会采取这种贸易保护主义，去出台一些逆全球化的政策呢？背后的原因就是特朗普认为美国在全球化中是受害的，只有像中国以及一些新兴经济体是最大的获益者，这是他的看法。他认为全球化使得美国很多企业到国外去投资，减少了美国的就业机会，显而易见的是，这样的结论是不成立的。我们举一个简单的例子：中国的出口占到世界出口的比重达到了13%，我们中国的排名是第一的，如果看一下我们这些商品在生产过程中，在各国之间的价值分配就会发现，实际上发达国家的工资依靠技术优势、品牌优势拿到了更多的价值回报，发达国家也是全球化重要的受益者。拿一台iPhone手机做比喻：假如说生产iPhone手机的价值是100美元，美国拿走了47美元，这是最重要的价值部分；日本公司拿走34美元，因为核心零部件需要通过日本公司进口来加工组装这台手机；而中国的公司真正拿到的利润只有3美元左右，因为我们只是在加工组装的环节上完成了手机最后的环节，然后出口到国际市场，虽然表面上看出口额百分之百可以计算为中国的，但是在全球化的过程中这是一种按照比较优势的分工，并不是说不具有合理性，而是不能获得巨大收益，我们不是一个最大的获益者，美国认为只有中国是全球化最大的获益者，这样的讲法是不成立的。

中共中央总书记、中央军委主席习近平同志在达沃斯论坛中讲到了这样一点，我们不能把目前世界上许多问题归结于全球化，比如说难民问题不是由于全球化造成的，为了继续营造一个良好的全球化环境，为使我们的企业走出去面临良好的条件，这样的过程中我们认为"一带一路"建设恰恰是在为了提倡一种更包容、更具普惠性的全球化而在进行全方面地推进。

"一带一路"建设已经取得了一些实际成效，尤其是在当前全球经济缓慢复苏的背景下，"一带一路"建设本身，无论是对于中国而言，还是对参与的各国而言，都是巨大的发展机遇。首先"一带一路"沿线国家人口占到了全球的62%，GDP占到了全球的接近30%，出口、进口、投资都占到了全球的40%，拥有巨大的市场发展空间，同时这个地区经济发展水平还是比较低的，人均GDP仅相当于全球人均GDP的50%左右，说明还具有发展潜力，这个地区的人民具有发展的意愿，这个地区的发展和合作是重要的因素。事实上从过去的20年来看，这个地区的增长速度高于全球平均增长速度，促进这个地区的经济增长，势必会引领和带动全球经济增长进一步加快。事实上可以对全球增长提供新动能，这是我们应该看到的重要的一方面。

当然我们也要看到，在推进"一带一路"建设的过程中，面临很多实际困难：一是我们的企业要走出去，还面临着配套措施还不足，人才比较缺乏等的困难，尤其是在资金等方面需要建立必要的支持体系；二是各国之间的沟通和企业之间以及与投资国的交流还存在一定的差距，我们到其他国家去投资，难免会遇到一些不便利的政策环境；三是这些地区的基础设施相对比较滞后，所以我们在促进贸易和投资的便利化方面还有比较大的差距；四是这些地区尤其是一些发展中国家，投资环境本身存在比较大的问题，对于企业而言投资环境尚不够理想；五是我们在推进"一带一路"建设的过程中，会面临许多非经济因素的问题，会存在这样或那样的一些历史性的问题和现实性的问题。即便如此，通过这三年多的实践我们可以看到，我们要解决这些问题，应对这些问题的挑战，同时促进"一带一路"的区域合作，首先要做到"五通"，而事实上我们所做的"五通"已经取得了实实在在的成效。比如说从政策沟通角度讲，三年来，已经有很多国家和国际组织纷纷表达了积极参与"一带一路"建设的意愿。其中包括联合国甚至通过了一些决议，呼吁各国参与"一带一路"建设，另外中国已经和50多个国家签署了一些双边协议，具体合作方面取得了积极进展，除此之外，还有70多个国际组织和部门之间形成了一定的文件，推动"一带一路"建设加强部门之间的合作。通过"一带一路"的建设沟通和协调，已经具有了广泛、积极的效应，同时形成了一个共识。这是在政策沟通方面取得了实际的进展。

从贸易畅通看，这对经济增长的影响都是明显高于全球平均水平的。无论是对中国的贸易还是成员国彼此之间的贸易都是比较快地增长，而且年均增长速度是高于我们对全球贸易的平均增长速度的。这就说明我们和这些地区间所具有的经济互补性，"一带一路"建设未来的发展具有巨大的潜力和可能性，不仅仅是贸易保证，据估计，此建设中跨境世界投资达到了 511 亿美元左右，这样"一带一路"建设中中国企业的投资，不仅为中国企业提供了许多发展的机会，同时也为带动当地经济和就业增长产生了巨大作用。

据我们了解，在"一带一路"建设中，中国企业参与建设开发，为中国和其他国家企业陆续地创造良好的基础设施的投资到 2016 年，累计投资已经超过 206 亿元，产值达到了 20009 亿元，为当地带来的税收是 10.7 亿美元，同时更重要的是促进了当地国家经济和贸易的增长。

从设施联通看，设施本身在"一带一路"沿线地区已经开始全面加强与当地之间的合作，我们也参与了许多重要的建设项目。根据我们的分析，这些地区的基础设施建设需求是非常巨大的，仅仅在今后 5 年内，就会有 6 万亿元的市场需求，从今后市场看大约会超过 14 万亿元的建设需求。所以"一带一路"的设施联通，一方面是为促进贸易和投资增长，促进人员往来要解决基础设施落后的问题，另外更重要的是为参与基础设施建设的企业提供了更多的机遇。设施联通这两年取得了非常明显地进步，尤其是大型项目发挥了重要的龙头作用。比如说中国在巴基斯坦"中巴经济走廊"的建设，中巴瓜达尔港的建设，昆仑山二期公路的建设，巴达尔斯坦铁路的建设，雅加达的建设，匈牙利的铁路建设，这样大型的项目作为龙头项目为带动这个地区的基础设施的互联互通发挥了非常重要的作用，这是我们取得成效的重要方面。

从资金融通看，亚投行的成果是实实在在的成效，亚投行是为了推进"一带一路"地区范围内基础设施建设，由中国主导建立的开发性的多边金融机制，亚投行已为多个项目提供了融资，也说明了是适应了"一带一路"建设的需要。不仅仅是亚投行，中国所设立的丝路基金等已经达到了 1000 亿元以上规模，这也是"一带一路"建设取得的成效。

民心项目是我们推进"一带一路"的基础，在一定意义上是未来我们要一定达到的目标，我们要实现各国人民之间的互学互鉴，民心相通也取得了实际的进展，一方面我们在人文交流方面的博览会，如在敦煌和西安分别召开了丝绸之路、人文交流博览会，"一带一路"沿线国家之间对彼此的文化传统和相互之间的历史都做了非常好地交流，达成了广泛地共识。

丝绸之路智库的交流取得了很大地进展，在国外获得了广泛地好评，每一届的规模都在扩大，参加会议的规模在不断提升。第三届丝绸之路国际论坛在波兰首都华沙召开，国家主席习近平同志发表了重要的讲话，这也是我们在人文交流或者在民心相通方面取得的积极进展。

中国政府已经做出了相应的安排，每年会向沿线国家输送 2500 名的留学生，同时会向一万多名的留学生提供保障，在这样为一般文化交流的流域提供的条件下，到边境城区就就可以看到双方居民的往来非常频繁。如在奥尔良浩特为来自蒙古和俄罗斯的患者提供医疗服务。"一带一路"建设实现的就是这样一种目标，通过彼此之间的交流和合作，真正做到彼此之间相互信任、互学互鉴。

当然我们说这些成果与"一带一路"建设的发展目标相比还有重大的差距，我们还要做出更大的努力，使"一带一路"建设更加包容、普惠。

"一带一路"建设所提倡的中国跟世界的关系可以描述为：古老丝绸之路历史的传承，开放包容，不设置任何的条件，只要愿意参与的都可以参与；内外结合，并没有限于古老的丝绸之路；除了包括拉美国家甚至是包括非洲的许多国家，是全球范畴的。

推动"一带一路"促进机制就是要通过市场作用，而不是完全由政府包办代替。既然是市场要发挥关键作用，企业就是"一带一路"建设的主体，所以，我们要研究在"一带一路"实施中实现企业文化的互学、互鉴的交流，以期更加顺畅地实践"一带一路"发展倡议。

从政策沟通看，政府在促进"一带一路"建设方面需要发挥重要的作用。

在"一带一路"建设推进中还要考虑的是优先领域：第一个是贸易畅通，像我们刚才讲到的；第二个是设施的联通；第三个是资金的融通。很容易达成共识，符合各国的需要，我们可以以此为契机，在加强贸易投资和设施建设的条件下，形成合力。根据我们的经验,是互利共赢,不仅仅是中国企业获利,也绝不是中国要输出过剩产能,把污染带到国外。

民心相通也是"一带一路"的重要目标。我们要通过经济合作、贸易合作达到彼此间相互利益的共赢。我们高兴地看到一个是大国的责任,因为"一带一路"是由中国提出来的公共产品,有助于全球的稳定发展;另一个是我们利用海上丝绸之路和陆上丝绸之路,改变着"由一个全球化转向了严重的贸易保护主义"这样一个格局。"一带一路"发展倡议作为一个包容性、开放的区域合作模式,有助于解决全球化的一些问题,事实上可以起到继续推动全球贸易的作用,对全球化贸易发展有重要意义。"一带一路"建设也正在成为新时期更具包容和普惠全球化的重要新目标。

(作者系国务院发展研究中心对外经济研究部原部长、研究员。本文为作者在"第十届中国企业文化百人学术论坛"的讲话)

"微时代"如何利用微信提升企业文化软实力

匡文波 童文杰

随着以微信、微博为代表的"微时代"的到来,大量企业积极加入到微信、微博公共服务平台,借助于企业的官方微博、微信公众号、订阅号,传递各类企业信息,提供各种应用服务,已成为企业提升其文化软实力的新阵地。

微信的企业文化服务特性

微信公众号是微信面向企业应用的基础服务平台。主要有这样几种。

服务号:营销服务有机融合。服务号主要面向企业和组织提供强大的业务服务与用户管理能力,企业可通过微信获取用户基本信息、位置,且可根据企业需求提供多级菜单服务,帮助企业迅速建立基于微信的公众服务平台。

订阅号:软文资讯间接传递。微信公众平台的订阅号是一种面向媒体、企业、个人的信息传播方式。个人订阅号即自媒体。企业订阅号主要为用户提供信息和资讯服务,推送企业信息、发展动态,进行企业文化、品牌宣传推广,借此提高品牌的知名度、美誉度和影响力。订阅号在展示企业文化方面,主要通过软文的方式进行间接传递。

企业号:实时、高效、内部强化。企业号也可成为企业微信。微信公众号中的订阅号、服务号多用于企业营销、服务用户,而企业号则是微信时代政府机关企业、社会组织等实现有效内部文化建设与管理的有效手段,可通过认证建立内部系统连接,可支持高级定制服务,提升对成员的服务能力与管理能力。只有企业内部用户才能关注该企业号,企业号发送信息数量几乎不受限制。

在企业文化建设方面,企业号可作为企业对内部员工传递企业动态、组织召集员工活动、培训、考核等工作的便捷平台,非常利于增强企业员工的归属感,形成员工与企业的良性互动,提高整体凝聚力。同时,企业号可有效简化管理流程,提高信息沟通的效率,对企业文化的创建与优化发展具有重要意义。以九阳公司为例,九阳公司通过企业号将内部员工、客服人员、维修工程师、经销商以及销售门店的导购员都整合到微信企业号,并用微信红包激励直接服务用户的导购员,全面提升了服务的品质和对员工的管理能力。当前,汽车销售、电子零售、保险、金融等行业对企业号的应用十分广泛,在践行企业文化和核心价值观、提升业绩的同时大大提升了员工的文化凝聚力和向心力。

朋友圈:人际传播立体扩散。企业文化不仅能通过公众号进行传播,还可以通过朋友圈的点赞、评论、转发等功能,借助于人际社会关系链传播,实现立体化的信息扩散。此外,朋友圈面向用户的精准广告推送也能够助力与提升企业文化软实力。

微信群也是企业文化建设的一种渠道,但近年来微信群的建立和信息发布过度自由、随意,大量垃圾信息在微信群泛滥,广受诟病,微信群信息的阅读率也随之下降,因而微信群对企业文化服务价值和意义也在下降。

微信服务于企业文化建设的现状、问题分析

微信具有庞大的用户基础,其服务于企业文化建设具有诸多优势。首先,其信息传播成本低廉,用户针对性强。其次,微信具有较好的互动性,能实现企业与员工、与用户之间的互动。再次,微信

具有向企业提供数据服务的功能，支持企业面向微信用户进行精准营销与应用服务。最后，微信也支持传播内容的多媒体化，兼容图片、文字、声音、动画、视频、H5 页面等多种媒体形式。

同时，微信存在的问题也不可忽视。如盲目跟风，过量爆发。微信公众号服务一经推出，发展迅速的同时也有泛滥之势。基于微信公众号对粉丝数量没有限制，大量"骗粉"公众号产生。有的利用免费礼品等虚假信息骗取粉丝用户，更有不法分子用非法方式窃取用户账户信息甚至钱财。2016 年 11 月 29 日（艾媒咨询）发布的《2016 年 APP 与微信公众号市场研究报告》显示，2016 年中国微信公众号数量超过 1200 万个，52.3％的网民使用微信公众号获取最新资讯。又如存在的内容重复，品质低劣问题。当前各行业微信公众号不断增多，网民已将公众号作为了解信息的主要途径之一。再如存在的虚假宣传，诚信缺失问题。基于微信的开放性和内容审核流程的不尽完善，许多虚假信息、借助微信迅速传播，给企业、社会带来各种负面影响。还如存在的评估失衡，恶性循环问题。随着微信公众号与经济利益的直接挂钩，公众号的粉丝量、点击量已成为评价公众号品质优劣的主要参考指标，许多自媒体想尽办法增长粉丝，甚至通过刷量手段增加"僵尸"粉丝，这种不良竞争已陷入一种恶性循环。有的将粉丝量、文章点击量作为对公众号及其发布内容的质量评估标准，事实上，"僵尸"粉丝只能造出公众号看似繁荣的假象。

提升企业文化软实力的对策研究

借助微信平台提升企业文化软实力，应当正视当前微信服务于企业文化建设的现状、问题，从满足用户需求与为用户服务角度出发，从品牌、营销、服务的视角，建立提升企业文化软实力的科学、有效对策。

一是强调品牌思维，传承核心价值理念。企业文化是社会文化体系的重要组成部分，提升企业文化软实力，应当树立品牌思维，传承社会主义核心价值理念。只有在社会主义核心价值理念的指导下，企业的核心价值体系才会被社会、被广大人民群众认同、接受，才能建立起企业的客户群体及企业的正面形象。

二是利用微信平台提升企业文化软实力，应明确企业的品牌定位、潜在用户需求、市场方向，把企业文化软实力的提升，与品牌创建、提升结合起来。在借助于公众号、朋友圈、微信群进行信息传播活动中，诉求应清晰、定位应明确。资讯类信息传递应秉持企业的核心价值理念，寓企业文化与品牌理念于各类资讯、软文、活动组织中，提升精神层面的文化涵养。借助微信平台开展客户服务的企业服务号，应主动提高对服务的重视程度，提升服务的品质和水平，把服务的品质与产品的品牌维护提升到同一高度。

三是以人为本，升级用户服务体验。通过微信提升企业文化软实力，应以人为本，强化企业微信服务的人性关怀。归根结底，应将企业的价值理念和最大化满足微信用户的需求与喜好相结合，面向广大微信用户做好各类服务。

区别于传统企业面向客户服务窗口的专业销售人员热情接待，微信平台人机交互从根本上缺少人际当面互动的各类情感优势，因而微信平台更应以人为本，注重交互式的人性化体验与富有人情味的人本关照，升级用户服务体验。以招商银行公众号为例，为简化用户服务流程，提高用户服务品质，招商银行微信公众号推出一系列便捷的金融服务，涵盖余额查询、信用卡账单查询、办卡、贷款、购结汇、理财等日常需要的所有服务种类，成为用户人性化服务良好的范例，也是其文化软实力的具体体现。

四是创新方法，营销、服务"两位一体"。企业接入微信平台开设公众号等，应摒弃传统单一的信息传播或用户服务方式，应积极创新运营理念与方式方法，促进营销、服务"两位一体"，既实现产品与服务销量，创造微信平台上企业的经济价值，又满足用户精神文化需求，提升企业的文化软实力。

创新运营的理念与方式方法，就要打破思维的僵化，打破为了接入微信社交平台而接入的形式化、表面化、通俗化现状，让企业微信成为用户日常生活、娱乐的刚需。其中包括：完善服务功能，通过数据分析，对用户信息推送进行智能化、个性化精准推送；服务内容应实现文化层面对企业软实力进行产品与服务潜在内化、价值观传递中的"润物细无声"；内容形态多媒体化，注重形式的和谐与美感，提升运营内容品质；营销推广与用户服务深度融合，营销中突出服务的品质水平，服务中体现企业文化理念，两位一体助力企业文化软实力的提升。

五是优化策略，科学评估、实力圈粉。利用微信提升企业文化软实力，应该重视科学的效果评估体系建设，并根据效果评估灵活调整运营策略，真正做到用实力为企业圈粉。只有真正注重用户服务的满意度和美誉度，才能保持企业恒久的信誉和品牌价值，从而进一步强化企业文化软实力，形成螺旋式良性循环。

"微时代"除了微信平台，企业应与时俱进，汲取微博、微小说、微电影等新媒体传播的优秀方式和手段，应用于企业的文化创建与面向用户、社会的服务实践中，实现企业文化软实力的全面提升。

（作者单位为中国人民大学新闻学院。本文摘自《企业文明》）

品牌维护与传播路径

王　真

20 年前以品牌文化为企业营销导向的一家企业，包括产品的开发、营销、售后等，起初销量以每年 10% 的递减速度开始下降，4 年前达到 80% 左右，3 年前到了 70%。2017 年上半年做了一个调查，应该算是达到 2016 年水平的 30%，也就是三分之一。26～36 岁的年轻主力消费者，他们并不在意品牌。这对大家特别是搞产业的朋友来说是一个小小的信号，非品牌或者弱品牌时代已经到来。即便产品没有品牌，销售之初也要做品牌，因为企业要发展，产品像一个人一样没有名字是不行的。

品牌的价值

品牌价值经过三个阶段的发展，而且发展还没有终止。品牌最开始的功能——就是品牌的识别或者产品的识别、厂家的识别。

自由竞争时代，如何在众多同质性的产品里，让别人记住你的产品，是品牌最开始的目的。完全同质的产品虽然没有什么大差别，但是即使一个卖炒米粉的小吃摊，细节也是不一样的，没有一家小吃店是完全一样的，因此做品牌是有意义的。识别是让顾客重新成为老顾客，重复购买形成品牌忠诚。品牌的目的是让顾客知道品牌，如果没有鲜明的标志，

没有较好的推广途径，没有让人认知的平台或者机会，品牌识别是达不到的。譬如，陕西有很多面食，如油泼面，但是𰻞𰻝（biǎng biǎng）面反而很容易被记住，并容易拥有忠诚度，就是因为容易被识别。

在垄断竞争时代，产品出现了差异。不管是质量差异、功能差异和名声本身美誉度的差异，包括服务的差异，品牌是凝结了所有的差异。中国的民族品牌很多，比如动车组和谐号、复兴号，凝结了大量中华民族的传统文化和最现代的技术因素，也凝结了这一代人的政治力量和文化力量。同时，带给我们非常美好的憧憬、美的享受，形成跟国外所有的所谓同级别的动车和高铁的差异。在欧洲坐高铁、动车，与在国内坐高铁、动车相比较，凝结了很多的差异包括服务差异。国外火车上没有任何服务。目前，中国很多地方高铁服务的水平已经超过外国，这是我们为之自豪的。

个性化时代，应该凝结生活方式。今天的生活方式其实就是现代的个性化，走在大街上所有人的衣服都不一样。但是在 30～40 年前撞衫的概率非常高，甚至要求穿一样的衣服。现在中国人消费的方式、水平有了很大的变化与提高，人们穿的衣服五颜六色，各种各样的时尚和风格都体现出来了，这就叫生活方式。因为表达了每个人的心态和对环境的认知、融合，表达了个性，表达了对文化、美的欣赏，当然就是现代生活方式了。

所有成功的品牌，都是人的文化精神、精髓和产品高度的融合。2007 年，乔布斯发布了苹果第一代手机，他当时在主席台上举个手机就说，我将改变人们对手机的看法。从此，智能化手机诞生，单纯打电话的手机，操作不方便的手机，都退出了历史舞台。从那一刻起，摩托罗拉退出去了，诺基亚退出去了，当时按键式的手机集体退出历史舞台。乔布斯发布了苹果第一代，从此一发而不可收拾，到现在已经是苹果 8、苹果 9 了。美国 2017 年销售额，苹果位居第二名，而从 2001 年一直到 2008 年苹果手机销售额都是缓慢增长的。2008 年金融危机苹果的销售也受到了影响，跌入低谷。2009 年以后，又开始高度上升。2011 年乔布斯病逝，库克接手后，又有增长，不过出现了大的波动。自从库克接手以后，没有看到苹果品牌有"人品"，看不到人的概念、精髓的体现与凝结。

很多细节构成品牌"人品"，人格融入了产品或

者品牌，我们称之为"人品"。所有成功的企业差不多都是这样。库克上任以后，再也没有这种"人品"让我们看到了，所以即使花费几亿美元、几十亿美元打苹果手机的广告，天天把苹果品牌挂在楼上也没有用。一般的广告是救不了命的，必须融入品牌的"人品"。

有人1997年在美国买了一支气手枪。气手枪在美国是不要许可证的，气手枪的射程110米，可以洞穿一个1厘米的三合板，有杀伤力，因此它是武器。由于不适宜带回国只能退货，奇怪的是服务员根本不问为什么退货，因为他觉得退货一定是顾客不喜欢，因而要无条件退货。我们从中受到的启示是：一个企业如何把人融到品牌里去，员工把人品融到产品，融到了企业品牌里去。这应该是先进的营销理念。

价值就是这样，一定要体现生活方式。体现生活方式唯一的标准就是融入人品，人和品牌相结合。因此所有的企业员工，都应该致力于品牌的建设。

品牌的维护

维护是一个误区，很多人认为品牌如果销声匿迹了，知名度不高了，就应该继续加强品牌的攻势，加强宣传、推广，这就叫维护。其实，真正的品牌维护，是包括价值的一致性和品牌价值的演变、变革。

何谓一致性？就是最开始有含义吗？最开始有人品在里面吗？如果没有赶快恢复。因此，价值要追溯本源，叫一致性，今天叫不忘初心。当然时代在发展，应该融入、满足更多的需求，供给侧改革就是满足更多的需求，所以我们要求有价值的演变和变革。

1960年西奥多·莱维特写了一篇《营销短视症》的文章发表在《哈佛商业评论》上，他说没有过时的产业，当然也就没有过时的产品，只有过时的管理。品牌不会因为时代的发展就被人抛弃，"某些产业的衰落不是因为市场萎缩，而是因为管理不善。"因为管理不善，革新没有增加新的内容，没有新的附加值的融入，产品就会滞销，所以这是一个管理问题。"铁路部门衰落的原因是：他们始终认为自己经营的是铁路而非交通，他们奉行的是产品导向而非顾客导向。"因此，没有产品过时，也没有品牌过时，这是指导的一个理念。

怎样维护品牌？1965年安索夫提出这个模型，如果有一个品牌叫作品牌，一个品牌只完成一项使命，可以理解为满足需求的手段。如果继续扩大品牌宣传，就叫作渗透。不断宣传品牌的知名度和它的差异性叫渗透，或者说生活方式融在里面叫渗透。

今天的消费理念进入了个性化时代，各种各样的心态和需求不断融入产品的需求，因此应该使品牌不断增加不同的使命。可口可乐就在做这个事，尽管它100多年来都没变换口味，但是商品包装在不断年轻化，它的文字造型也在改，包括时尚的语言也不断印在它的商标上。它似乎要完成你对不同使命的要求，使命就是不同的需求，他们在不断地调整变化，这是基本思路。如果不改变这个品牌，就应该给品牌赋予更新的活力。

当然如果你认为你的产品、品牌不足以满足不同的使命，你可以开发不同的品牌。如果不同的品牌没有反应出来不同使命的认可，那最好不要开发，就一个使命就够了。

麦当劳一进入中国就告诉大众，它是一个食品产业链。把土豆引到内蒙古，原材料自己种，自己生产、自己包装、自己销售、自己的品牌，包括自己独到的服务，现在的麦当劳在中国的服务也在退化。但是不管怎么样，它引入中国的是一套体系，当然现今最重要的是通过策略锁定教育来维护一个品牌。所谓锁向，就是顾客忠诚或者品牌忠诚。在一个灿烂多元化竞争的市场上，姹紫嫣红的产品有各种各样的风格，时代一直在变，不会形成过去一家独大的现象。过去商家拉拢顾客，一般会发发卡。拿礼品卡到店里消费，积分越多，享受的越多，优惠也越多，显然锁向已变味。

今天要树立一个品牌或者多个品牌，要赋予各种各样的使命和需求，通过满足全部的需求，并融合在一起，这就叫锁向。锁向是无线电工程的一个词汇，"向"就是变化，不同的侧面。你所有的侧面，尽可能都去满足。就是除了提供产品，还有非常丰富的人文、文化和服务，各种各样精神、文化、价值的满足，各种各样售后的满足，总之消费者需要什么都可以做，当然这很难，这才叫锁向，就是远离过去简单品牌的推广。

品牌的传播路径

普通的传播也不过就是做广告、搞公关、搞活动，把品牌重新调起来，让它形成重振。我们都离不开大众传媒、广告，酒香也怕巷子深。

所有企业主、管理者、员工都应该有"人品"，这是今天的生活方式，品牌的核心价值就是"人品"。因此每一个员工都应该成为品牌的主宰者和推动者，这就是人际传媒。如果你是领导或者高管，你自己的人品怎么样？如果你能够兢兢业业把你的文化、精神和追求融到产品和管理过程中，你的"人品"就有了。如果你没有，那就没有"人品"。现在多数企业都没有"人品"。

美国总统特朗普原来是一位房地产开发商，他到任何一个工地，都能叫出蓝领工人的名字。走到工人面前他都会拍人肩膀，夸人做得不错，这叫"人品"。你不用给员工上课，你只要能跟他沟通给他鼓励，你能够认识他，能够到工地上跟他一起研究小问题，你的"人品"就融到品牌里去了，你的人格就融进去了。他做企业家的时候，这就叫人际传媒。所以越高的领导，越应该融入自己的"人品"。

另一种传播叫无尺度网络，又叫无尺度空间。早先传播的时候，几乎是随机分布，机会是均等的。今天网络时代这个概念没有了，搞产业、进行产品推广，不能按照这种层次均匀分布。

一个远在美国纽约的消费者，通过网络可以直接与商家联系购买产品。例如：如果你想推销一个产品给某个行业的人，而这个行业的人遍布全国各个地方，那这个市场不是均匀分布的，可以直接跨过去进入社区。今天的概念是无尺度的，也就是不规范的社区营销。不管你是重工业产品还是轻工业产品，它都有特定社区，不是均匀分布的。我们推广的途径，就应该按照不同的社区来，是跨区域、跨时空。如果你找对了这个社区，你就找对了自己的顾客，甚至不花钱。如果没有找对社区，只在街上拎一个大牌子，这个牌子几乎是废的，这是今天传播带动的重要理念。

明代《了凡四训》留给后人"极善之人，数固拘他不定"的忠告值得深思，即：如果你认真地做事，你前途无量。如果你不认真地投入做事的话，故步自封就必死无疑。

（作者系北京工商大学国际学院院长、教授。本文为作者在"中外企业文化 2017 长沙峰会"的演讲）

解读职工文化与企业文化

乔 东 李海燕

中国工会"十五大"报告就职工文化与企业文化的关系做了明确的阐述："职工文化建设是职工提高职业技能素质、丰富精神文化生活、激发劳动热情和创造活力的重要载体。企业文化建设是体现企业形象特点、增强凝聚力、提高竞争力的必要手段"。职工文化建设是素质工程，企业文化建设是管理工程。一流的职工素质可以成就一流的企业，一流的管理水平也可以造就一流的企业。职工文化提供企业发展的动力，企业文化指出企业发展的方向。

做人与做事的关系

职工文化是"职工做人"的文化，企业文化是"企业做事"的文化，做事先做人，职工学不会做人，企业也很难学会做事。作为"职工做人"的文化，职工文化培育出的职工宁可吃亏，也不会占小便宜；宁可付出，也不会辜负人心。看清自己。职工文化是"职工看清自己做人"的文化，企业文化是"企业看清自己做事"的文化，职工看不清自己如何做人，企业也很难看清自己如何做事。作为"职工看清自己做人"的文化，职工文化培育出的职工一般不太在乎别人的看法，他们总能看清自己、活明白自己。他们总是用心甘情愿的态度，过随遇而安的生活；他们总是把所有的问题都归结为自己的问题，所以他们只要活着，总能以最好的方式活下去；他们可以没有一切，但不能没有快乐。

找对自己的位置。职工文化是"职工找对自己做人的位置"的文化，企业文化是"企业找对自己做事的位置"的文化，职工找不对自己做人的位置，企业也很难找对自己做事的位置。作为"职工找对自己做人的位置"的文化，职工文化培育出的职工有了知识和技能储备以后，总是会找对自己的"做人位置"，他们所处的位置以及由此决定了他们的见识。

培育好的品质。职工文化是"职工的人品"文化，企业文化是"企业的物品"文化，"职工的人品"有多好，"企业的物品"才会有多好，职工文化有多好，企业文化才会有多好。作为"职工的人品"文化，职工文化培育出的职工的好人品总是自带光芒，无论走到哪里，总会熠熠生辉。这些职工的真正资本，不是地位，也不是金钱，而是人品。人品是他们人生的桂冠和荣耀、生活的通行证、最宝贵的财富、最高的学历学位，更是他们的黄金招牌和最硬实力，构成了他们的地位和身份。

把握自己的命运。职工文化是"职工的命运"文化，企业文化是"企业的命运"文化，职工的"命运"不好，企业的"命运"也很难好。作为"职工的命运"文化，职工文化培育出的职工总是用自己的性格演绎自己的命运。这些职工总能把复杂的事情简单做，所以他们总能成为专家；把简单的事情重复做，所以他们总能成为行家；把重复的事情用心做，所以他们总能成为赢家。他们美好的人生来自他们的自信，人生机会来自他们的不懈开拓，人生奇迹来自他们的坚定执着。

求仁与求智的关系

职工文化是"职工求仁"的文化，企业文化是"企业求智"的文化，职工的仁德修养有多高，企业的智能水平就有多好。"仁德"修养体现了职工的"价值"大小，智能水平展现了企业的"业绩"高低。职工的"价值"越大，企业的"业绩"越高。作为"职工求仁"的文化，职工文化培育出的职工的职业素养高低和品格优劣，决定了他们一生成就的大小。

读懂自己。职工文化是职工"读懂自己"的文化，企业文化是"企业读懂自己"的文化，职工读不懂自己，企业也很难"读懂自己"。作为"职工读懂自己"的文化，职工文化培育出的职工的人生就是一场修行；因为心快乐，所以幸福才来到。他们的人生总是一半是披荆斩棘，一半是急流勇退。他们人生的至境，不是一味的"进"，也不是一味的"退"，而是刚柔相济。工匠精神的重大价值不仅仅在于倡导，更在于践行，在于把工匠精神贯彻到自己日常生活、工作中。读懂别人先"读懂自己"，让别人做好，自己先做好。

坚定信仰。职工文化是"职工的信仰"文化，企业文化是"企业的信仰"文化，职工没有信仰，企业也很难有信仰。作为"职工的信仰"文化，职工文化培育出的职工的信仰高于他们的日常生活，他们总会靠信仰去克服和征服一个又一个艰难险阻。

富有勇气。职工文化是"职工的勇气"文化，企业文化是"企业的勇气"文化，职工没有勇气，企业也很难有勇气。作为"职工的勇气"文化，职工文化培育出的职工不会让生命中的各种障碍拦着自己，他们总是有突破的胆量，会把阻拦生命的栏杆一个个抬起来。

拥有修养。职工文化是"职工的修养"文化，企业文化是"企业的修养"文化，职工没有修养，企业也很难有修养。作为"职工的修养"文化，职工文化培育出的职工的一生最重要的不是所谓的功成名就，而是他们健全的人格修养。这些职工总是积极建造自己良好的人生平台，拥有很好的人格修养，懂得做人和成功的真正含义。他们拥有直面挫败的勇气，敢于正视失败，拥有坚不可摧的意志力。他们懂得自我保护，拥有处世的能力，所以，他们才不会有被生活吞噬的危险；他们不断提高自己的"免疫力"，所以，他们总能从容面对各种诱惑。

富有思想。职工文化是"职工的思想"文化，企业文化是"企业的思想"文化，职工没有思想，企业也很难有思想。作为"职工的思想"文化，职工文化培育出的职工是有思想、有主见的人，他们总是有自己的思想和主见，所以他们的一切学识和经验都显得那么有价值。这样他们满脑子的知识才大有用武之地；他们在工作上因为有思想，所以他们才不会成为人云亦云的"鹦鹉"，他们才会有创造性的突破和成就。这些职工之所以能够取得成功，就在于他们是有思想的职工。

职工习惯与企业风气的关系

职工文化是"职工的习惯"文化，企业文化是"企业的风气"文化，职工的习惯不好，企业的风气也很难好。作为"职工的习惯"文化，职工文化培育出的职工养成的习惯会成为支配他们人生的一种力量。这些职工做事总是有计划，所以才总能赢得信任，让他们终生受益。这些职工总是自己的事自己做，总是多争取一些尝试和挑战自己的机会，所以他们的能力总是超乎人们的想象。职工文化是"我要做"的文化，职工文化培育出的职工养成的就是"自己的事自己做"的好习惯。

充满智慧。职工文化是"职工的智慧"文化，企业文化是"企业的智慧"文化，职工没有智慧，企业也很难有智慧。作为"职工的智慧"文化，职工文化培育出的职工总是激励自己要体现和实现自己的价值，他们不会因自己的情绪变化而随意改变自己的生活目标。与企业文化引导职工的功能相比，职工文化的功能是激发职工的智慧，让职工"开悟"。

投资自己。职工文化是"职工投资自己"的文化，企业文化是"企业投资自己"的文化，职工学不会投资自己，企业也难学会投资自己。作为"职工投资自己"的文化，职工文化培育出的职工终其一生的追求，就是想要遇见更好的自己，遇见更好的人生。他们投资自己的身体，是因为身体好是人生的战略性力量。他们投资自己的形象，是因为形象不仅体现了审美，更是一种生活态度。形象是成本最低的沟通，是性价比最高的投入。他们投资自己的大脑，是因为他们的大脑体现了自己的阅历、视野、思想。

拥有大格局。职工文化是"职工的大格局"文化，企业文化是"企业的大格局"文化，职工没有大格局，企业也很难有大格局。作为"职工的大格局"文化，职工文化培育出的职工总是站在人生的高处，布好大格局，成就自己人生的辉煌。他们有大胸怀，对人生有大的追求、大的愿望。所以，他们总是有大的忍耐、大的包容、大的视野、大的宽容。这些职工有胆识，他们的很多成功来自他们的胆识。因为他们知道，只有想法却不敢去实现终究是很难成功的。

学会珍惜。职工文化是"职工学会珍惜"的文化，企业文化是"企业学会珍惜"的文化，职工学不会珍惜，企业也很难学会珍惜。作为"职工学会珍惜"的文化，职工文化培育出的职工的生活没有固定的标准模式，他们的生活总是充满了美丽与精彩。这些职工总能在自己波澜壮阔的"人生大海"上勇敢前行，拥有乘风破浪的情怀，所以他们总能有壮观豪迈的感觉。

学会强大。职工文化是"职工学会强大"的文化，企业文化是"企业学会强大"的文化，职工学不会强大，企业也很难学会强大。作为"职工学会强大"的文化，职工文化培育出的职工不会满足于已有的成就，总是愿意去尝试新鲜的事物，总是积极看待人生，学会凡事都往好处想。这些职工总是相信自己，并学会找准自己的位置，所以他们总能拥有一个有价值的人生。他们总是通过奋斗改变自己的命运，学会把一件平凡的小事做到炉火纯青，这就是他们的人生绝招、绝活。

（作者乔东系中国劳动关系学院教授；李海燕系北方工业大学教授。本文摘自《现代企业文化上旬》）

新工业革命与供给侧的结构改革

刘戒骄

新工业革命主要是指新的技术广泛的应用，集体引起的经济社会的变革。现在我们正在进行全面深化经济体制改革，中国的改革是一场社会变革，经过近40年的改革探索实践，我们的经济体系已进入了新常态。而工业革命对人类社会的影响，比政治革命更加深远。

现在是供给侧改革，经济学的分析主要是从供给侧和需求侧两端进行展开，需求侧主要是指从用户和市场需求等的角度去进行。对需求侧政府也有一些政策，比如像我们宏观的调控刺激需求等这些政策。实际经济学发展以来，一直到凯恩斯之前，也就是到20世纪30年代之前的这段时间，从1776—1930年的时期主要还是研究供给侧的问题，没有研究需求侧的问题。供给侧包括生产要素的配置，包括我们企业怎么样去改进管理，怎么样改进战略，发现和利用好新的机会。我们的改革从新中国成立，在供给侧也做了很大的改革，包括我们的土地改革。我们第一个5年计划时期建立的体制，实际都是从供给侧考虑的。我们需求侧也有一些措施，主要还是从供给侧。改革开放之后也是从供给侧着手进行，进入21世纪以后，经济面临很多问题，中央特别强调了需求。我们这次供给侧的改革最主要的目的、最核心的问题是企业改革，因为企业是国家推进工业化、现代化的脊梁和骨干。

企业是生产产品和提供服务的，供给侧改革的目的是降低企业生产的产品或者服务的一些壁垒，或者是束缚。在过去一段时间内，随着制度的完善，实际对企业的约束越来越多，像是把企业抓入"笼子"里。这在一定阶段内针对解决问题是有道理的，但是从长期看又有一些负面效应，所以供给侧改革的目的主要是给企业松绑。现代市场有了进入壁垒，具体措施比如像西方最早提出来叫供给侧改革，像20世纪80年代美国的里根政府，包括一些欧洲的国家进行一些放松管制等的改革，他们的政策主要是进行私有化的改革，同时也有减税改革，因为他们认为当时的税率比较高，减税还能增加政府的收入。经济学里有一个"拉弗曲线"，这是整个供给侧改革很重要的一个支撑。"拉弗曲线"讲的是并非税率越高，政府的税收越高，而应税率合适。我们可以设想一下，如果政府的税率是 100％，政府的税收就会 0，因为 100％ 的时候就没有任何经济活动。如果税率降为 0 的时候，政府的税收也是 0，所以税率应该在 0 和 100 之间的位置上，如果在税率过高的情况下降低税率，可能会增加政府的财政收入。美国里根总统的这些改革，包括供给侧的改革，引起了美国整个经济管理体制的变化。我的观点是：

第一，新工业革命多年前就提出来了，杭州 G20 峰会通过的《二十国集团新工业革命行动计划》，这个计划将新工业革命作为经济增长主要动力，明确了推进新工业革命议程的指导原则和行动，提出新工业革命为工业，特别是制造业及相关服务业转变生产过程和相应模式，推动中长期经济增长提供了新机遇。各个国家怎么样采取协同措施共同推动这项改革，这是一个比较多边的行动计划。

工业革命经历了几次革命，第一次工业革命是 1760—1840 年，有了蒸汽机、煤、铁、钢，英国的蒸汽机发明出来了；第二次工业革命是 1870—1914 年，在西欧、美国、日本，电力得到大规模应用，内燃机、合金、化学品、铁路、电报和无线电等通信技术被使用；第三次工业革命是第二次世界大战以来的一段时间，主要是有一些新兴的工业和国家，比如 20 世纪 80 年代之后开始改革开放的我国，都抓住了这次工业革命的机遇。这次工业革命主要是以电子计算机和可再生能源技术的利用为标志，是数控技术和声控技术的运用。第四次工业革命是指以信息技术、互联网技术协同创新和应用为基础，以互联网和制造技术双向融合为动力，推动制造业向信息化、智能化和网络化发展的一次工业技术创新和变革，是工业文明史上继蒸汽机革命和电力技术革命之后的又一次重大突破。

今后的智能与发展趋势是信息化、智能化和网络化，特别我们国家在"两化"融合的基础上进一步推动了大力发展高端制造、智能制造，要跟着时代的前沿向前迈进。以前学的课文是说瓦特发明了蒸汽机。实际上发明蒸汽机的人是托马斯·瑞和门，当然这个蒸汽机是瓦特改良之后的。瓦特改良之前个蒸汽机没有阀门，阀门是瓦特改良加上去了。在瓦特 33 岁的时候，就是在 1769 年改良了蒸汽机。瓦特出身的家族是很富裕的，那个时候做研究都是"富二代"来做，因为那时候没有国家的资金支持。由于家境变化，瓦特开始学习修理，后来回到格拉斯哥自己开了一家修理店。当时英国有一个"锤业者行会"，所有使用锤子工作的人都归这个行会管，这个行会不允许瓦特开业，所以瓦特就没有办法开业。当时格拉斯哥大学的一个教授支持他，让他在校园内开了一个小的修理部，然后给格拉斯哥大学修理蒸汽机。他修理蒸汽机的时候发现几次的修理效果都不是很好，因为原来蒸汽机效率比较低，他于是就改良加了一个阀门。

这是一次启动工业革命的阀门，是人类社会从农业社会走向工业社会，走向现代化的阀门。没有这个阀门的时候整个人类的进步是被阻隔在农业社会时代。这个阀门加上之后改进了蒸汽机工作的稳定性，而且效率提高了 5 倍。没有阀门的时候遇冷水整个气阀都会冷却，80％ 的能源都被浪费了，加上阀门之后，上面燃烧不会冷却，提高了机器的效率和稳定性。后来瓦特又在安全性等方面都做了一些改进，所以瓦特对蒸汽机的作用是非常重要的，以之为契机，就开启了工业革命。

从此，工业的发展产生了城市。德国的工厂开始改进，为工业发展松绑，原来的工业只能建在河边，主要利用水利。第二次工业革命，美国抓住了机遇，在 1900 年前后，美国迅速发展，诞生了很多高端、新兴的企业，靠这些工业企业美国成为世界强国，成了世界"警察"，世界上的一些问题要按照他的标准才能解决。

这次工业革命还在发展，信息化与工业化的深入融合以及互联网的广泛运用，特别是移动互联网、物联网、大数据等新一代新兴技术向生物新材料、新能源、新兴产业和传统制造领域的广泛渗透，新兴的产业爆发性地增长，这是一个特点。历史经验表明，每一次工业革命都会导致经济社会的深刻变革，引起经济增长速度和发展动力的重大变化，并催生出一批对未来产生重大影响的产业。当然也会产生一批伟大的企业。

第二，这次工业革命对我们国家将产生巨大影响。综合过去的工业革命经验，我想首先是在智能制造领域，像德国、日本的"无人工厂"。20 世纪 90 年代日本就已经有了"无人工厂"。他的制造成本要跟中国的进行竞争。智能制造包括 3D 打印，包括更好地顺应消费者个性化的需求，能够实现多品种、小批量的生产，产品更加精准。

其次，是分布式生产方式，第一、二次工业革命都是一个集中式，包括第二次工业革命，即首先采用流水线生产，使得大规模流水线生产被广泛采用。这次工业革命为什么说是分布式的，因为未来的能源是分布式的，现在可再生的风电、太阳能发电，或者其他一些能源，可再生能源的利用，特别是天然气的利用是具有分布式的，分布式之后就会产生一系列的效果。包括现在智能的制造技术也鼓励分布式，因为在第一、二次工业革命时期，英国是横向的分工，现在汽车的生产，特别是苹果手机的生产，是在中国深圳组装，可是零部件来自欧洲、德国、法国，包括英国，还有美国和韩国、日本，中国也生产一些，最后在中国进行组装，然后由美国的苹果公司进行销售。分布式可能会产生每个企业只在做某个环节的事情的现象，而且分布式在服务业的占比会大幅度提升，未来的一些企业很可能是服务业，因为以前聚集在一起的时候，实际工厂有制造车间，也有很多厂部有各种研发营销的服务环节，但现在分工越来越细，结果是很多服务业的环节都独立出来，交由一个独立的企业进行生产，所以服务业的占比和创造的就业机会可能会更多。

最后，产业的融合，不同产业之间的边界在缩小，原来互相不认识的企业，他们之间会发生一些技术生产的紧密联系，原来没有任何竞争和合作关系的企业，可能就会产生竞争和合作的关系，这是产业融合带来的影响。如：曾经的手机行业、制造行业和电脑行业是分开的，互不联系，但是诺基亚认识到这两个行业有一种融合的趋势。如今的计算机公司完全了解移动电话，而诺基亚和其他移动电话公司也必须全面掌握计算机知识。诺基亚公司虽然预测到这一点，但是它是手机制造业，没能胜过计算机公司的挑战，特别是苹果公司、三星公司，也有中国华为等，实际这就是产业的融合。

新工业革命对人的影响是广泛深刻的。如：我们国家居住具有集中化的趋势，当然美国也有一定的分散，但是人类居住是集中还是分散，智能技术和现代的交通技术，特别是我们国家的高铁应该更加支持人类分散的居住。人们还有一些偏好，喜欢在哪里居住与技术的支持又是另外一回事。而美国、欧洲还相对比较集中，美国现在的市中心比较破败，所以美国总统演讲，他承诺要建设美国的市中心，把美国的市中心建好。因为美国的市中心基础设施陈旧破败。待中心城市建设好，美国的人口居住转向分散也是有可能的。就此话题，我们国家在很多方面有很多优势。

新工业革命对企业变革提出新的要求。工业革命最后引起的是经济社会的变革，而且对人的生产、生活方式都会产生影响，这样的工业革命实际就要求进行一些改革，根本的改革基础是企业创新，还有其他企业家在做的，这些都是在应对新革命的改革。我们目前还是要继续改革我们国家的经济管理体制，一些行业管理部门已经改革了，工业体制改革发生了很大变化。但是很多政策对企业的约束这几年有加紧的趋势，这样与新工业革命的要求背道而驰。特别在生产方面配置，包括对生产准入方面的很多限制，应该说在西方，对生产准入方面的限制世界各国也都有很多，比如刚才提到了的瓦特开修理厂，不允许他开业。在生产准入体制等方面放松管制，改革有关体制还有很长的路要走，我们确定了社会市场经济体制大的改革方向，我们正在完善这个体制。只要向着这个方向前进，我们中国就一定能够在第四次工业革命中实现自己从大国到强国的转变，实现我们的工业化和现代化。

（作者系中国社科院工经所研究员、博导。本文为作者在"中外企业文化2016南宁峰会"的发言）

"一带一路"倡议下国有企业文化的战略价值

师 扬

在全球化背景下，中国改革发展的经验已成为全球化共享的一种成果。在"一带一路"建设中，最为核心的是用文化建设将历史、现实与未来联结在一起，将中国与世界融为一体。

一、"一带一路"背景下国有企业文化建设问题

文化是"一带一路"的灵魂，企业落实"一带一路"倡议的战略构想，就要深化与沿线国家的文化交流与合作，促进不同文明的共荣发展。中国"走出去"过程中面对的一大难题就是难以找到有效的沟通

渠道，造成了当地社会"看得见中国产品，听不见中国声音，感受不到中国的精神"。

一个需要注意的问题是价值观冲突影响：价值观冲突，其实就是文化的冲突，冲突是长期存在的。国有企业在"一带一路"倡议实现过程中，要在沿线国家进行多个项目的建设。在人力资源问题的解决上，要以当地国的主要人力资源为主要来源。国企设立分公司、分支机构，其主要雇员也必然来自于当地企业，基于文化背景、生长环境的不同，往往会产生企业员工价值观冲突，由此而可能产生价值观认同的问题。

另一个需要注意的问题是企业原本形成的价值观在走出去的过程中，会因为政治环境、社会环境、经济环境的变化而产生价值观变化的风险，这实质上也是一种价值观的冲突。企业在具体经营中应该意识到价值观差异，并注意适时地调整，避免让企业失去竞争能力。

二、"一带一路"倡议背景下国有企业文化的战略价值

"一带一路"建设的着眼点是各相关国及背后多元文明的群体性复兴，是建立在文明融合而非文明冲突的立场上，是以文化的交流交融为经济建设搭桥铺路并提供价值引领和支撑，以促进各相关国家加大文化对外开放水平，通过文化传承、交流和创新，使古老文明在现代社会焕发新的活力，为区域经济一体化奠定坚实的民意基础、文化基础与社会基础，同时也为沿线国家相互理解架起心灵的桥梁。

(一)国有企业文化为企业实现"一带一路"提供内部文化管理支撑

文化为战略服务。对于一个企业来说，要想得以健康持续地发展，拥有丰厚、优秀的文化底蕴很重要，优秀的文化不仅能够突出一个企业所独有的特色，还能引导企业战略的制定和选择。在企业战略计划制订以后，为保证战略实施的有效性和成功性，首先应开展好全体员工的实施工作，对全体员工进行积极有效的思想贯彻，统一全体员工的意志，增强员工对企业战略的认知，激发员工的工作积极性和主动性，为实现企业战略实施的成功而共同努力奋斗。而这些工作的开展都与企业文化有着紧密的联系，从而体现出企业文化是企业战略实施的有力保障。"走出去"战略给了国企很多的优惠政策，

众多企业纷纷走向世界。在海外投资建厂的国企中，很多已在管理与经营上探索出自己的模式，为我国企业向国外发展树立了标杆并提供宝贵了经验。

(二)国有企业文化要为参与"一带一路"建设的企业提供文化建设范式

20 世纪 80 年代以来，起源于西方国家的组织文化理论引起了我国学术界的浓厚兴趣，尤其是进入 90 年代，全国范围内从理论界到实践界兴起了一股组织文化研究和建设的热潮。通过文献回顾发现，多数研究直接将某一文化下的研究结论，套用于另一文化范畴的研究路径，造成因为概念的相似而忽视了对本质区别的研究，以致文化的独特性被掩盖。中国有着与西方国家截然不同的社会文化背景及制度安排，我们有理由质疑西方的企业文化概念范畴及特征维度是否同样适合于中国企业。在当今"一带一路"倡议下，企业文化研究要遵循跨文化研究的主位研究路径，从中国本土情景出发，通过设计一系列规范的科学研究，挖掘中国企业文化所具有的概念范畴和特征维度，探索中国背景下的国有企业文化建设范式，为国有企业在走出去经营过程中进行文化建设提供建设范式。

如：中国交通建设股份有限公司是中国第一批走出去的中央企业，是目前我国跨境指数最高的央企，在"一带一路"沿线 65 个国家参与了 100 余个项目，建设了近 20 个工业产业园区。其跨文化管理的战略不仅着眼于企业内部，还关注社会层面。通过公益项目的建设承担社会责任，树立了优秀的品牌形象。国有企业文化在实现"一带一路"倡议中，必然涉及跨文化管理。针对这一新情况，文化建设整体必然要进行重新调整和适应。无论是在价值观重新梳理或补充完善方面，还是在物质、精神、行为等层面，都要本着一种积极接纳、兼容并蓄的心态对国有企业文化建设范式进行重新架构。这种文化管理范式的重新设计对企业文化理论体系是一种新的丰富，对管理手段是一种新的补充。

(三)通过企业文化提升企业核心竞争能力，使企业保持持续的竞争优势

世界上成功的企业必然都有先进的企业文化做支撑，没有卓越的企业价值观、企业精神和企业哲学信仰，再高明的企业经营目标也无法实现。面对全球一体化进程加快的形势，企业迫切需要提高自己的内部凝聚力和外部竞争力，从而谋求在新形势

下的发展。为实现这一目标，企业必须要进行系统性变革，而变革的核心就是充分发挥企业文化的力量，提升企业的竞争能力，使企业立于不败之地。

要保持国有企业在"一带一路"倡议中的竞争优势，就是要让国有企业文化在跨文化管理的背景下，实现真正的文化管理落地，这种落地即体现为提升企业核心竞争能力，建立真正能够发挥作用的企业文化。从时间维度上讲，它一定有着内容的继承和创新，有着对新的社会环境、文化背景的吸纳融合和体现。通过文化管理将各种要素进行整合，通过不断的管理实践，进行文化管理的调试，最终会通过价值观灌输等路径融入到企业的核心经营工作中去，从而达到提升其核心竞争力的目的。"一带一路"倡议是和平发展经济的战略，同时也是国家经济实力、文化实力的展现，这就要求我们的国有企业要在国际市场的竞争中保持竞争优势，要向全球展示我国和平、发展、共赢、互惠的发展理念，打造全球命运共同体、责任共同体和利益共同体。

三、聚合国有企业文化资源，形成企业"文化聚合体"

我国国有企业以其特殊的政治属性，在"一带一路"建设中担负主力军和领头羊的作用。国有企业价值观建设的基础层面是要整体服从社会主义核心价值观的要求。但依其行业、企业特点不同而体现出各自独有的文化特点，每一个企业作为一个微小的文化单元，当其以文化聚合体的形式存在的时候，才能体现出文化的自信力，才能具有开放包容、兼容并蓄的文化影响力和感染力。

国有企业文化工作应该关注民心交流的正确姿态。企业文化应当调适文化在企业内部的流动融合，形成新的文化调节机制。这种调节包含着文化层面间的整合和沉淀，最终在企业中要体现出文化层面上的人与人之间的关系。在"一带一路"实施中企业文化的调适过程应体现出民心交流、文化碰撞与融合的正确姿态，这种姿态背后隐性的表现是文化之间平等地交流，是文化对以人为本本质的关注。发挥企业文化建设的主导作用，就是发挥企业在"一带一路"倡议实施过程中以企业文化引路，与合作方进行广泛地文化交流，共同塑造"一带一路"文化价值高度。

"一带一路"倡议是一种文化平等交流和文化互相尊重的体现，要尊重对方的政治立场和道路选择，不强求、不干涉、和平自主，平等选择。学会文化的尊重和交流。"一带一路"沿线国家历史文化各不相同，我们和这些国家的文化交往和交流日益频繁，这也为我们国有企业走出去进行文化交流提供了良好的平台，企业要充分运用这种平台，加强和这些国家的文化交流，着眼于未来和长远利益，将国家利益和企业利益结合起来。国有企业中，特别是有影响力的大型国有企业，在实行走出去的过程中，要加强企业文化建设，增强文化自信，为提升国有企业竞争软实力助力添彩。

实施"一带一路"文化发展倡议，是增强沿线国家的政治互信、经贸交往的润滑剂和软支撑，有利于重建人类文化版图，拓宽中国文化交往发展空间，有利于中国内部文化发展战略平衡，即在政治上相互信任尊重，经济上平等互利共赢。让世界人民了解"一带一路"倡议不是"中国经济扩张"，也不是中国"一家独大"，更不是谋求海洋霸权、谋求地区事务主导权和势力范围，中国不搞单边主义，不把自己的意志强加于人。在具体实施过程中，我们要充分发挥文化亲和力，大力发掘、保护、传承与创新丝路文化资源，培育和践行共通的价值观，提升中国的文化软实力，搭建"一带一路"文化传播的战略平台，国有企业文化建设在实现"一带一路"倡议中也显示出自身的战略价值。

（作者系北京市新媒体技师学院副院长）

提升企业传媒价值的五个维度

荆玉成

第一个维度：态度——话语即权力

当互联网开始控制人类社会之时，各种自媒体风起云涌之际，横亘在我们传媒同仁眼里的，都是新媒体、海量信息，都是"交互性、即时性、个性化"这些新特点，大家说的都是"共享、智能、移动"这些新媒体的特征，都是未来媒体发展的大势。不管时代如何变化，科技如何发展，不能忘记传媒最核心的理念、功能、属性和地位，不能忘记我们出发的原点。这个原点就是，法国哲学家福柯说的那句话：话语即权力。

话语权是传媒最本质的属性。话语权是一种软权力。它是以传播和扩散的方式发生效力的，不通过外在强制力量来实现，而是通过春风化雨、润物无声的方式，将思想观念、思维方式和价值取向传递给受众，逐步变为自觉认同，支配人的思想和行为。所以说，它的影响力是深刻的，也是长远的。现在世界范围内整个话语权的被美国的美联社、合众社、英国的路透社、法国的法新社这四大国际通信社所控制，80%的国际新闻来自于这四大通信社。我们每个个体每一天都被话语所包围。福柯说："我们生活在一个符号和语言的世界。许多人包括我在内都认为不存在什么真实事物，存在的只有语言，我们所谈论的只有语言，我们在语言中谈论。"语言是人类社会赖以生存发展的要件。离开了话语，我们就无法思考，我们就无法工作，我们就无法生存。所以，这个世界归根结底是语言的世界，谁拥有了话语权，谁就能主导这个世界。

企业里，媒体的话语权是企业管理层赋予的。如：在国家电投，我们的网站、杂志、微信公众号等企业传媒，是集团公司党组赋予我们的话语权。但是，话语权的背后是靠党建、文化部门的硬实力来支撑的。党群部要出思想、出观念、出文化、出价值，这就是我们的硬实力。党群部的话语权就是靠我们思想文化的硬实力来保障的。

如：在国家核电《和》杂志近10年开设了"董事长话语"栏目，每个月都把董事长思想里最闪光的那段话放在里面，很多员工都喜欢这个栏目，觉得看这篇两三百字的短文，就像跟董事长面对面聊天。这就启示我们，杂志的内容要平视：它跟员工交流一定是平视的，从不居高临下，像朋友聊天似的；要有文化：我们不是办专业技术杂志，而是文化刊物，以文化、思想、观念、价值为主导，重点传播企业文化；要善于读图：现在是读图的时代，所以里边有大量精美的图片，图文并茂。《和》杂志创刊十年来，一直保持着旺盛的生命力，我们对待这本杂志就像对待自己的孩子，充满感情、充满温度、充满热忱。究其根本，这本杂志是企业、部门行走这个世界最重要的权柄和武器。

第二个维度：内容——选择即权力

作为企业传媒，怎样把员工手中的选择权掌握在我们手里？我认为，要把粉丝吸引住，还是要在"内容"上做文章。内容的终极定律就是"对受众有用"。现在这样一个什么都不短缺的时代，人们看重的是精神层面的充实感。所以，对受众有用的内容背后应当是观念的支撑，文化的支撑，价值的支撑。

国家电投的"和美原创"企业文化微信号，是《和》杂志的新媒体互动平台。从2014年3月到现在，发布了120期，有1.5万名粉丝。"和美原创"基本上保持一周两次，每次一到两篇文章，文字选择要经典，配图非常美。我们力图把它打造成一个完整的文化产品，一个地道的精神产品，一个精美的艺术产品。当然，一个微信号让所有人都选择是不可能的。但把特定的粉丝群体保持住，并成为铁杆粉丝，这是他的权利，也是你的权利。这背后的逻辑主要还是文化的力量。对"和美原创"，我们始终把企业文化镶嵌在里边，用"和文化"为员工搭建了一个"精神大厦"。"和美原创"的粉丝主要还是对国家电投"和文化"的认同。正是因为这是国家电投人自己的文化，同时又汲取了传统文化的丰厚滋养，我们的员工才会喜欢，才会有强大的吸引力。内圣外王，说的就是这个道理。

第三个维度：灵魂——美即权力

一个媒体的美主要体现在内外两个方面。首先，是外在的美。主要体现在形式之美。形式上的美是一种直观的美，能让受众看第一眼就喜欢。我们最初判断美的标准，取决于你看到它的第一眼感觉，是观感之美。就如同一件优秀的艺术作品构图要美，让人感受到空间；节奏要美，从中看出节奏和韵律；角度要美，以小见大的表现和张力；色彩要美，表现意境和格调，这都是外在形式的美感。形式之美对媒体来讲是对外展示的第一张名片。著名诗人杨炼说：一切人文的美均来源于精心的设计。乔布斯设计的苹果系列产品，简约、单纯、干净、时尚。尽管它比一般的电子产品价格高出几倍，与同类产品相比功能其实没有那么大的差别，但为什么会选择苹果产品？是因为它的品牌从视觉、听觉、触觉、系统上带给你的美感。设计从生活中提炼经验，是融入生活的艺术。这种设计之美具有强大的力量。

现在对外在的美，对形式的美，大家越来越重视了。但我觉得，内在的美更重要。对于内容，最核心的就是要上升到美的高度。内容之美，一般体现在文字之美、历史之美、文化之美、思想之美、观念之美、逻辑之美、意境之美。这些美才是一种深刻恒久的内在之美。你看一篇文章，听一个故事，或者看一幅摄影绘画作品，看完之后，感觉神清气爽，眼睛突然一亮，有一种醍醐灌顶、豁然开朗、酣畅淋漓的感觉。当出现这种东西的时候，这个作品就活了，就有灵魂了。美的最高境界就是这种思想之美、内涵之美。在这个时代里，一定要有自己的思想，要有自己的观点，要有独到的看法和审美的视角。我们做媒体传播，方法手段都很重要，但是如果内容干瘪，没有思想，没有情感，这个媒体就没有灵魂，就不会有生命力。所以，方法技巧是第二位的，思想情感永远是第一位的。

《和》杂志是我们精心设计的一个文化产品。从开本到用纸，从内容到设计，从质感到色彩都充满美感，都是精心设计出来的一种文化之美。封面米芾的"和"字，体现一种书法之美。因为我们是搞核电的，所以，我们经常思考怎么能够把企业介绍给大家时让人能感觉很温暖。从《和》杂志创刊开始，封二永远是蓝天碧水青山，看到这一页，读者仿佛能听到山风在吹动，似乎能闻到花香，听到鸟的叫声，听到小溪潺潺的流水声，就是和自然特别地贴近，因为核电是零污染，是清洁能源，然后又放了两句话"中国的清洁能源，我们的精神家园"，一下点中主题，创造了一种意境之美。于是，它有了主题、有了灵魂、有了意境。封三，永远是向日葵，给人一种温暖的感觉，代表了能源给人类的感觉。从第一天开始永远是向日葵，各种各样向日葵。封三也有两句话："生命离不开太阳，生活离不开能源"，也起到了画龙点睛的作用。《和》杂志图文并茂是它的一个特色，但更重要的是它的内涵之美。我们打破了过去国有企业杂志的传统套路，刊登领导讲话、工作报告、企业管理、专业技术知识。我们做的是文化刊物，给大家送的是思想盛宴，送的是文化大餐，既有古今中外的文化精品，更多地是我们自己的思想精华，让它呈现出一种内在之美、内涵之美、意蕴之美。

第四个维度：工具——直播即权力

这两年，我们连续举办了两届"国家电投好声音"比赛。主要是员工的原创歌曲征集、演唱及比赛活动。第一届"好声音"比赛，决赛时初次尝试直播，15 万人通过直播平台收看比赛。第二届国家电投"好声音"，我们扩大了直播范围，四场区域赛和决赛全部直播。决赛时，国内外 43.45 万人在线观看。两届"国家电投好声音"以来，我们许多所属单位在重大活动、重要会议及其他商务活动中采用"好声音"中表现突出的原创歌曲作为主题、背景或暖场音乐。这项活动不仅实现了传播公司文化理念，激发员工活力，凝聚员工队伍，打造文化品牌等表层效果，更重要的是把国家电投绿色发展的理念深植于 14 万名员工心中，潜移默化融入到企业生产经营管理当中，这种无形的价值是难以衡量的。

根据集团公司的战略路径、价值取向和使命追求，确定了"我们绿动未来，我的绿色梦想"的主题。在"绿色"这个主基调下，开展了全员原创歌曲征集，收到 262 首原创歌曲，确定了 26 首传唱歌曲。通过新媒体平台全员 K 歌，层层选拔，广泛传唱。在区域赛和网络赛采用网络直播与投票互动进行预热，在线观看 45.27 万人次，投票 39.9 万人次，320 万人次关注。与此同时，我们制作了《和之声》员工原创歌曲集，"好声音"宣传片，决赛选手宣传片及"好声音"活动回顾短片。根据每首歌曲的特点，制作相应视频，立体式、全方位演绎每个节目。在表演形式上，植入乐器伴奏、决赛选手视频介绍等内容。我们是把"好声音"当作一项文化工程打造的，秉承工匠精神，每一张图片的选用，色彩的搭配，环境的布置，每个细节都是反复打磨。未来，直播是企业传媒发展的一个大趋势。直播只是一个前台的工作，只是一个技术手段，后台一定要做好。只有把台前和台后有机融合起来，才会是一个完美的直播。

第五个维度：企业——组织即权力

就我们集团公司来说，有 1300 名专职党群干部，4 万名团员，4.8 万名党员，14 万名工会会员。我们有完整的党组织、工会组织和团组织，这些组织是最有效的资源、最优质的资源、最核心的资源。

一方面，要依靠组织把方向，定大局。我们是中央企业，央企的传媒首先是党组织的喉舌。央企的媒体首先就是要把党组织的声音传达出来，把党的意志体现出来。这是国有企业传媒立身之本。从前，没有互联网的时代，文化传播靠的就是党群干部的一支笔、一张嘴，最大限度地确保了企业意志的传达。

另一方面，企业传媒要善于借助组织的力量。线上的效果要靠线下力量的支持。我们组织国家电投"好声音"比赛，召开电话会议若干次，各级组织开会、发通知，层层发动，层层动员。有的通过官网、官微发动的同时，还用微信群、朋友圈等进行动员和传播。如果没有各级党团组织、工会组织广泛宣传造势、广泛发动群众、广泛动员职工，怎么可能有上百万次的点击量、几十万次的关注量，也不可能有这么多优秀的原创作品。这其中，我们利用集团公司年中工作会，在主会场举办"国家电投好声音"决赛，让集团公司领导班子成员、独立董事、二级单位一把手在现场观看比赛，参与打分，达到了事半功倍的效果。

（作者系国家电力投资集团党群工作部主任）

"一带一路"建设中驻外企业内外沟通机制建设

杜胜熙

海外企业文化建设中企业内外沟通机制和经营决策机制跨文化管理问题，是"一带一路"建设中驻外企业普遍遇到的大问题。

一、辩证看待文化差异

文化差异是客观、普遍存在的，按照毛泽东矛盾论中矛盾普遍性的观点，差异本身就是矛盾，矛盾是普遍存在的，事物就是在矛盾的不断运动中发展变化的。我们众多"走出去"的企业在"走出去"进程中，遇到较多的问题是由文化差异引起的，吃过一些苦头，普遍对文化差异比较重视。但是也有些超过实际的想法、看法，有的提出"消灭差异，禁止冲突，强化融合"。这在实际工作中不但难以做到且十分有害。

文化三种存在状态：并存、相融、同化。彻底消灭差异，是文化同化。跨文化管理是指不同文化之间的管理。我们既要看到文化差异引起的矛盾的一面，更应看到文化相通相容的一面，看到由差异引起矛盾斗争推进文化融合带来的新事物、新优势，看到它积极的一面。回顾企业文化在中国的落地生根发展的历史会更有体会。因此，我比较赞同许多专家提出的意见，海外企业要想在"异文化"环境中生存并发展，关键就在于建立具有高度适应性的跨文化企业文化。所谓"高度适应性的跨文化企业文化"是指既能够适应东道国的特定社会文化环境，同时又具有母国特色的，以"多元化"为基调的企业文化。企业文化研究会"跨文化专题研究小组"提出"识别文化差异，控制文化冲突，推进文化融合，建立适应东道国文化氛围具有中国特色的跨文化的企业文化"。

有重点地推进跨文化管理。文化差异涉及内容非常广泛，包括宗教信仰、风俗习惯、思维方式、法律制度、语言文字、沟通方式等。仅从得到公认的跨文化管理理论看，比较流行的霍夫斯泰德的五大文化维度理论，涉及个人主义和集体主义、权力距离、不确定性规避、价值观、男性化与女性化、长期导向与短期导向五个维度。海伦德雷斯凯所著《国际管理》提出共有9种文化维度。除去与霍氏理论相同维度，新提出自信度、未来导向、业绩导向、人性导向四个新维度。这些分类都是专家学者经过长期研究，高度凝缩后形成的。内容之多令人乍舌，实际情况还要更复杂。

如此众多的文化差异，在我们的海外企业经营活动中都可能会碰到。但要抓主要矛盾，综合多方面"走出去"企业跨文化管理经验，海外企业要突出抓好跨文化团队建设、人力资源管理、经营决策机制建设、内外沟通机制建设方面的跨文化管理。这是企业核心价值观表现最为突出的领域，这四个方面不但是企业文化的重要工作，也是跨文化管理的核心。

二、正确处理东道国文化与母国文化

（一）海外企业与母公司的文化差异较为突出

我国目前多数"走出去"的企业，母公司与海外企业包括实体公司、项目部、办事处、代表处，多数实行"授权经营、分级管理"的体制。即母公司将经营任务、责任、权力、利润等以指标的形式下达至海外企业，海外企业在规定范围内自主经营，超过权限规定的，要上报母公司批准。在如此体制下，在异国他乡的"异文化"条件下，海外企业在经营决策体制、机制建设中，首要面临的跨文化问题是如何根据所在国实际贯彻母公司的经营理念，处理好所在国与母国文化，海外企业与母公司文化之间的差异问题，制定符合实际情况的经营方针和经营策略。如，贯彻环保理念，各国发展水平不一，在经济较发达的国家，可以较为广泛地使用清洁能源。

但在某些经济欠发达地区，这一要求就极有可能实现不了。"一带一路"沿线国家经济发展水平不一，类似情况很多。又如：法律环境考察，"一带一路"沿线国家不少过去是西方列强的殖民地，独立后继承了原宗主国的法律制度，有的明显高出所在国自身的经济发展水平，给企业经营活动造成麻烦，需要引起经营者注意。"授权经营、分级管理"为海外企业形成拥有自身特色的企业文化创造了体制条件，经过认真努力，能够培育生成"适应东道国文化氛围具有中国特色的跨中外文化的企业文化"。

(二)海外企业自身经营决策机制建设主要是围绕决策权集中与分散这一问题开展

通常的情形是：中国母公司占主导、中国人占多数的企业，如建筑企业的工程项目部、办事处等，基本采用国内企业的决策体制、机制，强调民主集中，强调程序规矩，尤其近年来加强党的建设活动开展，效果显著，如中国企业利比亚撤退。再有是收购经济较发达、法律较完善的国家或地区的公司治理结构健全的企业。这类企业基本按原有经营决策体制、机制运作，中国母公司很少干预。如：中国交建收购澳大利亚建筑公司，上海振华收购美国FG设计公司，上海工业公司收购德国缝纫机公司。再有是介于上述两类企业之间的企业，即设在经济不发达、法律不健全的国家或地区，公司治理结构更谈不上科学的企业，企业内部中国籍员工处在少数，领导班子中除主要领导外，外籍员工占有部分比例，且处在技术管理职位上。这样的企业就要求中方主要领导人具有高超的跨文化管理能力，注意认真听取外籍高管人员的意见，科学规范决策。

(三)"一带一路"沿线国家发展现状要求"走出去"企业重点培育"防控风险"理念、"合规"理念

"一带一路"一边是经济高速发展的东亚，另一边是经济高度发达的西欧，处于中间地带的是广大发展中、不发达国家，其基本特点是经济落后，状况复杂。需要企业下大力气做好防控风险、合规经营工作，积极培育防控风险文化、合规文化。

(四)注重解决商务谈判中跨文化管理问题，培育良好的营销文化

这既是一个经营决策体制、机制建设问题，也是一个企业与客户良性沟通的问题。重要的是深入了解所在国商业文化习俗，不该说的话不说，不能做的动作不做，避免不愉快的事情发生。有些文化忌讳要时常提示员工和高管人员。

三、实施跨文化管理

海外企业更需要"内聚人心，外树形象"的任务，完成这一任务，必须实施跨文化管理，解决好企业内外沟通问题。

(一)做好海外企业内部领导班子和员工、员工与员工之间的沟通工作

在语言上要相互学习。中国员工要努力学习当地语言，鼓励当地员工学习汉语，在员工相互学习语言中，不仅克服了语言障碍，还可以增进了解，增加感情。要结合企业实际开展一些简单便利的文化交流活动，例如交换图书、画册、纪念品。共同举办参与中外节日活动，增进双方的文化了解与认同。要积极组织员工表彰、激励活动，如评模范、开表彰大会、上光荣榜、邀请优秀员工到中国公司总部访问，发挥中国企业"创优争先"褒扬机制的作用，增进员工与企业的了解认知。

(二)做好与协作企业的沟通工作

海外企业与当地企业的沟通协作。随着中国经济发展，人民生活水平的提高，我们在许多方面丧失了成本竞争优势，需要更多地使用和依靠当地企业开展业务。中国交建在"走出去"实践中，提出了"利他为先，和谐共赢"的理念，促进了企业海外经营规模、经济效益的优质发展。

(三)做好与媒体的沟通联系工作

国人在实际工作中面对新闻媒体往往是"不想说，不敢说，不会说"。这在当今资讯高度发达的时代，在性格外露的外国人面前，凸显其不适应性。媒体是传播企业声音，树立企业形象的重要载体，与媒体打交道的能力是企业软实力的重要组成部分，要大力加强与媒体的沟通联系工作。积极开展新闻发言人培训，预设话题，深入沟通，与媒体共同做好企业外宣工作，增强企业高管人员的新闻危机处置意识与能力。

(四)做好与地方政府、社区团体、中介组织沟通联系

我们的企业"走出去"过程中一定要处理好与所在社区、团体、民众的关系，如：某公司埃及项目员工在埃及动乱中在社区群众支援下撤离。在实行市场经济管理体制的国家，或受西方经济管理体制影响较深的发展中国家，商会、监理等中介组织发挥着重要作用，这与我国现实情况形成差异。可以说，跨文化管理也是企业必备的本领。

（作者系中国企业文化研究会学术部首席专家）

重组企业大集团的文化融合

尤西蒂

百年基业，文化为本。企业重组，不仅仅是资产、人员、业务的整合，更重要的是文化的整合。文化整合，不仅对大集团改革发展事关重大，而且对旗下各个产业健康、快速、协调发展和整体竞争力的提高有着重要影响。一个企业构建什么样的企业文化，与这个企业的历史渊源、发展阶段、产业特点、战略选择、管控模式、领导风格、发展蓝图等有着密切地联系。所以正确认识重组企业间文化差异、有效实施重组企业文化融合、优化配置重组企业文化资源，对于促进企业有效重组、尤其是促进混合所有制经济发展具有重要实践意义。

重组企业的文化融合需要遵循的原则

求木之长者，必固其根本。重组大集团只有依据行业特点和企业实际对成员企业多元文化进行深度思考、系统梳理、精细提炼，制定合理的文化战略思路，才能形成和谐统一的文化主张和文化体系运作机制，从而实现重组企业文化的有机融合。

要做好"道"与"术"的分工。大集团的文化建设着眼于"道"，在企业的精神理念、价值观上多下功夫。成员企业的文化建设要着眼于"术"，以期作为"道"赖以运行、落地的工具和方法。没有"道"的指引，"术"将失去方向，或犯了"南辕北辙"的错误；如果没有"术"的支撑，"道"将成为虚无缥缈的文字堆砌。

要注重"收"和"放"的辩证。找准多元文化整合的切入点和着力点，大集团文化着眼于企业发展战略，对集团企业文化体系进行系统规划，精心构建集团核心价值理念体系和统一的企业行为、视觉识别系统；在坚持集团母文化的基础上，包容并蓄，承认、包容、尊重差异，逐步实现重组企业的理念融合、制度融合、管理融合、行为融合、形象融合，并步入形态相近、文化相融的最佳境界。

要尊重不同成员企业的文化心理。在正视并购重组企业间文化差异的基础上，消除职工的文化心理歧视现象，进一步增强职工对重组企业文化的认同感和归属感，从根本上扫除企业文化融合的各种心理障碍，为企业文化融合创造条件。

重组企业的文化融合模式

根据企业文化的特性、兼并企业后得到的控制权范围、面临的风险等，可以将企业文化融合模式概括为渗透式、吸纳式、分离式、消亡式四种类型。渗透式是指兼并双方在文化上互相渗透、平等沟通、取长补短等方面都进行不同程度地调整，所以又被称为"平衡式融合模式"。这种模式适合于重组双方的企业文化强度相似、各有优劣，且彼此都欣赏对方的企业文化，愿意调整原有文化中的一些弊端。采用该模式，重组各方以开放的心态相互学习，博采众长，优势互补，在共融的基础上实现共进；吸纳式是指被兼并方完全放弃原有的价值理念和行为假设，全盘接受兼并方的企业文化，使兼并方获得完全的企业控制权。这种模式适用于强文化企业兼并弱文化企业。吸纳式文化整合模式是兼并方对被兼并方拥有最大的控制权，所以融合风险小、速度快、效果明显；分离式是指兼并企业和被兼并企业在文化上依然保持相对独立性，双方的文化变动都较小，在这种文化融合模式下，重组面临的风险较大；消亡式是指兼并企业文化变动很小，被兼并企业放弃了原有的企业文化但同时又不愿意接受兼并企业的文化，因而处于一种文化迷茫的状态。综合比对，无论是分离式还是消亡式，本身已经丧失了文化融合的主动，而吸纳式"扶强除弱"式的强势推进，又容易造成弱势文化统治区的员工心理失衡。对于跨行业、跨地域、跨所有制的大集团来说，采取渗透式的文化融合方法，很大程度上可以避免文化建设"一刀切"给成员企业带来的负面影响，不断提升成员企业对集团的认同感，显然更为合理。例如陕煤集团在其企业文化建设过程中，提出了"一体多元和而不同"的文化建设方针。让各种文化在交流碰撞中不断凝聚、升华，在传承、创新、融合、提升的精炼中逐步形成了自己鲜明的特色：集团公司有母文化，各子公司有子文化，母文化躯干遒劲，一以贯之；子文化花繁叶茂、各具千秋，母子文化之间枝干交融，相得益彰，大集团"文化之树"初步绽放出"和而不同共存共荣"的繁荣盛景。

重组企业要处理好的文化关系

强调文化融合绝不是重组企业原有文化元素机械、简单地相加,重组型大集团的文化融合不仅要形成和谐统一的文化主张和文化系运作机制,还需要处理好以下关系。

处理好文化精神性和物质性的关系。要充分认识企业文化精神性和物质性的基础作用、根本作用和支配决定作用。协调好精神文化和物质文化的互补、互动和互相促进。运用信仰的力量,支配、决定组织中的每个员工的目标导向,最终把组织目标和员工的目标结合起来,促使员工自觉地按照某一共同准则调节和规范自身的行为,并转化为员工的内在品质。要运用心理的动力,促使员工在各种环境中都能有效地控制和把握自己的心理状态,使企业员工在各种复杂变化的环境中能够坚定信念,保持旺盛斗志,形成组织的强大动力。实现组织和员工利益的最大化以及组织和员工的"双赢"。

处理好文化历史性与时代性的关系。要深入研究各所属企业的文化传统,对所属企业的历史文化进行广泛深入地调查,清理文化资产,整合文化资源,挖掘优秀文化基因,通过筛选梳理,扬长避短,互为借鉴,优化配置,对所属企业优秀传统文化进行提炼升华,以此作为文化融合、创新的基础,使之和企业当代文化建设紧密结合,增强时代意识,体现时代气息,反映时代特征,吸收时代成果。在继承中创新,在创新中弘扬光大,使旗下职工既体验到传统文化的亲切,又感受到时代文化的新鲜。必要时还可借助高科技,向科学化、信息化、网络化拓展,提升文化的说服力、征服力和感染力。

处理好文化稳定性与发展性的关系。文化需在稳定中发展,在发展中稳定,稳定是必须的、准备式的,发展是目的,是首要的。发展既要主动适应外因,又要积极切合内因,既引导成员企业根据内外情境的变化和对现有价值观造成的影响,促使文化自然地演变或成长,又要根据各成员企业体制、机制、所处的地域不同,人员构成不同以及新成员的不断加入而产生一些更小的亚文化群体等状况,通过不断解决各企业间的文化差异甚至冲突,促进企业文化的变化和发展。

处理好文化主导性和多样性的关系。全球经济一体化带来了多元理念的冲突,因而多样文化、多元文化将是现代全球组织的重要特征。大集团、大企业在推进主导性文化时,要兼顾、包容多样文化。既强调文化建设的主导力量,推崇主流、主调、主旋律,提炼共性,还要包容非主体文化群体,发展个性,培育个性,突出重点特色化,打造精品品牌化,为所有成员企业创造最大限度发挥潜能的文化环境。特别是在国际化经营中,"走出去"的企业势必面临与资源国合作中的多元文化的差异、冲突、融合问题。要能将自己的文化与世界各地区、各国、各民族的文化有机融合。要识别文化差异,发展文化认同,进行跨文化培训,达成跨文化理解,形成一种既坚持自己的核心价值观,又体现与各种异质文化融合的灵活性与有效性,适应资源国的"本土文化",从而开放自己,包容别人,为我所用,共享共赢。文化的影响力是超越时空、跨国界的。文化因交流而丰富,因交融而多彩,因交锋而出新。重组大集团的文化融合,要把以我为主、扬我所长和为我所用、兼收并蓄结合起来,把坚持本土化与放眼全球结合起来,既尊重历史、继承传统,又注重开阔思路、胸怀大局。只要在保持企业集团的整体性的前提下,充分进行文化沟通,理解文化差异,化解文化冲突,形成文化共识,建立以核心价值观为基础的坚韧的精神文化纽带,不断增强影响力、控制力、凝聚力,大集团的文化建设就一定能沐浴着文化大发展的新风新潮,根植于文化大繁荣的肥沃土壤,开放新花朵、结出新硕果。

(作者系陕西煤业化工集团有限责任公司党委副书记。本文摘自《现代企业》)

让良好的党内政治文化为
企业文化建设领航

赵晓舟

中共中央总书记、国家主席习近平同志在党的十九大报告中,全面系统地阐述了新时代中国特色社会主义思想的基本方略,把"发展积极健康的党内政治文化,全面净化党内政治生态"作为坚持全面从严治党的重要内容提了出来。党内政治文化是党内政治生活的灵魂,也是党内政治生态形成的基础,直接关系政党形象的构建,对于社会文化、企业文化的发展具有引领、示范、净化作用。

企业是市场经济活动的主要参加者，是社会生产和流通的直接承担者，是社会经济技术进步的主要力量，在社会经济生活中发挥着巨大作用。如何让党内政治文化引领企业文化建设健康发展，是企业党建工作的重要任务和迫切需要解决的新课题。

党内政治文化是企业文化建设的风向标

政治文化主要是指人们在长期社会实践中形成的各种政治思想、政治伦理、价值观念等的总积淀，是一个政党生命力、创造力、凝聚力的重要特征和重要滋养，也是一个政党在全社会公开树起的精神旗帜，反映政党的价值追求。企业文化是指企业在社会主义市场经济的实践中，逐步形成的为全体员工所认同、遵守、带有本企业特色的价值观念，是社会先进文化建设的重要载体，是以人为本的企业管理理论，它强调管理中的软要素，主张把文化概念自觉应用于企业，把具有丰富创造性的人作为管理理论的中心。

党内政治文化的主体是党员干部，展现的是一个政党的组织文化；企业文化的主体是企业全体成员，展现的是一个群众的组织文化。中国共产党作为执政党，党内政治文化以马克思主义为指导、以中华优秀传统文化为基础、以革命文化为源头、以社会主义先进文化为主体，充分体现中国共产党的党性要求，是一种信仰构建、一种文化传承。企业文化反映企业的个性，为实现企业的经营目标服务，主要表现为企业的精神文化、制度文化、行为文化和物质文化，是企业综合实力的体现，是一个企业文明程度的反映，也是知识形态的生产力转化为物质形态生产力的源泉。

党内政治文化与企业文化建设是两项不同的工作，但却有着许多共同的特征。一是共同的工作目标。党内政治文化是通过党的基本路线、爱国主义、集体主义和社会主义教育，引导广大群众树立正确的理想信念和价值观。企业文化是企业在经营管理过程中创造的，具有本企业特色的精神财富的总和，它以全体员工为工作对象，通过宣传、教育、培训等方式，以最大限度地统一员工意志，规范员工行为，凝聚员工力量，为企业总目标服务。二是共同的工作对象。二者都是以人为本的科学，都是以尊重人、理解人、关心人、激励人为出发点，强调协

调本组织内部的人际关系。两者如果能有机地结合，必将形成互补互促的良好格局。总而言之，党内政治文化既有别于企业文化，又作用于企业文化的发展，引领企业文化建设的方向。

坚持党对国有企业的领导，把企业党组织内嵌到公司治理结构之中，明确和落实党组织在公司法人治理结构中的法定地位，发挥企业党组织的领导核心和政治核心作用，是党内政治文化作用于企业文化、企业管理的必然要求。在长期的革命、建设和改革中，我们党通过为人民服务，让自己变得更加强大，进而更好地投身于为人民服务之中。在当前形势下，国有企业党组织必须不断强化党的领导核心作用，坚持以党内政治文化引领企业文化建设，将党的理论与企业发展战略相融合，积极营造"组织有力量、干部有担当、党员有示范、员工有奉献"的企业文化氛围，不断增强员工的归属感，让员工的价值取向和行为准则符合企业的发展目标。作为一种更深沉、更广泛、更持久的力量，党内政治文化无时无刻不在影响着企业内部每个党组织和党员干部的思想与行动，从思想上、政治上、组织上为企业把方向、管大局、保落实。从这个意义上说，党内政治文化是企业文化建设的风向标。

企业文化建设是党内政治文化的实现形式

当前国有企业面临着调整优化结构、转变发展方式的前景和挑战，越是在这样的关键时期，越是要加强国有企业党的领导和党的建设，越是要保证国有企业改革发展的社会主义方向，确保国有企业构建出独特的、先进的企业文化，并将党内政治文化优势转化为企业的发展优势。

国有企业作为国民经济和社会发展的主要力量，其核心竞争力之一就是特色鲜明的国企文化。国有企业要实现可持续发展，博采众长、锐意创新固然不可或缺，但是最根本的还是在于先进的企业文化滋养。党内政治文化作为引领国企改革中一项不可或缺的重要内容，当然要与企业文化建设相融合，在引领和提高企业文化建设的层次和水平的过程中，不断增强国有企业的凝聚力和竞争力。

以企业文化建设为载体，推动党内政治文化引领企业党组织和党员有效发挥政治核心作用和先锋模范作用，为企业可持续发展提供坚强有力的思想保证、组织保证、政治保证，是企业文化建设的一

项重要任务。新常态下，对于国有企业党组织而言，能否创新性地把党内政治文化引入企业文化建设之中、积极推进企业文化建设，直接影响着企业党组织在企业发展中的政治核心作用发挥。

那么，党内政治文化如何融入企业文化建设，企业文化如何承载党内政治文化并使其真正成为国有企业的核心竞争力？关键是要实现国有企业党建工作与企业文化的建设的相向而行、相辅而存、相得益彰。只有实现党建工作和企业文化同向、同步、协调发展，用组织的聚合力和文化的融合力把国有企业的党员队伍和员工队伍凝聚起来，形成相互促进、协同发展的工作格局，才能让企业发展始终建立在不断创新的先进文化生态基础之上，推动国有企业持续健康发展。

在国有企业，离开了企业文化建设谈党内政治文化只是"空中楼阁"。在深化国有企业改革中抓党内政治文化，要跳出"就党建抓党建"的固有模式，积极探索党内政治文化建设和企业文化建设相融合的现实路径。一方面，要以党内政治文化引领企业文化发展。党内政治文化先进的政治优势和管理理念、方式，可以为企业文化建设的健康发展提供思想动力和政策导向。另一方面，要用企业文化建设助推党内政治文化在企业的落实。企业文化是党内政治文化渗透到企业经营管理的重要载体和助推器，借助企业文化的新理念和新方式，可以使党内政治文化更具针对性、指导性和亲和力。

将党内政治文化扎根于企业文化的土壤中，是党建工作在新形势下的发展要求。党内政治文化不是空洞的说教，有其实实在在的价值指向。党内政治文化最终要落实在促进发展上、落实在以人为本上、落实在队伍建设上、落实在服务大局上。为了永葆党内政治文化鲜活的生命力，切实加强国有企业党的领导，就必须把党内政治文化融入企业文化建设中，通过企业文化的辐射和渗透作用，把党的理想、信念铭刻在每个党员和企业员工的心中。

从理论上来说，党内政治文化是中国共产党在长期的政治活动中形成的具有自身组织特征的价值观念体系，是一种对全党、全社会、全民族产生巨大影响力的政治组织文化，是在党的建设全部工作中都发生重要作用的因素。从实践上来说，党内政治文化需要有效的载体、途径来传播、助推、发挥应有的作用，而企业文化建设是传播党内政治文化的最佳载体。优秀的企业文化是企业最丰厚、最重要的无形资产，具有极强的魅力。党内政治文化依托企业文化，可以为企业指引方向、凝聚人心、激发潜能、规范行为。从这个意义上说，企业文化作为党内政治文化的重要实现形式，对党内政治文化的传播和作用发挥有着无可替代的作用。

让党内政治文化为企业文化把脉领航掌舵

良好的党内政治文化是强党兴国的根本要求，是信仰、纪律、作风等的集中反映。优秀的企业文化是企业发展的灵魂，是信念、精神、价值取向的高度浓缩。党内政治文化需要企业文化延伸、拓展、发挥其应有的政治核心作用，企业文化需要党内政治文化把脉、导航、掌舵，为其提供强大的理论支持和实践指导。

首先，党内政治文化要为企业文化在价值取向上把脉。中国共产党作为当今世界上最大的执政党，走过了一条与国外政党不同的道路，在近百年波澜壮阔的辉煌历程中，带领人民取得了革命、建设和改革的伟大成就，铸造了特点鲜明的党内政治文化，既为中国共产党治国理政提供了理论支持，也为中国企业文化注入了活力，为世界政党政治文化发展提供了中国智慧。用党内政治文化引领企业文化建设，必须在价值取向上为企业文化把好脉。在企业文化建设中，不同性质的企业都会面临同一个问题，就是如何确立企业的价值观取向。无论是从西方价值观最初的意义，还是从中国历史上不同企业对价值观的确立来看，企业主体价值观取向问题都是显性与隐性杂陈。当今中国，党内政治文化所传递的社会主义信念、共产主义信仰、为人民服务宗旨，以及爱国主义为核心的民族精神和以改革创新为核心的时代精神，为企业主体价值取向把了脉，提供了一把尺子，确定了衡量标准，为企业文化建设提供了遵循。

其次，党内政治文化要为企业文化在发展方向上导航。衡量一个企业的文化是不是先进，是不是有益于本企业利益、有利于人类社会进步、有利于大多数员工利益，可以看它的发展愿景是否崇高，看它的社会责任是否明确，看他的企业制度是否科学，看他的管理思想是否先进，看他的管理模式是否可行。我们说，中国共产党是先进的政党，是有益于中国人民和人类大多数利益的政党，首先是因为我们党内政治文化是先进的，党的政治理想体现了我们党坚定的革命意志、宽阔的世界眼光和为人类做出更大贡献的雄心壮志，这是共产党人经受任何考验的精神支柱和政治灵魂。我们党坚持党性和人民性的统一，把人民拥护不拥护、赞成不赞成、高兴不高兴、答应不答应作为衡量一切工作得失的根本标准，始终得到人民的支持。我们党的政治品格是崇尚忠诚老实、光明坦荡、公道正派、实事求是、艰苦奋斗、清正廉洁等价值观，反映了高尚的、正直的、纯粹的、有益于人民的人类进步品格。所以，用党内政治文化引领企业文化建设，就是在方向上为企业文化建设导航，让企业党委班子成员成为企业文化的设计师，成为企业文化的示范者；就是要以基层党支部的强力渗透、广大党员的强劲先行，使企业文化得到全体员工的快速认同，从而确立党组织对企业文化建设的领导地位，充分展现党组织代表先进文化的前进方向，为企业文化建设在发展方向上导航。

最后，党内政治文化要为企业文化在落地见效上掌舵。当前，国有企业一些领导干部中存在的特权意识、官僚习气、圈子文化、好人主义等问题，已严重污染了企业文化生态，对企业的健康发展和经济社会的良性运行产生着深层次的、潜在的负面影响。对此，如若不严加纠正和约束，它们就可能在企业一些人的内心萌动，重新疯长出野草来。唯有切实加强党内政治文化建设，切实为企业文化建设把好脉、导好航、掌好舵，才能确保企业文化在企业发展中发挥其导向、约束、凝聚、激励、辐射、品牌等积极作用。

有什么样的政治文化就有什么样的企业文化。党内政治文化是国有企业文化的灵魂，对企业文化具有潜移默化的影响。党的崇高信仰和理想信念对企业文化建设有巨大引领性。主导当代党内政治文化的思想意识和价值取向基本体现了当前中国社会各群体的根本利益，各利益群体，尤其是国有企业能够从总体上自觉接受党内政治文化对自身的引导和约束，从而在政治行为上同中国共产党和中央政府保持一致，成为实现中华民族伟大复兴的政治资源，起到了维护企业和谐、促进社会稳定的积极作用。毋庸置疑，党内政治文化不仅要在企业核心价值观的确立方面坚持社会主义核心价值观的指导地位，而且要在企业自身发展方面引领其树立道路自

信、理论自信、制度自信、文化自信，确保企业正确的前进方向。

总的说来，党内政治文化是一种具有持久性、广泛性、渗透性的精神力量，它贯穿于国有企业党建工作的全过程，持久、深入、潜移默化地影响着企业的长远发展。党内政治文化是党内政治生活的灵魂，是党内政治生态的晴雨表，既关系到党的事业和党的形象，也影响国家、社会、企业的政治生态。因此，在推动全面从严治党向纵深发展的新征程中，我们要更加注重强化党内政治文化建设，努力培育和构建新形势下的企业文化建设，不断培厚良好的党内政治生态和企业文化生态土壤，为全面贯彻落实党的各项目标任务提供精神动力和文化滋养，努力推动党的建设不断迈上新台阶。

（作者系陕西金融作家协会副主席，陕西创意文化产业协会副会长、陕西省大秦岭发展研究会副会长。本文摘自中国企业文化研究会网）

商业文化的经济学解释

马　勇

现代社会当中，价值作为狭义经济价值和人文价值的统一体，以利润的形式反映在纷繁复杂的商业价值链条中，而利润正是经济实体的原始驱动力。商业活动的物质刺激性和观念指导性使得经济与文化紧密地结合在一起，这种结合构筑了经济与文化相互依赖、相互促进的基础平台。虽然经济与文化存在着某种平衡，即经济与文化并不总是保持同步，但根本的一点是，经济与文化再也不能孤立地自我实现，而是相互渗透、相互表达地实现。从这个意义上说，经济相关性的文化（如商业文化）是物化了的文化，是文化了的物质。

商业文化与企业文化

文化的经济范畴与商业文化的产生文化特质作为经济运行的基本背景反作用于经济，并在社会经济活动的各个层面上反映出来，如经济的方式、规模及变迁等。德国学者韦伯在《新教伦理与资本主义精神》等著作中，系统地阐述了新教伦理作为文化背景对经济方式的决定作用。此后，文化的经济属性被

越来越多地引入经济学研究。新制度经济学以"非正式约束"涵盖了文化的基本方面，文化背景不仅作用于生产者、经营者，而且作用于消费者，甚至是一切社会公众，而它对经济活动的影响又通过反射机制重归经济活动本身。按照现代西方经济学的观点，"偏好"是解释经济运行的重要概念，而偏好的形成正是一般文化背景在社会公众的审美趣味、生活态度、消费方式上的投射。换言之，文化背景影响偏好，偏好影响需求，而需求正是经济运行的根本动力。

作为经济学的四大支柱，"技术、禀赋、偏好、制度（包括非正式约束）"在本质上已体现了文化的经济要素性质，即文化也是生产力来源的基本方面。但文化的自我强化机制和经济活动对于文化的路径依赖，常使得经济运行沿着文化的既定路径不能自拔，甚至进入某种"锁定状态"。在这种文化锁定状态下，经济的边际生产力往往呈现出先增加然后逐渐递减的状态。当文化与经济的结合偏离了最优状态时，经济的低效率就展现出来，原有的文化空间不能再为经济的发展提供有效的正面激励。为了摆脱这种困境，一些企业家开始在法人治理范围内对企业主动实施文化培育和创新，以期重新解放生产力。这种以追求局部直接经济利益为目标的文化改造，通常以某个特定的经济组织为依托，以提高劳动生产率为目标，引入外生变量，对文化进行主动整合，并把这种整合扩展到人力资源的深层方面，最终形成了企业文化。企业文化的出现及发展是对经济关系的第一次提升，它使文化的资源性质日益明显，并为经济利益主体的利益最大化实现提供了新的管理手段和原则。

企业文化使经济对于文化的被动依赖最终发展成为一种生产力。文化生产力要素的能动性、无形性和扩散性，在企业生产的各个方面发生作用，并最终以无差别的人类劳动的一部分凝结在商品中。企业文化在提高经济效率方面的巨大效应使其在利益驱动机制引导下不断向纵深发展。这种规模报酬递增效应增加了生产者对于文化的效率预期，他们对企业文化深度发掘的结果，使企业文化进入了生产、交换、消费的各个环节，成为产品与劳动的固有因子而凝结在商品中，并在消费者的购买行为中获得了最终的价值实现。这种文化与经济的深度结合，创造了一种新的社会需求——文化需求。于是，商业文化产生了。商业文化是文化与经济关系的第

二次飞跃，这次飞跃的直接结果是创造了文化形态上的商品，使商业文化第一次以商品的姿态出现在消费者面前，并由一般等价物货币形式来实现自己的价值。商业文化直接物化于物品劳务，不是停留在生产环节，而是与物品、劳务等要素一起进入流通和消费领域。它不是追求更多的产量，而是着眼于利润价值的实际提升。

商业文化的经济内涵

商品能与货币发生交换，是由于货币是充当一般等价物的特殊商品。但是，在商品让渡以前，存在着消费者对商品进行效用评价的过程。这种评价涉及商品的有用性、美观性等各方面。消费者对商品的需求以效用评价为基础，相应地形成生理需求和精神需求两大方面。传统的生产经营往往忽略后者，从而造成了使用价值的结构空缺和比例失调。商业文化的出现使人文价值物化于物品和劳务之中，并随着商品的交换让渡给消费者，最终以货币形式证实自己的价值存在。至此，商品的"有用性"得以体现，从而形成完整的使用价值。由此可见，商业文化表面上是商品形态的文化，但本质上已转化为文化形态的商品。它满足了消费者在消费过程中日益增加的精神与文化需求，并在参与商品生产、交换、消费的全过程中获得了商品的一切属性。

当然，商业文化作为一种人文价值，是一种特殊商品形态。它的形式和价值实现都离不开一定的要素载体，因而必须物化或人格化于物品、营销、管理、制度与服务等一系列交易要素基础上。此外，由于需求和交易要素的变化以及边际效用递减规律的作用，商业文化的表现形式也在不断变化之中，从而形成不同层次、不同方面和不同风格的多姿多彩的商业文化。商业文化的供需状况是由市场经济规律决定的。作为商业文化的需求者，消费者的文化需求是通过选择行为做出"曲折"表达的，这是文化需求区别于实体商品需求的一个重要特征。在供给方面，由于商业文化不仅满足需求，同时创造需求、生发出更多的消费者，因而商业文化的供给具有主动性供给和先导性供给的特征。但是，商业文化的主动供给，必须以文化需求为前提。如果商业文化的供给超过了消费者的需求极限，那么，这种文化价值将连同使用价值一起为消费者所拒绝。从这个意义上讲，主动型的商业文化供给具有风险投

资的某些特征。值得一提的是，商业文化是以较少投入获得较大产出的一种特殊商品，由于它能使物品和劳务对消费者更加有用，从而加快了商品的流通速度，节约了流通费用，并以此为基础，实现着价值增殖。在供求规律的调节下，参与商品流通的各方主体在文化认同的基础上实现了各自利益，从而体现了生产者、经营者和消费者的利益均衡。商业文化系统建设的经济学思考中商业价值观、商业行为和商业形象是商业文化系统建设的 3 个层次。商业行为是商业价值观的外化，并通过社会的认同最终形成不同的商业形象。这就形成了一个商业文化的建设系统。

商业价值观

商业价值观是指商业企业及其成员所拥有的指导商业经营活动的群体意识。它反映着企业的追求和信念，是商业文化的核心部分。通过建立股东和经理人以及各层员工的共同的利益驱动机制，形成了统一的共同理想和目标，可以增加内部成员间的互信互利，有效地降低代理成本；在良好的商业价值观引导下，生产关系得以协调。在加强了与合作者深化协作的同时，也避免了与竞争者的恶性竞争，可持续的商业氛围得以产生。良好的商业价值观还可以增加员工的心理认同和凝聚力，在留住内部人才的同时，增加了外部人才的内流愿望，从而改善劳动要素市场的供求状况，合理配置人力资源。所有这些所形成的良性状态，增加了投资者对公司成长性的积极评价，有利于公司价值的增加。

商业行为

商业价值观必须通过商业行为加以表达，才能转化成现实的物质力量。首先，商业行为是一种生产行为，通过这种行为，商业文化的价值形成并凝结在产品和劳务中。良好的服务方式和全方位的产品素质增加了人们的效用预期，从而促进了选择的扩大和需求的扩张。良好的商业纽带的传递功能加快了物流，降低了流通成本，整合了价值链，降低了缔约成本和纠纷成本，从而减少了市场交易费用，增加了经济效益。此外，某些商业行为，如广告宣传及公关等，增强了与企业的沟通，有效降低了信息的不对称，有利于防止逆向选择和道德风险，从而促进供给和需求的同时扩大。

商业形象

商业形象是社会公众对商业企业行为的整体评价和对商业价值观的认同程度，它是商业文化的静态表现。良好的商业形象增加了消费者的美誉度评价，影响着消费者偏好的形成和强化，这有利于增加产品和劳务的文化附加价值，从而扩大需求，增加公司价值。此外，优秀的企业形象还具有持久性和强化性，即通过不断强化消费者对特征形象的偏好，产生类似于"文化锁定"的现象，从而使公司的定价能力增强，经济利润增加。

（作者系中国社科院研究员、博导，中国现代文化学会副会长兼秘书长。本文摘自《中外企业文化》）

企业文化在企业管理中的战略定位

赵树杰

企业的运行及工作效率直接受制于企业的管理水平，因此要想推动企业的长久发展，就必须加强企业的管理能力，提高管理水平。而在此之中企业文化对于提升企业管理水平，促进企业内部团结有着举足轻重的价值意义。企业文化不但可促使企业取得长期、稳定的发展，提升企业的核心竞争力与凝聚力，同时还将会对员工的工作行为与态度产生直接性的影响，是提升企业员工思想觉悟与素养最为重要的一项手段措施。

一、企业文化与企业管理的关系

（一）优秀的企业文化有助于提升企业人才管理水平

在市场竞争激烈程度不断加剧的当今时代，人才资源已经成为企业发展所不可替代的一项要素，企业只有拥有高素质的人才资源时，方可确保企业能够在激烈的市场竞争中立于不败之地。怎样能够实现对人才的高效化管理一直是企业管理工作所面临的一项重大困境难题。企业最为常用的方式即为给予相应的物质奖励与刺激，但这一方面本身也存在着一定的局限性，由于缺乏人文性的关怀，仅是采取物质奖励措施往往也只能够是在短期内留住人才，而人才一旦有更好的选择时往往就会毫不犹豫地选择跳槽。从这一现状来看人才对于企业的忠诚仅是建立在物质基础之上，而企业要想能够长期地留住人才的优秀的企业文化必不可少。企业可以利用优秀的企业文化来对员工进行思想熏陶，建立起文化、情感纽带联系，以促使其能够对企业产生强烈的认同感，促进企业凝聚力的提升，这样一来不仅可以促使企业更好地留住人才，并且也将能够提升企业的人才管理水平。

（二）优秀的企业文化是开展好企业管理的基础

企业若要开展好日常的管理工作，就必须要建立起属于自身所独有的企业文化，这是由于优秀的企业文化是在长期的实践工作当中所不断累积、沉淀而成的，这当中汇聚了企业管理人员的思想智慧结晶。因此企业应当将自身的文化理念作为企业发展的核心价值观念，并完全融入于企业的日常经营与管理工作之中。同时，企业管理作的各项制度内容也是基于自身的实际情况所发展而来的，企业文化与管理是互相影响、相辅相成的一种关系。企业如果没有优秀的文化理念为支撑，那么其在日常的经营管理过程中必将会重重受阻，甚至会导致管理效果事与愿违。因而，只有具备优秀的企业文化，企业才能够开展好日常的经营管理工作，优秀的企业文化在促进企业发展的过程中起到了重要的基石作用。

二、契合于企业文化的企业管理

企业文化从本质上来看，即为企业在长期的发展过程当中所一直遵守并执行的经营理念或价值观念，此种经营理念可具体地体现在企业所提供的产品、服务、员工行为及各项管理规范当中。通常而言，企业的文化可分为三个层面，即：物质、制度、精神。由企业管理工作所取得的效果来进行企业文化设计常常会导致一定的局限性，这主要是因为通过管理效果所设计出的企业文化常常是基于结果的有效性来进行考虑，其最终所形成的企业文化将会是一种狭隘的文化观念，仅是体现在物质与制度层面上的企业文化而缺乏核心的精神价值。因而，依据企业管理的实际需求来设计企业文化并非最佳选择，很有可能会导致不符合于企业文化产生初衷的状况发生。对此需针对企业文化的来源及其理论产生原因予以介绍。

（一）企业文化的来源

若依据企业的出现过程，企业管理制度是最早出现的一项有形元素。文化需长期的积累与沉淀，然而作为企业管理的一项核心内容，企业制度在企业产生之初时便已经存在了。就这一方面而言，"企业管理"的出现好像要早于"企业文化"。但是依据管理界的普遍观点来看，企业文化的出现，本质上是来源于领导者个人的价值观念与行为。而企业领导者最初都是企业最初的创办者。因此也就是说企业创办者的个人价值观念与行为方式，便是企业文化的最初来源。而由这一层面上来看，"企业文化"的发源就比"企业管理"更早。

（二）企业文化理论的产生原因

企业文化的出现并不意味着企业文化理论的产生。在企业出现以后，其便承载了企业领导者的个人精神与思想。但是在企业文化理论出现以前，并没有人能够将企业文化和企业管理从理论层面上系统地联系起来。直至20世纪60年代美国经济陷入经营管理困境时，为了走出困境，才开始有人研究企业文化理论，并在之后大量研究人员的不断完善之下，才有了今天的企业文化理论。不论是从企业文化的来源还是企业文化理论产生的原因来看，都说明企业文化都从企业在人类社会出现的那一刻起便已经存在了。而企业的管理者则凭借自身的个人意志、原则来进行制度的确立、掌控企业发展方向，这些企业管理者所表现出的倾向性行为、理念即为企业文化。

三、企业文化对企业管理的战略定位

（一）引领企业发展的旗帜

在市场竞争日趋激烈的当今时代，企业要想取得长远发展，就必须要确立一个宏大且正确的目标，借助于这一目标来对企业员工实现激励，同时再加之企业文化的引导，将可推动企业管理者在长期发展的过程中不出现严重的方向偏差，并且在企业发展过程中，凭借企业文化所具备的强大凝聚效果确保企业中的所有人员共同向着一个方向不断努力前进。在此之中需引起注意的是，在将企业文化定位成引领企业前进的旗帜之时，企业的管理人员还应当依据不断变化的社会形势来进行积极调整，以实现文化创新，确保企业文化能够符合于时代发展的潮流，进而确保企业文化可以对企业的长久发展起到正确的引导作用。

（二）开展思想政治工作的基础

在企业的日常管理工作中思想政治工作是至关重要的构成要素之一，是保障企业管理工作始终不发生重大错误偏差的重要手段，并且也是促进企业能够得以长久、稳定发展的主要推动力之一。因而，对于企业的管理人员来说，应当在日常的企业管理工作中，能够将企业文化和思想政治工作相结合起来，借助于企业文化来为思想政治工作的开展奠定良好的基础，将企业的凝聚力充分地发挥出来，从而使得企业上下能够团结一心，拧成一股绳向着一个共同目标不断努力奋斗，为思想政治工作的开展提供良好的环境，为推动企业管理水平的不断提升打下坚实的基础。

（三）增强企业核心竞争力的关键

促进企业核心竞争力的提升是企业在面对日益激烈的市场竞争时的关注重点，因此对于企业的经营管理者而言，提升企业核心竞争力应当是头等大事。受益于企业文化在企业管理工作之中所体现出的强大凝聚力与管理经验方面的优势，这些均是促进企业核心竞争力能够得以不断增强的关键性因素，因而企业的管理人员应当将企业文化确定为提升企业核心竞争力的关键所在。需要企业的管理人员能够依据企业在当下的实际发展状况来设立文化管理部门，其中最为关键的一项工作内容即为通过将企业文化之中能够促进企业核心竞争力增强的要素挖掘出来，同时将之大范围地推广到员工培训工作中，以期能够在企业之中产生积极、奋进的提升核心竞争力氛围，以促使在企业中能够形成全体人员团结一致、共同努力的工作氛围。

在我国社会经济快速发展的当今时代，市场竞争已经呈现出越来越激烈的发展态势，企业所面临的竞争压力也越来越大，同时市场竞争已不仅仅是体现在传统的硬件层面之上，并且还逐渐地发展成企业间软实力的竞争。而企业文化作为软实力的重要体现，其对于企业发展所具有的强大推动作用已经越发凸显，并且也被证明了企业文化是促进企业核心竞争力能够得以显著增强的重要途径。

（作者系中共泰安市泰山区委党校学者。本文摘自《企业改革与管理》）

企业文化塑造中人性化问题的思考

戴荣里

企业文化塑造过程中，有关人性化的考量成为至关重要的因素。无论是国有还是私营，无论是南方还是北方，无论是市场兴盛还是衰微，人作为企业的关键因素，值得企业文化在塑造过程中对之做深层次考量。

企业文化塑造中人的极端重要性

企业文化固然与长期从事一项工作的积累有关，所谓熟能生巧，就是说同样一份生意，有的人能将之做成艺术，这显然是融入了人的主观思考。对大企业而言，就是有系统的文化塑造。企业要发展，没有精湛的技术，就缺少系统性的文化推广。企业为了生存，就要有自己的特色产品，就要形成为保持特色产品而营造的企业文化。企业文化的深厚与否，直接决定产品的市场耐久性。塑造企业家文化的重要性就在于要维持或者扩张企业文化的有效性，首先要强化企业家的塑造。在中国，企业家文化在中国有其独特的含义，特别是对中国国有企业而言，国有企业的企业家是一个领导集体。保持一个集体的相对稳定性，延长或者相对延长主要优秀领导者的任期，对国有企业文化的塑造和深化颇有好处。对土生土长的中国国有企业领导人而言，他们对企业的自身发展知根知底，有的则怀着对企业未来发展的深厚感情和理智展望，这些企业领导人构成了相对稳健的整体，是国有企业求得自身长远发展的关键因素。

有一些企业中原本有很好的发展势头，但由于领导者更换频繁，企业产品状况起伏不定，影响了企业向好发展。从某种意义上来说，建立相对稳定的企业家群体，保持主要领导者的相对稳定性，构建切合实际的发展计划，对企业的长远发展无疑是有利的。对企业家群体而言，建立容错机制，建立适应企业自身发展状况的领导干部选拔机制，建立对领导干部的保护机制，建立适应市场要求的激励领导群体创新领导的考核兑现机制，是切实让企业获得长久性发展的关键。

发挥好企业技术人才的龙头作用

技术人才是企业发展核心中的核心，他们是构成企业技术力量的基础，也是企业研发产品的中坚力量。因此，形成稳健且具备市场竞争力的技术人才队伍具有十分重要的意义。国外的技术主义曾经盛行过一段时间，有其一定的合理性。技术意味着管理，技术也意味着文化，不能把企业文化与技术文化相互割裂，后者从属于前者，构成前者的一部分，或者说是前者的核心。企业产品因为技术的精湛而生产工艺高超，对把握先进技术的技术人员而言，他们的言行其实代表了企业文化的发展方向。技术人才的分类管理很重要。现代技术的发展，让形成技术产品的过程变得更加系统和细致。如一栋楼房的形成，在过程上可能主要就是建筑工程师或者主体施工工程师的事情，但随着现代人审美需要的变化和建筑本身使用功能的增多，建筑物的技术工种越来越细化，体现到装饰、装修，安装与信息化管理，通风与环境管理等方方面面的技术需求。过去浅陋的建筑被精美的现代技术所取代，精细化管理形成技术分类的进一步细分，使对技术人才的分类管理也变得十分重要。如何打造技术人才在各个领域的品牌意识，需要各个企业结合自身特点进行科学地分类。严格地说，当下产品的精细化既要求技术管理者的精细分工，又要求技术管理过程的深度细分。对任何一个门类技术人员的边缘化，都可能会构成产品的技术缺陷，从而深度影响产品的竞争力。所以，现代产品的质量已经是艺术性与科学性的统一，结构性与功能性的统一。追求技术人员核心竞争力的提升，需要从根本上关注工程技术人员，从而提升产品的质量，明确产品的定位。

要培养技术人才的人文意识，较好的企业文化是强调以人为中心的文化，强调以人为中心的文化塑造是由企业的特点所决定的。任何企业都是以向社会提供产品获取收益的经营化实体。要想获得高质量的产品，必然要依靠具有高技术水准的人才；要想获得高于市场水准的产品，需要创新产品，而创新产品的开发需要尖端技术人才或者核心开发团队。

对企业而言，构成企业核心竞争力的源头在于人。技术人才队伍建设是任何企业所不容忽视的关键因素。既然人是构成企业核心竞争力的关键因素，企业文化就要围绕着核心竞争力的实现，对人予以从始至终的关注。诚然，技术人才是构成企业核心竞争力的关键人员，营造适合技术人才成长的氛围或者促成技术人才创新技能的发挥，成为企业获得稳定性发展的关键因素，但中国国有企业的层级制在某种程度上可能制约了技术人才的全面发展。是"官本位"还是技术人才高端制，直接关联着企业产品的技术水平高低。

现在，在企业文化塑造过程中，大家比较强调和关注的是企业家文化。事实上，对中国国有企业而言，难以形成颇具特色的企业家文化。企业家"走马灯"式地调动，也难以让更多的企业家有更长远的发展意识。换言之，打造"百年老店"的想法有，但一以贯之地努力却很难有，这就造成中国企业文化塑造中的"贫血"现象。尽管我们一再强调企业文化的重要性，但难以形成特色鲜明的与传统的对待技术人才的培养态度不同的文化，现代国际文化的大融合以及人们各方面需求的迅速提升，要求技术人员必须具备综合性素养，比较急切的是要加强技术人员的人文素质教育。技术人员要结合现代人各方面的需要，结合使用功能的提升，适当考虑消费者不同层面的审美需求和功能要求。技术人才人文素质的培养，需要潜移默化地熏陶与有方向地培训相结合，技术人员本身也应多参加艺术类活动。客观地讲，难以走进大众或者消费者的产品，纵使技术含量再高，也不能提升企业的效益。片面追求技术极致而忽视大众需求的技术文化，会让企业的技术创新方向走偏。塑造技术人才的荣誉感。现代信息传递速度的加快，让技术创新的速度加快，难度与日俱增，如何克服现有技术创新的障碍，最直接的方式就是增强技术人员的荣誉感。目前，技术人员在各个企业得到一定程度地重视，但是要达到深层次的技术需求满足，必须激发这些技术人员的创新活力。赋予技术人员一定的荣誉感是激发其创新活力的基础。

打通技术人才与社会的对接通道。技术人才的传统培养模式目前仍是封闭式管理的居多，而现代市场竞争的加剧，要求技术人员必须面对市场进行技术创新。所以，要提倡技术人员走向社会，深入了解客户的客观需要，而不是闭门造车。进行同类行业的充分比对才可能让本企业的产品拥有竞争力。细节管理是企业制胜的法宝，也是产品打动消费者的地方，更是技术人才凝聚工匠精神的所在。技术人才要形成关注细节的习惯，就要构建与之相应的技术管理文化，对内强化技术规范和操作规程的建设，对外要充分吸收同行业先进技术并进行必要地改良。要在技术人员中培养具有大家气象的工匠，形成一支具有创新精神的工匠技术团队。

技术人才要有国际视野。市场经济的国际化，要求技术人员不能仅站在一个地区、一个国家的角度上去考虑问题，构建适应国际化要求的技术人才队伍，是企业必须面对的现实课题。企业技术人才不仅要经常研究国外技术资料、产品走向，更重要的是还要通过走出去、请进来的方式，对国外产品和自身产品进行经常性的对比分析。没有国际视野的技术人才容易引发企业的夜郎自大和自我毁灭，企业只注重国际视野而缺少与实际结合的产品也不能形成市场竞争力。

领导群体纳入技术人才的极端重要性。企业应该根据自身行业特点和技术需求，在不同时段，适度增加技术型领导的比例，以起到引领技术核心文化建设的作用，建立"以师带徒"机制，形成技术文化传承的接力机制。技术文化的传承已经不是传统意义上的固定技术的传承，而带有创新与方法的继承。建立"以师带徒"的机制，既是一种技术文化的传递，更是新老技术人员思维方式的相互融通。通过"师徒"的磨合与创新，完成现代意义上的技术嬗变。从某种意义上说，抓好技术人才的"以师带徒"机制建设，是保证企业技术人才后继有人的关键。这是一项应该长期坚持的关键制度，应该给相应的"老师"以及"徒弟"以相应的考核机制，让"名师好徒"得到丰厚的待遇，增强企业员工进行技术学习的自律意识，从而形成良好的技术文化氛围。

人性关怀永远在路上

人性关怀是企业文化的永久性课题。人性关怀对企业文是基于企业永远是离不开人来操作的综合体，是服务于人的经营平台，也是靠人推动发展的一个经济体。所以，人是企业须臾不可或缺的因素。即使是高度智能化的企业，其管理也离不开人，产品的最终指向也离不开为公众服务。关心员工，分析受众，形成对人的客观尊重，是企业人性文化塑造的客观要求。

人性关怀首先以关注企业自身员工的发展和切身利益为基础。企业任何管理方式都有其优缺点，能激发各方积极性的管理手段才是最有效的。国有企业之所以容易形成"人浮于事"的局面，与国有企业没有最大限度地挖掘人的潜能有关。国有企业的层级制让许多人的成长空间遇到"天花板"现象，导致一些人心灰意冷，工作没有主动性。如何打破这种"天花板"现象，激发员工活力，的确需要企业动脑筋。私营企业的一些管理手段和用人政策不一定全部适合国有企业，但有些先进的成分应该为国企所应用。如酬金制度、激励政策、选拔干部手段、经理人制度等，只有把每个员工的发展通道打开了，

员工的心结才有可能解开，他们的活力才会被激发出来。另一方面，企业要善于维护员工的切身利益，从衣、食、住、行到生、老、病、死乃至员工家眷，企业要有更加优惠的政策。人们之所以怀念企业改制前的"大家庭"氛围，是因为这种"大家庭"氛围给员工带来了安全感，其合理成分依然可以被合理地继承，而不是以甩包袱为由统统丢掉。人性关怀体现了产品与社会的结合。人性的关怀不仅体现在员工内部，更体现在与社会各界的沟通上。如何让产品更好地服务社会，需要倾听用户的意见。而不只是靠设计者单方面的主观想象。现代消费策略表明，企业越是与社会沟通得畅快，越是会赢得市场。有些房地产商一边建设，一边根据用户最新要求完善设计，其房产营销效果就会更好。员工能在企业产品的通达性上肯下功夫，是保证企业触角长期延伸到民众之间的最好措施，体现了对民众的充分尊重。

企业社会责任是构成企业文化的重要组成部分，是企业内在气质与外界适应的客观统一。有的企业喜欢借助广告发力，有的企业喜欢利用救助事件向社会宣告自己的能力，还有的企业通过公益性事业体现企业做善事的功德。但企业承担社会责任体现在融入其日常管理的行为中，对企业自身员工的关注，对周围环境的重视，对社会民众的关心，都可以化为企业社会责任的一部分。如果企业一方面在某些抗震救灾现场大量捐助，一边却被媒体报道这些企业大量排放污水废气，其效果可想而知。营造对社会、生态伦理的贡献氛围，才是企业文化的真正主旨。一个企业和一个人一样，品质的修炼是靠点滴的德行积累起来的。以人为中心塑造企业文化，要秉持系统论的观念，全面发展。需要指出的是，对人性的尊重并不意味着坚持人类中心主义观点。在强调生态文明的今天，对环境的保护自然成为每个企业义不容辞的责任。只有不断改善我们的生活环境，尊重大自然，尊重动物，才能让我们的生态环境获得协调发展。在企业文化塑造中，企业需更多地考虑企业所处的自然环境和社会环境，尊重系统的和谐，才能达到人本身的自由，这也是企业文化人性化考量的本质所在。

（作者系中国中铁建工集团党委工作部副部长。本文摘自《中外企业文化》）

实践篇

中国企业文化建设示范基地、示范单位巡礼

中信戴卡股份有限公司

"中西"文化融合　破解国际化管控难题

中信戴卡股份有限公司（以下简称中信戴卡）是中信集团于 1988 年投资组建的中国大陆第一家铝车轮制造企业，在近 30 年的发展中，经历了产品差异化、开拓 OEM 市场、集团化商业模式创新、产业规模跨越式发展及多元化、国际化五个发展阶段，目前已成为全球最大的铝车轮和铝制底盘零部件供应商。中信戴卡在发展中专注于轻量化汽车零部件制造，产品涵盖铝车轮、底盘类铝制零件、发动机及传动系统铝制零件、铝合金新材料、高端装备、能源管理及其他创新服务型业务，采用国际先进的低压铸造、锻造、铸旋及差压铸造等成型工艺，代表着世界汽车零部件加工的最高水平。在全球化进程中，中信戴卡不断深化生产基地布局和全球客户市场布局，目前拥有生产基地 21 个，其中海外生产基地 7 个。在客户资源上，为奔驰、宝马、奥迪、大众、通用、福特、菲亚特-克莱斯勒、丰田、本田以及一汽、上汽等国外、国内主要整车制造商配套供货。在欧洲，半数以上的汽车上都有中信戴卡的零部件产品，"戴卡制造"遍布全球。

中信戴卡之所以取得今天的成绩，与企业精心培育文化软实力密不可分。中信戴卡培育、塑造了独具戴卡特色的企业文化，将中国传统文化精髓与西方工业文明优秀成果相融合，形成融合东西方智慧的理念文化体系，成为全球戴卡人指导行为的根本信条，为持续推动"戴卡制造"全球化提供强大的精神动力和智力支持。如今，中信戴卡铝车轮产销

量连续 9 年居全球第一，OEM 全球市场占有率近 20％，国内市场占有率达 45％；2016 年实现总资产 135 亿元，年营业收入近 200 亿元，首批入选国家制造业单项冠军示范企业，是首个进入全球汽车零部件一百强榜单的企业，其最新排名是第 77 位，成为中国汽车零部件制造领域的领军企业。在企业文化建设方面，中信戴卡先后荣获"全国'十二五'企业文化建设优秀单位""全国金融系统思想政治工作先进单位""全国金融系统企业文化建设先进单位""全国机械工业'十二五'企业文化建设先进单位"等殊荣，企业文化研究成果论文入选《紫光阁（增刊）》，全方位展示了企业的良好形象。

一、全方位联动，共建企业文化

2011 年，以并购德国 KSM 铸造集团为标志，中信戴卡进入了多元化、国际化发展的新阶段，海外员工占员工总数的 50％，海外销售收入占总营业收入的 50％，面对新形势、新情况和新战略，中信戴卡迫切需要提炼出一整套与发展战略高度匹配的、反映企业与海内外员工共同追求的、保持企业生机活力的企业文化理念体系，以文化提升发展软实力成为现实而紧迫的任务。

（一）"一把手"挂帅，上下联动，全员参与

中信戴卡将企业文化建设作为发展历程中的一项重要工程来推动，由公司"一把手"亲自挂帅，牵头成立企业文化领导小组，领导班子集体参与，在公司党委会、经营工作会、企业文化建设专题会等重要会议上反复强调企业文化建设的重要性，将企业文化建设列入重要的工作议程，领导班子承担主要职责，成为企业文化建设的倡导者、策划者和组织者，明确工作目标，把控工作方向，监督工作进

程，确保核心理念充分体现公司整体的管理思想。

党、政、工、团抽调精兵强将组成企业文化建设执行小组，找准核心理念提炼思路和工作路径，通过对领导小组成员的一一走访和对基层员工的问卷调研，确保企业文化反映全员意志，体现戴卡特色。在充分掌握本部职工意见的基础上，加强了与海外工厂职工的沟通，以包容心态吸纳了百年德企德国 KSM 铸造集团（于 2011 年被中信戴卡收购）的优良文化基因，为戴卡企业文化注入了新的活力，营造了全球戴卡职工共建企业文化的良好氛围。

（二）整合资源，内外联动，对标全球

为了提升中信戴卡企业文化建设的水平，中信戴卡将集团化管控中的"对标"理念引入企业文化建设中。着眼全球，悉心分析了世界 500 强企业文化理念资料 260 余份，对其企业文化建设架构及核心理念表达形式、特征等进行对照；同时，对中信戴卡服务的奔驰、宝马、奥迪、大众、通用、福特、克莱斯勒、丰田、本田等不同国家、地域的主机厂企业文化进行借鉴和学习。中信戴卡在对标国内企业时，重点研究了华为集团、海尔集团以及中国中信集团有限公司、中信银行、中信重工等大型企业集团的文化理念，实地考察了青岛海尔、中信重工两家单位，了解其着眼企业发展与全球战略，推进文化建设的轨迹、现状和发挥理念作用的实现途径、方式方法，形成考察报告。通过对东西方企业在跨文化管理中经验与做法的对比研究，特别是对儒家文化圈中的日韩企业文化建设的分析探究，确定了中信戴卡企业文化建设的方向、特点，中信戴卡企业文化理念架构"出炉"，即目标愿景、发展使命和核心价值观三大部分。与此同时，企业文化建设执行小组还通过网络、书籍等获取企业文化建设的专业理论知识，研读《赢》《韦尔奇自传》《落地企业文化》《文化战略》《海尔是海》《从理念到行为习惯》等多部国内外企业文化著作，以弥补工作理论的缺失，保证了企业文化建设工作的专业性。

（三）古今中外跨时空互通，赋予理念内涵

中信戴卡企业文化建设核心的目标之一是识别文化差异，破解国际化管控难题，构建一个海外员工也认同的企业文化价值体系，这也是提炼企业文化核心理念最大的难点，意味着中信戴卡所构建的核心理念除了符合其自身发展特征外，也必须兼顾普适性。为此，中信戴卡从三个层面采取有力举措，推进核心理念最终提炼，准确描绘出中信戴卡的企业文化"DNA 图谱"。

一是传承中华民族文化精髓，汲取优秀的文化基因。中华民族拥有悠久的历史和灿烂的文化，在世界四大文明古国中，只有中华民族生生不息，这背后支撑我们的民族历经兴衰荣辱而屹立不倒的正是一脉相承的中华文化。作为土生土长的国有企业，中信戴卡自觉成为中华文化的坚守者和传承者，将仁、义、礼、智、信作为企业核心价值观的表达基础和首要元素，并进行全新诠释。

二是中学为体，西学为用。"西学"为"中体"服务。找准中华民族的文化精髓后，中信戴卡立足于"中体"，深入分析支撑先进的西方工业文明发展的智慧力量，标准化、学徒制以及精益生产，每一项先进管理理念中都蕴含着深厚的人文精神，经过反复研究，在企业发展实际的框架下，中信戴卡找到了 cohesion（凝聚）、responsibility（担当）、compliance（合规）、innovation（创新）、honesty（诚信）五个核心价值点，来诠释中信戴卡的仁、义、礼、智、信，这是中信戴卡多年实践中积淀的成果，也从一个侧面反映了改革开放以来"走出去"的中国企业在管理思想上的成长与转变。

三是追本溯源，吸收良好的"家族"基因。首先，从中信集团层面，作为子公司的中信戴卡从诞生起就有中信企业文化的天然基因，传承中信精神，荣毅仁老董事长的"实业救国"理念和对中信理论、风格的准确把控，都融入中信戴卡的核心价值观中，对中信集团文化"软实力"的继承和发扬使中信戴卡作为中信企业的特征更具体、更全面。其次，中信戴卡认真梳理了自身发展进程，探寻自身骨子里的文化基因，根据中信戴卡大事记、老故事、管理理念等资料整合、剖析，对其中积淀的文化因素提炼、总结，对于那些影响中信戴卡人思维方式和行为方式的精神力量高度提炼和总结，对存在的"国企作风""粗放经营"等制度惯性和"行为靠前、理念滞后"的行为习惯从核心价值观角度进行纠正、克服，最终形成了一整套与企业发展战略高度匹配的、反映企业与员工共同追求的、保持企业生机活力的企业文化理念体系，这套体系以更加鲜明的"五色"性格色彩，生动地诠释了中信戴卡人的秉性，更好地指引中信戴卡的未来发展。

二、中信戴卡企业文化理念体系的基本内容

中信戴卡目标愿景：成为全球领先的具有核心技术、自主品牌的轻量化、模块化创新型综合汽车零部件企业集团。

中信戴卡发展使命：成为全球受人尊重的，为客户、员工、股东、社会持续创造价值的企业。

中信戴卡企业文化核心价值观：

仁（凝聚，Cohesion）：是中信戴卡的力量基础，对应色为紫色；

义（担当，Responsibility）：是中信戴卡的精神风范，对应色为绿色；

礼（合规，Compliance）：是中信戴卡的行为规范，对应色为天蓝色；

智（创新，Innovation）：是中信戴卡的价值源泉，对应色为银灰色；

信（诚信，Honesty）：是中信戴卡的立身之本，对应色为金黄色。

三、多举措践行企业文化，融入全球化实践

企业文化建设不仅在于识，更在于行，中信戴卡通过加强顶层设计、深化教育引导、强化文化践行、推动跨文化管理等工作，把戴卡文化融入企业发展的方方面面，成就了中信戴卡发展的新高度。

（一）加强顶层设计，凝聚发展共识

核心价值观指引中信戴卡发展战略。一方面，对内作为国有企业，中信戴卡按照核心价值观的指引，自身发展始终以国家战略需求为导向，怀揣"实业报国"的梦想，瞄准世界汽车铝制零部件科技前沿，为振兴民族汽车零部件产业做出基础性、战略性、前瞻性贡献，做有担当的国有企业。在制定战略目标时，围绕"中国梦"的奋斗目标以及党中央提出的"中国制造2025""互联网＋"的总体战略部署，中信戴卡立足现实，将成为"全球领先的具有核心技术、自主品牌的轻量化、模块化、创新型综合零部件企业集团"作为目标愿景，在新形势、新情况特别是新常态下，公司主动把握党和国家的大政方针，按照供给侧改革的指引，从技术、质量、成本、效率等多个维度寻找突破口，努力为"实业强国"和中华民族伟大复兴做贡献。另一方面，面对全球化发展的实践，中信戴卡坚持绿色友好的发展之路，为客户提供一整套的轻量化产品解决方案；尊重全球

员工，以包容的心态接受文化差异，将仁（凝聚）、义（合规）的文化理念放置于跨文化管理中的重要位置，以"one world one dicastal"的理念加强沟通与交流，建立共同的价值体系，以共同的愿景和发展使命为引导，全球员工拧成一股绳，谋划事业新发展。

提升管理力，固化长效机制。为使价值理念更好地指导实践，中信戴卡建立健全制度机制。第一，建立了"党委统一领导、党政工团齐抓共管"的组织机制，进一步强化领导职责，在抓好业务工作的同时自觉做好企业文化理念的落地工作；引导领导干部重品行、作表率，以实际行动赢得员工群众的信赖。第二，建立健全企业文化、思想政治工作的精神文明考核评价办法，将精神文明工作成效列入年度目标管理和领导干部考核项目，充分发挥其激励和约束作用；建立健全KPI管理机制，把核心价值观作为最高行为准则融入岗位职责和工作标准，把解决好员工的思想、工作、生活等问题放在与生产、经营工作同等重要的位置来抓。第三，把企业文化工作纳入企业管理目标考核体系，按照"能传播、照着做、用得活"的企业文化建设阶段性目标，各级单位分解落实责任，稳步推进；在检查推进效果方面，中信戴卡每季度开展基层企业文化对标活动，每年开展一次企业文化建设评估考核活动，从培训宣贯、管理示范、行为推广、经营改进、客户及相关利益者认同度等多个维度评估文化建设效果，督促各级管理者认真开展企业文化建设工作，根据评估结果调整企业文化建设思路，使企业文化建设水平稳步提升。第四，设立专项制度，先后出台《中信戴卡股份有限公司VI系统管理办法》《中信戴卡企业文化徽章管理规定》《关于中信戴卡文化标兵的评选及奖励办法》等制度，使企业文化传播与文化典型人物等重点文化建设工作更科学、更规范。

（二）突出关键点，深化对核心价值观的教育引导

中信戴卡将对核心价值观的理解与践行作为全体员工的必修课。一是将基础培训与重点培训相结合，不仅使员工知道公司核心价值观的深刻内涵，而且下大力气使全体员工深刻理解核心价值观的形成过程与践行的意义以及如何行之有效地将理念融入实践，指导实践，让一线员工当核心价值观宣贯的主角。中信戴卡现已培养一线金牌企业文化培训师近百人，全面强化了员工的理念认同，增强了企业文化自信和文化自觉。二是丰富文化载体。中信戴卡在充分利用《中信戴卡报》、文化展板、文化课

堂、文化知识竞赛、文化宣传片等传统媒介和载体外，还设计完成中信戴卡辅助图形，制定使用规范，开发出文化徽章、文化礼品、文化衫等文化用品，各基层单位还充分运用新媒体，如 QQ 群组、微信公众号等社会化平台手段将理念宣导与企业员工联接起来，通过云计算、云存储、大数据，建设全方位覆盖、多终端访问、跨平台、多通道发布的企业文化信息网状结构平台，让员工可以通过电脑、手机、移动终端和电视接入等手段，增强核心价值观落地的沟通与互动，以多种形式强化互动，收到了良好效果。三是通过主题教育，引导员工坚定信心、攻坚克难。主题教育活动主要结合中信戴卡年度经营思路，围绕转型升级、智能制造开展，以文化讲堂进车间、进班组的形式，把公司当前的发展大局与企业文化相结合，此活动开展得有声有色，引导员工进一步坚定发展信念、提振了发展信心。

（三）把握导向性，强化践行核心价值观的氛围营造

开展主题鲜明，形式多样的主题文化活动。中信戴卡以核心价值观为导向，以党组织、工会、共青团为主体，开展摄影比赛、歌唱比赛、足球赛、羽毛球赛、志愿者活动、员工家属日、集体婚礼等各类文化活动，在丰富职工生活、增强企业凝聚力方面取得了丰硕成果。

树立楷模扬正气。中信戴卡每年举办"年度道德模范"和"年度文化标兵"评比活动，以此作为凝聚戴卡精神，提升广大职工道德素质的重要载体。同时，以社会主义核心价值观为依据，梳理、制定明确的评选标准，严格评选流程，评选出"诚实守信模范""助人为乐模范""和谐风采模范""见义勇为模范""敬业奉献模范"等类别，以核心价值观为准则，评选出"凝聚之星、担当之星、合规之星、创新之星、诚信之星"，用员工身边人、身边事示范、引领员工践行"五色"文化。

讲好"戴卡"故事。中信戴卡搜集与整理典型文化故事，编辑中信戴卡故事集、摄影集，通过理念故事化、故事理念化，大力弘扬核心价值观，引导员工争当公司企业文化的积极倡导者、实践者、传播者和推动者，营造了健康向上的文化氛围。

（四）核心价值观"走出去"，推动集团化、国际化经营中的文化管理

一是走向协作企业。中信戴卡坚持国有企业与民营企业协作共赢的发展模式，以同一个品牌为主题，通过集团对标的管理媒介和本部驻协作企业技术、质量人员的桥梁作用，将文化传递到协作企业，强化全局观念和命运共同体意识，营造大家庭的氛围，使协作企业在中信戴卡共同的平台下紧密团结，形成了稳定的向心力与凝聚力。

二是走向国外企业。在国际化经营管理的实践中，中信戴卡主动识别文化差异，发展文化认同。2011 年中信戴卡收购德国 KSM 铸造集团后，秉承"信（诚信）、仁（凝聚）"的戴卡理念，以"one world one team"为融合点，实现德国高管团队与戴卡文化理念的趋同，成功地度过了并购初期管理理念上的冲突期，使这个百年德企重新焕发出青春活力，实现了中国国企和德国企业的文化融合。2014 年年底，中信戴卡美国工厂开始建设，为避免文化上的冲突，公司在新工人技术培训的同时，坚持"仁（凝聚）、义（担当）、礼（合规）、智（创新）、信（诚信）"为核心价值观的戴卡文化价值理念的培训，美国工人到中信戴卡本部培训的第一课就是由公司一把手亲自授课讲授企业文化。这种东方智慧与西方工业文明相结合的核心价值观，迅速得到了美国工人的普遍认同，为美国工厂未来的正常运营奠定了良好的文化基础。目前，中信戴卡建立了以本部核心价值观为基础的坚韧的精神文化纽带，不断增强企业文化的凝聚力、控制力、影响力，提高竞争力，引领和保证国外子公司沿着戴卡本部的共同战略目标科学发展。

三是走向社会。中信戴卡在实现解决就业、赚取利润、缴纳税收等企业功能的同时，更加主动地承担推动社会进步、关心环境和生态，坚持绿色轻量化发展的社会责任，每年生产的轻量化零部件可以为地球减少碳排放 20 万吨；扶助社会弱势群体、参与社会公益事业，每年通过慰问孤寡老人、给贫困儿童捐款等活动传递中信戴卡的企业文化、展示中信戴卡人的精神面貌，使中信戴卡赢得了外界尊重和认同。

四、"文化力"培育初见成效

中信戴卡以高度的文化自觉和文化自信，结合自身实际，突出行业特色，以强劲的文化软实力推动企业持续、健康发展，利润等主要经营指标快速增长，价值创造力持续增强，始终保持了行业领先地位，在战略决策、产能服务、研发创造、品牌建设多个维度形成助推"戴卡制造"全球化发展的合力。

（一）明礼合规，提升"戴卡制造"全球化的战略决策力

企业文化决定了企业的思维方式和行为方式，在企业文化的引领下，中信戴卡对每一步决策充满信心，在国际舞台中逐步强大并取得了行业主导地位。第一，从全球化营销布局、全球化研发布局到全球化生产基地布局，中信戴卡在已有基础上通过加强资源配置、加快技术进步、强化经营管理、提升整体素质等式作，把公司建成规范化经营、可持续发展、高盈利回报的优秀国企；第二，从产业发展角度，中信戴卡对准高端制造，在横向扩张和纵向延伸上取得了实质进展，形成铝车轮和铝制底盘零部件产品在资源、技术、规模、市场、品牌等方面的强势战略竞争能力；第三，经过近 30 年的发展，形成了一套独具戴卡特色的管理理念，如"共振理论 1""动态管理能力创新 2""6A3""6S4""三好 5""三安 6""三学 7""1P/nD8"等，在国际化管理和集团化管理中发挥了重要作用。

（二）凝聚力量，铸就"戴卡制造"全球化的产能服务力

在"仁（凝聚）"价值理念的影响下，中信戴卡坚持集中力量办大事，先后通过轻资产投资、海外并购、海外建厂等方式完善全球生产基地布局，目前拥有全资子公司 5 家，控股、参股企业 12 家；海外生产基地布局方面，在美国有 2 个生产基地、德国有 4 个生产基地、捷克共同国有 1 个生产基地。在企业文化的引领下，中信戴卡人创造了"戴卡速度"，铝车轮产能达到 6000 万件/年，平均 0.5 秒生产一件；配套 1500 万辆汽车，其他铝铸件年产达到 7 万吨，铸就了竞争对手无法比拟的产能服务力。同时，在全球工业 4.0 时代的推动下，中信戴卡以 DMS 数字制造系统迎接变革，加快由制造向智造的转变，被工业和信息地部评为"互联网与工业融合创新试点企业"，完成了生产方式与业务类型的革命性变化，代表了世界汽车零部件加工的最高水平。

（三）创新驱动，浇筑"戴卡制造"全球化的研发创造力

以"智（创新）"的理念为指引，中信戴卡加大研发投入，构建技术支撑平台，具备为客户和生产基地提供一体化解决方案的能力。在美国底特律、在德国希尔德斯海姆、在中国秦皇岛、在日本名古屋，

中信戴卡共拥有 400 多位海内外工程师围绕"轻量化战略"，开展新材料、新工艺研究和成熟的同步开发，进行 24 小时无间隙研发设计、试验，实现了从造型理念到产品实物的无缝转化。每天一款新产品投入市场，每天 3 件具有自主知识产权的专利诞生。中信戴卡的专利年申请量位居中信集团第一、河北省第一、汽车零部件行业第一，保障戴卡持续为客户提供强大的绿色轻量化铝车轮和铝制零部件制造整体解决方案的能力，让中信戴卡在全球"绿色革命"的发展道路上保持领先地位。

（四）诚信为本，练就"戴卡制造"全球化的营销服务力

以客户为中心，以"信（诚信）"的价值观为纽带，中信戴卡努力让"戴卡制造"成为全球客户的首选供应商。中信戴卡全体一线销售人员秉承着"为客户持续创造价值"的服务理念，搭建起全球营销平台，通过产品供应体系、产品质量体系、产品售后服务体系，打造世界级的营销服务力，使中信戴卡发展成为全球最大的铝车轮和汽车底盘零部件制造企业。有数以亿计使用戴卡产品的汽车驰骋在世界各地，戴卡遍布世界的营销服务网络，连缀起包括奔驰、宝马、奥迪等在内的全球主要整车制造商。同时，为满足全球客户订单的高品质需求，推动行业的快速发展，中信戴卡又先后成立卓越智能等 4 个创新服务子公司，加速制造向制造服务的战略转型，努力将营销服务力做到极致。

（五）国企担当，成就"戴卡制造"全球化的品牌影响力

文化不仅是中信戴卡不可复制的竞争力，也成就了中信戴卡的品牌影响力。如今，以企业文化为引领，中信戴卡迈入品牌建设的关键时期，仁（凝聚）、义（担当）、礼（合规）、智（创新）、信（诚信）的核心价值观构筑成中信戴卡品牌坚实的文化基础。中信戴卡以产品为纽带，让承载中信戴卡和戴卡人理想信念的产品成为文化载体，体现了中信戴卡精益求精的匠人精神和止于至善的品质追求，提升了"中国制造"的品牌形象。与此同时，作为"中国制造 2025"的积极践行者和倡导者，中信戴卡深耕汽车零部件行业，熟知世界汽车强国的经营理念和技术要求，借鉴美系、德系、日系的先进制造业发展经验，引进、吸收、再创造，并以文化为支撑，形成具有戴卡特色的品质模式，丰富"戴卡制造"的产品内涵。

以文化为引领，中信戴卡抓住了人的品德和产品品质这两个关键，使得戴卡品牌可以"于无声处"成其响亮。

"中西"融合的文化理念是中信戴卡人宝贵的精神财富，国际化的新实践将中信戴卡事业带入到发展的关键期，未来的道路上有鲜花，也有荆棘，更需要戴卡人发挥骨子里优秀的文化基因的强大作用，在更高层次上和更广范围内践行中信戴卡的企业文化精神，形成精神内核，汇聚发展合力，推动"戴卡制造"全球化和中信戴卡事业不断前行，为将"戴卡制造"打造成为中信集团实业的符号和中国制造的符号做出更大贡献。

（中信戴卡股份有限公司）

广西投资集团有限公司

以海文化领航　打造广西首家千亿元强企

"一年企业靠产品，十年企业靠品牌，百年企业靠文化"。一个企业的文化底蕴有多深，企业发展成就就有多大，强大的企业文化底蕴可推动企业形成强劲的发展态势。

在广西投资集团，文化强企长久以来一直是集团发展战略的重要组成部分和全体员工的共识。广西投资集团经过近30年的发展，积淀了深厚的文化底蕴。新常态下，集团立足于企业的现实发展需求，着眼于未来战略目标实现，在充分汲取传统文化、行业文化和地域文化优秀基因的基础上，系统提炼、构建了以"海文化"为核心的新的集团企业文化理念体系。广投集团制定"海文化"建设规划和实施方案，坚持"一体多元"系统化推进，突出母、子文化特色，按照"四季之法"建设模式搞好文化宣贯落地工程的策划。借助科学管理技术，以达标工作为切入点，制定企业文化建设考评体系，实施量化管理，并指导下属企业科学有序地开展企业文化建设工作。

一、广投集团企业文化体系

（一）广投集团企业文化发展历程

广投集团企业文化发展共分为4个阶段，即文化奠基期、文化发展期、文化融合期和文化升华期。28年来，广投集团在责任中坚守，在担当中成长，

在进取中壮大，在包容中凝聚，经过几代广投人的不懈努力与传承发展，从成立之初"积聚财富，服务广西"，全力服务广西经济社会建设发展，到构建"体面工作，体面生活"以人为本的和谐发展氛围，再到新常态下，实施新战略、打造新业态构建"产业为本、融通天下"的发展新格局。

文化奠基期（1988—2004年）。广西投资集团前身为成立于1988年6月24日的广西建设投资开发公司。创业初期，公司以继承和发扬艰苦朴素优良传统为企业精神，肩负起为地方政府投资积累资金的历史使命。1996年，公司在经营走上正轨后，成立了董事会并按照《公司法》精神，变更为"广西开发投资有限责任公司"，同时推出了"制度化、规范化、科学化"以及"高素质的队伍、高科学的管理、高效率的运作、高效益的回收"的思想理念，"三化四高"成为这一时期广投文化的主要特征。

1997—2000年，公司步入新的阶段，提出了"调整结构、盘活资产、加强管理、提高效益""有进有退、抓大放小、缩短战线、培育优势产业、稳住重要产业"和"深化改革、优化结构、培育优势、分类指导、提高效益"等经营思想和发展理念，开辟出了一条虽然曲折坎坷但却一直向前的发展之路。

2002年，公司发展成集团公司，在整合"三整三改"（整顿组织、整顿管理、整顿产品，改革劳动、人事、分配制度）、"四调整两转变"（调整经营模式、调整投资结构、调整组织结构、调整人才结构，在实业投资的同时，加大资本营运力度，实业投资与资本营运并重）等思想理念的基础上，提出了新的企业愿景：打造广西经济领域的"航空母舰"。至2004年，集团通过划拨、债转股、投资、参股等多种方式不断发展壮大，成为一家横跨多个行业、涵盖产业链上下游的国有大型综合企业。

文化发展期（2005—2008年）。由于不同的企业存在不同的文化背景、不同的企业职工对集团公司现有理念、企业精神等文化元素的认同感存在偏差。2004年，广投集团聘请文化顾问公司对自身多年的企业文化积淀进行挖掘与整合，导入了企业形象战略，完成了企业理念识别、行为识别和视觉识别系统的设计，并于2005年确立了"积聚财富、服务广西""实力、稳健、成功"等具广投特色的企业理念和精神，下发了《员工行为规范手册》，内容包括广投理念、员工职业道德规范、员工形象规范、办公室

场所行为规范、商务活动规范等。

2008 年，全球金融风暴涉及国内，部分所属企业甚至一度陷入了停产、限产困局的危急形势下，广投集团依靠企业文化的力量广聚人心、上下团结，全体员工继承和发扬克难攻坚、艰苦奋斗的企业精神，积极组织开展自救行动，取得了战胜国际金融风暴的阶段性胜利。2008 年，广投集团首次入围中国企业 500 强，成为广西最有实力的投资企业。

文化融合期（2009—2014 年）。这个时期的文化伴随着集团的成长而成长。这一阶段广投集团逐步探索和实施"产融结合、双轮驱动"的发展战略，打造能源、铝业、金融、文化旅游地产和海外资源开发五大核心业务板块，在做实、做强能源和铝业两大传统产业的基础上，进一步加大了新兴业务板块的投资力度，并取得了重大突破。主要业务涉及煤炭、电力、铝业、有色金属、化工、证券、房地产开发等十余个行业。集团的产业逐步走向多元化，企业文化的内涵和外延也得到了不断发展。

2009 年，广投集团聘请管理咨询企业为公司管理模式进行把脉会诊，并指导实施了首次面向整个集团系统的总部三项制度改革。改革后，成立了品牌文化室，负责集团的企业文化建设和品牌管理工作。2011 年，广投集团在制定企业"十二五"发展战略目标的同时也同步制定了《"十二五"企业文化建设发展规划》。2011 年年底，集团聘请管理顾问公司对企业文化进行梳理、整合，在对公司文化底蕴挖掘和提炼的基础上，根据时任国家主席胡锦涛同志提出的"体面劳动"指导思想，结合集团的发展思路，提炼出与已有企业文化一脉相承的，以"体面工作、体面生活"的幸福观为特色的广投新文化；重新设计了集团 LOGO，制订和完善了集团视觉 VI 体系。2012 年 3 月，《双体之道》企业文化手册正式发布。

文化升华期（2015 年至今）。2015 年，广投集团立足新常态、实施新战略、打造新业态、构建新格局，全面超额完成年度工作任务目标。"十二五"期末，集团实现五年再造了三个广投，全面创广投发展历史新高、全面完成"十二五"发展目标、四项主要经营指标全面创广西国企第一、全面树立广投新形象等"四个全面"目标，成功奠定了广西王牌军、主力军的地位。

广西壮族自治区党委、政府对广投集团的成绩给予了高度肯定，并提出广投要勇担广西壮族自治区"两个建成"重任，肩负起广西战略发展的重任，打造"国企改革、创新发展、服务广西经济社会发展、党风廉政建设和企业文化建设"的广西国企"四个标杆"。以标杆建设为动力，广投集团正努力在"十三五"期间，为加快成为广西本土首家世界 500 强企业努力奋进。

在此形势下，为与集团"十三五"企业发展战略相适应，广投集团自 2015 年年底起，历经半年时间对原文化体系进行了整合提升，结合新时期的发展主题，以"责任、担当、进取、包容"的企业精神为核心构建形成具有广投特色的文化体系——"海文化"。同时，启动了党风廉政体系标准化建设工作，并确立了集团"十大社会责任体系"。广投集团文化建设由此进入了新的跨越式发展阶段。

（二）广投集团"双体之道"企业文化理念体系

"海文化"既是对广投集团近 30 年文化精髓的总结凝练，同时蕴藏着广投集团的宏伟蓝图，象征着广投人的精神品格，具有鲜明的时代特征和广投印记。

"海文化"理念体系基础架构依照"文化特色—核心理念—管理理念"分为 3 个层次。其中文化特色是指"海文化"，"本源润泽广，容魂势梦蓝"为海文化的十大文化品牌；核心理念涉及企业使命、企业愿景、企业定位、企业精神、企业形象、企业品牌 6 大方面；管理理念涵盖发展理念、经营理念等 11 大方向。

（三）培育具有广投特色的 4 大分支文化

责任文化。责任，是一种使命，广投集团始终以服务广西地方经济发展为己任。责任的释义是积极履行国企职责，实现国有资产保值、增值。责任文化在企业管理中起着导向功能，它确定了集团整体的价值观和行为导向，同时规范了企业成员个体的思想行为。

广投集团作为一个历时 28 年逐渐成长起来的地方国企，责任就是热爱祖国，听党指挥，履行国企职责，在实现国有资产保值、增值的同时，打造民族品牌，服务广西壮族自治区地方经济社会发展，为实现国家的繁荣富强和中华民族的伟大复兴做出贡献。责任包含对党和国家的责任、对社会的责任、对企业的责任和对员工的责任。

对国家的责任在于实现国有资产保值、增值。广投集团从成立之初就作为广西壮族自治区政府的投融资主体和国有资产经营实体明确了自身的角色定位，基于这一使命，其始终围绕不同阶段的战略部署，先后完成了缓解广西壮族自治区改革开放初期用电矛盾、发展电力产业，以及将广西壮族自治区的铝土矿资源转化为产业优势、经济优势，出资控股国海证券推进广西金融产业发展，接手广西天然气管网，加快广西壮族自治区"县县通工程"建设等使命。

对社会的责任在于通过科技创新、安全环保，构建绿色友好型企业；通过人才建设、品牌塑造，提升企业核心竞争力。作为全国唯一一家连续12年赞助支持中国—东盟博览会的合作伙伴，广投集团累计赞助金额达3500万元。

对企业的责任在于以发展为第一要务。广投集团通过"集团化、专业化、差异化"的现代企业集团管控体系建设要求，落实好"总部—平台公司—企业"的要素管理内容，按照市场化要求，构建符合大型综合投资集团发展需要的组织体系、管理机制、风险防控机制和用人机制等，使企业步入可持续、健康发展的道路。

对员工的责任在于员工是集团发展的力量之源。多年来，广投集团始终坚持"发展依靠职工、发展为了职工"的理念，努力为员工提供优质的物质基础和人文环境，营造干事创业、实现自我的发展平台。集团通过全员竞聘，逐步建立了广纳群贤、人尽其才、才尽其用的用人机制，形成了平等、竞争、择优的用人环境，树立了凭知识、凭能力、凭公认的用人导向。通过实业和金融不同板块之间人才的交流任职、脱产培训等方式，加快现有职工的培养力度，使每一位职工分享集团公司改革、转型、发展的成果。

担当文化。担当，是一种气魄，广投人有着驾驭全局、深谋远虑的智慧。担当的释义是诚信经营勇于担当，助力广西经济社会发展。担当文化在企业管理中起着约束功能。在广投集团的文化中，担当就是要履行好责任，诚信经营，廉洁从业，危难之中显大义的主人翁精神。集团通过大力倡导担当文化，敦促全体员工以诚挚的态度为社会大众做贡献，以高尚的品行赢得社会的尊重，以实际的付出兑现"服务社会"的承诺。

长期以来，广投集团始终秉承着诚信经营、勇于担当的理念把企业经营好，在完成企业责任和使命的过程中，集团也获得了快速发展，形成了金融、能源、铝业、文化旅游、海外资源开发5大业务板块。在危机中承担桂江公司债务，控股北部湾银行，为政府解忧；敢于探索，成功运作国家首个BOT试点项目——来宾B电厂，并使之成为BOT投资方式的经典案例；集团的发展壮大又反哺了地方经济社会发展，使政府在新一轮的经济体制改革机遇下，将集团作为广西国有资本运营公司试点，承担国资、国企改革新的使命。

进取文化。进取，是一种毅力，广投人有着冲破藩篱、挣脱束缚的勇气。进取的释义是按市场规律办事，开拓创新不断进取。进取文化在企业管理中发挥着凝聚功能和激励功能。进取是一种态度，即按市场规律办事，真抓实干、敢于创新，敢于突破。

广投集团不断按照市场的变化来调整集团的战略，在推进市场化改革过程中，打造了"国海模式""广银模式"等具有混合所有制特色的发展模式；奋勇争先，自主建设了总装机容量为45.6万千瓦全国第一、世界第二灯泡贯流式水轮发电机组的桥巩水电站；抢抓机遇，精心操作，成功取得中恒集团的控股权，开拓集团医药、医疗健康新领域；积极进取，获得广西天然气管网项目的控股权和经营权，推进"铝电结合"政策的落地；引进国际知名品牌，打造高端文化旅游项目；成立集团国际公司，打开境外资源开发和融资新平台。

包容文化。包容，是一种情怀，广投人有着平等宽容、深厚仁泽的气度。包容的释义是海纳百川以人为本，包容文化和谐发展。包容文化在企业管理中起着品牌功能。包容是以人为本，调动人的积极性，打造团结的局面、和谐的氛围，营造出集团的良好对外形象，是集团经济实力和企业文化内涵的综合体现。

包容也是以海纳百川的心态广纳贤才，营造尊重员工、关爱员工和成就员工的人文环境，为员工提供"体面工作、体面生活"的基础条件，使员工在工作和生活中都获得幸福感。通过开展三项制度改革，实行全员竞聘上岗，激发选人用人活力和机制作用，使集团公司逐步形成了能者上、平者让、庸者下的竞争格局；引入管理职系岗位与专业职系岗位职业发展双通道模式，使职工结合自身的实际情况有了更明确的职业发展目标；为职工提供集团讲坛和资助职工继续教育等多种学习途径，提升干部和员工的文化知识水平和业务技能；建立有市场竞争力的薪酬激励制度，有效激发员工积极性，促进业务量和业务水平的提升；推出员工关爱系列工程，如员工生日会、领导接待日、员工集体谈心、职工运动会等，提高员工的幸福感。

二、广投集团独具特色的文化建设模式

在文化建设过程中，广投集团以完备的工作机制保证，充分利用各种平台资源，积极创新宣贯载体和丰富内涵，不断促进广投新文化落地生根。

（一）"一体多元"的指导方针

为保持集团内部的文化统一性，增强凝聚力、向心力，树立集团完整、统一的公司形象，同时考虑推动丰富多彩、百花齐放的文化大繁荣，广投集团在集团系统内推动文化建设过程中遵循"一体多元"的指导方针，即"整体统一、多元共存"。

"一体"是指集团公司及其所属企业的文化具有一体性，集团所属企业的子文化统一从属于集团"双体之道"母文化。在集团文化的一体性上，重点把握好三个要点：一是核心理念统一，集团所属企业的核心理念与集团公司的表述应完全一致；二是视觉识别系统统一，视觉识别系统是集团对外传播最核心的内容，是企业形象认知识别的最基本信息，因此在运用过程中集团各企业必须规范、统一；三是在价值观的倡导方向上，各企业应当与集团公司保持统一。

"多元"是指，在"一体"的前提下，各所属企业可发展多种形式、多种特色的个性文化。在与母文化相符的前提下，集团公司鼓励各企业结合本地区、本行业、本企业实际，总结提炼自身的企业精神，在集团公司价值观和员工行为准则指引下，形成具有特色的企业价值观，延伸细化企业的员工行为规范，为本企业的改革、发展、稳定提供强有力的文化支撑，同时也丰富集团公司的文化内涵和形态。

（二）"四季之法"的工作机制

广投集团采用"四季之法"的文化建设模式，"四季之法"将一个文化建设周期分为四个阶段，每阶段制定不同的工作任务和重点，循序渐进，不断深入。一个建设周期对应一年，一年内四个阶段以自然界春、夏、秋、冬四个季节来做比喻，故谓之为"四季之法"，即"春耕——全面宣贯、内化于心""夏

长——可观可触、外化于形""秋收——管理实践、固化于制""冬藏——总结提高、实化于行"。

"春耕"（内化于心）——把企业文化的宣传与初步建立比喻为在春天撒播下作物的种子，通过大力宣传企业文化理念和形象识别系统的引入，在广大员工心中牢固树立文化意识，促进企业文化生根发芽。这一阶段强调的是要使员工认知、理解集团企业文化体系，从内心熟知企业发展的目的和工作作风，主要内容包括利用各种媒介平台方式全方位、多层次宣传集团企业文化，规范视觉识别系统，打造文化宣传队伍。

"夏长"（外化于形）——把建立企业文化的外观形式与丰富载体表现比喻为作物在夏季茁壮地成长，通过可观、可触摸的实物、丰富多彩的活动，推动广大员工深入学习，促进企业文化不断发展。这一阶段强调的是从个体对企业文化体系的认知和理解上升到集体形式固化下来，以一种固定的仪式传承文化理念，通过固定的仪式传递、深化企业文化理念。

"秋收"（固化于制）——将企业文化建设与管理制度相结合，以制度的力量推动企业文化的生根，并通过文化建设优化制度从而提升企业管理水平，就像秋天收获累累的果实一般。这一阶段强调的是将文化建设成果以制度的形式固定下来，因此需要有奖惩措施，有考核办法。

"冬藏"（实化于行）——把企业文化建设取得的"果实"摘取下来，分享成果，并进行认真地审视和检讨，总结经验与不足，表彰先进，促进后进，留待明年，蓄势再发。这一阶段强调的是经验总结，回顾一年来的文化建设得失，以便更好地推动下一年度的工作开展。

春、夏、秋、冬，四季循环往复，体现了文化建设动态化和创新性的要求。企业文化是企业发展过程的反映，必然随着企业、社会的发展不断变化。文化建设必须体现出这种变化，不断创新，才能适应快速变化的市场环境和社会要求。广投集团"四季之法"文化建设模式可根据每年工作目标的不同，以及上一年度、上一阶段工作的反馈信息，设立不同的文化要求和任务，动态化、创新性地管理文化建设工作，强化文化的人性特征，以人为本，从人的需求出发，塑造能够适应变化的企业文化。

另一方面，"四季之法"体现出动态式的上升和

前进。"四季之法"不仅仅是简单的单环式循环，而是螺旋式循环上升。每一次循环都比以往更深入、覆盖面也更广，文化建设的内容也更丰富，从而推动广投集团企业文化臻于至善。

（三）"四轮驱动"的企业文化建设组织体制

广投集团在集团文化建设伊始，就确立了党委领导下的党、政、工、团齐抓共管"四轮驱动"，职能部门具体落实的领导体制。集团总部和下属企业都相应成立了企业文化建设领导小组和办公室，企业第一责任人任文化建设领导小组组长。各职能部门的负责人组成企业文化建设领导小组的各成员，以正式组织的形式将各部门都纳入企业文化建设工作当中去。集团和各下属企业文化建设领导小组下设办公室，办公室成员由党、政、工、团等各部门的负责人组成，明确集团办公室作为集团文化的主管部门，负责企业文化建设的日常工作，组织开展宣贯、监督、考核等职能，使得企业文化建设工作有了更为明确的执行推动力量。同时在各企业的基层车间都配有文化专员或者文化联络员，保证了集团文化建设各项举措的有效落实。实践表明，各职能部门把集团文化建设列入日常工作计划并务求落实，是集团文化建设深入推进的关键环节。

（四）制定企业文化考评体系，对企业文化建设工作实施科学的量化管理

为了全面系统地引导下属企业开展企业文化建设工作，提高执行力，广投集团根据自身实际情况和借鉴先进企业的经验，自创了《广西投资集团有限公司企业文化建设管理办法》和《广西投资集团有限公司企业文化建设考评办法（试行）》。此考评体系的功能是以量化的形式推动企业文化建设工作，使集团企业文化建设真正做到了与企业发展、与企业生产经营的日常工作深度融合。

三、广投集团打造企业文化竞争力实践及成果

28 年来，广投文化潜移默化地影响了一代又一代的广投人，对广投的生产经营起到很大的促进作用。广投集团在企业文化建设方面取得了较好的成效，不仅建立了集团企业文化理论体系，还通过落地执行，发展出了四大特色分支文化，既从组织体制上确保文化建设工作的推进，又大力推动文化建设与生产经营深度融合，充分发挥文化对中心工作的强大推动作用。

（一）企业文化战略规划成为集团发展战略的重要支撑

2016 年，广投集团为积极贯彻落实自治区领导给予打造广西国企企业文化建设标杆单位的指示精神，在制定《"十三五"企业文化建设发展规划》的基础上，制订了《打造广西国企"企业文化建设"实施方案》，方案明确了广投集团要在 2～3 年的时间里成为广西企业文化建设的标杆单位和全国企业文化建设示范基地的目标。该方案树立了"全面贯彻落实企业文化理念体系，将企业文化理念与落实集团经营管理的各项任务紧密融合，强化集团的整体凝聚力，建立起与社会主义市场经济相适应，与现代企业制度相符合，与企业发展战略相符合，反映企业特色，与企业和职工共同发展需求相一致的企业文化体系"的总体目标。

该目标实现分为三个阶段推进：一是 2016—2017 年全面推进阶段——全面宣贯集团母文化理念体系，推进和贯彻集团企业文化框架体系，指导和协助集团下属企业完善子文化框架体系，在集团统一组织和协调下积极开展企业文化建设活动，力争在 2017 年前成为全国企业文化建设示范基地称号。二是 2017—2019 年全面融合阶段——强化下属公司企业文化管控，打造一支企业文化建设骨干团队，将企业核心价值观纳入职工个人日常考核，使集团母文化成为下属企业的主要特征，力争引领成为广西国企企业文化建设示范标杆。三是 2020 年创新提升阶段——总结"十三五"期间企业文化建设的优秀成果，编辑成册进行交流和宣传；配合"十四五"战略规划，对企业文化建设进行评估，找出难点和不足加以创新提升。

广投集团企业文化战略规划进一步统一了职工思想，明确了发展目标和方向，为集团制定相关发展战略奠定了坚实的思想基础，使企业文化能够真正为企业的经济建设和发展战略服务，并贯穿于企业管理全过程，为促进企业实现科学发展提供强有力的精神动力、思想保证和文化支撑，确保企业发展战略目标得以实现。

（二）"四季之法"推动企业与职工和谐发展

广投集团的"四季之法"是企业文化建设的工作机制，却在无形中将企业文化逐步渗透到企业的各项工作中，在一年四季中滋润着每一个广投人，发挥了在潜移默化中影响人、塑造人、激励人的作用。

"春耕"阶段，集团在系统内组织学习贯彻《广西投资集团企业文化手册》及各种企业文化知识读本，开辟了集团内、外网站的企业文化专栏，在集团报纸和内刊上进行文化故事宣传，利用黑板报、宣传长廊等平台大力宣扬集团文化，营造了浓厚的企业文化建设氛围。推动集团的文化核心理念和视觉识别系统（VI）在所属企业的运用，一方面强化了下属企业对集团文化理念的认同，另一方面利用遍布全区乃至全国的下属企业平台推广集团品牌和标识，打响知名度。利用党、政、工、团举办企业文化故事、歌曲、海报征集、文化理念融入专业技能知识考试、新员工军训等形式多样的宣传活动，促进各级员工在参与中认知集团文化。

"夏长"阶段，广投集团已形成生日会、感恩会、文化节、摄影书画大赛、职工书屋、升旗仪式等固定的文化仪式，丰富生活，温暖职工，凝聚人心，同时辅以企业文化建设主题实践活动，例如文化大讨论、演讲活动等，进一步丰富文化活动内容。

"秋收"阶段，广投集团将文化建设成果以制度的形式固定下来，结合《广西投资集团有限公司企业文化建设管理办法》和《广西投资集团有限公司企业文化建设考评办法（试行）》等奖惩措施和考核办法，以量化的形式推动企业文化建设工作，使集团企业文化建设真正做到了与企业发展、与企业生产经营的日常工作深度融合。梳理各项规章制度，修改与集团新文化理念不相容、不协调的条款；总结文化建设创建活动经验，召开企业文化现场交流会，逐步形成一批理论和实践成果。

"冬藏"阶段，广投集团通过回顾一年来的文化建设得失，先后编辑发布了《广西投资集团企业文化建设制度汇编》《广西投资集团新闻宣传工作制度汇编》等文化建设成果，召开年度企业文化建设工作会议，总结经验，表彰先进，以便更好地推动下一年度的工作开展。

（三）企业文化考评体系促进母、子公司企业文化建设协同发展

企业文化最关键也是最难的工作就在于落地实施，宣贯落地过程中最难的则在于下属企业的文化认同和文化建设。对此，广投集团先后制定了《广西投资集团有限公司企业文化建设管理办法》和《广西投资集团有限公司企业文化建设考评办法（试行）》，

以开展企业文化建设达标评优活动为载体，计划用两年时间，通过考评和自评，使各所属企业的企业文化建设达到合格标准，使集团母文化与企业的子文化同步建设、协同发展。

一是完善了企业文化建设组织机构。为明确企业文化建设工作领导责任，落实企业文化建设工作机构和人员，保持工作的连贯性，广投集团公司对总部企业文化建设组织机构组成人员名单进行调整，并要求所属企业也按照人员变动情况相应调整本企业的企业文化建设组织机构组成人员。

二是开展企业文化达标考评。近几年，广投集团公司企业文化建设办公室每年均成立一支考评小组，分批次到广西百色、来宾、柳州鹿寨以及贵州等地企业进行达标评优考评工作。考评严格按照《广西投资集团有限公司企业文化建设考评办法（试行）》和《广西投资集团有限公司企业文化建设管理办法》的要求进行，从"文化体系宣贯、平台载体建设、体制机制保障、文化落地成果"四个量化方面进行打分。考评小组通过问询、抽查和现场检查的方式，认真、细致、扎实地对企业的企业文化建设达标工作进行全方位地检查，最后评选出一批企业文化建设达标企业，以发挥榜样的力量促进企业更高质量地开展达标工作。

（四）企业文化故事体现集团企业精神

企业的发展历史是由事件构成的，而企业文化也有很多的载体，发生在企业中的故事仅仅是其中的一种，但是作为企业文化最重要载体的就是企业成长和发展历程中一个个感动或触动人心的故事，体现了企业的精神、企业人的品质，并将企业文化代代传承。

广投集团28年的发展历程中也演绎了许许多多可歌可泣的文化故事，如集团成立之初的"八人公司"的故事、集团面临撤并危机时的故事、吴坤同志舍身救下属英勇牺牲的故事、桥巩水电站打造世界第二灯泡贯流式水轮发电机组的故事、推动国海证券上市、四个月控股中恒集团的故事等，有的表现了广投人艰苦朴素、孜孜以求的创业精神，有的表现了广投人不畏艰险、奋勇进取的开拓精神；有的表现了广投人团结协作、舍己为人的献身精神；有的表现了广投人敢为人先、追求卓越的创新精神。其中，吴坤同志的事迹感人至深，集团组织采访小组深入一线进行采访，在集团报纸上进行宣传报道，

并号召集团全体职工向吴坤同志学习，在各企业中开展了吴坤同志事迹报告会，广西壮族自治区区内主流媒体了解这一情况后，纷纷要求进一步挖掘吴坤同志的故事，自治区国资委组织多家媒体进行深入采访，进一步树立了吴坤同志的英雄形象。这些动人的故事成为集团企业文化建设的重要成果，成为集团干事创业的精神指引，成为全体广投人值得引以为豪的精神财富。

（五）文化荣誉鼓舞集团文化建设跨越式发展

2012 年，集团获得由中国企业文化研究会颁发的"2012 年度企业文化建设优秀单位"殊荣，是广投集团企业文化建设首次荣获全国性奖项。

2013 年 6 月 22 日，以"提升文化软实力，推动企业新发展"为主题的第十届全国企业文化年会在北京召开，国家开发投资公司、国家电网公司、中国移动公司等企业荣获"2012—2013 年度全国企业文化优秀成果"奖，集团作为广西唯一一家企业也喜获此项殊荣。在这些评奖过程中，专家普遍认为广投集团的企业文化建设真正做到了与企业发展、与企业生产经营的日常工作深度融合，走在了文化建设工作的前列，这是对集团企业文化建设的高度评价和认可。

2012 年 7 月，广投集团成为广西壮族自治区首家企业文化建设示范基地。并在 2012 年首届广西企业文化节获"企业文化建设成果展一等奖"。

2013 年，中国企业文化研究会授予全国"改革开放 35 周年企业文化竞争力三十强单位"荣誉称号。

2014 年，广投集团获评中国财经年会"2013 中国最具影响力创业投资机构"。获评广西企业文化建设协会颁发的"广西企业文化建设示范基地"。获评中国企业文化研究会颁发的"企业文化顶层设计与基层践行十大典范组织"。

2015 年，广投集团冯柳江董事长荣获"十二五"全国企业文化建设十大典范人物。

2016 年 7 月，广投集团报刊分别获评中国企业文化研究会授予的"十二五"全国企业文化优秀传播媒体（报纸类）一等奖、（期刊类）二等奖。

2016 年 9 月，广投集团"海文化"获评中国文化管理协会授予的"十大企业文化品牌"奖。

一项项荣誉的获得都见证着广投集团企业文化不断前进的步伐，广投集团将继续认真开展企业文化建设工作，积极申报全国企业文化建设示范基地，

全面提升集团企业文化建设的水平，努力打造具有广投特色并具有示范效应的广投企业文化建设模式在全自治区乃至全国推广。

（广西投资集团有限公司）

东方国际集装箱（锦州）有限公司

以人为本　建设美丽爱心家园

渤海之滨辽东湾深处有一家集装箱制造企业——东方国际集装箱（锦州）有限公司（别称锦州箱厂）如明珠般熠熠生辉。公司隶属于中国远洋海运集团总公司。自建厂以来，锦州箱厂结合行业特点和自身实际，潜心将企业文化建设与生产管理深度融合，追求完美，超越自我，以爱心家园建设为核心，以人文科学管理为工具，走出了一条独具特色的企业文化之路。

2010 年，锦州箱厂首次提出要全面开展企业文化建设时，所有人都茫然，不知道抓手在哪里。在这一初级阶段，锦州箱厂先是引导员工带着理念工作；然后，在实际工作中提炼、总结观点和思路，并用实践检验其真理性和实用性。就这样，一个具有锦州箱厂特色的"爱心家园"文化体系初步建立起来了。2015 年以来，经过多年的不懈努力与创新提升，初步形成了以"爱心家园"和"人文科学管理"为核心支撑的文化体系，文化建设和科学管理的完美结合，为锦州箱厂的健康快速发展提供了强大的文化支撑。

一、企业文化建设主要做法

（一）温情工厂，打造"美丽爱心家园"

如果不是还未进正门就被整整齐齐堆积的集装箱强烈冲击着视觉，你一定不会相信办公楼前的花园竟属于这座集装箱制造工厂：由房屋箱样板间打造的"睿智庭院"，前有花草环绕，后有绿树掩映，侧有小桥流水、亭台轩榭，桑葚、桃、杏、李子等果树错落有致。难怪工厂许多员工的婚纱照都在这儿拍。曲径通幽处，圈养的鸡、鸭、鹅、兔等悠然自得，静享这番美景。锦州箱厂的花园名曰"东方智慧花园"，人工湖名曰"慧之湖"，房屋箱样板间名曰"睿智庭院"，美景沁人心脾，更启迪智慧。花园是

一景，菜园又是一景。走遍工厂，细微之处总能见风景。

走出花园，来到的才是真实的工厂世界。沿创新大道去往员工宿舍和食堂，绿化带自然地将道路的工作车辆区和行人区分隔开来，以绿化带为基，成排的企业文化宣传栏构成一条"文化长廊"，这也是工人们车间、宿舍、食堂"三点一线"工作、生活的中心地带。

专为工人们修建的"东方港湾停车场"自成一道亮丽的风景。在解决了人车混行问题的基础上，锦州箱厂的停车场更加注重美观性。一侧，数十辆小汽车在碧绿的草坪上摆放有序；而另一侧，洁白的自行车棚如同凌空的大鸟，在水天之间展翅翱翔，蔚为壮观。工厂院墙边的一片菜园则汇集了锦州当地十几种常见的蔬菜，虽然不大，但小而精致，又成一景。

创新大道、协作大道、幸福路、平安路、卓越路，这些源于企业文化理念的道路名，是为了让广大员工更深刻地理解公司文化理念内涵，不断"创新"，加强"协作"，追求"卓越"。同时，饱含美好祝福的"幸福、平安"则体现了公司"人本至上"的管理理念，传递着浓浓的关心、关爱之情。走在厂区的道路上，就是走在文化之路上。

锦州箱厂一年一度的文化艺术节是职工自编自导自演、展示个人风采的文化盛宴，在停车场为骑电动车的员工统一安装插线板；每月下旬为当月过生日的员工组织一场别开声面的集体生日会；在员工餐厅设立包括代购车票、工资咨询、充值办卡、意见征集等项目在内的员工生活服务中心；员工自发用废料改制的湖心亭桌椅，这些都是"爱心家园"的生动缩影。

(二)爱心安全，厂家联动共保平安

爱心安全文化。安全是一切工作的基础，安全更是一份责任，但是光有责任还不够，更要有爱心。锦州箱厂敢于向传统的安全管理理念挑战，彻底将"自己安全"观转变为"他人安全"观，为此，将"关注安全、关爱生命、关心自己、相互关爱、平安幸福"这一安全理念再次进行升华，"爱心安全"科学管理制度由此诞生。

安全有了爱心相伴，才能触动每个人的心灵深处。心中时刻牵挂着一线工人的安全，安全工作才能做得扎实、接地气。锦州箱厂倡导要从简单的制度管理向用爱心管理转变。因此，公司在开展安全工作时，传递出的是"安全就是爱心"这样的信息，是真正付出了情感和爱心在工作。从传统的安全观念、安全制度向以情动人、以理服人转变，同时实行多管齐下、刚柔并济的智慧管理。由此使广大员工将挂在墙上的制度和约束主动牢记于心，并在自觉接受和维护制度的同时，进行自觉变心传递，这就是"爱心安全"，公司的安全文化也就此形成。

爱心黄马甲。总装工段总焊班时云强是一名"90后"焊工，他在生产过程中违章操作，之后主动到公司安全防范设计监督部，态度诚恳地请求进行安全再教育。培训之后，时云强还写了一篇安全教育体会，他说："实在抱歉，以后我一定会遵守公司的各项规章制度，牢记'爱心安全'。请给我一件黄马甲吧，穿上它以后我要时刻提醒自己及工友们注意安全。"

谁违章操作，谁就要穿一天爱心"黄马甲"——不但要穿着黄马甲工作，还要与安全员一同到现场进行安全检查。这是满载爱心的"黄马甲"，凝聚着锦州箱厂的领导对员工们生命安全的殷殷关切，也饱含着工友们身体力行地关怀提醒。而"黄马甲"只是公司在安全管理中的举措之一，类似的管理措施还有很多。

锦州箱厂"爱心安全"工作在开展初期，就坚持打亲情牌，让员工与家人携手筑牢安全防线。2015年，工厂录制了爱心安全视频：妻子的牵挂、父母的叮咛、儿女的期盼……亲情的呼唤，使广大员工无时无刻不将家人的"爱"装在心中，"爱"成为开展安全工作的利器。2016年，公司进一步开展"爱心安全家庭"评选活动，海选后，共有80组家庭参与到最后的角逐中，经过公司几个环节的综合评定，最终有10组家庭脱颖而出，被授予"爱心安全家庭"荣誉称号。特别值得一提的是，其中3组家庭作为代表登上了东方国际集装箱"第三届文化艺术节"的舞台，并荣获奖杯。

工厂小舞台演绎人生大梦想，管理小故事点亮企业大智慧。锦州箱厂这些故事就是企业关爱员工、协作创新的经典案例，也是员工爱岗爱企、以企为家的最佳例证。

(三)人文联络，坚持沟通促进发展

管理就是服务。"6S"是现代企业管理的重要工具，即整理、整顿、清扫、清洁、素养、安全，而锦州箱厂创造性地将服务融入其中，形成独具特色的"6＋1"S科学管理举措。具体来讲，服务理念是指上级为下级"提供服务"，同事之间自主自发地为彼此"提供服务"。

以全体管理人员为联络员的全员联络队伍制度就是对"服务"理念最好的诠释。员工遇到问题，不论是工作还是生活方面，都可以第一时间与联络员联系，由联络员与相关部门进行沟通，而解决方案最迟第三天就会反馈至一线员工。通过这条快速通道，一线员工甚至可以与公司总经理面对面交流沟通。联络形式十分丰富，可以在员工食堂、公寓、文化广场面对面交流，也可以通过电话、QQ、微信等沟通，总经理等领导班子成员也会定期组织一线员工座谈，通过几年坚持，联络员制度已经成为锦州箱厂一项重要的自觉的文化行为，不但每年通过联络能收集、反馈和解决一线员工在工作生活方面提出的各种建议和提案，更是大大提高了全体员工的凝聚力和向心力，真正实现了企业以员工为本，员工以企业为家的初衷，对推进公司健康、可持续发展具有重大意义。

（四）民主自治，创新基层管理新篇

班委会民主选举制。作为制造型企业，班组是整个生产过程的基本单位，也是生产管理的重点和难点，通过不断地实践和探索，锦州箱厂在每个班组设置了班委会，并定期进行换届选举，共有四名委员，分别为精益推进委员、质量委员、安全及6S委员、考核监督委员，协助班长进行班组管理，四名委员全部由班组全体人员投票选举，代表本班组全体员工的诉求和意志，通过民主选举的班委会协助班长共同管理，一是解决了班长一个人精力有限，难以对班组事务各个方面都能有效地进行管理的问题；二是提高了班组全体员工参与班组管理的主人翁意识，对生产效率的促进和产品质量的提高都起到了重大的推动作用。

"轮值班长"——探索基层管理新模式。班组是企业的细胞，是最基础的单元组合，是企业创造财富的源泉，也是企业管理水平和执行力的最终体现。加强班组建设，做好人才储备，夯实企业基层管理根基，是企业做大做强、蓬勃发展的必要条件。锦州箱厂始终坚持以人为本，在不断引进先进自动化设备，不断进行技术创新的同时，更加注重班组基层管理能力的不断提升。近年来，从加强基层班组

长能力培训、优秀"四长"制的推行，到创新班委会管理模式，再到今天"轮值班长"制的实施，锦州箱厂始终坚持创新、不断探索新的基层班组管理模式，将基层管理工作结合生产精益化、安全常态化做得更扎实，以此打造出一支坚强有力的班组队伍，造就独具特色的基层班组文化。

走进生产车间冷作工段冲压班的"众创聚智屋"，冲压班的质量委员王彦学正在全班员工面前做第一周轮值班长就职宣言："感谢公司给予我这样一个平台，也感谢领导给我这样一个机会。这一周我作为轮值班长，一定认真努力工作，肩负班长的责任与义务，带领大家一起按质按量完成生产任务，做好安全生产工作，请领导和同事们放心，谢谢大家！"他朴素的话语，道出了责任与担当，传递了激情与自信。

实行轮值班长管理，是锦州箱厂生产技术设备部在深入探索基层班组管理方面做出的又一次突破性创新，也再次为基层管理工作注入了新的活力。通过班委会委员担任轮值班长，一方面为员工们提供了展示自我的平台与机会，另一方面也提升了班委会委员自主学习的能力，通过轮值形式，各委员们的班组综合管理能力得到了极大锻炼。

员工公寓民主自治管理。走进员工公寓首先映入眼帘的就是"有缘相聚在一起，五湖四海亲兄弟"，公寓是每位员工经过一天的工作之后休息的地方，更是家园建设的重中之重，公司为员工公寓配套了无线网络、电视、活动室、洗衣机、熨烫机、超市、电影院等设施，切实保障了住宿员工的生活质量。

而在公寓管理方面，员工公寓实行的就是自主管理。员工公寓住宿员工自己选举的公寓民主管理委员会，管委会主任由宿舍员工推选。每间宿舍员工民主推选寝室长，寝室长与桌长、台位长、兄长共同构成了"四长制"——通过建立最基层的自治组织，实现床位、桌位、台位、工位的有效自主管理。

有规矩守规矩，文化才能落地。这些细之又细的规矩既是企业文化理念的体现，也是企业文化建设的成果。

（五）光盘行动，健康生活、快乐工作

锦州箱厂光盘行动起始于2013年年末，实行该行动前，如同当时其他各单位食堂一样，每次就餐后，剩菜剩饭可以装满许多桶，餐桌上、地面上都会有餐后垃圾，且地面湿滑，空气弥漫着烟味。一

去了解得到的回答基本都是饭菜不好吃、打得太多吃不了等各种理由。锦州箱厂根据公司家园文化建设的主题思路进行了调整。

转变观念，循序渐进调整管理方式。锦州箱厂公司管理者首先调整自己的管理观念，针对年青一代新农民工为主的员工，不以"节约粮食光荣、浪费粮食可耻"的传统观念来引导，而是在食堂中张贴"每一粒粮食凝聚着父母辛劳的汗水，珍惜粮食就是对父母的尊重"，这一平易近人的语言，让员工滋生出感恩之心，从而在观念上接受了节约的理念。

在管理方式上，不是采取简单的强制要求，而是循序渐进不断地调整管理方式。首先要求员工做到珍惜粮食不倒饭和馒头，因为米面不存在太大的口味问题，可以吃多少盛多少，不够可以添加，并由食堂管理人员在员工就餐过程中推着流动餐车随时可以添饭。同时，针对就餐者提出的菜品口味问题，要求当班厨师自己在就餐者中听取意见，并及时加以改进。还要求工段长以上管理人员全部参与到食堂的"光盘行动"跟进当中来，对有倒饭、倒菜现象的人员由公司领导和所属工段长进行教育。这样的氛围并没有引起员工的任何反感，相反都是十分认同。于是锦州箱厂的"光盘行动"很顺利地开展起来。

提升服务，多措并举改善就餐环境。随着"光盘行动"的推进，公司领导认识到，要激发员工的自觉光盘从"行动"到"行为"的质变，需要创造良好的理念、就餐的氛围和有效的引导机制来实现。

为此，锦州箱厂在理念上倡导"保持环境清洁是对劳动者的尊重，也是对自己的尊重，因为我也是劳动者，向在不同岗位上的劳动者致敬。"在就餐环境上提出"盘子光、桌面洁、空气清、地面净"的具体要求。

在硬件上：更新员工就餐座椅、改建厨房设施和就餐窗口的布局、加装空调和彩电、摆放绿色植物、增加直接饮用水装置、安装滚动电子屏随时传送相关信息、地面标注行进方向标志、设置员工服务中心等。每年这些项目的实施，都让员工感受到细微的变化所带来的是公司对于员工的关爱之心。

在菜品服务上：调动餐厨人员的积极性，让他们主动与就餐员工沟通，了解员工的想法，以大多数人员的需求为导向，适时调整菜品的结构、掌握好烹饪时间与就餐时间，尽可能做到色、香、味、热满足要求，同时增加菜品的选择范围，让不同口味偏好的员工基本都有自己喜欢的菜肴。

在软环境上：倡导相互服务、互尊感恩。就餐时间内公司领导、全体党员和管理人员，生产部门的班长、工段长都参与推着流动车，给就餐员工添饭加汤的工作，通过这一服务举措，拉近了管理人员与生产员工的距离，管理人员通过服务来感恩生产员工的辛勤工作，一声"谢谢"也体现出就餐的生产员工对于流动服务的感谢。

在餐桌管理上：形成了锦州箱厂独有的"四长制"，即要求生产线上的台位长（工作区域的负责人）做到生产中是"台位长"、餐桌上是"桌长"、宿舍里是"室长"、生活中是"兄长"，做到全方位的自主管理。

如今，锦州箱厂员工不仅已经自觉地做到光盘，还汤碗不剩汤，吃完自觉擦桌面，食堂内不吸烟，地面保持整洁，有秩序地文明就餐。一个"盘子光、桌面洁、空气清、地面净"的文明就餐环境已经形成，每顿一千多人的就餐，餐后垃圾不足半桶。锦州箱厂实现了从"光盘行动"到"光盘行为"的提升。

形成共识，自觉推广应用光盘文化。时光飞逝，锦州箱厂每年都有人员的加入与离去。但每次新员工来到公司，老员工都会言传身教地引导着如何"光盘"。

通过多种渠道反馈，我们会听到：我们在家烧饭、烧菜现在是吃多少烧多少，不浪费；我老婆说我上班后变了，吃饭都吃干净了；我们在外学习就餐时，就数我们这一桌吃的最干净；我们一家在外就餐，吃不完现在都打包回家；我在家会要求我家孩子也养成光盘的行为；我们朋友聚餐，我都会说不要浪费，少点些菜……

离开公司的一些员工也会在一些信息交流中反馈说：想念我们食堂的饭菜，为我们自觉的"光盘行为"而自豪，我也把这一好文化带到我现在的单位中了……

从"行动"到"行为"是质变，从"行为"到"文化"是升华！只有文化才有生命力、才能延续、才能传承！

二、企业文化建设主要成果

（一）企业使命"智圆行方"模型

模型上圆下方，一个绿色大圆里套着白、蓝、红、黄四个小圆，底座方方正正，四面分别镌刻着模型释义。

"智圆行方"解读。锦州箱厂倡导兼顾客户、员工、股东和社会之间的关系，求同存异、相互依存。企业肯定员工所处的核心地位，明确通过激发员工的创新力，使之坚定与企业荣辱与共的信念，为股东创造更多的价值、为客户提供满意的服务、为社会多做贡献。2015年，根据锦州箱厂企业使命的内涵设计并制作了"智圆行方"企业使命模型。

大圆代表锦州箱厂的核心价值体系，中心小圆代表员工，其他三个小圆分别代表客户、股东和社会。四个小圆的直径等于大圆半径，四个小圆面积之和等于大圆的面积，寓意企业的使命是为了客户认同、员工自豪、回报股东、尽责社会。

中心小圆与大圆是同心圆，寓意员工心向企业，企业人本至上，员工是企业创新发展的核心；其他三个小圆内切于大圆，并且相交于中心圆的圆心，寓意企业和员工心系客户、股东、社会，展现诚信博爱、卓越共享的核心价值观。

大圆颜色为绿色，寓意企业绿色环保，崇尚和谐自然；股东为金色，寓意为股东创造更多的财富；客户为天蓝色，寓意客户为"上帝"，客户至上；社会为红色，寓意造福社会，惠及民生；员工为白色，寓意企业员工洁白无瑕，忠诚于客户、股东、社会，服务于企业。

正方体底座棱长与大圆直径相等。整个图形上圆下方、动静结合，寓意企业崇尚方圆兼济，尊重个性，兼顾共性，相互尊重，和谐发展；以静制动，以不变应万变，变中求稳，稳中求变，以激情自信、协作创新的企业精神不断推动企业和谐创新发展。

（二）人文科学管理"圆梦"模型

锦州箱厂的"圆梦"模型由两部分组成，上部分"爱心家园"为圆形，下部分为上部圆形投影形成的椭圆形柱体，寓意拓展托起"爱心家园"，整体构成"圆梦"。模型同时寓意由一支卓越团队、沿袭同一种文化、坚定同一个目标、怀揣同一个梦想，通过打造"爱心家园"这一特色人文管理，不断实现价值，将所有希望圆成梦想。

大圆代表爱心家园，内置三角形与大圆交点代表打造爱心家园的三大科学管理工具：爱心安全与素质关爱是基础，故在底端；卓越品质是目标，故在上端；中间小圆代表人文科学管理举措，依托于

人文科学管理举措，锦州箱厂以这三大科学管理工具为导向，打造属于每一位员工的爱心家园。

爱心家园为绿色，寓意打造自然和谐幸福的家园；爱心安全为红色，代表热爱生命，富有激情，追求健康；素质关爱为橙色，代表对未来充满希望，对员工充满关爱；卓越品质为蓝色，代表对真理坚持不懈地追求，对高品质坚如磐石地坚守；人文科学管理为黄色，寓意这是一种充满激情和智慧的管理。

爱心家园用紫色标注，代表公司对打造爱心家园，追求和谐完美的坚定信念；三大人文科学管理工具用靛色标注，寓意青取之于蓝而青于蓝，同时寓意精益化管理不断创新、不断超越；人文科学管理用最核心的颜色——白色标注，寓意经过人文科学的管理折射出七色彩虹，象征公司色彩缤纷的管理文化。

锦州箱厂整个"圆梦"模型线条流畅，文圆质方，通过蕴含其中的企业以员工为本、员工以企业为家的人本观，体现出公司以人为本是基础、能本管理是核心这一以人为本的能本观，传递了快乐工作、精彩生活的企业工作、生活观。

（三）以人为本，着力打造家园文化

锦州箱厂始终秉承"员工就是财富，文化就是生产力"的文化财富观，在企业文化建设的各个方面和环节都坚持以人为本，注重发挥全体员工的主观能动性，调动全体员工参与到企业文化建设中来，不论光盘行动、联络员活动、爱心安全建设，还是公寓民主自治管理等，无一不是全体员工共同参与、共同努力的结晶。

通过人文科学管理模型，锦州箱厂构建了一套以人为主体，注重人文精神的管理体系——人文科学管理体系，通过精益化管理、"6＋1"S创新管理模式、创建温馨公寓、打造"光洁清净"餐厅、实施联络员制度、建设花园厂区、升级"整洁透亮净"车间、学习型与创新型管理、将文化融入工作等举措，将企业文化建设与生产经营管理有机结合起来。

在十余年的发展过程中，锦州箱厂以优异的业绩和卓越的管理能力，获得了中国海运集团和当地政府的一致认同，赢得了广大客户的交口称赞。锦州箱厂先后荣获了"辽宁省文明单位""辽宁省模范职工之家""辽宁省安全文化建设示范企业""中国海运（集团）优秀服务窗口""中国海运（集团）先进基层党

组织""锦州市工业十强企业""锦州市优秀企业文化示范单位""锦州市功勋企业"等荣誉称号，2016年，公司再度起航，被中国船级社认证为"企业文化建设一级企业"；2016年成为全国"两化融合"管理体系贯标试点企业，2017年获得锦州市首届"市长质量奖"。

作为目前东北地区最大的集装箱制造企业，锦州箱厂虽是上海寰宇物流装备公司下属三家工厂中设计产能最小的一家，却创造了日单班生产效率行业纪录。走进这家工厂，会发现这里处处皆用心，用心营造着他们小而美的"爱心家园"。

（东方国际集装箱（锦州）有限公司）

北雁商城

北雁商城的文化兴企之路

北雁商城始建于1988年，历经30年的发展，它一直注重企业文化建设，坚守文明诚信，从一个几千元的小店发展为今日文化强大、模式先进、内部管理规范、外部美誉度较高的零售服务连锁集团。

在奋斗的征途中，董事长王立东带领全体北雁人始终遵循着"经商育人，创造满意；关爱社会，追求和谐"的核心理念，发扬"团结创新、敬业感恩、勤俭朴实、文明清洁"的企业精神，以"成就员工，造福百姓，构建有品格的幸福企业"为使命，努力追求实现"一流的企业，一流的文化，一流的管理，一流的信誉，一流的氛围，一流的待遇——打造一所世人向往和尊重的'企业商学院'"的美好愿景。北雁集团下辖围场北雁、丰宁北雁、滦平同城两店共四个大型连锁商城，另有河南四家大型合作商城和商学院、投资管理公司，集团员工7000多人。

北雁的企业文化，从隐性到显性，从理念指导到员工行为，从打造团队凝聚力到彰显对外影响力，在北雁发展的一路上发挥了巨大的作用。

北雁企业文化的体系与特点

企业文化就如企业的"魂"。人无魂如行尸走肉，企业无魂如一盘散沙。对一个人来说，"魂"是生命的支撑点，是坚定不移的信念，是精、气、神，是积极向上的习惯和行为；对一个企业来说，"魂"是最核心的思想理念，是企业存在的价值、意义与追求，是内在的一种品质，对外的一种印象。企业文化的终极目的，是铸起企业的"魂"，找到员工的"魂"。

回顾北雁30年的发展之路，北雁创史人王立东的信念决定了北雁的核心思想理念，再形成北雁人的处事风格、管理制度和行为习惯，形成了北雁独特的基因环境和风气风水。北雁的企业文化体系，由内而外分别是理念文化、规则文化、物质环境文化和活动仪式文化。这四个层次的关系是由上到下、由内向外的指导，由外向内、由表及里的渗透。北雁的理念文化由中心理念（核心理念、企业使命、共同愿景、企业精神）194条辅助理念（员工理念、经营管理理念、服务理念、人才与考核理念、董事长语录）组成，无时无处不渗透于员工们的工作和生活。

北雁的规则文化，是北雁按照价值理念梳理建立的规章制度、员工守则、绩效考评机制等，包括：准则、程序、标准、制度和考核。从不同角度阐述了具体的工作方式与方法。准则，阐述了北雁人"什么能做，什么不能做"的问题。从职业道德和社会道德两方面对北雁人进行全面、系统地规范。主要体现为"北雁人行为准则""纪律准则""道德观念"等。程序，阐述了每项工作"怎么做"的问题。为了将工作做到位，提出了"程序化"工作的要求，制订了岗位描述和各项工作的工作程序。标准，阐述每项工作"做到什么程度"的问题。使工作的完成效果有度可量。制度，阐述工作"做不到位怎么办"的问题。通过各种"目标管理考核办法"对各项工作进行量化考核，并依据出台的相应制度兑现奖惩，进而从"严肃性"上保证工作的效果。考核，是保证各种文化理念、各项规章制度"落地生根"的保障措施，涵盖了"品、绩"两方面内容的综合性考核。它以文化理念为指导，以规则标准为依据，对员工在工作岗位上的行为表现和工作结果进行收集、分析、评价和反馈，对员工的道德情操和实际贡献做出科学公正的评价。

北雁的物质环境文化是北雁的"脸"，包括人们直观感受到的企业一切外在表现，包括合格的6S标准、独特的企业VI形象、规范美观的商品陈列等。北雁的"VI"主色调，是由蓝天、白云引申而来的蓝、白两色，在卖场办公区装修、广告形象、书籍装帧、员工工服工牌设计等方面广泛应用，风格清新简洁、美观大气。

王立东说，亲戚靠走动，团队靠活动。北雁的活动仪式文化贯穿在企业的日常经营管理中，或以寓教于乐的形式，或以庄严、神圣的氛围，影响员工、感化员工，让企业文化无声地落地。

北雁的企业文化归纳起来有三个特点：第一，既有传统性又有现代性。通过对"雁文化"的深入研究，北雁挖掘出了"和、智、毅、仁、信"的雁之"五德"，与中国传统文化精髓"仁、义、礼、智、信"得到很好地对接，并与北雁的"经商育人，创造满意；关爱社会，追求和谐"的核心内涵高度契合。这些元素在团队中形成了可贵的精神品质，比如团结协作、智慧创新、自强不息、文明诚信、有情有义等。作为员工做人做事的引领与参照，这些精神在企业发展一路上意义重大。第二，既有前瞻性又有连续性。作为北雁人最重要的思想准则和价值观，北雁的核心理念——"经商育人，创造满意；关爱社会，追求和谐"，是北雁在 2001 年提出的，竟然与 3 年后党的十六届四中全会发出"构建社会主义和谐社会"的号召不谋而合，这充分表明王立东董事长的高屋建瓴与前瞻思维，也表明了北雁企业文化是根植于国家"大文化"之上的，势必持续深入地得到全体成员的践行。北雁从开店之初的"老百姓挣钱不容易，不赚老百姓昧心钱"的质朴承诺，到企业做大"让员工自豪，让顾客满意，让社会认可"的诚信宣言，北雁"创造满意"与"追求和谐"的总指导思想不变。第三，既有指导性又有实战性。北雁的企业文化不是"生吞活剥"的文化，也不是"纸上谈兵"的文化，而是一种"学以致用"的文化。它从实践中来——从实践中归纳提炼出"理念文化""规则文化"；又到实践中去——用"理念文化""规则文化"指导、规范企业的经营管理活动。犹如"润物细无声"的春雨，北雁企业文化渗透企业经营管理的各个层面，直接影响、规范着员工的思想、工作和生活。

北雁企业文化的践行与落地

王立东说，企业文化的最高境界是创造一种类似"寺院式"的文明。如果把企业比作一所"寺院"，北雁企业文化的践行与落地，做到了"四有"，即，有"经文"、有"和尚"、有"传道者"、有道场。

北雁的"经文"就是承载与解读北雁文化理念体系的各种教材与读物，从北雁的《蓝皮书》开始，其文化理念体系一步步升级、丰富、系统，由简至繁又由繁至简，卷卷不离其宗又各有特点与意趣。2003 年，北雁的第一本店刊——《北雁蓝皮书》创办，标志着北雁的企业文化已经进入被高度重视和规范性的阶段。同年创办的还有《北雁》店报，它是员工们月月期待、用心捧读的精神食粮。14 年来，它从未间断过，对内成为一面旗帜，解读着北雁的文化理念，对外则成为一扇窗口，传达着企业印象。从 2006 年至今的 10 多年时间里，北雁陆续编辑了《北雁文选》《北雁之魂》《北雁文画》《雁过留声三十年》《北雁群英谱》《北雁企业文化理念集锦》等书籍，无论是员工创作的深情质朴的文章，还是生动的故事与案例，亦或相映成趣的图文组合小册子，无不透射着企业核心理念的内涵，以及北雁人"向真、向上、向善、向美"的精神风貌。做合格的北雁人必从先读北雁书、念好北雁的"经"开始。

企业的"经文"不是写在纸上、挂在墙上了事，需要有"讲经"之人，需要"传道者"不停地向全体员工宣贯，让进入企业的人，也就是企业这群"和尚"都会念自己的"经"，并入脑、入心、入模子，都能"进了这家门，懂得这家文，成为这家人"。在北雁，王立东是当之无愧的首席"传道者"，由于他的重视，也由于"经商育人的企业商学院"的要求，北雁成立了包括 200 多名专、兼职讲师的讲师团，至 2010 年，北雁的"讲经"之人，以北雁书为教材，讲授着"北雁大讲堂"的课程。

北雁的"道场"使北雁之"魂"得到显现和辐射，在人文环境中发挥作用。如果说北雁的各类文化读本是企业文化理念的载体，那么创活动、造场就是企业文化落地的载体。场由人造，人又是场的产物。

王立东董事长总结提炼出的北雁企业文化落地20 字口诀非常精准实用："理念靠宣贯，执行靠训练。言传与身教，重复是关键"。而其中的"宣贯、训练、言传、身教"无疑都需要场，都是"道场"。自2004 年开始，随着"文明信誉工程"的推出，北雁的各种"场"开始逐步得到重视和规范，以班前会为主的各种会议沟通平台搭建起来，以岗前培训课、大课为主的各种培训更加系统，以"半年会""年会"为主的各种活动搞得有声有色。

北雁的班前会真正显现了"重复"的力量。每天早晨员工到岗后，各店进行一样的程序，唱响同一首歌，讨论相似的话题，日复一日，从不间断。这个场激发着员工一天的工作热情，提升着团队士气，激励着一批批员工从普通走向优秀。还有北雁的"年会"和"半年会"同样是企业文化落地与宣贯的有效"道场"。正如王立东所说，一场富有文化底蕴、寓教于乐的晚会，对员工的影响作用胜过10场培训。还有一个让员工生发神圣感和敬畏感的道场——北雁图腾馆值得一说。这是一个以图形和文字的形式集中展示北雁企业文化的"道场"，共分为6个部分：北雁之路、北雁之魂、北雁之德、北雁之情、北雁之梦和五敬文化。从内部员工的培训、体验、仪式组织，到外部人员的参观，这个"道场"无不体现出强大的感染力。其实"道场"有大有小，无处不在，企业本身是个"大场"，一个部门是个"小场"，时时刻刻影响着员工，"小场"与"大场"的基因、风格一致是"造场"的最佳境界与目标，只有这样，所"化"出来的人才会达成思想与行为的统一，才会入一个"模子"。

当然，"活动"的范畴很大，北雁的活动可小可大，可常规可随机。比较典型的有推行14年之久的"文明信誉工程"，其以"明码实价，合理退换"为核心内容，是北雁服务理念与营销理念的体现，因为利民惠民，让顾客享受到了"省心、可心、放心"的服务，推动了企业快速发展，带动了承德当地的商业文明。"学雷锋，争做最美北雁人活动"是此项工程的载体和延展，已在北雁推行5年之久，员工们学习雷锋的"钉子精神、螺丝钉精神、助人为乐精神"，学习上进、爱岗敬业、乐于助人，打造了一个内部比、学、赶、帮，与顾客互相信任的积极和谐的"大场"。

北雁企业文化的收益与成果

因为企业领导人的高度文化自觉，北雁的企业文化伴随着北雁的发展一路，起到了对内同化人、成就人，对外影响人、造福人的效果。继而打造了理解认同、内外同心的内外环境，推动着企业健康、持续发展。

王立东董事长说，现代社会人心浮躁，人们往往"钱包鼓鼓，六神无主"。做企业，对这个社会最大的贡献不仅仅是让多少员工有了职业，衣食无忧，更是通过营造企业基因环境，打造好的环境，实现特色教化，让员工心中有"神"，有基本的信念支撑。

要承担完成这个任务，则当属企业文化。30年来，无数平凡普通的社会人因为其文化魅力而加入北雁，北雁遵循着"教你学做人，帮你长才干""培训是员工最大的福利"的理念，教员工先学做人，后学做事，以爱心做人，用责任心做事。从"成功人生系列课"开始，引导员工心先"过门儿"，以积极正向的企业文化日复一日地影响员工，以完备的培训体系和资源教给员工能力和本事，使一批批北雁人扎根、成长，由平凡走向优秀，成为企业的中坚力量。北雁的中高层管理者在整个团队中占有一定的比例，均为企业自己培养，他们其实学历、起点都不是很高，大部分仅是初、高中结业生，但历经北雁多年的历练后，都得到了能力、心态的共同提升，获得了物质、精神的双丰收。

北雁的核心理念"经商育人，创造满意；关爱社会，追求和谐"被王立东董事长概括为四个层次，分别是人道、商道、地道、天道，是层层递进的关系，是北雁由小到大，由近及远的追求，而"关爱社会，追求和谐"才是北雁的格局与最高目标。实现这个目标，企业不能忘了社会责任，这份责任不仅仅是依法纳税，做做慈善，还有通过成就员工而福泽家庭，影响社会。

王立东董事长坚定地认为，育人是一件伟大的、功德无量的事。因为几千名员工的背后是几千个家庭，这几千个家庭又是社会的重要组成部分。虽然成就与转变的是一个人，但受益的却是多方面，不仅仅是企业多得了人才，家庭也因此多了和谐快乐，社会因此多了正能量之源！所以，"为家长培养懂事的孩子，为社会造就实用的人才"作为人才理念被北雁各店广泛应用，它是对家长、对社会的庄严承诺，是企业对各级管理者提出的神圣要求，所赋予的神圣责任。北雁的女员工占95%以上，很多人进入北雁之后不知不觉间转变着，少了纠结、计较、抱怨，多了善解、感恩、付出，她们学习上进，因为工作而有神采、有自信，她们将北雁的理念用于经营家庭，教育孩子，与亲朋相处，成为孩子的榜样，令家人满意和感动。北雁"福利期权""福利住房"等员工福利政策的出台，切切实实福泽员工的家庭，很多员工的家人登上北雁年会、半年会的舞台表达心中的感恩，很多员工的家人写来稿件述说亲人在北雁的变化，收获了员工家人的支持和社会的认可，从而形成理解、认同，实现内外和谐的良性循环。

除此之外，北雁企业文化对外的辐射作用更是大大提升了北雁对社会的文化贡献度，也提升了北雁的品牌含金量和影响力。"文明诚信"是北雁企业文化的核心内涵之一，如一股徐徐的春风，让顾客感知、感受、感动，让同行学习、效仿，对社会多了一份积极的影响和带动。具体的落地方式以"文明信誉工程"为主，其中核心内容"明码实价，合理退换"有效带动了当地的商业文明，使价格欺诈等不文明行为越来越少，让老百姓深深受益，体会到了"省心、可心、放心"的服务。说到这项工程，北雁已持续推行了 14 年，因为有支持落地的系列活动，这项工程越来越深入、具体、接地气。比如连续几年在干部层面开展的"关心关爱"工作，在全员中开展的"学雷锋，争做最美北雁人"活动，通过转变干部工作作风，层层关注、关爱员工，让员工接收爱，传递爱，以学习雷锋的"钉子精神、螺丝钉精神、助人为乐精神"为依托，打造了"感恩、诚实、友爱、勤奋、奉献"的品格和风貌，打造了企业的内在品质，为社会树立了良好风气、传递着正能量。

王立东董事长将"信仰"做一个解释为：信，为人格信条，即北雁的核心价值观（核心理念）——经商育人，创造满意；关爱社会，追求和谐；仰，为远大理想，即北雁的共同愿景——一流的企业，一流的文化，一流的管理，一流的信誉，一流的氛围，一流的待遇——打造一所世人向往和尊重的企业商学院。如果说核心理念中"经商育人，关爱社会"是"因"，那么"创造满意，追求和谐"便是"果"；如果说共同愿景中"六个一流"是"因"，那么"打造一所世人向往和尊重的企业商学院"便是"果"。这样的"果"无疑是人人渴望的，让员工有感觉，愿意创造的，所以企业落实得深入持久，员工践行得自发自觉，让一群看似普通的人组成了有凝聚力和向心力的团队，创造了一流的业绩和良好的口碑。他们立足平凡的岗位，看似从事平凡的工作，却因为对服务工作有着高尚地认识，真诚地对待顾客，创造了令人满意、感动的服务，同时收获了顾客的认可和真情回报。他们将北雁人"向真、向上、向善、向美"的风貌和满满的正能量向全社会传递，也擦亮了北雁的金字招牌，创造了可观的经济效益和社会效益。

以文兴商、诚信经营使北雁集团获得省、市、县级的各种赞誉，被评为"第九届中国成长百强企业""改革开放三十年全国企业文化先进单位""中国民营企业文化建设先进单位""南开大学学生社会实践基地""河北省企业文化建设先进单位""思想政治工作先进单位""承德市优秀企业"。在"以顾客为中心，以奋斗者为本，守法讲德，文明诚信，精耕细作，固本开源"大方针的指引下，北雁集团将以大型连锁商城为主体，以咨询、商学院、电商、金融为四翼，立足河北，面向全国，铸就中国最具文化特色的零售服务业知名品牌。

（北雁商城）

企业文化观点荟萃

刚柔并济　协同共进——让企业文化成为实现制造强国的精神动力

罗　民

习近平总书记在庆祝中国共产党成立95周年大会上发表的重要讲话中指出："坚持不忘初心继续前进要坚持中国特色社会主义道路自信、理论自信、制度自信、文化自信，并特别强调文化自信是更基础、更广泛、更慎重的自信。"习近平总书记关于文化自信的论述把我们党对文化的功能和作用的认识提升到一个新的水平，再次体现了我们党代表先进文化的前进方向。工业既是国民经济的主战场，也是培育文化自信的重要载体，认真学习领会习近平总书记重要讲话精神，结合工作实践我们深切体会到文化自信在工业领域的落脚点，也必然是推动其改革发展的支撑和动能，并进一步揭示了工业文化和工业发展的灵魂，这在我国工业提质增效、转型发展、由大变强的过程中不可或缺，必然要求我们紧密结合制造强国建设的中心任务，同时要厘清工业文化的内涵，弘扬发挥好先进工业文化的支撑作用，塑造提升中国制造的新形象。

第一，关于工业文化。文化是人类社会的自然产物，工业文化作为文化的主体具有文化的共同属性，又根植于民族文化，是民族文化的重要组成部分，又有特殊属性。从人类发展历程上看，工业文化是继农业文化之后的形态，它的产生是人类文化发展的必然。在工业时代工业文化代表着工业的软实力，显然应该成为主流文化。工业文化的概念具有多义性，广义的工业文化是指工业社会的文化，是工业发展的润滑剂，具有工业化时代的典型特征。狭义的工业文化是指工业与文化相融合而产生的文化，它的特征是与工业生产和活动紧密联系，主要包括两类，一类是工业与文化自然融合，如工业美术、工业设计等；另一类最先是工业科技与产品，随着应用的普及，逐渐融入了文化元素，如影视文化、网络文化等，没有现代工业不可能产生这些文化形态。随着新一轮科技革命的加速、演进，工业与文化的结合越来越紧密，可能形成新的工业文化业态，比如机器人、虚拟现实、可穿戴设备、无人机等。

我们根据自身的认识，对工业文化做了以下定义，即：工业文化是伴随着工业化进程而形成的，从横向来看，可分成工业的物质文化、制度文化和精神文化，企业文化也是精神文化的一部分，其中物质文化是基础和前提，制度文化是协调和保障，精神文化是灵魂和根本。纵向来看可以分为宏观、中观、微观层面，主要包括宏观层面的国家工业文化以及中观层面的工业文化产业、工业领域文化、工业行业文化，企业文化则属于微观层面，这是我们对工业文化的基本了解。

第二，工业文化的作用。工业文化是保证工业社会正常运行的润滑剂，具有传播、认知、规范等功能，工业文化是生产力，一方面工业文化具有精神生产的独特性，是精明发展的成果。另一方面工业文化具有明显的物质性，将一定的资料加工为物品，以保障工业社会协调发展，工业文化是驱动工业社会协调发展的润滑剂，影响着其所在的工业系统整体发展，发挥着协调工业社会正常运转的作用。为制造强国提供精神动力，工业精神是在工业化过程中产生和发展，为工业生产活动提供深层次动力和支持的一种社会主导取向和共同价值观，包括创新精神、创业精神、企业家精神、协作精神、契约精神、工匠精神和劳模精神等，习近平总书记和李克强总理多次强调了工匠精神，引起了社会各界的高度关注，我们认为工业精神各要素之间是相辅相成、相互促进的关系，培育工匠精神的同时应该与其他的工业精神结合起来，也要大力弘扬中央提倡的工业精神。

优化发展环境，增强工业软实力，工业文化规范了工业社会的管理制度、组织形式、价值体系、道德规范、行为准则、经营哲学等，建设制造强国只有软、硬实力兼备，才能掌握制定规则的全力，才能赢得优良的发展环境，才能传播自己的价值观，打破西方国家主导的局面。推动工业经济增长方式的变革，随着新工业革命的来临，社会发展进入新的历史时期，必将推动技术体系、生产体系、资源体系、管理体系发生变化，这些行为形成新的社会价值观，产生新的文化并推动工业转型升级。提升中国工业产品品质及附加值，文化影响产品，加强设计和融入人文气息可以直接提升产品的品质及附加值。

第三，文化工业的打造。我认为工业文化未来的发展重点包括了四个方面。

一是中国工业现代化进程进入了以工业文化作为重要支撑的新阶段，包括资源、技术和文化，在工业化初期和中期各国工业发展的路径大同小异，到了后期各国工业化表现各异，几乎没有两个完全相同的国家，其根本原因是文化的差异，即文化的多元化决定了工业化的多元化。

一个国家能否成为制造强国其文化特质往往具有决定性影响。目前中国还未形成严格意义上的工业文化，受到数千年的农耕文化影响，我们的从业人员具有封闭保守，追求短时效应，做事不够精细的农耕文化特征。近几十年的工业化转型过程中，出现了投机取巧、急功近利等浮躁之风，产品质量和安全问题时有发生。过去我们对工业文化和工业软实力的认识不足，忽视了对传统优秀文化的创新和改造，这些资源优势并未充分转化成为强大的工业生产力。国务院发布的"中国制造2025"，首次提出了培育有中国特色的制造文化，我们认为"中国制造2025"应该是刚柔相济的中国版工业4.0，随着国家层面文化强国的思路展开，在全面建设制造强国的背景下，就制造业本身而言必须是技术发展的刚性推动与文化力量的柔性支撑并驾齐驱，不仅要提高产业规模、技术水平，还要注重文化软实力的建设。

二是塑造国家工业新形象，国家工业形象是国家的外部公众和内部公众对国家工业本身、国家工业行为、国家工业的各项活动及其成果所给予的总的评价和认定。塑造我国国家工业新形象可以通过增强工业科技研发和自主创新能力，掌握核心关键技术，提高工业产品的质量和服务水平，强化品牌建设，改变"代工厂"的形象，利用传统媒体和新媒体传播、广告传播等策略进行立体的传播，应该加强顶层设计，从国家层面调动各方面的资源开展活动。

三是大力发展工业文化产业，工业文化产业是工业技术、产品与文化深度融合后所形成的产业，主要包括了工业设计、工艺美术、工业遗产和工业旅游、数字游戏、数字媒体、数字内容等。工业文化产业大多采用柔性生产模式，既能满足个性化的需求，又维持较低的成本，紧跟中国向消费社会转型的速度，可以说发展工业文化产业是中国经济社会发展与消费结构升级相互作用的结果，不仅是推动工业转型升级的强劲动力，也是提升文化软实力的重要途径。

四是树立工业价值观，提高工业文化素养。建立完善中国制造人才培养体系，以社会主义核心价值观为指导，围绕制造强国建设战略需求，探索开展高校教育、职业技术教育与工业文化普及、先进制造业人才培养的结合试点，广泛开展工业文化教育等，培养出高质量的工程类人才，培养出符合新型工业化道路的创新型人才。注重工业文化环境建设，提升全社会对工业立国的重要认识，推动企业强化企业文化工作，提升新时期技能工人的社会地位，形成崇尚一技之长，不唯学历凭能力的社会氛围，让更多的年轻人传承劳模精神、工匠精神，专心专注钻研技能，努力使我国成为技能人才培养的强国。

（作者系工业和信息化部工业文化发展中心主任）

文化消费要研究人民需求

王小青

改革开放以来，我国工业经济实现了跨越式发展，为满足人民生活需要，促进国民经济发展做出了重要贡献。但是与工业经济发展的速度和规模相比较，工业企业品牌建设明显滞后。知名品牌数量及影响力与发达国家相比还存在较大差距，多数企业市场营销和战略管理能力偏弱，缺乏面对国际竞争的经验。部分企业以代工制造为主业，没有建立起自主营销渠道和品牌。部分企业对品牌的认知还停留在形象和广告上，没有认识到品牌的价值内涵。很多企业品牌培育能力不足，难以把所具备的能力和优势转化为顾客可感知的品牌价值。近年来出现的海购、海淘的日益火爆现象，分析原因主要还是我国消费品的品种、品质、品牌不能很好地满足消费需求，从而导致供需错配。这些均与我国制造业大国的地位、制造强国的需求极不相称。这实际上也是人民日益增长的美好生活需要和不平衡不充分的发展之间矛盾的表现。

工业和信息化部作为工业和信息化的政府管理部门肩负历史使命，积极履职，统筹部署，于 2011 年会同国家发展改革委员会、商务部等 7 部门发布了"关于加快我国工业企业品牌建设的指导意见"，提出了推进品牌建设的五大任务和工作内容；2015 年由工信部牵头起草，以国务院名义发布了"中国制造 2025"，将加强质量和品牌建设列为九大战略重点任务之一；2016 年由工信部牵头起草，以国务院办公厅名义发布了《关于开展消费品工业"三品"专项行动 营造良好市场环境的若干意见》。此外，工信部还会同有关部门制定了装备制造业和消费品工业促进质量品牌提升的行动指南和行动计划。

为落实好上述文件精神和要求，近年来，工信系统积极推进有关工作：一是着力推进品牌培育。引导企业增强以质量和信誉为核心的品牌意识，在工业领域，结合不同行业已有的诚信、质量、产品安全等管理体系及行业特点，围绕质量安全、研发创新、诚信经营、市场需求和营销服务等关键环节，制定行业的品牌培育管理体系标准，开展行业品牌人才培训，选择重质量、守信誉、有影响的企业开

展系统的品牌培育试点工作，推动优势品牌企业进入国家认定的品牌培育示范企业；二是开展区域品牌试点示范。加强与地方政府、行业协会、产业园区、产业集聚区的互动合作，开展区域品牌试点示范工作，打造一批特色鲜明、竞争力强、市场信誉好的产业集群区域品牌；三是积极开展品牌价值评价。配合国家质检总局对品牌价值评价的工作进行部署，组织优势品牌企业依据国家标准开展品牌价值评价，争取品牌价值较高的企业入围每年 12 月 12 日中央电视台发布的品牌价值排行榜，扩大品牌企业知名度，加速我国工业企业品牌价值评价国际化进程；四是根据中央"加强对中国品牌对内对外宣传"的指示精神，采取多种形式讲好品牌故事，并充分发挥各类媒体作用，对消费者投票评选出的喜爱品牌以及讲诚信、有责任、品牌价值高的企业开展系统性宣传；五是部署开展了全产业链质量品牌协同行动、优势和战略产业质量品牌护航行动、中国品牌"走出去"等重大行动。

经过多年的不懈努力，我国品牌建设工作进展顺利，取得了初步成效。目前，全国已经有近万家企业开展了品牌培育试点，并积极开展品牌培训工作，涌现出 251 家示范企业。在全国确定了 6 个产业集群为首批区域品牌建设示范区。根据对示范企业的调查，企业主营产品国内市场占有率平均从 17.8% 提高到 31.4%，工业增加值率从 21.8% 提高到 26.2%，企业经营的质量和效益得到明显改善。同时，重点消费品的定制化、中高端产品供给比重显著提升，定制化服装消费增速超过 30%，通过开展国际对标活动，使消费品安全技术指标 90% 以上与国际标准化组织的标准保持一致。

在推进品牌建设的工作中，注重开展一些理论性研究，以提高解决问题的能力。2009 年，工信部消费品工业司在研究起草《家纺服装自主品牌建设指导意见》征求意见时，有部门同志认为，品牌就是商标。工信部对此进行了研究，认为二者是有区别的，应在理论上加以理清。品牌和商标从形式上看，都是用以识别品质产品的商业名称及标志，它包括文字、图形、字母、数字等。区别在于：品牌是一个综合、复杂的市场概念，它是商标、名称、包装、价格、符号、声誉、广告风格的总和。商标则是个法律概念，它是已获得商标专用权并受法律保护的标志。按照《中华人民共和国商标法》的规定，商标

注册实行先申请原则，具有地域性。企业要清醒认识到，要使自己的品牌有影响力，成长得好，有知名度。

首先，要运用法律保护好自己的品牌，将自己的品牌进行商标注册，获得法律的专用权。由于商标保护具有地域性，不仅要在本国注册获得保护，还应到国外申请注册，特别是在产品有出口贸易的国家申请商标注册，取得品牌的国际化保护。因此，要做好品牌建设工作，商标注册保护是前提。

其次，是"品牌文化建设和品牌"的关系，这也是工作中有待我们进一步深入研究的问题。"中国制造 2025"提出"建设品牌文化，引导企业增强以质量和信誉为核心的品牌意识，树立品牌消费理念，提升品牌附加值和软实力"，可见，质量和信誉是品牌文化的核心。在研究中，专家学者及企业家共识认为，品牌文化是品牌的灵魂和内在动力，一个不断发展、具有文化内涵的品牌才具有持久力。目前政府也在组织有关部门开展研究，以此来推进品牌建设工作。

其他方面需要研究的问题还有很多。如：企业文化与品牌，品牌的定位、传播、营销、竞争、维系、个性化以及如何使我国的老字号品牌走向复兴之路等，这些均需要我们在日常的工作中，沉下去、多思考、多研究。

总之，品牌建设是一个长期的系统工程，因为品牌本身不是短时间能够培育出来的，而是长期文化、技术、品质的沉淀与积累。因此，品牌建设任重道远，永远走在路上，这需要社会各界共同努力。政府、行业协会和企业要一以贯之地合力推动品牌建设工作。中国企业文化研究会作为企业文化研究的学术团体，在协助企业探索建设企业文化，深入探讨企业文化在品牌建设中的作用，研究品牌文化与文化品牌的关系，提升品牌文化的含量，增加品牌文化价值等方面开展了诸多积极而富有成效的研究工作和推动工作，例如：出版发行了《企业文化研究》专著；出版了《用文化管理企业》的光盘，编写了中国企业品牌经典故事集；多次组织各类所有制企业召开企业文化研讨会以及发布了《关于加强企业品牌文化建设的指导意见》等。这些工作和取得的成果既有利于指导企业品牌建设工作的开展，同时也能为政府决策和制定文件提供参考。可以说，中国企业文化研究会的工作，功在当代，利在千秋。

让我们携手共进，以极高的热情和努力的工作去实现习近平总书记所强调的"三个转变"，即：推动中国制造向中国创造转变；中国速度向中国质量转变；中国产品向中国品牌转变。

（作者系工业和信息化部消费品工业司副巡视员。本文为作者在"中外企业文化 2017 长沙峰会"上的发言）

努力提升媒体受众的关注度和参与度

金冬伟

在新媒体运营工作当中，我们觉得用户行为给我们带来最大的一个困惑是，世界上最遥远的距离是什么？世界上最遥远的距离是我在台上讲 PPT，听众在台下看手机。这就提示我们：传播内容是不是符合了受众的兴趣点、满足了诉求以及是否运应了传播方式的变化。

第一个特点是移动化。腾讯公司在 2016 年做了一个年度报告，他们经过大量的数据分析，得出一个结论："我们现在媒体消费者中，大部分人已经完成了移动化"。以前的传统方式可能更多的是我们通过 PC 端了解消费新闻信息，现在大部分人获取信息则是通过移动端。所以它给我们从事新闻宣传和传播者一个提示：即我们的用户在哪里，我们就要去哪里。粉丝型的媒体消费者在向移动端转移的过程中，他们的刚需是什么？第一可能是社交，第二则是兴趣。

现在行业内要重估新媒体的价值，重估新媒体对我们的传播所带来的价值。我们认为主要是平台和内容有两方面的变化：首先，在这种去中心化的大环境下，我们所拥有的可以使用的平台越来越多。比如说大家经常用的微博、微信，现在很多人用视频直播，包括 VR、AR、MI 等这些概念。从内容的表现形式和手段上来看，我们也有着越来越多的形式和手段。比如说我们常用的这种文本化、图片化，现在也有很多人开始投入大量的精力，涉足动漫等；我们政务新媒体的"网红"账号也要在网易云音乐里开通账号，他们尝试了更多的短视频和音频等产品。

第二个特点是年轻化。新闻微博的副总裁陈荣飞先生最新的报告说：整个新浪微博经历了 2013 年的瓶颈期之后，进行了一个调整，调整后的新浪微博管理者认为主要集中在 18～25 岁这个年龄段，新浪微博的目标越来越年轻化。我现在在新媒体的运营当中，如果这个团队运营得非常好的话，很可能这个团队非常年轻，有大量的"90 后"在做运维。我们认为年轻化正在成为一个媒体的表达形式，年轻用户用利于他们的喜好正在重塑我们媒体的表达方式，这要求我们在考虑受众的兴趣和利益诉求的时候，要考虑年轻化的特点。

第三个特点是分众化。我们在 2012 年开始试运营，到 2013 年正式认证，这个问题是我们长期苦苦探索的一个问题。后来得益于清华大学的支撑，我们也拿到了很多数据，我们也看了微博、微信的后台，发现我们的受众大概是这样三大类：第一类就是普通的网友和粉丝，他们主要关注好玩和好用，年龄段主要集中在"80 后"，其中 69％是男性，66％是国企员工；第二类是领导感知，现在很多领导都开始看微信，通过移动端来获取信息。所以我们也开始重视移动端，特别是微信。领导感知的第一个是舆情，第二个是民情。现在领导的年龄构成主要集中在"50 后""60 后""70 后"；第三类关注我们这个系统的，即，关注国资、央企的媒体，我们也进行一系列合并重组，力求给人们提供更多的信息。

第四个特点是个性化。很多时候粉丝不会因为你是一个非常权威的信息生产机构，不会因为你是上级领导，我就关注你的新闻，他们只看自己所关心的内容，只看他爱看的，只看对他有用的，这也构成新媒体时代受众阅读场景的特点。

基于此，我们认为首先我们做新闻宣传，要找准自己的定位。"国资小新"就是找到了自己定位。我们把"国资小新"定义成一个"四位一体"，进行人工化的新媒体运维。"国资小新"第一职业是国资委网上新闻发言人；第二个是中央企业形象代言人；第三个是微公益的发行者，履行央企、国资的社会管理职能；第四个是我们的财经观察员，我们这个平台的账号非常关注宏观经济数据，也受到人们的关注。

我们把内容运营总结成"四气十三有"，"四气"就是：第一个是聚人气，微独家发布。主要是强调我们在新闻发布过程中，强调原创为主让自己原发、首发，让自己使用是第一位的。第二个是鼓士气，塑造微典型。也就是说对于我们这个系统而言，一线工人的典型宣传是我们传播的重要任务。近两年，我们在一线工人典型的宣传上，也创建了全新的传播路径。第三个是接地气，倡导微公益。我们这个平台，帮丹江口市卖鱼，帮西点一手卖大枣，帮张家口市卖水特产等。此外我们跟清华大学、北京大学等签署了"国资小新"的奖学金项目，在公益这块做了很多的探索。第四个是扬正气。特别在新媒体上我们如发现了谣言、是造谣，第一时间通过新媒体发声，及时微回应。在内容运营方面，我们强调贴近热点，推广我们自身的品牌。

在服务方面，我们提供的服务，呈现出矩阵服务的特点。国资委现在监管 101 家中央企业，现在有 74 家央企开通了新媒体的平台，有 50 家央企开通了微博的平台，20 多家央企有了新闻客户端，还有一个比较有效的联动方式。如：在国企改革的一些重大指导意见发布的时候，这 74 家央企总部加上二、三级的账号，可以做到统一标题，统一时间来进行一个统一推广。

我们说在关系中三个很重要的过程，第一是对话，第二是沟通，第三是传播。对话是我们企业在新媒体运营过程中最容易忽视的问题，我们现在还是一厢情愿地我说你听，还没有完全把这种对话的关系缔结起来。所以我们在积极拓展"国资小新"的朋友圈，比如说中央六委、专家学者、意见领袖、新媒体、媒体法人、外企民企、国企等，都是我们在积极扩展第三方力量。我们除了内容运营、传播管理之外，还做了大量关系的管理和线下的沟通活动。

第一，价值观沟通。我们要缔结关系、维护关系、改善关系，是因为我们要让我们的受众认同我们的价值观点，所以我们所有的传播，归根结底是价值观的传播。为粉丝创造价值，实现这种价值引领，让我们的身份、我们的观念能够被粉丝认同、接纳、肯定，这是我们的核心要义，所以我们的运维强调一定要通过知识的分享，进行有价值的传播，我们要通过央企的资源共享实现有价值的服务。

第二，云组织。就我们系统而言，我们很多央企在新媒体运营方面，人力、财力都远远不足；整个运营队伍的素质和规模亟待加强，我们的运营团队需要通过多项技术平台提高效益，我们也正在积极打造自己的虚拟团队，试图把我们央企总部到二级账号、三级账号整个全部打通，形成我们新媒体传播的矩阵。

第三，关系链条。我们要让自己成为新的中心，积极扩展自己的关系链条，积极扩展第三方的力量，扩大我们的朋友圈是不可或缺的。

第四，内容始终为王。在运营的过程中，内容运营始终是最基础的。所以"国资小新"内容也提出三点硬性要求，一是我们始终做有用有效的信息，让自己有意义；二是时刻追求新的玩法，新的语言，让我们这个平台有创意；三是不装不作，我们作为一个政务新媒体账号，我们还要坚持自己有诚意这样一个底线。况且，在企业新媒体发展的几年里，大家觉得瓶颈感非常强，人们都在寻求自己的转型和突破。

所以，我们忠实地恪守：无论平台如何变化，内容永远是核心，服务永远是王道，而关系永远是根本；用户在哪里，我们就去哪里，谁离用户最近，谁就最大程度分享社交红利；在后社交时代，我们必须要离用户最近，我们必须占据关系的核心位置；内容运营要实现三境界：内容的产品化，产品的价值化，用做"爆款"这种思维去做我们的内容运营，整合资源向我们的粉丝受众提供智能化的服务。

（作者系国务院国有资产管理委员会新闻中心新媒体处副处长。本文为作者在"第四届中国企业文化传媒年会"上的发言）

用"企业文化＋"思维开启企业文化管理新时代

王　建

近年来，我国企业着力深化企业文化建设，深入推进企业文化与战略、制度等管理工作的有机结合，涌现出一大批新时期企业文化建设的优秀典型。然而，在基层的调研中我们发现，仍有相当多企业的文化建设流于形式，一边是企业文化建设活动如火如荼，另一边却是经营管理困难重重，文化对企业经营管理核心工作的贡献不足。为了解决此类问题，中国企业文化研究会学术部、测评中心和咨询部的专家们反复研究了近年来企业文化建设优秀单位的案例，提出了"企业文化＋"思维，并开发了系列解决方案。

"企业文化＋"是企业文化建设的重大思维突破

当前，受外部经营环境剧烈变化的影响，企业面临着巨大的适应调整压力，深化改革、转型升级的任务日益艰巨而紧迫，在这样的大背景下，企业文化建设肩负着重大的使命。如果能深度融入企业经营管理工作，在其中真正发挥凝聚共识、引领经营模式升级、促进管理提升的作用，成为企业变革转型中的"灵魂"和"主心骨"，企业文化就可以大有作为，提升到文化管理的阶段，为企业转型升级做出巨大贡献。反之，如果企业文化不能推动解决企业转型升级中的重点、难点问题，只是吹拉弹唱敲边鼓，那么企业文化则可能被进一步边缘化。

当然，企业文化建设的效应比较宏观和抽象，对企业生产经营管理绩效的具体的、直接的、可感的效应很难衡量。"企业文化＋"思维，就是要把以往企业文化过于笼统、宏观、抽象的功能进行解构，为解决企业改革发展和经营管理工作中面临的重点、难点问题提出基于企业文化的解决方案，使企业文化产品化、项目化、场景化、动态化、定量化，通过解决各项管理难题使企业文化与企业管理深度融合，最终回归一体化的本源，实现企业的文化管理。

"企业文化＋"是一种新的文化建设模式和文化管理工具：要求企业应用企业文化建设的思维、方法、现代工具手段，针对企业战略转型升级、集团管控、兼并重组、人力资源管理、领导力提升、团队建设等各方面的重大或短板工作，实施基于"理念—规划—制度—措施—行动—评估—改进"全流程、闭环、动态管理的专项解决方案，直接改进、提升相关方面的工作绩效。"企业文化＋"要成功应用，还必须着眼于国际企业管理技术新发展，积极导入专家咨询、量化评估、行动学习、战略分析、团队创建等新技术、新工具，才能有效吸引各层级、各部门管理者和员工广泛深入地参与、实践。

实施"企业文化＋"解决方案，可以将企业文化建设与企业经营管理各模块无缝对接，发生"化合作用"，使企业的理念融入企业组织的生态系统中去，使企业的文化成为生产经营管理各项工作提升的"催化剂"，使企业的工作流程、业务流程中流淌"文化基因"，最终让企业文化的力量转化为企业的核心竞争力和经营管理绩效。

用"企业文化＋"思维提升企业转型期的战略引领能力

"十二五"中后期以来，我国企业面临着迫切深化改革、转型升级的艰巨任务。广大企业纷纷推出"十三五"战略规划，为今后一段时期企业发展提供引领。然而，新战略能否以及在多大程度上得到各级干部、员工的理解、认同、践行，将直接影响着各层级、各单位的行动能力和速度，进而直接影响新战略的实施进程。有的大企业集团五年期的发展战略规划，得到干部、职工深度认同的时间往往要到中后期，某些规划由于思路不清、措施不到位、行动迟缓，除了应用各种手段达到财务指标外，很多关系到核心竞争力、企业发展后劲儿的任务得不到有效落实，会继续传导到下一个规划周期。企业战略对经营发展是一种目标引领和路径导向，但如果缺乏文化支撑，这种引领能力只能发挥出一部分功效——硬性目标考核的功效，导致可能过度强调企业发展的短期性而损伤长期性，过度强调局部性而损伤全局性。因此，我们需要有"企业文化＋战略转型升级"的思维和解决方案。

企业战略转型升级是一项系统化工程，组织文化的转型升级在其中居于根本性的重要地位。要充分认识到文化与战略的适应性问题，在部署组织、业务、流程、制度等转型升级的同时部署文化转型升级。企业要面向新的战略规划需要的文化，全面评估企业在经营管理中透视出的实际文化存量，发现文化需求与文化供给之间的差距，找到"企业文化＋战略转型升级"的重点区域，制定《文化建设与战略推进一体化规划方案》。企业要开展集团总部高中层战略研讨训练营活动，在此基础上逐层开展战略落地行动学习，培育全员对转型升级重要性、迫切性的战略共识，引导各层级、各部门按照新的战略思想提出自身的转型变革方案。针对转型升级重点、难点，搭建企业文化与战略协同机制，基于战略考核目标要求制定实施企业文化考核管理方案，分阶段组织实施企业战略、企业文化落地工作。

实施"企业文化＋战略转型升级"解决方案，可以使员工队伍思想观念、能力素质与经营发展同步转型升级，以文化提升引领转型升级实践，以战略实践验证和夯实战略理念，形成双向良性互动，为企业成功实现战略转型提供强大的文化支撑。

用"企业文化＋"思维推动经营管理不断提升

马克思指出："批判的武器不能代替武器的批判，物质的力量只能用物质来摧毁；但是理论一经群众掌握，也会变成物质力量。"同理，企业理念再先进，如果不能得到企业管理人员和员工的认同、掌握和践行，终究只能是高高在上的口号、宣言，因此，依据"企业文化＋经营管理实践"思维的动因和原理，企业文化需要变成组织的思想观念、各项工作的指导理念，落实到经营管理实践中去。企业经营管理实践也确实亟须强有力的理念引领其"做正确的事，正确地做事"。

在推动企业文化与经营管理具体工作一体化进程中，除了加强企业的安全文化、创新文化、精益文化、人本文化、质量文化、服务文化、品牌文化等专项文化建设之外，我们还主张企业文化要与领导力提升、团队建设相结合，与企业经营业绩改善的具体问题相结合等。

比如在领导力方面，我们发现，许多企业文化搞不好的一个重要原因就是——各层级领导者的领导力存在结构性缺陷，他们往往在"硬的"能力素质方面比较强，而"软的"能力素质相对不足，表现在对业务、技术都很精通，但对人的关注不足；对考核奖惩、制度规定等看得见、摸得着的硬约束很擅长，但对人心凝聚、文化引领、形象管理、品牌打造等看不见、摸不着的软工具不在行。"企业文化＋领导力提升"就是要对企业各层级领导团队文化领导力进行定量评估和综合诊断，通过企业文化共识工作坊、训练营、授课等形式，传导文化管理思路、方法与案例，提出改进提升的行动准则和方案；通过企业教练、顾问辅导等形式有针对性地培育领导团队标杆，进而进行推广应用并形成动态改进机制，实现企业文化领导力的整体提升。

用"企业文化＋"思维解决新时期文化融合问题

在经济发展新常态下，各行业、各地区的企业都面对着大调整大变局，企业集团内部、企业之间、产业链、跨行业的兼并重组日益频繁。中国经济网援引汤森路透的数据显示，2015年中国境内并购总额达5688亿美元，同比增长63.7%。不同性质、不同行业、不同地区的企业要实现整合目标，迫切需要文化能够更好更快地融合。同时，在"一带一路"建设背景下我国企业全球化步伐加快，中国企业走到世界各地既需要包容不同的民族、宗教、发展阶段背景下的文化差异，汲取多元文化的养分，又需要用中国文化力量、中国企业文化的优秀基因影响和带动合作各方共同努力发展共赢。

应用"企业文化＋"思维，对企业兼并重组、走出去过程中的文化融合问题进行专题研究，开展科学的文化差异预评估，定制合理的文化融合解决方案，在实施资产层面、战略层面融合的过程中实施文化融合工程，可以大幅降低兼并重组和走出去的文化风险，破解企业混改中的跨文化管理和文化融合难题，提升企业与员工的发展共识和组织凝聚力。此外，"企业文化＋"还对集团管控、基层企业党建宣传文化工作一体化、员工关爱以及企业经营绩效快速提升等问题提供了新的思路和"一站式"解决方案，可以帮助企业迅速提高企业文化的成果转化率、问题解决率和业绩体现率。

正如"互联网＋"不仅仅是一种技术变革，也是一种观念变革，是对各行各业整体转型升级的新思维。"企业文化＋"则是企业管理领域的思想变革，是将企业文化与经营管理全面深度融合、逐步实现一体化的理论指南，是对企业经营管理全面提升的解决方案。随着"企业文化＋"思维的研究与实践的深入，我们必将开启企业文化管理的新时代。

（作者系中国企业文化研究会秘书长兼学术部主任）

企业文化牵引助推国企追赶超越创新发展

孙安会

习近平总书记在庆祝中国共产党成立 95 周年大会上的讲话中指出，要坚持中国特色社会主义道路自信、理论自信、制度自信、文化自信。陕西省委关于坚定文化自信的 11 项主要任务，是引领陕西国有资产管理委员会系统企业建设优秀文化的前进方向。近年来，陕西省国资委党委坚持提升企业文化软实力，坚持弘扬社会主义先进文化、培育和践行社会主义核心价值观、推动文化创新、打造企业品

牌等，涌现出了一批优秀企业文化群体和名牌集群，对推动省属国有企业做强、做优、做大发挥了重要作用。

注重顶层设计　筑牢推动文化建设的发展之基

建设优秀的企业文化是企业健康、可持续发展的内在要求。我们坚持引导企业自觉把文化建设纳入企业长远战略发展规划，对具体实施过程进行规范和指导，保证企业文化建设与企业发展战略相向而行，为企业文化建设提供了制度保障。我们先后制定印发了《关于加强企业文化建设的指导意见》，整体推动陕西省属国有企业文化建设；对 25 户陕西省属国有企业及 86 户子企业进行了企业文化建设工作调研，系统掌握文化建设现状及存在的问题；分别召开陕西省属国有企业文化建设经验交流会和系统企业文化建设工作座谈会；在系统企业中开展企业文化建设示范点评选活动，同时修订下发《关于进一步加强国有企业文化建设的意见》；特别是 2015 年，我们双轮驱动、双向发力。一是举办陕西省属国有企业优秀文化成果展，再次对省属国有企业文化建设情况进行大检阅，全国 40 多家媒体进行了宣传和报道，在陕西省乃至全国取得了较好反响，展览成果还获得陕西省委年度宣传思想文化工作创新奖；二是召开全陕西省企业培育和践行社会主义核心价值观现场会，总结经验，注重落实、落细、落小。2016 年，我们编辑出版《铸魂追梦——陕西省属国有企业文化成果集萃》，初步完善顶层设计和实践探索，从理论和实践上对今后加快推进企业文化创新发展形成了基本的工作思路和框架。

加强典型引领　夯实推动文化建设的舆论环境

企业文化潜移默化的作用需要在具体工作中长期积淀。我们结合行业特点，坚持在系统企业选树先进典型，唱响主旋律，引导企业大力宣贯企业精神、核心价值观等文化理念，使企业文化的触角延伸到企业的每一个角落，融入每一位员工的心中。2012 年，我们从系统企业中评选出 12 个企业文化建设示范点，经验材料在全系统进行推广宣传。2015 年，在系统企业开展"四德"先进人物评比活动，并组织报告团进企业和机关巡回宣讲 36 场，收

到了很好效果；全国道德模范、全国文明家庭标兵陈若星等，系统企业"四德"好人、中国好人、陕西好人层出不穷。2016 年，在法士特集团举办"曹晶同志先进事迹新闻发布会"，宣扬爱岗敬业、专心致志的"工匠精神"，在社会引起强烈反响。延长石油、陕煤化集团、陕西建工、地方电力、医药控股集团、燃气集团、陕汽集团、法士特集团等企业，通过公司歌曲、在企业自办媒体开辟企业文化专栏、制作发放企业文化手册等多种行之有效的途径，全方位、多角度地宣传企业精神、文化理念、核心价值观等，使企业文化入心入脑、耳熟能详，为推进和创新企业文化奠定坚实的思想基础和创造良好的舆论氛围。同时，大部分企业能够利用企业自办的刊、台、网及新媒体，加强对本企业文化建设工作的对外宣传。陕西省国资委系统从上到下，一以贯之，形成良好的文化建设氛围。

突出行业特色　铸就具有个性特征的品牌文化

我们注重把文化自信融入行业管理，推动内容创新和手段创新，形成具有行业特色和企业个性的文化建设体系。延长石油集团"埋头苦干"的企业文化精神薪火相传，油田股份公司的党建文化走进央企课堂，受到中央领导的肯定。陕煤化集团紧紧围绕"一体多元，彰显个性，和而不同，共存共荣"的"十六字"文化建设方针，制订集团《视觉识别系统手册》《企业文化手册》和《安全文化手册》，用制度整体推进企业文化建设整合，其所属黄陵矿业公司"5＋5"岗位管理文化、铜川矿业公司"三型六化"企业品牌等各具特色，集团逐步形成了"打造中国一流安全节能环保能源化工企业"的发展愿景，2013 年要迈入"世界 500 强企业"行列；陕西有色集团将"集而能团、和众聚生"作为品牌文化哲学，提出了"让资源更有价值"的品牌口号；西部机场集团的《文化成就企业》，引导企业优化管理方式、重塑管理流程、狠抓管理细节，促进了企业核心竞争力不断提高；陕国投公司紧紧立足于为客户提供金融服务的行业特色，成功打造了"受人之托、诚信理财"为经营宗旨的诚信文化，"陕国投"已成为中国信托业和资本市场著名品牌。陕西省属国有企业文化建设的全面推进，有效促进了企业管理和文化建设水平的全面提升，助力深化国企改革稳步前行。

融入企业管理　用先进文化带动企业创新发展

针对企业文化建设差异化的实际，我们紧扣企业生产经营实际，指导企业在经营管理中不断强化文化建设的地位和作用，用先进的企业文化来引领企业管理向纵深发展，把企业文化有机地渗透到企业改革发展、生产经营、管理服务、利益分配的各个环节中。延长石油的"让每一滴油更有价值"的企业文化理念；陕西能源集团的"君子文化"；陕建集团开展的"贯标文化"；陕西地电集团的"光谱文化"等各具特色；西部机场集团把企业精神和价值观融入企业战略、安全、人事、财务、机场建设和投资、质量、标准、业绩考核八大管理与控制体系之中，放大了文化管理的作用，"十二五"时期，旅客吞吐量突破 3000 万人次；陕煤化铜川、韩城、蒲白、黄陵等二级子企业借鉴 ISO 9000、6S 等国际通行管理标准，制定和完善符合企业价值理念和管理实际的各项管理制度、操作规程、工作标准和考评办法，把企业文化的基本理念贯穿到企业生产经营管理的各个环节。陕汽集团践行"德"文化，以"德"取胜，"德赢天下"，为企业生产经营创造了巨大的上升通道。截至 2016 年 11 月底，陕汽重卡销售量突破了 10 万辆，再创历史新高。

坚持以人为本　勇于承担社会责任

新形势下，我们坚持把握对象需求，用以人为本的文化理念来增强企业的凝聚力和向心力，为企业和社会打造了一把开启活力"和谐之门"的钥匙。陕西省国资委机关把"八办"（今天的事，今天办；重要的事，优先办；限时的事，按时办；能办的事，马上办；困难的事，努力办；琐碎的事，抽空办；分外的事，协助办；所有的事，认真办）作风贯穿于机关文化建设的方方面面，陕国投公司在员工中倡导学会宽容、学会赞美、学会坚忍、学会尊重、学会感激等"十条"理念，员工相互尊重，诚信待客，促进了企业与社会的和谐发展；陕药集团立足"情"字做文章，编织了"把员工的心当作企业的根"感情文化网络，大力培育员工忠诚度；陕西燃气集团的"幸福文化"，让员工在企业感受幸福；中陕核集团的"核魂"文化，地矿总公司的"三光荣"文化都彰显了甘于寂寞、奉献社会的时代责任。同时，陕西省属国有企业忠实履行社会责任，积极开展扶贫帮困、爱心助学、慈善捐款、抗震救灾等社会公益事业，充分展示了国有企业的社会担当和良好形象。

实践证明，文化自信是提升企业文化软实力和核心竞争力的思想动力，企业文化只有注重顶层设计，加强典型引领，突出行业特色，融入企业管理，坚持以人为本，企业的创新力、竞争力、发展力才能经久不衰，才能真正成为助推企业追赶超越、创新发展的力量之源。

（作者系陕西省国有资产管理委员会党委书记。本文摘自《企业文明》）

心力管理是君子之道

李万来

黑松林公司的"掌门人"刘鹏凯的一切成功都是因为他行的是君子之道。他的企业管理、企业经营，包括心力管理都是君子之道。习近平总书记多次发出"到底要建立起一个什么样的国家文化"的追问。我认为，就是应该建立一个君子之国。国家再大，也是一个组织，企业和家再小，也是一个组织。国家是最大的家，家是最小的国，在本质上是一样的。在中国的传统文化中，《易经》里面提到君子一词 18 次，《孟子》一书里面提到君子 9 次，在《礼记》里面提到君子共 107 次，谈来谈去都是谈的君子。我认为我跟刘鹏凯相处的十几年时间里，我交的就是君子。

得道者多助，失道者寡助

心力管理之所以能够成功，在于他行的是君子之道。心力管理学说不仅得到了员工的认同，也得到了社会的认同。我做企业文化研究已经有 35 年了，从实践企业文化到研究企业文化，到指导企业文化，我认为当前中国的企业文化过多采用西方理论，没有根植于中华文化土壤的企业文化，在某种程度上已经严重地"水土不服"了。

我们的企业文化最终需要得到什么，我认为我们的企业文化最终需要得到的是人心。得到企业员工的心，这个企业文化就成功了。西方企业文化崇尚的执行力文化，我们学了之后执行力都提高了吗？提高执行力的一个法宝就是考核，就是通过钱等物质激励来刺激人。我们的执行力文化如果只衽末尾淘汰，清除员工，你这样就能够得人心吗？名次末位的人有时候是君子，名次第一名的有时候可能却并非君子。绩效考核最好的有可能是暂时的，也有可能是不择手段拿到的。

员工和股东之间的贡献是不同的。员工是创造业绩财富的，股东是拿走财富成果的。刘鹏凯提出员工利益最大化，一切以员工利益为本。所以在黑松林公司里可以看见，员工跟刘鹏凯是兄弟相处，大家已经看到了这样的一种亲情了，这样的企业一定能够搞得好。企业为员工今天着想，员工就会为企业的明天为着想，企业的老总一定会收获到感动，员工工作的时候，一定会让单位的利益最大化。

从优秀传统文化中汲取治企良策

我和刘鹏凯曾到青岛与海尔集团董事长张瑞敏老师交流。张瑞敏老师是研究《道德经》的第一人。在二十年以前，我在海尔大学的时候，张瑞敏老师就已经在讲《道德经》，《道德经》里面有一段话："太上，不知有之；其次，亲而誉之；其次，畏之；其次，侮之。"老子说，领导有四种类型，第一种领导，是最高明的领导，无论他在与不在，员工一样地把工作干好。第二种领导，是员工跟领导之间有一种感情，在背后会夸奖你这样的领导很好；第三种领导，是员工害怕领导，离得远远的；第四种领导，是员工恨你，在后面骂你。刘鹏凯一年有一半时间不在家，员工不因为他在与不在而受影响，都一样地会把事情干得很好。而我们有些领导即使看着员工，员工也未必在尽心尽力地干活。

企业文化发展到今天，离开中国的传统文化肯定是不行的。我们清楚地看到，国家层面都已经在研究君子文化了，今天，在现实中我们需要在企业文化里面研究君子之道并辐射于社会。我们认真研读刘鹏凯的《心力管理》等系列书籍，就是学习刘鹏凯的君子文化。

（作者系江苏省连云港市企业文化学会会长）

关注大数据视域下的企业品牌传播新趋势

朗清平

我们当下仍然是内容为王的时代，优质的内容永远被传承和传播。我们通过社区和我们的用户进行深度的连接，在这个模式中，新媒体发展趋势迅猛。

一是速度快。腾讯发布的报告提到现在有 2000 万的流行公众号，平均每 70 个人当中就有一个人开设了微信公众号。微博也是，每天将近 2 亿的活跃用户账号，所有这些，还有更多的企鹅号、头条号、资讯号等，新媒体的平台非常多，账号非常多。所以说，有大量的子媒体活跃在整个社会的传播当中，很多子媒体不但做得风生水起，而且传播的影响力已经远远大于我们很多的传统媒体。

二是产品化。现在很多做得比较好的子媒体都是用打造产品来做内容，来服务我们的用户。

三是营销。随时根据各种热点，如同"什么红都比不过我们的'中国红'"，跟热点跟得非常经典，往往邀请顶尖的、报有代表性的标签人物，非常简单地直接传播出去了。有些投资大号，不但在贡献各种案例甚至贡献思想，包括产业的结合，现在很多新媒体品类非常多，非常细化。

四是媒体平台。腾讯的一位老总曾说企鹅号拿出 10 亿元做补贴，希望更多的人和机构能够进入。新华社也曾推出新华号，希望人们进驻新华社的客户端去生产内容，也曾提出了一些现金补贴方案，包括有一些其他的补助项目。所以我们能够看到，各大媒体平台都在抢夺优质的内容生产者。所以我们的企业品牌传播需要把重点的阵地转移到新媒体端。

五是企业自己的新媒体。企业的新媒体已经不仅仅是在做传播，而是做更多技术性的二次开发，来对用户进行连接和分析；不单单是媒体的推广，同时也是我们客户资源的管理平台，包括对于用户的服务平台，甚至直接变成了电商的导流平台实现销售。像民营企业，他们做了个性化的家装服务，有 60 多个人的新媒体团队，只做他们企业的一个服务号，服务 300 多万的粉丝。通过一个服务号，年

收入在 3 亿多元。通过企业的新媒体运营，已经实现了从传播到对用户的服务，甚至销售的转化。应该讲是非常成功。

当然，我们要做好、用好自己的新媒体，还需要做多平台的到达和传播，但只做好自己是不够的。我们在和很多政府机构包括媒体还有很多企业，做新媒体的周、月、年度分析的时候，我们常常会拿出两类榜单：一类是企业包括政府自己做的新媒体，自己做的新媒体传播力如何，自己的网站做得如何，热门的文章传播力度怎么样，阅读数最高是多少；再拿出一个市场化的子媒体账号，他们也在覆盖这个行业，他们的传播力、影响力，可能远远大于我们体制内的，包括我们自己做的一些账号。我们就可以和他们进行一种有效的连接。

我们在微信、微博各种客户端，还有比较火的短视频和各大直播平台，都需要用好这些碎片化的流量，聚合成一个完整的流量包，做好我们的品牌传播。在多平台传播当中，我们就需要用好几种方式：一个是微博微信，这是我们当下的新媒体，仍然是很好的传播平台，要用好他们的裂变式的传播。再一个是各种社会网络的构建，包括数字引擎的优化，网络推广，还有一些人群用户的精准定位营销。

通过新媒体做品牌传播，通过大数据来进行有效的连接，能够知道我们的用户在哪，是谁，有什么样的行为习惯。在现在多平台的生态之下，我们的数据连接其实给我们提供了非常好的通道，无论是从连接的强度上、数量上，还是连接的速度上，包括多纬度的数据，都能够实现大量地积累。通过量的积累，可以实现一些质的转化，从信息的连接到资源连接，以及到消费者的行动连接。通过这样的连接，我们通过大量数据的积累，能够实现我们质的变化。如果没有一个海量数据的积累，想要实现制度的转变基本上不太可能。其实人工智能几年前就已经有了，只不过因为宽带的问题，硬件的问题，以及存储和云计算的问题解决不了，所以无法实现目前这种强大的智能化。现在无论是数据连接的强度，多维的角度，还是云存储，都实现了这种宽带预算，所以就能实现智能化的比较大范围的普及。

六是平台。虽然说数据量的积累能够实现质的变化，但其实我们还要依赖于各大平台。打开手机屏幕，里面有很多的 APP，平均一个人 30 多个，

多一点的能达到 50 个。这些 APP 都是一个个独立的数据平台。有很多的 APP 跟 APP 之间的数据是没有连通的。没有连通就是一个个数据，这就是我们的国务院总理李克强同志讲的政府也在打通每一个政府机构的"数据烟囱"，希望把"烟囱"打掉，数据能够连通。我们现在做数据分析依然要用平台，因为每一个平台都有自己的规则、自己的数据纬度，我们现在必须依赖于平台来做好我们的数据分析和传播。

通过数据连接的时候加强连接的强度，逐渐提升我们数据连接的愉悦性。如果一旦把每一个"数据烟囱"打通后，我们数据的广度和纬度，又晋升到一个新的境界和台阶，我们可以通过数据实现更好的各种商业化，包括产品化，包括给每一个用户提供更好更多的人工智能服务。所以数据是需要通过一些节点来连接的，我们每个人要有这样互联网的思维，互联网最重要的核心就是开放与合作，而不是把"数据烟囱"越垒越高，要把它打掉进行互通。而且，数据和数据之间，不同纬度和规则的数据，要能够进行结构化。好比说把不同文本数据变成了结构化的电子数据，那就需要一个统一的模板，这样才能进行对话和交流。所以说，对于数据连通，如果我们把各平台的数据进行有效地综合应用，我们需要通过这些多层次的数据最大程度逼近现实世界、现实机构和个人。这包括不同的场景，还有我们个人运行轨迹，通过不同纬度的数据，尽可能还原我们的真实世界，这样的话，更容易做好我们品牌的精准传播。

七是通过大数据分析企业品牌。比如说舆论、舆情的检测也可以来看一些例子。我们检测不同的品牌在整个舆论当中正、负面形象的传播变化趋势，可以看出在不同的平台上，微博、微信尤其是网民不同的情绪指数是偏正面还是偏负面的。这样的话，能够通过数据把握舆论的走势，来做好我们品牌传播的攻防战。

通过这种平台的对垒，我们可以同时检测同一个时间段在互联网的传播。例如：通过华为手机、苹果手机、三星手机，我们就能够分析出在三个不同的机构、不同的品牌，在哪一个平台上，"两微一端"这个传播是比较好的，谁选择了网页端，在哪个平台，比如微博、微信、客户端，或者是网页，以及在不同平台上的传播声量情况。我们看到一个地图，在不同的地域分布上，它的传播、量的差异、还有传播的时间，以及对于不同人群传播的策略，都可以进行精准地对比。

对于传播的内容，每一个企业都在做品牌传播，无论是自发传播，通过自有品牌进行传播，还是被动地被媒体、大 V 进行报道，我们对所有的内容，对文本的内容做分词的统计，通过传播内容的分词，我们就能够看到一个品牌在互联网传播当中，最高频被传播的词性，名词、动词、形容词是什么样的。名词、动词、形容词代表品牌的不同标签和大众的不同认知。

同时我们也会对一些社交媒体进行全方位的数据检测和分析，这对于我们品牌的传播能够很有效，无论是个人形象的画像，粉丝的分布等，因为你有时候需要预防一些影响力比较大的一些大 V、大号，你要了解他能够覆盖什么样的人群，覆盖什么样的地域，才能用之做精准的传播。我们对社交媒体账号，对新媒体做了全面画像之后，可以采取一些方式做危机公关、品牌形象的传播和管理，通过数据全面跟踪、评价来做好企业品牌传播的服务。如：海尔集团每个月都对所有微信、微博网站和用户的交互方式、APP 进行数据分析，通过做检测分析实施评估。

八是品牌传播。很多企业不仅仅用自己的账号，自己的这些新媒体账号毕竟有限，还是需要出去选更多的账号，更多的媒体传播渠道来做好自己的传播。企业的传播力究竟怎样，需要大数据来做分析。包括企业的影响力，在各类不同形式当中公关传播的效果，以及企业的事件发生之后，无论是正面还是负面舆情，在全网当中的传播效果，我们都需要来做实时跟踪以了解品牌的价值传播指数。

九是投放的转化。我们通过这样的数据评价，能够全面对企业的品牌传播做好分析。当然，我们要做好内容，我们通过内容来做好传播，我们必须要抢夺新生代用户。我们要了解年轻人，包括一些说段子的方式，IP 形象的打造，央企的 IP 做得很好，通过 IP 形象，树立独特的人格魅力，促进了企业文化的传播。

十是通过大数据。通过对发布文章的阅读、转发、用户数、用户活跃度，甚至用户对企业的品牌和产品的评价，做好企业 IP 价值的挖掘。很多企业通过微信群、QQ 群，把自己的用户做非常强的黏性连接，因为无论未来有什么新的平台诞生，你的这些黏度比较高强度的连接用户，都可以随着你进行变迁，永远是你的用户。

对于未来传播，我们要做好分众精细化的数据分析，了解我们精准用户。还可以通过场景化以及不同账号之间的协同，最后通过大数据分析，来实现我们智能化，服务我们品牌传播。

（作者系北京清博大数据科技有限公司 CEO。本文为作者在"第四届中国企业文化传媒年会"上的发言）

培育六种文化　践行新时代
中国特色社会主义思想

张雨良

开滦集团始建于 1878 年，至今已有 140 年历史。党的十九大以来，百年开滦紧跟新时代发展步伐，积极践行习近平新时代中国特色社会主义思想，大力培育政治文化、红色文化、责任文化、创新文化、精益文化、和谐文化，引领企业为中国特色社会主义现代化建设添砖加瓦。

培育政治文化

党的十九大对全党提出了鲜明的政治要求：必须自觉维护党中央权威和集中统一领导，自觉在思想上、政治上、行动上同党中央保持高度一致。开滦早在 1922 年就建立了党组织，在党的政治建设上一直有着优良传统。面对新时代、新要求，开滦集团进一步加强党内政治文化建设，教育引导各级领导班子、领导干部和广大党员坚决维护以习近平同志为核心的党中央权威和集中统一领导，自觉向党中央决策部署看齐，保证了党的基本理论、基本路线、基本方略在开滦的贯彻落实。严格执行党内政治生活若干准则，制定下发安排意见，认真组织开展"党内政治生活规范年"活动，规范落实民主集中制、"三会一课"、组织生活会、谈心谈话、民主评议党员等制度，进一步规范了党内政治生活。探索建立政治文化建设制度标准和考核评价体系，强化党性观念教育，开展"树立正确政绩观"大讨论活动，大力倡导和弘扬忠诚老实、公道正派、实事求是、

清正廉洁的价值观，引领广大党员、各级干部逐步养成了遵守政治纪律、政治规矩的文化自觉。

培育红色文化

党的十九大明确要求，要推动中华优秀传统文化创造性转化、创新性发展，继承革命文化，发展社会主义先进文化。开滦集团按照这一要求，利用自身丰厚的红色文化资源，举办"光辉历程图片展""抗日英雄节振国事迹展""开滦矿工罢工斗争图片展"，引领广大员工追忆红色记忆，激发爱企热情。深入挖掘企业精神内涵，组织编撰《他们特别能战斗》一书，讲述开滦人特别能战斗的故事，举办"企业精神风采展"，围绕宣传特别能战斗 8 种精神，组织宣讲活动 28 场次，受众 2 万多人次，引领员工树立起守护文化传承的使命意识。组织员工收看央视播出的《晚清往事——百年煤矿诞生记》，了解开滦历史，增强员工自豪感。把走进博物馆接受矿史教育，作为新工入矿、各级各类人员培训的必修课。2017 年以来，共组织参观活动 16 场次，2000 多名员工接受了教育，引领广大员工形成了牢记使命、勇于担当的价值取向。

培育责任文化

党的十九大报告指出，中国特色社会主义进入了新时代，我国社会主要矛盾已经转化为人民日益增长的美好生活需要和不平衡、不充分的发展之间的矛盾。新时代催人奋进，新矛盾呼唤使命担当。开滦集团作为一个具有 140 年历史的百年老企，能不能跟上新时代的发展步伐，当代开滦人责任重大；能不能破解职工群众对基业长青、员工幸福的美好愿景与企业发展质量不高之间的矛盾，当代开滦人使命光荣。党的十九大以来，开滦集团坚持以习近平新时代中国特色社会主义思想为引领，积极践行"举力尽责、强企富民"的责任文化，引领集团上下以时不我待的责任感和使命感，围绕建设主业突出、结构合理、治理科学、效益领先的大型能源化工集团，积极构建"三柱一新"产业发展格局，全力打造企业转型发展升级版，推动百年开滦转型长盛、基业长青。

培育创新文化

党的十九大特别强调要"加快建设创新型国家"。

关于创新，开滦有着悠久历史。作为洋务运动时兴办的企业，开滦在创办之初就注重引进、吸收国外先进技术、经验和人才，尽力与当时席卷世界的工业革命比肩看齐。建立第一座近代大矿、铺设第一条准轨铁路、造出第一台蒸汽机车、生产第一袋水泥……这些无一不彰显了当时开滦人突破自我、求新达变的创新意识。面对新时代、新使命，开滦集团坚持与时俱进，传承勇于创新的文化根脉，引领企业广大干部、员工勇于挑战自我、求新求进，加快推进创新型企业建设，健全完善科技创新、管理创新的体制、机制，全力构建适应企业结构调整、转型升级的全面创新体系，努力建设数字开滦、智慧开滦，为企业改革发展提供了第一动力。

培育精益文化

开滦集团按照党的十九大提出的坚持质量第一、效益优先的要求，积极培育精益文化，大力倡导中华民族勤俭节约的传统美德，引领企业坚定不移地走集约化、精细化、专业化的发展路径，推进企业发展由"规模速度"型向"质量效益"型转变。全面深化 RMDC 精细管理和市场化精细管理，培育出精益节约文化、岗位成本文化、"互联网＋"矿井物流文化等多个先进典型，企业发展质量和经济效益不断提高。加强知识型、技能型、创新型员工队伍建设，弘扬"劳模精神"和"工匠精神"，营造精益求精的敬业风气。几年来，开滦集团培养工人技师 1556 人、高级技师 401 人、首席技师 10 人、中华技能大奖获得者 1 人、全国技术能手 16 人、河北省突出贡献技师 9 人、燕赵技能大奖获得者 5 人、燕赵金牌技师 15 人、煤炭行业技能大师 26 人。高技能人才比例达到了 35％，形成了一大批高技能人才领军团队，人才队伍面貌焕然一新。

培育和谐文化

党的十九大对安全、环保和民生建设提出了明确要求。这三个方面都关乎企业的和谐稳定，影响着企业的生存与发展。开滦集团按照党的十九大要求，大力加强和谐文化建设，为企业发展创造良好环境。以塑造本质型安全人为核心，加强安全文化建设，努力提升企业安全管理水平。千方百计维护员工合法权益，落实职代会、职工代表问询等制度，调动职工参与企业管理的积极性；千方百计落实棚户区改造、困难员工帮扶、金秋助学、困难员工子女就业、大病医疗救助等民生政策，增强了广大员工的幸福感；千方百计为员工实现自我价值搭建平台，通过开展职业培训、建立大师工作室、评选首席技师、组织创意发明大赛等途径，促进了员工与企业共同发展。切实将绿色发展作为引领企业转型升级的重要抓手，认真落实国家环保政策，全力推进充填开采、燃煤锅炉治理、焦化厂脱硫脱硝、挥发性有机物治理、煤场焦场治理等重点工作，强化污染源监测监控，为企业发展营造了和谐稳定的外部环境。

（作者系开滦集团党委副书记）

优秀传统文化与企业文化建设

杨克明

中国优秀传统文化积淀着中华民族最深沉的精神追求，代表着中华民族独特的精神标志，是中华民族生生不息、发展壮大的丰厚土壤。它具有鲜明的民族特色，历史悠久，内涵博大精深，有着优良的文化传统。习近平总书记说，学习和掌握其中的各种思想精华，对树立正确的世界观、人生观、价值观很有益处。学史可以看成败、鉴得失、知兴替；学诗可以情飞扬、志高昂、人灵秀；学伦理可以懂廉耻、知荣辱、辨是非。

作为中国优秀传统文化的精髓之一，产生于春秋战国时期的儒家、道家、墨家、法家、兵家等诸子百家的思想博大深邃、千年不衰、熠熠生辉。千百年来，这些优秀传统文化思想成果带给人们多种行为选择之道，比如以儒做人、以道养生、以墨尽责、以法为基等，滋养了一代又一代中国人。这些优秀的传统文化是中国几千年宝贵经验的结晶，是一笔笔丰厚的文化资源，是我们进一步发展和创造中华文明成果的重要基础。我相信，中华优秀传统文化必定能在当今的中国企业经营管理尤其是企业文化建设中发挥出更大、更独特的作用。中华优秀传统文化成果中，饱含着激励我们去建设、去奋斗的精神力量与道德基础，比如：自强不息、和为贵、致良知、知行合一、仁爱孝悌、三省吾身等。企业文化是一个企业集体的行为导向，如果企业遵循这些积极正面的价值观，并以此来教化、规范企业及其员工的道德和行为，引导企业及员工正念、正言、正行，那些负面、负能量、坑国害民、损人利己的行为肯定会大为减少。

在儒家文化发源地山东，海信集团秉承着儒家文化的"信"字，提出了"百年海信，诚信为基"的发展理念。海信集团曾采购了1000套《大清药王》的光盘，发往全国各地的海信机构让员工观看学习。《大清药王》讲述了同仁堂之所以历经300多年而不衰的原因。诚信是立业之本、发家之宝。海信的这一举措就是要让员工们知道诚信在企业经营中有多么重要，让员工们学习并发扬300年前传承下来的优秀中国传统文化的"药王精神"，以"信"字当头，向着"百年海信"的目标前进。

另一家山东本土企业海尔也将企业文化深深扎根在中国的优秀传统文化中。海尔的许多理念都直接来源于《道德经》《论语》《中庸》《大学》《孙子兵法》《韩非子》等中国传统文化名作及其代表的诸子百家思想。比如来自于《道德经》的企业文化理念："天下万物生于有，有生于无""江海以其善下，故为百谷之王""道生一，一生二，二生三，三生万物""祸兮福所倚，福兮祸所伏""轻则失本，躁则失君""吾有三件宝，一曰慈，二曰俭，三曰不敢为天下先""太上，不知有之""天下难事，必作于易，天下大事，必作于细""胜人者有力，自胜者强""大方无隅"等；来自于《论语》的企业文化理念："学而时习之""言必信，行必果""不患寡而患不均"等；来自于《孙子兵法》的企业文化理念："激水之疾，至于漂石者，势也""能因敌变化而取胜者，谓之神""治众如治寡，分数是也"等。海尔集团的董事长张瑞敏曾说："《道德经》帮助我确立企业经营发展的大局观；《论语》培育我威武不能屈、贫贱不能移、勇于进取、刚健有为的浩然正气；《孙子兵法》帮助我形成具体的管理方法和企业竞争谋略。"因此，海尔积淀了深厚的文化底蕴。

当然，凡事都有时代性。对传统文化，我们要进行创造性转化和创新性发展，兼采百家之长，接轨现代文明，使之更好地服务于互联网时代现代企业的应用和发展。优秀的企业文化一定不是无本之木、无源之水，而这个根和源就是中国优秀传统文化。文化强则企业强，文化自信企业才有自信。中国企业要汲取中国传统文化的营养和力量，从中提炼、演绎和升华与我们企业经营管理相接轨的文化精华，不但要树立正确的价值观，承担高尚的企业使命，明确宏伟的企业目标，在历史的舞台上走得更美好、更久远，而且要提升我们的企业文化内涵，将中华民族的光荣传统发扬光大。

（作者系企业文化专家、管理学博士。本文摘自《中外企业文化》）

极致 超越 重塑"工匠精神"

刘俊华

谈起工匠，我们很自然的想起极致这个词，极致在数学中可以用正无穷来表示。"工匠精神"正是对正无穷的追求，工匠在追求极致的道路上在重复中不断超越前辈和自己。在信息化、工业化的今天，新时期的"工匠精神"依然面临着两次重要超越，一是人类的创造力对机械的逻辑性的超越，"中国制造2025"依托的是匠人的状态性和艺术性的感性思维，这种感性思维是对机械逻辑思维的超越，并与其完美结合，推动制造业水平的进步。二是信仰强度和习惯强度的自我超越。掌握一门技术需要不断重复，对技艺的极致追求需要信仰支撑和良好的行为习惯，这个过程是对自我精神的超越。

当前有一种看法，认为"工匠精神"是几十年如一日，就是简单重复劳动。我认为这个看法忽略了"工匠丰富"的精神世界，之所以几十年如一日是因为有趣味，有探索性、创造性和信仰性的内容在里面。是在重复中体会了精彩，是能够在突破机制后感受到创造的精细。从这个角度介绍"工匠精神"，特别是在工业化分工极为细致的今天有着重要的现实意义。

如：中交第一航务工程局（以下简称中交一航）承建的港珠澳大桥全长55公里，连接我国香港、珠海、以及我国澳门，是我国继三峡工程、青藏铁路等工程之后又一项重大基础性的建设项目。工程建设后将开启我国香港、珠海、我国澳门三地的大桥时代，对于推动三地经济和社会一体化发展具有深远意义。中交一航局参与了港珠澳大桥的建设，为全面全过程参与人工岛、桥梁主体、沉管隧道安装的建设单位。在上述工期中，沉管隧道安装最具代表性，该工序是世界上埋深最大，综合难度最高的外海沉管隧道工程，每节重达 8 万吨的沉管在最深 45 米海底厘米级无人对接，技术难度可与"天宫一号"对接媲美，被誉为桥梁界的"珠穆朗玛峰"。

中交一航局坚持自力更生，自主创新，冲破各个技术壁垒，沉管安装的建设长度在世界沉管隧道中跃升为第一位，取得了国家发明专利 100 余项，外海沉管隧道石工成套技术填补了行业的技术空白。整拼船清淤系统改变、填补了世界水工史上的高精度清淤技术空白。这些技术正成为中国乃至世界标准。沉管安装团队成立之初，国内沉管安装经验为零，又面临国外技术封锁。项目团队"从零开始"，历时 1 年多，历经 500 次推翻实验、重新编制程序等技术攻关，从一张白纸如今变成可比《资本论》3 卷都要厚的外海沉管安装、沉管施工方案，突破了国外的技术壁垒，创造了世界首次沉管基床清淤、世界沉管隧道安装一年十节的"中国速度"等记录。

成绩的取得得益于新时期"工匠精神"的注入，这种精神的内涵我们总结为"每一次都是第一次"的科学精神。40 米深海进行沉管安装，无论是技术难度还是施工风险前所未有，任何的疏忽都可能造成不可逆转的损失。最后三道钢寸门，更是直接影响整个隧道和人工岛的安全。项目团队提出"每一次"的理念，把每一次沉管安装都当成第一节沉管安装来对待。每一次安装前都要组织开展深入的风险排查和 3 次以上的船级设备，对照风险管理手册 283 项，风险人以如履薄冰的姿态逐一进行排查，确保每一个细节检查到位，每一项风险都管控到位。

可以说，中交第一航务工程局的"工匠精神"体现是：

"敢为世界先"的创新精神。为满足沉管安装施工需要，中交一航局自主研发的世界最大平台式深水抛石整平船，利用精确的测控为基床铺设提供精度保障，实现基床铺设精度控制在 4 厘米，最高实现高差 2 毫米，外海深水隧式基床高精度铺设正平施工成套技术达到国际领先水平。

吃苦耐劳的奉献精神。第 15 节沉管第一次安装时海况恶劣，安装人员拖带重达 8 万吨的混凝土，堪比一艘中心航母，堪称是一项前所未有的挑战。作业人员迅速行动，期间几人被海水打翻在地，70 多个小时所有作业人员承受了精神和身体的双重考验。螺丝钉一般坚守在自己的岗位上，没有人叫苦，

没有人喊累，凭着超人的毅力和超凡的执着，完成了世界首次 8 万吨沉管"三进三出"的壮举，在第 20、21、22 节沉管安装连续遭遇突发故障，作业人员第一时间赶赴抢修一线，与时间和体能竞赛，保护了安装窗口，抢修现场作业人员白天要经受 35℃ 以上的高温，晚上还要轮班通宵地抢修，高温和疲劳是最大的敌人，关键时刻很多人都是直接吃住在甲板上，从来没有人叫苦。

一丝不苟的精益精神。重大船级装备的完好是超级工程建设完好的基石，中交一航局在传播管理中从来不需要项目部过多的强调要求，每个船舶的工作人员会积极自动地开展自修，每个人都充满了热情，时不时把工作成果发到 QQ 群对比一番，营造了一种积极向上的干事氛围。对于两艘安装船大家更是格外重视，在安装前和安装后船员们都要从里里外外进行清洗，进行敲锈工作三年如一日，使设备集聚。在大家的努力下，关键船舶没有一次"掉链子"，保持了高水平的运行效果，有效地保证了工程的顺利推进。

这些精神和内涵其实就是为国建桥的担当与责任，风险意识成习惯，追求完美成为共识，创新开拓成为性格，这就是铸就大国重器超级工程的工匠特色，也涌现出以管延安为代表的千千万万具备这种工匠特质的一航人。

又如：第 15 节沉管第 3 次安装期间，管内压轴水系统突发故障，水箱不能进水，沉管安装必须安排人员对海中的沉管进行维修。关键时刻，管延安带领班组人员快速开启人工盖板维修，从打开密封的人工盖板进入管内检查，排除故障，到完成人工盖板密封全程不超过 3 小时。效率之高，令人惊叹，这都得益于之前无数次的演练和实战练就的"工匠精神"。

港珠澳大桥作为一项超级工程，代表中国站在了世界建桥强国的前列。中交一航局以一流的做最好的为企业信仰，以兴大道、担大任、承大气为企业经营哲学，把对祖国民族的责任感深深融入到每一项工程建设中。在祖国的最南端，南沙，我们神圣的国土，南杀沙工程作为我国首例沿海大规模岛礁建设项目，远离大陆，自然条件恶劣，施工窗口有限，属于典型的"四高两缺一多"区域，高温、高烟、高湿、高辐射，缺水、缺土，多凸峰。在刚接到建设任务时，只知道大概的精度、维度，没有资

料，没有沿海施工经验。在国家和民族需要的时候，中交一航局挺身而出，承担起南海为国铸岛的大任。2014 年年初中交一航局员工冒着生命危险登录无岛礁，成为第一批礁上居民，面对恶劣的环境，半年完成，快速安装，但是其中艰辛可想而知。2015 年 9 月岛上高温，一天就有 70 多位重度中暑患者被抬进医务室，大部分人员需要通过静脉穿刺、抽血才能脱离危险，急救的医生手都颤抖。南海工程的建设远比我表述得复杂和艰苦，不到 3 年的时间，数万名建设者整个完成了国外同行、同类任务 45 年工作量的 30 倍还要多。

在建设过程中，员工们体会到信仰的价值，他们深切地感觉自己建设的每一粒礁沙都是国土，每一道堤防都是祖国新的长城。2015 年春节岛上所有参与员工自发一遍遍高唱国歌，沿着岛礁大步前进，用心丈量着共和国最年轻的国土。这就是中国人的态度，这就是央企人的态度，在祖国最需要的时候甘洒热血，甚至付出自己的生命。正是怀着这样的信仰，正是因为有这样的信仰，工程师们不畏众多的挑战，把人生价值写在了祖国的海疆，为"工匠精神"注入了灵魂，为国建桥、为国铸港是新时期"一航人"对"工匠精神"的具体诠释。

（作者系中交第一航务工程局有限公司党委副书记兼纪委书记）

业务经营走天下　文化融合享共赢

马智宏

把中国远洋运输集团总公司和中国海运集团总公司两大央企整合为中国远洋海运集团有限公司，是党中央国务院对改革所做出的重大部署。重组以后的中远海运集团在全球 150 多个国家和地区 1600 个港口有我们的公司，是当之无愧的世界远洋公司，是航运界的"老大"。因此，跨文化管理是我们"走出去"战略当中一个很重要的课题。

中远海运集团实施"走出去"的战略历程

1961 年 4 月 27 日成立的中国远洋总公司，4 月 28 日就登上了到印度去救华侨这样一个庄严的使命。57 年来，中远海洋集团承担着经济责任、政治责任和社会责任，为更美世界奉献了我们的力量。

20 世纪 60 年的初创时期，在国外建立办事处。20 世纪 80 年代，是中远海运集团的大发展时期，在海上风里来浪里去见证什么叫大风大浪，领略了什么叫地球资源。我们看到那么多集装箱，像是我们出来的大学生那个时候必须上集装箱船，因为那时候已经有计算机控制的自动化机舱，尽管不是我们指导，但这个船舶有德国、英国、日本这些地方制造。从 1993 年到 20 世纪末的网络化阶段，中远由点到线发展到面，成为全球布局的网络化公司。2000—2015 年，这是我们转变的时期，一是从国际航运的承运人向全球物流的承运人转变；二是我们由跨国经营公司成为跨国公司。中远集团在 6 年以前就进入世界 500 强，特别是中远跟中海合并以后，我们在世界 500 强的地位从原先的第 400 多位上升到第 200 多位。

我们企业"走出去"遇到的问题和挑战

我们在海外有 6000 多名员工，我们派出去的员工，在我国香港地区最多，其次是美国，还有欧洲，但是加起来也不到 200 人，我们所雇用的多是当地的员工，有 5000 多人的本地员工，在管理过程中我们也遇到了一些问题和挑战。中国东方与西方最大的差异是思维模式的差异，在文化上分割成一种文化多元的冲突和差异。

首先就是文化多元的问题。思维方式在世界上大体分类有三种思维模式，如果用国外的学者所推崇的方式，可用三张图来表示。第一种思维模式可用图一个女儿，中间一竖，左边是个 yes，右边是 no，这是典型的欧洲人的思维或者西方人的思维模式，不是 yes 就是 no，这是英国、美国这些西方人的思维模式。第二种就是我们中国人的思维模式，是一个阴阳图，这个圆里面一条白鱼一条黑鱼，所以我们的思维模式上至国家领导人，下到我们今天的管理者都是一样，即以什么为主，以什么为辅，这个思维方式是我们老祖宗留给我们的。因为这条白鱼头在这里，尾巴就在黑鱼那里，这叫什么为主，什么为辅。第三种思维模式是印度人，还有日本已经西化的人的，但它还不是完全西化的，就是一个圈中间一杠，既没有 yes 也没有 no，所以跟日本人打交道、跟印度人打交道、跟非洲人打交道有时沟通是困难的。中国的事情是人比事重要。首先，要看什么人，关键的人到了，一定是准时提前 5～10 分钟就到了，关键看这个的人重要性。其次是文化的差异性，我原先在北京做总裁助理的时候，在澳大利亚做了好多年的董事长，后面我又到我国中远香港集团，尽管是我们的地区，但是也是资本主义制度下的企业管制，在我国香港地区工作了 7 年。澳大利亚的员工，我们在澳大利亚派出去只有不到 10 个人。澳大利亚有 20 个岛国，信仰的不同很容易造成文化上的冲突。然后是营商环境的挑战。最后是意识形态不同的挑战。比如说我们到印度去开展运营，我们在物流运输当中遇到的一件事情是，到了下班点印度员工认为这是我的时间，物在空中就不管了，这就是文化的不同。我在香港地区做中远总经理时，香港地区碰到台风，我们党员、领导干部越艰险越向前；而香港地区台风到了一定的等级，刮上大台风，所有的人是不上班的，如果你叫他上班要追究法律责任，所以一切活动全部停止。这就是我们跨文化管理"走出去"当中所遇到的问题。

我们在"走出去"跨文化管理的实践和探索

我们所采取的策略，就是要求同"辨"异：求同存异，求同化异，但这个化不可能一致，就要考虑怎样尊重，然后看看有没有共同的共识，这是我们的策略。我们的方法，我们的原则主要是习近平总书记所说的，除了道路自信、理论自信、制度自信，还有我们更深刻、更广泛、更深层的文化自信。用我们中国 5000 年的文化，用我们党领导下的革命文化和社会主义的先进文化作为引领去拥抱世界，去面对文化多元化。我们要互相尊重、互利、达到共享共赢。我们的方法主要是体现在怎么样融合，情景融合、主动融合、深度融合，巧妙地融合，达到"和合"。

我们在多方面做了实践和探索：一是充分地了解当地的法律，尊重当地的风俗，入乡随俗。我们提出的策略就是全球化思维，本地化运作。我们派出去的人员很少，聘用当地的员工比较多，但切记尊重当地的法律，尊重当地的风俗；二是我们一定要和客户、员工、当地的政府、相关方搞好关系。中远走出去比较早，以前有一句话，找不到使馆找中远，因为使馆工作人员少，中远人员分布广。我们与当地的大使馆都有很好的关系。我们常常被外籍高层顾问邀请参加聚会，结识政要，增加我们的

影响力，加大我们文化和管理走出去的力量。三是我们诚信地对待当地员工，履行我们的承诺，把当地员工团结在企业的旗帜下，在民主、平等的平台上，充分协同融合，发挥他们的积极性和创造性。

承担经济责任、社会责任和政治责任

当年中远的成立就是执行党中央、国务院命令，承担责任是中远的文化传承。当世界的华人、世界的华侨、祖国呼唤我们的时候，我们一定是对党忠诚，挺身而出。尽管战火纷飞，炮火紧追，但是祖国需要我们时，我们服从我们的外交所需，服从我们的外贸所需，我们要去接我们的船员，我们义无反顾地执行任务。

按照当地的管理制度，船开出去必须要有代理，就是船队到了对方那个地方要不要进港，要不要办手续，船员和货物需要上下船，都需要当地的代理，我们和当地的代理亲密合作，我们的股份不断增加，逐步增强自己的办事能力。我们聘请了巴拿马运河的顾问当董事，所以中远海运集团到美国去，到大西洋去，到墨西哥湾去，都能顺利经过巴拿马运河。甚至作为国家仪式的巴拿马运河落成，所有邦交国的领袖都去了，我们中远集团董事长也被邀请，成为外交中很精彩的亮点，回国后受到国家外交部的赞誉

在跨文化管理中要把握深厚的文化自信

第一，"走天"，要有全球化思维。中国传统文化历来有家国、天下情怀，所以我们中远海运集团在航运中不负祖国的重托，努力用"东半球"去平衡"西半球"，要有这样的雄心壮志。现在我们货运的市场，东半球人只有 24％，西半球人占近 80％。如果要平衡"东半球"和"西半球"，我们的货运任务要增加 50％。所以我们要有全球化思维，有家天下意识，用天下观来管理，这是我们全球化的思维。

第二，我们在管理上要"走地"，叫本地化运作。一定要当地化，过去是这样，现在是这样，将来更是这样，一定要"走地"，有天就有地，有地就有天，要本地化运作。

第三，我们要"走名"，就是功名化的责任。中远海运集团在履行全球责任，在联合国我们是一个经典单位，联合国秘书长把我们向全球推的履行全球责任的典范。我们民族要崛起，既靠硬实力，也

靠软实力打天下。

第四，我们要"走心"，做什么事情不把心放进去是做不好事情的，其实文化也是如此，所以要将心比心，与员工交心，这就是我要讲的"走天、走地、走名、走心"。总之，文化的准则就是美，我们要追求诚信，我们要追求和谐，我们要追求美，让我们的相关方，让我们的世界变得更加美。

（作者系中远船务工程集团有限公司党委书记、副总经理）

企业文化变革统领企业系统管理变革的思考

余剑锋

国家电投是中国五大发电集团之一，成立于2015年6月，由原中国电力投资集团公司与国家核电技术公司重组组建，是一家以电为核心，致力于全球化发展、一体化发展的综合性电能集团。境外业务分布在日本、马耳他、印度、土耳其等36个国家和地区，连续四年荣登世界500强榜单。国家电投集团公司拥有7家上市公司，包括了两家我国香港地区上市公司和国内五家A股公司。文化融合为集团公司重组整合发挥了重要作用。

国家电投集团公司重组整合后，重点从处理好七个纬度的关系推进集团公司和文化的快速落地。

一是文化与战略的关系。我们认为战略只有体现文化的鲜明特色，才能引导企业的方向，企业文化只有与企业战略相互共融、匹配，才能形成企业真正不可复制的核心竞争力。基于这些认识，我们将集团公司使命、愿景、核心价值观等和文化核心理念，作为制定集团公司战略、编制集团公司"十三五"规划及中长期发展规划的重要原则和依据，从"和"文化这一原点出发，思考文化布局与国家电投的发展相匹配，保障战略不偏离核心理念。国家电投的使命是引领核电发展，奉献绿色能源。我们在"十三五"规划中新增清洁能源比重高达66％，投资高达88％，坚持企业发展导向和战略理念高度一致，集团公司所有固定资产投资都充分展现我们的价值追求。我们认真审查所属二级单位的发展规划，包括使集团公司所属二、三级单位能够遵循集团所

指引的道路，按照集团公司的战略目标和"十三五"规划的要求科学、理性确定自己的发展规划，切实保证在集团公司大的使命下健康发展。

二是"和"文化与管理的关系。文化是企业流程、制度、管理标准等背后的基本法，企业文化影响管理最主要的方式就是文化制度化，从根本上说文化就是管理。重要的是文化管理要做到落细、落小、落实。我们认为只有把软的文化转化为硬的制度、机制，把价值理念转化为战略举措、制度安排和行为规范，建立起文化与管理的紧密关联，建立起文化与员工行为的紧密呼应，才能够真正实现我们真正意义上的文化管理。为此，我们把文化制度化作为重要抓手，在国家电投2016年制度生产过程中，明确提出了制度生产要把和文化匹配作为重要的纬度，各部门在制度和文化实施的基础上进行了认真地修订和完善，国家电投总部适时发布了2016版258项制度，基本体现了"和"文化的要求，进一步明确集团公司制度建设的文化标准，要求新制订的管理制度和规范必须与"和"文化高度匹配，推进制度化建设水平，实现整体提升，并按照文化建设的规律，实施2016版制度检查评估。

三是"和"文化与品牌的关系。文化与品牌高度关联。企业文化是企业品牌塑造的基石，企业核心价值理念驱动品牌塑造，企业文化与品牌塑造互相促进，共同提升。我们认为企业经营品牌的过程也就是文化渗透的过程。我们发布了"和"文化理念识别MI体系，视觉识别VI系统以及企业标识"绿动未来"和企业性格色彩，发布企业听觉识别AI体系和员工行为识别BI体系；制定了集团公司企业文化品牌方案和品牌建设"十三五"规划，建立了集团公司企业文化建设品牌目录，搭建起集团公司品牌架构和品牌体系，明确了品牌建设的工作重点和推进的路线图；理清了企业标识和企业品牌的关系，对国家核电提出了明确的要求，初步形成了国家电投品牌管理的相关制度机制。

四是"和"文化与宣贯的关系。宣贯是企业建设的关键环节。世界一流企业始终坚持以有力的宣贯培训措施大力传播企业理念，企业文化宣贯是企业文化建设的常态化抓手，在"和"文化体系发布不久，国家电投组织了集团公司领导干部和两期"和"文化培训班，集团公司董事长、总经理，分管企业文化的党组副书记和分管人力资源的副总经理亲自授课，

企业文化宣贯和日常培训对接起来。特别是作为各类培训的重要内容，长班长讲，短班短讲，让企业文化入脑、入心、入行。两年来，国家电投连续举办了五期集团公司的"和"文化宣讲班，国家电投的全体领导干部，各二级单位全体领导班子成员和员工全部参加了"和"文化宣贯的培训工作。做到一个都不能少。仅 2017 年，集团公司系统组织进入和文化宣贯班培训人员达 12 万人次。我们制定研发了关于建立企业文化培训长效机制的意见，有针对性地提出了企业文化，建立高管层、管理者、一般员工、新进员工 4 个层级的企业文化，培训系统模块化，把"和"文化培训纳入集团公司教育培训总体规划。同时，进一步明确集团公司的党校、人才学院，以及各级培训机构和新进员工入职教育等环节，明确如何宣贯的具体要求，让"和"文化深度植入企业管理的方方面面。

五是"和"文化与部门的关系。第一是抓好安全文化，创新文化等专项文化建设。第二是抓好企业文化在部门的落地深植。第三是抓好部门员工的行为养成。国家电投总部干部、员工对集团文化的态度直接影响基层的态度和判断，部门的一切管理行为都要从企业文化出发，要站在核心价值观角度来考虑。在"和"文化构建落地过程中，我们始终紧抓部门这个重点和关键，第一是开展相关工作和全体员工参与"和"文化的宣贯，使各部门，特别是部门主要负责人进一步提升对企业文化建设重要性的认识，理清各相关部门承担的企业文化建设的重点任务。第二是通过制度升级版，实现了"和"文化与制度、部门的直接对接，强化了价值观的作用，促进"和"文化融入制度、融入管理。第三是通过安全文化建设和创新文化建设树立起亚文化建设的样本，把"和"文化向深层推进了一步。第四是组织抓好总部干部、员工的日常行为养成，从言谈举止等基础抓起，从日常行为养成抓起，提升总部干部、员工的精神风貌和工作作风。

六是"和"文化和所属单位的关系。我们认为文化的统一有利于增强企业的凝聚力、向心力和影响力，有利于树立集团的整体形象，能打造企业核心竞争力，形成统一的战略导向，统一的市场品牌。对于改革重组的企业，文化的统一显得更为重要，它可以从规避文化建设的分散主义开始，到结束重大问题的各自为战，从而形成强大的发展合力。为

实现"和"文化的统一，我们制订、研发了国家电投企业文化管理办法。统一价值理念，各单位要以"和"文化为统一的企业文化名称，集团"和"文化要不折不扣地宣贯执行。统一发展战略，各单位要紧紧围绕集团公司的总体战略目标，在"十三五"规划批复范围内做好自己的发展规划，保持集团战略自上而下的一致性和协同性。统一行为规范，各单位要全面落实集团公司员工行为准则，基本礼仪规范以及其他重要的日常行为规范，培养良好的职业精神和行为习惯，打造统一规范、素质优良的员工队伍。统一视觉形象，各单位要严格按照国家电投视觉识别系统的规范要求，使用统一的企业标识，统一的企业色彩，打造统一的企业视觉形象，塑造统一的国家电投企业品牌。讲"四个统一"的同时，我们也强调"和"文化的实践性，在落地的过程中各单位可以结合各自的实际，细化个性化的措施，也可以在管理实践、员工行为中丰富、拓展本单位的内容。

七是"和"文化与考核的关系。考核是企业落地深植的阀门，也是企业文化真正融入企业价值链条、管理链条的重要环节。我们制定、研发了国家电投企业文化建设考评管理办法，这个办法的出发点是接地气的考核，是动态变化的体系的考核，核心的一条是党组重点部署什么，重点抓什么，我们就集中精力考核什么。如：关注"和"文化宣贯和集团 VI 系统应用，其中宣贯占 60%，VI 应用占 40%。集团公司党组对二级单位党组书记的述职评议考核之中，其中就包括了对企业文化建设情况的考核。另一方面，员工价值观考核工作也在紧锣密鼓地推进，新员工考核评价体系中，从领导干部和员工两个纬度分别考核价值观践行情况，并占考核比重的 20%。我们突破了传统企业文化的框架和思维模式，推进了企业文化管理在企业经营中的变革和跃升。

（作者系中国核工业集团公司董事、总经理、党组副书记）

用大庆精神培育大庆品牌

王　昆

大庆油田开发建设 50 多年来，累计生产原油

23.3 亿吨，上缴税费 2.6 万亿元，孕育形成的"爱国、创业、求实、奉献"的大庆精神，成为中华民族精神和中国共产党伟大精神的重要组成部分。以大庆精神为核心的企业文化，以大庆精神为底色的大庆品牌，是大庆石油人宝贵的精神财富和推进振兴发展的不竭动力。

大庆精神大庆品牌始终坚持听党话跟党走 突出忠诚担当　高唱"我为祖国献石油"主旋律

50 多年来，大庆油田的开发建设与党和国家的前途命运紧密相联，大庆精神最鲜明的特质是听党话跟党走，最真实的写照就是忠诚担当。

靠忠诚担当为国争光为民族争气。1960 年年初，在党的领导下，大庆油田会战职工坚持"有条件要上，没有条件创造条件也要上"，仅用三年就高速度、高水平拿下大油田，一举把中国"贫油"帽子甩进了太平洋。1964 年，毛主席发出了"工业学大庆"号召，把大庆精神推向全国。

靠忠诚担当保障能源供给。大庆油田在各个时期都把为国家做高水平贡献当己任，高唱"我为祖国献石油"主旋律。特别是从 1976 年开始，实现了年产原油 5000 万吨以上连续 27 年高产、稳产，又连续 14 年保持 4000 万吨以上油气当量持续稳产，有力地保障了国家能源供给和石油战略安全。

靠忠诚担当推进振兴发展。面对经济新常态和低油价挑战，油田深入贯彻习近平总书记提出的"大庆就是全国的标杆和旗帜，大庆精神激励着工业战线广大干部群众奋发有为"的指示精神，按照中国石油《关于大庆油田当好标杆旗帜建设百年油田的意见》，制定了《大庆油田振兴发展纲要》，推进创新驱动、转型升级，坚持立足本土、开拓海外，着力提质增效、固本强基，全面从严治党、铸魂塑形。2016 年完成国内外油气产量当量 4440 万吨，继续保持我国第一大油田地位。

大庆精神大庆品牌始终坚持植根基层　突出群众性和实践性　让企业文化接地气、见行动

文化建设的关键是落地。我们倡导基层首创精神，通过总结提炼和推广，建立了一批精细文化、安全文化、廉洁文化、家文化等基层文化示范点，形成了务实管用、独具行业特色的子文化体系。

例如，油田科技系统挑战极限，勇于超越，在攻关实践中形成了"超越权威，超越前人，超越自我"的"三超"精神，取得了一批核心技术成果，三次荣获国家科技进步特等奖。市场开发系统秉持"用大庆精神保证质量，以'三老四严'取信用户"理念，干一项工程立一块丰碑。党的十九大代表、大庆新铁人李新民所带领的 1205 钻井队，曾两次荣获代表苏丹钻井最高荣誉的 PDOC 钻井杯，让大庆红旗在海外飘扬，让大庆和中国石油的品牌在国外叫响。采油系统提出了"扎根寻常井站，创造不凡业绩"理念，保障系统提出了"服务无止境，满意每一天"理念。这些理念源于基层，职工听得懂、记得牢，成为大家自觉遵守的行为规范。油田站队文化建设的标杆——修井 107 队，着力培育"战必用我，用我必胜"的铁军文化，建队 35 年，累计修井 1054 口，完成 21 口高危高难井抢险任务，被誉为"英勇善战的修井铁军"，2016 年被授予"全国先进基层党组织"荣誉称号。

大庆精神大庆品牌始终坚持以人为本　突出职工主人翁地位　关注职工需求实现人企共赢

面对低油价冲击，企业经济效益和职工收入受到一定影响。我们更加关注职工的需求和感受，将企业大目标与职工小目标有机融合。

关注职工成长需求，搭建职工建功立业平台。开展"传统立身、勤俭立业、百年立功"全员行动，动员职工贡献金点子、打好算盘子、撑满钱袋子。通过"三立"行动，广大干部、职工创新热情空前高涨，降本增效取得可喜成果。创建群众性创新、创效集成共享信息平台，上传合理化建议 2.1 万余条、"五小"成果 1100 余个、技术革新 4900 余个，上线展示油田劳模创新工作室 100 余个，实现了信息交流、成果共享。开展"油田工匠"选树宣传活动，评选了首届"油田工匠"12 名、提名奖 14 名，大力弘扬"劳模精神"、"工匠精神"，营造了"劳动光荣"的浓厚氛围，12 名革新能手荣获"龙江工匠"称号，采油二厂高级技师刘丽领衔的刘丽创新工作室被列为拟命名的 100 个全国示范性劳模之一和工匠人才创新工作室。2012 年起，创办职工创新大讲堂，已举办 100 期，进一步点燃了全员创新之火。

关注职工生活需求，让职工更有获得感。在做好民主管理，保障职工政治权益的同时，大庆油田

各级党政组织千方百计办好事、办实事,让职工群众共享企业发展成果。大力改善一线职工生产、生活条件,完善了"三室一场"、配备了"三箱一柜",建设了一批"花园式"站队。公司工会为职工办理了工会会员服务银行卡22万多张,职工通过银行金融服务和商家消费活动获得优惠7000多万元。

关注职工精神文化需求,保障职工文化权益。大庆油田发挥工会、共青团、文联等群团组织作用,推进落实中国石油"千万图书送基层、百万员工品书香"工程;组织了"为基层员工送春联"等文化下基层活动300多场;开展了广场文化演出、"踏着铁人脚步走"大型徒步、朗读大赛等群众性文体活动,广大职工群众当主角、展才艺,体现了自身价值,提升了幸福指数。

大庆精神大庆品牌始终坚持造福社会　突出新发展理念　打造资源节约型和环境友好型企业

作为能源企业,我们以"创新、协调、绿色、开放、共享"的新发展理念为统领,以"奉献能源,创造和谐"为宗旨,加大生态文明建设和环境保护力度,促进企业与自然、企业与社会的和谐发展。

坚持科技治污,建设绿色油田。大庆油田建成了我国最大的工业污水处理系统和世界最大的污水处理示范区,处理后的合格污水全部回注油层,实现污水零外排;构建了"三个一体化"立体节能体系,"十二五"期间,共节能83.3万吨标准煤、节水2408.9万立方米;大力开展环境治理,建设美丽矿区,绿化覆盖率达到36.9%,为大庆市荣获全国环保模范城市和全国十大魅力城市做出突出贡献。

回应社会关切,履行社会责任。大庆油田先后参与承担了城市道路、亮化等100多项城市基础设施建设,大力支持哈大齐工业走廊建设,带动区域经济发展和劳动力就业,已建成连接哈尔滨、齐齐哈尔等主要城市的东北天然气骨干管网,形成了以大庆为中心、覆盖黑龙江中西部地区的油气经济圈。

恪守诚信友善,打造开放大庆。随着我国"一带一路"建设的推进,按照中国石油整体部署,加快海外业务发展。在海外,我们注重与资源国建立"互利共赢"的合作关系,通过培养当地员工,拉动当地就业,开展捐资助学、打井修路等社会公益事业,在当地树立起负责、诚信、友善的大庆品牌形象。

在塑造大庆品牌的过程中,我们始终抓好大庆精神的传承与发展,做到不丢根、不断线、不衰减。持续抓好文化传承。坚持把弘扬传统作为职工入厂、入党教育的第一课。2010年起,开展了"石油魂——大庆精神铁人精神"巡回宣讲活动,累计宣讲514场,行程42万公里,受众190多万人,使大庆精神深入人心、享誉海内外,宣讲总队被中宣部授予"基层理论宣讲先进集体"光荣称号。建立了铁人王进喜纪念馆等22个中国企业精神教育基地,以"铁人""创业"等命名了一批城市景观,以特有的文化符号传播企业精神,展示企业形象。持续抓好媒体传播。抓住纪念大庆油田发现50周年、第三次荣获国家科技进步特等奖和"王德民星"命名等重要新闻节点,组织开展了20余次大型媒体公关活动,在新华社、《人民日报》、中央电视台等主流媒体刊发新闻稿件和署名文章1000余篇,有效提高了大庆油田的知名度和影响力。参与并创作了电影《铁人》《奠基者》等一批影视文学作品,进一步增强了大庆精神的感染力、传播力。积极开展新媒体建设,创立了油田新媒体中心,开通了大庆油田微信公众号和大庆油田工会APP,引导职工在参与、互动中受到启发,增强对以大庆精神为核心的企业文化的认知和认同。持续抓好典型示范。坚持用先进典型引领队伍,从铁人王进喜到新时期铁人王启民,再到第三代铁人——"大庆新铁人"李新民,从会战时期"五面红旗"到新时期"五大标兵",做到不同时期有不同时期的典型、不同行业有不同行业的典型。新时期,开展了"油田功勋员工""感动油田人物"和"最美青工"等评选活动,先后培养选树各类典型5000多个。在先进典型的感召下,大庆油田上下形成了崇尚先进、万马奔腾的生动局面。

党的十九大提出"坚定文化自信,推动社会主义文化繁荣兴盛",为我们明确了新的文化使命。大庆油田将以文化峰会为契机,深入学习贯彻习近平新时代中国特色社会主义思想,大力推进油田振兴发展,为中国石油建设世界一流综合性国际能源公司,为实现中华民族伟大复兴的中国梦,做出新的更大贡献。

（作者系大庆油田有限公司党委副书记、工会主席）

塑魂　以文化人

方建国

1999 年 8 月 28 日北京移动通信宣告成立，当时提出了"建首强之网，创优质服务，向世界一流通信企业迈进"的奋斗目标。2002 年 10 月，中国移动北京公司制定了《企业文化建设实施纲要》；2004 年，第一次提出了企业发展与员工成长之道；2006 年 10 月，何宁总经理提出"我服务，我快乐"的服务理念，要求中国移动北京公司提供的不仅是优质的信息服务，而且是美好的心理体验；之后，中国移动北京公司不断完善文化理念体系、文化培训体系、心理管理体系、标杆示范体系与整合传播体系；时至今日，"和谐、乐观和主动性"仍是北京移动通信最普遍认可的行为价值；2014 年以来，随着 4G 的规模发展，中国移动北京公司站在了"互联网＋"和"流量移动化"两大风口上，周毅总经理要求中移动北京公司"干在实处，走在前列"；2016 年 11 月，在总经理范云军的倡导，中移动北京公司再次对文化理念进行了重塑，提出了"客户为根、员工为本、激情敏捷、有责无界、协作开放、和而不同"的文化理念。要求员工围绕企业文化做出承诺，通过澄澈的思考、明确的目标、热忱的渴望、坚定的信心、执著的坚持，建立共有的长青基业，彰显出企业自身文化建设的魅力和张力。

致力于培育基于文化理念的领导力

领导力是管理人员的核心能力。管理者与领导者最大的不同在于管理者侧重于在稳定现状中提高效率，而领导者善于在变化中捕捉机会。中国移动北京公司要求各级管理者成为公司文化的倡导者和示范者，身体力行公司的价值理念，模范遵守行为规范，努力改进工作作风，成为员工的表率。管理者以言传身教的方式将公司文化传递给每一名员工，充分利用多种机会、在各种场合积极宣扬公司的价值理念，在与员工接触、交流的过程中引导员工的价值立场，有意识地营造、维护公司的文化氛围；在处理与员工、客户、社会、合作商等内外部关系时坚守公司的价值立场，坚决维护公司的信誉和品牌形象。通过测评、培训、考核、激励等多种形式，

聚焦"以身作则、共启愿景、挑战现状、激励人心、使众人行"五个方面提升管理者的领导力。

致力于提高员工基于文化理念的执行力

中国移动北京公司致力于把企业文化理念与企业的经营战略、发展目标，公司变革、技术创新、管理提升，文明创建、人文关怀有机结合起来，把企业文化理念分解、细化为可执行的任务目标，落实到具体的规范和标准上，融化于各项文化建设活动中，不断增强企业员工贯彻文化理念的执行力，坚持文化导向、用人导向和考核导向的一致性。

中国移动北京将理念体系作为所有制度必须遵循的基本原则和思维方式，作为制定和修订各项管理制度的逻辑起点和评价依据。将文化融入具体的管理制度，融入流程体系的标准化建设之中，融入管理者与员工行为规范的优化与承诺。

持续完善人力资源制度体系，实现薪酬管理的动态平衡、绩效评价引导的客观公正、教育培训资源配置的合理高效、员工职业发展机会的公平均等。最大程度调动干部、员工的积极性，确保公司战略目标、核心理念的落地执行。

不断构建全面激励体系，实行公司层、部门层、个人层"三层"激励机制，坚持正向激励导向，加大激励频次和力度，提高激励时效性和覆盖率，不断增强员工获得感。搭建全面考核评价（BPP）体系，调整唯 KPI 的考核管理思路，突出从行为、业绩、潜能三方面综合评价各级员工，不断增强员工公平感。优化个人绩效管理体系，构建压力传递机制，落实闭环绩效管理和绩效全过程辅导，形成组织绩效与个人绩效一体化合力，不断增强员工成就感。

通过行为规范的修订、企业环境的布置、关键流程的优化和员工激励的多样化，将公司优秀的文化基因植入企业生产运营管理和员工的行为、业绩，在大幅度提高员工敬业度的同时，塑造公司优势。

致力于培育基于文化理念的协同力

中国移动北京公司倡导团队内部成员间的协同和不同团队间的协同。公司鼓励个人创造业绩，更关注团队业绩，主张个人价值到团队中去检验。鼓励不同部门站在推动公司整体发展的角度高效协作。注重系统思考，坚持系统性边界原理，在动态性复杂中寻找杠杆解。

公司将 2018 年定义为"创新协同"年。强调深化协同，强化执行。树立协同意识，从分工、分利、分权转向系统性的协同。强调 DACC 协同力，在方向、协同、承诺、闭环四个要素上狠下功夫。将集体智慧变成集体承诺和集体行动，产生"1+1＞2"的协同结果。持续开展"阅拆悦享"读书分享活动，通过读书与分享，激发学习热情，共享知识与经验。为员工安装了"客户之声"软件，每周都能让员工听到客户的问题与诉求。通过大数据分析，把数据转化为信息，把信息转化为洞见，把洞见转化为行动，把行动转化为成果。通过劳动竞赛、技能大赛、评先创优等活动，创造了一个又一个闪光的品牌。小发明、小改革、小创新、小建议"四小"创新活动，集员工才智，为发展献策。通过竞赛和创新活动，员工热情得到了激发，才华得到了展示，员工和企业共同成长的理念得到了充分的诠释。在企业转型中不断挖掘自身潜能，不断寻求自身成长的机遇。不断提高对客户需求的理解力、深化同客户之间的联系，提升客户关系，发现、理解、引导客户需求，以情感认同和心理需求为核心推动力，释放产品的情感能力，实现营销模式由资源价值型向行为价值型转变。

致力于培育基于文化理念的凝聚力

中国移动北京公司致力于做到精准服务对象、精准服务时间、精准服务内容，从物质、精神、成长等方面丰富关爱内涵。"四季关爱"面向全员，"送服务到基层"心系偏远单位，"为员工办实事"力求件件有落实，一个个服务品牌，打通了服务基层员工的"最后一公里"，把服务送到了员工的心上。

大力开展"幸福 1+1"员工身心健康提升工程，各项品牌赛事不断延续、推陈出新。创新建立"幸福来吧"兴趣公社，15 个文体分社满足了员工多样化的兴趣需求，激励员工弘扬自尊、自信、自立、自强的精神，彰显了北京移动人的个性活力和团队合力！

公司积极推进以"五小"为重点的职工之家"暖心工程"建设，持续保障和提升员工的基本工作环境以及与工作密切相关的生活条件。创造家的气氛，提供建家资源，让员工在家的环境中安心、安定工作和生活，增强员工归属感。

致力于培育基于文化理念的影响力

构建"点—线—面"立体文化传播体系，不断创新学习方法、探索新途径、搭建新平台，结合企业实际，围绕生产经营，积极探索富有时代特点的新方式。点上，通过彩信、微信、KM 新闻等点对点沟通；线上，策划宣传专题，评选最美移动人，形成重点工作专业线条覆盖；面上，开展主题宣传活动，覆盖全体员工。在传播内容上，将企业文化的理念要求与员工和客户的需求相结合，充分考虑员工的成长需要和客户的情感需要。通过"精神人格化""理念故事化""规范案例化"的传播方式，使相对抽象的文化理念更贴近实际，更易被理解和深入人心。

推进示范工程，注重典型塑造。中国移动北京公司围绕生产经营，持续深化企业文化示范单位创建工作，探索特色文化管理模式，抓好文化落地最后 100 米。公司按照"三级联动，梯次培养"思路，完善"达标、优秀、示范"逐级培育的创建体系，形成企业文化示范单位"计划—实施—督导—提升"的闭环管理。

2017 年年底，中国移动北京公司员工敬业度比 2016 年提升了 11 个百分点，其中敬业员工数量增长了 27 个百分点，企业文化认同度达到 95%。

中国移动北京公司在多年的文化建设中，注重体系的完整性、注重管理的独特性、注重创新的引领性、注重工作的实效性；以先进的理念引领文化，以健全的制度保障文化，以广泛的参与涵养文化，以工作的业绩检验文化。在新时代，中国移动北京公司文化建设将以"大连接"战略为导向，以创新为动力，以一线管理实践为支撑，不断完善文化管理模式、方法和机制，持续提升公司软实力，促进企业持续健康发展。

（作者单位为中国移动北京公司）

国企党建要着力聚魂强基固本

么志义

党的十九大报告指出，要以提升组织力为重点，突出政治功能，把基层党组织建设成为宣传党的主张、贯彻党的决定、领导基层治理、团结动员群众、推动改革发展的坚强战斗堡垒。作为全国先进基层党组织，唐山三友集团党委认为，这些功能和任务定位，让国有企业基层党组织对新时代所肩负的全面从严治党责任认识更加清晰，工作中要把"突出政治功能"融入思想建设、组织建设、制度建设等各方面，充分发挥好"把方向、管大局、保落实"的领导核心和政治核心作用。

以思想建设聚魂

思想建党是我们党的优良传统和政治优势。只有把思想政治建设牢牢抓在手上，才能保证党的建设方向和效果。首先，要注重发挥党委理论学习中心组的引领示范作用，在学而信、学而用、学而行上下功夫。三友集团党委常规性地组织了员工集中学习研讨，进一步增强"四个意识"，坚定"四个自信"，并结合新任务新要求，从深化国企改革、加强企业党建等方面确定了35项重点任务，确保党的十九大精神落地见效。其次，以学习贯彻党的十九大精神为契机，大力实施党务干部素质提升工程。三友集团为基层党支部购买《中国共产党章程》《党的十九大报告学习辅导百问》等系列读本，把党的十九大精神作为组织生活会和"三会一课"重要内容，各级党委班子带头抓宣讲、做调研，以学促行，风气浓厚。最后，严肃党内政治生活，加强党性教育。推进"两学一做"学习教育常态化、制度化，抓好即将开展的"不忘初心、牢记使命"主题教育，把学习党章、党规、党史和习近平新时代中国特色社会主义思想贯穿其中，培养造就一支忠诚、干净、担当的党员干部队伍。

靠组织建设筑基

实践有力证明，做强、做优、做大国有企业离不开坚强的组织保证，提升组织力首先要增强政治引领力。在强化党组织的地位作用方面，三友集团党委认真贯彻全国国有企业党的建设工作会议精神，明确和落实了党组织在公司法人治理结构中的法定地位，完善了党委参与重大问题决策制度，突出党组织的领导核心和政治核心作用。在推进党组织设置创新方面，三友集团坚持新项目建设和党组织建设同步实施、新产业拓展和党建阵地拓展同步推进、行政领导调整和党务干部配备同步考虑，目前已建立了10个基层党委和143个基层党支部，实现了党组织和工作的全面有效覆盖。在夯实基层基础方面，重点推行了党支部标准化建设，每个基层党支部有一套党建工作制度，有一本党员教育台账，有一批党员学习资料，有一间党员活动室，有一个党员展示平台。支部堡垒坚强有力，党员先锋作用突出，企业生产经营蒸蒸日上，今年预计实现利润突破16亿元，同比增长近一倍。

用制度建设固本

党的十九大报告中明确指出，要全面推进党的政治建设、思想建设、组织建设、作风建设、纪律建设，把制度建设贯穿其中。这为我们以制度建设为着力点，狠抓党建责任落实提供了有力指导。

三友集团党委结合实际认真研究制定落实全面从严治党责任的实施办法，健全党建工作领导体制，梳理修订了23项党建工作制度和14项流程，倒逼党建责任落地落实。同时，积极探索党建目标管理与经营业绩考核相结合的有效途径，建立了党建绩效考核评价体系，从落实党建工作制度、加强党组织建设、落实意识形态工作责任制、加强企业文化及精神文明建设、党员教育管理等方面，明确了16个考核点28项具体指标，形成了"量化打分、评价分析、整改提高"闭环管理机制，充分发挥了绩效考核"指挥棒"作用。三友集团还配套完善了各级党组织书记抓党建工作述职评议考核制度，有力推进了基层党建工作全面提层次上水平。

党的领导是国有企业的最大政治优势，抓好党建是国有企业党组织的最大政绩。我们要始终同以习近平同志为核心的党中央保持高度一致，始终把抓好国有企业党的建设各项工作扛在肩上、抓在手上，以高度的政治自觉、有力的政治引领、强烈的政治责任，确保党的路线方针政策和决策部署在企业落地落实，奋力开创新时代国企党建工作的崭新局面。

（作者系唐山三友集团党委书记、董事长。本文摘自《人民日报》）

新时期企业文化传播策略和途径

徐　莹

面对中国经济的"六化纷争"和媒体的"三化叠加"，企业的外部环境发生了深刻变化。要应对这一变化，必须进行体制机制创新，推动企业文化传媒在内容、渠道方面的深度融合。

一、新时期企业文化传播面临的机遇和挑战

（一）新时期的经济环境

2013 年 12 月 10 日，在中央经济工作会议上习近平总书记首次提出"新常态"。此后，习近平总书记在多次讲话中阐述了"新常态"的内涵。新常态下，中国金融业面临内部和外部双重挑战。

在外部环境中，银行业面临汇率自由化、利率市场化、资金脱媒化、金融互联网化、资本约束强制化、风险诱发多元化等"六化纷争"的复杂局面。要破解"六化纷争"的外部挑战，金融企业就必须做好内功，通过改革突围、转型突破和从严治党，实现向体制要动力，向机制要活力，向改革要红利的总体目标。

（二）新时期的媒体环境

英国文豪狄更斯说过，这是最好的年代，这是最坏的年代。对于媒体而言，这个时代最大的特点就是转型，传统媒体向新媒体转型，专业媒体向自媒体转型，纸质媒体向数字媒体转型，人们正从"读纸时代"走向"读屏时代"。"读屏时代"，媒体面临"三化叠加"的挑战：信息脱纸化、作者业余化、阅读碎片化。一是信息脱纸化。数字媒体的出现，颠覆了原先信息单纯依靠纸张传播的历史，报纸、杂志等纸质媒体面对前所未有的挑战，以往通过办张报纸、办本杂志"包打天下"的时代一去不复返；二是媒体去专业化。自媒体的一大特点是信息生产者、从专业人员"飞入寻常百姓家"，信息生产不再是专业记者、编辑的专利，人人都有麦克风，个个都有"小喇叭"，过去那种控制几个主要媒体就能影响舆论场的时代也已是无可奈何花落去。三是阅读碎片化。新媒体时代，受众的阅读习惯从以往的深阅读走向浅阅读，阅读时间集中在生活中的零碎时间，因此"标题党""博眼球""吸睛式阅读"成为新时期媒

体传播的一大特点，如果不能在较短时间内抓住眼球，就无法有效传播信息，那种单纯注重内容生产不注重外在包装，只注重内容不注重形式的年代也已成为昨日黄花。

（三）传统媒体和新媒体的融合

面临经济和媒体环境的双重挑战，就必须打通传统渠道和新渠道之间的藩篱和隔膜，打造传统媒体和新媒体的融合之路。尤其是在党的新闻宣传工作中要打通"两个舆论场"的过程中更具现实紧迫性。只有清醒认识和客观分析传统媒体和新媒体的优势和不足，才有可能实现两者互补，顺利走上融合发展之道。在党的舆论工作座谈会上，习近平总书记强调，党的新闻舆论工作必须创新理念，要推动融合发展，主动借助新媒体传播优势。

二、企业文化传播的内容和途径

为了实现企业文化的有效传播，交行制定了"一源四渠"的传播策略，实现文化、品牌、新闻、声誉四大渠道的融合发展，提升企业文化传播的凝聚力、传播力、引导力和影响力。即："中央厨房"是内容生产的源泉。它担负四大职能：一是管导向，对内容信息的导向进行审核；二是管原创，每年年报、季报发布，以及年初工作会议等重大时间节点，在各相关部门提供的素材基础上，通过挖掘素材亮点，采写一批具有权威性和影响力的原创稿件，通过各渠道向外发布；三是管加工，对于各单位报送内容中涉及的人物头衔、称谓、姓名、数据等重要事实性内容进行审核；四是管分配，根据内容信息轻重缓急，决定在何种载体上发布。

"四渠"是内容"源头"的与受众之间的通道，通过降低传播中的阻力，提升内容传播的时度效，实现企业与读者、员工、受众、利益相关方的无缝连接。贴近社会热点，打造新闻传播渠道。对于企业宣传而言，其中一大难点是：除了部分利益相关方外，一般受众对于企业的新闻并不关心。你想说的社会不爱听，社会想听的你不能说。因此，如何拉近企业新闻与读者之间的距离，成为困扰企业新闻宣传的一个难点。对此，我们的做法是紧贴社会热点，提升读者阅读兴趣。在"五一"国际劳动节期间，交行微信公众号"文化交行"策划了头条《世界很大，你们最美——看见一家国有大行的"颜值"担当》，阅读量在短时间内突破 2 万，在社会上形成了巨大反

响。在《人民的名义》热播时，"文化交行"推出了一系列相关作品，其中《银行人眼中的"人民的名义"》一文阅读量超过了 12 万，跻身于与《人民的名义》相关的全国最热的 22 篇帖子。

变"互联网＋"为"互联网×"，打造文化传播渠道。文化传播的对象是企业内部员工。之前，我们采取"互联网＋企业文化"模式，以员工视角为切入点，采用更活泼的形式，使用视频、音频、图片等时尚元素为点缀，把企业文化理念转化为员工群众喜闻乐见的文化产品。面对新媒体的挑战，如何进一步贴近员工的需求，我们认为仅仅做加法是远远不够的，需要把加号变成乘号，才能满足当下国企企业文化宣传对于深度和广度的需求。与单纯的"＋"相比，"×"象征着倍增。这是一个全方位立体的要求，不是单纯地增加集中传播手段而已，落实这一宣传思想工作的要求，需要全面升级原先的"互联网＋"思维，代之以"互联网×"的倍增理念。在交行，我们试点打通内部渠道，通过在报、刊、网、微之间做乘法，放大企业文化传播效应。例如，微信×报刊，以官方微信"文化交行"为核心，串联一报一刊一网一端，寻找突破口，打通壁垒。在"文化交行"微信号上开放链接《交通银行》报、《交银》杂志、《路…》杂志的端口，实现一键直达。微信×官网，让交通银行官网与"文化交行"信息同步传播，实现双方深度融合。客户端×微信，选择性将"文化交行"微信号的稿件在"健康交行"手机 APP 中进行露出展示。微信×博物馆，在《交银》杂志上开辟固定的交行博物馆专栏，并通过杂志在"文化交行"微信号上的链接转载进行倍增传播。通过变"互联网＋"为"互联网×"，实现了文化传播几何倍数的放大。

依托一"品"五"牌"穿透策略，打造品牌传播渠道。"品"的甲骨文是三张嘴巴，古人云，三人成众，三张嘴巴意味着大部分人的评价，也就是现在所谓的社会公议。三个"口"，表示吃好几口，非一大口吞下。造字本义是"一小口一小口"地啜吃，慢慢地辨别滋味，享受食物。象征着品牌建设也非一蹴而就，而是需要日积月累，逐渐积累口碑，从而家喻户晓。品牌的积累需要经历从知名度、认知度到美誉度的过程。为打通品牌传播的渠道，交行依托"一品五牌"穿透策略，"一品五牌"中的"一品"就是交行的品牌体系，它依托的是企业品牌、文化品牌、人物品牌、业务品牌和服务品牌。通过精准的品牌定位、客户对位及产品卡位，实现了母品牌及子品牌目标客户的深度融合，达到了"一品五牌"品牌穿透策略的有效落地。

交行从为知名度而战到为忠诚度而战，打造声誉传播渠道。声誉，即声望名誉，就是别人对你的评价和称赞。其中的"誉"，篆文中的上部是众，下面是言，意为众人之言的意思，引申为众人加入，才能获得正面评价和称赞。具体到企业而言，就是引导利益相关方对你的评价和称赞。对外部而言，客户、监管众口铄金，交口称赞，对交行积极评价。对交行而言，我们的声誉文化正从 1.0 版本"为知名度而战"，即依托党委、政府主导、主控的媒体为主平台，转型为"为忠诚度而战"，即适应多元舆论，学会在毁誉中乘风破浪。用一句通俗的话说，就是你快，我更快；你多，我更多；你好，我更好。不断应对声誉硬仗。如：针对国际评级机构穆迪将中国主权信用评级从 A3 下调至 A1，一些国际机构缺乏对我国经济环境的基本了解，发布不恰当报告对我国经济运行产生不利影响，交行金融研究中心在第一时间发布报告，就穆迪调降评级的理由："中国实体经济债务规模将快速增长、相关改革措施难见成效、地方债及企业债将增加政府或有债务"给以反击，力陈穆迪下调评级客观依据不足，从专业角度予以有力回击，报告从"中国经济体总体负债水平不高""负债主要是内债，对外风险很低""中国宏观政策调节余地较大"等多个维度展开分析，比照国际标准、引用大量数据、论点鲜明有据，有力回应了穆迪不实论点，体现了交行发挥科研力量、维护国家利益的社会形象。央广网、新浪网、金融界等多家媒体予以了高度关注转发，相关新闻转载量达 40 余篇。在银行业舆情工作座谈会上，银监会将该案例作为近期声誉风险管理工作中的唯一先进案例提出表扬。

习近平总书记曾在党的新闻舆论工作座谈会上指出，在新的时代条件下，党的新闻舆论工作的职责和使命是"高举旗帜、引领导向，围绕中心、服务大局，团结人民、鼓舞士气，成风化人、凝心聚力，澄清谬误、明辨是非，联接中外、沟通世界"。这一职责和使命落实到国有企业，就是要用好全媒体综合宣传手段，实现党建宣传工作、企业文化工作效果的最大化和最优化，为国有企业深化改革、转型发展提供强大正能量和营造良好的舆论生态。

对交行来说，通过"一源四渠"建设，提升了企业文化传媒的凝聚力、传播力、引导力和影响力，构建了立体多样、融合发展的企业现代传播体系，增强了企业文化传媒价值。

（作者系交通银行股份有限公司企业文化处处长）

新时代国企党组织如何在企业文化建设中发挥积极作用

杜 娟

国有企业党组织如何在现代企业发展中充分发挥领导核心和政治核心作用，抓好企业文化建设这项凝心聚力、强基固本的基础性工作，已是新时代国有企业无法回避的重要课题，也应成为国有企业文化建设研究的重要方向。

一、党组织参与企业文化建设的优势

现代企业面临着激烈的市场竞争，要在竞争中生存和发展壮大，需要不断增强自身的核心竞争力。企业之间的竞争，关键是文化的竞争。建立与企业发展相适应，能够支持和引领企业发展的企业文化，进而增强核心竞争力，促进企业发展壮大，是当前所有成熟企业共有的特征。

习近平同志在全国国有企业党的建设工作会议上指出："坚持党的领导、加强党的建设，是我国国有企业的光荣传统，是国有企业的'根'和'魂'，是我国国有企业的独特优势"。作为国有企业，党组织的政治优势、组织优势、理论优势、制度优势和密切联系群众优势等独特优势使党组织在企业文化建设工作中能够并且理应发挥更大的积极性作用，应充分运用党组织的独特优势，建立符合企业发展的企业文化，促进企业科学发展。同时，解决了党组织在企业文化建设中利用独特优势发挥积极性作用的问题，国有企业建立什么样的企业文化、怎样建立企业文化也就迎刃而解，有了明确的指导思想和实现路径。

二、党组织参与企业文化建设的作用分析

（一）党组织积极参与企业文化建设是实现企业科学发展的强大动力

从大环境看，我国发展处于大有可为的战略机遇期，经济持续健康发展具有许多有利条件。然而也要看到，我国当前经济已由高速增长阶段转向高质量发展阶段，正处在转变发展方式、优化经济结构、转换增长动力的攻关期。在这一体制转轨、社会转型的重要历史时期，企业发展需要坚持全面深化改革和经济创新，把推动企业发展的着力点转到加强管理、提升质量上来，以实现更健康、更有质量、更可持续的科学发展。

企业文化决定着企业的战略方向、经营理念、管理水平和员工素质，对企业发展起推动、促进作用。企业文化就像滋养植物的土壤，建立什么样的企业文化，最终就会收获什么的企业发展成果。国有企业在企业文化建设中充分发挥党组织优势，积极参与企业文化建设，引领企业践行社会主义核心价值观，培育愿景明确、职工认同、特色鲜明、务实管用的企业文化，统筹员工、企业、社会和国家的利益需求，提取"最大公约数"，将企业做大、做强与国家、社会和员工的根本需要统一起来。通过企业文化逐步锻造出政治强、视野宽、素质高的领导班子，形成科学、民主的决策机制，确立明确的战略导向和经营理念，培育出具有较高执行力和业务素质的中层团队以及业务骨干，为企业的科学发展提供强大的动力和支撑。

（二）党组织积极引领企业文化建设是深化企业改革发展的重要途径

十九大再次提出了坚持全面深化改革，其中以经济体制改革为重点，而国有企业改革是整个经济体制改革的中心环节，国有企业必须健全完善现代企业制度，形成权责明确、运转协调、有效制衡的决策执行监督体系，加大人事、用工、分配等"三项制度"的改革力度，实现向更加符合基本经济制度和社会主义市场经济要求的国有企业运行机制转变。

在深化改革的过程中，企业文化要为深化企业改革服务，而党组织更应在这一重要历程中发挥领导核心和政治核心作用，作用发挥的落脚点就在积极参与企业文化建设，引导企业价值观的提炼、重塑和升华，以共同的价值取向凝聚人心、汇聚人力，增强员工对企业改革的思想认同、价值认同，引导员工理解改革、支持改革，做企业深化改革的支持者和推动者，为企业深化改革做出自己的贡献。

（三）党组织积极参与企业文化建设是吸引、培养、盘活企业人才的有效手段

事业兴衰，关键在人。企业的发展依靠人才，

人才资源可谓企业发展最重要的战略资源。习近平总书记在全国国有企业党的建设工作会议上指出："坚持党组织对国有企业选人用人的领导和把关作用不能变，着力培养一支宏大的高素质企业领导人员队伍"。当前分析市场变化，抢抓市场机遇，全面深化改革，提高发展质量、增加效益、优化布局、调整结构，加强管理、降低成本等，都需要人才去落实、去推动。如何有效吸引优秀的人才进入企业、留在企业，培养人才、使人才为企业改革创新做出贡献，是企业人才战略能否贯彻落实的关键。

国有党组织要充分发挥党组织的政治优势、组织优势和密切联系群众优势，引领企业健全完善与企业人才文化和发展战略相适应的制度体系，进一步深化人才机制改革，建立起符合现代企业制度和科学发展要求的人才培养、引进、选用、激励约束机制。充分发挥企业文化激励和引导功能，打造适合企业发展的团队，凝聚一支积极进取、忠诚可靠，具有较高素质的管理者队伍、人才队伍、职工队伍，贯彻落实人才强企战略，是吸引、培养、盘活推动企业创新发展优秀人才的有效手段。

(四)党组织积极参与企业文化建设是实施企业创新驱动发展战略的客观要求

我国经济体系深化改革，根本出路在于创新，关键是要靠科技力量。国有企业应当在创新驱动发展战略的实践中当好主演，发挥主体作用。而传统国有企业，特别是垄断行业的国有企业，由于所处领域的垄断性或者获取资源的便捷性，恰恰缺乏创新的刺激驱动，缺乏一种创新的文化。

党组织积极参与企业文化建设，通过鼓励支持创新人才发挥才能、完善创新风险责任机制和考核评价激励机制等方式，为企业进行管理、技术上的各项创新提供宽松环境和正向引导，逐步构建企业创新文化，可以有效地增加企业活力，使企业具备朝气蓬勃的创新精神，保证和推动创新在企业内的持续存在和发展。

三、党组织积极参与企业文化建设的路径

(一)发挥政治优势和群众工作优势，践行社会责任，建设企业敬业文化

一是紧紧围绕企业生产经营目标开展党员教育活动，加强党的作风建设，提升党员的自身素质，培育爱岗奉献精神。二是围绕提高党组织战斗力，

完善工作制度，提升工作规范性。要强化"三会一课"和组织生活制度的贯彻落实，推进党员学习教育活动，加强和规范基层党建工作，使基层一线党支部工作常态化、制度化，有效提升党支部的战斗力和凝聚力，切实强化党支部的战斗堡垒作用。三是充分发挥先进人物的典型引领作用，确保党员模范带头作用得到发挥，努力做到重要岗位有党员、主要骨干是党员、关键时刻见党员。

密切联系职工群众，回应员工需求和呼声，增强员工归属感。企业要深刻认识到，要使员工爱岗敬业，积极为企业发展贡献自己的智慧和力量，必须真正贴近职工、关心职工、听取职工的意见，关系职工利益的重大事项与职工讨论，增强职工的归属感和积极性。

(二)发挥业绩考核导向作用，深入贯彻党管干部原则，建设企业高效文化

国有企业全面深化改革就是要积极推进完善现代企业制度，将企业打造成独立、合格的市场竞争主体。国有企业党委要进一步发挥组织优势，贯彻党管干部原则，坚持任人唯贤，注重实绩，创新选人用人和激励约束机制，倡导管理以经营绩效为首要职能，注重工作效率和对企业贡献效果的行为导向，为企业改革发展确立高效文化。

完善考核评价体系，发挥业绩考核的导向作用，构建企业高效文化。企业要建立"重业绩、讲回报、强激励、硬约束"的考核评价管理机制，并依据考核结果定薪酬、定升降，建立健全有利于企业转变发展方式的考核评价体系。

充分发挥民主评议等党内评价机制的引导、激励和纯洁队伍作用，落实党管干部原则，促进企业高效文化的确立。定期开展评议工作，对经评议为优秀的党员进行表彰，对不合格的党员进行处理，注重发挥民主评议机制的作用，激励和引导党员干部积极履行职责，贯彻企业高效文化，在各方面充当表率。同时，国有企业党委要深入贯彻坚持党管干部原则，在选人用人工作中切实发挥党组织的责任与作用，积极运用民主评议和推荐的结果，坚持与现代企业管理制度相适应。

(三)贯彻集体决策机制，强化监督职能，建设企业稳健文化

国有企业党委要充分发挥党的制度优势，贯彻落实民主集中制，实行"三重一大"、集体决策机制，

完善董事会运行机制和内部监督机制，规范经营行为，加强风险防范。通过相关制度规范的健全完善和有效运行，形成合力，发挥其引导、约束功能，提高管理者和职工行为的规范性和自我约束力，营造适合企业发展的内部氛围，保证企业健康发展，建设企业稳健文化。

只要企业存在，企业文化建设过程就没有完成时，只有进行时。国有企业党组织在企业文化的建设过程中应发挥领导核心和政治核心作用，主动参与到国企深化改革实践之中，将党组织的政治优势、组织优势、群众工作优势等独特优势与企业管理实践深度结合，渗透于企业的各项体制、机制和生产经营中，转化为企业文化的有机组成部分，并最终转化成为企业的竞争优势、创新优势和科学发展优势。

（作者系中国冶金地质总局矿产资源研究院纪委书记）

张瑞敏：海尔 32 年"不触礁"的智慧

迟忠波

2016 年 6 月，通用家电正式成为海尔集团的一员。海尔以 55.8 亿美元对通用电气家电、业务完成了并购，这也是中国家电行业迄今为止最大的一笔海外并购。2016 年，也是张瑞敏掌舵海尔的第 32 个年头，海尔集团迎来 32 岁生日。32 年来，张瑞敏将海尔集团从一家资不抵债、濒临倒闭的集体小厂打造成了全球最大的家用电器制造商，而和海尔同一时期的企业，大部分已经在各类危机的打击下，如流星般陨落。这些企业中，也曾有过耀眼的辉煌。

但是，海尔为什么能保持 32 年的持续发展？张瑞敏是用智慧，化解了海尔 32 年当中遭遇的各种危机，从而也自信地认为，海尔从没出现过大危机。

海尔的第一次挑战

1989 年 7 月，是青岛最炎热的一个夏季。青岛海尔电冰箱股份有限公司的会议室里的气氛，让人有些透不过气来。参加会议的人员神情严肃。会议讨论的主题是：海尔冰箱的价格到底降还是不降？

这个选择决定着海尔今后一个时期的成败。1989 年以前，无论哪个厂家的冰箱，无论什么样的品牌，质量如何，功能如何，都能从市场上卖出去，还经常会出现排队抢购的现象。于是，1988—1989 年，国内的冰箱厂如雨后春笋般涌现出来。巨大的生产量让冰箱市场很快出现了供过于求的局面。在这种情况下，销售部向张瑞敏请示的不是海尔冰箱应不应该降价的问题，而是降多少的问题？可是，令参会人员万万没想到的是，张瑞敏做出了一个出乎人意料的决定：海尔冰箱不仅不降价，而且所有型号产品提价 12％销售！参与人员以为自己耳朵听错了，张瑞敏又斩钉截铁地强调了自己的决定。散会后，一些老员工担心张瑞敏这个"自杀式"决定会把海尔毁了，偷偷地将这个情况向海尔的上级主管部门进行了汇报。当时的海尔还是集体企业，上级主管部门得知之后，也要求张瑞敏妥善处理，否则责任自负。言外之意是一旦这个决策失误，张瑞敏的职务很可能不保。但是，张瑞敏并没有受这些因素的影响，依然让相关部门坚决执行自己的决定。

半个月后结果出来了。其他冰箱品牌的价格战打得昏天黑地，可是，销售却非常惨淡。而海尔虽涨价 12％，商场里消费者依然排队抢购，销量和利润均大大好于往年同期。"砸"出来的危机解决之道为什么会令海尔转危为安呢？答案，就在海尔 1985 年发生的一件事情上。

当年，张瑞敏接到一位冰箱用户的来信，信中说，他攒了几年的工资买了一台海尔冰箱，结果发现冰箱门上有两道划痕，用户感到很失望。看了信之后，张瑞敏到存放冰箱的仓库突击检查，发现 400 多台冰箱里，有 76 台存在各种各样的小缺陷。张瑞敏马上召开全厂职工大会，宣布这 76 台冰箱要全部砸掉，谁干的谁来砸。这个决定遭到了在场所有人的反对。有职工说，这些冰箱都是一些不影响使用的小问题，砸了太可惜。而此时，海尔还有 147 万元的外债，而 76 台冰箱价格将近 20 万元，可不是个小数目。可张瑞敏决心已下，他说："从今往后，海尔的产品不再分等级，有缺陷的产品就是废品，把这些废品都砸了，只有砸得心里流血，才能长点记性！"他抡起大锤亲手砸了第一锤！随后，其他人也跟着砸了起来，很多职工砸冰箱时都流下眼泪。其实，张瑞敏意识到，职工们还没有从骨子里植入质量意识，但矫枉必须过正，响鼓必须用重锤。这一砸唤醒了海尔人的质量意识，更砸醒了职工们在冰箱畅销时的危机意识。正是这种意识，在四年后，当许多冰箱厂被卷入中国家电行业第一次价格战不能自拔的时候，海尔却凭借过硬的质量敢于逆势提价，不仅置身于价格战之外，并且通过涨价，给海尔品质做了最好的宣传。

张瑞敏化解危机的智慧

智慧一："如履薄冰，战战兢兢"

当别人把张瑞敏砸冰箱作为化解危机的经典事件来分析的时候，张瑞敏却说这只是他"如履薄冰，战战兢兢"再普通不过的一天。张瑞敏说，他每天的心情都可以用这8个字来形容。现在可以解答文中开头的问题，为什么在30年中张瑞敏没有印象深刻的危机事件？因为没有危机意识，才是企业家最大的危机。

在张瑞敏看来，绝不能允许把海尔置身于险地，小的危机只要一露头，就要彻底铲除。很多人是在逆境中关注危机，而张瑞敏在顺境中也过得"如履薄冰，战战兢兢"。要知道很多人只关注危机中的机会，但是，大部分人却忽略了机会中的危险。"日事日毕，日清日高"，就是张瑞敏对待小问题，避免大危机的最好落点。"我们的公司离破产永远只差18个月"，这是比尔·盖茨告诫微软员工的话。张瑞敏的危机意识要比盖茨更进一步，张瑞敏同样告诫员工，"海尔离倒闭只有一天"。

智慧二："没有次品，只有废品"

"以人为本"是书面化的提法，更像一句口号。可这句话恰恰是张瑞敏避开各种危机的核心智慧之一。"以人为本"这四个字深深地植根于张瑞敏的灵魂深处，海尔的产品不能让消费者有任何地不满意。如果有，则必须马上清除掉。这一点贯穿了张瑞敏和海尔集团30多年的成长历程。从过去顺应农民需求，开发出能"洗地瓜"的洗衣机，到近年来围绕客户需求，让海尔化整为零成为"创客平台"，都是以人为本的表现。就像皇帝要看清自己到底有没有穿衣服，不是去问大臣，而是需要一面镜子；一个企业要知道产品的情况，不是听各个部门的汇报，而是要密切监测消费者在使用产品过程中的反馈。

智慧三："天天在学习"

做前瞻性判断是企业家化解企业未来危机的金钥匙。2008年全球金融危机，海尔又一次成功避开，这是因为张瑞敏提前准备好了过冬的"棉衣"。张瑞敏的这种本领从何而来？

海尔集团前总裁杨绵绵说，在她的印象中，张瑞敏几乎天天在学习，最可贵的是他不仅仅停留在理论上，同样善于实践。张瑞敏从不放弃学习提升自己的机会，他跟很多记者是好朋友，在被采访的时候，他也在向记者学习。记者的视角广阔、敏感，经常能捕捉到市场第一时间的变化。

我们的很多企业家重视员工的学习培训，却有时忽略了自己的学习。海尔之所以保持持续发展，一个重要原因是张瑞敏学习提高的速度比海尔的发展速度更快。否则，要么张瑞敏阻碍企业发展，要么张瑞敏被企业淘汰。

正是这种学习，让张瑞敏具备了前瞻性。在冰箱供不应求的时候，别的厂家都是"萝卜快了不洗泥"，而海尔则将精力集中在质量上。2008年，张瑞敏意识到，互联网时代的到来，对企业的运营模式必将产生根本性冲击。而同时，他也发现海尔已经产生了大企业病。同年8月，他带领海尔开始探索"零库存下的即需即供"这一新的商业模式，既要没有库存，还要第一时间满足用户需求。这后来被媒体称为"砸仓库"。就在海尔2008年8月"砸掉仓库"之后两个月，席卷全球的金融危机爆发了。当大部分企业深陷危机的时候，海尔的销售额和利润额却逆势增长。企业家只有不断地学习，才有可能利用自己掌握的新知识做出前瞻性的判断。

智慧四：从别人的失败中学习

在与张瑞敏的对话中，他主动提到柯达。他说："柯达曾经是胶卷业的老大，而且它可能是最早搞出数码相机的，有数码（技术）基础，但是最后它恰恰是被数码时代所淘汰了。"百年的柯达竟然申请了破产保护，这对张瑞敏是一个触动，更让他警醒，海尔要做时代型企业，才能不被时代所淘汰。多看看别人的失败，从中总结出教训，才能减少自己的失败，这是避免危机的不二法则。张瑞敏不是首席执行官，更像首席风险官。

（作者系中央电视台经济频道《经济与法》栏目首席记者。本文摘自《中外管理》）

品牌打造方法和品牌管理应用

李峥嵘

一、从新浪、微博的企业文化看品牌打造

新浪的企业文化，也就是核心价值观是"you are the one"，一切由你开始，你是最重要的那一个。这个"你"既指合作伙伴，又指用户，也指我们员工自己。新浪尊重员工，尊重用户，以客为尊。

2009 年 8 月，基于完全公开的开放式表达和社会化传播的微博诞生，前所未有地使公民的知情权、参与权、表达权和监督权得以扩大和满足，更进一步地强化了由"社会公民"转变为"网络网民"后所形成的网络社群，同时也开辟了政府政务公开、服务大众的新途径、新渠道。经过八年的发展，微博月活跃用户规模增长到 3.76 亿，日活跃用户 1.65 亿，移动端月活跃用户占比达 92%，再创新高；同时微博加快垂直化领域布局，月阅读量超百亿的垂直领域达 23 个。

新浪微博在建设网络良好生态上负有社会责任，在净化网络空间、积极传播正能量上，有能力、有义务为形成"网上网下同心圆"贡献力量。

（一）正能量宣传

微博高度重视正能量宣传工作，成立了由微博 CEO 王高飞为小组长的正能量报道小组，过去两年间，微博累计投入价值 7 亿元资源，用于放大媒体、政务信息的传播效果，提升正能量声音。

2016 年 7 月，在南海仲裁结果公布后，微博助推放大主流媒体正能量内容，其中《人民日报》发布的"中国一点也不能少"海报微博，受到网友的热烈追捧，政务、媒体、企业、明星等社会各界纷纷转发，单条微博转发超过 300 万次，"中国一点都不能少"话题总阅读量 65 亿次，讨论量 880 万次，掀起一股风靡全国的网络热潮。

2017 年 6 月，成都地铁发布"伸出一只手一只脚，就多了一份安稳的守护"微博，讲述一位男生小举动帮助轮椅乘客免于车厢晃动的事迹，感动了广大网友，获得大量互动转发，共青团中央、《人民日报》等政务机构、媒体、明星及 KOL 参与传播，成都地铁和《人民日报》的微博单条阅读量分别达到

2620 万次和 2160 万次，点赞量共计 38 万次，"最暖地铁小哥"迅速成为社会热点。类似这样的正能量小事传播，微博上天天都在发生。

此外，微博也积极投身于大型正能量报道项目中，如：党的十九大成了微博上一场 35.2 亿次微博点赞的盛会；仅在媒体领域就有数百家媒体，产生了百余场直播、10.4 万条短视频以及超 30 亿次的观看。

（二）以技术促共治

微博作为当前最大、最有影响力的社会化媒体平台，一直致力于通过技术产品创新提升社会共治效率。2016 年，我们深度参与了公安部儿童失踪紧急发布平台和全国辟谣平台的建设与运营。2017 年 1 月，公安部儿童失踪信息紧急发布平台发布了北京市朝阳区一名 10 岁女孩失踪的微博，在微博平台精准快速推送后，该女孩被热心微博网友及时发现，2 小时内被平安送回到家中。这件充满温暖的事儿，网友评论说"请推广此方式，我们不介意这种强制推送"！2016 年 5 月 15 日公安部儿童失踪信息紧急发布平台正式上线，平台官方微博独家落户新浪，同时微博也成为首家接入该平台的移动 APP。我们与公安部打拐办对接合作，建立了权威、规范、统一的儿童失踪信息发布平台和情景化精准传播平台。上线半年以来，共发布儿童失踪信息 572 条，其中找回儿童达到 533 名，找回率达 93%。参与"中国联通—湖南公安，政企联动解救群众"行动；同时，我们和公安部推出了致力于打击谣言、构建清朗网络的"全国辟谣平台"。这是全国首个针对全网的谣言举报和辟谣平台。在这里专业领域的微博网友、政府包括媒体都是网络健康环境的共建者。目前 #微博辟谣# 话题阅读总量达到 35 亿次。

（三）微博公益——以微博之力让世界更美

自从微博诞生以来，有一个新词汇占领了微博人群的道德观和价值观领域，这就是"微博公益"，它以一种微博的普通表达方式，不仅推动了公益事业的发展，重要的是传递了一种"回报社会、实现自我价值"的公益理念。从"随手拍照解救乞讨儿童"引发民众的公益热情，到"免费午餐"引起的网络热议，从冰桶挑战到微博助农，微博微公益平台上线以来，累计有 6 205 119 位爱心网友参与过捐款，转发及关注公益项目。

中央网信办网络新闻信息传播局副局长孙凯在

2016V影响力峰会上说，舆论环境、媒体格局、传播方式发生深刻变化，微博三方面角色不可或缺：凝聚社会共识不可或缺的平台；推动社会治理不可或缺的桥梁；发展公益事业不可或缺的力量。

二、新媒体时代，我们如何做企业品牌的构建与传播

移动互联网和社交媒体时代已经到来，信息传播环境已经发生了翻天覆地的变化。如，以"白鹤滩日记"为例：2017年8月3日，世界在建最大水电站——白鹤滩水电站主体工程全面建设。中国三峡集团以"白鹤滩日记"为题，开展了为期数月的社交媒体宣传。

传播渠道革命：从电视节目到门户新闻，再到社交媒体，信息的传播渠道在发生改变。微博话题"白鹤滩日记"累积阅读量高达1.5亿次，视频播放总量突破千万次。

传播语言革命：官博媒体账号的运营不仅仅是生硬的官话而是以科普、人文关怀和生活化的视角，用符合互联网阅读习惯的风格与网友重塑对话平台，紧扣大事件，通过社交媒体进行科普，网友情绪表达，表达强烈的民族自豪感。

社交媒体的最大的特点：赋予了每个人创造并传播内容的能力。每一个粉丝都是一个有价值的传播自媒体，我们需要重视和随时关注与应对他们的声音。

又如："月球车玉兔"的启示：2016年7月31日23时19分"月球车玉兔"发布最后一条博文温情告别这一单条微博的转发超过5万次，评论4.8万条，很多优秀的评论又引发了大量的二次传播，之后的24小时达到了关注高峰，社交媒体直接覆盖人群超9000万。

社交媒体改变了内容产生、传播的方式，虚拟社会越来越影响实际社会。

负面信息、舆情危机存在与传播形态发生改变——躺着也中枪——你听，或者不听，他们都已经在讨论着你；不会因为你没看见或没听见，而不存在、不传播。

微博是解读央企品牌、战略、使命的首选平台。在"北大央企论坛"上，我们主动设置议题，（如中石油，环境·责任·转型——绿色发展与清洁能源之路，探讨发展与环境的关系）进行舆论正面引导；参

与"红细胞行动"——中建装饰集团党建创新，通过微访谈、H5宣传，打造社会化传播的党建品牌，善用社会化传播方式，借势而为，重视企业品牌日常的口碑建设，危机时刻及时响应与迅速应对。

社交平台的发声主体是账号，企业可以通过增强账号的数量和运营能力提高内容质量，提升其在网络舆论场的传播力、引导力和影响力。传统媒体是单向传播，而社交媒体的互动性打通了不同的社会圈层和群体，让不同观点、不同立场的人能够平等表达，我们可以通过各种数据和网民评论得到传播数据，掌握和引导舆论方向。

社会化媒体本质是一种行为，是一种与人对话的能力，在新媒体的语境下，企业在社交媒体上要学会柔性表达，传播正能量，扩大影响力。所以，新媒体语境下，我们要重塑语言体系。

（作者系新浪网政府旅游事业部总经理，政府新媒体学院总编）

文化修身　打造国际一流能源集团

邹嘉华

中国大唐集团公司（以下简称中国大唐）坚持文化自信，实施文化强企，加强企业文化建设，以核心价值理念体系创新促进企业文化持续创新，为全体员工构建了共同的精神家园，为企业不断做强、做优、做大、迈向国际一流能源集团提供了强大的精神力量。

企业文化是促进企业发展最深层次的力量

长期以来，中国大唐坚持文化兴企、文化引领，有力促进了员工积极性、主动性和创造性的充分调动，企业活力、创造力得以竞相迸发。特别是2012年以来，中国大唐面对内外部环境的巨大变化，面对逐步出现和积累的新矛盾、新问题，正确判断面临的形势，客观分析基本矛盾和主要矛盾，深刻剖析改革发展的实际需求，鲜明提出了"价值思维，效益导向"核心理念和"务实、奉献、创新、奋进"的新时期大唐精神，形成了大唐文化的灵魂。企业文化为企业管理提升提供终极解决方案。五年多来，中国大唐加强文化管理，通过推进安全、创新、班组

等专项文化的组合文化，使核心理念、大唐精神宣贯与企业管理提升深度融合，在引领集团公司发展战略创新、促进科学管理、增强员工综合素质、提升企业核心竞争力等方面发挥了不可替代的作用。

在安全管理方面，中国大唐每年组织"安全 e 家"主题文化活动，增强了员工安全意识，营造了良好的安全管理氛围，集团公司系统 6 家企业获得"全国安全文化建设示范企业"称号。在创新文化培育方面，倡导"人人是创新之人，处处是创新之处"，命名了一批"创新型企业"和"职工技术创新工作室"，形成了全员参与、大众创新的工作格局。在班组文化建设方面，大力开展"组文化样板间"创建活动，为提高班组管理水平奠定了基础。企业文化是凝聚员工队伍的核心思想武器。文化是一种极强的凝聚力量。优秀的企业文化是一种黏合剂，把各个方面、各个层次的员工都团结在一起，朝着共同的目标努力奋斗。五年来，中国大唐以理念的创新、思想的解放、观念的转变，重塑了企业的核心价值观。通过持续大力宣贯，核心理念、大唐精神已经被广大员工广泛认知、认同，成为系统各企业的联结纽带，使大唐员工拥有共同的使命追求、理想信念，具有相似的价值体系、行为方式，使企业不再是一个个孤立存在、各自奋斗的经济实体、生产单位，而是一个有着共同语言和共同追求的整体团队，有效地建立了员工与企业之间的情感链接，使大唐员工每一天的工作变得更加具有责任感与使命感，体现出更强的执行力和创造力。

文化建设是一项久久为功的战略工程

中国大唐的企业文化随着企业改革发展的不断深化逐渐丰满成熟，随着企业生产经营的不断实践越来越深入人心。然而，中国大唐在建成国际一流企业文化的征途上，还有很长的路要走，需要长期坚持，久久为功，不能毕其功于一役。

企业文化体系的建设必须长期坚持。企业文化的吸引力就在于能够助推企业实现战略目标、攻克发展难关，把企业带到一个更高的发展阶段。企业要做强、做优、做大需要一个长期的过程，企业文化体系的建设如影随形，也同样需要一个长期的过程。现代企业的发展历程表明，优秀企业文化的形成都是在长期的发展中不断演变、进化，都有一个去粗取精、日臻完善的过程。对于中国大唐来说，

走过了"为解决电力短缺、满足国民经济快速发展的跨越式发展阶段"，如今已逐步走上了一条"解决历史遗留问题，更加注重质量、更加注重效益的可持续发展道路"，中国大唐在新的发展战略中明确提出了"建设资产优良、结构合理、布局科学、实力雄厚的国际一流能源集团"的发展愿景。这里的"实力雄厚"，既包括主要技术经济指标领先、资产盈利能力领先、抗风险能力领先这样的"硬杠杠"，也包括建设一流企业文化这样的"软指标"。建设一流的企业文化，既有新形势、新困难的考验，也有新理念、新思想的碰撞，是与时俱进的必然选择，需要积极探索、认真实践、大胆创新。企业文化融入企业制度必须长期坚持。企业文化是一种管理理论、管理思想、管理方法，其核心功能在于能够激发人的主动性、提高人的自觉性、增强人的责任感，从而使有形的规章制度、操作流程、管理方式产生出最大效益，创造出最大价值，而制度是体现企业文化思想精髓的显性存在，是实现企业文化功能的重要保障。企业的核心理念体系形成后，企业相关制度的制定、修改、废止，都应当保持同向、同步。只要对实现企业发展战略有帮助的，则必须不遗余力地坚持执行下去，最后把制度变成一种习惯、一种自觉行为。经过长期摸索与实践，中国大唐的核心理念体系已经融入企业安全生产管理、党风廉政建设、科技创新、人才队伍培养等方方面面。中国大唐把企业文化与管理制度的有机融合作为检验文化建设成效的关键因素，在发展中长期坚持，在发展中不断优化，使核心理念体系更加适应企业战略要求，真正实现文化建设推动发展战略实现的目的。一个国家的文化软实力，从根本上说，取决于核心价值观的生命力、凝聚力、感召力。企业文化的生命力最终要体现在员工对于核心价值观的认同上，体现在员工对于企业精神的自觉践行上。核心理念体系一旦形成，就必须不折不扣地执行下去。企业文化建设主体中的"人"，即员工队伍发生了根本性变化，他们独立意识不断增强，价值取向和个人诉求趋向多元，如果没有高强度凝聚力的企业文化，则难以将核心理念转化为群体行为习惯。截至 2016 年年底，中国大唐员工中具有大学本科及以上学历人员占比为 43.55%；35 岁及以下的员工占员工总数的 37.72%。到 2030 年，知识型员工与"80 后""90 后"甚至"00 后"将逐步成为企业主力军。应该说，"80

后""90后"的人生理想、行为方式与前几代人都有很大的不同，需要企业发挥优秀企业文化的独特优势，以文化人、以文育人、以文砺人，把企业的精神文化落实在每人、每天、每处，不断地将企业理念变成行为习惯，最终实现广大员工对核心理念的高度认同，夯实企业做强、做优、做大的共同思想基础。

建设国际一流能源集团需要一流的文化引领

国有企业在做强、做优、做大的过程中，创造了诸如"大庆精神""两弹一星精神""载人航天精神""核工业精神""人民兵工精神"等先进文化，这些优秀的企业文化又助推企业加快迈向国际一流的步伐。实践证明，一流的企业文化和品牌是通往国际一流的"通行证"，是达到国际一流的"合格证"。要成为一流企业，就要建成一流文化。发挥文化指引作用，促进改革发展。坚持用发展愿景、发展战略、发展目标激励和引导广大员工把个人的理想追求和企业发展战略结合起来，使企业的发展追求成为广大员工认可并为之奋斗的事业选择。中国大唐坚持以清晰的价值理念引领发展，把"价值创造"作为首要追求，把"创造效益"放在中心位置，以创造价值、创造效益作为决策依据、作为谋划工作的根本出发点和最终落脚点，作为检验改革发展及生产经营成果的重要标准，保证了中国大唐全面、协调、可持续发展，实现并分享着价值创造带来的成就感与幸福感。

同时，中国大唐牢牢把握企业文化的管理属性，将企业文化建设与管理创新、制度创新结合起来，融入生产经营管理的全过程。深入贯彻"一流牵引、机制驱动、对标推进、持续改善、全面提升"的管理理念，把"对标提升"作为一种文化，不断深化对标，不断聚焦问题，逐步把理念变成纲领，把纲领变成行动，有效落实各项任务目标。创新制度运行机制，优化简化业务流程，完善内控体系建设，不断增强管控能力，把文化内涵体现于具体管理制度、管理流程的各项要求中，体现于员工岗位奖惩、技能晋级等考核通道中，让员工在考核中规范行为，在规范中固化于心、形成自觉，转化为推动工作的强大动力。发挥文化激励作用，打造优秀团队。中国大唐坚持以社会主义核心价值体系为根本，以核心理念、大唐精神的宣贯为主要内容，加强员工思想道德建设。根据企业发展的实际需要，持之以恒地开展好主题鲜明、生动活泼的形势任务教育，振奋精神、鼓舞士气、凝聚人心、激发干劲。深入开展"大唐文化再学习、再教育、再宣贯、再深入活动"，使核心理念、大唐精神入脑、入言、入行，培育干部、员工共同的价值理念，不断增强"迈向国际一流能源集团"的紧迫感、责任感和使命感。充分发挥先进典型的示范引领作用，将企业文化人格化，用优秀的品德感染人，用模范的言行影响人，用感人的事迹激发人，使干部、员工学有方向、赶有目标，释放智慧、激发活力，在企业改革、发展中建功立业、成长成才。

发挥文化辐射作用，塑造品牌形象。中国大唐注重将无形的文化价值转化为有形的价值，为企业形象注入文化内涵，创造更大的附加值。严格按照集团公司企业文化建设"四统一"的总体要求，形成鲜明、统一、规范的企业视觉形象，走到哪里，都是"一面旗帜、一个声音"。中国大唐抓住集团公司在国家"一带一路"倡议实施中拓展海外市场的契机，做好企业文化的国际化宣传和"中国大唐"品牌推广，借助权威媒体、主流渠道，大力宣传中国大唐做强、做大，又好又快发展的重大举措、重大活动、重点工程和取得的重大成果，积极展示中国大唐在安全环保、节能减排、精准扶贫、保护环境、带动经济发展等方面的典型做法，提升"中国大唐"认知度、知名度、美誉度，彰显负责任、有实力、可信赖的企业形象。

（作者系中国大唐集团公司党组副书记、副总经理。本文摘自《企业管理》）

企业文化落地难的原因分析

胡 进

企业有了战略，文化就是最重要的问题。离开文化，战略将缺乏凝聚力，接近于一盘散沙，难以达成战略所要求的目标。在实践中我们一方面被震慑和憧憬于优秀企业的文化成功，另一方面我们又迟疑和迷惘于企业文化到底如何发生作用。

追问：什么是企业文化

世界上所有的问题，归纳起来只有三个，第一个是什么，第二个是为什么，第三个是怎么办？研究探讨这些问题的过程，实际上是最有价值的过程。

首先是企业文化的本质。在我们看来，凡是有人类留下痕迹的对象上，这个对象就留下了文化的影子，从而具有文化的可能。因此文化具有两个基本的属性：一是文化载体，也就是文化现象；二是文化创造力，也就是隐藏在文化载体之中的本质内容。如果只有载体形式，没有创造力的内容，那么这个对象就不体现人的劳动创造，不体现人的属性；当然，仅仅有创造力如果没有采用一定的载体表现，文化就不具有被认知的形式。文化本质是"道"，文化载体是"器"，它们之间"谁也离不开谁"。

无论如何，在文化的载体化过程中，创造力是文化最为本质的东西，或者说文化的本质属性是文化创造力，而不是文化的承载工具。因此抓住创造力这个"道"，就抓住了文化的本质。

企业文化本质上是创造力的载体化，是"道器合一"。企业文化通过企业产品、企业经营、企业制度、精神风貌等这些文化载体表现出来，并且被记录和保存下来，因此就形成了物质文化、行为文化、制度文化、精神文化这些具有文化载体形式的认识和分类。对企业来说，从形式出发，为了企业文化而建设企业文化，看起来很美、说起来很甜、做起来很难且往往容易流产。唯有从经营需要出发，为了企业战略而激活和开掘企业的创造力，才能够真正地契合 21 世纪企业经营环境和发展诉求。

把脉：为什么企业文化落地难？

企业文化不能是落地难，是说出来自最初良好的愿望往往不能真正实现。分析表面的原因应该是：(1)目标不合理，比如目标太理想化、过于空洞了；(2)方法不可行，文化建设没有找到适合本企业特征和能够被员工接受的方法；(3)组织不科学，缺乏必要的组织动力，没有形成科学的运作机制；(4)资源配置不合理，天天喊"文化"，但其财务制度除了资金和成本控制的影子，没有一条从物质上对文化建设加以鼓励的规定。

企业文化建设为什么会"两张皮"？"一张皮"是从企业现实出发，以企业战略为核心，外化为企业的经营和管理；另"一张皮"是从理想出发，以价值理念为核心，外化为企业 CIS 形象工程。企业战略往往来自企业对环境的认识和适应关系，企业的核心理念往往来自美好的感觉和艺术创作，或者来自对成功企业的借鉴和抄袭。源头不一样，各成体系，所以导致了"两张皮"现象。

在此过程中，不少咨询公司，以哲学范畴为指导，借用企业《员工手册》的体系和提纲进行填词式创作，企业文化内容就这样出来了。这些内容千篇一律地表现为：使命、愿景、价值观、精神、沟通口号、经营理念、管理理念等。纲举目张，每个标题再用三五句话进行概括，企业理念体系就形成了——它集中体现了一个"玄"字；再在网上搜索一些成功企业的条例，参照本企业的规定，一套员工手册就堆砌而成，这些空中楼阁的条例，无法落到员工心里——它集中体现了一个"虚"字。

所谓"先起飞，后落地"的运作形式，误导了企业对文化建设在具体内容上的理解，把企业文化从企业经营的具体内容中抽取出来后，却不能把它们分解到现实的关系中去，导致企业只会围绕文化的"一亩三分地"来种庄稼，形成主观上的封闭。

因此，企业文化与企业经营二元分离，不完全是执行力的问题。一个先决性的原因，是由于企业在文化建设时"摸着石头过河"，缺乏系统科学的方法论。

再继续分析，一个既"玄"且"虚"的理念，如何触动内心情感，引发参与热情？如果单靠一个好的理念，就可以促使员工赴汤蹈火，想法是不是有点太幼稚了？没有找到适合本行业、本企业文化建设的最简单、实用、有效的方法，企业文化便只能在一些空洞的价值观念上反反复复。企业文化若不能以事实证明其好处和用处，难以吸引员工积极参与也是很自然的。

文化，当它以自在的方式存在的时候，它是生长在现实土壤之上的，它是平凡的，也是质朴的，从而也是充满创造活力的。文化一旦脱离自己生存的土壤，就如无源之水。

我们看到，当前企业文化建设的模式就是从核心理念出发，然后推导出规范体系，最终外显为形象体系，进而以 MI、BI、VI 的识别系统表现出来。若只从价值概念出发，而不是从解决企业矛盾的实际需要出发，也不是从企业的战略目标和企业经营关系出发，企业文化无论在理论上还是在方法上，往往都会成为一个自我封闭的环道，这恐怕是难以落地的困惑。

落地实施：企业文化如何发挥创造力？

要想寻找文化实施的正确路径，我们首先必须知道企业文化是怎样形成的，它自身又有怎样的运行规律。

很多优秀企业的文化都带有浓厚的特色。比如一提微软，我们就会想到比尔·盖茨"让每个人的桌上都有一台电脑"的壮语；一提海尔，就会想到张瑞敏抢大锤砸冰箱。文化仿佛生来就带有企业家浓厚的传奇特色，事实上也确实如此。文化的源头就是企业创始人本身，创始人在思考过程中，构建了企业的理想、信念、风格、价值追求和行为准则。它通过一定的方式传达出去，被员工所接受，并将其贯彻于公司的经营管理制度和经营管理过程中，体现于员工的创造力。这就是企业家文化的魅力。

但是，企业家文化还不能简单地等同于企业文化。把企业家构想、设计、倡导的精神理念变为每个员工的行为，还必须有若干中介和环节，有一系列循序渐进的文化落地的过程。

第一步，文化落地是员工对价值观认同的过程。员工只有达到对企业本质的认知，才能形成对企业目标和方向的认可，最后内化为理念和情感的认同。

如何实现"认知、认可、认同"？就是员工职业化，这是企业生存和发展的基础。企业的创造力始终是根植于员工的，如果员工思想和行为缺乏创造力，企业的创造力就成了无源之水，无本之木了。让员工从"业余运动员"变成"职业运动员"，让团队从"土八路"变成"正规军"，抓住这一根本性，是文化落地的根本举措。

很显然，员工对企业缺乏必要的认知，其职业素质就无法提高，难以应对工作挑战；员工对企业战略缺乏认可，其工作效率就无法提高，难以应对市场竞争；员工对企业文化缺乏认同，就会对企业缺乏情感，难以凝心聚力，同心协作。因此，如果企业文化建设放弃了员工这个根本，即使理念体系做得再动人，也将是空喊口号；即使行为体系做得再规范，也将失去活力；即使视觉体系做得再漂亮，也将华而不实，徒增浪费。

第二步，文化落地是员工相互之间对文化承诺的过程。员工认同文化之后，便会主动地进行"承诺"，做某些符合价值观的行为或者杜绝某些不符合价值观的现象。承诺之后，员工便会在企业的帮助之下，将他的承诺付诸"行动"，这就是价值观的行为化。一旦行动成功，该行为便会不断出现，不断强化，逐渐形成文化指导之下的行为"习惯"。

如何实现这里的"说到、做到、恒到"？就是管理标准化，这是企业创造力的保障。有策略地规划文化推广的进程，系统化地进行文化传播，以及制度方面对企业文化落实的保障，让文化理念通过制度、流程、管理原则等保证不折不扣地贯彻到行为上，并体现在对外的形象上，达到内外一致，表里如一，从而让文化落地这条路走成内外贯通的"康庄大道"。

第三步，文化落地是员工创造力自由发挥的过程。企业文化建设就是以员工职业化为基础，以管理标准化为保障，致力于企业创造力的培养。在企业文化的运行规律中，我们逐渐认识到这样一个内在的决定关系：当员工对企业目标有了深刻认同，对价值观有了成功行动之后，就会产生思想上的自觉、行为上的自律和组织上的服从。此时，员工的潜能将会充分被挖掘，企业的创造力也会充分被释放，在共同理念的聚合作用下，员工的思想自觉、行为自律产生创造力的自由，自由创造必然使企业充满创造活力，这种创造活力就是企业持续发展的能力。因此，欲使企业发挥持续的创造力，必先使员工的创造力得以自由发挥；欲达到员工创造力上的自由发挥，必先达到员工行为上的自律；欲达到员工行为上的自律，必先达到员工思想上的自觉；欲达到员工思想上的自觉，必先达到共同价值观上的认同；欲达到员工价值观的认同，必先达到员工对企业目标的认可，欲达到员工对企业目标的认可，必先提高员工的文化认知。"认知→认可→认同→自觉（说到）→自律（做到）→自由（恒到）"是文化建设的六个环节，其中环环相扣，缺一不可，形成了整体互动、相接而成的关系。

黑格尔做了一个很好的比喻：他说一只手，只有在身体上的时候才是手，一旦从身体上割下来，就失去了手的价值和作用。文化落地也是这样，六个环节就是立足于员工的创造力，把企业文化建设、管理、输出整合在一个完整的运作体系之中的。

为此，我们有必要"重新审视"一下企业文化：企业文化是企业为解决生存和发展的问题而确立形成的，被组织成员认为有效而共享，并共同遵循和维护的理念和准则。创造力是文化的本质，员工职业化是创造力的基础，管理标准化是创造力的保障，组织协同一体化是创造力的整合。

在企业共同的文化认知上，通过科学的程序化设计和模式化设计，进行文化导入，赋予个人和团队信心、恒心、决心等精神力量，这时，员工理念才能转化为持续行动。除此之外，我们认识到，企业文化建设还必须把分散的员工文化力整合成团队的文化力，进而形成企业创造力。在这个整合过程中，企业文化才能真正产生感召力、凝聚力和影响力。因为员工文化仍不能等同于企业文化，正如部分不能等同于整体，甚至部分之和也不能等同于整体一样，只有在部分之和的基础上加以合理地排序和组合，达成结构上的有机统一，才能诞生整体的效果。因此，必须将分散的员工文化力整合成企业整体的文化力，企业文化建设才能产生凝聚力，久而久之成为企业成功的关键要素，帮助企业实现战略目标。

（作者系企业文化专家，《最好的企业最能经营文化》的作者）

浅议"看齐"文化的构建

王　亮

纵观企业发展历程，所经历的每一个重要节点，所取得的每一项荣誉成绩，都是不断地向标杆看齐、向先进学习的结果，都是不断地攻坚克难、拼搏实干的结果，也是不断地自我施压、勇于担当的结果。正是这份坚韧执着地向先进看齐、向一流看齐的精神，伴随着企业逐渐壮大、不断成长，为企业创造佳绩提供了强劲的内生动力。

"看齐"品牌文化的内涵释义

看是目标、是方向、是行动；齐是秩序、是标准、是原则。唯有看，才能齐则有序、齐则有力、齐则有效，然而看不是目的、齐不是终点，而是统一意志、统一行动的有效方法，是见贤思齐、自我提升的具体措施，是对照标准、争创一流的实际行动，是齐心聚力、共创伟业的牢固基石。

看齐是对照、是自律、是提升；看齐也是表率、是标杆、是典范，两者辩证统一，内强素质、外树

形象、以身作则、率先垂范、齐头并进、力争上游。

看齐是鼓舞、是激励、是精神；看齐也是义务、是责任、是担当，两者相辅相依，凝神聚气、催人奋进、敬业奉献、安全生产、优质服务、担当尽责。

看齐是突破、是改革、是发展；看齐也是凝聚、是引领、是超越，两者合力叠加，勇于开拓、精益管理、追求卓越、创造价值、持续发展、蓄势腾飞。

"看齐"品牌文化的具体阐述

看齐是全方位、多角度、深层次的对照检查，是由表及里、从内向外、由弱到强的成长蜕变，是对标树标、创建一流、共筑和谐的责任担当。作为国有企业，我们以四个"看齐"作为企业及员工的工作标准和文化共鸣：

向中央基准看齐：就是要经常、主动向党中央看齐，向党的理论和路线方针政策看齐。公司党委、全体党员要以党中央为基准、以集团公司党组为基准，坚决拥护党的领导，始终与上级党组织在思想上、政治上、行动上保持高度一致，切实发挥国企在社会经济建设中的主体责任，切实发挥党员干部在生产、生活中的模范作用。

向一流企业看齐：就是要立足行业做一流，树标国内创一流，对标世界争一流。公司要对照华电集团"创一流"指标考评体系，围绕"一流的企业管理、一流的经营业绩、一流的员工队伍、一流的技能素质、一流的工作作风、一流的企业文化"六个方面工作目标，团结带领全体员工全力打造"五星标杆"、奋力创建一流企业。

向先进典范看齐：就是要向行业标杆看齐、向先进模范人物看齐。公司要在保持华电集团先进企业、五星连创的基础上，主动校正目标方向，查找短板不足，学习借鉴科学规范的企业管理经验，向更加先进的一流企业看齐，全体员工要弘扬劳模精神、争做先优典范，在工作中爱岗敬业、创先争优，积极立标杆、做示范；当旗手、做表率。

向规章制度看齐：就是要严格遵守党纪国法、坚持依法治企，按章办事。公司要按照建设法治华电的总体部署，围绕全面建设治理完善、经营合规、管理规范、守法诚信的法治企业目标，坚持法治体系、法治能力、法治文化一体建设，全体员工要自觉向规章制度对正看齐，主动查违纠弊、规范言行，模范遵守纪律法规。

"看齐"品牌文化的自觉实践

事实证明，没有看齐意识，就不可能形成同心同德、同频共振、同向发力的良好态势，也不可能把依法治企、管理强企、文化创企的要求落到实处。为此，黑龙江华电齐热公司结合"看齐"文化品牌建设，围绕向谁看齐，看齐什么，怎样看齐，着重做好以下四个方面的自觉实践。

在看齐中铸好本色：公司的全体党员干部，特别是领导班子成员首先要带头强化"看齐"意识，坚定理想信念，加强党性修养，始终牢记共产党员的政治身份，时刻保持对党性觉悟的看齐、对能力素质的看齐、对领导作风的看齐、对遵规守纪的看齐，做到坚决主动、一丝不苟地向中央基准看齐，在企业中自觉立标杆，主动做示范，以榜样的力量感召职工群众同心同向。

在看齐中学好本领：公司全体党员干部要经常向先进的理论文化看齐、向先进的技术技能看齐、向先进的管理经验看齐，全面系统地学懂学透政治理论的本领、学好学会干事创业的本领、学精学深提质增效的本领、学灵学活改革发展的本领，通过持之以恒地深入学习，切实提高自身的能力素质、切实增强自身的本领水平，为推动企业科学发展贡献聪明才智。

在看齐中干好本职：公司全体党员干部不仅要把"四讲四有"的具体要求内化于心、外化于行，始终保持"看齐"状态；对于工作部署要迅速反应、雷厉风行，坚持不等不靠、主动作为，在敢干、快干、大干中自觉"看齐"；坚持刀口向内、勇于自省，让发自内心的激情和干劲闪亮于言、展现于行，影响和带动身边的职工群众主动"看齐"。

在看齐中守好本分：公司全体党员干部要增强纪律意识和底线意识，要自觉向党纪国法看齐、向先优模范看齐，并以身作则、率先垂范，积极赢得职工群众的信任和效仿。要瞄准问题不松懈，针对问题即知即改，主动接受职工群众的监督，形成经常自我"看齐"的高度思想自觉和行动自觉，积极在工作岗位上恪尽职守，切实发挥好党员的表率、模范作用。

成功的企业文化是推动企业发展的动力源泉。虽然齐热公司"看齐"文化品牌建设仍在探索实践之中，但这决不能动摇齐热公司"对照先进树标杆、看齐优秀创一流"的信心与决心。"路漫漫其修远兮"，相信未来的齐热公司一定能够以"严谨高效、务实创新、对标看齐、追求卓越"的崭新形象，为华电集团建设具有国际竞争力的世界一流能源集团做出新的更大贡献。

（作者单位为黑龙江华电齐齐哈尔热电有限公司。本文摘自《企业文化旬刊》）

船舶施工企业文化建设探索与实践

陈险峰

一、企业文化建设是中国特色社会主义建设题中之义

从党的十八大至今，习近平同志和党中央领导多次对建设社会主义文化强国进行了论述。在党的十九大报告中习近平总书记指出，"要坚定文化自信，文化是一个国家、一个民族的灵魂。文化兴国运兴，文化强民族强。没有高度的文化自信，没有文化的繁荣兴盛，就没有中华民族伟大复兴"。

2016年10月在全国国有企业党的建设工作会议上，习近平总书记指出"党对国有企业的领导是政治领导、思想领导、组织领导的有机统一。"国有企业党组织发挥领导核心和政治核心作用，归结到一点，就是把方向、管大局、保落实。而这三项职能的履行，都需要企业文化建设的强力支撑。

企业是社会的细胞，优秀的企业文化是中国特色社会主义文化的重要组成部分。我们从事企业文化建设的同志，就是要坚持以习近平新时代中国特色社会主义思想为指引，将社会主义核心价值观与企业实际相结合，通过企业文化建设，抓好意识形态领域的工作，将社会主义核心价值观在企业落地生根，在每一个企业职工心中开花结果。

二、企业文化的界定

据统计，国内外关于企业文化的定义有180多种，也就是说，几乎每个管理学家都有自己对企业文化的定义，在实践中人们普遍认为企业文化潜在地指导每一个员工进行着价值判断，引导着员工的行为。我认为：

（一）企业文化是属于思想范畴的概念

企业文化是人的价值理念。管理企业首先依靠企业制度，但制度再完善也会有失效的时候，企业制度失效了就要靠文化约束。企业文化是和社会道德一样，是一种内在价值理念、内在约束，是人们在思想理念上的自我约束。例如在一个企业内，财务制度失效了，但是一个人如果有"不是我的钱就不拿"的价值理念，那么即使企业制度对他没有了约束，他也不会拿不是他自己的钱。相反，如果一个人有着"不拿白不拿"的价值理念，那么财务制度一旦失效，他就会去犯错误。

（二）企业文化是反映企业行为的价值理念

企业文化在内容上是对企业的现实运行过程的反映。也就是说，企业文化反映了企业现实运行过程中的全部活动的价值理念，是企业制度安排和战略选择在人的价值理念上的反映。例如：我们如果要在经营战略上扩大自己的经营，那么我们就要在企业文化上有诚信的理念；又如我们要构造人才高地的平台，我们需要在制度方面建立"能者上，庸者让"的规范，在文化上营造"能者上，庸者让"的氛围。

（三）企业文化是属于付诸于实践的价值理念

价值理念实际上可以分为两大类，一类是信奉和倡导的价值理念；一类是付诸实践的价值理念，企业文化既属于企业信奉和倡导的价值理念，又属于必须付诸实践的价值理念。企业文化是需要真正地在企业运行过程中起作用的价值理念。因此，企业文化没有付诸实践就失去了它应有的作用，就是一纸空文。例如：对我们公司来说，船舶安全生产非常重要，安全文化也越来越得到重视，公司在一些船舶的驾驶台和操耙台上贴上"安全在心中，效益在手中"的标语，营造"安全第一"的氛围；同时还集思广益、逐项检查，对安全上的隐患进行人性化地消除；如果仅仅只把安全文化停留在口号上，就失去了本身的价值和意义，正如习近平总书记所指出的，社会主义核心价值观关键是要靠践行。

三、为何要建设企业文化

中港疏浚船舶公司从成立之初就肩负着振兴民族疏浚产业的重任，目前是国内同行市场占有率最高的企业。但是与国际上先进的疏浚公司相比，我们的差距还很大，2014 年荷兰 Boskalis 公司、比利时 Deme 公司、Van Oord ACZ 公司、Jan de Mul 公司的营业额分别为：272.4 亿、223.6 亿、180.9 亿、172 亿元人民币，而我们只有 24 亿亿；他们的净利润分别是：42.14 亿、32.18 亿、15.6 亿、10.23 亿元人民币，而我们只有 4.3 亿元；以上四个公司中，员工总数最多的也只有 11000 人，而我们是 1000 人。我们肯定会与国际优秀同行竞争，只有"与狼共舞而变成狼"才能屹立于世界疏浚之林。同时必须全方位地对公司发展做出战略规划，而企业文化建设本身就是一种企业的战略思考。我们的特点有三个。

一是我们的产品多样化。我们每接一个新工程，我们的工况、土质、要求等都在发生变化，甚至同一个工程，在不同的标段、不同的时期，要求也有很大差别，也就是说我们的产品永远是非标的，在这种情况下，我们的规章制度不可能穷尽各种情况，工作中会经常对制度外的情况进行判断，这时候就需要优秀的企业文化来约束和引导我们。

二是我们的工作流动分散。我们的每一艘船舶就是一支独立作战的部队；我们的每一位船长、船干，乃至一名普通的船员，常常就像个孤立无援的快递员一样，必须对生产、生活中遇见的问题及时判断和行动，而不可能什么事情都等领导下命令，这个时候，也需要企业文化的约束和引导。

三是我们的员工队伍多元化。公司这几年吸收了各方面优秀的员工，在我们企业中，有为公司服务了三十年的老员工，有自己近些年培养出来的大学生，也有公司引进的一些高级船员，还引进了一些劳务工，每一群体都有其独特的思想文化特性，但是大家在一起都是为了中港疏浚的发展共同努力，既需要共同工作，还需要共同生活，这就需要有共同的价值观念和行为准则，要有一种大家共同认可的企业文化。

以上三个特点决定了公司企业文化建设的三个需要：一是需要造就一支效忠企业，作风过硬，技术精良的员工队伍，需要提升员工队伍的整体素质和文化需求；二是需要引入创新文化注入到新的体制和机制运作中，带动管理思想、手段、方法和工具的创新，提升整个公司的管理水平；三是需要打造企业核心竞争力，抓住市场对企业发展有利的机遇，加快发展步伐，强化国内领先地位，提升企业的综合竞争力。只有企业文化这样一种创造性张力产生作用，才会让员工主动思考，不断挑战自我和自我超越；才会让每个员工在思想上、行为上做出正确的判断；才会让员工更好地用脑去工作，用心去做人。

四、船舶企业文化建设的重点

（一）思想上解惑

十八大以来，习近平同志多次提到要坚持和巩固党对意识形态工作的领导。在国有企业，这项工作是党组织的一项重要工作。而具体的方法就是通过思想政治工作和企业文化建设，在企业内弘扬正能量。很多企业，尤其是一些国有企业有着悠久历史和丰富的思想政治工作经验，这些为企业文化建设奠定了坚实的基础。企业文化建设要对企业已有的优秀的历史文化沉淀进行整合，辅之以现成的优秀做法，企业文化建设会事半功倍。

（二）精神上解闷

船上和项目部生活很闷，需要营造一些好的文化氛围、开展一些优秀的文化活动来为大家解闷，否则，在精神压抑的情况下，员工个人身心健康有可能失衡，影响工作绩效。我公司对基层船舶文化建设的关注和投入越来越大，每一艘船舶都积极开展了船舶"文化角"的建设，努力建设船舶职工之家。如：船报船刊、阅览室、乒乓室、小型电影院、卡拉OK室，这些为稳定船员情绪，解决船员精神生活问题起到了相当大的作用。近几年来，公司数次被全国总工会评为全国优秀职工之家。

（三）文化上解渴

我公司在历次的船舶调研表明：大家对文化方面的需求随时都存在，哪怕是多增加一份报纸、多添几本书籍、多增几张碟片。我公司领导在此方面力求做"有心人"，进一步放权，让各个基层单位自主选择所需要的文化形式和内容，如：改革以往给每艘船舶订同类的报纸杂志的做法，现在改良为让他们自主选择，许多船舶在此基础上订阅了一些技术类和实用类的期刊杂志，受到了广大员工的欢迎。这就是所谓的拼盘式文化福利。

（四）心理上解压

随着社会发展节奏加快，工作效率提高，很多员工都反映现在压力比以往大多了，公司对此问题已经逐步重视了起来，有事要做到及时解决，无事也要早做疏导。公司为每艘船舶都配备了拥有丰富的思想政治工作经验的专职政委，所以除了行政干部外，党工团干部尤其应当及时担负起为周围员工做好思想上解压的工作。

（五）能力上解弱

船舶员工对培训的需求和热情越来越高，说明大家都迫切需要提升自己的能力。对基层单位来说，学习型组织的创建是一项很好的抓手。公司从2016年创建"两学一做"学习领导小组和机构，紧盯弱项和短板，通过培训和演练，全面提高各级干部的表达能力、写作能力和组织能力，除了公司有所收益外，每个员工也在其中收获很大。其实，只有每位党员、干部、员工的能力提升，习近平总书记提出的国有企业党组织"保落实"的职能才能落地。

（作者系中港疏浚有限公司党群工作部主任，企业文化部经理，机关党总支书记，高级政工师，注册高级企业文化管理师）

产业集团模式下科研院所党建和思想政治工作的策略研究

王同心

企业进入产业集团模式下党建和思想政治工作只有与时俱进、跟上主体的发展步伐，采取适应性策略，才能真正实现大有作为。

一、产业集团模式概述及对党建、思想政治工作提出的要求

产业集团将是以资本为主要联结纽带，以母、子公司为主体，以集团章程为共同行为规范的母公司、子公司、参股公司及其他成员企业或机构共同组成的具有一定规模的企业法人联合体，一般涉及相关产业的研发、制造和营销的整个价值链，并采用多元化战略，对上述各个价值链环节进行有效控制和利用。

（一）产业集团模式的基本特征

联结纽带方面，以产权关系为主要联结纽带、辅以一定的行政管辖关系转变。业务结构方面，一般实施业务多元化战略，将技术优势、品牌优势和人才优势，转化为民品的产品优势和市场竞争优势，实现军民融合发展，打造全产业链、全价值链的竞

争优势。业务布局方面，以市场手段进行资源配置，充分激活市场竞争力，全面提升市场服务能力，产生内部企业法人间的战略协同效应。经营理念方面，将具有强烈的市场发展意识和市场危机意识。财务管理方面，收入将由靠国家任务为主向多渠道的收入来源转变，筹融资采取多种筹融资方式。财务核算方面，不仅反映生产成本，还要加强生产经营状况、经营能力和经营指标的分析。

由此可见，产业集团模式将具有典型的市场化、国际化、合作化、规模化、开放性、创新性、包容性等特点。

(二)产业集团模式下对党建和思想政治工作的要求

随着市场经济的发展，大批科研院所由事业单位转企改制，试点工作顺利推进，各项配套政策措施相继落地。对转制企业来说，改制成产业集团后要健康有序地持续发展，只有把发挥党的政治优势同运用市场机制紧密结合起来，调动各方面的积极性，才能形成合力来巩固和深化改革的成果。

产业集团的新特点，也要求党建和思想政治工作逐步适应新的工作情景和内容，按照现代企业制度规范、规律开展工作。按照中央提出的建设"三型"政党——学习型、服务型、创新型的马克思主义执政党的部署，产业集团中的基层党组织也要加强坚持党的建设和思想政治工作的科学性，在基层的党建和思想政治工作中要全力围绕产业集团发展建设任务，全面推动产业集团在国防建设和经济社会发展中做出更大的贡献。

二、产业集团模式下党建和思想政治工作开展策略研究

产业集团模式的构建和形成，要求企业各方面业务包括党建与思想政治工作均与之匹配、相适应。

(一)抢先布局，管好干部，确定产业集团及下设法人的领导力

按照党管干部的原则，产业集团模式下的治理结构将是对传统法人治理结构的更深层次的变革，市场取向的法人治理结构和政治规范取向的党管干部原则之间的融合是国有企业改革的必然选择。产业集团治理结构是遵照市场经济原则而形成的符合市场经济需要的企业人事管理结构，它使产业集团的产权更为明晰、责任更加明确、专业分工更为科

学、管理更为精细。产业集团在构建过程中，不论是哪一级组成机构，各级党组织都需要对董事会、监事会、经理层、中层干部的选人、用人进行先期的考察，重点部署，确保后续管理链条的顺畅与有力。

按照产业集团市场化、产业化、规模化等特点，领导班子成员的战略思维格局、对市场快速反应的思维意识、制度化、规范化、精细化的管理水平将是党管干部的第二项工作重点。经理层需经过董事会严格的选拔聘用，作为对董事会负责的经营负责人，总经理、副总经理的人选需是重点关注和管理的对象。众多企业均有"交叉任职"的传统，党组织领导仍需双向进入决策层和执行层，确保执政党对产业集团的正确导向。党组织通过"交叉任职、双向进入"或党政联席会等形式积极参与班子的重大决策，积极推动基层党委、党支部融入管理。

(二)转变思路，管好人才，为产业集团快速、稳定、长远发展奠定人才智力基础

产业集团模式下，治理结构、产业结构、产业布局等都发生了巨大变革，产业集团对于人才的定义和内涵需要进行市场化的解读和丰富。党管人才，首先要体现在高度重视各类人才。要在建设好现有的科研、技能人才队伍的基础上，充实并重用营销、管理、经济以及资本运营等高端人才，形成技术与经营并重的人才结构，满足产业化、市场化发展要求，并通过宣传平台、表彰活动等载体，不断强化各类人才的价值符号。针对市场瞬息万变、一日千里的特点，要在人才建设中融入危机意识教育，同时要提供好企业大学等学习平台，创新各类培养培训机制，深化继续教育机制，倡导终身学习的文化理念，推动产业集团人才的后续成长。党组织要开拓思路，借鉴市场化激励标准，积极探索人才的激励机制，推动改革分配制度，充分调动积极性。

(三)完善自身建设，保持先进性和纯洁性，将政治优势转化为服务产业集团发展建设的支撑力

产业集团完全实现现代企业制度，最重要的一是决策权和经营权的分离，二是投资主体的多元化。在这种新兴的治理结构、组织机构中，党组织要发挥作用，必须要提前部署，根据需要在派出机构中设立党组、在常设机构中设置党委、党总支、党支部，在临时机构中设置临时党委、临时党支部等，灵活处理多元化经济实体中的党组织设置，选拔任

命党组织负责人和工作机构，为积极服务产业集团的业务布局、业务发展打好组织基础。

要进一步总结党在各个历史时期开展的先进性教育活动，尤其是近年来群众路线和"三严三实""两学一做"常态化、制度化工作，积极总结先进经验，在此基础上谋划未来活动载体。要大胆启用、推动信息化平台载体，在全国范围内树立产业集团党内直选的民主试点，建立健全教育、管理、服务党员的长效机制。进一步探索党建工作目标管理的方法，健全党员、党支部工作的量化考评机制。通过三型党组织建设，充分发挥产业集团党委把方向、管大局、保落实的作用，发挥基层党组织的战斗堡垒作用和共产党员的先锋模范作用，服务于产业集团的发展需要。

产业集团模式下还需推动党的"廉政创新"，在领导干部、项目管理等敏感岗位上推行"权力阳光化"理念，在教育、制度、监督等多方面，不断加大惩防力度，确保产业集团各级党组织的纯洁性和战斗力。

（四）服务员工，加强思想和文化建设，为产业集团发展建设铸造凝聚力和影响力

产业集团模式下，企业的核心价值观等核心理念将无条件服从母集团的战略部署，思想政治工作必须创新思路和方式，与现代企业管理科学、心理学科、企业文化等专业领域相结合开展，以期达到效果。譬如，世界 500 强中 90% 以上都开展了 EAP 项目，产业集团模式下的企业要指导员工在缓解员工压力、丰富员工生活、切实关心员工困难方面发力，按照新的治理结构和产业布局模式，更新和完善原有大型试验思想保障体系。

（五）尊重和依靠群众组织，依照法律、规章支持和指导工会、共青团工作，建设和谐企业

要建设一流产业集团，就必须树立全球化的视野，扫清国际化途中的障碍，依照《中华人民共和国工会法》等，支持和指导群众组织完成角色、职能的再认识、再塑造，强化工会、共青团等群众组织的地位和作用，切实将工会、共青团等群众组织建设成为党联系职工群众的桥梁和纽带，加强党的阶级基础和群众基础，激发产业集团员工的活力。协调多种用工方式的劳动者与国有资产法人、外部投资者之间的矛盾纠纷。要重视工会干部、团的干部的配备，要解决多种联结纽带、业务结构特点下，产

业集团中非公有性质企业的群众组织的组建问题、职工流动性、会员结构问题，重视和支持群众组织在员工成长、成才方面发挥重要作用。

（作者系中国空间技术研究院西安分院政治工作部宣传处处长）

哲学思维在文化诊断评估中的运用

韩浩波

文化诊断是否有效，不仅取决于理论工具是否科学，组织结构、制度是否合理和完善，也取决于诊断方法是否科学、得当。正如毛泽东同志所说，"我们不但要提出任务，而且要解决完成任务的方法问题。我们的任务是过河，但没有桥或没有船就不能过。不解决桥或船的问题，过河就是一句空话。不解决方法的问题，任务也只能是瞎说一顿。"从哲学的视角下分析解决问题的方法，应用哲学思维组织文化诊断评估，有助于提高诊断的针对性和实效性，进而提高管理效能。

坚持"求实"思维

"求实"就是坚持存在决定意识的原理，坚持一切从实际出发，按照事物的本来面目认识事物。企业文化诊断必须立足于企业实际，尊重企业自身的发展阶段和成长规律，从企业的实际出发研究和解决企业文化管理的问题。神东煤炭集团公司 2016 年第 4 次诊断就是针对公司战略的调整、煤炭市场的变化及员工队伍结构的特点，从企业发展基础要素、企业文化现状特征和驱动要素 3 个维度进行的全方位、立体化、多手段的调研诊断。其采用系统分析的方法，通过文化基因分析、现状类型及优劣分析、组织氛围和管理问题剖析、员工期望与形象类型、发展战略对文化诉求、行业关键价值驱动要素以及民族、国家、社会文化影响定位、文化导向等因素分析，描绘出神东自身的基因图谱，以解决企业实际问题为根本出发点，回答"有什么——缺什么——要什么"，提出相应的解决方案。这种根据企业实际实施的文化诊断方法，使诊断结果的有效性得到了提高。

坚持"问题"导向

问题是事物矛盾的表现形式。坚持"问题"导向，就是坚持事物矛盾运动的基本原理，承认矛盾的普遍性、客观性，运用矛盾相辅相成的特性，在解决矛盾的过程中推动事物的发展。文化诊断不能就文化问文化，就文化看文化，必须抓住关键问题进一步研究思考，分析企业管理中存在的问题及探究问题背后的文化归因。当前企业结构的优化和调整、管理的变革与提升、核心竞争能力的打造、干部队伍的素养和作风等，都绕不开文化。神东在文化诊断过程中，通过对历史积淀、关键成功要素、现状类型、亚文化的一致性和差异性、员工满意度和敬业度指数分析等的分析，查找企业当前存在的问题，针对企业外向型不足、流程烦琐、成本管控、员工价值创造及职业发展、授权不足及责任担当意识不足等方面的问题提出建设性意见和整改措施，通过持续地融入与对接，使之成为推动管理问题解决和企业创新发展的出发点与着力点。坚持问题导向，就是要直面问题而不是绕开问题。只有直面问题，准确把握问题本质，有针对性进行整改，才能真正实现向文化管理的转变。

坚持"辩证"思维

"想问题、做决策、办事情，不能非此即彼，要用辩证法，要讲两点论，要找平衡点。"坚持辩证思维，就是充分运用辩证方法观察和分析问题，坚持在对立中把握统一、在统一中把握对立，克服极端化和片面化。在内容分析上强调一分为二看事物，从个别中发现普遍性的共识和问题，从普遍中抓典型，透过现象看本质，获得有价值的观点和意见。要在方法运用上注重把握事物之间的联系，用发展的眼光看问题，剖析产生问题的根源，找到解决问题的有效途径。神东应用奎因模型图分析企业文化类型，表明公司以注重内部管理与整合、追求稳定与控制为主，体现了显著的等级森严式和部落式的特点。从外部适应性和竞争性来看，企业外向型思维不足，适应市场环境变化的能力、绩效意识仍较为薄弱，效益压力有效性不够，传导逐级衰弱。从内部管理的有效性来看，具有鲜明的特点，但又授权不足，存在责任担当意识不强的现象。神东公司辩证分析企业文化类型，提出管理者管理能力的建

设上，高层行为落实的重点为领导能力的提升；管理层行为落实的重点是组织能力；执行层行为落实的重点则是执行能力。用辩证思维观察、分析、研究和解决问题，大大提高了文化诊断评估的针对性和实效性，收到事半功倍的效果。

坚持"系统"思维

文化诊断评估不仅是企业文化建设本身的过程评价，还是基于组织的文化管理实践和员工的价值观评估。坚持"系统"思维，就是坚持全面地而不是片面地、系统地而不零散地、联系地而不孤立地观察事物，着眼于整体与部分、整体与层次、整体与环境、整体与结构的相互联系和相互作用，从中获得解决问题的方法。比如，作为文化诊断的重要环节——调研分析中，既要注重战略驱动要素对文化需求的分析，还要考虑企业期望类型及形象分析，描绘文化管理路线图；在成果运用中，要厘清各级文化管理机构的职能定位与职责分工，科学界定文化建设顶层设计、服务协调和运行实施的三级管理重点。上一级重顶层设计，重在布局，重在搭建平台。下一级重在实践，响应公司文化，深化特色文化，进行管理实践。另外，文化诊断本身并非静态，企业始终要随着时代的变化，及时进行文化变革。每一次文化诊断都是一次提升，文化诊断的过程就是企业价值理念认知、认同的过程，就是全体员工自我提升、革新的过程，是企业自身机体自我修复、完善的过程。坚持和运用系统思维，研究文化建设与业务流程、经营管理、人力资源、过程管控、制度建设、组织结构等各方面的关联性和各项整改举措的耦合性，多种方法综合运用，才能取得实实在在的成效。

坚持"实践"思维

实践观点是马克思主义哲学的核心观点。实践决定认识，是认识的源泉和动力，也是认识的目的，实践是检验认识的标准。坚持"实践"思维就是坚持认识和实践辩证关系的原理，坚持实践第一的观点，在传承中提升，在创新中发展。文化诊断评估是推进企业文化建设向文化管理转变的重要环节，是一项富有创造性的工作。每一次文化理念体系的升级都要基于文化来源与对企业历史的认识，是企业文化实践的提炼和升华。文化因为源于实践具有持续

循环的内生性，因融合行业特点、地域及民族文化、企业管理实际，且在伴随企业的发展，不断实现理念创新与实践创新良性互动，才具有强大的生命力。文化理念也只有在企业生产经营管理全方面、全过程中，通过绩效考评、组织活动、舆论引导、宣传教育、制度建设等，最终影响企业决策与员工行为的转变，才能为企业发展提供生生不息的智力支持和保证。科学、合理的文化诊断评估是企业文化建设取得成效，实现向文化管理转变的重要环节。应用哲学思维开展文化诊断评估，推动诊断成果的转化是一项极富创造性的工作，必须长期坚持并随着时代的发展不断变革。

（作者系神东煤炭集团有限责任公司企业文化部长。本文摘自《中外企业文化》）

坚持党建引领　带动企业发展

梁伟明

习近平总书记在全国国有企业党建工作会议上强调指出："坚持党的领导、加强党的建设，是我国国有企业的光荣传统，是国有企业的'根'和'魂'"，是我国国有企业的独特优势。当前，国有企业改革正处于攻坚期和深水区，我们深入学习贯彻习近平总书记重要讲话精神，就是要牢牢把握党对国有企业的领导这个重大政治原则，把国有企业党建工作的核心引领作用和各项任务落到实处，推动从严治党落地生根，全力带动企业健康快速发展。

坚持"一个引领"，全力引领公司建设的政治方向、发展走向和舆论导向

中国特色现代国有企业制度，"特"就特在把党的领导融入公司治理各环节，把企业党组织镶嵌到公司治理结构之中，明确和落实党组织在公司法人治理结构中的法定地位，发挥企业党组织的领导核心和政治核心作用。北京城建投资发展股份有限公司党委认为，国有企业要坚持党建工作引领，就必须把党的政治建设放在首位，严肃党的政治纪律和政治规矩，营造企业风清气正的良好政治生态；就必须坚定不移地把引领和带动企业健康发展作为第一任务，突出党建工作的引领地位和作用；就必须

坚持正确舆论导向，积极传播正能量，高度重视传播手段建设和创新，占领企业精神和思想高地。

基于此，北京城建公司党委在实际工作中，处处突出党建引领，把党组织领导核心和政治核心作用得以充分发挥。一是把党的领导融入公司治理各环节，不断完善中国特色现代国有企业制度。如每年年初公司党委、纪委都要同子公司和机关各部门签订党风廉政建设责任书，每笔采购合同的签订，都要有纪检部门的签字等。二是明确党组织在公司法人治理结构中的法定地位，从党建工作要求进章程入手，将党组织的职责权限、机构设置、运行机制、基础保障纳入企业章程，确保党的领导、党的建设从根本上得到加强。三是健全党组织议事决策机制，抓好党委会、董事会、经理办公会议事规则及"三重一大"事项决策管理规定等配套制度建设，规范企业重大事项决策程序，进一步明确了党组织在决策、执行、监督各环节的权责和工作方式。四是制定完善所属单位领导班子组织架构、配备专兼职党组织副书记和党群部门及人员设置标准等管理办法，依法、依规强化了党组织工作的力度和深度，进一步完善了公司治理体系和治理机制。五是按照中共中央总书记、中央军委主席习近平同志关于"意识形态工作是党的一项极端重要工作的要求"，北京城建公司党委加强对意识形态和宣传舆论的管理，近两年连续制定下发了《党委意识形态工作责任制实施办法》和《党委网络意识形态责任制实施细则》，继续办好《北京城建地产》报、《观城》杂志和《政宣荟》舆论平台，唱响主旋律，打好主动仗。

在此基础上，北京城建股份有限公司基层党组织也纷纷根据自身开发经营实际，积极发挥好支部的战斗堡垒作用和党员的先锋模范作用，为中心工作挥旗引路。北京城建所属兴瑞、兴业公司党支部坚持在望坛棚改工作中党旗引路，极大促进了项目实施速度和完成质量，实现了项目签约率达98.5%，回迁房按计划年底开工，开创了"望坛模式"；兴顺公司在顺义临河村棚改工作中，坚持"让党旗在棚改中飘扬，让党徽在拆迁中闪光"引领拆迁，创造了全市闻名的"临河速度"，在奖励期内提前5天实现了100%签约，仅用16天便完成了全部拆迁任务；兴华公司在怀柔新城棚改项目中坚持党建引领，实现了第一个奖励期内提前1天全部签约，打造了榜样式的"怀柔标杆"；重庆公司党支部在开

发经营中充分利用"半月谈"载体，注重发挥全体员工的聪明才智，实现了公司扭亏为盈和龙樾生态城当年拿地、当年开工、当年销售。

抓好企业文化建设和"明星工程"创建两个载体，全力促进企业文化力转化为企业核心竞争力

坚持以习近平新时代中国特色社会主义思想为指引，就是将社会主义核心价值观与企业实际结合，通过企业文化建设，将社会主义核心价值观在企业落地生根，在每一个职工心中开花结果。北京城建公司党委在企业改革和发展中坚持文化领先，不断提出新文化命题，并在企业开发经营实践中答好文化问卷。

首先，北京城建根据开发企业的特点，将企业文化建设与企业的品牌建设有机结合。在集团《企业文化建设发展纲要暨企业视觉识别规范》的基础上，制定了《股份公司企业文化建设发展指引》和《品牌战略纲要》，明确了公司"品质·人生"的品牌理念、发展方向、定量目标、提升策略，构建了有效的品牌管理和评估体系。

同时，北京城建公司党委重视以文化建设为核心的阵地建设，凸显党建工作的时代性。努力办好《北京城建地产》报、《观城》杂志、OA 网和《政宣荟》微信公众号，及时反映公司的发展动态、经营业绩和员工风貌，搭建信息平台，实现资源共享，增加全员共识，充分发挥凝心聚力作用；组织员工积极参与集团公司组织开展的各类职工艺术节和"企业文化周"活动，在充分展示员工才艺的同时，激发员工把才艺转化为建筑艺术的积极性，力求把公司潜在的文化力转变成现实的生产力。

北京城建公司党委还不断深化和延展"明星工程"创建和"促销售"竞赛活动，建立了党政"双管理、双控制、双挂钩"的组织领导和管理体系，制定了严格的创建活动规范、标准及考核办法，囊括了 38 项 128 条行为规范和 4 项 267 条检查内容，逐步构建形成了一整套成熟、完善的创建管控体系，积累了经验，形成了丰硕的管理成果。

筑牢党要管党的政治责任、从严治党的第一责任、党风廉政建设主体责任和纪委监督责任，全力确保企业健康发展

北京城建股份公司注重从根本上筑牢党要管党的政治责任、落实党风廉政建设主体责任和纪委监督责任，确保企业健康发展。

一是深刻认识政治责任、第一责任、主体责任和监督责任的意义，强化责任担当。首先，深刻认识主体责任就是政治责任。落实主体责任，就必须履行政治担当，增强忧患意识，真正从政治和全局的高度来认识主体责任、担当主体责任。其次，充分认识抓党风廉政建设是企业基层党建工作的重要组成部分。牢固树立"抓党风廉政建设是本职、不抓党风廉政建设是失职、抓不好党风廉政建设是渎职"的理念，自觉把党风廉政建设主体责任记在心上、扛在肩上、抓在手上、落实在行动上。坚持"一岗双责"，落实"四种形态"，既抓好主管、分管的业务工作，又加强对主管、分管的部门党风廉政建设的指导和监督，对苗头性、倾向性问题，及时发现、督促纠正，切实做到守土有责、守土尽责。最后，强化"第一责任"担当。坚持书记抓、抓书记，使"第一责任"真正担起来，把从严治党第一责任人责任履行好，一级带一级，不让班子成员履行"一岗双责"落空。

二是抓好重点责任，落实清单"明责"。落实政治责任、第一责任、主体责任和监督责任，找准着力点和突破口，以重点责任的落实带动全面责任的落实。一要把纪律立起来、严起来。把纪律挺在法律前面，结合"三严三实""两学一做"学习教育活动，加强纪律执行，严查违纪行为，用纪律的尺子管住大多数。二要选准用好干部。坚持集团公司"忠诚企业、市场检验、敢于担当、群众拥护"的选人用人导向，从严管理、监督干部，既选用才干过硬的"能吏"，也选用安分守己的"循吏"，杜绝选人用人上的不正之风和腐败问题。三要推进作风建设常态化。继续以最严格的标准、最严厉的举措纠正"四风"，维护群众利益，防止"四风"反弹。四要落实清单"明责"。依照落实党风廉政建设主体责任，根据实际列出基层党组织主体责任清单，明确界定党组织的组织领导、选人用人、教育监督、正风肃纪、保障支持、示范表率责任范围，并抓住重要时间节点，制定"规定动作"，建立倒逼机制。

三是突出落实主体责任和监督责任，努力构建不敢腐、不能腐、不想腐的机制。建立健全责任分解机制和传导机制。将主体责任层层进行分解，科学划分领导班子、党组织书记和班子成员等责任主

体之间的责任界限，明确下级党组织主体责任及履责的相关要求，确保工作有人抓、问题有人管、责任有人担。建立上下有机互动的责任传导机制，按照"谁主管、谁负责"的原则，完善相关制度，通过约谈、听取汇报、个别指导、工作检查等方式，将要求层层传导下去，把责任压紧落实。

着力推进思想政治建设、干部队伍建设、基层党组织建设、党风廉政建设、工会共青团建设，全力提高企业发展水平

公司党委注重从日常工作入手，确保把基层党组织的各项工作逐一落地。

一是强化学习，推进思想政治建设。把深入学习贯彻十九大精神和习近平系列重要讲话作为思想政治建设的首要任务，加强学习，提高政治站位，深入领会习近平新时代中国特色社会主义思想。认真开展好党委理论学习中心组"三个一"活动，即：读一部理论著作、写一篇理论文章、讲一堂理论（专业）课和专题学习调研活动，切实增强运用科学理论分析和解决实际问题的能力，注重理论成果向指导开发经营工作并取得实效的转化。认真开展好"不忘初心、牢记使命"主题教育活动，坚持团结稳定鼓劲，凝聚力量，把学习宣传贯彻党的十九大精神贯穿于公司发展全过程。

二是强化意识，推进干部队伍建设。围绕学习贯彻党的十九大精神，进一步提高领导人员的理论修养，增强从严治党意识，深入推进高素质、专业化领导人员队伍建设。坚持"忠于企业、市场检验、敢于担当、群众拥护、清正廉洁"的选人用人导向，切实把干部选拔好、使用好、管理好。加强对领导班子和领导人员的动态跟踪考察。

三是强化引领，推进基层党组织建设。按照"B＋T＋X"的体系要求，发挥示范党支部和试点党支部示范引领作用，以"一规一表一册一网"的"四个一"为工作载体，不断扩大试点范围，持续提升党支部规范化建设水平。注重党建工作全程纪实记录，痕迹化、台账化，形成常态化。

四是强化监督，推进党风廉政建设。结合公司重点任务，定期检查"两个责任"落实情况，开展效能监察。坚持抓早抓小，落实好《党委廉政约谈制度》《党委廉政谈话制度》《纪委书记述职制度》和《纪委监督工作报告制度》，努力做好教育、监督和纪律

审查工作。

五是强化服务，推进工会共青团建设。持续开展"明星工程"竞赛和"促销售"专项劳动竞赛，通过示范点和示范小区建设与经验交流，提升公司管理水平。坚持开展"送凉爽""送温暖"等工会品牌活动，实现"会家"合一，多为职工办实事。加强共青云系统和"1＋100"联系青年制度的推广应用，实现团网融合、团青互动的工作目标。加强"青"字号品牌建设，挖掘现有"青年文明号"的新亮点，发挥好青年文明号的表率和带动作用。

站在北京城建股份有限公司成立20周年新的历史起点上，新时代承载新使命，党建工作永远在路上。

（作者系北京城建投资发展股份有限公司党委书记）

以"工匠精神"构筑质量文化

王良燕　林　翰

随着中国人旅游消费升级与消费观念转型，"旅购"近年异常火爆。中国旅游研究院公布的数据显示，2016年，中国出境游达1.22万亿人次，比上一年增长4.3%；出境旅游消费1098亿美元，比上一年增长5.1%。中国已成为全球第一大出境旅游客源市场和第一大出境旅游消费国，境外消费需求日益旺盛。

为什么国人青睐出境购物，如何促使境外消费回流？不得不说，跟国外的产品相比，国内部分产品在品质和品牌方面仍有差距，品牌也缺乏显著的竞争力。因此，基于质量提升的品牌建设刻不容缓。

对此，习近平总书记高瞻远瞩地提出了"三个转变"：推动中国制造向中国创造转变；中国速度向中国质量转变；中国产品向中国品牌转变。2016年，国务院印发了《关于发挥品牌引领作用推动供需结构升级的意见》。2017年政府工作报告明确指出，要打造更多享誉世界的"中国品牌"，推动中国经济发展进入质量时代。2017年5月10日，中国迎来了第一个"中国品牌日"，这标志着品牌创建已从企业战略行为上升为国家战略，被提到新常态下经济发展的重要议事日程上。

然而，作为品牌建设的基础与核心，中国产品质量仍然存在隐忧。我国产品质量工作与人民群众的需求相比还有明显差距，特别是全社会质量意识有待提高，产品质量发展的基础仍然较为薄弱，质量安全事件时有发生。据估算，我国制造业每年因产品质量问题造成的直接损失达 1700 多亿元。我国虽为制造大国，但部分产品的"产量"与"质量"不匹配，受累于"低质""低价"的名声，在国际市场上缺少足够的话语权和产品定价权。以质量提升推动品牌建设，亟须提级质量文化、提升质量供给、提高质量收益。

首先，厚植"企业家精神"和"工匠精神"，提升质量文化。中国的制造业从低附加值的加工制造向更注重高技术、高质量、高品质的"中国创造"转变依赖于质量文化的提级。质量理念、质量价值观、质量道德观、质量行为准则的全面升级不仅反映了经营策略，更是展现了企业的价值系统、哲学理念和变成企业基因的文化，即"企业家精神＋工匠精神"的产品符号。以中国高铁为代表的中国制造在高端化、标准化方面取得可喜成绩，以港珠澳大桥为代表的中国建造在智能化、工业化方面也迈出坚实步伐。发挥"企业家精神"和"工匠精神"的引领作用，推动质量文化的精神、行为、制度和物质四个方面的积极演变，促进"中国制造"完成"品质革命"。

其次，提倡质量创新和标准创造，提升质量供给。质量创新是质量强国的根本动力。加大制造业企业质量技术改造支持、引导力度，支持企业积极采用新技术、新工艺、新设备、新材料。利用政策引导和市场机制作用，充分发挥国内健全的供应链、完整的产业链的创新生态优势来提升质量，塑造品牌。特别是要倡导工业产品生态设计，引领企业走绿色低碳循环发展之路，提升创新开发能力和管理水平，培育产品和品牌影响力，促进工业文明与生态文明协调发展。积极推进标准国际化战略，鼓励企业积极参与国家标准和国际标准制、修订，推动标准提供机构的市场化，以中国标准的国际化带动中国高质量的产品、服务"走出去"。

最后，加强质量监管和品牌保护，提高质量收益。一方面，要严格企业质量主体责任，建立企业产品和服务标准自我声明公开和监督制度；严格执行重大质量事故报告及应急处理制度，健全产品质量追溯体系，切实履行产品"三包"、缺陷产品强制召回等质量安全责任，依法承担质量损害赔偿责任，建立消费品质量安全事故强制报告制度。加强质量安全风险研判和防范，建立产品伤害监测体系，使质优价高成为市场竞争常态，形成质量品牌优胜劣汰效应。另一方面，加强知识产权运用和保护，完善品牌保护的法律法规，强化品牌维权机制，健全品牌创新的激励机制。制定品牌评价国际标准，推动建立国际互认的品牌评价体系。

质量是企业的生命，品牌是企业的灵魂。只有不断提高企业质量管理水平，夯实品牌建设的质量基础，才能让"中国创造"和"中国品牌"在世界之林绽放光彩。

（作者单位为上海交通大学、南京审计大学。本文系国家自然科学基金重大项目课题阶段性研究成果。本文摘自《光明日报》）

王健林谈"企业家精神"

王芳洁

《中共中央　国务院关于营造企业家健康成长环境弘扬优秀企业家精神更好发挥企业家作用的意见》（以下简称《意见》）公布，明确了企业家是经济活动的重要主体，要营造企业家健康成长的环境，弘扬优秀企业家精神，更好发挥企业家作用。认真学习该《意见》令人感觉高兴和安心。

《意见》是新中国成立以来第一次由中共中央和国务院级别出台的文件，肯定和明确了企业家地位，鼓励企业家的创新精神。企业家尤其是民营企业家究竟处于什么地位，在社会上有不少杂音，一些民营企业家也因此感到困惑。这份旗帜性、方向性文件的出台，势必会消除杂音，免除大家的困惑。

"企业家精神"是一个宽泛的概念，在以往的经典著作上，也没有明确的定义。创业 30 多年，我理解的企业家"首先是冒险精神，敢闯敢试，敢于冒险"，《意见》指出，要支持企业家创新发展，创新精神即冒险精神，是"企业家精神"的核心。

"企业家精神"第二条，是坚持精神，企业的任何创新和发展，都有起有落，有波折也会有失败，但企业家不甘于平庸，不小富即安，为了心中的愿景，坚持与执着，可以说是不到黄河心不死。"纵观中国和世界上的著名企业家，都是非常执着的人。"

第三是责任精神。"为什么要搞企业？企业为什么要发展？发展企业又究竟要干什么？答案是——企业最高的追求是成为社会企业。

就万达集团追求的社会责任，万达集团董事长王健林指出，主要包括创造就业岗位、诚实纳税、慈善和环保等方面。万达修建和经营万达广场、度假区和酒店，这些都是劳动力密集型产业。由于这种商业模式，万达集团在过去十年间，一直是中国创造服务型就业岗位最多的企业。

另外，在现金扶贫之外，万达集团还成功探索了企业精准扶贫模式。万达在贵州丹寨县设立了扶贫基金、职业学院，并建造了旅游小镇。开业2个多月时间，丹寨旅游小镇已迎来超过150万名游客，全年预计会超过300万人，带动1万多人就业。就环保方面而言，万达集团内部有自己的强制性标准，高于国家标准，万达广场的能耗低于全国同类型建筑平均能耗水平超过30%。

《意见》中指出，要营造依法保护企业家合法权益的法治环境、营造促进企业家公平竞争诚信经营的市场环境。让企业家健康成长的环境，第一是要承认财产权，保护企业家的合法财产权，有产者才有恒心。第二是依法治国，在法律框架内做事。第三是营造让企业愿意投资、愿意发展的营商环境，"说穿了就是要给企业家稳定的预期。"

最近两三年，民营企业投资增速有放缓的趋势，这与企业家的预期有一定的关联，所以一定要稳定大家的投资预期。

《意见》中同时指出，要营造尊重和激励企业家干事创业的社会氛围，包括构建"亲""清"新型政商关系。"亲""清"二字，是新时代条件下新型政商关系最准确的描述。所谓"亲"，就是政府官员和企业家要亲近。现在，很多政府官员不敢接触企业家，企业家也不敢接触政府官员，"但是不接触，怎么知道企业想投资什么，想发展什么，想解决什么。"接触不是勾搭。另外，十八大反腐以来，倒下的官员几乎都有不"清"的问题，很多民营企业家也因此牵涉其中，所以，在政商关系中，一定要把握住"清"。

作为中国企业家，一定要爱国、接受党的领导。同时，企业家也不是野蛮生长出来的，培育工作非常重要。王健林有些担心，中国企业家群体正面临断层的风险，活跃在商场上的企业家，仍以20世纪90年代初的那批为主，而近期成长起来的企业家比较少。在王健林看来，如何让年轻的企业家成长起来，是一个值得系统性思考的问题。

（作者系《中国企业家》杂志记者。本文为作者根据王健林访谈整理，摘自《中国企业家》）

以新思想引领新时代企业文化建设

贾永芳

习近平总书记在党的十九大报告中指出："文化是一个国家、一个民族的灵魂。文化兴国运兴，文化强民族强。没有高度的文化自信，没有文化的繁荣兴盛，就没有中华民族伟大复兴。"企业是社会的细胞，优秀的企业文化是中国特色社会主义文化的重要组成部分。要坚持以习近平新时代中国特色社会主义思想为指引，将社会主义核心价值观与企业实际相结合，通过企业文化建设，将社会主义核心价值观在企业落地生根，在每一个企业职工心中开花结果。

文化铸魂，构建共同精神家园。企业文化是在现代化大生产与市场经济发展基础上逐步产生的一种以现代科学管理为基础的新型管理理论和管理思想，是企业发展到一定阶段全体员工在创业和发展过程中培育形成并共同遵守的最高目标、价值标准、基本信念和行为规范的总和。优秀的企业文化是企业发展不可或缺的精神力量和道德规范，对企业发展具有强大的导向、规范、凝聚和激励作用。企业文化是社会主义核心价值观在企业改革发展中的具体实践，是新时代中国优秀文化与企业文化相融合的产物。要按照文化、品牌、战略三个层次，紧密结合企业管理执行系统，着力构建符合企业特点、具有时代特色、富有竞争力和创新活力的企业文化，对内凝心聚力，构筑企业精神，创造企业价值、为职工提供精神指引，对外树立企业形象，强化企业品牌，彰显企业力量，引领企业持续健康发展。

文化育人，提高员工队伍素质。党的十九大报告指出，要建设高素质专业化干部队伍，注重培养专业能力、专业精神，增强干部队伍适应新时代中国特色社会主义发展要求的能力，提高全民族道德素质。企业文化是企业发展的精神支柱，也是推进水利职工队伍建设、培育新时代"四有"职工的重要载体。要坚持以人为本，以构建和谐文化为灵魂，以促进企业科学发展为宗旨，努力建设一支忠诚企业、开拓创新、敢于担当、奋发作为的职工队伍，为实现企业持续发展提供有力的人才保证。一是使企业文化内化于心，不断完善企业文化理念体系，让企业核心价值观和企业精神成为每一个员工的自觉行动，使员工自觉把个人职业规划和实现个人价值融入到企业发展、企业愿景中来，成为凝聚干部职工共识和信仰的思想引领。二是使企业文化固化于制，建立完善承载理念、体现公平、管理规范、保障执行、协调高效的制度体系，实现文化柔性与制度刚性的相互融合与和谐统一，以此激发广大干部职工的工作积极性。三是使企业文化体化于物，通过企业形象设计、视觉识别系统以及企业文化传播，打造良好的企业形象，讲好企业自己的故事，使和谐实化于效，不断提高企业社会美誉度，努力营造浓厚的文化氛围和良好的人文环境。

文化兴企，增强企业综合实力。文化管理是一个企业在发展进程中必然经历的一个重要阶段。党的十九大对新时代文化建设与发展作出重要战略部署，提出具体要求，这些重要论述也是推进新时代企业文化建设的方向引领。实践证明，以学习创新为理念，以人为本为宗旨，服务社会为己任的优秀企业文化不仅是企业发展的强大动力，同时也是打造百年企业的重要支撑。优秀的企业文化是企业长盛不衰的基因，对提升企业核心竞争力，促进企业科学、全面发展具有不可替代的重要作用。在文化兴企业战略的实施和推进中要坚持做到"三个结合"：一是与企业生产经营相结合，在市场开拓中逐步树立企业的文化品牌；二是与职工队伍建设相结合，坚持用先进的企业文化凝聚人心、鼓舞士气，汇集改革发展的强大力量；三是与两个文明建设相结合，充分发挥企业文化的导向和激励作用。要通过实施文化兴企战略，为企业发展注入源源不断的内生动力，实现企业核心竞争力和文化软实力的不断提升，为实现企业跨越式发展奠定坚实的基础。

（作者单位为河北省水利水电第二勘测设计研究院。本文摘自求是网）

加强特色文化建设　助力企业提质增效

张　晔

中铁一局电务公司是中国中铁旗下的三级子公司，有着60多年的发展历史，形成了独具特色的企业文化。企业在全面深化改革中迎接市场和管理的双重考验，切实提升发展质量和竞争能力，大力开展提质增效工作。为此，公司注重加强企业特色文化建设，不断丰富文化内涵，将其转化为内部凝聚力和外部竞争力，助力企业打好提质增效攻坚战。

依靠文化凝心聚力　激发提质增效工作内驱动力

企业文化建设把大力弘扬"追求卓越是我们的人生品格"这一企业核心价值观，作为全体员工秉承的根本原则和强有力的精神支柱，将员工的思想和行为统一到企业提质增效工作上来，使得心往一块想，劲往一处使，稳步推进企业可持续发展。

在文化宣贯中，提高员工思想认识。建设优秀的企业文化，说到底是做人的工作，是铸造"灵魂"的工程。通过企业文化的宣贯传播，让员工自觉加入，全员参与，让提质增效获得认同，形成习惯。一是引导和教育员工，树立正确的人生观、价值观和荣辱观，将自身发展与企业发展融为一体。二是增强员工危机感、紧迫感和使命感，树立大局意识和争创企业品牌意识。三是充分认识"提质增效"对企业发展的重要性和必要性，让其成为开展实际工作的准则。四是立足现场总结调研，为提质增效出谋划策，提供智力支撑。

在文化建设中，打造优秀的人才队伍。让企业文化激发员工的学习动力，鼓励员工热爱学习，自觉学习，在不断学习中提高个人专业素质和工作能力。让企业文化成为无形的激励措施，将"以人为本""重奖先进""珍惜人才"等理念融入管理中，调动工作积极性，激发员工的创造力，让员工感觉被肯定、有希望、有奔头，在努力工作中获得成就感。让企业文化成为一种标准的行为准则，约束员工的言行，打造标准化作业，在工作中爱岗敬业，尽职尽责。由此打造出优秀的管理团队和专业的施工队伍，为企业提质增效工作开展奠定人力基础。

在文化管理中，推动精细化管理的深入开展。企业文化是促进企业管理标准化、制度化、规范化的催化剂和助推器。从文化的角度来管理企业，形成科学规范的制度体系，充分发挥员工的能动作用，在管理上追求精细，在技术上鼓励创新，在工艺上追求唯美。让"追求卓越"成为员工自觉自愿的行为，以求精、求细、求美的工作态度，查找企业发展薄弱环节，完善企业管理漏洞，转变企业发展方式，向管理要质量、要效益、要增长，在行业内电务专业争第一、创一流。

推动特色文化落地　融入企业提质增效工作实践

企业文化建设做到与企业管理相融合，围绕企业中心工作开展。中铁一局电务公司在提质增效工作开展中，有针对性地将企业文化融入经营开发、项目管理、施工生产等提质增效重点工作中，更好地让企业特色文化落地生根。

融入经营管理，提升市场份额。中铁一局电务公司通过品牌文化进行高端营销，发挥业内电务品牌效应，提升在业内的知名度和美誉度，不断扩大市场份额。通过互利共赢的合作文化建立有效沟通，加强与地方政府、业主单位、合作企业的协商交流，形成合作共赢的氛围。积极探索"海派文化"建设，大力实施国际化战略，加强国际合作交流，全面推进企业海外项目建设。

融入施工管理，打造标准化作业。积极培育"标准精细"的管理文化，把标准化和精细化管理贯穿到各个层级、各个环节和每一名员工。中铁一局电务公司以项目管理实验室活动为载体，梳理各类制度，完善标准规范，加强细节和过程控制，在其他专业和项目大力推广。做好关键岗位、关键工序的把控，一是以"本质安全"的安全文化，树立红线意识，杜绝安全隐患；二是以"令行禁止"的执行文化，理顺管理关系，确保工作落实；三是以"一安双优"的廉洁文化，营建风清气正的环境氛围，确保物资采购、劳务分包等依法合规。

融入创新发展，加快转型升级。在提质增效过程中，将施工技术、管理制度等方面短板补强，使企业适应市场新常态下的新要求。以"鼓励创造"的创新文化，推动企业在综合管廊、海绵城市等新领域的研究中，运用"互联网＋"、BIM技术等，推广

成本管理 V2.0 系统、物资采购电子商务平台等，加大对创新的奖励和支持，加快企业转型升级，建设科技化的新型施工企业。

融入成本管控，杜绝项目亏损。不断强化成本意识，以"尊重业绩"的效益文化为引导，健全完善成本责任制，结合项目周期短、专业性强的特点，抓好预测、决策、计划、控制、核算和分析等环节。尤其是在项目建设之初就要及时介入，做好前期策划，关注材料、人工等关键要素，进行全面预算分析，有效杜绝潜在亏损。加大项目清收清欠力度，扎实推进"双清"考核机制，引导全员为降本增效贡献力量。

融入资源调整，发挥专业优势。中铁一局电务公司整合现有资源，调整产品结构，将"四电"专业做精做强，开辟企业专业化发展之路。中铁一局电务公司充分发挥信号专业工艺唯美化、机电专业工厂化等特色文化的带动作用，将其精心打造成电务文化名片，在施工中建样板，在行业内树旗帜，在交流中亮名片，从而集中优势资源，打造电务专业优势，提升核心竞争力。

抓住文化建设关键　保障提质增效工作有效开展

中铁一局电务公司抓住文化建设的关键要素，不断打造先进的文化，不断丰富文化内涵，以提质增效工作推动企业科学发展。

领导重视是关键。领导干部将文化建设作为一项常态化工作来开展，充分认识到文化软实力对企业发展的重要作用，做到考虑长远，建设深入。一是完善企业文化建设管理制度，明确领导小组的职责，加大对项目文化建设的指导。二是统筹推进文化建设工作，参与文化建设，大力支持工作的开展落实。三是领导干部带头学习企业文化知识，形成独到的见解，提出个性化的观点，指导企业科学发展。

传承创新是原则。特色文化建设做到在原有的基础上不断深化提升。一是确保"追求卓越是我们的人生品格"的核心价值观不走样，使其成为全体员工身体力行的精神支柱。二是根据新常态下行业环境变化，生出电务文化新叶，形成符合企业自身特点的文化氛围，使其成为强化管理、提质增效的有效途径。三是吸收、借鉴优秀企业的先进文化，汲取

营养为我所用，灌溉文化土壤。

加强宣贯是基础。让企业文化理念入脑、入心、入行，为开展提质增效工作提供倡导、学习、践行为一体的文化保障。一是开展教育培训，通过新员工培训、中心组学习，宣讲形势、明确任务，大力营建提质增效浓厚氛围。二是选树先进典型，对提质增效工作中表现突出的个人和团队进行表彰，宣传先进事迹，强化示范带动作用。三是做好新闻宣传，推广总结经验成果，不断提升工作质量。

结合实际是重点。中铁一局电务公司注重实效，将企业文化从墙上的标语、纸上的文件走进员工的内心、变为自觉的行动。结合企业三级管理的模式，充分考虑到项目分散、施工短平快的特点，尤其是近年来项目增多、难度加大，强力打造具有企业特色的责任文化，以高度负责的文化自觉和文化自信，去完成急难险重的任务，去推进改革提升管理，让员工负责的精神成为企业提质增效的力量源泉。

创新载体是手段。中铁一局电务公司注重把握主题、创新载体，使企业文化建设做到贴近员工、符合实际。一是以活动为载体，通过"高扬党旗""技能大赛""道德讲堂"等主题活动，搭建提质增效平台，起到鼓舞士气、助推生产的作用。二是以新闻媒体为载体，借助中央、属地媒体，做好企业对外宣传，为提质增效营建良好的舆论环境。三是以网络为载体，利用企业网站、官方微信等平台，弘扬企业精神，交流文化成果。

（作者单位为中铁一局电务公司。本文摘自企业文明网）

以学增智　以学添力
打造新时代学习型现代金融企业文化

任晓鹏

企业文化是企业的精气神、认同感、价值观。实践证明，经营形势越是复杂严峻，企业文化的保障支撑作用就愈加明显。永济农信由全省排队末尾的高风险联社发展成为跻身全省第一方阵的农商银行，得益于始终扭住企业文化建设的"牛鼻子"，将抽象的企业文化与具象的经营管理相嫁接，收获了"以文化人、凝心聚力"的巨大"红利"，推进了各项

工作持续、健康发展。

班子带动，注重解决懒学惰学的问题

学习型企业文化是一种旨在形成共同价值观、改善心智模式、培养系统思考能力的企业文化。

永济农商银行学习型企业文化的养成，不是与生俱来的。因为人是惰性动物，学习型企业文化养成的初始阶段，仅靠"自觉"不行，必须要有"推手"。该行选择的"推手"是一个"笨办法"，即领导班子带头学、带头讲，用率先垂范和理念引领，带动全员养成好读书、读好书的良好习惯。

领导班子带头加入"樊登读书会"，利用夜间时间、下乡路途时间，学理念、学管理，人均每年读书 30 余卷，远远高于全国人均读书水平。通过班子带头学，影响和带动了全体干部员工从"不爱读书、碎片化读书"到"手不释卷、系统化读书"的习惯养成，"读好书、好读书"成为永济农商银行的一道风景线。

机制拉动，注重解决常学常新的问题

学习型企业文化是一种以学习力提升创新力进而增强企业和员工竞争力的企业文化。它的精神内涵是"终身学习""全员学习"，依靠全员的努力学习提升个人素养，以此为核心竞争力，共同支撑起企业的兴旺发展。

围绕这个精神内涵，该行建立起了学习常态化机制。

一是畅通内部交流渠道。坚持"周二集中学习活动"，以机关、网点为单位集中开展学习，学习会上播放励志短片，让员工真正把读书学习当成一种生活态度、一种工作责任、一种精神追求，自觉做到爱读书、善读书、读好书，全行上下形成了"学习工作化，工作学习化"的浓厚氛围。同时，相继组织"两学一做"暨"爱岗敬业　圆梦人生""'三谈一讲'促成长、我为商行添风采""中层干部竞聘上岗"等演讲赛，为员工搭建展示自我价值的舞台，营造了比学赶超良好氛围。

二是优化外部成长环境。按照"缺什么，补什么"的原则，采取"走出去，请进来"的形式，该行与德恩金融研究院签订长期培训合同，结合干部员工年龄和知识结构，从优质服务、金融形势、监管政策、不良清收、外拓营销等多方面开展培训。同时

组织员工赴北京、上海、山东、西安、郑州等地学习，通过利用学习回来的经验，该行和优质商户合作开发了利农商城公众号，在舜都支行打造智慧网点、河东支行打造女子银行等特色服务网点。宏观上更新了干部、员工现代金融理念、提升了应对新常态的本领，微观上提高了全员营销客户、开拓市场的能力。永济农商银行始终充满了创新发展的活力。

全员互动，注重解决兴学兴行的问题

学习型企业文化是一种鼓励个人学习和自我超越的企业文化，它要求企业从决策到管理到操作各个层面的人员，都要提升学习能力。

围绕提升学习能力，该行坚信集体智慧高于个人智慧，以"团体学习、全员互动"为抓手，促进个体与集体的共同成长。

建行早在成立一周年之际，就搭建了读书会阅读平台，成立"追梦"读书会，全行入会人员达到三分之一以上。并坚持进行读书分享，先后以《干法》《清单革命》《高效能人士的七个习惯》等为主题累计举办线下沙龙活动6次，班子谈体会、中层谈感悟、员工谈感想，理念与智慧的交融迸射出智慧的火花，切实做到了入脑、入心。继而，推行读书奖励制，对全年看书50本的干部员工，组织分担其365元会费，进一步激发了全员读书积极性，一支具有凝聚力、忠诚度、事业心的员工团队正在加速形成。

学习型企业文化建设，有效促进了"学为我用、学有所长、超越自我"的目标达成，该行各项存款存量市场份额、增量市场份额均位居全市金融机构第一；各项贷款存量市场份额、增量市场份额均位居全市金融机构首位；各项收入实现一年一跨步。

（作者系永济农商银行董事长）

用项目文化促进思想政治工作

王书霖

工程项目文化建设为加强和改进新时期项目思想政治工作开辟了一条新路，它不仅为思想政治工作开阔了视野、拓宽了思路，而且使思想政治工作与项目经营工作有机结合，并相互影响、相互促进、相得益彰。

在社会主义市场经济条件下，工程项目为了增加自身的活力，不仅依赖于先进的科学技术和管理方法，而且还依赖于先进的项目文化和思想政治工作，以充分调动和发挥项目职工的积极性和创造性。在新形势下，工程项目思想政治工作如何继承和发扬优良传统、创造性地开展工作，这是摆在广大政工干部面前一个亟待解决的课题。中铁五局机械化公司在承建的国道205项目中，理清工程项目文化与思想政治工作的关系，从中发现润物细无声地为项目生产经营创造效益的方法，创设了项目文化的经验。

项目文化是做好思想政治工作的有效载体

优秀的工程项目文化是项目生存发展的基础。建设优秀的工程项目文化是发展社会主义市场经济的迫切需求。思想政治工作以工程项目文化为载体，使二者形成了相互渗透、共同发展的联系：一是两者都属于意识形态，都是项目管理的重要组成部分，都服务于并服从于项目经济效益、社会效益这两个中心；二是两者在内容上相互交叉，强化职业道德、提高职工素质、培育项目精神是思想政治工作与项目文化的共同内容；三是在实践中两者互为依托，项目文化是项目思想政治工作的外在体现，思想政治工作是项目文化的内在核心。项目有了凝聚力和竞争力，就能在激烈的竞争中创造效益、赢得荣誉。截至2016年，国道205项目承办局集团片区群安员岗位练兵观摩会，连续两年获得局"群安工作示范项目"荣誉称号，并获得局"项目文化建设示范点""五四红旗团支部"等称号；荣获公司"群安工作示范项目""工会双亮、四好班子""三工建设示范项目""先进党支部""红旗项目部"多项荣誉称号，并获评公司"党员科技管理创新优秀成果"，超额完成了公司下达的新闻宣传任务。这个项目部不仅仅在局和公司表现突出，也受到地方政府和当地百姓的认可，连续两年每季度位居三明市交通局信用考核评价榜首，并荣获"三明市青年突击队""三明市青年安全生产示范岗""福建省青年突击队""三明市青年文明号"等多项地方荣誉称号，在2015年度福建省普通公路施工项目信用评价中获得AA级单位最高评价。

项目文化为思想政治工作注入了新的内容

项目文化树立项目价值观,体现了项目的信念和宗旨,是项目全体职工在长期的生产经营中形成的评价标准与行为准则,成为一种行为文化建设。这种价值观一旦形成,就会铭刻在职工心灵深处,融化在职工的行为之中,成为全体职工的行为指南,这些正是思想政治工作的宗旨。

项目文化培养项目精神。它是通过项目的物质和精神产品的生产过程,潜移默化地去唤起一种共同确认和信奉的意识,将其上升为一种巨大的感召力和价值观念,从而形成具有项目特色的项目精神。思想政治工作可以借助这种精神,把全体职工的信念、追求、价值凝聚到项目发展整体目标上来,使职工思想、感情、行为与项目整体联系起来,融汇为项目兴旺发达走向振兴的强大动力。国道 205 项目建设紧紧围绕以确保"双零"、争创"双 A"为工作目标,以"干好一方工程、树立一座丰碑、培养一流队伍、创造一番奇迹"为己任,以精细化管理为载体,以重难点施工为主线,面对任务重、要求严、经验少等重重困难,艰苦奋战,以过硬的工作作风带出了一支敢打敢拼、无私奉献的文明之师,稳步推进各项工作有序开展。

项目文化为思想政治工作创造了良好环境

通过项目文化建设,使项目有一致的价值观和共同语言,有助于沟通和协调好人与人之间的相互关系,减少摩擦,缓解矛盾,增进友谊,形成一种和谐氛围,增强了项目的凝聚力、战斗力,为思想政治工作创造了良好的工作环境。

项目文化强调党政工团和全体职工的共同参与,满足职工参与民主管理的需要,鼓励职工为项目奉献智慧,参与项目监督,使职工主人翁责任感、创造精神得到充分尊重和发挥,从而使项目思想政治工作顺利开展,把职工主动性与创造精神凝结起来转化为物质力量,转化为项目的经济效益。同时,结合项目部生产实际情况组织开展一系列各具特色的主题活动,如以党员建功立业为抓手,积极开展"大干 120 天确保年度任务完成""决战 30 天,确保实现年底通车目标"等劳动竞赛活动,狠抓安全生产和质量创优工作,安排党员盯守关键岗位、把住关键环节,激励广大党员在各项工作中当先锋、做表

率、打头阵,持续掀起生产大干高潮;深入开展"八闽大地党旗红,中铁五局当先锋"区域党建活动,同兄弟单位比、学、赶、超,争当先锋队伍。通过各项活动的开展,有效凝聚了人心,鼓舞了斗志,项目部广大共产党员只要有任务,就不分白天黑夜、不分节假日地干,重活累活抢在前,困难面前走在前,危险时刻冲在前,完成产值年年上升,工程质量连连创优。

项目文化使思想政治工作更加充满活力

项目文化是项目职工的共同创举,它可以启动并促进思想政治工作由被动式说教变成职工唱主角的自我教育,从而造就一种民主的教育方式。项目部积极落实公司下发的《企业文化手册》,形成了"诚信守信,务实创新,开拓进取"的项目精神和"严谨、创新、求实"的项目作风,在已完成的驻地建设中,各岗位职责牌整齐上墙,各标志标语准确、识别性强,大气醒目的巨幅广告彰显了项目精神,顶楼整齐划一的彩旗展现了"积极向上"的员工风貌。而各种宣传栏、宣传画、企业简介、工程简介、电子显示屏也一应布置完善,在带来强烈视觉冲击力的同时,营造了浓厚的文化氛围,有效提升了企业形象。项目部扎实开展了"安全标准化工地""文明工地"达标和创建评选活动,承办了三明地区历年来规模最大的一次普通公路标准化观摩会,增强了项目文化的感召力和凝聚力,塑造了项目良好的社会形象。

项目文化寓文化于娱乐活动之中展开,思想政治工作可以用这种形式,充分发挥其激励、熏陶、鼓励的作用,做到形式多样、轻松活泼、亲切自然。开展多种文体活动,增强了项目生机与活力。项目部购进了乒乓球、羽毛球、篮球等基础娱乐健身设施,并借助附近大学的室外锻炼器材(大型操场、篮球场、单双杠等),积极组织职工利用业余时间及节假日进行锻炼,极大地丰富了职工的业余生活。此外,项目部还开展了全民健身活动,动员职工早起跑步,饭后散步,组织职工跳广场舞等;每年清明时节开展以"缅怀英雄伟绩,弘扬革命精神"为主题的一系列瞻仰纪念活动;"五一"劳动节期间,组织开展球类体育比赛以及猜字谜、下象棋等娱乐活动;在"十一"国庆节期间,组织全体职工利用假期开展"美丽工作、美丽生活"摄影比赛,多名职工作品在福建片区摄影比赛中获奖。这些活动在丰富职工精

神生活的同时，丰富了企业的文化内涵，塑造了积极向上的员工风貌，提升了项目凝聚力。

我们正处在一个变革的新时代，新的时期赋予了项目思想政治工作更加复杂的动态、广阔的空间。只要发扬与时俱进、求真务实的精神，把开拓创新与注重实效结合起来，保持奋发有为的精神状态，不断增强工作的可操作性和实效性，就一定能开创出思想政治工作新的局面。而工程项目文化建设为加强和改进新时期项目思想政治工作开辟了一条新路，它不仅为思想政治工作开阔了视野、拓宽了思路，而且使思想政治工作与项目经营工作更有机地结合，并相互影响、相互促进、相得益彰，激发和调动了职工的工作热情和主观能动性，从而促进项目和谐科学发展。

（作者系中铁五局机械化公司吴定项目党工委书记。本文摘自《企业文明》）

文化建设促转型　特使引领树形象

石耿录

近年来，襄垣农商银行将企业文化建设作为增强外部竞争力、内部凝聚力的一项重要举措，从"九大理念"的形成、员工思想的重塑，到标杆网点的打造、文化行为的落地，打造一支素质过硬的文化特使队伍始终是推进其中各个环节的重要抓手，他们是文化理念的引领者，日常行为的示范者，落地实施的推动者，是企业文化建设中的"排头兵"。

层层选拔练就"好功夫"

文化特使的选拔以贴近实际、贴近工作、贴近员工为原则，通过负责人推荐、自主报名等方式，结合日常表现，从不同岗位选出五十多名员工参加"文化特使培训营"，从基本能力课程、文化理念解读、文化特使定位及文化落地武功等内容的培训，使其对该行文化环境的搭建、文化理念的传播、文化落地的实施等有了基本认知，掌握了活动策划实施、企业文化建设规划等实际操作技能，可以实现传播文化理念、开展文化推广、进行日常管理等基本工作，在此基础上，经过领导考察、能力展现、演讲竞聘等方式，层层淘汰，经过千般磨练，最终

28名文化特使脱颖而出，奔赴各个网点、不同岗位。

合理布局走上"快车道"

文化特使队伍分散在不同网点、部室的不同岗位，无论是管理还是日常活动的推广，缺少专门的管理部门及上传下达的"中转站"，根据实际，该行在"优秀文化特使"中选出4人与1名优秀中层干部组建企业文化部，负责企业文化建设的战略实施、特使队伍的日常管理、文化落地的监督考核。为了将企业文化倡导的价值观形象化，该行通过打造四个标杆网点，并派驻另外4名有柜面工作经验的"优秀文化特使"到标杆网点担任"文化专员"一职，专门负责本网点的标杆打造。目前，经过企业文化部持续推广标杆网点导入工作，从最初的4个标杆网点、四位"文化专员"，到现在的25个网点全面开展了标杆网点导入，且全部配备"文化特使"；从基础的晨会开展、标准的仪容仪表、干净的网点环境，到统一的文明规范服务、柜面开口营销，企业文化建设工作完成基础落地。

多措并举破除"紧箍咒"

在企业文化建设推进、标杆网点打造过程中，不断遇到员工思想意识滞后、不服从任务分配、不执行统一标准、无组织纪律等这样那样的问题，该行从强化岗位管理、优化人员配备、加强队伍建设、班子带头引领等方面入手，持续推进企业文化落地实施。一是印发《襄垣农商银行企业文化建设标杆网点岗位职责》，细化各岗位员工分工，角色定位，同时加强考核监督力度，构建了"每月网点建设，每季榜样评选"的活动机制；二是人力资源部、运营管理部、企业文化部联合通过考核员工日常工作表现、业务技能、柜面服务、厅堂服务等选拔出优秀的营业经理、综合柜员、大堂保安充实到标杆网点，确保标杆网点打造工作顺利推进；三是企业文化部以辅导员身份沉到基层网点，通过"周碰头、旬分析、月交流"的方式，及时发现亮点不足，不断调整优化，亲自上岗示范，做到了思想统一，行动统一，水平统一；四是班子成员亲力亲为，以企业文化落地和标杆网点打造为载体，以全面推进优质服务为前提，从细微之处入手，多次参与标杆网点晨会、夕会；部室中层深入所包网点，积极帮扶协助，做

到一手抓部门工作，一手抓所包网点工作，将企业文化建设与业务督导相结合，形成了及时有效的监督反馈机制。

精细管理结出"丰硕果"

文化特使作为文化理念宣传员、文化活动组织员、标杆网点导入推进员、文明规范服务监督员、厅堂营销带头执行员、存量客户维护引导员，通过晨会宣贯文化理念、夕会总结差距、分析原因并制定改进措施，策划内部活动助力理念深入人心，积极树立并传递正能量，推进"厅堂微沙龙"增强客户体验感，梳理细化存量客户等工作，以高端客户防流失、中端客户促提升、潜力客户重激活、片区客户全覆盖为目标，坚持做到了"上门客户服务好、存量客户维护好、潜在客户拓展好"的"三好"要求。

下一步，该行将继续强化文化特使队伍建设，有效激发文化特使创新意识、责任意识、担当意识，充分发挥其在促进企业文化落地生根中的作用，确保企业文化建设向纵深推进。

（作者系山西襄垣农商银行董事长）

个体、群体、契约与企业文化

袁宏刚

文化如果能用独立个体来表述，那么它只能形成个体的特性，我们往往不认为它就是文化，而称之为个性、品行。这时，每个个体的特性会呈现出不同的品质和形态，在生活中这种个性也会表现出与他人区别的特征。

文化如果被一部分个体相接纳，那就会形成一种群体文化。在企业，形成某种文化认同的，往往首先出现在企业的领导层中，开始时，这种文化会暂时地或阶段性地形成于发展共识、管理方式认同和对企业付出的心理认可及行为表现上。可是，这样的群体文化在企业当中还不能代表某种趋势文化，它还只是一种准文化，组成这种准文化的理由就是某种"契约"。

在人类社会发展的过程中，有由奉献形成的文化，有由战争年代形成的文化，有由自给自足的经济形成的封闭文化等。在当代，世界经济向契约化

演进。最简单的契约可以由承诺来体现，而这种承诺会理性地走向规则、协议、合同。无数的事实和正在进行的实践反复印证着契约的可靠性和可操作性。在企业之间或是企业内部，不难发现，凡是存在良好契约关系的，往往会形成一种利益上的趋同和共识，最终会形成利益共同体，由此形成了某种文化。

纵观世界经济发展史，以契约为据，文化往往能使事业持续、贯通。契约文化总是在发挥着它无法替代的作用，这种作用在企业中表现更为突出。董事会与经理人之间、中层与员工之间，甚至在这些群体内部都必然地存在某种契约。在这种契约中，共同的奋斗目标往往作为企业发展的核心。但在这里面，个体价值取向的不同、企业状况的区别和生存环境的差异等，会使契约的形成和契约的表现呈现出各种不同的差异，进而也势必影响着企业文化的形成方式和形成结果。GE（美国通用电气公司）的契约中首先必然包括年薪，当然还有晋升、期权、培训机会等，在 GE 甚至和高级管理者的聚会也会成为员工的激励方式，但 GE 的企业文化远不止这些。在德国，大多数企业除了经济利益作为企业文化的主要构成成分外，长期以来形成的员工敬业精神一直被研究和学习借鉴。某种意义上说，正是敬业精神、精益求精，成就了优秀企业的文化。而个人、群体之间形成的契约彰显出的企业文化，成了企业最宝贵的财富。

（作者单位为秦川机床集团有限公司。本文摘自《中外企业文化》）

海纳百川　融合共生
——浅析中国五矿集团有限公司
企业文化整合融合经验

李勋山

众所周知，企业文化具有较强的历史延续性和变迁的迟缓性。正是由于这种延续性和迟缓性，导致了重组并购后企业文化可能存在的不适应、摩擦甚至冲突，严重的冲突还会影响企业的正常经营和生产活动。这样的案例可以说屡见不鲜。然而，与之形成鲜明对比的是，中国五矿集团有限公司（下称"中国五矿"）在过去的 18 年间，先后完成了 6 次战

略重组及 1 次海外并购，重组并购的体量规模和数量频次在中国企业中首屈一指。最重要的是中国五矿并没有被持续的重组并购所拖累，相反每一次都能够激发重组并购所蕴含的正向能量，为企业业绩提升、改革发展和党的建设注入强大动能。

一、中国五矿重组并购历史与成效

新中国五矿是由两个世界 500 强企业（原中国五矿和中冶集团）战略重组形成的中国最大、国际化程度最高的金属矿业企业集团，是全球最大最强的冶金建设运营服务商。公司总部位于北京，掌控的资产总规模达到 1.68 万亿元，其中资产总额 8600 亿元，金融业务管理资产 8200 亿元，境外机构、资源项目与承建工程遍布全球 60 多个国家和地区。2017 年，公司实现营业收入 5000 亿元，利润总额 130 亿元。在 2017 年世界 500 强排名第 109 位，其中在金属行业中排名第一。

中国五矿自 1950 年成立以来，在发展壮大过程中，"重组并购"成为一大特点和亮色。某种维度上讲，中国五矿的发展历史就是一部"重组并购"史，中国五矿的企业文化也因此伴随着持续不断的"打破既有平衡——多元碰撞交流——融合互补共生"的重塑过程。

21 世纪第一个十年，中国五矿先后战略重组中国有色金属工业贸易公司（2000 年）、邯邢冶金矿山管理局（2004 年）、长沙矿冶研究院（2009 年）、鲁中冶金矿业集团公司（2009 年）、湖南有色金属控股集团（2009 年）等国内企业，并购澳大利亚 OZ Minerals 公司核心资产（2009 年），逐步走上了从传统贸易企业向金属矿产企业集团转型之路。

21 世纪第二个十年，中国五矿迎来了自身发展历史上最大规模的战略重组——与中国冶金科工集团有限公司的战略重组（2015 年 12 月）。重组后的新中国五矿，体量超过必和必拓、力拓、淡水河谷三大国际矿业巨头，成为全球金属矿产行业名副其实的"航空母舰"。这一点也成为当时国内各大主流媒体争相报道的新闻爆点。

特别是最近一次与中冶集团的战略重组，更是让中国五矿走出了历史低谷、实现了涅槃重生。这次战略重组的成功实施，不仅助力中国五矿实现了在国务院国资委央企绩考核中从 2015 年 D 级到 2016 年 B 级再到 2017 年 A 级的伟大跨越，也让中国五矿在 2018 年度《财富》"世界 500 强"排行榜中位列第 109 位，再次刷新历史最高排名记录。中国五矿的发展成绩更是得到了国资委主任肖亚庆的高度评价——"重组后的新中国五矿取得了超预期的发展成就"。

成绩的取得有方方面面的原因，然而这其中有一点不可忽略，就是企业文化在中国五矿与中冶集团整合融合过程中发挥了无可替代的、潜移默化的、入脑入心的强大助推作用。通过企业理念精神的叠合与共融、战略使命愿景的再造与宣贯、制度流程体系重塑与优化、专项文体活动的策划与推广等一系列举措的落实，广大企业管理者与员工在经营理念、思维方式、工作惯例等方面求大同、存小异，相互尊重，相互借鉴，形成了互融互通、和合共生的良好态势。

二、中国五矿企业文化整合融合经验做法

（一）聚焦文化内核提炼，融合重塑发展理念与企业精神

由于中国五矿与中冶集团所属行业及在经营业态上存在较大不同，前者主营业务聚焦于资源贸易与开发，后者主要聚焦于冶金建设。因而从大的文化形态上来说，前者属于商业文化，讲求和谐；后者则是典型的产业文化，更重视执行，两种文化各有所长。两家企业在发展理念和企业精神方面也存在一定差异。如何确立新中国五矿的企业发展理念和企业精神，对刚刚实施战略重组的两家企业而言，都是至关重要的。一种方式是母文化（中国五矿）强势覆盖子文化（中冶集团），另一种方式则是母、子文化各取能代表自身业务形态与特色、且具备内涵的丰富性与延展性的文化精髓部分，重新组合融合，构建起双方易于接受的企业发展理念和企业精神。经过审慎研究和反复讨论，新中国五矿将中国五矿具有标志性意义的核心价值观"珍惜有限，创造无限"作为企业发展理念，将中冶集团每一位员工耳熟能详的企业精神"一天也不耽误，一天也不懈怠"作为新中国五矿的企业精神。对原中国五矿而言，原有发展理念的践行有了企业精神的路径支撑；而对中冶集团而言，企业精神之上则进一步强化了目标性的方向指引。

（二）注重战略顶层设计，重塑文化包容力更强的战略定位

中国五矿"十三五"规划纲要制定期间，恰逢两

家企业实施战略重组前后,虽然中国五矿也前瞻性地考虑到了中冶集团的加入,势必将丰富企业经营业态且体量规模将占据新中国五矿的"半壁江山",战略定位应当充分体现这一变化,因此提出了"资源安全保障者、产业升级创新者、一带一路践行者"的战略定位。然而,随着对中冶集团业务了解和理解的逐步深入,中国五矿本着实事求是的原则,对企业战略定位进行了更为精准的调整,将中冶集团"冶金建设国家队、基本建设主力军和新兴产业领跑者"的战略表述部分吸纳进来,重点将中冶集团最具特色优势的"冶金建设"纳入集团整体战略定位,形成了涵盖范畴更广的全新表述。新中国五矿的战略定位重新明确为"资源保障主力军、冶金建设国家队、产业综合服务商"。调整优化后的企业战略定位为此也赢得了新中国五矿干部职工的广泛认同。

(三)强化共同目标引领,立足业务经营打造内部协同文化

不同于大多数央企重组的同业整合,中国五矿与中冶集团的战略重组是产业链互补式的重组融合,重组后实现了从矿山的获取到勘查、设计、施工、采矿、选矿、冶炼、物流、贸易全产业链的贯通。上下游企业存在着非常大的业务合作和内部协同空间。2016 年底,新中国五矿召开打造千亿内部市场专题会,进行动员和部署,目的就是加强重组后全产业链的业务协同,深度推进企业内部的供给侧结构性改革,真正体现重组后企业实实在在的经营成效。2017 年,中国五矿党组和领导班子向全体五矿人提出了到 2020 年实现"三步走,两翻番"的奋斗目标。在这一共同目标的引领下,新中国五矿所属企业及干部职工奋力拼搏、紧密协同,2017 年协同项目签约合同额逾 1200 亿元、执行合同额约 1000 亿元,成功开辟了千亿内部市场,全产业链竞争力充分释放,"三步走,两翻番"第一步目标也顺利实现。在实实在在的业务合作中,各子企业之间在文化融合方面也出现了越来越多的互动和交流,内部协同的意识和意愿更加强烈,形成了团结协作、共同进取的良好氛围。

(四)优化职能整合业务,推行五湖四海选人用人制度文化

重组后,中国五矿迅速启动总部职能改革,优化调整了部门与机构设置。业务整合方面,按照有利于增强业务核心竞争能力、有利于拓展业务发展

空间、有利于推动业务转型提升的原则,稳妥有序地逐一铺开。由于中冶集团的加入,新中国五矿在干部人才资源方面得到了进一步丰富和扩充,具备了在更大范围内选拔和任用优秀人才的条件。在干部任用方面,新中国五矿坚持五湖四海、任人唯贤的原则,不问出身,只讲忠诚、责任、担当,有意识地打破所谓"原五矿""原中冶"的概念和边界。中国五矿以总部职能改革和业务整合为契机,实现了干部任职的双向交流:一方面中冶集团向总部及原中国五矿所属企业输送了大批优秀干部人才,到集团总部重要岗位任职;另一方面集团总部及原五矿所属企业也向中冶集团输出了大量优秀干部人才。

(五)细节入手广泛动员,开展内部形象宣传及企业文化活动

第一,优化改造形象宣传墙。中国五矿总部大厅企业形象宣传背景墙是展示企业发展简史及企业形象的重要媒介。2012 年总部入驻以来,背景墙所展示的内容表述仅限于 1950 年至 2010 年这段时期。党的十八大以来的重大历史事件及发展成就,特别是中国五矿与中冶集团战略重组这一重要历史事件未能展现。然而,要做到既不挑战受众观感,又能加入新的历史表述,润物细无声地完成此项工作,并非易事。最终集团党群工作部克服困难,圆满完成了内容更新及墙面改造工作。不仅确保了企业发展成就及形象展示的历史延展性,更重要的是提升了广大干部职工对新中国五矿的整体认知,获得了广大干部职工的一致认可。

第二,征集张贴企业文化宣传标语。为确保企业文化理念精神时时可见、处处可见,中国五矿在全集团范围内开展了企业文化宣传标语张贴及征集活动,干部职工积极参与,思考总结提炼既能体现新中国五矿文化价值取向,又能体现自身从事的业务岗位特色的标语,首次建立了中国五矿企业文化宣传标语库。一方面为所有干部职工提供了可以共同参与的活动平台,另一方面也通过活动的开展,让新中国五矿的企业发展理念、企业精神以及战略定位表述与员工个体发生更加紧密的互动联系,在孕育诞生新标语的同时,集团层面需要宣贯的精神理念实现入脑、入心的效果。

第三,举办春季职工运动会。运动会参赛队伍的组建打破了传统的企业管理层级限制,由原来的二级企业下沉到三级企业,参赛企业代表队和运动

员创出历史新高。运动员奋勇争先，顽强拼搏，观众摇旗呐喊，鼓声震天。通过体育竞技交流，大家拉进了距离，增进了情感，展现新中国五矿人的凝聚力和正能量，凸显了和谐友善、互爱互敬"相亲相爱一家人"的氛围。

三、中国五矿企业文化整合融合几点体会

一是要有高远站位与宽广胸怀。中国五矿以从事国际贸易业务起家，国际化视野与基因与生俱来，在与多国交流合作过程中，对"求同存异，和谐共赢"有着非常深刻的认识和理解，企业文化所彰显出的弹性与韧性为成功吸纳异质文化奠定了必要前提，这也是其能够在18年间成功实施6次战略重组的关键所在。而中冶集团向来以纪律严明、执行高效而闻名业内，在战略重组后的整合融合过程中充分体现了高度的政治意识和大局意识。两家企业在文化上相互尊重、相互借鉴、相互促进，本着"取最大公约数、画最大同心圆"的原则，向着共同的目标努力，才得以在较短时间内融汇形成了日渐统一的新中国五矿文化。

二是要发挥顶层设计引领作用。顶层设计看起来比较虚，做起来又很难，因而不少企业会舍弃"务虚"崇尚"务实"，持续不断地开展各式各样的文体活动。而实际上，新的企业发展理念与企业精神如不能迅速精准地确立，就会导致企业员工精神文化真空地带的出现。在这样的背景下，急于开展文体活动反而会造成混乱仓促的局面。认同感和归属感来自于组织及个人在新的更大组织中的定位、作用和价值。如果被重组企业的核心战略和文化元素在新的组织中未能体现和彰显，被重组企业员工的主人翁意识、主人翁责任感将无从谈起，从而对新企业的运营发展带来致命影响。因而，顶层设计必须要切实关注并尽快实施，而不是舍本逐末地盲目开展文体活动。

三是既要积极作为，也要尊重客观规律。企业文化深深根植于自身发展历史当中，并且长期为企业员工信赖和践行，因而比较难以改变。换句话说，时间跨度是企业文化整合融合的必要前提之一。企业文化相关工作一方面要主动筹划、全力推动，创新开展形式多样的文化活动，吸引更多员工参与其中，共同建设企业文化；另一方面也要清醒地认识和把握企业文化转变规律，要抱有"功成不必在我"的心态，不能急功近利，否则不同文化之间会出现过激的碰撞和摩擦，容易引起矛盾。

优秀的文化能够为企业持续注入向上的精神力量，也能够帮助企业化解危机走出低谷、开创更加美好的未来。未来，中国五矿将以习近平新时代中国特色社会主义思想和党的十九大精神为最高指引，按照社会主义核心价值观要求，一如既往地建设积极向上的企业文化，促进新中国五矿形成更加一致的企业信念和目标，用软实力凝聚人心、鼓舞斗志，引领全体五矿人继续秉承"珍惜有限，创造无限"的发展理念，积极践行"一天也不耽误，一天也不懈怠"的企业精神，通过打造金属矿产领域的国有资本投资公司，努力承担"资源保障主力军、冶金建设国家队、产业综合服务商"的光荣使命，共同为实现"中国第一、世界一流"的金属矿产企业集团的伟大梦想而不懈拼搏！

（作者系中国五矿集团有限公司党群工作部（党建工作部、企业文化部）企业文化处高级经理）

企业文化经验案例

讲好中车故事　打造"亮丽名片"

2015 年 7 月，习近平总书记在中车长客股份公司考察时说："高铁、动车是中国的一张亮丽的名片，体现了中国装备制造业的水平，是'走出去'和'一带一路'建设的抢手货。"成绩的背后，是中车多年来对品牌文化建设不懈地努力。

一、中车品牌文化国际化意义

（一）品牌文化建设是企业高端的、专业的管理活动

作为我国高端装备制造代表企业，中国中车为国家"一带一路""中国制造 2025"等宏伟战略的顺利实施提供了坚实的产业支持，更迎来自身发展的绝佳历史时期。然而，与国际竞争对手相比，中国中车品牌的国际知名度、品牌影响力还比较低，品牌资产的管理和保护水平与跨国公司的差距还比较大，品牌建设工作任重道远。中国中车要实现"世界一流跨国企业"的目标，就必须努力打造世界一流的品牌。

（二）中国中车品牌文化现状

在各类权威的排行榜上，中国中车（CRRC）在世界 500 强排行榜上位居第 266 位；在世界著名咨询公司德国 SCI 发布的数据中，中国中车继续位居世界轨道交通装备行业冠军的地位，其营业收入比行业第二名到第四名的总和还多；在世界知名品牌资产咨询机构英国"品牌金融"（Brand Finance）发布的 2016 年《全球最具价值品牌五百强》报告中，中国中车位列全球第 179 位；在《财富》杂志发布的 2016 年"最受赞赏的中国公司"中，中国中车位居其中。

二、"十三五"品牌文化战略概要

中国中车成立后，公司高层高度重视品牌文化战略，第二次总裁办公会就研究了中车品牌战略的相关内容，决定施行以统一品牌为主体的品牌战略。之后，中国中车正式启动品牌建设项目，并成立项目组，着手制定品牌战略。目前，中车品牌文化战略已经制定完毕，正待征求意见，并过会审议。根据指导意见和品牌战略，已经或即将出台各项管理制度，如《展览管理办法》《对外新闻发布管理办法》《舆情管理办法》《VI 管理办法》《品牌管理办法》《品牌准入管理办法》《品牌贡献率考核办法》等，这将成为指导中车品牌建设的企业法规基础。

（一）"十三五"品牌战略的总体思路、目标

中国中车致力于以《中国中车"十三五"发展战略》和《中国中车品牌文化建设指导意见》为依据，围绕"同一个中车"，系统建设"一战略、四体系"，对外强传播、树形象、立口碑，有效提升中车品牌的知名度、美誉度和忠诚度；对内深层次理顺品牌文化管理工作，将品牌文化建设融入企业的设计、研发、制造、营销、服务、社会责任等各环节当中，着力打造品牌文化，有效促进"大品牌文化体系"的形成。中国中车"十三五"品牌战略的目标是：到 2020 年，成为国内一流品牌、国际行业领先品牌。品牌战略体系持续完善，全集团的品牌意识不断强化，品牌国际知名度和影响力显著提升。

（二）品牌文化整体规划："一战略，四体系"

中国中车品牌文化战略体系总体概括为"一战略，四体系"，即品牌文化战略、价值体系、形象体系、传播体系、管理体系。其中品牌文化战略核心内容为品牌文化架构和品牌文化定位；品牌文化价

值体系核心内容为品牌核心价值；形象体系核心内容为品牌形象描述；品牌传播体系核心内容包括品牌传播策略、传播方式和传播内容；品牌管理体系核心内容包括品牌管理组织架构以及相关的制度、流程。根据品牌战略，制定一系列规章制度，并付诸实施，这共同构成了品牌建设系统。

（三）品牌文化架构和定位

结合业务多元、成员众多的特点，中国中车明确了构建"主体统一、局部混合、层次分明、协同灵活"的品牌架构。"主体统一"是指公司主体采用单一品牌模式，各子企业及产品原则上统一使用"中国中车"品牌，特别是轨道交通主业必须统一使用中国中车品牌，多元化业务根据企业发展战略和所处行业特点及自身发展状况，经品牌准入审批后使用中国中车品牌。"局部混合"是指在合资、合作、收购等特殊情况下，可使用中国中车之外的品牌，作为对主品牌的有益补充。"层次分明"是指结合业务结构，建立多层次的品牌架构，并对不同业务板块、子企业、产品进行具体分析，分别对待。"协同灵活"是指针对特殊情况，灵活采用背书、联合、主副、独立等品牌形式，明确主次品牌之间的关系，协同发挥效用。

中国中车品牌定位为"以高端装备为核心的全价值创造者"。围绕这一定位，立足"高端"，结合数字化、智能化等手段，展示公司在铁路装备、城市基础设施建设、通用机电、现代服务、新能源、环保等多个业务领域提供系统解决方案的能力，打造中国中车独特的竞争优势：为用户创造最大价值。

中国中车品牌核心价值为：客户导向的、负责任的、可靠的、创造的。其中，"客户导向的"强调客户至上；"负责任的"强调敢于担当；"可靠的"强调值得信赖；"创造的"强调持续创新。这四个词的英文首字母缩写为CRRC，恰好也是中国中车的英文品牌名称，表明中国中车对用户永远的承诺，是品牌建设需要紧紧围绕的核心。

品牌形象：国际上为创新推动者，国内为创新引领者。在中车成立前，项目组就提前开始了中车LOGO和VI系统的全球招标。中车问世后，我们按照"急用先立，分步实施"的方式，保证了VI系统的顺利过渡。结合品牌定位，在国内采用"文化导入"策略，打造"创新引领者"的品牌形象，努力占据行业品牌制高点，提高本土企业在形象策略方面的

跟随门槛，掌握竞争主动权；在国外，采用"专业权威"策略，打造"创新推动者"的品牌形象，突出在产品、质量、技术、服务、交付等方面的综合竞争优势，为用户创造最大价值。同时，为品牌赋予"值得信赖的中青年专家"的人格，增强中车品牌形象的亲和力，让中车品牌形象可感、可知、有血有肉。

三、品牌文化的国际化传播

（一）品牌国际传播的主体责任

我们认为，今后的品牌国际传播采取"全球思维、本土执行"策略，中国中车由总部统筹规划，各经营主体负责业务范围区域内的品牌传播与管理责任，如国际事业部和国际公司牵头管理海外品牌传播与管理，区域公司和海外机构执行并发挥其海外品牌传播主体的作用。在设计区域公司目标、激励、考核时，应该充分考虑品牌在本地塑造的成本、职责、绩效等问题。应该给予区域公司和海外机构一定的品牌培育经费和设置相应职能责任，并进行品牌传播工作的考核。

（二）传播受众内外有别

针对国内，中国中车在巩固轨道交通装备行业品牌优势的基础上，积极开展对政府、路外客户、多元化产业客户的品牌传播，逐步加大对社会公众、资本市场的品牌传播。针对国外，重点对所在国轨道交通行业目标客户、政府及各利益相关者进行品牌传播，并逐步加大对国际社会公众的社会化媒体传播。

（三）品牌国际传播渠道

中国中车在继续联系传统媒体的同时，拓展人员传播、公关活动、新媒体等品牌传播新渠道，尤其是加强在Facebook、Twitter、Instagram等国内外新媒体平台的运营建设，搭建新媒体矩阵，增进企业与受众之间的互动。形成全方位、多层次、立体化的渠道组合，达到品牌最优化传播效果。

四、品牌文化的管理

品牌文化管理系统包括：品牌管理平台、品牌准入管理、品牌资产管理、品牌形象管理、品牌传播管理、品牌考核管理、品牌危机管理、品牌内部评估管理、品牌管理信息化9个方面。这里重点讲讲跟品牌的国际化强相关的几个问题。

明确海外机构应具备品牌管理职责。中车的品

牌管理组织分为品牌决策层、品牌管理层与品牌执行层在内的三级品牌管理组织。各级子企业成立相应品牌管理机构。在品牌国际传播职责方面已经提到了，中国中车结合国际化经营情况，明确海外机构在品牌建设和管理方面的职能、权限、人员配置等。

品牌文化考核管理。品牌贡献率考核办法正在制定之中。该办法是使用中国中车品牌的各级企业纳入考核体系，根据其对中车品牌建设贡献进行考核。考核的依据是品牌管理要求和年度品牌工作计划。

并购、收购的品牌准入管理。品牌准入管理是品牌管理的重要方面，中车将从战略方向、业务相关性、股权关系、经营规模、盈利能力、产品质量、市场表现等多个方面制定准入标准。在正式进行并购、收购之前，应该将品牌列入尽职调查范围。根据被收购、并购品牌的影响力、属性、股权关系等，提前决定使用联合、独立等品牌策略，并科学设定品牌过渡期。

（中国中车股份有限公司）

红色基因　蓝色力量
让文化更自信　民心更相通

中国建筑集团有限公司（简称中建集团），正式组建于 1982 年。现拥有上市公司 7 家、二级控股子公司 100 余家，业务布局涵盖投资开发（地产开发、建造融资、持有运营）、工程建设（房屋建筑、基础设施建设）、勘察设计及新业务（绿色建造、节能环保、电子商务）等多个领域。2017 年，位居 2017 年度《财富》世界 500 强第 24 位。在新时代中国建筑作为中央企业践行国家"一带一路"倡议的代表与领先者，传承"红色基因"、凝聚"蓝色力量"，以企业文化为驱动力，以文化建设和融合为支撑，不断地将企业文化深植到"一带一路"的推进中。推动公司传播了中国优秀传统文化，增强了中国传统文化在海外的生命力和影响力。

一、走出去，让"文化更自信"

"一带一路"倡议是一项具有深厚历史和文化底蕴的国际化倡议，充分彰显了中华文化的自信；既

承载着中华民族伟大复兴的百年梦想、推动着我国与全球经济的深度融合，也肩负着牵引全球经济的复苏发展、推动着人类命运共同体的建立发展。"民心相通"是"一带一路"建设的"关键基础"。习近平总书记曾指出，"国之交在于民相亲，民相亲在于心相通。""一带一路"要行稳致远，离不开"民心相通"的支撑和保障。中国投资建设企业是推进"一带一路"倡议的重要力量。2017 年，我国对外承包工程业务完成营业额 1.14 万亿元、新签合同额 1.79 万亿元，其中，中企业建筑在其中占了很大比重。在增强经济力的同时，如何推动企业文化软实力建设、彰显文化自信、推进"民心相通"、助力企业实现基业长青，是投资建设企业需要正视和探讨的问题。

中建集团一直以来引领着中国建筑行业全球化的发展，依托中华民族 5000 多年文化底蕴，形成了具有公司特色的文化体系，并将独特的文化运用到"一带一路"建设中，逐步将企业文化打造成公司最根本、最核心、最难替代的竞争优势，为公司在海外文化交流、文化互鉴中保持自信提供了精神动力。

（一）"红色基因"与"蓝色力量"

红色基因特指在中国共产党的领导下，全国各族人民在实现中华民族伟大复兴的历史进程中所创造并孕育而成的一种特殊的具有中国特色的先进文化，是实现"两个一百年"奋斗目标和中华民族伟大复兴的精神动力；"蓝色力量"代表着中国建筑引领、创新和发展的力量，是一种家国情怀、责任担当，是推动中国建筑不断向前奔跑的力量，实质是中国建筑企业文化的力量，已成为推动企业可持续发展的强劲动力。

中建集团，从企业"红色基因"中汲取先进文化，坚持创造性转化、创新性发展，用"蓝色力量"引领发展，为企业文化赋予党的优良传统和鲜明的时代特征，走出一条听党指挥、勇当先锋、引领行业、走向世界的文化之路。

（二）加强文化深植

中国建筑与时俱进地对企业文化理念手册《中建信条》进行修订，形成《中建信条（修订版）》。推进《中建信条（修订版）》的深植，努力统一公司全体员工的价值追求与行为规范，让公司核心价值理念根植于员工心中，传承于员工血脉，形成统一行为习惯，让文化的自信与自觉比翼双飞。同时增强企业文化管理的渗透力，让企业文化真正深入到公司战

略、人力资源、市场营销、质量管理及品牌建设各个层面，充分发挥"蓝色力量"推动公司发展。

二、服务"走出去"经济，推动民心相通

遵循习近平总书记指出的"积极促进'一带一路'国际合作，努力实现政策沟通、设施联通、贸易畅通、资金融通、民心相通"方略，推动民心相通既要增进与"一带一路"沿线国家加强文化的交流、互鉴，还要真正地让"一带一路"建设成果惠及沿线国家民众，为双方务实合作构筑强有力的社会环境和民意基础。在彼此尊重的基础上加强交流合作，推进本地化运营、热心社会公益，尽可能让项目所在地区获得实惠。

（一）推动跨文化管理

"一带一路"沿线各国历史文化、宗教不同，只有通过在尊重基础上的文化交流合作，才能让各国人民产生共同语言、增强相互信任、加深彼此感情。中建集团的文化是极具时代感的文化，也是包容的文化。中建集团依托深厚的文化底蕴顺势而为，在充分尊重东道国法律法规、风俗习惯的前提下，积极采取标准化策略、多元化策略、融合策略、属地化策略，取得属地化员工对公司企业文化的认同。其中包括几大策略。

标准化策略：即执行企业统一的 CI 战略，实现工地布置标准化、规范化，加大对《中建信条》《十典九章》的深植。

多元化策略：即尊重不同地域、国别文化，采取兼容并蓄、开放多元、彼此尊重的文化态度，进行相互吸收、相互借鉴。

融合策略：即以企业文化和属地文化共性为切入点，促进文化双向交流、凝聚文化共识，营造和谐文化氛围。

属地化策略：即针对国别市场文化环境，增强文化适应能力，尊重属地员工文化习俗。

各项策略的有效运作，传播了中建文化。

（二）坚持本地化运营

坚持本土化发展策略、让各种项目落地生根，造福于沿线国家人民、促进当地发展，中建集团坚持"本土化"发展策略，积极探索市场发展规律，构建起了符合当地市场需求的业务经营模式，持续性参与城市建设，逐步实现了本地化经营，持续提升公司的盈利能力，为股东创造价值。

（三）为当地学生提供实习和工作机会

在 30 多年的海外业务发展过程中，中建集团不仅成功进入美国、俄罗斯、英国、新加坡、中东、澳大利亚等发达国家市场，跻身当地领先国际承包商行列；还扎根阿尔及利亚、巴基斯坦、埃及、刚果（布）、越南、埃塞俄比亚等发展中国家市场，承揽了一大批重大标志性项目。2016 年，公司在国家主席习近平、埃及总统塞西的共同见证下，签署了埃及新首都建设一揽子总承包合同；2017 年，在国务院总理李克强、澳大利亚总理马尔科姆·特恩布尔的共同见证下，签署 50 亿澳元（约合 37.5 亿美元）的西澳省基础设施一揽子项目合作备忘录。

（四）热心社会公益

造福社会是企业作为社会公民的终极目的，也是构成中建集团使命的主旋律之一。中建集团坚持项目到哪里、责任就延伸到哪里，通过加强社区沟通、培育产业人才、改善基础设施、抗击自然灾害等担当民生责任，展现中建集团的"终极追求"。公司全额资助 8 名巴基斯坦优秀高中毕业生赴中国留学，承担其读书期间的全部费用共计 160 余万元。参加中国驻刚果（布）大使馆举办的慈善义卖活动，捐款资助当地医院、孤儿院、福利院；在斯里兰卡投入大型机械设备，开挖排水渠，帮助民众抗洪排涝。在"希望之城"项目所在地巴拿马阿莱汉，为当地贫困家庭的孩子们派发了超过 2000 份精美礼物；同时赞助巴拿马当地一家非营利组织，帮助孩子们在新赛季实现足球梦想。

三、良策出绩效

适应"一带一路"倡议实施，中建集团通过发挥"蓝色力量"，帮助公司提升了国际化运营能力，践行了国家文化政策与要求，保持了文化自信，提升了中国文化的海外影响力；推动了项目所在地区的经济社会发展及人们生活的改善，塑造了中建集团负责任品牌形象。为其他投资建设企业发挥文化软实力、推动国际化运营提供了借鉴；为政府推进人文交流合作、深化"民心相通"提供了企业"走出去"的经验。更重要的是，中建集团在全球 130 多个国家和地区承建了 6000 多项工程，其中一大批已成为当地标志性建筑，并凭借质量高、难度大、技术新、绿色环保等优势，赢得所在国家的政府和民众的高度认可，成为"中国建造"的一张靓丽名片。

随着中国特色社会主义进入新时代，中建集团将继续展现新气象、写好新篇章，为中国与"一带一路"沿线国家共同实现"人类命运共同体"的金色梦想贡献"中建力量"和"中国力量"，助力打造"中国建造"品牌和新时代大国形象。

（中国建筑股份有限公司企业文化部）

特色项目文化筑牢企业科学发展之基

中交第一航务工程局有限公司（以下简称一航局），是世界500强企业"中国交建"旗下的全资子公司。作为新中国第一支筑港队伍，一航局企业文化从老一辈筑港工人"四海为家、流动为荣"的优良传统发轫，在70余年的发展中，历经改革开放、市场经济等时代大潮的洗礼淬炼，为企业发展提供了强大的文化支撑和文化动力。

贴合企业实际、强化顶层设计，项目文化建设有序推进

早在2002年，以颁布《企业文化建设纲要》为标志，一航局在全国同行业中较早迈出了企业文化建设的步伐。在一航文化整体框架指导下，项目文化建设紧密围绕企业发展实践，先后经历了认识提升、典型引路、规范建设等阶段，目前已形成成熟的常态化工作机制，成为一航局企业文化扎实有效的落地途径。

一是制定明确项目文化建设规划。一航局制定了《项目文化建设规划模板》，通过印发《项目文化建设指导意见》《铁路项目文化建设实施意见》《海外项目文化建设实施意见》等指导性文件，对项目文化建设的内容、方针、步骤、组织机构、考核监督等进行了明确规范。近几年来，一航局出台《项目文化建设规划框架模板》，并结合企业发展形势变化，对框架模板进行适应性调整，使项目发展定位在统一指导的基础上，形成符合自身的发展目标，明确适合的文化建设方向。同时，一航局通过对项目文化建设模板采用背书通报的方式，强化了两级机关对项目文化建设的指导力度，有效提升了一航项目文化建设的整体水平。加强指导的同时，一航局制定了《企业文化工作调研评价表》，对项目部加强文化理念宣贯、项目文化规划和整体推动等工作提出明确

要求，并将考核结果作为整体评价，纳入对各单位的年终考核，有力保证了项目文化建设的质量。

二是建立项目文化建设示范点。在项目文化建设水平得到整体提升的基础上，一航局也涌现出一批具有较高水准的项目文化建设典型。为进一步增强示范引领和辐射带动作用，2014年，一航局制定了《创建项目文化建设示范点管理办法（试行）》，明确了示范点创建的原则、标准和程序。当年9月，在推荐和调研基础上，一航局召开专门项目文化建设现场推动会，评选出首批9个项目文化建设示范点，并进行了命名与现场交流。一航局所属各单位也根据自身实际，遴选建立了本单位的文化建设示范点。从两年多来的实践来看，作为项目文化建设的学习标杆和成果展示窗口，示范点典型引领作用明显，带动了一航局项目文化建设整体水平的提升。

三是打造与时俱进的海外项目文化。随着"走出去"战略步伐的不断加快和海外业务规模的日益壮大，跨文化管理成为一航文化建设的新兴领域和重点课题。一航局对海外项目相关单位进行系统调研，认真梳理总结海外项目文化建设的特点，颁布了《海外项目文化建设指导意见》，对所有海外项目进行系统指导与建设，并根据海外业务发展的实际不断调整文化建设规划。同时，公司及所属各单位对所有出国人员发放海外文化指导手册，开展专门的海外文化培训，使"大海外"战略逐步迈向深入。

四是启动项目文化建设测评。随着国家经济发展步入新常态，转型升级成为一航局发展的主旋律。拓展新的经营领域、加快开拓海外业务、个性突出的"90后"员工增多等因素叠加下，企业步入新的战略转型期，文化建设也面临着新的任务。为更准确地对公司文化现状进行评估，一航局启动了项目文化建设评测工作，就公司的价值导向、管理模式、员工对文化的认可度以及文化管理的落地情况开展测评，进一步衡量公司各项目文化建设的现状，为公司的健康、科学发展提供更为坚实的文化保障。

传承创新，凸显特色，项目文化建设结硕果获发展

在世纪超级工程港珠澳大桥建设中，项目团队保持不惧困难的激情和动力，认真谨慎地在负责的工作中追求精益求精，勇于开拓，最终取得上百项国际领先的技术成果，填补了世界外海桥梁建设领

域的多项空白。如在高难度、高风险的沉管安装过程中，一航局项目部凝练出"每一次都是第一次"的文化理念，成功克服了深水深槽、基槽强回淤以及汛期大径流等世界级三大难题，创造了世界沉管隧道安装史上一年10节的"中国速度"和误差小于1毫米的极限纪录。强烈的风险意识和创精品的责任意识，促进了项目创新文化的发展和丰富。

"产业报国"的担当文化。一航局经历了新旧中国的更迭，企业发展的基因中渗透了为祖国建设港口的责任与使命。几十年的发展过程中，一航局始终与祖国交通基础设施建设事业休戚与共，在一无所有的条件下产业报国、拼搏担当是一航文化的特殊气质。在远海工程建设中，一航局项目部在极度恶劣的自然条件下，始终传承、发扬老一辈筑港人"产业报国"的战斗精神，经受住身体、精神的多重考验，出色地完成了国家交给的任务。项目部员工不畏艰难，上下一心的斗志和一往无前的精神，既是对一航文化"竞优、坚韧"内核的传承与发展，也同样书写了新一辈筑港人爱岗敬业、勇于担当的一航精神。敬业忘我、竞先争优精神品质的传承，铸就了项目部新的担当文化。

舍我其谁的"雄狮"文化。蒙内铁路是"一带一路"海上"丝绸之路"的必经之路，也是首条采用中国标准的国际干线铁路。在参与这一重大海外工程建设中，一航局蒙内项目部打造了与企业核心价值观一致、与企业海外战略相结合、与项目管理目标相适应、具有一航鲜明特色的海外"雄狮文化"。项目部总结提炼了"披荆斩棘争先锋，千锤百炼铸雄狮"的核心文化理念，将先锋精神融入管理，以"开路先锋"的精神和行动不断挑战空白，用智慧和汗水在东非市场的开拓中立足前沿，实现了快速反应、追求卓越、行稳致远。项目部在全线率先完成第一根灌注桩、第一座承台、第一段路基，全线率先完成桥梁桩基施工，在察沃河特大桥施工中创造了40天40个墩柱的纪录，并以优异的质量被总经理部列为总统观摩项目。同时，也在肯尼亚树立起了中国建设者的良好形象，打响了敢打、敢拼、敢赢的"开路先锋"铁路品牌。

深植管理、落地生根，项目文化显活力见实效

项目整体形象大幅提升。一航局各单位将形象标志系统建设作为项目文化建设的重要一环，认真执行《项目形象建设作业指导书》，公司数百个工程项目形象建设整齐划一、规范大气，体现了鲜明的企业特色。各项目部自觉将文明工地建设作为项目文化建设的重要载体，高起点规划、高标准建设，起到了较好的窗口示范作用。尤其是文化意识的树立，文化管理理论的应用，使项目发展坚定了更为明确的定位和价值追求，实现了管理层次的提升，也强化了项目履约水平和盈利能力。

员工队伍素质更加过硬。项目文化是员工团队精神的黏合剂、行为习惯的清新剂、自我管理的催化剂，对团队品质具有强大的提升作用。通过持续开展项目文化建设，一航局的员工队伍体现出极强的战斗力，涌现出以全国劳模张志华、大国工匠管延安等为代表的一大批优秀员工，形成了强烈的一航"文化场"。

如在港珠澳大桥建设过程中，一航人凝心聚力、攻坚克难，在极其困难的条件下实现了东西人工岛"当年动工、当年成岛"的目标。

企业品牌形象全面提升。项目文化既是公司品牌的本质内涵，也是展示公司品牌的靓丽名片。一航局项目部通过深化文明工地建设，培育和推介五大品牌资源体系，在重大工程建设中以超出业主期望的表现，提升了品牌声誉，展示了出色的施工组织能力、卓越的工程质量、优异的管理水平，赢得了业主的高度满意和行业的广泛认可。

管理经验更为高效成熟。一航局下属一公司第六项目部，以打造"标准化质效型项目团队"为目标，坚持"适应、融入、调整、创新"工作思路，提出"让业主不能割舍、让员工不能割舍、让协作队伍不能割舍"三位一体的核心文化理念，并以"进度超速、质量超值、服务超越"的特色管理经验，实现了文化引领管理和服务的目标。

（中交第一航务工程局有限公司）

用文化引领发展　从优秀迈向卓越
——中国核电卓越文化的实践与创新

中国核能电力股份有限公司（简称"中国核电"，股票代码：601985）成立于2008年，总部位于北京，由中国核工业集团有限公司作为控股股东，联合中国长江三峡集团有限公司、中国远洋海运集团有限公司和航天投资控股有限公司共同出资设立，2015年6月10日，作为A股第1家纯核电企业成功上市。截至2018年6月30日，公司拥有控股子公司26家，合营公司1家，参股公司5家，总资产规模超3100亿元，员工总数超过13000人。控股在役核电机组18台，装机容量1546.6万千瓦；控股在建核电机组7台，装机容量816.2万千瓦，累计发电量超过7500亿千瓦时。拥有秦山核电、江苏核电、三门核电、福清核电、海南核电五大核电在运、在建核电基地。

企业文化是企业的"灵魂"，是员工的精神家园，是推动企业不断发展的源动力。中国核电作为中核集团控股的核电投资、运营公司，在成立之初，就大力开展企业文化工作，加快推进文化融合，形成以"卓越"命名的核电特色文化体系，并扎实推进文化落地、促进企业创新发展。

从1985年秦山核电站开工到2008年中国核电正式成立，中国核电在开拓创新的实践中不断追求卓越，企业文化经历"艰苦创业、勇担国任"的文化积淀期，形成深厚的文化底蕴；从2008年至2015年6月，中国核电逐步构建企业文化发展所需的组织、制度、物质基础，以"追求卓越，挑战自我"为价值观，引领公司从高起点起步，经历追求卓越、挑战自我的文化成长期，成功实现公司上市；以2015年6月公司上市为标志，公司发展和企业文化建设迈上新起点，中国核电秉承继承与发展的原则，在传承卓越基因的同时，引领中国核电本部和各成员公司文化发展，全面深化企业文化融合和建设，进入"追求卓越、超越自我"的文化引领期。

一、提炼卓越文化体系，形成文化引领的发展自觉

中国核电卓越文化体系包括以"追求卓越，超越自我"价值观为核心的文化理念、"卓越文化树"模型、卓越文化徽章等内涵和外延。

（一）卓越文化理念

公司精神：事业高于一切　责任重于一切　严细融入一切　进取成就一切。

公司愿景：做最具魅力的国际一流核能企业。

公司使命：奉献安全高效能源，创造清洁低碳生活。

公司价值观：追求卓越，超越自我。

公司安全理念：安全是事业的生命线、安全是企业的生存线、安全是员工的幸福线。

公司团队理念：上下同欲，凝心聚力。

公司发展战略：规模化、标准化、国际化。

形象传播语：魅力核电　美丽中国。

品牌传播语：中国核电　国家名片。

（二）卓越文化树模型

在卓越文化体系提炼过程中，中国核电梳理了各成员公司的文化共性，融入文化理念而凝练形成了"卓越文化树"模型：其中，中华优秀传统文化作为源泉，这是树依存的"养分"，是树能够保持茁壮成长的营养来源；核安全文化作为根本，这是树的"根系"，是树能够屹立不倒的保证；核工业文化作为基础，这是树的"土壤"，是树能够根深叶茂的基础；追求卓越作为导向，这是树的"主干"，是树生长的方向；子文化作为特色，这是树的"枝叶"，是树能够吸收阳光确保成材的保障；"国际一流"作为目标，这是树的"果实"，是树不断生长的价值追求。

（三）卓越文化徽章

"卓越文化树"是中国核电卓越文化体系的代表，体现了中国核电枝繁叶茂的文化建设成果。徽章是"卓越文化树"模型的抽象表达，整个图形由蓝、黄、绿、红、紫五种颜色构成，分别象征着中国核电深入贯彻"创新、协调、绿色、开放、共享"的发展理念；以双手为主干，体现出全体中国核电人勤奋进取、拼搏开拓、实干兴企的精神风貌，手指向上以击掌的动作展示出中国核电一家亲，中国核电人团结自信、乐观向上的和谐氛围；树叶象征着子公司文化，体现出上下同欲、凝心聚力的团队理念，在卓越文化的引领下，实现百花齐放的特色文化；树冠上方"追求卓越，超越自我"象征大树始终向上茁壮成长，中国核电在"追求卓越，超越自我"的价值导向下逐步成为最具魅力的国际一流核能企业。

二、实施卓越文化落地，打造同行领先的竞争优势

两点间最快的路线是一段旋轮线，即著名的"最速曲线"。"最速曲线"还有一个鲜明的特点是，线上几个不同的质点在不同位置同时出发，能在同一时刻抵达终点。中国核电推进企业文化融合的路径就是这条"最速曲线"——各成员公司都培育形成了各具特色的优秀文化，只是各自所处的水平和阶段有

所区别，就像处于不同位置的质点；中国核电文化融合工作，就是让各成员公司的企业文化沿着这条曲线前行，力争用最短的时间、最低的成本，让各成员公司企业文化在同一时间到达目的地，从而汇聚形成整个中国核电的文化合力，提高中国核电安全、高效发展的核心竞争力。对此，中国核电具体采取以下五方面的举措。

（一）形成系列文化制度、产品，筑牢企业文化落地的基础

中国核电发布了《企业文化管理制度》《企业文化评估管理》《中国核电视觉形象识别手册》《中国核电卓越文化体系》《中国核电员工行为规范》《中国核电卓越文化体系培训教材》等；形成了卓越文化徽章的实体产品。结合公司科普传播的需要，原创的"核电宝宝""华龙宝宝"等吉祥物和核电范儿表情包，广受欢迎。

（二）加强文化工作网络建设，形成骨干文化工作队伍

中国核电成立了宣传文化中心，按照"总部统筹、上下联动、专业支持"的方式组建了覆盖全板块的文化工作队伍。开展全板块的卓越文化宣讲师认证培训，举行全员卓越文化知识竞赛和企业文化问卷调查，开展卓越文化落地交叉评估，形成卓越文化知识体系领导层精通、管理者认同、员工知晓并践行的良好局面。

（三）持续推动安全文化建设，增强公司健康发展的文化动力

中国核电主动与WANO（世界核电运营者协会）及国内外核电同行对标，在核安全文化领域率先发布《卓越核安全文化的十大原则》、开发十一大防人因失误工具、打造防人因失误技能实验室，创建防人因失误职工技能竞赛的活动品牌，定期开展核安全文化的内部评估并定期接受外部同行评估；每日一条安全信息、状态报告、无人因事件时钟、观察指导等成为中国核电人共同的核安全文化仪式和行为烙印。中国核电还举办了企业员工原创的国内首部核领域的防人因失误专著《重新定义安全》发布活动，对作者进行了授勋表彰。

（四）创新实施文化品牌传播，增强公司的知名度和美誉度

自2012年以来，一年一度的青年主题实践活动成为中国核电闪亮的"青"字号文化品牌。中国核电还连续6年举办"魅力之光"全国中学生核电科普知识竞赛和夏令营活动，参与人数累计超过100万，网络关注人次达到1亿人次，成为全国性核电科普品牌和平台，得到国家能源局、国家核安全局、中国科协等部委和机构的一致点赞。已发布6份年度社会责任报告，发布了我国核电行业首份公众沟通白皮书和首份国内核电公众沟通通用指南，开国内先河。每年都举办公众开放日活动，开展上市周年活动、大学生夏令营和扶贫结对核电夏令营活动。2017年还开展了寻找601985代言人活动，微信阅读量过百万；2018年3月在国际核工展期间揭幕全球首个核能科普领域的共生主题店——"核电宝宝"旗舰店，探索了核电公众沟通领域B2C的新实践。海南核电2016年成为国家工业旅游创新示范单位。福清核电"华龙一号"首堆品牌传播有声有色，穹顶吊装节点实现央视直播，享誉国内外。

（五）落实、落细、落小、落常，激发基层文化创新活力

中国核电注重激发基层单位的文化创新实践。子公司中核运行公司开展"微视角""微举措""微镜头""微景观""微视频""微组织""微平台""微公益""微形象"九微文化实践，其创造的《核电小苹果》互联网浏览量近千万，主创人员受邀参加了央视《博乐先生微逗秀》录制，荣获2014年度中国企业新媒体传播十佳案例。江苏核电践行卓越绩效模式，荣获核电行业首家全国质量奖；三门核电善用人因绩效工具，安全文化处于国内领先地位，荣获全国安全文化标杆单位。

三、测评卓越文化成效，巩固公司发展的文化优势

通过上述措施的采取，中国核电获得了以下三方面的主要成效。

一是公司业绩持续优秀。中国核电累计创造超过140多堆年的核电安全运行纪录，建成了国内数量最多、机型品种最丰富、在运装料容量最大的核电基地——秦山核电基地；江苏核电多次创造VVER机组世界大修最优工期纪录；三门核电AP1000全球首堆机组建设取得实现了双并网；控股的福清核电华龙一号示范首堆成为全球唯一未拖期的在建三代核电机组；海南核电1号机组蝉联南方电网金牌机组。2017年中国核电共有6台核电机组运行综合指标WANO排名世界第一。机组发电

量、主营收入、利润总额连续 7 年稳步上升。2017年公司主营收入 335.9 亿元，利润总额 94.09 亿元，机组发电量 1007 亿千瓦时。

二是对外影响不断扩大。中国核电先后荣获全国中央企业先进集体荣誉，中电联全国电力行业优秀企业文化成果一等奖、中核集团业绩突出贡献奖、金蜜蜂社会责任报告领袖奖、"十二五"企业文化建设管理文化标杆单位、"互联网＋"时代管理文化标杆单位、全国企业文化优秀成果奖、全国电力行业企业文化建设示范单位、中国证券"金紫荆"、"金圆桌"最佳上市公司、"最受尊重上市公司"等荣誉称号。中核运行、江苏核电、三门核电等近年也获评全国电力行业企业文化建设示范单位。2017 年年初，中国核电作为主要倡议人发起的世界核电运营者协会第五中心落户上海，获得了 WANO 全球理事会的批准。

三是文化英雄模范辈出。中国核电先后涌现出了何少华（2014 年第十二届中华技能大奖获得者）、姚建远（荣获全国"五一"劳动奖章及"全国劳动模范"称号）等为标杆人物的安全文化和技能英雄团队。公司董事长陈桦荣获世界核电运营者协会（WANO）卓越贡献奖和中国证券金紫荆"最具影响力上市公司领袖"，公司总经理张涛荣获金圆桌"最具领导力 CEO"、公司董事会秘书罗小未荣获"最具创新力董秘"。

四、面向未来将继续创新，持续形成文化引领新优势

"春风杨柳万千条，六亿神州尽舜尧。"面向未来，中国核电将深入贯彻习近平新时代中国特色社会主义思想，坚定文化自信，强化文化自觉，"举旗帜、聚民心、育新人、兴文化、展形象"，进一步加强文化建设和管理，以党建为引领，大力弘扬"两弹一星"精神及"四个一切"核工业精神，不断"追求卓越、超越自我"，以安全为本，以创新为要，以责任为魂，大力实施"卓越文化落地、社会责任践行、品牌传播推广"专项工程，致力于为企业创造价值、为股东创造利润、为员工创造幸福、为社会创造财富，建设"魅力核电、美丽中国"，擦亮"中国核电、国家名片"，引领实现"做最具魅力的国际一流核能企业"的愿景，真正从优秀迈向卓越。

（中国核能电力股份有限公司）

中远海运：改革重组造就"大国船队"

2016 年，中远集团、中海集团深入落实中央深化国有企业改革的重大战略部署，迅速完成重组。中国远洋海运能砥砺前行，源自改革、重组过程中前所未有的战略推动力、行动执行力、文化凝聚力和效益攻坚力。

战略——落地有声，构建改革蓝图

中远、中海改革、重组不是腾挪脱困的权宜之计，而是国家骨干航运企业提质升级、参与全球竞争的重大机遇。集团改革、重组的第一项重点工作不是设计具体的重组方案，而是明确新集团的发展愿景和目标，制订新集团的发展战略。而制订企业战略的前提是首先服务国家战略。中国是世界海运需求总量、集装箱运量、铁矿石进口量最大的国家。作为我国国民经济发展的进出口战略通道，航运业的重要意义不言而喻。中远海运集团深知，作为中国航运业的领航者，只有更加深入地参与全球竞争、配置全球资源，扩大中国船队整体运营规模、强化国际枢纽港战略支点建设、铺设全球高效服务网络，才能夯实我国对核心运输资源和通道的控制力、保障力，更好地服务于国家战略、保障国家安全。

同时，从自身发展考虑，依据航运企业"规模增长、盈利能力、抗周期性、全球公司"四个重要评价维度，改革小组对各业务板块现状和发展目标进行了科学论证和定位。在规模增长方面，集团要力争航运业务的领先地位，尤其是集运板块，要全力进军第一梯队；在盈利能力方面，要着力使航运主业"由大变强"，同时将金融等盈利较稳定的板块补充到核心产业中；在抗周期性方面，着力将物流、码头、金融等受周期影响小或逆周期的产业，与航运形成鼎足之势，破解长久以来主业波动严重影响全局效益的难题；在全球公司方面，致力于全方位、多业务群立体拓展亚洲以外的广阔区域，与西方领军企业形成新的全球竞争格局。

战略定向之后，执行是第一位。中远海运集团改革重组之所以能够举重若轻、一竿到底，最重要的原因是对既定战略的坚定执行，让外界一次次瞩目，让职工一次次感同身受，并为之深受鼓舞。特别是针对航运产业集群的港口业务，按照"以'一带

一路'为主线,重点布局海上"丝绸之路"的新兴市场和战略要地,努力发展成为全球领先的港口运营商"的战略定位,集团成立后不久即迈开收购、合资全球码头的铿锵步伐。2016年以来紧盯战略蓝图开疆拓土,充分展示了集团改革、重组的迅猛势头,也激发起12万中远海运职工的自豪感。

文化——传承融合,凝聚改革力量

文化冲突,重组则同床异梦;文化融合,重组则水到渠成。中远海运集团党组把企业文化建设放在改革、重组的大背景下谋篇布局。重组的高效推进,其中关键的一点在于文化的深度融合,从而能够做到得民心、顺民意,实现全员支持改革、拥护改革、参与改革,为改革、重组营造了顺畅的环境。

文化融合,首先是统一理念,做到"一家人不说两家话"。中远、中海同根同源,但也存在文化差异。两个企业在不同的历史发展过程中各自成就了不同的文化。中远的文化特征是国际化视野、创新力强,中海的文化则是务实、低调、执行力强。这两种文化具有各自的优势。实施改革重组初期,集团董事长、党组书记许立荣亲自提出"四个一"理念,即"一个团队、一个文化、一个目标、一个梦想",要求全系统干部、员工统一思想、胸怀全局,心往一处想、劲往一处使,凝心聚力、同舟共济,共同绘制新蓝图,一道成就新梦想。随着改革、重组的深化推进,集团上下以"四个一"为旗帜,反复宣讲、把握实质,几乎做到"家喻户晓"。各企业纷纷开展"四个一"主题活动,大力挖掘"四个一"行动实践,使"四个一"理念在重组过程中发挥效应、形成导向,在全体干部、员工中广泛传播、落地生根。

文化融合,需要永远把维护职工利益放在改革的第一位。中远海运重组过程中的文化融合,是与强有力的党建思想政治工作有效结合。许立荣指出:文化建设工作和思想政治工作必须把文章做到人上,要坚持重大事项及时向员工通报,坚持重要问题充分听取员工心声。要推进文化融合,必须与解决职工群众的实际问题相结合,切实维护职工群众的利益,让职工群众分享到改革红利。同时强调:搞一百次无效的工作,不如为职工做一件实事,反过来,职工的利益没有落实,做多少工作也弥补不了。为职工群众解难题、谋利益,是最实际的改革,怎么做都不过分。为此,集团充分听取职工切身需求和利益诉求,对岗位调整员工、异地工作员工给予重点关怀、协调系统资源、协同当地政府,想方设法为员工解决岗位、薪酬、住宿、落户、子女上学等一系列实际问题。针对集团落户上海,涉及职工去留的问题,集团在设计总部管理模式时,创造性地确立了集团总部"职能部门(上海)+共享中心(北京)"的新模式,既强化了战略管控和共享服务,避免了机构臃肿、职能交叉,又满足了部分职工不想奔赴异地的意愿。

文化融合,更需要激发职工对企业的荣誉感。集团成立以来,深度参与博鳌亚洲论坛年会、国际海运年会、金砖五国工商理事会等重大会议,提升企业社会形象,同时站在全球航运领航者的高度,大力弘扬航海文化,着手编纂《中远海运发展史》,启动了文化展厅建设,在全系统征集企业之歌,连续制作推出《我们正向你走来》《We Are Ready》《在海上》《领航者的价值观》《拥抱此刻》《为梦远航》等多部宣传文化产品,开展了品牌形象发布会等一系列文化活动,凝聚了广大干部职工干事创业的强大正能量。

效益——逆境突围,检验改革成效

2017年年初,集团提出牢固树立"全力创效、合力创业、大力创新"的理念,集团董事总经理万敏提出"坚决打赢航运扭亏为盈攻坚战"的号召,使提质增效成为集团深化改革的主旋律。

各企业大力开拓市场,着力推进大客户营销,针对战略客户,搭建了专门的服务和营销平台,同时积极开发海内外大客户,不断优化客户结构,高频率承接大合同、大订单,业务量保持稳步增长。中远海运特运完成"永盛十"项目6艘次船舶北极东北航道航行,扩大了北极东北航道商业化运营规模;为巴西南极科考站重建项目提供物流服务,开创了中国商船首航南极的先河。中远海运客运积极开拓南海旅游市场,"南海之梦"轮成功试运营,企业转型迈出重要一步。

在内部管理上,集团重点是加强成本管控与风险管控。在成本控制上,集团坚持抓细节、抓重点、抓责任目标,成效显著。危机倒逼变革,困境孕育创新。各企业努力创新商业模式,突破传统经营边界。针对国际航运市场以及外部环境的挑战,集团坚持商业模式创新,向创新要动力、要活力、要实力,依靠创新破解发展难题,变挑战为机遇,化时艰为时利。坚持调整和优化产业结构,集团进一步做好资源配置的"加减乘除"。首先是瞄准核心产业做"加法"，大力发展集装箱运输，大力发展航运金融业务，积极打造具有航运特色的供应链综合金融服务产业集群，增加金融产业的利润贡献。其次是瞄准过剩产能做"减法"，坚决削减装备制造产业过剩产能以及船队的过剩运力，做好管理层级压减工作。再次是瞄准产业链协同做"乘法"，通过加强产业链协同，发挥"1＋1＞2"的乘数效应，使工作效率递增，经济效益递增，市场竞争力递增。最后是瞄准结构优化做"除法"，提高集团非周期性资产占集团的比重，以此来提升集团的抗周期能力。

通过各种扎扎实实的创效举措，集团的改革发展和提质增效取得了令人瞩目的成绩：一是在规模与综合实力上实现了全球领先。截止到 2017 年 7 月底，中远海运集团经营船舶 1082 艘，综合运力 8168 万载重吨，为世界最大的航运公司。除了集团总运力规模世界第一之外，还拥有干散货、油轮和杂货特种船队运力 3 个"世界第一"。二是经济效益实现了稳步上升。继 2016 年整体盈利后，中远海运集团盈利能力进一步增强，仅 2017 年上半年的整体盈利就超过百亿元。集团的航运业务板块在市场调整动荡的环境下成功逆境突围，全面扭亏为盈。在央企 2016 年经营业绩考核评价中，中远海运时隔多年后被国资委评为 A 类企业。

当前，世界经济仍处于弱复苏状态。面对挑战，中远海运坚持审时度势，趋利避害，未雨绸缪，主动作为，努力实现在机遇中前行，在挑战中成长，在逆境中突围。

（作者朱雪峰，中国远洋海运集团有限公司）

加强品牌文化建设与传播
打造中信百年基业

中信集团高度重视品牌文化建设，以中央各项方针政策和习近平总书记系列重要讲话精神为指导，通过品牌文化的传承、创新和传播激发企业活力和动力，增强综合竞争力，提升中信品牌的国内外影响力，引领推动中信事业健康发展。

一、弘扬中信优良传统，增强品牌文化自信

中信集团积极贯彻落实中央《关于培育和践行社会主义核心价值观的意见》，立足中信深厚的优秀文化传统，多措并举加强对干部、职工的文化宣传教育，传承和践行荣毅仁老董事长所倡导并精心培育的中信核心价值体系和优秀企业文化，打造有鲜明特色的中信品牌文化，增强中信人的文化自信，为企业发展汇聚精气神。

（一）通过荣毅仁同志百年诞辰纪念活动集中宣传中信文化

中信集团党委高度重视荣毅仁老先生百年诞辰纪念活动，精心部署安排。中信要求干部、职工深入学习荣毅仁同志崇高的品格和始终不渝的奋斗精神，认真践行中信企业文化理念，为国家、为民族、为中信事业发展做出更大贡献。借中央纪念荣毅仁诞辰 100 周年座谈会举办之际，荣毅仁同志生平暨中信公司发展陈列室更新后再次开放。在无锡荣毅仁同志纪念馆和梅园开展教育活动，共同回顾发展历史，缅怀荣老功绩，重温"中信风格"，砥砺前行斗志。编辑印发《荣毅仁文稿选编》，召开文稿首发座谈会；开通集团企业号纪念专栏，设置网上纪念馆和感言墙；组织在线企业文化知识竞赛和"中华魂·中信情"经典朗诵会，激发全体职工传承优良传统，奉献中信事业。广大职工积极参与，深受触动，决心立足岗位把荣毅仁同志的精神传承下去，努力把中信事业建设好、发展好。

（二）加大企业文化交流推广力度

中信集团注重将社会主义核心价值观教育和企业文化建设融入集团战略发展总体布局，纳入领导干部、中青年骨干、新职工以及驻外职工的培训课程，在子公司、分支机构举办文化讲座，宣讲核心价值理念，阐述以诚信、创新、凝聚、融合、奉献、卓越为核心的中信企业文化。更新改版企业文化专栏，利用集团门户网站、微信企业公众号等新媒体组织企业文化知识竞赛、开展文化有奖调查问卷、进行文化活动直播等，引导职工积极参与中信文化建设。多次举办企业文化经验交流活动，宣传集团企业文化建设的经验和亮点，加强文化成果的总结和推广。

（三）积累打造品牌文化资源载体

中信集团精心打造和积累了一批有代表性的中信企业文化资源，2012 年以来编辑出版《难忘荣毅仁老董事长》《生命的动能》《精神的路标》等多部书籍，下发各类文化书籍 3 万余册；2014 年在我国香港整体上市后拍摄了宣传片，制作播放微电影《焦裕禄在洛矿》、纪录片《永远的焦裕禄》等，反映中信集

团子公司发展模式的《寻路征途》一书列入"中国道路丛书"出版,这些承载着中信历史和优秀传统的文化资源,在弘扬中信企业文化、树立中信品牌形象方面发挥了非常重要的作用。

二、大力提倡读书思考,深化品牌文化内涵

(一)领导干部带头学习思考

中信集团高层领导无论多忙,都要挤出时间读书,并与班子成员进行各种方式的研讨,认真撰写学习体会,带动党员干部立足本职岗位加强学习思考,并先后向职工推荐了《追逐日光》《公正》等 40 余种优秀书籍,对集团的学习型党组织建设起到了重要的推动作用。集团党委一班人在学习中不断深化对企业发展重大问题的思考,撰写了一批理论文章和专著,有《价值银行》《论信托》等多部专著出版。集团各级领导以上率下带动广大职工读书学习,在企业内部形成了崇尚阅读与思考的氛围,集团全年参加各类学习培训人员超 13 万人,占职工总数的七成以上。

(二)搭建多种读书平台

中信集团从 2009 年起在全体职工中持续开展"学知识・强素质・促成才"群众性读书活动,引导读书学习的正确方向。先后推荐《习近平谈治国理政》《21 世纪资本论》《大数据时代》《未来简史》等 106 种优秀图书。2012 年以来共举办 24 期"中信读书讲坛",集团读书活动获评"中央国家机关十大学习品牌"。各子公司也在集团的倡导下开展各种学习活动,如中信银行的读书会、中信兴业的"春生、夏长、秋收、冬藏"主题阅读、中信信托的网络大学、中信建设的手机报等都是各具特色的学习平台。

(三)为读书学习提供保障

中信集团旗下的中信出版社全国综合排名始终保持行业前列,在履行责任为社会提供知识和文化服务的同时,也为职工提供了丰厚的学习资源。《乔布斯传》《论中国》《中国历史的教训》《廉洁拐点》《灰犀牛》等优秀图书均产生积极的社会影响。集团在总部京城大厦专门设立中信书店,为职工提供便利的读书、购书环境。同时利用互联网搭建线上与线下结合的 O2O 知识服务模式,建立云端图书馆免费借阅,与百度合作在手机等移动终端设立阅读和购书平台,使学习途径更加便捷。

三、加强品牌文化传播,树立国企良好形象

(一)加强品牌管理

中信集团注重通过加强品牌建设展示文化内涵和亮点,成立品牌管理委员会,全面抓好品牌建设。印发《中信集团关于加强品牌建设的指导意见》,第一次比较系统地进行品牌定位、品牌传播、品牌建设评价和品牌资产管理等品牌战略梳理工作。在广泛征集的基础上确定集团的品牌宣传口号,与专业机构合作研究提出"共生共享"的中信品牌定位。加强品牌形象管理,对集团品牌架构进行梳理,明确了公司层面、产品与服务层面的中信品牌使用原则,对母、子公司协同加强中信品牌传播提出要求。制定《集团声誉风险管理办法》和《集团新闻发言人制度》,统一对外新闻发布。建立品牌危机预警机制和紧急事件应对机制,避免或减少对品牌的损害。

(二)主动对外发声

中信集团主要领导在"两会"期间参加专题记者会,就国企改革相关问题回答提问,并先后就供给侧结构性改革问题接受《瞭望》《财经》等主流媒体采访。积极响应国家"一带一路"倡议,参加"丝路产业与金融国际联盟"成立大会并做重要发言,同时在《人民日报》发表《谋势取实走向"一带一路"》的文章,阐述中信聚合多种资源推进"一带一路"建设的战略构想,体现国有企业的责任和担当。集团领导通过国际路演、发表署名文章、参加和举办国际论坛等方式代表国企主动发声,在推进"双创"、深化国企改革、"互联网+"战略转型等方面提出鲜明观点,传达对国企改革的信心和决心,扩大中信知名度和美誉度。

(三)讲好中信故事

开展中信故事第一季征集评选活动,内容涵盖中信集团各重要业务领域,从不同侧面反映在经营管理实践中推进中信核心价值理念落地的典型事例。各子公司发动职工积极参与,共征集稿件 800 余篇。生动诠释了中信文化的丰厚内涵,树立了国有企业的良好形象。

四、服务企业经营管理,夯实中信百年基业

(一)勇于创新,成为国企改革排头兵

中信集团自成立以来在诸多领域进行了大胆创新,成为国内多个行业的创建者和市场的引领者,

也收获了国企改革排头兵的美誉。2017 年 3 月，集团以"开放、融合、跨界、互联"为主题召开首届创新创业大会，与高新科技领域企业进行高峰对话，举办创新创意大赛，促进互联网、云计算、大数据等技术的实践运用，转变商业模式，激发企业活力，为企业创新发展提供新动能。中信重工被国务院确定为首批"双创"企业示范基地，成功搭建技术创客、工人创客、国际化创客、社会创客群 4 个层面的 42 个创客团队，其中社会创客群依托公司创新项目开发的新产品、新技术就实现经济规模超 100 亿元，得到国务院总理李克强的充分肯定。

（二）倡导融合，走出去展示中国品牌

中信集团秉持融合、兼容的文化理念，通过开展对外投资和项目合作，不断把企业做强做大，在国际上展示出中国企业的品牌实力。如抓住实施"一带一路"倡议的重要机遇，推动业务"走出去"步伐，加强与亚投行、金砖银行、丝路基金等机构交流合作，加大非洲、东南亚、拉美等地区的互联互通、基础设施、农业开发领域的开拓力度，收购秘鲁邦巴斯铜矿项目，掌控战略性资源等，在资金融通、设施联通等方面发挥重要作用。

（三）崇尚奉献，提升国企的社会形象

中信集团秉持强烈的奉献意识，坚持尽好国有企业的经济责任、政治责任和社会责任，有力提升了国有企业的社会形象。积极支持西藏地区经济建设，先后投入 3 亿多元在农牧民安居、能源、交通等领域实施 60 多个援藏项目。2015—2017 年在对口扶贫的云南元阳、屏边投入 3180 余万元实施"美丽家园"乡村建设项目，开展整村推进、异地搬迁、生产技能培训等 26 个扶贫项目。中信集团还积极参与北京国际音乐节等首都文化、体育和城市建设事业，在社会发展和民生改善方面做出贡献。

（中国中信集团有限公司）

提升文化软实力　引领企业转型升级

中国交建从事的水运、公路、桥梁、房地产及港机装备制造业务走过了由行业先行者到主力军再到领导者的光辉历程。近年来，在企业合并重组、收购兼并过程中，中国交建企业文化内涵不断丰富，逐步形成了开放、包容的文化特质，探索出了一条文化建设特色之路，文化的凝聚和辐射作用进一步凸显，成为推动企业做强、做优、做大的持续动力。

一、文化融合

中国交建有 60 多家全资、控股子公司，文化融合是企业文化建设的首要课题。

（一）构建包容的文化理念体系

在建立中国交建企业文化理念体系的过程中，我们坚持从实际出发，一方面高度总结、提炼集团整体的文化理念体系：企业使命——"固基修道，履方致远"；企业愿景——"让世界更畅通"，既体现了中国交建交通基建行业的特点，也蕴含着浓厚的中国文化色彩；另一方面博采众长，延续子企业的优秀文化基因，将子企业"用心浇注您的满意"等理念提升为集团理念，有效凝聚起集团上下文化共识。

（二）构建统一的企业形象识别体系

经过大量调研和广泛征求建议，中国交建确定了中国甲骨文中的"行"字，经现代艺术手法处理，既有中国文化韵味，又体现国际新元素，美观大方，特色鲜明。标识设立后，第一时间启动了"视觉识别系统规范"的制定和推广工作，统一了办公室、工地以及船舶体系的形象标识，对统一意识、文化融合、共铸品牌起到了重要作用。

（三）积极推进文化融合实践

一是以业务拓展为契机，丰富主体文化。中国交建适应交通基建市场的结构性调整，在巩固公路水运建设领域优势的同时，全面进军高铁、轨道交通领域，加快进入城市综合开发、房地产开发领域。在铁路业务拓展中，先后召开三次铁路项目文化建设推进会，全面适应了铁路建设的管理模式和作业格局，使之与既有主体的文化有机融合。

二是开展品牌创建活动。在品牌管理中，中国交建抓住"创新、品质、诚信、管理"四个环节，加强了品牌的整体性与统一性，开展了以"品牌工程、品牌团队、品牌员工"为主体的"中国交建品牌评选"活动。在"品牌工程"评选中，不但强调项目的科技含量，更以各单位集体作品优先参评，参建单位个个获奖，统一对外宣传，效果良好。

三是促进子企业之间沟通交流。中国交建积极创造平台，并积极倡导各子企业、各项目部相互学习交流，极大促进了各子公司之间的了解、融合与协作，增强了企业凝聚力。公司充分利用自办媒体

展开交流。从中国交建集团成立之初自办报纸的"一稿难求"，到目前优秀稿件争抢头条，各单位通过积极的经验分享与成果交流，营造共同追求进步的企业文化。

二、文化升级

2013 年中国交建提出融合与升级并促的发展思路，让中国交建的文化既继承了优良传统，又广纳时代元素，为企业发展强劲助力。

（一）核心理念体系升级

2014 年，中国交建对公司企业文化建设做出了承前启后的部署，确定了新的企业文化核心理念体系，形成了企业文化建设纲领：企业愿景为"让世界更畅通，让城市更宜居，让生活更美好"；企业使命为"固基修道，履方致远"；企业精神为"交融天下，建者无疆"；企业服务理念为"诚信履约，用心浇注您的满意"；企业价值取向为"公平、包容、务实、创新"；员工价值准则为"崇德崇学、向上向善"。升级版的企业文化核心理念体系清晰表述了企业新战略指导下的愿景和使命，使传统的企业精神得以提炼升华并具备充足的包容性和拓展性，最终指向打造共筑梦想、共创价值、共享成就的中国交建"理想共同体"。

（二）发展角色定位升级

在继承优秀工程师文化基因的基础上，中国交建不断吸收现代商业文化，树立全寿命周期、与社区共发展、与城市共进退的文化理念，崇尚长期价值创造、基业长青的现代商业文明，更加重视整合发展、培育和创造市场，更加重视产业链向价值链转化和价值创新。根据战略定位，确立了中国交建"努力成为政府与经济社会发展的责任分担者、区域经济发展的深度参与者、政府购买公共服务的优质提供者"的理念。在搭建优势产业"走出去"平台、高效产能国际合作平台的同时，强化"共商、共建、共赢"的平台文化和市场生态建设理念，受到广泛认可。

（三）文化传播方式升级

中国交建集团通过三大方式促进文化传播方式升级。

一是通过重大事件及时报道、重大工程深度报道、重大活动持续报道，提升广大员工的自豪感和自信心。二是把重大决策部署宣传到位，把员工关注热点引导到位，把 13 万员工的智慧力量凝聚到公司"率先建成世界一流企业"的伟大事业中来。三是从视觉系统、品牌体系、产品和服务、能力和水平、社会责任五方面着手，通过对重大新闻、重大工程、一大批优秀工程师的持续广泛宣传，提升公司的品牌知名度、影响力与亲和力。四是创新融合自媒体平台建设，打造报纸、网站、微信、展览、图书、视频为一体的宣传平台，切实发挥"喉舌"作用。五是"走出去"与"引进来"相结合，与上级主管部门、中央媒体、行业媒体、社会专家建立了良好的关系，妥善处理新闻突发事件，为公司改革、发展创造了良好的舆论氛围。

三、文化塑行

（一）强化制度保障

中国交建集团遵循企业文化建设规律，通过体制机制的规范、约束和激励，让企业文化理念入制度、入管理。

一是搭建工作体系。企业搭建了党委会、董事会、监事会、经营层和工会、团委齐抓共管、部门各负其责、全体员工积极参与的文化建设工作格局，成立了企业文化建设指导委员会，定期研究、部署文化践行工作。

二是推进制度建设。统一修订各项管理制度，以适应重组及上市规范管理的需要。修订中要求，所有管理制度不得与企业核心价值理念相冲突，并且要通过具体途径，在日常生产经营活动中落实企业价值理念。

三是健全体制机制。制定并完善了各阶段企业文化建设规划，加强过程控制和工作落实。把企业文化建设工作纳入企业绩效考核，逐步建立健全相应考核评价体系。同时，持续探索和优化企业文化建设交流机制，对优秀成果和经验给予高度尊重、激励与宣传。

（二）促进文化落地

中国交建集团通过开展一系列主题鲜明、形式多样的文化活动，建立起规范统一的文化礼仪，让企业文化理念入人心、入行为。

一是推进文明创建工作。开展"中国交建文明单位"评选表彰活动，努力实现精神文明创建工作的规范化、科学化和常态化，已有 134 家单位获评此项荣誉。在广大员工中广泛开展形式多样的群众性文明创建活动，引导和规范员工行为。

二是加强项目文化建设。先后四次召开项目文化工作会，在各工程项目开展"用心浇注您的满意"宣贯活动，将文化融入生产要素及内外部关系组织协调的全过程，融入每位员工的思想意识和行为中。

三是注重境外文化建设。开展了多次境外企业文化建设情况调研，制定了《境外企业文化建设实施意见》，进行了跨文化管理专项课题研究，经验成果在国资委进行了专题汇报。

四是履行企业社会责任。公司社会责任工作的领导和负责机构积极推进管理工作机制建设。在国内，中国交建集团多项社会责任案例获评"中央企业优秀社会责任实践""大型国企社会责任实践金牌案例"。在境外，中国交建投资数亿元全额资助 200 余名非洲学生来华留学，部分毕业留学生直接选择进入中国交建在其所在国的项目工作。

（三）规范员工行为

中国交建集团采取三大措施规范员工行为。

一是加强道德建设。让"道德讲堂"进基层项目、进船舶、进班组。同时，结合企业重大战略部署、改革举措和先进典型，将企业精神、职业道德和榜样事迹等有效融入讲堂，激发员工爱企爱岗和敬业奉献热情。

二是加强合规建设。认真贯彻落实《中国交建推进诚信建设制度化实施意见》，打造"诚信中交、阳光中交"。建立健全了一系列诚信合规管理办法和机制，并制订包括合规操守、合规业绩考核在内的绩效管理体系。

三是开展志愿服务。中国交建"蓝马甲"青年志愿团队持续开展了多项面向贫困地区和弱势群体的帮扶工作。至今，建立各层级志愿服务支队、大队241 支，开展活动 4200 场次，以实际行动诠释中国交建向上、向善的企业文化。

四、文化凝魂

支撑和引领中国交建成为全球基建行业翘楚的，是独特和优秀的文化基因与文化之魂。

一是产业报国、敢于担当的家国情怀。中国交建总是以共和国长子的使命感担当肩负起最具挑战性的历史重任。南海工程堪称我国目前关注度最高、任务最险重的基础设施建设工程，中国交建承担了全部的建设任务，喊出"宁让汗水飘起船，不让工期

拖一天"的坚定口号，抒发了"每一粒砂都是国土，每一段堤都是长城"的壮志情怀。

二是不甘人后、勇于争先的远大志向。中国交建有一种同台竞技、必争第一的锐气，引领、支撑企业成为世界最大的港口设计建设公司、世界最大的公路与桥梁设计建设公司、世界最大的疏浚公司、世界最大的集装箱起重机制造公司、世界最大的海上石油钻井平台设计公司；中国最大的国际工程承包商、中国最大的设计公司、中国最大的高速公路投资商、中国第三大铁路工程建设公司。

三是诚信守诺、合作共赢的价值坚守。坚守"诚信履约，用心浇注您的满意"服务理念，努力打造精品绿色工程。近几年，中国交建全部工程项目合同履约率达到了 100％。

四是艰苦奋斗、顽强拼搏的意志品质。基础设施建设是艰苦的工作，中国交建的建设者常年在远离城市、远离故土、甚至远离现代生活的荒凉之地坚守和奋斗。墨脱公路所在地域齐备 20 种地质灾害，中国交建设计出一条安全、科学的通行线路，用甘于吃苦、无私奉献的"墨脱精神"，让全国最后一个不通公路的县通了公路、与世界连通。

五是包容团结、同舟共济的团队意识。从"龙成项目"到产业链整合，从哈大高铁到蒙内铁路，从港珠澳大桥到南海工程，在"大兵团作战"的众多大型及重点项目中，中国交建员工戮力同心、同舟共济。已经通车的肯尼亚蒙内铁路项目是一项重要的政治外交项目，中国交建共 10 家单位高质量、高标准地建设项目。

六是不懈探索、勇攀高峰的创新精神。中国交建对高精尖技术孜孜不倦的探索精神，在诸多领域让其先进成果领跑世界。

（中国交通建设股份有限公司）

"三步走，三体系"建设现代化国有企业品牌文化

近年来，中国葛洲坝集团股份有限公司（以下简称葛洲坝集团），在整体外部环境不利的情况下，面对企业发展过程中的众多新旧矛盾，大力推进"结构调整、转型升级、改革创新、科技进步"，逆势而上，主要经济指标连续四年保持两位数以上的增长

速度，实现了组织结构、治理结构、业务结构、商业模式等众多方面的大转变，被国务院监事会评价为"国企改革样板"。

一、"三步走、三体系"的文化内涵

葛洲坝集团以"三步走、三体系"的系统方式，即以品牌文化理念体系构建为基础、品牌文化制度体系执行为关键、品牌文化传播体系创新为抓手，构建了创新文化、诚信文化、责任文化理念体系、制度体系、传播体系，着力培育全员品牌推介意识及能力，不断创新品牌传播方式，在高端政府、资本市场中营造了以"创新、诚信、责任"为主要标志的良好品牌形象，得到了社会各界的广泛认可，在资本市场荣获"最受投资者尊重上市公司"、中国上市公司"最佳董事会"等系列荣誉。

集团以品牌文化理念体系构建为基础，全面构建以创新、诚信、责任为主要内容的品牌文化理念体系。

（一）开展品牌文化定位

葛洲坝集团认为品牌是企业的核心竞争力之一，并认为品牌是社会对企业产品、服务的认知程度，以质量、品质、服务和文化为基础，直接构成了企业整合资源的一种能力。在此基础上，集团提出，品牌的核心是文化内涵，具体而言是其蕴含的深刻的价值内涵和情感内涵。品牌就像一面高高飘扬的旗帜，品牌文化则是旗帜所代表着一种价值观。结合公司目前作为一家集投资、建筑、环保、房地产、水泥、民爆、装备制造、金融八大主营业务为一体、具有国际竞争力的跨国集团的实际，经过对业务对象、企业历史传承等多方面的深入分析研究，最终决定品牌文化主要内涵为创新、诚信、责任。

（二）构建创新文化、诚信文化、责任文化理念体系

葛洲坝集团一方面把"创新、诚信、责任"作为全集团统一的核心价值观，要求全员深入践行。同时，又大力加强创新文化、诚信文化、责任文化的专项文化建设，分别对三个专项文化进行了释义。

创新文化：知变图新，不断超越。倡导员工解放思想、敢为人先，勇于探索、善于突破；倡导企业适应形势变化，把握发展方向，推进战略创新、管理创新、科技创新、文化创新等，打造创新型企业，提升企业核心竞争力。

诚信文化：立诚守信，言真行实。倡导员工为人真诚，待人信义，爱岗敬业，忠诚企业，讲真话、做实事、言必行、行必果；倡导企业守合同、重承诺、讲信誉，对合作方守信，对社会、国家负责。

责任文化：勇于担当、敢于负责。倡导员工立责于心，履责于行，做到知责、尽责、能负责，甘为、善为、有作为；倡导企业践行央企责任，为员工谋求福祉、为客户奉献价值、为股东赢得收益、为社会积累进步、为国家创造财富。

在此基础上，集团形成了企业文化理念手册，并大力开展了宣贯、培训，广泛开展各类文化主题实践活动，使广大员工对创新、诚信、责任的品牌文化内涵，能够看得见、记得住、听得懂。

二、以品牌文化制度体系执行为关键，推动创新文化、诚信文化、责任文化的落地

在提炼文化理念的基础上，葛洲坝集团努力将理念融入到制度当中，以制度的规范推动文化落地，形成品牌形象。

在创新文化方面，集团出台了《管理创新评价及奖励办法》《科技创新奖励办法》等系列文件，每年拿出数千万元用于创新奖励，有效地调动了广大员工创新的积极性，营造了良好的创新文化氛围，取得了丰硕的管理创新、科技创新成果。

在诚信文化方面，集团出台了《诚信管理规定》《诚信体系》《诚信手册》《诚信评价》等系列制度，从正反两个方面对所属单位及员工的行为进行了约束，有效地强化了全员的诚信意识，促进了所属企业诚信履约。同时，集团建立了供应商"黑名单、绿名单"制度，即每年度对供应商履约情况进行评价，诚信履约的单位进入"绿名单"，以后优先使用；失信不践诺的单位纳入"黑名单"，限制乃至禁止使用。因集团评价过程中始终坚持诚信为基础，使名单具备了较大的公信力，已成为行业内较有影响力的评价。

在责任文化方面，集团调整了激励约束机制、干部选评任用机制，突出业绩导向，强化广大员工的责任担当。同时，集团建立了容错纠错机制，积极保护干部职工干事创业的热情。集团的责任更多地体现于质量当中，为此集团专门把质量管理部门单设，设立第三方试验检测机构，不定期开展质量情况抽查，使集团承建的一系列重大工程及出产的相关产品始终保持优良品质，得到了业内的高度认可。

三、以品牌文化传播体系创新为抓手，多措并举推介品牌

(一)大力培育全员品牌意识及推介能力

员工是企业品牌形象的最好代言人，也是最直接的代言人。集团专门举办了 3 期企业家模拟推介子品牌活动，把集团所属单位的董事长请上台，模拟推介自身品牌。起到了巨大的震撼效应，也为员工们树立了榜样。集团所属单位广泛开展模拟推介活动，打造品牌文化推介模板，通过生动的模拟演练，提升了员工的推介技能，更是全面营造了员工"人人知道品牌、人人推介品牌、人人维护品牌"的良好氛围，为品牌文化口碑传播打下坚实基础。

(二)构建品牌文化传播的强大平台

葛洲坝集团公司高度重视新媒体在传播品牌文化过程中的特殊作用，公司已经构筑起以"中国葛洲坝微言"公众号为核心、67 家企业微信公众号共同构成的强大微信矩阵。对于品牌文化的一些重要内容，实行多级联动机制。同时，公司还不定期通过微视频、品牌文化漫画等新颖的传播方式，加强品牌文化传播。此外，公司还通过自办的报纸、网站、电视台等多种媒体，充分展示公司品牌形象，揭示公司品牌文化的深刻内涵。为加强品牌文化传播，公司还设计制作了宣传片、宣传画册、文化展厅等众多的推介产品，形成了多层次、全方位的品牌文化展示载体。

(三)大力开展品牌宣传

葛洲坝集团积极策划、主动出击，与主流媒体建立良好联系。通过邀请主流媒体赴公司对品牌文化进行实地考察、主动对接其需求等方式，有效地提升了企业品牌宣传的效果。近年来，葛洲坝集团在省部级以上媒体刊发正面新闻稿件数量持续保持每年增长 35％以上的速度，在中央电视台、《人民日报》、凤凰网等主流媒体上持续发文。同时，集团抓住重点事件，充分宣传集团品牌文化。如 2015 年尼泊尔发生特大地震，集团有一个项目位于震中。地震后，项目部员工一方面积极自救，一方面积极承担社会责任，帮助救济了项目附近的近千名村民。中央电视台对项目部员工勇担大义，在极度困难的情况下仍把住所、粮食都优先让给当地村民、协作队职工的事迹进行了报道，全面展示了葛洲坝集团负责任的央企品牌形象，诠释了集团责任品牌文化。

四、品牌文化建设成效

(一)公司品牌形象得到较大提升

在五年多的时间里，葛洲坝集团品牌在筑建传统央企的品牌形象基础上，不断推进品牌文化建设，逐步树立了"创新、诚信、责任"的新品牌形象，被众多媒体评价为PPP业务、环保业务、"一带一路"业务的领军企业。反过来，优秀的品牌文化，进一步增强了集团整合各类资源的能力，使集团在五年的时间内，营收规模实现了翻一番，各方面都取得了长足的发展。

(二)公司品牌文化长效机制逐步形成

经过长期的品牌文化建设，葛洲坝集团上下对其重要性认识越来越深刻，对其建设路径也日渐清晰、明了。通过品牌文化建设所形成的一系列制度体系已成为集团的系列新规新法，有效助推了集团发展。在这样的情况下，集团品牌文化建设的内生动力已经形成，良性循环机制已经构建，逐步形成了品牌文化建设的长效机制。

(中国葛洲坝集团股份有限公司)

强电科文化　铸大国重器

系统谋划，稳步推进，做好顶层设计

中国电科企业文化建设是对企业文化多年来系统谋划、统筹布局、严密论证、大胆实践的过程。2013 年 7 月，中国电科企业文化建设开始启动顶层设计方案。2014 年 4 月，在广泛征求系统内外建议和意见的基础上，党组修订下发了《中国电子科技集团公司企业文化建设实施纲要》。2015 年，先后开展了品牌普查及重点客户问卷调研，智慧电科金点子活动等覆盖全系统的大型活动，组织了百余次各级单位、各路专家的企业文化研讨会，形成了核心理念、品牌建设、视觉系统三方面基础成果，2016 年，顶层设计与落地工程双轨并行，制定了《中国电科企业文化与品牌建设推进工作方案（2016—2018）》，确立了"两个全面"的总体目标，即全面构建中国电科的企业文化理念系统，发出"同一个声音"和全面构建中国电科的品牌管理体系，树立"同一个形象"；提出了坚持以集团为主导，重点围绕内

部理念系统的构建及深化、外部品牌形象的构建及传播两条主线整体推进、采用"边建边推边落地"的总体思路。

围绕重点工作，中国电科集团党群工作部、办公厅、发展规划部、人力资源部、质量安全与社会责任部高度动员，所属的10所、14所、27所、28所、29所、38所等成员单位大力支持，纷纷派出精兵强将支持集团公司工作，分为企业文化建设线和发布会线等8个工作组并行推进，形成了集团统一规划，成员单位积极参与，共融共建的文化建设格局。

五大工程构建中国电科企业文化体系

根据顶层设计方案，中国电科企业文化建设形成了《文化宣言》《经营文化纲要》《员工基本行为规范》、"1＋8"品牌架构和新的视觉识别系统，构建起中国电科企业文化体系，打造集团统领、一主多元的文化格局。

《文化宣言》是企业文化建设的顶层设计。该宣言重点阐释中国电科的核心理念，包括使命、愿景和价值观体系。中国电科的企业使命是"引领电子科技，构建国家经络，铸就安全基石，创造智慧时代"，重点回答了我们"从哪里来"的基本问题；中国电科的企业愿景是"成为电子信息领域具有全球影响力的科技型企业集团"，这是我们的梦想和蓝图，重点回答了我们要"走向哪里"的问题；中国电科的价值观体系包含核心价值观和七大价值信条两大部分，核心价值观是"责任、创新、卓越、共享"，其统领下有七大价值信条：铁肩担大任、冲上山顶论英雄、联合起来办大事、做就做到最好、让创新成为习惯、共享才能共赢、创造幸福而有尊严的生活，这是我们的立企初衷和经营之要，回答了我们要"怎么走"的基本经营哲学问题。核心理念是中国电科经营哲学、价值理念、精神格调的集中体现，其目的在于汇聚意识形态，集中体现中国电科经营哲学、价值理念、精神格调，形成全系统统一的文化语言和全体员工发自内心的文化认同，是文化向心力中的"心"。

《经营文化纲要》是核心理念在企业行为的具体化。纲要分为总纲篇、业务篇、管理篇和保障篇，共4篇20章内容，明确了中国电科的定位和核心价值、基本战略、基本架构、基本管控以及经营管理

的基本问题。其目的在于从文化到管理形成心理契约，实现全系统从价值观念的认同到思维方式的转变，完成基于生产经营活动的价值体系建设，使集团公司管理体系具有高度一致性、借鉴性和推广性，使电科文化真正成为引领全集团经营管理的灵魂。

《员工基本行为规范》是核心理念在员工行为上的具体化。重点将核心理念融入员工的具体行为，从通用行为规范、职业行为规范、常用礼仪规范三个方面，诠释全体员工如何更好地肩负使命、追逐愿景、践行核心价值观和价值信条。其目的在于将文化精髓变成员工行为规范，使员工知行合一，将核心理念转化为自觉追求和行为习惯，在工作细节中做出符合企业要求的决策和行动，将中国电科的文化风格展现给同事、客户、合作伙伴和社会各界。

中国电科品牌架构是核心理念的外在表现。重点将核心理念融入品牌战略，聚焦安全、智慧两大事业，强调集团主导，规划引领，推出"1＋8"的品牌布局，聚力打造"CETC中国电科"企业主品牌，协同推进"电科防务、电科网信、电科安防、电科航天、电科能源、电科交通、电科装备、电科基础"八大领域品牌。其目的在于全面整合军工要素品牌和军民融合产品品牌，形成"一主多元"的品牌体系，努力将中国电科打造成为具有全球影响力的"电子产品供应商、信息系统集成商和电子信息服务商"，使"CETC"成为全球信息领域的知名品牌。

中国电科视觉识别系统是核心理念的可视化表达。重点将核心理念融入新的企业LOGO，并通过完整的应用规范来塑造提升整体视觉形象。新LOGO围绕中国电科英文简称"CETC"进行设计，以红色为主色，代表了中国电科国家队的属性，以及干事创业的激情；以蓝紫色为辅色渐变，代表着中国电科以科技追求卓越、心怀缤纷多彩的远大梦想；T字母右上角向上展开深入多维空间，代表着中国电科勇于突破、极致创新的担当精神，集中体现了"做你梦想基石"的承诺。

策划组织企业文化与品牌发布会，引爆电科文化热点

2016年是中国电科企业文化建设的攻坚之年，在总体目标和总体思路的引领下，以"四条主线、两轮宣贯、一场会战"为重点，全面推进企业文化体系建设、发布和推广。以高质量冲进世界500强为契

机，中国电科在京隆重召开了企业文化与品牌发布会，由中国电科董事长熊群力系统阐释了中国电科的文化传承与自信，副总经理左群声发布了"1＋8"品牌架构，开启了中国电科文化引领发展的新时代。中国电科启用了新的企业 LOGO，预示着中国电科人以勇于突破、极致创新的精神踏上更高的世界舞台，践行更加远大的科技梦想。

中国电科企业文化与品牌发布会成为了电科文化的引爆点，在系统内外受到了广泛关注和高度认可，并形成舆论场，产生了持续话题效应。

一是领导与同行的肯定。中国电科连续 12 年、连续 4 个任期获得国资委考核 A 级；连续两次荣获任期"业绩优秀企业"和"科技创新优秀企业"；2015 年财务绩效跃居中央企业第一名；2016 年高质量迈入世界 500 强企业，列第 408 位。国资委企业文化处推荐："如此震撼的发布会，应该让其他央企都来观摩"。

二是成员单位反响强烈。发布会上，多家成员单位领导在现场被感动得热泪盈眶。会后，他们在现场询问、索要文化形象宣传片，随后几天不断接到各方电话要求拷贝或邮件发送发布会相关内容；发布会当晚，关于发布会的消息、视频就在朋友圈被刷屏，成员单位微信公众号争相转发。

三是主流媒体铺开宣传，在全社会形成影响力。发布会受到主流媒体、行业媒体、新媒体等媒体的广泛关注。央视网、光明网在内的多家主流媒体对发布会进行报道，《人民日报》记者赵中良称赞集团公司新 LOGO"具有国际化水平"，《企业观察家报》在头版头条对发布会予以报道，国资委微信公众号"国资小新"以"这个新晋世界 500 强企业的发布会现场堪比科幻大片"为题，对发布会进行报道，在行业、在央企刮起了一场电科"风暴"。

四是员工、家属反响好。观看发布会的员工表示集团公司的发布会"高端、大气、上档次"，频频发布于朋友圈，洋溢着自豪感，增强了对中国电科的归属感；员工家属表示电科新 LOGO 很漂亮，发布会很震撼人，提升了对中国电科的认知和认同感。

更重要的是：中国电科文化与品牌，是集团公司企业文化建设的一次自然的回望传承，是作为世界 500 强企业集团在成大国重器、民族脊梁进程中的责任宣言，是 13 万中国电科人栉风沐雨、创新图强的传奇告白和面向新使命、走向新未来的一个新

起点、新跨越。

（中国电子科技集团公司）

用文化战略思维应对时代变革

中国直升机设计研究所提出了"跻身国际直升机研发第一梯队"的新愿景，以创新、创业为动力，引领全员追求赶先、领先的世界先进目标，努力打造技术和产品品牌，培育客户至上、员工为本的核心价值观以及以创新、精品为代表的研发理念，将企业文化建设融入了科研、生产、经营管理全过程，企业文化成为战略落地、事业进步的助推器。

文化创新是转型升级的根基，树立战略思维以促进全员思维升格

中国直升机所坚持解放思想、实事求是、与时俱进，在文化管理中引导全员主动放下国家队的"贵族身份"，强化市场主体的使命担当意识，加快改变传统的等、靠、要思维，克服对政府政策的路径依赖，用战略思维因应时代变革，根据党的十八大以及历次全会精神，认真思考促进思想解放和思维转变的方式，积极推动市场化改革。

一是如何才能更好地满足武器装备研制的新要求？直升机因其特殊的作战能力和使用特点，已逐步成为陆、海、空等军兵种重要的武器装备，部队急需更多的国产直升机履行作战使命。因此应当清晰地了解未来军事斗争对直升机的潜在需求，应当使研发的产品性能和质量能够满足"能打仗，打胜仗"的使用需求，应当在综合保障能力上满足提升作战部队快速响应能力的要求，应当在技术能力储备上满足中央军委提出的装备体系化建设要求，应当在研发手段和管理效率上满足国家对装备快速发展的迫切需求。

二是如何才能有力地占据民机市场的竞争制高点？随着国民经济建设和社会发展水平的不断提高，直升机已应用于社会生活的众多领域，国家应急救援体系建设、社会公共交通、商务飞行、个人飞行等都对直升机提出了急迫需求，特别是随着我国低空空域开放，民用直升机发展有望呈现"井喷"势头。国际直升机巨头已盯上了中国市场的大蛋糕，而我国民用直升机研发起步较晚，并且脱胎于军用直升

机研发，民用直升机研发体系还不健全，研发理念尚未完全实现"军转民"，已开发的产品品牌竞争力仍有待提高。在走向市场，参与国际竞争中，必须在研发体系、商业模式、技术发展等方面勇闯新路，加速提升民用直升机的研发能力，加快塑造国产直升机的品牌价值。

三是如何才能尽快地赢得技术竞争的主动权？随着国家加速推进军民融合深度发展，将有更多的非军工企业、民营企业"参军"，加入军品科研生产行列，众多地方政府与社会资本结合，创办直升机企业，甚至并购国外直升机企业，这些企业往往避开研发，直接带着成熟产品进入市场。外部的竞争环境固然构成新的挑战，但从长远看，只有参与竞争才能变得强大起来。当前国外直升机技术正在突飞猛进，且开始了分裂式创新甚至破坏性创新的研究，直升机研发只有继续走跟踪式、连续性创新之路，才能缩短与国外的技术差距。

企业文化创新是坚持战略导向的定力，融入国家重大战略以实现转型升级

面对国家经济结构转型、国有企业深化改革、国防和军队体制改革、第四次工业革命加快孕育等重大变革，以及航空装备跨代发展、创新能力加快提升、发展方式提质增效、体制机制市场化改革等重大考验的新形势和新要求，我国直升机产业发展既面临着巨大机遇，也遭遇了极大挑战，只有大力贯彻落实新的发展理念，坚持以企业文化创新因应时代变化，才能推动技术创新和产业发展的火车头跑得更快。

中国直升机所党政坚持一张战略蓝图干到底。为加快跻身国际直升机研发第一梯队，积极推进基于 MBD 的数字化协同设计，在直升机型号项目中实现研发、制造异地协同研制，进一步推进信息化和工业化"两化融合"，以"持续改进"理念不断扩展竞争优势，培育新型能力。

主动对接国家重大战略。紧抓重要战略期，主动实施军民融合深度发展战略。中国直升机所根据新军事变革和抢占未来战争制高点，培育新型战斗力的需要，全力推动直升机装备的换代升级。经过近几年民用直升机研发的实践锻炼，直升机所已掌握了适航符合性设计、制造和验证方法与流程，具备了比较丰富的 CAAC 适航取证能力，在此基础

上，将继续推动从军用技术型向军民技术融合型转型，加快与国际接轨的直升机研发体系建设，参与市场竞争，积极融入"中国制造 2025""互联网＋""一带一路"等国家重大战略。

坚持培育创新、精品价值观，强化客户观、市场观、成本观。顺应"大众创业、万众创新"的时代潮流，建立"创新基金"等激励机制，着力开展总体、气动、旋翼、噪声、振动等关键核心技术攻关，健全产、学、研、用相结合的重大项目创新平台，坚持自我探索、自主创新，尽快从长期以来的跟踪式创新全面切换到自主创新的发展模式，通过破坏式创新，实现非对称超越，形成为我独有的核心竞争力。

大力弘扬"亡匠精神"，包括专注持久的专家精神、勇于担当的企业家精神和精益求精的"工匠精神"。坚持质量第一，努力向质量要效益，使直字号、AC、AV 等系列直升机形成具有溢出效应的品牌价值；不断深化改革，建立适应市场竞争的现代科研体制和机制，培育合格的市场主体；扩大对外合作，建立开放互利的共赢伙伴关系。

企业文化创新是推动战略落地的航标，紧扣发展主线以开创改革发展新局面

中国直升机所主要在如下 7 个方面开展相关工作。

一是针对军机在研型号，着力抓质量做精品，夺取型号研制攻坚战的新成果。针对在役型号，着力抓好自主保障，确保实现战斗力；针对未来型号，着力开展战法研究（需求研究），以应用为导向，以需求为牵引，探索未来装备发展。

二是加强民机研发，短期主要目标是树品牌、建体系、抢市场。积极消化吸收国际合作经验，构建与市场接轨的民机研发体系，推进技术和产品的军民融合深度发展；加速现有型号的民用化改型研制，抢占国内直升机主流市场和部分国际市场先机；加快新机研制进程，以此为牵引，探索建立全产业链的自主研发和供应商管理模式以及运行支持体系，打造具有国际市场竞争力的国产民机产品，树立 AC 系列直升机品牌形象。

三是重点突破无人机关键技术，尽快为用户提供管用、好用的无人机型号，确立在无人机领域的技术龙头地位。

四是把预先研究摆上战略日程，以强大的技术实力融入全球新一轮技术竞争。聚焦需求研究，加强顶层规划，强化基础性、前沿性技术研究，强力推进技术发展。继续沿着连续性创新之路夯实基础，强化技术体系建设，同时着眼未来，关注破坏性创新和分裂性创新的发展，努力实现原创性技术突破，抓紧新构型高速直升机的技术攻关，为未来发展未雨绸缪。

五是关注客户，坚持"商业成功"不动摇。科学编制航空科技产业中长期发展规划，按照"产业同根、技术同源"思路，加大科研成果转化力度，调整产品结构，形成足以支撑航空科技产业持续发展、具有竞争优势的拳头产品。积极探索科技产业公司化运营模式，运用互联网思维，创新商业模式，充分借助网络营销平台拓展市场，做强、做优航空产业，不断增强自我造血能力。

六是面向未来，坚持"持续发展"不动摇。把深化改革作为持续发展的杠杆，其一是调整组织架构，为改变技术发展、型号研制、产业化等业务管理交叉、职责不明晰、专业分散的状况，重组部分机构，将总师办作为中国直升机研究所最高技术决策机构，进一步强化平台总师的管控作用，加快将优秀技术骨干培养成为总师队伍的后备军。其二是完善考核评价机制，建立按劳取酬的项目绩效体系，实施项目团队考核，开展基于模型的定量评价，激励的指向是"价值创造"。其三是梳理技术岗位体系，最重要的变化是"岗位等级"从现有的 5 级增加到 17 级，以及相伴的绩效积分晋升制。

七是实现共享，坚持"员工幸福"不动摇。中国直升机所切实把尊重员工的主体地位落到实处，不仅依靠员工推动改革发展，也让广大员工在改革发展中产生获得感、幸福感。

几年来，直升机所党政发扬抓铁有痕、踏石留印的钉钉子精神，坚持价值引领、战略驱动、勇于实践、锐意实干，将企业文化创新作为事业开花结果的养料，催生了型号科研大发展，促进了技术水平，实现了型号研制从有限区域到全疆域、从陆地到海洋、从军用到民用、从有人到无人、从国内到国际的一系列重大跨越。

（中国直升机设计研究所）

实施"五大工程"建设"家园文化"

渤海钻探工程公司是从事油气勘探开发及钻井一体化技术服务的专业化公司，2008 年 2 月按照中石油专业化、集约化的统一部署，由原华北石油管理局和大港油田集团公司钻探业务重组成立，落户天津经济技术开发区，是中国石油天然气集团公司的全资子公司。虽然渤海钻探公司组建时间不长，但主要施工作业队伍有着 60 多年的历史传承和文化传承，大庆油田、大港油田、华北油田、冀东油田的发现井都是由我们公司所属的钻井队施工的。这支队伍最初的骨干源于中国人民解放军第 19 军第 57 师，1952 年改编为中国人民解放军石油工程第一师，因而具有鲜明的军队文化特点。

渤海钻探的施工作业队伍是最早"走出去"的油田技术服务队伍。1998 年当年第一支钻井队走出国门，到苏丹国施工。十年后的 2008 年——渤海钻探组建时，已有数十支服务队伍在 20 多个国家和地区施工，年创收 18 亿元。2009 年，中石油对海外技术服务市场进行重新划分，渤海钻探的海外队伍主要集中在南美、中东和亚太区域，分布于委内瑞拉、伊拉克、伊朗、印度尼西亚等 9 个国家。渤海钻探海外项目结合所在地国家文化特点，坚持"项目以员工为本，员工以项目为家"，培养了一大批忠于祖国石油事业的中坚力量，与资源国建立了良好的合作关系，促进了渤海钻探海外业务的健康发展。

实施"帮扶工程"，建设"安心家园"

渤海钻探海外员工长年远离家庭和亲人，奋战在异国他乡。为解决他们的后顾之忧，我们按照"关爱小家、共建大家、报效国家"的思路，当好员工的知情人、贴心人，与员工面对面、心贴心交流沟通，实打实帮助解决困难，切实解除海外员工后顾之忧，使他们一心一意投身公司海外事业发展。

渤海钻探坚持"想问题、做决策、办事情从职工根本利益出发"的原则，引导广大员工自觉以公司为家、以公司为荣、为公司分忧、为公司做贡献。深入基层、深入员工，扎实开展"四必访""五必谈"，准确掌握职工所思、所盼、所忧，切实为员工解难事、办好事、做实事。定期召开员工及家属座谈会，10 年来，每年都有超过 500 余名的职工及家属参加座谈。把"三送"活动从"节日"化向"经常"化延伸，为每名职工建立了家庭信息台账，在任丘、廊坊、大港设立了片区联络员，坚持"三报告"制度，即职工家庭有困难必须报告、思想波动大必须报告、突发事件和重大事件必须报告。建立帮扶慰问机制，中外员工全覆盖，累计慰问海外员工家庭 18000 余人次，发放困难补助及慰问金 2000 余万元。

实施"安居工程"，建设"安全家园"

渤海钻探为给海外员工创造一个整洁、安全、舒适、优美的生活和工作环境，本着"食不忧、住不难、联系方便"的原则，我们大力推进中方员工集中住宿，投资 1740 万元，建设了伊拉克哈法亚公寓；投资 2700 万元，建设了委内瑞拉蒂格雷与马都林两个公寓，实现规模最大的伊拉克和委内瑞拉市场中方员工集中住宿，有效降低了中方人员安保风险。按照统一标准为员工配置了空调、热水器、洗衣机、书桌、衣柜等生活设施，让大家住得舒适。建立员工食堂，成立伙委会，雇用中国厨师，食谱每周常变常新，每餐四菜一汤，让大家吃饱吃好。投入大量资金开通了网络服务，定期发放国际长途电话卡，方便海外员工与家庭联系。

加大海外文体阵地建设。渤海钻探为丰富海外员工业余文化生活，公司投入数百万元在营地安装电视、卫星转播器，建设篮球场、乒乓球室、健身房、图书馆等文体设施。坚持"一项一区一品牌"建设，每个项目、每个片区结合自身实际选择一个文化体育项目，有针对性地进行培植和打造，形成特色品牌和优势项目。其中委内瑞拉项目组建棒球队参加九州社区联赛连续两年夺得冠军，引发强烈反响；印度尼西亚项目与当地社区开展羽毛球等体育互动，受到广泛欢迎；伊拉克项目与鲁克油田公司、长城钻探及管道局等兄弟单位展开篮球、足球友谊赛，增进了友谊；伊朗项目组织中外员工开展户外爬山活动，增强了职工身体素质。

实施"健康工程"，建设"阳光家园"

渤海钻探公司所在海外项目大多集中在气候条件恶劣、蚊虫疾病横行的国家和地区，加上劳动强度大、联系方式不畅、外出活动困难等因素，所以保证海外员工的心理和身体健康显得尤为重要。我们结合行业特点、项目特点、员工素质等多方面，牢牢地撑起健康"保护伞"。开展了多种形式的心理健康教育、心理疏导、心理咨询和心理危机干预等活动，培养了员工乐观豁达、宽容感恩、自尊自信、健康积极的阳光心态，共举办健康知识讲座、体检答疑解惑 100 余次，参加人数 3000 余人次，确保员工身心健康。

渤海钻探为各海外项目配备"小药箱"，针对寨卡病毒、马来热、登革热等疾病配备专项药品，为每个基层队配备血压仪、血糖仪，定期监督员工测量。在所在国当地为海外员工购买医疗保险，让大家病有所医。针对海外员工回国就诊的特殊性，我们通过论证，精心搜集了天津 10 家医疗条件好、技术水平高的医院信息，制作编印了医疗爱心卡发到项目员工、家属手中，满足了海外员工生病救治和健康查体的需求。

坚持执行年度体检制度，建立员工健康档案，做到每年更新，及时监控掌握员工健康状况。推行"自助式"体检模式，与各片区医院沟通，在保证体检费用不超标的情况下，职工可以根据自己身体状况，酌情调整体检项目，满足了员工个性化的体检需求。通过体检，员工有了一个健康的身体，公司也有了一个健康的"家"。

公司始终把维护海外员工的人身财产安全作为最重要的工作来抓，渤海钻探将 700 余名中方海外员工全部纳入国际 SOS 服务。员工遇到一般性的健康与医疗问题，可向国际 SOS 寻求医疗咨询与帮助；发生疾病或受到伤害，可拨打 SOS 服务热线获取就诊医院信息；发生疾病或受到伤害且病情或伤势无法控制时，可以申请 SOS 医疗救助服务。

实施"矩阵工程"，建设"和谐家园"

渤海钻探公司所属 24 个二级单位，其中 18 个单位有海外项目。为了统筹资源配置，避免各自为战，公司对海外市场实施"矩阵式"管理，进行"全产业链一体化竞争，全价值链协同性创效"。在南美、中东两个规模较大区域市场设置事业部统筹市场开发工作；在各国家市场成立项目部统筹市场开发、资源配置、生产协调、工程结算等事宜。在事业部设立党工委，在项目部设立临时党（总）支部。所属单位项目部及其党组织接收本单位和公司海外事业部、项目部双重管理。保证了公司所属各单位海外项目之间和谐相处、合作共赢。

为鼓励员工"走出去"，公司在政策上做了诸多倾斜，设定了国际市场金银铜牌员工的表彰奖励、海外优秀国际员工的表彰政策和国际市场开发专项奖等，产生了激励效果。

实施"本土工程"，建设"国际家园"

渤海钻探在"走出去"过程中，文化差异是造成文化冲突的深层原因，文化融合是解决文化冲突的根本途径。我们强调中方员工与国际员工是一家人，在"家园"文化建设中注意与当地社会文化保持一致性，注重弘扬本国民族文化，在跨国经营中充分尊重所在国的社会文化。

进行海外企业文化建设，首先要开放包容，正确认识差异，我们充分尊重所在国的文化、民俗，坚持融入当地，努力加强对所在国语言、文化、经济、法律的学习理解，发现其中的机遇和商机，互相补充，协调合作，形成"1+1>2"的合力。伊拉克项目充分尊重当地生活习俗和宗教信仰，在营地附近专门开辟场地供当地员工进行宗教信仰活动，受到国际员工的欢迎。

渤海钻探积极推进培训体系建设，认真制订短、中、长期培训计划，创新形式开展了国际规章制度、国际商务、商务英语、西语等方面的培训。此外，邀请国际员工讲授民俗礼仪，与国际员工分享中国节日习俗等，加强了不同文化间的认同与协调。热心帮助国际员工解决工作、生活中的困难，邀请国际员工共度新春佳节，在当地引发了良好的社会影响。

渤海钻探加大所在国人力资源利用力度，努力为国际员工铺设成长的平台，为他们提供更多的提升空间，越来越多的国际员工走上管理和技术的重要岗位，国际员工的归属感、成就感不断提升。同时，公司把评选先进与工作业绩相挂钩，从2011年到2016年，先后有74名国际员工被评为"洋劳模"，大大激发了国际员工工作的积极性、主动性和创造性。

公司建立各种跨文化沟通渠道，建立良好的协调机制和沟通机制，有效化解文化障碍。委内瑞拉项目组织中方委派员工参加当地文化体育活动作为与当地社会沟通和交流的纽带。充分尊重所在国的文化、民俗，参与圣诞联欢，拉近沟通距离。坚持融入当地，回馈社会。推进本土化管理，为当地员工铺设成长的平台，从国际员工的招聘、选拔、培养直到使用，逐渐建立起一套科学合理、行之有效的制度体系，大胆融入奖惩机制、绩效考核机制和岗位晋升机制，一大批国际员工陆续走上部门经理等重要岗位，本土化率持续攀升，其中委内瑞拉项目的本土化率达到了91%，提升了国际员工的忠诚度、归属感和主人翁意识，也为当地经济发展培养了大批人才；致力于当地公益事业发展，按时、足额缴纳社会奉献基金，向当地教育事业赠送教学用品，为贫困孩子捐资助学，帮助当地社区建设道路、生活设施，热心当地文体事业，"BHDC"棒球队成为委内瑞拉热门球队。

国家"一带一路"倡议的强力实施，也给"走出去"企业跨文化建设提出了许多新的、更高的要求。渤海钻探将紧紧抓住"一带一路"所带来的发展机遇，进一步加快"走出去"步伐，加快与"一带一路"国家的文化融合，推进"家园文化"在"一带一路"建设中进一步彰显魅力。

（中石油渤海钻探工程公司）

培育胜利文化　打造胜利品牌

中国石化胜利油田（以下简称胜利油田）是我国重要的石油工业基地，自1961年胜利油田发现以来，通过持续创新发展，实现了由陆地到海洋、由东部到西部、由国内到国外的三大跨越。

培育文化理念　注重统筹运行　丰富品牌文化内涵

培育理念引领导向。胜利油田认真贯彻习近平总书记关于大力弘扬以"苦干实干""三老四严"为核心的"石油精神"的批示精神，深入践行中国石化企业使命、企业愿景、企业价值观和"严细实"企业作风，围绕改革创新、转型发展、从严管理、质量效益等重点工作。结合油田当前低油价严峻形势，胜利油田积极培育"以低成本应对低油价""创新才能创效""算清效益账，多干效益活，多产效益油""能创效的岗位就是好岗位""挣一分钱比花一分钱更有价值""一切工作向价值创造聚焦，一切资源向价值创造流动"等系列新理念，明确提出"力争用两到三年时间，通过调整成本结构、调整经营核算体系、调整绩效考核办法，以稳产在 2340 万吨为前提，将对应的盈亏平衡点降至 50 美元/桶"的目标。在新理念引领下，围绕实现油田提质增效和谐发展目标任务，油田深入实施价值引领、创新驱动、资源优化、绿色低碳、合作双赢"五大战略"，提出高效勘探、效益开发、构建油公司经营管理模式、"四供一业"及其他社会办职能分离移交、优化资源资产配置、安全绿色发展、发挥党建思想政治文化优势"七项举措"，保持了"困难面前有我们，我们面前无困难""不靠油价靠作为""不吃老本立新功"敢打必胜的昂扬斗志。

规范 VI 统一形象。按照中国石化品牌形象管理办法和品牌架构管理要求，油田进一步强化"同举一面旗，同打一品牌"意识，按照"因地制宜、精简节约、实事求是"原则，分会务、行政办公、多媒体、线上媒介、环境导示、生产设备设施等 12 个系统，细化制定落实方案和推进措施，明确重点、先易后难，全面贯彻落实 VI 体系，规范使用中国石化品牌标识。按照集团公司品牌管理原则，系统梳理油田现有品牌资源，规范推进子品牌的建设和管理，重点打造胜利发供电、胜利水务、物业服务、胜利供暖、地热余热等十大业务品牌，依靠增值服务打造品牌，展示良好品牌形象。

搭建平台建立机制。胜利品牌背后是积淀深厚的胜利文化。胜利油田始终坚持"大文化""大政工""大品牌"思路，紧紧围绕生产经营中心任务和改革发展稳定大局，切实把握"融入中心、进入管理、推动发展、促进和谐"的工作定位，将党建、思想政治工作、品牌文化建设整合在一个平台上通盘考虑、统筹谋划，构建责任明晰、协调运行、层层落实的建设格局。建立组织运行机制。将品牌文化建设列入油田"十二五""十三五"规划，制订年度工作计划和推进措施，并作为重要内容纳入党群例会运行，及时总结成绩、分析问题、制定措施，确保油田文化建设规范化、常态化运行。建立宣传教育机制。定期举办文化培训班，邀请中国企业文化研究会等领导专家作专题报告。编辑出版《胜利文化手册》（2014 版、2017 版）"胜利文化丛书"等，作为重要学习教材，宣贯文化理念，增强品牌意识，推进入脑、入心。建立载体推进机制。创新推出公益广告、讲故事活动、员工帮助计划等载体，深化实施"心田工程"，人人争做形象代言人，提高品牌影响力。

聚焦价值创造　文化融入管理　增强创新创效活力

胜利油田先后开展了"品牌建设年""品牌深化年""品牌提升年"活动，组织了"十佳品牌""十大最具竞争力单位""最佳企业形象单位"等先进评选，积极营造争创品牌的浓厚氛围，激励各行业、各单位强化品牌意识，实施品牌战略，不断提高技术水平和产品质量，增强企业实力，提升市场竞争力，赢得了"胜利铁军"的美名，在行业领域形成了各具优势的技术、管理和服务品牌，使"胜利技术""胜利作风""胜利队伍"享有盛誉，不仅创造了显著经济效益，而且扩大了胜利油田美誉度。

文化推动管理创新。面对低油价冲击，胜利油田着力在创新中寻求突破，探索构建低油价下低成本的经济运行模式。全面深化油公司建设，全面构建以油藏经营为核心的管理体系和运营机制，2017 年已建成 20 个新型管理区，用工减少 41.5%、劳动生产率提高 61.6%，预计 2018 年完成信息化改造提升，2019 年全部完成新型管理区建设。

胜利油田在决策层推行勘探开发、工程技术、财务管理、计划发展、生产运行五个业务系统"五位一体"的统筹优化，打破管理界限，优化资源配置，实现信息共享，形成一体化决策、一体化部署、一体化运行、一体化评价考核。在执行层推行"三线四区"经济运行模型，以运行成本、操作成本、完全成本为"三线"，将油井按产出收益与实际发生成本划分到盈利高效区、边际有效区、增量低效区、运行无效区"四区"，建立先算后干、边算边干、干了还算的运行机制，使油井生产管理无效变有效、有效变高效、高效再提效。

文化推动资源优化配置。坚持"轻资产、轻量化"运营，建立完善资产共享优化平台，全面放开土地、房屋、车辆等资产流动，促进各类资产、资源合理配置、创造价值。

优化人力资源配置，由"管控"向"放活"转变。建立人力资源一体化统筹配置平台，用薪酬分配的市场化撬动劳动用工的市场化，推进人力资源统筹配置"动起来"、培育优势"走出去"、尊重意愿"退下来"。加大人力资源输出力度，油田承担输出人员的基本薪酬，对基层单位在油田内部、外部及国外市场承揽的业务，分别按当期已结算并回收款收入的

3%、5%、10%奖励绩效工资，各单位纷纷组织员工"走出去"闯市场，承揽了采油管理、工程安装、物业服务等各类外部项目。

创新绩效考核。胜利油田遵循价值引领、效益化考核原则，逐级建立"经营绩效＋风险管控责任"为主的"1＋2＋2"绩效考核体系，即1个油田绩效考核办法，经营业绩和风险管控责任2个考核细则，人力资源和存量资产优化配置2个指导意见，打破"人均奖励"的概念，变指标控制型为经营目标型，变花钱机制为挣钱机制，促进各层级内挖潜力、外闯市场、多挣收入、多创效益。

文化融入制度流程。胜利油田坚持用先进文化理念作"标尺"，来衡量制度的合理性、管理的科学性，提高各项管理工作与中心工作的匹配性。胜利油田结合形势明确提出"三不打、五不干"，风险井、圈闭不落实的预探井和不新增商业开发储量的平价井坚决不打，低于效益基准的产能坚决不干，达不到效益增油量的措施坚决不干，不增加经济可采储量的调整工作量坚决不干，低于经济油气比的热采工作量坚决不干，低于平衡油价的三采项目坚决不干。通过硬约束，把靠规模扩张、投资拉动的粗放型、外延式发展转向靠结构调整、创新驱动实现提质增效的集约型、内涵式发展。先后制定了《企业管理现代化创新成果管理制度》《改善经营管理建议实施细则》等一系列制度，对管理创新及改善管理建议的审核、管理、奖励等做出了明确规定。建立形成了以培养引进、选拔使用、激励约束为核心的创新人才开发机制，完善了从科技立项、实施管理、经费使用、评定验收到推广应用等一整套管理程序，制定出台科技创新、科技英才、职务发明专利、科技项目岗贴和技能人才技术创新成果奖励5项管理办法，强力推动实施科技创新驱动战略，激发全员创新、创效活力。

创新载体活动　重心下沉基层　推动文化落地实践

胜利油田坚持把"讲故事"作为传播价值理念、推进文化落地的有效载体。突出"理念故事化，故事理念化"，围绕以人为本、责任担当、改革创新、质量效益、低碳环保、安全生产等主题，深入挖掘员工践行主流价值的鲜活故事，持续拓展活动的深度和广度，引导各有关单位层层发动、全员参与，先后组织130多场次，3万余人现场聆听了身边的感人故事，分站赛通过微信直播3.9万人在线观看。每年策划举办"胜利故事汇"，报纸、电视、官方微信进行跟踪报道，胜利信息网"推荐专栏"设置链接，扩大了"胜利故事"的传播范围和影响力。编辑出版《胜利故事新编》等"胜利文化"丛书，组织举办品牌形象公益广告创意设计比赛，坚持开展"感动胜利人物（事件）"和道德模范评选活动，并把宣贯主流价值作为观念引导重点题目，在油田范围内进行广泛宣讲，通过人格化的刻画、故事化的渲染，增进认知、认同，借助故事里激励人心的文化力量，引领干部、职工在艰难前行中把握机遇，在攻坚克难中将目标变成现实，为实现油田持续稳定发展凝聚力量。

建设基层文化，融入基层管理。围绕建设"严、细、实"基层文化，结合油田公司模式、体制、机制建设要求，突出"有魂、有规、有情、有形"四个要素，制定出台《关于规范提升基层文化建设的实施意见》。"有魂"就是坚持弘扬石油精神，全面聚焦创效保效，扎实推进核心价值理念认知、认同。"有规"就是"严细实"作风在制度中融入、在流程中体现、在岗位中落实，形成特色管理模式。"有情"就是注重人文关怀，建设幸福和谐团队。"有形"就是丰富文化载体，开展文化活动，理念融入员工行为规范，持续推进习惯养成，提升队伍执行力。通过该《实施意见》，突出"四有"要素，将基层文化建设纳入规范化、常态化运行轨道。

开展"全家福"文化行动，强化人文关怀。胜利油田以"企业要发展、员工要幸福"为目标，坚持"跟得紧、入得深、导得正、引得快、鼓得足、化得开"，集成开展以健康之福、安全之福、廉洁之福、创造之福、文明之福、和谐之福为内容的"全家福"文化行动，推进"走基层、访万家"活动常态化、长效化，完善精准帮扶体系，为困难群体兜住底线，深入推进EAP本土化应用，成立胜利油田EAP分会，策划推出"乐在职场""阳光心态""幸福加油站"等团训项目，积极开展"情绪曲线"管理、心理沙龙、"幸福流动快车"等活动，促进EAP"进基层、到岗位、入人心"。

胜利油田通过筑牢党建根基，塑造队伍品牌；培育文化名片，提升企业形象；加强文化学习交流，提升品牌知名度，发挥"全国企业文化示范基地"作用，全方位提升了胜利油田的知名度和胜利文化的影响力。

（中国石化胜利油田）

以系统方法推进航天企业创新文化建设

在新形势下，中国航天科工二院运用航天系统工程思想，探索和推进"一个创新文化理念系统，三大融入策略，五大创新机制和五大创新平台"的创新文化建设实践，积极推进创新成果转化为战斗力和生产力。

一、航天企业创新文化的特质

（一）创新是航天事业不断发展的源泉

中国航天在60多年的发展中，自主研发的性能卓越的航天产品满足了国家现代化建设的需求，为保卫国家领土、领空安全做出了巨大贡献。航天产品是高、精、尖产品，中国航天战线的科技专家坚持自主创新，突破了一系列关键技术，取得了巨大成功，在世界航天科技领域中占有自己的一席之地。航天领域是最具创新活力也最需创新精神的领域之一。

（二）创新是航天精神丰富内涵的核心

航天文化理念中的三大精神中都蕴含着创新的基因：航天传统精神"热爱祖国、自力更生、艰苦奋斗、大力协同、无私奉献、严谨务实、勇于攀登"中"勇于攀登"就是一种创新精神的表述；"严谨务实"是一种科学精神的体现，如"两弹一星"精神："热爱祖国、自力更生、艰苦奋斗、大力协同、无私奉献、勇于登攀"，以及载人航天精神"特别能吃苦、特别能战斗、特别能攻关、特别能奉献"中"特别能攻关"就是需要用创新的精神去实现技术创新，去探索未知的领域。这种与生俱来的优良品质，在60多年的实践中得以充分体现，创新已经融入了航天血脉。

（三）创新是航天企业核心能力的根本

航天建设的质量和效益的提高有赖于坚持科技创新，航天设施的安全性和可靠性依靠科技创新，航天试验成功率的提高也要依靠科技创新。同时，航天试验的高风险特性决定了在航天领域从事创新的特殊性。从事航天产品研制要不断适应新型号、新技术、新装备的需要，大胆改革创新。同时，又要着眼于百分之百的成功率和"零风险""零差错"的要求，确保稳妥可靠、万无一失，这也是航天企业核心能力和竞争力的根本所在。

二、中国航天科工二院创新文化建设的实践

（一）坚持价值导向，凝练践行创新文化理念体系

中国航天科工二院构建了以"一个目标、一个价值观、一组精神"为主要内容的创新文化理念系统。确定了"领跑空天防御，打造中华神盾"的创新目标；以创新作为企业发展的"发动机"，确定了创新"铸就空天神盾，佑我中华圆梦"的创新价值观；积极倡导与创新型国家相一致并具有中国航天科工二院特色的理念，凝练并大力弘扬"敢于超越、勇于攀登、善于实践、甘于奉献"的创新精神。

（二）坚持引领发展，创新文化融入企业发展战略

融入规划。按照党的十八大"贯彻新时期积极防御军事战略方针"，中国航天科工二院确定了在2020年前建成"国际一流的空天防御技术研究院"的目标，将"创新驱动"和"文化兴企"确立为核心发展战略，并纳入"十二五""十三五"发展规划，与企业发展"同规划、同设计、同部署、同实施、同考核"，通过提升软实力来提高中国航天科工二院核心竞争力。

融入品牌。中国航天科工二院着力于创新品牌的塑造、营销和传播，安保科技系统成功护航平安奥运、平安世博、平安亚运、平安大运等，创造了多项国内第一，大力弘扬"科技强警我争先，航天安保我奉献"的"航天安保精神"，受到党中央、国务院的表彰和国内外的广泛赞誉，创造了"航天安保"这一中国安保第一品牌。

融入党建。中国航天科工二院党委坚持以创新思维为统领，以"抓好党建是最大的政绩"为目标，准确定位并充分发挥党委的"科学发展引领力、稳定全局控制力、坚定不移执行力、和谐向心凝聚力、攻坚克难战斗力"的政治核心作用，为企业创新发展把方向，谋大局，出成果，出人才。

（三）坚持系统推进，建立完善推动创新的机制

建立完善自主创新的决策机制。中国航天科工二院探索建立市场运营决策制度。以市场为导向，

牵引技术创新发展方向；以客户满意为需求，保证技术创新始终与客户的实际应用一致；以经营绩效为目标，加快技术成果应用转化；建立了创新项目技术风险与投资风险决策制度，定期进行项目评估，在科学评估基础上，纠偏技术路线、调整资金投入、加强资源保障，规避技术风险和投资风险；建立了推行专家评估制度，规避内部决策者和战略规划制订者的偏好、有限理性、利益冲突等复杂因素的制约，在发展方向、战略定位、技术选择、合作体系等方面进行合理的规划安排和部署。

建立完善自主创新的资源整合机制。中国航天科工二院出台《二院军品技术创新自筹资金项目管理办法》等政策，科技投入占主营业务收入的比例年平均超过 12％以上，远高于国家首批创新型试点企业的平均水平；加强科技创新战略顶层导引，出台相关创新资金项目管理办法，明确要求各单位须按照不低于营业收入总额的 3％的比例安排本年度自主创新经费预算，并纳入本单位全面预算管理。

建立完善创新项目的组织管理机制。中国航天科工二院采取有力措施，保证创新项目持续运行和有效推进，逐步实践缩短管理链条、根据项目大小实施"责权利"相一致的分级管理；以固化的工作流程，有序引导科研创新工作的课题申报、立项评定、过程检查以及结题评定等各个环节；强化自主管理、鼓励联合攻关、成果共享、风险共担的管理模式，各级、各类人员的创新积极性与主动性得到有效调动。

建立完善创新成果共享机制。中国航天科工二院建立创新成果共享机制，落实按要素分配制度，维护创新者的首创利益，激发创新者的创新热情和活力；落实创新成果登记制度，根据创新成果技术进步水平和涉及企业商业秘密情况进行科学划分技术成果等级，对创新者给予一次性成果登记奖励；强化团队创新意识，鼓励和支持发挥集体智慧开展创新活动。

推进创新成果评价激励机制。中国航天科工二院设立创新基金奖励制度、科技创新能力评价指标体系和实施办法，建立了完善的创新能力评价体系，覆盖了国家创新型企业评定标准的定量指标和创新组织与管理的定性指标，定期开展创新能力评价工作；将创新工作、创新项目研发列入对院属单位主要负责人的经营业绩考核；落实创新人才福利待遇，给予创新活动的科技带头人、技术骨干、青年后备力量相应保障。

（四）坚持以人为本，构建推动"双创"落地创新平台

构建创新队伍建设平台。中国航天科工二院实施"核心人才工程"，打造高素质队伍，出台了首席专家选拔制度，设立了空天防御人才奖，加速培养创新型人才队伍。目前中国航天科工二院拥有两院院士 6 人，490 余人获得国务院政府特殊津贴，涌现出一批国家级突出贡献专家、全国劳动模范、"五一"劳动奖章获得者、全国技术能手和全国优秀科技工作者。围绕国家重大型号项目攻关和高技术预研，将技术水平拔尖、年富力强的中青年骨干人才推举到带头人位置，带动团队整体能力提升。为创新团队提供项目研发基金支持，同时还给予 10 万～30 万元的创新团队经费资助，经费的 30％用于人才培养和团队建设，选拔培养创新型青年人才。

构建创新研发平台。目前，中国航天科工二院拥有 1 个国家工程中心、5 个国防科技重点实验室、8 个专业工艺分中心等一批创新研发平台。实施统筹建设规划，近年来 70 余项建设项目完成竣工验收，代表国家水平的测试场等一批新的高技术设施投入使用，武器装备研发创新能力条件实现了跨越式提升。

构建协同创新平台。中国航天科工二院建立产、学、研协同创新机制，开展军、地之间，产业链上下游和横向之间的协同创新，通过合作开发、科技成果转让、共建研发机构、建立创新平台等多种形式，广泛开展合作，在推进军民融合等领域发挥了重要作用；在协同创新过程中总结出了"四共同"原则，即：有问题共同商量；有困难共同克服；有余量共同掌握；有风险共同承担，现已成为航天系统协同创新的"金科玉律"。

构建创新思想保障平台。在项目立项阶段，中国航天科工二院组织多种形式进场会，调动创新激情、推动创新立项，加强项目立项前的思想发动、沟通反馈、释疑解难，调动科研人员中蕴藏着的创新潜能。在技术攻关阶段，紧密跟踪人员的思想变化，利用《空天防御内宣》等媒体，大力宣传科研人员攻坚克难、开拓创新的先进事迹，给予科研人员有力的精神支持，协调科研群体激发更大的团队效能。在试验验证阶段，减轻科研压力、做好思想保障，设立"连心卡"等形式解除科研人员的后顾之忧。特别在试验测试出现挫折时，引导科研人员以科学求实的态度保证问题得到快速解决。

构建群众性创新平台。中国航天科工二院以群众性创新活动为支撑，形成浓厚的创新氛围，"人人可以创新""创新就在身边"的观念深入人心。目前中国航天科工二院共有各类"双创"团队600余个，设立青年创新奖，大力推进青年五小成果、青年创新项目、青年创新工作室等青年创新、创效活动，引导职工的创新行为，推进了创新日常化、岗位化，形成了良好的创新氛围。

航天企业的创新文化建设有着得天独厚的优势和环境，中国航天科工二院在建设创新型国家的新形势下，在理论、实践上都出现了发展方兴未艾的局面。

（中国航天科工二院）

"文化四轮"驱动品牌文化建设

新疆油田是新中国成立后开发建设的第一个大油田，是中国西部第一个千万吨级大油田，也是中国石油建设"新疆大庆"的主力军。该油田通过打造有特色、有影响、有活力的系列文化品牌，形成"四轮"驱动的良好态势，逐步构建起"产油报国、奉献为先"的品牌文化。

一、完善理念体系　构建价值引领之轮

新疆油田的企业文化理念孕育于20世纪50年代油田开发早期，形成于改革开放时期，成熟于新世纪、新阶段，并在继承、借鉴、实践中不断丰富，逐步构建起完善的理念体系。

（一）历史传统积淀丰厚营养

1955年，在"没有水、没有草、连鸟儿也不飞"的准噶尔戈壁荒原，来自祖国各地的英雄儿女，胸怀"我为祖国献石油"的豪情壮志，秉持"天当被，地当床，安下心，扎下根，不出油，不死心"的精神理念，发现了新中国第一个大油田——克拉玛依油田，为新生的共和国输送了宝贵的工业血液。这种无惧无畏、无私奉献、艰苦创业的精神一直激励着一代又一代的石油后辈，成为新疆油田优良的企业传统。尽管历史在发展进步，但是这种精神一直在延续。

新疆油田高度珍视这种精神营养，不断赋予新的时代内涵，逐步凝练出了"爱国奉献、艰苦创业、民族团结、求真务实、追求卓越"的克拉玛依精神，成为"石油精神"的重要源头之一。

（二）现实土壤催生文化理念

新时期，新疆油田按照中国石油企业文化战略和"六统一"（企业宗旨、企业精神、企业核心价值观、经营管理理念、企业标识、司旗司徽司歌）要求，结合自身实际，不断丰富、完善企业文化理念体系。一是编制指导性文本。制定了"十三五"企业文化建设规划，编制了《企业文化手册》《员工行为准则图文本》《视觉形象手册》等一系列指导性文本，形成了包含各专业系统及管理层面的企业文化网络体系；二是提炼专项文化理念。组织各族员工集思广益，提炼了"一心想油、奉献为油、敬岗爱油、力争上油"的团队精神理念、"好环境、好身体、好心情、好精神"的健康理念、"对尽一份责任、多享一片绿色"的环保理念等一批专项文化理念，并编印《格言警句选编与点评》等一批书籍；三是推进基层文化建设。各单位实施"五个一"（一册、一书、一片、一报、一基地）文化工程、"面对面、心贴心、实打实，服务员工在基层"的暖心工程、"五重"安全文化、和谐环保文化、沙漠奉献文化等，形成了各具特色的企业文化。

（三）战略愿景定位品牌坐标

新疆油田围绕中国石油建设世界一流综合性国际性能源公司、新疆建设"丝绸之路"经济带核心区目标，提出了"建设现代化大油气田"的战略目标。立足边疆实际和企业优势，进一步提炼了自己的发展愿景，那就是创建"绿色、智能、人文特征鲜明的现代化大油气田"。基于国际油价持续低迷的现实，又大力实施了资源、技术、低成本"三大战略"和双"6+1"战略工程，确保有质量、有效益、可持续地推进现代化大油气田建设。

二、选树先进典型　构建示范带动之轮

（一）"星巴克"全国巡讲

新疆的典型案例如：肉孜麦麦提·巴克从一句汉语都不会说的维吾尔族"小巴郎"成长为中国石油唯一的维吾尔族技能专家，并自费创建"红柳石油网"，并陆续获得全国优秀共产党员、全国劳动模范、首届全国文明家庭、"中国梦·劳动美"全国十

大最美职工、中国石油特等劳模等 30 余项重大荣誉，参加过庆祝中国共产党成立 95 周年大会、"纪念抗战胜利日阅兵"观礼等 20 余项重大活动，三次受到习近平总书记的亲切接见。他爱岗敬业的事迹在全国巡讲。他自强不息的故事传遍天山南北，深深感染了全国各族人民，特别是在中国石油系统和南疆地区产生了强烈的示范、激励效应，有力塑造了中国石油的良好形象。

(二)"标杆队"示范带动

加强"三基"工作，创建标杆站队，提升基层建设科学化水平，筑牢油田科学发展的根基。一是推进基层建设"千队示范"工程建设。注重在示范中树立标杆、标杆中打造品牌，新疆油田共创建集团公司级示范站队 42 个，公司级示范站队 29 个；二是开展"十大命名班组"表彰活动。公司从基层优秀班组中评选出 10 个标杆班组，并首次以个人名义进行命名表彰，在基层中产生强大反响和示范效应。三是组织各层级先进集体的创建活动。各基层单位立足自身特点，积极开展先进基层党组织、百面红旗单位、工人先锋号、铁人先锋号、优秀能效示范站队、"五型班组"等创建活动，掀起"比、学、赶、超"热潮。

三、打造教育阵地　构建精神传承之轮

新疆油田有效整合或巧妙利用精神文化资源，着力打造具有精神内涵和审美价值的企业精神教育基地或企业文化品牌。

(一)"克一号"井提升审美价值

"克一号"井是新中国第一个大油田——克拉玛依油田的发现井，它的发现为新中国石油工业带来了曙光。2015 年 10 月 29 日，在庆祝油田发现 60 周年之际，克拉玛依市委市政府在"克一号"井隆重举行城市生日命名仪式，并明确每年在此举行纪念活动。"克一号"井景区的开发建设和闪亮登场，极大提升了这一"红色景点"的文化价值和审美价值，对传承石油精神，重塑中国石油良好形象发挥了重要作用。

(二)"101"窑洞唤醒历史记忆

"101"窑洞房始建于 1964 年，是新疆油田唯一保存完整的早期生产、生活学习场所。为了保护利用好这一中国石油工业遗址，新疆油田先后投入近千万元，历经三年修旧如旧、修缮完善，于油田第十一次党代会召开前夕揭牌开馆。油田各族干部、员工参观"101"窑洞遗址，重温老一辈石油工人爱国奉献、艰苦创业的工作、生活场景，实地接受石油精神的再学习、再教育。

(三)井场景区化折射石油气魄

在建设现代化大油气田的进程中，新疆油田按照中国石油集团公司规范化、标准化、集约化、信息化的要求和美观大气的理念，重点打造了以"地下高效采油、地上观光旅游"的红山油田、中国最大的超稠油基地风城油田、戈壁百里油区、中国石油(克拉玛依)数据中心为代表的一批雄伟壮观井区(场所)，每年吸引超过 40 万人次的中外嘉宾、游客、媒体记者前来参观采访，形成了气势恢宏的现代工业旅游新气象。壮美的现代化大油气田景观，彰显了中国石油的气魄，传递了中国石油的力量，展示了中国石油的形象。

四、策划特色活动　构建创新驱动之轮

(一)"重塑形象"掀起红色浪潮

新疆油田精心策划"弘扬石油精神、重塑良好形象活动周"，全员开展系列主题教育实践活动，"红工装"红遍广袤油区和大街小巷。一是开展"一家亲·百分爱·树形象"石油助学活动，共捐款 57 万余元，用于资助公司南疆"访惠聚"联点帮扶村及周边地区贫困大学生；二是开展"人人都是环保卫士"劳动竞赛活动，全体员工立足岗位，从一井一站做起，进行生产现场环保隐患排查和卫生大扫除，共建绿色油气田；三是开展"红细胞"主题党日活动，组织公司各党支部深入克拉玛依市 42 个社区进行志愿服务，践行"四合格四诠释"；四是开展"人人争做文明员工"全员签名承诺活动，公司上下以支部、车间、站队为单位，层层组织学习教育，人人签名承诺争做文明员工，拒绝不文明行为，以实际行动支持全国文明城市、文明单位创建工作。

(二)"准噶尔之声"响彻戈壁大漠

新疆油田各族员工自发组织了诸如合唱团、文学社团、舞蹈协会以及各大球类协会等业余文艺团体，常年开展丰富多彩的文化体育活动。其中最具品牌影响力的是"准噶尔之声"业余合唱团，成立于 1995 年，目前共有成员 125 人。20 多年来，这支合唱团不仅在油田慰问演出，也经常应邀在新疆各地演出。2017 年元旦前夕，新疆油田首次承办中国石油"准噶尔之声"新年音乐会，唱响"我为祖国献石

油"的主旋律，集中展示了新疆油田员工的精神风貌和良好形象。

(三)"融情文化"点燃拼搏激情

新疆油田积极承办新疆维吾尔自治区第十三届运动会、国际马拉松大赛等重要赛事，促进了各族员工与高水平运动员的竞技交流。举办了庆祝克拉玛依油田发现60周年文艺演出、"一家亲·塑形象·聚合力"喜迎十九大文艺晚会等群众性融情文化活动，唱出了各族员工豪迈自信、团结友爱、攻坚克难、敢于担当的石油情怀，增进了各族员工的交往、交流、交融。

(四)"油味作品"抒发奉献情怀

新疆油田高度重视文艺精品创作，积极鼓励文学艺术家深入基层、深入一线，创作有思想、有温度、有油味的文艺作品。设立"黑宝石文艺奖"，重奖签约作家，开办《新疆石油文学》杂志，推出了一批讴歌艰苦创业、无私奉献精神的精品力作。新疆油田在纽约联合国总部举办"五月中国——创意克拉玛依"艺术展览，组织拍摄百集文献纪录片《油城记忆》，全景展示油田60多年来的发展成就、重要人物和重大历史事件，成为记录企业发展历程、展示企业形象的生动教材。

新疆油田持续推进品牌文化建设，凝聚了"万众一心、攻坚克难"的精神力量，维护了企业的和谐稳定，助推了现代化大油气田建设，为新疆油田建设绿色、智能、人文特征鲜明的现代化大油气田提供精神动力和文化条件。

(中国石油新疆油田公司)

从"设施互通"到"民心相通"
架起"一带一路"文化桥梁

中建六局在中国建筑集团带领下，作为国家第一批走出国门的国有建筑企业，20世纪80年代先后在"一带一路"沿线国家伊拉克、沙特阿拉伯、埃及、越南、泰国等建设了一批有影响力的基础设施重点工程，积累了丰富的海外施工经验。如今，作为中国建筑唯一一家整体向基础设施转型、在基础设施建设领域具有突出差异化核心竞争优势的工程局，该局以开放的视野融入世界发展的大格局，积极投身"一带一路"建设，以文化为纽带打造优秀跨文化团队。

一、理性识别文化差异，奠定跨文化团队建设基础

(一)识别宗教文化差异，尊重并与之友好

海外各国别宗教文化各有不同。斯里兰卡人口约两千万，僧伽罗族占74%，泰米尔族占18%，摩尔族占7%，其他族占1%。僧伽罗语、泰米尔语同为官方语言和全国语言，在上层社会则通用英语。斯里兰卡居民70%信奉佛教，16%信奉印度教。斯里兰卡有很多习惯和中国不同。在斯里兰卡，摇头表示"是"，而点头表示"不是"。很多刚来斯里兰卡项目的员工都不太习惯，在交流中会有很多误解，但是经过一段时间的学习和纠正，大家慢慢习惯了，现在很多同事和属地员工交流时，国内同事也习惯了斯里兰卡的表达方式。

中建六局海外项目倡导中方员工注重学习属地国的日常用语，哈萨克斯坦项目倡导中方员工学习俄语和哈萨克语；文莱项目倡导中方员工学习简单的马来语；斯里兰卡项目倡导中方员工学习僧伽罗语，增进了与项目国人民的感情。

(二)识别建设标准差异，执行不打折扣

中建六局海外工程需要按照业主的要求执行相应的建设标准。文莱淡布隆大桥项目主要执行标准是英标，主体结构计算是欧标，设计采用英标，与我们国标相比，差异较大。中建六局工程的所有产品含原材料均需满足英标质量要求，对部分产品明确要求需要指定的机构认证，现场临时设施都必须有设计图纸和计算书，85%的临建设计需经第三方独立审核单位审核，永久工程设计图纸需要深化设计，输出施工图纸，工作量相当大。中建六局技术中心特派了三名博士常驻项目部驻场设计，项目部在文莱当地聘用了一家设计公司，提高设计输出质量。

(三)识别管理差异，理解达成共识

中建六局海外"科学管理"理念突出，注重管理计划和审批，严格管理标准和流程，特别注重"SHE"安全管理、职业健康、环保，海外政府以及业主要求项目必须配置属地管理人员，所提交工程管理文案资料以属地管理人员签字为准。为此，中建六局文莱项目部门设置比国内部门增加了施工计划部；质量部内要包含方案组；安全环保部分为安全、安保、环境、健康共4个子部门，每个子部门

要进行单独作业，并聘请了属地管理人员，充实到相应管理部门。

二、科学应对文化冲突，探索跨文化团队建设路径

中建六局在跨国文化交流中，中国员工面对外国监理、业主、外秘和当地劳务的国际化团队，不同的价值观、行为习惯、管理标准在项目建设中带来很多的文化冲突。国内员工习惯用"3、2、1"思维去快速推动工作，而海外则坚持"1、2、3"流程办事，这就需要在碰撞中找到平衡点。

(一)注重树立文化融合理念

中建六局以摆正义利观为出发点和归宿点，坚持积极、主动和真诚的原则，从意识、观念出发，从细节、小事入手，加强沟通与交流，尊重和接纳多元文化。

(二)注重国际化管理标准

中建六局严格遵守国际菲迪克条款，认真执行欧标、英标等国际标准，从管理理念、管理方法、管理体系上符合国际惯例，提升项目团队专业化、职业化、国际化水平。

(三)注重夯实管理制度

中建六局结合海外项目管理实际，覆盖项目管理全过程，明确各项管理制度，加强制度的学习宣贯、检查落实与考核反馈、修订完善，保证制度的严肃性、科学性，奠定项目管理基础。

(四)注重开发属地化资源

中建六局加强调查与研究，以合作双赢为切入点和契合点，积极探索施工组织新模式，开发属地化资源，有效缓解项目成本、履约等压力。

(五)注重风险识别与防范

中建六局海外施工以其政治性、经济性、复杂性以及不确定性而带来多重风险，要强化风险意识，建立风险防范机制，有效锁控风险。

(六)注重倡导共建共享

中建六局教育引导中国员工要胸怀祖国、立足属地国，要关注相关利益方，统一管理共识，规范管理行为，实现管理目标，共享管理红利。

三、坚定文化自信，实现跨文化团队融合

(一)尊重习俗，倡导多元文化共融

中建六局遵循《十典九章》行为规范，倡导融合高效，协同联动，尊重平等、规范、随俗。

中建六局文莱项目部在总包办公生活区、分包办公生活区设有祈祷室，并且每周五中午派车送孟加拉工人去镇子上的清真寺祈祷。每逢穆斯林的传统节日开斋节，项目部便会派专人向当地员工赠送牛羊祀礼或在项目上设宴款待，同当地员工共度佳节。此外，项目部还专门设置了独立的休息室和清真食堂，在国庆节和国王生日假期不能施工，每周五中午12点到下午2点不能施工，充分尊重对方文化习俗。项目中方员工主动和外籍员工交流，给他们讲中国的文化和历史，业余时间和他们一起进行各种体育活动，准备蛋糕参加国王生日庆典。

(二)沟通信任，注重示范带动

中建六局为加强沟通，海外项目员工注重英语能力培训提升，但项目实际也存在很多技术人员英语能力欠缺的现象，技术引领能力很强的员工，则通过具体的行为语言，如画图等亲身示范加以指导；通过现场"指手画脚"，从场地平整、基础施工到设备安装、料棚搭设等工作，都得到了现场监理的极大信任，均能提前完成任务。有个拌合站生产的混凝土还成了斯里兰卡南部高速项目的免检产品。

(三)建章立制，明确清晰的团队规则

中建六局海外各项目部在工程局管理体系下，根据当地法律法规、民风民俗以及现场工作实际，出台了《安保管理制度》《生活管理制度》《环保管理制度》《外方员工休班制度》《现场施工行为言行准则》《现场施工安全管理标准》《现场材料管理交接制度》《员工考勤制度》等18项制度、51个子项，并组织双方员工共同学习，定期考核，加强员工对制度的理解和执行。文莱项目部针对海外务工机会成本高、风险大、人员队伍的稳定性差，有针对性地健全薪酬体系，完善商务合同；斯里兰卡项目针对属地化员工制定绩效考核办法，夯实了管理基础。

(四)属地管理，提高项目管理效率

中建六局斯里兰卡外籍劳务管理存在的问题通过属地化的策略迎刃而解。斯里兰卡人都比较友好，他们也很团结，当有一些涉及侵犯当地员工权益等问题时，他们都会自愿组织起来维护权利。项目部针对当地情况，每个部门都配有属地管理人员，实行中国管理人员和斯里兰卡属地管理人员合署办公的模式，也设置了属地的 HR，由中方管理人员管理属地管理人员，再由属地管理人员管理当地工人，

属地员工的绩效薪酬以及解决劳动关系等问题，由属地员工自己管理。目前中方30多名员工间接管理了约400名的属地员工，大大提高了管理的效率，同时也在一定程度上解决了文化差异带来的管理问题。

中建六局斯里兰卡项目部为当地村民义务修路，向当地帕尔米布勒敬老院捐赠各类民用设施；文莱项目部积极参加当地公益活动、运动会，捐赠了400件印有中建LOGO的T恤，为文莱淡布隆公园捐赠大型儿童玩具，为困难家庭奉送祀礼，极大增强了属地融合度。

（五）提升技能，强化跨文化团队培训

中建六局加强海外人才培养，创新人才培养机制，海外项目除了建立定期培训制度，同时结合项目实际通过强化业务管理、加强专业技术沟通、现场实地互动，全方位提升员工技能。在文莱项目商务合约部，通过全英文的周例会加快了外籍员工融入新集体的速度，也强化了中国籍员工的英语能力。

（六）凝心聚力，攻坚克难保履约

哈萨克斯坦国家是公认的世界上办理签证最难的国家。特别是没有"劳务签"，中建六局迎难而上，主动克服各种困难，组织了三批管理团队以商务签形式进行项目推动，保证了工作连贯性，以最快速度完成项目部驻地建设、打下第一根桩基等工作，赢得了哈方当地政府和有关部门的认可。

（七）人文关怀，拓展幸福空间

中建六局积极践行企业拓展幸福空间使命，关注本国员工和国际员工的两重性，以人为本，在尊重属地国文化的同时，也注重中国传统文化的输出。

中建六局在国际员工层面，打造"融文化"，注重文化尊重、注重技术培训与输出、注重薪酬福利落实，切实提高国际员工幸福指数。在文莱、斯里兰卡当地人都以进入中国建筑这样的外企为荣，能够参加技术培训，并得到高于当地工资水平的丰厚待遇，促进了属地国经济建设。

中建六局在中方员工层面，打造"家文化"，注重中国传统文化节日、注重企业文化践行、注重业余文化生活，丰富员工精神文明建设。"家有蔬菜园""家有寿星""家有俱乐部"项目品牌活动，让员工感受家的味道。

中建六局项目定期开展读书交流会、评选优秀员工，激发员工工作热情；组织精彩的球类联赛，邀请当地员工同场竞技。在中国传统佳节，也会对外籍员工讲解中国传统文化历史，在项目自编自导的春晚上，还经常可以看到外籍员工表演的精彩节目，实现了项目跨文化团队的和谐。

跨文化团队是海外项目施工组织的必然产物，也是海外履约的主体，其多元的文化属性使其成为企业在海外进行文化输出、文化融合的一线阵地。跨文化团队的持续建设，不仅可以推进属地化工作的落地，给项目管理带来诸多红利，更能显著提高企业的跨国指数，持续放大行业竞争力和地缘影响力。在海外项目实施中，中建六局管理团队为"中国智造"和"中建品质"代言，代表中国企业通过实干体现出管理效率、技术创新等优秀的履约能力，其高度的责任心、专业化的管理，在资源组织、突发事件的协调解决上，反应灵敏、落实迅速，在与海外企业同台竞技中成果突出，获得良好国际口碑，引来以色列、菲律宾、巴基斯坦等国前来考察、洽谈业务，为国家"一带一路"建设贡献了力量。

（作者赵佩华，系中国建筑六局党委工作部（企业文化部）部长）

传承铁军文化　助推企业发展

中建八局的前身是国家建工部直属企业，始建于1952年，1966年整编为基建工程兵部队，1983年9月集体改编为中国建筑第八工程局。中建八局人在艰苦创业、励精图治的征程上，逐步培育出以"令行禁止、使命必达"为特色的铁军文化，为企业发展壮大提供了强大的精神动力和思想保障。

一、中建八局企业文化建设特色鲜明

中建八局在"中国建筑"大旗指引下，用汗水和智慧为小家之福、大国之梦奠基筑宇，在祖国建设史上留下了深深的足迹，成长为合同额超过2000亿元，产值过1000亿元，利润过30亿元的大型骨干建筑企业，企业的规模越来越大，发展越来越好。

（一）铁军文化是"有根基"的文化

60多年文化积淀，30多年传承创新，中建八局人用一个个精品工程，一次次市场挑战，一项项社会担当，逐步培育和形成了"令行禁止、使命必达"的铁军文化。同时，企业文化的形成也受到了我国传统文化、地域文化、不同时期管理理念的影响，

"诚信""人本"等优秀传统是铁军文化的思想精髓；"勇往直前、敢打必胜"的部队文化是铁军文化的深厚基础；现代管理思想是铁军文化的创新之源；中国建筑的核心理念是铁军文化的旗帜方向；"齐鲁文化""海派文化"等地域文化是铁军文化的肥沃土壤。以部队传统为根，以优良作风为干，以管理理念为枝，以践行载体为叶，以子文化为依托的铁军文化之树，成为八局攻坚克难、奋勇前进的制胜法宝和取之不尽、用之不竭的精神宝藏。

（二）铁军文化是"重传承"的文化

铁军文化经历了五个发展阶段：一是军旅奋战阶段，形成了"顾全大局、听从指挥、遵守纪律、吃苦耐劳"的部队作风，培育积累了爱国主义、集体主义等宝贵精神财富；二是艰苦创业阶段，经历了部队文化与市场经济新思想、新观念的碰撞，注入了重情义、讲信誉等鲜明的文化特征；三是加快发展阶段，实现了文化理念、CI战略、行为规范的"三位一体"，文化的内涵和外延得以扩展；四是战略转型阶段，中国建筑的品质和绩效理念与八局传统的部队文化相融合，培育丰富了八局的管理文化，奠定了新时期铁军文化的基础；五是追求卓越阶段，在《中建信条》引领下，对文化积淀进行了系统归纳和总结，母、子文化有效融合，文化理念得到创新和升华。

（三）铁军文化是"接地气"的文化

真正起作用的文化是发生于企业实践，养成于员工心中，入心化血脉、入体长精神。在完成一个个重点项目，承担一项项重大任务的过程中，我们塑造了"大漠精神""高原精神""海河精神""抗震救灾精神""玉树精神"等宝贵财富，这是广大职工的文化创造、企业文化的历史积淀，时代精神的生动体现。

二、中建八局有着完备的制度文化

（一）建立健全了完整的企业文化体系

中建八局这一企业文化体系包含着丰富内涵。

一是听从指挥、宗旨大于天的铁的信念；二是官兵一致、众志成城的铁的团结；三是敢于胜利、百折不挠的铁的意志；四是令行禁止、执行有力的铁的纪律；五是诚实守信、勇于争先的铁的作风。2013年5月，按照"统一共性，突出个性"的原则，中建八局发布新版文化手册《中建信条·铁军文化手册》，形成了以中建信条为主导，铁军文化为特色的

企业文化体系，引领企业以拓展幸福空间为使命，秉承"品质保障、价值创造"的核心价值观，践行"诚信、创新、超越、共赢"的企业精神，发扬"令行禁止、使命必达"的铁军作风，向着"最具国际竞争力的建筑地产综合企业集团"的愿景，同心、同向、同行。

（二）制定了企业文化考评体系

形成企业文化建设的长效机制。中建八局在理念识别、行为识别和视觉识别上实现"六统一"（核心价值观统一、使命统一、愿景统一、精神统一、作风统一、视觉形象统一）。同时，严格推行总公司CI手册，规范"母、子"文化，要求各公司按照铁军文化建设的总体目标，培育提炼与铁军文化相协调一致的个性文化。

（三）形成了企业文化动态调整、自我完善体系

中建八局采取员工访谈、问卷调查、考察调研、资料研究等多种手段，对企业文化内、外部影响因素进行综合分析，努力构建"理念形成——宣传推广——深化提炼——发展创新——再次推介"的螺旋式上升、渐进式优化、持续性创新的体系，保持文化与企业发展方向的一致性。

（四）打造了企业文化建设的资源保障体系

中建八局明确了文化建设的领导力度；积极鼓励员工参与各类文化建设专业培训，参加企业文化师职业资格考试，努力为企业文化建设提供人力资源保障；建立了文化建设经费投入机制，把文化建设所需经费纳入相关部门和公司年度预算并确保落实。

三、中建八局企业文化建设全面深入

（一）制定实施了企业文化建设专项规划

"十二五"期间中建八局专项规划并细化为三年文化推进措施，2016年，又出台了"十三五"企业文化建设专项规划。通过专项规划和三个"文化年"活动，实现了企业文化与企业发展战略的和谐统一，企业发展与员工发展的和谐统一，企业文化优势与竞争优势的和谐统一，为八局持续、健康、快速发展提供强有力的文化支撑。

（二）大力推进"准军事化管理"模式

中建八局以"五个领先"（文化视觉覆盖领先、员工作风形象领先、管理水平领先、相关方评价领先、学习能力领先）为目标在项目上实施了准军事化管理：即借鉴军事管理方式，通过定军规、肃军容、

搞军训、练军技、讲军魂、唱军歌、严军纪等"七步走"，学习中国人民解放军，传承铁军文化，提升项目团队的执行力、战斗力，培养员工令行禁止、使命必达的工作作风，培养了"行动军事化、工作标准化、作风严谨化、管理精细化"的项目团队。

（三）开展铁军文化集中宣贯活动

中建八局以文化手册、《铁军八局》等为教材，采取多种形式，组织开展了企业文化的专题学习，举办了以"传承铁军文化、打造铁军团队"为主题的演讲比赛，开展了企业文化征文活动，出版了《铁军团队故事集》，邀请老同志、老领导作铁军文化报告、召开学习交流会等，提升了员工对铁军文化的感性认识，促使员工对铁军文化由认知到认同到主动践行。

（四）举办丰富多彩的文体活动

通过全面深入的文化建设，中建八局逐步形成了党委统一领导、党政齐抓共管、主管部门组织协调、相关部门分工负责、员工踊跃参与的文化建设环境。

四、中建八局企业文化建设成效显著

（一）用铁军文化谋求发展，引领企业战略

中建八局从成立那天起，就以振兴祖国建设事业为己任，把企业自身发展同国家、民族的前途命运紧紧联系在一起。近年来，面对新形势提出的新要求，中建八局坚持以愿景目标为引领，实现文化与战略的高度统一。文化的力量，正引领八局人打造"六强企业"，加速"五个转变"，推进"四商一体"，实现"中建排头、行业领先"、进入世界 500 强，成为"国内著名、国际知名"的投资建设集团的目标。

（二）用铁军文化提升管理，促进企业发展

中建八局在文化实践中坚持客户、目标、创新三个导向，执行"十二条军规"，将 8 项践行理念、12 类践行载体融入企业制度流程中，实现了文化理念与企业管理的相得益彰、水乳交融。坚持把继承发扬铁军文化的过程变成加强企业管理的过程，按照建立现代企业制度的要求和集团化经营的方向，加速推进战略转型步伐，加快结构调整，抓住企业管理和发展中的关键问题，先后开展了"项目管理年""商务管理年"等一系列加强经营管理的实践活动，实现了商务管理精确化、质量管理精品化、生产管理标准化、基础管理精细化。

（三）用铁军文化共克时坚，完成重点任务

中建八局前身——基建工程兵第二十二支队参与了特大型建设项目——辽阳石油化纤厂的建设，凭借"只要骨头不散架、就要拼命建辽化"的干劲和斗志，顺利完成了任务。在祖国的大西南和大西北，参加了轰轰烈烈的"三线建设"。进入新时期，八局建设者的身影，依然活跃在最艰苦、最重要的地方，中建八局在青藏高原，为藏族同胞建造高标准的学校；"非典"来临时，坚守在疾病控制中心施工现场；在利比亚大撤离过程中，勇担责任、不辱使命，三天时间撤出了全部一万多名员工；杭州 G20 峰会主会场融大国风范和江南韵味于一体，展示了中国魅力；中建八局人不仅仅建设了一大批国内外经典工程，更留下了"高原精神""先锋精神""海河精神""抗震救灾精神""玉树援建精神""海外精神""南京南站精神"等宝贵的文化财富，受到习近平总书记、李克强总理等党和国家领导人的高度评价。

（四）用铁军文化陶冶职工，打造铁军团队

中建八局始终注重用铁军文化育人铸魂，采取读书、编写纪念画册、开展纪念活动、巡回演讲、举办事迹报告会、铁军精神研讨会、新生培训等形式，提高员工对中建八局铁军文化的认同度，打造招之即来、来之能战、战之必胜的管理团队和员工队伍。大力加强"学习型企业"建设，树立"工作学习化，学习工作化"的理念，鼓励员工自觉向书本学习、向实践学习，持续提升竞争能力、学习能力和发展能力。

（中国建筑第八工程局有限公司）

融航运特色　树文化新风

中远海运发展公司自成立以来，一直高度重视企业文化建设，坚持"两手抓、两手都要硬"的战略方针，以培育和践行社会主义核心价值观为根本，在构建和谐企业、促进企业健康、稳定发展上做出了一定成绩，切实有效地将企业文化建设融入到经营、管理、党建、宣传等公司治理的各个环节当中，促进了企业的持续健康发展。

聚焦融合，推进企业文化体系搭建

公司成立伊始，针对重组后人员构成多元化、办公地点分散化的特点，中远海运发展积极践行集团"一个团队、一个文化、一个目标、一个梦想"理

念，组织了机关全体员工参与内部组织介绍片的拍摄工作，通过一部呈现所有员工风采的短片，打破了部门与楼宇间员工的沟通壁垒，构建了交流与融合的互通桥梁，同时也使"因为发展，所以自信"的口号深入人心。

2017年，中远海运发展在外部专业机构指导和帮助下，开展了企业文化理论体系搭建工作，先后在上海、我国香港两地进行调研，开展问卷调查，组织"企业文化共识工作坊"，针对企业文化构建的设想和构思，组织各级员工进行"沙龙式"的讨论，对公司企业文化现状进行诊断，逐步形成包含企业使命、企业愿景、核心价值观在内的具有航运金融特色的文化体系，得到了上级单位的肯定和认可。

同时，中远海运发展组织有相关爱好和专长的职工，在工作之余独立创作了歌曲《唯有远方》，将企业的精神风貌和文化理念用音乐的形式表现出来。近期，《唯有远方》已被确定为中远海运发展集团"司歌"的候选歌曲，在全集团范围内唱响了来自中远海运发展的旋律，也让更多业界同行听到了来自中远海运发展的声音。

凝心聚力，积极组织参与企业文化活动

多年来，中远海运发展充分发挥党、纪、工、团的组织优势，围绕企业中心工作，融入航运金融特色，积极组织了各类丰富多彩的文体活动，增强团队凝聚力、向心力和战斗力，员工对企业文化的理解认同感不断增强。

企业文化是企业之"魂"，国有企业的"根"和"魂"是党的领导与党的建设，党的思想政治工作与国有企业的文化建设一脉相承。在企业文化建设过程中，中远海运发展各级党组织充分发挥政治核心作用，利用内部资源，相继组织了以"新兴行业跨境投融资及跨境资产管理布局新趋势""金融风险管理"等为主题的金融业务知识专题讲座，还围绕公司正在推进的"市场化人才管理机制"开展了研究讨论，将企业内部的思想引领和文化熏陶融入企业发展战略中。下属党组织还创新工作形式，融入航运文化特色，以"建党伟业"为题材的党建电影拍摄活动，使广大党员干部接受了一次鲜活生动的爱国主义教育；在系统内组织"优化达人"金点子大赛，凝心汇智；结合纪念建党96周年、廉洁教育月等主题，扎实开展丰富多彩的主题党日活动，组织党员参观四

行仓库、鲁迅纪念馆、嘉兴南湖、沙家浜、北京万安公墓李大钊烈士陵园、彭雪枫纪念馆、方塔园等教育基地，在公司内树立积极向上、风清气正的良好文化氛围。

中远海运发展团委结合"五四"青年节等时间节点，组织团员青年开展"匠心独运"主题团日活动；召集了12名青年职工参与"彭博一英里"金融企业精英接力赛，还积极参与兄弟单位团组织开展的"城市定向越野"联建共建中。组织或参与的这一系列具有青春特色的文体活动，使青年员工有机会在紧张的工作之外结识更多朋友，同事之间加强了沟通，同时也让友谊之花在活动中传递和绽放，青年员工的企业凝聚力、归属感也得到显著地提高。

中远海运发展工会也牵头开展职工健步走、职业女性心理辅导、职工春游、瑜伽、足球、篮球和羽毛球等丰富多彩的文化体育活动，为全体员工营造了和谐团结、积极向上的企业氛围。公司工会深入开展"安康杯""中远海运杯"等劳动竞赛。按照集团工会和公司工会的整体部署，在船舶组织开展了"强基础、上水平、创效益"劳动竞赛活动，31艘次船舶被评为劳动竞赛优胜船舶，27人次船员被评为先进个人。劳动竞赛过程中，发挥"庞海臣劳模创新工作室"文化名牌效应，围绕船舶和陆岸安全管理、船舶油耗监控等管理方面开展创新工作，有效提升了船员综合素质，形成了富有"海味"的"比、学、赶、帮、超"的良好风尚。

此外，在新的企业文化体系搭建的过程中，中远海运发展时时刻刻不忘将工作的重心下沉，十分注意向下属单位和基层一线延伸，立足基层"细胞"，激活企业"末梢"，让企业文化真正"接地气"。在外地新成立的分公司组织新员工到沪就职培训的过程中，中远海运发展通过制作PPT等形式，向大家介绍企业的文化理念，让企业文化在新员工工作一开始就能够入脑、入心。下辖三个箱厂的上海寰宇是中远海运发展下属专业从事集装箱制造的企业，针对各箱厂工作环境艰苦、劳务工使用比例大等特点，中远海运发展指导各箱厂组织了"文化艺术节""东方杯"技能竞技比武大赛等企业文化建设和职工文化交流等活动，让企业文化进基层、进一线、进车间，形成"东方航线，爱心家访""爱的九页纸""光盘行动"等一系列文化品牌。其中，锦州箱厂因坚持多年来将"文化强企"发展战略贯穿于日常工作中取得卓

越成果，在 2017 年获评"全国企业文化特色性示范单位"荣誉称号。

挖掘亮点，做好企业文化品牌宣传

为充分发挥宣传工作内聚人心、外树形象的积极作用，中远海运发展在每年年初召开宣传工作专题会，积极将企业文化的打造融入宣传工作当中，传递公司"好声音"。公司根据企业业务转型及更名等相关工作需要，积极做好揭牌仪式相关工作，树立企业新形象；同时，中远海运发展在宣传工作中充分发挥船舶、车间等基层一线通信员作用，努力挖掘企业工作亮点，对内通过《中远海运发展简报》的形式，及时向广大员工通报公司动态，对外积极向集团《党建要情》《中国远洋海运报》投稿，扩大企业影响力和企业文化的辐射范围，两年来共报道公司文化活动、党建动态等各类信息 83 次；同时加强新媒体应用，开设企业微信公众平台，形成线上线下相结合、传统与创新相结合的宣传体系。

围绕改革，扎实开展企业文明创建

上海市文明单位是由中共上海市委、上海市人民政府命名表彰的，标志本市基层单位"四个文明"建设综合性成果的最高荣誉称号。在 2015—2016 年上海市文明单位创建工作中，中远海运发展围绕企业中心工作和转型发展的大局，从思想教育、道德实践、文化建设、社会贡献、诚信经营等方面认真做好工作台账整理和维护，总结企业文化和文明创建的经验成果，突出亮点，融入特色，通过全面深入、扎实持久地开展文明单位创建工作推动了企业全面、协调、可持续发展，不断提升企业文明创建的整体水平，为企业改革发展提供精神动力和文化支撑，彰显了企业的社会责任。

（中远海运发展股份有限公司）

培育高铁"操作文化"
为中国高铁事业助力加油

中车长客是国家高速动车组研制的主要基地。经过十多年的不懈努力，我们不仅掌握了世界最先进的动车组研制技术，逐步将高铁的"中国标准"推向世界，实现了由追随到引领的跨越，而且还在中国高铁工人精神的孕育下，打造形成了高铁制造的"操作文化"。这种"操作文化"是以严、细、精、实为指向，与高铁研制过程相互匹配、相互依赖、同生共荣，经由对操作单元具体行为进行长期文化塑造所形成的独具特色的观念系统。

"一口清"内化于心、外化于行

"每列动车有 19726 根线束，近 10 万个接线点，只有将工艺流程倒背如流，才能保证高质量完成每道工序。"高速动车接线工姚智慧说。2015 年 7 月 17 日，习近平总书记对中车长客进行参观调研期间，就是由她向总书记展示了"端子排接线工艺文件一口清"，短短两分钟，568 个字，整个作业流程和要点一一准确呈现，汇报完毕后，总书记连连称赞"真是工艺文件一口清啊，厉害！厉害！"

所谓"一口清"，就是组织员工将"工艺文件一口清、质量标准一口清、行为规范一口清、安全操规一口清"作为其上岗工作的"经"来反复记诵，促使入耳、入脑、入心，筑牢思想防线，培养员工对于规范、标准的敬畏和尊崇，达到内化于心、外化于行的管理效果，最终作用于产品实物质量，实现高速动车组制造的"零缺陷、零误差、零隐患"。为推行好"一口清"活动，中车长客对涉及高速动车组制造的 1200 份工艺文件进行了再梳理，并编制了涵盖 364 道工序的应知应会手册。同时，每天由各生产单元采取多种形式组织员工开展"一口清"记诵，实行了站在 6 米外大声背诵"一口清"的"6 米考"和 4 人以上同时进行不同版本工艺文件复述的"干扰式"背诵法等。经过近五年的持续宣贯，"一口清"已成为各级组织开展工作的一条主线，也成为了长客每名操作员工必备的看家本领。

"万万千"培育精细和标准意识

高速动车组时速快，对产品质量有极高的要求。中车长客高速动车组装配工人袁洪涛和车辆电工唐理想入厂 5 年来，凭借着认真负责的精神和高超技艺，目前分别累计创下 269450 个螺栓安装无差错和 249869 根线束接线无差错的纪录，成为了员工身边响当当的技能大拿和比学赶超的典范。

中车长客多年来在全员中开展"十万个螺栓无松动、万根线束无差错、千米焊缝无缺陷"的"万万千"活动，借此深化操作文化内涵，营造良好的"磁场"

环境。通过"万万千",实现对每个岗位、每个工种员工的工作结果"量的积累和评定",借此倡导和弘扬"坚持一次性把事情做好,并能够长期坚持下去"的理念。在此理念引领下,在公司党委的积极组织下,"万万千"活动在各制造单元以不同形式璀璨绽放。诸如:中车长客高速中心装配二车间就结合自身实际,将"万万千"演化为"百门千钩万窗、十万个滑块无缺陷、万米布线无差错"的具体标准,并据此评定和考核"星级员工"。规定员工如1月内不出任何质量差错,即可评为一星级,连续两个月内不出现问题,则晋级为二星级,依此类推。按照评定级别,星级员工每月可获得100~500元不等的奖励,如出现质量瑕疵,则会相应"降星"。总而言之,员工通过每一道工序正确操作的累积,获取相应的物质与精神激励,"干的越多,干的越好,得到越多",无形中缔结了与国家高铁事业的"纽带",将神圣的高铁事业外化到员工的每一次施工作业中,实现了员工个人发展与高铁事业的"同频共振"。

"首见负责制"使人人皆可为管理者

高铁生产千头万绪,高铁事业与每名员工息息相关,离不开每个人责任心的高效发挥。为此,中车长客高速动车组装配车间实行"5米经理"制,每名员工都是管事的"经理",管辖区域为以自身为圆心的1.2米半径范围,共约5平方米,负责事项包括现场物料摆放、卫生维护、周边工友劳保穿戴及行为规范监督等,车间通过为员工颁发"卓越卡"和"提示卡"给予正、负激励,截止目前共发放"卓越卡"1844张、"提示卡"316张,"提示卡"发放趋势逐渐减少,员工自觉维护现场意识大幅度提高,持续改善意识不断增强。这是长客推行"首见负责制"的生动实践。

"首见负责制"是指在本单位所管辖区域内,第一位发现生产、现场、安全、综合管理等各类异常情况的员工,有责任、有义务进行恰当、合理地处理,并第一时间向上级汇报,确保异常情况得到及时有效控制、处理的管理措施。中车长客推行"首见负责制",破除了身份意识,将"管理对象"转化为"管理者",变"强制"为"牵引",有效延伸了管理幅度和管理触角,激发每名员工的主人翁意识,从而达到有效控制产品质量、现场规范、安全生产等目的。

"585全员改善"树立员工的完美主义

中车长客的车辆内装工程绍洋在作业过程中,通过认真钻研,反复试验,总结出了"司机室前侧窗粘结"五步操作法。该操作法的应用,能够实现整台车节省SIKA265胶6只(3600毫升)的使用量,并能够节省4.5小时的工作时间,总计可以为每台动车的生产成本节省500元,并且有效地提高了CRH380产品实物质量及生产效率。该项技术成果入围了长客高速中心技能创新红利奖项目,程绍洋本人也成为高铁"技能红利"第一人。

中车长客自始至终注重激发员工的积极性和创造力,提升员工职业素养,并将其作为打造操作文化模式的重要目标。为此,不断完善职业工作者养成机制,提出了"585全员改善"工程,目标要在高速动车组制造领域,实现5年内85%的员工都要参与一项职业创新。为此,中车长客建立了《高速动车组制造中心职业创新管理办法》,对各单位开展职业创新情况进行每周点评、每月奖励,使员工对参与职业创新有点子、有热情、有甜头,进一步培养员工职业开拓和创新意识。截至目前,员工已归纳总结出714项职业创新成果,内容涵盖工装设备、现场管理、工艺优化、管理方法等,有效提升了产品质量和管理水平,全面强化了员工创新能力和职业素养,并从深层次激发和激活员工创新、创造的内驱力,使操作文化主导下的员工队伍充满进取力、创造力,用正能量推进团队机体持续进步、持续发展,推动中国高铁事业不断保持领先。

截至目前,中车长客已经为哈大线、京沪线、兰新线、沈丹线等高铁线路提供了800多列动车组,并实现良好运营。前不久,还研制出中国标准动车组,并在郑徐高铁以时速420公里进行了会车试验,进一步验证了产品设计制造的先进性和可靠性。这些也使得长客高铁制造的"操作文化"的综合效能得到验证,品牌作用不断彰显。2015年7月17日,习近平总书记在考察中车长客过程中,提出高铁已成为中国装备亮丽名片,希望中车长客继续领先领跑,勇攀高峰。我们要树立"名片意识""中坚意识""领跑意识""奋斗意识",深入学习贯彻习近平总书记重要讲话精神,进一步弘扬中国高铁工人精神,不断深化高铁制造过程中的"操作文化"建设,进一步深化认识、规范行为、提振士气、凝聚意志,打造核心竞争优势，为中国装备"金名片"增辉。

（中车长春轨道客车股份有限公司）

突出"三个坚持"做强品牌文化
为企业提质注入动力

燕山石化隶属于中国石化集团公司，成立于1970年，是我国重要的合成橡胶、合成树脂、苯酚丙酮和高品质成品油生产基地之一。

一、坚持企业文化在继承中融合、创新

（一）不变的精神内核

20世纪60年代末，来自祖国各地的老一代燕山石化人，以豪迈气概建成了我国第一座现代化的大型石油化工联合企业，同时孕育和初步形成了燕山石化企业文化的最基本的核心元素。这些核心元素包括：一不怕苦、二不怕死的拼搏奉献精神；三老四严、四个一样的过硬作风；五湖四海、团结一致的大局意识；爱党、爱国、振兴中华的强烈政治责任感和历史使命感等。1985年在燕山石化成立15周年时，公司将这些元素进行了归纳和提炼，确立了"团结、求实、严细、创新"的企业精神。1990年，以燕山石化成立20周年为契机，公司又系统总结和概括出了以"五种精神"为代表的燕山石化传统。随着时代的发展，公司不断适应经济社会发展新形势，2006年公司形成了以企业使命、企业愿景、企业发展战略目标等为主要内容的十二条核心价值理念。2013年公司在中国石化企业文化核心理念的基础上，提出了以"强烈的危机意识，高度的责任意识，永葆激情、再创辉煌的奋斗精神，荣辱与共、企荣我富的团队精神"为内容的"两种意识、两种精神"。

（二）显著的时代特征

进入"十三五"以来，燕山石化按照中央"创新、协调、绿色、开放、共享"的发展理念和中国石化"价值引领、创新驱动、资源统筹、开放合作、绿色低碳"五大战略部署，提出了"生态文明、服务首都、共建共享"的发展战略，打造"本质安全、环境友好、持续赢利"百年老店的远期目标和建成"京西南生态文明示范区、京西南科技创新示范区、京西南和谐共建示范区"的近期目标，通过企业文化不断地继承、融合和创新，公司的发展战略、发展目标、发展路径、发展布局和管理模式日益成熟，为公司实现持续、健康、发展奠定了坚实的思想文化基础。

（三）独特的品牌文化

随着大气污染防治条例、京津冀一体化协同发展规划的陆续出台，燕山石化是否符合首都的功能定位、安全环保工作能否得到政府和公众的认可，不仅决定着燕山石化未来的发展，甚至决定了燕山石化能否在首都北京生存发展。面对来自安全、环保上的巨大压力，燕山石化系统总结了多年的安全、环保等方面的优良传统，将文化导向与战略转型紧密融合，重点提出了生态文明的战略，并以打造"本质安全、环境友好、持续赢利"的百年老店为长期发展目标。

在安全文化上，燕山石化公司始终坚持"本质安全"，继承和发扬安全工作好传统，推进安全的核心理念融入公司安全生产经营工作中，不断增强干部、员工对安全文化的认同感，并转化为自觉行动。在环保文化上，公司践行"生态文明"战略，以增强全员环保意识为根本，以严抓环境治理为重点，以"环境友好"为目标，推进绿色低碳发展，浇筑企业生存的根基。在创新文化上，公司抓住"油品创新升级"的好传统，不断夯实"六大创新主体"，重点发展"高端化产品链"，将创新文化植根于广大干部、员工的心底。

二、坚持企业文化在实践中融入制度、管理

（一）坚持"本质安全"的长期目标，推进安全文化建设

继续发扬安全工作好传统。多年来，燕山石化公司始终坚持每年的第一个行动是元月一日的"零点安全起步"，公司领导班子成员带头深入生产一线，检查安全工作，慰问在岗职工；每年党政工团联合下发的第一份文件是"HSE一号文"，对全年安全环保工作的指导方针、目标和措施进行具体安排；每年党政联合召开的第一个会议是安全生产工作会议，总结经验，查找不足，部署全年任务。

推进核心理念融入安全管理。燕山石化公司积极引进巴斯夫安全量化管理体系，着力完善直接作业环节管理机制，强化主体责任，全面开展安全隐患排查，有效升级风险管控，安全管理工作始终以"本质安全"为指引，在领导干部的管理思路、管理

要求中处处可见。

增强安全理念的认同内化。"员工行为规范、安全记录良好、社会公众信任"是本质安全的主要内容。燕山石化公司持续开展"我为安全做诊断"活动，发动干部、员工查找身边的不安全因素。重奖发现安全隐患的员工，广泛宣传员工身上所体现的企业精神。严格考核装置非计划停工，体现管理考核的引领导向。

（二）定位"生态文明"的发展战略，推进环保文化建设

以增强全员环保意识为根本。2017年燕山石化公司将"生态文明"列为发展战略之一，公司组织开展全员专题讨论，重点增强干部员工"安全环保红线"的理念和"依法依规办事"的理念，要求全体干部员工牢记使命，时刻绷紧安全环保这根弦。公司持续加强环保理念宣传，大力宣传上级精神及各级领导对环保工作的要求、宣传"6·5"世界环境日，实施了厂区内异味有奖举报制度，增强全员环保意识，促进文化理念转化为全体员工的自觉行动。

以严抓环境治理为重点。引进巴斯夫公司先进环保理念和环保管理体系，制定了《燕山石化公司环境绩效管理暂行办法》，严格考核污染物不达标排放、环境污染事故，以及现场环境异味。通过对生产装置的清洁化持续改进，实施"碧水蓝天"项目，减少污染物的产生和排放，推行"能效倍增"计划、建设人工湿地等措施，切实提升企业环保管理水平，公司环保治理思路、理念逐步深入人心。

以"环境友好"为目标。"环保数据透明公开、生产环境清洁优美、社区居民满意率高"是环境友好的主要内容。燕山石化公司坚持公布环保监测数据，在燕山石化官方网站、燕山石化电视台和内网BBS职工论坛上每日更新，接受社会公众的监督。公司向社会公众公布环保举报电话，郑重承诺举报有奖，此举受到周边居民和内部员工的大力支持。

（三）聚焦"京西南科技创新示范区"，推进创新文化建设

燕山石化布局"六大创新主体"，着力打造"京标油品创新基地""军用油品创新基地""合成材料创新基地"。

"油品质量升级"是创新文化的源头。保障首都能源供应和能源安全，一直是燕山石化干部、员工肩负的重要任务，也是植根于全体干部、员工思想

深处的历史使命。从第一批创业者汇聚在大房山下打造百万吨级炼油基地，到2007年建成符合欧Ⅳ标准的千万吨级炼油生产基地，再到目前正在孕育中的京标Ⅶ汽油，燕山石化公司始终扮演着全国成品油质量升级的领跑者角色，以持续创新的责任担当打造了京标油品的品牌，在满足民用油品供应的基础上，公司还成功建设了五大军用油生产保障基地，被誉为"军企共建"的典范。

"六大创新主体"是创新文化的基础。燕山石化公司布局"炼油、烯烃、合成树脂、合成橡胶、基础化学品、自主经营"六大创新主体，不断深化改革，创新发展，引入市场化机制，要求每个主体依据自身优势，积极拓展产业链，从单纯卖产品向提供"产品＋配方＋认证＋服务"转变，将自身打造成为相关领域整体方案的解决者，为客户提供高端化的服务。

"高端化产品链"是创新文化的重点。通过努力，燕山石化公司合成树脂专用料比例目前已达76.4%，打破了国外企业多项垄断，1C7A、发泡聚丙烯、超纤料等产品已逐渐成为合成树脂新的效益增长点，这一系列成绩的背后，离不开公司创新文化的建设，离不开干部员工拼搏进取、勇于创新的精神实质。

三、坚持核心理念在思想引领中传播、落地

燕山石化系统规划了"十三五"期间企业文化建设的工作目标、主要任务和工作重点，对于专项文化建设进行了重点部署。

（一）重点发挥领导干部的引领作用

燕山石化公司党委将中心组理论学习作为统一思想、提高素质、凝心聚力的重要平台，抓住领导干部这个"关键少数"，学习、教育、传播中国石化和燕山石化的企业文化理念，并不断将企业文化理念融入公司的组织管理和生产经营中。2017年燕山石化公司党委中心组分别开展了安全、环保、廉洁、法治等专题研讨，对于安全、环保等专项文化建设起到了积极的推动作用。

（二）充分发挥宣传舆论的引导作用

加强"通俗化"宣传。多种形式、图文并茂的宣传形式更能引起职工的关注、增强宣传工作的效果。燕山石化公司通过制作形势教育PPT、企业文化视频片、电子书等宣传材料，通过引入漫画、动画、音乐等多种元素，增强了文化理念宣传的吸引力。

通过在公司内网、"我们的频道"、公司网络电视等宣传阵地进行滚动播放，宣传效果得到进一步强化。

实现"立体化"宣传。燕山石化公司利用各类宣传阵地，对企业文化核心价值理念、企业文化故事等进行广泛宣传。借助形势教育"3+2"基层宣传平台，利用交接班的时间对员工进行5分钟宣讲，使公司的企业文化核心理念及安全、环保、创新等专项文化理念，直接传达到基层一线班组，促进了专项文化建设深入开展。

打造"公众开放日"品牌宣传。燕山石化公司坚持"开门办企业、开放办企业"的工作理念，将公众开放作为企业形象的整体营销和公司企业文化对外传播的重要平台。公司精心策划参观路线，主动传播石化好声音，不断规范和完善公众开放日活动。《人民日报》《经济日报》、新华网等主流媒体多次进行了报道，燕山石化"本质安全、环境友好、持续赢利"的良好社会形象得到了提升，中国石化"为美好生活加油"的企业使命得以对外传播。燕山石化的"公众开放日"已经打响了品牌，不仅成为多家高校的定点社会实践单位，而且成为北京市国资委"首都国企开放日"活动第一批启动单位之一，被中国石化第一批命名为"公众开放日"示范单位之一。

（三）突出发挥先进典型的引路作用

加强公司重大典型宣传。2017年，燕山石化公司将坚守倒班一线23年的工人技师尤京梅和十几年如一日勤奋敬业的操作工张宝彤列为公司重大典型人物，通过先进事迹报告会、报告文学、基层宣讲团、影视专题等多种形式立体联动宣传，在公司上下掀起了向尤京梅、张宝彤学习的热潮。

层层建立典型评选机制。燕山石化公司开展"永葆激情点赞台"、"最有责任心员工"和"最有责任心战队"评选系列活动。公司利用报纸、电视、内外网、网络电视等平台进行广泛宣传，利用微信以及公司BBS平台进行网络投票，最终评选出令人信服、认可的季度、年度明星员工。2017年共宣传公司层面优秀员工60余名、优秀基层党支部20余个，各单位每月评选明星员工、身边榜样，带动了广大员工发扬石油石化优良传统。

开展各领域先进典型评选。燕山石化公司典型选树全面融入生产经营，2016年炼油化工系统检修改造期间，采取当天推荐评选、当面颁发奖励的方式，组织"检修标兵"评选44期，宣传报道检修标兵

1672人次。2017年公司推出各领域先进典型宣传，推出了宋以常、倪前银、李蕾等先进典型。通过发挥先进典型的影响力和带动力，有效传递了热情、鼓舞了士气、传播了企业文化理念。

（中国石化集团北京燕山石油化工有限公司）

传承四种精神　建设班组文化
为实现化工长子的新发展筑牢根基

60多年来，在"大庆精神"、铁人精神的感召和激励下，吉化孕育并传承了具有自身特色的企业文化体系，形成了具有吉化特色的企业政治优势和基础管理优势。1998年，吉化由吉林省上划到中国石油集团公司管理。吉林石化公司注重传承大庆精神、铁人精神，注重以班组文化建设打牢企业发展根基，推进企业文化的深植，形成了根深干直，枝繁叶茂的企业文化建设新局面。

定准班组文化建设的方向

班组是企业的细胞，既是企业文化的实践者，也是基层文化的创新沃土。

把大庆精神、铁人精神和中国石油"六统一"要求作为班组文化建设的指南针。大庆精神、铁人精神是中国石油的企业精神，具体表述是：爱国、创业、求实、奉献，其核心是爱国，本质是我为祖国献石油，精髓是艰苦奋斗，基本要求是"三老四严、四个一样"。大庆精神、铁人精神作为中华民族伟大精神的重要组成部分，曾鼓舞吉化人学铁人、做铁人，创造了吉化的辉煌历史。上划中国石油集团公司以后，按照总部关于企业文化"六统一"的要求，吉林石化把大庆精神、铁人精神作为文化之根、队伍之魂，深入开展"学习大庆精神，继承吉化传统，筑牢发展根基"主题教育活动、"大庆精神再学习，吉化作风再教育"大讨论活动，用大庆精神、铁人精神武装全体员工，引领班组文化建设的方向。基层班组员工把传承弘扬大庆精神、铁人精神作为神圣使命和历史责任，构筑共同思想基础，旗帜鲜明地唱响主旋律，涌现出了"丛强班"等一大批先进班组典型。

把落实吉化"四种精神""严、细、实、快"作风作为班组文化建设的着力点。在吉林石化发展历史

上，有许多既能体现中国石油企业精神，又能展示吉化精神与作风的人物和事迹。把源于化肥厂厂长王芝牛勇担为国家生产 30 万吨合成氨任务，"头拱地也要背起来"的爱国担当情怀提炼为"背山精神"；把源于 20 世纪 50 年代老工人于德泉坚持修旧利废，回收麻袋毛做建筑麻刀的艰苦创业故事提炼为"麻袋毛精神"；把源于李国才、侯德武为代表的老一辈技术革新能手，以破解生产实际问题为乐的求实创新境界提炼为"矛盾乐精神"；把源于重水专家桂纯等一代代科研人员，为国家研制"两弹一星"、火箭推进剂等航空、航天产品的忘我奉献佳话提炼为"登天精神"。这"四种精神"是大庆精神、铁人精神在吉化的具体化和人格化，是对吉化传统精神时代价值的深入挖掘和大力弘扬。"严、细、实、快"作风是企业精神的表现。

把打造特色文化作为班组文化建设的铺路石。一是打造特色理念。吉林石化引导班组成员根据本班组特点和发展历史，提炼具有自身特色的建班理念，基本形成了班班有理念的班组文化建设局面。化肥厂丁辛醇车间"丛强班"提炼了"人人发挥能动性，班组就是动车组"的建班理念；电石厂电气车间总降班提炼了"给别人供电，不忘给自己充电"的建班理念；这些班组理念紧扣实际，立意深刻，融合了工作特点、班组特色，具有很强的引领和导向作用。二是打造特色管理方法。各基层班组认真总结多年来在安全生产、节能降耗、创新创效、清洁文明、员工培训、团队建设等方面的管理经验，形成了特色鲜明的班组管理文化，固化成班组的管理制度和工作流程。三是打造特色典型人物。各基层班组积极选树劳动模范、金牌工人、岗位明星、操作能手、单项立功个人等各类先进典型人物，大力宣传典型事迹，使之成为班组的榜样，成为班组文化建设的核心力量。四是打造特色故事。各班组围绕企业精神、班组理念等，广泛开展讲故事活动，班班都形成了具有自身特色的故事集，有效地阐释和宣传了班组文化。

找准班组文化建设的途径与方法

发挥班组员工在文化建设中的主体作用。吉林石化在班组文化建设中，首先是发挥班组长的带头和亲和作用，以提炼理念为立足点，以相互尊重为落脚点，以信守诚信为支撑点，以沟通协作为切入点，培育班组的凝聚力和执行力，构筑班魂、深化班风、展现班貌。

发挥主管部门的指导作用。部门的指导是把握企业文化建设正确方向的关键环节。吉林石化公司、工厂两级企业文化部门经常深入到车间、班组，开展企业文化调研、访谈和交流，及时发现问题，解决难题，保证了班组特色文化对公司精神、理念的承接性和一致性，实现了继承与创新的统一。

发挥党、政、工、青的合力作用。班组文化建设的成果体现在班组，工作则是企业各系统、各部门共同保障完成。吉林石化公司党委实施"四抓四保"，其中之一就是抓党小组、保班组工作的完成，党员在班组文化建设中率先垂范，成为践行"四种精神"和严、细、实、快作风的排头兵，形成了强有力的带动和影响作用，保证了班组文化建设具有时代的先进性。

抓准班组文化建设的载体

以理念作风为核心，推进文化深植。吉林石化以"四种精神"在我手中主题实践活动为载体，把每年评选一批"四种精神"红旗手，四年评选一批"四种精神"代表人物，固化为制度；把每年"工厂组织一次活动、车间办一件实事、班组讲一次故事"活动，固化为工作载体，使"四种精神"和吉化作风深植到班组建设和各项工作中。

以提升管理为目标，推进文化深植。吉林石化深入挖掘吉化传统精神的时代价值，积极赋予"麻袋毛"精神新的内涵，在班组成本控制过程中，积极运用对标管理、在线成本控制、班组成本核算等方法，形成了班班算成本、人人盯成本、全员管成本的良好局面，实现了降耗增效的目标。积极赋予"矛盾乐"精神新内涵，从创建"五型"班组入手，开办小课堂，举行小演练，摆设小擂台，总结小经验，评选小红旗，征提小建议，开展小制作，进行小发明，实施小革新等活动以小见大、积少成多，做到了班组管理求实、求细、求精。

以"三基"工作为重点，推进文化深植。吉林石化坚持基础工作规范化 40 年不走样，车间班组从一笔一画的仿宋字记录开始，狠抓行为规范化、精细化。狠抓现场文明管理 40 年不走样，始终做到现场管理"一平、二净、三见、四无""沟见底、轴见光、设备见本色"。狠抓岗位练兵 40 年不走样，以安全生产知识、岗位操作规程、管理规章制度和应急救援能力等为主要内容，开展全员、全过程、全方位的培训，保证了中国石油安全生产。

用准班组文化建设机制

建立了三段式推进机制。针对基层企业文化建设发展不平衡等问题，吉林石化构建了企业文化建设"年初体系评价，年中示范推进，年末评先选优"的"三段式"推进和滚动提升机制，形成全年工作的闭环管理。借鉴和运用体系管理的思想，实施基层文化建设体系评价，实现了班组文化建设推进方法的有效提升；借鉴和运用对标管理的思想，通过推出先进典型、推广优秀经验、推荐优秀工作方法，实现了班组文化建设标准的有效提升；通过年末评先选优，形成比、学、赶、超，实现了班组文化建设成果的有效提升。

建立了经验变文化的固化机制。吉林石化坚持总结班组管理经验，把经验变制度、示范变规范，逐步使班组文化建设从建设层次上升到管理层次。如化肥厂将班组"操作前思考30秒"的管理经验进行总结，归纳出"操作前三问三清楚"的30秒思考法，提炼出"让安全成为习惯"的安全管理理念，促进了班组安全管理上水平。

建立了故事传播文化的机制。从2007年开始，吉林石化广泛征集反映"四种精神"和吉化作风的小故事，汇编成《吉化故事》一书。此后，吉林石化在《吉化报》开辟专栏，每年发表新故事100篇，开展万人参加的优秀故事评选活动，把征集和评选的过程作为宣传教育的过程，让广大员工在参与中受教育。吉林石化还利用内部报纸、电视、网络，编发了"严、细、实、快保平安""把细节进行到底""做中国最好的ABS"等一系列有血有肉的班组管理故事，形成鲜明的舆论导向，激发员工群众精细管理的干劲，开源节流、降本增效蔚然成风。

（中国石油吉林石化公司）

百年上航　卓越领航

中交上海航道局有限公司前身为"浚浦工程总局"，创立于清光绪三十一年（1905年）12月26日，现为世界500强企业——中国交建旗下核心企业，是主营港航疏浚、吹填造陆、水利工程、市政建设和水环境治理等核心业务，兼营水运测绘、疏浚技术研发、现代物流等重要业务为一体的世界一流、中国最大疏浚企业，可为客户提供业务相关投资融资、咨询规划、设计建造、管理运营一揽子解决方案和全产业链服务。113年的发展历程，上海航道局因水而生，见证了一代代航道人辛勤耕耘水土的航道梦想；向水而行，见证了民族疏浚产业的起始与辉煌；因城市而兴，见证了上海由港兴城建设全球卓越城市的起步与繁华。

构建与行业相适应的文化体系

百年历史积淀，百年文化传承。上海航道局紧跟国家战略，秉承民族担当，永远忠诚于党的"红色基因"，蕴藏于企业发展的灵魂之中，把祖国有需要，央企有担当的使命感作为全体员工奋斗的不竭动力。把传承厚重历史，注重发展深度，弘扬上海"海纳百川、追求卓越、开明睿智、大气谦和"城市精神和"交融天下、建者无疆"企业精神的"蓝色基因"，灌注于企业发展的血脉之中，把传承发展作为全体员工的信念与追求。

企业使命：振兴民族疏浚产业。从疏浚大国到疏浚强国，是中国梦的重要组成部分，上航局作为疏浚行业的国家队，责无旁贷。

企业目标：建设国际一流疏浚公司。这是上航人在长期艰苦的发展过程中，不断奋发向上的追求和动力。

企业精神：交融天下，建者无疆。这是上航局勇于创新、自强不息、孜孜追求的实干精神，也是上航局守诚信、崇正义、尚和合、求大同的时代精神。

企业新梦想：百年上航，卓越领航。以卓越标准推进改革创新，加快转型升级，实现领航发展新梦想，既是百年上航的智慧结晶，更是新时代航道人肩上沉甸甸的责任。

把坚定生态、创新、高质量、高效率发展，推动公司做强、做优、做大的"绿色基因"，根植于企业发展的筋骨之中，把文化创新和文化育人作为企业基业长青的重要支撑。"红、蓝、绿"三色文化基因，是上海航道局新时代文化体系的根本内涵，并以此带动企业发展的五大融合，产业报国，实干兴企，成就"百年上航，卓越领航"创新文化品牌。

融国家之需，勇担使命，彰显国之重器

"祖国有号召，我们有行动！"作为上海建设者乃至 2400 万上海人民的唯一代表，上海航道局倾尽全局之力，投身南海岛礁建设，坚守"每一粒沙都是国土，每一段堤都是长城"信念，宁让汗水漂起船，不让工期拖一天，出色完成 14 平方公里国土的全部吹填任务，争当国家经略海洋排头兵；上海航道局服务全球"一带一路"倡议布局，积极参与"一带一路"沿线经济带基础设施建设，打造互联互通的交通新格局，目前实施相关海外工程 17 个，覆盖 13 个国家，在建工程合同额超过 30 亿元。承担巴基斯坦瓜达尔深水港建设工程，实现瓜达尔港 5 万吨货轮全天候通航，为新的中巴友谊树起一座丰碑。2018 年年初，上海航道局全力抢通黄骅港神华煤炭出海航道，确保 LNG 船和煤炭散货船顺利靠泊，保障了京津冀及周边地区的暖气供应。

融改革之路，打造改革样本，助推高质量发展

2017 年，中国交建作为建筑类央企中唯一的国有资本投资公司试点企业，积极承担先行先试改革使命，已经站在了国企改革的前排，上海航道局作为首个专业子集团创立企业，又站在了中国交建改革的前排。

回首 1981 年，上海航道局代表民族疏浚业率先走出国门，最早与国际同行同场竞技。现今，上海航道局聚焦海外市场，以"选择上航，就是选择放心"的承诺，在南美、西非、南亚、东南亚，频频亮出中国名片。响应建设海洋强国战略，上海航道局聚焦岸滩整治、生态修复，成为国家近岸海域治理的主力军；响应建设美丽中国号召，上海航道局聚焦流域治理，积极践行"绿水青山就是金山银山"理念，打造山水林田湖生命共同体。

融市场之道，创新驱动，卓越运营

上海航道局以卓越运营为导向，厚植"人才、装备、技术、资金、管理"五大优势，以前瞻视角"培育新业务，打造新模式，提升新动能"，致力于成为政府与经济社会发展的责任分担者，区域经济发展的深度参与者，社会公共服务的优质提供者，走出一条传统水上企业绿色发展、创新发展的新路子。

进入新时代，上海航道局明确"坚定转型，坚定转场"发展思路，从沿海港口建设到江河湖泊治理，上海航道局担当探索重任，积极推进雄安新区白洋淀、永定河、洞庭湖等综合流域治理。从装备进口到国轮国造，上海航道局勇担自强重任，突破欧洲强国疏浚装备技术的垄断封锁；与时俱进，敢闯敢试，上海航道局牵头成立的全球规模最大、我国疏浚行业唯一的国家级技术装备国家工程研究中心，引领着中国疏浚业的发展方向。

融企业之力，秉承匠心，服务社会

全线开浚黄浦江、建设吴淞导堤、开辟高桥新航道、吹填复兴岛、治理苏州河，上海航道局的历史足迹镌刻其上。新时代，上海航道局更是勇立潮头，积极投身社会经济发展事业：承建全球最大的航道整治项目——长江口深水航道治理工程，打通黄金水道的咽喉，实现 12.5 米深水航道的全线贯通。2017 年为 69299 艘五万吨级以上船舶进入上海港提供保障，建成以来产生直接效益超过 1600 亿元，促进了长三角乃至整个长江流域经济的发展；承建上海市重大民生工程——青草沙水源地原水工程，建设库区总面积 68 平方公里，为上海 1300 万市民提供优质原水，更能保证咸潮期间全市人民的日常用水；投身上海滨江贯通和内河整治，打造成活力的空间、休闲的空间和人文的空间，还江于民，还河于民，实现上海人民对美好生活的向往；建设上海国际航运中心——洋山深水港，吹填 1.3 万亩陆域，打造近 13 公里岸线，提供近 40 个集装箱泊位，成就世界第一大港。2017 年 12 月开港的洋山四期成为全球最大的自动化集装箱码头；躬耕横沙东滩等上海周边，累计造出约 300 平方公里的土地，为上海提供城市发展新空间；建设建筑工程垃圾资源化综合利用基地，保障未来十年上海消纳处置需求；落实工程泥浆消纳试点工作，一年之内处理工程泥浆超过 300 万立方米，推动工程废水、废泥的资源化、生态化利用，服务全市经济社会大局。

融文化之魂，合和共生，守正出新

项目和船舶是上海航道局发展的基本依托，是宣传企业形象、打造文化品牌、展示城市精神、体现社会价值的最前沿阵地。上海航道局坚持传承和创新百年航道文化，根植其民族性、历史性、时代

性、行业性，不断汲取"海派文化"源源养分，在项目和船舶上将弘扬上海"海纳百川、追求卓越、开明睿智、大气谦和"的城市精神和"交融天下，建者无疆"的企业精神作为全体员工的共同价值理念，加强宣贯、积极践行，形成落地、务实的项目文化，以此凝聚人、管理人、教育人，构建起共同的价值理念，强组织、建规范、树形象、优内生、聚共识、促发展，为工程建设提供不竭动力和坚实保障。在企业发展过程中，上海航道局努力提升对品牌文化的认识，对在产业链内全面推进品牌文化建设进行了不断探索和实践——以成就"百年上航，卓越领航"企业新梦想为引领，打造做一项工程、树一座丰碑的"形象品牌"；打造"五化一快"和星级管理的"项目（船舶）品牌"；打造突出制度供给的"管理品牌"；打造选择上航就是选择放心"服务品牌"；打造全国劳模、上海市劳模示范引领的"员工品牌"。

百年沧桑赋予了上海航道局厚重的文化底蕴，"百年上航，卓越领航"的底色愈发历久弥新。新思想开启新征程，上海航道局将以登高望远、坚定担当的时代精神，以勠力同心、团结奋进的奉献精神，以干字当头、勇立潮头的奋斗精神，以只争朝夕、奋发有为的开创精神，矢志为谱写新时代上海发展新篇章建功立业！

（中交上海航道局有限公司）

与战略吻合　与管理融合　与行为结合

中核华兴创建于 1958 年，随着企业的不断发展，文化也在艰难创业、创新发展中萌生、孕育、积淀、成长，形成了"忠诚坚忍、勤恳俭朴"的优良传统，并为一代代华兴人不断传承和发扬至今。

一、着力于遵从和认同，促使价值理念逐渐落地

（一）专题试点，让员工在工作中运用价值理念

2007 年，中核华兴公司在 10 个二级单位机关和项目部启动首轮试点工作，围绕安全、沟通、责任、合作、现场力等方面分别确定试点专题，寻求点上的突破，通过辅导和试点单位的努力，首批单位试点工作取得阶段性成果。2008 年，公司选择具有比对意义的 3 组共 6 个基层单位以"专题突破"的

形式进行深入试点，确定试点专题，并引入管理工具，通过这一阶段的工作开展，试点单位基本取得了点上的突破，初步形成了可复制、可推广的实践经验和工作方法。

（二）确定主题，持续推进价值理念落地

2008 年以"本质安全、卓越经营"为主题。2009—2010 年以"文化落实在项目、理念践行在岗位"为主题，期间，开展了"向不良习惯说不"等活动，对员工的不良工作习惯和行为习惯进行梳理和逐步整改。2011 年，确定了"推动有效实践，养成良好行为"主题并延续至今，对各层级人员践行理念提出了相应要求。中核华兴公司各单位积极探索，开展了如 5S 管理、聚焦客户满意、标准化建设、集约化推进等活动，将理念融入行为，向良好行为养成迈出了实质性步伐。

（三）选树典型案例，把价值理念事例化、人格化

中核华兴公司选树企业内部践行理念的典型，寻找符合或背离价值理念的人和事，形成文化故事，将理念形象化、故事化、人格化，使公司价值理念变得形象生动、清晰具体，易于员工理解接受和学习效仿，也便于理念的传播。几年下来，中核华兴共收集故事 1600 余篇，在此基础上经过系统地梳理，挖掘提炼了 100 余篇案例，编印了《华兴故事》集，让更多的员工通过典型事例进一步理解公司所倡导的价值理念，较好地起到了典型引路作用。

二、用好管理工具，促进价值理念内化于员工心智

管理反思是中核华兴当初在试点中形成的一种做法。管理反思会的目的是反思问题根源，总结经验教训，分享心得，吸取教训，积累知识，营造坦诚沟通的氛围，做到为思想把脉，为管理把脉，进而达到既开出"药方"，又实现"疗效"的目的。同时利用公司内部 OA 平台等形式，开展经验反馈，对形成的经验和知识进行交流、分享，以达到复制推广的目的。

（一）"安全磐石行动"

中核华兴在"安全磐石行动"中，着力将安全理念转化为行为规范和制度流程，形成安全运营的长效机制，不断推动企业安全管理水平的提升，形成和保持公司长期可持续的竞争优势。推进项目质量

安全标准化和标杆建设，实施标杆引路，与先进典型对标，查找差距，提升整体管理水平。同时，平行推进市场安全、财务安全、运营安全等方面的"安全磐石行动"。

（二）"坦诚从我做起"

中核华兴通过"坦诚从我做起"专题实践活动的开展，将"坦诚"理念转化为行为规范和制度流程，形成公司健康发展的长效机制，形成和保持公司长期、可持续的竞争优势。具体工作中，公司从人力资源管理"选、用、育、留"等环节，围绕合理化建议、职工代表提案、管理反思会、民主生活会四个方面，逐步建立和完善员工建议系统，搭建员工建言献策、真诚沟通的平台。

（三）"卓越始于标准化"

"标准化"是实现目标的必备要素之一。中核华兴最终追求的是"卓越"，因此"标准化"的工作用以改进工作流程、增加工作效率、提高工作质量为指导，使之成为工具，成为全员所用且好用的实在工具之一。

标准化分为技术标准化、管理标准化、工作标准化。中核华兴实现"卓越"的基本途径之一是把日常工作进行"标准化"，夯实工作基础，逐步引领组织和个人得到进步和发展，提高组织的整体绩效和能力，为顾客和其他相关方创造价值，并使组织持续获得成功。通过标准化建设，推动公司基础管理能力的不断提升，从而使公司的"卓越"理念在各单位和每个岗位得到有效践行和不断深化。

三、编制企业文化管理体系，规范、指导员工行为

2016 年，在 10 年的企业文化建设工作基础上，中核华兴构建编制了企业文化管理体系，用以规范、指导各单位和全体员工履行企业文化建设职责，帮助员工脚踏实地地践行价值理念要求。企业文化管理体系构建过程历时近一年，通过在部分单位开展新一轮的"良好现场实践"试点，并进行深入工作调研，形成了一批实践和创新成果。

中核华兴企业文化管理体系将全体员工分为四个层级：高层管理者、中层管理者、基层管理者、操作层员工，并确定了各层级在企业文化建设中应承担的职责。每个层级包含 3 个行动维度，为了指明具体的行动，每个维度又分为 3 个标准动作，形成了"各层级的 3 个行动维度 9 项标准动作"。

四、建立测评机制，使之成为企业文化进步的持久动力

文化建设成效测评体系是企业文化建设的重要组成部分，是对企业文化建设的过程分析、成果鉴定和工作流程的评价体系。为强化文化建设成效，引导各单位积极有效地开展企业文化建设工作，2007 年，中核华兴建立了全方位的企业文化建设成效测评体系，并多次升版、改进，按照定性为主、定量为辅的原则设定考核指标。目前，中核华兴每年两次开展企业文化建设成效测评考核，结果纳入绩效管理，与各级领导薪酬直接挂钩。

2010 年中核华兴成立企业文化部，各基层单位成立相应部门或设立企业文化岗位，以集体的智慧和力量推进文化建设。

将理念要求融入制度。制度是文化的重要载体，文化在制度中得以体现。2009 年，中核华兴启动各类制度的程序化转换，将价值理念的要求融入公司相关管理制度，员工通过执行制度，主动或被动地契合了理念要求，并在执行制度中反复践行理念，结合实际需要，聚焦于良好行为养成。

在实际推进工作中，中核华兴强调"三个三"。一是"三个提升"：提升自我认知能力，增强员工对文化的适应；提升管理的有效性，增强员工对流程、制度的适应；提升提供资源平台的能力，与客户、业主、合作伙伴共享最佳业务实践。二是"三个提高"：提高项目的管控能力、提高破解难题的能力、提高为业主提供增值服务的能力。三是"三个关注"：关注管理的内部成长、关注项目的运行质态、关注工作成效的改变。通过这些实践，使企业文化建设避免偏离公司的目标与实际，良好行为也更为切合公司需要。

制订制度，为企业文化建设提供支撑。一是企业文化建设过程中，中核华兴明确了文化建设的领导机制，党政同责，行政一把手是第一责任人，形成齐抓共管的格局；二是要求各单位依据价值理念，将好的做法和实践进行梳理总结，形成制度流程；三是编制了相关管理制度，如《企业文化建设成效测评办法》《管理反思会管理办法》《中核华兴 VI 管理办法》等；四是逐步建立符合公司实际、具有中核人华兴特质的企业文化建设管理体系和实践体系，推动价值理念的深入实践，提供制度上的有力支撑，形成企业文化建设的长效机制。

通过持续努力，中核华兴树立了正确的行为导向，理念要求初步体现到员工行为、融入到日常管理，积累形成了一批良好的实践经验，企业的信誉度、美誉度、品牌形象得到进一步提升，员工满意度保持在90%左右，企业文化建设得到业主、股东和相关方的较高评价和认可。

（中国核工业华兴建设有限公司）

思细虑远破难题　群防群力抓落地
以安全文化创新保障企业健康稳固发展

重庆烟草公司深刻体会到企业文化对员工意识、态度和行为产生的强大影响力。重庆烟草公司根据行业特点，着力破解安全文化建设中出现的融合主体难、体系构建难、转化落地难三个难题。本着安全第一，以人为本的思路，拓展思想、群防群力的安全理念，构建行动者安全文化体系，打造渝烟安全文化的生态圈，推进企业安全发展进程。

抓住三个结合，有效破解安全专项文化融合主体难

如何处理专项文化与企业主文化或者子文化的关系，构建起既相对独立又融入主体的专项文化体系，是专项文化建设成败的关键问题和首要难题。我们2012年启动安全文化建设遇到的第一个难题就是如何在统一的运行比较好的行动者文化体系下构建一个先进的专项文化体系。我们通过抓住三个结合来解决这个问题。

第一，与三层服务品牌相结合，使安全进入并成为组织内部的基本守则。安全专项文化首先要体现企业精神和企业主主文化的精髓，把诚心、诚信、诚行的三层服务品牌融入安全文化建设的全过程。确立诚信是要有一颗不伤害自己，不伤害他人，保护他人不受伤害的心。诚信是信守安全承诺，担当安全责任，遵循道德规范。诚行是遵守安全规章、践行安全文化、履行安全责任。在这个基础上我们进一步提炼出安全态度。

第二，与"六心工程"建设结合，把安全渗透服务链的各个环节。安全文化融入主体的关键，是最大程度地把安全文化理念与"六心工程"相结合来解决这个问题：一是与种烟客户安心工程相结合，梳理种烟农民专门合作社安全指导规范；二是与零售客户舒心工程相配合，明晰卷烟配送安全运行的条款；三是与工业客户省心工程相结合，完善烟叶设备安全操作的流程；四是与消防者放心工程相结合，加强卷烟仓储安全管理与质量控制；五是与员工开心工程相结合，严格职业健康安全体系建设及标准建设；六是与市民公众信心工程相结合，强化第三方安全监管和公益安全责任，构建一个共建、共享、共生、共融的渝烟安全生态圈。

第三，与"安全文化"阶段结合，将安全提升到企业战略管理的发展高度。准确的阶段定位，既是安全文化能结合企业实践，又符合企业发展战略的前提。我们根据公司总经理关于定位的分析，把安全文化建设定位在四个阶段的团队管理阶段，提出了安全教育、安全责任、安全整改达到100%，和生产火灾、交通、食品、网络为零的360安全战略目标，拟定了全方位一体化的安全战略，并将其纳入企业的长远发展规划，出台了建设安全保障性行业的决定等决策性文件。通过签订安全生产和稳定责任书，将安全红线贯彻到生产经营和管理的全过程，使安全文化始终服务于企业安全发展的需要。

理清四个层次，多层次破解安全文化体系构建难

第一，聚行动者之制，构建安全文化理念体系。2012年我们通过专题调研、集体研讨、专家咨询以及多方面的研讨活动，集全体员工之智，延伸拓展群防群力的安全理念，构建起包含以人为本，关爱生命的安全价值观，责任于心、奉献于心的安全承诺，人人快乐、和谐发展的安全愿景，隐患排查无定期，责任追究无例外的安全态度，将矛盾化解于未萌，把灾危控制于起始的安全使命，秉持360度的安全目标为主要内容的行动者安全文化理念体系。

第二，立"行动者"之则，构建安全制度文化体系。依法治安首先需要渗透安全理念的法则，预防为主。我们以贯彻落实新安全生产法为契机，以安全生产标准化建设为抓手，为秉持原则打下坚实基础。2013年3月发布实施重庆烟草安全生产标准化规范，先后修订完善安全管理手册，考核评价体系等制度性文件36个，安全操作规范和安全岗位工作

流程齐全已落。明确细化主要领导安全职责 33 项，分管领导职责 32 项，其他领导职责 11 项，部门负责人职责 206 项，全面形成各层级、各部门目标同向，责任共担，合理推进的安全文化制度体系。

第三，举"行动者"之力，构建安全文化行为体系。将安全制度变成行为规范，形成行为习惯，养成行为自觉，是安全文化的具体表现。我们坚持群防群力，综合治理，统一工作场所，标注标识，为员工发放安全操作卡，引导员工自觉按规章做事，按标准作业。对员工实施更为规范的考核，深化隐患排查的意识。同时，我们加强与政府安检部门联动，邀请专家定期宣讲授课，提高全员安全技能和素养，员工对安全的关注大幅提升。

第四，铸"行动者"之基，构建安全物质文化体系。本质安全是安全工作的根本，也是安全文化的根本。我们通过建立 5 个本质安全和 3 个特批运营机制来支撑。5 个本质安全是本质安全员工、本质安全设备、本质安全体系、本质安全保障和本质安全环境。3 个特批是重大安全隐患整改急需资金可不受预算限制，特事特批；重大灾害性安全隐患整改项目可不受理想限制，特事特办；重大风险紧急处理事项可不受程序限制，特事特报。切实为员工提供可靠、健康、舒适的本质安全环境。

打造三个平台，多维度破解安全文化转化落地难

第一，以信息系统、在建决心、视觉规范三个平台为载体，多维度破解这个难题。运用现代化手段管理企业是方向，所以我们抓了三个方面：一是建设安全管理信息化平台，实现安全集成管理，运用现代化手段整合企业各项资源，实现集成整合管理，是安全文化落地的重要基础。5 年来，我们先后投入 600 万元开放建设四化两联动安全信息化管理系统，即电子表格时时提醒、电子地图应急预测、芯片扫描、数据分析等功能于一体，具有基础管理规范化、安全管理远程化、绩效考核智能化、统计分析智能化、联动车载、GPS、视频监控系统打造全新的信息化系统。2015 年为支撑这个系统落地，我们为基层每一位安全人员配置手机移动终端，实现安全信息时时传输和远程安全监管。我们刚又开发实践其行为规范文化建设体系审核与评审等 8 个基本要素于一体的安全文化专项信息系统，推进安

全工作的基层管理。这个系统还取得了国家版权局颁发的计算机软件著作权登记证书。

第二，打造网上在线学习平台，丰富安全教育培训手段。安全文化推广的包围度、延展度和接受度需要良好的品牌支持。2013 年开始，我们以三层商学院在线学习平台为载体，新增安全管理在线学习，考试评估等功能，已为 6000 多名员工开通了学习账号。我们已推出了 11 门精品课程，其中 4 门课程获得全国烟草行业网络科技大赛一、二、三等奖和最佳技术实践奖。同时，借助自主设计的"诚诚"和"落落"，在学习平台上动态展示安全实施、安全行为，使员工在轻松愉悦的状态下潜移默化，促进安全意识的养成。

第三，打造岗位视觉规范平台，强化安全精细、精实管理。我们把思细虑远落实在精益、精细管理上，精心打造安全视觉规范平台，编制企业安全文化手册，用文字、图片、案例的形式提升全员安全意识。我们对因重庆烟草公司企业文化管理进行升级，形成安全文化管理。我们落实标准化延展，把视觉规范全面应用到安全生产管理的实践过程。编写安全知识，在员工电脑植入安全文化意识，形成无形的文化，发挥视觉效应，促进文化意识形成。行动者安全文化建设保障了企业安全管理软实力和经济运行硬指标的双促进，重庆烟草公司连年被评为重庆市安全生产先进单位，获评全国安全文化建设标杆企业。"十二五"期间，重庆烟草实现营利总额等主要硬件指标翻一番以上，先后荣获全国文明单位、全国企业文化建设先进单位等。

文化创新、文化自信、文化自觉是一个长期的过程，我们将认真学习其他企业的先进经验和成功做法，不忘初心，继续丰富和完善行动者安全文化体系，为重庆地方发展做出更大、更多的贡献。

（中国烟草总公司重庆烟草公司）

以诚信敬畏为基石　　以价值趋同为导向
文化创新提升企业核心竞争力

中航工业昌河飞机工业(集团)有限责任公司(以下简称昌飞公司)隶属中国航空工业集团公司，始建于 1969 年，是我国直升机科研生产基地和航空工业骨干企业。昌飞公司充分发挥了企业文化铸魂、立

道、塑形功效，使全公司上下在思想上"同吹一个号"，在行动上"同唱一台戏"，在形象上"同举一面旗"。

一、传承创新、整合提升，构建适应企业发展需求的理念体系

2006年，作为当时昌飞五部大法之一的《企业文化手册》正式发布。它的主要内容是员工誓词和"昌飞公司文化理念体系"，其中企业文化体系包括16项，包括：企业核心价值观、企业理念、企业精神、企业目标、企业宗旨、企业作风及发展观、质量观、服务观、品牌观、人才观等观念。

2012年，根据中航工业集团文化建设"六统一"要求，"昌飞文化理念体系"改成了"昌飞的文化实践"，且其内容少了4项，分别是企业核心价值观、企业理念、企业精神和企业宗旨；代替它们的是集团的宗旨、理念，即："航空报国、强军富民""敬业诚信、创新超越"。

2013年，昌飞公司按照现代企业建设的要求，从企业的工作实践中提炼出了"精益文化""团队文化""问题文化""数据文化""执行力文化"，并一直倡导。

2015年以来，昌飞公司确定了"六大战略"，其中包括"文化战略"，它使公司企业文化的重要性上升到了新的高度。在社会主义核心价值观及中航工业集团文化的统领下，昌飞公司突出"诚信""敬畏""精益""创新"等核心理念，从核心精神层、行为制度层和外显文化层三个层面构建企业文化体系，形成了包括以"宗旨信仰、思想理念、行为准则行为底线、品牌形象"为主要内容的"四位一体"的企业文化建设体系，对内强化价值观的趋同和行为规范，对外树立了良好的品牌形象。

一是培育共同的宗旨、信仰。中航工业昌飞公司把"航空报国、强军富民"集团宗旨明确为全体员工的共同信仰和核心价值追求，大力培育员工的使命、责任意识。公司进一步提出"努力打造技术先进、效益优良、持续发展、客户满意、员工幸福快乐的现代一流航空企业"发展目标和"品牌、质量、诚信、创新"方针，齐心协力向"精益昌飞、创新昌飞、和谐昌飞、幸福昌飞"的共同愿景前进。

二是强化一致的思想理念。昌飞公司进一步把理念具体化，大力倡导"思路决定出路，细节决定成

败，认真才能做好""我的工作无差错，我的岗位请放心""做好岗位要求的每天的每一件事是我的职责""团队高效，竭尽全力，永远不为自己找借口""科技打造品牌、诚信赢得市场"等员工座右铭，着力打造"精益文化""执行力文化""团队文化""问题文化"和"数据文化"五大文化，弘扬专注、热爱、创新、精益求精的"工匠精神"，以制造直升机精品为己任。

三是践行行为准则，坚守行为底线。中航工业昌飞公司进一步强调规范全员岗位行为，确立了以"执行第一、表单办事、问题透明、日清日毕、数据说话、持续改善"为主要内容的员工岗位行为准则。其中，"执行第一、表单办事、问题透明、日清日毕"侧重于科研生产计划任务的完成；"数据说话、持续改善"侧重于通过统计分析发现差距或问题，逐步实现持续改善。公司通过将员工岗位行为准则的考核逐步纳入干部及员工的绩效评价中，渗透到科研、生产、经营、管理的方方面面，做到入脑、入心、入行，成为员工自觉行动。

在建立员工岗位行为准则的同时，中航工业昌飞公司按人与人、人与事、人与企业、人与社会四个层面，划定了7类20条员工岗位行为底线。公司从忠诚于岗位、企业，取信于同事、客户等四个方面，划定不诚信表现的红线，建立员工和单位诚信档案，培育说老实话、办老实事、做老实人的诚信观。通过建立"红线"警戒机制，形成全员按规矩办事的习惯。

四是建设优秀的品牌形象。昌飞公司坚持军民融合发展战略，从战略高度加强品牌管理顶层设计，提出"质量至上、客户满意、形象一流"品牌形象建设目标，强化品牌和服务理念，着力提升企业及产品品牌价值和影响力。

在企业文化建设体系中，基石是"诚信"与"敬畏"。行为准则告诉员工"怎么干"是对的，品牌形象着眼于铸就企业基业长青，持续提升企业形象、员工形象和产品形象，进而不断做强、做优、做厚企业的品牌积淀。

二、导入践行、培育管理，促进企业和员工价值追求的高度趋同

昌飞公司以推进企业价值追求和员工价值追求高度趋同为主线，从"形、心、言、行"四个方面狠抓落实。

在"形"方面，通过强化品牌形象建设，把"质量至上、客户满意、形象一流"的建设目标深植到员工心中，并赢得客户的满意；在"心"方面，强化宗旨、信仰和思想理念教育，以客户为中心、以奋斗者为本，着力营造全公司激情奋进、创新超越、干事创业的浓厚氛围；在"言"方面，以诚信为本，讲好"昌飞"故事，大力倡导言行一致、务实诚信；在"行"方面，深入做好员工岗位行为准则和行为底线的宣贯，使员工岗位行为准则和行为底线成为基本的岗位素养，形成高度的行动自觉，达到"内化于心，外化于行"的知行合一境界。大力弘扬"工匠精神"，进而收获成就感、被尊重感。

昌飞公司企业文化建设通过"管理"与"培育"双向发力，实现企业价值导向和员工价值践行的一致性，并沉淀为企业和企业员工的共同价值恪守。在"航空报国、强军富民"宗旨信仰的统领下，由"敬业诚信、创新超越"及"精益求精、团队快乐"思想理念引导员工践行行为准则、坚守行为底线，并通过员工践行行为准则、坚守行为底线推动企业品牌形象的构建，进而实现建设富有昌飞特色的"精益文化""执行力文化""团队文化""问题文化""数据文化"的目标，这是文化导入即"管理"的过程。同时，企业员工在"精益文化""执行力文化""团队文化""问题文化""数据文化"等文化特质的牵引下，通过践行岗位行为准则、坚守行为底线，强化思想理念的一致性，朝着"航空报国、强军富民"宗旨信仰坚实迈进。

三、持续推进、常抓不懈，全方位抓好企业文化载体建设

（一）文化活动常态化

从 2012 年开始，昌飞公司坚持在每年春节和国庆节后上班第一天早上组织举行升旗仪式；坚持在职代会、干部大会等大型会议开始前集中组织唱司歌活动；组织开展党员突击队授旗仪式，强化全员共同信仰和使命意识，增强员工的责任感和集体荣誉感。

（二）文化理念岗位化

昌飞公司着力抓好行为准则、行为底线及诚信档案建设，推进价值理念向员工岗位行为转化。制作 6000 余份行为准则行为底线宣传卡，发放给每个员工。根据"问题透明、日清日毕、数据说话、持续改善"等准则要求，在全公司各班组、处室及职能部门分层级推行 SQCDP 可视化管理，晒问题、亮业绩，发挥员工参与管理、提出问题、解决问题的积极性、主动性，形成浓厚的"问题文化"氛围。

（三）典型推介故事化

昌飞公司充分发挥企业内部报纸、刊物、电视、看板及微信等宣传媒介作用，深入挖掘践行企业文化理念先进典型，评选"明星职工"，讲好"昌飞故事"。

（四）文化宣传形象化

昌飞公司组织艺术节、情景剧、大合唱、青年集体婚礼等主题活动，艺术化宣贯文明礼仪、形象化展示文化理念和企业形象。

（五）文化建设规范化

编制昌飞公司《企业文化手册》《中航工业昌飞视觉识别系统手册》等发放到各基层单位，形成一整套企业文化操作实施规范。同时，昌飞公司修订企业文化建设考评办法，作为公司党委对各基层单位党建及企业文化建设考核的重要组成部分。坚持按季度定期进行企业文化考评，分数纳入党群联合考核，与各单位 KPI 绩效挂钩，使企业文化建设工作人人有责，有为有位。

（六）文化要求制度化

强调"是"与"非"、"对"与"错"的价值判断。昌飞公司广泛推行业务工作表单化。2015 年以来，共设计业务表单 2080 份，其中 1500 余份已正常使用，共计 89700 人次，以表单化为载体保证业务工作的流程化。

（中航工业昌河飞机工业（集团）有限责任公司）

打造创新文化　创新驱动转型跨越

中航工业沈阳飞机设计研究所（601 所）现隶属于中航航空装备有限责任公司，成立于 1961 年 8 月，是新中国成立后组建最早的飞机设计研究所，主要从事战斗机的总体设计与研究工作。

一、认识创新文化本质特征，以文化铸就创新发展魂魄

一是明晰创新文化的内涵。601 所领导班子认为，创新文化是指能够激发和促进企业内创造新思想、创新行为和创新活动的产生，有利于创新实施的一种组织内在精神和外在表现相统一的综合体。

二是了解创新文化的特质。创新型文化应具备哪些特征，是打造创新文化的前提和基础。我们认为创新文化的特质是学习、共享、探索和反思。

三是构建创新文化的结构。我们认为创新文化作为企业文化的一种特殊类型，与企业文化的结构基本一致，其构架包括物质层面、制度层面、行为层面和精神层面四个方面。

四是坚持创新文化建设的原则。我们认为创新文化建设要坚持继承、学习、创新、发展的原则。

五是确立创新文化的目标。我们就是要打造一种创新精神突出、创新行为活跃、创新氛围浓厚、创新机制完善的文化生态。当然，作为航空装备企业，这种创新文化必须是建立在强化爱国精神和政治责任的基础上，体现出国防企业的使命。

基于对创新文化的认识，科研院所必须要增强创新主体意识、培育全员的创新精神、强化创新激励机制、培育创新人才，努力形成尊崇创新、勇于创新、善于创新的良好创新文化氛围，形成创新发展新魂魄。

二、大力倡导"四种"理念、树立"五种"意识，激发研究所创新的原动力

(一)倡导"诚、严、细、实"价值理念，强化创新精神

601所这一价值理念的具体内容包括四个方面。

以"诚"引领，强化报国精神。强化601所人的责任感、使命感，激励职工为践行使命戮力创新。

以"严"引领，强化科学精神。倡导严肃认真、用心负责、谨慎周到、严格规范的理念和行为，强化高度负责的工作态度，激励职工以科学的态度追求创新。严谨的工作态度才能产生高度负责任的行为。

以"细"引领，强化职业精神。倡导一丝不苟、精益求精、关注细节、认真负责的态度和行为，激励职工以强烈的职业精神努力创新。

以"实"引领，强化进取精神。倡导尊重规律、实事求是、追求真理、勇于创新的理念和行为，强化航空人的科学精神和创新意识。

(二)牢固树立"五种意识"，增强创新动力

601所倡导树立的"五种意识"，主要内容包括：

树立使命意识。采取价值理念体系化、制度化、具体化、形象化和人格化方式，强化报国理念，激发创新的内生动力，引导职工结合实际主动创新。

树立发展意识。以生存需求引导、发展需求引导、价值观引导为主线，引导职工将个人价值实现与研究所发展统一起来，在本职工作岗位上努力创新，实现自身与研究所共同发展。

树立团队意识。飞机设计是复杂的系统工程，只有激发团队合力，才能集智攻坚，创新超越，打造先进战机。601所采取"家文化"等载体，增强团队凝聚力，引导职工自觉服从团队需要，发挥团队整体合力，努力实现创新要求。

树立责任意识。601所倡导"诚信、规范、认真、负责"的工作准则，引导职工爱岗敬业、不畏困难、勇于创新，以航空报国为己任，积极解决工作中遇到的困难和问题。

(三)将创新理念融入制度和流程，以制度的力量培育创新自觉

一是完善创新推进机制，强化组织牵引导向。601所专门成立了科技创新工作领导小组，制定完善了"预先研究管理规定""科技创新基金管理规定""科技创新奖实施细则"等政策和制度。每年自筹500万元资金资助所内创新项目，设置"飞鲨奖"，重奖有重大创新的科技人员。

二是完善创新奖励机制，强化创新行为导向。每两年召开一次创新大会，奖励和表彰创新成果。每季度开展创新团队和创新先锋的评选，表彰和奖励有重大创新的团队和个人。大力宣传创新典型和创新团队，形成鼓励创新的良好氛围，使以创新为主导的价值理念成为风尚。

三是完善创新人才培养机制，强化员工发展导向。601所以专业发展和技术创新为核心，完成专业技术体系梳理，构建由总设计师、型号项目总设计师、专业、业务、型号副总设计师组成的技术带头人队伍，进一步理顺技术管理运行模式；以强化能力评价和技术责任落实为重点，推进实施员工岗位体系建设，不断完善人才引进、培养培育、绩效考核、薪酬激励管理制度和流程，进一步拓展各类人才的成长发展通道，优化人才发展环境。

四是完善创新成果转化机制，强化价值实现导向。积极开展前沿技术、关键技术的探索研究，建立预研成果转化机制，促进创新成果快速转化和应用，助推飞机研发重大突破。增材制造技术(3D打印)已在多个型号上成功运用，该技术荣获国家技术

发明一等奖。

五是建立产、学、研、用相结合的开放式创新体系，强化创新模式导向。601 所主动研究和引导需求，按市场化方式，以研究所为主体，以产品研制为牵引，与清华大学、北京航空航天大学等多所高校以及部队用户建立战略合作关系，提升创新的深度和广度。

三、以战略为统领，构建提升自主创新能力的平台

601 所主要构筑了这几大平台。

型号创新平台。目前，601 所承担的有人和无人机的 10 多个型号都是自主创新项目，创新是型号成功和履行新时期使命的关键，型号更为团队创新和个人创新提供了更大的舞台。

预研创新平台。601 所预研是技术储备和关键技术攻关的重要途径和牵引，601 所承担着"十二五"39 大类 118 项预研课题，为开展型号和项目推进奠定技术基础和人才储备。

知识管理平台。601 所持续 10 年推进知识管理，构建了基于创新、模块化和产品的三大知识库累计近 9000 多条知识条目，实现了基于知识和更高起点的创新。

重点实验室平台。充分利用电磁环境效应、隐身技术、新型功能结构等航空科技重点实验室开展新技术研究、探索和验证，定期举办学术交流会和研讨会，开展专利和科研成果的申报和转化。重点实验室作为新技术"孵化器"和技术牵验证"助推器"的作用充分彰显。

实践创新平台。601 所成立了航模协会，设置了两年一届"青年未来飞行器设计大赛"，组建某型飞机等多个快速试制团队，建立和畅通对外参赛机制和渠道，成为科研人员实现创新梦想的舞台。

四、以"双创建"为载体，营造浓厚的创新文化氛围

601 所主要做了这些工作，促进创新文化氛围营造。

一是构建便于创新的环境氛围体系。创新源于适宜创新的土壤和养分。601 所从组织机构变革，工作环境、人文环境和氛围营造，以及型号文化产品等方面塑造便于、利于创新的环境氛围。

二是构建鼓励、肯定创新的行为环境体系。创新就意味着冒险，冒险就意味着不是 100% 的成功。601 所开展"我与创新"主题大讨论活动，征集创新格言，提炼总结研究所的设计理念。同时开展创新主题征文，制作创新微电影等营造良好氛围。大力宣传创新的行为和人物，激发职工的创新热情。

三是构建创新导向的制度体系。没有一套激励创新、尊重创造、鼓励冒险、宽容挫折的机制，就难以催生出创新成果。601 所不断健全以创新为导向的型号研制流程、奖励机制、选人用人等制度，季度开展创新团队和创新之星评选表彰，确保科研人员能在工作中大胆怀疑、"异想天开"。

四是构建了创新导向的理念体系。创新文化理念是文化推广的重要载体，是创新文化表述的升华。601 所从共同愿景、使命、核心价值观、精神等核心理念层以及基础工作理念层等两个层面构建了以创新为魂的价值理念体系。

创新文化是科技创新的源动力，是科技创新的文化支撑。5 年来，601 所型号研制实现了井喷式发展，荣获集团公司以上科技成果奖 53 项，其中国家科技进步特等奖 1 项，国家技术发明奖一等奖 1 项，国防科技进步奖 14 项，申报专利 483 项，获得授权专利 121 项。飞鲨着舰、鹘鹰亮相等三大创新成果震惊了世界，提振了军威国威。601 所培养形成了 4 名院士、2 名国家重点型号总师、62 名集团专家。

（中航工业沈阳飞机设计研究所）

基层思想政治工作的效果评估途径探究

思想政治工作是及时掌握员工思想动态，形成决策判断的有效手段。在主动的"议程设置"和员工舆情发生之后的"危机公关"方面都发挥着重要作用。只有对于思想政治工作的实际效果进行有效评估，才能更好地衡量思想政治工作本身的意义价值。良好的思想政治工作评估和科学的评价体系的建立，又是改进思想政治工作的方法和手段的有效指南。

一、当前基层思想政治工作效果评估的必要性

在当前外部多元思想的影响下，航天企业在"走向社会"的过程中，企业员工也面临着外部环境的深

刻影响。对于员工来说，他们一方面要继承和发扬老一辈航天人严谨、细实的工作态度和"坐冷板凳"的精神，凝神静气专心于科研、生产任务，另一方面，他们也同所有的社会人一样面临着来自社会、家庭给予的压力。相比于老一辈航天人单纯的工作和生活环境，在当下的工作条件下，思想政治工作的重要性不言而喻。思想政治工作发挥着促进企业和谐稳定的重要作用，必然要考虑工作本身的价值、效果和意义，而由于思想政治工作本身的"软性"特征，探寻思想政治工作的针对性、科学性和有效性的途径就显得非常必要和重要。

思想政治工作效果评估就是对思想政治工作效果的价值判断，对其可行性和科学性进行合理的分析。对于基层单位思想政治工作的效果进行有效的评估，是检验思想政治工作科学性、合理性的重要标准，是促进思想政治工作的改革与发展的有效途径。

首先，思想政治工作效果评估可以对思想政治工作本身的效果、价值、意义进行有效地评价；其次，思想政治工作效果评估需要建立科学的评价指标体系和目标；最后，通过思想政治工作效果评估可以提升思想政治工作水平，影响着思想政治工作的方向。

二、当前思想政治工作效果评估现状及存在问题分析

在实际的工作中，由于基层单位的思想政治工作往往起着服务主业和中心工作的作用，导致思想政治工作是出现矛盾和问题以后的"万能神药"，而在日常的工作中，又被置于可有可无的境地，导致基层单位思想政治工作效果的评估呈现片段化、随性化、碎片化的主要特征。

（一）硬性考核与软性效果无法科学统一

思想政治工作从其功能上来说，起着统一思想、化解矛盾、建立沟通渠道、表达诉求等方面的作用。在实际的思想政治工作中，工作效果的评定往往是借助于评估者的主观感受。思想政治工作本身的特殊性决定了在对思想政治工作效果的评估中，要将硬性指标、阶段性目标、可量化的数值这些硬性的考核内容与软性的"感受""变化""正向激励"等结合起来。否则，就会容易出现两张皮的情况——思想政治工作评估体系指标的建立与实际工作效果出现

脱节，甚至没有联系。

（二）缺乏系统化和科学化的评估体系

目前，基层单位的思想政治工作的方式主要包括会议传达、舆情简报、企业宣传、面对面交流座谈以及通过宣传栏等多种载体进行宣贯等方式。这会容易导致在思想政治工作评估体系建立过程中缺乏阶段化、体系化、科学化的考核指标，对于思想政治工作效果的评估要么是没有，要么是主观判断，未能形成体系化的考核。

（三）效果评估的方法和形式单一

目前，对于思想政治工作效果的评估主要是采取支部考核、主管机关及领导主观判断。在此基础上，部分单位对于思想政治工作进行了维度分解，并按照百分制实行了打分制，实现了打分考核。然而，往往在评价维度和子项目的设立上缺乏科学的依据。目前对于思想政治工作也缺乏统一、规范的考核维度和标准。

（四）效果评估的顶层设计和前端设计不够

新时期，思想政治工作的作用和使命逐渐被淡化，有的甚至认为思想政治工作没有多大的作用，处于可有可无的境地。然而，在基层单位中，一旦发生了矛盾或者需要建立快速沟通渠道的时候，思想政治工作往往又被当作"救命稻草"提上了非常重要的位置，是解决一切问题的"万能神药"。从根源上看，是因为对于思想政治工作以及相应的评估体系不够重视，所以缺乏顶层设计和前端设计。

三、科学有效的思想政治效果评估方法和途径探究

思想政治工作效果评估工作是一项复杂的系统工程，为使其科学、有序、协调地开展，在运行中保持正确方向，取得实效，就需要建构一套有效的机制。

（一）有体系、科学地做好效果评估的顶层策划和设计

对基层单位来说，在每年的年初需要对当年的思想政治工作进行顶层的策划和设计。思想政治工作作为服务中心工作，与中心工作紧密结合的一项工作，则需要单位党委领导或者相关主管领导参与并制定。在传播学中有"议程设置"的概念，结合年度中心工作，思想政治工作可以提前策划或者设置一些话题或者讨论的主题，分季度开展相关的讨论和引导。同时，在思想政治工作开展过程中，要通

过评估体系的执行，对阶段性的效果进行跟踪，确保阶段目标执行到位，以评估体系来推进思想政治工作阶段目标的完成。

(二)结合任务特点建立有目标、有特点的效果评估体系

在评估体系的建立过程中，要建立"纵横交错"的科学评估体系网络。纵向，即从思想政治工作目标确定到任务的完成，要建立全过程的评估体系；在思想政治工作的全过程中要确定阶段的目标和评价。横向，即科学地设置评价体系的枝干内容，结合中心任务的需求，按照思想政治工作开展的要求，科学设置评估体系的子项目和子维度。

结合单位中心任务特点，建立有针对性的效果评估体系。每个基层单位由于自身承担任务的特点，思想政治工作效果评估也要结合中心任务来开展。要结合年度任务的特点有针对性地确定评估的枝干项目，并且每年要对评估体系的内容进行更新，随着思想政治工作的创新和改进进行针对性调整。

提升技术水平支撑思想政治工作的效果评估。为确保思想政治工作效果评估的科学性，有必要运用相应的技术手段，提高评估工作的准确度，增强评估工作的科学性。可以委托专家设计指标体系及评估方案，对评估计划、评估人员、评估结论进行相应的指导，应运用现代信息技术与方法，将现代技术设备与思想政治工作效果评估有机结合起来，实现评估工作数字化，以保证思想政治工作效果评估的理论性、实践的科学性。

(三)加大对"危机公关"效果评估的权重设置和评估

在思想政治工作"议程设置"之外，对于很多"突发"或策划之外的事件，要实施思想政治工作的"危机公关"。对于此类针对突发事件思想政治工作的评估，首先在评估体系建立之初，就要设置相应权重的灵活考评的分值。在评估的过程中，要加大对其评估的权重，因为往往针对此类突发事件的处置和应对更能体现思想政治工作本身的价值和分量。

(四)确保效果评估的科学、客观和公正

完善效果评估的奖惩机制。通过奖惩能够使效果评估的最终结果加以明示和区别。通过奖惩可以激励受评对象的进取精神，促进效果评估功能的全面发挥。

力求效果评估的客观公正。评估者的情绪、情感都会对评估产生一些影响。针对这些问题，评估工作的组织领导者应组织开展评估工作的教育宣传，使参加评估工作的各方面人员明确思想政治工作评估的意义和目的，从而积极配合评估工作的开展。

建立效果评估的目标管理。在对每项工作的效果评估中，通过目标管理，可以使评估工作逐步实现规范化、制度化、科学化，从而改变效果评估工作中的随性化、片段化的问题。在目标管理工作中，要把思想政治工作效果评估的任务分解到工作职能部门和人员身上，明确权责，结合评估体系确立的目标，根据自身岗位的职能需要，运用不同的工作方式，认真扎实地开展工作，从而保证评估工作有序、高效运转。

(作者张学良，中国空间技术研究院西安分院)

铸造黄金行业品牌文化的典范

招金矿业股份有限公司(股份代号：HK1818)是经山东省人民政府批准，由山东招金集团有限公司、上海复星产业投资有限公司、上海豫园旅游商城股份有限公司、深圳市广信投资有限公司及上海老庙黄金有限公司共同以发起方式设立，于 2004 年 4 月在中华人民共和国注册成立的一家股份有限公司，成功于 2006 年 12 月 8 日在我国香港联合交易所有限公司主板上市。本公司是一家集勘探、开采、选矿及冶炼营运于一体，专注于开发黄金产业的综合性大型企业，是中国领先的黄金生产商和中国最大的黄金冶炼企业之一。

强化品牌创建的共识

建立企业独特的品牌文化，是凝结在品牌中的经营观、价值观、审美观等价值观念和经营活动的总和。具有丰富文化内涵的品牌以其鲜明的个性、独特的形象切合消费者的情感诉求，促使消费者对品牌形成忠诚，从而提高品牌的资产和价值，形成强势品牌。同时，品牌文化是市场的通用语言，是企业的核心财富，是企业核心竞争力的载体。因此，要想在激烈的竞争中立于不败之地，企业应该高屋建瓴，积极实施品牌文化战略。党的十八大以来，招金矿业不断以新思想引领新常态、以新理念指导新实践、以新战略谋求新发展，使企业品牌文化建

设不断再上新台阶、再展新画卷。

正确定位品牌文化战略的内涵

品牌文化定位不仅可以提高品牌的品位，而且可以使品牌形象独具特色。通过传达诸如文化价值观、道德修养、文学艺术、科技含量等，启发联想，引导愿景，建立心智模式，平衡美感等形成一定的品位，从而得到消费者认可，使他们获得情感和理性的满足。招金矿业拥有着几十年的发展历史和深厚的文化底蕴，同时也注重对企业的优秀文化元素的挖掘、提炼与总结以及对自身文化的创新与提升，从而使得企业品牌不断提升影响的深度与力度。企业自成立之初就把品牌建设当作"一号工程"来实施，全公司上下认真贯彻落实科学发展观，坚持走新型发展道路，始终把品牌建设作为一项重中之重的工作来抓，以品牌促发展，以品牌树形象，以品牌增实力，品牌建设取得了丰硕成果。

创新和发展饱含文化灵魂的品牌

招金矿业在生产经营过程中，注重实施品牌文化战略对策，一方面强化企业高管层对品牌文化的认识，增强信念、强化价值观；另一方面注重把企业高管层独特的风格铸就成独特的品牌文化。这些特色和风格造就了独特的品牌文化，用来引导示范、宣传教育以影响员工成长进步。近年来，招金矿业提出坚持"打造国际化矿业公司的宏伟目标"发展战略和"积极适应经济发展新常态建设质量效益型国际一流企业"的目标，实现这一目标曾经遇到了前所未有的压力和挑战，一方面是应对前几年严峻的全球化金融危机和矿业寒冬，另一方面职工思想观念等很多方面仍停留在计划经济时代，与企业参与市场经济尤其是参与国际市场竞争、打造国际一流企业的要求不相适应。要改变这种状况，必须要有先进的品牌文化凝聚职工，引领广大职工转变陈旧的、不合时宜的思想观念，引导企业的发展方向，解决企业面临的各种问题。在压力和挑战面前，招金矿业提出："以品牌文化建设为先导，围绕企业的发展目标加快品牌文化创新特别是发展理念的创新，实现由传统文化向现代文化的转型。"公司高层领导一致认为，旧观念是国有企业的"第四座大山"，它比债务、冗员和企业办社会这三座有形的"大山"更可怕。在这种情况下，招金矿业把品牌文化建设发展

作为企业品牌塑造、凝聚企业人心、提升企业素质、促进企业发展的助推器。坚持依靠品牌文化管理的力量，不但根除了干部、员工身上不适应市场经济的落后观念，而且让企业从根本上走出一条新路子，让品牌文化的力量推动了企业的发展进步。

打造品牌文化的核心内涵

品牌文化是品牌竞争的核心力量，通过诠释品牌文化内涵，铸就具有竞争力的强势品牌，推动企业可持续发展，是企业发展的终极目标。在发展过程中，招金矿业坚持认为："创新品牌文化就是打造全新文化形态"，为进一步发展创新品牌文化，招金矿业一是与体制建设相结合，构建公司总部、分子公司、基层班组三级品牌文化网络；二是与外在品牌形象建设相结合，在省内外、海外进行企业形象异地复制；三是与加强队伍稳定相结合，营造干事业的和谐氛围；四是与中心工作相结合，促进各项生产和管理工作的完成，塑造企业文化品牌。

首先，打造统一的招金矿业独立的品牌文化，促进企业整体素质的提升。几年来，招金矿业始终致力于打造统一的具有自身特色的新文化，制定了品牌文化建设纲要，明确了创新品牌文化的指导思想、目标和整体构架，提出了总体要求和实施原则与步骤。确立了企业识别系统，制定了员工行为规范。企业坚持从统一标识、样板项目异地复制、项目形象异地复制等企业形象建设做起，着力规范和推行行为文化、制度文化并逐渐转化为品牌文化，使企业创新品牌文化的过程着重体现为真抓实干。通过由表及里，内外兼修，形成了公司个性鲜明的品牌文化。

其次，利用新传媒、新平台导向，有计划、有针对性地展示招金矿业品牌建设的变化。一是利用行业内的《中国黄金报》《中国有色金属报》《中国矿业报》等对企业进行零距离报道，传播新的品牌文化理念、鼓舞士气；二是在山东省电视台对公司动态进行重点报道，对国际项目、基层动态等各个方面进行全方位展示；三是在中央电视台等央视栏目宣传阵地积极有效地策划重大事件的宣传报道；四是在当地电视台宣传企业的经营理念及公司的发展变化，助推品牌影响力的提升。

再次，抓住技术和人才这两个关键词，实现"版本再升级"，形成强大的市场聚焦效应。招金矿业认

为，要博弈高端，必然要在新技术、新能源、新市场上一较长短。因此，核心技术的提高无疑是企业做强、做大的首要条件。为此，招金矿业在技术培训上狠下功夫，形成了自己的技术创新团队和人才储备力量。企业秉承"干好工程就是书写最好标书"的发展理念，坚定不移地推行"精品战略"，以基础管理为抓手，以班组建设为起点，以安全质量和经济效益为中心，相继开展了"精细化管理年""管理提升年""降本提效年"等主题活动，扎实推进样板项目"异地复制"向纵深发展，工作流程和管理标准不断规范，项目建设与技术水平持续提高，交出了一项又一项社区满意、政府认可的精品工程，公司的核心竞争力不断增强、品牌文化日趋成熟。

招金矿业坚持稳中求进的工作总基调，全体干部员工同舟共济、抢抓机遇、抵御寒冬、奋进拼博、不断前行。在品牌文化建设发展的道路上，不断深化体制、机制改革，坚定不移贯彻新发展理念，不断适应、把握、引领经济发展新常态；重要领域和关键环节大批改革举措密集出台，改革发展力度持续加大，呈现出全面发力、多点突破、纵深推进的崭新局面，发展质量和效益不断提高。

（招金矿业股份有限公司）

认真做好每一步　多渠道优化紫金文化

紫金矿业集团股份有限公司（以下简称紫金矿业）是一家以黄金及金属矿产资源勘查和开发为主的大型矿业集团，上海和我国香港两地（A＋H 股）上市公司。2016 年《财富》中国企业 500 强第 78 位。

一、通过"互联网＋"技术优化紫金文化

紫金矿业历来注重现代科学技术进步对产业的推动促进作用，公司尽早布局"互联网＋"，推进了互联网生产调度指挥系统、数字矿山、工业自动化、人力资源系统整合、微信企业号、集团财务共享中心、内部云平台、电子商务平台、天猫商城、ERP系统等。这些工业 4.0 及互联网技术的运用，提升了公司管理体系的透明性、公平性。

（一）降低运作成本

紫金矿业通过减少人员数目和减少中间管理层级来实现。一是在业务量不增加的情况下人员减少；二是在业务量增加的情况下人员不增加。紫金矿业通过在"共享服务中心"建立新型的组织结构和制定合理的激励制度，显著地提高员工的工作效率，并形成不断进取的文化。

（二）提高财务管理水平与效率

紫金矿业通过建立财务共享服务中心，可以对所有子公司采用统一的业务流程和业务标准，废除繁冗的步骤和流程。同时，财务共享服务中心可以拥有相关子公司的所有财务数据和财务指标，这样既可以及时进行跨地区、跨部门的数据整合，也起到对公司内部权力制衡的效果，实现集团范围的财务监控。

（三）扩大企业规模，增强企业竞争力

紫金矿业公司在新的地区建立子公司或收购其他公司时，财务共享服务中心能马上为这些新建的子公司提供服务，这样公司管理人员能更集中精力在公司的核心业务，而将其他的辅助功能通过财务共享服务中心提供的服务完成，财务人员就可以从会计核算中解脱出来，为公司业务部门高层领导的战略决策提供高质量的财务支持，促进核心业务发展。

二、通过企业文化管理职责划定，优化紫金文化

紫金矿业成立企业文化建设领导小组，从集团总部到权属企业，都成立由董事长亲自任组长的企业文化建设领导小组：在集团大理念体系下，结合自身的业务特点，各自负责制订的理念体系，确定企业文化行动计划，引导企业形成良好风尚。

紫金矿业总部企业文化建设领导小组下设办公室：做好企业文化理念的宣传工作，编辑网页、报纸、年鉴、微信等；制订企业文化评估考核体系，设计调查问卷，组织开展企业文化调查评比，摸清各权属企业的文化优劣变化；承担集团紫金文化培训任务；开展对外企业文化交流；承担集团公司企业标识管理工作，指导、检查各部门和各权属单位企业标识设计和使用，推动集团公司企业视觉形象的统一性和规范性。

人力资源部：各级用工及员工待遇都要凭能力、贡献、责任，按市场价定薪，能上能下，推动人才资源市场化配置，强化竞聘上岗的用人机制，要把公开竞聘发展成为集团选拔干部的主要形式。干部必须带指标上岗，要坚决抛弃按人头、按官分配、

按单位效益好坏分配的基本模式，应根据其历史的产量、成本、效益、效率指标、可控管理费用等，结合企业实际情况，提出考核办法，要奖励通过管理为企业增值的管理层和员工。干部评价中将加入对公司文化影响力的衡量。对成批招聘入职员工，须组织对其进行紫金文化专题培训。

紫金矿业集团公司各部门坚持"两手抓"，承担其职责和业务管辖范围的紫金文化建设管理任务，贯彻和落实紫金文化，牵头建立与主管职责相关的子文化理念，健全相关规章制度，调动广大员的工作积极性和创造性。

权属各单位：根据自身业务特点，形成有特色的、优秀的文化；推进"6S"建设，营造整洁、统一、礼貌的工作环境，组织开展与提高工种技能、调动提高工作积极性相关的活动，根据各企业（单位）效益，建设相应的文化体育设施、为宿舍上网提供便利，丰富员工业余文化生活。

各党、工、群、团组织：开展各类员工喜爱的文体、技术比武活动，促进生产经营、安全环保的规范提高，落实集团人文关怀，促进员工安居乐业，困难互助。

所有员工必须遵守紫金理念体系、行为规范、制度、礼仪要求，认真钻研本职工作，恪尽职守，主动维护企业合法利益，尊重各国家或民族、区域习俗，和睦相处，积极主动配合上下级、上下游工作。

各级领导干部要考虑自身工作、言行对企业文化的影响，以身作则，以德服人、以能服人，敢抓敢管，公心决策，带领员工遵守、践行集团公司理念，一级带着一级干，一级做给一级看。

三、通过开展项目设计评比，优化紫金文化

（一）制度执行

检查各项制度受否健全、奖罚是否设置合理、执行是否到位，严格把握"优秀"的文化与"差"的文化制度分开。

（二）领导尽责度

企业各级领导都能尽职尽责，以身作则，以德服人，以能服人，敢抓敢管，公心决策即为"优秀"的文化；企业各级领导有问题就往下推，不了解实情，不作梳理，不担当责任即为"差"的文化。

（三）人事待遇公平性

企业的各级用人及员工待遇都是凭能力、贡献、责任，按市场价定薪，能上能下即为"优秀"的文化；以与领导的私人关系好坏决定了职务或待遇高低，脱离市场和价值创造准则，考核奖罚没有体现公平、价值即为"差"的文化。

（四）工作积极性

企业所有员工的工作积极性都得到较好的发挥即为"优秀"的文化；出工不出力、干好干坏一个样即为"差"的文化。

（五）工作互助性

企业所有员工都能真诚友善地支持、配合上下级、上下游工作即为"优秀"的文化；企业各层级、各工种、各环节的工作都不够配合、支持即为"差"的文化。

（六）生活健康快乐度

企业总体氛围是和睦相处、困难互助、健康向上、安居乐业即为"优秀"的文化；企业人情冷漠、困难无助、赌博成风即为"差"的文化。

（七）团队廉洁度

企业的工程、采购、开支都符合市场行情，性价比高，各级领导、经办人员都没有得非分之利即为"优秀"的文化；企业员工普遍怀疑企业各类开支都有水分，不合行情、性价比比较低即为"差"的文化。

（八）优劣变化情况

最近两年或新一届领导班子上任以来，人心越来越齐，积极性越来越高，管理越来越规范即为"优秀"的文化；企业管理混乱，人心散即为"差"的文化。

四、以党建工作促紫金文化

紫金矿业创新党建工作新思路，落实从严治党各项要求，紫金矿业加强党员员工思想教育工作，主动适应企业发展新常态。

提升党建工作新动力，紫金矿业根据集团党委部署认真抓好以"新理念，新发展"为主题的专题道德讲堂、群众性自主创新、员工文艺作品征集、员工思想动态调查、业务技能比武、征文比赛等十大系列活动的组织实施工作，确保各项活动如期有序完成，促进党建工作与企业生产经营的良好结合。

构筑党建工作新格局，抓好党建制度建设、班

子建设以及党员队伍建设，紫金矿业认真做好集团公司党委换届选举的各项组织筹备工作，确保换届工作顺利进行。

紫金矿业结合企业实际抓好精神文明建设工作，做好全国文明单位争创工作。

紫金矿业指导共青团、妇委会积极开展群团建设工作；积极配合当地政府做好员工计生管理、综治、统战等各项工作。

五、通过工会组织的桥梁优化紫金文化

紫金矿业通过四项工作通过工会组织优化紫金文化。一是着力提升人文关怀水平，促使人文关怀工作横向到边、纵向到底。坚持公平、公正原则，不分性别、不分年龄、不分用工形式，一视同仁做好生日员工津贴以及新婚员工和退休员工纪念品发放工作，把组织关怀送到每个员工身边。二是继续加大企业与员工"双向维权"力度，充分发挥集团工会劳动保护监督和劳动争议调解委员会职能，通过签订工资集体协议，做好因企业用工结构调整及薪酬体系调整造成的员工思想活动工作等形式，同步维护好企业的合法利益与员工的合法权益。三是进一步做好送温暖工程。根据实际大力抓好因工伤、病、残或生活困难员工以及离退休人员的日常慰问以及春节、重阳等特殊节日的集中走访慰问工作，让广大员工及家属切身感受到紫金大家庭的温暖。四是大力抓好为员工办实事工程。通过做好公寓房分配工作，有效满足员工住房需求，营造爱企如家的浓厚氛围。

（紫金矿业集团股份有限公司）

百年交行　文化同行

交通银行创立于 1908 年，创建之初交通银行就烙下了民族的基因。改革开放后，交通银行在一个重要的发展节点奠定了文化基因：1987 年在四大专业银行主导的金融体系下，国务院建议成立一家市场化的银行，于是诞生了交通银行。目前交通银行现有境内机构达到 230 家，其中省分行 30 家，直属分行 7 家，省辖分行 190 多家，在县市、地市形成了 2000 多个网点，境内员工达到了 9 万多名，在海外布局中，交通银行目前已经形成了包括我国香港、

纽约、旧金山、东京等 15 个地区设有 56 个网点。在英国《银行家》杂志全球千家银行大排名和美国《财富》杂志发布的世界 500 强公司排行榜中，交行分别位列第 13 位和第 153 位，交行形成具有影响力的金融服务品牌。

认知和建设品牌体系

分析"品"字，有三张嘴巴，表示吃东西分好几口，既喻以享受生活，也象征着品牌建设并非一蹴而就。交通银行经过百年的市场历练，逐渐积累了在大众消费者中的口碑，从而家喻户晓。三人成众，三张嘴巴也意味着大部分人的评价，也就是社会公认。交通银行在品牌建设中经历了四个阶段：第一阶段是形成知名度；第二阶段是形成认知度；第三阶段是在认知度的基础上形成独特的认同度；第四阶段是形成美誉度。现在步入了"十三五"时期，我们在原有的基础上逐步发挥品牌的美誉度，使品牌形成交行自身真正的价值。在交通银行实施百年品牌文化的过程中，我们形成了"一品五牌"穿透策略，形成了"交通银行"这四个金灿灿的大字。第一个品牌是人物品牌，第二个品牌是企业品牌。交行在凸显企业品牌的基础上形成了强大的人物品牌，传承企业品牌。在人物品牌当中十万员工是重要的品牌符号，交行的董事长、首席发言人以及交行各级行业领军人物等都成为交行的生动代表。在未来，人物品牌的鲜活性与物化的企业品牌会更有机结合。第三个品牌是业务品牌，重组三十年的时间中，交行已经形成了零售的沃德财富，对公的蕴通财富，渠道有 E 动财富等业务品牌。第四个品牌是服务品牌，交行已形成了独特的服务品牌。银行说到底是服务，银行家协会对所有银行的评价中交行连续三年获得了服务第一的称号。第五个品牌就是交行的文化品牌，交行以民族金融、改革先锋、稳健有序为特征的三大基因将永远伴随着我们征服第二个百年，这是交行文化自信的内在动力。

交行的"一品五牌"精准的品牌定位、对位及卡位，实现了母品牌及子品牌目标客户的深度融合，达到了品牌穿透策略的有效落地，体现集团内部以及市场发展的广度，无论是在国际、国内两个市场，还是总行、事业部、机关、分行或者总行、母公司和子公司的知名度都有拓展。尽管是一家百年老店，但是交行永远以创新、责任作为我们的使命，所以

要体现前瞻度，体现科技感。在三个蓝色的纬度上，交行产品品牌体现独特的视角，满足客户不同的需求。在服务品牌上，交行要打造一家有温度的银行，情感的交融是交行未来网点延续的生命力。在文化品牌上，交行要体现为一家有态度、有观点的银行。"一品五牌"穿透策略通过六个纬度使它牢牢地落地，使它永远跟大众结合起来。

在交通银行现有的品牌中，母品牌是一个独特的 LOGO，交通银行始于 1908 年，交行是一家富有强大生命力的银行。在这个基础上，交行形成了五大业务板块子品牌，就是沃德、蕴通、E 动、领汇、交银通业。在 2016 年最具价值中国一百强品牌中，交行的品牌价值位于第 22 位，较上年提升了 17%，是提升比例最高的银行。在英国的品牌攻略发布的品牌价值中，交通银行从 2010—2016 年的品牌价值基础上，品牌价值提升了 1.25 倍。

交通银行板块中企业文化建设的五大体系建设，首先要建立交行领先的理念体系，包了经营管理体系、员工关爱体系、明晰的行为体系、严密的管理体系、保障体系以及独特的原料体系，构建百年交行文化与品牌的融合。交行的经营理念是"一个交行，一个客户"，伴随着经济全球化，国内客户走向国际的时候，我们交通银行的网络也要相应地辐射全球，我们明确提出"一个交行，一个客户"，即让客户获得的金融服务体验是一个标配、一个标准，无论客户在国内哪个分支机构还是到了海外办理业务，都有类似体验，这需要强大的 IT 系统支撑。交通银行目前已经成功上线了 531 系统，这使我们全球开展全球业务有了 IT 基础。

构建员工关爱体系

交行在内部文化建设方面，形成了三部曲：第一步是从 2000 年到 2010 年，交行明确提出了快乐工作、健康生活、平安退休。员工今天拼命认真工作的同时，也是为了未来美好的生活，所以交行提出要快乐工作 30 年，健康生活 60 年，要有好的身体，好的心态。第二步是从 2013 年党委又明确提出了"双资本"推动，各级干部、员工在关注经济资本效能提升的同时，我们更要关注幸福资本的提升，持续创造国有企业非货币福利。第三步是现在交行明确提出了员工至上、体验至上、分享至上，以员工关爱的理念凝心聚力，达到凝心聚魄，因为员工

是我们的宝贵财富，当员工体验感到位，企业就获得收获。

交行在行动体系中，主要是有三个重要的模块：第一个是形成独特的创先争优的模块。各个团队在市场上敢于拼搏；第二个是子文化模块，包括"竞争文化""学习文化""风险文化""合规文化""服务文化""廉洁文化""家园文化"。第三个是在员工关怀上，交行又有三个具体落地。包括交行充分导入了互联网思维，2013 年交行首家建立了交通银行健康 APP，利用智能手机把全球员工整合、凝聚在一个平台上，交行在 2013 年首先发布了交通银行幸福指数，以及开展了员工团购活动。

交行在 APP 平台上设置了一个个开放的模块，建立之初把它开放，而不是一个封闭的内循环，目前上面有"星光大道""一键好"等近 30 多个模块，聚焦于互联网的场景，聚集 12 个字，即吃喝玩乐、生老病死、衣食住行。当交行的员工在前方拼命工作的时候，党委给员工搭建了这样一个平台，使员工工作之余，在这个 12 个字的场景中都能获得高质量的回报，员工获得的是满满的正能量。"健康交行"则是从原来的"五型平台"打造成"八型平台"，即互动型、专业型、交易型、增值型、生活型、分享型、娱乐型、公益型平台，真正打造知行合一、身心合一、乐惠合一、全网合一的平台，我们对重要客户也要开放，使交行的客户能够在交行满足其金融需求的同时，也能够享受到交行员工的福祉。

在幸福指数发布中，交行通过工作幸福、生活幸福、成长幸福、人际幸福、幸福领导、组织幸福，使员工的幸福感落地，使幸福可以计量，目前交行发布的该幸福指教机制已经成为交行战略管理的重要产业链条构成。

员工团购活动中，交行充分利用集聚效应为员工带来方便的服务，包括了团购车险、购车等。

交行企业文化管理体系主要包含六个方面，一是构建企业文化建设领导机制；二是完善企业文化建设的运行机制；三是加强企业文化建设督导和检查机制；四是把文化建设目标落实到绩效考核中；五是加强基层特色文化建设；六是文化和跨文化管理，此外，还涉及海外兼并。

构建保障体系

交行搭建了整合新媒体大宣传，交通银行中央

厨房共享平台，以及整合现有的一报、一刊、一网、三微、一端、一馆，三微就是微信、微博、微视频，一端就是健康交行 APP，一馆是我们百年博物馆。交行主动拥抱新媒体，在"一带一路"参观了解宣传、建设好新媒体时代，讲好交行故事的三支队伍，主要包括交行的新闻发言人、有关专家学者及网络评论员。未来，交行将实施"战略整合＋融合"的方式，整合客户资源、社会资源、政策资源、宣传资源、品牌资源，融合是为了解决深度的问题，交行要融合集团母品牌及系列子品牌，以达到聚合的效果；同时，要解决精度的问题，交行要聚焦核心战略目标打造财富管理银行特色品牌，聚焦核心理念传承，民族品牌，做改革先锋，稳健永续，聚焦核心企业精神，拼搏进取，责任立业，创新超越。

（作者师师，系交通银行党委宣传部部长、企业文化部总经理）

努力"打造三个一流"的世界级品牌

三一集团有限公司始创于 1989 年。自成立以来，着力将"三个一流"的核心理念转化为全体员工的精神意志，形成了三一即使是最普通的员工也具有的对社会、对消费者、对经销商以及对企业自身的强烈的责任意识。

一、骄人的业绩

三一集团主业是以"工程"为主题的机械装备制造业，是中国最大、全球第五的工程机械制造商，目前已全面进入工程机械制造领域。其中混凝土机械、桩工机械、履带起重机械为国内第一品牌，混凝土泵车全面取代进口，国内市场占有率达 57%，为国内首位，且连续多年产销量居全球第一。

三一集团连续获评为中国企业 500 强、工程机械行业综合效益和竞争力最强企业、福布斯"中国顶尖企业"、中国最具成长力自主品牌、中国最具竞争力品牌、中国工程机械行业标志性品牌、亚洲品牌 50 强。三一集团的核心企业三一重工于 2003 年 7 月 3 日上市，是中国股权分置改革首家成功并实现全流通的企业。

三一集团秉承"品质改变世界"经营理念，将销售收入的 5%～7%用于研发，致力于将产品升级换代至世界一流水准。拥有国家级技术开发中心和博士后流动工作站。三次"国家科技进步奖"得主，两次荣获"国家技术发明奖"，是工程机械行业获得国家级最高荣誉的企业；三一集团首席专家易小刚获评首届十佳全国优秀科技工作者，是工程机械行业唯一获奖者。2007 年以来，由三一重工自主研制的 66 米泵车、72 米泵车、86 米泵车三次刷新长臂泵车世界纪录，标志着中国由混凝土泵送技术的跟随者成为领导者。2012 年，三一重工并购德国普茨迈斯特，改变了世界工程机械行业竞争格局。

在国内，三一集团建有北京、上海、沈阳、昆山、长沙五大产业基地。在全球，三一业务覆盖达 150 个国家，产品出口到 110 多个国家和地区。目前，三一集团已在印度、美国、德国、巴西相继投资建设工程机械研发制造基地。三一集团董事长梁稳根先生是中共十七大、十八大代表，第八、九、十届全国人大代表，全国劳动模范、全国优秀民营企业家、优秀中国特色社会主义事业建设者、"中国经济年度人物"、福布斯"中国上市公司最佳老板"及"蒙代尔·世界经理人成就奖"获得者。

二、三一的企业文化内涵

"三一"的内涵源于"创建一流企业，造就一流人才，做出一流贡献"的公司宗旨，这是梁稳根创业团队创业时的抱负和核心价值取向。

第一，创建一流企业。一流是现时的最好和永无止境追求最好的过程！三一集团董事长梁稳根先生用这样一句话对其进行了界定：做到市场占有率第一、品牌影响力第一、资本号召力第一、人才拥有量第一。这四个第一可以用一些标杆来识别。标杆主要有两个：即地域标杆，全球范围。全球化在不断加快，我们再也不能死抱中国人的天下观来处世，必须从全球的角度思考问题。因此，一个一流企业必须是全球范围内的最好企业。

第二，造就一流人才。造就一流人才是三一集团使命的中轴，将创建一流企业、做出一流贡献有机地联结成一个整体。造就一流人才同样是强调其过程。该过程的第一个重要方面，对个人来说，首先是自我修炼，而自我修炼的坐标则是三一集团企业文化中的核心理念。一个人的自我修炼主要从四个方面进行：身体、精神、心智及待人处事。其次，自我修炼所要达成的目标可以用个人职业生涯规划来表现。因此，每一个三一人或准备成为三一人的新手，都应该从跨入三一的那天起就开始考虑：在三一怎样发展，用多长的时间把自己修炼成符合三一文化的一流人才。这是每一个进入三一企业的人所必须面对的课题。该过程的第二个重要方面是组织须为每个三一人提供培训的机会，帮助员工修炼，培训是个人修炼不可或缺的组成部分，是组织分配给每个个体的重要资源。

第三，做出一流的贡献。用产品为社会做出贡献。企业实现盈利，将部分收益作为税款上交国家和当地政府，参与社会的第二次分配，这对于维护社会的运行有着重要意义。三一集团认为，家庭作为社会的细胞，对维护社会的健康与正常运行的重大意义是不言而喻的。家庭收入作为家庭存在的支柱，是由企业为其提供的，一个企业家或管理者是否成功的重要标志之一就是能否为企业的员工带来利益，让其获得应有的一份收入，由此实现企业对社会的贡献。

三、三一的企业文化建设举措

（一）秉承"品质改变世界"的核心价值观

三一集团将追求极致的企业文化，渗透在三一的每一个流程和细节之中。以"五步卓越法""质量白皮书"等严谨的工作方法来约束产品生产流程，保证产品的卓越品质。三一集团对细节的重视不仅是在产品前端，在客户看不到的产品后端，比如生产园区、办公区域，也处处体现着这种一丝不苟的企业文化：园区环境干净整洁，办公区域井井有条，一尘不染。三一集团的员工和产品正是以这种企业文化为驱动力，重视每个细节，使每个流程井然有序，让每个产品的品质都卓越不凡。

（二）规范企业和员工的行为，打造科学决策机制

三一重工作为首家上市的机械工程类民营企业，实施公司制治理，明晰了产权，明确了权责，做到了管理和决策的民主科学化。三一集团的管理制度按现代企业制度的规范设立，设有董事会、监事会、经理室，责权明确，减少了企业内外推诿、扯皮的现象。

（三）以市场为导向，拓展企业文化内涵

首先，三一集团加强市场导向，提高企业经济效益。以科技创新武装先进的生产力，着力把企业引向市场，促进企业更新观念，积极引导职工树立正确的世界观、人生观和价值观，充分调动和发挥职工的潜能，提高劳动生产率，使企业的产品和服务符合社会需求。再次，以培育企业精神和经营理念为核心，增强企业员工的主人翁精神，培养其责任感、使命感和危机感，使职工与企业同生存、共忧患，增强企业凝聚力和向心力，推动企业健康发展。最后，结合企业和民族利益，让企业文化能产生社会共鸣。作为民营企业，既是一个单独的经济实体，更是社会主义市场经济的重要组成部分。企业在制定自身政策的时候，三一集团给予了社会更多的关注，三一集团的中长期规划和发展目标便是"造福人类，产业报国，改变'中国制造'的'低质低价'印象"，以"创建一流企业，造就一流人才，作出一流贡献""先做人，后做事"作为核心创造了一个内涵丰富的企业文化体系，得到行业首肯和公众的赞誉。

（四）以顾客为中心，建立服务文化

服务文化是以服务价值观为核心，以创造顾客满意、赢得顾客忠诚、提升企业核心竞争力为目标，以形成共同的服务价值认知和行为规范为内容的三一集团服务文化。

提高全员服务意识。三一集团服务的理念就是："源于创新，创造客户价值，提升服务质量。"三一集团的服务意识已经为员工们所接受，在他们眼中服务是三一集团发展的必须。

建立先进的服务管理模式。三一集团实行的是"模拟总代理制"，公司用户服务部和区域总代理部之间协调合作，形成以区域代理现场服务为中心，本部支持为后盾的前后、内外互动式服务格局。

建立密集的服务网点。三一集团提供24小时全天候、全方位服务，并在业内率先采用电脑联网，对驻外仓库进行管理，充分保证用户对配件的需求。

建立优秀的服务团队和服务监督机制。三一推行了S123、S520、S315等一系列的数字服务承诺，7×24小时在线客服，24小时故障处理，12小时赔付台班；3年质保；1万小时内送服务费，2万小时内送12次免费点检。

建立现代化的服务信息网络。三一集团在工程机械行业率先推出"服务110管理系统"，"服务110管理系统"集成了先进的服务信息网络和高效快捷的服务技术网络，通过信息处理模块、技术快速反应

模块和配件紧急调配模块，依托分布在全国的机械工程师对顾客提出的召请作出快速反应，以满足高节奏、高效率的现代施工队服务的要求。

（五）营造"人本文化"环境，充分开发人力资源优势

三一集团建立了自己独特的员工培训机制，以"创造一流人才"为己任，既服务企业又服务社会。而三一集团的高层例会也是企业层次最高、投入最大的会议，每年举行两次，广泛听取各专家学者的意见，结合实际情况制定不同时期的方针政策。

（六）建立创新文化，开创全员创新局面

"一切源于创新"的理念是三一集团活力充沛的重要原因。这种强烈的危机意识，使员工时刻保持着追求上进，不断开拓创新，与时俱进。同时公司制定了技术创新战略，鼓励员工提出创新建议，设立专项基金，保护专利等。

（七）依托新媒体提升企业文化影响力

三一集团各事业部都在积极探索新媒体运用，借助微博、微信、公司党群信息等网络平台，发出企业的声音，掌握话语权，提升企业关注度与凝聚力。

（三一集团有限公司）

以文相传　以化做媒

宗申产业集团有限公司始建于 1982 年，目前已经发展成为一家总资产和年收入均接近 200 亿元的多元化企业集团。经过三十余年的探索与发展，形成了引领企业发展、独具特色的宗申企业核心价值体系。

明确方向　文化传媒建设与发展历程结合

宗申产业集团是重庆市最早创办企业内部刊物的企业之一。1998 年创办《宗申产业》报，内部资料印证为〔渝内字 025 号〕（据重庆市文化委资料，目前已经编号至 1000 以后），先后被全国工商联授予"中国民营企业优秀报刊"称号、中国企业联合会"年度全国企业报刊优秀奖"、中国内刊协会"年度好报纸"和重庆市新闻出版局授予的"优秀内部（报刊）资料"。

《宗申产业报》创刊 20 年来，宗申产业集团根据大众传媒发展趋势和集团实际情况，对报刊版面形式和内容进行了多次调整，赢得了广大读者的一致好评。目前，集团企业文化部创新思维，从广大读者的阅读习惯出发，考虑不同年龄层次的阅读喜好，将报刊进一步数字化，从传统的纸质版格式转化为真正的数字报，方便大家的阅读，同时也节约了集团成本，更为保护生态环境、节约用纸做出了应有的努力。

同时，宗申产业集团各子分公司也纷纷建立了自己的内部刊物，有报纸也有期刊，更有以 PPT 形式在数字大屏幕上直接播放的动态读物，丰富了企业员工的精神食粮。

宗申产业集团官方网站成为对外展示企业文化建设成果的窗口。截至目前，集团整个大体系建立了 12 个官方网站，形成了集群化宣传报道大趋势。网站由中企动力、中国政企网、天津艺点科技等专业网络科技公司制作，经过集团专业的信息工程师审核和日常安全维护，建立了集团自己庞大的数据库，保证集团各大网站运行速度和运行安全。

宗申产业集团还成立专门的网站管理队伍，建立了相应的管理规范制度，定期和不定期地对网站内容进行更新。随着企业的战略发展和业务发展，网站的形式和内容也不断进行改版升级，平均改版频率在三年以下，保证了网站美观程度和内容翔实。

官方微信公众号成为文化建设的全新载体。2013 年宗申产业集团较早创建了官方微信公众号，后根据宣传需要又建立了官方微信订阅号，双管齐下，加大推送频率，第一时间对外传播宗申热点、重点新闻事件。

宗申产业集团层面，包括《宗申集团》《宗申产业集团》《宗申党建》《宗申学院》四个主要公众号，从不同角度推送不同的消息。包括集团高层领导的最新动态，各级政府领导的调研，各合作伙伴或行业公司的参观拜访，各项战略业务的最新进展，集团各项文体活动的开展情况，集团企业文化重要理念，以及常规的招聘信息、公告等内容。同时，集团的微信编辑也根据单条推送消息的阅读量、评论数量、点赞次数、转载次数，不断优化推送内容和形式、推送时间段，让粉丝看到自己想看的，而且想看的时候随时能看到。

微博成了宗申产业集团产品和业务的前沿阵地和后期服务的重要意见采集点；OA 系统成了集团内部的重要传播渠道；宣传画册和形象宣传片成为

了外部了解宗申文化的常规手段。宗申企业文化体系健全，文化氛围浓厚，先后被评为全国企业文化先进单位、全国生态文化示范企业、重庆市文明单位、重庆市企业文化先进单位。

党企共建　文化传媒建设与党群工作结合

宗申产业集团一直坚持党引领文化、党指导文化、党滋润文化的企业文化建设大方针，企业文化与党建工作紧密结合，企业文化与工会、团委、青年和群众工作互促共进。

宗申产业集团企业文化传媒一方面承接集团战略，是集团意义上的"官媒"；另一方面集团企业文化传媒还需要承接中国共产党的理论、方针和政策，响应党的号召，传播党的先进事迹，塑造优秀共产党员形象，在传统民营企业中发挥媒体的重要喉舌作用，成为"党媒"。集团企业文化传媒中的《宗申党建》微信公众号，专门宣传党建工作，并且建立了宗申党建官方网站和《党群简讯》，在每一期的《宗申产业》报上都有党建板块。同时，很多集团党员也是企业文化兼职从业人员，几乎所有党员都是集团各大企业文化传媒的"通信员"，是独特的宣传窗口和战地记者，第一时间采集新闻信息、传播文化资讯。

在充分发挥党组织的政治引领和政治核心作用下，企业文化传媒建设工作与党的思想政治和精神文明建设工作血脉一体，共生共荣。宗申产业集团先后被评为全国非公有制企业防治腐败工作国家级联系点、全国非公有制企业党建调研与实践基地、重庆市委党校民营企业党建调研基地、重庆市基层党建示范党组织。先后多次荣获"全国非公有制企业双强百佳党组织""重庆市先进基层党组织"，带领的群团组织先后荣获了宗申"全国模范职工之家""全国工人先锋号"等多项殊荣。

利国为民　文化传媒建设与爱国拥军结合

宗申企业文化的基因，很大一部分传承自集团创始人左宗申和主创团队的爱国情怀、军旅情结，传承至今，形成了宗申特有的"红色文化"。

据统计，《宗申产业》报曾经刊载了大量类似军民融合有关的大型活动，很多重要图文音像资料成了宗申产业集团最为特殊的一笔精神财富。1999年，我国澳门回归，宗申组织中国大型爱国主义教育宣传活动，寻访革命圣地，记录改革开放后新中国的重大变化。2002年，宗申产业集团赞助全国首届"国防教育神州行"摩托车拉力赛，发起了"绿色长城万里行"活动。2008年，发起了"宗申双核摩托环游56个民族、支持北京奥运会"骑行活动，沿途开展人文奥运宣传、编制奥运同心结、开展万人签名支持奥运等系列活动。2013年，宗申以环保和自然为主题，开展"穿越可可西里，助推中国梦"公益活动。2015年，宗申与新华社重庆分社共同开展"纪念抗战胜利70周年重走抗战胜利大通道"的大型爱国主义宣传活等。

同创共享　文化传媒建设与社会责任结合

宗申产业集团的企业文化传媒工作，把关注人、感染人、塑造人作为重要的宣传报道基本原则，把重视责任、承担责任、落实责任当作企业文化传媒的一大宣传报道亮点，让员工以履职为荣，让员工以企业积极承担社会责任为傲，让企业以承担社会责任成为塑造品牌形象的重要渠道之一。

一是关爱员工，构建内部和谐。宗申产业集团的梯队人才建设、企业大学、宗申动力的行善APP、宗申机车的互助博爱基金等，全方位助力员工与企业同创共享。不止是在职员工，宗申还每年组织新员工与退休的功勋员工，开展忆苦思甜活动，传承优秀文化基因。二是雷锋服务，真诚回馈客户。宗申坚持向客户提供优质产品和优质服务，已经连续开展多年的"宗申雷锋服务行"免费点检活动遍及全国，每年持续时间超过7个月。三是扶危济困，承担社会责任。据不完全统计，宗申公益支出已超过2亿元。反哺社会方面，宗申大力开展爱心助学活动，捐建小学十余所，资助贫困学生上千名；同时，在扶贫济困、拥军等社会公益活动中，宗申历次走在前列。

内外联动　文化传媒建设与大众媒体相结合

宗申产业集团利用自媒体时代人人都是传媒人的趋势，让所有宗申员工、供应商、经销商、客户都成为宗申传媒体系的一分子，共同扛起宣传宗申文化的大旗，利用个人微信朋友圈、个人微博、QQ等自媒体平台，进行全员行动，全面出击，广泛宣传宗申价值观。通过这种裂变式的传播，让宗申的官方传媒具有更为久远的生命力，有更为广泛的影响力，更有深度的渗透力。宗申积极运用社会主流媒体渠道，加强企媒合作，通过与电视台、报社、网站、广播电台、杂志社等建立长效的战略伙伴关系，主动邀请媒体记者走进宗申、了解宗申、宣传宗申，主动向各大媒体投稿，主动和社会媒体开展各种与社会主流意识形态相契合的主题活动，宣扬社会主流价值观，为共同营造良好的舆论氛围出力。

由人化文，以文化人，文以载道。宗申产业集团以办好企业、带动产业、规范行业为目标，建立了具有时代特色、行业特色和宗申特色的"一主多元"文化体系，可谓"笔杆子里兴基业"。

（宗申产业集团有限公司）

践行东风品牌核心价值
畅想未来美好汽车生活

汽车是文明的使者、人性的追求、奔驰着的艺术殿堂、人们不可或缺的伙伴、实现梦想的重要平台。汽车品牌是汽车不可分割的组成部分，是汽车企业综合实力、无形资产和价值理念的核心载体。

东风是一个有着丰富品牌故事的企业。49年前，东风在振兴民族汽车工业的历史召唤中诞生。49年来，一代代东风建设者励精图治，发愤图强，克服了一个又一个困难，取得了一个又一个进步，推动东风事业不断实现新的跨越，成为中国汽车工业的重要支柱力量；推动东风品牌家喻户晓，成为中国汽车工业的著名品牌。东风品牌，承载着一种梦想——实现汽车强国，让人民享有高品质汽车生活，是东风的初心和使命；充盈着一种精神——自强不息，靠实干推动企业的发展、创造幸福美好的生活；体现着一种风貌——革故鼎新，锐意进取，始终走在时代的前列。

抚今追昔，东风是沉甸甸的责任，凝结着党和国家的殷切期盼；是厚重的情怀，凝聚着东风人的芳华和智慧。新时代前进道路上，如何使东风品牌与时俱进，迸发出历久弥新的强大生命力？这是"十三五"以来东风公司认真探索的重大课题。

——进入新时代，中国梦深入人心，人民对美好生活的向往更加强烈，新发展理念成为主旋律，我国经济已由高速增长阶段转向高质量发展阶段。习近平总书记指出，推动中国制造向中国创造转变、中国速度向中国质量转变、中国产品向中国品牌转变，党的十九大提出"建设具有全球竞争力的世界一流企业"，等等，这些都赋予东风新的使命。

——新一轮科技革命和产业变革的浪潮正在席卷全球，科技的新时代扑面而来。汽车产业正处于大调整大变革时期，汽车产业与互联网深度融合，新技术日新月异，新需求不断涌现，轻量化、电动化、智能化、网联化、共享化趋势更加明显，东风必须应势而谋，顺势而为，努力引领新技术、新需求。

——东风发展正处于关键历史交汇期，2019年东风将迎来建设50周年，把一个什么样的东风呈现给社会，传递给后来者，是全体东风人不得不思考，不得不回答的时代命题。

历经悉心梳理、研讨与打磨，东风品牌战略终于臻于完善、瓜熟蒂落。她是东风公司认真贯彻落实习近平总书记"三个转变"重要指示的战略安排，是东风公司深刻理解产业趋势、努力把握市场需求作出的战略举措，是对东风前50年历史及未来50年发展的理性思考。

新时代东风品牌的核心价值是：品质、智慧、和悦。她延续东风一以贯之以客户需求为导向的营商理念：不断满足客户高品质美好生活、便捷智慧的出行、和悦舒畅的惬意人生。她源于东风雄厚的历史积淀：近半个世纪延绵不断的军工基因、深植于灵魂深处的创业创新精神、与时俱进的文化理念。她体现东风面向未来的能力愿景：品质为基、创新为源、和悦为魂，加快建设永续发展的百年东风、在开放中自主发展的东风、面向世界的国际化东风。她彰显东风独特的品牌个性追求：以厚重的品德、聪颖的智慧、和悦的情怀，促进企业德商、智商、情商全面发展。

东风品牌已形成了丰富完整的价值体系。东风品牌植根于精益求精、融合创新、厚德载物的品牌基础，遵循"品质、智慧、和悦"的核心价值，不断丰富品牌的功能价值、升华客户的情感价值，被信赖、受尊重，为客户、伙伴和员工搭建一个筑梦、圆梦平台，让汽车驱动梦想。"品质、智慧、和悦"的核心价值理念，是对东风品牌历史积淀的新诠释，是对东风品牌内涵的新升华。

——品质，是新时代东风品牌之根。品是品位，质是素质。品质是东风血脉中最重要的基因，是东风的立身之本。我们始终如一追求产品品质、企业品质和人的品质的有机统一：坚持为用户提供可靠的产品和服务，保护消费者权益；坚持合规诚信经营，让企业始终流淌着道德的血液；坚持做到诚信敬业，以工匠之心打造精工产品。

——智慧，是新时代东风品牌之源。智是能力，慧是情感。智慧是现代工业文明的象征，是赢得未来的源泉。智慧，智于心，慧于禛。我们将智慧融入产品、企业和人的发展过程：着力于提高产品和服务的智能化、网联化水平，为用户打造智慧出行方案和智慧物流解决方案；着力于提高企业全价值链的数字化、信息化水平，打造智慧型企业；着力于提升员工素质，增强员工在激烈市场竞争中优胜的能力。

——和悦，是新时代东风品牌之魂。和是性格，悦是人生观。和悦是人生孜孜不倦的追求，是一种信念。东风公司努力把和悦带给消费者、利益相关方和东风员工，努力满足客户需求，为客户创造更大价值；与合作伙伴相互尊重，互惠互利，共同发展；坚持扶危济困，奉献社会；坚持绿色发展，保护环境；积极与员工共创共享，让员工率先享有新时代美好生活。

东风公司以发布品牌战略为起点，将"品质、智慧、和悦"的核心价值理念，转化为 16 万东风人的心灵契约和共同行动，并传递给消费者、传递给合作伙伴、传递给社会。同时发布以东风 WindLink 3.0 为代表的人工智能车机系统及新能源高性能轿跑概念车 eπ，e 理解为电子，π 是圆周率、代表无限，其实 e 也是自然对数底数，也代表无限，寓意东风公司追求自然的规律，融合了东风品牌核心价值内涵，是东风公司实施品牌战略的实际行动与务实探索。

空谈误企、实干兴业。东风始终坚持讲梦想、干故事。故事不仅是讲出来的，更是干出来的。新的发展中，东风公司将不驰于空想，不骛于虚声，坚定实施东风品牌战略，夯实品牌之基，写好品牌故事，推动品牌升级，奋力打造国际一流品牌，加快建设具有全球竞争力的世界一流企业，不断将"品质、智慧、和悦"的产品与服务奉献给消费者，为实现人民对美好汽车生活的向往继续努力。

（东风汽车集团有限公司企业文化部）

坚持"四化"联动 讲好太钢故事
传播太钢声音

随着互联网技术和新媒体的快速发展，当今社会已进入一个知识化、信息化和大数据的时代，人们的思维方式、交往方式和行为方式也发生深刻变化。新媒体时代带来的新视角、新思维，对依托传统媒体推进企业品牌传播带来了新变化和新挑战。面对新形势，只有因时而进、因势而新，用互联网思维强化传统媒体和新兴媒体的融合，才能使企业品牌传播跟上时代潮流，实现品牌塑造的最大化和最优化，为企业不断发展提供强大正能量。

多年来，太钢坚持"讲好太钢故事、传播太钢声音"的宗旨，强化"四化"联动，大力推进传统媒体和新媒体相互融合，多形式传播太钢品牌故事，多平台塑造太钢品牌形象，推动了太钢品牌的持续增值。2018 年 6 月，第十五届"世界品牌大会"发布《2018 年中国 500 最具价值品牌》，太钢集团榜上有名，这也是太钢自 2013 年上榜以来，连续第 6 年登榜，品牌价值增幅达 151％。

矩阵化建设，构建多维度融媒体方阵

微博、微信，威力不微。面对新媒体时代带来的巨大变化，太钢集团应势而动直面微时代，顺势而为搭建微平台，先后开设了官方微信、官方微博、客户端、手机报，形成了"两微、一端、一报"的太钢新媒体格局，成为了传播太钢声音、塑造品牌形象的重要平台和阵地，为持续提升太钢品牌竞争力提供了强大支撑。

2012 年 1 月，太钢正式开通太钢手机报。充分发挥职工受众面广、图文短小的优势，及时传递了公司声音。

2013 年 7 月，太钢开通"魅力太钢"官方微博，突出以短文发布公司动态信息，成为展示公司品牌形象的新平台。

2015 年 5 月，太钢开通"太钢集团"官方微信，按照有深度、有温度、有广度的思路，不断推出有创意的图文信息，受到广泛关注，累计粉丝群近 3 万人，最高单条阅读量达 6 万多。在国务院国资委官方微信"国资小新"发布的中国企业 500 强官方微信排名中，太钢官方微信位居前百名之列，居钢铁

行业和省属企业前列。

2017年5月，太钢开通"太钢新闻"客户端，集文字、视频、音频、图片于一体。上线以来，得到广大职工和社会公众的广泛关注，关注人数达万余人。

结合太钢"两微、一端、一报"新媒体的不同特点，建立信息联动、集中发声的机制，形成了重点内容统一策划，报纸、电视、微信、微博、客户端、手机报、网站统一发布的互补、互联立体化传播格局。以公司"两微、一端、一报"新媒体为核心，太钢联动基层单位开设的25个官方微信、12个子网站，形成了自上而下、纵横联动、覆盖全员、直通基层的新媒体传播矩阵，为传递公司声音、展示公司形象创造了良好条件。同时，制定《太钢新媒体管理办法》，强化备案管理和日常监管，确保了各层级新媒体的科学、高效、规范运行。

专题化策划，系统讲述太钢故事

充满勃勃生机与活力的太钢，就是一座取之不尽、用之不竭的"富矿"。发掘好这座"富矿"，必须突出重点，抓住关键，上下发力，发挥融媒体矩阵的优势和特点，开展分众化、差异化和专题化传播，让精彩的太钢故事走进千家万户，走向山西，走向世界。

围绕重大事件进行专题策划。2017年6月22日，在山西视察工作的习近平总书记到太钢钢科公司视察，给干部职工以巨大地鼓舞。期间，太钢传统媒体和新媒体联动发声，及时报道习近平总书记视察山西和钢科公司的消息和重要讲话精神，并组织《不负厚望，砥砺奋进——习总书记视察太钢钢科公司在干部职工中引起强烈反响》专题报道和"在创新上再加把劲""发扬'工匠精神'""争当品种质量先锋"等系列报道，扩大了太钢品牌以及高端碳纤维的知名度和影响力。

围绕创新发展主题，开辟"增品种、提品质、创品牌"专题专栏，突出宣传太钢高端和特色产品在国家重点工程和关键领域的应用。《太钢专列载千吨高等级不锈钢启程赴俄》《太钢智造，实现华龙一号关键材料的国际首发首创首用》《城市血管太钢造》《世界最大吨位化学品船用上太钢造》《太钢产品助力"天舟"飞"天宫"》《太钢异型钢，制造"新太阳"》《港珠澳大桥震撼首映，太钢不锈钢钢筋精彩出镜》《太钢为超级"海星"披不锈铠甲》《"气贯中俄"，太钢产品供应世界最大能源合作项目》《太钢建成国内首座"不锈穹顶"，创出多项纪录》等，依托新媒体矩阵进行广泛传播，在行业和社会公众中产生强烈反响，树立了太钢产品的良好品牌形象。特别是2017年年初，太钢与山西卫视联合策划播发了《创新的力量——笔尖"皇冠"太钢造》报道，并积极借助外部媒体联合发声，《人民日报》、新华社、中央电视台等央媒进行了重点报道，成为以小见大、扩大公司知名度和影响力、塑造公司品牌形象的经典案例，对创新品牌推广模式给以深刻启迪。

围绕绿色发展主题，太钢开辟"绿色钢城记者行"专栏专题，先后刊发了"开启工业纯净水的神话"、焦化鸟园、环保大棚、袁家村铁矿攻克胶排除尘治理世界难题、东山上的"绿色长城"、太钢中水回用深度处理8年攒出7个西湖等生动案例，系统讲述太钢绿色发展成果，普及节能环保循环经济知识，强化了全员绿色发展的责任感和光荣感。

围绕"弘扬'工匠精神'"主题，太钢开辟"感动·力量""科技尖兵""劳模风采""先锋""身边事身边人""钢城工匠""身边的感动""榜样""奋斗者之歌"等专题专栏，推出了《文武双全的"女汉子"》《青春炫舞铁素体》《只要肯干，什么事都不难》《老乔的魅力》《岩竹精神赞》《不忘初心勇攀登》等一大批有温度、有品质、接地气的优秀作品。《太钢日报》头版以近三分之二的版面突出宣传模范人物，太钢电视台、太钢官方微信、太钢新闻客户端开展协同宣传，弘扬了主流价值观，展示了当代太钢人的风采。

形象化传播，增强品牌吸引力

坚持正确的舆论导向，大胆创意，积极创作形式多样的图、文、视相结合的新媒体作品，让品牌传播更加形象化、生动化，更加接地气。围绕厂庆日策划《今天是你的生日》《美丽太钢，520！》等图文专题，回顾钢城历史，展望钢城未来，引发在岗和离退休职工极大关注与共鸣，微信后台留言达数百条。围绕钢城四季美景，策划《雨中倒影，诗画钢城》《牡丹真国色，花开醉钢城》《四月，钢城来看"海"》《天空穿上"太钢蓝"》《雪浴钢城》等均获得4万多阅读量、3000余次转发量，吸引了大批社会公众预约报名"公众开放日"，走进厂区感受钢城之美。围绕"一带一路"建设，策划《为"辉煌中国"贡献"太钢力量"》《"一带一路"上的"太钢面孔"》，讲述太钢产品在世界各地的身影。围绕职工生活，策划了《食堂味道，幸福滋味》《走起！假日去太钢登山健身步道看看喽》《这么萌哒哒的太钢，小编喊你来围观》，让公众看到了钢铁之外的钢城神态。围绕历史事件进行回顾，策划《10年前的今天，"祥云"火炬太钢传递》《太钢博物园，带你穿越时空》等，拉近了职工与企业的情感，关注量和转发量瞬间爆屏。围绕各类营销展会，专题策划展前预告，在展会前期通过官方微信、客户端等发布"中国国际冶金工业博览会、中国首届自主品牌博览会、中国廊坊国际经济贸易洽谈会"等参展预告，并在展会期间结合参展亮点和特点进行全媒体现场连线报道，及时高效展示了太钢形象。

在新媒体表现形式上，打破图文结合的传统模式，针对不同主题，大量应用视频、音频、漫画、电子相册、H5、长图等方式，先后策划了《太钢秋韵，美了醉了》H5页面、《亲，把手机横过来，看看十里钢城高颜值》长图微信等，增强了对公众的吸引力，阅读量和转发量连创新高。

大众化参与，提升微平台黏度

新形势下，新媒体已成为职工获取信息、表达诉求、满足精神需求的重要载体。太钢坚持与时俱进，以新媒体为基础，以职工需求为切入点，搭建各类"微平台"，同员工进行"键对键"的交流、"心贴心"的沟通，增加了职工的认同感和关注度，成为助推公司品牌建设的新动力。

搭建微学习平台。学习是提高员工素养的重要内容。太钢90%的员工在基层一线，受各种因素影响，缺乏一定的学习条件。太钢依托新媒体平台，开设"空中课堂""微党课"等学习载体，将"说教式"转变为"启发式"教育，将"集中式"转变为"分散式"学习，有效引导职工形成了自觉学习的习惯，提升了学习效果。

搭建微典型平台。太钢充分利用手机报、官方微信、各层级新媒体矩阵，大力宣传各条战线涌现出的先进典型，引导全员向身边的先进典型看齐，向先进典型学习，形成了自觉践行企业核心价值观的强大正能量。

搭建微关爱平台。太钢自2012年启动EAP（员工心理援助计划）工作以来，逐步形成了适合太钢实际的EAP工作模式。太钢以员工心理援助为重点，开通"心灵俱乐部"微信平台，每天发送员工心理健康知识和心灵故事，同时建立起公司级、厂部级、作业区级、班组级的四级联动EAP微信群、QQ群，及时传递信息，将对职工的关爱落到了实处。

新时代、新担当、新作为，太钢将进一步提高新媒体建设水平，着力讲好太钢故事，传播太钢声音，为打造良好品牌形象提供强大动力。

（作者杨毅，太原钢铁（集团）有限公司）

构建绿色价值体系　缔造和谐发展局面

党的十八届五中全会提出了创新、协调、绿色、开放、共享"五大发展理念"，将绿色发展作为关系我国发展全局的一个重要理念。玉柴集团早在2006年就提出了"绿色发展，和谐共赢"的全新战略思想。多年来，玉柴深入践行绿色发展理念，将绿色发展理念渗透于产品全生命周期，以构建绿色价值体系工作为主线，以绿色价值链模型为实施平台，遵循ISO 26000社会责任国际标准和联合国全球契约十项原则，将经济发展与环境保护辩证统一起来，将企业发展与生态文明辩证统一起来，在推动地方经济社会平稳、持续、健康发展中发挥了重要作用，也为加快改善生态环境、推动生态文明建设做出了积极贡献。

绿色产业

先是在中游，玉柴2004年就成功完成混合动力系统开发并投放市场；2009年推出世界首台可再生空气混合动力发动机，为绿色发展奠定了基础。2014年，玉柴开展了以转型升级为核心的"二次创业"，对产业进行系统变革和优化升级。从大力发展绿色动力产业，到大胆建设清洁能源光伏发电产业，再到持续稳步开拓新能源专用汽车产业，玉柴的绿色产业已顺利完成布局，实现了绿色产业的纵深拓展。在上游，2011年成立了广西玉柴新能源有限公司，重点经营30兆瓦厂区光伏连片并网发电项目，项目于2012年6月竣工，开始并网发电。该项目每年可节约标准煤1万多吨，相应可减少二氧化碳排放量2.7万吨，减少二氧化硫排放量810吨，减少氮化物排放量405吨，减少粉尘排放量7344吨。

2017年2月，总容量200兆瓦的玉柴桂平农光互补光伏发电项目开工建设，项目采取以高科技清洁能源发电为主，农业及花卉种植为重要特色的经营模式，着力打造现代化节能环保、人与自然和谐共赢的新型休闲旅游基地。第一期60兆瓦已正式投产运营。2016年开发出新一代混合动力发动机；纯电动系统在客车市场开始形成批量配套。在下游，以玉柴专汽为整车制造平台，生产环卫车和城市物流车。玉柴专汽2016年成功取得新能源商用车整车生产资质，为玉柴构建新能源汽车产业链打下了坚实的基础。2017年玉柴首批百辆新能源汽车于南宁市交付使用。目前，玉柴专汽、玉柴重工分别推出了纯电动物流车、新能源环卫车、智能垃圾处理器以及纯电动挖掘机等新品。

绿色研发

多年来，玉柴坚持自主创新，以电控、CAE、OBD、轻量化、混合动力、节能低碳、高功率密度、废气能量回收、欧Ⅵ排放等高新技术和燃烧开发、低排放开发、机械开发等国际领先技术为支撑，积极研发清洁、节能新动力，勇做中国最大活动污染源的控制者，为我国空气治理和环境保护作出了杰出贡献，玉柴成功开发出了世界首台可再生空气混合动力发动机和新能源发动机、低碳节能高效发动机、余热能量回收发动机、智能发电机组等先进动力，并在行业率先推出我国第一台达标国一、国二、国三、国四、国五、欧Ⅵ排放标准的发动机，均比国家法规实施计划时间提前3～5年。玉柴领先行业发布了14款车用国六阶段发动机，国六产品除了发动机的排放量大幅降低外，产品在舒适性、轻量化、外观颜值、可靠性、经济性等方面均比国五产品显著提升；推出了比12VC更大功率、更高品质的16VC产品，12VC、16VC是国内首款船电大功率高速发动机、首款独立布置电控单体泵大功率高速发动机，相比国内同类机型油耗减少15%、排放减少10%、体积减少10%、重量减少15%。

绿色制造

从产品设计开始，玉柴大力推广使用轻量化技术和零部件通用技术，降低发动机单台重量，实现节材目标。在生产过程中，注重引进先进设备，推广使用环保水性漆等环保材料，代替对员工和环境危害比较大的普通油漆，开展资源回收利用和再制造工程，努力减少能源消耗，改善劳动环境和减少环境污染。近几年来，玉柴投入20多亿元建设的铸造中心，成为我国铸造业的典范，受到国家领导人的高度关注，完全改写了铸造工人的传统形象。玉柴采用机器人下芯工艺，实施"一个流"自动化生产作业，大幅度改善了劳动环境，实现了铸造用材减少8%，能耗降低8%，铁水减耗和铸件减重成本节约合计每年达1852万元，采用玻璃钢废气净化塔对烟气的净化率≥99.5%，有效减少了环境污染；采用单一电炉设备熔炼，每年可以减少烟尘排放1190吨和二氧化碳排放92吨。此外，玉柴还以国六产品研发和智能制造的实施为契机，对标德国工业4.0，制定玉柴智能制造2025战略，投入30亿元建立全新国六生产线，引入自动化行架机械手、协作机器人、整机试漏与冷测试技术等先进制造技术，打造智能化工厂，构建国际一流的装备制造体系。目前，玉柴已建成先进成形技术与装备国家重点实验室玉柴快速制造基地，以及行业首个智能数字化铸造车间——中重型发动机缸盖数字化铸造车间，由国家工业和信息化部批准立项的国家级智能制造新模式示范项目"大中型发动机缸体数字化铸造车间"也即将全面建成。

绿色管理

玉柴加大企业信息化建设，完善高效的IT系统覆盖了玉柴全部的业务和主要工作流程，成为中国信息化百强企业。其中办公实现远程化、电子化、无纸化、网络化，运营采用ERP系统，研发实现数字化开发，服务和配件通过YCSS系统实现信息化，人力资源管理通过HR系统实现柔性和动态管理。玉柴于2011年开始推行人机工程学，激励员工研究人与机器、环境之间的协调问题。通过人机工程学应用活动，员工的劳动舒适度得到了大幅提高。此外，玉柴积极对标世界先进企业，借助外聘专家力量，持续深化精益管理，初步建成玉柴精益生产体系（YCPS）、精益运营管理体系（YCOS），以消除浪费、持续改善为核心的精益管理模式于2016年再获中国质量奖提名奖；大力打造大数据智慧云平台，将从客户管理、销售订单、生产制造、仓库管理、采购订单、供应链管理实现端到端的产品数据全生命周期管理，建立行业最庞大的发动机产品数据库，奠定产品研发、制造升级的基础。

绿色人文

"和谐"是玉柴坚守的人文观。一直以来，玉柴在做好生产经营工作的同时，还时刻铭记企业所肩负的社会责任，致力于打造和谐玉柴、幸福玉柴。多年来，玉柴支持国家和地方医疗卫生、环境建设和教育工作，累计向各级医疗单位和救助中心捐款近6000万元，为地方城市建设投入资金5400多万元；向中华见义勇为基金会、残疾人基金会和敬老院等福利慈善机构捐赠近300万元，为地震灾区捐款、捐物价值1500多万元；在全国建立了36所希望小学，累计向希望工程捐款900万元；开展校企合作，在高校设立"玉柴奖学金"；在玉柴内部设立奖学助学基金、绿色基金，加大对职工子女奖学助学覆盖面及帮扶奖励力度，激励学子们刻苦学习，成才报国，现已累计有2150人获得玉柴奖学、助学基金，总奖励金额520多万元；开展丰富多彩的EAP活动提升员工幸福感，彰显了玉柴绿色人文关怀；建设和谐社区，开展社区志愿服务、爱心书屋捐赠、走访贫困户实施精准扶贫等工作，广泛传播社会正能量。

"绿色"是玉柴必须坚守的责任底线。多年来的社会责任实践证明，玉柴为客户等利益相关方创造了更多的价值，玉柴有了更强的市场话语权。玉柴履责成效得到了社会的肯定，2016年再次荣膺"金蜜蜂"企业；2017年再次荣获"全国文明单位"荣誉称号，社会责任品牌影响力稳步提升，以345.96亿元的品牌价值荣登2017年排行榜第103位，品牌价值较上年提升49.2亿元，继续领跑国内发动机行业品牌，并位居广西企业品牌价值第一。

2017年5月，中共中央政治局召开的第四十一次集体学习会议强调，推动形成绿色发展方式和生活方式是贯彻新发展理念的必然要求，必须把生态文明建设摆在全局工作的突出地位。玉柴作为广西的大型国有企业，作为中国发动机制造业的龙头企业，将推展绿色发展战略视野，与社会各方携手同心，构筑起一道守护"绿水青山"的绿色长城。

（广西玉柴机器集团有限公司）

践行大唐精神　打造一流队伍
助推企业发展

大唐国际发电股份有限公司隶属于中国大唐集团公司，成立于1994年12月。1997年在伦敦和我国香港上市，2006年在上海A股上市。大唐国际所属运营企业及在建项目遍及全国16个省区，经营产业以发电为主，同时涉及煤炭、交通、循环经济、售电等领域，已由单一的发电公司发展为综合能源公司。大唐国际始终坚持"价值思维，效益导向"的大唐核心理念，积极践行"务实、奉献、创新、奋进"的大唐精神，文化品格和文化基因始终是大唐发展的源泉。

一流队伍的实施背景

将大唐国际打造成为中国大唐的一流队伍，是立足国企定位推进从严治企的需要。习近平总书记用"六个力量"对国有企业予以新的历史定位。大唐国际作为中国大唐的核心上市公司，作为中国大唐的旗舰企业，需要按照这个定位，落实中国大唐党组总体部署，依法治企，从严管班子、带队伍，不断增强企业的活力、影响力和抗风险能力，实现国有资产保值、增值。落实习近平总书记要求，体现央企定位，需要一支过硬的员工队伍，这是打造一流队伍的初衷和目的。

将大唐国际打造成为中国大唐的一流队伍，是助力"五个大唐"建设强化执行力的需要。中国大唐提出建设价值大唐、绿色大唐、法治大唐、创新大唐、责任大唐"五个大唐"的战略目标，需要全系统上下统一思想、明确目标、协同作战、勇于担当。打造一流队伍就是要强化执行力，从思想上、目标上、行动上始终与党中央保持高度一致，使大唐国际一流队伍成为落实中国大唐"一五八"战略、践行"价值思维，效益导向"大唐核心理念、建设"五个大唐"的中坚力量。

将大唐国际打造成为中国大唐的一流队伍，是面对严峻市场环境自强自立的需要。随着国有企业和电力体制改革的进一步推进，市场竞争日趋白热化，大唐国际要想在残酷的市场竞争中做强做优、破解发展难题、突破发展瓶颈、朝着实现"世界一流综合能源上市公司"不断迈进，打造一支坚强的一流队伍至关重要。打造大唐国际一流队伍，要全面提升企业的核心竞争力、文化软实力，要全面提升干部、员工的政治素质、职业素养，带领广大员工以"争第一"精神和"120分"工作标准，用铁的纪律保证各项攻坚措施有效执行，为维护"中国大唐"良好形象，树立上市公司品牌，圆满实现各项发展目标提供强大的精神动力和文化支撑。

一流队伍的基本内涵

新时期的一流队伍，是弘扬"务实、奉献、创新、奋进"大唐精神的中坚力量，是永葆中央企业政治本色、建设"行业领先、国际一流"综合能源上市公司的坚强保障。大唐国际一流队伍要体现本色，坚定政治信仰，严守政治纪律和组织纪律，胸怀中国梦，承载并实践大唐精神；要体现担当，咬定中国大唐战略目标，雷厉风行，令行禁止；要体现活力，坚持与时俱进，善于创新、创造、创效；要体现本领，敢打硬仗，善打硬仗，能打胜仗。

信仰坚定是一流队伍的灵魂。明白"为谁扛枪、为谁打仗"，永葆中央企业政治本色，坚决拥护党的路线、方针、政策，坚守中央企业的责任、使命与担当，坚定不移贯彻中国大唐党组部署，落实中国大唐"一五八"战略，为实现"行业领先、国际一流"目标而努力奋斗。

纪律严明是一流队伍的风范。坚持从严治企，始终把纪律和规矩挺在前面，始终坚持与中国大唐党组保持高度一致，严守政治纪律、组织纪律、廉洁纪律、群众纪律、工作纪律和生活纪律，真正做到政令畅通、令行禁止，用铁的纪律作保证。

作风顽强是一流队伍的品格。弘扬大唐精神，面对竞争不服输，面对挫折不气馁，面对困难迎头上。始终坚信天道酬勤，勇于实践，敢于创新，善于突破，坚持主动作为、全力以赴，努力把不可能变为可能。

勇争第一是一流队伍的追求。把企业当成自己的企业来管，把企业的事当成自己的事来办。凭靠"争第一"精神和"120分"工作标准，永不懈怠，永不自满，永无止境。时刻保持紧迫感、危机感和使命感，全体员工永葆劳动热情，不断释放创造潜能，依靠辛勤劳动、诚实劳动、创造性劳动开创更加美好的生活。

一流队伍的建设路径

打造大唐国际一流队伍践行"务实、奉献、创新、奋进"大唐精神的标准，推进企业做强、做优的塑筋健骨工程，凝心汇气、固本强基的铸魂聚力工程。

通过强化一流治理，大唐国际保持安全管理高压态势，夯实安全生产基础，坚持安全生产升级考核，抓小事、防大事，把未遂当已遂，严肃生产纪律，狠抓责任、制度及预案、措施落实，切实做到严管理、零容忍。强化管控效能，全面完善"靠制度管理、依规则办事、按流程执行"的依法治企体系，强化纪律约束，强化刚性执行，强化风险防控，强化执纪问责。强化市值管理，强化融资功能，制定市值管理策略，统筹考虑业绩提升，树立良好的"大唐发电"品牌，展现负责任、有实力、可信赖的央企形象。全方位加强党建工作，把党的领导融入企业治理环节，确保政治核心作用有效发挥。坚持从严治企，加强内部控制，保证依法经营，按照"集团化管控、专业化运营"的总体要求，切实做强本部、做优二级、做实基层。

通过狠抓一流质量，坚持优化发展思路不动摇，向优化增量要效益，向盘活存量要效益，向主动减量要效益。紧紧围绕全面提质这条主线，开发好增量资产，经营好存量资产，处置好低效无效资产，确保资产优质。坚持创新驱动，进一步推动发电产业升级，坚持清洁低碳、安全高效发展，加快非水可再生能源发展，加快节能减排升级改造，加快进入配售电领域，加快国际化进程，确保结构合理。坚持补短板、强优势，以"两优化"为抓手，全力打造精品工程，争创全国可靠性A级机组、能效对标优胜机组，确保质量指标持续优化。

通过创造一流效益，大唐国际坚持开源与节流并重，增强企业盈利能力，强化责任落实、强化业绩导向，确保创利水平要与资产规模相匹配，持续保持业绩考核"A级"目标。强化对标赶超，以区域对标"保二争一"为目标，特别是单位容量利润率实现"保二争一"，全力以赴抢发电量、扩大营销，全力以赴提升燃料管理水平。集中力量不断深化与五大发电集团核心上市公司对标，明确指标赶超计划并严格落实，重点抓好单位容量利润率、人均利润率等指标提升，力争盈利指标位居前列，坚持对标一流、持续赶超，将大唐国际建设成为行业领先、国际一流的综合能源上市公司。

通过培育一流队伍，大唐国际坚持管班子、带队伍，强化班子"领头羊"作用，切实选好干部、用好干部、管好干部。强化各级班子整体合力，培养结构合理、梯次发展的干部队伍。强化各级领导"不尽责就是失职"的认识，善于抓主要矛盾，做到敢抓、敢管、敢碰硬。坚持严管与善待相结合、培养与使用相结合，举办"一把手"培训班、新任职干部培训班和青年干部领导能力提升班。做好员工职业生涯设计，为各类员工搭建教育培训、成长成才、晋级晋升的平台，以"奥运选手"培养促全员培训深入开展，发挥好九个培训基地的优势，争创各层级、各领域技术能手，争做"大唐工匠"，不断释放并保持广大员工的创业激情。

一流队伍的具体实践

挖掘基本内涵。按照《中国大唐集团公司发展战略纲要》，大唐国际建立专门团队，对一流队伍基本内涵进行挖掘整理，自上而下又自下而上，反复征求意见并进行修改，最终形成了"信仰坚定、纪律严明、作风顽强、勇争第一，让中国大唐党组放心"的一流队伍的基本内涵，基本内涵凝聚着公司党委的领导智慧和系统各企业的辛勤实践，是公司系统2万名员工的智慧和汗水的结晶。

制定实施方案。经过认真研究并几易其稿，制定了《大唐国际一流队伍建设实施要点》和《大唐国际一流队伍建设实施要点宣贯方案》，方案内容丰富、目标明确、措施具体、职责清晰，为全系统的一流队伍建设指明了方向，提供了操作指南，在企业内部营造了良好的政治氛围、大家庭氛围，在企业外部营造了良好的社会氛围。

全面推进实施。大唐国际坚持管班子、带队伍，面对新形势，立足新时代，全力以赴将大唐国际打造成为集团公司的一流队伍，将一流队伍的基本内涵和实践路径落实到企业各项工作全程中，实施安全生产升级考核、经营绩效区域对标、大部制改革、月度工作绩效考核、党群工作对标考核等具体措施和行动，使广大干部员工能够自觉地以一流队伍的作风践行大唐精神、核心理念。

落实闭环管理。大唐国际结合公司年终综合检查对系统企业一流队伍建设组织整体检查考核，将

建设成效纳入综合考评工作事项，一方面，以"信仰坚定、纪律严明、作风顽强、勇争第一"为标准强化对标考核，把工作成效与企业业绩挂钩，对主动作为、成效显著的激励，对落实不力、效果不佳的问责。另一方面，适时启动实施过程中的不定期抽查，通过问卷调查、座谈、现场走访等多种方式，评估一流队伍建设的成效，及时发现、整理系统内的典型事例和成功经验等，对打造一流队伍的典型事例和成功经验进行推广和共享。

形成制度机制。大唐国际注重及时总结安全生产升级考核、经营绩效区域对标、大部制改革、月度工作绩效考核、党群工作对标考核等各项工作经验，及时梳理建立规章制度，形成管理制度体系和机制。

通过系统持续的一流队伍建设，大唐国际已形成推动企业发展的磅礴动力，强调铁的纪律，以班组标准化建设为抓手，坚持以"敢攻关、打胜仗"为发现人才、评判人才、选用人才的根本标准，培育出更多大唐劳模式的"精兵强将"，在员工中形成了强大的凝聚力和战斗力。在经营方面，保持五大发电集团煤价对标前两名，煤价控制水平、配煤掺烧比例位居中国大唐前列。发展有了新突破，人才培养进入新高地，党建又上新台阶。

（大唐国际发电股份有限公司）

首钢转型　文化先行

首钢抢抓难得机遇，传承和发扬"敢闯、敢坚持、敢于苦干硬干""敢担当、敢创新、敢为天下先"的首钢精神，打造企业文化建设体系升级版；持续深入推进"创新、创优、创业"主题实践活动，增强广大干部职工的使命感、紧迫感、责任感，为落实首钢"十三五"规划提供了思想保证、精神动力和文化支撑。

一、践行"五大"理念，描绘转型发展蓝图

党的十八届五中全会提出了创新、协调、绿色、开放、共享的发展理念，对此，首钢有了更加深刻地理解和认识。

创新就是落实国家创新驱动战略，围绕产业链构建创新链，围绕创新链配置资金链，打造智能制造企业，建设智慧城市园区，构建首钢创新、创业

生态系统。

协调就是有进有退，优化资源配置，通过产融结合、产产融合、产城融合，促进钢铁业和城市综合服务商协同发展，促进集团各产业板块及产业内部协同、高效发展。

绿色就是充分发挥钢铁节能减排和循环经济的技术优势，关键环保技术示范引领、项目的环保水平走在全国前列，园区开发注重提升区域生态环境品质，建成人与自然和谐共处的美丽家园。

开放就是在新产业转型上充分利用市场资源，积极引入市场机制，大胆使用职业经理人，与国内外一流企业深入合作，积极探索国际化经营，实现双赢、多赢。

共享就是把推动企业科学发展和维护职工根本利益作为出发点和落脚点，按照人人参与、人人尽力、人人享有的要求，充分调动广大干部、职工的积极性、主动性、创造性，不断满足职工的物质和精神文化需求。

面对错综复杂的国内外经济形势和艰巨繁重的改革转型发展任务，首钢人必然要经历更加共苦的艰难历程，才能迎来新的同甘的发展前景。首钢因势而谋、乘势而上、顺势而为，确定了企业"十三五"发展蓝图：坚持深化改革，坚持转型发展，坚持有进有退，坚持精益管理，坚持产融结合，保生存求发展，打造资本运营平台，实现钢铁业和城市综合服务商并重和协同发展，做好北京和曹妃甸两个园区建设，在京津冀协同发展中发挥示范带动作用。

二、实施"五大"路径，提升企业文化软实力

(一)筑牢企业之魂，传承和发扬首钢精神

一是总结提炼首钢精神。首钢在全集团开展首钢精神大讨论活动，掀起回顾光荣历史、传承优良传统、弘扬过硬作风的热潮，干部、职工撰写体会文章，总结提炼表述语，召开座谈研讨会，征询专家意见，开展理论研究。通过集聚群体智慧、碰撞思想火花，寻求最大公约数，总结提炼了具有传承性、时代性、特色性、为首钢干部职工所认同的"敢闯、敢坚持、敢于苦干硬干""敢担当、敢创新、敢为天下先"的首钢精神。二是深入践行首钢精神，总公司党委颁发了《关于大力传承和发扬首钢精神的决定》，各单位统筹安排、精心布置，使首钢精神表述语具有视觉冲击力。同时通过报纸、电视和建立首

钢微信公众号、集团微信联盟、手机 APP 等网络新媒体，高密度、多维度进行宣传，促进首钢精神深入人心、自觉践行。三是开展"首钢人的故事"宣传活动。重点围绕践行首钢精神，征集典型案例和生动故事，组织层层宣讲，28 个基层单位共举办 71 场"首钢人的故事"宣讲报告会，营造了万众一心、攻坚克难、奋力前行的浓厚氛围。四是每年开展"首钢之星"评选表彰工作。颁发《首钢之星评选表彰管理办法》，建立长效激励机制、打造首钢文化品牌，增强了首钢文化自信，凝聚了首钢发展力量。

(二)规范职工行为，推进文化落地生根

一是创新文化理念。首钢紧密结合构建新的组织结构流程、各项规章制度的建立施行，大力倡导"改革奔着问题去""用户是最大领导""说到做到、言必行、行必果""一级带着一级干、一级做给一级看""把工作做到极致""如饥似渴地学习、一刻不停地增长本领""管理基础不牢、企业地动山摇"等一批新理念。这些企业文化理念创新成果，日益深入人心，化为自觉行动，增添了内生动力。二是规范首钢职工行为。践行文化理念，落实规章制度，遵循社会公德、家庭美德、职业道德、企业纪律，致力总结符合时代要求、体现首钢人情操、为干部职工所认同的企业职工行为规范。三是推进良好行为习惯养成。在强化企业管理中，坚持规章制度硬管理和职工行为规范软约束同步推进，融入到企业经营生产建设的全过程，在干部职工队伍中，倡导、培育和践行"工匠精神"，严格工艺纪律，勇担工序责任，锤炼高超技艺，追求工作完美，建塑高素质的职工队伍，致力文化力向生产力的转化。

(三)培育企业品牌，树立良好企业形象

一是夯实基础起好步。修订《首钢品牌视觉识别形象（VIS）手册》，制订《首钢品牌视觉识别系统使用管理规定》。建立集团品牌宣传工作制度，打造首钢新闻中心首钢品牌推介平台，强化宣传"制造＋服务""城市综合服务商""两个园区建设"的新作为、新突破、新成就。二是抓好落实促整改。加大总公司定期联检力度，形成常态化管理机制，促进首钢各类文化标识规范使用，在市场群体中树立统一的形象。三是开展活动聚人心。以新中国成立 70 周年和首钢建厂 100 周年为契机，以"践行首钢精神　共建美丽家园"为主题，届时策划组织落实好首钢建厂100 周年纪念活动。四是打造品牌树形象。以创造

价值、服务客户为中心，推进首钢品牌战略落到实处，大力培育和宣传首钢转型发展中新的品牌技术、品牌产品、品牌服务和品牌团队，树立良好的首钢企业形象，提高企业的核心竞争力。

（四）推进文化融合，形成集团发展合力

一是树立"互联网＋"思维，建立大宣传格局，发挥首钢日报和首钢电视八地联播优势，完善首钢日报 APP 平台，打造首钢集团网站升级版，建立首钢微信公众号及集团微信联盟，发挥集团各单位宣传媒体和阵地作用，使首钢发展战略、愿景目标、核心价值追求、首钢精神等入脑入心、认知认同。二是推进制度文化融合。各单位重点围绕集团风控体系和信息化建设，建立完善各项相关制度，抓好落实、打牢基础，全面提升企业管理水平。三是推进行为文化融合。各单位与总公司目标同向、管理同规、行为一致，开创经营、生产、建设的新局面。四是推进实践创新。坚持首钢企业文化核心理念的深层融入，包容成员单位企业文化形成的特殊性，建塑有特色、有活力的子公司文化。

（五）建立评价体系，提高企业文化建设水平

一是对标先进企业做法，找准首钢企业文化建设与经营、生产、建设、管理的结合点，建立首钢企业文化建设评价促进机制的指标体系，明确项目内容和考核标准，确定具体操作的程序、方法和步骤。二是组织制定试点单位工作推进方案，选择有代表性的平台公司、子公司等先行先试。三是推广试点单位经验。对基层单位进行检查测评，先由各单位自检，后由总公司联合检查，落实绩效考核，表彰总结先进单位，出做法、出经验、出成果，促进首钢企业文化建设科学规范运行。

三、企业文化凝神聚力，创新驱动谱写新篇

钢铁业"制造＋服务"取得了新突破。首钢钢铁业产品结构完成了由长材向高品质板材为主的转变，加快了信息化智能工厂建设。管线钢年产量连续五年国内市场占有率第一；汽车板年产量进入国内前三甲；电工钢产品从无到有，市场占有率进入全国前三，进入了世界第一梯队；家电板连续多年占国内市场第一。

打造城市综合服务商取得了新成果。首钢装备制造业开拓了城市设备设施制造业务。汽车零部件业多项技术和产品开发取得突破。环境产业建成亚洲单体规模最大的生物质能源发电厂和建筑垃圾资源化利用项目。

"两个园区"开发建设取得了新成绩。首钢北京园区绿色生态规划、智慧园区规划等研究顺利开展；二型材互联网·金融产业园、世界侨商创新中心等一批园区项目加快推进，冬奥组委会入驻首钢提振了信心、提升了形象。京冀曹妃甸协同发展示范区开展建设筹划，承接非首都功能，引入教育、医疗等城市功能。

搭建全新资本运营平台取得了新成效。设立"首钢京冀协同发展产业投资基金"，注册"北京首钢基金有限公司"，将通过母、子基金形成千亿元以上的基金规模支持北京和曹妃甸园区开发建设。首钢财务公司正式运营。首钢股份公司资产完成置换，京西重工国际有限公司在我国香港成功上市。

构筑集团总部管控体系取得了新进展。首钢以"提高效率、增强活力、提升价值"为目标，明确职能、精简优化，完成 200 余人集团总部机关建设。疏解非总部战略管控功能，对原总部事务性、服务性、共享性业务整合，形成了决策、执行、监督协调运转的集团和子公司分层授权的治理体系。

（首钢集团有限公司）

新时期百年开滦企业文化建设的新思路新举措

开滦作为中国煤炭行业的百年老企，在 140 年的发展历程中，积淀了丰厚的文化底蕴。面对经济发展新形势和企业改革发展新任务，百年开滦更加重视企业文化建设，以高度的文化自信、文化自觉、文化自强意识，着力打造改革发展软实力，培育转型发展新动能。

注重从历史文化中汲取营养

百年开滦历史悠久、文化厚重，是企业的宝贵资源，开滦集团注重从历史文化中汲取精髓和营养。

一是领悟开滦创新文化精髓。开滦作为洋务运动中兴办的企业，企业成立起初就十分注重引进、吸收国外先进技术、经验和人才，努力与当时席卷世界的工业革命比肩看齐。建立了第一座近代大矿、铺了第一条准轨铁路、制造了第一台蒸汽机车、生产了第一袋水泥，这些无一不彰显了开滦人突破自我、求新达变的创新意识。开滦集团注重继承和弘扬这种勇于创新的文化理念，不断挑战自我、求新求进，推进开滦永续发展、基业长青。

二是汲取开滦管理文化营养。开滦作为中国最早的股份制企业，在创办之初就参照西方企业管理办法，建立管理机构和规章制度，并逐步形成了全面系统、严谨规范、科学精细的制度体系，这对开滦乃至中国煤炭工业都产生了积极影响，成为开滦防范风险的法宝和煤炭行业学习的典范。这一文化至今对加强现代企业管理仍具有重要指导意义。开滦集团坚持与时俱进，传承管理文化，推进管理创新，努力提升企业管理水平。

三是传承开滦特别能战斗精神。百年开滦跨越三个世纪，历经无数困难与挫折，锤炼了坚韧不拔、百折不挠的精神品格，铸就了开滦特别能战斗的企业精神。100多年来，这种精神的传承与发展，孕育形成了以举力尽责为核心的开滦文化。当前，开滦集团正处在扭亏增盈的决胜期、转型发展的机遇期、深化改革的攻坚期，需要继承举力尽责的责任文化，弘扬特别能战斗的企业精神，克服各种困难，解决发展难题，全力推进企业扭亏脱困、转型升级、稳定发展。

用文化引领企业转型发展

一是引领企业开放发展。抓住"一带一路"建设、京津冀协同发展和雄安新区建设加速推进的机遇，开滦集团以开放发展的理念，强化机遇意识和融入意识，以开放的品质、开放的文化，放宽眼界、打开思路，从规划对接、产业对接、技术对接等多领域深化合作，在融入区域经济中着力提升转型发展水平。发挥管理和技术优势，在矿业工程服务、热电维保等领域坚定不移地实施、走出去、战略，寻求更宽、更广的发展空间，为开滦集团转型发展探索了宝贵实践经验。

二是引领企业绿色发展。面对大气污染治理力度加大和煤炭企业环保约束增强的新形势，开滦集团牢固树立绿色发展的理念，坚持走清洁、低碳、绿色发展的路子，大力发展循环经济，全面推广绿色开采技术，深入实施大精煤战略，加强节能环保建设，在履行社会责任、优化发展环境中不断巩固和拓展发展空间。

三是引领企业协调发展。开滦集团牢固树立协调发展的理念，加快转变发展方式，坚持去产能与增动能相结合，积极化解煤炭过剩产能，推动发展由数量、速度、粗放型向质量、效益、集约型转变，推进新旧动能转换。坚定不移地走集约化、精细化、专业化的发展路径，巩固提升煤炭基础产业，大力发展煤化工产业，推进矿业工程服务、金融服务走向国际市场，切实提高发展质量和经济效益。

用文化引领企业深化改革

一是提高企业科学治理水平。开滦集团倡导科学发展的理念，加快推进供给侧结构性改革，积极化解煤炭过剩产能，加快推进分离企业办社会职能，进一步解放和发展生产力，提高企业生产力发展水平。弘扬开滦党的建设优良传统，坚持把加强党的领导和完善公司治理统一起来，把党建工作纳入公司章程，形成"各司其职、各负其责、协调运转、有效制衡"的法人治理机制，企业科学治理能力不断提升。

二是深化集团管控模式改革。开滦集团深化机关机构改革，构建"职能清晰、权责明确、精干高效、运转协调、工作顺畅"的机关组织架构，实现瘦身健体，提高工作效率。加快转换经营机制，坚持以市场为导向，勇于探索并积极实践多种形式的经营管理模式，提高企业参与市场竞争的积极性和主动性，增强了市场竞争能力。

三是深化三项制度改革。开滦集团完善选人用人机制，健全企业内部管理人员公开招聘、竞争上岗制度，实行岗位绩效考核机制，推行聘任制、任期制管理，提高选人、用人公信度。深化劳动用工制度改革，完善以劳动合同管理为核心的市场化用工模式，落实员工退出机制，实现各类人员能上能下、能进能出、合理流动。完善薪酬分配制度，坚持工资总量与经济效益挂钩、工资分配与劳动生产率挂钩，转换经营机制，激活分配效能，调动员工生产积极性。

用文化提升企业管理水平

一是强化资本运营管理。开滦集团充分利用国内外各层次资本市场，加快资源资本化、资产证券化进程，提高资本运营的能力和水平。加大资产盘活和引资合作力度，加快非核心资产和低效、无效资产退出转移步伐，提高资本运营效益。加大资金管控力度，强化资金预算管理，按照"统分结合、分灶吃饭"的原则，改革投融资管理体制，强化资金预算执行的刚性约束，建立资金应急预案制度，降低融资成本，保障资金安全。加大风险管控力度，做实、做细识别、估测、评价工作，千方百计规避资本运营风险。

二是提升精细管理水平。开滦集团着眼于生产作业现场的每一人、每一时、每一事、每一处、每一物的状态和工作绩效，按照精确、细致、规范、严格的要求，实施全员、全方位、全过程、全要素的管理，扎实做好班前讲评、现场巡查、日清日结、考核公开、周期评议等工作。运用信息化管理手段，拓展"互联网＋"应用的广度和深度，推进大数据平台建设，强化集成创新和系统提升，做实 RMDC 管理，搭建精细管理平台，提升企业管理的信息化、科学化水平。

三是创新经营管理模式。开滦集团积极推广开滦集团欢矿公司市场化精细管理、钱矿公司"互联网＋"物流文化、山矿公司"一自六包"管理模式等经验做法，牢固树立有为有位、开拓创新的工作理念，解放传统观念，打破思维禁锢，善于运用网络信息技术，科学调整组织结构，合理定额、定员，健全规章制度，优化业务流程，推进经营管理全面创新。

四是推进安全文化落地。开滦集团着眼于现场、岗位、员工三大要素，推进安全文化建设向班组延伸拓展，建立健全班组安全理念体系，整合完善班组安全管理制度，出台班组安全生产考核激励机制，推行班组安全互保、准军事化班前会、安全自评班后会、安全诚信管理和轮值班组长管理模式，积极探索班组自主安全管理的实践路径。深化"6S"管理，严格执行小班前会、动态达标、走动管理、手指口述、安全确认等制度，全面加强现场安全管理，提高企业安全管理水平。

培育高素质员工队伍

一是加强思想政治建设。开滦集团充分利用开滦丰厚文化资源，抓好企业精神教育和矿史文化教育，讲述开滦人特别能战斗的故事，引领员工树立起守护文化传承的使命意识，形成牢记使命、勇于担当的价值取向。坚持用好思想文化阵地，创新开展形势任务教育，综合运用传统媒体和新兴媒体强化宣传引领，统一思想认识、凝聚智慧力量，形成

推动企业改革发展的强大合力。

二是加强职业道德建设。开滦集团广泛开展道德讲堂活动，讲述开滦人助人为乐、见义勇为、敬业奉献、诚实守信、孝老爱亲的感人故事，用员工身边人、身边事滋养企业精神文化。围绕"善行河北、美在开滦"主题主线，广泛开展寻找感动开滦的矿工，讲述一线工程师故事，开展职业道德模范、最美员工、最美家庭评选等实践活动，营造崇尚先进、学赶先进的浓厚氛围。

三是加强能力素质建设。开滦集团以提升管理素质和操作技能为重点，全面实施人才兴企、文化强企工程，着力打造智慧开滦。弘扬开滦师徒文化，营造师爱徒、徒敬师的文化氛围。健全机制制度，丰富培训内容、创新培训载体，注重发挥"10＋1"创新团队、国家级技术中心、博士后工作站、技能大师工作室等平台作用，全面强化员工培训工作，为企业培养更多专家型人才、专业技术人才和高技能人才，增强企业发展后劲。

（开滦（集团）有限责任公司企业文化部）

激荡企业人气　成就快乐人生

1986 年吉利在浙江一个农村起家成立，现已进入"而立之年"。目前浙江吉利控股集团下设有三个集团：一个是吉利汽车集团；一个是沃尔沃汽车集团；一个是商用车集团。吉利汽车在中国境内有 9 家整车制造工厂、6 家动力总成制造工厂；在海外有 8 个 CTD 和 STD 的整车制造工厂；在全球设有 4 个研发中心和 4 个造型中心。在杭州和杭州湾建立整车研究院和吉利动力总成研究院，在上海设立了吉利在中国的造型中心，在瑞典哥德堡建立吉利汽车欧洲研发中心，在巴塞罗那建立了吉利造型中心，在美国的加州构成了吉利全球造型设计体系，在英国考文垂建立吉利英国研发中心。吉利全球各类研发人员近 5000 人，具有独立的整车、发动机、变速箱以及电子电器的自主研发能力。在杭州 G20 峰会上吉利的博锐、博乐、帝豪 GL、GS 都作为官方指定用车，在峰会上为各国领导人服务，特别是前美国总统奥巴马的车队开在最前面的就是吉利的博锐引导车，吉利获得很多的好评。之后，吉利汽车凭借着精品车 3.0 时代的产品，其中有 5 款车型月销

量超过万辆，进入中国月度的乘用车排行榜的第 7 位，超过了长城汽车和北京现代。

追求文化"元动力"战略目标

从 2012 年吉利控股集团以年收入 234 亿美元晋升世界 500 强，到 2016 年吉利连续 5 年进入世界 500 强，2016 年吉利凭借总营业收入 263 亿美元排名第 410 位。吉利刚发布了 2020 年战略目标，到 2020 年要注入全球汽车行业 10 强，实际吉利 2015 年在全球汽车销售企业排行榜中就排到了第 17 位。

经过多年的企业实践，我们认为一个企业要承担相应的社会责任，要有自己的核心价值追求。企业的经济价值是企业生存的血液，没有效益的企业就会破产。而企业的愿景、宗旨、使命以及核心价值追求是企业发展的文化"元动力"，两者都非常重要，缺一不可。只有这样才能够保持一个企业在全球市场上不断取得进步。

我们的愿景是让世界充满吉利，我们的使命就是造最安全、最环保、最节能的好车让吉利汽车走遍全世界。我们的核心价值理念：快乐人生，吉利相伴，就是要让每一位用户在使用吉利汽车的过程中感到快乐，要让每一位经销商、服务商、供应商在与吉利在公开、透明、公正理念合作的企业合作的过程中感到快乐。让我们的每一个员工在"元动力"文化的影响下能够在吉利快乐工作、快乐生活，这就是我们的核心价值理念。

吉利汽车的品牌承诺就是造每个人的精品车，吉利企业文化建设的方向就是人性化对标管理，制度化高效自信。吉利董事长要求把吉利人性化对标管理作为企业文化建设是否成功的一个衡量标准。

吉利有着特殊的"元动力"，就是企业的经营，而文化是企业经营管理和和谐劳动关系的重要基础。

所谓"元动力"的"元"指的是"元气"，就是企业生命体的力量源泉与新要素。什么是元气？企业的厂房、企业的领导者这些都不是我们企业的元气，员工的心才构成了企业的元气，伤害了员工的心就是伤害了企业的元气。员工是企业的真正主人，是形成企业战斗力的核心力量。而考察我们每一个公司"元动力"工程是否到位，就是要看他是否理顺了员工，凝聚了员工的生命，这就是我们"元动力"文化的概念。

我们吉利的"元动力"文化是以问题文化为基础，

就是发现问题是好事，解决问题是大事，回避问题是蠢事，没有问题是坏事。在吉利我们去衡量一个人，或者定义一个员工是否成功，我们更多的不看他的出身，不去关注这个人是名牌大学毕业，还是一个普通职校毕业的学生，我们更看重的是他工作的态度和工作的意愿，所以在吉利我们有吉利人的成功方程式，成功等于品德×能力×热情。员工刚进吉利，或者只是一个技术学校毕业的学生，员工能力相对来讲可能是弱一点，但是只要你有热情，只要你有自己非常高昂的工作热情和意愿，我们相信通过吉利的文化培养和培训，我们相信他的能力会得以快速提升，同样他能够比那些可能进来时是硕士生、博士生的还更能够取得一些成功。所以，在吉利去看我们高层以上的领导很少有这些名牌大学毕业的学生，反而更多的是一些技术学校，或者是通过一线提升上来的。我们有一句话叫"人类的一切文明来源于实践"，只有在实践中锻炼培养出来的人才能够推动企业的发展。

尊重人、成就人、幸福人

吉利的人本理念，就是尊重人、成就人、幸福人，这也是我们人力资源文化之道。我们开展了一系列的文化活动，比如为了尊重人，我们开展员工创新改善，实施阳光绩效工程；为了成就人，我们实施快乐经营体系，我们搭建了员工直接发展体系；为了幸福人，我们开创了员工关爱路线图，党建文化和企业双轮驱动。我们认为用错人就等于吃错药，所以要把人放在核心的道路上，在吉利你有多大的本事我们就给你提供多大的平台任你去飞翔，所以我们最终要创建的文化氛围就是快乐工作，快乐生活。

在成就人的方面：每一个员工只要进了吉利满一年以后就可以去评星级，而评星级有很多办法，不是人力资源部或者员工的上级部门去考核给员工评定，而是有一个规章制度，有一个积分的制度，比如我们的员工提了一个合理化建议就可以加几分，参加一次培训也可以进行积分，这个是自然而然地积分，而不是某个职能部门给员工管理考核的，非常公平、公开、公正。相对应地，每一个星级我们都有一个分级，星级补贴就可以拿 3200 元。这个星级员工在吉利公司里大家都非常看重，也增强了员工提高技能的意识。

吉利建立了非常良好的发展通道。我们有管理通道、专业通道、智能通道，而且这些通道都是相互可以打通的。

在幸福人方面，我们创建了员工关爱体系，就是企业生命周期路线图，从员工入职开始到员工退休，我们都会有很多的关爱在里面。吉利每年都会有集体婚礼，每个人结婚都会送去祝福金。吉利董事长要求吉利每个制造公司必须在生活区里面建吉利的幼儿园，这个幼儿园必须跟当地最好的幼儿园进行合作，把它的师资请到吉利的生活区来，给我们进行教学。在吉利所有的这些都是为了让员工更好地快乐工作，快乐生活。

"元动力"文化建设作为衡量员工的管理水平，每个企业都会有一个员工满意度调研，吉利要求每个公司总经理每年必须通过调研结果中筛选出10条员工"最不满意"，针对最不满意，每年度为员工办10件好事。吉利"元动力"文化的精髓就是领导以心想员工的琐碎小事来换取员工心向企业的发展大计。

沟通互信　誉满全球

吉利全球化企业文化的形成，靠的是沟通互信，靠合规合法，靠"和而不同"的中华文化底蕴，靠吉利与海外的工会组织建立良好的沟通，坦诚相见，同舟共济，靠吉利欧洲公司尊重欧洲成熟的商业文明及严格目标管理等制度，有效放权。所以，我们公司在收购沃尔沃的时候向工会承诺，吉利是吉利，沃尔沃是沃尔沃，吉利和沃尔沃不是父子关系，而是兄弟关系。两个品牌将会携手共进。我们在日常管理过程中，没有派一个吉利的员工到沃尔沃去参与管理，而且在整个管理过程中，我们以思想的碰撞，强调人文关怀，用中国"和而不同"理念去包容各种建设性的意见，确保企业沿着设定的战略轨道进行可持续的发展。

吉利文化是极度开放，极具远见卓识，承担企业社会责任，勇于挑战科技高峰，勇于探索商业文明，充分体现依法、公平、透明、相互尊重的企业治理理念。所以，在吉利我们通过"元动力"文化的构建，我们的员工不是为了谋生赚钱的企业员工，而是有着一定人生目标的，愿意为用户快乐，行业发展自觉做出贡献的奋斗精神的员工。

（浙江吉利控股集团）

创新安全文化　引领安全发展
推进平安型地铁建设

北京市轨道交通已进入快速发展期，运营管理15条线路，运营里程460公里，年客运量达到28.32亿人次，日最高客运量达到1051万人次，在职员工3.5万人。在公司48年来的发展历程中，安全文化建设与企业安全发展同步前行，积淀形成了独具北京地铁特色的安全文化。

一、北京地铁安全文化的形成过程

安全文化源于企业安全发展实践，北京地铁运营管理48年来，经历了军队管理时期、地下铁道管理处和北京市地下铁道公司时期、地下铁道公司时期、地铁铁道总公司时期、奥运会筹办时期、后奥运及"十二五"时期等发展阶段。在每个不同发展时期都形成了具有时代特征的安全管理思想和安全工作理念。其中最为突出的是北京地铁公司的前身，是中国人民解放军铁道兵第十二师。按照党中央的要求，当时是为了战备建设了北京市第一条地铁，也是中国的第一条地铁。所以，北京地铁公司承袭了军队的血统，军人的忠诚传统，也注入了军事化的管理思想。

为此，北京地铁公司提出建设"六型地铁"的战略目标，其中建设平安型地铁是我们的首要战略目标。2014年公司又对企业文化进行全面总结提升，颁布实施了《六型地铁文化手册》，形成了"六型地铁"文化体系。2015年公司总结提炼并颁布实施了《安全文化手册》。

二、"六型地铁"文化体系架构的主要内容

"六型地铁"文化是北京地铁公司企业文化建设的主题，包括理念体系、行为体系、视觉体系三大体系。"六型地铁"文化体系包括安全文化、服务文化、效益文化、法治地铁文化、廉洁文化和品牌文化等六个专项文化，还包括所属单位的子文化。为此，我们建立起基于核心价值观的集团公司、二级单位、基层单位的集团文化三级管控模式。

北京地铁公司的安全文化手册按照理念篇、战略篇、管理篇、行为篇、物态篇进行布局。关于安全文化的理念，我们确立了"以人为本创平安，永远

追求零风险"的安全理念，提出了"八个零"的安全控制目标，形成六大安全共识和八个安全观念。关于安全文化战略，始终坚持建设安全可靠，长治久安的平安型地铁，确立安全生产方针，构建安全战略体系，实施了"科技全安，管理路安，文化新安"的安全战略举措。关于安全文化管理，我们坚持责任明确，全面到位，严肃认真，系统防范的思想原则，构建了管理体系、责任机制和管理制度。关于安全文化行为，确立了三级行为准则、三种行为规范和三大行为保障。关于安全文化物态，主要是提高安全科技保障、创新安全文化再提保障、创立安全视觉保障三大保障。

三、北京地铁安全文化建设的方法和路径

（一）持续创新安全理念，筑牢安全文化之"根"

北京地铁几十年来的安全运营管理实践是安全理念不断创新的过程。从北京地铁建立至今，先后形成了一系列富有时代特征的安全管理思想，抓小防大、安全关系前移、安全运营基础取胜、安全运营领导人员是关键等，这些安全管理理念都是在安全运营工作实践中发掘总结提炼而成，具有很强的指导性和实践性。

在不同的重点时期我们也形成了不同的安全工作理念，在新中国成立 60 周年交通运输保障期间，公司提出了"隐患就是事故"的安全工作理念，做到大事不出，小事也不出。2010 年，公司确定了以"人为本创平安，永远追求零风险"的安全理念，努力追求人员、设备设施、环境管理"八个零"的目标。近年来，北京地铁大规模网络化运营格局形成后，任何一个小的故障，或者小的问题，对整个路网安全运营会产生特别大的影响，要求客运组织和系统设备管理的维护标准要更高。引导员工做到自律安全、自责安全、自我安全，提高了安全工作的质量和水平，保障北京地铁安全发展、科学发展。

（二）促进安全文化落地生根，夯实运营管理之"基"

北京地铁公司将安全文化融入运营管理的各个环节和全过程，建设并形成了三个体系。

健全完善安全文化宣贯体系。形成了党委统一领导，党政齐抓共管，组织部门组织协调，专业部门专项管理，相关部门各负其责，所属企业积极推动广大员工广泛参与的安全文化宣贯工作格局，建立了自上而下分层级的安全文化培训体系，建立了典型引领主题活动和富教于乐的常态化安全文化宣传教育体系。北京地铁公司广泛开展了《安全生产法》和《北京市轨道交通运营安全条例》的教育培训，利用安全例会、安全学习日、安全征文等形式组织开展安全大讨论。坚持每年深入开展安全生产月、安全主题演讲、安全知识竞赛、安全情景剧等一系列的活动。员工参与率、受教育率均达到 100%。通过系列活动使安全文化内化于心。我们注重发挥典型引领作用，开展安全示范的"金手柄奖""服务之心"和"标准化项目部"等认定评选活动，使安全文化外化于行，固化于制。

健全完善安全文化管理体系。我们建立集团公司所属企业基层单位的安全文化三级管控模式。制定下发北京地铁公司安全生产党政同责，一岗双责实施办法，强化主体责任、第一责任、专业监管责任和综合监管责任，形成了横到边、纵到底的安全管理责任体系。从解决运营生产中的直接问题入手，创新安全管理举措，完善了安全管理的规章制度，规范员工安全行为，完善应急抢险救援的体系。完善运营管控的量化评价，开展数据化的安全运营形势分析，普遍建立了员工安全绩效档案。公司实施的积分管理办法，每月对安全运营工作进行考核，建立起奖惩分明的安全文化环境，坚持组织员工参加北京市职业技能大赛，对竞赛中取得各专业前三名的员工提供快速晋升高级工的通道。每年对安全生产月和劳动竞赛中取得优异成绩的单位和个人进行表彰和奖励。

健全完善安全文化传播体系。北京地铁按照搭建大众传播、组织传播、人际传播平台的思路，形成了"两个一端"的新媒体安全文化传播体系。通过地铁网站、微博、微信、服务热线、车载移动电视等载体，通过开展站区岗接待日，站区岗接听服务热线等系列活动，加强与乘客的沟通，传播地铁安全知识。我们广泛向乘客发放乘客安全手册，北京突发事件应急处置 22 个怎么办等宣传品，倡导安全乘车，减少乘客不安全的行为。特别是近年来邀请地铁粉丝、北京平安地铁志愿者、媒体记者走进地铁，了解地铁背后的安全故事。

（三）加强安全品牌建设，凝聚员工力量之"魂"

创建安全管控体系的品牌。北京地铁公司基于多年的运营管理实践，形成了矩阵式安全控制体系，

强化事前防控和源头管理，最终将安全隐患消灭在萌芽状态，实现了运营安全管理规范化、标准化和科学化，使北京地铁的安全运营步入了持续、健康发展的良性轨道。同时，每年根据运营形势任务的要求，不断对体系的内容进行补充和完善。在大规模网络化运营的情况下，安全管控体系发挥了安全保障作用，持续提升了路网的安全管控能力。

创建安全教育基地的品牌。随着企业的快速发展，员工队伍不断壮大，北京地铁目前在职员工3.5万多人，其中35岁以下的年轻员工占80%。在2009年我们建成了让过去告诉未来安全教育培训基地，配套建设了安全教育展室和安全教育培训的教室。安全展览收集了北京地铁发展历程中68个典型的安全事故的案例，对全体员工进行警示教育。

创建了"金手柄奖"品牌。自2006年起，北京地铁公司每年开展"金手柄奖"评选，对安全行车达到70万、60万、50万车公里的司机分别授予"金手柄奖"、"银手柄奖"和"铜手柄奖"，极大地调动了地铁司机安全行车、遵章守纪的积极性和自觉性。目前，共有258人次获得"金手柄奖"，总奖励费用395万元。"手柄轻四两，责任重千金"，人车合一、技术精湛的责任意识和敬业奉献精神，成为北京地铁安全文化的精髓。

创建"北京平安地铁志愿服务"品牌。我们建立了对集团公司的总队、运营分公司的支队、战区的中队及下辖若干个志愿者分队的四级组体系，按照及时、准确、有效的原则，将志愿者服务信息的收集报告处置，纳入了北京地铁公司的运营生产指挥体系。通过APP信息系统和电话专线做到志愿者报告信息有处置、有反馈。北京地铁为保障首都城市运行安全，提升首都城市承载能力，建设国际一流和谐之都做出了重要贡献。

（北京市地铁运营有限公司）

建设卓越企业文化　引领企业科学发展

鞍钢是新中国第一个恢复建设的大型钢铁联合企业和最早建成的钢铁生产基地，被誉为"中国钢铁工业的摇篮""共和国钢铁工业的长子"。鞍钢股份有限公司于1997年5月由鞍山钢铁集团有限公司作为唯一发起人设立，并于1997年分别在香港联合交易所和深圳证券交易所挂牌上市。世界品牌实验室发布的2017年中国500最具价值品牌排行榜，鞍钢品牌荣登排行榜第55位。

在继承、融合、创新中建设卓越企业文化

"一五"期间，鞍钢人发扬艰苦创业、顽强拼争精神，完成了举世瞩目的"三大工程"——7号高炉、大型厂、无缝钢管厂建设，新中国的第一炉钢、第一根重轨、第一根无缝钢管均诞生于鞍钢。毛泽东主席曾赞扬"鞍钢工人阶级的英勇劳动是对我国实现社会主义工业化目标的重大贡献"。

在鞍钢的建设史上，涌现出以老英雄孟泰为代表的众多先进模范人物，在他们身上集中体现了鞍钢人在严峻的困难考验面前，艰苦奋斗、爱厂如家、为国分忧、无私奉献的主人翁精神，这种崇高的奉献精神被称为"孟泰精神"，成为鞍钢精神形成的重要基础和源头。

鞍钢有着自主创新的光荣传统，以发明"万能工具胎"的王崇伦、研制光轧机"反围盘"的张明山为代表的鞍钢人，勇于追求技术进步，大搞技术革新和技术革命，依靠现代科技振兴企业。以"两参一改三结合"为主要内容的科技创新管理经验——"鞍钢宪法"，至今仍对国内外企业管理产生深刻的影响。

1986年，提炼出鞍钢精神："创新、求实、拼争、奉献"。在鞍钢第三次党代会上将"鞍钢精神"写入党代会报告，成为鞍钢文化的精髓与核心。

"九五"以来，鞍钢领导及职工坚持解放思想，实事求是，与时俱进，继承发扬"创新、求实、拼争、奉献"的核心价值观，加强原始创新、集成创新和引进消化吸收再创新，成功地走出了一条具有中国特色的"高起点、少投入、快产出、高效益"的钢铁工业自主创新之路，实现了前所未有的跨越式发展，赋予了鞍钢核心价值新内涵。

2013年，公司按照鞍钢关于加强企业文化建设的要求，对企业文化体系构成要素进行全面规范，形成了既与鞍钢高度统一又兼顾自身特点的企业文化体系。

2016年，首次党代会的召开，卓越绩效管理模式进一步提升，公司企业文化系统得到新的提升，公司核心理念和发展思路得到了完善和升华。

用企业核心理念统筹管理格局

按照鞍钢集团第一次党代会，"坚持党要管党，从严治党，推进改革创新，加快转型升级，凝心聚力，攻坚克难，建设具有优秀企业公民价值观的上市公司，成为最具综合竞争力的钢铁企业"的要求，鞍钢制定"做强精品钢铁，实施绿色制造，提供卓越服务"发展战略，形成了新的工作思路：

鞍钢把握"两个关键"：一是保生存。抓住"效率、质量、客户"三个核心要素，打通瓶颈环节，优化销售战略，提高服务水平，提升市场份额，坚守产品边际利润为正、生产经营现金流量为正两条红线，确保在钢铁行业去产能的考验中立于不败之地。二是求发展。实施技术革新，深化降本增效，推动产品升级，稳定产品质量，做强精品钢铁，全面提升产品的市场占有率和品牌影响力，确保价值创造和技术革新能力达到国内行业领先水平，具有卓越的竞争优势和发展能力。

鞍钢发挥"三大优势"：一是发挥脱困振兴的经验优势。20世纪90年代，鞍钢经历了由计划经济向市场经济转型的阵痛。通过采取"主辅分离""减员增效"、加速淘汰落后生产工艺和管理方式等有效措施，我们战胜了各种困难，积累了逆势突围的宝贵经验，为新一轮的改革创新、转型升级提供有益借鉴。二是发挥自立担当的文化优势。鞍钢文化具有强大的生命力、感召力和影响力，闻名中外的"鞍钢宪法"，催人奋进的鞍钢精神，以孟泰、李晏家、李超等为代表的优秀职工队伍，在企业的改革创新、转型升级中发挥了作用。三是发挥勇于创新的技术优势。我们建立了较为成熟的技术创新体系，培养了一支素质过硬的科研队伍，积累了丰富的技术经验，尤其是"九五"以来，坚持自力更生，消化吸收先进技术，依靠自主集成创新，实现了装备升级，为调品、提质、增效提供了强大支撑。

·鞍钢坚持"四个原则"：一是坚持加强党的领导。党建思想政治工作是国有企业特有的政治优势。充分发挥思想政治工作优势，把党建工作与生产经营相结合，保证了企业改革发展不偏离方向。二是坚持五大发展理念。五大发展理念为调整经济结构、应对经济发展新常态指明了方向。鞍钢以五大发展理念为引领，把握行业发展趋势，破解发展难题、补上发展短板、增强发展动力、厚植发展优势。三

是坚持深化改革。保生存、求发展是第一要务，改革创新是必然选择。为此，坚持问题导向，继续推进改革，破除体制、机制障碍，提升企业运营效率。四是坚持依靠职工群众。职工群众中蕴藏着无尽的智慧和力量，坚定不移地依靠职工办企业，永葆企业发展活力。

鞍钢增强"五种能力"：一是增强服务客户的协调能力。把握客户需求，主动融入客户供应链，以客户需求作为产品研发和生产组织的导向，推进企业由生产制造商向综合服务商的转变。二是增强保证质量的管控能力。强化"严、精、细、实"的质量意识，恪守质量标准，严守工艺纪律，落实质量责任，提高产品原品种成材率，以精品战略提升品牌价值。三是增强促进发展的创新能力。搭建平台，培养人才，建立多维度、全系统的科技创新体制和成果转化机制。推进变革创新，优化资源配置，提高各生产要素的执行效率，把体制、机制创新作为提升发展能力的有效途径。四是增强宗旨意识的践行能力。转变干部作风，密切干群关系，营造和谐氛围。强化党风建设和反腐败工作，筑牢企业拒腐防变的防线。五是增强社会责任的实践能力。积极履行企业公民职责，保护资源环境，助推地区经济建设；坚持公平交易，维护市场秩序，引领和促进供应链协同进步，推动上下游各利益相关方之间互利共赢、和谐发展。

卓越品牌文化引领企业科学发展

鞍钢把品牌建设提升到企业生命高度来对待，把品牌建设纳入组织总体发展战略，明确公司品牌价值，明确品牌发展战略，多途径提升品牌文化，实现质量与品牌的相互促进、共同提升。制订了《2015—2017年发展战略和规划》，在发展目标中，明确提出"到2017年，把鞍钢建设成为具有知名度和信誉度的品牌企业"。鞍钢把"品种质量是企业生命"作为发展理念，明确了品牌建设理念："塑造强势品牌提升企业价值"。并确定了品牌建设的目标及品牌建设具体措施。

纵观品牌：鞍钢诞生了新中国第一根无缝钢管、第一根重轨、第一座现代化高炉、流出第一炉铁水。"鞍钢牌"是新中国第一个钢铁品牌，是国家驰名品牌。在武汉长江大桥、三峡水利枢纽、西气东输、青藏铁路、重庆朝天门大桥、"神舟"载人飞船等重

点工程中，在国家体育场鸟巢、国家游泳中心水立方、奥运专线胶济铁路，都会看到鞍钢品牌的身影，并得到了社会的广泛认可。

鞍钢根据总体战略和企业文化规划，制定了品牌职能规划。形成了目标清楚、措施得力的行动计划并付诸实施：提炼品牌核心价值、规范品牌识别系统、建立品牌战略模型、延伸扩张品牌影响、提升品牌管理水平。注重品牌日常管理和维护，不断提升企业知名度、品质认可度、品牌溢价力、品牌忠诚度等。建立"品牌预警系统"，避免"品牌危机"事件的发生。

创建以质量为核心的品牌文化

鞍钢品牌具有丰富的支撑要素。鞍钢的历史和雄厚的文化底蕴、领先的钢铁产品系列、以"鞍钢宪法"为代表的管理创新品牌和以郭明义为代表的在国内具有巨大品牌效应的典型人物等，都是鞍钢品牌建设的宝贵资源。

品牌传播渠道相对完善，并具有一定的品牌维护经验。拥有报纸、网站、微博等多渠道的自有传播平台，与国内主流媒体建立了良好的关系，具有利用展会、会议平台等进行品牌传播的经验，建立了舆情监控机制等。

品牌驱动发展。国家海洋装备用金属材料及其应用的重点实验室落户技术中心。瞄准市场需求，共开发新产品 322 个，136 个成果获得各类科技成果奖。大力推进职工自主创新活动，命名 13 个鞍山钢铁职工创新工作室。深化学习郭明义系列活动，成立郭明义敬业奉献团队 360 余支。建设了鞍钢博物馆，完善了雷锋、孟泰纪念馆，文化阵地更加丰富。鞍钢被评为全国文明单位、全国学雷锋示范基地。

（鞍钢股份有限公司）

把握新媒体机遇　创新企业文化建设
持续提升集团影响力

北京控股集团有限公司成立于 2005 年 1 月，2011 年 7 月，北控集团与北京京仪集团实施联合重组，企业实力进一步增强；2016 年 2 月，北控集团与北京市政总院合并重组，业务领域进一步扩大。北控集团紧抓京津冀协同发展和国家"一带一路"发展机遇，主动适应经济发展新常态，用文化支撑和保证经营业绩持续增长的良好态势。

一、北控特色文化推动集团高端发展

北控集团注重文化融合，引领业务整合和业务拓展，提高文化认同感，形成向心力、凝聚力。培养企业精神，塑造企业形象，优化企业内外环境，全力打造具有北控特色的文化体系，形成了"用心奉献，共享尊重"的核心价值理念和"专业化发展、包容性成长"的发展理念，并在此基础之上，进一步构建理念体系，研究跨文化建设，使企业的价值理念逐步转化为员工的行为规范和自觉行动。

北控集团优秀的企业文化激活了企业发展的内生动力。结合高速发展现状，集团将文化理念融入企业管理各个环节，以文化理念诠释集团发展思路，以文化理念引领集团高端发展，以文化魅力凝聚职工队伍，以文化活动营造集团氛围。

二、用互联网思维建设北控企业文化

在互联网的浪潮下，北控集团积极探索企业文化传播新思路、新途径、新方法，针对集团业态丰富，体制、机制多元化等特点，用互联网思维推进企业文化建设，以人为本，加快新媒体平台建设，在思想上接受新媒体、关注新媒体、不断认识新媒体的巨大能量和潜在价值，在能力上驾驭新媒体、赋予新媒体新的时代符号，在效果上增强新媒体的传播深度、广度、效度，以互联网思维积极探索"两微一端"等互联网衍生传播工具的开发应用，用高速的互联网手段传播企业文化和企业精神，全面推进企业文化传播的网络化、系统化、规范化，宣贯包容性成长理念，加快文化整合，凝聚员工力量。通过企业文化建设主题实践活动，理清文化建设思路，创新文化建设模式，系统内各企业根据集团总体要求，分别开展了有特色、有成效的企业文化建设工作，设计完成了企业理念、制度、行为、视觉识别系统及管理系统，以其及时性、开放性、多样性、灵活性和互动性等特点，使传播效率迅速提高，传播范围得到极大拓展。

北控集团加快传统媒体与新媒体融合发展。目前，北控集团以及旗下众多企业及所属企业建立了官方网站、微信公众号等，集团办公室、工会、研

究室等部门均有微信宣传平台，形成了传播内容一次性采集、多媒体呈现、多渠道发布内外宣传联动机制，做到了一种声音，不同表达，一个主题，不同呈现。集团融合传统媒体和新媒体优势，广泛开展企业文化建设主体实践活动，开辟"企业文化大家谈""用心奉献　共享尊重""传递正能量"等专栏，积极报道与集团企业文化相关的先进人物、企业间互联互通、合作共赢的动态，营造自觉落实包容性成长文化理念的良好氛围，构建新媒体工作格局强化品牌传播，发挥新媒体在舆论引领、正能量传播上的作用，不断加快新媒体宣传载体体系建设和新媒体话语体系创新，推进文化落地。

三、新媒体为北控文化发展注入活力

（一）利用新媒体"信息＋"，创建数字工会平台

2015年，北控集团"数字工会"上线运行。北控集团"数字工会"是一个高度集成的一体化服务管理平台，该平台可实现宣传、教育、服务、办公的一体化联动，通过数字工会各模块建设打造了"12351"服务体系，即"一库：北控集团职工信息数据库；二馆：北控数字图书馆、北控数字博物馆；三网：工会网、微信微网、职工三级服务网；五平台：文化博物平台、电子商务平台、虚拟教学平台、职工帮扶平台、移动即时平台；一个家：北控职工和谐之家"。北控员工登陆数字工会用户端，可以查看医疗报销、互助保障、电子图书阅读等，随时享受"家"的服务。

（二）利用新媒体"链接＋"，打造移动智慧生活

发挥城市智慧型产业优势，集成先进技术，推进信息网络综合化、宽带化、物联化、智能化，携手伙伴共建智慧城市良性生态系统，保障智慧服务，提供智慧公共安全，打造移动智慧生活。

2015年，北控集团旗下一卡通的"朋友圈"扩展到"智慧一卡通大厦"，以市政交通一卡通为载体，以白领用户为对象，打造满足工作、就餐、消费所需的便捷用卡环境。未来，一卡通将携手它的朋友圈，实现更多"多卡合一"功能。

北控集团所属北控智慧城市公司以智慧社区为蓝图，推出智慧街乡整体解决方案，整合运用移动互联、物联网、大数据、云技术，通过社区服务卡、社管通一体机、智慧社区APP、微信公众号和传统PC，实现"四网融合"（街乡网、政务网、互联网、部门专网），打造更加智慧便捷的社区生活。

（三）利用新媒体"服务＋"，提升用户消费体验

2015年，北控集团旗下燕京啤酒漓泉公司通过"互联网＋"活动，提升用户体验和参与度。用户在"骑行故事、骑行人生"活动平台上传能够表达自己积极向上的人生观的故事，上传后，用户同时可以将自己的人生故事及体验分享给周围的朋友，传递更多正能量。用户不论是上传个人故事，还是将自己的人生经验分享给朋友，都可以获得抽取精美礼品的机会。北控集团所属燕京啤酒集团通过互联网平台，开通京东、天猫旗舰店，创新业务模式，为消费者提供便捷的消费渠道，提升消费体验。

（四）利用新媒体"辐射＋"，树立企业良好形象

北控集团积极参与社会公益，寻求企业与社会创造共享价值的机会。在助力首都城市建设进程中，北控集团响应北京市政府"关于加快发展足篮排三大球的精髓提高运动技术水平，鼓励社会力量创办、加入职业俱乐部的号召"，将体育基因植入城市肌理，打造首都体育名片。

北控集团进一步明确北控品牌定位，发挥北控足球和篮球的品牌效应，赞助2019年男篮世界杯，成为国际篮联全球顶级赛事合作伙伴，利用网站、微信公众号等，充分发挥北控燕京足球和北控男篮在体育领域的品牌宣传作用。此外，北控集团与新华社、新浪体育、搜狐体育、北京电视台等网络和主流媒体加强合作，持续报道北控足球、篮球动态，极大地提升了北控品牌的社会曝光率。

（五）利用新媒体"管理＋"，提高员工文化素质

新媒体让企业员工更好地了解行业发展，培育了国际化视野，有利于员工解放思想，提高凝聚力。北控集团与京堂网合作，为员工提供移动在线学习平台。通过名家商学院APP，员工可以利用碎片化时间，随时随地学习经营、管理、经济、法律、人文等各方面的知识，使学习变得更加简单和便利。

（六）利用新媒体"党建＋"，提升企业软实力

北控集团结合"第三个五年"规划，制定完善信息化整体规划，建设集团高速专网及移动专网，加快业务模块上线，推进OA系统（全功能）和移动OA上线运行。集团利用"网上信访"平台，提高信访工作规范化和信息化水平。

在"两学一做"学习教育中，北控集团各级党群部门充分利用微信传播的便利性、广泛性和时效性

特点，将党员教育、知识问卷、精神宣贯线上化、可视化、趣味化，开展网上知识竞赛、人人讲党课等丰富多彩的学习活动，创新学习方式，扩大学习教育覆盖面，充分激发广大党员的学习积极性。

此外，北控集团将企业核心价值观融入企业文化故事，开展微电影创作、开展"弘扬北控文化，做文明有礼的北控人""国企楷模，北京榜样"活动，对内以企业报、手机报、集团网站、微信企业号等为主阵地，广泛宣传工作精神，全面报道发展成就，深入挖掘和及时展示优秀团队与先进人物，激发了全体员工的责任感、自豪感和荣誉感；对外全媒体、多角度宣传集团发展成就和重要贡献，通过报刊、电视、广播、网络报道千余篇次，提升了集团社会影响力。

（北京控股集团有限公司）

创新　引领未来汽车生活

上海汽车集团股份有限公司简称上汽集团，是上海重要的支柱产业、中国最大的汽车集团，主要业务涵盖整车（包括乘用车、商用车）、零部件（包括发动机、变速箱、动力传动、底盘、内外饰、电子电器等）的研发、生产、销售，物流、车载信息、二手车以及汽车金融业务等。

伴随着上海汽车工业的孕育形成，上汽坚持解放思想、勇于创新，抓住改革开放、产业发展和全球化机遇，快速成长进步，实现了跨越式的发展。在这一系列历史进程中，从合资合作、国产化到收购兼并、跨地区经营，再到创建自主品牌、整体上市，一路走来，上汽始终坚持文化建设与发展阶段相适应，与战略规划相衔接，与经营管理相融合，形成了与时俱进的文化理念。

确立以创新为核心的文化理念

新常态下，汽车行业面临的产业环境和市场格局正在发生深刻变化。国内汽车市场将从过去多年的持续快速增长期开始转向稳定增长期，消费者需求正在发生深刻变化，世界汽车工业出现了"互连互通、新能源、智能化、新材料、共享经济"等发展趋势，上汽与跨国汽车巨头的差距虽然在不断缩小，但在核心竞争能力、国际经营能力等方面还有相当

差距。2014年5月，习近平总书记视察上汽技术中心，勉励上汽自主创新要"加大研发力度，认真研究市场，用活用好政策，开发适应各种需求的产品"。2015年，党的十八届五中全会提出"创新、协调、绿色、开放、共享"五大发展理念，明确了创新发展是"十三五"时期经济结构实现战略性调整的关键驱动因素，是实现"五位一体"总体布局下全面发展的根本支撑和关键动力。

面向未来，只有靠全面创新、持续创新，传统汽车业才能从激烈的市场竞争中杀开血路、突出重围，才能牢牢把握竞争格局的变化，适应新形势、争创新优势。面对新形势、新挑战，上汽于2014年明确了未来战略定位：成为全球布局、跨国经营，具有国际竞争力和品牌影响力的世界著名汽车公司。未来的转型方向：从主要依赖制造业的传统企业，加快转向为消费者提供全方位产品和服务的综合供应商。

明确了战略定位和转型方向后，上汽深刻认识到，要加快转型，关键在于能否注入创新基因，而创新基因必须厚植于企业文化的土壤，才能保持长久旺盛的生命力。在集团广大干部职工的广泛参与下，上汽对企业文化进行了新一轮的培育和塑造，确立了以创新为核心的企业文化理念。

创新文化成为上汽转型的原动力

上汽广大干部员工进一步意识到：创新发展，源于思想解放；创新行动，首先体现在人的观念创新上。要让20余万以青年人为主体的上汽员工同心同德、共同推进创新转型升级战略，关键要在顶层设计上注入创新基因，引领上汽未来发展。

在前期思考酝酿、调查研究的基础上，上汽于2015年上半年启动了上汽文化的重塑工作。集团聘请了外部咨询机构，与有关部门组成联合工作组，梳理了大量的内外部有关材料，既讲求上汽的历史传承，又虚心借鉴他人的宝贵经验。

上汽用"创新"统领上汽愿景、使命、价值观的重塑，形成新的企业文化理念体系。上汽的愿景是倾力打造富有创新精神的世界著名汽车公司，引领未来汽车生活；上汽的使命是坚持市场导向，依靠优秀的员工队伍，持续创新产品和服务，为各相关方创造价值；上汽的价值观是诚信、责任、合作、创新、进取、梦想，成为凝聚广大员工思想共识、

助推上汽创新转型的原动力。

强化创新文化并内化于心

理念是行动的先导，文化理念是发展思路、发展方向、发展着力点的集中体现。上汽下属公司中既有合资企业，又有国有企业；既有传统的整车制造、零部件业务，又有新兴的服务贸易、金融业务；既有沪内企业，又有沪外企业，20多万名员工要真正发挥新愿景、使命、价值观统一思想、凝聚共识、鼓舞人心、凝聚力量的作用，首要的是引导广大员工认知、认同，真正将上汽文化内化于心。

为此，上汽制定了企业文化建设"十三五"规划，在践行的过程中要处理好以下关系：一是把集团新的文化与各单位传统文化有机接续起来，处理好"上下关系"；二是把集团新的文化与企业的经营管理活动有机结合起来，处理好"形神关系"；三是把中方母公司和外方公司的企业文化有机融合起来，处理好"中外关系"。

在集团层面，上汽持续开展了员工满意度调研，通过有针对性的"服务实事"项目，员工有了更多获得感，满意度稳步提高，对集团未来发展的战略定位、转型方向的认同度不断提升；同时，通过展板上墙、文化培训、媒体宣传等方式，进一步增强文化理念的知晓度，并明确了"爱上汽车、畅行天下"的品牌口号；上海通用、上海大众先后更名为上汽通用、上汽大众，进一步强化集团意识；广泛开展"微创新"活动，涌现了以"创新36计"为代表的实践案例，营造出参与创新、崇尚创新的浓厚氛围。

抓创新文化就是抓企业发展。企业文化要落地，关键要"知行合一"。在加强文化理念宣贯的同时，上汽注重加强顶层设计，把新的文化理念落实到集团创新发展战略上，做到"有抓手、有载体、有项目"。

容错机制是上汽鼓励创新的重要抓手，对前瞻技术、业务模式、海外经营等方面的一些创新项目，只要尽心尽力履职，即使项目未能达标，甚至失败，在审计、考核等方面也不作负面评价。目前，容错机制已经纳入上汽的公司章程，这在国内上市企业中还是唯一的。

种子基金是上汽培育创新的重要载体，首期投入了1亿元资金，允许员工利用非脱产时间和公司设施进行创新研究。对有价值的项目可转入产品开发，并给予奖励，甚至孵化创新公司；验证无效的"种子"项目，纳入容错机制。目前，有87项获得首笔资金支持，14项进入培育阶段。

围绕"新能源＋互联网＋智能化"，有序推进重大创新项目。近几年，上汽先后推出了荣威e50纯电动、e550、e950混合动力等新能源汽车产品；与阿里巴巴集团携手打造了首款互联网汽车荣威RX5，短短2个多月订单就突破5万辆，成为中国品牌SUV"增速王"；在无人驾驶汽车方面，上汽的iGS智能驾驶汽车已经上路测试1万多公里，并在中国工博会上获得金奖。在硅谷建立了加州技术中心，同时注重汽车后市场领域的业务，形成了集团统筹协调、板块联动创新的生态圈布局。

在创新文化的引领下，上汽广大干部员工凝心聚力、锐意进取，助推上汽取得了令人瞩目的成绩。2015年，上汽整车销量突破590万辆，连续10年位居全国汽车销量第一。2016年，上汽第12次进入世界500强排行榜，跃居第46位。

习近平总书记指出"创新是引领发展的第一动力，抓创新就是抓发展，谋创新就是谋未来"。我们坚信，根植于上汽人心中的文化力量，必将汇聚起强大的创新洪流，奔向通往世界著名汽车公司的彼岸。

（上海汽车集团股份有限公司）

传承　弘扬　延伸

经过32年的创业与发展，上海三菱电梯有限公司已成为中国最大的电梯制造和销售企业。公司始终遵循"传承、借鉴、个性"的企业文化建设基本原则，以文化力促进竞争力、凝聚力，使企业文化建设产生了强大推动力，切实内化为企业核心竞争力，从而成为推进企业转型升级、和谐发展的原动力。

一、传承"军工精神"，赋予新时代企业文化新内涵

随着公司的壮大，"80后""90后"的新进员工占了很大比例，三菱公司把"传承'军工精神'，赋予新时代企业文化新内涵"作为文化推进目标，弘扬正能量，营造和谐奋进的发展文化氛围。

（一）传承企业合资前身军工时期的"军工精神"

三菱公司合资前是一家军工企业，20世纪70

年代老一辈干部职工留下了一笔宝贵的精神财富——勤奋敬业、质量意识、勇于开拓的"军工精神"，是公司深厚企业文化积淀之所在。在新时代，三菱公司对"军工精神"的新诠释是：养成一种艰苦奋斗的思维方式和工作习惯，养成一种对质量的严格要求意识，养成一种敢为人先、不服输的精神状态，要在与前辈的对比中激发起我们的工作热情和斗志。

（二）持续丰富公司企业文化理念系统新内涵

三菱公司企业文化理念系统十年前就已确立。面对国家和企业"转型升级"的双重需要，公司审势度势，提出了"第二次创业"的理念，在实践以"超越自我、从零开始"的企业文化核心理念的同时，进一步强调要坚持"以顾客为中心"的新核心价值观，并且把"转型升级"和"强化服务意识"等理念，丰富到公司企业文化理念体系的内涵中。经过多年的循序渐进，具有公司个性的，以"超越自我、从零开始，坚持以顾客为中心"为核心价值观的企业文化系统逐渐深入人心，成为引导塑造员工行为的有效途径，成为公司实现持续、快速、稳健发展的有力保证。

二、新时代企业文化建设注重"落好地，扎好根"

（一）建立完善企业文化建设组织体系和工作机制

三菱公司形成了党政协同推进的工作体制，并将企业文化建设纳入年度方针目标管理和中长期发展规划中，同步检查和考核。

（二）在企业文化建设中全方位发挥员工的两大作用

三菱公司领导层高度重视，充分发挥经营者主导作用。企业理念就是领导班子集体设计提出，经党委共同酝酿倡导的。同时，全国劳动模范、全国人大代表范秉勋董事长以开拓创新、廉洁自重的人格魅力，诠释着企业文化的真谛，使得企业文化体系不断深入人心。

三菱公司"以人为本"，注重充分发挥全体员工的三个主体作用。

一是全员教育。通过坚持每年开展形势任务教育、在入职培训和骨干培训中设置"企业文化"课程，举办第50万台、第60万台、第70万台电梯出厂和公司华宁路分部二期竣工仪式、成立30周年纪念仪式、进行《青年眼中的上海三菱电梯》企业文化展示大赛、召开"我与上海三菱电梯同成长——身边人身边事'青年座谈会"等活动，坚持企业文化人格化实践。

二是全员构建。开展了"上海三菱人格言"、行为规范、企业理念和《上海三菱电梯之歌》歌词的全员征集，举行了四次全员观念大讨论，形成"营销最前线""最危险的竞争对手是自己""人才最根本""最需要的是责任感"的统一观念。公司广告语"上上下下的享受——上海三菱电梯"就是从一位普通员工的手中征集来的。

三是全员实践。将企业文化建设融入新时代生产经营管理实践，电梯物联网技术的应用，管理体系完善提升认证、新产品开发、重大工程建设、生产经营目标完成都体现了全员企业文化实践形成团队精神的强大执行力；积极开展全员劳动竞赛、合理化建议和QC活动等群众性活动实践，构建了群众性活动信息平台，产生了巨大的经济效益，形成为企业发展建言献策的氛围；要求全体员工参与遵守企业理念、行为规范的实践，要遵守社会公德、职业道德、家庭伦理道德三种道德，争做文明职工、文明市民、文明家庭成员；每两年交替举办职工文化艺术节、职工运动会，举办厂庆文艺活动，发挥了陶冶情操、展示才华和凝聚人心的作用。

（三）企业文化建设常抓不懈，做到"五个结合"

回报社会相结合。三菱公司秉承"为企业创造效益、更为社会创造价值"的宗旨，合资初期就开展了"上海三菱电梯同龄人"活动，雅安地震期间第一时间前往上海市慈善基金会为灾区募捐；在上海电机学院设立奖学金，参与《未成年人道德丛书》和《上海市市民手册》赠书活动，参加"电梯困人人道主义援助方案"，实施与"110"电话联动服务；在世博会、大运会等国家重大活动中坚持提供电梯安全保障服务，赢得了社会的广泛认同。

与企业管理、思政工作相结合。三菱公司建立了包括十九大类300多个规章制度的企业制度体系，并汇编了《中外合资企业优化管理探索》《坚持·探索·创新》文集、《创先与实践》(1～5册)，形成文化的合力，推动了各项工作的不断发展。

硬件和软件相结合。三菱公司在导入企业识别系统设计、建立理念体系、强化文化建设的设施、绿化、美化厂区环境、信息化等方面都保证了资金的投入。

与民主管理相结合。三菱公司坚持一年召开两次职代会和工会会员代表大会，进行平等协商并签订集体合同；2012 年开始建立了"本部、支部员工意见征询会"长效机制。

与异域文化相结合。三菱公司借鉴日方的企业文化，请日方管理人员一起参加企业文化建设，争取他们的"了解、理解、支持、参与"。通过一系列的文化创新，为公司转型升级营造起催人奋进的企业文化氛围。

三、探索转型升级时代分公司企业文化建设新途径

目前三菱公司已在全国范围内建立起由 90 个直属分公司构成的营销服务网络，这 90 家分公司和近8000 名员工地处天南海北，给企业文化实现全覆盖带来诸多困难。为此，公司"由外而内"，致力于把文化建设融入到"走出去"进程的探索实践中。

（一）组织探索

2013 年组织关系隶属于云南护国街道党工委的属地化党支部云南分公司党支部成立，走出了三菱公司党委和属地党委联建、共建的第一步，2015 年云南分公司还获得了昆明市五华区文明单位称号。

（二）培训探索

三菱公司探索了"校企合作"，建立大区服务技能培训分中心新模式，目前已与陕西省建筑材料工业学校和天津轻工职业技术学院等学校合作，在七个大区分别建立了七个培训分中心，解决了分公司员工培训难的瓶颈。

（三）手段探索

三菱公司建立了评选表彰全国分公司优秀员工机制；尝试开展了分公司企业文化宣讲活动，目前已经在七个大区举行了多期分公司企业文化宣讲暨分公司企业文化讲师培训班，同时开展了分公司企业文化建设情况调研。

（四）"信息化"探索

面对分公司建设的实际情况，近年来，三菱公司致力于构建起"一核心六平台"的企业文化网络格局。

一核心是："以企业文化建设网络信息化为核心"。

六平台，即：一是"党务公开门户网站"——党务信息网上"通"。三菱公司建立了以"党务公开门户网站、党务公开意见和建议电子信箱、党务公开档案电子化归档"为主要内容的党务公开信息平台，实现了公司本部、全国 7 大区党支部二级党务立体公开，发扬了党内民主，确保了党务公开全参与、全覆盖。二是《上海三菱电梯》期刊网络版——公司期刊网上"看"。三菱公司期刊 1988 年 5 月创刊；2010年公司在发放实物版的同时，同步发布了网络版，让分公司的员工也能第一时间阅览期刊，感受企业文化。三是 E-learning 在线学习系统——文化业务知识网上"学"。该平台于 2012 年 10 月正式上线，目前，共有各类电子课件及电子化教材近 150 门。四是上海三菱电梯微信公众号——及时信息网上"晒"。三菱公司微信公众号于 2014 年 4 月创建，目前，总用户数达到 15094 个；同时，于 2015 年 4 月开通了团委微信公众号，2016 年更名为"灵感在线"，公司微信公众号的开通，打造了员工共同参与、共同成长的员工成长舞台。五是合理化建议网上申报系统——合理化建议网上"报"。三菱公司《合理化建议信息平台》系统于 2012 年 3 月 26 日正式上线，通过信息化系统组织、发动、收集和处理广大员工提出的合理化建议，并将合理化建议工作延伸到了全国 80 家分公司，从而进一步把合理化建议活动推向深入。六是网络视频会议系统——远程会议网上"开"。自 2001 年 3 月三菱公司就尝试举办了第一次分公司网上组织生活至今，已经召开了包括各种业务、分公司网上组织生活、党支部选举和党员评审、分公司网络意见征询会等，有效提高了公司各部门之间的沟通效率、提升反应速度、降低差旅费用成本。

网络企业文化平台的形成，不仅克服了大区分公司企业文化和精神文明建设实施的具体困难，密切公司党群、干群关系，更好地展示了企业文化建设强盛生命力、吸引力和推动力。

在新的历史背景下，电梯行业竞争形势日趋严峻，我们将以更宽阔的视野和国际化理念审视新情况，进一步深化企业文化建设，实现上海三菱电梯的奋斗目标。

（上海三菱电梯有限公司）

坚持走创新发展的民企文化建设之路
为企业健康可持续发展提供不竭精神动力

万丰奥特控股集团是以先进制造业为核心的民营股份制国际化大型企业集团，自创立以来，坚持以文化为魂，大力推进企业文化建设，经历了从"文化自醒—文化自觉—文化自信—文化自强"的历程，基本实现了从"人治"到"法治"再到"自治"的目标，走出了一条独具特色的文化建设之路。

一、注重加强对企业文化建设的领导

万丰集团党委书记、董事局主席曾东渡日本，对12家百年以上的著名企业进行考察，通过把握企业文化建设的认知背景、历史背景、现实背景、战略背景、社会背景，并亲自过问、参与策划企业文化建设工作。明确了"永恒提升价值、不断奉献社会"的企业文化核心价值观，制订了企业文化发展战略，落实工作经费。

二、注重总结提炼企业文化的内涵

万丰集团通过感悟历史、学习借鉴、上下讨论等途径，总结提炼独特的企业精神和凝聚员工的价值观念，建立健全万丰企业文化制度，形成了7大系41项企业基本制度，概括出了包括使命、价值观、愿景、精神等在内的20个文化理念，编印了《追梦人》《万丰奥特成长之路——基业可以常青》《十年一剑》《感悟经营价值》《党旗飘飘》《员工手册》等书籍，集中展示企业文化。

三、注重企业文化基础设施的建设

万丰集团以建设花园式企业为目标，近年来投资300万元美化、亮化园区，不断改善员工工作和生活环境。投入上千万元，建成了职工之家俱乐部、电子阅览室、足球场、篮球场、网球场、羽毛球场、游泳池、广场大舞台、戏曲舞台等较为完备齐全的文化设施，为员工开展丰富多彩的活动提供了场地和设施保证。

（一）突出企业文化建设的重点

创新文化、红色文化、监督文化、人本文化、包容文化，为企业发展提供了保障。譬如，万丰集团公司非常重视企业发展战略研究，自创立23年来，共制定五个五年规划，从而保持了健康、稳定、可持续发展。同时注重提高各级干部对战略的认知度、献智度、执行度，专门组织各级团队精英近300人汇聚新昌市，进行"十三五"战略规划的研讨。

（二）创新企业文化传递的途径

万丰集团通过高管示范、媒体宣传、野马特训、学习培训、组织活动、制度建设等途径来传递企业文化，使企业文化内化于心、固化于制、外化于行。通过万丰网站、万丰党建网、万丰创业十五周年纪录片、万丰论坛、《万丰之歌》（万丰人作词作曲）、编印《万丰报》和《万丰人》杂志、挂放宣传标牌、播放宣传片、传唱企业歌、穿文化衫等方式，加强对万丰文化的宣传，创造性地运用野马特训方式，培育员工企业精神。

（三）党建与企业文化建设的互动

万丰集团以"红色万丰"为龙头，充分发挥党、工、青、妇、兵各组织的职能优势，把企业文化体现在各组织的职能工作之中，努力打造"活力幸福企业"，先后被评为省级优秀基层党组织、省级"双强百佳"基层党组织，在提高企业党建美誉度中提升企业文化建设水平，促进企业可持续健康发展。

（四）注重以企业文化促进和谐劳动关系

万丰集团党委通过精神文明联席会议形式，形成了企业文化为灵魂，技能和制度培训为重点，宣传、文体、提高生活质量相结合的工作机制，坚持以员工为本，深入实施"五大工程"，得到了浙江省陈加元副省长的批示肯定。

四、确立文化体系

万丰文化主要由三个层次组成：一是万丰精神，教导员工如何做人。万丰精神即"野马"精神，包含六种内涵：强大的活力、不驯服精神、良好的环境适应性、群体协作性、强健的体魄、吃苦耐劳的特性，"野马"精神体系具体包括"六词一形象"，即服从、忠诚、勤奋、眼光、气魄、毅力，精明强干、开拓创新、团结奋战的野马形象。二是万丰理念，教导员工如何做事。万丰理念也包括六个方面：企业使命（为客户提供满意的优质产品）、价值观（永恒提升价值，不断奉献社会）、愿景（营造国际品牌，构筑百年企业）、目标（百强万丰、百亿万丰、百年万丰）、方针（万里之行，始于轮下；丰功伟业，基在创新）、作风（实事求是，艰苦奋斗；雷厉风行，

一抓到底)、五种精神(敬业精神、竞争精神、实干精神、学习精神、团队精神)。三是万丰制度,员工的基本行为规范。依法治国是我国的基本方略。万丰非常重视制度建设,把制度作为企业的法律,每年的制度修订都要经过自下而上的层层讨论,制度颁布后各级干部带头进行集体学习,达到自我执行。

创新传递方式,企业文化深入人心。一是企业文化建设信息化。开展"微直播"。万丰集团党委书记带头建微博,要求每位党员、干部都开通微博,集团开通了"万丰奥特控股集团党建微博",落实专人管理,每逢公司重大活动,集团党委都会进行"微直播",举办"微课堂"。集团党委指定专人每周编发"手机课堂"短信,及时宣传党的路线方针政策和集团重要新闻、重大部署以及企业文化理念,加强对员工的教育引导。二是多管齐下促宣传。通过高管示范、媒体宣传、学习培训、组织活动、制度建设等途径来传递企业文化,使企业文化内化于心、固化于制、外化于行。例如,通过万丰网站、万丰论坛、《万丰之歌》、《万丰人》杂志、《万丰报》(全国优秀企业内刊特等奖)等方式,加强对企业文化的宣传。通过 VI 规范企业文化视觉识别系统,编印《追梦人》《十年一剑》《感悟经营价值》《党旗飘飘》《员工手册》等书籍展示企业文化。三是文化设施建设促保障。遵循"绿色万丰"理念,建设国际一流的现代化、花园式企业,万丰集团投入数千万元,建成了职工之家俱乐部、电子阅览室、足球场、篮球场、网球场、羽毛球场、游泳池、广场大舞台、戏曲舞台等较为完备、齐全的文化设施,为员工开展丰富多彩的活动提供了载体保证。

五、企业文化与专项活动互动,彰显品牌特色

万丰集团将企业文化建设与党建、思想政治工作、精神文明建设、构建和谐劳动关系有机结合起来,组织开展主题文化活动。特别是与构建和谐劳动关系结合互动,建立互助基金、为员工办理团购商品房;开展"好母亲、好妻子、好丈夫"评选;组织小万丰人进行《弟子规》《三字经》等朗诵活动,使企业文化的凝聚力从员工辐射到家庭等都收到了很好的效果。

遵循"永恒提升价值、不断奉献社会"的价值观念,万丰集团自觉履行社会责任,展示企业风采,提高了企业知名度和美誉度。一是自觉履行社会责任行为。万丰集团始终坚持依法经营、诚实经营、节约资源、保护环境,加强综治管理和安全生产管理,建立 GB/T 28001—2001 职业安全健康管理体系,层层签订安全责任书,结果与经济挂钩,连续几年被评为市级"治安安全单位"、省级"社会治安综合治理"先进集体。加强生态建设,坚持走资源节约型、清洁生产型、生态保持型、循环经济型之路,建立了 ISO 14001:2000 环境管理体系,投资 700多万元建造污水处理站,废水排放远低于地区标准;2009 年投资近 1 亿元,对生产线进行节能降耗技术改造,使单位万元工业增加值能耗下降被列为浙江省首批绿色企业。二是积极参与社会公益事业。近年来,万丰集团在抗震救灾、支持新农村建设、教育、体育、文化事业上累计投入资金 2 亿多元。在绍兴市慈善总会设立了慈善基金 1 亿元,大力支持首钢男篮、世界女篮联赛、世界特奥会、发展调腔文化等,为汶川地震捐款 350 万元,回报社会、奉献爱心。2011 年积极响应省委省政府的号召,赞助第八届全国残运会,为残疾人搭建梦想的舞台,成为浙江十大爱心民企。积极响应十七大提出的推进社会主义新农村建设以及省委省政府提出的"千村示范、万村整治"工程的号召,个人出资 500 万设立了全省首个美丽乡村建设基金。2014 年,万丰集团董事长带头捐赠 1000 万元用于"五水共治",共建美丽家乡,带动了员工,在社会上产生了较大反响。

(万丰奥特控股集团)

借势新媒体　提升企业文化
建设信息化水平

金隅集团在北京市委市政府和市国资委的坚强领导下,历经 60 多年沧桑巨变,从北京市建材工业局逐步演变和成长壮大,特别是改革开放 40 年来,集团上下自觉坚持党的领导,加强党的建设,把方向、管大局、保落实,锐意改革,开拓创新,经过企业化、集团化、股份化、证券化、整体上市等重大改革改制,从原有生产砖瓦灰砂石等基础建材的地方工业局,发展成为以"新型绿色环保建材制造、贸易及服务,房地产开发经营、物业管理"为主业的市属大型国有控股产业集团和 A＋H 股整体上市公司,位列中国企业 500 强、中国企业效益 200 佳和

全国企业盈利能力 100 强。金隅集团大力弘扬以"想干事、会干事、干成事、不出事、好共事"的干事文化、"八个特别"的人文精神、"共融、共享、共赢、共荣"的发展理念和"三重一争"的金隅精神为核心的优秀金隅文化，坚持加快转变发展方式这条主线，坚持整体做强、做优、做大发展战略，始终以一脉相承而又与时俱进的优秀企业文化，凝聚全系统干部职工精诚团结与和谐奋进，汇聚了强大发展动力和巨大文化合力，推动了集团跨越式发展。

全方位搭建架构清晰、层次分明的网络发声平台

与传统媒体相比，新媒体不仅具有传播速度快、信息量大、直观方便、形式多样等特点，同时具有交互性强、受众参与度高等优势。现在多数企业员工都是新媒体的使用者，无疑新媒体已成为企业文化的重要传播手段，是企业文化信息的重要载体，深刻影响和塑造员工的思想和行为。金隅集团党委高度重视发挥优秀企业文化的引领、导向和凝聚作用，注重以传统宣传形式为基础，积极整合、驾驭新媒体资源，实现了全方位信息传播和接收模式，打造"一报、一刊、一网、一讯"的立体化宣传推广平台，积极借助各类新媒体创新企业文化建设工作水平，为集团发展营造良好的发展环境，有效地提升了企业文化建设的实效性、针对性和引领力。

金隅集团在《北京金隅》报、《金隅文化》专刊等传统纸质媒体基础上，积极开展网站更新工作、开辟微信公众平台，充分借助各类网络媒体，搭建了网络发声的立体平台，为企业文化建设营造良好舆论环境。

2014 年年初，金隅官方网站完成改版正式运行，网站设"关于金隅""上市集团""新闻中心""党建工作""企业文化""社会责任"等 7 个一级栏目及 37 个子栏目，由集团党委宣传部及时上传稿件信息，目前已累计上传各类信息近 10000 条，展示了金隅整体形象及生产经营、党建文化等方面工作成果。

"金隅资讯"微信公众平台订阅号基于每日一期消息发布的优势，替代原"金隅"微信公众平台服务号，于 2017 年 1 月 27 日正式上线运营，目前平台关注人数已达 21000 余人，阅读量累计突破 100 万余次。"金隅资讯"围绕公司重大事件，如高铁冠名、收购天津建材 55% 股权、资产重组获中国证监会通过等进行品牌策划、通告公示、人事招聘、党风廉政、共青团等相关主题，图文并茂推送"重磅"微信，引发广泛关注及转载，其中，"超赞！金隅集团高铁冠名首发仪式在沪举行"通过微信朋友圈传播阅读总数达 60000 余次，40000 余人，得到北京市委宣传部主办的"千龙网"、北京网络广播电视台《北京时间》、市国资委"国资京京"、《首都建设报》等主流媒体转载刊登。2017 年、2018 年连续两年通过微信平台对金隅集团纪念建党 96、97 周年大会进行全程网络直播，累计观看达到 20 余万人次，引发广泛关注。

整体互联　齐头并进　全覆盖构建企业展示平台

金隅集团党委宣传部在搭建网络平台的基础上，采取整体互联、构建网络目录的方式，充分展示金隅整体形象，增强联动效果，彰显宣传集群效应。

各企业积极借助微信公众平台进行形象宣传及业务推广，目前金隅集团各级企业开通微信平台超过 300 余个，宣传企业品牌，服务企业生产经营。整合后的金隅官方网站与新上线的金隅党委微信公众平台实现了链接互通、信息同步。在金隅官方网站、《北京金隅》报都设置了金隅微信二维码标识，通过打开微信"扫一扫"即可关注到金隅微信公众平台；而在微信公众平台和金隅官方网站上，可及时查看《北京金隅》报的电子版内容，这就为传统媒体、互联网和新媒体搭建了桥梁，实现了真正的互联互通，有效提升了企业及产品的展示效果和社会影响力。

即时沟通　提升时效　全系统构筑宣传干部交流平台

目前办公环境中，QQ、微信、电子邮件等即时通信软件成了大家不可或缺的传输沟通工具。金隅集团党委宣传部为使信息传播交流更及时快捷，相继通过微信平台，组建"金隅宣传干部群"、"金隅宣讲团"群；通过腾讯 QQ，组建"金隅宣传通知通告群"、"金隅摄影交流"群等，在工作对接、学习交流中发挥了积极作用。

"金隅宣传干部"微信群现有 134 人，覆盖了四大板块 82 家集团党委直管二级党组织的宣传干部，它将各企业宣传干部紧密相连，并通过手机实现了

即时交流沟通，有效提高了工作效率。"金隅摄影交流"QQ 群现有 85 人，系统内的通信员、摄影爱好者通过发布作品、交流点评，形成了良好的交流氛围，为提高摄影水平提供了平台。"金隅宣传通知通告"QQ 群现有 166 人，覆盖了四大板块 82 家党委直管二级党组织的宣传部长。通过"文件共享""群公告"等栏目，集团党委宣传部第一时间向各单位党组织下发工作通知、中心组学习资料等文件，实现信息畅通。

借势发力　勇立潮头

在持续提升企业文化建设信息化水平的过程中，金隅集团党委不仅借助了互联网载体，更重要的是引入了互联网思维，更加注重新闻宣传的互联性、时效性、广泛性和矩阵性。

一是互联性。微信公众平台与传统网站实现了链接互通、信息同步。在网站、报刊设置金隅微信二维码标识链接，同时网络媒体及时展示报刊页面，有效形成了传统媒体与新媒体、纸质媒体与网络媒体的互补、互通、互联。

二是时效性。这是凸显新闻价值的重要因素，时效性越强，新闻的社会效应就越大。无论是在微信公众平台还是在金隅官方网站，都会在第一时间上传最新消息，或直接推送到读者手机上，网络阅读特别是移动终端阅读大幅提升了信息获取的时效性。

三是广泛性。微信公众平台和金隅官方网站都是金隅面向社会公开的官方信息发布渠道，其受众广泛，任何想了解金隅相关信息的大众、媒体等都可以通过微信、网站随时关注。

四是矩阵性。表现为在做业务分拆、细分粉丝、矩阵互推等方面形成多层次的覆盖力。金隅集团层面与所属各企业微信公众平台架构清晰，层次分明，结合集团及各企业宣传需求发布有针对性的信息，形成矩阵化的信息网络及管控模式，塑造出多时间点、多层次，合力化、分众化的传播格局，实现了宣传效果的有效提升。

信息社会，一日千里，立足新时代，借势新媒体，内聚正能量，外树好形象，金隅集团党委企业文化建设将坚持与时俱进，顺应新媒体时代发展，不断创新和开发更具活力的新媒体宣传模式，持续提升企业文化建设工作的信息化水平，助力"打造国际一流产业集团和进入世界 500 强"的"金隅梦"早日实现。

（作者刘新华，系北京金隅集团党委宣传部部长）

优秀企业文化带来"六力"效应

河北津西钢铁集团股份有限公司（以下简称津西），始建于 1986 年 10 月。2009 年 12 月，以津西为核心成立河北津西钢铁集团，总部位于北京，并在天津、中国香港和新加坡、美国等地拥有境内外控股公司 30 多家。是集钢铁冶炼、装备制造、节能环保、国际贸易、金融租赁、津西投资、高新科技、绿色地产、龙翔文化九大板块为一体的大型企业集团和我国香港上市公司（中国东方集团控股有限公司，股票代码 00581），连续 14 年跻身中国企业 500 强。津西的持续健康发展，源于各级党委政府的领导和社会各界的支持，拥有一支特别能战斗的优秀团队和优秀文化的引领。

一、自觉推进企业文化建设，铸就可持续发展之魂

津西历来重视企业文化建设。2001 年津西改制后就明确提出"为社会创造财富、为股东创造回报、为客户创造价值、为员工创造前途"的理念。2004 年开始企业文化创新，形成以"四为"为核心的集理念文化、行为文化、视听文化于一体的完整的企业文化体系。津西"四为"文化，已成为在全国具有一定影响力的品牌文化，自觉践行"四为"文化，夯实可持续发展之基。

民营企业作为现代市场经济条件下的社会经济组织，不是单纯追求利润目的，而是要在积极担负社会责任的前提下强调对社会的责任，对股东的责任，对客户的责任，对员工的责任，从而实现诸多利益相关者共赢发展。津西在生产经营工作中，自觉践行以为社会创造财富、为股东创造回报、为客户创造价值理念，为企业的可持续发展奠定了坚实基础。

二、落地"四为"文化，造福社会

（一）为社会创造财富，促进社会繁荣

一是坚持科学发展，优化产业结构和布局，不

断采用新技术、开发新产品，促进社会进步与繁荣。改制以来，津西根据国家相关产业政策和"在发展中调整、在调整中发展"的战略思路，坚持"靠特色打品牌，以品牌占市场"的理念，大中小 H 型钢及钢板桩生产线的引进和投用；主导型钢产品远销日本、韩国及欧盟等 33 个国家和地区，"津西"牌型钢荣获"中国 H 型钢市场品牌信誉第一品牌""中国钢铁行业十大畅销品牌"。

二是强化节能环保，注重环境建设，健全环境管理体系，大力发展循环经济，津西投巨资实施节能减排及综合利用项目，建立完善用能管控、环境安全保障和资源绿色循环利用三大体系，被省委、省政府认定为"节能减排目标考核完成单位"和"节能减排目标考核先进单位"。

三是诚信经营、依法纳税，支撑起了迁西县财政收入的半壁江山，安排 7000 余名劳动力就业，带动企业周边交通运输、餐饮住宿等事业发展。

四是积极履行社会责任，回报社会，累计投向教育、抗灾、交通和优抚的公益捐款近 3 亿元。

（二）为股东创造回报，凝聚发展合力

津西集团牢固树立"对股东负责，为全体股东谋利益"的市场理念，履行受托承诺，注重投资者利益的回报，实现股本股金的保值增殖，增强股东对公司的信心。2003 年以来，津西股份每年以高于 20％的分红比率回报股东。

（三）为客户创造价值，实现共赢共享

津西把"诚信"二字贯穿于理念文化、行为文化等各个方面，把"诚信"作为全体干部员工必须遵守的共同行为准则。大力推行星级服务，让客户感受真诚、超前、细致、周到的超值服务。京冶中建（原 22 冶）在津西招标工程实施中，发现此承包工程肯定要赔本，但仍按时、按质、按量完成。项目完成后，津西觉得客户很讲信誉，不但没影响工期，而且干得很出色，决定补偿 800 万元，从此与该客户建立长期战略合作伙伴关系。此类例子在公司层出不穷。

（四）为员工创造前途，构建和谐企业

员工是企业的主体，稳定和谐的劳动关系是创建和谐企业的基础。多年来，津西始终坚持以员工为企业主体，为员工创造前途，努力创建和谐的劳动关系。

一是完善维权机制，切实维护员工合法权益。

建立和健全员工代表大会制度，完善民主管理、民主参与、民主监督和厂务公开制度，员工的参与权和知情权得以落实。落实集体合同制度，在劳动用工、工资分配、劳动时间、社会保障等方面都做了较大调整和改进，并以法律文本形式做出约定。员工人均收入每年递增 10％以上，社会保障体系进一步完善。

二是建立激励机制，为员工搭建展示才华的平台。建立健全现代、科学的人力资源管理机制，营造尊重知识、尊重人才、尊重劳动的氛围，形成靠事业、用政策、凭环境和以情感引进人才、留住人才的新局面。同时，干部层层实行聘任，员工推行"双聘制"，形成能进能出、择优聘用、竞争上岗的新机制。完善干部和优秀技术人才的培养、选拔与任用机制，全面推行职业技能鉴定社会化考评并按职级给予相应的技术津贴。津西股份积极推行宽带薪酬管理制度，调动了员工工作的积极性和主动性。

三是实施"素质工程"，促进员工素质的提升和自身价值的实现。津西确立"培训是员工的最大福利"理念，强化员工教育、技术素质培训。

四是注重现场环境建设，为员工创造良好的生产、生活条件。全力抓好净化、绿化、美化、亮化，引入 6S 管理，推进生产、生活的标准化管理，搞好清洁生产和环境保护。开展丰富多彩文体活动，丰富员工文化生活，增强员工的幸福感和归属感。

三、优秀的企业文化，带来"六力"效应

第一，生产力大幅提高，实现跨越式大发展。在优秀企业文化的引领下，津西在 30 年的发展中取得辉煌业绩，从年产 14 万吨生铁到如今年产钢 1100 万吨，从县办地方小铁厂到海外上市公司，从一个名不经传的钢铁企业发展成为九大板块为一体的大型企业集团，实现了数次跨越式大发展。从 2003 年开始，津西连续 14 年跻身中国企业 500 强。2016 年，名列中国企业 500 强第 209 位。津西型钢出口量连续 6 年位居全国首位，"津西"文字商标荣膺"中国驰名商标"殊荣。

第二，执行力持续提升，团队精神发扬光大。这些在津西的生产、经营以及技改建设工程中得以充分展示。如大 H 型钢生产线，从项目奠基到正式生产，比同类企业建设项目提前 6 个月完成，填补国家空白的钢板桩产品一次试轧成功。

第三，凝聚力显著增强，员工归属感与日俱增。

津西在生产经营、大幅提升的同时，不断提高员工收入和改善员工生产、生活条件，社会保障体系不断完善，民主管理和厂务公开全面推进。通过开展多层次、全方位的员工培训，津西的凝聚力日渐增强，员工归属感、幸福感与日俱增。津西被员工誉为"坚强的靠山""赖以生存和发展的家园"。

第四，形象力大为改观，企业美誉度日渐提升。多年来，津西先后荣获"中国最具成长性企业""全国钢铁工业先进集体""全国模范职工之家""全国双评双爱先进企业""全国五四红旗团委""全国企业文化建设优秀单位""全国民营企业文化建设三十佳""改革开放35周年企业文化竞争力三十强单位""全国厂务公开民主管理先进单位""钢铁行业职工教育培训工作先进单位""河北省五一劳动奖状"等殊荣。

第五，综合实力持续提升，有力促进转型升级。津西以打造世界最大型钢生产基地为目标，充分发挥型钢特色产品结构优势，全力提高附加值、高科技含量产品占比，抢占国内外高端市场，增强型钢核心产品竞争优势，有力促进转型升级。津西主导型钢产品已形成H型钢、工字钢、钢板桩等114个系列、310个规格，成功进入央视新台址、鸟巢、杭州湾跨海大桥等国家重点工程，并远销日本、新加坡、韩国及欧盟和美国等33个国家和地区，连续六年型钢出口量位居全国第一。

第六，管理水平再达新高度，创造自身新优势。创新管理，是企业不断向前发展的永恒主题。津西在"细化管理年"的基础上，推进"创新管理年"活动，建立健全以"业绩为导向"的"一体四制"，构建能上能下、能进能出的干部动态管理体系，进一步丰富企业文化内涵，延伸企业文化建设领域，使其成为企业健康、可持续发展的助推器。

（河北津西钢铁集团股份有限公司）

"企业家精神"助推复星发展

复星集团创建于1992年。26年来，业务领域从最初的咨询发展到如今涵盖医药健康、旅游文化和综合金融等多个产业板块，覆盖全球近20个国家和地区。2016年5月，美国《福布斯》杂志发布了2016年"全球上市公司2000强排行榜"，复星排名较2015年跃升102位，位列全球第434位，中国企业中第47位，并首次进入世界公司500强之列。

一、以集团党建为指针，引领复星企业文化建设

复星集团是上海市第一家成立党委的民营科技企业，集团党委积极协助企业经营管理层确定企业发展方向，准确把握和深化企业文化内核。

（一）价值引领、把握方向

创业之初，复星提出了"修身、齐家、立业、助天下"价值理念，注重学习、追求团队合作、规范透明、阳光创富。随着集团的多元化战略的实施和推进，2006年集团党委协助公司提出了"汇聚成长力量"品牌理念，汇聚具有共同价值观的各种力量。在此基础上，进一步提出了"创造价值、分享发展"的核心价值观，为企业发展奠定了团结奋斗的共同思想基础，引领实现了股东、管理层、员工的共同价值取向。每到集团发展的关键时期，集团党委始终把把握正确的政治方向作为首要任务，2016年3月，集团党委深入学习并传达近平总书记以"亲""清"阐述新型政商关系的重要讲话精神，使广大复星员工在工作中牢记底线的同时也稳定了信心。

（二）围绕战略、开展活动

随着集团规模的逐步增长，在各个投资板块取得长足发展的同时，复星集团在业务范围、投资企业、员工背景和文化价值等方面，均呈现出多元化的趋势，这为集团的发展与管理，既注入了新的活力，又提出了新的挑战。集团党委提出建设"复星一家"，使复星集团各成员企业、业务团队间有了一个业务沟通协同和资源共享以及企业文化建设的重要平台。2016年11月，集团党委主动找准切入点，发起并召开了"复星一家"党建研修会，召集复星集团旗下豫园商城、复星医药、复地集团、海南矿业等十家核心企业党委负责人参会，进一步丰富"复星一家"的内涵并拓展其功能，有效加强复星投资的核心企业党群条线的工作联系，交流党群工作经验，促进企业文化的进一步通融。

集团党委还围绕集团C2M（从消费者到制造者）战略，指导集团工会开展"复星工匠"的评比工作，在集团内部寻找一批在平凡岗位上对产品精雕细琢、以质量和品质赢得行业领先和消费者信赖的员工和团队典型，在集团2017年年会上集中表彰，在集团媒体上进行专题报道，为广泛激发和深度培育复星

员工的"工匠精神"，丰富企业文化内涵，打磨复星的产品力发挥了积极作用。

二、以"企业家精神"为核心，构建复星文化体系

复星是一家由校园大学生创业发展起来的大型民企，因此复星的企业文化体系也显示出其鲜明的特色。"企业家精神"是复星企业文化的核心，就是不断创新创业。从本质上讲就是把办企业当成一种信仰，通过诚实守信办企业来成就人生、贡献社会当成一种基本的人生态度。"企业家精神"是复星发展最为重要的保障。经过多年发展，形成了以"企业家精神"为核心，合伙人文化、同学文化、关爱文化、创新创业文化等多元文化共存的复星文化体系。

（一）合伙人文化

复星的合伙人文化是一种激励，但更是一种荣誉和责任，是一种对复星文化、使命和战略的高度认同，其核心理念就是把职业经理人变成企业家，是复星将人才作为资产来管理，加以保值增值的重要手段。复星的合伙人要从骨髓里认同复星的文化，要能独挡一面，还要以复星集团利益最大化去打通、整合内外部资源，伸展复星的生态系统。复星的合伙人不是终身制，每年都会有新增和退出。复星已经形成了关于全球及各维度合伙人选拔、运转、考核激励、退出等一系列配套机制。目前，复星集团已经有 27 位全球合伙人，体现出合伙多元化、全球化的特点。无论年龄大小、无论地域所在、无论专业领域擅长，复星每位全球合伙人均参与集团所有业务和条线的重大决策，对所在业务板块条线相关事务的重大决策负责，是其专业领域的首要负责人，也代表复星集团在其专业领域的水平。合伙人制度是复星企业家文化的集中体现，也是激励员工保持企业家精神的有效的工具。

（二）同学文化

在复星内部，所有同事之间都称呼为"同学"。复星"同学"文化的传统源自复星初创时期，当时复星的创业者们多是从复旦大学或是其他大学毕业的学生，因此在复星同事之间以"同学"互称，既让人倍感亲切，也体现出校园文化的单纯一面。随着复星队伍的发展壮大，互称"同学"的文化仍然被留了下来，这显示出复星内部人人平等的氛围与文化，同时也是复星保持创新创业状态的又一法宝。复星

提倡学习、进化，希望团队是学习型组织，个人也不断学习、进化。"同学"在一起与其说是"共事"不如说在共同"进化"，这就强化了学习的氛围。为了让每个复星员工能够保持学习状态，复星给"同学"们提供多样化培训。仅 2016 年，复星管理学院就共开展各类培训项目 156 次。其中新员工培训 56 次，午餐分享会 39 次，HRBP 项目和综合条线项目 12 次，海外星使项目 2 期，线上课程 12 门；此外，还有人才梯队卓越、超越、星冉 MT 培训；通过项目制学习、案例复盘、互助工作坊等方式持续提升员工个人综合能力。

（三）关爱文化

"关爱文化"体现了复星文化体系中的温暖元素，为缓解复星员工高压力、快节奏的工作、生活状态，凝心聚力方面发挥着不可替代的效果。

关爱文化以营造良好企业氛围和增强员工企业归属感为导向，不断优化、创新，加强建设全面多样的福利体系。复星对员工的关怀和服务不仅体现在工作中，也体现在复星对员工家庭的关爱里。复星针对各类员工群体，建立不同的计划。对于异地委派人员及其家属的关怀，公司每年将送出生日祝福及贺礼，并举办新春慰问活动，对其家属，逢节假日公司将送出节日礼物进行慰问；对于老员工，公司将在年底的团拜会中进行表彰和嘉奖。复星还十分重视做好关爱退休员工的工作，每年的重阳节和春节前后，集团工会都会组织退休员工开展一些有意义的活动，让他们体会到老有所乐、老有所依，感受到来自集团对他们的关心。复星也非常关注女性员工生理、心理健康，对女性员工给予了特别的关怀，每年 3 月 8 日妇女节女性员工都会得到来自集团的慰问。

（四）"创新创业"文化

从 1992 年到 1998 年，复星抓住土地和资本价格处于低位、劳动力流动、城镇化兴起的契机，在医药和房地产领域取得很大的发展；从 1998 年到 2008 年，复星又抓住基建、重工业大发展的机遇大举挺进钢铁和矿业领域，为集团发展带来丰厚回报；2008 年至今，复星再次敏锐地洞察中国动力嫁接全球资源机遇，主动实施国际化战略，加强产业整合与资产配置能力，聚焦富足、健康、快乐产业。这种"晴天修屋"式主动调整战略需要的不仅仅是敏锐的观察力，更重要的是要有"归零"的心态。而复星

的企业文化就是要让从董事长到普通员工在面对新生的世界，面对每天在变化的世界时，不为以前所有的经验所困扰，能够"归零"后重新思考。

"创新创业"文化激发了员工的奋斗热情，复星组建强有力的创业团队，业务团队冲锋陷阵，复宏汉霖、克隆生物等实验室在中风、心血管、癌症特效药研究领域取得了一系列突破性成果。复星还开拓性地提出 C2M 战略方针，为民众的需求提供定制型的服务，推动红领、构家网等一批 C2M 企业发展壮大，为广大家庭客户提供满意的产品。

三、以"家国情怀"为己任，积极履行社会责任

复星作为一家负责任的全球金融企业，秉承"修身、齐家、立业、助天下"理念，始终感怀报恩之心，在世界范围内推进公益事业，立志成为服务社会、敢于承担的企业公民。现如今复星公益每年完成捐赠项目近 40 项，共计人民币超过 4500 万元。在精准扶贫、基础教育与青少年培养、推动中西文化交流、传统艺术传承、医疗健康事业发展、社区关爱等方面，复星公益不断开拓，从最微小的善举到全人类的文教福祉，努力担起企业公民应有的责任。

复星关注社会焦点、参与社会大生态建设；支持教育、关注青少年成长；支持艺术、传承中华传统文化，这些都推动中外文化交流、拓展海外公益也是复星的常态工作，在社会上产生了较好的反响。

（上海复星高科技（集团）有限公司）

用党建统领企业文化

红星美凯龙自 1986 年创业以来，一直坚持追寻梦想，倡导居家品位和艺术，截至 2016 年年底，已在北京、上海、天津、重庆等 135 个城市开办了 200 家大型连锁家居 MALL，并已于 2015 年 6 月 26 日，在我国香港联合交易所主板挂牌上市，成为中国家居流通业第一品牌。红星美凯龙引领了中国家居流通业的升级创新与"绿色居家"革命，并立志把企业自身打造成为中华民族的世界商业品牌！

近年来，红星美凯龙与时俱进创新发展，围绕家居主业，积极进取、开疆拓土，进行以家居为核心的地产、百货、互联网、金融等业务板块的产业链延伸，从而在不同领域满足中国人家居生活的多样化需求，创造开放式的中国家居产业，逐步提升中国消费者对于家居品位的认知，鼓励着人们对于幸福生活的追求。

几年前，红星美凯龙家居集团董事长车建新就提出党组织是企业的眼睛，企业发展到哪里，党组织就要建到哪里，坚持党的领导是确保企业健康发展的根本所在。我们在 1996 年成立党组织，目前，集团党员总数超过 1400 人，形成了四级党组织架构，合计下辖 166 个各级基层党组织。在公司党委的带领下，群团组织积极发挥作用，为企业发展做出了巨大贡献。

党组织是确保企业围绕国家政策要求健康发展的重要保障

红星美凯龙党组织的主要领导和核心骨干，都是公司高管和关键业务部门、重要职能条线的优秀干部。他们具有业绩先进性、品德先进性和前瞻先进性：业务技能精湛，工作绩效拔尖；职业素养过硬，个人品格优良；具有与时俱进的创新意识和政治嗅觉，对团队起到了引领作用。他们既代表了党员的形象，又代表了新时代优秀职业经理人的形象。

一直以来，集团公司也非常重视对党工团骨干的培养，围绕业绩、品德、前瞻性方面的提升，每年组织优秀党员、优秀团员、工会积极分子 600 人次出国考察、对外交流，每年出资千万元送他们进商学院进修、参加专业培训、提供一线的职业创业舞台和机会等。

在集团公司党委的组织和带动下，党员干部定期学习党和国家的重要文件、会议精神，保证了团队正确解读新政策、新要求，保证了企业与时俱进、走在正确的发展方向上。

十八大报告中"美丽中国"的生态文明建设内容，为红星美凯龙一贯倡导的绿色环保作出了新的指引，在集团公司党委的推动下，各商场正在把这项工作推向深入。

2012 年年初，在集团公司党委的积极推动下，我们学习中国共产党建军之初"把支部建在连队上"和民主集中制的做法，成立"行政管理委员会"，推行民主集中制，对治"一言堂"，让各级领导团队有发言权，有主人翁意识。目前，从集团公司到商场

各级行政管理委员会全部成立到位，通过一年的实践，公司上下实事求是、正义、民主之风得到大力弘扬。

党团组织是企业发展和经营管理的得力助手

党团组织大大增强了企业的凝聚力。首先它是一个讲模范、重表率的先进组织，本身具有强大的凝聚力，聚集了一大批先进骨干。其次，通过组织日常的爱国爱党活动，比如红星美凯龙在全国各地的各商场每天举行升旗仪式、每次大小会议前奏国歌，以及开展"创优争先"、志愿者等活动，增进了广大员工的荣誉感和归属感，大大提升了企业的凝聚力。

红星美凯龙集团公司对于党工团的组织建设和人才建设予以了高度重视和支持。为党工团骨干提供成长和发展的更高舞台，在提高党、工、团的地位和形象的同时，也更便于他们服务企业、凝聚团队。党员先锋模范、工会积极分子、优秀团员青年在各条战线上都勇挑重担、乐于奉献。在公司两年一度的推优荐才工作中，党、工、团都要向企业输出不少优秀人才，2012年推荐了28名优秀骨干走上更高的管理岗位。

集团公司工会积极建设职工之家，并成立专门为员工服务的家政服务中心，帮助职工解决困难，近5年来，服务职工家庭3万多次。积极实施以"家文化"为主题的关爱员工系列行动，使员工有家的温暖。共青团在全集团推进成立"红星美凯龙志愿者服务队"，走进社区，服务社会。

在自身发展的同时，我们致力于回馈社会。2007年，联合全国妇联设立了1000万元的"红星美凯龙关爱基金"，资助贫困家庭。2010年，向中国人权发展基金会"和谐家庭"专项基金捐赠1000万元，开展建设和谐家庭的公益教育。2011年6月，携手共青团中央，向中国青年创业就业基金会捐赠2500万元，帮助青年创业、就业；12月，向友成企业家扶贫基金会捐赠1000万元。

党工团组织活动是企业文化建设的重要载体

红星美凯龙集团非常注重学习，大力创建学习型企业，建立学习型的企业文化。在党团组织的主导与推动下，我们积极开展自我超越、心智模式、共同愿景、团队学习和系统思考五项修炼，并创造性地提出了爱国主义教育的"第六项修炼"。红星美凯龙集团成为"全国学习型组织示范基地"。2005年9月，国际组织学习协会在维也纳举行第二届全球论坛，红星美凯龙集团领导应邀作了《学习给我新生命》的专场演讲，国际学习型组织创始人彼得·圣吉博士对此给予了高度评价。

我们大力倡导团队学习，积极开展读书成果分享。明确要求基层员工每年至少读3本书；中层干部至少读5本书；高管至少读8本书；副总裁以上至少带头读10本书。

红星美凯龙集团董事长和高管人员带头学习，把自己好的学习方法教给大家，强调要有选择地学，缺什么学什么；要学以致用，学今天用得上的和明天要用的；注重在社交中学习，与水平比自己高的人交友等。

前些年，红星美凯龙集团公司给358位管理人员家庭送书柜，引导创建学习型家庭；目前，集团公司给1280多位管理人员发放保姆费，让他们请保姆，以腾出更多的时间用于学习；鼓励学历升级、能力升级，对员工参加进修、培训的费用按制度给予报销或补贴；公司奖励先进的出国旅游费用可以换双倍的学习、培训费用等。

我们的内刊——《我们》和《党工团》，是集团公司传播文化、弘扬先进的重要载体，其中《党工团》已经出版到第39期。2011年，国家领导人来红星调研看了我们的杂志表示赞扬很感慨地说一个民营企业还专门有一本杂志叫《党工团》，很难得，员工们深受鼓舞。为适应新形势的要求，集团公司党委还充分利用网络化平台开展工作，丰富红星美凯龙网上党校，进一步扩大党组织的传播覆盖面。

毛泽东主席说，人是要有一点精神的。一个有精神武装的团队是强大的，是不可战胜的。实践充分证明，我们建立并始终坚持的"红星文化"，是我们事业成功的保障，其深远意义和影响，已经、正在并将进一步在红星美凯龙事业蓬勃发展的进程中充分显现出来。

要实现"到2020年，在全球建成200家连锁品牌MALL，争取进入世界500强！"的宏伟愿景，我们就必须继承和发扬红星创业的优良文化，并以开阔的视野，开放的心胸，与时俱进，进一步完善、丰富"红星文化"，使之成为我们前进的不竭动力和集体的精神源泉。

红星美凯龙集团各级企业文化组织，要充分发挥民主的力量，群策群力、创造性发挥集体的智慧。各级干部要虚心听取不同意见，团结协作，发挥最大的合力。

文化建设重在落实。红星美凯龙集团要将企业文化贯穿于公司的各项制度中，与日常管理和业务活动相结合，将思想文化落到实处。

坚持"在战争中学习战争，在工作中学习工作"。通过灵活多样的学习方式，统一思想，统一步调，帮助员工养成良好的工作和学习习惯。

思想文化建设，是一项长期的系统工程，需要全体红星美凯龙集团公司员工的积极参与和坚决执行，需要各级干部的身体力行和率先垂范。我们一起共同努力，让"红星文化"落地生根，开花结果，使之成为我们劈波斩浪的风帆、无坚不摧的利器、上下同欲的精神家园！

（红星美凯龙家居集团）

架设品牌传播的无形之桥

经过 26 年发展，振华重工产品进入全球 101 个国家和地区，在集装箱岸桥市场连续 20 年位居全球第一，ZPMC 品牌影响力进一步提升。2018 年新年伊始，ZPMC 首次登上美国纽约时代广场纳斯达克大屏，向世界彰显中国自主品牌的魅力。

ZPMC 最早取自"Zhenhua Port Machinery Company"四个单词首字母。随着市场份额占据绝对优势，加上创新与质量赢得口碑，ZPMC 品牌从无名走向知名，品牌内涵在传播过程中得以发展丰富，呈现出历史性与时代性、继承性与创新性相统一的鲜明特点。

历史与时代交汇

ZPMC 品牌打造带有明显的历史与时代特征。1992 年，振华重工诞生，第一台岸桥进入加拿大温哥华港，叩开国际市场的大门。迎着世界经济全球化、全球贸易航运化、货物运输集装箱化的历史机遇，以及港机设备升级换代的时代需求，ZPMC 开拓国际市场势如破竹。1997 年，ZPMC 获得美国 6 个招标项目中的 5 个，知名行业杂志《World Cargo News》以"ZPMC 席卷美国"作封面报道，"ZPMC"正式申请国际商标注册，进一步提升品牌知名度。2009 年，振华港机更名为振华重工，开拓多元化业务。此时，"ZPMC"品牌已在用户心中落地生根，形成质量可靠、服务优质、产品创新的品牌底蕴，品牌名称得以沿用。

继承与创新统一

ZPMC 品牌在继承中创新，在发展中注入新内涵，增加品牌的深度和厚度。"Z"取自"Zero（起点）"，意为"起点"与"归零"。2008 年金融危机重创港机业务，振华重工以"归零"心态和创业激情，转型发展。"P"取自"Particular（细节）"，意为细节与精细。开展多元化业务，既要传承专注细节的历史基因，又要创新精细、集约的管理方式。"M"取自"Misson（使命）"，意为使命与责任。深耕国际市场多年，振华人用行动维护"中国制造"的品牌形象、品牌尊严和品牌地位，ZPMC 从"振兴中华"的原始民族情感向"打造中国民族工业的旗帜加旗舰"的新时代使命跨越。"C"取自"Creation（创新）"，意为创新与科技。坚持创新驱动和科技引领是 ZPMC 发展引擎，也是客户从接受、认可到信赖 ZPMC 品牌的关键。

随着发展壮大，振华重工不断在欧美等国际市场深耕开拓，ZPMC 逐渐从品牌走向名牌，走出了一条先国外后国内，先发达国家后发展中国家的品牌传播路径，呈现出了独有的振华特色。

公共外交助力品牌传播

公共外交是 ZPMC 品牌传播的特质，长期的国际市场开拓以及在承建项目中的良好表现，使得振华重工与产品所到国家的政府、媒体、商会等都保持友好沟通。通过品牌带动，振华重工相继在博鳌论坛、德国汉堡峰会、丹麦首相高层会议、欧美地方政府论坛，以及 OTC 等行业高端展会中亮相，加强了国内外政府高层、客户高层对 ZPMC 品牌的认知。振华重工凭借在港机行业的影响力，2017 年 11 月 7 日振华重工公司成功举办全球码头智能化解决方案交流论坛，并计划将其打造成为系列品牌活动，每年定期举办一次，增进品牌与客户、与上下游产业链以及相关利益方的互动与交流。

"明星传播"放大品牌效应

集中体现在明星项目的示范带动以及政要关注带来的品牌效应，是我们传播品牌的有效途径。ZPMC品牌通过已交付的明星项目，口耳相传的客户认可，形成了良好的品牌口碑，践行中交集团品牌战略。在成功交付了美国旧金山—奥克兰新海湾大桥后，受惠于与该项目总包方美国福陆公司的友好合作，ZPMC被推荐参加苏格兰昆斯费里大桥、拉斯维加斯摩天轮等多个地标项目的竞标并胜出，放大了品牌效应。2013年，时任美国总统奥巴马发表"美国制造"主题演讲露出ZPMC标志；2017年，英国女王伊丽莎白二世为振华重工公司承建的苏格兰昆斯费里大桥通车仪式剪彩；2018年国务院总理李克强考察振华重工并鼓励公司早日进入世界500强。公司及时跟进新闻宣传，借力国内外政要自带的关注度，放大品牌的传播效应。

应急体系加强品牌维护

加强应急体系建设，发布《振华重工突发事件新闻处置应急预案》，为处理各类舆情突发事件提供指导。振华重工设置新闻发言人和舆情监督员岗位，利用信息化手段加强国内舆情监测。以公司26家海外分支机构作为触角，及时搜集海外舆情，共同构建了一套舆情监控与预防应急体系，并成功化解了2014年美国媒体对于振华重工公司旧金山—奥克兰新海湾大桥质量问题不实报道的舆情危机。事件发生后，振华重工沉着应对，通过组织国内和美国新闻发布会、专业期刊专题报道、美国法律交涉等方式，进行有力回击，将负面影响降至最低。

合作协同实现品牌共荣

互联网时代品牌传播的本质是合作共享。ZPMC坚持合作共赢协同发展，与马士基、迪拜世界、ABB、GE、西门子、微软公司、华为公司等100多家国际知名品牌开展战略合作，通过跨界资源互补，实现合作共赢；品牌之间互为传播载体，实现共荣共进。作为集团的子品牌之一，ZPMC加强与集团品牌协同，2009年收购F&G，打造海工全产业链，成为国内唯一一家钻井平台拥有90%以上自主知识产权的企业，通过品牌协同，实现品牌增值。

善借外势传播品牌形象

ZPMC秉承"实事求是，正能量传播"的传播理念，建设多元化的传播平台。在国外，ZPMC与《World Cargo News》等国外行业媒体建立联系，及时发布新研发、新市场、新动向；探索创立脸书（Facebook）、推特（Twitter）等国外社交媒体账户，由海外分支机构自主运营，拓展品牌传播的渠道；ZPMC产品到我国香港后引发当地媒体关注，振华重工公司及时搜集这类信息并在国内传播，实现国内外传播互补互动。在国内，公司与省部级以上的主流媒体建立长期沟通机制，主动响应媒体关切，结合国家战略、社会热点和公司实际，加强选题策划，讲好品牌故事，增进社会各界对ZPMC品牌的了解。

2018年是上海振华重工实施"十三五"规划的关键一年，ZPMC将紧随集团"五商中交"的发展战略，坚守"三者"定位，积极践行"三转"，加强ZPMC的子品牌文化与集团文化的深度融合，打造集团旗下知名的装备品牌。另一方面，作为集团的子品牌，用好ZPMC国外传播优势和平台，加强与兄弟单位的协同，助力中交集团母品牌综合影响力提升；一方面，随着公司"一体两翼"新战略的提出和多元化业务的开展，ZPMC将加强向子品牌的延伸，放大品牌集群效应。同时，传播方式要"软硬兼施"，用好普通民众喜闻乐见的平台与渠道，既要有硬业绩的实力展示，也要有文化、价值观的软故事传播。

（上海振华重工（集团））

加强文化建设　助力企业发展

银科控股高度重视企业文化建设工作，将企业文化理论建设和落地实施作为打造高绩效团队，提升企业管理水准和效率的重要抓手，将企业文化建设和日常工作有机融合，在潜移默化中实现企业效益与文化建设的双丰收。

以责任文化打造高绩效团队

培养员工使命感：新员工进入银科控股的第一课就是使命和价值观教育。在银科，"让投资更简单、更专业、更有趣""成为全球领先的个人投资与交易服务商"这些不仅是停留在墙上的空洞口号，更是被每个员工视为奋斗的终极目标，银科控股存在的意义不仅在于创造伟大的企业，更在于推动产业升级，引领行业进步。

建立合伙人制度：为加强员工的主人翁意识，把员工对企业的责任感变为自觉行为，2016 年银科控股在企业中正式实施合伙人制度。对于业绩突出、责任感强，认同公司文化，愿意与企业长期共同成长的员工，每年银科控股都会有一定名额，从中选择优秀者成为企业的合伙人，给予股权和薪酬的激励政策。合伙人制度的实施，将员工的个人前途、待遇，与企业的发展紧密结合在一起，鼓励员工通过与企业共同成长获取长期利益，极大地提高了员工对企业的责任意识。

投身社会公益：2016 年，银科控股捐款 800 万元，发起成立上海银科公益基金会，成为新慈善法生效以来，上海首批获取资质认证的非盈利型慈善组织。秉持"汇人人关爱，助公益发展"的宗旨，致力于公益活动的持续化、系统化、常态化。银科控股创立以来，参与了雅安地震救援、天津港爆炸事故救助、捐赠"爱心小学"等一系列社会公益活动，累计捐款超过 1600 万元。在银科控股内部，参与公益活动已经蔚然成风，随时都可以看到招募各类志愿者的宣传。积极参与公益，努力帮助他人成为银科全体员工的自觉行为。

加强党团建设：作为一家民营企业，银科控股高度重视企业党团组织的建设工作，将党、团基层组织的建设作为培养员工的国家意识、责任意识和弘扬企业内部正能量的重要途径。企业通过与政府相关部门加强合作共建、组织员工进行红色旅游、重走长征路、探访革命圣地等革命传统教育等一系列活动，帮助员工树立正确的价值观，有效增强了企业的向心力和凝聚力，公司治理更加适应现代化企业的要求。

用钢铁纪律建设诚信文化

铭记合规高压线：银科控股合规部直接对集团总裁负责，对违法、违规行为具有一票否决权，企业的所有经营项目、经营模式及宣传推广必须经过合规部门的审核。凡是出现违规欺诈经营行为，无论职位多高，均一票否决。

参与反舞弊行动：银科控股在企业日常经营管理中大力推行阳光文化，要求所有经营活动必须符合公平、公正、公开的原则。公司建立了诚信供应商库，选择供应商的第一标准就是反欺诈、反舞弊的原则，并与供应商开展共建"阳光采购"文化活动。

与投资者共同受教育：作为国内大宗商品在线交易行业唯一的上市公司，银科控股始终高度重视投资者教育工作，将投资者教育贯穿于推广、开发、服务等业务各重点环节反复强化，并将其列入考核的刚性条款。公司设立了投资者教育部，以专部专岗的形式加强投资者教育工作，帮助投资者建立正确的投资理念，强化风险意识，从而实现企业与投资者的共赢。

以创新文化提升竞争力

2016 年，银科控股公司斥巨资在上海和美国波士顿两地分别成立了金融创新实验室，全面启动公司向科技型金融企业转型的战略，在智能投顾、智能风控、金融衍生品研究等方面进行了卓有成效的研究和探索。

从移动互联网到金融科技；从人海战术到产品驱动；从电话销售到移动端获客；从面对面讲解到 24 小时在线直播，银科控股始终在颠覆过去的成功经验，始终在求新、求变、求突破。创新文化在公司深入人心，科技人员在公司员工中的比例达到 20％以上。

以学习文化注入发展动力

2014 年，银科控股携手上海交大高级金融学院成立银天下大学（后更名银科大学），借助顶级金融学术机构的强大资源，将员工培训系统化、正规化。银科大学下设领导力发展中心、业务支持中心和学习资源中心，将对员工的人格塑造、技能培养和学习习惯养成作为密不可分的整体，全面提升员工的整体素质。银科控股每年投入专项资金，通过培训、游学等多种形式，开拓员工视野，消化、吸收国内外知名企业成功经验，促进员工全面成长，努力使员工成为对国家、对社会、对企业都具备正能量价值的合格人才。

"一体四翼"助力企业文化落地

"一体"明确了企业文化建设的主体是公司全员。"一体"是确立企业文化管理工作的核心体系。银科控股建立了集团企业文化管理委员会，作为集团企业文化管理的最高决策机构，下设企业文化中心。该管理体系系统落实企业文化规划、企业形象管理、企业文化传播、企业文化活动等具体工作。从上而下的管理体系，奠定了银科控股企业文化建设工作的组织基础。"四翼"具体包括如下内容。

企业文化传播：银科控股综合运用内刊、公众号、自媒体等各类载体，融通多元化宣传资源，将企业文化的内涵、意义、价值传递给员工。从2013年《融·汇》第一本出刊到2017年改版为《YINTECH＋》，记录了银科控股的成长轨迹，镌刻了银科人团结奋斗的历程。改版升级后的《YINTECH＋》，向员工传达企业核心、正向价值观，发展战略方向，以及领导者的核心文化理念及行动；大力宣扬员工自己的事、身边的事，挖掘优秀员工的先进事迹，树立典型、形成楷模，使企业文化看得见、抓得住。为了大力推动企业文化建设并切实落到实处，实现员工之间的有效沟通，银科企业公众号于2016年正式上线。银科企业公众号将企业动态、活动发布、拓展培训、意见收集、员工交流整合到微信移动终端，通过线上宣传与传播，不断向员工传递正向价值理念、宣导落实企业文化精神、促进内部凝聚与交流。

企业文化活动：银科年会是公司一年一度的"家庭盛会"，激扬士气、营造气氛、深化内部沟通、促进战略分享、增进目标认同，为新一年度的工作奏响序曲，也是基层员工与集团高层沟通的平台，是形成员工对集团亲身感受的重要机会，是公司全员见证历史、进行文化传递的重大活动。

在中国传统节假日期间，银科控股通常通过线下福利及线上互动等方式，策划一系列福利及氛围营造活动，表达公司对员工的关怀及问候，加深员工对公司的感情，强化员工对这种福利环境和文化氛围的依恋感。

企业文化培训：银科在企业文化培训工作中，根据不同的培训受众开发了各不相同的宣讲内容，建立完善了企业文化课程体系，有针对管理者的企业文化管理课程，例如《部门文化管理方法论》；有针对全体员工的企业文化通识课程，例如《走进银科控股》；有针对特定来访客户而开发的宣讲课程等，并不断革新培训技术，从"填鸭式"的文化宣贯到互动式的文化体验，让企业文化培训的课堂更生动、更形象、更实在。

狠抓落实反馈：银科控股企业文化体系是思想输出、行为塑造和效果反馈的完整系统。在银科控股发展壮大的过程中，如何有效"复制"企业的优良基因，在建立企业文化宣导体系的同时，企业文化的反馈监督机制尤为重要。

银科建立企业文化管理的规章制度，让企业文化工作有章可循，让公司的各级管理者重视并参与文化落地的每个环节，促使集团的企业文化工作落到实处。下属各事业部及各职能部门定期组织文化评比活动，就创新内容、文化感知度、办公环境的文化覆盖度定制各类奖项，激励各部门及全体员工更积极踊跃地主动参与企业文化落地实施工作。

企业文化部定期统计企业内刊、新闻窗口、微信公众平台的传播数据，分析员工对企业文化建设的反馈意见及合理化建议，并及时进行改进。同时银科控股还与第三方机构合作，开展员工幸福感调查等相关调研，更系统科学地评估员工的文化体验，为企业文化管理工作的提升和改善指明方向。

（银科投资控股有限公司）

正泰集团企业文化建设的实践与创新

正泰集团创建于1984年，是我国工业电器龙头企业和新能源领军企业。现有员工3万多名，产业覆盖"发、输、变、配、用"电力设备全产业链，并布局城市轨道交通、能源装备制造业、储能新材料、能源互联网、投融资平台与企业孵化园等领域。正泰集团产品畅销世界120多个国家和地区，并已进入欧洲、亚洲、中东和非洲等国际主配套市场。正泰集团综合实力名列中国民营企业500强前茅，纳税额连续多年位居温州市各类制造企业榜首。正泰集团旗下的浙江正泰电器股份有限公司系国内低压电器行业产销量最大的企业，也是上海A股首家以低压电器为主营业务的上市公司。正泰集团先后获得全国先进基层党组织、全国精神文明建设先进单位、全国五一劳动奖、全国模范劳动关系和谐企业、全国模范职工之家、全国非公制企业"双强百佳"基层党组织等国家级荣誉。

坚持以解决员工关注的问题为基础，培育民生文化

企业文化的根本是人，只有立足于为员工成长

成才提供满意的服务，才能确保员工自觉地把个人理想、前途、利益融进企业发展根本利益当中。正泰集团党委关注员工思想动态，当好"贴心人"。推行"五必谈，四必访"，即岗位变动时必谈，受到批评或奖励时必谈，遇到困难时必谈，与人发生矛盾时必谈，提干或入党时必谈；家庭有纠纷时必访，生病住院时必访，生活有困难时必访，家有丧事必访，形成有问题定期反馈、定期报告、定期交流的良好机制，畅通信息反馈渠道，掌握员工思想动态。解决员工关心的问题，当好"服务员"，确保员工住好、吃好、睡好，帮助解决实际困难。在物价上涨情况下，始终做到伙食质量不降，伙食费不涨。从2010年开始，正泰集团创新地以"工程"的形式，通过调研形成年度"民生工程"，分批集中推进，如把员工住宿、水电供应、子女上学、医疗、交通、商业服务、文化娱乐、治安环境、薪酬与激励等确定为正泰员工生活管理委员会的"民生工程"，真正把员工作为企业最宝贵的资源，使企业和员工成为命运共同体、事业共同体和利益共同体。

保证员工身心健康，当好"保健员"。建立正泰阳光服务室、举办心理健康培训班，保证员工心理健康。根据正泰 EAP 计划（员工援助计划），集团工会推出了员工心理援助计划。2007年6月至今，共培养了230多名正泰自己的心理咨询师，派出心理咨询专家近百次在正泰集团"阳光服务室"为企业员工进行面对面的个别心理咨询服务，共接待来访者逾1200人次。积极帮助员工成才，当好"辅导员"。组建"实践型""技能型"讲师队伍，加强对员工的技能培训。去年仅正泰温州地区三大类的员工培训，就开出1700门课程，总学时15万小时，6万多人次，真正做到员工"在正泰工作时有较好的待遇，离开正泰时有谋生的技能"。

坚持以正泰价值观建设为核心，培育道德文化

价值观是企业文化的核心，是根本，正泰集团党委紧紧抓住了这个根本，科学提炼正泰价值观体系，坚持以正泰价值观引领企业文化建设，培育合格的"正泰人"。2004年开始，正泰集团党委组织全体员工进行了为时半年的大讨论，提炼出了正泰核心价值观体系。即正泰使命："争创世界名牌，实现产业报国"；正泰价值观："诚信守法，注重绩效，

不断变革"；"正泰精神：创新、和谐、谦学、务实"；正泰经营理念："为顾客创造价值，为员工谋求发展，为社会承担责任"；正泰目标："打造全球领先的智慧能源解决方案提供商"。正泰集团党委认真解决好价值观的入脑、落地问题。

南存辉董事长率先垂范，带动了高层主动实践。《正泰报》专门开辟了《南存辉的思与行》栏目，定期对践行价值观情况进行报道。各部门组织员工定期学习讨论正泰价值观体系和本部门工作，查找本部门在工作中存在的与价值观体系不相符合的行为和制度，把价值观体系与部门工作对接。在此基础上编写了《正泰企业文化手册》和《正泰员工守则》引导员工的思想和行动。此外，还深入开展社会主义核心价值体系宣讲学习活动，开展正泰价值观的大讨论与实践活动，评选了"感动正泰十大道德模范"，用员工身边的先进事、身边的模范人教育人。

坚持以"五结合"组织建设为重点，培育班组文化

将党小组、工会小组、团小组、妇女小组在科学分工的基础上直接建立在行政班组之中，创建"五结合"学习型班组，对"五结合"学习型班组长的具体职责进行明确分工。行政班组长组织员工负责任地做好产品；党小组发挥政治核心作用和战斗堡垒作用，抓好员工学习，掌握员工思想动态；工会小组重在民主管理，帮助员工维权，解决员工后顾之忧；团小组负责岗位学技术、岗位练兵、技术革新、人人成才和组织业余文体活动；妇女小组负责女职工关怀。真正做到"学习有人抓、思想动态有人管、业余活动有人组织、员工困难有人帮"，从而把基层班组打造成讲政治、讲学习、讲和谐、有文化的阳光集体，使企业文化与企业基层管理紧密结合，把工作下沉到了企业的最基层，有效实现了正泰价值观入脑、落地，确保了基层班组和谐。

坚持以创先争优为抓手，培育追求卓越的创优文化

通过党员创先争优带动群众创先争优，培育追求卓越的创优文化。正泰集团重点开展两项活动：一是开展"双联双争双评"活动。"双联"，即各支部均要联系一个技术革新项目或重要课题，党员均要联系一个服务对象，帮扶一个困难党员或员工；"双

争"，即党支部要在认真履行其职能，完成工作目标任务中争先进；党员要在增强工作能力，提高服务质量和工作水平，做好本职工作和真情帮扶中争当优秀；"双评"，即党内支部间互评，党外进行测评。二是科学推行"一句话"承诺，实行"一卡二评三谈四公示"制度。"一卡"是指党员岗位责任和一句话承诺卡。"二评"是指由员工、党员、党支部书记对持卡党员承诺、践诺的参与、执行情况按月度进行态度评、效果评；"三谈"是指对争创成效不理想的党员或员工，党支部书记要与之谈话；对"五结合"班组争创成效不佳的班组，党支部书记要与"五结合"班组长谈话；对于季度评比中党支部争创成效不明显的，党委和行政部门派人与其支部书记谈话。"四公示"是指党员"一句话"承诺公示、党员月度评分公示、"五结合"班组双月度得分公示、党支部季度得分公示。做到创在本职、争在平时，有岗有责、有位有为，真正达到"党员受教育、企业得发展、员工得利益"。

坚持以整合资源为动力，培育创业文化

一是引导员工立足本职，"烧好一壶水"。"烧好一壶水"是指以"做专、做精、做强、做大"为特征的专注、专业理念。正泰坚持主业发展不动摇，体现产业链竞争优势；坚持品牌营销不动摇，彰显赢利模式优势；坚持以人为本，诚信为真，价值分享理念不动摇，展现企业文化机制优势，为正泰摆脱国际经济危机的影响提供了重要保障。把"烧好一壶水"理念发展为员工普遍认同的员工创业文化，提出了"干好本职就是人才""干好本职就是创业"的思想，鼓励员工立足本职，追求卓越，引导员工把工作当事业。与之相适应，集团人力资源部努力构建鼓励干好本职的绩效体系，努力为员工创造良好职业发展环境，通过构建以核心素质、职业素质和管理能力为要素的人才素质模型，建立任职资格体系，完善考核激励机制，促进员工的价值实现和全面发展。

二是培育以"组建平台，共同创业；利益共享，风险同担；艰苦奋斗，追求效益"为特征的创业文化。针对集团快速发展，正泰美誉度日益提高的发展形势，为了防止多年来在正泰形成的"组建平台，共同创业；利益共享，风险同担；艰苦奋斗，追求效益"的创业文化被淡化，正泰集团公司又全力推行整合资源战略，增强员工"成就感、贴心感、紧迫

感"。同时，正泰集团公司还建立了优扶办，把正泰创业文化推广到供方协作企业和下游经销商，对上游协作企业给予管理、技术和资金上的支持，使"利益共享，风险同担"意识在上下游协作企业获得共识。

（正泰集团）

倡导主流文化　践行客户第一履行社会责任

四川邦泰集团是一家追求卓越、专注品质和细节的多元化发展的集团公司，创建于 2007 年 3 月，集团下辖双流、乐山、眉山、宜宾、内江、广元、西昌等城市公司及四个专业子公司，业务领域涉及房地产开发、园林景观建设、旅游商业运营、物业服务及销售代理五大板，是城市生活文明的倡导者和践行者。

倡导"诚信、公平、团结、共享"核心价值观

邦泰集团倡导健康、快乐、积极、向上的城市文明，秉承"让生活更有品位"的使命，在"三讲五要九个重"的理念指导下，践行"客户第一"的核心价值观，积极投身公益事业，推动可持续发展，强化与城市的和谐共处。

2010 年，邦泰集团文化的核心文化初具雏形，并形成了"诚信、公平、团结、共享"的核心价值观等。

企业文化是员工的企业文化，邦泰集团的核心文化是来源于邦泰，回归于邦泰。2013 年，邦泰集团进入快速扩张阶段，公司发展规模呈现"井喷式"发展态势，企业文化建设也进入了新时期。邦泰集团及时制定出"企业文化建设年"和"企业品牌建设年"的策略。为了建立符合邦泰集团发展需要的、具有邦泰特色的企业文化，邦泰集团邀请了国内顶级企业文化建设机构、知名企业文化建设专家和邦泰企业文化建设人员，共同成立"同心工程"项目小组，针对邦泰二次创业的现状，梳理和诊断邦泰现实存在的问题，通过访谈、调研、共识营等方式和手段，最终形成了《邦泰企业文化共同纲领——邦泰之道》《邦泰文化品牌故事集》《邦泰管理守则》《邦泰 VI 应用手册》《邦泰品牌服务标准手册》等系列文化读本。

2014 年下半年至 2015 年，邦泰集团企业文化重点工作是核心理念与经营业务相融合，围绕集团核心价值观"客户第一"开展落地工作，讨论拟定出"客户第一"落地体系。根据落地体系推进步骤，主要围绕"建标准、强督导、推激励"思路开展工作。邦泰集团建立了《客户第一落地体系》《客户第一员工行为标准手册》等标准及制度；通过日常督导、神秘客户、看房体验师、第三方机构的调查暗访，发现问题，并针对问题提出相应的解决方案，通过一系列举措，员工对"客户第一"的理念有了更好地认知，也做出了一定的行为改善。

2016 年，邦泰集团在全集团开展服务升级，提出新战略"品质服务稳健发展"的口号。

为了建立符合邦泰特色的核心文化，邦泰集团"同心工程"工作小组在企业文化核心理念提炼的过程中，一直秉承"顶天""立地"的建设原则，也就是一定要同中国的传统文化、主流价值观。一方面要同优秀企业的管理思想、标杆企业的实践对接，另一方面又一定要是邦泰人自己的文化，"来源于邦泰，回归于邦泰"，是邦泰发展的历史沉淀、是邦泰优秀人物的气质彰显、是邦泰对未来的发展期许。同时，邦泰的文化核心理念也一定是"接地气"的，就是对人性的透析和对人性的敬仰和尊重。"避开人性的东西都是缺乏生命力的。"最终是形成了以"客户第一"为核心的邦泰文化理念体系。

恪守"客户第一"的实践理念

客户是邦泰安身立业之本，离开了客户的支持，公司和我们都将寸步难行。邦泰集团存在的价值是让客户、员工、合作方、股东、社会生活更有品位。我们认为邦泰集团所从事的房地产业某些方面有金融业的成分，但更是服务业，客户的口碑是建立公司信誉、公司品牌最好的途径和方法，能给客户服务的机会就是公司生存、发展的机会，也是我们每位员工实现自我价值的机会。

在工作中，我们要求邦泰集团员工要"发自内心地关心客户"，从多层次满足客户的需求，不断关注客户需求的变化，竭尽全力帮助和服务客户，为客户创造价值。通过优秀的产品品质、人性化的贴心服务、卓越的文化价值、先进的管理理念，为客户提供健康、快乐、积极、舒适的人居体验；通过努力给客户提供高品质的产品和优质的服务，把公司

的理念和倡导健康的生活方式带给客户。

基于此，2015 年邦泰集团企业文化建设的重点工作是核心文化理念与业务的互动。为弘扬公司核心文化，提高员工"客户第一"意识，确保核心价值观到员工工作具体行为的顺利转化，从而进一步指导员工工作，提升绩效。邦泰集团围绕"客户第一"理念落地，讨论拟定出"客户第一"落地体系，根据落地体系推进步骤，围绕"建标准、强督导、推激励"思路开展工作。

一是建立"客户第一"员工行为服务标准。我们根据公司目前的发展情况以及客户关注的触点，建立了《客户第一落地体系》《客户第一员工行为标准手册》《销售中心（物业）员工行为督导奖惩制度》《销售中心（销售）员工行为督导奖惩制度》《客户承诺书》《"神秘客户"考察细则》《集团与项目 VI 使用规范》，每月都组织客户免费参加我们的客户活动。兑现对客户的承诺，高标准地完成对客户的承诺，真正践行"客户第一"。邦泰集团项目小区在交付业主的时候，由于高标准的兑现对客户的承诺（超额上千万元的成本），交房满意率达 99.98%，被客户、业内同行以及媒体大力推崇。通过制度、规范、标准的制定以及对内容的学习，保证邦泰集团价值观"客户第一"理念的落地。

二是全面监督员工"客户第一"服务行为。邦泰集团组织全员对集团下发的标准进行学习，并组织多场专项培训活动，让员工熟知"客户第一"的服务标准。为了督促员工对标准的执行到位和符合要求，集团形成督导小组，每月针对和客户接触较多的部门、员工进行工作行为的督导，同时针对销售一线的同事，进行了神秘客户的招募以及第三方机构合作，通过他们来协助我们对员工的服务标准和行为进行监督，并根据督导的情况进行相应改善和提高。

三是大力推行激励政策，形成"客户第一"的服务氛围。为了提高大家工作的积极性，在正泰集团内部形成比、学、赶、超的氛围，我们根据每月督导的结果和情况，对表现优秀的单位和个人进行奖励，对问题较多的单位和发现不符合要求的人进行处罚。同时，我们在全集团开展《告客户承诺书》活动，告诉客户邦泰集团为他们提供什么样标准的服务，让他们对正泰集团的标准和服务进行监督，如果发现没有达到正泰集团《告客户承诺书》上承诺的标准和服务，则可以随时进行投诉，邦泰集团并对

他们的投诉进行奖励。希望通过这种方式来监督我们提升服务品质。

随着核心价值观"客户第一"的宣传以及相关制度、标准、流程、奖惩的推行，我们在客户服务上有了比较明显地提升，但是距离我们的目标还有一段距离，我们将继续在全集团范围推行"客户第一"，认真践行"客户第一"。作为四川本土开发业务覆盖最广的地产公司，邦泰集团连续3年蝉联中国地产百强榜。2016年，四川邦泰嘉州长卷·天玺项目荣获集团全省首家"绿色住区"认定。

关注公益，尽社会责任

邦泰集团热心公益事业，10年来，邦泰集团先后捐助各类慈善公益资金达6000多万元。出资修建学生"爱心食堂""彝家青少年中心"，关注市民身心健康，援助地震灾区，设立爱心基金，帮孤助残，捐资支持教育发展等各类社会公益慈善事业。

邦泰集团作为城市运营商：是城市规划者，为客户描绘更美好的生活蓝图；是城市建设者，为客户提供优质的产品和服务，以及更舒适的城市生活体验；是城市生活的组织者，不仅改变着城市的形态，更影响市民的日常生活；邦泰集团多次荣获"中国（成都）年度成长型房企10强""成都地产年度影响力企业""慈善公益突出贡献奖""中国好雇主"等荣誉称号，连续2年荣登克尔瑞数据中国发布的全国房地产百强企业，所开发的楼盘也多次荣获国家、省市级奖项，深受市民的欢迎。

（四川邦泰投资有限责任公司）

以企业文化弘扬金花精神

金花投资集团（以下简称金花）成立于1991年，现已发展成为涉足投资、制药、商贸、高科技、电子商务、酒店及高尔夫、教育等领域与产业，拥有2家上市公司，员工2万名。目前控股企业为在上海证券交易所上市的金花企业（集团）股份有限公司、在我国香港H股上市的世纪金花商业控股有限公司、西北地区一流的西安秦岭国际高尔夫俱乐部和五星级的金花豪生国际大酒店等。金花集团凭借规范诚信的市场运作，努力践行企业与社会、企业与员工的共赢，企业和员工获得荣誉感。

行知合一，文化理念深入人心

金花集团自创立以来，始终坚持市场经济方向，守法经营，诚信经营，以卓越的表现为西安本土以及中国中西部地区的经济发展做出积极贡献的同时，还向社会提供了近2万个就业岗位，安置下岗职工、残疾员工近千人，辐射近10万家庭成员，为政府解决就业、促进社会和谐、稳定发展做出了积极贡献。

"凝聚有限能力，担负天下责任"是金花集团的核心价值观。金花集团的价值在于凝聚起金花人的力量，用商业的方式为社会创造出极具品质的产品与服务，创造出一种能用企业的实践印证的生命价值。金花集团勇于承担合乎法度、道义与伦理的社会责任与使命。这是中国传统文化价值观的要求，也是每个生命个体的责任，是金花人"正心、修身、齐家、治国、平天下"的意志体现。

金花集团积极投身于各类社会公益与慈善事业，奉献社会，报效国家。金花集团为国家希望工程、光彩事业、环境保护、抗洪抢险、抗震救灾等社会公益与慈善事业捐款、捐物价值过亿元，得到了政府和社会的高度赞誉，成为西安本土和中国中西部地区最受人尊敬的非公有制企业之一。

用企业文化塑造精气神

金花集团创业之初就坚持物质文明和精神文明两手抓，让公司有了"魂"，员工有了归属感，经营效率提升了，企业效益自然也就增加了。金花集团认真学习贯彻习近平总书记关于民营经济的"亲""清"精神，以"双创"为己任取势新常态，谋远"金花梦"，发挥民营经济的优势，打造"科技金花、千亿金花、百年金花"战略目标。"我们把企业文化建设工作当作企业统一思想、凝聚力量、干事创业的重要保障，通过深入开展创建活动让企业找到了'精气神'"。

金花集团党委自2004年成立以来，不断加强基层党组织建设，组织开展学习"创先争优"活动，曾被中央组织部授予"创先争优优秀基层党组织"。

金花集团工会积极发挥工会组织在企业中的桥梁纽带作用，坚持以人为本，关爱员工，维护员工利益，促进企业健康发展。金花集团团委始终以服务企业长远发展、服务青年成长成才为核心，积极开展多种形式的技能比武和文娱活动，培养塑造了一大批优秀组织和先进个人。多年来集团先后取得国家荣誉 3 项，省级荣誉 20 多项，市级荣誉 40 多项，培养推荐省、市、区人大代表、政协委员近十名。

金花集团在企业发展中始终秉承"恩泽惠于时代，诚挚馈效社会"的企业理念，积极参与社会各项公益事业，十余年来积极参与各项社会公益事业，累计捐赠近亿元。

以德治企，探索民营党建新模式

金花集团一贯坚持"党管干部"的作风，加强对干部"德"的考核。大力提倡善良美德、勤俭美德、感恩美德；重点培育诚信品德、实干品德、担当品德。在干部、员工培训中强化"德"的比重，将"三种美德、三种品德"具体化。选拔干部坚持"德才兼备、以德为先"原则。重视和重用顾全大局、勇于担当、诚心"实意"干工作的干部；重视和重用一身正气、公私分明、敢说"实话"的干部；重视和重用埋头苦干、不尚空谈、肯干"实活"的干部；重视和重用善打基础、会抓根本、能出"实绩"的干部，真正让有真才实学、能真抓实干、对员工群众有真情"实感"的干部，有更大干事创业的平台、更多大展身手的机会。建立完善干部从业"德"的考评机制，实行对干部"德"的考核同年薪挂钩、同调整使用挂钩的"双挂钩"制度，促进干部以德修身、以德服众、以德润人。金花集团自上而下建立了诚信体系，制定《诚信守则》，使诚信成为一种品牌、一种公信力、一种竞争力，实现至真、至善、至美。

作为民营企业，金花集团一贯坚持加强党风廉政建设。集团党委注重"三个更加注重"：更加注重警示教育，教育各级干部树立讲境界、重操守、守底线的做人理念，认真践行廉政承诺，干干净净做事，踏踏实实做人；更加注重制度建设，进一步推进纪律监察工作项目化管理。

金花集团以各种活动为载体，组织每年一届的金花青年文化节系列活动，继承、总结和提炼金花的企业文化，发挥文化的影响和渗透作用，全力打造"新金花、新形象、新未来"，提升企业的文化影响力和知名度，打造名牌企业。

金花集团党、工、团组织是企业建设和发展的组织保证，在加强民主管理和民主监督工作，维护员工合法权利，积极参与企业民主决策和管理，组织广大员工为企业发展建功立业等方面，为企业的和谐、健康发展发挥了组织保障作用。

精细化管理，夯实发展根基

金花集团将坚持精细化管理，充分发挥企业文化价值，为实现企业"十三五"战略发展目标不懈努力。"十三五"时期是金花集团坚持跨界思维，实现"产值千亿"的重要发展阶段。金花集团以精细化的规划、精细化的分析、精细化的控制、精细化的操作、精细化的核算为手段，实现企业管理从机会型转变到战略型、从经验型转变为科学型、从粗放型转变到精细化的经营管理目标。

金花集团实施精细化管理以来，旗下五大板块，各公司围绕着生产、经营管理及现场服务加大了精、细、严、实的工作品质要求，取得了一定的工作成效。2015 年以来，全集团开展"加强精细化管理，每天为金花做一件事"活动，要求各部门、各公司从大处着眼，小处着手；因地制宜，"广开言""展新风""谋发展"，找出企业在文化建设中存在的问题、突出的症结表现及改进的建议。深入基层，扎实调研，用数据说话，挖掘金花企业文化特性，追本溯源，为加强企业文化建设提供宝贵的一手资料，实现工作目标。

加强企业制度文化建设，健全现代企业管理机制。增强金花集团团队凝聚力、向心力，弘扬金花正能量，传播金花文化内涵，以"健康金花、知识金花、科技金花"为导向，以高度的文化自觉、文化自信、文化自强，开创金花集团众志成城、创优争先的新局面。

金花集团各公司、各部门积极开展"金花文化金花魂"金花企业文化现状调查活动。集团党委牵头，各支部配合，在全员中开展评选集团十个最具价值的"金点子"活动。金花集团各部门、各公司立足企业经营管理实际，开展建言献策活动，广泛征集"金点子"，通过各个层面的合理化建议，完善企业在经营管理各个环节中存在的问题，不断改进、日趋完善，遴选出"最具经济价值""最具管理价值""最具文化价值""最具创新价值""最具经营价值""最具服务价值""最具实用价值""最具营销价值""最具反思价值""最具细节感染力"的十个"金点子"并给予一定的物质奖励。金花集团广泛开展征集经营计划"专项题案"的活动；集团工会牵头，各支部配合，开展一次《我拿什么再次应聘金花》主题分享讨论会；集团团委组织，各支部配合，开展一次"读一本好书"活动，通过读书分享等活动，以书养心，以书养源，提升团队正能量，激发全员对人生、理想的追求，升华精神世界。

金花集团大力倡导"工匠精神"文化，积极开展寻找"金花工匠"活动，经过层层选拔，在全集团数百个岗位工种中挖掘出 10 名长期奋战在经营管理岗位、技艺精湛、精益求精、勇于创新、追求卓越的优秀金花人，为助力金花发展，打造企业核心竞争力提供人才保障，对于评选出的"金花工匠"，不仅给予岗位晋升、薪资提升，还大力表彰奖励，使他们及其家属共同分享集团公司发展成果及旗下的公司消费资源与红利，充分发挥了企业文化凝心聚力的重要作用。

（金花投资集团）

大力强化企业管理　创建一流企业文化

山东大海集团始建于 1988 年，是一个集"纺织、新能源、新材料、有色金属、房地产、国际贸易"等于一体的跨行业、跨地区、跨国际的综合性大型企业集团，是中国企业 500 强、中国民营企业 500 强、中国制造业企业 500 强、山东企业 100 强等。在文化建设方面，大海集团突出重点，深化特色文化建设。

一是坚持制度文化。大海集团始终坚持"制度第一、流程至上、领导第二"的制度文化建设。坚持将所有的议事规则、所有的操作、所有的决策确保在阳光之下，确保在制度的约束监督之下，领导不能凌驾于制度之上，一旦制度确定了就必须执行，必须以流程的执行来成为制度刚性执行的保证。通过方针目标、经营评价、绩效考核、督办反馈等多种手段，督导目标达成，形成"办实事、求实效"的工作导向，确保各项目标任务顺利完成。

二是坚持沟通文化。大海集团公司通过制度文化建设，将与基层员工谈心作为一项制度确立下来，每月组织一次干部与基层员工谈心，传达当前集团公司发展面临的形势以及经营管理等方面的方针政策，介绍公司的经营状况和任务，为员工解疑释惑。通过谈心全面了解基层员工的思想动态，减轻员工的心理负担和压力，增强发展信心，创造和谐发展氛围；通过谈心掌握基层单位和员工在生产经营管理方面好的思路、经验、办法，不断总结经验，开

拓思路，促进工作，推动集团公司健康、可持续发展。

三是坚持诚信文化。诚实守信，是一切价值的根基，也是大海集团公司一切经营活动的准则。因为它知道：诚信无价，不讲诚信的品牌或可成功一时，却注定无法走远。曾有的企业为了降低成本，使用劣质原料和不合格品，影响了产品品质，赢了成本，却输了诚信。而大海集团作为中国 500 强企业、AAA 级信用企业、中国质量万里行先进企业，一直把顾客的要求当作最高标准，制定了高于国家标准的企业内部标准，不达到内部标准的产品不能出厂，绝不生产假冒伪劣产品，坚决杜绝不合格品出厂，在社会上赢得了诚信经营的美誉。

四是坚持安全文化。各单位"一把手"是安全生产的第一责任人，把安全生产目标责任落实到部门、班组、岗位，将安全承诺签订到每一位在岗职工，形成了"公司统一领导、单位全面负责、职工广泛参与"的共同责任网络。企业结合工作实际，从小、细、实抓起，抓好关键时间安全，抓关键部位安全，抓关键作业（特种作业、检修作业、改造作业、临时作业及受限空间作业）安全，抓关键人员安全。扎实开展"安全演讲""百日安全""安全观摩会"等形式多样的安全生产活动。不断提高班组长的安全管理水平和安全操作技能，着力提高职工安全自我保护意识和能力，做好班组安全工作日常管理，构筑了安全生产长效机制。

五是坚持环保文化。大海集团坚持低碳环保先行，相继关停印染厂、织造厂，并向新能源、新材料、生态林业、有色金属、现代金融、现代物流、电子商务等新兴产业转移。企业以低碳发展为目标，坚守低能耗、低排放、低污染的低碳"红线"，通过科技创新引进的太阳能硅片项目、太阳能光伏组件项目等，被山东省发改委列为第一批战略性新兴产业项目。每年节约标准煤 4 万吨，减少二氧化碳排放 10 万吨，全力打造"绿色企业"和行业"环境友好型企业"。

六是坚持创新文化。大海集团不断加大科技创新和产学研结合，投资 500 多万元与青岛大学合作成立了青岛大学—山东大海集团纺织实验中心。投资 180 万元与中山大学建立了产学研战略合作伙伴关系，组建了大海新能源研发中心，加大对新能源项目研究和技术研发力度，目前已有 15 项实用新型

专利，其中 3 项已申请发明专利、2 项申报科技成果鉴定。集团还专门聘请了从事新能源行业近 40 年的专家陈文杰担任新能源公司总经理和高级技术顾问，聘请新能源行业专工 10 余人从事新能源产品技术研发。集团还与中科院理化所结成了院企科研合作关系，正在研发脱模剂及硅废料回收利用项目，科研方案已进入分析论证阶段。与北京有色金属研究总院合作研发精密电子用超高纯铜项目，已达成初步合作意向。在中关村还专门设立了北京鲁创技术咨询有限公司，以促进项目成果转化。企业还加强了与山东大学、中国石油大学、山东理工大学等国内一流大学的合作，投入专项资金，成立科研中心，努力争创省级实验室、国家级实验室，提高企业的研发水平，积极培育自主品牌和拥有自主知识产权的创新产品。

七是坚持节约文化。大海集团依靠现代化管理节约成本，通过实施分之合管理模式，强化成本核算，在产、供、销、财务等各个环节加强管理，把生产成本中的原材料、辅助材料、燃料、动力、工资、制造费、行政费等项中每一项费用细化到单位产品成本中，使成本核算进车间，进班组，到人头。这样变成本的静态控制为动态控制，形成全员、全过程、全方位的成本控制格局，使节约成本落实到每个职工的具体行动中。

建立适应市场经济的精干高效的运行机制，也是降低成本的重要一环。首先，企业打破干部和工人的界限，体现"肯干、能干、干好"的用人原则，实行招聘与聘任制相结合的人事制度，优化劳动组合，竞争上岗，优胜劣汰，做到"能者上、庸者让、差者下"。其次，在科学测定确保最佳成本目标所必需的劳动量的基础上，相应改善劳动组织，核定劳动定员，改革内部分配制度，减少因非生产性人员过多和窝工、怠工、劳动量不足造成的消耗。同时，按照建设资源节约型企业的要求，要求领导干部要带头节约，发挥领导模范作用，引导全体职工从自身做起，自觉养成节约一度电、一滴水、一张纸、一升油、一铲煤的良好习惯。

八是坚持楹联文化。2010 年 4 月，大海集团被山东省楹联艺术家协会命名为"山东省楹联艺术家协会楹联创作基地"；2010 年 7 月，由山东省东营市楹联协会倡议发起承办的"大海杯"全国企业文化楹联征联有奖大赛举行，为东营市创建楹联文化城市

打下了坚实的基础。企业通过形式多样的企业文化创建活动，使企业文化更加贴近实际、贴近生活、贴近职工，使楹联作品更具生命力，大大提高了企业文化建设的形象，有力地促进了企业的精神文明建设。截至目前，由大海集团赞助共出版发行了《海韵翰墨》《海韵楹联》《河风海韵》《水墨深情》《翰墨真情》《东营文化》《观海一》《观海二》《观海三》《大海杯书画展名家作品集》等 10 多部楹联和书画作品集，同时出资购买《中国书法》全集，并将这些作品发放到公司中层领导手中进行学习，使广大干部员工深受教育，陶冶了情操，成为大海集团员工培训教材。

九是坚持学习文化。大海集团不断打造学习型团队，大力实施人才强企战略，将职工素质工程融入企业总体发展战略之中。重点抓好党员干部的党性修养、理论修养、道德修养和业务修养，定期对党员干部进行轮训，充分发挥各级领导干部和共产党员在创建学习型企业中的示范带头作用。在企业管理方面，组织全员学习《长松组织管理培训》《企业管理的十二把砍刀》《分之合经营模式》《3S 管理制度》等。在提升员工自身素质和业务技能方面，组织学习《国学》《论语》《弟子规》《女性职业素养提升》《职工职业技能提升》《国际贸易离岸业务操作技巧》《进出口贸易操作流程》《创新驱动转型升级》等大型培训活动 20 余次，为企业长期发展奠定了坚实基础。

十是坚持廉政文化。"公生明，廉生威；公则民不敢漫，廉则吏不敢欺"是中国传统文化中典型的制度文化思想，具有廉洁公正的意识在企业文化建设中可以赋予社会新时代的特色。为树立正气、发挥正能量，营造积极向上、干净干事的氛围，大海集团出台了一系列廉政建设制度，自上而下、由内而外地逐级签订廉洁自律合同，形成了公正、公平、廉洁、自律的制度文化，成为了干部职工共同信守的价值观念。

企业文化是大海集团获得持续、健康发展的不竭动力，为集团公司实现快速跨越式发展奠定坚实的智力支持和文化支撑。

（山东大海集团有限公司）

在互联时代融入管理文化的力量

面对移动互联网发展大势，建设银行河北省分

行(以下简称"分行")贯彻落实总行的决策部署，运用互联网思维，主动适应人们思维方式、生活方式和阅读方式的转变，将企业管理文化融入经营管理的各个环节，全员践行诚实、公正、稳健、创造的核心价值观，以文化的力量凝聚全行共识，唱响主旋律，弘扬正能量。

以深耕创新为关键点，加大管理文化传播力

一是用创新的思维做好企业文化的传播工作。"分行"首创了建行河北省分行企业文化荣誉引领法，通过建立系统内首家"网上荣誉室"，将各个团队、个人获得的荣誉分为总行级荣誉、省行级荣誉、政府类荣誉等版块进行广泛宣传、正向引导。组织工作人员将"网上荣誉室"扩容，增加"历史影像"栏目，将建行河北省分行发展历程中的重点影像资料在荣誉室展览；增加"名家新作"栏目，定期刊登文化人才的书法、绘画、摄影等作品；增加"文化建行"栏目，通过漫画、书法等展示传播建行的愿景、使命、核心价值观等。特别是"网上荣誉室"的开设，适应了互联网时代的文化传播要求，对激发员工工作热情、弘扬员工正能量起到了较好的促进作用。

二是搭建新型企业管理文化传播平台，积聚正能量。相继开辟了"争做最美建行人"专栏、"快乐文化人"微信群、文明餐桌、文化墙、《企业文化建设》《燕赵建行蓝》电子刊、志愿者服务队等多个平台，让建行企业文化要素无处不在，时时处处传递总行、分行声音，起到润物细无声的教化作用。在系统内首家建立的"河北省分行文化人才微信群"，集汇本行写作、摄影、书法、朗诵、歌曲、舞蹈、戏曲等才艺专家，用自身所长，唱响建行好声音，弘扬社会主旋律，使之成为本单位正能量积聚的能量点，成为展现建行精神、升华建行价值的能量场。目前，该文化群"每天晨语""文化茶馆""微讲堂""读书会"等栏目已经成为河北分行知名品牌。

三是加强业务创新，践行"以市场为导向，以客户为中心"的经营理念。结合河北省集群特点和资源禀赋，加强创新文化建设，根据客户需求创新了一项项业务产品。成立了定向服务团队，通过省、市、县三级联动，积极推动差异化产品创新；抓住新型城镇化快速推进，县域经济增长潜力进一步释放的机遇，推进普惠金融建设，设立功能完善的助农服务点；跟进京津冀协同发展，满足专业市场和商圈转移过程中小微企业的金融需求；为让贷款变得简单，推出了互联网信贷产品"快贷"，通过电子渠道自助支用的个人网上全流程自助贷款，是真正意义上的互联网贷款。

以开展形式多样的主题活动为着力点，加强管理文化感染力

一是持续完善企业文化要素的传导工作。本着"思想性、实用性、观赏性"的原则，建行河北分行充分利用现有条件做好建设银行愿景、使命、核心价值观等宣传工作，在一楼大厅LED屏设立主流思想展示区，在信息站添置了《建设银行报》图标，让阅读更快捷；设计制作了文明餐桌牌、社会主义核心价值观宣传牌、中国传统文化学习牌、"文化建行"微信展架等。积极塑造经营"软实力"，进一步强化分行党委战略思想的传导和贯彻力度，以形成企业文化表层的冲击力和深层的教化力。

二是上下联动，文明创建工作取得新成效。建行河北分行对文明创建工作早谋划、早安排，创造条件促使更多的机构网点进入文明单位行列。2014年年初，建行河北省分行公关企划部组织业内"专家"到二级分行及所辖网点进行现场指导，逐一与各机构交流情况、查找不足。

三是大力弘扬社会正能量。建行河北分行在建总行组织的党员教育电视片交流活动中，坚持选题贴近基层需求，镜头聚焦先进典型，组织拍摄并报送了所辖廊坊分行金光道支行田莹的先进事迹，参加评选。

四是围绕中心，开展好主题教育活动和各类优秀典型的发现、培育和表彰工作。深入开展了主题突出、形式多样、内容丰富的"争做最美建行人"主题宣传教育活动，组织快、推进实、辐射广、效果好，对每个候选对象，都精心整理提炼出简要事迹、微故事多篇、人物通信、微视频等相关材料，通过策划系列宣传，多方位、多渠道诠释典型形象，以微故事、微视频、人物通信等形式，通过移动终端H5、内部网页、报刊、微信公众平台、"网上荣誉室"以及外部媒体等渠道，组织内外宣传和持续报道。在2014年建设银行成立60年周年行庆之际，开展了建行成立60周年"60年60佳"优秀员工表彰活动；建行河北分行本部组织开展了"挖掘先进典型，弘扬正能量"优秀党员评选表彰活动；组织挖掘

和征集了建行60年改革发展不同阶段具有代表性的员工人物故事、文化亮点，组织撰写基层员工故事，宣传典型人物，发挥了正面典型的激励和导向作用。

五是统筹协调，以文明建设助推文化繁荣。持续开展"十小文明"创建工作。围绕全行转型发展、业务营销、条线工作和员工日常生活，重点开展文明窗口、文明大堂、文明岗位、文明会场、文明课堂等接地气、顺民心的"十小文明"创建活动，大力提高员工文明素养和全行精神文明建设水平。

以维护好银政、银媒关系为支撑点，增强管理文化影响力

一是积极参加地方组织的精神文明建设活动。参与河北省银监局组织的"发现正能量，积极融入'善行河北'"建设。普及金融知识，加强教育宣传，切实保护消费者权益。在教育、医疗卫生、扶贫济困、环境保护等领域开展了"积分圆梦做公益""资助贫困高中生成长计划""贫困英模母亲资助计划"，以及"母亲健康快车"等公益慈善活动。

二是强化宣传指导，提升建行形象。进一步强化层级联动和部门联动，围绕在转型发展、产品和业务创新等方面的新举措、新成果和新经验，推出了一批重点稿件，着力展示建行现代化商业银行新形象。推出了《服务结构调整　支持实体经济——建行河北省分行适应新常态转型发展纪实》《建设银行河北省分行搭助农服务网络改善农村金融生态》《"一个都不能少"如何破题》等一批有分量的稿件。

以提高内外服务质量为落脚点，增强管理文化凝聚力

一是给客户提供更高的服务品质。建行河北分行积极践行"客户至上，注重细节"的服务理念，持续抓好网点"三综合"工作，加强组织推动，强化综合业务培训，进行"一对一"岗位帮扶，探索完善配套机制体制，不断提升业务人员的综合素质和营销能力。为了提升服务效率，建行河北省分行立足互联网、大数据，不断提高跨越时空的金融服务能力，大力推广"善融商务"，提供从资金结算到信贷融资的全方位金融服务，为客户线上办理贷款提供便利；大力发展自助银行、网上银行、电话银行、手机银行业务，有效延伸拓展客户服务渠道，为广大客户提供了精准、便利的结算服务。

二是贯彻核心价值观，加强党群工作。各级党委（党支部）围绕"建设最具价值创造力的国际一流银行集团"战略目标，把核心价值理念融入经营管理的各个环节，持续激发员工的集体荣誉感。强化党群工作阵地建设，实行"三室共建"，建立了党员之家、职工之家、荣誉室，为开展员工行史教育、群众活动、转型经验分享等开辟了新的场所，通过一定的企业仪式强化责任意识和使命感，推动全分行干部员工见贤思齐、崇尚英雄、争做先锋。

三是组织多种活动，关心爱护员工。建行河北分行紧扣时代脉搏，重视员工的成长、成才和心灵感受，制定了《基层机构开展员工友爱活动指导意见》，为一线员工减压释负，提高了员工的获得感和满意度。利用业余时间，适时开展热爱自然、回归自然、保护自然等活动。相继成立了乒乓球、羽毛球、台球、摄影、绘画、瑜伽等各类协会和兴趣小组，组织太极拳习练、健步走等活动，引领健康向上的业余文化生活，抢抓发展敢担当，力推转型发展，强化了企业管理文化建设。

（中国建设银行股份有限公司河北省分行）

实施价值观管理　为员工梦想导航

重庆银行成立于1996年，是西部和长江上游地区成立最早的地方性股份制商业银行。2013年11月6日在港交所成功挂牌上市，成为全国146家城商行中首家在我国香港地区港交所H股成功上市的内地城商行。在英国《银行家》对全球千家银行2016年度排名中，重庆银行列第290位，步入全球银行前300强。重庆银行H股还入选摩根士丹利全球小型股指数（MSCI）和恒生可持续发展企业基准指数（HSSUSB），成为大陆首家也是迄今唯一一家被纳入该指数的城市商业银行。

企业文化建设的背景

伴随着中国经济的高速增长和改革开放的不断深入，金融企业在推进企业文化建设中出现了许多新情况和新问题。

一是思想认识的问题。在市场经济时代，各种利益相互交织，各种诱惑纷至沓来。许多企业的干部员工倾向于把主要精力放在抓业务发展和经营效

益上，关心业绩带来的实际经济利益，对企业文化建设工作的必要性、紧迫性认识不足，甚至存在可有可无的思想。

二是员工结构年轻化的问题。由于行业特点，重庆银行 4000 多名员工中，35 岁以下的就占到了 75%。青年员工对新技术、新观念的学习掌握能力突出，具有较强的创新思维，但合作意识相对较差，抗压能力较弱，思想观念、价值取向呈现出明显的多元化趋势。

三是工作生活压力加剧的问题。随着市场竞争的日益激烈，以及社会上存在的分配不均现象，企业员工的工作和生活压力加大，对精神和心理形成考验，一旦承受能力不强而心理失衡，将会影响员工工作的积极性，进而影响企业的经营管理。为此，用文化凝心聚力就成了刻不容缓的问题。

精心设计企业文化建设的各环节

2013 年年初重庆银行开展了价值观大讨论。在此基础上，我行结合中国梦、社会主义核心价值观、习近平总书记提出的"好干部"20 字标准，充分契合"四讲四有"的各项要求，提出了"有梦想、有精神、有爱心、有原则、有担当"的"五有"核心价值观，并在全行一贯之大力推进。

一是提炼形成理念体系，明确企业文化工作方向。重庆银行围绕"五有"核心价值观，结合重庆银行发展的历史积淀，提炼形成了企业愿景、核心价值观、企业使命、企业精神、管理理念、品牌口号等 10 个方面组成的重庆银行企业文化理念和发展定位，经过在全行上下广泛征求意见，正式出台印发。在全行首次形成了统一规范、系统完整的企业文化理念体系，并在"企业文化工作会""分支行长工作会""企业文化沙龙"等各种场合，通过多种渠道反复强调，大力宣贯，推进"五有"理念在全行员工中"内化于心，外化于行"。

二是构建自上而下、从内到外相结合的组织推进体系。在重庆银行总行层面，专门设立了"企业文化与公共关系部"具体负责全行企业文化建设工作。在部室和分支行层面，明确了企业文化建设的分管领导与具体经办部门和人员，理顺了基层践行、推进机制。在外部，聘请了企业文化专家、高校教授、企业资深管理专家，为"五有"推进工作提供咨询指导，构建了有效的组织推进体系。

三是构建系统的制度体系，确保推进"五有"价值观的长期化、常态化。重庆银行本着前瞻性、融合性、实用性、系统性、全面性的原则，制定了体系化的配套制度，将"有梦想、有精神、有爱心、有原则、有担当"的"五有"价值观融入企业的制度体系，将"五有"的理念和要求体现在企业日常业务和经营管理各项制度中，有效地推进"五有"价值观在企业落地。一方面，制定了若干推进"五有"的专项制度，如《关于印发重庆银行企业文化理念和发展定位的通知》《重庆银行企业文化手册》《重庆银行爱心基金管理办法（暂行）》等；另一方面，将历年规章制度进行梳理，通过修订、补充，将"五有"员工价值观融入企业的各项管理制度（标准）中，如《劳动竞赛管理办法》《重庆银行员工再教育管理办法》等，实现了从制度入手，切实将"五有"落实到全行方方面面。

四是构建包括宣传平台、培训平台、活动平台在内的文化宣贯平台。重庆银行整合全行宣传资源和部门职能，通过构建宣传平台、培训平台和活动平台，形成了《重庆银行人报》《"五有"典范》和《重行先锋》书籍、企业文化墙、"五有"标语、微信公众平台、宣传画册、企业文化宣传片、《重行形象动态简报》、行徽、荣誉陈列室等"十大"企业文化载体。组织了"五有拓展训练营"，覆盖全行所有青年员工；开展"五有典型事迹巡讲"，两年来举行了 33 场巡讲活动，深入所有异地分支机构和远郊支行，覆盖全行 3000 多人次；举办企业文化网上沙龙，让一线员工在网络上同行领导面对面直接对话；评选"企业文化先进单位"和"五有之星先进个人"，每年定期表彰在践行"五有"中做出表率的单位和员工；还组织了企业文化沙龙走进分支机构、我身边的"五有"重庆银行人摄影故事大赛、"五有"征文大赛等活动，搭建起了全方位、多层次的"宣贯"平台，潜移默化地推动"五有"在员工心中生根发芽，变成他们真心接受、自觉践行的员工价值观。

丰富"五有"内涵

有梦想：人因梦想而伟大，企业因梦想而成功，我行以共同的梦想凝心聚力，提出"西部一流，上市标杆"的发展愿景，分支机构也围绕愿景提出目标，如，西安分行就提出做"重银丝路起点，三秦城商标杆"等。

有精神：我行将爱国、敬业的核心价值观落到实处，用创业实干、创新进取的精神，抓机遇、迎挑战，在激烈的市场竞争中，奋力推进转型发展，一步步接近梦想。弘扬创新精神，打破制约发展的思维定势和机制障碍，倡导"业务探讨无禁区"，提倡"敢为人先"，形成了"谁创新、谁受益"的导向机制。弘扬实干精神，敬终如始、善做善成，以 7 年孤注一掷的坚持，成为第一家成功在我国香港上市的内地城商行。

有爱心：推动形成感恩、包容、平和、奉献的企业文化氛围，进而为社会和谐稳定，传递正能量。我行将爱心变成行动，发起设立"爱心基金"，倡导员工从自己的劳动所得中，按"每天一元钱"自愿捐助，鼓励持之以恒的善行。

有原则：践行诚信、廉洁、合规的价值理念，讲规矩、守纪律、明底线，头脑中时刻有盏"红绿灯"。作为国有金融企业，我行将政治原则放在首位，服从指挥、顾全大局，不折不扣贯彻中央决策部署。明确制度原则，从源头防控金融案件和风险发生。认真落实操作原则，明确岗位职责、优化操作流程，建立员工日常行为规范，通过培育健康的合规文化、诚信文化，增强员工诚实守法的主动性、自觉性。

有担当：体现政治担当；落实"调结构、促转型"的宏观政策，积极发展绿色信贷，体现经济担当；利用在服务小微金融方面的优势，支持"大众创业、万众创新"，服务实体经济，体现社会担当；将文化理念融入产品，推出"商户诚信贷""农户诚信贷"，鼓励用诚信换授信，用道德作抵押，发挥文化正的外部性，为净化社会风气尽一份责任，体现文化担当。

目前，"五有"文化已对员工个人行为和价值观产生了积极的正向影响，根据覆盖全行的"五有"主题讨论活动的事后反馈评价，95％以上的员工思想能与主流价值导向保持一致，总体呈健康、积极向上的态势。同时，据第三方权威机构中山大学管理研究所的调研评估，全行 96％的员工能够清晰理解并内心认同"五有"价值观。

（重庆银行股份有限公司）

药润人心　商以载道

华润医药商业集团有限公司（以下简称"华润医药"）是华润集团一级利润中心，是国内医药流通企业的标杆企业，其前身为 1950 年成立的北京市医药公司。2016 年，华润医药商业营业收入达 1148 亿元人民币，位居全国医药商业企业第二位。在 67 年的发展历程中，华润医药商业积累、形成了独特的文化气质，其"药润人心　商以载道"的文化氛围帮助公司在激烈的市场竞争中不断前行。

67 年发展历程　传承文化基因

行业特点决定了华润医药商业的文化密码，那就是尽最大努力，保障百姓用药安全。从 1950 年北京市医药公司成立那天起，这个文化密码就自然地嵌入了公司经营管理的每个角落，并在其后 67 年的发展壮大中，不断丰富、扩大其文化内涵，引领公司跨越了一道又一道发展难关。

1960 年 2 月 3 日，位于北京王府井的北京特种药品商店（北京市医药公司下属商店）接到来自山西运城的紧急救援电话，有 61 个农民工发生中毒事件，急需 1000 支解毒药品。接到这个电话后，商店几乎所有员工都立刻投入到应急工作中。仅仅 8 小时之后，药品就被空投至事故现场，61 个农民工得救。这个惊心动魄的应急救援故事得到了包括《中国青年报》在内的多家媒体关注，根据事件采写的《为了六十一个阶级弟兄弟》还被选入了中学语文课本。

为生命营造绿色通道，为保障安全不惜代价。这一时期，虽然还没有落实为在纸面上的公司文化表述，但在公司经营活动中，在公司员工的行为中，不自觉地在形成这样的一种文化气质。

1976 年唐山大地震，余震未止，公司送药车已经赶赴灾区；1987 年，为抢救 49 名误食亚硝酸中毒的民工和儿童，连续奋战 13 小时，挽救了其宝贵生命。

2000 年 12 月 28 日，公司改制成立北京医药股份有限公司。2010 年，进入华润体系。2012 年正式更名为华润医药商业集团有限公司。数次的机构变动，企业文化始终如一。

2003 年，为抗击"非典"，公司为百姓提供了 130 多万平价中成药、100 多万套防护服和数百万台医疗设备；2006 年，响应北京市医疗卫生"政府集中采购、统一配送、零差率销售"改革，公司承担起 18 个区县中 15 个的社区药品配送；2008 年，作为北京奥运会、残奥会唯一指定药品耗材配送服务商，公司做到"零差率、零事故、零投诉",圆满完成配送任务……

正是这样的文化气质,在新中国成立后多次的重特大事故救援中,在国家重大活动举办期间,公司从未缺席。

从抗美援朝到送药下乡,从61个阶级弟兄到唐山大地震,从大兴安岭火灾到汶川特大地震救援,从抗击"非典"到密云彩虹桥踩踏事件急救,从北京奥运会到社区送药上门……每一次重大救援背后,都有华润医药商业人默默奉献的身影。而决定着"不怕苦、不怕累,困难面前不退缩"的公司形象的,正是多年来在公司内部形成并不断丰富的企业文化。

2016年"十三五"起步之年,公司迎来新的机构调整,与华润医药集团两个总部分离,恢复成为华润集团一级利润中心。新时期、新常态、新发展,对华润医药商业公司企业文化建设提出了新的要求。公司正式发布新时期华润医药商业企业文化理念体系,新的华润医药商业文化理念体系包括:使命、愿景、价值观、发展理念和企业精神五大要素。

使命:拓展医药保健事业空间,提高生命健康保障

愿景:成为社会信赖的大健康服务平台

价值观:诚实守信、业绩导向、以人为本、创新发展

发展理念:做实、做强、做大、做好、做长(5M原则)

企业精神:务实、专业、协同、奉献

其中,使命和愿景在秉承华润集团使命和愿景精神内涵的基础上,结合医药行业特色、华润医药商业发展历史和特色,形成华润医药商业自己的使命和愿景,描绘的是华润医药商业人的崇高责任和奋斗蓝图。在严格遵循华润集团文化理念的基础上,华润医药商业对其进行了个性化的解读和阐释。

统一文化　统一战略

华润医药商业在"十三五"规划中,明确提出公司发展的四个统一,即"统一战略、统一系统、统一管理、统一文化",文化建设在公司"十三五"战略中得到明确定位。

2016年7月,华润医药商业企业文化与社会责任指导委员成立,作为公司企业文化建设的最高领导机构。该委员会由公司总经理担任主任,公司其他管理团队成员、部分省级公司和直管利润中心负责人担任委员,对企业文化建设进行决策、领导和推进。

从2016年起,华润医药商业对相关制度进行了制定与梳理,形成了《社会责任管理办法》《舆情管理办法》《对外捐赠管理办法》《企业文化建设管理办法》《新闻发言人制度实施细则》等相关制度体系。

这些制度对"十三五"背景下的华润医药商业公司企业文化管理进行了系统的思考。思考角度包含内外环境、宏观和微观层面。国家相关法律、法规和医药行业政策等的外部规章制度是外部大环境,企业战略、企业文化、管控模式和组织职能等是内部小环境。在宏观层面,做好规章制度的规划工作,即对集团层面企业文化工作进行统筹规划,规划满足公司战略发展的要求,兼顾企业现实和未来发展的需要。在微观层面,要求切实理解企业文化内涵,落实到基层一线,同时通过基层的实践,继续丰富企业文化的内涵。

通过提炼企业文化相关制度体系,对华润医药商业公司内部文化整合、文化建设等具体工作的规范,保障了企业文化建设的统一、有效。同时,华润医药商业制定出自己的视觉识别系统手册,统一了企业标识、旗帜、徽章、色彩等视觉符号,在集团150多家子公司普及并规范使用,强化华润医药商业统一的品牌效应。

创新文化载体　打造文化形象

2017年5月31日,《华润医药商业首部社会责任报告》发布。通过对公司社会责任履责的整体描述,传递出华润医药商业"药润人心　商以载道"的文化气息。报告一经发布,即得到社会专业机构的高度评价,社科院企业社会责任研究中心不仅在其组织的社会责任相关论坛上对《华润医药商业社会责任报告》进行展示,还通过其微信公号进行推介与传播,他们看重的正是华润医药商业公司67年发展历史中所形成的有着鲜明行业特色的文化气质。

在华润医药商业公司内部,充分利用了包括官方网站、内部通信、宣传栏等平台,进行企业文化的宣传。在公司官网上,设置企业文化专栏,详细介绍华润医药商业文化理念体系,增加润药商业故事、员工关爱、人才培养、社会责任等相关专栏,处处体现企业文化。

华润医药商业公司是个大家庭，下属 150 余家公司分布在全国 27 个省、自治区、直辖市，每家公司都有着特别的内部文化氛围。公司通过征集华润医药商业文化故事等做法，将多家公司的好做法展示出来，增进各家公司的交流，同时也充实着华润医药商业企业文化的内涵。

2017 年 6 月 1 日，华润医药商业官方微信公众号正式推出。作为当下使用率最高的沟通平台，微信公众号的开通使企业文化建设如虎添翼。华润医药商业公司通过"一线员工的一天"照片故事的征集、"遇见你　预见爱"七夕相亲专题、"中秋节"主题照片展、"华润医药商业艺术节"、"我眼中的创新"征文比赛等公众号内容的制作，向公司内外展示了华润医药商业的企业文化，增强了与员工的互动，给更多的基层员工开辟了一个发声窗口，让企业文化的宣贯变得不那么"正襟危坐"，变得更加活泼有趣。

2016 年 7 月初，华润医药商业与北京市朝阳区将台社区卫生服务中心签约，向社区老年人提供送药上门服务，探索慢病管理，为北京市解决老龄化、探索"医养结合"提出创新性解决方案。在华润医药商业遍布全国的药品零售门店中，每天都在发生着为帮助患者用药而不断改进服务的感人故事。

2017 年 9 月，华润医药商业首批企业文化内部讲师队伍成立。作为华润医药商业企业文化的传播者，他们承担起文化使者的角色，将企业文化理念宣贯到公司的每一个角落。

"华润像一滴水一样，与大众需求相融，与时代发展相符，永葆青春，永不干涸。"在华润医药商业公司，企业文化建设也正与时代发展相融，与员工需要相融，与公司发展相融，润物无声，温暖人心。

（华润医药商业集团有限公司）

"四字经"彰显文化管理魅力

为不断提升服务质量，在长期的工作实践中，东航云南公司合美龄"网格化"班组认真贯彻落实"真情"服务理念，致力于在服务过程中注重人文关怀，全力以赴提升旅客乘机体验及增值服务，以公司理念为基础，以网格化管理为主线，创新提出了"预、比、创、细"的四字经管理法，彰显了管理的魅力。同时荣获中国民航工会发布的第二届"全国民航示范

班组""全国民航最具影响力班组"称号。

"预"字诀，凡事"预则立"

一是建立班前会分享、班后会总结制度，对仪容仪表和服务规范进行相互监督，精进操作流程上的每一个步骤。

二是根据班前航班量、天气情况等对可预见状况进行提炼，提前在微信工作群中报告，并将征集反馈的应对建议及时纳入当日执行办法中。

三是规范各类业务用品发放，上岗前由组长统一领取，下班后由组长统一收回，并做好检查，发现问题及时上报。

四是建立小组会议制度，每个小组每周定期召开一次小组会议，传达分部和班组要求，学习新的工作流程，交流工作心得体会，并让组员进行签字记录。

五是注重对班组成员思想动态的关注，班组长每月定期收集各小组对班组的合理化建议，然后有针对性地同班组成员进行沟通交流。

凡事预则立，不预则废。通过班前会、任务部署会、座谈会等会议，班组成员之间形成了相互提醒的良好氛围，像预习功课一样，对工作进行及时"预热"，使工作更加游刃有余，效率也大幅提升。

"比"字诀，建立"狼文化"

为了最大限度地激发员工潜能，让员工明确自身差距、找到奋斗目标，合美龄网格化班组引入竞争机制，从手势、微笑、问候等小事入手，让"比"成为工作新常态。

一是实行小组分值考核制度，各小组按每月 90 分为基础分计算，利用加分减分制，进行对比奖惩。其中，组员在每月业务知识竞赛中的成绩占小组分值的 30%；各小组对组员工作的表现考核占小组分值的 70%，然后根据分值高低评比出优秀小组，优秀小组可获得加分及奖金奖励。

二是按季度对小组长进行考核，未达标的降级为组员，并在本组组员中重新选拔新的小组长。

三是每月举办一次小组长论坛，由小组长通过 PPT 对员工开展业务服务知识技能培训，并将论坛内容纳入年度优秀小组长的评选参考中，优秀小组长可优先推荐为地服明星员工和关键岗位的优先候补人选。

四是建立日常工作考勤机制，明确各项工作标准，不定时组织员工进行技能大比拼。

"创"字诀，"创新"激活力

工作中，合美龄网格化班组打破常规，从创新思维、方法、手段等入手，推出了一连串服务新模式，赢得各方好评。

一是将组员的合理化建议与每月绩效进行挂钩，由小组长做好统计考核。

二是定期组织班组成员开展头脑风暴，充分挖掘可能出现的问题，集思广益研讨解决方法，制定应急预案。

三是积极推进工作改革，建立决策、执行、反馈的循环系统，认真查找弱项、过时项、需补足项，定期进行服务流程升级，更新管理办法。

四是建立"创新意见箱"，为旅客提出建议搭建平台，增进双方沟通交流，不断优化工作执行方案。

五是充分利用数字化工具，开展旅客入会员活动，积极推广东航产品。

六是针对生产现场存在的难题，成立了"课题法"，将难题类比学术课题进行"立项"，组织骨干力量进行攻关，逐项研究、逐个"击破"，并取得良好效果。

"细"字诀，"精细"强管理

一是细化普通柜台实行承包制，F区、G区、特殊柜台和中转柜台每套班进行固定轮换，班组长排出排班表模板后，小组长自行安排组员坐柜的号位，监控组员上下柜时间，对拖沓懒散的组员及时提醒，督促带领上柜，确保服务质量符合公司标准。

二是注重国际转机旅客办理的条理性，"爱心柜台"小组长会定期更新并向组员传达各项特殊业务的办理流程及规定，对国际转机旅客办理进行合理分配，保证工作完成细致有效。

三是根据巡视区域优化排班，巡视小组长在部署岗位时，充分结合每个组员的性格特点进行科学安排，并将每天的自助值机率任务提前下达给到个人，以便组员制订工作计划。

四是建立完整的单据复查机制，候补柜台小组长负责每天对组员工作记录开展检查，确认是否存在违规、违纪操作，并将各项特殊工作落实到位；工作结束后，对值机工号进行管理检查，及时收集、量化复核工作数据并上报。

五是建立员工心情台账和排班表，对员工上班状态与服务工作情况进行打分，并将各项指标层层分解量化，具体落实到每一个岗位、每一个环节和每一个人，不断细化工作内容，优化工作流程。

通过创新"四字经"管理法，进一步提升了东航云南公司班组建设的战斗力和凝聚力，实现了"急旅客所急，想旅客所想"的真情服务，展现了东航对外的良好形象。

（东方航空云南有限公司）

文化引航　精益前行

福建烟草商业紧紧围绕"再上卷烟新水平"基本方针和战略任务，以国家局（总公司）推进企业精益管理意见为指导，以烟叶生产、卷烟营销、专卖管理、物流配送、投资管理、财务管理、内部管理等业务模块为重点，全面导入精益思想，形成精益文化体系。

一、明确的精益文化定位

福建烟草商业精益文化是责任母、子文化的一个专题文化，具有文化和管理双重属性，福建烟草商业主体文化与专题文化的对接与融合主要有如下方面。

（一）统分有度

首先，两者要"统"。责任主体文化是精益专题文化建设的原则、方向。福建烟草商业主体文化对企业价值观、使命、愿景及今后发展方向进行了明确，是企业文化建设的根本要求，任何一项专题文化的建设，任何一个文化理念的提炼，都必须符合这个根本要求，都必须在这个根本要求的指导下进行，要在主体文化的框架之内、要求之下，不能违背主体文化的要求建设专题文化。

其次，两者还要"分"。精益专题文化要在坚持责任主体文化所确立的基本思想、原则和要求的前提下，对行业背景、企业历史与现状、职工状况等实际情况加以研究，分析特征，从中提炼出精益思想、理念、信条等，然后汇聚融合在一起，形成一个较为系统的专题文化架构体系。

（二）兼容并蓄

主体文化是总框架，是大的原则和方向，是一种宏观指导性文化，是一种统领文化，所含元素是主体文化与专题文化的共有元素；专题文化是主体文化的亚文化、次文化，其与主体文化的共同价值观元素（两个至上）等同、核心理念元素（责任烟草）一致。主体文化对专题文化既讲求核心部分一致，又允许专题文化的外延各具特色，允许其核心内容之外的其他文化元素，允许其建设方式有所不同。福建烟草商业责任主体文化包容精益专题文化的特点，并鼓励精益文化自主创新，在文化建设上有所突破，进而对主体文化进行补充，促进主体文化发展，使主体文化更加符合行业和福建烟草商业特点，更具有科学性、统领性、前瞻性、指导性。福建烟草商业通过实施"四个统一"，实现责任主体文化与精益专题文化的对接和融合。

责任主体文化是精益专题文化的源头、基础和基因，决定了精益专题文化的体系、结构和发展方向。在构建精益专题文化架构体系中，福建烟草商业始终坚持以责任文化为主体，凸显主体文化的权威性、指导性和统一性，集中体现为四个方面的统一。

一是核心理念的统一。福建烟草商业主体文化核心理念包括企业价值观、企业主旨、企业使命、企业愿景、企业经营思想、企业精神等，是福建烟草商业的文化内核，这些理念解答了企业的存在意义、发展方向、价值取向、思想境界等问题，是福建烟草商业改革与发展的战略理念和行动纲领，是各项专题文化都必须信奉的。

二是企业战略的统一。精益专题文化构建过程中，坚定不移地贯彻落实福建烟草商业"卷烟再上新水平"企业战略，将文化构建导向与企业战略目标结合起来，使精益文化成为全体干部职工实施企业战略的有力支撑。

三是企业愿景的统一。精益专题文化从企业战略角度出发，结合企业经营管理特点，审定企业愿景目标（尽责诚信，和谐烟草），使精益文化建设的整体方向与企业发展目标保持高度一致，并把企业共同愿景逐步转化为企业员工的个人愿景，对企业员工产生激励、导向作用。

四是行为风格的统一。责任主体文化和精益专题文化中的行为规范，都是在企业价值观、企业主旨等核心理念的指引下提炼和形成的，核心理念的统一必然带来行为风格的统一和协调一致。

二、丰富的精益文化内涵

从形式上看，福建烟草商业精益文化是属于思想范畴的概念。精益文化属于人的思想范畴，是人的价值理念。这种价值理念和社会道德属于同一种范畴。精益文化是一种价值理念，是一种内在约束，即人们（企业员工）在思想理念上的一种自我约束。

从内容上看，精益文化是对企业管理过程和管理行为的反映。具体地说，精益文化就是企业管理的制度安排和企业管理的战略选择在企业员工价值理念上的反映。或者说，企业管理的所有相关活动，都会反映在员工的价值理念上，从而形成了精益文化。如福建烟草商业在企业管理上倡导"提质降本增效"，那么在精益文化上的反映就有持续改善、全员参与、价值创造等理念元素。

从性质上看，福建烟草商业精益文化是付诸实践的价值理念。价值理念从其实践性的程度上看，可以分为两类：一类是信奉和倡导的价值理念；一类是必须付诸于实践的价值理念。精益文化既是属于企业信奉和倡导的价值理念，又是属于必须要付诸于实践的价值理念。精益文化是真正地在约束企业员工的行为，真正地在约束企业的管理过程，是在现实中真正起作用的价值理念，而不仅仅是一种倡导或者被信奉的价值理念。

从作用上看，福建烟草商业精益文化是规范行为的价值理念。精益文化作为企业的价值理念，是对企业真正起作用的价值理念，对企业的管理行为及员工行为起着良好的规范作用。也就是说，精益文化是真正解决企业管理问题的价值理念，而不是为了好看而用来包装企业的价值理念，不是一种包装性的价值理念。所以精益文化是在企业管理现实中形成的，是作为现实的需要而逐渐丰富、成长起来的，而不是从一般的逻辑抽象中推理来的，更不是作为一种宣传性需要而被塑造出来的。福建烟草商业精益文化的内涵主要包含如下内容。

危机意识。时刻具有危机意识是企业长存的基础。精益管理的本质是利用最小的资源创造最大的价值，优化资源配置，降低企业内耗，达到效益最大化，目标是追求零浪费、零缺陷、零事故、零差错、零故障、零投诉，最终主要体现为企业服务和效率水平持续提升，成本费用得到有效控制，管理水平上新台阶。

问题意识。在推行精益管理过程中，应着重培养企业干部职工的问题意识，即无论遇到什么情况，都要善于从表面问题深入到内在问题。只有发现问题、掌握问题的根源，才能解决问题并杜绝类似问题的发生，并在解决问题中进行革新。

人本意识。精益文化中的人本意识是指要认识到员工是企业最宝贵的资源，投资、技术、规模、设备都可以模仿，唯一不能被其他企业模仿的就是企业拥有的人力资源。要培养优秀的员工，让他们保持对企业的忠诚度，充分发挥他们的主观能动性，不断为企业的改善出谋划策。同时，以团队工作方式替代以个人为中心的工作方式，建立以人为中心的人本文化。

卓越意识。将消除浪费进行到底，消除浪费、降低成本是精益管理的核心内容，在消费者为主导的市场环境中，成本控制能力是企业管理成功的关键。企业要在服务质量上力求零事故、零缺陷、零差错，追求"尽善尽美""精益求精"；在成本和效益上，力求"零浪费"。

三、精益文化体系的落地

"匠心铸品质，精益创价值"，这是当前福建烟草商业精益管理理念，蕴含了追求卓越的创造精神、精益求精的品质精神及"客户至上"的服务精神，引领福建烟草人在企业生产经营管理各环节，都以国家利益至上、消费者利益至上为宗旨，精雕细琢、精心打磨、精益求精、追求完美和极致。

健全的培育体系围绕"精益文化实现全员、全过程、全覆盖"要求，从组织、流程、职能三个维度着手，为培育福建烟草商业精益文化提供肥沃"土壤"。

组织维度——从决策层（领导班子）、管理层（中层干部）、执行层（一线员工）三个层级入手，实现"全员参与"。

流程维度——从简化每项工作流程入手，实现"全程优化"。

职能维度——从卷烟营销、物流管理、烟叶生产、投资管理、财务管理、内部管理等主要职能入手，实现"全面覆盖"。

在这个"三维"空间里，通过组织保障、制度支撑、人才育成、激励导向、持续改善等基础性工作，

推进精益管理思想、理念、信条的宣贯践行。

（福建省烟草专卖局（公司））

"家和道畅"聚人心

习近平总书记在十九大报告中指出，"文化是一个国家、一个民族的灵魂。文化兴国运兴，文化强民族强""文化自信是一个国家、一个民族发展中更基本、更深沉、更持久的力量"。经济社会发展中，文化已经延伸为一种生产力，是一项至关重要的软实力，是持久的核心竞争力，是社会和企业管理的最高境界。

长期以来，江苏交通控股集团高管中心党委高度重视企业文化建设。2017年年初，江苏控股高管中心在传承和弘扬原企业文化元素的基础上，通过借鉴世界500强企业文化新理念，引入省内外交通行业企业文化实践新成果，秉承江苏交通控股公司"责任、诚信、和谐、自律"核心价值观，以及"心齐、气顺、劲足、风正、实干"和"快乐工作、健康生活"的新倡导，不忘本来、吸收外来、面向未来，构建形成了更加贴近行业规律、更受职工欢迎、更能够落地生根的高管中心"家和道畅"企业文化和核心价值观，并赋予了全新的释意：家——家是小国、国是大家、强国齐家；和——融和为贵、企和业兴、人和力聚；道——道以致远、聚贤汇能、创新创效；畅——畅通八方、跨江达海、服务百姓。其核心价值观：和谐、求实、创新、致远。

高管中心党委通过强化"家和道畅"企业文化建设，牢牢掌握了意识形态工作的领导权、管理权、话语权，为高管中心的持续发展，提供了思想保证、精神力量和道德滋养，不断增强做强、做优、做大企业的软实力。

把"家和道畅"文化深度融入党建，做到全覆盖

高管中心党委把党的最新理念和国学精粹，作为"家和道畅"文化建设的"根基"和"灵魂"，把深邃的文化打磨成"家常话""肺腑言""座右铭"，让职工"看有形、听有声、行有轨"，成为党建工作的文化样式，时时处处体现"有责任、分不开、看得见、受欢迎"的特色。高管中心所属基层站队区，围绕"回

眸十五载、喜迎十九大"系列文体活动，"一十百千万"系列党建活动，开展了党建、企业文化、标准化和品牌化创建工作，有 68 个基层单位通过了中交协"星级现场"的 3～5 星级评选，起到了统一标准、凝聚人心、提升形象的良好效果。

把"家和道畅"文化深度融入班子，做到真和谐

家和万事兴。中心党委及所属单位党组织是高管中心事业蓬勃发展的政治核心和领导核心，是火车头。通过建立健全"党委议事规则""中心组学习""三课一会"等制度，领导班子成员带头践行"家和道畅"文化，主张"和而不同"，在保持差异的基础上，达成和谐与统一。在建设、推广"和谐"文化过程中，高管中心两级领导班子注重发挥"和"的调节和整合作用，帮助中心全体党员干部，特别是领导干部用正确的立场、观点和方法观察社会、分析问题、化解矛盾，积极稳妥地协调好班子成员、机关与基层、领导与职工之间的关系，减少思想认识的片面性、个人言行的极端化和经营管理的内耗率，从而形成了班子和谐带动职工和谐、职工和谐影响个人小家庭和谐，小家和谐促进单位大家庭和谐的干事创业氛围。

把"家和道畅"文化深度融入基层，做到强渗透

高管中心全力打造"一站（网站）、一报（江苏高管）、三级微信公众号微矩阵平台（党建微信公众平台、动态微信公众平台、团建微信公众平台，共 3 级，86 个微信公众号）"大力宣传"家和道畅"文化的内涵和核心价值观，最大限度地获得机关、所属二级单位和 87 个基层站队区的广泛认同。通过举办"职工群众趣味综合运动会""喜迎中心成立 15 周年演讲比赛""忆党恩、迎国庆、红歌献给十九大歌咏大会"，以及评选"奉献中心的十大杰出模范""感动中心的十大典型人物"和"激励中心的十大工匠标兵"等活动，大力宣传"家和道畅"的价值，体验"家和道畅"的能量，分享"家和道畅"的情怀，形成了同频共振。

把"家和道畅"文化深度融入人心，做到深扎根

高管中心在党员队伍、干部队伍和员工队伍的

建设上，体现"家和道畅"的理念，务求人尽其才，才尽其用，打通员工成长、成才、成业的发展通道，让不同层次、岗位、追求、喜好的干部职工，找到认同感、获得感和幸福感。高管中心党委把"家和道畅"文化理念运用到党风建设和反腐倡廉工作中，通过"领导干部立家规、共产党员正家风"活动，营造风清气正的政治生态，不断增强党员干部的理想信念和宗旨意识，确保"八小时之外""朋友圈之内"均能自律、自重、自醒。

高管中心通过积极践行"家和道畅"文化，以"家"的理念凝心聚魂，以"和"的方式管理团队，以"道"的规则经营事业，以"畅"的责任服务社会，营造了"家"的温馨，让每一名干部在这个大家庭里，都能身临其境地感受到兄弟姐妹般的亲情，快速提升了"两个满意度"，即职工群众的满意度和社会公众的满意度。

（江苏交通控股集团）

"三同一"跨文化理念助推境外并购企业融合发展

北京海纳川汽车部件股份有限公司（以下简称海纳川）成立于 2008 年 1 月，由北京汽车集团有限公司与北京工业发展投资管理有限公司按 60：40 的股比合资组建。海纳川作为北汽集团的零部件平台，在北京、山东、湖南、广东等省市拥有 12 个生产基地；现有所属企业 56 家，其中分别与外资、合资、民营等公司合资组建的混合所有制中小企业占比超过 70%；以 2011 年成功收购全球第二大汽车天窗制造商英纳法汽车天窗系统有限公司为标志，开启了海纳川公司国际化发展新篇章。

海纳川多元的"和达"企业文化

2008 年海纳川公司组建成立，时值中国汽车工业和北京汽车工业的大发展机遇。处于"创业"阶段的海纳川公司，适时提出了以"和而求强，达尔致远"为核心价值观的"和达"文化，提出了"铸精品部件、伴车行天下"的企业使命，"创业、客户、创新、服务、执行、共赢"的价值理念，其根本的思想在于指明海纳川公司的发展必须秉承"创业"思维，要"纳百川之精华、聚产业之合力，成就最具竞争力的汽

车零部件企业"的企业愿景。随后在"十一五""十二五""十三五"战略规划与"和达"文化相一致，进一步明确了海纳川公司的发展目标和发展路径。面对北汽集团的高速发展和新要求，海纳川公司结合企业发展新的条件和形势，提出了"经营实体化、团队专业化、市场国际化、资本证券化"的"新四化"发展目标。新的战略需要新的文化作为引领和支撑，海纳川结合企业发展的新形势，在对"和达"文化进行继承的基础上，海纳川公司提出了"创新、勤奋、责任、厚道"的新时期核心理念。

收购荷兰英纳法天窗集团的背景："英纳法"（全称英纳法汽车天窗系统有限公司），总部位于荷兰文瑞，该公司于1974年开始生产汽车天窗，技术水平处于全球领先地位，目前为全球第二大汽车天窗供应商。其客户遍及全球主要知名汽车制造企业。截至2016年年底，英纳法在全球四大洲拥有15家制造工厂、4个研发中心以及6个销售及工程中心，分布在荷兰、美国、巴西、韩国、日本和中国等九个国家。

论企业资历，海纳川组建于2008年，而英纳法创立于1946年；论经营规模，并购谈判时的2010年，海纳川销售收入近百亿元，但合并销售收入只有8亿元，而英纳法已是一个年收入40亿元的全球性企业。"小博大"的国际收购，既符合双方的利益诉求，同时也撞击着彼此的心态。

正视收购英纳法后的问题

自2011年7月海纳川收购完成后，双方经过短暂的"蜜月期"，一些深层次的问题开始渐渐浮出水面。

首先是文化差异和沟通不畅，导致整合困难、管控不力，被并购企业认为：英纳法是一个独立的公司，海纳川只是一个股东，按照西方文化，股东不得干涉公司经营。

其次是管理团队动力不足，心情浮躁，收购一年后，管理委员会成员在获取原股东给予的巨额收购奖金和内部矛盾激化之后，三分之二的管委会委员离开公司。

再次是英纳法管理层开始排斥北汽集团和海纳川对其的管理。而且，时任CEO还坚持所谓的"one in alfa"的主张，以其公司独立性为由，拒绝提供公司基本经营信息。

最后是由于英纳法各子公司遍及全球，涉及不同法律体系，这对海纳川公司自身的法律能力提出了很高的要求，现阶段需要第三方公司提供法律支持。显然，喜忧交织的收购与管控难题，给缺少国际化企业管控经验的海纳川公司提出了现实而又紧迫的挑战。

刚柔相济的管控创新文化

自英纳法被并购以来，海纳川公司党委始终高度重视英纳法与海纳川公司文化的融合，将提升英纳法公司全体员工的凝聚力和向心力作为一项重要任务来抓。特别是在2013年9月习近平总书记在哈萨克斯坦纳扎尔巴耶夫大学提出了共同建设"丝绸之路"经济带的"一带一路"创新合作模式后，为有效地推进海纳川公司和英纳法公司的文化融合、搞好跨文化管理，提供了解决问题的契机。

海纳川公司党委提出"坚持文化先行，树立文化引领经济的高度自觉"的思路，通过进一步深化与境外被并购企业的文化交流与融合，实现共同发展，通过管理创新探索出一条契合实际的境外企业管控新路。

在文化融合的关键时刻，北汽集团党委创造性地提出了"同一个公司，同一个团队，同一个梦想"的"三同一"的核心企业文化理念，为英纳法事业切实走上科学发展之路奠定了坚实的思想基础。在"三同一"核心理念的指引下，海纳川公司采取刚柔相济的刚性管控和柔性文化共同作用，切实强化了境外资产管控工作。

一是确立一个理念。将北汽集团党委书记徐和谊提出的"同一个公司，同一个团队，同一个梦想"的"三同一"理念确立为双方合作的基础，提出了"不同的文化，相同的道理"，明确海纳川公司是英纳法的百分之百的股东，是所有者。海纳川公司与英纳法是母、子公司关系，是被汇报与汇报的关系，而不是谈判对手。英纳法所保持的，应该是其品牌独立性，而不是公司独立性。通过"三同一"让相同的梦想和目标成为团结的纽带，逐步消除了海纳川公司与英纳法管理层之间的心理隔阂，开始构建海纳川英纳法的统一工作平台。据此，海纳川公司党委主要领导与英纳法CEO定期谈话，反复强调"其身份首先是海纳川公司副总经理，其后才是英纳法CEO"，党委领导通过各种机会与英纳法全球高管广泛交流，不断强化对英纳法管理层的文化影响力，通过北汽集团文化、海纳川文化的渗透，增强英纳法各国员工在被并购后对企业发展前景的信心，尤其是海纳川公司确定打造"千亿元、全球化"汽车零部件企业的发展目标，更令英纳法的各级管理者和广大员工消除疑虑，受到鼓舞。

二是搭建载体。海纳川公司积极搭建中外企业文化沟通载体、排除沟通障碍，让境外企业尽快融入国内企业文化氛围，并为实现相互认同创造条件。海纳川公司及时将英纳法员工纳入北汽集团及海纳川评先体系，推荐英纳法 CEO 荣获北汽集团 2013 年度先进职工荣誉。2013 年以来，英纳法 30 余名高层人员、管理人员、技术人员获得了北汽集团和海纳川的表彰；同时海纳公司利用一切机会扩大英纳法高管团队在海纳川公司的影响，在海纳川管理大会上专门设计英纳法团队表演环节。建立海纳川公司与英纳法员工互访机制，海纳川公司多次组织先进职工等到英纳法公司总部及韩国、中国等多家工厂和研发中心参观考察，并进行亲切座谈；英纳法公司也派出部分员工来北汽集团、海纳川公司进行交流学习，熟悉中国风土人情及企业行为规则，增强他们对中国及北汽集团、海纳川公司的深层次认识，从而进一步加深相互了解，促进两种不同文化下员工的契合度和融合度，也更加深刻地了解海纳川公司的发展理念以及发展战略，增强英纳法对海纳川公司的发展信心。

三是启动人才培养计划，将英纳法公司作为北汽集团国际化人才培养基地。自 2014 年英才计划实施以来，英纳法荷兰总部相继为北汽各下属企业员工提供了 30 余个工作岗位，在英纳法荷兰总部进行为期一年的工作和学习。通过在工作岗位上承担具体工作，员工切实接触和学习全球化企业的业务知识，掌握企业国际化运作的管理机制、管理经验，拓展员工自身的国际化视野和国际化思维，为以后从事北汽集团国际化业务奠定基础。

四是建立海外党支部。海纳川公司在英纳法公司荷兰总部成立了第一个海外临时党支部、党员们在英纳法公司荷兰总部公开亮相，党旗、团旗挂在了荷兰英纳法总部的会议室里。北汽集团党委书记、董事长多次前往英纳法公司荷兰总部，与海外工作、学习、交流人员进行亲切座谈。节日期间，在国内的北汽集团和海纳川公司团委入户看望出国培训人

员家属，海纳川公司党委领导还与他们进行了国际视频连线交流座谈，这一系列活动都在英纳法公司员工中产生强烈反响。

海纳川公司努力适应所在国社会环境，尊重当地宗教和风俗习惯，积极开展中外文化交流，相互借鉴、增进理解，积极探索适应国际化经营需要的跨文化、生活习俗的管理理念，积极推进经营思维、管理模式、雇用人才、处理方式的"本土化"，增进当地员工对海纳川公司的了解和理解，持续优化和丰富企业价值内涵。

经过近八年的快速发展，海纳川公司已成为"一带一路"倡议的受益者，特别是在 2014 年习近平总书记访问荷兰后，荷兰政府积极响应中国政府提出的"一带一路"的合作模式，全力支持海纳川公司及所属的英纳法公司发展，荷兰外事部门专门为北汽集团及海纳川公司开设了商务橙色通道，大大缩短了赴欧洲办理签证的时间。根据国际化业务的不断增多，海纳川公司将在摩洛哥、德国等多个国家建立工厂。海纳川文化融合的经验给以后的企业海外业务拓展创设了可效仿的经验。

（北京海纳川汽车部件股份有限公司）

引入"三标一规范"管理模式
创新安全文化建设

川庆长庆钻井总公司作业区域横跨陕、甘、宁、蒙四省区，安全管理风险多、难度大，从严格监督管理向自主管理前进过程中，长庆钻井以"三标一规范"为抓手，通过打造"面子"与"里子"双工程，实现安全精神文明与物质文明共同飞跃，不断提升本质安全，有力推动安全文化建设向自主管理迈进。

"三标一规范"内涵

"三标一规范"指的是标准化现场、标准化操作、标准化管理、规范化风险管理模式。标准是经验的积累，是一个不断提升、完善的过程，是行为再提升、再优化过程。因此，"三标一规范"是一种动态管理模式，不断在提升、完善，符合安全发展方向与企业管理整体走向，通过"面子"与"里子"的持续打造，精神与物质一起抓，共同推进。

具体地说，就是以"一图一单"为核心，打造标

准化现场。标准化现场总体要求：以"一图一单"为核心，编写 HSE 标准化现场管理指南。建立运行以"一图一单"为核心的标准化现场模式，统一本质安全要求，实现现场无隐患、设备无缺陷。

"一图"是规范现场布局总图和区域分图。将现场设施布置图、风险分布图、应急设施分布图、逃生路线图等内容融入其中，形成现场布局总图。在总图框架下，按不同的场所、区域分别编制分区域图册，包括区域管理责任牌、区域安全环保职业健康警示标志和标识、区域管理要点以及区域典型违章、隐患等提示图。现场提示总图标注现场总体布局，包括主要的区域、建筑物、设备设施等，重点标注安全间距、安全通道和安全说明。分区域提示图重点标注：各区域安全通道的布局；设备设施、工器具的摆放位置、数量、规格、型号；区域责任牌、设备管理责任牌、操作规程、岗位职责；安全警示标志和标识等；

"一单"是指硬件设施清单。包括生产设备设施、HSE 设施和物资器材的清单。生产设备设施清单主要包括完成基层队生产工艺所需的设备设施的类型、数量。HSE 设施清单主要包括安全、消防、应急等设施的类型和数量。

物资器材清单主要包括本队为保证生产和生活正常运行所需储备物资器材的类型和数量。

强化作业风险公告、提示。在场所入口建立主要风险告知牌；给岗位人员配备便携式岗位风险及应急处置卡片；对设备可能存在的风险和操作规程进行了挂牌提示；在值班房制作了重大事故隐患公告牌，实行挂牌督办。在公共场所设立安全信息公告栏，及时将违章、隐患整治情况以及考核等信息进行公开。

分区域将设备设施、HSE 设施、应急物资器材和风险管控措施、工器具等从数量、型号、摆放位置及管理要求等方面进行明确，形成各类设备、设施及工器具清单及管理标准。

梳理"负面清单"，突出"死角"整治。川庆先后对接头房、钻台下、吊索具、压井材料、油品储存等以往管理薄弱点进行专项整治，通过配备专用提篮或材料房，对现场死角进行规范管理。

以"两书一表"为核心，规范标准化操作

在集团公司模板基础上，结合我公司实际，按照"简洁、实用、可操作"原则，对计划书内容进行了完善，并从制订、审批、交底等环节对计划书运行进行了明确规定。补充完善 HSE 检查表，组织对各类检查表进行梳理，完善检查内容，结合需要，新编了起放井架、固井、供电前等八个临时检查表，形成规范的检查标准。修订完善作业程序和操作规程，对 127 个原有程序文件组织进行了修订完善，增加了典型事故案例，突出了风险提示。按照标准化、流程化、图示化、视频化要求，将作业程序文件表单化，提高了程序文件的实用性。结合需要新编了大门坡道安装、管具转运、接钻具组合等 6 个作业程序文件。

以"三三一册"为核心，统一管理流程

一是全面开展制度、流程合规性评价。持续学习"新两法"，明确管理职责和界面，对标"新两法"开展安全环保合法、合规性评估。开展制度评价 54 个，修订完善制度 9 项，对 2 个专业公司安全管理机构进行了强化，编写完成了"新两法"合规性评价报告，进一步夯实 HSE 制度。

二是全员推行"四合一"培训模式。开发了"岗位描述、能力评价、培训矩阵、培训档案"为内容的岗位"四合一"培训模式，覆盖井队 16 个岗位和所有机关、后勤主要岗位。

三是大力开发视频培训课件。川庆公司连续几年拍摄了吊装作业、风险工具应用以及封井器拆装、起放井架等高危作业视频课件 25 部。为基层单位配备了培训电视，开发了培训资源库，为基层开展安全培训提供了资源支持。

四是强化培训师队伍建设。川庆公司建立运行了周、月、年度培训师讲课竞赛活动，连续两年对 150 名优秀培训师进行命名表彰。

五是不断强化绩效考核。川庆公司出台实施了《关键管理岗位人员 HSE 履职能力评价办法》，定期对关键岗位组织评估。开发了科级、基层管理人员 HSE 试题库，建立了聘任前 HSE 知识专项考评机制。推行全员 HSE 绩效考核。

六是大力开展流程再造。在"日、周、月"HSE 管理流程基础上，建立运行了钻井队单井 HSE 管理流程，并对"两点一线"踏勘、一开验收、井控验收等从人员、风险以及考核等方面进行规范，建立每日跟踪制度，将 HSE 管理要求融入流程，融入具体

工作，实现 HSE 管理要求在基层队的有效落实。

七是在川庆公司《基层管理标准化手册》和《行为安全规范手册》基础上，编写了《行为安全规范手册》《1244HSE 管理指南》和《钻井队 HSE 知识读本》，将其作为员工日常学习和培训的重要内容，并结合以上内容开发试题库，定期进行考核。

八是强化、细化"三个环节"管理。通过完善一开验收检查表、推行设备启动前安全检查和明确一开验收人员组成，规范一开验收管理，杜绝了不具备开钻条件下的盲目开工。通过梳理井队检维修作业清单，实行检维修作业前分级申报制度，强化了 99 项检维修作业上级监控责任落实。

以"二七"模式为核心，强化作业风险管控

一是强化违章和隐患的查治。立项井电系统改造、高压管线更新等 24 项事故隐患项目；继续运行违章、隐患"定人定量"查治机制；梳理 2014 年"十大"违章和"十大"隐患，突出重复性违章隐患，实行定人、定责、定时根治。

二是建立月度重点风险管控机制。按月从人员、设备、工艺、环境、管理五个方面进行风险评价，梳理月度 A 类风险管控清单。按照职能分工，将每个风险管控责任明确到具体单位和具体岗位，进行"一对一"管控，保证了重点风险和动态风险得到及时管控。

三是开展"四项"专项整治活动。针对"吊装、用电、高处作业、交通"高风险实际，结合川庆公司季度安全主题活动，

通过专项整治活动，梳理了钻井队高处作业清单 36 个，逐一明确了管控措施；通过大规模开展用电安全培训，查找用电安全隐患，规范了作业现场等电位接地，整改了启动柜、控制开关无漏电保护装置、钻井队设备防爆失效等典型隐患。川庆公司编写了《钻井队用电安全管理手册》，指导钻井队规范用电安全管理；通过从驾驶员行为安全、车辆安全、过程管控、制度标准及管理流程等方面进行深入整治和完善，进一步规范了内部车辆日常管理和驾驶员驾驶行为。编写了《交通安全管理手册》，指导车辆单位全方位规范交通安全管理。

四是建立健全作业风险清单。目前，川庆公司已形成了钻井队 24 个常规作业、38 个高处作业、99 个检维修作业、15 个许可作业风险清单，以及

15 个关键设备设施、38 个干部跟班作业、8 个钻井队上锁挂签作业及不同钻机临时用电清单。帮助基层理清了管理重点，明确了风险管控措施。

五是持续深化风险工具应用。川庆公司整理了《优秀工作安全分析汇编》，建立标准范本。将历年发生的事故事件编制成《安全警示汇编》，作为安全经验分享的主要素材，解决了安全经验分享针对性不强等问题。开发安全经验资源库，通过内部网站实现公司内共享。连续 6 年投入 180 万元进行安全观察与沟通奖励，平均参与率逐年提升。

六是按规范管控风险，川庆公司针对人机变更，梳理人机变更 10 大风险，制定五个坚持"八不准"的要求。

七是秉持"三标一规范"理念，标准与规范的根本是保障安全，规避风险。"三标一规范"破解了安全管理假资料、假数据难题。形成了文化走向，从外在的目视化管理到内在安全行为习惯，不断规范。川庆公司既选择和利用现场目视化与各种手段载体，营造强大的视觉识别与警示氛围，又在风险控制工具的有效运用、作业程序的有效实施等全面提升员工整体安全素养的方面想办法，既守规矩，又求创新，推动了安全生产迈向自主管理、团队管理的更高境界。

（作者赖延芳，川庆长庆钻井总公司）

"企业文化十"为管理提质做加法

文化是内功，文化是生产力。渤海钻探井下作业公司（以下简称公司）将企业文化建设植根于发展战略之中，选准突破口，精心创建，持之以恒，依靠特色文化建设不断提升企业发展品质。

安全文化——根植于理念，力践于行动

安全文化是企业文化不可或缺的重要组成部分，是企业安全价值观和安全行为准则的总和，体现企业员工对安全的态度、思维方式及行为方式。渤海钻探公司在 300 多个基层班组中开展安全班组管理论坛，广泛征集班组安全管理成果并编印成册，推广应用"333"安全管理矩阵、"三点一面"交接班制度等安全管理方法 13 个。组织了常规性的安全小故事演讲比赛、安全体会文章评比等活动，引导干部员

工养成标准化作业习惯。同时，大力宣传安全文化建设精品成果，组织开展现场观摩会，督促落后队"摘帽"，让先进队"保鲜"。

健全的文化氛围有利于维护运行制度。渤海钻探公司上线积极探索创新，持续改进，集思广益，进一步细化了各岗位的安全职责，明确作业标准，对每名员工的安全工作落实情况进行定量考核，强化现场"三标"管理，规范施工、生产区域的目视化管理，组织员工开展工作循环分析、"六个评估"等内容，严格执行 HSE 制度规程，让员工在安全生产管理中发挥应有的作用。

如：S06572 队利用井场上形象直观、色彩适宜的各种感知信息，从员工着装到访客入场许可，从发电房、更衣室到材料房和宿舍等都做了系统的规范和标识。在施工中，他们还总结提炼了安全环保施工"六步法"和"思、警、防、安"安全工作四字管理法。在浓厚的安全氛围引导下，这个队设计出了一系列安全环保装置，井口外溢液体回收装置、起下油管装置、防飞溅装置等都得到推广应用。

争先文化——树精品意识，创精品工程

以"苦干实干""三老四严"为核心的石油精神，是石油人的优良传统。渤海钻探公司在全体干部员工中积极培育"敢为人先，抢占高端"和"见旗就夺，勇争第一"的争先文化氛围。以"大庆精神""铁人精神"为引领，深化"三比"劳动竞赛和"五型"班组建设，开展巾帼岗位建功、"青字号"系列活动，全方位、多层次、多角度激发员工内在潜能和争先热情，增加精品工程数量，树立品牌形象。

渤海钻探公司组织公司发展 40 年摄影、书画展，265 幅画作呈现出三代石油人艰苦创业的历程；邀请离退休老干部、省部级劳模参加座谈会，讲述会战初期在干打垒房子内吃凉馒头、暴雨中抢搬作业机的故事；组织青年员工参观任四井、科技馆，回顾创业历程。定期召开劳模座谈会，向劳模领军队、劳模示范岗授牌；举办争先故事演讲比赛，编印《明星光荣册》《心路》等书籍，讲述身边的劳模事例；利用网站、微信、报纸、橱窗等，传播"明星作业工""最美井下人"的争先故事，将争先意识植入员工心灵。

针对施工井、重点井数量多、人员少等实际困难，渤海钻探公司打破区域、队别、班组的局限，

充分调动人力资源，确保各井施工的顺利进行。S00751 队仅用 12 天就顺利完成了苏 69-26X 井、苏 70-26 井、苏 75-71-26X 井共 3 口井的通井、洗井、射孔、配液等工序。

"每个项目、每个工程都要实行最严格的施工管理，确保高标准、高质量"。渤海钻探公司坚持抢速度不抢进度，严格施工细节管理，本着"一井一法、一层一策"的原则科学施工，并充分发挥技术专家、技术骨干现场督导作用，根据各井的施工难点制定相应的应对措施，高效解决各井的疑难杂症。泉 82-8X 井是一口高压低渗透井，挤压井时压力过高，工程技术人员连续驻井关注井上施工，顺利起出井内管柱。

创新文化——全员动起来，智慧创效益

抓创新就是抓发展、谋创新就是谋未来。渤海钻探公司建立了一套系统规范的经济技术创新跟踪推进和成果转化流程，全面掌握成果的可行性和实际应用效果，对有价值的成果和建议采取成果交流会、成果展示会、参加外部的成果发布会等形式进行推广。

创新的源头在基层。渤海钻探公司成立了"职工创新工作室"，构建了围绕生产抓创新、深入基层找课题、团队攻关解难题、成果共享增效益的新模式。钻修工程作业部创新团队设计研发了浮动式随钻打捞杯、可脱手公锥等实用性极强的修井工具，研究并实施了套管侧壁开窗打通道、封隔器定位取套、膨胀管回接等新的修井工艺，在施工中发挥了重要的作用，并申报国家专利 4 项。聂湘洪研制的"机动设备监测系统"，投产后全年节约 85 万元。

渤海钻探公司还建立了以博士为领军的高端人才技术团队，由刘玉海博士负责的压裂裂缝监测技术，具有裂缝定位精度纵向误差小于 0.5 米，裂缝成像时间短于 3 秒的技术优势，为重点井施工提供强有力的技术支撑。这个公司自主研发的自缔合高温抗盐压裂液体系统获得 4 项国家发明专利，目前已达到国际先进水平。

党建文化——注入源动力，塑造好形象

党建思想政治工作具有引导思想、规范行为的双重优势，做实了就是生产力，做强了就是竞争力，做细了就是凝聚力。每个季度在井下作业公司党群例

会上，都会评出三个"红旗党总支"。目前，渤海钻探公司党建思想政治工作考核已全面铺开，党建工作开展情况正在成为检验各单位工作质量的"试金石"。

渤海钻探公司不断完善党建基础工作，细化党员责任区，建立党建思想政治工作保障体系，量化党员引领作用发挥，实现了用党建文化引领员工思想，用党建文化指导日常生产，用党建文化推动攻坚克难，党建文化成为公司"凝心聚力、提振信心、引领发展"的法宝。

渤海钻探公司党委委员践行"一线工作法"，深入责任区、联系点和施工现场，与基层员工座谈交流，征求意见建议。机关党员对外来办事人员推行"一站式"业务办理，开展送文化、送关爱、送健康活动。基层党组织以"三会一课"为抓手，集中开展讲党课、走访调研、红色教育、重温入党誓词等"七个一"系列活动，通过志愿服务、帮扶慰问、主题党日、谈心谈话等方式实现党建工作具体化、有形化。

榜样的力量，前行的动力。油管队党支部充分发挥党员模范带头作用，优质高效地完成北京新机场三口重点井的钻磨水泥塞任务，创下钻磨纪录。党员廖军潜心钻研喷砂造穴工艺，改造了混砂车绞龙，完成多口亚美大陆高砂比氮气泡沫参数井压裂和华北油田喷砂造穴井施工，如今已经成长为党支部书记。目前，渤海钻探公司在冀东、山西煤层气、吐哈等外部施工队伍有效实现生产提速，以过硬的技术水平和优质服务，收到来自华北油田、中海油服、冀东油田等多家单位的感谢信。

合规文化——干部知底线，员工履职责

渤海钻探公司党委以建立合规管理机制、培育合规管理文化为中心，从规范管理人员行为入手，将知底线学规矩、履职责守规矩、受监督合规矩作为加强内控的举措，融入合规管理长效机制建设中。党委实行每年一度的制度周教育，推进学规、知规日常化，利用党委巡视、工作检查、干部培训、年度考核等机会，对人事、物、财管理人员进行党风廉政监督，杜绝学规"上热下冷""忽热忽冷"的现象。

为进一步提升管理效能，渤海钻探公司党委通过多种形式向党员干部发信号、打招呼、提要求，重申纪律规定。尤其加强了成品油使用、中央"八项规定"贯彻执行情况等专项检查，维护了政令畅通，确保全年完成挖潜增效指标，让"管工作必须管廉洁、抓业务必须抓合规"的"一岗双责"落地生根。

开展执纪监督和合规监督，由"被动堵"转为"主动防"。渤海钻探公司纪检委员、党风廉政建设监督员从基层员工中产生，力求做到令行禁止，对有违者，一律严查快处；对隐瞒不报、处理不到位的单位，实行责任倒查和"一案双查"，既要对发生问题的单位和个人进行追究，又要上追领导责任、党组织责任，保证了监督检查的真实有效。

（作者魏树娟，系中国石油集团渤海钻探井下作业分公司新闻宣传站站长）

抓好四个结合　推进企业文化建设助力公司实现跨越式发展

中国石油呼和浩特石化公司（简称呼石化）是内蒙古自治区境内唯一一家炼油企业。公司于20世纪90年代建成投产。中国石油重组改制后，于2000年7月1日划归中国石油天然气股份有限公司直接管理，并正式更名为"中国石油天然气股份有限公司呼和浩特石化分公司"。在充分调研的基础上，呼石化公司提炼了"骏马文化"。其特征为：忠诚、敬业、进取。马背上的民族，曾经开疆拓土，征服世界。骏马是草原文化的象征，骏马的"忠诚、敬业、进取"精神，也正是呼石化需要大力弘扬的精神气质。所以，呼石化公司企业文化品性就定义为"忠诚、敬业、进取"的"骏马文化"。

自2008年开始，经过了体系建设、理念宣贯、落地生根、巩固深植、持续推进、融入管理、转型升级等几个阶段，呼石化进一步增强了员工对企业文化的认同感和归属感，激发了员工爱岗敬业的工作热情。适时开展特色活动，推进企业文化理念的认知。如2014年组织的"感动呼石化十大人物"评选活动，通过挖掘典型故事、评优激励、示范激励、典型刻画等形式，深化了"忠诚、敬业、进取"的文化内涵，推动了企业文化人格化、有形化、故事化，使企业文化的内涵更加丰满生动，更易于员工理解，让员工真切感受到"骏马文化"的深刻内涵和无穷力量。

专家助阵与员工参与相结合，形成体系完备的理念系统

呼石化公司认为，企业文化理念的提炼过程，既是员工参与讨论和决策的过程，也是员工自我启

发、自我教育以及对新理念认同的过程，还是企业领导者、外部专家、企业员工之间价值观念的沟通、融合的过程。因此，在提炼企业文化理念时，由公司领导亲自组织，广泛发动群众，在员工中进行了长达三个月的企业文化理念征集活动，有 500 多名员工积极参与，征集到企业文化理念 1076 条，厂歌歌词 74 首。在此基础上，呼石化公司聘请了企业文化专家帮助精心提炼，最后形成了完整的理念系统、行为系统、视觉系统三大文化识别系统和安全、管理、和谐、廉洁、社区五个子文化体系。

呼石化公司的文化品性定位为"忠诚、敬业、进取"的"骏马文化"，2016 年升级为公司的核心价值观。"忠诚"具体表现为，员工忠于企业，与企业同甘共苦，结成命运共同体；忠于岗位，兢兢业业地履行岗位职责，贡献岗位价值；忠于同事，团队协作，坦诚相待，这也是中石油"爱国"精神的具体体现。"敬业"具体表现为，员工认清自我工作分工和岗位职责，秉持"一分耕耘、一分收获"之工作态度；保持良好精神状态，从每件小事做起，事事敬业，艰苦奋斗，让敬业精神永存心中，这也是中石油"奉献"精神的具体体现。"进取"具体表现为，员工自我加压，见难不畏难，吃苦不言苦，敢于面对困难、解决困难、突破困难；自我超越，不满足现状，不"小富即安"，善于学习创新、锲而不舍、持之以恒；树立信心，不断开拓跨越发展的新空间，开创事业新境界，这也是中石油"创业、求实"精神的具体体现。

呼石化公司提出了"打造受人尊重的一流炼厂"的愿景，即：赢得社会尊重、赢得同行尊重、赢得客户尊重、赢得媒体尊重、赢得员工尊重；实现一流的管理、创造一流的业绩、营造一流的环境、建设一流的队伍、培育一流的文化。

继承传统与理念创新相结合，促进企业文化落地生根

呼石化公司在一期工程建设过程中，就形成了"团结、奉献、严细、创优"的企业文化雏形。面对公司的二次创业，呼石化秉承中国石油企业精神，坚持"六统一"原则，传承呼石化传统文化，以高度的文化自觉，开展了"骏马文化"建设，促进了公司企业文化落地生根。

在继承传统上，呼石化公司采取了请参加过工程建设的老同志进行传统教育的方式，并在 500 万

工程建设中发扬光大；在提炼企业文化理念时，注重总结、提炼过去的理念；将一期工程重要设备——四机组保留下来，做成展台，请当地知名人士写成《呼和浩特石化公司赋》，这些都已经成为公司对员工进行传统教育和培训的教材。

在理念创新上，既体现"大庆精神""铁人精神"和呼石化优秀的传统，又充分考虑适合呼石化公司未来发展和提升管理水平的要求，进行了一定的升华和创新，具有一定的前瞻性，使企业文化理念保持了一定的先进性，体现了文化的导向力、牵引力和促进作用。2008 年呼石化公司的愿景为"建好 500 万，超越 500 万，打造受人尊重的一流炼厂"；2012 年 500 万项目顺利建成投产，呼石化公司主动适应新形势要求，将公司愿景定义为"打造受人尊重的一流炼厂"，成为呼石化人追求的更高目标。2016 年呼石化公司开展了"理念创新，凝练企业核心灵魂"企业文化转型升级活动，通过企业文化转型升级交流座谈等多种形式，对企业文化理念体系进行理性思考、深入挖掘，实现员工对企业文化理念认知到岗位执行力提升的转型、各级管理干部对企业文化理论思考到管理实践的转型，实现企业文化建设与生产经营高度融合，与日常管理有机结合，凝练核心灵魂和企业基业长青的文化基因，将"忠诚、敬业、进取"升级为呼石化公司的核心价值观，打造了升级版的"骏马文化"。

让文化落地生根。呼石化公司从"五抓"做起，实现了"五个促进"。即：抓养成，促进行为习惯落地；抓执行，促进公司执行力落地；抓方法，促进文化理念落地；抓载体，促进典型作用落地；抓体系，促进特色文化落地。创办了《呼和浩特石化》《呼石化人》内部刊物，编辑出版了《企业文化丛书》，开通了"呼和浩特石化"微信公众号。

健全机制与融入管理相结合，彰显企业文化建设成效

呼石化公司将企业文化纳入经常化、制度化、规范化的轨道，强力推进，使公司的"骏马文化"真正落地生根、开花结果，促进公司健康、和谐发展，确保基业长青。2012 年年初，呼石化公司成立了专门的企业文化研究会，公司总经理、党委书记亲自担任会长，还在基层成立了四个企业文化研究分会，使研究会的组织做到了纵向到底、横向到边。2015

年，呼石化公司将企业文化建设提升到管理阶段，修订完善《企业文化建设考核评价暂行办法》，将企业文化建设全面纳入绩效考核，确保各单位在推进生产经营管理各项工作的同时，持续推进企业文化建设。强化工作力量，建立企业文化培训师队伍，进一步增强企业文化建设的专业性、规范性、实效性。将企业文化建设全方位融入管理，公司各项工作都开创了新局面，提升了内在品质，助力了企业发展。

以愿景引领员工，促进了公司新发展。呼石化实现新发展，最根本的就是500万工程实施。无论是工程建设期，还是建成投产后，始终以"打造受人尊重的一流炼厂"这一美好愿景，激发全体员工的高昂斗志，鼓舞干部员工奋力拼搏，心往一处想、劲往一处使、汗往一处流。仅用16个月有效工期，就成功实现了500万工程全面中交、常压蒸馏装置成功引油、催化裂化装置成功喷油，各装置顺利开工。

以制度规范员工，实现了管理新提高。呼石化公司着眼于管理制度的规范化、工作流程的标准化，梳理完善党的建设、生产管理、经营管理、安全管理等制度300多项，努力做到制度全覆盖，以制度管事、以文化育人。每月开展一次制度宣讲，组织对科级以上领导干部进行考试抽查，结果排榜公布，并纳入绩效考核。特别是针对炼化行业特点，践行"安全至上、全员参与、防微杜渐、严于始终"理念，实现安全生产形势稳定、可控。

以价值激励员工，焕发了队伍新面貌。呼石化公司坚持"德才兼备论人才、能绩双优选人才、利义并重留人才、不拘一格用人才"理念，实施"3153"工程，畅通员工成长通道，鼓励员工实现自身价值。坚持"培训是福利、培训是激励、培训是待遇"，加大培训工作力度，广大员工学技术、练技能蔚然成风，技术素质显著提高。呼石化公司坚持以劳动竞赛、技术比武等活动为载体，搭建员工展示才能、建功立业平台，3名员工获得全国五一劳动奖章、5名员工获得省部级劳动模范。

（中国石油呼和浩特石化公司）

强化品牌建设　提高竞争能力

首钢京唐钢铁联合有限责任公司（简称京唐公司）是首钢集团有限公司下属首钢股份公司的控股子公司，是完全按照循环经济理念设计建设、具有世界一流水平的钢铁企业。

京唐公司高度重视品牌建设，历经12年的创新发展，其科学先进的工艺技术水平、持续提升的产品创新实力、不断拓展的用户服务能力、卓有成效的企业文化建设，成为我国钢铁业自主创新的示范、循环经济和绿色发展的示范。截至2016年，京唐公司共获得国家授权专利311项，共形成科技成果110项，其中达到国际领先水平6项，国际先进水平25项，国内领先水平48项，在国内外的影响力越来越显著。

不忘初心目标引领，建设最具世界影响力的钢企

努力践行"产品一流、管理一流、环境一流、效益一流"的目标定位和"建设最具世界影响力的钢铁厂"的企业愿景，京唐公司的知名度和影响力不断扩大，品牌价值在国内钢铁企业中名列前茅。

开展广泛宣传，扩大京唐公司知名度。京唐公司采用了220项国内外先进技术，其中自主创新和集成创新技术达到了三分之二，集当代先进技术之大成。实施国家科技支撑计划"新一代可循环钢铁流程工艺技术"（15个课题中有12个依托京唐项目攻关实验），实现"产品精益制造、能源高效转换、废弃物消纳利用"三大功能。在国际上首家采用"三干"技术，即焦炭全干熄，高炉全干法除尘，转炉全干法除尘；在大型高炉—转炉界面采用自主集成的"一包到底"技术，等等。京唐公司通过建设生产创新实践及运用融媒体全方位广泛宣传，被业内专家评价为从功能序、空间序、时间序均处于国际先进行列，"是目前世界上大型钢铁企业最佳流程"，被誉为中国钢铁业的"梦工厂"。

加强对外宣传，扩大京唐公司影响力

2015年以来新华社、《人民日报》、中央电视台、《北京日报》、《河北日报》等主流媒体对京唐公司宣传报道达242次，特别是2015年7月4日《人民日报》头版头条刊登《首钢搬迁　里外一新》文章，在钢铁业引起强烈反响。2016年6月举办的中国·河北国际经济贸易洽谈会新兴产业展，抓住中外嘉宾、客商云集的机会，全方位展示京唐公司的汽车板、家电板、镀锡板、管线钢、车轮钢等主打产品，

充分发挥图文、影像、实物的作用，宣传京唐公司品牌形象，推介京唐公司先进技术，拓展对外经营新空间，吸引了众多国内外参观人员，受到中东欧地方领导及各界来访客商的高度关注。

持续创新优化品种，打造首屈一指的产品品牌

京唐公司把"产品一流"作为目标，持续创新，优化品种，多项产品荣获冶金实物质量"金杯奖"和"特优质量奖"，成为钢铁行业一个响当当的品牌。

研发制造高端汽车板。汽车板是板材中的"高精尖"。京唐公司坚持生产精品板材的发展理念，本着长远规划，注重建立适应高端汽车板生产的科学、系统管理体系，坚持把高端用户作为汽车板生产的主攻方向，靠过硬的技术实力，以特有的拼搏与务实精神，实现了汽车板产销量的不断飞跃，已跻身国内同行第一阵营。2012年以来，京唐公司汽车板产量一年跃上一个新台阶。进入2016年汽车板生产再创佳绩，汽车板产量比上一年增加27万吨。

树立镀锡板品牌旗帜

镀锡板也是首钢集团三大战略产品之一，具有工艺要求高、制造难度大的特点。为早日树起镀锡板品牌旗帜，京唐公司坚持以市场为导向，以产品开发和规模化生产为目标，加大科技攻关力度，仅用三年多时间，镀锡板产品就已遍布华东、华南、华北、华中、西部地区，实现了国内重点区域市场全覆盖，并出口到亚、欧、美洲的国家及地区，产品涉足饮料罐、食品罐、喷雾罐、旋开盖、易开盖、奶粉罐等所有包装用板材，闯出了一条自主创新、开拓市场的新路子，打造了全新的品牌形象，为企业创造了效益，拓展了发展空间。2015年京唐公司镀锡产品销量较上年增加11.58万吨，2016年镀锡产品销量同比增加17.19万吨。

京唐公司汽车板产品打入国内各大汽车企业，高档汽车板已出口到欧洲著名车企；镀锡板产品实现国内高端客户全覆盖；家电板被海尔、美的、格力等知名家电企业选用，中国每三台家电产品就有一台用的是京唐公司的钢板。目前，京唐公司主要产品的国内市场占有率迅速提高，家电板占24%、车轮钢占31.8%，行业排名第一；高强钢占18%，行业排名第二；汽车板占7.2%，行业排名第五。

以客户需求为标准，营造诚信为先的服务品牌

服务品牌是企业通过商品或劳务的服务过程来满足消费者的心理需求的一种特殊的品牌形式，只有时刻关注市场、真诚为客户着想和服务，才能为品牌插上腾飞的"翅膀"。

京唐公司本着"用户是最大领导"的服务理念，建立健全"掌握用户需求、科学设计技术工艺路线、及时交付产品、贴身用户服务"的服务体系，建立了订单兑现日跟踪机制，对订单项目生产情况逐条按日跟踪，并实时在生产、销售人员微信群中发布、共享，对即将到交货期的订单进度进行提醒，对未完成或预计不能按期兑现的项目进行预警，并落实责任单位。同时，选派市场经验丰富、技术水平高的技术人员作为客户代表派驻各个销售分公司，初步形成了一贯到底的快速响应机制，满足用户要求。

把用户需求作为最高标准。京唐公司技术开发人员将用户的要求转化为设计标准，严格按照ISO/TS 16949体系开发流程，制订详细的技术研发准备和生产组织计划。组织整理个性化质量评审记录、客户走访报告和质量需求调研报告，梳理、固化用户需求50余项，满足用户特色需求。

建立走访跟踪用户服务机制。京唐公司推出了《客户走访制度》，建立健全了一套较为完整的售后服务管理网络，领导亲自带队走访客户，及时了解客户的个性化需求，安排专人对产品进行用户走访，进行质量跟踪，并多次走出国门与用户沟通，及时了解用户对京唐公司产品的意见和建议并及时处理解决，在实践中指导客户代表提升业务能力。近年来，京唐公司客户服务能力持续提升，技术服务人员的足迹遍布了神州大地，服务水平受到了用户的广泛赞誉。

铸就企业文化之魂，增强助推跨越发展软实力

京唐公司着力培育尺子文化和曲线文化，精心打造人物品牌和文化品牌，为企业持续、健康、快速发展提供软实力支撑。

"尺子文化"，就是将企业现在的水平和国内的先进水平对比，在同一时间，用尺子来衡量共性问题。

"曲线文化"，就是与企业的历史最好水平对比，

在同一个指标上，用曲线来评价自己的进步。在生产经营和建设发展中，京唐公司每月进行工艺稳定评比和经营活动分析，把本单位生产、成本和技术经济指标等数据绘成曲线进行横向分析，以国内外先进钢铁企业为尺子标杆进行纵向对比，构建并形成了具有京唐公司特色的"尺子文化"和"曲线文化"，提升了管理水平，促进了生产经营和各项工作不断实现新突破。

培育塑造典型人物品牌。2012年京唐公司开展首届"京唐榜样"评选活动，评选出11名榜样人物。2014年评选出10名榜样人物。2016年评选出10名榜样人物。培育塑造榜样人物，成为打造企业品牌文化的有效举措，推动了众多先模人物的不断涌现。京唐公司热轧部荣彦明荣获2015年"国企楷模·北京模样"十大模范人物第三名，2016年获"全国五一劳动奖章"及"首都市民学习之星"等荣誉称号；炼钢部王建斌荣获"首都市民学习之星"和"全国百姓学习之星"荣誉称号；能环部吴礼云荣获国家"中国制水大工匠"评选第一名。

精心打造企业文化品牌。京唐公司通过"讲京唐故事"，宣传"敢闯、敢坚持、敢于苦干硬干""敢担当、敢创新、敢为天下先"的首钢精神，把社会主义核心价值观落细、落小、落实，凝聚企业创新发展的正能量。在"讲京唐故事"活动中，广泛发动广大职工挖掘故事、创作故事，职工写、写职工，做故事主角，创京唐风采。

京唐公司将以创新驱动的品牌战略，构建以创新、智能、绿色和高质量为主要特征的发展新动能，凝练品牌核心价值，提升品牌美誉度，提升企业竞争力。

（首钢京唐钢铁联合有限责任公司）

弘扬企业传统　打造"五型文化"
为建设最具竞争力钢铁
企业提供文化支撑

河钢集团承钢公司（以下简称河钢承钢），是河钢集团旗下一级子公司。多年来，河钢承钢汲取"红山文化""皇家文化"精髓，贯彻落实河钢集团六大企业理念，秉承"创业、创新、创一流"的企业传统，注重文化引领，强化顶层设计，开展了以CIS为基础的文化建设与深植，快速建立起公司的企业文化理念识别、视觉识别、行为识别系统，并在全公司进行深化。同时，将各单位的特色文化进行梳理提升，形成从上到下的"树形"文化体系架构，为企业转型发展发挥重要作用。

2017年至今，河钢承钢强化顶层设计，坚持"建设最具竞争力钢铁企业"战略目标，强化"做精钢铁、做强钒钛、做大非钢"的战略布局，推进"打造最清洁工厂、绿色制造典范企业，建设美丽幸福河钢承钢"的环保目标，全面推行以理念体系、运行体系、效果体系为内容的测评体系，打造以人本型、学习型、管理型、生态型、和谐型"五型文化"载体，董事长、党委书记为企业文化第一责任者和倡导者、推动者，中层干部为企业文化的落实者、执行者，广大职工为企业文化的践行者、创新者，使企业文化形成操作性较强的完整体系。

秉承人本理念，弘扬企业传统　建设"人本型"文化

2017年至今，河钢承钢公司秉承"员工是企业不可复制的竞争力"的人本理念，深入开展以弘扬"创业、创新、创一流"企业传统为主题的"学习理念，融入行动"活动，开展企业文化理念宣贯和形象识别系统落地活动。全面落实宣贯河钢集团六大核心理念，落实河钢集团形象识别系统手册，开展企业文化咨询活动、企业文化与执行力讲座，梳理完善公司企业文化体系建设，用企业目标引导干部职工树立对企业的美好愿景；用企业使命唤起干部职工对企业的担当；用环保理念让干部职工肩负起清洁工厂的重任；用营销理念激发干部新常态下奋斗的脚步；用国际化的视野开阔干部职工的境界，真正发挥出企业文化核心竞争力的重大作用。

通过文化引领、典型示范，河钢承钢各项生产经营指标大幅改善，涌现出了全国劳动模范、奥运火炬手李士伟；全国劳动模范张志新、郭文；全国道德模范提名奖、河北省道德模范、全国五一奖章获得者鲍守坤；全国企业文化建设先进班组炼铁部4号高炉值班室和长材事业二部连铸车间丁班；河北省道德模范群体自动化中心"爱心妈妈团队"；河北省文明创建标兵能源事业部TRT发电班组、黎荣华等四名同志被授予河北省"五一"劳动奖章荣誉称号等一大批先进典型。榜样的力量激发了广大干部职工学先进、赶先进的热潮，为建设最具竞争力钢

铁企业奋力前行。

围绕中心，激发活力，深入开展群众性经济技术创新活动。河钢承钢每月组织开展"产线打指标，市场促升级，确保'双三百'"劳动竞赛、"奋战红五月，生产创水平"专项劳动竞赛，通过细化竞赛措施、强化责任落实，实现了增产增效。组织开展"万千百十"职工技能竞赛，发挥职工聪明才智。深入推进群众性合理化建议天天提活动，征集上报合理化建议634条，审定公布78条。河钢承钢公司连续五年荣获全国"安康杯"竞赛优胜单位，炼铁部五号高炉作业区分会获得"全国模范职工小家"荣誉称号。

创建学习型企业，激发创新活力　构建"学习型"文化

加强理论武装。理论创新每前进一步，理论武装就要跟进一步。河钢承钢公司坚持两级中心组学习制度，修改完善学习制度。聘请中央党校、清华大学、中钢协等的教授、专家来公司授课。公司党委理论中心组坚持每2周集中学习制度，集中学习了习近平系列讲话、习近平谈治国理政、党风廉政建设条例、国家行业政策、京津冀协调发展规划、同行业先进经验等重点内容。通过学习，不断提高领导层理论武装能力，提高理解政策、驾驭企业经营管理的能力，营造了浓厚的理论学习氛围。各单位党委积极提倡学习力建设，党委书记、支部书记带头上党课，宣讲党和国家政策以及公司重要决策部署，为创建学习型党组织、学习型企业发挥理论引领的重要作用。

抓住"培训、创效"这两个关键词，建设学习型企业。培训是一种有组织的知识传递、技能传递、标准传递、信息传递、信念传递、管理训诫行为，对提升企业的整体素质具有不可替代的作用。2017年至今，河钢承钢公司紧紧围绕中心，更新培训理念，拓展培训模式，提升培训质量。重点以提高培训质量、全面提升员工素质为目标，从精准培训需求入手，在培训方式、培训内容、培训计划、培训实施等方面精细管理，改变现有"组织推动，被动接受"的培训模式，完善网络培训系统功能，增设高级用户角色，丰富知识点显示方式，增加试题库查重功能，支持大课件上传等，效果显著。深化技能大师工作室的运行管理，板带事业部徐国明、线材事业部苏克文分别被评为国家级技能大师工作室带头

人，徐国明工作室成为承德市首家国家级技能大师工作室。组织北科大工程硕士研究生班开班教学工作，为公司培养了一大批专业技术人才。以职工名字命名了10余项先进操作法，大量职工小发明、小革新被应用于生产，为公司降本增效发挥了重要作用。板带事业部职工徐国明被授予河北省"五一"劳动奖章、全国钢铁行业技术能手称号。

推进管理体制变革，以用户为中心　打造"管理型"文化

2016年至今，河钢承钢公司紧扣市场化主旨，深化管理体制和生产组织模式变革。为贯彻落实河钢集团《以产线为独立市场单元的组织扁平化变革方案》，公司深化以产线为独立市场单元的组织扁平化变革，颠覆传统金字塔型、科层制垂直管理组织结构，改革公司领导体制，实现组织结构的扁平化，形成以市场单元为重心的管理体制，建立"5＋3"的产线市场单元与管理和服务平台管理体制，"5"即五个业务市场单元，"3"即三大公共管理与服务平台。河钢承钢公司四位副总经理分赴各事业部任总经理，总体协调生产经营工作，真正实现将原来的中间管理资源转变成"平台化"货架式管理，实现管理层级扁平化，充分释放企业活力，提高企业竞争力和效率。

围绕"产品"和"市场"，推动建立四大支撑体系，优化绩效管理体系，充分激发产线创效动力和活力。河钢承钢公司建立"四大支撑体系"总体实施方案，明确了公司建立"四大支撑体系"的指导思想、组织保障及每个支撑体系的定义、目标、主要支撑项目、责任人、时间进度计划及工作要求等，梳理、拟定了21个大项66小项作为"四大支撑体系"建立的主要支撑项目。按照板带事业部试点先行，其他单位跟进的工作要求，推动"四大支撑体系"落地实施。完成全员绩效管理系统的设计开发测试与培训工作，并于2016年3月上线试运行，通过3个月的运行和不断完善，系统已日趋稳定、投入了正式运行。

以用户为中心，推进营销模式转型。2017年至今，河钢承钢公司坚持走产业升级、产品高端路线，营销系统在构建"为客户而销售，为销售而生产""为品种让路、为质量让路"的全新管理体制和支撑体系，"智力"打造"中国钢筋第一品牌"、叫响"中国热轧卷板第一薄"，以售价提升为主线，开发市场、拓

展客户，倒逼产品、产线提档升级，瞄准终端、高端客户、重点工程，积极培育稳定的中高端需求客户。河钢承钢公司系列产品打进了中国多家著名工程项目，以过硬的产品质量、及时的交货时间、高端的售后服务，赢得了良好的市场信誉。河钢承钢公司"燕山牌"钢筋产品广泛用于高铁、核电站和北京奥运场馆、三峡水利枢纽等国家重点工程，并出口到海外市场，广受国内外客户好评。石油管线钢、汽车大梁钢、高强结构用钢、家电用钢等热轧卷板系列产品大量出口到韩国及欧美国家，创效显著。钒产品开发出了 85 钒铝、55 钒铝、氮化钒等系列新产品，打入巴西、中东、非洲等国家和地区。

致力生态文明建设，打造环境友好　建设"生态型"文化

河钢承钢公司在"打造最清洁工厂、绿色制造典范企业，建设美丽幸福河钢承钢"的理念指导下，坚定不移地将绿色发展理念贯穿于企业发展全过程，以最高标准推进环境治理和节能减排，努力实现生产经营与社会和谐、与城市和谐、与环境和谐，着力打造最清洁工厂、绿色制造典范企业，加快"建设美丽幸福河钢承钢"。

2017 年至今，河钢承钢公司以加强现有环保设施运行管理为重点，推行环保除尘设施周期化管理，基本实现环保设施稳定。推进环保十大模块化管理建设，逐步完善了环保责任、法律法规及制度、工艺装备保障、应急预防、教育培训、联络报告、重点工作推进、考核评价、检查督导等模块建设，并实现了与环境管理体系、环境自律体系的有效融合。落实污染物源头控制措施。从原辅料、技术工艺、设备、过程控制、管理、员工等方面入手，形成工段、班组网格化全覆盖，全员参与，采取制度化、常态化的控制措施，并开展"一厂一策"的环保管理提升。

结合新大气污染防治法等法律法规对环保管理考核办法进行了修订，按照考核落实到人，初犯轻罚责令整改，再犯加倍，逾期未改连续处罚的原则，实施环保梯度考核、按日连续计罚。开展各项自行监测，为进一步改善环境提供依据。每季度对公司重点废气排放源进行自行监测，包括二氧化硫、颗粒物等，与国家标准对比，及时掌握实际排放水平。每月对厂界厂区噪声、厂区空气质量进行监测，掌

握厂区及周边环境质量数据。严格按照国家法规要求，开展新建项目环评、验收。2017 年实现环境污染事故零、辐射事故零、危险废物安全处置率 100％。

关注员工健康，稳定职工队伍　构建"和谐型"文化

本着建设和谐企业的宗旨，河钢承钢公司党委书记成为思想政治工作第一责任者，亲自抓思想建设。不断加强党建和思想政治工作，坚持全心全意依靠职工办企业，为稳定职工队伍、建设和谐企业发挥重要作用。

深化"三讲一听"活动。河钢承钢公司党委将工作重心落在基层，公司领导每周下基层一次，中层干部每周下基层 2 次，作业区（科级）干部每周不得少于下基层 3 次，为基层解决制约生产、设备、技术等方面实际问题。加强舆情信息制度，每月收集基层单位意见和建议。加强网络管理，对负面信息给予重点关注和疏导。深化形势任务教育活动，利用河钢承钢电视台、《河北钢铁·河钢承钢版》、班组建设、河钢承钢网站、动员会、生产经营例会、周例会、党课、形势任务教育大课堂、道德讲堂等阵地大力宣传行业形势、公司重要会议精神，达到进一步统一干部职工思想的目标，凝聚起强大的正能量，为实现企业"双一百"目标贡献力量。

在企业改革创新、转型发展大局中，维护职工队伍稳定。河钢承钢公司深化民主管理，充分运用厂务公开、职代会、座谈会、总经理联络员会等载体，架起职工和企业沟通的桥梁。下发《河钢承钢思想政治工作制度》《精神文明建设创建管理办法》《河钢承钢救助机制管理办法》《困难职工救助管理办法》《职工代表大会条例实施细则》《全心全意依靠职工办企业有关规定》《职工代表巡视制度》《公司宣传管理办法》等，积极为职工办实事，维护职工合法权益，全心全意依靠职工办企业。承办河北省工会"律师入企"专题培训讲座活动，共 130 余名基层工会干部参加培训。共接待职工来信来访 39 人次，对所反映的问题给予合理答复和解决落实，维护了企业和谐稳定。深入实施送温暖工程，切实帮扶困难职工。元旦和春节期间，走访慰问工作特困职工、退休职工等 1600 多人，发送慰问金 70 余万元。开展"春雨行动——精准帮扶"活动，与 24 名特困职工结成帮扶

对子，发放帮扶金 12 万元。强化日常救助管理，认定公司特困职工，全部予以重点救助。救助困难职工 304 人（次），发放救助金 81.1 万元。积极发挥监督保障作用，答复和解决职工反映的生活后勤等问题 60 余件。

加强思想政治工作研讨。2017 年以来，河钢承钢公司产生优秀研究成果 151 多项，其中多项成果获河北省国资委思想政治工作优秀研究成果奖和案例创新奖；一项成果被评为第六届全国企业管理优秀成功案例奖；一项被中央文献研究室评为优秀论文奖。

我们坚信：随着"五型文化"建设的推进，建设最具竞争力钒钛钢铁企业的美好愿景必终将在河钢承钢人的手中变为现实！

（作者崔志刚，系河钢集团承钢公司思想文化部主任）

一件事　六个关键　三个原则

山东核电公司将第三代核电技术 AP1000 建设好、运营好，我们用 22 个承包商有将近一万人在海阳现场奋斗了 13 年，终于进入了整体调试和投产发电的阶段，这件事儿国家领导人习近平总书记、李克强总理亲自操心，并与美国前总统奥巴马去协调、沟通和推动。就是这件事让我们投资了 510 亿元，把我们国家核电的设计、设备制造、工程建设和运营水平提高到全球的前列。现在美国也建了两个项目四台机组，但是比我们晚了一年半，我们很多的经验和工程师现在都在美国，与他们进行经验反馈，所以本文主要介绍国家电投的"和"文化在山东核电如何落实，如何重组而成。山东核电原来是隶属于中电投资集团的二级集团，原来的企业文化要求是奉献绿色能源，服务社会工作。山东核电的企业文化理念是以"和"统领，用心凝聚，我们现在的文化是"和"核文化，如何将以前的文化融合发展推动进入"和"文化，我觉得这是一个非常重要的课题，值得探索。

山东核电海阳厂址确定在 1983 年，要求比较高，要经过长达几十年的选择比较，从地震、大气、水文、外部人文事件等，在保证安全的前提下才开始建设。所以，2002 年电力体制改革以后，原中建投集团就承接了海阳核电项目的工作，一直处于建设期，投入运行较晚。

在企业文化的实践方面，我们认为企业要做好一件事，就要有共同的价值观，员工要认同企业的理念和企业的信念。好的企业文化表现出强大的凝聚力，可以推动企业高速发展，但是企业文化不能是一成不变的，而是要随着时代的发展与时俱进，是动态的，是发展的。"十三五"期间，核电发展进入快车道，国家对核电发展的期望，民众对核电安全的担心，企业自身发展的需要都影响着核电企业文化的走向和发展。

面对新的历史要求，要想融合到"和"文化里，把"和"文化做好，我们通过广泛调研，提炼出了"一个统领五个关键三个原则六个部署"。

"一个统领"就是坚持以"和"为统领，大家看"和"字，汉字是一个象形字，如果把"和"的一撇一捺去掉是千字，把千字拿掉是"人"字，千人一口说明人心所向，用心凝聚，众人一口，这就是我们要的凝聚力、向心力、同心力，所以，"和"是事业的存在、生存和发展平衡的状态，要顺势而动。"和"也是宇宙万物的本质以及天地万物生存的基础，更是能源企业赖以生存的不二法则，对核电企业来说我们应当在当下将企业文化发展中的遵循跟指引原则确定为"和"字。

"五个关键"：其中一个是把握核电的方向，以核安全文化为核心，还有以奋斗者为根本，以合作共赢为保障，倡导家和万事兴，以和谐共生为目标。

把握核电的方向，应该把握四个内涵，核电的基业长青助力美丽中国，找到核电自身发展的契机和动力，从和出发，核电企业机遇与风险并存，四个方向确认好了，就为和文化的落地和深植奠定了基础。

以核安全文化为中心，这是重要法则和文化重心。核安全文化是国家能源机构在总结了人类核电发展四十多年的经验以后提出的全球核电企业都要遵循的一种文化，不仅对组织有要求，对从业者也有要求，严谨的工作作风，探索的工作态度，相互交流的工作习惯体现在每一位核电从业人员身上。所以，对于具体的指标来说，我们就要在和文化里进行细化，对照国家有关核安全文化的标准，引入行业专业方法，建立可测量的专项指标，制订可核查的专业计划，确保工作取得实效。对于人员素质方面，我们要提升全员的核安全文化意识，确保和维持高水平的核电建设运营质量。党群组织是一个平台，我们在海阳现场的22个承包单位，通过联席会的机制把大家融合起来，以核安全文化为核心、为纽带，让大家能够围绕着中心工作开展党建工作，取得了较好的效果，也为核电建设过程中的核安全质量起到保驾护航的作用。

以奋斗者为根本，主要体现在三个方面：重视人才，培养人才，重用人才。我们核电通过人才的选拔、使用、发挥，最后使其发挥出领军的作用。

以合作共赢为保障，君子"和而不同"，小人"同而不和"。我们既强调一个企业、一个项目大家共同为了AP1000核电的建设而来需要和而不同，同的是安全文化，不同的是每个企业有每个企业的个性和文化特点，所以我们提倡同一个项目、同一个团队、同一个文化、同一种声音，我们连续六年举办项目联席会，有20多家单位参加，以此为平台打造项目大团队、大文化、大党建。

注重公司内部的家文化，强调"大家跟小家，大河流动小河满"，让广大员工经营好"小家"的同时感受到"大家"的归属感。

核电的特点是：在海阳核电站我们很注重与公众、社会、自然的和谐共处，我们强调以开放、坦诚、透明的态度主动与公众沟通，让当地公众认识核电、了解核电、支持核电，树立企业良好形象的同时，也为集团公司后续的项目发展赢得舆论支持。如：我们在海阳核电现场安排了1600多名周边村民，他们白天在现场工作，晚上回家以后和和美美享受天伦之乐。所以现在海阳市周边的老百姓已经不用出去打工，他们在现场就能够找到工作，并且得到稳定收入，享受有尊严的生活。

我们积极开办核电大讲堂，组织走进核电站的各项活动，我们海阳现场每年定期都要开展公众开放日，让职工的家属，让中小学生，让老百姓能够进入到核电站，进入到科技馆，了解核电，感知核电，认识核电。同时，我们在烟台市投资了3000多万元修建了一个核电科技馆。这个科技馆里介绍了反应堆物理以及工程物理等一系列的知识，介绍世界上物理学发展的一系列过程，还有一些十大实验室的还原项目，以及核电站建设过程中关键节点与路径，以满足大家对核电知识的渴望和加深对有关知识的认识。同时我们编写了核电科普知识读本作为我们核电小学的选修教程。所以，文化的发展是动态的、变化的，是顺应时势发展的，坚持企业文化的变革，要以优秀的企业文化为企业发展奠定良好的基因。核电正处在发展的新阶段、新时期，要结合自身实际在"一个统领六个关键"的基础上进行提炼，形成企业文化成果。

"三个原则"是：文化的导向与战略方向相互融合；长期目标跟短期实效相结合；领导率先垂范跟员工积极参与相结合。

"六个步骤"是：前期准备；深植提升；深植试点；高层提升；推进、总结；评估。我们深深感受到：未来企业的发展是文化管理时代，文化决定了企业的发展方向。

在新的发展背景下，山东核电将抓住文化升级版的切入点和落脚点，强化管理手段，以上率下，做到充分共享和沟通，使每位员工了解企业文化现状和方向，并达到共识，让先进文化在山东核电土壤上开花结果。

（山东核电有限公司）

以创新文化为牵引　全面提升核心竞争力

上海核工院始建于1970年，是在党中央、国务院关心和关注下成长壮大的。伴随着我国核电事业成长和发展起来的，在能源行业最伟大的创新是发现新的能源形式，极大地提高了能源利用率。对核电行业来说的伟大创新是在全产业链上高效、安全、环境友好地发展核电，确保国家的能源供应核安全。上海核工院的发展史本身就是一部创新、创造、创业的实践史，在中国核电发展史上，上海核工院以开拓创新的精神，先后实现了以本院为主研发设计了我国陆地第一座核电站秦山核心站，实现了第一个零突破；以我院为主总包设计了第一个出口核电站巴基斯坦恰希玛核电站，实现第二个零的突破。

如今上海核工院作为技术单位承担着三代核心引进、消化、吸收的国家重大专项CPA1400示范工程项目，其目标是使我国核电技术水平在国际上处于领先地位，我院创导的创新文化也是国家电投核事业的重要组成，要做核电自主发展的引领者，做能源革命的推动者，做"一带一路"倡议的实践者。结合新形势、新变化、新要求，上海核工院以创新、创造、持续奋斗、和谐共生作为核心价值观，在深厚的传统积淀上，进一步丰富并构建以"和"为本，具有本院特色的创新文化，形成了以战略思维为核心的创新文化价值共识，以一流人才为要素的创新文化能力建设，以机制平台为支撑的创新文化保障体系，以及以行为养成的文化素养。

第一个纬度：构建以战略思维为核心的价值共识

作为我国引进消化吸收三代非能动核电技术和研发国家重大专项CAP的技术主体，在集团公司引领核电技术，奉献清洁能源的使命牵引下，上海核工院确立了现代化的战略定位，创新成为战略实施的精髓，在创新型战略驱动下，上海核工院以技术创新来保障，支持核电站的整体安全。目前正在消化、吸收的三代核电技术，具有革命性的安全优势，较世界先进核电站安全性能提高100倍，而我们自主研发的国家重大专项CPA安全性更优，经济性更好。创新不仅能满足当前的生产要求，更着眼于未来的发展所需，上海核工院提出了"五性五化"，即先进性、安全性、经济性、成熟性、灵活性；智能化、信息化、自动化、最小化、标准化的技术创新总体要求，提出了建设数字化的战略目标。同时围绕战略实施，上海核工院对标国际一流企业，进一步将员工的思想认识、工作重心凝聚在创新上，形成创新文化价值共识。

第二个纬度：强化一流，创新实践的主体是人

按照以奋斗者为本的人才理念，上海核工院积极引进符合国家"千人计划"、上海市"千人计划"等要求的海外高层次人才，同时创新学科体系建设思路，建立了8大领域31个学科101个专业工程技术体系和人才培养体系，并通过设立院士工作站、博士后流动站，组建劳模创新工作室、创新团队等形式，搭建了从院士、大师到技术骨干、青年专家的核心人才库。上海核工院的专业人员在我国核电界具有很高的美誉度，在世界上也有一定的影响力，比如本院郑明光院长、严锦泉工程师都担任了IAEP核能专家组顾问。

第三个纬度：以机制平台为支撑，创新基础管理

上海核工院以组织管理、制度管理、平台管理为主要内容的创新基础管理，是企业创新的框架和支撑。本院建立了科研项目立项、知识产权保护、科技成果建立等一系列管理制度。为使工作连贯、高效，本院大力推进设计质量管理等一系列工具平台建设，并在信息化建设思路下实施平台支撑。除了院内的工作平台，利用国家重大专项实施的机会，上海核工院在统筹兄弟单位的配合下，切实发挥技术龙头的作用，从我国核电产业链层面构建了三代核电创新体系，组织了2万余名技术人员参与创新研发，成立了一大批产学研结合的创新平台。通过三代核电引进、消化、吸收工作，上海核工院探索建立了一整套核电技术创新发展机制，有效发挥了政、产、学、研、用合作，促进科研大合作、技术大集成、创新大集聚，具备了先进核电技术自主发展能力。这使得我国核电产业从二代或二代加水平到三代水平，构建起相配套的三代核电装备供应链体系和产业链体系，具备批量化建设条件，为我国能源供给侧改革和"一带一路"倡议实施提供了支撑。

第四个纬度：创新文化的归属在于员工素养

创新文化体现为员工的思维方式和行为习惯，上海核工院院形成了具有自身特点的员工创新文化素养，同时为促进创新素养真正落地为创新行为，还制订了员工创新行动实施方案，根据员工创新行动方案推出了创新成果展评等一系列活动，特别制订颁布了以创新为主要内容的员工行为规范，并开设主题微电影进行教育宣贯，促进员工行为养成。上海核工院还有一个创新案例，是全院员工一起开拓思维，探索未来高科技以及高科技技术，这是非常好的"头脑风暴"。

检验文化建设成功与否，关键是看文化为企业是否创造核心价值，是否为企业的发展提供支撑。通过上海核工院几代人的不懈努力，除了完成现实的工程任务之外，本院还取得了国家进步特等奖等500多项奖项，荣获全国文明单位、上海市创新型企业、质量金奖、创新文化十家品牌等荣誉称号，同时本院还代表中国向世界推进CAP品牌，成为中

国核电"走出去"的技术名片。

我们十分珍惜这些成果与荣誉，这是我们继续前行的动力，我们相信通过创新文化的建设，上海核工院将持续努力为社会提供更加安全、经济、清洁的核电产品回报我们的社会，我们也相信通过大家协同努力，我们必将国家赋予的专项任务和创新任务完成好，将 CAP 示范工程打造成为新时期改革开放的标志性工程，并以此为标志实现我国的核电"强国梦"。

（上海核工程研究设计院）

创新驱动　聚能领跑
以企业文化筑起神东事业长青基石

神东煤炭集团有限责任公司是神华集团公司核心煤炭生产企业，地跨蒙、陕、晋三省区的企业，员工人数 4.1 万人，平均年龄 36.3 岁，大专以上学历占 53.5%。现有大型现代化安全高效矿井 18 座，总产能超过 2 亿吨，占神华集团煤炭总产量的 50%，是我国第一个两亿吨级煤炭基地，也是我国最大的煤炭企业。

一、科学开展企业文化诊断提升工作

神东公司按照企业文化建设规律，先后四次组织企业文化诊断提升，及时了解和把握广大职工群众对文化建设的诉求，总结企业文化建设过程中的经验和亮点，查找不足，树立问题导向，为今后的文化建设提供可用的决策参考和建设方向。2006 年组织了企业文化体系的提升活动，2009 年与清华大学经管学院联合以项目运作的方式进行企业文化诊断提升、融合项目研究，2013 年组织实施安全文化建设项目研究，2015 年组织企业文化提升网络问卷调查和基层单位企业文化自我诊断，经过几次的诊断提升，形成了企业"创领"文化体系。神东公司企业文化的核心定位是"创、领"。"创"是创新、创业、创造；"领"是引领、领先、领跑。创领文化是神东历史积淀的传承、走向未来的旗帜、永续发展的动力。《神东创领文化手册》分序言、文化历程、文化核心、基本理念、员工行为准则和结语六个部分。神东公司企业文化理念整体架构为"三加一加四"。"三"明确了公司的企业愿景、企业使命、核心价值

观；"一"是神东公司薪火相传的神东精神；"三加一"构成了神东公司"创领文化"的核心内容，系统回答了神东将走向哪里、为了什么、基本价值遵循及精神动力四个最基本的问题。"四"是神东强化的基本理念，即安全理念、环保理念、人才理念和创新理念。此外，体系中还明确了员工六项行为守则，是员工行为的基本准则、品行操守与行为倡导。

二、文化理念宣贯与转化

（一）健全六个工作体系，为文化理念的宣贯转化提供保障

一是健全组织领导体系。神东公司成立企业文化建设领导小组，明确了各部门、各单位企业文化建设工作的负责人和岗位职责，形成了公司领导带头建设、相关职能部门各司其职、员工全体参与、合力推进公司企业文化建设的工作格局。二是健全工作制度体系。结合公司战略规划，出台《神东企业文化建设规划》等制度文件，规划了"一主多元"的文化建设格局，保证了企业文化建设的系统性和规范性。三是健全宣贯队伍体系。神东公司举办企业文化宣贯大赛，选拔建立了公司级、矿（处）级、区队级、班组级"四级"企业文化宣贯队伍，为企业文化理念宣贯提供了人员保障。四是健全设施设备体系。神东公司加大文化活动设施的投入，改善员工的洗浴、餐饮、住宿等生活设施，建设图书室、员工活动室、培训教室、文体娱乐室等场所，为开展企业文化建设工作提供设施保障。五是健全载体手段体系。神东公司运用专题网站、电视专题片、报纸、展厅、文化走廊、广场、宣传栏、宣传牌板、广播等传播手段和渠道，在全公司营造浓郁的文化氛围。历时三年拍摄大型文献纪录片《神东之路》，全景展示了神东煤田的开发历史，再现了神东人改革奋进的精神风貌。六是健全考核评价体系。企业文化建设纳入公司五型绩效考核中，神东公司将考核结果与单位绩效、员工晋升有效结合，通过科学、系统、有效的考核评价，对工作进行持续改进，不断完善。

（二）坚持宣贯渗透，强化认知认同

制定下发《神东企业文化宣贯实施指导意见》，把文化理念学习纳入"每日一题"，通过开展主题实践活动、有奖故事比赛、员工班前诵读、入井前安全宣誓等方式向员工宣传渗透。同时，运用信息化手段提高企业文化宣贯效果。神东公司将"大访谈、

大沟通、大和谐"分层讨论会与QQ群、信息系统相结合开展企业文化宣贯；开发企业文化宣讲专题课件和网络知识竞答，将企业文化理念通过网络展示开来，更加高速有效地传播企业文化理念。在大学生入企培训、区队长培训、职工子女培训、宣贯员培训、复转军人培训、班组长培训等培训中有效传递企业文化理念；通过持续不断地宣贯渗透，强化企业上下对价值观的深刻理解和广泛认同，实现价值观内化于心。

（三）加强制度、行为文化建设，规范员工行为

一是进一步梳理、修改完善了各项制度，把文化核心理念和价值追求细化到企业各项制度之中，用制度诠释怎么看、怎么办的问题，宣传弘扬什么、摒弃什么、什么该做、什么不该做的问题，强化制度固化。

二是以新型矿工建设为载体，强化员工的行为养成。通过开展岗位成才、感恩教育、诚信建设、中国梦等主题实践活动，将员工岗位实践、个人的价值追求与企业发展紧密结合，在全公司形成浓郁的文化氛围。

三是与道德建设相融合，发挥文化无形的辐射和引领作用。神东公司承办了中央企业先进精神报告会，组织了两届道德模范评选活动，开设道德讲堂和道德模范故事汇基层巡演，常态化推选身边好人等。

四是抓住班组文化的根基，并转化为员工的自觉行动。神东公司共有527个区队1986个班组。公司将企业文化建设融入到班组建设中，以文化理念引导班组建设，积极探索形成了公司谋"势"、建平台搭奖台；基层单位谋"局"、搭赛台建舞台；区队谋"子"，建讲台摆擂台；班组实践，创标准唱主角，逐级管理、分类指导、层层落实的班组建设管理体制，形成了企业文化与班组建设同步开展，相互促进的良好效果。

五是创新开展群众性文明创建活动，提高矿区整体文明程度。深化文明单位、文明员工、文明办公、文明餐桌、文明交通、文明传播等文明创建活动，树立积极健康、文明向上的思想意识和行为方式，使讲文明、树新风成为每个神东员工共同的自觉行为。

（四）完善形象识别系统，营造浓郁文化氛围

神东公司把企业精神、理念等转化为具体化、视觉化的外在形象进行传播，规范了公司及各部门简称、办公设备、办公器具及员工着装、款式及色调，统一企业宣传标牌、广告牌的装置规格和设置区位，潜移默化地向员工传播文化理念，扩大了企业文化建设的有效覆盖面。发挥板报、专栏、橱窗、宣传栏、广播等阵地作用，通过设立企业文化网页，开设专栏，通过在电子屏幕、广播站滚动播放企业文化理念、安全歌曲等多种形式，促进全员参与认知，以实现文化共建、文化价值理念共享。

三、强化五种力量，推动企业文化的建设与落地

（一）制度的规范力量

神东公司在制度建设上形成了一套科学严密的规章制度体系。制度健全、流程清晰、职责明确，这些刚性的制度是实现管理的有力措施和手段，作为员工行为规范的模式，能使员工个人的活动得以合理进行，同时又成为维护员工共同利益的一种强制手段。

（二）领导的推动力量

神东公司注重领导的领导力建设，组织进行领导能力素质模型研究，举办神东大讲堂，提高各级领导的领导艺术，按照政治素质好、经营业绩好、团结协作好、作风形象好"四好"班子的要求和标准加强领导班子自身建设，从而带动全体员工认同文化理念，推动了文化理念的落地。

（三）典型的示范力量

企业典型模范人物使企业的价值观人格化，他们的行为常常被企业员工作为仿效的行为规范。神东公司通过开展"劳模风采""神东先锋谱""寻找身边的好人"等的多种主题活动，涌现出"感动中国矿工"陈苏社、"榆林道德模范"顾秀花、央企青年劳模王国靖等一大批模范，矿业公司劳务工高利兵入选为2014年中国好人榜候选人，达到了"树一个典型、影响一大片"的效果，形成了良好的文化氛围。

（四）员工践行的力量

企业文化建设工作需要全体员工的参与，每个员工做到文化"内化于心，固化于制，外化于行"。如寸草塔煤矿"员工诚信档案"、洗选中心"共产党员模范行为积分活动"等，在学习宣传的基础上，把神东公司核心价值理念的本质要求细化为可描述、可操作、可考核的岗位行为规范，明确公司员工在本职岗位工作中应遵循的行为标准和规则，应展现的良好品质和形象，起到了良好的效果。

（五）宣传的引导力量

通过故事将抽象的理念具象化，使文化理念通俗易懂，有助于员工理解和接受。神东公司充分利用广播、电视台、信息网、报纸、看板、宣传窗、文化长廊、展厅、班前会、大型专题会议及微信、微博、QQ等新媒体进行宣传，同时与中央及陕、蒙两省区主流媒体合作，传达神东公司落实中央、国资委和神华集团党组决策部署的重大举措，展示公司的亮点和成就。通过系统的主题宣传，使得每位矿工处于文化理念的包围之中，认同和接受神东企业文化。

神东公司坚持先进理论与企业实际相结合，文化建设与安全生产相结合，传承、吸收、创新和扬弃结合，创新企业文化建设的载体和形式，使神东企业文化创新实践见到了实效。

（神华神东煤炭集团有限责任公司）

抓精益文化　促提质增效

国投电力靖远第二发电有限公司（以下简称靖远二电）是1995年12月成立的西北地区最大的中外合资火力发电企业，由国投电力控股，美国第一中华电力合作有限公司、甘肃省电力投资集团公司、中国国电集团公司共同投资组建。

2002年公司开始独立运营，面对火力发电企业传统经营模式和电力体制改革以及在市场竞争中求得生存和发展的三重挑战，靖远二电提出了"提升精益管理、深化技术创新、增强综合竞争能力"的发展思路，先后引入了一系列先进管理理念、方法和工具，持续开展管理创新和技术创新，逐渐形成了全体员工认可的"团队、创新、执行、绩效"的价值观，提炼形成了"每天进步1%"，以"坚守责任、精益求精、持续创新、追求卓越"为内涵的"日新"企业文化，创造了内涵丰富、特色鲜明的"靖远管理模式"。

《礼记·大学》的"苟日新，日日新，又日新"。"日新"就是持续改进，不断创新，每天进步1%。"每天进步1%"是一种理念，是"没有最好，只有更好"的信念，是"不断追求进步，超越自我"的人生价值体现。"日新"企业文化作为靖远二电公司的行动纲领、创新动力和员工精神指引，不仅内化于员工内心，更外化于日常工作之中，成功实现企业由刚性管理向文化管理的过渡。

一、文化提升管理，管理推动进步

（一）构建综合管控体系

靖远二电公司将NOSA五星安健环管理系统和卓越绩效管理体系两个独立的管理工具融入公司整合型三标一体体系中，经过整合、修订形成了公司的综合管控体系。该体系以过程管理为主线，以经营结果为导向，为公司精益化管理、流程化运作奠定了坚实的基础。

（二）优化全面预算管理

靖远二电公司以低成本运营的管理思想，从预算的计划、执行、监督、管控到考核进行了全方位的优化，实现了"全员、全方位、全过程"的成本管理，公司全员做到了"精打细算"。同时公司将全面预算管理与iPRM（ERP）信息管理系统有机融合，使得各级人员职责更加清晰、工作流程更加规范，有效提升了全面预算管理水平。

（三）建立数字化燃料管控体系

作为火力发电企业，燃料成本占到靖远二电公司总成本的70%以上，特别是电煤市场化后，这个比例又大幅上升，因此，加强燃料的精益化管理也成为了公司的一项重点工作。通过集思广益，借助公司成熟的iPRM（ERP）系统，靖远二电建立了以预算为基础、以预控为核心的数字化燃料管控体系，实现了燃料从预控计划、合同管理、检质、检斤到统计核算报表的全流程信息化管理。2013年，开发完成了燃料"掺烧管理"模块，实现了煤场在线监管和库存煤炭合理配煤调度；建立了原煤掺烧评价体系和燃料运输环节GPS监控体系。靖远二电公司还对采购方式、采购时间等内容定期分析与监控，避开价格的波动以实现利益的最大化。

（四）开拓市场营销方式

靖远二电为主动适应市场化电力交易，争取更多的发电量，公司成立了由总经理直接领导的电力市场营销领导小组，及时跟踪甘肃电力市场变化情况，主动开展调研工作，积极参与电力市场各项交易，提高交易电量兑现率，保证了公司年度发电量的完成。2013年机组利用小时数在省内常规火电厂中排名第一，2014年、2015年均排名第二，共增加发电量 29.61 亿千瓦时，累计增加收入 3.72 亿元，在甘肃省常规火电厂中处于领先地位。

二、文化推进技术，技术增加效益

（一）建立一体化电厂资源管理系统(iPRM)

靖远二电投入人力和物力成功建立了一体化电厂资源管理系统(iPRM)，该系统是以财务管理为重点，以设备管理为基础，以工单执行为主线，各子系统间无缝集成，按照设备管理的科学化准则、工作流程的最优化准则、成本最小化和效益最大化准则而建立的一套适合公司的计算机管理信息系统。iPRM 将公司所有的管理理念、方法和工具进行了固化，成为了公司管理的中枢神经，也是公司进行创新的有效工具。

（二）优化机组运行方式

优化机组启停运行方式。四台机组启动和停运阶段采用了 A 气泵运行、电泵备用方式，3 年来共计节约电量 434.6 万度，节约费用 130 万元。

机组启动阶段采用单侧一次风机运行方式。2013 年至今共计节约电量 10.6 万度，节约费用 3.18 万元。

机组停运后及时停运循环泵、开循泵、凝结泵。三年来累计节约费用 110 万元。

优化单元机组厂用电互带措施。三年累计减少外购电量 1887 万度，节约费用 980 万元。

优化低负荷辅机运行方式。一是低负荷停运 7 号机组脱硫增压风机运行，2014 年至今共节电 531.89 万度。二是低负荷时停运一台浆液循环泵，每小时可节约厂用电量为 448 度。三是 5、6 机组低负荷采用三台磨煤机运行方式，停运一台磨煤机每小时节约电量 282 度。四是 7、8 机组低负荷采用两台磨煤机运行方式，停运一台磨煤机每小时节约电量 883 度。

优化机组运行系统，建设投运 AGC、AVC 控制系统，满足"两个细则"的要求，2015 年获得调度部门奖励 517 万元。

（三）打造精益化现场管理体系

靖远二电以"日新"企业文化为指引，以"精益"文化为统领，引进、消化、运用现代化管理的方法和工具，纵深开展管理创新和技术创新，打造了"一个基础、一个工具、两个主体、一个目标"的现场管理体系，即以 6S 管理为基础，以 TPM 全面改善为提升工具，以安全和效益为两大主体，实现精益现场的目标。

6S 管理。通过 6S 管理的实施，一是营造了干净整齐的生产现场，靖远二电公司现场管理更加规范化及制度化。二是通过目视化管理的运用，现场管理实现了程序化、标准化、规范化，降低了员工出错的概率，保障了公司的安全生产。三是提升了员工的品质，每个员工养成了遵守规章制度、按照规定办事的良好习惯，真正实现了"人造环境，环境育人"。

TPM 全面改善。TPM 即以设备管理为核心的全员生产维护活动，特点是"全员参与、关注细节，过程管理、持续改进"。

2013 年至 2015 年靖远二电公司共开展改善提案 7051 条，QC 小组活动完成焦点课题 130 个，产生经济效益 976 万元，有效化解了公司生产、经营中的瓶颈问题。

安全——NOSA 五星安健环管理系统。在现场安全生产管理水平不断提升的基础上，靖远二电开始导入 NOSA 五星安健环管理系统，以最新法律法规、标准为依据，深入、细化公司各项管理标准，全面查找不符合项，落实整改任务，着力从人员安健环意识、管理方法及生产设备设施、环境保护等方面进行持续改。通过 NOSA 五星安健环管理系统的实施，转变了安全生产管理方式方法，从事后管理转变为事前预防；规范了人员的作业行为，有效防止了不安全事件的发生。

安全——员工安全积分管理。结合靖远二电公司发展的实际情况，创造性地将交通规则中的"扣分机制"应用在电力生产中，构建了一套长效的安全管理方式：员工安全积分管理。员工安全积分管理提高了员工的安全意识，构建了一道安全生产网，让安全操作成为习惯，有效地预防了设备事故和人身伤害。

效益——点检定修。一是建立了一套行之有效的设备管理体系，提高了设备管理现代化水平；二是检修工期有效缩短和检修周期有效延长；三是检修质量明显提高；四是机组经济性明显提高；五是有效降低了维修费用；六是培养了一支懂技术和管理的员工队伍；七是锻炼了一支技术过硬的检修队伍。

效益——技术创新。在"精益"文化的引领下，靖远二电公司狠抓经济效益和安全生产，以"深化管理、开源节流、稳步增效"为主线，以突出成本效益为原则，以成本费用节约为重点，进行了"全员、全方位、全过程"成本管理创新，有效利用现场资源，发挥现场员工的聪明才智，实现了现场管理的规范化、标准化和系统化，现场管理安全、高效，各项运营指标得到合理控制，现场管理水平逐年提升，公司面貌和员工素质得到了极大改善，精益化现场管理模式成为靖远二电公司核心竞争力之一，也成为国投集团的标杆。

（国投电力靖远第二发电有限公司）

用文化引领凝聚发展合力

国电电力大同第二发电厂、大同发电有限责任公司（下称大同厂（公司））是国电集团所属大一类火力发电厂。大同厂（公司）将企业文化建设与践行社会主义核心价值观，落实中国国电集团"一五五"发展战略和文化理念深度融合，大力实施文化强企战略，"严作风、细管理、抓创新、重实效"，将企业文化的凝聚力量、创新力转化为提质增效的攻坚力、创效力。

一、政治引领　筑牢文化建设根基

大同厂（公司）将企业文化建设与国电集团公司"一五五"发展战略和企业发展战略相融合，不断丰富"家园文化"内涵，确立了"建设国内一流、国际一流电厂"的奋斗目标，制定了《企业文化三年发展规划》，提出了企业文化建设"三四五"工作思路，即丰富企业文化"三要素"，包括精神文化、制度文化、行为文化；推进"四个子文化"建设，包括安全文化、廉洁文化、人才文化、和谐文化；实现"五个融合"，即把企业文化建设融合到践行社会主义核心价值观、本质安全型企业建设、学习型企业建设、党建思想政治工作、精神文明建设五个方面之中。修订了《企业文化建设管理办法》，将企业文化建设与生产建设工作同布置、同检查、同考核，形成了年部署、季总结、月检查闭环管理，实现了文化建设与经济建设的协同发展。

二、培育特色文化，文化力转化为生产力

大同厂（公司）结合企业实际，不断丰富文化载体建设，突出安全、人才、廉洁、家园等特色文化，有效发挥了企业文化在生产经营工作中的推动作用。

（一）打造安全文化

大同厂（公司）从制度建设入手，先后制定了《安全生产岗位责任标准》《隐患排查管理办法》《外包工程安全生产管理办法》等45项规章，以制度管理人、约束人，培养了员工良好的安全行为习惯；将安全管理融入经常、抓在日常，充分利用安全活动日、班前会、班后会"两会一活动"，组织员工学习安全法规、典型安全通报，分析各种典型事故案例的起因、过程、后果及深层次原因，促进了员工自我保护意识的提高。

创新安全教育模式，在安全教育中增设"看一看、学一学、考一考、查一查、晒一晒、提一提、谈一谈、讲一讲、议一议、评一评"十个"一"环节，不仅丰富了安全教育的内容和形式，也大大激发了员工主动参与安全管理的热情。

在生产区域等重点位置设计制作安全文化宣传展板，并通过发放《安全文化宣传手册》、拍摄安全宣传片、组织安全生产劳动竞赛、制作安全自检镜等方式宣传安全生产知识，传播安全文化理念，引导干部员工养成遵章守纪，按标准作业的良好习惯。形式多样的安全管理，使员工在思想和意识上实现了从"要我安全"向"我要安全"的转变，遵守安规、执行安规正逐步成为广大员工的一种思想自觉和行动自觉，促进安全向好发展。

（二）培育用人文化

大同厂（公司）从人才队伍建设入手，牢固树立"人人能成才、个个有舞台"的理念，努力求证人才建设方程式，建立了员工职业发展通道，建立了不唯学历、不唯资历的首席师、青年英才选聘模式，制定了《首席师管理办法》《青年英才培养方案》，打造百人首席师、青年英才管理团队。截至2017年，已评选厂级首席师3人、专业级首席师8人、部门（车间）级首席师26人、厂级青年英才20名、部门级青年英才30名。人才评选在企业员工中形成了想成才、能成才的良好氛围，引导员工围绕企业提质增效开展项目攻坚、项目创新，以及岗位练兵等活动，取得了显著成绩。运行系统开展的"匠心筑梦"技术大练兵活动，通过月度调考和仿真机轮训，有效提升了运行人员的理论水平和实践操作能力，大同厂（公司）以培育才、以赛聚才的人才管理模式，

吸引了起来越多的员工投入"人人能成才，个个有舞台"的实践中，成为企业发展的又一文化支撑。

（三）突出廉洁文化

大同厂（公司）把培育干净做事的廉洁文化，建设本质廉洁型企业作为重大政治任务，领导班子定期召开会议研究党风廉政建设工作，每年两次听取纪委党风廉政建设和履行监督责任情况汇报，党委书记亲自参加中层干部廉洁从业集体谈话、干部约谈、家庭助廉等活动，及时将党委的要求传达给干部员工；厂（公司）党委以党建量化考核为抓手，将党风廉政建设目标、任务细化分解到基层，月初布置工作，月底进行检查，形成一级抓一级、层层抓落实的工作格局。

大同厂（公司）为 21 个党支部配发了《党风廉政建设工作台账》，实行了纪检监察台账一簿化管理；完善监督体系，聘请党风廉政监督员，开展廉洁从业风险点评估，"整治微腐败，从我做起"承诺践诺活动，与基层单位干部、管理人员、班组长等共计 860 余人签订了承诺书；开展"一名党员一滴清水"征文撰写，不断拓展纪检监察宣传教育阵地，开通了"大二清风"微信公众号，对纪检监察网站进行了更新改版，有效增强了廉洁文化特有的感召力和渗透力，推动了党风廉政建设不断深入。大同厂（公司）党风廉政建设和反腐败工作取得了较好成效，连续多年，未发生违法违纪案件，未发生领导干部和员工廉洁从业方面的不良事件。

（四）构建和谐文化

大同厂（公司）坚持以人为本，关心员工，服务员工，积极为员工解难事、办好事，在企业构建起良好的和谐氛围。大力实施惠民工程，对运行集控室、输煤栈桥等工作场所进行了修整，极大改善了员工的工作环境；对员工休息室、办公区域门窗、员工浴室等进行了修缮，为员工创造了良好的工作生活环境；每逢机组、抢修、迎峰度夏都要为一线员工送去方便食品、饮品、绿豆、白糖等慰问品；坚持"五必访"，每逢"元旦、春节、中秋、七一、国庆"开展慰问，让老员工、老党员及退休员工感受到企业的关爱；建立了"困难员工帮扶专项资金"，实现了困难员工帮扶长效机制。

（五）践行家园文化

大同厂（公司）大力加强文化阵地建设，修缮扩建了东区、西区、老年活动中心三大文体活动场所，新增健身器材可同时容纳 500 余人活动；在原有"职工书屋"的基础上，在基层单位开设了"读书角"，定期更新图书；积极探索建立电子"职工书屋"，方便员工在线及利用客户端进行学习；组建了书法美术、摄影、羽毛球、乒乓球、篮球、舞蹈、毽球、瑜伽、太极拳、青年文学社十大文体协会，使有各类兴趣爱好的员工能够充分发挥特长；每年开展职工趣味运动会、环厂区长跑等具有企业特色的文化活动，极大地丰富了员工的业余文化生活，提升了员工幸福指数。

三、打造文化品牌，凝聚发展正能量

（一）撰写"大同故事"

从 2008 年到 2010 年，受各种因素影响，大同厂（公司）累计亏损 7.61 亿元；从 2011 年到 2016 年，大同厂（公司）员工顽强拼搏，不懈努力，实现盈利 70 多亿元。为宣传大同厂（公司）"双提升"工作经验，集团公司研究将大同厂（公司）治亏扭亏的成功经验，以案例、故事等形式展示出来，以点带面，推动"双提升"工作的深入开展。大同厂（公司）员工积极响应，参与创作《大同故事》的员工达 200 多人。2015 年年底，第一期《大同故事》由集团公司印制 6 万册在全系统下发；2016 年年初，第二辑《大同故事》在企业内部印发；2017 年年初，第三辑《大同故事》又与员工见面了。书中所收录的故事从"观念转变、机制创新、党群建设和大同精神"等八个部分集中展现了企业文化的思想"传承"。

（二）点亮"道德讲堂"

"小讲堂"释放"正能量"，大同厂（公司）以宣传践行社会主义核心价值观为主线，以弘扬社会公德、传统美德、职业道德为主要内容，以"党员电教室"为主阵地，开设了"道德讲堂"，党员和先进人物走上讲台，宣讲品德，感悟人生，促进了员工道德情操和思想境界的提高。在道德讲堂建设中，厂（公司）创新载体，在做好"听一听、唱一唱、读一读、看一看、讲一讲、评一评"6 个规定环节外，围绕企业中心工作，不断丰富道德讲堂的内容，把道德讲堂融入安全生产、经营管理、党风廉政建设等各个方面。利用企业网站、微信公众号、网络直播等形式，推出了生动有趣的"网上道德讲堂"，通过线上、线下的互动，传递正能量，引导员工在参与中学习感悟、净化心灵，自觉践行社会公德、家庭美德、职业道德和个人品德。

(三)评选"最美二电人"

树立典型，示范引领，促进社会主义核心价值观和国电家园文化理念在企业落地生根。从 2013 年开始，大同厂(公司)党委以"忠诚敬业、勇于创新、乐于奉献、孝老爱亲"为主题，持续开展了"最美二电人"评选活动，每季度评选一次。基层党支部先将推荐人上报评审组，再经过员工投票，最后得票率最高的推荐人当选"最美二电人"。大同厂(公司)党委把"最美二电人"的评选过程，作为在员工中树典型，树正气的有利契机，将推荐人的典型事迹，通过厂网、刊物、广播等媒体进行为期一个月的宣传，引导员工向先进看齐。对当选人除了给予物质奖励外，还在所在单位为其举办一个颁奖仪式，扩大影响，弘扬正能量。

四、打造诚信文化，履行社会责任

(一)坚持绿色发展

"放大蓝天效应，打造环保名片"是大同厂(公司)对大同市的庄严承诺。几年来，大同厂(公司)积极践行五大发展理念，扎实推进绿色低碳生产，努力建设绿色环保电厂。

(二)开展精准扶贫

大同厂(公司)选派"第一书记"和帮扶工作队进驻山西省大同市浑源县常柴岭村，开展精准扶贫对口帮扶。工作队密切与村民的联系，积极帮助村民解决生产、生活方面存在的实际困难，重新整修了村委大院，每逢春节和中秋，都要为特困户送去生活慰问品。工作队还为村委会办公室进行了电源扩容改造，开通了互联网，配备了电视机、办公电脑、空调等设备，为村"两委"学习活动提供了便利。

(三)参与志愿服务

大同厂(公司)积极投身社会公益活动，每年组织志愿者团队开展"学雷锋、志愿行"主题实践活动，先后为大同市一线环卫工送新鲜桃子，帮助环卫工人清理城区内主干道垃圾，擦拭道路指示牌，疏通公共厕所。每逢高考来临，组成爱心送考车队，为莘莘学子加油，传递爱心真情；定期看望福利院儿童，为孩子们送去衣服和玩具，跟孩子们进行近距离交流。志愿者们用真诚的行动，传递着爱心、温暖、友善，成为企业精神文明建设的一张张名片。

大同厂(公司)将文化建设融入生产实践，有力

促进了企业发展，员工的集体荣誉感和自豪感不断增强。

(国电电力发展股份有限公司大同第二发电厂)

培育特色安全文化
打造行业领军型"三零"矿井

钱家营矿业分公司是我国最大的肥煤生产基地——开滦(集团)有限责任公司的主力矿井。面对严峻的煤炭行业形势和激烈的市场竞争环境，钱矿公司以党和国家"五大发展理念"、安全生产方针为引领，瞄准"打造河北第一佳矿""河北第一、行业领先"工作目标，公司上下形成了以安全为主导、以素质为支撑、以管控为重点、以创新为动力、全员重视安全、全员参与安全的良好局面。

培育全员"四种思维"，以先进理念引领安全发展

钱矿公司以追求"零事故、零伤害、零三违"为目标，把加强安全文化引领作为推进新常态下企业安全发展的重要抓手，坚持以"安全统领""安全归零""主责主业""自主自律"四种思维凝聚全员思想共识、引领安全文化向纵深发展。

一是以"安全统领"思维引领全员，坚守安全红线不动摇。钱矿公司始终将安全工作视为确保公司稳定、健康发展的"定盘星"和"压舱石"，不改变、不动摇。通过各级会议，依托各种活动，开展"安全形势大宣讲"，以"安全绝对统领"为主旨，向广大员工传递"安全重于一切、安全压倒一切、安全高于一切、安全否定一切"的明确信号。真正把安全这条红线深深刻在全员脑海中，坚决落实到行动上，用安全这把尺去衡量工作中的每一项决策、每一个环节、每一步操作，坚持不懈地践行安全责任，守住安全红线，把住安全底线，为公司经济发展创造更加安全、更加稳定的发展环境。

二是以"安全归零"思维引领全员，狠抓安全。钱矿公司要求广大员工在安全工作中要看淡成绩、反骄破满，认真总结经验、深入查找不足，始终保持"安全工作零起点，时时处于起跑线"的状态；坚持问题导向，追求卓越管理，及时查找薄弱环节和管理漏洞，补齐短板，持续改进提升，追求安全直

线发展。跳出以往"出事故、整改、好转、松懈、再出事故"的循环，打造安全工作持续巩固、梯次升级的良好态势。

三是以"主责主业"思维引领全员，落实主体责任促安全。钱矿公司要求各职能部门要找准安全薄弱点，在提升安全教育的实效性、感召力和感染力上下力量，营造更为浓厚的安全氛围。基层单位重点在"培育安全理念抓教育、提升安全素养抓培训、解决安全问题抓管理、消除不安全行为抓纠偏、杜绝安全事故抓整改"五方面谋求新突破。班组以本质安全型班组建设和诚信管理为重点，以"我的安全我负责，他人安全我有责，区科安全我尽责"为己任，真正抓好身边的事，管好身边的人，筑牢班组"安全堤坝"。

四是以"自主自律"思维引领全员，立足本职岗位保安全。钱矿公司要求广大员工深刻认识"自己的岗位操作是安全生产的最后一道关口"，本着对自己高度负责的态度，做到安全自主管理、自我管理，不断提升自身技术业务能力，培养强烈自主的安全意识、安全预判能力、分析能力。做到安全自我教育，坚持岗前"一分钟思考"，把"安全隐患想在前、事故危害想在前、安全措施想在前"，以规范的行为完成每一环节的操作，实现真正意义上的本质安全。创新"四位一体"宣教模式，丰富安全文化建设内涵。

为营造浓厚的安全文化氛围，以构建特色教育模式为突破口，打造了具有钱矿特色的"四位一体"安全宣教品牌，推进安全教育向"人本化、诚信化、亲情化、实效化"提升。

一是打造"道德讲堂·安全教育专场"文化新阵地。钱矿公司以安全道德文化建设和感化自省为切入点，吸取借鉴道德讲堂的经验做法，谋划了"自省式""感受式""影响式"教育新渠道，深入开展"道德讲堂·安全教育专场""基层联合安全讲堂"营造了"明形势、强规范、讲道德、聚能量"的安全文化氛围。

二是拓宽违章员工家属进矿山"三同时"管理新渠道。钱矿公司把诚信教育作为推进安全文化建设的有力抓手，建立严重"三违"员工家属进矿山座谈机制，组织违章员工家属进矿山，一同参加事故分析、一同找出事故责任者、一同接受教育和吸取教训，组织员工及家属签订《家庭助推安全承诺书》，制定整改措施，并提出劝诫和嘱托，共同做好受处罚员工思想转化工作，将考核罚款的50％用于鼓励员工积极改正错误，视情节予以返还，有力增强了"三违"教育的针对性，促进了员工由他律向自律的转变。

三是创新"亲情话安全视频"宣教新模式。钱矿公司将亲情理念与安全教育管控有机融合，创新实施"亲情话安全视频"宣教模式，以点班、车间为单位，层层发动广大员工，利用DV或手机等工具，在家中拍摄安全寄语和亲情嘱托视频，将剪辑成型的视频短片，利用班前会、周一安全活动定期组织员工观看，送上员工家属的嘱托和希望，使员工真切地感受到"安全为天，家庭幸福"的深刻内涵，有效激发了员工家属协管教育和共同参与安全管理的积极性。

四是建立小班前会岗前预警新机制。钱矿公司积极探索强化班前教育、推进岗前预警、促进"知行统一"的有效机制，着力推进安全教育由整体灌输、被动约束向个体互动、自主管控延伸。在井上召开好大班前会的基础上，分班组在井下作业现场召开岗位安全班前预警专项会议，推进"三项确认"、加强现场互动、细化工作布置，通过岗前预警机制的有效运行，班组自主保安能力和员工岗位危险预知能力明显增强，有97.2％的班组实现了无事故、无轻伤。

推行"三按五精"优势载体，打造安全文化特色

一是以高标准、高起点、高品位的原则，构建"五个一"的安全文化阵地。钱矿公司以一个广场、一个长廊、一条街、一条巷道、一个中心为主要架构，在员工上下班人员集中区域、主要道路、会议室及井下主要巷道建设了系列安全文化板块，打造了文化中心"安全文化展室""大师工作室""员工天桥安全文化走廊"，公司二环路"企业文化长廊"，上下井口"安全文化走廊"，道德讲堂等公司级企业文化宣讲阵地，购置了巨幅LED显示屏、语音广播系统和视频监控系统，形成了集视、听为一体的立体式安全文化宣传体系，通过直观、形象、生动的宣教和环境的熏陶，强化安全理念的灌输，使员工在耳濡目染中形成一种强烈的安全共识。

二是持续推进素质攀升，倾力打造专家型、本质安全型员工队伍。钱矿公司重点突出"实教、实

操、实训、实练",自主研发设计了集"3D 动画、视频录像、专业题库"等多种形式的三十五大类"网培在线"培训系统,开辟"大师在线答疑"网页,让员工与国家级、煤炭行业级技能大师面对面、零距离,系统制定高技能人才培养晋升规划,立足重点岗位、重点人群,把"安管人员、特殊工种和班队长"三项岗位人员作为安全技术培训的重中之重,探索实施了以班组为特色的"实战化、互助化、日常化、竞赛化"岗位描述新模式,认真组织岗位描述集中培训和达标验收,掀起了全员大学习、班组大自培、岗位大练兵、素质大攀升的工作新高潮,有效提升了员工规范操作意识和危害辨识能力,推进了员工安全素养的全面升级。

三是多渠道导入管理要素,持续推进精品创建工作。钱矿公司确立了整理整顿、编码定制、色彩管理等导入要素。以工程设计、掘进、安装、回采、回撤"五位一体"的管理模式为抓手,从开拓和掘进入手,优化顶层设计,保证科学、合理,符合安全质量标准化的标准要求,先后打造了主井绞车房、七采回风山、—600 十采新回风山上部平巷、—850 暗立井等 30 余个精品工程和亮点部位,打造了"无缝衔接 8 种工作法""五位一体"生产精益化管理新模式等典型精优作业法,提升了安全质量标准化和安全文化建设品位,先后召开省、市、集团公司现场会 20 余场次,特色安全文化建设先后得到了原省委书记、煤炭工业协会会长等高层领导的高度评价。

深化安全"自主管理",推进安全文化建设升级

一是科学分析,准确定位,确定自主安全科学体系。钱矿公司坚持"重心下移、关口前移",以激发基层单位安全管理主体责任落实、塑造本质型安全人为重点,确立了"顶层设计、基层自管、部门监管、全员参与"的主体框架,并根据管理层、操作层、监督层确定了"三定、四自、五管"管理模式。"三定"是公司高层负责定方向、定目标、定机制;"四自"是专业自导、区科自管、班组自控、岗位自律;"五管"是安管部主管、专业监管、安全区长协管、部门包管、机关共管,形成"五位一体"自主管理运作格局。

二是优化载体,循序渐进,全面深化自主管理。钱矿公司下发安排意见和《区科安全自主管理星级单

位评定管理办法》,成立了公司安全自主管理评定机构。按"月考核、季度评定、动态检查、定期调研、择优推广"的模式,加强对基层单位自主管理差异化指导及标准化验收,引导各区科探索建立切合本单位实际的班组诚信运行机制,推行班组安全承诺和诚实守信、班队长管理对标等系列活动,在员工中开展"四知四会"素质提升活动,以提升岗位危害辨识能力为基础,制定各工种规范作业流程、行为禁忌和手指口述内容,引导各单位贯标学习和模拟演练,加强对"技能偏差型"和"习惯违章型"人员的纠正和帮教,最终实现现场的"精细确认、精确表述、精准作业"。

三是重心下移,创新管理,释放安全自管巨大潜能。钱矿公司鼓励基层在执行公司原有规定动作的同时,大胆创新符合自身文化传承、自身管理特色的自主管理模式,先后对综采四队、掘进二区等 11 家先进单位进行考核验收、挂牌命名。涌现出了综采四队班组安全绩效排序激励法、开拓项目一队员工自律"四化"管理法、洗煤厂"三纵层次管理、安全行为层次分析"管理、掘进三区"班组个人安全诚信管理"等各具特色的行为管控新模式、新做法,推进了安全文化建设不断进档升级。近年来,开滦集团公司先后在钱矿公司召开员工行为管控及安全文化现场推进会,并由煤炭工业出版社出版了《煤矿员工安全行为管控》书籍,为煤炭企业弘扬安全文化、提升管理境界提供了有益范本。

（开滦（集团）有限责任公司钱家营矿业分公司）

建设工位行为文化 打造精益文化体系

中国中车集团公司作为中国高端装备制造业的杰出代表,产品已出口到除南极洲以外的全球六大洲 102 个国家和地区,特别是中国高铁品牌已成为享誉世界的"国家名片"。中车戚墅堰机车有限公司（以下简称戚墅堰）一直按照中国中车的发展战略,积极探索创新,持续深化精益管理,已形成以规范的作业现场、高效的生产方式等为特点的工位行为文化,为中车特色精益管理体系的实现提供了强力支撑。

强化认同,用理念引导行为

工位行为文化,是戚墅堰为实现产品精益制造,

在建立和推进"工位制节拍化流水生产线"过程中总结和固化形成的一种行为文化，是精益文化体系的重要组成部分。精益是一种管理思想，更是一种管理文化。让建设工位行为文化真正落地生根，就必须用统一的理念，深化全员认知，强化全员认同。

确定理念体系。就是公司上下都要认同和践行的价值观，即：精益的核心在于以最小的投入创造最大价值，企业作为经营实体，追求价值最大化是永恒的目标；企业的生产经营过程，是不断创造价值的过程；生产制造是企业实现产品增值的重要环节，工位是企业创造价值的重要场所，员工是创造价值的主体力量。统一的价值观确定之后，戚墅堰公司又广泛发动组织员工，提炼出一整套工位价值理念，包括"标准化作业、精益化制造"的工位制造愿景；"上标准岗、干标准活"的工位作业理念；"做我所写、写我所做"的岗位操作理念等，用每一个具体的理念丰富、充实整体价值观。

抓好理念宣贯。戚墅堰公司利用召开党委会、领导干部会议、职代会和年度精益管理工作会议等多个场合，组织领导干部、精益专员和工位组长认真学习国资委、中国中车有关深化企业精益管理相关会议精神，学习公司《建设工位行为文化方案》和《标准工位建设管理细则》等内容，表达以工位为基本单元，以生产制造为突出环节，强推精益管理的信心和决心。利用传统媒体和企业微信公众号等新媒体，开辟专题专栏，及时宣传建设工位行为文化的重要意义和基本内涵，及时报道各单位的先进做法和取得的成效。形成认识统一、齐抓共管的浓厚氛围，为后续工作开展打下了思想基础。

强化知行合一。戚墅堰公司开展全员培训，利用精益研修院和精益道场等载体，将理念、工具、方法通过模拟实战等方式运用到教学中去，强化学练合一、知行合一，进行全员工位行为文化的普及；邀请国内知名培训师到生产工位现场进行指导，将逐项要求传递给生产制造员工，实现文化理念和操作要求的有机结合；广泛开展创意提案和标准工位劳动竞赛等活动，并及时进行评比和表彰，极大地唤起广大员工参与工位行为文化建设的热情，实现了从当初"要我做"到"我要做"的行动自觉。

制订标准，用规范塑造行为

要素分解，建立行为识别架构。戚墅堰公司的工位管理包含两大部分，即以安全环境、质量、生产、成本、设备、人事、信息"七大任务"为主要内容的基础管理和以人、机、料、法、环、测"六要素"为主要内容的作业管理。我们从员工行为的角度，把管理要素进行分解，形成以"工位作业行为、工位维保行为、工位安全行为、工位话术行为、工位形象行为、工位管控行为"六大方面的行为类别，形成工位行为识别架构。

动作写实，形成行为规范标准。戚墅堰公司针对六大行为，在对员工行为进行写实、描述的基础上，按照"最少、最快、最优"的精益理念，制订完善各工位行为规范。规范制订从"纵、横"两个维度展开，所谓"纵"，就是按作业前、作业中、作业完"三个时间段"；所谓"横"，就是突出六大行为，每种行为归纳出"三项对标内容"，形成"纵横三三制"行为规范体系，精确反映工位作业全过程的行为规范要点。在制订各工位行为规范的基础上，形成公司《工位作业行为规范》"通用版"和"个性版"，完成行为规范体系。

五步助推，促进行为习惯养成。一是作业动作标准化。戚墅堰公司发挥专业技术人员和技能大师两支队伍的作用，把工艺技术要求与先进操作法相结合，编制作业指导书、作业要领书，形成"现场操作标准规范"；按照"三三制"框架，采取先试点后全面的方式，细化修订各工位六大行为规范，形成《工位作业行为规范》体系。二是规范对标可视化。工位作业要领书、工位作业行为规范、"三三制"对标流程图上墙上看板，进行目视化管理；设计行为规范表单，组织员工对标点检；制作《工位作业行为规范示范片》，组织员工观看学习、模拟演练、观摩比赛。三是行为习惯口诀化。归纳提炼"工位BI（行为识别）实操法口诀"和"工位规范作业一口清（吟诵词）"，列入班前安全喊话和班组学习内容，使员工易记、易用、易遵守。四是工位示范典型化。开展丰富多彩的活动，发挥劳模、技能大师、广大党员的带头作用，使员工学有榜样、赶有方向。五是运行管控制度化。通过细化、修订，形成了一套涵盖主产品、关键工序流程和员工全部职业行为的《工位作业行为规范》；制订了《行为规范工位落地建设指导手册（1.0版）》，设计了"五步助推法"及其他相关形式、载体，形成了一组推进实施的方法、流程；对工位行为文化建设的组织、推进、机制等都建立了制度，形成了一套全面推广工作制度。

构建机制，用管理培养行为

全面协同，搭建工作机制。戚墅堰公司按照先试点、后推广的思路，把行为文化体系建设项目纳入精益管理"7大指令性项目"，以签订责任书的形式列入公司重点工作，保证项目有力实施。通过每两月的文化品牌工作例会、每月的精益管理例会和标准工位建设例会，定期沟通协调相关事项，推进项目进展。会议以总结工作、推介做法、分析案例、布置下步工作的流程进行，对做得好的单位发"羚羊旗"，做得有差距的单位发"蜗牛旗"，促进工作推进。

渗透结合，搭建活动机制。戚墅堰公司结合已有的文化品牌活动，广泛组织"告别陋习、规范行为""向不良作业习惯说不""不良作业习惯消项"等活动，查找典型不良作业习惯，落实整改措施；广泛开展"道德讲堂"活动，组织员工表演情景剧、背诵表演、观看先进典型视频、听取先进典型做法等，引导员工遵守行为规范，推动理念生根。

加强考核，搭建长效机制。戚墅堰制订"行为规范工位落地建设考核模型"，纳入公司精益管理整体运行评价系统、标准工位建设考评体系、年度品牌贡献率评价体系、党支部目标考核责任制，进行全方位考核。每月、每季度按照不同考核项点进行现场检查和管理考核，建立长效化机制，推动体系落地。

全面选树，用典型示范行为

发挥案例示范的实操作用。戚墅堰公司在2013年专门建立了精益研修院，按照工艺、设计、管理、文化四个模块，采用培训讲座、交流研讨、视频传播、案例解析、主题活动等形式，将理念、工具、方法通过模拟实战、沙盘演练、实际操作等方式运用到教学中去，学练合一，培育精益理念。

发挥先锋示范的灯塔作用。戚墅堰公司充分发挥精益专员、先进人物、广大党员在行为文化建设中的示范、感召作用。开展精益管理党内"创岗建区"活动，建立目标量化考核实施办法，开展创"标准工位党员先锋岗"、争当"标准作业示范员"、创"红旗责任线（区）"、争建"精益生产示范线（区）"活动，引导广大党员秉持"标准化作业、精益化制造"

的职业操守，在精益建设中"亮身份、显技能、创佳绩、树形象、作表率"。开展精益先锋选树活动，在员工中评选"精益改善之星""标准工位之星"，把学精益、用规范、做先锋方面的先进典型推举为"年度十大精益先锋"，表彰宣传，让员工学有榜样，赶有目标，行有方向。

发挥价值示范的航标作用。戚墅堰公司发挥劳模先进、技能大师工作室在精益生产、精益管理中的价值示范作用，利用6个中车级核心技能人才工作室、1个省级技能大师工作室和3个市级技能大师工作室，采用传帮带模式，传授技艺和绝招。把他们的精益操作流程具体化、动作化、规范化并固化，使员工的精湛技能转化为高质量的产品和高效率的工作。同时，戚墅堰公司选树以全国劳模、全国技能大师、中华技能大奖获得者张忠为代表的一批先进典型，挖掘他们的精益典型事迹，揭示他们的精益精神境界，将他们的行为"规范化"，将他们的理念"故事化"，将他们的价值"形象化"，激励员工把精益价值理念落实到职业行为上。

近几年，戚墅堰公司员工"专注执着、精益求精"的"工匠精神"得到弘扬，涌现了以全国劳模、中华技能大奖获得者等为代表的一批高技能精英群体，体系运行效果初步显现。

（中车戚墅堰机车有限公司）

历经锻造淬火的"安大文化"

航空工业贵州安大航空锻造有限责任公司简称"安大"。通过实施企业文化整合创新，加大企业文化传播力度，开展企业品牌塑造工程，强化企业责任意识，树企业之魂，强竞争之体，为企业的发展注入更多的文化内涵。在持续提高企业忠诚度、知名度和美誉度的同时，实现从价值理念到综合竞争力的有效转化，不断为企业创佳绩，为员工创造美好生活。

安大文化横空出世的背景

安大公司诞生于20世纪60年代的共和国"三线建设"时期。当年的"三线建设"把中国工业布局从沿海推向内地，为发展中国西部经济创造了条件，营造了世界上绝无仅有的三线文化氛围。"三线建设"

是一部自力更生、艰苦奋斗、大力协同的创业史，也是一部开拓创新、超越自我、产业报国的文化史。但是，由于"三线建设"是基于特殊历史时期而采取的一种战略举措，在市场经济体制的新形势下，需要面向未来、与时俱进，建立与现代企业制度相适应的现代企业文化。

艰苦创业时期：1966 年，在"备战备荒为人民""好人好马上三线"的时代号召下，安大的创业者们来到"滇之喉、黔之腹"的贵州安顺，在"地无三里平、天无三日晴、人无三分银"的艰苦条件下，以"一颗红心两只手，自力更生样样有"的气概，挑沙运石、搭桥修路、挖山掘洞、平整坡地，硬是在荒芜人烟的大横山脚下建成了一个专业化航空锻造企业。这一时期，安大创业者们一边抓建设，一边抓生产，谱写了一部激情燃烧的创业史。在他们身上，体现了"自力更生、艰苦奋斗、无私奉献、倾情报国"的创业精神和家国情怀，成为安大人薪火相传的文化基因。

改革探索时期：20 世纪 80 年代，适应国家改革开放的大环境，建立健全与市场经济接轨的经营管理机制，安大进入"军转民"的战略调整期。安大人解放思想，破除"等、靠、要"的传统军工观念，探索军品和民品融合之路。尤其是在科技创新方面，大力研发钛合金锻件，并通过多次重大技术改造，提高了安大的核心竞争力，培育形成了"团结、创新、求实、奉献"的企业精神，为安大持续、健康发展奠定了坚实的基础。特别是在 1991 年接受原航空航天部中推发动机锻件试制任务中诞生了"自强不息、执着追求、顽强拼搏、同舟共济"的"中推精神"，这些都成为安大人宝贵的精神财富。

转型创新时期：2000 年之后，安大通过改制上市，进入跨越式发展的快车道。安大进行了"三项制度"改革，创建了与现代企业制度相适应的人事、劳动、分配制度。坚持走"专、精、特、新"的发展道路，开展专业化整合、资本化运作、产业化发展，拓展了航天、汽车、舰船、工程机械领域的发展空间，产品从国内市场延伸到国际市场。在推进企业转型升级过程中，持续提升企业的核心竞争力和品牌竞争力。这一时期，安大概括形成了"责任、诚信、激情、创新"的企业精神，倡导"认识劳模、感悟劳模、学习劳模、争当劳模"的劳模文化，提出了"平安安大、文明安大、和谐安大、幸福安大"（"四个安大"）的发展蓝图，激励广大干部员工为实现"中国梦"和"安大梦"而凝心聚智、再创辉煌。

落实战略构想，推动安大人才和文化建设新思路

2011 年，安大全面实施了"一对一"传帮带措施，达到了"经验传承、少走弯路、共同提高"的明显效果。2012 年，又推行了"专家体系"的建设，实行"长、家、匠"分离，使员工在安大职业规划和实现自身价值上，不再局限于走行政晋升的单一道路，可结合自身条件和企业需要选择走技术、技能、管理三条专家通道，盘活了用人机制，调动了员工积极性，拓宽了人才培养途径。并且针对担任行政职务领导岗位的同志不能进入专家体系的情况，对一些管理、技术能力强、工作经验丰富的同志，在其退居二线后可按照专家选拔方案，由考评组推荐评选进入专家库，以把丰富的管理经验传承下去。2013 年安大重新制定了人才队伍建设规划，借助干部年轻化工作的进一步推进，明确建立以"青年人才库"为抓手，把青年人才作为人才队伍的中坚力量，采取多种形式，真正打造一支与安大全面发展相适应的人才队伍。2015 年年初，通过选拔，初步确定了技术、技能、管理等岗位的 30 名青年参加首届青年人才培训班。培训采用集中学习的形式，历时 9 个月，分别制订了 9 个阶段不同主题培训计划。人力资源部门还对培训效果进行全面评估，固化一些好的制度和培训内容。培训后期，进行了考试、论文答辩、技能比赛等选拔，将优秀的人才按照一定比例选入"青年人才库"。该项工作已纳入安大人才培养的常态化工作。

"十三五"期间，安大将迎来跨越式发展，年度生产经营目标陡增，加之落实国发 37 号文《关于完善军民结合寓军于民武器科研生产体系的若干意见》的精神，武器装备科研生产面向市场已经部分放开，安大对人才的培养契合了人才竞争需要。

安大党委积极采取对策坚持长抓、抓常干部管理工作。一是制定干部约谈制度。对履职能力弱的中层干部进行定期约谈，限期整改，对整改效果不明显的中层干部给予降职或解聘处理。二是改变干部考核内容和方式。原来干部考核打分拉不开差距，且将考核指标不同的单位进行同类比较，稍显不公平。因此安大实行按类考核，不同平台之间的考核

分数不能相互等同，排名分开。三是采取绩效挂钩制。安大与二级单位的一把手签订工作责任书，将重点任务和工作进行逐级分解，指标量化，限定时间节点，抓好督察督办。另外，安大将党风廉政建设、保密工作、教育学习、人才培训、安全指标、质量指标等全部放进去一并考核，提升了领导干部的责任意识、担当意识，将个人和单位绩效挂钩，提高干部执行力。安大党委还注重把党风廉政建设的主体责任和监督责任进行分解。在领导班子成员层面，建立了联系点制度，要求积极主动到联系点调研情况、发现问题、解决问题。在基层党支部层面，建立了党支部各支委包干制度，对包干的同志切实负起领导责任，全面掌握包干人员情况，及时发现问题、解决问题。通过此项措施，从党委到每名党员之间一环扣一环，切实把责任落到实处。

自 2008 年安大提出"认识劳模、感悟劳模、学习劳模、争当劳模"的劳模文化后，将其作为领军文化，注重培育"知识型、智力型、技能型"劳模，全方位、多渠道地利用各种宣传媒介和有形载体，让劳模文化走进员工的工作、生活中。安大坚持开展党员创先争优"六在前"主题活动，让党员读书励志学在前、促进经营干在前、排忧解难冲在前、遵章守纪行在前、精打细算想在前、创新管理走在前，充分发挥党支部和共产党员在生产、经营、科研中的战斗堡垒和先锋模范作用、劳动模范的典型示范作用。近年来，安大先后涌现出 300 余名公司级、省部级和行业劳动模范，其中两名一线职工分别荣获"全国五一劳动奖章"和"全国劳动模范"荣誉称号。

与时俱进，丰富文化体系新内涵

2015 年以来，安大聘请了企业文化研究专业机构，全方位、多角度地对安大企业文化进行了主题调研与诊断，进一步提炼了文化价值理念，融入企业经营管理，培育企业之魂，实现文化落地，构建文化机制，营造文化氛围，真正将之建设成为职工认可认同、契合安大发展的文化体系，有利地促进安大的文化体系范围更广、内涵更深、层次更高。通过整合提升企业文化，构建安大个性鲜明的企业文化体系，实现"硬实力"和"软实力"结合，"硬管理"和"软管理"结合，对于打造品牌、提升核心竞争力，赋予"四个安大"以实际意义。

"幸福"是安大对未来美好生活的追求和向往。

首先要实现"平安安大"，就必须保证企业平安，安全生产，严抓保密工作，同时保障职工生命、生产、生活安全，让其安居乐业。只有实现企业正常平安的工作、生活秩序，才能谈到进一步的提高和发展。"和谐"是指干群关系和谐、劳动关系和谐、家庭关系和谐、邻里关系和谐、社会关系和谐以及具体的实施途径。在安大"四步走"战略中，安大将自身看成一个"小社会"，企业经营、企业文化、党建工作、思想政治工作、社会责任都在其中相互贯通，所有内涵都分为在职工、企业、社会三个层面进行，而每个层面既明确了具体的含义，又有阶段性目标，每一个阶段性目标都要用数据和事实来衡量，都有具体的措施作保障。"四个安大"为"航空梦""强军梦""中国梦"以及安大"发展梦"奠定了坚实的基础。

（航空工业贵州安大航空锻造有限责任公司）

文化转型升级　企业持续发展

在中国经济疾速创新转型的当下，航空工业上电所 2017 年年初提出了在"十三五"末期实现"企业治理、管理模式、业务模型、产值规模、发展态势等全方位转型升级的'二次创业'新里程碑"。要完成这新一轮的转型，以战略为导向的企业文化升级，将成为连接企业创新转型各环节的关键纽带。

"四个共同"显成效，"二次创业"吹号角

上电所对企业文化建设探索始于 2006 年，在集团公司文化体系框架的指导下，开展了核心价值观、企业使命等理念的提炼工作，形成了独具特色的"四个共同"（共同愿景、共同理念、共同行为、共同发展）文化体系。在不断的探索实践中，"四个共同"已融入上电所人的血液，文化建设取得了良好的成效，为企业持续健康发展提供了强有力的思想保障。

进入新的历史时期，伴随着外部环境日新月异，企业对于自身转型升级的迫切程度前所未有。传统的管理行为、业务行为以及固有的思维模式面临着新的挑战，在"二次创业"如火如荼开展之际，体系化地推进以战略为导向的企业文化升级工作也已成为上电所的必然选择。

框架定基调，主动成长塑形象

"十二五"之初，上电所提出了建立以价值层、

制度层、物质层三要素为主体的企业文化模型，这与集团公司企业文化建设规划中的三个框架（理念识别 MI、行为识别 BI、形象识别 VI）不谋而合。在这个模型中，企业文化得以具象化。物质形象层面归集了研发平台、业务工具等代表企业形象的各种要素；制度行为层面涵盖了制度体系、行为规范和受之约束的与企业运营相关的行为集；理念价值层面则描述企业发展的内驱模型，包括企业精神、文化理念体系等。

在上电所企业文化模型中，这三个要素互相依赖、互相作用，而要使其服务企业"二次创业"新征程，还须找到相应的机制措施：在弘扬价值理念方面，必须借鉴"中央厨房"理念，打造企业文宣大平台。一方面从供给侧，利用信息共享系统互联互通机制掌握最新的文化动态、文化素材提供采编，分发给不同的发布平台选用，提升整体宣传效果；另一方面从需求侧，根据不同的宣传侧重点，按需采集各类素材或者匹配共享信息系统库里相关素材进行深度加工，打造文宣精品。

在塑造制度行为方面，必须树立"主动成长"理念，建立合规管理机制。上电所自 2015 年提出主动成长型文化，其倡导的问题导向、坦诚不足、暴露缺陷、显性问题等，与合规管理中的诚信、遵纪、守规异曲同工，目的都是为了让员工在这个可以托付职业终生的事业平台上积极、主动、健康成长，最终以员工的成长实现企业的成功。合规管理为建设主动成长型文化、营造企业良好生态提供了体制机制保障，进而实现企业文化对中心工作特别是核心业务的助推作用。

在提升物质形象方面，必须植入服务属性和共赢观念，塑造良好企业品牌形象。体现企业形象要素的 VI 手册，理应发挥提升员工认知、增进客户交流中的作用。有效的导引、准确的指示、合规的标识才是 VI 的真正内涵。另外，物质形象识别体系是一个单位价值理念识别体系的具象化展现，要求我们在内外宣方面全面开展企业形象运营管理，提升企业品牌价值，维护企业整体形象。

上电所注重改进企业文化业务管理模式。结合质量体系管理的思路，借鉴 ISO 质量管理体系来定义企业文化管理体系，将包含企业文化理念体系、建设方针、目标和原则的企业文化手册（大纲）作为顶层文件，将集团公司"××·航空"以及上电所超越、攀登、跨越等特色子文化载体作为程序文件，将在实践中不断丰富的行为准则、评估体系作为支持类文件，构建相应的企业文化业务管理体系结构。

文化升级持久战，企业发展登新阶

企业文化转型升级是一个循序渐进的过程，近年来上电所摒弃传统的"巨模"文宣方式，聚焦身边人、身边事，以点滴事迹宣传"主动成长"案例，取得了不错的效果。后续上电所仍将按照"策划（P）、实施（D）、检查（C）、处置（A）"的步骤实现企业文化管理工作的持续推进，让文化真正嵌入流程、嵌入管理的方方面面。

文化管理作为一项系统工程，全局性、复杂性不言而喻。上电所的企业文化将继续传承红色基因，激发创业激情，以集团公司和本所发展战略为导向，以提高员工素养、再造航空人报国情怀为核心，以员工成长、企业成功为追求，以塑造品牌价值、提升文化软实力为重点，在建设具有鲜明时代特质、丰富管理内涵和独具上电所特色的文化转型升级征途上，迈出新步伐，跨上新台阶。

（作者戚新宇。本文摘自《中国航空报》）

创新品牌文化 引领城市发展

上海中建东孚投资发展有限公司（以下简称东孚）是世界百强——中国建筑旗下中建八局专业负责城市综合开发服务的全资子公司。在企业文化建设中，品牌文化彰显了自身特色。

一、战略引领，文化为基，构筑品牌之魂

（一）战略引领品牌

党的十八大以来，各行各业都把实施品牌发展战略作为推进供给侧改革的重要抓手，坚持走"品牌强国"道路，全面开启了自主品牌发展新时代。传统建筑地产行业逐渐由资源型竞争转向品质和品牌竞争。作为全球最大投资建设集团中国建筑的排头企业——中建八局紧跟国家战略导向，推进企业转型升级、创新发展，着力从工程承包商向"四商一体"（投资商、建造商、地产商、运营商）转变，打造世界投资建设领域著名品牌。八局地产中建东孚顺应国家、行业发展新形势和八局转型需要，结合行业

特点，准确定位，创新思路，实施"品牌强企"战略，自觉肩负起全局转型升级神圣使命，成为经济效益产出支撑"和"转型升级专业支撑"。

（二）文化孕育品牌

公司在快速发展历程中，东孚人风雨兼程、同舟共济、逆势奋进，在激烈的市场竞争中破浪前行，积淀了丰富的文化。2012 年通过分析文化渊源、文化现象、文化内涵，形成了以"同心同德、同行同行"为核心的"同行"文化体系。在"同行文化"的指引下，东孚公司以中国建筑、中建八局母品牌为重要依托，高起点、高水准构筑品牌体系。

（三）完善品牌体系

我们按照"调研—规划—落实"的方法，充分发挥员工主观能动性，通过管理层访谈、项目走访、行业竞品研究、消费群体研究、品牌机会分析等，对东孚公司品牌进行全面诊断和评估，形成了《品牌诊断报告》，制定了《品牌发展规划》。总结提炼了品牌角色定位、愿景、使命以及核心价值观等理念成果，制定了《致幸福——中建东孚品牌手册》。在品牌理念层面，明确了以"幸福"为内核基因的品牌价值体系，形成了包含品牌愿景、品牌使命、品牌价值观的理念体系。确定了以"城市综合开发服务商"为角色定位，以成为中国"城市综合开发服务领域的引领者"为愿景，以"拓展幸福空间"为企业使命，以"信孚于人，专精于事"为核心价值观。这些品牌理念源于中建信条、铁军精神和"同行"文化，诠释了中建东孚继承中国建筑使命、打造建筑精品、拓展幸福生活空间的特色品牌文化内涵。制定了《中建东孚 VI 视觉识别体系手册》，发布了《中建东孚品牌管理办法》。

二、品质为先，强化服务，夯实品牌根基

（一）品质为先，夯实品牌根基

产品品质是品牌的基础。东孚公司传承中国建筑精工血统，"工匠精神"成为上下的普遍追求和自觉行动，坚定不移地走品质发展道路，实施"三全"（全优质、全绿色、全精装）品质战略，打造绿色、科技、人文地产，不断累积客户对中建东孚品牌的口碑和信任感。先后确定了"品质管理提升年"和"品质管理深化年"工作主题，重点围绕精品、客服、成本、运营"四大模块"，构建了"大客服""大运营""大成本"体系，建立了工程质量验收标准，产品品质持续提升。通过成立技术研发中心、品质管理部，实施标准化产品线，确保产品品质受控。通过开发智能产品、推行定制精装等打造"三全产品"（全优、全绿、全装）。在开发项目举办"提前回家看看""见证幸福家的成长"客户开放日活动，邀请准业主对房屋成品质量、建造工艺等进行全透明参观，见证产品精工品质。东孚公司投资开发的"中建锦绣天地、中建申拓汇雅苑、中建申拓惠康苑西苑"，凭借科学规划、卓越品质、智慧生态、四节一环保，以及良好的市场口碑，使项目获得了地产行业最高奖——"广厦奖"。

（二）强化服务，提升品牌价值

东孚公司坚持"与您同心，筑家同行"的客户理念，构建集营销、客服、物业、资管为一体的"大服务"体系，创设并推广客户服务"东孚八步法"，实现客户看房、签约、等待、交付、入住全生命周期的标准化服务模式。成立客户服务部和区域客户关系中心，制定客户管理、客户关系、东孚客户会、产品缺陷反馈、客户满意度提升方案等管理制度和相关指引，建立健全客户意见反馈机制、投诉处理机制、快速响应机制、客户信息保护机制，开通 400 服务热线，统一派单，跟踪进度，监督服务；引入 CRM 客户管理体系，建立客户管理档案，运用大数据进行客户管理和分析。

东孚物业积极开展"精品共建"，定期召开业主恳谈会，听取业主的意见建议，及时整改，不断提升服务水平，客户满意度逐年提升，处于行业领先水平。东孚基于"幸福"的品牌内核，结合传统、现代节日，在售楼处、社区等开展形式多样客户活动，优质的服务正在成为公司口碑树立、品牌打造和销售溢价的重要支撑。

三、整合资源，注重传播，塑造品牌形象

（一）品牌应用效果显著

在品牌应用推广层面，基于"幸福"的品牌基因，我们建立了集团及业务品牌标准化说辞，统一内外输出口径，编写《中建东孚品牌白皮书》，集合公司全方位品牌内容，规范品牌运营管理，为品牌工作长期发展树立标准。通过品牌发布会、产品推介会、广告传播、公共关系、品牌活动等多种方式，快速导入品牌，所有项目围墙、办公区域、项目展示窗口、销售案场及办公用品，以整齐划一的形象出街，

全方位统一品牌形象。

（二）广泛传播企业品牌

东孚公司整合媒体资源，建立媒体关系矩阵，优化公司自媒体建设，升级官网及官微，进行规范化运营，将自媒体作为提升品牌形象和传播企业文化的重要平台。加强与客户互动，进行了一系列主题活动和社会化营销活动。每年制订年度品牌推广计划，2014年借第33届上海房展会之机，举办了"中建东孚品牌推介媒体见面会"，向主流社会媒体展示了"拓展幸福空间"的品牌使命。在2015年上海房展会上，以"幸福正前方"为品牌推介主题，利用多媒体手段与观众互动交流，再次展现品牌形象和理念。2016年确定了"致幸福"年度传播主题。2017年以影像记录N城的幸福时光，让人们重新认识自己生活城市的美好。通过节假日和热点事件的传播，为人们送去祝福和关爱，不断传递幸福正能量。以宣传为重要抓手，围绕战略市场、重大项目、重大活动、关键业务，持续推广东孚品牌。近年来东孚公司聚焦民生工程、绿色建筑、品牌文化等，在社会各级各类媒体，发稿上千篇。员工自编自导，制作了动漫形式的《品牌微电影》，借势大型活动和新媒体，进行高频次传播。推进"益起跑"公益跑活动，将跑步提升为集团品牌的运动符号，传递公司活力向上的正面形象。

四、尽责担当，绿色发展，擦亮品牌名片

东孚密切关注各方利益，积极履行社会责任，以责任铸造品牌。东孚公司在2017中国房地产开发企业责任地产排名第2位。扬铁军雄风，筑民生工程。积极响应上海市委、市政府号召，先后承接了青浦新城一站、惠南民乐大居、杨浦和瑞雅苑、虹口彩虹湾等保障房项目，累计开发总面积达680万平方米，是上海市承接保障房面积最大的企业之一。东孚公司坚持以"商品房标准"打造"五好"保障房，树立区域民生工程典范。在济南、西安等地参与城市更新，改善当地居民生活品质。积极践行国家新型城镇化战略，目前在上海青浦重固镇、南京浦口永宁镇、河北承德丰宁大峡谷等地实施7个新型城镇化PPP项目，开发面积达900平方公里，累计投资近千亿元。东孚公司支持公益、教育、体育等事业，建设幼儿园、小学等十余所。设立幸福公益基金，实施精准扶贫。开展"筑福行动"，为革命山区援建"书送幸福"图书阅览室、捐赠书籍，扶贫先扶智，为山区孩子提供多样化素质发展机会。

品牌竞争力持续提升。品牌建设是一项系统的、长期的过程，需要久久为功。未来，我们将继续做好品牌塑造、维护与传播，努力将"中建东孚"品牌建设推上新高度。

（上海中建东孚投资发展有限公司）

以安全文化"五个力"托起5万员工安全幸福的太阳

上海电气（集团）总公司（以下简称上电集团）是中国装备制造业最大的企业集团之一，目前共有100家生产性企业，有5万名从业人员。主导产品主要有发电机组、重型装备、输配电、电梯、印刷机械、机床等；并具有设备总成套、工程总承包和提供现代装备综合服务的优势。在"亚洲品牌500强"评选中，上海电气为亚洲机械类品牌排名第五名，中国机械类品牌第一名。

一、以目标文化的感召力，凝心聚力

2011年我们与中国安科院合作，建立了SEC-LOVE（上海电气关爱生命）安全生产监管体系，其核心：一是三级网络、分级管控、垂直监察的监管体系，切实加强集团安全生产的管控能力；二是实施安全生产标准化，不断提升企业设备本质安全和安全管理规范化水平；三是加强安全生产信息化管理，夯实企业安全生产管理基础；四是立体的目标和责任考核体系，全面落实安全生产主体责任和监管责任。

上电集团实行直线职能式的三级监管模型，即：集团安委会包括电气安监中心、产业集团及下属企业实行三级管理，明确各自职责。

推进"三位一体"安全标准化管理目标的实现，根据国务院有关文件要求，上电集团全面开展企业安全生产标准化达标建设，集团131家生产性企业已全部达标，并按集团标准化运行管理规定，实行有效运行和对标年检。在此基础上集团制定了班组和生产性岗位安全管理标准，在3347个班组开展班组安全标准化和岗位标准化达标活动，共评选出安全标准化标杆班组20个，安全标准化示范班组100

个、示范岗位 100 个，集团形成了"三位一体"的安全标准化运行机制，积极开展以标准化运行管理为重点的企业安全标准化星级评选活动，并研发建设工程管理安全生产标准化和物业安全管理标准化，于 2013 年同步实施。

推进安全生产信息化管理目标的实现。2012 年我们建立并于 2014 年完善了上电集团安全生产信息化平台，实行了安全信息化管理，将安全生产业务流与信息流达到深度融合与有机统一，实现人机结合、多方监控的信息管理运行。

打造专业化安全队伍。安监中心作为上电集团职能部门对安全管理人员和督查人员进行了整合，全部由注册安全工程师构成（共 22 名），实行专业化管理和专业化督查的有机统一，突出专业的细分和管理效能的提高；对产业集团和下属企业着力推行注册安全工程师上岗制度，要求每一个单位至少有 1 名注册安全师、或持集团安全工程师上岗证书。

实施了全方位的目标责任考核。上电集团每年将责任目标和措施以安全责任书形式，落实到二级单位，突出个性化和可测量性，实行履职情况一季一报，注重过程考核、动态管理。各二级单位与下属单位层层签约，并实行全员岗位安全承诺。每年进行二次现场履职考核，并纳入绩效考核体系。

二、以制度文化的约束力，规范行为

重要事项签字确认。我们制定《法人代表或受权人安全生产重要事项签字确认的规定》，严格规定了法人代表或受权人对安全生产 16 个重要事项须进行签字确认，并对签字后果承担责任。

责任清单一目了然。根据《安全生产法》规定的企业安全职责，我们颁布了《产业集团安全生产责任清单》，明确安全生产履职的规定动作和考核依据。

党政同责明确要求。2014 年 5 月颁布了《安全生产党政同责实施办法》，明确责任内容、协调机制和考核依据。

完善制度，颁布实施。着力编制和完善了 50 项上电集团安全生产管理制度，现已全部颁布实施，标志着集团安全生产进入了法制化管理的轨道。

三、以物态文化的支撑力，提升安全

一是淘汰高风险的落后设备。2014 年上电集团投入 1.3 亿元实施了"煤改气"工程，淘汰了上述危险性设备。

二是对多发性事故采取技术防范。我们分析近十年上电集团安全生产事故的特点，认为高处坠落事故是集团生产安全事故的主要原因，为坚决遏制高处坠落事故，我们要求企业做好技术上的防范，防止因技术缺陷出现被动式违章。

三是实施三维立体的现场吊运模拟运行。我们出资 170 万元与上海交通大学联合研制了三维立体的大型设备吊运模拟看板，明确吊装的规定动作和程序，提高了吊装安全系数。

四是在安全文化硬件下功夫、花大力。上电集团下属企业新建和完善了 120 所安全学校和安全教育室的硬件设施，集团投入 1200 万元在上海闵行企业集聚区建立了上海电气企业安全生产体验馆，为体感教育提供了物资基础。

四、以思想文化的影响力，强化意识

积极开展"安全快餐车"进企业活动。三年来，上电集团组成安全宣讲队，持续深入到企业与企业各级领导、安全干部和员工面对面地进行安全"三讲"宣传，即：讲政策法规、讲事故教训、讲安全防护，增加了职工安全知识，强化了其责任意识。

开展形象化的应急教育。我们将上电集团应急预案，通过漫画和"三字经"形式，编制成集团应急手册，形象生动地明确 15 项突发事件的应急流程和处置办法，并组织 3000 多个班组进行学习和现场演练。

开展"六个一"安全宣传月活动。每年根据安全生产月主题，即组织一次警示教育、开展一次操作规程的学习、组织一次安全合理化建议活动、开展一次查隐患"啄木鸟"行动、开展一次领导干部下班组安全宣讲活动、开展一次岗位标准化评价活动等，让员工在活动中长知识、增意识、提能力。

持续开展岗前安全"五分钟"教育。即，每天员工上岗前由班组长召集岗前五分钟会议，对当天岗位的危险性进行告知并提醒，明确作业规程和安全监护人员，并对员工的身体健康察言观色，做到岗位知危险、知防护、知应急。

严格实行三类人员和特种作业人员的培训上岗制度。企业主要负责人、分管领导、安全干部、特种作业人员持证培训率达 100%。

五、以行为文化的影响力，珍爱生命

(一)以标准化规范员工行为，造就安全规矩人

近几年我们积极开展由 100 多家企业，250 多个工种岗位，3 万多名员工参加的岗位达标活动。制定岗位标准化规范，推行岗位标准化，在生产岗位上让员工上标准岗、干标准活，并实行岗位行为监督员制度，对不标准行为实行现场纠错，让每个员工对安全标准烂熟于心，落实于行，养成自我约束习惯。

(二)行为测试，防范事故"危险人"

我们在车间班组前架设"独木桥""平衡木"——让员工上岗前在上"走一走"，检测其身体安全状态，若走不稳，就疑似身体有恙，作为重点监护或暂缓上岗，架起"独木桥"就好像抬高安全门槛一样，将不安全的人拦在了危险门外。

(三)接力式管理，造就行为安全人

我们在班组发现违章者时，由违章者佩戴安全值日袖章进行安全值班，直至他发现新的违章者，将安全值日接力给新的违章者，通过纠错接力，造就健康完美的心理程序和安全伦理道德，养成良好的安全态度和遵章守纪的自觉行为。

(四)情绪管理，关爱身心健康

开展敞开心怀，释放心情"笑脸"活动，把"笑脸"活动融入安全文化建设。上电集团在 56 个班组设置"性情展示看板园地"，员工在岗前可以袒露自己今天上班时的情绪，展示"笑脸"或"哭脸"，班组长上岗前可以直接了解员工的性情，对"哭脸"员工可以针对性地关心。班组情绪展示板归纳为情绪管理口诀：即班前会议看面色、上岗走路看脚步、工作操作看手势、搬迁工件看力气、食堂就餐看饭量、相互交流听口气、下班更衣看动作，从心理情绪的深度管理安全，体现"以人为本"。

(五)开展安全生产"绿十字"活动

我们开展以班组为单元的安全竞赛活动，制作"安全生产绿十字"看板予以公示。"绿十字"活动不仅激发班组员工安全生产的积极性，同时无形中逐步形成了"零伤害"的安全理念。

(六)"红、黄、绿安全十字袖章"活动

上电集团班组建立了以"红、黄、绿安全十字袖章"为表现形式的安全责任考核制度。依据考核结果对发生安全事故的班组要求班组长佩戴红十字袖章，对发现安全隐患的班组要求班组长佩戴黄十字袖章；对安全完好的班组予以班组长佩戴绿十字袖章，通过佩戴不同色标袖章不断强化班组长和班组成员的安全责任意识和荣辱意识。

(上海电气(集团)总公司)

右手精益　左手创新
打造医药全产业链上的精益文化

上海医药集团股份有限公司是一家总部位于上海的全国性医药产业集团，主营业务覆盖医药研发与制造、分销与零售。上药坚持"创新、诚信、合作、包容、责任"的核心价值观引领，致力于持之以恒提升民众的健康生活品质，努力打造受人尊敬、拥有行业美誉度的领先品牌药制造商和健康领域服务商，植入精益的方法和理念，右手精益，左手创新，左右协同，两手都"硬"，上药走上了精益管理之路。

一、让精益蔚然成为文化

(一)形成独具特色的视觉形象

上药精益六西格玛导入初期，采用向全体员工征集识别标志的形式强化传播，不但由员工群策群力设计出了上药自己独特的精益文化符号，而且在形成精益文化视觉形象识别的同时，成功地运用视觉符号吸引了员工的注意力，传播了精益的基本理念。员工用五色绚烂的彩虹来描绘精益，用多元聚合的期待来比喻精益，用"求索、至善"来诠释精益。借助精益知识看板、内部刊物、LED 展示屏、宣传栏、内部网站等渠道，对精益六西格玛的 LOGO 及理念进行广泛传播。在自主参与的活动中，员工获得了对精益管理的初步认知、认同，为上药提升精益管理的执行力打下了坚实基础。

(二)完善组织体系和创新管理机制

为保障精益六西格玛管理的有效推行，上药在集团领导班子的带领下，设立了集团精益六西格玛领导小组、工业板块推进办公室、子公司领导小组等多级组织保障体系，成立了常设办公机构，形成了集团总部引领、子公司层层推进的框架体系。完成了组织架构、奖励制度、项目管理以及带级人员培养等各项体系制度，并初步完成了"卓越运营"体

系的框架规划。

在上药"三三三十一"战略目标框架下，滚动"三三三十一"精益远景规划，致力于形成"智能制造与智慧服务、以人为本、全员持续改善"的精益管理理念体系，制定了精益三年目标，从精益研发、精益化制造、精益营销、精益供应链的上药全产业链上全面推广，并确定了到 2018 年培养带级人员 6000名、实现 1 亿元改善收益、至少 3 家卓越运营星级企业、打造一批精品示范线车间的具体目标。

把理念和目标落实为团队共识和制度保障，是上药精益管理得以取得成效的关键。上药精益六西格玛从前期导入到后续推进，整个过程都凸显了党、政、工、团共同参与、齐抓共管的特色。上药集团党委开展理念和文化倡导，工会、团委负责员工动员，行政加以行动落实，集团精益领导小组对精益六西格玛推进实行统一规划和指导，在集团内部进行资源的调度和整合，对项目的进展进行统一的监督、管控及评价。上药先后制定了商业板块、工业板块精益管理制度，确定了带级人员管理办法、考核与激励管理办法等制度，建立了卓越运营成熟度评价体系。通过定期评估和考核激励，在企业内部营造鼓励创新、勇于创新的氛围，激发员工的创新意识。

二、创新精益团队和带级人才培养模式

上药围绕集团重点产品研发、生产、流通诸环节，通过收集、梳理、发掘改善点，层层立项，确定精益改进项目和指标并实施改进计划。上药对实施中的项目每 12 个月进行 3 次系统的绩效监测，用以考量项目是否可持续。通过培训、项目建设和项目绩效监测，既确保了项目顺利推进，又实现了团队成长和梯级人才培养。各类专业带级人员推进了公司全领域改善，在改善过程中，既增进了员工个人能力，也使整个组织能力得到了长足地提升。2014 年下半年，上药集团某重点产品因生产效率较低无法满足当年的销售要求，致使所在公司承受了无法满足市场需求的很大压力。在这种情况下，分管副总亲自挂帅，采用精益六西格玛的方法，经过半年攻关，生产效率提高了 33%，为公司创造了超过 130 万元直接收益。领导带头冲锋陷阵，各梯级人员执鞭揽辔，使得精益六西格玛的推进无往不利、日新月异。

在党、工、团及人力资源相关部门协同支持下，上海各子公司和子公司下属分公司的高层领导、中层干部、管理人员、技术人员以及乐于成长的员工，通过积极参加精益六西格玛管理的绿带、黑带培训，获得相应"带级"资格，形成了一支掌握精益方法、懂精益管理，能够学以致用的"带级"专业人才队伍，成为公司"精益管理，卓越运营"的基础人才保障。2016 年度上药集团整体精益培训班报名人数再创历史新高，直接参与项目的黑带、绿带、黄带培训的超千人。

三、促进理念转变和全员行动

在精益推广的过程中，上药全体员工行动起来，运用精益工具，积极提升设备效率，降低系统能耗，缩短供货周期，提高产品成品率，优化流程。上药工业板块的精益项目，覆盖所有 15 家工业子公司和原料、制剂、包装、仓储等全生产链环节，同时又新导入 6S 及 TPM 的生产现场管理方法；商业板块的精益项目，覆盖采购、仓储、物流配送等全流程环节和服务质量、效率、财务应收账款周期、资金周转率等管理角度；研发板块的精益项目也向仿制药全流程进行扩展。由于精益管理水平大幅提升，此子公司顺利通过了由美国 FDA 专家进行的现场评审。美国专家在评审的结项汇报中特别提出我司的现场管理水平已达到了欧美先进药企的水平。这样的例子在上药的下属子公司还有很多。

四、精益文化让上药走向卓越

精益文化在上药，犹如心中一粒"求索、至善"的种子，经过多年的精心灌溉，至今生机勃发、草木蔚然。

精益管理不仅要求企业制度、工具方法持续改善，更需要思维方式、行为习惯的转变。如果说，在推进精益管理导入初期，我们用理念传播和制度规定来短期改变员工的工作习惯是不难做到的，那么，随着精益管理的持续推进，边际递减现象会造成员工的注意力逐渐衰退。唯有将精益管理的精髓内化于心、外化于行，才能真正实现精益思想、精益方法、精益组织、精益流程在企业落地生根。

上药精益文化的锻造，从导入初期就十分注重顶层设计与基层行动互为响应，总体战略与文化体系双轮驱动，使精益文化成为上药企业文化体系中

特色鲜明、不可或缺的组成部分。

顶层设计与基层行动互为响应，注重上中下连贯，点、面、线结合，方法、理念、行动贯通。上药从最初聘请外部机构辅导，到最后员工通过行动将方法内化，拓宽了思路，形成了特色。上药精益管理与精益文化经过三年多的探索与实践，已经形成了完整的体系和思路。高层领导者主导，中层管理者倡导，各层面员工落地。"点"上从试点和项目开始突破；"线"上建设示范基地和精品"智"造基地加以巩固；"面"上复制经验进行推广。上药普通员工从把精益六西格玛作为管理工具进行使用，到逐渐接受精益管理相关理念，并用实际行动加以贯彻。这个过程使我们的精益管理成为体系，让我们的精益文化落地开花。

总体战略与文化体系双轮驱动，注重战略落地，价值观匹配，员工行为价值增值。精益管理在上药滚动"三三三＋一"战略规划和企业文化体系的双重驱动下，确定了"智能制造与智慧服务"的远景目标，制定了到2025年运营绩效达到国内行业标杆水平的阶段目标。上药精益管理坚持持续改善，不断丰富"求索、至善"的精益精神，很好地坚持并诠释了"创新、诚信、合作、包容、责任"核心价值观中的多个方面内涵。上药精益管理在项目及员工成长上取得的成就，体现了文化引领行为、行为创造价值，最大程度发挥了员工的积极性、主动性、创造性，初步解决了企业文化"内化"问题，在促使员工行为价值增值的同时，实现企业价值增值。作为一种管理模式，更作为一种文化方式，精益六西格玛在上药全产业链上的道路越走越宽敞。

精益转型不易，精益文化更难，精益文化的传承需要企业所有参与者时常反思、适时调整，而这本身也是精益文化的重要组成部分。只有将这一行为范式嵌入到企业文化的基因中，"精益管理"才能升华为"卓越运营"，精益的传承才会历久弥新。

（上海医药集团股份有限公司）

创新驱动　转型发展
打造和谐卓越的企业文化

上海建工集团股份有限公司长期立足于中国建筑行业改革发展的前沿，始终把践行社会主义核心

价值观，与引领企业创新相结合、与助推企业转型相结合、与打造企业文化相结合，持续培育和深化"和谐为本、追求卓越"的特色企业文化，引领企业从"工程承包商"向"广受赞誉的建筑全生命周期服务商"转型发展，推动集团在"千亿平台、百亿增长"之路上越走越宽、越走越稳。

一、持续打造"和谐为本、追求卓越"的特色企业文化

（一）传承"执行力"基因

上海建工的前身是解放军整编转制过来的建筑工程兵。军人的执行力基因，体现在重大工程建设中的"后墙不倒"和"铁军"精神。65年来，上海建工按时优质完成了国家和上海市托付的大量重点工程建设项目，如世博会一轴四馆、京西宾馆等；建造了一大批超高、超深、超大、超难项目，比如上海中心、环球金融中心等，累计获"鲁班奖"工程近百项，在全国承建了21栋300米以上的超高层地标建筑。这种"执行力"基因也在上海建工参与唐山、汶川等一系列抗震救灾中充分体现。

（二）传承"诚信"基因

新中国成立前，建筑公司都叫营造商，上海建工前身就有建造国际饭店的馥记营造厂、建造钱塘江大桥的康益洋行等营造商。这种"诚信"基因，在客户和同行中树立了良好的口碑。集团的诚信基因在行业内有非常高的口碑，在市场上靠经营的活力、产品的质量，以及履行合同过程中体现的诚信，确保了集团的战略合作伙伴能够每年有所增长，成为市场订单增长的主要来源。

（三）传承"工匠"基因

上海是近代建筑业的发源地，郊县匠人建造了外滩建筑群、南京路建筑群等一大批经典标志性建筑。上海建工在老一辈精益求精"工匠"基因的基础上，不断改进和创新建筑工艺。浦东陆家嘴的超高层建筑群，代表上海改革开放新的发展高度，上海建工承接了85％的项目。在迪士尼项目建造过程中，有大量假山和景观，甚至石头、木头和苔藓上的细纹都是雕刻、喷塑、造型出来的，从外观到质感甚至可以达到"以假乱真"的效果。"工匠"基因在工程实践中延续并促进员工成长。

二、不断完善"科学规范、以人为本"的企业文化制度

(一)顶层设计，同步规划

上海建工集团先后四次制定了企业文化建设五年规划，企业文化建设有了顶层设计的推进目标。2003年确立了以企业理念、企业精神、企业作风和职工守则等为主要内容的企业文化理念群；2012年对理念群进行了修订和完善，进一步形成了较为完整的企业文化理念体系；2016年明确了新的共同愿景，进一步丰富了理念体系的内涵，构建起更为科学的企业文化理念系统。

(二)真抓实干，整体推进

一是一把手成为企业文化建设的倡导者、推动者、示范者；二是配强配齐企业文化干部，同时，构建引进、培养、使用的发展通道机制；三是具有创新思路，使企业文化建设与其他工作互为提升；四是完善"企业文化建设＋互联网＋管理机制"。集团启动了"双十佳"系列评选活动，选树先进典型。上海建工集团建立网上学习平台，开设数百门关于技术、管理、文化的必修课、选修课，每人一个账号登录平台自主学习。集团坚持以人为本的发展理念，为新员工颁发了《入职培训手册》，全面推行员工职业发展通道，为不同层级、不同岗位的员工拓宽了职业发展空间。

(三)六大工程，协同发展

"理念铸魂工程""品牌战略工程""文化全国化工程""文化落地工程""广受赞誉的企业建设工程""文化繁荣发展工程"，以"六大工程"促进企业文化协同发展。其一，体现党的要求，凸显行业特征，彰显建工特色。"理念铸魂工程"的重心是培育践行上海建工集团核心价值体系；"文化繁荣工程"的重心是在员工中培育践行社会主义核心价值观。其二，凸显行业特征。"品牌战略工程"的重心是提升品牌价值，打造子品牌，品牌是建筑企业接订单、夺市场、走天下的本钱和底气。"广受赞誉企业建设工程"的重心是加强企业社会责任建设，服务于生态建设、民生建设，"建造优质楼，留下好口碑"，是建筑行业的永恒追求。其三，彰显建工特色。"文化落地工程"的重心是推进"项目文化"建设，建立"项目党建"与"项目文化"比翼齐飞的崭新格局；"文化全国化工程"的重心是破解沪外项目建设中的企业文化基因传承和企业文化创新难题，打造上海建工集团"走出去"文化品牌。

三、深入推进"典型引路、全员参与"的企业文化建设

一是本着办企业为员工的宗旨办好企业，使员工工作愉快，过上更美好的生活。二是通过我们的建筑作品让客户有更美好的生活，让客户享受我们作品中提供的现代技术和服务。三是通过技术创新、工业化、绿色建筑、智慧建造等，使我们生活以及工作的城市，一天比一天好，成就一个又一个有崭新建筑技术的、代表社会进步的、能够体现上海建工价值的成果，为城市基础设施、文体设施、商业、住宅等提供更好的服务。

同时，强化组织领导，开展典型引路，加强队伍建设等，都为上海建工推进企业文化建设提供保证。

四、创新构建"统一相融、各具特色"的企业文化格局

(一)打造统一相融的总部文化

在充分体现出上海建工文化优秀一面的同时，又要彰显出子集团文化优秀的一面，这样上海建工的企业文化才更具活力。集团强化文化认同，不断地传承好三大文化基因。企业文化是在不断地宣贯当中去认识、认同和践行的。上海建工的执行力文化、诚信文化、"工匠精神"都可以找到文化的源头。

(二)打造各具特色的基层文化

上海建工提炼和总结各单位优秀的特色文化成果，并积极培育和推广，努力形成上海建工集团企业文化上下互动、共存共荣的良好局面，在"十三五"期间培育和总结2~3家新的特色文化成果。这种面上和基层企业文化整体同步推进的格局，充分体现了上海建工企业文化的统一相融而又各具特色，并充满活力。

(三)打造广接地气的项目文化

项目工地是企业展示形象和品牌的窗口，是企业承担社会责任的名片。上海建工集团采用高清监控设备、可视化门禁系统、远程视频系统、可移动冲洗平台、四级沉淀池及循环水系统等，确保工地现场整洁有序，对周边居民的影响降至最小。集团注重发挥先进文化在项目管理中的独特作用，在农民工队伍中广泛开展"文化进工地""科技进工地""法

律进工地"等活动,提倡"少喝一瓶酒、多看一本书",净化了工地环境,提高了分包队伍的整体素质。集团以虹杨电站、迪士尼梦幻世界等项目为载体,打造文明工地升级版。2015年共获得上海市文明示范工地8项,市文明工地49项,市文明场站34家。上海建工集团党委打造项目党建"升级版",实现"两个成果"一起出。在迪士尼乐园、北横通道、浦东机场、虹桥机场等项目上成立联合党委,委派党建指导员,项目党建从"围墙内"延伸到了"围墙外",从上海延伸到了全国,形成了"项目党建——工地党建——区域党建"三个层面、三种形式的格局。

五、全面巩固"内化于心、外化于行"的文化践行效果

(一)向社会辐射集团文化

上海建工集团党委和董事会审时度势,提出上海建工要走出去,实现全国化发展。经过多年的开拓和深根,形成了目前"1+5+X"的市场布局。集团注重发挥和谐文化的作用,主动融入当地市场,促进企业与员工的和谐、与社会的和谐、与环境的和谐。

(二)协同联动全产业链

在卓越文化的激励下,上海建工从施工业务扩展到EPC总承包和PPP业务,通过设立城市建设基金等方式,不断形成新的商业模式。卓越文化推动上海建工全员创新,研发的"整体提升钢平台""超大直径矩形盾构""全自动焊接机器人",推动着建筑产业的技术创新,形成自主投资、设计、施工装配式建筑等领域的发展优势,建立了建筑构件、工程装备、钢结构三大产业化基地,使"产学研用"结合更为紧密。通过全产业链的协同联动发展,通过企业文化的价值,体现了上海建工所有的子集团有一种同根同源的自觉行动,形成了发展的合力。

(三)打造建筑全生命周期服务商

上海建工每一次改革与转型,"和谐为本、追求卓越"的文化都发挥着导向作用,集团不断适应企业发展战略实施过程中对阶段性工作提出的要求,始终以优秀的文化来引领战略的实施,为员工、为股东、为社会创造价值,为企业的发展不断注入活力。

(上海建工集团股份有限公司)

用创新预约未来

交通银行太平洋信用卡中心(以下简称卡中心)成立于2004年10月25日,是交行首个按照事业部制模式组建的业务单元。2012年,交行卡中心转制为持牌经营的总行直属的省分行级专营机构及其分支机构。历经近13年的发展,在先进文化的引领和感召下,卡中心业务发展始终呈现稳健、快速发展态势,截至2016年9月末,全行信用卡在册卡量达到4908万张,位列行业第五;累计消费额超13500亿元,位列行业第四,并在销售渠道建设、消费金融、智能办卡、增值服务、营销品牌、服务流程等领域成为行业标杆。

潜心追求企业愿景

传承百年交行深厚文化底蕴,以交通银行"拼搏进取、责任立业、创新超越"的交行精神为指引,卡中心确立特色的"紧张有序的工作秩序,进取向上的工作态度,互助协作的工作氛围,使命必达的责任意识"的员工行为准则,引导全体卡中心员工自觉实践"一起成长,一起成为行业领袖,共同建设幸福卡中心"的企业愿景。

在业务发展过程中,卡中心管理层充分认识到创新文化的建设对于企业发展的重要性,提出了卡中心的创新理念:"创新就要'顶天立地'!顶天,思维要天马行空;立地,行动要脚踏实地。卡中心所追求的创新是颠覆性思维与脚踏实地的完美结合。没有价值,就没有创新;没有创新,就没有未来!"通过管理层自上而下的推行创新理念,将创新之火点燃到卡中心所有员工的心中,将"创新文化"融入于员工成长血脉中的DNA,成为了发展的强大动力引擎。

围绕着"创新产生价值"的目标,卡中心在推出机制、搭建平台、宣传造势、培育人才和落地课题五个方面进行了创新文化的实践工作。

完善体制机制

2010年3月26日卡中心正式颁布了《交通银行太平洋信用卡中心创新机制管理办法》,开始推广"创新产生价值"的全员创新参与机制。

卡中心的创新管理办法规定了创新提议的范围

应与卡中心的经营目标一致，主要包括增加活卡量、提高客户满意度、提高盈利能力、完善流程和制度、提升品牌影响力、改进销售模式等内容。同时，机制将公认事实、正在改善的情况、已被采用过或正在实施的重复提议、无具体实施方案的提议均不列入范围内。

卡中心的创新提议由专职委员和兼职委员（各部门高级经理）共同组成的初审委员会进行初审后，提交由卡中心管理层组成的创新评估委员会进行最终评审。

搭建互动平台

为努力培育"鼓励创新、容忍失败、反对不作为"的创新文化，卡中心成立了"创新发展组"，在办公室内设置专岗负责落实创新机制，组织提案征集、评选和加工。

由创新发展组负责组织落实的创新评审的活动每季举办一次，通过创新主题的发布、征集、评审，评出优秀提案，并按落实实施的不同程度，分别评出火花奖、原动力奖和引擎奖。

为方便员工提报创新点子，卡中心不断提升硬件设施，2014年卡中心创新提案收集渠道与卡中心内网紧密合作升级为全新的系统平台，在创意提交、员工互动和新知交流方面大大提升了员工内部满意度。

营造创新氛围

卡中心的创新宣传也不走寻常路，在评选"谁是最有价值的创新员工"活动过程中，通过"悬念设置"（谁是最有价值的员工）到"悬念揭晓"（每个员工都可以成为最有"价值"的"创新"员工），吸引员工的关注度。

卡中心的管理层作为"创新形象代言人"，每一位都为创新工作提出了一句箴言，通过卡中心的内部宣传渠道（屏保和电视）每天循环播放造势。

在宣传渠道上，卡中心也开动脑筋，创新思路，搭建丰富多彩的教育宣传载体，如面向57个分中心的《卡视界》电视台、《交汇》内刊、员工微信公众平台、全员电脑屏保、展板等，以"全方位"实现"深渗透"。通过密集宣传，卡中心的创新理念——"创新产生价值"已深入人心。

培育创新人才

卡中心致力于不断通过专题研讨和奖励机制，吸引和培育符合卡中心要求的创新人才。

"创新发展组"在其创新的过程中，从员工到高管层都积极参与其中，全程协助推进，组织立项，帮助这些创新火花变成有价值的工作和项目。

卡中心建立的"创新奖励机制"，对于所有符合卡中心创新提议规范的创新提议，给予"创新火花奖"；对于符合卡中心创新终审评委会要求创新提议的团队，给予了"创新原动力奖"；对于可以实施的提案，给予"创新引擎奖"。以上的这些机制、创新扶持工作和奖励，大大激励了员工投入到"创新"的潮流中来。

为培育全员的创新意识，营造创新文化，卡中心面向全员开设了相关的创新培训课，按季开展《创新思维》团队篇和个人篇的培训。

落地实践课题

卡中心创新文化重在落地。通过创新平台，2010年由卡中心技管部一位普通员工的创新提议——"前段销售流程再造"进入实施阶段。2012年5月30日，交通银行信用卡中心基于此创新提议推出全国首个信用卡智能办卡终端——"e办卡"，将信用卡前端销售所涉及的信用卡申请、产品及活动介绍、增值产品销售、业务培训、业务沟通等功能整合，进一步提升客户体验。同时，"e办卡"还实现了后端产能追踪、业绩分析、人员管理、设备管理等管理功能，提升管理效率。依托移动互联网和3G技术的"e办卡"智能终端是科技引领金融业发展的又一成功案例，也是银行业和移动互联行业合作的一大创举，信用卡市场迎来了从传统办卡到科技办卡的实质性转变，开启了移动互联网时代的智慧金融新篇章。

顺应时代需求，卡中心开拓互联网金融蓝海建立的"买单吧"APP，自上线以来，用户数已突破1200万大关，月度活跃率维持在58%以上，以两周一迭代的互联网节奏，不断创新发展，搭建一个覆盖发卡、查账、还款、分期、信贷理财等持卡人全生命周期服务，涵盖餐饮、缴费、影票、商城、移动支付等开放式生活场景，联通线上线下、内外部客户的平台，成为具备从获客到客户经营变现的互联网生态圈。

卡中心的实践课题要求与时俱进，加深与业务部门的融合，提升卡中心创新机制的落地性。近年来，围绕"移动互联"创新主题，通过对O2O、网络获客和移动支付三个子主题的全员宣导，加快推进卡中心内部创新思维从线下向线上、实体向虚拟、传统支付向移动支付、固化服务向移动服务的转变，从而满足信用卡持卡客户不断变化的需求。

2016年，卡中心聚焦移动支付、APP支付、卡片置顶和大数据应用四个子主题，强化产品建设，扩展支付场景覆盖，完善线上支付体验，提升线上消费客户渗透率，力求通过建立更完善的支付服务体系，全面推进卡中心支付业务的创新发展。

发展无止境，企业创新文化建设的实践与探索也任重道远。卡中心站在创新驱动转型发展的一个新起点上，面临新的机遇与挑战之际，全体卡中心人又将面临一次"大考"。如何顺应时势，进行新一轮企业创新文化建设的深入探索，成为交通银行信用卡中心当前及未来的必然使命。不懈追求基业长青的卡中心将矢志不移，在探寻企业文化建设规律、实现科学发展的道路上继续坚韧前行。

（交通银行太平洋信用卡中心）

"三色"使命托举草原明珠
明珠文化铸就企业品牌

华能伊敏煤电有限责任公司（以下简称伊敏煤电）地处内蒙古鄂温克族自治旗境内，坐落在呼伦贝尔大草原腹地，是全国第一家煤电一体化企业，是中国华能集团公司在蒙东地区全资骨干企业。

一、企业文化根脉与品牌形象

煤电一体铸明珠之魂。煤电一体是"伊敏模式"的核心要素，是明珠文化的魂魄。煤电一体化项目的确立，是20世纪80年代，为了克服煤炭生产规模与市场需求、生产能力与铁路运输、资源储备与发展方式之间的矛盾，由国务院批准的煤电联营试点项目，纳入了《国民经济和社会发展十年规划纲要》，经过20多年的积极探索，充分证明了煤电一体化是在市场经济条件下，提高资源利用效率、突破行业壁垒、省却运输环节、降低燃料成本的最成功的实践。

随着国家西部大开发和振兴东北老工业基地规划战略的实施，内蒙古自治区大力支持蒙东融入东北经济区，明确提出内蒙古东部褐煤矿区重点实施煤电项目一体化开发，优先建设大型露天煤矿。伊敏煤电公司代表了能源产业结构调整的正确方向，引领了一大批煤电联营或一体化项目建成投产。目前，作为新一轮立标杆、树旗帜的领军企业，伊敏煤电公司能源基地建设战略规划已经出台。这是为国家经济发展、社会进步、民族团结和人民生活水平的提高而履行央企使命的集中体现，是"为中国特色社会主义服务的'红色'公司"企业使命的生动实践。明珠之魂融入了"红色"文化。

环境友好蕴明珠之髓。环境友好是"伊敏模式"的关键要素，最突出的亮点是美丽与发展双赢，蕴含了明珠文化的精髓。由于不用建设储灰场地，输煤除灰全部通过封闭式皮带走廊来输送，在工艺流程上实现了清洁生产。

循环经济立明珠之本。循环经济是"伊敏模式"的本质要素。在工艺流程上，实现了煤、电、水、灰、土的循环利用。煤矿为电厂直供发电燃料；电厂为煤矿输送绿色电能；煤矿地下疏干水用作机组发电冷却水；发电产生的灰渣提取铁粉、制作建筑材料及销售粉煤灰，废弃部分作为回填物返排到煤矿采空区；煤矿剥离的表层腐殖土，作为植被恢复再生资源，为排土场再披新绿；经综合处理后的生活和工业污水回送到发电厂再利用；发电厂循环水排污水送到煤矿作为洒水降尘水源。

这种资源高效循环利用，不仅极大地降低了生产成本、保护了生态环境，而且为减轻国家经济增长对资源供给的压力，全面建设环境友好型、资源节约型社会做出了突出贡献。作为华能集团创建世界一流的领军企业，构建产业集群、再筑循环高地、创建一流企业，已成为公司奋勇超越提升经营业绩、追求卓越推进科学发展的不懈努力。践行"坚持与时俱进、学习创新、面向世界的'蓝色'公司"的企业使命，凸显了伊敏煤电公司强劲的生命力和领先地位。

二、明珠之本融入了蓝色文化

和谐团队赋明珠之韵。伊敏煤电公司坚守一流的企业必须拥有优秀的企业文化的信念，用文化优势催生竞争优势、效益优势和发展优势，用明珠文化引领发展战略、改善经营管理、推动技术创新、提升员工素质、塑造企业形象，在公司内部培育和形成了现代企业制度条件下和谐、融洽的新型人际关系，创造了尊重人、关心人、理解人、培养人和人尽其才的良好环境，依靠广大员工思想、道德、文化、技术素质的不断丰富和提升，实现了历史文化底蕴与现代文化时尚的完美结合，谱写了一曲曲富有明珠文化深刻内涵的优美乐章，使公司明珠文化在提档升级的进程中，成为广大员工高度文化自觉和强烈责任意识的助推器。

（一）企业文化体系与管理特色

伊敏煤电公司在总结、概括、提炼多年文化积淀、汲取华能集团"三色文化"精髓、借鉴国内先进文化理念基础上，形成了符合企业实际、适应发展要求、体现员工意愿的文化体系。

企业使命：为中国特色社会主义服务的"红色"公司；注重科技、保护环境的"绿色"公司；坚持与时俱进、学习创新、面向世界的"蓝色"公司。

核心价值观：坚持诚信，注重合作；不断创新，积极进取；创造业绩，服务国家。

企业精神：千辛万苦、千方百计的敬业精神；逢山开路、遇水搭桥的开拓精神；自找差距、自我加压的进取精神；敢为人先、敢为人所不能的创新精神。

企业作风：善开拓、讲效率、重信誉、勤俭办事。

战略目标：以煤电一体化为核心，走循环可持续发展之路，建设产业结构优、经济效益好、队伍素质高、综合实力强的特大型能源基地。

（二）企业制度文化

伴随着明珠文化的孕育、成长和成熟，伊敏煤电公司的组织机构、体制机制和规章制度，作为一个相对独立的分支文化系统，从组织形态和管理形态彰显了公司经营管理特色。

伊敏煤电公司实行一级核算、统一经营的扁平化管理模式，同电厂与煤矿同步设计、同步建设、同步投产建设原则相吻合；机电修配、铁路运输辅助产业，同煤炭、电力两大支柱产业相匹配；后勤服务同生产经营相适应；多元发展与煤电一体相协同；自营发展与社会化服务相融合。丰富的煤电资源和生产能力的释放与接续，作为发电燃料，伊敏基地已成为东北和蒙东地区电力行业重要供应基地；

作为化工原料，伊敏基地融入到东北地区经济社会发展规划，达成合作共识；作为富足电能，伊敏基地成为东北地区高耗能工业可靠动力保障；伊敏能源基地项目正在卓有成效地稳步推进。

伊敏煤电公司以"三重一大"决策制度实施细则、党委工作议事规则、总经理办公会议制度、廉洁风险管控制度等为基本形式的集体决策与监督制度涵盖了公司生产经营、改革发展的各个方面；以四项绩效目标体系为基本内容的约束、评价、考核机制贯穿到日常工作每一环节；以职工代表大会制度和厂务公开制度为平台的职工民主管理落实到每个岗位、每一名员工。伊敏煤电公司把促进发展作为第一要务，把企业价值理念融入企业管理制度，与企业中心工作相结合，渗透于生产经营管理各个环节，以服务求加强，以融入促发展，建立并不断完善体现公平正义、保障管理执行、运行协调高效的各项规章制度及规范、标准等278项。

制定了以员工基本职责、工作行为、礼仪举止、员工奖惩为主要内容的《伊敏煤电公司员工行为准则》；以爱国守法、明礼诚信、团结友善、勤奋自强、敬业奉献为统一要求，制定了《伊敏煤电公司职工道德规范》，实现了文化理念的制度化、制度规范的人性化、企业管理的柔性化，完成了企业文化固化于制的过程。

（三）企业物质文化

卓著的经营业绩是草原明珠的基石。在先进文化理念引领下，伊敏煤电公司特别注重高新技术开发和生产工艺创新，创造了多项行业第一、国内外领先的标志性项目：发电厂成功实施了国家重点科技攻关计划引导项目"数字化电厂关键技术开发"，一二期机组顺利通过华能集团无渗漏达标验收和安全性评价验收，成为华能集团节能环保燃煤发电厂。露天矿采剥电铲由4立方米升级到35立方米，运输车辆由27吨提升到220吨，国内首例采用GPS定位技术，首家建成数字化露天矿，并引进世界第一条自移式破碎机半连续生产系统，首开我国露天煤矿采煤工艺先河，连续12次被评为全国安全高效露天矿。在电力市场处于低谷的关头，伊敏煤电公司以自己的文化魂魄和形象魅力，成功地签署了跨省区发电权交易"第一单"，首开了发电企业与用户直供电先例，破解了市场营销的难题。

三、多彩文化阵地是草原明珠的象征

为弘扬企业明珠文化，映炫草原明珠霞光，随着企业发展壮大，伊敏煤电公司建立起了文体活动中心、休闲运动中心、文化展示中心、明珠文化广场四大标志性文化阵地，建有陶然园等体现民族风格和企业特色的休闲文化公园，一座拥有时代潮流和明珠气息的煤电新城成为呼伦贝尔大草原"美丽发展、科学崛起、共享繁荣"的一枝独秀。

员工成果共享是草原明珠的禀赋。伊敏煤电公司坚持以人为本，员工共享发展成果，再现了明珠企业上规模、促发展、惠民生的闪光点。公司依托自身发展优势和实力，通过社会化协作，解决员工子女就业近 2000 人，在百里之遥的海拉尔帮助员工兴建了一定规模的住宅新区，使一大批员工实现了与都市生活接轨的梦想；设立子女义务教育奖励基金，鼓励大批在读中学生跨入高等学府大门；明珠文化的人道风尚成为广大员工健康生活的福祉、愉悦温馨的港湾，在伊敏煤电公司形成了主流意识与个性思维的有机统一，使员工自觉地把个人幸福、个人价值的实现融入到公司发展、公司愿景的实现中来，实现"同频共振"。伊敏煤电公司在属地鄂温克旗财政贡献率达 70% 以上，有力地拉动了地方经济社会发展，增进了民族团结。

（作者王猛，系华能伊敏煤电有限责任公司党建部综合科科长，高级企业文化师、政工师）

用文化托起梦想

"江苏新时代"在创新创业的发展中探寻属于自身的企业文化，总结提炼确立了以"方·圆"文化品牌和"家·缘"文化理念为支撑的新时代文化内涵，形成了新时代独特的企业文化体系。

一、刚柔相济，打造"方·圆"文化品牌

"方"与"圆"是中国文化一种特有的概念。"方"，即原则、规矩、目标，是做人之本；"圆"，即策略、手段、方式，是处世之道。新时代从传统文化汲取精髓，创建"方·圆"文化，将"方圆"概念引入企业文化建设之中。新时代"方·圆"文化，是指企业对内要肃若秋霜，在自身发展过程中要求具备原则性、纲领性、战略性，清楚自己的底线，明确自己的目标，遵守规章、强调纪律，摸清大方针、大政策，强化技术，提升硬实力；而企业对外要和若春风，在行事过程中要求具备灵活性、创新性、融合性，懂得和气共事，懂得因势而变，张弛有度、把握分寸，具备适应环境和赶超时代的能力，厚积知识储备，端正执业态度，提升软实力。

（一）"内方"——公义、正直、讲原则；严谨、精专、强技术；客观、公正、立制度

遵纪守法，执行行业规范。新时代要做到"内方"，就要胸怀"大义"。新时代以法律法规为准绳，绝无偷税、漏税行为，严格遵守《审计法》《合同法》《招标投标法》等，绝不姑息违法行为。

廉洁清明，坚持执业原则。新时代要做到"内方"，就要坚守执业原则，知可为，知不可为。新时代确立"廉洁文化"，敲响正直、廉洁的警钟，将廉政清明设立为内在"标准线"。

实力扎实，精专技术技能。新时代要做到"内方"，就要修炼好自己的基本功。新时代"三把关"精专技术技能。一把用人关。广纳行业内各项技术人才，汇成新时代雄厚的技术力量。二把业务质量关。采用三级复核模式，防止出现质量问题。三把技能提升关。新时代安排每年培训计划，加强员工对新规定的理解、加强执业人员质量意识，分专业进行理论知识提升。

制度健全，规范一言一行。新时代要做到"内方"，就要立规矩、建制度。新时代从入职、纪律、奖惩、绩效、沟通等各方面对公司整体运营树立"条框"；从业务合同管理、办公用品管理、设备管理、软件管理、细节等入手，从方方面面规范员工一言一行，形成一个行之有效的管理体系。

（二）"外圆"——和气、真诚、重态度；好学、融合、学知识；灵活、创新、立思想

与"内方"相应，江苏新时代公司通过一系列文化规制，力图建立"外圆"的文化气质，从态度、学知、创新方面，建立起重态度、学知识、立思想的文化体系。

二、诚信立企，提升企业信誉

新时代以诚信立企，增强企业的公信力。新时代被评为国家级"守合同重信用"企业、江苏省工程造价咨询信用评价 AAAAA 级企业、全国招标代理

诚信先进单位。

因势而变，确立创新思想。"因势而变、应变而生"是新时代的发展理念。新时代人把握时代脉搏，迅速分析新信息，破除旧观念，以超强的应变能力和前瞻意识，调整企业发展姿态，推动企业可持续发展。成立信息技术公司、会计师事务所和新时代教育培训中心、企业自媒体等，逐步走出一条规模集团化、系统管理标准化、信息服务高端化的多元化发展之路。

三、海纳百川，加强学习力度

一是"走出去"，加强行业经验交流，新时代管理团队多次赴北京、南京等一二线城市，考察学习新方向和新技术，了解行业内外动态。二是"请进来"，加强企业内部员工培育。作为江苏省"书香"企业，新时代通过邀请讲师现场讲演、视频集中学习等方式传授职业化教程，全方位促进员工学习知识，提升素质。

四、以文化人，树立文化特色

一是建文化载体。达到"十个一"，即一个长度40米的"目视文化长廊"、一间藏书5000余册的"职工书屋"、一个职工之家、一所职业培训学校、一处餐厅茶座、一支文化骨干队伍、一张企业报、一套企业文化手册、一个企业自媒体、一家传媒公司。

二是丰富文化活动。冠名"新时代"杯羽毛球比赛及20公里青年毅行活动，"新时代之夜"中外文化艺术交流暨连云港市手拉手交响音乐会等活动。自编自演《职工团队展示操》、创作的配乐诗朗诵《造价礼赞》和公司凤凰舞蹈队编创的《舞蹈》等节目参加各类演出并获多项奖，2012年企业被评为连云港市百家企业文化职工文化先进单位。

三是和合共赢，打造"家·缘"文化理念。新时代本着合作的精神首次提出"家·缘"文化理念，形成了新时代"德为基，新为本，人和赢天下"的发展观。如："家"文化——温馨友爱、团结共进；勇担责任，回馈社会。积极倡导齐心协力，办好友爱小家。

四是建好"家"文化，首要的就是要建好企业的"职工之家"这个小家。新时代公司将每一位员工视作家人，为每一位员工庆祝生日、准备生日礼物；为在公司奋斗5年以上的员工父母发放每月200元

的"孝亲卡"；公司设立"温馨咖啡屋"、按摩室，心理咨询室，为企业增加了一笔暖色调，每年组织职工去国外、省外旅游，组织近距离田野采摘和登山等活动。

五、真情回报，情系社会

2012年成立"新时代爱心基金会"，为孤残儿童、贫困大学生、单亲母亲、"唐宝宝"、地震受灾者等捐款赞助，为环卫工人捐赠钱物，旗下腾宇科技公司为连云港市"海生草"社会公益平台建立了微信公众号且免费运行。成立连云港市首家"助残志愿者服务中心"，并打响"同在蓝天下"爱心助残品牌，被评为市十佳爱心助残企业。

用"缘"牵住客户之手，用"缘"凝聚员工之心。新时代以"共同开启幸福的人生"为团队目标，要求"同谋划，共发展，同荣辱，共风雨"，培养"统一、向上、聚力、高效"的团队精神，形成同舟共济的命运共同体。

新时代成立市场拓展部，专门维护与各方的关系，定期回访客户，听取客户意见，拿出最真的诚意来对待每一位信任新时代的人，牢牢牵住客户之手。用"缘"驱动创新之力。新时代在发展过程中，遇到了很多"同道中人"，先后成立了新时代教育培训中心、江苏腾宇信息科技有限公司、新时代会计师事务所、新时代自媒体《面对面》、北京新时代腾宇工程项目管理有限公司。新时代通过与多方的合作研究，逐步寻找到一条个性鲜明的多元化、集团化道路。

"方·圆"文化品牌和"家·缘"文化理念看似简单，却涵盖了新时代从业务合作到开展，从企业起步到成熟，从发展单一到企业集团化的步步成长之路，"缘"文化——精诚合作共发展，合力共筑幸福梦。

（江苏新时代工程项目管理有限公司）

大型福利企业集团慈爱文化的培育

鞍钢民企集团于1986年成立，下属法人企业71个，拥有职工5000余人，其中残疾职工2000余人。在"为鞍钢职工解忧，为社会解难，为残疾人解困"的办厂宗旨下，民企集团先后安置鞍钢职工残疾

子女 3700 多人次，为鞍钢的改革改造、为鞍山的和谐发展做出了贡献。

在集团文化体系中融入慈爱之心

"慈"字的含义是"仁爱、和善"。《说文解字》中这样定义：慈，爱也。"慈爱"一词的常见解释是：年长者对年幼者仁慈而爱人；温柔仁慈的爱和体恤。民企集团把"慈爱"理解成对广大残疾职工的理解、同情、关心、爱护和帮助。慈爱文化是中华传统文化的核心内容之一。周文王的"视民如伤"、老子的"慈"、孔子的"仁者爱人"，都是中华传统文化中对慈爱文化的明确表述。这种优秀的中华民族传统文化在民企集团得到了传承和发扬。

民企集团肩负"为员工造福，为鞍钢服务，为社会尽责"的集团使命，践行"自强、务实、团结、创新"的集团精神，培育以责任之心、事业之心和慈爱之心为基石的责任文化，构建了包含理念识别系统、行为识别系统、视觉识别系统等内容的完备的企业文化体系。在民企集团理念识别系统的 56 条文化理念中，关于慈爱的理念有 5 条。

慈善理念："善言出不可离口，善事为不可离手。慈爱植桂不在多，慈恩种德如种柳。乐善好施，责任担当。慈当残疾职工家，善做福利事业大。以慈爱之心爱护每个职工，以事业之心做好每项工作。"

和谐理念："有贫必包，有难必帮，有困必解，有残必扶，有述必答。认千家门，记千家名，知千家情，解千家难，暖千家心。"

感恩理念："送人玫瑰，手有余香，积善成德；滴水之恩，涌泉相报，终身结缘。"

共享理念："共担集团经营风险，共建集团福利事业，共享集团发展成果，共圆集团成功梦想。"

集团梦想："让民企人更有自信、更有尊严、更有地位，富裕起来、快乐起来、幸福起来。"这些慈爱理念的提炼，构筑了慈爱文化的思想框架，是民企集团培育慈爱文化的前提。

为培育慈爱文化建立组织保障和制度保障

民企集团残联一方面与上级残联以及社会各界积极沟通，树立良好的企业外部形象，维护残疾人的合法利益，另一方面努力打造一支爱岗敬业、开拓务实的残疾人工作者队伍，为民企集团残疾人事业的发展提供组织上的保障。

民企集团各所属企业集团残联成立肢残专门协会、盲残专门协会和义工队。专门协会充分发挥"代表、服务、维权"的职能，协调、解决残疾职工最关心、最直接、最现实的问题，成为本类别残疾人的利益代言人、服务组织者和权益维护者。他们定期组织各类别残疾职工开展适合本类别残疾人的文体活动，动态了解和实际掌握残疾职工的基本诉求，把常态化、制度化的诉求表达渠道建设好，为残疾职工提供更多、更直接的服务。

民企集团制定了一系列有关帮残、扶残工作的文件，确定多项保障残疾职工利益的规定，并通过职代会报告以及与经营者签订的授权经营协议等形式来落实。集团在考核评价所属企业的业绩时，不只是看经营指标和管理指标的完成情况，还推出福利指标，例如工资每年递增 5％、住房公积金比例达到 12％等，让广大职工享受到企业发展的成果。民企集团明确提出"六个决不允许"，即："决不允许拖欠职工工资现象出现；决不允许企业找种种借口拒不执行市政府规定的职工最低工资标准；决不允许特困职工子女因贫而失学；决不允许患大病残疾职工因经济原因而放弃治疗；决不允许特困残疾职工因企业原因而生存不下去；决不允许基层企业由于工作不利处理不当造成职工越级上访事件发生。"

民企集团规定，企业的党政主要领导是残疾职工利益保障的第一责任人，必须及时了解残疾职工的思想、工作、生活动态，及时解决他们的困难。在帮残、助残方面要不留死角，层层包保，落实到人、到户，定期走访，及时发现问题并解决。民企集团还建立了鼓励企业多安置残疾职工的激励机制，规定了企业主要领导者的工资收入与企业安置残疾职工的多少挂钩。集团残联每年组织基层企业签订《稳定工作责任状》，明确帮残、扶残工作的责任。集团要求各残协组织坚持逐户走访残疾职工，全面掌握残疾职工各项信息及生活状况，建立健全残疾职工、特困残疾职工及退休残疾职工的电子信息台账。

为残疾职工提供可靠的就业岗位和福利待遇

民企集团董事长孙志国提出："再难不能难为残疾人，要给残疾职工最稳定的就业岗位。"民企集团不因企业的经营困难影响残疾职工的福利待遇，要求对残疾职工不能少开工资，不能晚开工资，更不能不开工资，每年还要涨工资。给残疾职工可靠的就业岗位有两个含义：一是不让一个残疾职工下岗。这是不可触碰的底线。宁可企业过紧日子，也不丢失慈爱之心。二是不让残疾职工的就业岗位减少一个。这是对经营管理者提出的更高要求，其内在的含义是企业规模只能越做越大。企业规模越大，安排残疾人的就业岗位越多。岗位越多，关爱残疾职工的能力就越强。集团每年与直属单位签订经营责任状，促进企业收入和利润逐年提高，确保企业规模做大。目前，民企集团安置的残疾人就业人数已经达到鞍山市残疾人就业人数的 25%。

民企集团及时扩大残疾职工社保的覆盖险种，在原有为残疾职工交纳"四险"基础上，增加了计划生育险。同时，职工医疗保险每年让百余名患大病、重病住院治疗的残疾职工减轻了负担。从养老保险到医疗保险的充分保障，为残疾职工提供了充分的获得感。2017 年，民企集团为提高残疾职工家庭的生活质量，决定在集团范围内解决残疾职工子女就业问题，陆续安排残疾职工所有的适龄的待业子女在所属企业上岗就业。

向残疾职工送上温暖的关心和帮助

民企集团坚持开展"认千家门、记千家名、知千家情、解千家难、暖千家心"，真正做到"有贫必包、有难必帮、有困必解、有难必扶、有诉必答"，把和谐理念和慈爱之心化为无数次感动残疾职工心灵的具体行动。集团采取领导包户扶贫，走访救助等措施，多渠道、多层次地加大对困难残疾职工的救助力度，解决困难残疾职工的生活和子女就学问题。在各大节日期间，集团和基层单位拿出部分资金，对困难的残疾职工实施救助，让广大残疾职工分享企业发展成果，构建了企业和谐稳定的氛围。在充分了解残疾职工及其家庭状况的基础上，集团两级领导班子成员分别同困难职工及其家庭结成"帮扶对子"，专门负责自己的帮扶对象，及时解决残疾职工及其家庭出现的各种困难，包括诸如孩子上学、家属生病、买粮送米和突发事件等，帮扶的领导都要第一时间知情，第一时间到场，第一时间解决，第一时间送去温暖。各所属企业与每个残疾职工及其家庭建立长效救助制度，每年元旦、春节、助残日、"十一"等重大节日，都要针对残疾职工及其家庭开展各种各样的送温暖活动。集团残联帮助残疾职工向区级残联部门申请轮椅、拐杖等各类辅助器具近

100 个。积极与鞍山市残联康复中心协调，为肢体残疾职工免费安装假肢。

民企集团积极引导他们参与社会活动，实现共享、平等、参与，丰富他们的精神生活。集团残联积极组织残疾职工参加省、市残联组织的残疾人职业技能竞赛和体育比赛。2010 年，民企集团与鞍山广播电视大学联合开办生命阳光学院鞍钢民企分院，结合实际情况为残疾职工量身定制了开放式网络教学模式。28 名残疾职工圆了大学梦想。

民企集团是辽宁省社会福利企业协会执行会长单位、鞍山市企业文化研究会理事长单位、鞍山市慈善总会副会长单位。民企集团在每年"全国助残日"等时间，组织广大残疾职工积极开展一系列义务活动，用所掌握的一技之长回报社会，集团提出了"六尽"理念并要求职工积极践行，即："对老人尽孝，对家庭尽责，对工作尽心，对社会尽义，对朋友尽情，对事业尽忠。"为此，集团要求各义工队制作队旗标识，主动开展义务奉献活动。有的义工队组织队员到当地特殊教育学校参加劳动，关心照顾弱势群体，给孩子们送去书籍和温暖。有的义工队到康复医院看望住院残疾职工，帮助其洗澡、洗衣服、理发，让其感受到企业大家庭的温暖。义工队还帮助家住农村，生活困难的残疾职工金某向所在办事处成功申请廉租房，在她们乔迁之日送去日用家电、床上用品、厨房用具等。

2014 年，民企集团在全国第五次自强模范暨助残先进表彰大会上，成为辽宁省唯一一家获得"全国扶残助残先进集体"的单位，集团董事长孙志国受到党和国家最高领导人的接见。在实现中国梦的进程中，作为社会重要组成部分的企业更需要积极参与，以企业公民的角色关注和支持各项社会公益事业，"让民企人更有自信，更有尊严，更有地位；富裕起来，快乐起来，幸福起来"。

（鞍钢民企集团）

践行人本理念　增强综合实力

习近平总书记提出建设"丝绸之路经济带"与"21世纪海上丝绸之路"的战略构想后，鞍钢集团积极贯彻落实"一带一路"倡议，提出了"构建国际经营新布局"的战略安排。作为鞍钢集团国际化战略的执行平

台，鞍钢集团国际经济贸易有限公司按照鞍钢集团的总体战略，一方面主动变革创新，瞄准"最具竞争力的贸易和投资企业"加快转型升级步伐；另一方面积极探究与实践国际化经营中的跨文化管理的方式方法，努力为鞍钢集团的跨国经营和国际化进程创造更加有利的条件。

跨文化管理应当践行"以人为本"的理念

企业文化的实质是人本管理，而人本管理是以人为管理主体的文化管理。我们不仅重视人，把人作为管理的核心，强调用文化开发人力资源，而且还把人看作经营、管理的中心，使得人处于企业活动的中心地位。在跨文化管理中践行"以人为本"的理念，有利于创造和平共处、干事创业的内外部人际关系，有利于增强企业与员工之间的亲和力，有利于消除因文化差异带来的矛盾和内耗，形成同向而行的合力。我们通过在跨文化管理实践中践行人本理念，满足了员工对实现自我价值的心理需求，激发了员工为企业努力拼搏的精神效应。

跨文化管理的作用，用一句话概括就是提升管理绩效。跨文化管理有利于解决文化差异、文化冲突所带来的问题，有利于解决跨国度、跨文化的管理移植问题；对海外公司及其员工具有导向作用、约束作用、凝聚作用和激励作用。鞍钢集团国际经济贸易有限公司自成立以来，积极倡导和推行以人本理念为主要内容的跨文化管理，增强了公司的综合实力，海外公司业绩总体呈现上升趋势，足以说明跨文化管理的投入与产出是成正比的。

我们的经验和做法

我们的海外公司在南美洲、北美洲、欧洲、亚洲、非洲和大洋洲均有分布，员工 79 人，其中当地雇员 54 人。如此广泛的跨国界、跨地域、跨文化分布，使海外公司的跨文化管理成为驻外机构日常管理必须审慎面对的重要课题。

如以鞍钢维加诺有限公司的"管理模式输出"为例：鞍钢维加诺有限公司共有 13 人，其中 12 人属于当地雇员，包括操作工人 6 名，卡车司机 1 人，生产经理和销售经理各 1 人，财务、行政及业务助理人员 3 名。按照郝夫斯特的文化维度理论，意大利人有着明显的"权力距离"感——职场中的等级意识明显，尊重和信任权威，守约、履约意识也较强。

同时，意大利人倾向于避免解决冲突，因为他们担心最终会影响工作关系；若通过非冲突的、礼貌的方式来讨论问题，意大利人会乐于接受。

维加诺有限公司将鞍钢管理文化确立为主导文化，积极推进鞍钢管理模式的输出。首先，结合当地法律法规、民族宗教信仰、加工行业文化等文化要素，通过文字或正式合同对意大利本土员工做出相应的明确规定，形成了有形的、强制性的约束管理模式。其次，在规范员工日常行为、明确管理制度和工作流程的同时，鞍钢维加诺有限公司也不断致力于改善员工办公环境，提高员工福利，使得维加诺有限公司倡导的价值观与员工自身的信念相一致，以管理文化的相互融合调动员工的工作积极性、主动性和创造性。不仅如此，在公司管理的过程中，维加诺有限公司还要求意大利员工强化对鞍钢管理要求的贯彻和落实——不仅要遵守意大利的法律和规定，而且要遵守鞍钢的规章和制度，力求操作规范、流程清晰，不断提高经营水平。

维加诺有限公司在跨文化管理中紧扣意大利文化特点，既彰显鞍钢尊严，又融合本土文化，取得了很好的效果。在 2016 年度的生产经营中，销售人员在推进维护老客户关系的同时，不断开发新客户和新市场，产品销售再上新台阶；生产人员在产量增加而人员不变的情况下，积极优化生产配置，提高了工作节奏和工作强度；财务人员努力扩展业务范围，主动为降低运输成本想办法、出主意，为维加诺公司在 2016 年实现"扭亏为盈"及后续发展创造了有利条件。

又如鞍钢韩国有限公司的"全方位融合"管理模式。鞍钢韩国有限公司共有 5 名员工，其中，中方派驻 2 人，当地雇员 3 人。韩国的文化特点与我国类似，如：较大的权力距离和威权主义、集体主义、社群主义以及通过家庭和宗族成员联合和高度不确定性规避。韩国有限公司采取"全方位融合"的管理模式，努力实现与员工、客户以及地方的思想、理念和行为融合。

首先，积极倡导共同价值观。一是积极引进鞍钢的优秀管理文化，将鞍钢增强员工归属感和积极性的有效做法运用在员工管理中。例如，在每月的业务分析会上公开表扬业务优秀员工，激发其他员工的工作积极性；在韩国有限公司成立十二周年之际，专门向已为韩国公司工作长达十多年的韩方老员工赠与镌刻着个人名字的纪念蛋糕，从而对新入职员工起到较好的激励作用；在员工转正日和入职纪念日肯定员工的业务表现，感谢其对公司的贡献等。二是尊重当地文化，积极融入当地文化。为尊重韩方员工的宗教信仰，在安排出差或加班时，通常会避开周末假日、公众假期和其他宗教节日。

其次，大力推进管理的"本土化"。一是积极吸纳本地人才，大胆使用熟悉当地情况的韩方员工。二是积极适应本地化发展的需要，鞍钢韩国有限公司聘请韩国当地会计师事务所和律师事务所，协助处理审核相关财税和法律事务。三是建立完善的本土人才培训体系，定期选派韩国员工到本部访问及培训。

再次，努力营造良好的内部人际关系。韩国有限公司领导对待韩国员工的态度是平等的，进场认真聆听下属的意见和建议。公司上下有着良好的人际关系，而且非常注重团队合作精神，工作氛围愉悦。因此，韩国有限公司自成立以来，其高学历、高素质、经验丰富的本地员工队伍非常稳定，大家都相信，借助鞍钢这一中国乃至全球钢铁业的先进企业平台，能够带给他们个人事业拓展上的巨大空间和无限潜力。

再如：鞍钢西班牙有限公司的"融合式管理"。鞍钢西班牙有限公司共有 6 名员工，除鞍钢所派 1 名代表外，其余 5 人均来自欧洲当地，包括英国籍 1 人，西班牙国籍 2 人，中国旅西华侨 2 人。西班牙的历史及其文化十分独特，这样的历史过程中，基督教文化和穆斯林文化相互渗透、融合，形成了多元、神秘、奇异的西班牙文化。鞍钢公司针对西班牙文化特点实施了管理模式。

西班牙有限公司控股股东为英方，因此公司日常经营管理主要采用英方模式，但中方始终坚持不懈向英方灌输鞍钢的管理和经营理念以及经营关切，扩大公司经营规模与开发精品钢业务的关系，强化属地化增值服务等，取得了较好效果。西班牙有限公司日常工作语言为英语、西班牙语和汉语。工作作息时间和节假日安排均按照西班牙当地公司的惯常做法。华侨员工通晓西语和英语，鞍钢代表除英语外，坚持学习西班牙语。员工之间相互交流学习，形成了西班牙当地文化、英国文化和中国文化相互交融的管理格局。

多元文化的交融，使西班牙有限公司融合式管理模式顺理成章、水到渠成。

当然，鞍钢集团国际经济贸易有限公司在跨文化管理上的探索和实践还不够广泛、深入，跨文化管理尚未上升为鞍钢集团国际经济贸易有限公司乃至整个集团公司的战略关切，我们将进一步深化跨文化管理的探索和实践，践行"人本"理念，不断增强母公司与子公司的跨文化管理能力，逐步提高企业"文化软实力"，为鞍钢的转型升级和跨国经营作出新的贡献。

（鞍钢集团国际经济贸易有限公司）

"心气文化"助推中石化西南油气田大发展

西南油气分公司是中国石化在西南地区的天然气重要产销基地，拥有员工 3 万余人，开发气田 21 个，开发油田 2 个，是"川气东送工程"的重要供气企业。"心气文化"，为中国石化"天然气大发展"战略的深入实施和加快推进百亿气田建设提供了坚实的精神支撑。

一、心气文化理念的内涵

心气文化的特色命名是以"中国石化为美好生活加油"的企业使命，"建设成为人民满意、世界一流能源化工公司"的企业愿景，"人本、责任、诚信、创新、共赢"的企业价值观，"严、细、实"的企业作风等为主旨要求，以西南油气田"心聚西南、气壮山河"的企业精神为文化特色，以西南油气田的行为准则和行为规范为文化特征，以西南油气田人之"人心"和西南油气田主业之"油气"的辩证统一为文化特质，对西南油气田企业文化的卓越实践进行的高度概括与凝练。

心气文化之"心"的主体是人，指西南油气田人的事业心、创业心、强业心等。心气文化之"气"的主体有两个方面，一是指西南油气田人的外在行为与形象之气，即人的朝气、锐气、正气等；二是指西南油气田和主业油气之气，即西南油气田的正气、和气、风气和事业之气、创业之气、兴旺发达之气。

心气文化既是西南油气田人精神气质和理想抱负的集中体现，又是对西南油气田行业特色和建成百亿气田雄心壮志的深刻诠释，其本质内涵是"凝心振气"。"凝心"，就是作为西南油气田人立志不忘初心，以忠心向党、诚心报国、实心对企、真心为民、清心律己、公心用权、用心做事、同心合力、甘心奉献、尽心爱家，与企业共成长、同进步，创造个人与家庭的幸福美好生活。"振气"，就是作为西南油气田和西南油气田人要以心坚定信仰厚底气、牢记宗旨接地气、敢于担当强勇气、干事创业显锐气、廉洁自律养正气、学习锻炼育才气、创新创效增油气，为人民的美好生活和祖国的快速发展加油壮气。

"凝心振气"也是心气文化的内在要求和辩证统一。"凝心"要坚持"以人为本"，"振气"要坚持以业为主。"凝心"是前提，"振气"是基础；"凝心"是灵魂，"振气"是本体；"凝心"是核心，"振气"是目标。"凝心"才能"振气"，"振气"促进"凝心"。

二、心气文化的特征

主体的双重性特征。表现为心气文化一方面指人的内在之"心"与外行之"气"，另一方面是指企业之人"心"与企业发展之主业油气之"气"，二者相辅相成，共同构成心气文化的主体。

指向的全面性特征。表现为心气文化以人心与油气为主导，涵盖了企业的方方面面，为企业战略、科研生产、经营管理、人才培养等构建了新平台、培育了新动能、打造了新支柱。

实施的辩证性特征。表现为人的精神与行为的辩证统一，员工与企业及本职工作的辩证统一，促使企业员工将个人的成长进步与企业的健康发展紧密结合，同心同德、同舟共济，齐心协力、知行合一。

组织的系统性特征。表现为企业的各级领导、各级机关、各个单位和人员，都要各司其职、各负其责，领导为下属做榜样，机关为基层做榜样，共同安心聚气、齐心强气、"凝心""振气"。

三、心气文化的体系构成

(一)心气文化的要素体系

理念系统：核心理念、职能应用理念及文化格言3类要素。

行为规范系统：行为准则、作风、职业行为规范、公共关系规范和团队活动5类要素。

形象识别系统：视觉识别、形象展示2类要素。

(二)"心气"文化的管理体系

规划计划：企业文化建设的长远规划、年度计划、项目计划等。

组织领导：领导小组、职能部门和各单位的文化专使。

运行机制：学习培训、层级管理、外延拓展、考核评价等。

载体建设：传播载体、活动载体和设施载体建设等。

资源保障：人力资源、信息资源、物质资源保障等。

持续改进：总结交流、课题研究、知识更新、创新提升等。

四、心气文化的践行

(一)培育安全理念，建设心气安全文化

西南油气分公司通过长期的实践积累，形成了"奉献绿色能源，共创美好生活"的企业使命，"建成幸福和谐一流企业"的共同愿景，"担当、尽责、严细"的核心价值观为主要内容的心气文化，在心气文化的统领下，形成了以"六观"为主要内容的心气安全文化。

即"发展决不能以牺牲人的生命为代价"，"安全是企业最大的经济效益，安全是干部的政治生命，安全是员工的最大幸福"，坚持"安全永远第一，四个让位于"的安全地位观；倡导"三老四严""三个全面"和"五到现场"等石油石化优良传统，坚持"安全高于一切，生命最为宝贵"的安全价值观；坚持"一切风险可以控制、一切违章可以杜绝、一切隐患可以消除、一切事故可以避免"的安全预防观；坚持"我的岗位我负责，人人都是安全员"的安全责任观；坚持"领导率先垂范，全员遵章守纪"的安全行为观；坚持以人为本，"健康就是生产力""健康就是最大的幸福""探索实践EAP员工帮助计划"的安全幸福观。

(二)打造文化品牌，不断增强竞争力

西南油气分公司以川西采气厂为代表的油气开发单位，将行业精神、企业责任和发展目标融入企业文化建设，以油田企业的红色工装、天然气燃烧的蓝色火焰、和谐低碳发展的绿色气田为文化符号，赋予文化内涵，提出了"红装、蓝焰、绿气田"三基色企业文化理念，将标杆文化、责任文化、和谐文化贯穿于企业管理全过程，为打造中国石化采气标杆提供精神动力、智力支持和文化支撑。

(三)突出文化特色，不断增强发展力

会战特色文化。西南油气分公司元坝气田建设项目部积极探索元坝工程建设的规律，构建符合元坝会战特色的文化体系，创造良好的文化氛围和强大的力量源泉。突出会战精神、凝聚会战力量、激发会战热情，结合会战创业的要求强化制度文化、学习文化、执行文化、安全文化、廉洁文化等功能文化建设，打造精品工程；大力倡导刘言精神，努力培育一支善打硬仗、能打胜仗、勇于奉献的会战队伍。

（四）创建具有创业特色的文化活动载体，增强凝聚力

元坝净化厂通过企业文化视觉系统的建设，以打造文化长廊、文化展厅、文化展示墙、文化专题网站等方面着手，大力宣扬元坝净化厂工程建设进展和建设成果，充分展现净化厂干部员工全心投入会战的精神面貌，内聚人心，外树形象。

湖南基地的五心文化——开心、舒心、交心、连心、放心的特色文化。开设"道德讲堂"讲身边的人和事，以"幸福生活、快乐工作、健康成长"为主题积极试点开展了 EAP 员工帮助计划等。

实施石油工程文化。四川钻井以"三胜"文化理念（现场制胜、细节制胜、执行制胜）打造独具特色的钻井文化品牌。临盘钻井公司开展"五个一"文化活动（一部宣传片、一本宣传册、一本员工手册、一册企业发展简史、一面文化长廊），忆传统、爱企业、创新业，传承创业精神，展示创业成就，激发创业热情，文化活动凝心聚力促发展。

井下作业分公司提出"现场制胜"理念推动文化到现场、进岗位，使井下文化品牌深入作业现场。湖南钻井将石油人豪放、粗犷的特点，与湖湘文化"敢为天下先"的有机融合，以"打造具有国际竞争力的知名石油钻井公司"为发展目标，"推行国际标准、钻出精品工程"的质量理念，以及"搭建优质平台、造就一流人才"的企业人才观和"诚信、和谐、共赢"的企业核心价值观，以文化为先导勇闯国内到国外两个市场，稳步加快"走出去"步伐，持续提升"钻石品质、拓者风范"的主题文化，率先引入专业文化咨询机构，探索跨文化管理，成功开拓了埃及、厄瓜多尔和科威特三个海外市场。

（中国石化西南石油局）

顶层设计与基层践行结合 构建天然气特色文化体系

西南油气田作为中国天然气工业摇篮，是中国第一个以天然气为主的千万吨级大油气田，有着"川油精神"等丰富的天然气文化优势资源，面对当今互联网、文化消费时代，各种非主流文化影响年轻员工价值观，西南油气田公司党委提出：以顶层设计与基层践行相结合为抓手，全面构建具有鲜明特色的天然气文化体系。

一、顶层设计，号脉定位，催生文化自觉

2009 年，西南油气田公司党委委托中国企业联合会企业文化研究室专家团队，运用科学的工具和方法，从战略导向、企业价值、文化管理等方面对公司企业文化进行全面诊断评估，以摸清现状，找出短板，明确思路。

通过定量调研，西南油气田公司对西南油气田文化特质以及各级管理者、员工对企业文化建设的期望进行了全面了解和把握。配合网调对全体员工进行了一次普及企业文化基础知识的问答测试。

定性调研：通过收集文化故事、整理文化案例、深度访谈各层级员工，对西南油气田企业文化建设所处的阶段、主流特征、员工对企业文化认知度、企业文化落地情况等进行了客观分析，对企业文化建设的实际状况，工作中的短板和薄弱环节有了更深刻的认识。明确了西南油气田公司文化建设的方向路径、具体任务、评价标准等。

目标定位：提出天然气文化建设"36511"的工作思路。即：丰富精神文化、制度文化、行为文化"三要素"；推进安全文化、廉洁文化、合规文化、班组文化、责任文化、创新文化"六个子文化"建设，实现企业文化建设与践行社会主义核心价值观、本质安全型矿区建设、学习型组织创建、党建思想政治工作、精神文明建设"五融合"；形成具有西南油气田特色的"天然气文化体系"。通过宣贯，员工明确了"天然气文化就是天然气行业在长期的天然气勘探、开发、净化、管输、销售和利用过程中所形成的并为天然气成员（生产、输送、销售利用、服务等企业）遵循的共同意识、价值观念、职业道德、行为规范和准则"。全员行为规范率达到 95％以上、对

重点行业、知名客户的熟知率达到 85% 以上。

二、突出特色，内外兼修，增强文化自信

理论先导。按照"以软科学研究带动基层文化建设，以基层文化建设丰富文化理论"的思路。西南油气田公司立项开展《天然气文化研究》。提出天然气行业的特性决定天然气文化的特殊性，天然气文化建设既要具有承继性和时代性等行业共性，还应注意在理性认同、道德共识、行为规范遵守等方面，体现的是军营文化、产业文化以及农耕文化底蕴，彰显热爱和奉献事业，忠诚于党和人民，讲求科学和不畏艰难、顽强拼搏等特性。并先后开展了《班组文化建设研究》《安全文化建设研究》《天然气文化建设绩效评估体系研究与应用》《天然气净化文化研究与实践》《西南油气田核心价值体系构建及策略研究》《西南油气田老气区特色文化研究与应用》等课题研究，为公司推进文化建设奠定了坚实基础。

分类试点。西南油气田公司分别以综合性气矿重庆气矿、净化单位重庆天然气净化总厂、管道输送单位输气管理处、天然气终端单位燃气公司为主体，坚持"个性化"，按照"梳理文化脉络—寻根文化基因—提炼特色理念—构建价值体系—完善传播载体—强化宣贯落地"的步骤有计划开展了天然气勘探开发文化、净化文化、管输文化、营销文化建设试点。

输气管理处依托丰厚的天然气资源和管网、科技、人才优势，致力于天然气管输文化的探索和实践，形成了既与中国石油文化一脉相承，又彰显末梢个性特色的输气文化。

(一)以文化魂，注重传承创新，锻造输气文化的品格

一是以特殊的奋斗经历，锻造吃苦耐劳的品格。西南油气田公司通过聘请石油会战英模作专题报告，组织观看《创业》《铁人王进喜》等影片，激励员工立足岗位，无私奉献。二是针对输气工作具有点多线长、交通不便、文化生活单调的艰苦特性，大力倡导巴蜀先民勤劳勇敢的美德，引导员工心怀使命，践行宗旨，以默默奉献的品格扎根荒野乡村，在平凡的输气岗位上做出不平凡的业绩。三是以特殊的行业要求，锻造勇担重任的品格。提出"履行社会责任，保障安全平稳输供气既是荣誉也是责任"理念，做到"安全平稳输供气，幸福奉献全社会"。

(二)以文化气，注重人文关怀，体现输气文化的亲情

西南油气田公司把输气文化建设的落脚点放在每个输气站，激活文化细胞，打造精品区站。一是场景文化树形象。按照中国石油《视觉形象识别系统》，对所有的输气站生产场所进行了统一的规范和"包装"，使遍布西南的输气站成为了中国石油的形象窗口。二是"五小文化"激活力。大力推广合江输气作业区"五小文化"经验，在各输气站建设"文化小书屋""绿地小园林""整洁小橱房""规范小库房""温馨小宿舍"，大力改善员工生产、生活条件，实现了墙壁地面洁净无瑕、温馨提示随处可见、设备铭牌标准规范、房前屋后花香四溢，创造能源与环境的和谐。

(三)以文化力，注重精细管理，彰显输气文化的功能

在安全文化建设中，西南油气田公司构建安全文化"观念网"，引导员工牢固树立和深入实践"安全第一"的哲学观；构建安全生产"监控网"，率先成立安全生产监督管理站，明确三级安全管理职责，实现了重点安全隐患、重要施工作业监督管理的闭环；构建安全管理"督办网"，对各级安全检查中发现问题实施动态跟踪和督办，增强安全隐患的整改力度。

(四)以文化形，注重品牌打造，增强输气文化的效力

西南油气田公司注重品牌的打造，以优质的营销服务、一流的员工队伍、丰硕的文化成果，推动输气文化品牌效益的社会化、最大化和显形化。通过品牌服务，在用户满意度调查中，输气管理处服务态度、服务质量和产品质量均为 100%。

制定并实施《西南油气田分公司企业文化建设考评办法》，一方面，西南油气田公司坚持每两年开展一次企业文化先进单位、先进个人和优秀案例评比，组织对优秀案例进行专题研讨、交流，对具有创新性、前沿性的企业文化建设成果推荐参加省(部)级、国家级企业文化建设成果评奖，以此树立典型，推动企业文化建设上台阶。另一方面，选择公司文化建设中具有代表性的单位参加四川省企业文化建设示范单位创建，提升天然气文化建设水平，扩大影响力。重庆天然气净化总厂在"净"字上下功夫，提出"净"安全之气，"净"绿色之气，"净"廉洁之气，"净"和谐之气的"净气文化"哲学。长寿分厂培育的

"三情"文化(对工作和生活充满激情,对同事和朋友充满热情,对工厂和家庭充满真情)成为和谐文化典型,体现出"净"的气通人和,在互助友爱的人际环境中,和谐促生产,和谐保平安。

积极与驻地地方政府联合,打造石油文化传播平台。与内江市政府沟通,将毛泽东主席视察隆昌气矿纪念馆作为"红色旅游"基地,纳入"三古之旅"旅游环线;重庆市将在塘河镇修建 32111 英雄钻井队纪念馆,列入"十三五"规划中的塘河古镇打造项目之一;四川省在成—自—泸高速新场镇出口距离红村约 6 公里出口处,设立"石油大会战遗址"的旅游标志,向社会公众推介威远红村石油会战旧址。

三、末梢发力,抓好"细胞",促进文化落地

西南油气田公司有 2000 多个班组,其中生产井站 1600 多座,分布在川渝 120 多个县(区),点多面广、高度分散,特别是公司实施扁平化改革、轮班作业制度以后,管理层次减少,管理重心下移,企业文化建设的重点直接聚集到基层,成为公司企业文化实现落地生根的关键。

输气管理处从培育区站价值观念、引导员工形成共同价值取向入手,从建班理念、班站格言等多方面对区站文化进行宣传打造。纳溪输气站以"技能建班"为建班理念,以"培养学习型的高素质输气员工,打造输气专业技能骨干诞生的摇篮"为奋斗目标,提出"勤学习、勤思考、勤动手、勤交流"的"四勤"工作法,便于员工直接参与文化建设中。

川中油气矿针对龙岗气田投产运行年限长、设备老化损耗严重等问题,推行"互联网＋隐患闭环管理"的安全环保管控文化,构建安全生产必做项、自主自觉、素质提升、甘于奉献、培训考核和安全激励 6 大类的采集气场站、非生产井和集输管线 3 套《工作质量标准》,按照标准进行考核,有效地解决了班组员工"干什么、怎么干、干的标准是什么"难题,使安全环保隐患闭环管理过程每个流程环节、每项步骤操作、每步要件标准都更加精准高效。

以天然气文化为引领,西南油气田在保障区域经济社会发展、转变发展方式和保护生态环境等方面发挥了示范效应和引领作用。

(作者张仪晖,马新平,西南油气田公司)

推进"互联网十企业文化"战略 培育特色企业文化

沈阳鼓风机集团股份有限公司是国家装备制造业重点支柱企业。主要从事研发、设计、制造、经营大型离心压缩机组、大型水泵、大型往复压缩机等产品,服务于石油、化工、空分、冶金、天然气输送、电力、煤炭、国防等众多领域。产品设计和制造技术始终居于国内同行业领先地位,接近国际同行业先进水平,是国家重大技术装备配套通用机械国产化基地。在近 80 年的发展历程中,沈鼓集团不仅创造了大量的物质财富,还持续打造过硬的企业发展"软实力",培育了特色鲜明的沈鼓文化,为企业生存发展、做大做强提供了坚强保障。

导入 CI 战略,打造科学完善的沈鼓文化体系

沈鼓集团企业文化建设始于 1983 年,是辽沈地区最早开展企业文化建设的工业企业。沈鼓企业文化建设主要经历了三个重要发展阶段:20 世纪 80 年代的发轫期(初始期),重点开展了包括沈鼓精神等七项内容的文化建设;20 世纪 90 年代的升华阶段,重点开展了"形象工程"的建设,统一了沈鼓的视觉识别系统;进入 21 世纪以来,集团党委立足于全球经济一体化的时代背景和企业战略重组、加速发展的现实要求,以发展的眼光和战略性思维做出导入 CI 系统的重要举措,建立起包含战略、理念、视觉、行为四个子系统的沈鼓 CI 体系架构,使企业文化贯穿到生产经营的全过程的视觉识别系统,成为振奋员工精神的旗帜。

坚持与时俱进,不断推进企业文化体系优化升级

多年来,沈鼓集团将实施与时俱进的文化创新,作为推进企业科学发展的"五大法宝"之一。特别是近几年,企业面临重组整合、搬迁改造、应对危机、加速发展等新形势、新任务,沈鼓集团进一步加大对企业文化体系的修订升级力度,使之成为引领企业发展的鲜明旗帜。

2006 年,沈鼓集团立足于战略重组、搬迁改造的大背景和新要求,在原有"十大理念"基础上,增加了团队理念和安全理念。2009 年,以学习实践科

学发展观活动为契机，组织编制了《企业文化五年发展规划》，对原有十二大理念中不适应企业发展要求的四个理念进行了修改，补充增加了廉洁理念和核安全理念，并建设了形式新颖、内容丰富的企业文化展厅。

2012 年，沈鼓集团党委立足于内外部环境和企业文化理念内涵的发展变化，组织编辑了《超越自我——沈鼓集团理念识别系统再解读》，从不同角度对各个理念进行重新阐释。同时，沈鼓集团广泛招募、精心选拔，组建了青年宣讲团，走进基层，向广大干部员工进一步宣讲沈鼓企业文化理念。

2016 年以来，面对集团深化改革创新、转型升级的战略任务，集团党委对现有理念的内容、表述和形式进行全面修订升级，以适应企业快速发展的新形势、新任务。

实施"互联网＋企业文化"战略，培育特色鲜明的先进文化

在实施 CI 战略中，沈鼓集团积极推进互联网与企业文化的深度融合，不断创新企业文化宣传载体。

一是依托互联网平台，创新企业文化的宣传载体。现在员工信息来源越来越多元化，也越来越复杂，真的假的、积极的消极的，都交融交织在一起，特别是智能手机的普及，现在的员工，只要没事，就会习惯性地拿起手机查看信息，信息不会形成真空，正面信息进不来，负面信息就会填进来，所以，我们开展企业文化和思想政治工作也必须占领这些新阵地。沈鼓集团党委依托于一个平台、两个公众号开展企业文化建设和思想政治工作的信息化传播，从而创新了工作方法和工作形式。

"一个平台"指沈鼓集团党委建设的"党建云平台"，该网络平台覆盖 37 个基层党组织，各基层组织的工作动态都能在网络平台上得以展现，从而实现了党务公开透明化、党建工作信息化、支部交流及时化、学习创新常态化等多项功能，成为各级党组织和广大党员学习培训、相互交流的有效平台。

"两个公众号"指集团工会创办的蓝风之家微信公众号和集团团委创办的沈鼓团委微信公众号。前者面向全体员工，后者面向全体青年。利用手机、平板电脑等移动终端，点对点、个性化地向员工进行思想政治工作。每天定期发布信息，及时将各类资讯传递到员工手中、弘扬正能量，使思想政治工作更接地气，更容易被员工接受。

此外客服、销售等单位还定制了专业软件，实现对长期驻外员工的思想管理，通过移动终端来进行形势任务教育、开展"三会一课"，这也是沈鼓集团在企业文化建设网络化、信息化上做的积极探索。

近几年，广受社会关注的"80 后""90 后"陆续入职。针对他们思想活跃、个性强、比较叛逆等特点，沈鼓集团积极进行企业文化宣传。入职培训首先就是企业文化课程，在他们的思想中打上沈鼓文化的烙印。走上岗位后，集团和基层单位不仅平时注重沟通，还建立了"家长会"制度，与青工家长建立 QQ 群、微信群，与家长联手，共同对"80 后""90 后"员工进行培养。

二是运用互联网思维，建设特色鲜明的子文化。子文化建设是沈鼓集团企业文化建设的一个重要内容，沈鼓集团吸收了互联网技术下产生的新思维、新理念，培育了带有鲜明互联网特色的子文化。如，沈鼓依托工业互联网建设了"沈鼓云"智能平台，并由此培育了以"互联互通、数据共享、资源整合、创新服务"为核心的"沈鼓云"文化。在沈鼓云平台下，共有创新平台、产品平台、制造平台、数据平台、服务平台、物流平台、数据挖掘平台、数据应用平台八个子平台，这些平台在移动互联网和大数据的技术基础上，建立了一套多端的信息共享机制和流程，实现企业经营管理周期过程中的所有信息流管理和分享，方便企业管理人员和用户在任何时候、任何位置查询所需了解的设计、生产、物流、安装、运行等所有信息，并支持实时沟通反馈。"沈鼓云"文化就是基于这样的新技术，改造员工长期以来习惯于传统制造业模式的思维习惯，逐步适应新技术条件下生产制造和经营服务的形势要求，为沈鼓集团的转型发展打造智慧大脑，提供先进思想支持。

三是利用互联网资源，开展丰富多彩的企业文化活动。沈鼓集团利用互联网资源，开展了丰富多彩的文化活动。沈鼓的品牌企业文化活动"感动沈鼓"系列活动，每年的投票、宣传都要通过互联网进行，不断扩大活动的受众面、参与面，使感恩文化深入人心。沈鼓还依托互联网开展了孝老敬亲评选活动、"锦绣年华"庆祝建党 95 周年文艺晚会等大型企业文化活动，使沈鼓分布在全国及海外的分、子公司都能通过网络共同享受企业文化活动带来的快乐。

在强大的先进文化力推动下，沈鼓集团取得了

战略重组十年来的辉煌业绩，先后研制成功我国首台百万吨级乙烯压缩机组，首台十万空分压缩机组，西气东输长输管线压缩机，国产核二、三级泵等一大批重大国产技术装备。屡屡打破国外垄断，被党和国家领导人称为"国家砝码"。展望未来，沈鼓集团将继续深入推进互联网与企业文化的深度融合，不断实现国产重大技术装备的新突破，为实现中华民族伟大复兴的中国梦做出新的、更大的贡献！

（沈阳鼓风机集团股份有限公司）

顺势而为　乘势而上
以"互联网＋"思维重塑首钢
传统服务业新形象

把"互联网＋服务"的新思维模式引入到经营，是首钢园区综合服务公司经营生产的新理念

首钢园区综合服务公司在成立后经历了一个快速发展的成长期，其管理面积和业务范围不断扩大，不仅从厂区的 8.63 平方公里扩展到了厂外，而且从北京扩展到了河北的首钢迁钢小区和辽宁的首钢疗养院，服务内容也形成了园区建设、机电安装、汽车租赁、生活服务、物业管理、园林绿化六大板块业务，具备了为园区运营提供综合服务保障的能力。六大板块业务构成了园区传统服务业的雏形。营业收入从 2013 年的 1200 多万元迅猛增长到 2016 年的 2.2 亿元，职工人数也从 285 人增加到 1800 多人。

与此同时，首钢园区综合服务公司的企业文化也初步形成。园区服务公司职工来自首钢二十六个单位，年龄不同、经历不同，有着各自不同的文化背景。为形成干事创业的浓厚氛围，从成立之初就用老首钢人"敢想、敢坚持、敢于苦干硬干"的"三敢"精神教育、引导职工积极投身到新园区建设中。在浴室太阳能改造、西十筒仓清料、设备拆除工作中，职工们加班加点，抢时间赶进度出色完成了工程任务，使一度失去的首钢人的苦干、硬干的老传统又回到职工中间，队伍的执行力得到明显增强，为实现转型发展、圆满完成各项园区建设工作奠定了基础。目前，已初步形成了"服务城市，让首钢服务成为客户的首选"的企业宗旨，"超常思维，绝对

忠诚，敢于亮剑，永不服输"的企业精神，"自信感动客户，自强成就员工"的核心价值观，"为客户提供专业超值服务，为员工搭建自我实现平台"的责任使命等一整套企业文化体系。

按照首都城市战略定位的要求，首钢园区将坚持高标准规划、高起点建设、高水平招商、高效率服务，把建设和谐宜居城市贯穿其中，借鉴国内外城市的有益经验，做好整体规划布局，分时序推进开发建设，适度预留发展空间；以创造历史、追求艺术的态度，科学设计、精心施工，打造首都建设的精品力作，以生态园区和智慧园区建设为核心特征，将首钢区域建设成国家绿色低碳示范园区。让居民望得见山，看得见水，记得住首钢情结，力争将园区打造成为中国第一个 C40 样板区。智慧园区的建设和北京 2022 冬奥组委的入驻对首钢园区综合服务公司的高端、智慧服务无疑是提出了新的要求。在为北京冬奥组委服务保障任务中，园区服务公司承担了物业、餐饮、交通、体育设施等后勤保障工作。"互联网＋服务"就是一个新突破。

文化引领，为高端、智慧服务提供思想保证、精神动力和智力支持

"互联网＋"时代企业文化建设的方向，就是三个面向：第一个面向客户，第二个面向员工，第三个面向可持续增长。要树立"客户导向"的经营理念。前端对客户负责，后台对前端负责。企业从管理高层、中层干部、一线员工到后勤人员的全体员工，从市场调研、研发、生产、销售到售后服务的全部价值链活动都要围绕客户需求的满足而运作；要坚持以人为本，因为员工满意和上下同欲意识的培养非常重要。企业文化必须以人为本，员工满意、员工忠诚是客户满意、客户忠诚的先决条件，进而决定着客户是否满意企业提供的产品或者服务，这是一个连锁性的环节。在互联网时代，员工的积极性与创造性及附属于员工的知识对企业文化的影响、对企业的成功比以往任何时代都要重要，深深地影响着企业的存在与发展。为此，首钢园区综合服务公司对原有的企业文化体系及时进行了丰富和完善。先后提出了符合企业实际和发展方向的精神（核心）理念：

钢铁精神：钢一般的信仰，钢一般的执行；铁一般的纪律、铁一般的担当。

五种意识：市场意识、质量意识、成本意识、

服务意识、安全意识。

核心理念与原有的企业精神、宗旨、价值观、责任使命等把客户、员工、企业的发展三个方面联系到了一起，使员工能够在企业价值观的引导下为客户提供满意、贴心的高端服务，从而实现企业的健康发展。首钢园区服务公司在北京冬奥组委办公的首钢西十冬奥广场，不仅顺利完成了为北京冬奥组委的日常高标准服务，还成功完成了媒体开放日、中国残联领导、国际奥委会领导视察等多项重大接待活动。体现了首钢冬奥物管中心全体员工团结、坚韧的精神，工作人员周到、贴心的服务，得到国际奥组委领导的高度评价。

勇于创新，大胆实践，为传统服务业装上互联网新引擎

百度董事长李彦宏曾经提出，互联网在传统服务业的发展中起到促进和推动作用，互联网与传统产业结合可拉动消费。西南财经大学教授章群说，"未来移动互联网可以帮助我们解决身边的大部分生活问题，商户可以建立APP、微信和Web网站等平台，用户可以随时与商家进行信息的沟通和互动，这将是一场双赢的棋局。"

首钢园区服务公司从成立初就面向未来，为打造首钢园区智慧服务平台做好前期准备工作。利用一年时间完成了信息化基础设施建设，实现办公自动化与信息资源共享。开发应用了超市管理系统、汽车修理软件系统、人力资源系统、用友财务系统。乐享—餐饮平台、商超平台于2015年4月正式上线运营，实现网上点餐、网上购物；乐享—餐饮和商超业务的微信版平台、手机客户端APP同步Web版的研发和推广，为成功申请网站经营性备案许可证资质创造了条件。

园区智慧平台应用层分民众服务（乐享APP）、产业服务（繁荣APP）、运营管理（赢运APP）和决策管理（鹰眼APP）四部分。支持手机、PC和PAD等多种设备接入。

民众生活服务包括电子商超、餐饮服务、一公里物流、一卡通、汽车管家、客户关怀以及生活需求提报等服务。目前在线餐饮平台建设已基本完成，制定的24种套餐品种已发布到平台终端。同时，还可以通过对民众信息的掌握，更加有效地推送增值服务（生日礼品、常消品、绿色农产品等）。

产业服务为入驻企业搭建服务平台，提供门户服务、政务代办、产业服务、商务服务，促进入驻园区企业的产业经济发展。

运营管理平台通过BIM技术结合对建筑空间的虚拟化展示与互动，实现资产装备管理、能源管理、环境管理、空间策略与租赁管理、客服中心以及财务管理于一体的运营平台。通过决策管理平台，运用大数据分析为入驻园区企业和管理者提供智慧化服务。

2015年园区服务公司完成了汽车租赁、GPS定位、维修保养等信息化管理软件建设。实现了灵活的价格设置、车辆动态管理、现金流量分析、车辆分析、预计收入分析为代表的完善的报表统计和分析，为高层决策提供数据支撑。

2016年园区服务公司的信息化建设迈入新的台阶。集成智慧城市＋首钢服务的园区运营服务中心正式开工建设。它将为构建差异、独特的产业和服务，打造高品质与高效率的运营平台打下坚实基础，形成高端产业集聚和升级的高地，提升园区综合价值。

各实体单位也在利用互联网＋服务创新上进行了一些实践。京西一九一九大酒楼为扩大营销收入在大众点评网上开展网上团购助销活动，把服务对象从石景山区扩展到了整个北京市。现在网上日均销售收入达到5000元，占总收入的30%以上。焦化食堂借助门门在线，将送餐业务送到了门头沟石门小区，网上点餐收入大幅度增长。2017年，首钢家园超市还将依托首钢总公司办公用品集中采购的新政策，做大做强超市电商业务。在实体店销售的基础上，依托电商平台，实现线上线下同步销售。

"互联网＋"时代的到来，对传统的企业文化提出了新挑战，当移动互联网、云计算、大数据、物联网技术诞生并获得成功利用时，更是促进了电子商务、工业互联网和互联网金融的健康发展。从某种意义上说，传统服务业在利用以"互联网＋"服务的道路上向前迈进时还需要付出更加艰苦的努力。

（作者秦俊彪，首钢园区服务公司党群工作部）

深植创新文化　助推企业转型发展

北京机械设备研究所是以发射和发射控制为核心技术，集研究、设计、试验、生产和服务保障于一体的综合性工程技术研究所。创新文化是北京机

械设备研究所思想文化体系的重要组成部分。

一、创新是研究所的生存需要

(一)"思想文化落地升级"为创新文化建设奠定了基础

2010 年,北京机械设备研究所提出了转型升级、内涵式发展战略,策划实施了包含体制机制改革工程、思想文化落地升级工程在内的"六大工程"建设。在思想文化落地升级过程中,按照"一、二、三、五"建设思路,以工程化运作为抓手,推进"厚德、自信、创新、拼搏、共融、健康"的理念融入企业血脉,在实施过程中,探索了一套思想文化持续融入职工思想、融入经营管理、推动企业发展的工程化运作方法,为创新文化工程化落地升级打下坚实的基础。

(二)"三创新"发展战略为创新文化建设指明方向

依据国家提出"大众创业、万众创新"的号召,北京机械设备研究所深入落实国家的要求和部署,围绕建设"创新型、能力型和绩效型现代企业"战略目标,将"三创新"作为转型升级的关键抓手。所内配套实施创新文化建设,持续更新创新文化建设内涵,并不断丰富创新文化落地升级措施的载体。

(三)聚焦解决企业面临的发展难题成为创新文化落地的着力点

所内面临着前所未有的考验。行业发展形势及有关政策变化,需要付出更多的努力才能取得收获。而所内仍然存在"重传统市场、轻领域开拓""重工程实现、轻技术基础""重任务完成、轻能力建设""重研发成功、轻产业成功"的问题,不能适应快速发展的需要,这就需要采用创新的方法来解决这些难题,创新文化落地的着力点就是要解决目前面临的难题。

为此,北京机械设备研究所把战略是方向、文化是先导、技术是根本、管理是基础、组织是保障、产业是目标作为对创新的认知。实施创新文化就要强化创新的价值观,在企业经营管理不断提升的过程中,促进各要素协调匹配运作,形成理念,形成行为规范、制度机制及成果。

二、构建并完善创新文化体系

北京机械设备研究所聚焦企业创新管理的核心要素,采用顶层规划和基层推荐双向互动的方式,构建创新文化理念、行为识别系统,并以此为价值导向,推进所内创新管理机制、组织架构、激励机制的建设,实施创新文化"理念—行为—制度"的落地升级,将"三创新"的理念根植到每位职工的心中,在全所上下打上"创新"的标签。

在北京机械设备研究所的企业理念六个关键词中,"创新"作为重要的内容,同时子文化建设也明确提出了"挑战、敏锐、宽容、激情"的创新理念。

为了将创新理念在组织行为以及个人行为的导向中进一步明确,我们在所的思想文化行为识别系统的"六典八章"中明确提出"创新,以挑战超越激发活力"的具体内涵,表述为:持续创新,使我们始终充满活力,不断适应内外部环境的变化。我们致力于营造激发组织和个人活力的创新氛围。

三、创新文化落地生根

(一)营造"全民创新"的环境

开展党组织＋、创客银行、劳动竞赛等活动,发挥党、工、团合力,让职工广泛参与其中,使创新的文化深入人心。

通过开通网络征集和评选的信息化平台,让职工积极推荐并亲身参与投票,营造关注创新创业的良好氛围。

各部门和班组开展部门"文化秀"活动和班组创新文化劳动竞赛,各部门以富有创意和哲理的创新文化标语、形式活泼多样的文化图案和 logo,装点单调的工作空间,释放职工在严肃紧张的工作中的压力,营造鼓励创新的氛围。

鼓励职工敢于创新、勇于创新,最大限度发挥个人潜能,为创新人才营造良好的环境。通过网络、微信、报纸、电视多媒体,开设"科技创新我争先""加强三创新"等专题,大力推介创新人物和创新团队的先进事迹,并开展"创新成果展""我是发明家成果展示"等活动,在所内打造崇尚创新的理念。

积极搭建创新舞台,探索开放包容、敢为人先、去行政化特区。

第一,实施"放管结合"的顶层设计。在管控"红线"的前提下,鼓励创客团队吸纳所外技术人才等资源,赋予创客团队在项目规划、进度把控、物资采购等方面的自主权,从顶层构建有利于"三创新"蓬勃发展的政策环境。

第二,实行宽松灵活的项目管理。创客项目形式不限、方向不限，鼓励以市场价值创造和实现为导向、交叉学科融合、跨界替代创新。

第三，创建接地气的组织模式。建立指导委员会、组织委员会、执行委员会的协调运行构架。发挥好指委会的"政策引导"、组委会的"资源保障"功能，支持并放权给民间执委会，形成自主管理的创新模式。

第四，打造"人人参与、人人受益"的多维互动特区。引入基于虚拟众筹的评价体系。所内给予每位员工一定额度的虚拟资金或投票权，通过众筹即可立项，让每一位职工都以主体的身份参与到创客活动中去。

第五，引入基于虚拟网络的互动体验经济。员工可通过登录"原点空间"账户、参与项目评论、提交建设性建议、参加线上线下活动等方式获取虚拟资金奖励，形成"人人关注创新、人人参与创新"的创新氛围。

第六，引入基于成果共享的收益分配机制。项目一旦实现上级立项或产业化运作，项目团队和投资人都将获得奖励或收益分红。

第七，打造"协同联动、服务优质"的全面保障特区。一是全开放的硬件保障。以"原点创客工作室"为基点，为创客们配备了必要的仪器设备等条件，同时将所里试验室等资源也无条件开放，促进服务资源集聚平台的搭建。二是信息化的项目孵化保障。"原点空间"信息化平台，具备项目发布与更新、虚拟众筹、心得交流、资源共享、数据挖掘等功能，形成"人人晒创新、人人谈创新"的环境。三是组织全方位的智力保障。鼓励创客团队"走出去"，与外部创客空间、高校建立起良好合作关系，实现互利共赢；不断"引进来"，开展创客论坛、创客沙龙等系列活动，邀请社会草根创业群体与创客分享成功心路，促进创客成长。

（二）优化"处处创新"的制度机制

所里成立战略管理委员会、市场管理委员会和专业技术委员会，制定了"三创新"战略规划，并通过责任书与综合绩效计划等形式进行责任体系的层层分解落实。注重面向市场搭建企业创新情报知识系统，强化市场情报信息、技术信息的收集、分析与管理，建立快速、准确的决策机制。优化了以投入产出比最大化为目标的1～13级技术创新成熟度评价体系，以及以提升价值创造能力为目标的1～

13级管理创新成熟度评价体系，实现了对项目、部门的量化考核和激励。

（三）完善"层层创新"的组织架构

结合"三创新"工作实施，所内构建了科技委、专业委员会、部门、项目组四级技术创新组织体系，努力提升科技创新的整体把控能力和运行效率。

（四）丰富"时时创新"的激励举措

所里建立了以全面绩效管理为基础、以"三创新"为重点的激励约束与绩效考核方法，为创新型员工设立可计量的 TVA、RVA、EVA 价值创造指标，为发现创新型人才提供了客观公正的评价依据。在职称评定、岗位晋升、专家推树、任务分配、成果获奖等方面，突出以创新和绩效为导向。

（五）开展创新文化落地的闭环管理

所里技术创新成绩显著，专业领域拓展至地、舰、潜、空、天"五基"，拥有国防专利和自主知识产权 630 余项，国际专利 6 项，获得中国专利优秀奖。成功获批北京市特种安保救援智能装备工程技术中心、北京市空间高效水气净化工程技术研究中心等创新平台，"脑机一体化"青年创新工作室也成为集团和二院首批青创室，催生了包括微流体、仿生、智能可穿戴技术等前沿技术在内的 9 个青年创新工作室。"创意→创造→创新→创业"系统性创新模式逐步取得成功。

（北京机械设备研究所）

品质促发展 科技谋进步 创新提价值

"物业管理"作为一个舶来品，是我国改革开放的产物。1994 年，隶属于北京华融综合投资公司（北京金融街投资集团有限公司，1992 年成立）的北京金融街物业管理有限责任公司伴随着金融街的开发建设应运而生（以下简称"金融街物业"）。现为国家一级资质物业管理企业，中国物业服务百强企业。

瞄准服务标准，提升管理品质

在 1994 年，"金融街物业"依托托管单位经历了7 年"婴幼年"成长期"衣食无忧"的生活后，在"少年和青年"成长期很快踏入了确立社会主义市场经济体制的快车道。面对严峻挑战和考验，掌门人敏锐地意识到：公司虽身居"代表中国金融业的核心领导力量、聚集全国实力百强企业金融机构的金融街"，但这仅仅意味着北京"华尔街"对现代化的物业服务提出了新要求，意味着全方位、深层次、先进完善的物业管理服务要与之相配套、相适应、相协调。金融街物业的根本产品是"为业主、客户提供高品质、优质的物业服务"。客户对物业服务的接受和认可是企业存在的真正价值，"服务品质"永远是企业生存和发展的基石。

在推进公司全方位改革的进程中，时任公司总经理张学忠带领公司将"抓紧机遇、转变观念"作为企业改革发展的新起点，将增强竞争意识、自我更新、自我完善作为突破口，将团结拼搏、思变求改作为内动力，将攀高争先、挖掘潜力作为内驱力，变压力为动力。在短时间内就理出了一条清晰的经营思路：瞄准全新的专业化、现代化、国际化的物业管理运作水平和标准，"创品牌，树形象，练内功，求发展"。"金融街物业"在强化设施先进、功能齐全硬实力建设的同时，更注重文化管理的国际化与本土化结合、凸显物业管理的软实力。

2005 年金融街物业公司构建了体现物业服务特色的文化体系，强调把"服务子理念"的落实挺在前面，倡导用建设优秀文化的方法提升服务管理品质，明确了服务质量不像产品质量那样有比较明确的数据标准，要赢得业主的口碑和心碑，就要笃信服务工作永无止境，服务工作要换位思考、理解业主，要求员工做一件漂亮事，胜过说一千句漂亮话。

金融街物业公司通过制定涵盖"前期顾问服务、客户管理服务、工程维保服务、秩序维护服务、卫生保洁服务、绿化养护服务"等一系列的管理服务制度和督促评估，保证给业主提供优质服务。伴随企业规模稳步扩张，金融街物业走向了成熟的青壮年，金融街物业以聚焦商务物业管理，打造幸福宜居社区为核心战略，秉承高端商务物业管理经验与核心优势，在巩固提升商务物业管理优势的同时，积极拓展物业管理业态类型，所接管项目从写字楼、住宅物业管理，向商业、酒店、城市综合体项目等多业态迈进。

同时，开展酒店公寓经营、物业顾问和增值服务等新业务，在不断夯实物业管理业务的基础上，力争逐步实现业务类型覆盖行业全价值链。2017年，金融街物业立足"标准化、多元化、精细化、品牌化"的企业发展战略，顺应物业管理大环境变化要求，全方位修订、充实了"金融街物业"《企业文化手册》。与之相联系的是，再一次明确了管理服务目标，深化服务内容，力争持续提高行业影响，紧密围绕客户感受，推出新版《可视化物业服务标准手册》，以客户服务感受为宗旨，从物业服务的人员、架构、工作职责、服务标准与行为守则等方面，展示"金融街"高品质服务特性，促使金融街物业管理服务品牌上升到新高度、新境界。

通过 24 年的连续扩张，金融街物业综合实力实现了跨越式增长，企业品牌完成了从区域优质机构向全国性领先品牌的完美转型，公司业务范围延伸至环渤海、中西部、东北部和珠三角四大经济区域。2013—2017 年金融街物业营业收入逐年递增，借助高科技手段不断提升公司的管理和服务水平，经营规模稳步增长。2017 年金融街物业实现营业收入同比增长 17%；净利润同比增长 28%。截至 2017 年，金融街物业项目分布于北京、上海、广州、重庆、南京等 11 个城市，实现在管项目个数 115 个，项目管理面积 1576 万平方米，业绩稳步增长，盈利能力显著攀升。

探索移动互联，科技优化服务

在加快推进公司科学化、集约化、高效化的发展大趋势下，"金融街物业"围绕客户需求，与航天科工智慧产业公司签署战略合作协议，双方充分利用资源优势，加快推进移动互联、智能技术在物业管理、养老服务等业务中的运用。借此契机，将互联网、物联网、云计算、电子商务等最新科技的发展成果引入到物业管理运营中，全面推进旗下物业管理、养老服务、酒店管理等业务实现科技化、智慧化发展。全面提升公司业务多元化、智能化、信息化、科技化发展水平，节约运营成本，优化服务内容，提高和巩固客户服务品质。

如：借助"96018 服务到您家"信息呼叫平台等高科技手段，不断提升公司的管理和服务水平。通过对用户服务需求及周边资源进行梳理和分析，以现有 ERP 系统为依托，覆盖金融街物业所有服务项目。通过 PDA 移动管理技术的辅助应用，提升管理效能和服务品质，实现对各项目运行的各个环节链监控；通过信息化手段实现对所有项目、物业管理业务内容的全覆盖，通过 ERP 平台进行能源计量、客户投诉分析等精细化管理，为项目运行提供高效的信息化管理和监控服务；通过建立和运营 96018 全国呼叫中心、"金融街生活在线"等方式将金融街区域内从业者、商家、业主凝聚在同一个网络平台，成功将互联网运用到物业管理与服务中。

借助信息平台技术，搭建起企业客户服务数据平台，完善信息平台建设，进一步优化服务流程，加强与业主间的直接沟通交流，将客户服务中心前移；全面推行"区域管家责任制"，确保客户需求的快速反应和问题的及时回馈，对客户实行"首问负责制"及"一站式服务"，保证客户服务质量，实现对客户关系的科学管理。

结合移动大数据分析写字楼用户和社区居民日常生活习惯，推送衣食住行、生活服务、新闻资讯、社区助手等专属的工作、生活所需的各类信息，实现从传统的物业服务理念到绿色、低碳、全生命周期管理，再到智慧化发展，金融街物业的服务理念随着时代的发展而变化。在"第三方调查"和"神秘访客"等多种途径的调查中，客户认可度、满意度大幅度提高。

坚持文化创新，提升行业价值

由中国指数研究院、中国房地产 TOP10 研究组在北京举行的"中国物业服务百强企业研究成果发布会暨第十一届中国物业服务百强企业家峰会"上，中国指数研究院在总结十一年研究经验的基础上，以"守正开新，笃行致远"为主题，全面启动了"中国物业服务百强企业研究"，试图进一步完善"中国物业服务百强企业研究"方法体系，更加全面、客观地评价企业的综合实力。

金融街物业公司以其优异的表现荣膺"中国物业服务百强企业"前列、"中国特色物业服务领先企业——商务物业服务""中国物业服务百强服务质量领先企业"和"中国办公物业管理领先企业"等荣誉，金融街上海（海伦）中心、德胜国际中心项目荣获"中国物业服务行业示范基地"荣誉。金融街物业秉承"战略引领，规模、多元、科技、效益发展"的发展思路，致力成为中国商务物业服务的引领者。中国指数研究院将大数据、人工智能与房地产进行深度融合，构建"人、房、地"的大数据平台。金融街物业的发展和引以为傲的业绩，促使物业服务公司企业公民的角色逐渐觉醒，金融街物业将自身定位为"让您更高效的物业服务伙伴"，从态度上奠定了企

业运营的基调，提升了行业自尊，创造着卓越价值。目前，金融街物业结合开发企业工作场景，致力于利用大数据、AI 技术打造开发企业决策作战地图——CREIS 中指城市地图，力图帮助开发企业实现大数据投资决策全面升级。

（北京金融街物业管理有限责任公司）

打造"核心竞争力"引领
北京奔驰走向卓越

北京奔驰汽车有限公司是北京汽车股份有限公司与戴姆勒股份公司、戴姆勒大中华区投资有限公司共同投资，集研发、发动机与整车生产、销售和售后服务为一体的中德合资企业，成立于 2005 年 8 月 8 日。结合"互联网＋"时代的新形势和新特点，将文化融入到企业经营的方方面面，用文化凝聚力量，有力推动了企业的创新发展，不断引领北京奔驰走向卓越。

创业行达，北京奔驰战略发展的指导理念

"创业行达"作为北京奔驰核心竞争力的首位要素，也是北京奔驰新的发展阶段的指导理念，其中包括"创业"和"行达"两个层面的含义。"创业"是北京奔驰的战略定位。今天的北京奔驰虽然已经呈现出大型汽车制造企业的规模，但仍属于成长中的企业，还处于创业时期，特别在管理能力体系方面，仍有不断提升的空间。"行达"就是北汽集团品牌理念"行有道，达天下"。

2013 年，北汽集团提出了全新的品牌理念，以肩负起振兴民族工业为己任，树立实业兴国、产业强市的愿景，确立了进入世界 500 强的全球化发展战略。提出创业行达的指导理念，要通过打造北京奔驰创业型的、拼搏进取型的、团结协作型的团队精神和企业文化，以二次创业的精神来实现北汽集团"行有道，达天下"的品牌理念和战略，完成北汽集团赋予北京奔驰的使命目标。2016 年，北京奔驰产销将双双突破 30 万辆，领跑国内豪华车企增长，为北京奔驰"十三五"发展奠定坚实基础。作为首都制造业高端产业的代表，北京奔驰要把创新和转型作为"十三五"期间的主旋律，充分发挥产业规模的优势，进一步提高在中国豪华汽车市场的竞争力，

为中国市场提供最优质的产品。经过"十三五"发展，到 2020 年，北京奔驰生产将在 2015 年基础上翻番，成为拥有核心制造技术和产品研发能力的戴姆勒全球最大的生产制造基地。从长远看，北京奔驰的目标是在中国乃至国际市场树立北京奔驰品牌形象，把北京奔驰打造成豪华车领域产品质量的标杆、经济效益的标杆、精益管理的标杆和品牌声誉的标杆，让北京奔驰真正成为国际化的中国高端汽车品牌标杆企业。

责任经营，打造世界级生产制造企业的管理模式

组织规模化的生产经营就像操控一部机器，要使这部机器高效顺畅地运转，首先要明确各个部门的功能和职责；其次要建立高效运行的体系；再次要有部门之间彼此协调的机制。实现这三个效果的方法就是责任经营模式。

北京奔驰的"责任经营"具有五个特点：一是责任目标明确，责任人的关键业绩指标清晰；二是管理流程完善，公司各项业务流程实现标准化，并建立持续改善的机制；三是过程管理不断强化，运用价值管理工具来衡量单位及个人的业绩；四是注重业绩改善，将公司的注意力集中于业绩不好的单元，用最好的精力去实现成长机会或改造不良单元，重点突破，消除浪费；五是建立激励机制，将薪酬待遇与责任经营结果挂钩，加大业绩优劣评判，实施待遇差距奖励来激励员工去创造价值。

责任经营管理模式，可以将北京奔驰管理干部和全体员工的创造力，统筹到打造标杆企业的大目标当中。如果把"成为标杆企业"目标比喻成打造领航的旗舰的话，那么责任经营和体系化管理则是舰船的"龙骨"，有了强壮的"龙骨"，北京奔驰在快速发展中，才具有更大的承载力和抵御风浪的能力；才具有持续而不竭的前行的动力。

唯有最好，打造国际化的中国高端汽车品牌标杆企业的标准

将"唯有最好"作为打造国际化的中国高端汽车品牌标杆企业的标准，通过提高我们的管理水平和经营效益水平，使北京奔驰这个品牌更加优秀，让汽车行业认同北京奔驰品牌标准，让市场、用户认知北京奔驰品牌价值。产品品质是北京奔驰的生命线，对于一个生产制造企业来说，这也是生存之本。北京奔驰始终坚持"唯有最好"的标准，践行"做就做最好"的承诺。北京奔驰公司不断提升质量控制能力，通过建设行业最先进的生产制造和质量检验设备，实行 TS16949 质量认证体系，建立起了与戴姆勒相同的质量管理体系。同时，不断将质量控制向下游延展，一方面对零部件供应商的研制、试装和批量供货的品质进行全程跟踪监测；另一方面对售后反馈的产品质量进行快速反应和深度分析，确定原因，及时彻底整改，确保每一辆进入市场的奔驰车都具有最佳的品质。

服务品质也可称作工作品质，管理系统的上下级间、生产系统的上下工序间、项目实施的上下环节间都会构成服务与被服务的关系。提供最佳的服务品质，倡导"公司一盘棋"的全局观念。北京奔驰的员工笃信做好本职工作是最基本要求，更高的要求是要把单项工作放到整体项目中去验证其效果。北京奔驰始终坚持"一切服务于生产，一切服务于经营"，并以此作为衡量工作品质的标准。

团队是一个企业最宝贵的资源，团队品质是产品品质和服务品质的保证。北京奔驰高度重视团队建设，不断改进人力资源理念和激励机制，向鼓励创新和激励拼搏、奉献方面倾斜，打造敬业奉献、积极拼搏、勇担责任、务实求效、主动创新和争创一流的团队精神。同时，不断培育"坚韧、执着、专注、极致"的"工匠精神"，通过"三横三纵"的全员培训体系，实行员工双晋升发展通道，开展"聚匠心创卓越"职工技能大赛等措施让"工匠精神"切实成为推动企业发展的动力。特别是国家级赵郁技能大师工作室的挂牌，让北京奔驰有了工匠培养、团队建设的品牌新坐标。

"唯有最好"是无形标准，它源于文化传播，体现于工作责任，存在于品质细节。现在"唯有最好"的标准已经落实到北京奔驰每个岗位、每项工作中，真正成为全体员工和各个团队共同尊崇的工作价值标准。

精益管理，实现企业经营增长的推动力

"精益管理"，就是在实现北京奔驰经营目标框架下，建立精益管理的理念，高效执行的体系，严谨的考核标准和整体综合的保障力度，使企业运行的质量、效率与效益得到不断提高。北京奔驰在实践中通过牢固树立全员的成本意识，多种举措降本

增效，推行标准化建设，以互联网思维构建精益管理体系等方式践行"精益管理"的文化。

树立正确的成本意识是推行精益管理的基础。北京奔驰倡导艰苦朴素的工作作风，管理层带头争当降本增效的典范，常态开展形势任务教育，让每位员工都明确北京奔驰的经营现状和面临的竞争形势，树立危机意识和责任感，充分理解开展降本增效的意义和目的，使每位员工都能成为推动降本增效的主力军。

实施"马力计划"，持续降低生产材料成本，该项目启动至今，单车成本降低了2%，有力促进了降本目标的实现。同时，开源节流，着眼控制人工成本、调控折扣折让和市场费用、节约市场及其他销售费用的投入，通过有效的绩效审查机制定期对各细分降本项目进行跟踪，推动降本措施切实落地，提高盈利能力。

创新机制驱动，提升运行效率。北京奔驰全面推进关键绩效指标（KPI）绩效考核体系的标准化建设，建立起公司绩效管理体系，实施并持续改进KPI系统，推动整个企业逐步施行KPI管理。建设流程管理系统，提升内部运行效率，2016年上半年，我们完成了对全公司167个公司级、371个部门级流程的梳理、更新，并同步进行了IT系统的搭建，BBAC流程文档中心正式面向全公司上线运行。我们启动了北京奔驰全员改善活动，全员参与，每人提供一件有效提案，切实提高了运行效率。

文化需要建设，更应该成为一种基因，只有深入骨髓的基因，才能将文化创新的力量转化为实践创新的动力。北京奔驰不断打造"创业行达、责任经营、唯有最好、精益管理"的核心竞争力，让其成为全体员工的共识。以此凝聚起干事创业的磅礴力量，引领北京奔驰在实现"走向卓越"战略目标，成为国际化的中国高端汽车品牌标杆企业的征程中不断向前迈进。

（北京奔驰汽车有限公司）

书写京津冀协同发展的北京现代人才样本

北京现代沧州工厂是京津冀协同发展上升为国家战略之后，体量最大、质量最高的区域产业协同发展项目，是一座集绿色、品质、智能为一体的现代化工厂。在京津冀协同发展战略下，北汽主动在区域内进行产业布局，推进产业转移、转型升级，是享受国家战略布局红利的企业。

沧海纵横：大厂工匠对新阵地开疆扩土

矗立北京，放眼东南。在沧州经济技术开发区，北京现代沧州工厂一座座厂房鳞次栉比，一条条道路四通八达，2016年10月，北京现代沧州工厂历时18个月竣工投产，这本身就创造了令世人瞩目的"沧州速度"。

"沧州速度"源于坚韧执着、艰苦奋战的先锋部队：沧州设施工程部不畏艰难，砥砺奋斗，不论是坚韧精神，还是执着精神，蕴含在其中的精髓便是坚持不懈。2015年2月，沧州设施工程部率先进入厂区规划地，此时，正值寒冷之际，恶劣的环境、零下的温度都对实际作业效率和现场管理调度提出了严峻的挑战。为了保证在计划时间内完成任务，沧州设施工程部根据实际作业需要调整了部分混凝土作业的时间。由于夜间交通方便，物料补充及时，工程师们决定在白天做好施工准备工作，夜间进行浇灌。凛冽寒风呼啸，气温低至零下，尽管如此，沧州设施工程部的员工们仍旧坚持作业。付出与回报是成正比的，一气呵成的混凝土浇灌作业为后续建设工作节省了宝贵的时间。

对于任何一项工作来说，安全是永远的基准，创新是永恒的目标。随着安全工作的逐步推进，沧州工厂安全科根据安全需要做出了很多创新之举。以现场作业人员工服的改良与设计为例，沧州工厂安全科的唯一女员工燕雨薇广泛征求意见，对工服做了从上而下，从前到后，从内而外的调整，在服装上最大限度地保证现场施工人员的安全。强化安全责任，落实安全措施是沧州工厂安全科一直坚守的精神。正是在这种精神的推动下，沧州工厂的施工安全工作才得以顺利地贯彻和落实。

同时，在北京现代"草根革新"评比活动中，沧州工厂共斩获9项革新案例大奖，其中8项与项目建设安全管理相关：高空作业生命线固定装置改善荣获一等奖，承台基础作业安全防护改善、设立施工作业人员着装规范、脚手架跳板改善、钢筋保护帽增设等案例分别获得二、三等奖。

在沧州工厂，"完美品质"不是一句空口号，而是生产技术部的员工们切实践行的工作准则。为了确保设备的款式与精度满足车间需要，沧州生产技术部保全科赵雨田科长在设备安装前期，每天对着一摞摞厚厚的图纸研究到深夜。每件设备的图纸分为机械图纸和电器图纸，两本图纸加起来的厚度为8厘米，十件设备的图纸厚度就是80厘米。但是，车间设备又何止十台！每个车间的设备多达几十台，甚至上百台，这是一项多么庞大的工作量。一个个细节逐步确认，一个个型号深入研讨，赵雨田与同事们一起从设备外观、运转效果及稳定性等多方面对设备进行反复地检查，不放过一个细微差别，就是靠着专注、严谨的工作态度，一件件完美的设备才最终被送入各个车间。

人才引流：用人才流动推动建设经济共同体

沧州市规划局领导曾形象地说，"（北京现代沧州工厂）项目落户沧州，就像我们娶了个好媳妇，改善了基因，并且能够产生更强壮的下一代，孵化出更加先进的新产业！"可以预见，北京现代沧州工厂的建成，为沧州经济社会的发展带来巨大活力。而在工厂的内部，也存在着一些这样从北京远嫁过来的"媳妇"。他们以驻厂员的身份，穿越215公里来到一片崭新的创业热土，在这一方天地里让自己的人生与企业发展一同策马扬鞭，推动京津冀经济一体化建设的全面落地。从北京到沧州215公里，乘坐最快的高铁，要51分钟。这是许多人走向事业新阶段的里程，所以，都很珍惜这份工作。

面对沧州正在推进的"创新之城"建设，需要引进更多的现代化大型企业的先进思维方式、管理模式、经营理念。而随着北京现代沧州工厂项目来到这里，也把企业自身的先进理念带到沧州。北京现代沧州工厂的几次招聘会，吸引了全国各地的人才精英。许多来自大城市的求职者想应聘IT工程师的岗位，他之所以放弃在一线大城市发展的机会，来北京现代沧州分公司应聘，看重的就是公司在国际、国内市场上的影响力以及发展前景。

当然，老、新沧州人的回归，悄然改变着沧州的人才和知识结构。他们或者是有着一技之长的专业人才，或者是受过高等教育的研发者，如果没有北京现代这样体量的企业，沧州很难吸引他们的到来。现在，在北京现代的带动下，沧州这棵梧桐树，正引来了越来越多的"金凤凰"。

候鸟还巢：自己的家乡自己建设

沧州市的经济定位是以沿海区和中心城区为主，北京现代落户位于中心城区的沧州经济开发区，除了拉动近万人的就业，更有利于促进中心城区人才引进、服务业发展，全面带动中心城区综合实力的提升。许多地地道道的沧州大学生生源看中了"京津冀协同发展"对河北的机遇、沧州地理位置优越、看中引入北京现代产业项目后，未来发展很有前景，毕业后毅然决然回到家乡，谋求实现自己的人生价值。如今，近万名应聘者有不同的学历、背景和社会经历，但大家不约而同地都看中了北京现代沧州分公司的平台和发展前景，渴望在里面得到磨炼和成长。

铁军良将：党建引领企业发展

随着不断深化改革、加快发展，北汽集团始终把人才兴企战略作为关乎企业生死存亡的根本，着力选好、用好、管好企业领导人员，努力打造"铁军"，使之成为推动企业持续、健康发展的坚强力量。

在京津冀协同发展的战略背景下，一批批的优秀人才在转型升级的攻坚战中，助力推动北京现代的优质产业入驻河北沧州，为京津冀协同发展增添新动力，可谓责任重大、使命光荣。从工厂建设伊始，北京现代党委就将享誉全国的"红色动力"党建文化推广到沧州工厂，谱写以"红色动力"助推"现代速度"的新篇章。

在沧州工厂项目筹备期，北京现代党委就已经着手筹划，立足岗位需求，选派一批优秀青年干部，涉及党群、管理、生产等多个岗位和专业，构筑了沧州工厂建设期骨干力量。与此同时，沧州工厂党委快速启动"新任基层管理者竞聘项目"和《新任科长述职评价工作》，做好属地化人才的选拔和任用工作，正式发布"T立方"人才战略规划，为沧州工厂四支人才队伍建设打下良好的基础。传承北京现代文化，发挥党建品牌优势，夯实文化基础。公司重点围绕"红色动力"的党建文化，继承和创新了一系列与经营紧密结合的工作方式、方法，开展班车上的党课，组织党员干部签署"十不准"承诺书，设立党员责任区、党员示范岗，确保北京现代文化在沧州大地的完美导入和创新升华。同时，推行精准服务，关爱员工，围绕实际需求提升服务质量。针对派驻人员异地工作的实际情况，沧州工厂党委组织编写中韩双语《壮美沧州　你我共享——北京现代沧州工厂员工生活手册》，建立"爱心帮扶小站"和"特别关注员工"走访机制，围绕"家文化"的核心理念开展了丰富多彩的各类活动，积极改善员工工作、休息和用餐环境、员工笑脸墙展示、信息展播窗口设立等，让组织的温暖贴近员工身边，走进员工心里。

"我劝天公重抖擞，不拘一格降人才。"辉煌的事业需要人才创造。如今，一大批实干人才、创新人才正不断投身于企业的转型发展建设，在京津冀一体化协同发展的征程中迸发出无限活力。北京现代紧紧围绕发展战略和宏伟目标，以更加宽广的思路，更加有力的举措，更加扎实的作风，打造尊重知识、尊重创造、尊重人才的北汽新文化，用科学化的机制发掘人才，用责任意识管理人才，用文化生态培养人才，用事业舞台凝聚人才，用人才建设书写着京津冀协同发展下的北京现代样本。

（北京现代汽车有限公司）

以人为本　文化筑基
构建本质安全型企业

华电青岛发电有限公司（前身为青岛发电厂）始建于1935年，是山东省供热能力最大的热电联产企业，也是青岛市最大的热源生产基地。

传承创新，突出特色，实现文化理念"人本化"

自2003年被中国企业文化研究会授予全国企业文化建设示范基地以来，华电青岛公司将安全文化建设作为丰富企业"路径开新"文化体系的重要手段和打造"本质安全型企业"的有效载体，坚持"以人为本、双线并进"的原则，发挥管理层和执行层的主观能动性，由公司层面结合自身历史传承和工作实际组织提炼具有共性的文化理念，注重挖掘"思想之源、行为之本"，杜绝生搬硬套模式，推行"双向"机制，自上而下凝聚全员共识，精心提炼了"以人为本，安全发展"的安全理念，"安全第一，预防为主，综合治理"的安全方针；"可控在控，本质安全"的安全目标；"人人无违章，安全有保障"的安全共识；"人人参与管理，事事遵章守法，处处不留隐患"的

安全管理观；"幸福之源，效益之本"的安全价值观；"保护自己，关爱他人"的安全道德观，坚持在管理中磨合，与职工联动创建，确保安全文化理念"人本化"，真正得到普遍认可、内化于心。同时，由分管生产系统的职能部室、生产车间结自身工作实际、岗位特点以及职工认同的价值观和行为准则，发动职工群众讨论，群策群力，精心提炼、绘制、培育本部门的安全文化品牌形象。各基层安全文化品牌创新，形象地充分体现了各层面、各专业特色，形成了"一条主线穿，各自放异彩"的安全文化构建格局。

把握重点，创新载体，实现宣传教育"多元化"

华电青岛公司充分利用各类宣传媒体，从视觉、听觉等多方面入手，发挥公司报、网站、宣传栏等宣传媒体的作用，在厂区、工作现场设置悬挂了大量的安全文化警示牌、告知牌、宣传牌和LED电子屏，大力宣传企业的安全理念和安全文化。通过多层次媒体和"三牌一屏"等宣传方式，保证职工始终能感受到强烈的安全文化气息，使安全理念渗透到整个生产经营活动中，营造"人人讲安全、时时讲安全"的良好氛围，促进了职工由"要我安全"向"我要安全、我会安全"的转变。

华电青岛公司把加强安全知识技能教育放在安全文化建设的重要位置，以"强化安全意识，提高安全素质和技术素质"为重点，持续开展安全教育培训活动，坚持月度安全分析会、安全学习日等制度，开展安全经验大家谈、典型事故案例分析等活动，组织职工学习、掌握各项规章制度、安全生产技术知识、紧急情况应急处理及逃生知识、自我保护知识等，并定期外出学习借鉴先进的安全生产科技知识，增强职工安全生产技术创新的能力，发挥广大职工在安全生产管理中的积极作用。通过全员操练，以练促学，唤醒职工对安全的渴望，在内心深处真正意会并烙入安全生产的理念，把理念化为行为习惯和价值取向，强化了教育效果，形成安全的习惯行为。为不断丰富学习教育载体，公司通过举办消防安全知识讲座、安全生产"一天一讲"、知识竞赛和"安康杯"有奖知识答卷等活动，以干部职工喜闻乐见的形式持续提高全员的安全知识，增强安全技能和反事故能力，消除事故处置短板，保障人身及设备安全，使"幸福之源，效益之本"的安全价值观深入人心。

完善机制，以人为本，实现制度导入"标准化"

增强安全文化的执行力，华电青岛公司企业按照国家有关突发事件应急管理要求，修订完善了企业总体应急预案和专项预案以及现场处置方案，提高了"预案"的指导性和可操作性，并制定了《安全工作管理标准》《安全生产奖惩制度》《职业卫生监督管理实施细则》等一系列的安全规章制度，建立职工安全档案，将安全绩效考核纳入奖金分配制度，建立完善的职业安全保障机制。在大小修期间，由于工作量大，人员紧张，通过出台了《安全措施交底书》，并对监护与被监护双方的责任作了详细规定，有效避免了出现"监护"真空。对《电力安全生产规程》和《热力工作安全规程》进行研究，最终形成了1381项标准安全措施，涵盖了机组大、小修，临修及日常消缺等全部现场工作，全面分析可能出现的风险，列出所有注意事项，形成了现行的《安全措施》，要求各级人员各司其职，层层把关，利用完整有序的反违章体系，把各种不安全因素及时消灭在萌芽状态，充分发挥了三级安全监督网的作用，确保各项安全生产工作处于有效的监督控制之下，约束员工作业行为，提高规章制度的执行力。

安全工作是一项长期、复杂、艰巨的工作，必须持之以恒，常抓不懈。华电青岛公司依据电力行业的规律、特点，建立可行的目标考核机制。先后制定了符合企业实际的《安全生产考核标准》《反违章考核办法》《生产外包工程安全考核办法》等19项考核办法，并将安全生产的内容列为全厂《经济责任制考核办法》的重点，实现安全管理考之有则、奖之有理、罚之有据，形成比较完备的考核体系。每年召开年度安全工作会议，确定一个年度或更长时期的安全考核机制和工作重点，干部职工始终保持一种丝毫不放松、不麻痹的思想状态。每个车间、部门根据自身情况制定相应的考核措施，确保将安全工作落到实处，保证企业安全文化建设的持久性。

注重细节，全面覆盖，实现安全治理"常态化"

以"可控在控，本质安全"为安全目标，华电青岛公司把提高设备安全稳定运行水平作为企业安全工作的重中之重，结合7S管理和精益管理实施，不断加强设备治理，完善安全设施，开展隐患排查，消除不安全因素，实现安全治理"常态化"，为安全生产提供保障。

作为一家拥有83年历史的"老"企业，华电青岛公司也面临着厂房设施陈旧、设备情况老化、行为习惯保守等问题，带来潜在安全隐患。为此，华电青岛发电有限公司将7S管理作为提升安全基础的有利抓手，把7S管理理念融入工作，将设备治理作为重点内容，理论成果结合岗位实践，认真践行以"整理、整顿、清扫、清洁、素养、安全、节约"为核心的7S理念。以大、小修为实践平台，以点带面，点面结合，对生产现场进行彻底的大清查、大检修、大扫除，消除设备跑、冒、滴、漏等亚健康状态，进一步提升机组安全、经济、环保运行水平，打造美丽整洁、文明和谐、安全可靠的生产环境，潜移默化地改变人的行为，提升安全素养。

加大安全设施投入。保证生产区域照明光线均匀、稳定，梯台及通道、平台符合要求，生产现场设备有防尘、防毒和防辐射功能，对危险源、污染源和困难源这"三源"问题进行排查。通过规范张贴明显标识说明，用颜色区分标记等方式，进一步提升生产现场的目视化水平，让运行巡检和设备检修等工作都能够在现场找到可视化的操作流程及管理标准，在达到提升设备治理和安全文明生产水平的同时，以规范的工作流程固化员工行为，严谨操作、避免安全隐患，保障人身安全，形成"人造环境、环境育人"的良性循环。

华电青岛公司坚持开展隐患排查，包括季节性安全检查（春季、秋冬季）、专业安全检查（防汛、防风暴潮、防雷、防震、迎峰度夏、防寒防冻、防火防爆、防触电、特种设备、危险化学品、装置性违章、重大节庆或重大事件前等），致力于为职工创造一个安全的作业环境。在运行方面，严格落实设备巡回检查制度，在暴雨、高温、严寒等恶劣天气情况下，重点部位缩短巡查周期、增加检查次数，保证巡检质量和巡检到位，对发现的隐患及时联系处理。检修方面，加强对设备的日常检查和维护，做到"电话一响，奔赴现场，消缺随叫随到"；对影响机组的重要隐患，分管领导做到跟踪消缺到位，提高设备缺陷消除率和消缺质量；对一时无法消除的缺陷，做好事故预案，检修人员也加强对设备的巡视，建立检查记录，对设备的状况做到心中有数，实现设备和人身安全的"双保险"。

（华电青岛发电有限公司）

构建特色安全文化　筑牢安全发展基石

华亭煤业集团是中国华能集团控股的以煤为主，煤电、煤化工和建材为延伸发展，集煤炭生产销售和洗选加工、建筑安装、机械制造、科研设计、多种经营、矿山救护、铁路运输等为一体的多元发展的大型能源化工企业。华亭煤业集团在中国华能"三色"文化的统领下，坚持建设以"母文化为统领、以子文化为展开的文化体系，形成了践行母文化共性与子文化个性、文化统一性与文化差异性和谐统一"的华亭煤业文化落地路径。

建塑特色鲜明安全理念文化，引领员工思想安全

建塑特色鲜明的安全理念文化根本就是用先进的安全理念引导员工的思想、心理、价值、行为取向，并为广大员工所理解和认同，牢固树立正确的安全观，促进其从根本上实现安全，发挥好对安全管理的导向作用。

一是建塑安全理念引领员工思想安全。华亭煤业集团始终坚持以人为本，大力宣贯和精心培育"安全就是效益、安全就是信誉、安全就是竞争力"的华能集团安全理念，"隐患就是事故，容人不容'三违'"的华亭煤业安全理念，持续通过安全愿景鼓舞员工、安全发展绩效激励员工、安全发展形势引导员工、安全发展历程感化员工，使广大员工牢记并践行安全理念，树立正确的安全观，坚守底线、不越红线、敬畏生命。

二是典型示范、带动、引领员工思想安全。华亭煤业集团运用各类媒体平台，大力培养、选树、宣传、推广各类安全先进典型事迹和作风，大张旗鼓表彰激励安全生产员工，用身边的人、身边事教育引导员工，用榜样的力量带动员工，激发广大员工热爱岗位，恪守职责，上标准岗，干放心活。

三是开展安全活动引领员工思想安全。华亭煤业集团通过组织开展"安全生产月"、讲述身边发生的安全故事、争创安全教育先进班组和争当"安全标兵"等主题实践活动，让员工从活动中受到启迪、警示和熏陶，在参与中提高意识。

四是加强安全教育引领员工思想安全。围绕"安全是什么、标准是什么、目标是什么、我要干什么、我该怎么干"，强化安全"六法"教育，传播普及安全文化、安全知识和提高安全技能，从而达到启发人、教育人、提高人、约束人的目的，提高全体员工的安全文化素质。

建立有效管用的安全制度文化，规范员工落实安全

围绕华能集团安全绩效管理的制度安排，我们把握安全制度建设的过程。安全制度文化体现在安全管理各项制度中，安全制度就是安全文化核心理念的载体。先进的、科学的安全理念建立在制度建设强有力的支持下，使安全管理收到事半功倍的效果。

一是制订严格制度，规范员工落实安全。建立健全切合实际的安全管理制度体系，全面推行员工"6S＋T"行为规范管理和"4C"标准管理、"两述一化"管理、班前会"十步"流程、班组核算管理、PDCA闭环管理等方法，规范岗位标准，严格考核奖罚，促使员工严格按章作业，按制度办事。

二是加强员工培训，规范员工落实安全。大力开展新员工入企全面培训、岗位员工持续培训、工作现场"帮带"培训，坚持"一周一题""一月一考"，持续开展全员岗位练兵、技术比武，使员工熟练掌握岗位应知、应会和安全操作规程，不断适应岗位安全发展需要。

三是推进班组安全，规范员工落实安全。坚持推行班组安全管理，加大班组安全检查考核力度，通过开展班组"百日安全无事故"和"创建安全先进班组、争当安全生产标兵"等活动，增强员工的业务技术知识，提高员工的安全意识，规范操作程序，保证班组"个人无'三违'、身边无事故"。

四是强化严格执行，规范员工落实安全。严格遵循安全管理人本化、精细化、军事化、标准化，坚持不懈地推行全员准军事化管理、特殊工种全员岗位技能练兵比赛、精细化管理等，建立了个人、班组、区队、矿井安全生产评价体系，保证个人有承诺、团队有公约、执行有规范、考核有标准，从根本上实现了安全闭环规范管理。

培育规范有序的安全行为文化，固化员工行为安全

华亭煤业集团培育科学安全行为的目的是要达到控制人失误的目的，同时要激励人的行为安全。

行为决定结果，保证人的行为安全，就是要注重把员工行为养成作为重点来抓，改变员工的不安全行为，让员工自觉摒弃"三违""三惯"陋习，养成良好的生产作业习惯，进一步提高员工的自控能力。

一是良好行为养成，固化员工安全行为。以员工行为规范为准则，规范工作标准，规范操作程序，规范操作要领，确保各层级、各岗位形象规范、行为规范，养成良好的操作行为，使各生产环节都处于标准规范要求之内，让安全理念成为行为习惯，以员工良好的职业形象确保企业的形象安全。

二是注重道德实践，固化员工行为安全。注重员工道德安全建设，形成并广泛践行"忠诚于岗位、诚信于安全、友善于他人、回馈于社会"的华煤员工道德理念，引导员工真心诚意爱护岗位、尽心尽力尽责岗位，始终承诺安全、践诺安全、兑诺安全，不伤害自己、不伤害他人、不被他人所伤害。

三是安全亲情教育，固化员工安全行为。通过征集家属安全祝福语、井口送温暖、安全联保座谈会、亲情帮教等活动，让职工家属用亲情、友情、爱情、真情去关注安全，筑牢安全第二道防线。对职工每月出勤、工作、安全等情况制作成亲情卡，寄送员工家属，定期采集家属反馈意见，全面了解每一名员工的思想、身体、心理、社交等影响安全行为的动态状况。

四是培育团队精神，固化员工行为安全。大力推行"自保、互保、联保"的共同安保机制，要求每位员工都从自身做起，做到安全上岗、安全作业，每个人既是安全生产者也是安全管理者。在自主安保的同时，时刻监督提醒工友注意安全，从而实现"自保保个人、互保保工友、联保保团队"，培育团队精神，形成凝聚力和向心力。

强化保障有力的安全物质文化，保证员工生产安全

华亭煤业集团安全物质文化是指整个生产经营活动中所使用的保护员工身心安全与健康的工具、原料、设施、工艺、仪器仪表、护品护具等安全器物和生产作业环境。建立保障有力的安全物质文化的实质就是提升设备设施与作业环境本质安全化水平，保障员工在作业场所不因设施设备的不安全和环境条件的不安全而被伤害，减少或消除生产事故和意外灾害，弥补人为疏漏，从而赢得企业持续、长久、安全发展。

一是加大安全投入保证安全。全面推进矿井技术改造，加大安全投入，实现了"采掘机械化、运输皮带化、支护锚网化、监测监控网络化和办公自动化"的"五化"工程，建设并保证了"六大系统"完好运行，增强了企业安全的管控能力。截止目前华亭煤业集团公司有二对矿井实现连续安全生产 4000 天以上、一对矿井实现连续安全生产 2000 天以上、二对矿井实现连续安全生产 1000 天以上。

二是加大科技攻关保证安全。在加强煤矿日常安全管理的基础上，华亭煤业集团公司针对强矿压、大倾角综采综放、千米深井冻结法施工、特厚易燃松软煤层综放开采等影响安全生产的世界性技术难题，通过邀请专家、院企合作、技术攻关，推广应用新技术、新工艺，彻底攻克各种技术难题，树立了安全生产的良好形象。

三是抓好环境建设保证安全。华亭煤业集团公司不断延伸开展文明巷道、硐室、机房等创建活动，建立井上、井下安全文化长廊，全方位悬挂安全警示牌板，从员工入井的听觉、视觉等方面提醒员工安全生产。加大井下人员运输车辆投入，完善员工食堂、住宅、浴池、交通和供暖、供水设施，全面落实员工安全劳动保护措施，为员工创造安全、舒适的生活、工作条件。

四是发动全员参与保证安全。华亭煤业集团公司始终坚持"党政工团、齐抓共管"的安全生产格局，形成了全员、全方位、全过程、全天候抓安全管理工作的强大合力。始终坚持把各级干部表率带头作为重要保证，教育各级干部带头落实安全教育培训、制度规定、监督检查、惩处问责等各项管理职责，强化现场管理，带动和促进安全管理的平稳发展。

（华亭煤业集团有限责任公司）

文化牵引　创新驱动
打造百年恒瑞品牌

"中国医药看江苏，江苏医药看恒瑞"是国内医药行业的一句赞誉。恒瑞医药，始建于 1970 年的江苏省连云港市，历经 48 年的发展，已成长为国内最具创新能力的现代化大型制药企业之一。目前恒瑞医药公司共有 200 多项发明专利，2018 年以 3000

亿元市值位列国内医药股榜首。

恒瑞品牌文化在致力于人类健康事业中创造特色

恒瑞医药创业之初的 20 世纪 90 年代，人们在生活水平提高的同时忽视了健康饮食，导致高血压、高血脂、高血糖等"富贵病"大量出现，心脑血管疾病患者急剧增加，特别是癌症患者只能依靠价格昂贵的进口药来勉强维持治疗，最后大多人会因经济无力承受而中断治疗。所有这些都给恒瑞医药股份有限公司董事长孙飘扬以深深震撼，感到作为一名制药人肩上的民族重任。从那时起，他就把"以优良的药品品质，致力于人类的健康事业"作为企业永恒不变的价值观和自己一生的追求，并以此构建企业文化核心体系，使恒瑞医药公司成为真正服务社会、造福百姓的企业。

恒瑞医药公司的利润百分之百来自主业，多年来一直秉持"关爱人类健康"的宗旨，抵御外界所有诱惑，大力发展民族药业，专心将主业做到极致，正是这种专注和坚守，才使之尝到了常人所不能尝到的甘饴。

恒瑞医药孙飘扬董事长认为：如果无药可治，不仅关系到一个患者的生存，还关系到一个家庭的幸福；药品的根本在于品质，就是品牌和质量。质量是企业的生命线，是企业品牌的支撑点。如果一个产品的质量出现问题，就可能导致整个企业的衰亡，更会对人民群众的生命安全造成伤害。追求卓越品质，最好的办法就是参与国际高标准的竞争，走向国际化。正是这种心系国家和人民的情怀，使关爱健康的品牌特色成为恒瑞发展的磐石和根基，让恒瑞自觉担当起民族制药企业的重任，塑造出中国医药民族产业的品牌和荣耀。

恒瑞品牌文化在传承创新中形成体系

恒瑞医药的发展史，既是企业从小到大的经济发展史，也是企业文化积淀、传承、创新的发展史。一代又一代的恒瑞人无怨无悔地为企业的发展耕耘和奉献着。在他们身上充分体现了坚韧不拔的进取精神，敢打硬仗的拼搏精神，埋头苦干的务实精神，荣辱与共的团队精神，形成支撑恒瑞医药发展的精神支柱。

如"艰苦奋斗，团结拼搏；做大做强，做精做

优；求实创新，追求卓越"的企业精神；"科技领先，为人类创造健康生活每一天"的企业使命；"忠诚企业，勤奋工作；团结互助，坦诚待人；诚实守信，遵纪守法"的员工行为准则；"用心对待，注重细节；反应敏捷，追求完美"的工作作风；"力争用最短时间，把恒瑞医药建设成由仿制转为创新，运营科学，业绩卓越，成药走出国门的民族医药核心企业、国内一流制药企业"的宏伟愿景，也得到了员工的广泛认同和追求，并成为引导、激励员工的精神目标和实现企业跨越式发展的文化支撑。

恒瑞医药攻公司坚持将企业文化建设的重心放在一线，致力于载体创新，基础夯实，典型引路，扎实推动企业文化建设落地生根。通过建设企业文化展览室、制作企业文化网络平台、创办《恒瑞青年》《制剂人文》《原料人》等企业报刊、开设文化专题讲座、开展系列读书活动、举办企业文化节等多种方式，创新文化建设载体，加大企业核心价值理念的推介力度。通过强化职工书屋、企业大学、业余党校建设，开展"道德讲堂进基层""学习感动中国人物，奉献岗位争创先锋""传统文化从《弟子规》做起"等主题教育活动，设计制定《企业文化手册》，推行文化项目达标验收等措施，丰富了基层一线文化内涵。通过选树宣传企业劳模、优秀员工、感动恒瑞十大杰出人物、志愿者之星等，营造了浓厚的文化建设氛围。

恒瑞品牌文化在实践探索中引领企业发展

创业伊始，在"科技兴企"的战略思路引导下，恒瑞医药公司选择肿瘤药、心血管药作为产品技术创新的突破口，重点发展新特药。这一重大决策，标志着恒瑞的产品市场定位和技术创新的主攻方向正式确立，从此企业找到了一条求生存、谋发展的新路。

在实施"科技兴企"战略的同时，恒瑞医药公司认识到科技实力的竞争，就是人才的竞争，开始实施人才"三引三留"工程，营造利于人才创业的氛围，倡导重视人才的理念，从而吸引了大批人才，逐步建立起良好的用人文化氛围，使一大批优秀人才脱颖而出，成为科研和管理的带头人。通过"灵瑞计划""新瑞计划"等人才培养工程，为不同类型员工设计职业规划，精心营造尊重人才的氛围，为企业发展提供了强有力的智力支撑。

企业初具规模，恒瑞医药公司确立了进一步加强技术与制度创新，实现从仿制向创仿结合转变，从产品经营向资本经营转变，建立现代企业制度的道路。期间投资 3000 多万元建立的企业技术中心被评定为国家级企业技术中心，建立了国家级博士后科研工作站及上海恒瑞科研基地。早在 2000 年 9 月 7 日，恒瑞医药 A 股股票在沪市发行，全面提高了企业的竞争力，迅速进入了全国化学制药行业二十强。

在"产品是基础，销售是关键，品牌是优势"的理念引导下，恒瑞医药公司抗肿瘤药物的研发、生产、销售经过 20 多年的发展，产品在中国肿瘤患者中得到了广泛地使用，而且部分产品通过了美国 FDA 和欧盟的检查，打入欧美市场。恒瑞医药公司提出坚持走"科技创新和国际化"两大战略的道路，重心放在"创新"上。这一阶段企业面临的竞争更加激烈，恒瑞医药公司将培育员工的"危机感、紧迫感与责任感"作为企业文化的主题，号召员工"善于谋划，敢为人先，敢打敢拼，争做表率"，以创新的理念和创优的意识，为企业发展做贡献。

2015 年，恒瑞医药公司将海外战略提到战略首位，展开欧美、日本及澳洲等发达市场的申报销售工作。在美国、日本和国内的上海、成都等地分别建立了研究中心和临床医学部，恒瑞医药公司拥有各类高层次专业技术人员 1300 余名，其中有 500 多名博士、硕士及海归人士，拥有非常丰富的产品线，创新药阿帕替尼等多个产品成为公司新的增长点。

恒瑞品牌文化在发挥党建功能中提升品质

恒瑞医药公司党委牢牢把握正确的发展方向。坚持思想引领，通过党委中心组、报告会、集中研讨等方式，认真学习新理论，推动思想解放，理清发展思路，坚持探索创新，大力开展"全员创先争优""优秀班组创建""党员先锋岗争创"等主题活动，以学习模范、科研骨干、生产标兵、管理楷模、技术能手、销售状元、市场先锋等一大批先进人物来带动全员，推动了党建工作与中心任务的有机结合。

恒瑞医药公司始终坚持"企业财富由员工创造，应惠及员工，共享发展成果"的理念，开展和谐企业创建，在确保员工收入随企业发展同步增长的同时，积极为员工办实事，规划职业生涯，解决后顾之忧。先后投资数百万元与南京大学联办化学工程硕士研究生班，与中国药科大学联办研究生课程进修班，

支持 200 多名骨干员工进行在职深造，组织上千名骨干赴青岛海尔、浙江杰克、韩国现代、三星等优秀企业参观学习。

每年开展入职纪念活动、向员工提供生日礼物、结婚贺礼、旅游考察、住房补贴等各项福利。每年支出 50 多万元用于员工子女医疗费用，"职工大病救助基金""职工爱心救助基金"及"金秋爱心奖助学基金"常态化运作多年，每年用于救助的基金达 200 多万元。每年发放员工住房补贴 400 万元、提供无息购房贷款 300 多万元，总建筑面积 39 万平方米的 20 幢东方瑞园员工住宅小区竣工使用，投资 1.1 亿元，总建筑面积 5 万平方米的首期 6 幢瑞园青年公寓投入使用，配置了热水器、空调、家具、网络及活动室、超市、食堂等各类配套生活设施，极大地提高了员工的生活质量。所有这些有效地缓解了员工就医难、购房难、子女就学难等实际困难，使员工感受到了企业的关怀与温暖。

恒心致远，瑞颐人生。恒瑞医药将继续"致力于人类健康"的品牌文化建设，为打造百年民族制药企业不断实现新的跨越和突破。

（作者赵霞，系江苏恒瑞医药股份有限公司企业文化部部长）

以企业文化打造幸福企业

江苏南极机械是一家军民融合生产企业，主要从事舰船防污染设备、舰船动力系统轴舵系列产品，以及其他舱室机械产品的研发与制造，产品销往全国各大、中型船厂，被南极长城站、中山站、极地号科学考察船、远望系列号测量船、辽宁舰及赴索马里护航编队等国家重点船舶和相关工程广泛选用，并配套出口十多个国家和地区。

一、以文化打造幸福企业的背景

一是应对国际竞争的现实需要。船舶装备业是一种高技术、高投入、高风险、高门槛的产业，国际竞争相当激烈。党的十八大、十九大提出了建设"海洋强国"的战略任务，这既凸显了海洋资源对我国经济发展的战略性支撑作用，也对船舶工业提出了更高要求。为应对日益激烈的国际竞争，实现船舶装备制造业领军企业的远大目标，振兴我国船舶

业、实现强国强军梦，需要和谐的劳资关系和稳定高效的员工队伍，需要实施以幸福文化为引领的和谐劳动关系管理。

二是实现社会和谐发展的需要。企业是社会的一分子，家庭是社会的重要元素，员工是社会的细胞。用文化打造幸福企业，实现每个员工、每个家庭的梦想，是企业义不容辞的责任。因此，认真倾听员工的呼声、回应员工的期待，让发展的成果更多、更公平地惠及全体员工，有利于提高员工对企业忠诚度、对社会的满意度，有利于社会的稳定与和谐发展。

三是企业健康、持续发展的需要。船舶装备制造业有三大特征：资本密集、技术密集、劳动密集。行业特征要求南极机械公司除了投入大量的资本之外，还需要确保大量的人力参与产品的制造过程，而且对技术和智力要素的依赖大大超过其他行业。南极机械公司通过树立幸福企业文化理念，以幸福文化打造幸福企业，凝聚员工精、气、神，才能克服行业弊端，规避不利因素，破解发展难题，提升自身综合竞争力，实现自我突破与可持续发展。

二、让特色文化全面落地

（一）制定企业文化体系和战略

一是南极机械公司领导层对企业文化工作给予高度支持，建立了幸福文化体系基层调查制度、专家咨询制度、民主决策制度、奖励激励制度、责任追究制度，保证幸福企业文化体系战略实施方案持续、有效推进。

二是成立了由南极机械公司一把手担任主任，各董事会成员任副主任的企业文化管理委员会，下设工资保障、安全管理、互助机制、员工培训、文体活动、品牌建设6个工作小组（分别由部门负责人担任），各小组按照职责范围，确定岗位，制定考核细则，形成管理委员负责部门，部门负责车间的上下联通工作机制。

三是编制了详细的工作经费预算，采用了使用清单。南极机械公司设立了企业文化专项资金，专门用于环境改善、文化培训、员工旅游、奖学助学、扶贫助残、应急互助等项目。年投入数额不低于公司销售收入的1.2%，其中用于员工购买商品房的经费不低于专项资金的50%。

（二）构建绩效优先与公平机制

南极机械公司建立了科学的绩效考核体系和考核流程。包括：量化指标、开放标准、全面考核。每月考核结果既是每月工资发放依据，又是年度考核依据。通过绩效考核，内部管理由"粗放型"向"精细型"转变，对员工的评价由"印象分"向"数据分"转化，员工的收入由单一型向多元化发展，让员工享受"名利双赢"的获得感。

同时，建立并完善了工资集体协商机制，按照"掌握政策依据、贴近企业实际、工会科学运作、多方协调配合、员工当家作主、员工和企业双赢"的原则，坚持把劳动定额、工资分配、增长幅度等纳入协商范围。南极机械公司专门成立了工资协商工作领导小组，在每年职代会召开前由行政部门主动向工会提出协商要求。党组织和工会对工资集体协议履行情况进行监督检查，形成书面报告，提交职代会审议并监督执行，公司将薪酬与员工个人的贡献、与企业的经济效益挂钩。

（三）探索有效的员工培训方式

一是建立有效的保障机制，实现培训工作的制度化和规范化，满足员工快乐成长的需要。我们以"南极大讲堂"为阵地，成立了"员工培训中心"，逐年加大员工培训专项资金投入。企业高层领导定期为全体员工做专题讲座，并聘请院校专家、学者为员工上课。

二是培训具有针对性，既覆盖全部又突出重点，满足企业发展的需要。狠抓了营销员培训，努力让他们掌握《孙子兵法与企业兵法》，并使用"追求利润，但不唯利是图；勇于竞争，但不伤天害理；等价交换，但不斤斤计较"的"为商三原则"，妥善处理与业务单位及竞争者之间的关系，为争取实现双赢，建立了一支优秀的营销队伍。

三是对参加培训后进步快的员工，实行专项奖励，即：技术人员评上中级职称奖励2000元；评上高级职称奖励5000元；普通操作工获得技师证奖励1000元；被评上省市首席技师奖励10000元。这些激励措施取得了积极的效果，目前科技创新人才占南极机械公司员工总数的1/5，技能型人才的比例则高达50%。

（四）搭建员工公平晋升的平台

我们本着"德才兼备，以德为先"的原则，在用人方式上，注重德的修炼和提升，才的磨炼和完备。

坚持"任人唯贤，机会均等"原则，让员工共同拥有人生出彩的机会，共同获得和公司一起成长与进步的平台。

南极机械公司每年都要根据员工文化层次、岗位特点、生产需要，举行各种考核和技能竞赛，通过竞赛，激励先进，鼓励后进，带动全体，人人得到学习和成长的良机，多次组队代表公司、代表泰兴市外出参加高层次、高级别的技能竞赛，并连获奖项。现在南极机械公司的高层领导、部门主要负责人，基本都是昔日的生产能手、竞赛冠军、科技带头人。

人人可以参与竞聘。南极机械公司的竞聘上岗坚持"公开、平等、竞争、择优"原则，凡是符合基本资格条件的，都可以参加竞聘。通过自愿报名、资格审核、竞聘演讲、投票选举等程序，民主产生相关部门、车间负责人、班组长。破除论资排辈的世俗观念，拓宽了人才的选拔渠道，促进了干部能上能下和优秀人才的脱颖而出，提高了人才管理的透明度和人才队伍的整体素质，从源头上控制了用人不对口的倾向。

（五）拓宽内部沟通和交流渠道

"团结"是南极精神的要素之一，"沟通"是提升幸福感的措施之一。从 2010 年开始，我们向每一位员工发放"知音卡"，上面印有公司领导的姓名和联系方式。只要员工对于公司制度、考核、劳动报酬有所困惑，或者在车间管理方式、产品开发上有什么意见或建议时，都可以第一时间咨询公司高层领导，为员工排忧解难。南极机械公司持续推行"金点子工程"，由工会负责发动一线员工围绕队伍建设、内部管理、产品质量、技术创新、企业文化、安全生产、后勤服务等方面提出有价值、可实施的合理化建议，解决了员工最关心、最直接、最现实的利益问题以及有关企业发展的突出问题。公司内部还利用《南极报》、网站、QQ 群和微信等传播平台，广泛宣传各科室、各车间的先进典型人物和事迹，让大家学以致用，形成了比学赶帮、创先、创优的工作氛围，推动了"幸福企业文化建设"工作的进展。

（六）构建多维度关爱员工机制

我们在泰兴率先实行了员工免费工作餐，率先用专车接送员工上下班，率先组织员工旅游，率先为员工购买商品房的基础上，从 2011 年开始提出为员工办 20 件实事、好事，如为员工结婚免费提供轿车服务，奖励高考学子，设立内部医保基金会，公司领导亲自到突发事件员工家庭中进行慰问等。并且出台了配套的实施细则，对每件实事都作了具体规定。公司还把关心女性员工列入服务工作"最后一公里"的重要任务，在泰州市率先建起"爱心妈咪屋"和"女工休息室"，帮助她们体面劳动、安心工作，解决了女工的实际问题。如今，公司 80% 员工在城区买了商品房，90% 的年轻员工实现了"轿车梦"。

（七）夯实幸福企业的物质基础

在创新的驱动下，南极机械公司新产品开发如火如荼，不断夯实幸福企业经济基础。特别是船舶生活污水产品类已经发展到第六代。尤其是第五代产品，采用膜法处理工艺，打破了全船污水处理设备技术的瓶颈，获得美国海岸警卫队 USCG 和欧盟 EC 证书，被列为国家高新技术产品和江苏省科技成果转化专项资金项目。自主研发的"大中型舰船中间轴承"填补了国内空白，替代了进口，完成了国家战略任务。自主研发了"倪氏船舶压载水管理系统"，在 2016 年国家工信部、国防科工局、全国工商联联合举办的（首届）中国军民两用技术创新应用大赛中，获得了全国海洋工程装备和高技术船舶领域唯一的金奖。南极人又为实施国家战略做出了重大贡献，也使"幸福企业"成了我们的名片！

（江苏南极机械有限责任公司）

借力"一带一路"实施"互联港＋"
创新企业管理文化让百年老港涅槃重生

营口港对外开埠于 1861 年，现有营口、鲅鱼圈、仙人岛、盘锦、绥中五个港区，整体区位优势突出，地处"丝绸之路经济带"和"海上丝绸之路"的交汇区及"京津冀协同发展"与"东北老工业基地振兴"两大战略区的结合部，是国家"一带一路"倡议中既在"带"上又在"路"上的港口，是"丝绸之路经济带"东线在中国境内的最近出海口，是承接中欧物流运输重要的中转港，也是沈阳经济区、环渤海经济区的重要枢纽港。

一、港口的历史文化积淀

（一）老码头精神塑造了营口港之"魂"

"老码头精神"是营口港之魂。"老码头精神"就是"不怕吃苦，不怕吃亏，顶着压力，冒着风险，勇于创新，敢于担当，无私奉献，忘我工作"。

从1984年建设新港区开始，老一辈港口建设者顶严寒冒酷暑，风里来雨里去，舍小家为大家，在码头前沿住板房，现场就是家，家就在建设工地。经过两年的努力，第一个煤码头正式投产，标志着营口港正式从辽河走向大海。之后到1988年，营口港吞吐量突破了100万吨，到1995年达到1000万吨，当时营口港人为之欢呼雀跃，还举行了隆重的庆祝活动。之后就提出了"管好一期，建好二期，争上三期"的目标。2002年营口港提出了亿吨构想，当时营口港吞吐量不过3000万吨，很多人都提出质疑，怀疑这是空想，但是，事实证明，营口港人只用了5年时间，就让这一构想变成了现实。2007年突破亿吨，2010年超越2亿吨，2012年就又突破了3亿吨。2015年，营口港又在"一带一路"建设中崭露头角，使一个并不在国家建设规划中的港口硬是打通了东部通往俄罗斯—欧洲的通道，而且始终秉承市场化运作的理念，成为各地定价的标杆。

营口港"老码头精神"的传承与发扬，让很多事情在营口港从不能变成了可能，直至现实。也正是"老码头精神"的传承与发扬，让很多困难甚至坎坷变成了坦途，直至走向新的胜利。

（二）"大比武"文化练就了营口港之"功"

营口港从"冬暖"活动开始，就开展了车船竞赛，按类别、按吨位进行划分比较，比效率、比效益、比效果。进行了几年之后，对比武内容进行了细分，从整体转向个人，对生产的各个方面、各个工种的工人进行同类别竞赛。在"大比武"文化的感召下，"比、学、赶、帮、超"的氛围在营口港日渐浓厚，有的单位还以比武优胜者的名字命名工作室，形成传帮带。通过"大比武"这个载体，港口工人们学技术的兴趣更浓了，工作闲暇时练绝活的自觉性更高了，工作起来更有"奔头"了。正是有了"大比武"这个载体，港口工人的技术水平在不断提升，港口装卸每年都有新的纪录产生，每年港口都会有新的货种出现；也正是有了"大比武"载体，港口的内功在不断增强，港口的竞争力与日俱增，同样一艘船，提前一天装卸完，对货主而言，就是一笔不小的效益，营口港的美誉度不断提升。

（三）"冬暖"文化彰显了营口港之"亲"

营口港从2003年开始开展"冬暖"活动，时间是每年的12月1日至次年的2月底，至今已经坚持了15年。

营口港从集团领导到基层公司的管理人员，自发捐款，管理人员每天24小时值班，为一线工人送姜糖水，协调交接班和生产环节，每天在码头现场都让工人看到"冬暖"值班车和值班人员。通过"冬暖"这种形式，让情谊传达和传递。工人们无论走到哪里，感到的都是温暖，这使工人们增添了对港口的忠诚度，对管理人员的信任，也密切了干群关系。

二、新领导上任后对优秀历史文化传承及创新管理文化的认识及要求

2015年4月营口港新领导班子上任提出了"一二三四"的理念，即"一"条主线：做大存量，转型升级；"两"大战略："TEU"战略和"互联港＋"战略；"三"家文化：守住家业，立好家规，树好家风；"四"新气象：以新的形象、新的状态、新的招法踏上新的征程。

营口港的干部员工快速响应，积极行动，让"家"文化成为员工思想行为的主旋律。积极培育"家"文化，就是要守住一份家业，严明一套家规，树立一种家风，将港口基业做大做强，全面提升职工的幸福感和获得感，促进港口和谐健康发展。

一是以"家"文化引领港口发展。营口港通过培育、塑造先进的"家"文化，树立职工的主人翁意识，把感恩之情融化于日常工作，正面引导广大职工主动投身到港口大家庭的发展建设中来。注重传承建港初期的"老码头精神"，大力弘扬迎难而上、奋勇拼搏的意志品质，积极倡导勇于创新、敢于担当的工作作风，把"家"文化渗透到生产经营各个方面，激发全港上下干事创业的内生动力。

"家"文化体现在对困难职工的关心上。营口港集团设立医疗帮困基金和扶贫帮困基金，同时加大补助的力度，每年按照基层上报的困难职工情况和因病致贫的情况，严格审核，让营口港的员工病有所医，不让员工因为个人或家属患重大疾病在港口的发展进程中掉队。"家"文化体现在干部的培养和使用上，集团新的领导班子在干部培养方面大胆创新，创新交流方式，与沈阳铁路局进行交流，与兄弟港口进行交流，与合作伙伴进行交流，包括与俄罗斯铁路股份有限公司的交流。

"家"文化还体现在对港口青年职工的管理创新

上，营口港集团从 2015 年开始设立了创业基金，每年拿出 2000 万元鼓励青年职工进行创业，并成立青年创业中心，在政策上把握，在方法上培训，在操作上指导，让有志青年在港口发展的新征程上另辟蹊径，走出一条不寻常路。

二是以严明的家规培养纯正的家风。营口港不断完善规章制度，坚决实施有效监督，促使全港党员干部增强自律意识、树立制度敬畏、涵养法治思维，学会在约束下工作，在监督下用权，时刻不忘按制度、按规矩办事，自觉远离职务犯罪和政治腐败，营造廉洁从业的良好发展氛围，全力以赴把"家"建设好、经营好。与此同时，集团加大对干部的处罚力度，真正体现出了干部能上能下的机制。

三是以成果共享促进家庭和谐。开展职工趣味运动会、职工文化月、群众性合理化建议征集等活动，把全体职工的积极性、创造性和聪明才智最大限度地调动起来、发挥出来。逐步提高职工生活水平，开展形式多样的文化活动，特别关注困难群体，切实把广大职工的根本利益实现好、维护好。

三、管理创新出成效

2015 年 9 月 3 日，在中俄两国元首的见证下，营口港与俄罗斯铁路股份有限公司在人民大会堂签订合作备忘录，实现了两国元首倡议的两大国家战略对接，确定了三个方向四个领域的合作项目，合作进展情况良好。

中国东部地区经满洲里口岸出境的所有中欧班列，近 50% 是由营口港集结发送的。目前已开通营口港—莫斯科、营口港—华沙、营口港—岑特罗利特、营口港—多布拉、营口港—（俄罗斯）卡卢加、盘锦港—莫斯科 6 条国际直达班列。2015 年，"营满欧"大陆桥完成 2.5 万 TEU，占满洲里口岸出境量的 50%，排名全国第一。

2016 年 3 月 30 日，"营满欧"海铁联运大通道的首趟回程班列从俄罗斯新西伯利亚·克列西哈发出，4 月 9 日，经满洲里口岸入境运抵营口港。该回程班列满载 45 个 40 英尺集装箱的木制品，将以营口港为分拨中心，在鲅鱼圈口岸清关后，通过海运的方式分拨至天津、上海、广州等地。

TREST 是营口港与俄铁集装箱公司、莫斯科霍夫里诺车站联合打造的快速直达国际班列，是营口港相继开通 6 条中欧班列后，再推出的一个高端服务品牌。

"营满欧"回程班列是营口港积极落实与俄罗斯铁路股份有限公司签署的《合作备忘录》，营口港与俄铁的合作进入全面合作的新提升阶段。

在腹地经济增速大幅下滑的情况下，营口港突出重围，实现逆势增长。一家百年老港，如何焕发新活力？营口港的答案是借力"一带一路"倡议，实施"互联港＋"战略，创新企业管理文化，让百年老港涅槃重生。届时，营口港将在"一带一路"建设和辽宁老工业基地振兴中发挥更大的作用。

（营口港务集团有限公司）

重融合筑文化　助推企业科学发展

重庆化医控股（集团）公司是由重庆市政府出资组建的国有独资大型控股集团公司，集团涉及化工、医药、盐业共 18 个生产和销售领域。面对国有企业宣传舆论工作面临的新形势、新变化，重庆化医集团主动适应全媒体时代"分享、发现、使用"的核心理念，为企业提质增效提供坚强有力的文化动力和舆论支持。

一、从机制上融合，夯实集团全方位传播企业文化基础

强化领导机制。重庆化医集团党委书记、董事长负总责，集团办公室具体主抓企业文化建设工作。集团所属二级企业相应成立了企业文化建设领导小组，完善了组织架构，明确了工作职责，修订了制度办法，形成了责任体系。逐步形成了"专注精进，追求美好"的企业精神和"跨界融合、创新发展、清廉务实、团结奋进"的企业价值观。

强化制度机制。重庆化医集团制定了《集团企业文化建设规划》，印发了《重庆化医集团企业文化建设实施方案》，创办了内部报刊《重庆化医》、重庆化医门户网站，开办了集团微信公众平台。集团所属二级企业也创办了内部报刊、门户网站、电视台、微博和微信等全媒体平台，在集团系统内部培养建立起 2000 多人的通信员队伍，为全媒体传播奠定了良好格局。

强化示范机制。重庆化医集团积极培养树立企业文化建设典型单位，发挥其表率示范、以点带面

的作用。集团所属二级企业重庆医药集团着重打造"让老百姓用上放心药"的子文化、重庆盐业集团着重打造"美好生活、重盐开始"的子文化，分别创建为全国文明单位和基层企业文化建设示范基地，极好地发挥了对集团所属企业的示范引领作用。

二、从形式上融合，拓宽集团企业文化传播渠道

重庆化医集团紧跟时代发展，创新观念、内容、形式，巩固和拓展舆论阵地，努力做到互补、互动、互融，建立起报纸、杂志、网站、微博、微信"五位一体"的宣传平台。

力求推陈出新办好内部报刊《重庆化医》，坚持服务企业改革发展。力求高起点、前瞻性、导向性与大众化、通俗化相结合，着力宣传国有企业改革发展和化工、医药行业重大政策信息，反映重庆化医集团工作动态，展示集团发展业绩，推动集团文化建设。《重庆化医》累计开设了涵盖"集团要闻""热点聚焦""改革实践""党建天地""企业文化""学习园地"六类50多个栏目，紧紧围绕集团党委的决策部署，围绕生产经营中心，围绕职工关心议论的"热点"，不断对栏目进行调整更新，不断创新，改进文风，做活报道，增强作品的可读性和感染力，最大限度地满足了集团全系统宣传、交流、学习需求。

坚持规范化运作。重庆化医集团投入大量人力、物力、财力，成立《重庆化医》编辑部，引进专业人员，制定了规范的采编流程，细化各个环节的工作分工，由集团党委办公室全面部署采访任务，对采编的信息内容进行统一调度，逐步完善了内部报刊工作的制度化建设，着力打造优质的新闻产品。

重庆化医集团注重文化专员队伍建设。构建了"金字塔式"宣传队伍，在集团全系统建立了22个二级企业宣传工作站、200个三级企业宣传工作站，每年开办通信员培训班，全面提高综合素质。建立"重庆化医宣传工作"群，适时与通信员互动交流，点对点培训，解答疑难。集团将宣传工作纳入考核，年度评选优秀通信员给予表彰奖励，有效调动了通信员工作积极性。

重庆化医集团注重传播实效建设好门户网站。整合信息资源、重点突出。重庆化医集团网站主要以提高公司形象、方便产品宣传、为国内外客户提供优质服务、提升集团的影响力为目的，在网站的栏目设置、功能设计、服务内容和表现形式等方面作了较大地努力，进一步整合公司信息资源，为客户提供更加全面、高效、便捷的服务。集团对门户网站进行了全新改版，在栏目设置上更加突出集团的中心工作和宣传重点，着力展示集团公司的目标战略、重大举措、先进事迹、典型经验、党建工作，着力展示集团和成员单位的工作成就、精神风貌等，设立了"化医要闻""化医党建""化医文化""化医产品"等栏目，在版面设计上做到简洁明快，实现网站的焕然一新，在外树形象、内聚合力方面发挥了重要的作用。

抢占网络新阵地办好微信平台。重庆化医集团微信公众平台注重时效，坚持及时、高效地传播集团的企业文化体系和建设思路。主要登载集团的重大会议、项目动态、文化活动，让广大职工随时随地都可以通过手机了解集团工作动态，打开网页各项重点工作一目了然。通过交流，广大职工还可在微信群里进行交流沟通，增加了学习的互动性。

三、从服务上融合，营造浓厚的企业文化传播氛围

（一）坚持唱响主旋律，创建文化传播主阵地

坚持内外结合——重庆化医集团坚持牢牢把握正确的舆论导向，唱响主旋律，凝聚正能量，大力开展积极向上、团结和谐的主流舆论活动，不断加大对外宣传力度，把国有企业承担的使命、履行的责任宣传出去，把国有企业所做出的贡献和成绩宣传出去，把国有企业改革、发展的真实情况宣传出去，有效传播企业形象。

坚持上下贯通——建立以集团为主、所属二、三级企业为辅的企业分级文化传播平台。对于企业文化体系、理念以及重要主题活动，做到集团和所属二、三级企业同步传播，进行一系列解读，用渗透式的、密集式的传播，以最快的速度、最直接的方式，传送到基层一线的员工。同时，集团所属二、三级企业结合各自实际进行丰富和完善，形成对集团层面内容的延伸和拓展，集团所属二、三级企业通过市场营销、展厅、宣传片、画册、员工入职培训和业务提升培训等多种形式，为员工呈现最接地气、最有特色的文化宣贯，形成集团和所属企业上下一致、同频共振的传播模式。

（二）坚持凝聚正能量，打好文化传播主动仗

弘扬企业精神——为大力弘扬"专注精进，追求美好"的企业精神，我们坚持以企业改革发展、两个文明建设和广大员工关注的热点、难点为中心，开辟了企业改革专版和企业文化专栏，"认真学习习近平总书记系列重要讲话"、推动供给侧改革、"两学一做"等专题，以多种形式宣传重庆市委、市政府、市国资委以及重庆化医集团决策层的创新理念、新思路、新举措，用整幅版面的形式，宣传重庆化医集团公司每年的年度工作会议精神，让一线员工了解集团工作会议精神，使广大员工对未来充满了信心。《重庆化医》、集团网站和微信公众平台等企业文化传播平台，成为企业员工关注的舆论中心和了解企业方针、获取企业信息的重要渠道。

宣贯企业价值观——重庆化医集团注重将"跨界融合、创新发展、清廉务实、团结奋进"的企业价值观，渗透到对企业中心工作和重点工作的宣传中，以促进工作的顺利开展。通过精心策划，我们组织了国企改革关键词、学习长安经验、集团年度工作会、深化改革动员大会等重大主题宣传教育和市场开发以及管理创新、工艺创新等专题宣传活动，全力做好企业重组、安全工作、环保工作、项目管理、党建活动等阶段性重大工作，着力反映企业开展的各种形式多样的活动和取得的点点滴滴的成绩，为企业的生产经营、改革发展、和谐稳定营造了昂扬向上的舆论氛围。

（三）坚持凝聚精气神，打造企业文化的传播载体

重庆化医集团坚持以企业内刊、网站作为建设企业文化的重要载体和阵地，使之成为一扇通透于社会的企业形象窗口，成为企业文化甚至是企业发展的"晴雨表"，成为企业内部职工之间沟通的通道，成为记录企业发展轨迹、职工心声的"刻录机"，成为企业与客户和目标、兴趣与公众联系的桥梁和纽带。

（作者杨玉兰，余建华，重庆化医控股（集团）公司）

深厚的文化底蕴产生有温度的金融品牌

历史承载价值，创新开启未来，"富滇银行"的文化品牌是有温度的。

"富滇银行"的名字是 1911 年 11 月 12 日，重九起义以后三天，当时蔡锷都督批复时说：这个银行继续由滇省自行筹办的，就把它命名为"富滇银行"。可见，"富滇银行"品牌源于 1912 年，是蔡锷将军时期诞生的。这就是历史承载价值。

1932 年，富滇银行改名为富滇新银行，缪云台先生是富滇银行的行长。后人觉得缪云台先生给我们富滇银行传承的历史和精神是值得我们回顾的。所以，我们根据缪云台的故事，拍摄了 30 集电视连续剧叫《富滇风云》。

在这个里面，我们继承了什么？这就是富滇银行形象用语的来历。"其命维新"四个字是 1932 年缪云台担任富滇银行行长的时候，当时的造币技术没有现在这么发达，当时货币的反伪硬件，这个章上写着四个字"其命维新"，其昭示的改革之意，我们理解为就是那个时候的企业文化。所以，当富滇银行成立以后，我们从这句话里面继承了我们形象用语，叫"心以致远，行于维新"。

在"涅槃重生 2007"，富滇银行股份有限公司正式成立，按照云南省委省政府的要求，我们在原来昆明市商业银行的基础上，改名为富滇银行，我们接过的不是一个银行的牌子，而是接过了这段历史，接过了这段精神。

在我们的史书上是这样记载的，富滇银行留给云南的不是一笔笔真金白银，是比真金白银更为珍贵的，那就是富滇的精神，我们扛起的是"富民兴边"这面大旗。

当我们走到今年（2017 年）的时候，我们推出了新的品牌用语：更亲、更近、更可靠。因为这是 2007—2017 年我们整个华丽转身完成的 10 年，在这个风雨同舟的 10 年，我们觉得更亲，穿越了 100 年，相遇即是久别重逢，更近风化 10 年，我们真诚相伴，更可靠的是百年同心铸梦，10 年感恩同行。

2007 年富滇银行成立，2017 年富滇银行的双子座大楼落成，这里面的每一个元素后面都有富滇的故事，有温度的金融品牌，源于深厚的文化底蕴。因而，就有了更亲、更近、更可靠的有温度的文化元素。配合着更亲、更近、更可靠，有温度的品牌推广用语，我们是这样来打造品牌对外传播的。

我们的信用卡叫"点亮新生活"，更近是"想你所想"，更可靠是富滇信用卡、互动新时代。

当我们在做扶贫工作的时候，我们说更近就是拥抱金融界难以获得者，更近、更可靠，让希望不再等待。

当我们在做富滇快线，我们的直销银行的时候，更亲、更近、更可靠又有不同的理解。

历史承载价值，创新开启未来！以扶贫项目为例，我们云南省的自然条件是贫困人口居全国第二位，贫困县数量居全国第一位。所以，这是贫困的主战场，也是全国脱贫攻坚的主战场，我们着力在扶贫方面打造了有温度的银行产品品牌。

富滇银行的党委书记、董事长向下属反复强调，富滇银行既然是作为一个金融机构，既然承接了"富民兴边"这杆大旗，那么结合扶贫实际，我们要开发出更有利于推进扶贫工作的银行产品。实践证明，短短的几年时间，富滇银行做到了，我们开发了完整的富滇银行扶贫体系，包括富滇银行扶贫贷、富滇银行格莱珉项目、金国贷、金书贷等。

每一个成功品牌后面，都有一个好故事，把这个故事讲好了，大家就能记住这个品牌。如：调研中，我们走过了崎岖的道路，看到了村民的村情、村貌，看到赤足老人，了解了贫困家庭的基本状况。所以，品牌命名的时候，我们就把它叫作"富滇银行扶贫贷"，有两个子产品：农基贷、农富贷，并配有一句有温度的推广语：让希望不再等待。

由于是在藏族地区，我们使用了藏语，"富滇银行"汉字的这几个字也是按藏语的形式表达出来，这样显得更亲、更近、更可靠，可能比较能够方便地表达出来。

又如：我们让藏族地区的、会五种少数民族语言的赤足老人做品牌的代言人，用老人传奇的经历打动他身边的人，打动外界的同志；我们用藏香鸡、藏香猪做品牌包装，也叫单步藏香鸡、藏香猪（最好和第一的意思）；我们的扶贫是从贷款的植入一直到最后产品整体的卖出，能够完成从"输血"到"造血"的一个完整过程。

再如："富滇格莱珉扶贫贷款"。格莱珉尤努斯先生获得过诺贝尔奖。受到过习近平总书记多次接见，希望他在中国落地。他的项目首先是针对妇女，特点是不要人担保，如果按照正常的贷款规定，这群妇女可能是不能获得贷款的，在争取这个品牌项目中，我们将推广用语设定为：拥抱金融界不可接触者，品牌设计全部是当地的妇女和当地的群众。扶贫贷也拍摄了微电影，用对联的形式把我们的情况做上去，在贷款的时候，我们不单把贷款交给了他们，工作队员还手把手地教会申请到贷款的妇女写字、说普通话，现在这些接受贷款的妇女可以和我们坐在一起开会、分享她们的心得。特别是让人发现了她们身上令人动容的真善美。

富滇银行在扶贫工作中，"有温度的金融品牌"首次登上了《人民日报》，在《金融时报》上也得到了点评，获得的最大的奖励就是"诺贝尔奖格莱珉小额信贷项目首落大理"。总结打造有温度的金融品牌，更亲、更近、更可靠的实质，其实就是："更亲是从顾客认同的价值中来获得的""更近是从与人为善的天性中获得的""更可靠是从时间积淀的历史中获得的"。

（作者周玮，系富滇银行股份有限公司企业文化部副部长）

以文化创新变革经营管理

春秋航空脱胎于春秋集团。春秋集团至今已经有 30 年的历史，是上海一家土生土长的公司。发展到今天主要靠春秋人的奋斗、勉励、节俭、感恩的企业价值观。春秋集团从经营旅行社起步，一路历程成就了一部奋斗史。

创业时，春秋在中山公园只有 2 平方米的铁皮屋，采用那个年代最弱式的"散客成团"旅游模式，我们坚信，未来的旅游一定是散客的天下。因为选择了正确的企业发展道路，凭借春秋人战略上的坚定不移，在战术上的不激进功利，在盈利的时候不显露风光，在胜利的时候不沾沾自喜，持之以恒，不断创新，规模不断发展壮大，在创业十年之后实现国内旅游排名第一。第一名以后怎么办，公司继续寻找下一步的制高点，开启了"旅游包机"经营模式。春秋公司认为，企业不创新就没有未来。旅游是一个下游的行业。沿着产业链往上游走，我们选择了航空，通过对全世界航空公司的考察，我们选择了旅游+航空的包机模式，以支撑旅游产业。

在经营思路上，春秋公司确立了让更多的大众坐得起飞机，决定走廉价航空之路。廉价航空之路经营艰难，其中有几个关节点成本不能低。比如飞机购置成本、燃油成本、维修成本、起降成本、员工薪资水平等。光燃油成本就占经营总成本的 40%

以上，都不可能比别人低。凭什么要让乘客低成本坐飞机呢？就是靠春秋航空的节约精神。2005年7月18日，春秋航空在一片质疑声中实现了首飞。从此硬是走出了一条廉价航空发展之路。其中蕴含了企业艰苦奋斗的故事。

春秋航空研究出一个"土炮"，是春秋奋斗精神的集中体现。这是一个除冰机，每逢冬季机场下大雪，传统航空公司都要用价值几百万元的设备，以快速除冰、快速起航。而春秋航空只用了4万元，自行设计、研制了除冰车，同样达到了几百万元除冰的效率。2008年金融危机时，恰逢一场大雪，虹桥、浦东两个机场的飞机都"扎"在雪地里，导致大量旅客滞留。传统航空公司启动了几百万元的设备，春秋航空的"土炮"也开始了工作。在董事长的带领下，春秋航空全体机务员工配合"土炮"到机场扫雪。尽管没有用现代化的设备，但是凭借全体员工与冰雪做斗争的精神，春秋航空不畏艰难，硬是坚持了下来。当春秋航空的航班飞出去又飞回来时，还有很多传统公司的航班因冰雪没有起飞。

春秋航空用这样的精神，用这样的实例，证实了文化的力量。在春秋人眼里，我们都秉持"没有困难，要春秋人干什么"的理念。春秋航空还秉持一个关键词"远虑"。人无远虑必有近忧。春秋航空在成立航空公司后，卖票又成为一个问题。传统公司的一贯做法都是通过中国民航信息集团销售机票，春秋航空则选择了直销模式，这意味着必须建立自己的销售系统。我们的IT工程师开始开发自己的各类系统。这种做法，当年很多人都持否定态度，认为春秋不可能开发出销售系统，因为销售系统需要的资金动辄几千万元、上亿元。但春秋航空人不服输，硬是用我们自己的IT力量，开发出自己的销售系统，实现了占收入85%以上部分的直销业务，达到了降低成本的目的。10年来，春秋航空的销售营销费保持着全行业最低，低于行业平均水平70%以上。春秋航空从销售系统到离港系统，是唯一一家不依赖别人的系统。目前，春秋人共有14款自己研发的软件获得国家证书，还为民航航空管理局等定制开发了安全质量管理系统。今天的春秋航空不止是我们自己用这个系统，我们还向行业贡献了这个系统。

从20年前春秋自主销售旅游票开始，到今天用互联网思维打造我们高性价比的航空公司，我们始终坚持"远虑"——战战兢兢，如履薄冰。春秋人始终坚持节俭的精神品质。伦敦全球低成本航空年会是全球最大的低成本航空盛会，已成为全球各类型航空公司的"嘉年华"。每年，春秋的管理团队也会带15~20个人到伦敦参会，这个费用应该说是不菲的。但是每年参加年会的时候，我们都有一个规矩，我们从高层管理人员到员工都会住非常便宜的宾馆。我们会带上各种食物。出差坐飞机从不买头等舱、公务舱的机票，经济舱也是必须打对折，在伦敦市内交通从来不选择打的，都是坐地铁。春秋航空公司董事长王正华坚持每天4点起床，当时房间里光线最好的地方是洗手间，他利用这个机会把凳子放在膝盖上整理头天会议的情况，为当天做功课。

一家上市公司为什么搞这么寒酸，是为了什么呢？这能省下多少钱呢？这就是春秋的文化，从上到下都是这样的。因为我们心里明白一个道理：在安全上，在员工薪酬上，在培训上，我们都不可能低成本。除此之外，我们一定要努力降成本，因为，省钱给旅客，让利给旅客，以让更多的普通人坐得起飞机。

春秋航空倡导"感恩"，感恩时代，感恩社会，感恩员工，感恩旅客。2013年王正华董事长在北京开会，亲历了沙尘暴，当时就决定为北京减少沙尘暴做出自己的贡献。2014年3月，以王正华董事长为首的24位春秋人自掏腰包1500万元，成立了中国绿色基金"地球母亲专项基金"，经过多方考察，董事长后来选择了河北康宝。康宝年均降水只有350毫升，土地基本沙漠化，当地村里流传一句话：种一棵树比养活一个儿子还难。春秋人经过3年的努力，在这个曾经的不毛之地、绝望之地，种活了22万棵树，绿化后，当地出现了很多的飞禽和野生动物，生态形势恢复非常喜人，春秋航空董事长和CEO以及股东代表曾到当地去慰问，送去关怀，帮助解决了当地很多的就业岗位，很多到外地打工的人也返回了家乡。在春秋董事长团队公益文化的感召下，春秋航空公司各部门干部员工也积极开展资助留守儿童等关爱社会活动，资助多达10多个项目，上千员工一起行动，一起传承着春秋航空的感恩文化。

我们春秋人坚持"仆人"式的管理模式，经常深入一线慰问员工。王正华董事长把股票分给了100多个股东。春秋航空还是第一次把太极拳"打"到上市大厅的企业。春秋航空人坚守的精神家园，也是引领我们走向下一个胜利的起点。

（作者王天和，系春秋航空股份有限公司人力资源部总经理）

构建以"家"文化为核心的彩虹企业文化体系

成都彩虹集团的前身是创立于1956年的成都美光角梳生产合作社。1983年实行经营承包责任制，1994年，以更名后的成都电热器厂为主体创立了成都彩虹集团，创立和推行现代企业制度，企业走上集团化发展之路。2003年，成都电热器厂深化改革，把集体资产量化到全体职工，改制成立的成都彩虹实业股份有限公司控股经营成都彩虹电器（集团）股份有限公司，成为民营企业。

"家"文化的孕育与诞生

彩虹"家"文化建设经历了"当家作主""打伙求财"和"我爱我家"三个阶段。

彩虹企业文化创立于20世纪改革开放初期。当时，因计划经济体制的束缚和企业"二全民"管理方式的制约，成都彩虹集团的前身，二轻集体企业成都钻床附件厂资不抵债，陷入濒临破产的边缘。职工名义上是企业的主人，但不能行使主人的权力。在上级党委和工厂党支部的支持下，工厂实行经营承包责任制，民主选举厂长。在承包厂长刘荣富同志的带领下，工厂通过职代会对经营体制和分配制度进行改革，很快走出困境，扭亏为盈，发展壮大。在经营体制改革中，工厂创立了"依靠职工，团结奋斗，当家作主，解决饭碗"的彩虹企业"家"文化雏形。当时职工用顺口溜赞美生活："娃娃，娃娃，快快长，长大好进钻附厂，每天一顿肉，一月关次饷，感谢好书记，感谢刘厂长"。

20世纪90年代初，成都彩虹集团的发展遇到瓶颈，由于企业产权不明晰，职工的积极性受到影响。成都彩虹集团着眼长远，坚持改革，创立股份制企业集团，推行现代公司制度并于2003年将集体企业成都电热器厂改制为成都彩虹实业股份有限公司，控股经营成都彩虹集团，完成了职工身份的彻底转变。在经济体制改革中，企业实现了职工人人

有股份，老职工都有住房的愿望，丰富了"企业得发展，职工得实惠"的一家人"打伙求财"的彩虹企业"家"文化基本框架。

21世纪初，成都彩虹集团再次腾飞，从城区九眼桥整体搬迁到三环路外的武侯新城。厂区面积从20亩扩大到100亩，员工队伍也从800多人发展到1600多人。员工队伍发生了很大变化。由于老员工逐渐退休，具有股东和员工双重身份的职工已不到200人。绝大多数员工是陆续进厂的失地农民，下岗工人、待业青年和刚毕业的大中专学生。员工的主人翁责任感大幅度下降，"打工"思想普遍存在。具有股东和员工双重身份的老员工和仅有员工身份的新员工之间，出现了不和谐的现象，迫切需要在双方找到一个思想上的共同点。成都彩虹集团公司从实际出发，坚持创新，丰富和发展企业文化，着力打造以"彩虹是我家，我爱我家"为中心的"家"文化体系，淡化股东和员工的区别，铸造新老员工，不同身份员工的共同利益、共同精神支柱，以适应公司改革发展新阶段的精神需求。

锻造彩虹大家庭成员认同的精神理念——品牌文化

彩虹集团公司在生产优质产品的同时，高度重视企业品牌文化的建设。倡导学习，塑造彩虹人的品牌形象。彩虹集团不断对员工开展各项专业培训。公司请四川省质量协会专家对全体管理干部进行"卓越绩效管理"培训；请咨询公司专家对干部进行岗位职责和绩效管理培训；请市总工会专家对班组长进行岗位职责培训。通过培训，提升了全体员工的综合素质。

公司商标。彩虹集团的注册商标由外方内圆组成。外方代表彩虹集团的主导产品电热毯；内圆代表另一主导产品电热蚊香器。内圆部分，左上方形似汉语拼音"彩"的第一个字母"C"，象征彩虹集团的产品丰富多彩；右下方形似汉语拼音"虹"的第一个字母"H"，象征彩虹人团结拼搏，自强不息的奋斗精神。"C"和"H"图案结合起来的线条似山似水，融入山水之中的"彩虹"二字绚丽夺目，寓意彩虹产品美誉华夏各地。天方地圆，山水融合的彩虹商标是彩虹事业发展的生动写照，蕴含着彩虹人搏击风雨，绚丽多彩，温馨和谐，前程美好的丰富内容。彩虹集团地处成都平源，处于青城山都江堰下游，

"问道青城山，亲水都江堰"，展示了彩虹大家庭"天人合一"的共生、共荣和谐形象，形成彩虹企业文化的精髓。

周一广播温馨提示。每周一上午，彩虹集团广播员向员工温馨提示：彩虹集团是个家，彩虹员工都爱她。我们温馨地提醒员工朋友们，在生产工作中要严格执行公司规定，确保工作质量、产品质量，质量是企业的生命，关系到公司的生存发展和员工的家庭幸福。我们还要温馨地提醒员工朋友们，在上下班的途中要遵守交通法规，在工作中要注意人身安全，您们的平安是我们的期待。祝大家工作顺利，心情愉快，高高兴兴上班，平平安安回家。

厂歌《我们是光荣的彩虹人》。公司集体作词，彩虹集团每天的下班铃声和重大活动的励志之歌。歌词描写了彩虹员工 50 多年来的不懈追求，高度概括了彩虹集团由一个濒临破产的集体所有制小厂发展为我国小家电行业的龙头企业的奋斗历程，抒发了彩虹人继续开拓前进，追求更好、更大、发展的豪情壮志。如："我们是光荣的彩虹人，改革开放中创造灿烂彩虹。踏平坎坷，冲破艰险，历经风雨，终见彩虹。齐心协力开拓彩虹之路"；"我们是勤劳的彩虹人，竞争拼搏中铸就彩虹精神。团结和谐，以人为本，求实创新，辉煌彩虹。努力奋斗描绘人间彩虹，彩虹人追求更加绚丽的彩虹"。

建设花园式工厂。彩虹集团在公司内栽种各类名贵树木 100 余种，厂区绿草如茵，四季花香，为员工创造了一个优美的工作环境。

捐款捐物，回报社会。彩虹集团创办子公司成都科技环保有限公司，解决了 200 多名残疾人的就业问题。公司和员工向汶川地震灾区、芦山地震灾区和青海玉树灾区捐款、捐物达 340 余万元。彩虹集团先后通过青少年基金会向贫困学生捐资助学款 80 余万元。分批资助四川省北川县平沟村困难学生生活费 13 万元。设立四川音乐学院彩虹奖学金，每年 10 万元，共计 100 万元。设立员工金秋助学基金，资助考上大学的困难员工子女上学。还通过"慈善一日捐"向社会捐善款 400 多万元。

近十年来，彩虹集团和员工共计捐款近千万元。

成都彩虹集团是靠党的改革开放政策发展壮大的。彩虹人对党和祖国有很深的感情，深知并倡导"家是最小国，国是千万家，彩虹是座桥，联系国和家"。公司通过多种途径实现报效国家，发展大家

（公司）和幸福小家（员工）的统一，让员工认识到没有国家的繁荣富强就没有企业的稳定发展和员工的家庭幸福，自觉承担社会责任。同时，扩大了公司的影响力，提高了公司的美誉度，提升了彩虹产品知名品牌的美好形象。

彩虹企业文化建设的社会效益和经济效益

彩虹企业文化的丰富和发展，有力地促进了彩虹集团生产经营工作。彩虹集团以"家"文化为核心的企业文化建设，提高了员工的整体素质。公司的经济效益一年一个台阶，稳步发展。公司员工收入连续 10 年增长。即使在 2013 年至 2016 年连续四年遭遇暖冬影响，全行业产销下降 20％以上的情况下，彩虹集团公司仍然保持了行业领先的地位，保证了员工队伍的稳定和员工收入的持续增长。成都彩虹集团企业文化建设工作也受到各级领导和社会各界的高度评价。

（成都彩虹电器（集团）股份有限公司）

创新文化促发展　融合共生增活力

成都天翔环境股份有限公司（以下简称天翔环境）于 2014 年 1 月 21 日在深交所上市，是四川省环保产业协会常务理事单位、省环保产业协会水处理专业委员会及固废专业委员会副主任委员单位、四川联合环保产业联盟四家初始发起人单位之一。

一、抓战略机遇，乘势而上

天翔环境高度拥护并遵循"一带一路"倡议和"走出去"国家战略，并将其落实到公司的实际发展步伐中，实现了跨越式发展。上市后，天翔环境公司制定了"环保产业、国际化、高端制造"的核心战略，充分利用资本市场和国际化平台，紧紧围绕环保产业，面向国际市场，吸纳环保行业高端技术，以环保设备及高端制造为基础，夯实环保业务，完善环保业务链，成为集设计咨询、设备制造、工程建设、运营服务、第三方监测及环保项目投融资为一体的国际化环境综合服务商。天翔环境公司"国际化"的最终目的是为了更好地实现本土化，把国外先进技术和产品引进到中国，并落地于成都。通过吸收、消化，最终创新为自己掌握的高端技术与产品，并服务于中

国、服务于四川、服务于成都、服务于青白江。

面对激烈的市场竞争带来的压力和挑战，天翔环境公司始终着眼于提高企业核心竞争力，着眼于提高员工队伍素质，着眼于提高公司的凝聚力和向心力，积极推进符合公司自身特色的企业文化建设。通过建立和完善具有公司特色的企业文化体系，统一公司员工的思想行为，规范公司的经营理念和管理方式，不断增强企业凝聚力，提升了企业整体素质，提高了企业知名度，进一步开创公司富有激情、富有活力、富有创造力的各项工作的新局面。

二、贯彻宣传公司企业理念，增强职工凝聚力

"志存高远，脚踏实地"是天翔环境的企业精神文化。这种精神具有鲜明的时代特点和公司个性，体现了公司艰苦奋斗的创业精神和勇于进取的拼搏精神，它对公司以及公司员工具有很强大的感召力、引导力和约束力，能增强员工对公司的信任感、自豪感和荣誉感。优秀的企业文化对内可以增强凝聚力，对外可以树立良好形象，是企业核心竞争力的重要组成部分。公司的全球化布局已经基本形成，中西方文化在公司相互融合，形成了天翔环境独特的、有效的企业文化。天翔环境公司通过开展企业文化宣讲活动和企业文化知识竞答等活动，提高员工参与企业文化建设的积极性、认同企业文化的自觉性，让公司企业理念为全体职工所认同，为企业发展注入强大的文化动力。

三、加强企业文化知识培训，渗透企业文化理念

(一)树立以人为本的文化管理理念

在知识经济时代，个人所进行的信息加工和知识创造都是个体的创造性思维活动，具有难以观察和不可控制的性质。只有从员工的需求和发展出发，在对员工高度关心的基础上，创造和谐、友善、亲切、融洽的氛围，员工不再被动地在被管制束缚下工作，而是自动、自觉地完成自己的工作，这将大大激发员工的创造力和想象力，调动员工的积极性。而企业最终也能够通过开发员工的潜能，获取充足的智力资源，从而实现自身发展的最佳途径，实现员工和企业的双赢。所以，天翔环境公司把文化差异的潜在优势充分发挥，真正转化为跨文化管理的

竞争优势，树立起人本管理思想，实行全员文化管理，加强文化融合，把文化差异带来的挑战变为发展机遇。

(二)强化人才培养

为加强沟通，分享管理理念，天翔环境公司组织了将企业的使命、愿景、核心价值观和中长期规划向员工进行宣传，培养员工的信心和责任感，让员工的思想和行动都统一到共同的事业上来，公司组织了很多跨文化培训。2014—2015年，公司两次开展为期半年的英语课程培训，聘请外籍教师，通过文化课程、语言培训、书籍、网站、讨论和地区环境模拟演练等方式，指导员工跨越不熟悉的文化领域。跨文化培训的主要内容有对文化的认识、语言学习、跨文化沟通及冲突处理、地区环境模拟等，这样可以缩小可能遇到的文化差异，从而促进企业快速发展和文化融合。

(三)关爱员工、回报社会，将企业文化落到实处

天翔环境公司把关爱员工，履行社会责任作为企业文化建设工作的着力点，深入推进企业形象良好发展。坚持每年为公司员工免费体检，对一线高温员工发放高温补贴，开展员工关爱活动。2015年至今以来，共祝贺、慰问员工婚、丧、住院64人次，发放祝贺、慰问金2.8万元，为3户员工子女上大学送去助学款3000元。2015年出资200余万元建成职工书屋和职工体育活动中心，极大地丰富了员工的业余生活，营造了公司和谐发展的环境。2015年11月，天翔环境公司以"同一个冬天，不一样温暖"为主题，号召公司全体员工开展向金川县二嘎里乡中心小学爱心捐献活动，整个爱心捐赠活动共筹集了10万元。良好的企业内外部形象，极大地增强了企业的向心力和凝聚力，在发挥员工的积极性、创造性的同时，使企业的未来发展充满了活力。

(四)创新载体、多方联动，催生文化渗透效应

首先是创新活动载体。天翔环境公司开展了"金堂监狱廉洁警示参观"教育活动，举办"重走红色路"党支部集体活动，创建"天翔人"微信群、"天翔人报道"QQ群，成立《天翔人》通信员队伍，及时宣传党和政府的方针政策和公司生产经营动态，在公司营造了浓厚的精神文化氛围，同时也为员工提供了交流学习、展示才华的良好平台，满足了员工自我提升、自我实现的需要，建立起员工对企业文化的认同感。其次是创新阵地载体。依托党群工作部实施

管理，同时组建公司篮球队、舞蹈队等文体活动队伍 3 支，坚持定期组织员工开展喜闻乐见、有益身心健康的单身员工联谊会、拔河比赛、书画摄影作品展、英语才艺大赛、卡拉 OK 大赛、篮球、羽毛球、乒乓球比赛等文体活动。通过活动开展，发挥联系沟通的纽带作用，进一步增强了公司员工的凝聚力。

（五）建立"人才双向培养"机制，实施"员工成长工程"

企业要在激烈的市场竞争中站稳脚跟，除依靠先进的科学技术和现代化管理手段之外，还必须拥有一支高素质的员工队伍，员工只有热爱自己的企业，热爱自己的岗位，才能干一行、爱一行、钻一行。为此，天翔环境公司建立了"人才双向培养"机制，实施"员工成长工程"，制订培养教育计划，采取走出去、请进来、岗位锻炼、结对帮教等多种方式教育引导职工，着力提高员工的思想政治素养和业务技能。

近年来，天翔环境公司一直大力开展"创建学习型组织，争做知识型职工"的活动，增强企业发展后劲。2010 年到 2016 年，公司连续 7 年组织员工参加成都百万职工技能大赛一、二类大赛，累计有 600 余人分别参加了 10 个工种（车工、镗铣工、钻工、铆工、焊工、行车工、起重工、钳工、工艺员技能、数控车工等）比赛。通过技能大赛激发了公司众多员工学技术、钻业务、练技能的工作热情，在公司内形成了学技术、比技术、做奉献的良好氛围。

2014 年天翔环境公司成立了"董显银劳模工作室"，并被评为"成都市优秀工作室"称号，同时还成功申报了"成都市秦小省焊接技能大师工作室"，为广大职工搭建了施展才华、岗位成才的平台。在 2016 年成都百万职工技能大赛二类大赛中，铆焊分厂员工杨洋、李建国、刘勇代表公司参赛，取得了团体赛第一名和分项赛第一、二名的好成绩。

企业文化决定企业的高度。从 2014 年上市伊始，天翔环境提出了要抢抓发展机遇，打造强势企业文化，促进企业跨越式发展的总体思路。通过广泛深入地学习宣传和实践，新的企业文化、创新发展理念和转型战略发展方针已经深入人心。有企业文化精神的指引，有创新发展理念的引导，在具体贯彻实施公司战略方针的过程中，天翔环境公司全体员工产生了强烈的使命感、荣誉感和责任感，在做好本职工作的同时，激发了更多的创造力和积极

性，极大地促进了天翔环境和谐稳定地发展，同时也为社会发展做出了应有的贡献！

（成都天翔环境股份有限公司）

遵循文化建设原则建设文化体系

湖北省大江环保科技股份有限公司（原黄石大江集团有限公司），是 2003 年从大冶有色金属公司辅业分离改制设立的民营企业，已从事循环经济产业 40 多年。大江环保科技公司（以下简称"大江公司"）以文化凝聚全员共识，汇集企业正能量；以文化破解改革发展难题，打造核心竞争力，这是大江环保科技公司建设"五好大江"，实现"大江梦"战略目标的迫切需要和必然选择。

确立文化建设原则

一是坚持融入有色的原则。坚持学习有色、对标有色，大力弘扬大冶有色集团公司核心价值观，积极融入有色文化。二是坚持以人为本的原则。大江公司尊重员工，理解员工，关心员工，爱护员工，使员工自觉将个人进步与公司发展紧密相连，充分发挥员工推动公司改革发展的积极性和创造性。三是坚持领导垂范的原则。两级经营者都站在促进公司健康、可持续发展的高度，身体力行，做企业文化建设的倡导者、布道者和推动者，率先垂范。

大江公司精神文化的主要内容：责任、忠诚、学习、进取。责任：就是对本职岗位必须坚守，责任就是对应尽的义务坚定履行，责任就是对上级指令坚决执行。忠诚：忠于企业，忠于职守，忠于事业。学习：努力学习，掌握岗位需要的科学文化知识和专业技能；持续学习，努力提高思想素质和专业素养；与时俱进，不断提升，创新突破。进取：勤奋敬勉，永不懈怠；持续改进，追求卓越。

大江公司的核心经营理念："集体领导、合法经营、尊重科学、规范管理、改革创新、公平公正"，走健康可持续发展道路。

大江公司的制度文化：制度健全——通过 5S 管理和精益管理，达到制度管理的全覆盖；流程科学——通过对标管理，实现公司流程再造与优化。

大江公司的员工形象：担当、坚毅、谦恭、友善；企业形象：诚实守信、环境优美、和谐稳定。

2014 年以来，大江公司大力开展企业文化建设宣贯年活动。重点工作是：加大公司企业文化核心价值理念的宣贯力度；通过印制文化理念手册、组织培训、系统宣讲、开展活动等多种方式，把公司核心价值观、经营理念和战略目标传达给每一名员工，增强员工的认同感。2015 年，公司大力推进企业文化建设。重点工作是：统一和规范理念识别系统、行为识别系统、视觉识别系统；进一步完善制度，做好流程再造工作，并加强宣贯，使员工熟知规范，牢记制度，遵守流程。2016 年，大江公司突出企业文化的提升。重点工作是：通过持续推进公司文化建设，使公司理念内化于心、外化于行、固化于制；丰富完善企业文化内涵，全面整合精神文化、制度文化、行为文化，构建符合公司实际、适应现代企业制度要求的文化体系；进一步优化企业形象和员工形象，提升公司知名度和美誉度，不断提高公司竞争力；培育一批企业文化建设示范点，达到有色集团公司企业文化建设示范基地标准。

筑牢保障体系

为了实现公司目标，大江公司建立了一整套保障体系：一是建立组织机构，成立公司企业文化建设领导小组，下设办公室，设在党委宣传部。公司企业文化建设领导小组负责确定公司企业文化建设规划及年度计划，研究解决企业文化建设过程中出现的重大问题，指导协调企业文化建设日常工作。二是建立健全考核机制。将企业文化建设纳入公司内部绩效考核，定期检查，严格考核，考核结果同各单位、各部门绩效考核挂钩。2015 年以来，大江公司开展企业文化建设推进年活动，要求各级组织紧密围绕"一坚持三确保七推进"总体目标，突出重点，强力推进企业文化建设，全面丰富企业文化内涵，充分发挥企业文化的引领力、塑造力、约束力，引导全体员工立足岗位、担当责任、践行文化，使公司文化内化于心，外化于形，固化于制，为促进公司健康可持续发展汇聚力量。如：开展宣贯工作"回头看"，实现企业文化宣贯目标。

坚持按照"制度健全、流程科学"的要求提升管理，践行制度文化。一是按照"制度健全、流程科学"的要求，全面审视、梳理各项管理工作，查找盲点，补齐短板。制度健全上重点做好：综合加工厂火法拌料制度的建立；综合加工厂火法炉后给料制度的建立；工程建设现场签证制度的建立；工程结算管理制度的建立。流程科学上重点完善：原料及产品出入库制度；物资转运制度；物料平衡制度。

二是结合 5S 管理、精益管理和对标管理，加强对制度流程建设的督办和检查。大江公司每季度召开一次制度流程文化专题会，会议由企业文化建设办公室组织，5S 办协助，重点查找公司制度不健全的问题，流程不科学的问题，并督促 5S 办落实。

三是推进员工形象和企业形象建设，践行形象文化：编发《大江公司员工行为规范手册》，组织全员学习培训，促进员工素养提升。按照"担当、坚毅、谦恭、友善"要求塑造员工形象，从重点岗位抓起，着力提升窗口岗位、服务岗位、管理岗位员工形象。按照"诚实守信、环境优美、和谐稳定"的企业形象要求，从环境优美抓起，加强现场管理，加大现场整治力度，提高现场管理水平，做到"洁绿亮美"常态化。

精心组织四项活动：精心组织企业文化进班组活动。按照"四有"（学习有安排，墙上有专栏，岗位有责任，每月有活动）的要求，启动企业文化进班组活动。选择 20 个班组进行重点创建，评出 10 个标杆班组，在全公司组织对口观摩，进行宣传展示，促进企业文化落地到班组，深入到职工。

精心组织"最美大江人"评选活动：深入挖掘公司各个层面、各条战线中涌现的践行公司文化先进典型，通过故事会、报告会、事迹展览、新闻宣传等形式，大力弘扬先进事迹，展现精神风貌，充分发挥先进典型的引领作用。激发正气，鼓舞士气，激发全体员工践行文化，爱岗敬业，忠诚企业，为建设"五好大江"，实现"大江梦"汇聚正能量。在公司范围内开展"最美大江人"评选活动。

精心组织青年文化沙龙活动：以大学生和优秀青工为主体，从 4 月开始，每季活动一次，每次围绕一个主题开展。通过沙龙活动宣扬文化、学习文化、思考文化，让大江公司文化在大学生和青工心中扎下根来，转化为学习、工作动力，自觉地将个人理想、追求融入到公司改革发展之中，积极进取，岗位成才。

精心组织公司文化专题片拍摄和宣传活动：拍摄公司企业文化专题片，深入挖掘公司文化内涵，重点展现公司发展历程、产业规模，反映公司发展战略；展现近六年来，大江公司领导班子在全面加强基础管理、谋划产业发展，进行战略布局，建设"五好大江"、实现"大江梦"等方面的新成果；展现公司锐意进取、蓬勃发展的新面貌、新形象，精心组织内外宣传，内鼓士气，外树形象。

强化文化落地措施

企业文化建设推进工作已纳入大江公司绩效考核，各单位一把手高度重视，按照公司要求和安排，结合实际，由点到面，扎实推进。

各单位将企业文化推进工作有机融入本单位中心工作中，通过深入推进公司企业文化建设，促进公司改革发展、生产经营、队伍建设等各项工作。大江公司两级经营者在公司企业文化推进过程中坚持率先垂范，发挥带头作用，做推进公司企业文化的先行者。由于个性措施对接地气，操作性强，收到了较好的实施效果。

（湖北大江环保科技公司）

公益为先　救死扶伤
积善成德　勇于争先

中国干细胞集团生物科技有限公司是专业从事干细胞资源保存、临床应用以及研发推广的大型专业机构。集团自成立以来一直把社会公益性放在首位，致力于解决我国干细胞移植资源紧张的问题，将社会责任贯穿和融入为中国干细胞集团上海生物科技有限公司的文化核心。目前中国干细胞集团已向全国各地 100 余家大型医院、超过 2400 位患者提供脐带血以供移植，建成了国内规模最大的脐带血公共资源库，全部样本信息实现数据库共享。集团业务能力已达国际先进、国内领先水平，为众多患者带来了生的希望，为我国医疗事业做出了重大贡献。

一、以"公益"为中心，展现企业风貌

在企业文化建设中，中国干细胞集团弘扬"公益为先、救死扶伤、积善成德、勇于争先"的核心理念，积极开展形式多样、丰富多彩的活动，全方位营造企业文化建设氛围。

（一）宣传核心理念

为使企业文化建设深入人心，融入员工的工作、学习、生活之中，中国干细胞集团提出了"公益为先、救死扶伤、积善成德、勇于争先"的核心理念，采取组织学习、座谈讨论等形式，进行了大力宣传，统一了广大员工的思想和行为，使他们能够结合岗位工作，深刻领会核心理念的精神实质，积极主动的参与到企业文化建设中来。

（二）提升企业形象

中国干细胞集团利用各种形式的媒体宣传来提升企业形象，公益事业成绩和典型移植案例被多家主流媒体、门户网站以及微信公众号报道。集团制作了宣传栏，展示了集团业务概况、党建工作、科普宣传等内容，营造良好的企业文化氛围。同时，集团开展美化环境活动，在院落栽树、养花，放置在各自办公室及走廊，办公楼内外花团锦绣，绿树成荫，受到了参观集团人员的广泛赞誉。

（三）创建志愿者服务团队

中国干细胞集团有着一支朝气蓬勃、快乐向上的志愿者服务团队，团队以弘扬志愿者服务精神、传递无私大爱为指针，以建设和谐、文明城市为目标，积极开展了协助交警管理交通秩序、与白血病患者结对互助、关爱身边困难群体以及团体成分献血、定期看望福利院儿童、广泛开展科普讲座、与外籍志愿者共同服务等颇具特色的团队志愿者活动。通过这些丰富多样、卓有成效的服务和活动，营造出了"天天都有志愿活动，人人争当志愿者"的爱心氛围，让志愿者服务精神进一步深入人心并广为传播，也让志愿者服务与爱心传递活动成为彰显文明城市的靓丽风采。

（四）开展低碳节能活动

在工作之余，开展各项低碳节能活动，引导员工积极参与全民健身、提升体质健康水平，齐心协力推动我国健康产业的发展。中国干细胞集团组织员工参与多项健身跑步运动，鼓励 40 岁以下员工楼梯上下。为倡导绿色出行，号召全体员工尽量减少自驾，建议多步行、骑车或乘公共交通出行，为给地球创造一个无污染环境而尽一份心力。

二、重视常态"教育"，弘扬正确的价值取向

（一）加强企业员工的思想道德建设和精神文明建设

中国干细胞集团培养了一支爱岗敬业、勇于创新的高素质团队，为创建市级文明单位而不断奋斗。

在创建过程中,创建文明单位领导小组和思想政治工作协调小组本着以人为本的宗旨,紧紧抓住精神文明和思想道德建设的核心,共同推动员工思想道德建设向前发展,一方面深入了解员工思想动态;另一方面积极开展人才培养、员工爱岗敬业、企业创新等企业文化培育工作。我们的干部、党员以身作则,积极地帮助集团员工克服思想上的障碍,在工作岗位上刻苦钻研,不断提高自身素质。

(二)弘扬正确的价值取向

价值取向是社会发展的灵魂和方向,它渗透到社会的方方面面,体现在人们的一言一行、言谈举止之中。中国干细胞集团在企业弘扬正确价值取向的过程中,与公益事业相结合,进一步体现"人文关怀"的价值取向。以强烈的责任感、使命感推进公益事业的发展,为整个社会的公益氛围注入新生力量。

三、以"安全"为宗旨,强化内部管理

(一)落实安全管理,开展安全教育宣传

中国干细胞集团将安全稳定工作作为第一要务,制定了安全管理生产制度,对安全生产进行严格监控,旨在保护员工在生产过程中的安全和健康,促进集团业务的顺利开展。集团有计划地组织开展安全生产检查,深入现场指导安全生产工作;同时,积极开展各项安全教育宣传活动,不断提高安全防范水平,切实履行我们的社会责任。

(二)健全应急管理体系,落实工作预案

中国干细胞集团重视生物安全操作,在培训实验室操作人员时,着重考察实验室操作员的操作能力,有严格的SOP规范操作步骤,从而保证安全的实验室环境。集团获得卫生部临床检验中心颁发的2009—2016年度《室间质评证书》。我们最大限度地降低事故危害程度,保证员工的生命、财产安全,强调保护环境,体现"以人为本"的精髓。

四、以"诚信"为重点,提升服务质量

(一)秉承诚信经营的理念,建立完善制度保障

中国干细胞集团建立了完善的法人治理结构,从领导班子管理、决策管理入手,强化制度建设,规范运行程序,严管风险控制,加强内部管理。内部控制体系健全,符合有关法律法规规定,内部控制制度能够有效地贯彻落实执行,在经营管理各个关键环节发挥了较好的管理控制作用,能够对集团各项业务的健康运行及经营风险的控制提供保证。集团注重质量管理,连续两年获评卫生部"质量万里行"督导评审第一。

(二)提升服务质量,完善质量体系

中国干细胞集团建立了完善的质量体系,根据上海市"质量万里行"专项检查、上海市质量体系审核中心审核结论,对集团在质量管理体系方面的建设持肯定态度,符合ISO 9001:2008标准,并充分肯定了集团在公共库建设和临床移植运用上取得的成绩。根据地方监控机构和室间质评汇总情况,表明本中心各项操作符合要求;通过文件评审,显示中心体系文件内容符合ISO 9001:2008标准等相关法律法规、行业标准要求,文件充分、适宜、有效;质量方针适宜,并被全员理解实施,质量目标适宜并达到预期值。集团各部门质量目标均完成,质量工作达到预期要求。

五、确立正确"效益"观,实现有效发展

(一)社会效益

众所周知,白血病是造血系统的恶性肿瘤,在我国的发病率约为十万分之四,且呈逐年上升之势,是名副其实的"人类健康杀手",而造血干细胞的研究与应用可以有效地治疗白血病,是目前全球最热门的新兴技术之一。中国干细胞集团的主要产品就是白血病的杀手之一,通过采集、制备、检测、冻存等医学工序,实现将脐带血变废为宝,服务病患,为众多血液病患者提供"生命种子",从而实现了巨大的社会效益。截至现在,集团已向全国各地百余大型医院,超过2400位患者提供脐带血以供移植,高居全国第一,成功挽救了患者的宝贵生命,延续了众多家庭的完整性。

为了更好地向公众普及脐带血、干细胞等血液生理常识和血液安全知识,倡导健康生活方式,推广脐带血捐存的生命健康理念,中国干细胞集团义无反顾地投身于科普事业,多次举办"上海科普大讲坛",成立"上海市科普教育基地"等各类科普活动,使干细胞的科技发展动态,时刻与百姓相连、为百姓所知。

(二)经济效益

中国干细胞集团主营项目为脐带血干细胞保存和技术服务:将脐带血通过特殊的医学工序,实现变废为宝,保存于-196℃超低温环境中,需要时可

随时使用。产妇可以选择将自己宝宝的脐带血通过付费的方式保存下来，也可选择无偿捐献给临床上有需要的患者。

干细胞尤其是胚胎干细胞研究在医学领域中潜力巨大。科学家预测，如果此项研究进展顺利，在不久的未来，肝病、老年痴呆症的有效治疗方案将进入临床。据有关机构预测，全球干细胞医疗在近年的潜在市场大约为 800 亿美元，如果将药物等有关的产业计算在内，2020 年前后的全球市场规模可达每年 4000 亿美元。

我们将"公益为先、救死扶伤、积善成德、勇于争先"的社会责任贯穿于中国干细胞集团文化的全过程，为推动我国健康产业发展，促进社会精神文明与和谐发展做出不懈贡献。

（中国干细胞集团生物科技有限公司）

以德制药　以德治业

传承优秀医学文化

中华文化源远流长，而对于修德的理念，早在先圣舜帝时就曾有言："以孝悌和睦家庭，以驯予和善天下苍生，以礼仪邦交和谐原始氏族社会"。《史记》中对于舜帝"德为先，仁为怀，重教化，苦忧人，只为苍生不为身"的思想也给予了高度赞誉，以为"天下明德皆自虞帝始"。到春秋战国，世人在传承此思想理念的基础上又分化为诸子百家，各自对于"德行"都有着不同的理解，而其中较为注重道德修养的，便是千百年来影响中华民族最深的儒家文化。

诸子之学皆源于《易》，儒学也不例外。《周易·象传》中，《乾·象》篇言："天行健，君子以自强不息"，《坤·象》篇言："地势坤，君子以厚德载物"。这两篇典籍集中反映了儒家的价值观、伦理观和理想人格的最高原则。孔子主张"为政以德，譬如北辰，居其所，而众星拱之"，儒家文化崇尚和平，追求自强、实现自我和社会和谐，提倡修身以养德的理念不仅对个人的德行塑造有很好的引导作用，也对贵州汉方药业（以下简称汉方）经营管理起到指引作用。

以德立名，以质道诚

"国无德不兴、人无德不立"。汉方严修制药之德，打造诚信品牌，赢得了广大消费者和社会的尊重和信赖。

对汉方而言，人品是产品的基础，产品是人品的延伸。我们深知，一个有德的企业，应令人佩服、受人尊重，要赢的是民心，要聚的是信心；对于企业领导者来说，要爱员工、爱团队，打造经久不衰的品牌文化、建设有生命力的企业文化。作为中国的优质制药企业，只有将中华传统文化和企业自身的理念结合起来、传播开来，才能产生文化价值，成为真正能够造福社会和百姓的利民企业。

修德是汉方企业文化最重要的部分之一，也是汉方发展的核心竞争力。所谓企业文化，是企业和员工在发展过程中形成的价值取向和行为准则。它与制度相辅相成，制度是在管理流程中制定给员工进行遵守的，文化是一种企业潜意识，是从上至下形成的一种意识；制度保障做得对，文化能让人做得更好。企业文化虽然在规范企业方面是一种软性力量，但若真正建设得好，却能赋予企业比制度更有效的约束力——员工的自我约束。

当然，企业文化的形成并非一朝一夕间完成的，是要由上至下转变思想，在潜移默化的过程中，逐渐统一认知、统一行为。良好的企业文化不仅有利于增强企业的凝聚力、向心力、协作力，还能对外展示良好的企业形象，激发员工的开拓创新精神，也能约束深深植根于人心中的"惰性"，从而由"心"激发工作热情、提高工作效率、创造更多价值。

作为践行"德"学的企业，我们首先要做的，就是把药品质量放在首位，守德而保质。制药企业最应该树立牢固的诚信意识和质量意识，在生产制度方面，从药品原料的采购、检验、加工，到成品药的制作、包装、销售全过程，都要实行严密的检验和监督；在管理制度方面，将产品质量作为讲信、践"德"的重点，同时也是团队、部门、个人工作成果的评判标准；在意识文化方面，积极构建修"德"的企业文化，强调以德制药的企业宗旨，遵从"君子不取不义之财"的高尚品德，以悬壶济世为己任。

注重养成　让文化落地

将不同性格、不同理念的人思想统一于传承企业的价值追求，绝非易事。为此，汉方重点进行修德文化建设，领导者以身作则，为企业营造出守德光荣、失德可耻的氛围，树立起尚德守法的榜样，不断增强员工的守德意识。在平常的工作中还应深入开展各类文化活动，如讲堂、论坛、拓展，对员工的德行意识进行不断地引导，配合制度的实施，全面加强企业的德行文化建设。

在这样一个时代，大量的企业若只关注眼前的利益，卖"德"求利，即使成功也不过是昙花一现，终将惨败于人前。真正有远见、有胸怀的企业都懂得坚守商业道德、承担经营责任，在创新生产、优化管理上下功夫，以长远、稳定地提高公司收益。汉方笃信：修德是不败的投资，市场经济是信用经济、契约经济，只有那些有德行、有原则的企业，才能在激烈的市场竞争中站稳脚跟，赢得客户、赢得市场。

为了更好地修德为行，推动企业不断壮大，我们对当前面临的形势和企业未来的发展状况进行了分析和解决，实行制度改革。在发展战略上，汉方在传统制药板块的生产中心已由前期建设状态转变为生产状态，将全面整合现有的多项资源持续发力，将生产效率提到最高；在团队建设上，要求管理人员全面提升"表达、写作、协调"能力，最终把这些能力变成团队前进的动力；在思想意识上，要求所有员工积极接受监督，严格约束自我，围绕"安全、质量、成本"三方面落实工作，同时要求管理人员能够作为输送带把企业的核心文化传递到基层，让员工切实感受公司的人性化管理、理解公司的价值观；在职业素养上，要求所有员工不断提升专业水平，熟悉法律法规，把 GMP 的各项要求牢记于心。

拓展视野　以文化人

在一个飞速发展的时代，社会、行业、人每天都在变，人不思考就会落后，企业不思变革，只会原地踏步，最终则只能落得被时代淘汰的下场。

近年来，国际社会提高关注中华传统文化、传统医术。汉方也以此作为指向来制定发展性战略，眼光放远，关注国际动态，将国际市场需求以及企业的国际形象作为带动公司发展的重要引擎，以开放的思路和气魄汇聚资源、强力推进文化建设，助推企业发展。

在中医药领域，汉方具有良好的先天优势——贵州独特的地理环境和气候条件、丰富优质的药材资源、独一无二的民族苗药配方，再加上百年中药老字号的影响力和实力，在传统制药板块汉方已经上了轨道，正在稳步向前。而当前贵州发展大健康产业的战略定位对医药企业来说是一个难得的创新发展机遇。

为了抓住这一机遇，进军大健康产业，汉方在传统国医药方面也实行了新的发展战略，以崇尚道德、和合贵生的理念为基础，成立了贵州尚德贵生健康管理有限公司。公司紧抓中国大健康市场发展机遇，以发扬传统中医中药保健事业为目标，整合公司中医中药市场资源和地道药材资源。依托百年老字号品牌，大力发展中医中药产业，相续在贵州建立国医馆、国药馆、养生馆、理疗馆。四"馆"以中医传统问诊服务为基础，向广大消费者提供优质中药片、地道药材和按传统工艺煎药、熬膏服务，以及大力发展中医养生、理疗服务项目，并以连锁化经营为目标拓展市场。同时，利用汉方的药品研发、生产、销售能力，逐步实现以地道药材为基础的中药保健养生产品的研发、生产、销售能力。

汉方在发展的道路上一直坚守本心，坚持以传承中医药文化、发扬中华仁德为宗旨，在传统中找创新，从品质中发新芽，志在实现企业内部的优质蜕变与增长，为公司的未来创造更多可能。

经过二十多年的发展，汉方已经形成了自己的管理理念和风格，而"德"则是这种风格的根基，它是企业形象的载体，是企业文化的象征，也培养着一代代兢兢业业的汉方人，他们用自己的德行建设着汉方的未来，为公司生产出了一批又一批优质的产品，赢得了消费者的钟爱和信赖；他们用自己的付出推动了汉方的车轮，为公司写下了一页又一页光辉的历史，获得了各行各业的认可与称赞。正所谓三人可成众，若众人皆行德，又有何事不可成？

作为以药品为载体，护佑大众生命健康的企业，我们要坚持修身养性，主动积极地传承并创新医药文化和技艺，优化产品工艺技术，臻善药品质量，更好地实现企业价值，并希望能通过自身的努力，感染更多的社会团体和个人，从而能有更多的人为全人类的健康、生命、繁荣贡献力量。

（贵州汉方药业有限公司）

加强诚信文化体系建设
为商业科学发展提供精神动力

北京华冠商业科技发展有限公司是一家以连锁

购物中心和连锁超市为主营业态的商业企业，成立于 1995 年，2001 年成功地实现了由国有企业向民营股份制企业的转制。华冠商业以购物中心、生活超市、便利超市、领鲜超市以及电子商务、跨境购等不同的业态融合，线上、线下互动互补的全渠道模式不断拓展，覆盖面积达到 5000 平方公里，文化建设为百姓"舌尖上的安全"起到了保驾护航作用。

让诚信成为商业文化

人无信不立，业无信不兴。华冠作为北京房山区最大的零售企业，从 1995 年开第一家超市起，就提出"华冠永远对得起您辛辛苦苦挣来的每一分钱"的经营理念，全体员工 23 多年来坚守这一理念，坚持靠诚信渡难关、解难题，以诚信赢顾客、聚人气，用诚信谋经营、促发展，以促使企业越做越好、越做越强。"民生商品 8 分利"的经营承诺 20 年不变、设立"临期商品专区"、销毁过期面包、推行无障碍退换货、承担商务部"万村千乡"市场工程试点任务……一个个诚信之举，让公司不断发展壮大，更赢得了老百姓的信赖和认可。

2010 年，华冠商业成功加盟全球最大自愿连锁组织——国际 SPAR。在北京首家 SPAR 华冠开业庆典会上，记者问及国际 SPAR 总裁高登："SPAR 作为国际最大连锁组织，为什么会选择华冠这样一家小企业，作为在北京的唯一合作伙伴？"高登说："华冠对民生商品 8 分利承诺的坚守打动了我们，重承诺讲诚信就会赢得未来！"诚信，为华冠赢得了国际一流连锁组织的认同。如今的北京华冠商业已经发展到拥有 70 家连锁店、13000 多员工的大型连锁企业，位列中国连锁百强第 77 位。

华冠人视诚信为理念，把承诺放在心上

早在 2003 年，华冠就开发了保质期预警系统，把监测临界点设定在保质期 20% 范围内，每天预警临近保质期商品，并在每家超市最显眼位置，设立"临期商品专区"，采取更透明的方式促销，临期商品专区不仅不能撤，而且还要一直坚持下去！这一创举后来得到市工商局、市食品药品监督管理局的认可，并在北京市所有的食品销售单位进行了推广。

"诚信比赚钱更重要，生意人更应讲诚信"——这既是华冠人的口头禅，也是华冠人的"生意经"。2011 年 3 月 17 日，华冠很多门店货架上的盐，突然之间被抢购一空，而且很多人都是整箱购买。经商这么多年，物质短缺时，见过的抢购场景多了，但抢盐，还是头一回，而且还是普通老百姓集中抢盐。一问原因，原来是由于日本核泄漏事故引发的，当时 1.8 元一袋的食盐，很多商家已经卖到了 30 元甚至 50 元一袋。为了防止因为华冠的盐涨价和断货，引发顾客更大的恐慌，我们立刻通知所有门店："华冠超市的盐，不但一分钱都不能涨，而且不许断货，争取让每一个顾客都能买到，内部员工不得购买，让顾客先买，每人限购 2 袋，维持好现场秩序！"

正因为华冠的食盐没涨价，没断货，当天在华冠购物中心超市里买盐的队伍多达 2000 多人，排了差不多一公里长的队，劝都劝不住。随着政府及时辟谣，盐是不抢了，但令我们万万没有想到的一幕出现了：很多顾客拎着大包小包的盐，要求退货！但食品一旦售出，无质量问题不能退换，抢是你们，退也是你们，退货后我们的损失谁负责？华冠作为一家生在房山、长在房山的企业，做出决定"给顾客退盐"。我们深知"经营企业，挣钱第一，但不是唯一，挣昧心钱，发国难财，是最大的失信，一个企业失信于民，就很难再有发展！"

华冠人视诚信为追求，把质量举过头顶

经商 20 多年来，华冠公司始终教育员工不欺瞒消费者、不忽悠消费者、不糊弄消费者。

有问题的商品退回厂家后，经过变身又继续上架销售，这是很多不法商人和不良企业的惯用做法。华冠公司深知这种做法将损害消费者的利益，使消费者的合法权益得不到保障，时间长了势必会失信于民，动摇企业发展壮大的根基。

记得在和消费者座谈时，一位老顾客讲到，华冠能否保证每一袋面包的质量？会不会出现因为工作人员疏忽，把退回的过期面包重新上架销售的问题？华冠公司总经理坚定地说："对过期食品、假冒伪劣产品，我们始终零容忍！"甚至，主要领导经常带着参加座谈的人到库房查看和验证食品的新鲜度，华冠人觉得诚信面前无小事，维护消费者利益无小事，这赚来的是顾客对企业的认同，利远大于弊。

对顾客讲诚信，不仅要设法保证商品的质量，更要拿出具体的举措，让顾客在华冠消费得安心，没有后顾之忧。早在 2003 年华冠商业与消费者协会

签订了《先行赔付保障协议》，并缴付给房山区工商局 2 万元先行赔付基金，消协接到投诉可视情况先行赔付。2013 年华冠又向社会公开承诺"无障碍退换货"。从此，房山区的老百姓口口相传华冠重承诺守诚信！几年下来，重诺守信有时也给华冠带来一些利益损失，但却换来 50 万不离不弃的忠实会员。华冠连续 5 年被北京市工商局 12315 评选为"绿色通道"优秀企业。

诚信是华冠公司成功的基石，其用诚实守信这把"金钥匙"，打开了许多阻碍企业发展壮大的闭门锁。

华冠人视诚信为能力，把责任扛在肩上

在华冠人看来，商人的诚信不仅体现在日常营销上，某种程度上也体现在其所承担的社会责任上。

华冠公司内心深处始终把承担社会责任视为企业经营的最大诚信。10 多年前，北京房山区村民的消费理念是图便宜不重质量，为假冒伪劣产品提供了生存空间，致使一段时间内假冒伪劣产品在农村盛行。华冠公司通过调研，了解这一情况后，主动承担起商务部"万村千乡"市场工程试点任务，决定即使赔上一年钱，也要改变农民的消费观。

华冠公司决定在农村拓展华冠加盟店，并专门成立加盟管理部开展该专项工作。这一商业模式取得了巨大成功，加盟业主加盟后销售额提高 38％。村民反映购物放心了，食品安全有保障了，商品品种比以前多了。该项目的实施为农民提供了质优、安全、放心、价廉的商品和服务，把假冒伪劣商品挤出了农村。

2007 年，北京市商务局联合房山区商务局和商联会，对北京华冠商业加盟店开发项目进行评定和审核，为华冠授予"京郊农村现代流通网络建设示范单位"的称号。

勇于承担社会责任，还体现在坚持依法纳税上，这么多年来，华冠公司始终把依法纳税作为自己的重要职责和企业的荣耀，华冠连续 7 年被北京市国、地税评为 A 级纳税企业。

在公司业务经营得到快速发展的同时，华冠公司对社会的贡献也得到政府和广大消费者的认可。2015 年，华冠商业位列中国连锁百强第 77 位，中国快速消费品连锁百强第 40 位。华冠商业先后荣获全国诚信兴商双优示范单位、全国商贸流通服务业先进集体、重质量守信用企业、"三八"红旗集体、守信企业、社会信用 AAA 级企业、全国"万村千乡"工程优秀试点企业、北京市商业名牌企业等荣誉称号。被中商联授予"2016 中国社区商业创新十佳品牌"，被北京市企业评价协会评为"北京市诚信企业"荣誉称号。2017 年年初，华冠再次入围 2016 年度北京商业百强榜，并荣获北京商业品牌创新大奖。

华冠公司在 23 年的发展历程里，从高层领导到基层员工，始终高度重视"诚信经营"的企业文化建设，形成了"诚信经营"的文化体系。华冠商业始终本着"华冠永远对得起您辛辛苦苦挣来的每一分钱"的经营理念，23 年来精耕细作、不懈奋斗，把最优质的商品、最温馨的服务和"吃、喝、玩、乐、购"的一站式体验带给广大消费者，力争为广大顾客构建全渠道的休闲体验空间和更加舒心、健康的体验环境。

目前，华冠公司上下齐心协力，努力全面实现标准化、规范化管理，实现企业"先做强、再做大"的发展战略。练好内功，夯实基础，通过全球零售企业间的互相学习，积极交流，不断提高自身的经营水平，增强企业竞争实力，为消费者提供更加"新鲜、丰富、物超所值"的商品与优质的服务。

（北京华冠商业科技发展有限公司）

大力建设创新文化　促进企业和谐发展

吉林安正工程管理有限公司成立以来结合企业实际，确立了以"打基础、建制度、强管理、重学习、谋发展、育文化"为指导思想的工作思路，不断探索创新企业文化建设的方式、方法，坚持"自强不息，打造和谐团队；厚德载物，争做尽职员工"的企业精神，以开拓创新的思维、求真务实的作风、科学精细的管理、积极稳健的步伐，将企业文化融入企业管理之中。

明确企业发展目标，实施文化兴企战略

一是加强组织建设，提供坚实保障。安正公司明确了发展目标，制定了坚持"一年打基础、三年成规模、五年上台阶"的五年发展规划。安正公司成立以来，领导高度重视企业文化建设工作，将思想意识工作纳入重要议事日程，作为推动企业文化建设

的重要抓手，坚持做到人员到位、责任到位、措施到位，在工作中做到主要领导亲自抓，分管领导具体抓，多级联动，层层抓落实的良好格局。建立知责、明责、负责、追责的工作机制，全面落实企业文化建设，把企业文化建设放到与中心工作同等重要的位置来抓，为公司发展提供坚实的组织保障。

二是强化思想意识，筑牢思想防线。安正公司认真做好党员和员工的思想工作，坚持强化形势任务教育、理想信念教育、主人翁意识教育，积极带动公司员工探索法律、业务领域知识，找准切入点将理论学习与法律法规、业务培训结合起来；将专家讲座、专题党课、党刊读物、教育影片结合起来，创新教育形式、丰富教育内容，不断提升全体员工的思想政治意识，形成了积极进取、健康向上的氛围。

三是承担社会责任，帮扶包保对象。从 2016 年 1 月开始，安正公司牢牢把握目标任务，落实包保责任，组织召开专题会议，按照从"输血式"扶贫变为"造血式"扶贫的总体目标，成立扶贫攻坚领导小组，制定专项扶贫攻坚措施。协同相关部门先后开展"送温暖、实地调研、包保对接、项目推荐、技术指导"等 10 余次攻坚活动，积极联系多家单位为贫困户更新养殖设施，并派技术员对贫困户的种植问题进行指导，进行土样分析等，着力解决了困难户耕种品种的拓展和资金、饲养总量和设施更新、土地检测和饲料供给以及产品销售渠道搭建等问题；同时，协调多个部门为困难户家属解决了户口落户问题，使得包保贫困户的生活水平较之前有了很大程度地提高，幸福指数也随之提升。

坚持探索创新文化，塑造企业品牌形象

一是以特色文化活动为主线，营造良好的和谐氛围。安正公司在强化学习之余，陆续开展登山、参观、比赛、团队拓展训练等活动，相继组织了"迎七一、庆周年""党在我心中""我与安正共成长"等多项主题活动，全面展示企业精神风貌，推动企业文化活动的深入开展。2016 年举办的"走进靖宇将军密营、直接体验红色教育"主题学习教育活动，安正公司全员参与，员工围绕学习精神、结合工作实际，撰写《心得体会》70 余篇。在宣教的同时更好地与公司的企业文化理念巧妙融合，为日后的工作开展奠定基础。

二是通过员工愿景合理化建议活动，增强员工参与企业管理的意愿。2016 年在全公司范围内针对企业文化开展合理化建议征集活动，公司全员结合安正现在和未来发展特点，征得企业文化意见稿 116 篇，并且为鼓励员工参与思考实践的积极性，对被采纳意见员工给予奖励，增强了员工的归属感、荣誉感、责任感。安正公司还鼓励员工将公司周训、日训牢记于心，收录周训 46 篇、日训 230 篇，为稳步推进企业文化建设起到辅助性作用。

三是以安正公司网站为宣传阵地，增强员工的荣誉感和集体意识。通过公司网站的建设，有效地把公司思想政治工作和企业文化建设的宣传、教育结合起来，充分反映公司在各个时期所开展的重要工作、关注员工思想、学习状况等，使公司内外通过网站信息平台及时了解各部门的工作情况和员工的内心动态，树立公司良好的品牌形象，从而进一步增强员工的荣誉感和集体意识，达到思想政治工作目的，同时促进公司企业文化建设深入实施，实现企业的战略发展。

打造"以人为本"理念，实施人才强企战略

一是积极建设学习型企业。进一步加强了公司班子成员政治理论学习和职工业务培训工作，安正公司先后开展党员干部政治理论学习 44 次，重点学习了十八届中央纪委六次全会精神、省政府 2016 年政府工作报告、《中国共产党纪律处分条例》《中国共产党问责条例》等理论文章 88 篇；开展了"三严三实"专题知识讲座，按照"三严三实"系列活动要求，安正公司董事长、党支部书记分别从不同角度，与公司全体员工和党员同志们进行了深入的探讨和交流，并撰写心得体会 20 篇；组织观看了《底线》《生死抉择》等多部反腐题材影片；制订了年度员工专业知识培训计划；加大公司员工对《商务礼仪基本常识》《民法通则》《财务报表分析》《消防知识讲解及模拟演练》等内容的了解和掌握。邀请党校教授进行"两学一做"专题党课讲座；先后组织了 7 次员工集中考试巩固学习成果。

二是积极建设制度型企业。安正公司建立健全了《员工行为规范管理办法》《员工奖惩管理办法》《消防安全管理制度》《安全事故应急预案》《人力资源管理办法》等 70 余项制度体系。通过倡导和推行，在

公司员工中形成自觉意识，起到规范员工的言行举止和工作习惯的效果，为公司各项工作的开展保驾护航，确保企业文化建设工作在公司取得实实在在的效果。

三是积极建设人才型企业。结合公司发展实际，安正公司制定了《人才选拔聘任管理办法》，牵头成立人才选聘工作领导小组，严肃选聘程序，从"思想、道德、作风、意识、纪律"五个方面入手，加大人才选聘的准入条件；从"学历、经历、身份、能力"四个方面加大了人才资格审查的评议；从"推荐、自荐、述职、测评"四个方面规范了人才选用程序；从"个别谈话、综合分析、意见征求"三个方面系统考察了人才的综合能力；从"事前调查、过程监督、责任追究"三个方面加大人才选聘中的监督力度。通过不断完善工作机制，杜绝了公司在选人、用人上的不规范。

四是积极建设关爱型企业。安正公司一直秉承"以人为本"的管理理念，帮助员工在安正"安家"，增强员工对公司这个大家庭的归属感和认同感。为确保员工身体健康，每年定期组织员工进行健康体检；认真贯彻国家劳保政策、法律、规定标准，完善劳保用品定时采购、统一发放等工作；制定《职工及职工直系亲属探望制度》，对结婚、生育、住院的职工和职工直系亲属去世等事项进行关怀慰问并依照制度送去慰问金，充分体现安正公司对职工的关心，进一步提高了职工工作的主动性和积极性。

（吉林安正工程管理有限公司）

以人为本　加强文化建设
为企业发展提供强大精神支持

金诚集团是一家综合性的现代金融服务企业，服务于全球"新型城镇化"。集团总部位于中国杭州市，在8个国家和地区的60多座城市设立了分支机构。拥有6家经备案的私募基金管理人，1家基金销售公司，5家公众公司，在全球拥有近2000名员工。截至2017年一季度，全国签约特色小镇项目达42个，政府项目签约量近5000亿元。

在近10年的发展中，金诚集团形成了底蕴深厚和内涵广博的金诚文化。通过多年不断的建设和创新，这种先进文化力深深地熔铸在企业的生命力、凝聚力和创造力之中，成为引领公司员工朝着共同方向前进的一面旗帜，并以其特有的力量把金诚推向可持续发展的快车道。

一、坚持以人为本，打造"匠人精神"，塑造独特而又全方位的核心价值观

（一）宣传核心价值观

随着企业的发展，员工队伍不断壮大，为使企业文化建设深入人心，融入每位员工的工作、学习、生活之中，金诚集团从创业之初，秉承以人为本的核心理念，集团董事长韦杰先生根据自己走遍世界以及自身多年积累的管理经验，凝聚了自己多年的心血和心得，总结了金诚集团别具特色的核心价值观，即"三要四心五戒"。从每一位新员工入职公司开始，无论是入职引导人的"传帮带"，还是员工的入职培训，再到企业的每一个角角落落，都对员工进行了大力宣传，统一了广大员工的思想和行为，使他们能够结合岗位工作，深刻领会核心理念的精神实质，积极主动地参与到企业文化建设中来。

如今，"要善良、要锻炼、要勇敢"，是金诚的核心价值观，已经谙熟于每一位金诚人的心里。善良不代表委曲求全，不代表别人伤害你时的忍气吞声，而是你应该时刻谨记用这份善良与你所处的环境和谐相处，与你置身的工作和谐相处。与善良相比，更重要的是锻炼，锻炼不止是身体的锻炼，还有思维的锻炼。身体上的锻炼和思维上的锻炼是相辅相成的，因为锻炼还包含着更深的一层含义：要勇敢！经常锻炼的人，内心是非常强大的，潜藏着巨大的能量。而这些能量，可以在学习中找到用武之地。利用碎片化的时间，整合碎片化的信息，长期处于一种学习的状态，才能慢慢地将自己塑造成一个具有独立人格的匠人。

（二）提升企业形象

金诚的品牌建设自然离不开各种媒介的宣传，通过舆论宣传来提升企业形象。在集团的办公大楼内部，都充满着人性化的设计，方便来访的每位顾客可以及时了解各个楼层的功能及作用。在走廊内悬挂了金诚集团核心企业文化、塑造企业形象，以及各类警示、提示、文明办公和维护环境卫生等方面的温馨提示，既起到了提醒、提示作用，又使客户倍感温馨，提升了社会形象。同时，大力开展美化环境活动，在各个楼层根据不同部门的特色，每

个楼层的装修风格以及所布置的各种盆景及花卉，都充盈着我们的办公环境。金诚集团办公楼内外花团锦绣，绿树成荫，受到了员工及客户的广泛赞誉。

(三)开展创建活动

每天两次的太极体操，疏松筋骨，放松精神，缓解疲劳，无论再繁忙的工作，也都要时刻关心每位员工的身体状况，让员工身心得到放松；集团定期开展爬山、跑步等集体运动，集团九楼还拥有非常现代化的健身房，员工不仅可以免费使用健身器械，更有教练可以针对每位员工的自身情况，制定出一系列的专属运动套餐。金诚集团的每位员工受益非浅，身心得到了锻炼，既提高了员工身体素质，又增强了工作活力；在重大节日前夕，围绕节日主题举办丰富多彩的文体娱乐活动，如体育比赛、知识竞赛、文艺表演等项目，丰富了广大员工的业余文化生活，增强了凝聚力和向心力；集团五楼设置了图书阅览室，大力开展读书、读报活动，倡导广大员工利用业余时间进行"充电"，拓宽了知识面，提高了工作能力。

二、以学习为抓手，锻造员工素质

金诚的人才观是培养"三位一体"的匠人，即"1/3的专业知识＋1/3 的社会知识＋1/3 的管理能力"。啼为了给集团持续培养和输送符合企业要求的合格人才，金诚学院和金诚战略发展委员会一起联手打造的"金诚人·同行者"全员核心培训计划，建立起学习、培训、教育"三位一体"的运行机制，大力培育复合型人才，锻造了一支高素质的员工队伍。

(一)培养复合型人才

金诚集团每年都要根据业务发展及实际工作需要，制订计划，严密组织，大力开展学习培训工作，做到了导师有教案、学员有笔记、学后有考试，以此来提高员工的业务知识水平和操作技能。广大员工将每次学习培训均视为一次"充电"的良好机会，积极争做"复合型人才"，在工作中学习，在学习中提高，以学增智，学以致用，极大地提高了员工的业务本领、工作技能及实践能力。金诚集团良好的学习氛围也得到了员工及社会各界的一致好评，树立了"学习型企业"的良好形象。

(二)阻力员工成长

金诚集团公司董事长经常强调"我们做很多事情所有的窍门其实就是观复，反复的观看就是锻炼，你不要因为自己做的那件事情小或者掌握了就轻视它"。金诚人无论在工作还是生活中，都不断地反复学习和自我反省，即便是再小的事情，我们都会希望可以做到更好。当然，我们也会紧跟集团的战略发展从宏观上考虑问题，从大局出发去考虑工作，工作上推拉的现象少了，敬业的多了、吃苦耐劳的多了，逐步形成了一支富有朝气、充满活力、素质全面、德能兼优的员工队伍。

(三)抓好思想建设

金诚集团将思想政治工作与企业文化建设紧密结合，坚持"以人为本"，做好人的工作。一是领导广开言路，听取员工内心最真实的想法；二是集团以及领导关注每位员工的变化，坚持从一点一滴的小事做起，从一件一件具体事情做起，关心员工冷暖，及时了解员工的愿望和要求，化解矛盾，及时解开员工思想症结，消除顾虑，力所能及地帮助解决实际困难，使其以积极的态度投入到本职工作，完成好岗位工作任务。

三、以"制度"为保障，强化内部管理

(一)健全管理制度

金诚集团每年都要集中力量对不适应业务发展，不符合企业文化核心理念要求的制度、办法重新进行修订完善、梳理整合，编制成册，明确部门职能、岗位职责、操作流程、工作标准及责任，各项制度适应面广、通用性强，具有可操作性。尤其是集团规则委员会不断修改及优化各类流程，为企业文化建设的扎实开展提供了制度保障。同时，狠抓工作责任的落实，根据员工特长及岗位特性，合理进行岗位分工，将工作任务层层落实，上下联动，实行精细化管理，让每位员工都能够得到良好的发展。

(二)完善激励机制

一是实行能者上、闲者让的人才激励制度，促进了优秀人才脱颖而出。金诚提供广阔的平台，只要你可以，只要你优秀，就一定会给予展示和发挥的平台。二是实行年度考核，结合日常考核情况，年底对各岗位人员的任务完成情况及工作业绩进行考核评比，评选出优秀员工和先进工作者，给予重奖，大力宣传员工先进事迹，激发了广大员工赶优争先的工作热情。

四、以改造城市、幸福人生为使命，全力助推中国新型城镇化发展

金诚集团在助推城市化发展的过程中，目光独到地看到了目前国内经济在巨大转型期提供的历史性机会：城市化快速发展的过程中造成了配套产业发展的严重滞后，新城镇在艰难转型中亟须新的产业能量注入。在机会出现时，金诚集团选择果断出手，以医疗健康、教育、文化、金融为核心，搭配资金和建设支持，形成新型金融推动的城镇化，双向满足人民群众财富管理和生活需求的商业模式。

五、以"使命"促公司有效发展

通过企业文化建设的有效开展，金诚员工以"改造城市、幸福人居"为己任，在工作实践中保持和发扬企业文化精神，增强了工作责任感和紧迫感，爱岗敬业、无私奉献，为助推世界新型城镇化进程树立信心且更加坚定。我们希望结合大家的力量，通力合作，不懈努力，使我们的特色小镇打造实现历史性跨越。

（杭州金诚新城镇投资集团有限公司）

加强文化建设　为企业快速发展聚力

吉林棋盘生态农业集团有限公司，是一家村办集体企业，企业法人代表冯利伟。棋盘集团是集现代农业、农产品加工、销售、餐饮服务及房地产开发、建设于一体的大型集团，下设生态农业公司、粮油公司、酒业公司、餐饮服务公司、养殖公司、房地产开发公司、建筑工程公司、物业服务公司、仪表科技公司、商贸公司及农业科技公司等十余家子公司。棋盘集团公司坚持把社会主义核心价值观融入企业文化建设中，不断提高员工素质，改进工作作风，积极参加公益活动，勇担社会责任，坚持诚信经营，注重品牌建设，全面提升了企业形象，扩大了企业社会影响。曾受到中共中央国务院副总理汪洋的高度肯定。

强化组织领导，确保企业文化建设工作高效开展

棋盘集团公司领导高度重视企业文化建设工作，坚持把企业文化建设工作作为一项长期的系统工程来抓，加强领导，强化措施，使企业文化建设组织有力，目标明确，营造了浓厚的工作氛围，使企业文化建设走上了规范化、制度化轨道。棋盘集团组建了企业文化建设组织领导机构和办事机构，党委书记、董事长、总经理负总责，同时注重发挥党委、工会、共青团等组织的职能作用，齐抓共管，职责明确，积极开展企业文化建设工作。制定了健全的企业文化建设工作制度、会议制度等，每年都会召开专题会议，研究、部署企业文化建设工作，年初有计划，年终有总结；并把对企业文化建设工作考核成绩纳入了年终考核；落实专项资金，为企业文化建设工作提供专项经费保障，从而做到人员、经费、责任三落实，使企业文化建设工作落到实处。

狠抓文化建设工作，不断提高员工素质

棋盘集团把员工素质工程融入企业总体发展战略之中，大力实施人才强企战略。

一是重点抓好各级领导和党员干部的党性修养、理论修养、道德修养和业务修养的学习，努力提高党员干部队伍的素质。尤其是自十八大以来，公司党委先后组织党员和积极分子学习习近平总书记系列重要讲话精神，并健全了学习制度，不定期抽查班子成员、中层干部和职工的学习笔记；还充分利用集团公司的宣传栏、展示板等深化讲话精神、中国梦、党史等宣传教育。

二是把培育和践行社会主义核心价值观纳入集团公司全体员工的学习内容中，把社会主义核心价值观融入企业文化建设中。在全公司内，积极开展"身边好人""优秀员工"等评选活动及凡人善举等宣传教育活动。

三是重视员工的业务修养学习，除了组织员工参加业务技术培训外，还在集团公司内设立图书阅览室，开展读书学习活动，鼓励员工多读书，促进员工个人文化修养和业务技能提高。

此外，集团公司还为员工的后续教育和学历教育创造条件，目前，已有十余名员工在集团公司工作期间完成了成人高等教育的学习。

以职业道德建设为抓手，着力培育健康的企业文化

棋盘集团是一家综合性的企业，从房地产开发到工程建设；从生态农业到餐饮服务；从生态产品

专营店到电商平台，都会涉及民生安全，服务于民。棋盘集团不仅把职业道德思想教育纳入领导班子和中高层干部的学习计划中，还组织全体员工学习，建立健全职工职业道德行为规范体系，先后组织开展了"诚实守信""敬业奉献""立足岗位学雷锋""微笑服务""文明有礼""道德经典诵读""道德讲堂"等主题教育活动。

积极开展创建活动，夯实企业文化建设工程

棋盘集团坚持把员工文体活动作为企业文化的重要组成部分，以丰富的文体活动为突破口，增加企业凝聚力，加强企业文化建设。棋盘集团先后修建了两个文化广场，并安装了健身器材，便于员工休息时间锻炼身体，还建立了室内活动室、员工阅览室等。在生态农业观光采摘区内，增设了传统文化宣传区，设有宣传文化及传统文化长廊，定期更新文化宣传知识。集团党委每年都会组织党员庆"七·一"；工会每年都会组织员工举行趣味运动会、羽毛球比赛、乒乓球比赛、重阳节敬老演讲比赛、新春文艺联欢会等；共青团也充分发挥其职能作用，组织集团公司的年轻人参加"九三大阅兵""我们一起过国庆"等积极向上的爱国活动。此外，集团公司还会不定期组织员工文明旅游，倡导文明旅游行为，提升员工文明旅游素质，发出文明旅游倡议，开展文明旅游承诺活动。多姿多彩的活动，不仅让员工在参与的过程中获得了最大程度的精神文化享受和心理满足，增强了企业的凝聚力和向心力，使企业文化深入到员工的思想、意识中去，也把员工引导到企业所确定的经营目标和文化态势上来。

坚持诚信经营，全面提升企业形象

棋盘集团通过规范机构，明确职责，确保职能到位；通过将公司管理与村务"四议两公开"工作法相结合，实行集体表决、集体议事制度，进一步提高了决策的民主性和科学性；加强质量管理，确保产品质量安全；通过规范流程，严格合同签订和履行工作。2015 年，棋盘集团公司被吉林省工商行政管理局评为省级"守合同、重信用"AAA 级企业；2016 年，被吉林文明办评为"全市十佳守法诚信企业"。

棋盘集团以"诚信、创新、和谐、共赢"为企业宗旨，以"诚信为本，生态环保，优质服务，铸就品牌"为经营理念，建立了官方网站和微信公众号，实时更新集团最新发展动态。集团公司非常重视品牌

的建设，申请注册了集团标志和系列产品商标，走品牌发展之路。2013 年，棋盘集团出品的"棋盘村"牌大米，首先被许可使用"中国粳稻贡米之乡·吉林市"的集体商标。经过几年的努力，棋盘集团已成功注册商标 17 件，有 3 件商标被评为吉林市知名商标。2017 年，棋盘集团又向国家商标局申报商标 16件，均已受理；同时，已申报吉林省著名商标 1 件。

热衷公益事业，勇担社会责任

饮水思源，棋盘集团的壮大与发展，是棋盘村带动村民增收致富的坚实基础。至今，累计有 500余名棋盘村村民在棋盘集团上班，成为早晚打卡、领取月薪的"上班族"，人均增收 2 万余元。棋盘集团的发展，最终受益的是棋盘村全体村民，从补助孩子的托儿费，到奖励考入高等院校的学生，再到承担村民的新型农村合作医疗费用，发放养老退休金，为失地农民缴纳养老保险金，为村民发放各种节日福利。

棋盘集团还积极响应党中央的号召，主动承担了扶贫攻坚任务，2016 年筹集了总价值为 6.8 万元的农资产品，为全区 45 个村的 85 名农村贫困党员每人免费提供亩地的全套农资产品和量身定制种植方案，并送至贫困党员家中。对于购买棋盘集团农资产品的贫困党员，棋盘集团还给予低于市场价 5%～10% 的优惠。

棋盘集团还热心参加各项公益事业，每年都会由集团领导带队去敬老院慰问孤寡老人；2008 年汶川捐款发生"5·12"地震，2010 年捐款吉林市发洪水，2011 捐助吉林省青少年基金会，捐款资助贫失学儿童和困难村民等，棋盘集团均有行动。

棋盘集团还非常支持吉林市文体事业的发展，多年来先后赞助区级羽毛球比赛、乒乓球比赛、象棋比赛等。2016 年还赞助了"吉林市国际冰球大赛""吉林市国际马拉松赛"等，还组织员工参演了吉林市工商联组织的新年文艺汇演等。

通过企业文化的渗透，棋盘集团员工的精神面貌得到较大改观，团队及参与意识大为增强，企业奋斗方向与发展目标明确，价值观明确，干部员工工作热情明显比以前高涨，企业凝聚力和向心力明显增强。

（吉林棋盘生态农业集团有限公司）

建"祥和·责任"文化
促企业和谐健康发展

上海宏泉集团有限公司是在上海市普陀区成长发展起来的民营企业，主要涉及房地产开发、非银行金融业、商业街和商务楼宇、商业民用物业管理、酒店经营等产业领域，先后获评上海民营百强、上海民营服务业 50 强，2016 年上缴国家税收 9000 多万元。曾获全国思想政治工作先进单位、全国双爱双评先进单位、全国就业与社会保障先进单位、中国优秀企业公民、上海市文明单位等荣誉。

一、强化企业责任文化建设在企业和谐发展中的营造和促进作用

人文环境是企业环境的重要组成部分，建设良好的人文环境是企业和谐发展的客观需要，也是企业的基本责任之一。因此，在企业责任文化建设中要坚持营造以人为本、和谐舒畅的人文环境，促进人文环境文化建设。通过建立尊重、理解、包容、友爱、舒适的人际环境，通过建立互信学习、文明竞争以及丰富多彩的工作、生活环境，让职工在企业中快乐工作，从而在企业中营造适宜工作的环境和氛围。

(一)建立和谐的人际环境

建设和谐企业，首先，要在企业中建立和谐融洽的人际关系，在企业中人人都能感受到企业大家庭的温馨和气氛。宏泉集团通过组织开展职工运动会、职工艺术节、职工联谊沙龙、为职工过生日、职工旅游等活动，将人性化的理念渗透到企业管理中，从人性化的角度强化企业管理。其次，要把关心工作落到实处，解决职工最关心、最直接、最现实的利益问题，让职工发自内心地认同和接受企业价值观念。最后，建立和谐的人际环境，一方面，可以使职工对企业具有认同感、满足感，实现职工的自我价值体现。另一方面，在和谐的企业氛围和环境得到强化的同时，也促进了企业的管理进步。

(二)建立和谐的工作环境

促进企业发展，要力求创造和谐的工作环境来满足职工自我发展的需求，并以此来发掘职工的潜力，激发职工的工作积极性和创造性。宏泉集团通过开展技术比武、劳动竞赛、读书活动、拜师学艺

等职工喜闻乐见、形式多样的交流、练兵、竞赛活动，并建立有效的激励机制，在职工中形成讲学习、钻业务的氛围，为职工岗位成才创造条件，有利于形成良性竞争。建立和谐的工作环境，一方面，可以使职工的岗位技能和岗位责任得到强化，职工在认同企业、乐于奉献的同时，把个人发展和企业发展紧密地联系在一起。另一方面，可以在企业中构筑人才成长平台，为今后的发展储备了人才。

二、寻求文化落地的有效方法

宏泉集团在企业成立初期，即开始积极培育"共创祥和生活"为主要内容的企业文化，突出了情感的特征，并逐步形成了"聚人、聚心、聚德、同结祥和缘"的企业祥和文化。2004 年起，企业开始构建以责任为主要特征的企业文化，突出了以责任创造祥和生活。2013 年集团开展企业文化大讨论，企业和职工对自身存在与发展的价值认识进一步统一，企业和员工之间的责任、企业和员工对区域经济社会发展的责任进一步明确。融入区域发展，构建和谐稳定的劳动关系，实现了企业文化从"情感文化"到"责任文化"的提升，为企业的快速、健康发展起到了支撑和保障作用。

(一)红色引领发展

宏泉集团坚持"党建育人，责任树企"这条工作主线，结合企业生产经营管理工作实际，把党建工作有机融入企业文化建设中，为有效发挥党组织在职工群众中的政治核心作用和在企业发展中的政治引领作用提供了有力保证。在新建企业中，党组织构架与行政构架同步建立，确保"两个覆盖"和"两个作用"发挥；认真组织开展"两学一做"主题教育实践活动，学习落实"四个全面"伟大战略布局，努力实现中国梦。重申廉洁自律 7 条规定，强化企业廉洁文化建设；参观红色教育基地，开展理想信念教育活动；建立党员活动室、党建墙，开展党建阵地建设，弘扬企业红色文化；实行"党政职务复合"，促进"两个健康"；开展党务公开，实行阳光党务；建立党政互融 7 项工作机制，加强"两项机制"建设。

(二)强化文明建设

宏泉集团以企业精神文明建设为抓手，强化社会主义核心价值观教育，开展"我们与城市同成长"主题活动，通过参观企业项目建设，亲身体验城市和企业的发展变化。参加社会公益活动，弘扬慈善

公益理念。5 年来坚持每月组织一次学雷锋志愿者服务活动，企业文明生产、到社区街道打扫卫生、协管交通。开展敬老活动，元宵节和中秋节送元宵月饼、谷雨前到敬老院拔草。"六·一"前后看望自闭症儿童，并与他们互动等，已经形成长效机制，成为企业责任文化建设的重要活动载体。

（三）融入社会发展

宏泉集团结合上海市全球创新中心和普陀区"科创驱动转型实践区、宜居宜业宜创生态区"的建设发展目标，激发大众创业、万众创新的活力，注重对科技创业企业的培育扶持，积极打造科技企业孵化服务链。2016 年通过"上海市科技企业孵化器"复审，获授"上海市科技创新创业服务站"。企业坚持强化金融对区域经济发展的服务、支持力度，向区域发展的重点领域倾斜，把科技企业特别是民营科技企业、青年创业作为重点帮助对象。

（四）建立共商机制

随着企业规模扩大，职工人数不断增加，发展中的矛盾也日益突出，需要企业创业人员和职工和舟共济、迎接挑战。在企业主的支持下，宏泉集团创造了共商企业发展会，这一最早在民营科技企业的职代会形式，畅通了职工与高层的联系渠道，建立了反映呼声、倾听诉求的平台。这种形式虽然仅是沟通，职工也只有建议权，但职工和企业主的思想交汇，融洽了双方的情感，受到了职工和业主的欢迎。

（五）建立规范制度

宏泉集团积极推进企业职代会的制度化、规范化、法制化建设，创新了职代会前的民主协商联席会议机制，建立了企业平等协商的平台；表决通过了《集体合同》《工资集体协商机制》《职代会运行办法》和《员工教育培训奖励条例》等一系列重要文件，职工权益有了制度保障，其生产积极性得到充分调动。第一次职代会后，业主提出了："我 100% 支持工会独立开展工作，我 100% 支持工会为职工维权"，要求企业中层以上管理人员全体出席职代会。

（六）建立共决机制

宏泉集团把贯彻落实党的"全依"方针，深化"凝聚力工程"建设，促进企业和员工"双赢"，通过职工参与企业决策的机制得以实现，增强了职工对企业的认同感、责任感，职工与企业同呼吸、共命运，在维护职工合法权益，构筑和谐、稳定的劳动关系，促进企业健康、持续发展方面发挥了重要的保证作用。这项工作也被称作"宏泉现象"，得到全总、上海市委和市总工会领导的肯定。

（七）建立倾听机制

宏泉集团高层每年年底到下属部门、公司，以座谈会的形式听取职工意见，职工从本职工作体会谈经营管理问题、谈福利待遇，集团高层当场提出解决、改进措施。2016 年的座谈会上，集团领导对物业职工提出的调休积余问题，当场拍板要特事特办，并在第二天将职工多余的调休按国家规定结算成现金。员工的发展要求和企业发展的目标紧紧地联系在一起，较好地维护了投资者、经营管理者和员工三方面利益。

（八）人文关怀环境

企业把人文环境建设作为责任文化建设的重要内容，充分体现了宏泉集团"祥和大家庭"的温情。为员工交纳社会保障金、员工带薪休假、购买职工保险、职工旅游补贴、职工体检、节日礼金、为职工过生日等，职工的福利待遇用制度加以保证。在"读书益智我成才""好书传阅"职工读书活动中，向职工赠送了《细节决定成败》《生命中最重要的》《谁动了我的奶酪》《致加西亚的信》《工匠精神》《学习之道》等书籍。出台《员工培训教育奖励条例》鼓励职工接受进一步的学习，已有 20 多人获得奖励，最高 5000 元，最低 1500 元；看望慰问生病职工、职工帮困补助、举办职工体育比赛和文艺演出，组织"加油，我最棒"职工技术比武擂台赛；企业的关心激励着职工更加自觉地承担好发展企业的责任。

（上海宏泉集团有限公司）

推十大文化　促企业发展

申远空间设计是以别墅室内空间设计为主体，集家装、工装、软装、传媒等为一体的高端装饰设计企业。旗下拥有高端别墅装修、一生一宅·别墅整装、申远软装设计、申远工装、家居定制工厂、坤凌园林景观、陈设研发中心、乐缔传媒等众多品牌，并在杭州、苏州、宁波、南京成立分公司，为长三角区域高端别墅业主提供个性化空间设计专属定制方案。经过多年的发展，申远旗下拥有 700 余人的设计团队，并形成了多元化的发展格局，凭借深厚的设计实力与品牌影响力，开启了整体室内空间设计与陈设软装设计的一体化设计时代。

九字箴言　两个打造　十大文化

在企业发展的过程中，申远始终注重企业文化的建设，公司将"说真话、真做事、走正道"九字箴言，作为每一个申远人和企业的行为准则，并以"打造客户满意度最高、企业文化最棒的装饰设计企业"为目标，逐步探索建立具有自身特色的企业文化体系。

"说真话"就是要"真诚待人""诚信做事"，"真做事"倡导每一位员工脚踏实地奋斗，"走正道"则是申远在说真话、真做事的基础上，坚持以正确的价值观和正面思维来指导工作和生活。围绕着九字箴言的核心内涵，申远制定了包括感恩文化、健康文化、传播文化、学习文化、创新文化、奖励文化、制度文化等在内的十大文化板块。九字箴言、两个打造是手段，十大文化是目的。申远为每一位员工制定详细的职业发展规划，通过丰富的员工学习、培训、拓展等活动，为员工提供了一个积极向上、良性发展的平台。

践行社会公益　感恩铸造和谐

申远坚持感恩社会、感恩同事、感恩家人，号召大家用感恩之心去回报社会。申远积极为雅安、玉树等灾区人民捐款捐物；支持上海市残障青少儿书画手工艺品全球义拍活动；通过连续开展了四季的"暖冬计划"，为偏远地区的孩子们捐款捐物；成立申远爱心公益基金并筹集百万善款，连续三年捐赠"蓝天下的至爱"，加入"雏鹰展翅"定点帮扶贫困学子等公益慈善活动，为公益慈善事业添砖加瓦。同时，申远员工连续多年自发定期走入广慈福利院、四平敬老院、扬帆学校等地，探望那里的孩子和老人们，以感恩之心为他们带去慰问物资和温馨陪伴。

戈壁徒步　引领健康理念

坚持企业健康、员工健康、装修健康的理念，提倡申远人在工作之余积极参与体育运动。申远设立8月8日为健康日，连续三年组织申远人参加并冠名中欧商学院24小时精英挑战赛，取得良好成绩。定期开展跑步、羽毛球、篮球、钓鱼、游泳等各类运动，定期组织员工集体体检，开设健康课程，

涵盖身体、心理、装修健康各个方面，以健康的风貌引领企业新风尚。

特别是申远每年都会举办百人戈壁挑战赛，由申远人、申远业主、合作伙伴共同组成的百人军团，历经6天5夜完成110公里的戈壁徒步挑战，亲身感受体会健康、自然的生活方式。而通过申远百人戈壁挑战赛和多场赛前拉练，申远为员工、业主、合作伙伴等社会各届人士搭建了一个健康生活的平台，传播了健康生活的正能量。

十大文化　共同助推成长

申远的企业文化，不仅获得了申远人的认可和积极参与，更吸引了业主、合作伙伴等社会各界人士广泛参与。

感恩文化：通过连续开展了四季的"暖冬"计划，为偏远地区的孩子们捐款捐物；捐赠110万元援建贵州正安申远希望学校并购买教学物资；成立申远爱心公益基金并筹集百万元善款，连续三年捐赠"蓝天下的至爱"，加入"雏鹰展翅"定点帮扶贫困学子等公益慈善活动，为公益慈善事业添砖加瓦。同时，申远员工连续多年自发定期走入广慈福利院、四平敬老院、扬帆学校等地，探望那里的孩子和老人们，以感恩之心为他们带去慰问物资和温馨陪伴。

健康文化：申远以企业健康、员工健康、装修健康为宗旨，通过每年举办的由百人大军组成的百人戈壁挑战赛，带领申远员工、业主会员、合作企业一起征战戈壁，挑战极限，同时连续三年参加并冠名中欧商学院24小时精英挑战赛，取得良好成绩。此外，定期开展的跑步、羽毛球、篮球、钓鱼、游泳及各类身心知识健康讲座、体检等活动，让健康文化全方位渗入到员工的工作、生活中。

创新文化：申远创新文化围绕客户痛点，首创主材订货会打通各个环节，让业主享受无忧选材服务；深耕"深度小区服务中心"模式，让业主享受"零距离"服务；同时，2017申远创新年针对设计、工程、售后各个环节全面进行模式创新、服务创新和流程创新，开启无尘工地及推出"装修管家"服务模式，思考业主的真正需求，从业主的角度出发，打造客户满意度。

学习文化：申远在2016年末成立申远商学院，并以此为企业人才"复制"与"孵化"的基地，由复旦大学优秀讲师领衔商学院师资队伍，依托优质的教

学力量和企业自身的实战经验、人才资源，提供量身定制的培训课程，全年百余场学习讲座培训，涵盖商务沟通、正能量心态、设计知识、养生品鉴等，让申远人通过学习全面提升，享受工作和生活的乐趣。

大家庭文化：申远大家庭文化通过员工生日会、亲子活动、一年多次国内外旅游、集团年会等多种多样的互动关怀活动，让申远人和业主会员感受申远大家庭的团结和温暖；连续多年携手上海市杨浦区总工会共同举办七夕联谊会为单身员工情牵一线，丰富多彩的"大家庭"活动，如亲子游、生日宴、圣诞派对，营造了团结一心、其乐融融的申远大家庭文化氛围。

奖励文化：通过设计师表彰大会、主材管家服务评比奖、优秀员工评选、申远慈善之星评选、年度颁奖典礼等活动选出年度优秀员工、服务之星、慈善之星等奖项，奖励表现优异的明星员工、团队，鼓励他们再接再厉，奉献更高品质服务体验。

定制文化：申远打造高端家居定制工厂，成立设计研发中心、布艺研发中心和陈设研发中心三大研发中心，为业主提供一户一定制的设计方案和定制计划；还成立了八大设计风格研发小组，重新梳理整合了法式、欧式、东南亚、现代、新古典、新中式、海派、美式 8 大新兴设计风格；通过定期举办各类定制服务，如软装设计定制周、定制家居工厂观摩日等，让定制文化真正走进申远人和业主的生活。

传播文化：申远通过网络、书籍、报刊等多形式的传播手段，积极传播申远正能量，让申远人、业主、行业深入了解申远理念的同时，也架起了彼此互动、共同进步的桥梁。

申远通过上海市装饰装修行业协会唯一指定刊物《装饰家》、《申远》杂志、《申远报》等刊物，通过《饰觉空间》、《设计风尚》等栏目为业主带来设计流行趋势及装修专业知识解读；同时，申远所有传播载体公开向业主及会员征集稿件，并开设了装修故事、生活沙龙、旅行见闻等栏目等。

制度文化：申远通过开展管理层工地巡查为业主保驾护航；首推主材订货会模式，为材料商、设计师和业主提供面对面协商平台，优化选材服务；设立总经理接待日，倾听业主心声，解决业主问题，提高服务质量；同时申远还制定定期回访服务制、

水电煤检修等售后增值服务，为业主提供完美售后服务，让广大业主享受更高品质服务。

梦想文化：以梦想卡形式收集申远人和业主会员的梦想，申远梦想团队根据梦想收集内容制订圆梦计划，帮助大家实现梦想。同时 2017 年，业主还可以报名录制"美家形成记"等活动记录梦想美家的诞生过程。

未来，申远将继续完善规范企业经营和企业文化的管理模式，坚持以人为本的发展理念，带来更多富有激情、富有活力、富有创造力的企业文化活动，传播正能量。

（上海申远建筑设计有限公司）

创造一流质量 提供优质服务
彰显金龙魅力

金龙建设有限公司是一家集房屋建筑工程和市政公用工程施工总承包、房地产开发、市政、典当、燃气、建筑工程劳务、钢管设备租赁、项目投资、新型建材生产等于一体的集团化企业。金龙公司坚持"培育精干队伍、创造一流质量、实行科学管理、提供优质服务"，形成了独具特色的金龙文化。

"三实三优"的质量文化建设

质量是企业的生命线。金龙公司独创"商会联邦制"的商业模式，公司承建的各项工程都制定创优、创建文明工地的"双创"目标，引入 CI 系统，对施工现场整体策划、合理布置，做到"六化"，即材料堆放整齐化，工地四周围栏化，安全施工网络化，作业地坪硬质化，局部环境有绿化，临时设施规范化。公司先后通过 ISO 9001 质量管理体系认证、ISO 14001 环境管理体系认证和 OHSAS 18001 职业健康安全管理体系认证。在金龙公司，"严谨、科学"的工作作风、"不求第一、只求最好"的工作目标、"踏石留印、抓铁有痕"的工作方式，是金龙致胜的法宝。至今，金龙公司所有承建项目合格率 100%，优良品率在 70% 以上。

强化安全文化建设

作为建设企业，首先要保障每一位员工的生命安全，我们认为"如果一个工人在金龙的项目工地工

作连最基本的安全都得不到保障，那谈什么发展，谈什么关爱民工，这些都是空的。"金龙公司把安全文化建设提高到企业能否继续生存的高度，并对"企业不消灭事故，事故就要消灭企业"的理念形成共识。

金龙公司确定每年的 6 月是公司的安全月，6 月 10 日是公司的安全日。每年安全月期间，公司都要组织开展一系列的活动，如安全生产知识竞赛、告别违章签名、项目经理互帮互查，与工程所在地的行业主管部门联合开展消防、基坑坍塌等各类应急救援演练，开展有奖征文、安全主题晚会等活动，形成了公司发展中一种特有的安全文化，将被动的安全管理转化为员工主动参与、团队互助的管理模式，使各类安全规章变为企业员工自觉遵守的行为。

在安全月活动中，金龙公司各个单位要组织以安全文化为主题的文艺汇演，每个项目部都要出节目，节目以项目部员工为主，鼓励项目班组参加，自编自导自演，以诗歌朗诵、小品、短信、知识竞赛等形式向民工宣传"安全第一、预防为主"等安全文化。针对民工普遍文化知识水平较低的情况，安全宣传上采取动漫等通俗易懂的形式，定期请安全专家，结合具体事例，讲解安全知识，使每位民工树立防范安全事故的意识，并建立防范安全事故的能力。在工作业绩考核、项目先进评比上，实行安全问题一票否决制。基层单位的安全工作都由工程管理负责人主管。每年对优秀安全员进行奖励，在项目部推行安全设施的定型化。在组织结构、制度制定、物质保障方面向安全文化建设倾斜。平安是福，这不仅是对每一名员工而言，同时也是对企业而言。平安才能保持良好的创业环境，平安才能健康发展，平安才能构建和谐社会。

"谁对公司的贡献大，谁就是公司的优秀人才。"人才，是金龙公司辉煌的支撑，释放员工创造力，给予员工施展才华的舞台，是管理的最高境界。金龙公司不惜重金外聘高级人才的同时，还大力倡导内部员工学习考试，给予一级建造师、高级工程师、造价工程师一次性 10 万元、工程师 1 万元、二级建造师 5000 元的奖励，颇具吸引力的奖励政策让金龙成为人才精英聚集地。目前，金龙拥有房屋建筑、市政公用、公路、机电安装工程等专业一、二级建造师 60 人，中高级职称人员 120 人，专科以上学历占持证人数的 56%。2007 年，为培养高端管理人才，金龙公司开展了"打造百万项目负责人"活动，用 5 年不到的时间，公司百万项目负责人就已实现了 10 人以上。金龙对人才的认识很简单，完成好本职工作的就是人才，对公司贡献大的就是优秀人才。

落实"人人可慈善"的慈善文化建设

我们认为：不要就慈善做慈善，也不要把慈善当成一种负担，而要把慈善贯穿到企业的发展当中，慈善是金龙公司的一种企业文化。"人人可慈善"已经成为金龙慈善机制的基本特征。公司除要求负责人对身边的人、对所在的村进行帮扶外，每年召开党员大会、职工大会时都要进行自愿捐款活动。捐款主要用于资助困难儿童上学、大病救助、修桥铺路等公益事业。金龙公司董事会每年下达各项技术经济指标时一并下达给中层以上管理人员帮扶指标，并且年底考核。公司专门成立了弱势群体"金龙爱心基金"，在基金管理上，从专项专用、优先投资（固定回报）到专人管理，专人批复，年年公开使用情况及余额多少，"金龙爱心基金"已成为人人可慈善的渠道。

以金龙利益为重的大局文化

近两年金龙公司党委相继下发了《论公司与个人谁重要》《关于开展"以金龙利益为重"新文化主题大讨论活动的通知》。通过讨论，全体金龙人都坚信"皮之不存毛将焉附"的道理。金龙人认为金龙利益就是指一切能让金龙这个"生命体"保持持续、健康、平稳、向上等发展态势的多细胞组合体。它不仅仅是指经济利益，还包含社会声誉、技术力量、集团荣誉、人才战略等各个能构成金龙命运共同体的一切因素。而"以金龙利益为重"则是因为公司利益是实现个人利益的基础。公司利益与个人利益紧密相连、相辅相成。公司的持续发展，直接关系到个人利益能否实现，只有公司利益得到了保障，个人利益才有可能得到相应的保障。维护公司利益就是维护个人的自身利益。金龙人像爱护自己的父母一样爱护着金龙。

回顾创业之初金龙的初心是：为家乡剩余劳动力走上富裕之路创建一个品牌、搭建一个就业平台，通过让少部分人先富起来再带动所有跟随者共同富裕、继而实现为家乡的脱贫致富尽绵薄之力的奋斗目标。

20多年的锲而不舍，金龙人终于从租赁办公场所、手拿、肩扛、骑自行车、搭公交、住平房、吃粗茶淡饭，到现在已拥有自己的花园式的办公场所、施工机械化、出行小轿车、城市乡村都住上高楼房、生活水平只担心高血糖；不管老人生病还是小孩上学，遇到困难都有一个可以依赖的家长；以董事长为首的金龙公司高层领导们不求回报、无条件地帮大家解决困难；买房、购车给予补贴，让大家圆了扬眉吐气的初梦。

作为金龙人，不仅是找到了能确保自己小家生活来源的经济支柱，更重要的是找到了让自己成长、成才的平台。一个个员工从学徒到技术骨干，再到管理岗位。有了金龙利益，才有了确保承揽大项目、大规模工程所需的资金池；有了金龙合作平台，才有集众志、聚众才、抱团作战、众人拾柴火焰高的局面；金龙员工在各自的社交圈里流露着"我是金龙人"的自豪感。

特别是金龙新的思路和工作目标为金龙人描绘了更宏伟的蓝图，企业愿景的实现需要"金龙利益"做保证。金龙人用实际行动诠释"以金龙利益为重"的企业新文化。即：保持"以金龙利益为重"的指导思想；让金龙"三种精神"永不褪色；调整好工作心态，用老板的标准要求自己；工作敬业，努力把事情做在前面；将个人价值充分体现出来；工作中努力创新，提高为公司服务的意识。

金龙人深谙"先有专业精神，后才成为人才"这个道理。一个认真工作的人，只能称作称职；一个用心工作的人，才能企及优秀。不能做一个可有可无的人。专业精神的本身就是服务，具备专业精神，才能开拓创新、服务好金龙，为金龙创造更多的"利益"。具体要求是：工作主动、主动、再主动；齐心协力维护好公司形象；金龙每个人从自身做起，不说不利于金龙的话、不做不利于金龙的事，不随意在高兴时点赞金龙、不高兴时就诅咒金龙；凭借良好形象以及一言一行给金龙形象加分、点赞。

多年的栉风沐雨、多年的沉浮坎坷，铸就了金龙人敢想敢干、敢为人先的奋斗精神。我们深知，唯有紧扣企业文化建设，把科学的经营理念转化为员工意识，才能确保工程质量、打响品牌。

（金龙建设有限公司）

强抓企业文化建设　铸就企业发展之魂

辽宁远大诺康生物制药有限公司（以下简称远大诺康）成立于1997年，是一家集研发、生产、营销、管理于一体的全价值链医药集团企业。自2006年起连续多年进入中国制药工业百强榜，是国内蛇毒药品研发水平领先、销售规模第一的企业。远大诺康坚持强抓企业文化建设，文化的不断完善、创新推动了企业变革走向跨越。

构建诺康特色的企业文化体系，助推企业健康发展

远大诺康通过全体员工的艰苦拼搏，在大力抓好经济发展的同时，坚持以人为本，致力于实施文化管理战略，在循道而为的发展征途上不断超越，先后荣获"全国民营企业文化建设三十佳""企业文化建设典范企业""企业文化建设优秀单位"等诸多殊荣，充分展示了新时期民营企业的崭新形象，在行业内外得到了一致肯定。

远大诺康企业文化始终着眼于提高企业核心竞争力，着力于增强员工凝聚力和向心力，积极推进符合自身发展特色的企业文化建设模式，构建了完善的企业文化体系，培育了鲜明的、具有诺康特色的企业文化机制，为企业的发展壮大提供了强有力的支持。

企业使命：专业、力行、承诺、健康

企业核心价值观：人本、责任、卓越、包容

企业愿景：做具有生命力的时代前沿医药企业

经营理念：领跑成长、基业长青、成就大家的诺康

远大诺康始终坚持把企业文化理念，融入、转化、落实到各项工作中，在研发、营销、生产、管理各个环节渗透，充分发挥了企业文化的推动力、牵引力、凝聚力。由此可见，诺康文化体系，为企业发展提供了强有力的支撑和源源不断的动力。

提炼文化精髓指导实践，用文化为企业注入发展动力

2017年，借远大诺康成立的20周年庆典之机，我们对远大诺康企业文化的内涵、外延进行了全面地提升。

首先，远大诺康公司启动了《诺康宪法》的修订工作，延续公司成立15周年时的探索积淀、智慧以及经验进行总结，在立足公司章程的基础上，制定了一套能够全面指导公司经营管理活动的纲领性文件。同年，企业正式把这部文件的名字确定下来，定为《诺康宪法》。这部企业纲领先后修订十六版、共六章十五节，两万四千余字。标志着远大诺康的企业文化已经全面渗透至企业哲学、管理、经营、人力资源和行为等多方面，可以用于指导企业今后的发展并开展具体的业务实践。员工通过对企业宪法的学习了解，能够充分了解公司的行为、信念、价值观和内外部环境，用于进一步指导各项工作。

其次，我们启动了《诺康发展白皮书》的撰写。在远大诺康成立20周年即将到来之际，各部门、各组织和系统通过全面梳理自己的工作，探求企业成长的脉络，深入地理解诺康从无到有、从弱到强的发展过程。这不仅仅是向企业献礼，更是企业发展到一定阶段的自我总结和生存提炼与再设计，是远大诺康用建设性思维构建具有生命力的组织系统的一种必然选择。从文化的角度衡量，远大诺康更有责任对过去20年的发展历程进行总结，并将这些记录在册，加以传承。

远大诺康公司还启动了"时光日历""唱响草原"歌唱比赛、诺康之夜中秋家宴活动，并同步开展了厂区景观改造、办公环境改造、企业文化馆的更新、企业宣传片制作等一系列工作。

在文化广场改造中，远大诺康邀请国内知名的鲁美雕塑系老师共同设计了诺康的主题文化雕塑。雕塑主体以象征无穷发展生命力的摩尔比斯环为主，深刻蕴含了远大诺康人本、责任、卓越、包容的核心文化，使企业的文化不断展现由抽象到具象、再由具象理解到抽象的深入提升这样一个过程。

在远大诺康公司19周年的时候，组织邀请员工书写了"给未来的一封信"，征集员工对企业的美好祝福和未来规划，有了这个铺垫，公司汇集到了成千上万对诺康的美好祝福，这些祝福都给远大诺康带来了更大的加持，也激发了员工更多的动力，给企业带来无限生机。

随后，远大诺康公司又特别向国家邮政总局申请，在2017年发行了远大诺康自己的个性化邮票和邮册。这本邮册全面介绍了远大诺康发展，配以各类精美图文和有增值空间的邮票。邮册中不仅有企业纪念邮票，还有寓意吉祥的"鸡"年年票，以及能够彰显企业家精神的中国现代科学家套票和分享美好寓意的"福禄寿喜"套票，特别是"福禄寿喜"套票已经上市发行5年，目前已经增值。

远大诺康还委托沈阳造币厂特制了金银彩色纪念章。该枚纪念章由多次在国际上获奖的人民币的设计师亲自设计，深度提炼了远大诺康的精神元素和企业文化，数易其稿。整体色彩简洁明亮，美观大气，赋予了企业秉承初心、奔向未来的美好寓意。

总的说来，诺康在打造特色文化的同时，不仅强调企业文化内在的提升和升华，更强调从内而外的落实和实践，去进一步发挥文化的引领作用和辐射作用。

丰富文化载体形式和内容，让文化落地生根

远大诺康通过文化的发展提升，不断创新、积极完善，全面建立了多种文化阵地和活动载体，深受员工喜爱与支持。

在常态化的建设中，远大诺康保持企业内部刊物《诺康人》的季度性定期出版，电子平台的适时更新，党委工会活动的定期组织，年度晚会、集体旅游、中秋烧烤家宴、趣味运动会等特色文化活动。在"三八"妇女节、"六一"儿童节等节日也会组织别开生面的活动，给予别具特色的员工福利。此外，结合近年来企业人才结构的不断进化，远大诺康创新性推出了律动诺康、微信摄影大赛等活动，不断增强了远大诺康人的使命感、责任感、进取心和包容意识，而且让大家持续体验和感悟远大诺康企业文化的深刻内涵。

特别是这些文化活动的举办不仅有明晰的目标、详细的计划，而且有协同的分工落地和相应的制度考核标准，力求使每项活动都按照项目管理的流程来计划和实施，促使员工积极响应，有效提高了企业文化的融入和带动作用。

远大诺康还积极组织一系列学习活动，不断提升大家对企业精神的认知和践行。2017年，在全公司范围内掀起"工匠精神"学习热潮，内刊设专栏，树立典型，供各条战线员工学习，广大中层以上干部认真学习"洗车大王"事迹，召开专题会议，积极撰写心得体会，并将"工匠精神"落实到工作中。

在未来的实践中，远大诺康首先设想在一年一度的员工集体旅游活动中，同步开启以"青山论剑鼎革天下——奔跑吧，诺康"为主题的文化活动。将公司企业文化的"核心价值观"融入活动项目中，形式新颖，参与性强，并采取随机分组的形式，打破部门间的界限，加深各系统、各部门间的融合与交流。活动让大家通过完成"责任柱""包容圈""人本协作链""卓越节拍"等项目，进一步体会远大诺康文化的深意，给大家带来别具一格的文化体验，深刻理解企业文化理念精髓。

企业文化建设是企业的生命工程，我们将不断在理论上总结学习，在实践中感受验证，坚持以文化为引领企业变革，努力实现"做具有生命力的时代前沿医药企业"的美好愿景。

（作者郭蕾，洪媛媛，辽宁远大诺康生物制药有限公司公共事务部）

北雁商城企业文化建设的"三度"追求

北雁商城创办于1988年，历经30年打拼，从一个5000元小店发展为现在的数亿元资产的商业集团。现辖河北围场北雁、丰宁北雁、滦平北雁、滦平鑫港店四个大型连锁商城和河南四个合作店，另有投资公司、商学院。期间，北雁的企业文化发展，经历了从高瞻远瞩谋划到践行，从思想理念到行为习惯，从高度到深度与温度"三度"并重的过程。

确定先进理念，引领企业文化高度

北雁企业文化的高度首先体现在企业领导要登高望远，做好顶层谋划。北雁商城董事长王立东酷爱学习钻研，对企业文化有着强烈的价值认同感，三十年如一日，孜孜以求研究应用，使北雁成为当地一张亮丽的文化名片和"以文兴商"的标杆企业。

从创业开始，王立东董事长就立志打造北雁为受人尊敬的百年老店，以"做本分人，卖上等货，留好名声"为经营准则，鲜明地提出"买卖一条心，先卖文化、卖服务、卖信誉，再卖商品"的营销思路，把树立诚信经营、货真价实的营销形象作为头等大事予以落实，这也是北雁企业文化的雏形。

随着企业文化理念的逐渐清晰，北雁雏形的企业文化逐步得到确认和完善，成为北雁的核心理念。即，价值追求："经商育人，创造满意；关爱社会，追求和谐"；企业使命："成就员工，造福百姓，构

建有品格的幸福企业"；企业精神："团结创新，敬业感恩，勤俭朴实，文明清洁"；企业愿景："一流的企业，一流的文化，一流的管理，一流的信誉，一流的氛围，一流的待遇——打造一所世人向往和尊重的'企业商学院'"，加上人才、经营管理、服务理念等几十条子理念、董事长语录，共同构成了北雁的企业文化理念体系。王立东董事长常说，北雁的企业文化理念是企业的生命，是我们经营企业所遵循的理论原则和行为规范，是引领企业发展的"魂"。

其次，创建"高大上"的载体和形式。在民营企业中，北雁率先建立了专、兼职队伍结合的"企业文化研究践行中心"，成立有组织、有场地、有资金、有人员、有研究方向、有科研任务的企业文化课题组。借鉴国内外经验，结合商城的实践，定向研究企业文化热点话题，寻找能够适应和对接北雁地气的文化方略和途径。如：《北雁店报》创刊近15年，定期下发期刊，还相继编辑出版了《北雁之魂》《雁过留声二十年》《北雁文选》《北雁文画》《北雁群英谱》《东方智慧与企业养生》等系列丛书。

北雁图腾馆被员工们视为心灵殿堂，是北雁企业文化的最为"高大上"的载体，其中的北雁之路、北雁之魂、北雁之德、北雁之情、北雁之梦几个版块全方位、立体化地反映了北雁企业文化。

在当地传统服务业，北雁第一个设立了专职讲师团，培养了一批不同序列的企业文化讲师。为实现"打造一所世人向往和尊重的'企业商学院'"的愿景提供了人才保障；实施多元化的系列培训方式，为社会培养实用的人才，为员工搭建了成才平台，保证了企业文化传播落地。

文化活动的内容与影响力代表着企业文化的发展程度。北雁坚持开展常规性的文化活动。曾经举办的"中国大涵北雁杯全国楹联大奖赛"活动，征联近千幅，参赛范围涵盖了包括我国港澳地区在内的28个省区，吸引了大洋彼岸的美国华裔作者，展示和提升了中华文化的魅力和大雁文化的知名度。

完善规则程序，促进文化落地生根

北雁梳理完善了与企业理念相匹配的各项规章制度，制定了员工守则，建立了相应的绩效考评机制，形成了承载彰显雁文化的规则文化。如：准则，阐述了北雁人"什么能做，什么不能做"的问题。从

职业道德和社会道德两方面对北雁人进行全面、系统地规范。主要体现为"北雁人行为准则""纪律准则""道德观念"等。程序，阐述了每项工作"怎么做"的问题。为了将工作做到位，提出了"程序化"工作的要求，制订了岗位描述和各项工作的工作程序。标准，阐述每项工作"做到什么程度"的问题，这使工作的完成效果有度可量。制度，阐述工作"做不到位怎么办"的问题。通过各种"目标管理考核办法"对各项工作进行量化考核，并依据相应制度兑现奖惩，进而从"严肃性"上保证工作的效果。考核，保证了各种文化理念、各项规章制度"落地生根"。涵盖了"品、绩"两方面内容的综合性考核，以文化理念为指导，以规则标准为依据，对员工在工作岗位上的行为表现和工作结果进行收集、分析、评价和反馈，对员工的道德情操和实际贡献做出科学公正的评价。

在执行层面，北雁摸索出一套文化落地的专属规则。如，提炼出"和、智、毅、仁、信"的雁之五德，延展出和谐共赢的理念、文明诚信的店风、满意至上的准则、务实敬业的作风、团结协作的精神、育人任贤的机制、和睦温馨的氛围、健康向上的心态、自强不息的信念、关爱社会的品格10个方面。围绕这些内容，北雁创造了自己的"三大纪律八项注意歌""八荣八耻观""五敬仪式""北雁大讲堂"。这些都成了北雁的日常沟通与培训中、各类活动仪式上常说常讲的主题，逐渐让理念转化为习惯，由在高处看似抽象与模糊的概念，落地成为看得见、摸得着的员工行为。

追求满意和谐，触摸感知企业文化温度

"经商育人"与"造福百姓"是北雁企业文化的两个基本点，是核心理念"创造满意，追求和谐"的两个基本抓手。

北雁主张"建立教学型组织，人人培养接班人，为员工营造持续学习的环境""为家长培养懂事的孩子，为社会造就实用的人才"。要求中高层干部把80%的命令变成培训。规范了"北雁大讲堂"的系列课程，对员工进行意识形态、健康心理、潜能开发、岗位技能、职业修炼等方面的系列培训；建立了一套以老带新、梯次发展的"干部见习制度"，采取"师傅带徒弟"的方法进行传帮带，促使员工成长成才。

"爱"是北雁追求满意与和谐的最大法宝，北雁提倡"视员工为兄弟姐妹"以"关心、激励、培育、督导"作为管理八字方针，以"没有爱心，莫做管理"为管理者的指导方针，共同营造理解信任、认同支持、上下同心的和谐环境。员工间互相关爱，亲如家人，"爱"为员工的人生旅途筑起了遮风挡雨的"家"，滋养着员工的生活。

北雁的文明诚信在当地有口皆碑。早在2004年，北雁商城就在承德首家推出了"文明信誉工程"。"明码实价，合理退换。"北雁的业务人员在各经营管理环节上努力降低商品成本，将更大的实惠让给消费者；专门的管理部门严格控制加价率，使每一件商品的售价透明合理，消费者不用再过多地砍价，顾客对售出商品有任何不满意，可以在不影响二次销售的情况下拿来退换，并设立专门的"退换货接待处"解决退换货问题。

"文明信誉工程"背后的支持动力是服务人员的"三个转变"。首先是定位的转变，由售货员转变为导购员，由"卖什么的"转变为"帮顾客买什么的"；其次是立场的改变，从站在卖方的立场上，转变为站在买方的立场上想顾客所想；再次是职责的改变，从"卖货收钱"转变为"当好参谋"。"三个转变"使北雁的服务质量上了一个大台阶，使员工的思想在升华、爱心在增加、综合素质在提升，所创造的"满意"越来越多，店内外和谐氛围愈加浓郁。

北雁"文明诚信"也引起社会的关注，同行效仿北雁连续5年推出"学雷锋，争做最美北雁人"活动。北雁人常年倡导学雷锋"爱岗敬业的螺丝钉精神、学习创新的钉子精神、服务奉献的助人为乐精神"。员工们立足本职，钻研技能，比学赶帮，视客为友。经过严格把关，每年各店都要评出一批"最美北雁人"，他们的优秀事迹被身边的同事们分享学习，让企业的每一个角落都是满满的正能量。这股巨大的能量也像一个巨大的磁场，吸引着顾客们纷至沓来。北雁通过员工与顾客的真情连接，通过顾客的体验与触动，有效促进了企业内外的大和谐氛围，让人们真实地触摸感知到了北雁企业文化的温度。

（作者包秀丽，系北雁商城文化行政中心主任）

稻盛和夫哲学与阿米巴经营实践

在企业文化建设中引入稻盛和夫哲学与阿米巴经营是北京隆盛泰健康科技股份有限公司的经验。

公司导入稻盛和夫哲学的初衷

北京隆盛泰健康科技股份有限公司企业文化建设的基本架构是：以党支部建立为引领，当时在中国私营企业很有代表性。我们在 2012 年成立党支部，党支部建立在北京市，也是先进单位。但在员工层面，我们是以稻盛和夫哲学理念为基础，采取谋求造福员工的各种措施，我们工会也成立了幸福企业工作部，以建设幸福企业为目的，潜心打造企业文化建设的立体工程，既有党的引领，又有贯穿始终的文化体系，进而形成了企业文化建设的整体架构。

我们探讨中国的传统文化打造民营企业的企业文化，而用日本人——稻盛和夫先生哲学理论为基础，引领企业管理，源于稻盛和夫先生是日本的四位"经营之圣"之一，他一生打造了两家世界 500 强企业，这两家企业都是从无到有，他创造的京瓷公司从开始的 28 人，发展达到陶瓷行业第一，位列世界 500 强。2010 年稻盛和夫先生已经退休，在他 78 岁的时候，任日航公司会长，拯救了濒临破产的日航公司。1983 年成立了"盛和塾"，帮助中小企业家发展和成长。稻盛和夫先生的思想基础是中国的传统文化，是阳明心学，致良知和知行合一，我觉得在企业引入稻盛和夫的哲学和传承中国传统文化在某种程度上是一脉相承的。

当然，我们在企业引入稻盛和夫哲学，就是比较实用。现在国内翻译的稻盛和夫先生的经营理念和有关他的人生经历的书籍已达 43 本，包括《活法》《如何经营企业》《稻盛和夫的成功方式》等。这些书籍对于我们选拔干部、判断员工的优劣提供了非常好的经验和思路借鉴，所以我们通过他的文化实践体系，通过他的文化实践过程，通过他的通俗容易懂的书籍，在企业里很容易把稻盛和夫的哲学变得让员工接受。进而通过学习研究稻盛和夫哲学在企业里践行一种善的文化，一种感恩文化，一种利他的文化，这也是在企业里比较可行、易于被接受的一种方式。

导入稻盛和夫的具体做法

2013 年我们公司在文化建设上导入稻盛和夫哲学。5 年多来，用一句话来说，就是公司上下热火朝天地学习气氛已经形成。我们每一名员工来公司的第一天我们就给一个大礼包，包括公司员工手册，其中有一本书就是稻盛和夫先生的《活法》，这本书是 27 元钱，我们批量定做是 15 元钱，在成本上减少员工负担，每个员工人手一册，感悟稻盛和夫的人生经历，怎么做人，怎么对待工作，怎么对待生活以及对自己的启发。我们安排每周星期五下午有一小时时间作为新员工培训，也要针对《活法》进行宣讲培训，每名员工在转正的时候一定要写一篇对稻盛和夫的《活法》或者其他书的读后感，我们要求大家要看行家的评导，并以此作为考查员工能不能转正的考核指标。同时，将其作为员工在思想上跟公司的文化能不能一致的考查基础。

我们公司每个季度向全体员工布置一次读书活动，主要是稻盛和夫的书，包括《活法》《六项精进》《经营 12 条》《干法》《怎么把工作和生活结合在一起》等。我们每年都在做，所以对员工我们每年都有规定的读书目的，这样的读书虽然不是强制的，但每个人要看，每个季度有一个学习分享会。通过这种途径和手段在员工中形成自学的氛围，大家在谈工作的时候，就有了共同语言。

为了深化学习，我们持续开展员工大讲堂的活动。从 2013 年开展到现在，我们的大讲堂开展了 100 多期活动，员工自愿参加，由员工 PPT 上台分享，更多的人分享他们的学习体会。员工结合自己的经历，结合读稻盛和夫书籍后的认识，谈自己心态的改变，谈工作态度的改变，与大家进行分享，互促共勉。

我们强调高管学习要先行一步，集体学习率先垂范，虽然学术上有时探讨企业文化是不是"老板文化"，但引入稻盛和夫哲学的首先是老总。我们认为上行下效，如果企业老总没有真正地去学习去改变，没有真正做到知行合一，就很难让员工效仿。回想以前我们引入了很多企业的文化和价值观，总是难以落地。通过学习稻盛和夫哲学，我们领悟到了作为老总首先要把自己做好，而且老总的"行"比老总的"言"更重要。企业老总引进企业文化，企业老总带头并鼓励员工学习，企业的整个学习气氛就很容易形成了。

我们开设的员工大讲堂，过去是高管给员工点评，现在是高管先上台分享，跟大家讲体会。我们还建了微信群，结合自己的学习体会，每天有一个微信打卡，每天要发感悟、发想法、发感谢，我们每天都要传播一个感恩文化，每天下班后要在群里点名感谢同事、感谢领导、感谢下属，每天大家都能感觉到温暖，通过这种形式让企业的"家文化"在潜移默化中形成。

我们改善了绩效考评方式，每个月绩效考评分两部分，我们把学习作为员工的必修课，通过绩效考评对员工进行考核，通过管理把文化落地。每周一次的员工晨会，包括部门会议、月例会，我们逢会必讲稻盛哲学、逢会必讲企业文化，所有的会议都带有企业文化的影子。我们在晨会里面首先第一项是全员高唱《歌唱祖国》，形成了习惯就成了特色文化。

经过几年的努力，我们公司员工的生活状态、工作状态都发生了变化，我们的学习型组织已经形成。企业中热爱祖国、热爱公司，积极向上的能量场显著增强。我们笃信：做企业，就要形成一个"道场"，一个"能量场"，我们特别羡慕军队大熔炉，来一个熔一个，也希望我们的企业来一个熔一个，这也是企业家对企业、对国家、对社会应做出的贡献。

阿米巴经营

稻盛和夫经营京瓷公司进入世界 500 强，在稻盛和夫的京瓷哲学里面，有三个部分，一是京瓷哲学，这是他的基础；二是经营会计；三是阿米巴体系，这三个组成部分支撑起了京瓷公司走向世界 500 强的"大厦"。阿米巴本身是一种组织形式，跟事业部和利润中心的组成很相似，即通过经营用数字表达经营计划和经营成果，这是整个稻盛和夫经营两家世界 500 强最基础的组织经营框架。

阿米巴有三个条件：一个是能够执行公司目的和方针的人才；二是有独立核算的会计体系；三是形成独立核算的业务单元。实施阿米巴的目的就是培养企业内部未来的经营者，将稻盛和夫的利他精神、利他思想贯穿始终。我们公司用 5 年时间引入阿米巴经营，引入京瓷公司的管理会计体系，形成了阿米巴经营的"能量场"，增加了我们的业务科学管理的成分。此外，我们也在探索划分阿米巴的业务单元的执行，并在执行中积极总结经验。

（北京隆盛泰健康科技股份有限公司）

弘扬石油精神　传承"摇篮"文化

玉门油田分公司是一个拥有勘探开发、炼油化工、工程技术和生产服务保障、后勤服务四大业务板块的大型综合性石油企业。油田开发于 1939 年，是中国第一个天然石油基地。自 20 世纪 60 年代起，油田担负起"三大四出"（大学校、大实验田、大研究所；出产品、出经验、出技术、出人才）的历史重任，创造了一批油田勘探、开发、炼制经验和技术的"中国石油之最"，培养、造就了一大批技术专家、领导干部、生产骨干，被誉为"中国石油工业的摇篮"。

讲好"摇篮"故事，让"石油精神"的力量迸发出来

玉门油田是"中国石油工业的摇篮"，以"艰苦奋斗、无私奉献、自强不息"为内涵的玉门优良传统是"大庆精神""铁人精神"的重要组成部分，为以"苦干实干""三老四严"为核心的"石油精神"的孕育形成提供了前期积淀，进而成为"石油精神"的重要文化源头。2017 年，玉门油田坚持把讲好"摇篮"故事作为企业文化建设的重要内容，传承玉门优良传统，让"石油精神"的力量在推进百年油田建设中迸发出来。

组织开展"源泉——玉门优良传统"宣讲。宣讲团走进生产一线、走进校园、走进兄弟单位，应邀为中国石油青海销售公司、西北销售、西部钻探、西部管道、中油测井、陕西销售、中油延长、四川销售、川庆钻探、西南油气田、青海油田、运输公司、"中油伴 YOU"活动团队等单位宣讲。先后巡回宣讲 58 场，直接听众达到 3 万多人，通过视频、光盘收看人数达到 30 多万。今日头条、《中国石油报》、中国汽车发动机网、腾讯、一点资讯、《北京时间》、优酷、酷 6、搜狐、浙里油微等网站记者撰写报道 10 多篇。《源泉》视频，在腾讯、优酷、酷 6、搜狐等网站推送，点击量已突破 30 多万。宣讲案例 2017 年被评为全国企业文化优秀案例。

玉门油田组织开展"石油摇篮好故事"讲述活动。"石油摇篮好故事"展示了玉门石油人工业救国、实业报国的爱国胸怀，反映了不畏艰辛、战天斗地的创业精神，体现了为油拼搏、为油奉献的无私情怀，展现了立足岗位、争做贡献的时代风采。油田 33 名选手参加"石油摇篮好故事"预赛，选拔出的 25 名选

手参加故事讲述大赛，优选 7 个"石油摇篮好故事"，进行"喜迎党的十九大，共筑油田百年梦——石油摇篮好故事"巡讲活动。宣讲组先后深入油田各单位、受邀走进兄弟单位和周边学校，累计报告 26 场次，5000 余人现场参加报告会。巡讲活动让大家接受了一次荡涤心灵的教育、感受了一次"石油精神"的洗礼，在油田上下激荡起建设百年油田、献礼党的十九大的力量源泉。

组织开展"石油精神"、"玉门精神"大家谈。玉门油田在认真学习以"苦干实干""三老四严"为核心的"石油精神"的基础上，深入挖掘"石油精神"的时代内涵，深入开展"玉门精神""玉门风格"和"摇篮"文化的研讨，广泛开展了"石油精神"大家谈活动。玉门油田两级党委中心组和基层党支部围绕"弘扬石油精神，做合格共产党员"主题开展专题讨论，通过专题研讨、员工座谈、报纸笔谈、电视访谈等多种方式，引导干部员工铭记历史、继往开来，在勘探突破、稳产上产、深化改革、提质增效中苦干实干、争做贡献。油田部分单位领导、车间队站长代表、优秀员工代表、青年员工代表、离退休老同志代表进行座谈。深入探讨"玉门精神"的历史作用和时代意义，挖掘"玉门精神"的深刻内涵，打造"玉门精神"的时代高地，打造"石油精神"的玉门高地。

玉门油田组织了开展"石油精神"主题宣传活动。《石油工人报》、油田电视开设了办好"弘扬石油精神，展示摇篮风采""石油精神、摇篮荣光"专栏、专题，刊出了"弘扬石油精神、重塑良好形象"活动周专刊，连续登载了"石油精神育火种""三大四处当摇篮""铁人精神传四方""五种精神写辉煌""稳产上产做贡献"的系列报道，精心策划推出了回顾油田创业历程、彰显"玉门精神"本色的系列报道，形成大力弘扬"石油精神"、传承"玉门精神"的良好氛围。《班组生活》刊出了"弘扬石油精神、重塑良好形象"专刊，使其成为"石油精神"学习教育的平台和窗口。

展示"摇篮"风采，让"石油摇篮"的名字响亮起来

玉门油田通过丰富多彩的文化活动，激发广大干部员工"我为祖国献石油"的初心，增强了"当石油工人多荣耀"的自豪感。

组织新媒体作品展。2007 年以来玉门油田在全体职工中开展了重塑企业良好形象为内容的新媒体创作作品征集活动。征集新媒体作品 100 幅（部），其中，图文 10 幅，摄影 70 幅，漫画类作品 4 幅，微电影剧本 3 部，微电影 10 部，其他作品 3 部。这些作品展示油田上下戮力同心、直面挑战的精神风貌，展现员工弘扬主旋律，传播正能量的风采。油田优选出了 75 幅（部）优秀作品，以油田电视台、油田文化广场、专题网页为主阵地，开展优秀作品集中展播活动，扩大了"石油摇篮"文化的影响力。

组织举办主题征文。玉门油田紧紧围绕"弘扬石油精神，重塑良好形象"主题，以反映油田及各单位发展历程的重大事件、重要时刻的人和事为内容，面向全体员工征集了玉门石油人艰苦奋斗、拼搏奉献的文学作品，用文学反映石油摇篮的发展形象，用文字讲述"石油精神"的故事，用亲身经历回顾玉门石油人战天斗地的激情岁月，见证油田开发建设的辉煌业绩。收到的征文通过评比，择优在《石油工人报》上刊发、推出一批采撷于基层、来自于生活，反映玉门石油人精神本质和主流思想的精彩故事，展示石油传统精神，使人们感受到了石油摇篮时代、气息。

组织举办专题小品大赛。玉门油田举办了《弘扬石油精神、落实安全责任——油田安全小品大赛》，基层单位选送的优秀作品，通过小品、情景剧等员工群众喜闻乐见的形式，弘扬"石油精神"，讴歌火热生活，强化安全理念，规范安全行为，养成安全习惯，夯实安全基础，努力塑造绿色、安全的企业形象，展现油田广大干部员工奋发进取的士气和朝气蓬勃的精神风貌。

组织举办主题摄影展。在油田职工家属中开展了征集"重塑良好形象"摄影作品征集活动。玉门油田广大干部员工积极行动，深入油田基层岗位、深入火热生产一线、深入员工生活小区，拍摄出了一批展示玉门石油人立足岗位、拼搏奉献的最美风采；刻画广大员工直面挑战、苦干实干的精神风貌；展现"石油摇篮"稳健发展、持续发展的良好形象的摄影作品，用艺术的形式、用最美的眼光反映"石油摇篮"良好的形象，展示"摇篮"石油人为油奉献、为油拼搏的精神力量。

开展企业精神教育阵地免费开放活动。玉门油田充分发挥企业精神教育基地和玉门优良传统教育场点的作用，对油田展览馆、老君庙油矿 603 岗位、老君庙油田展览室等集团公司命名的企业精神教育基地，对 20 世纪 40 年代建矿初期王进喜等老一辈石油工人居住过的西河坝窑洞、油田第一炼厂遗址、王进喜钻井队首创钻机整体搬家井和月上 5000 米创全国纪录井旧址、70 年代人背钢丝绳修井旧址等玉门优良传统教育场点免费开放，为弘扬"摇篮"文化，树立企业新形象发挥重要作用。

开展主题实践，让"玉门油田"的形象凸显出来

2017 年以来，玉门油田组织开展"践行四合格四诠释、弘扬石油精神"实践活动，引导广大干部员工用担当诠释忠诚、用实干诠释尽责、用有为诠释履职、用友善诠释正气，努力让"玉门油田"的良好企业形象凸显出来。

树立忠诚担当的形象。玉门油田坚持把为国家争光、为民族争气的石油爱国精神和建设"百年油田"的忠诚担当精神结合起来，深入开展对照"苦干实干、三老四严"的"石油精神"找差距的活动，教育广大干部员工要自觉把人生理想融入"百年油田"建设当中，把忠于职守作为立身之本，把爱国情怀转化为实际行动，像石油前辈那样，坚定战胜更大困难的信心，树立起"石油摇篮"忠诚担当、自强不息的良好形象。

树立尽责实干的形象。玉门油田组织广大党员干部员工开展自觉投身到"恢复基础产量攻坚仗活动"当中，把实施恢复基础产量、推进提质提效作为弘扬"石油精神"的主战场，以敢打硬仗、勇创一流的决心，积极投入到提质提效的各项工作中，以实际行动传承"石油精神"，以卓越成就展现玉门风采，努力确保油气产量任务全面完成，努力确保经营考核目标全面实现，努力树立起尽责实干的员工队伍形象。

树立履职有为的形象。玉门油田广大干部员工要把"石油精神"真正内化于心、外化于行，始终保持政治本色不变、优良传统不丢，坚守真理，磨砺品质，做到以信念、人格、实干立身。面对困难矛盾迎难而上，面对挫折失败承担责任，汇集起推动油田发展的磅礴力量，树立起履职有为的良好形象。

树立正气友善的形象。玉六油田紧紧围绕"忠诚担当、风清气正、依法合规、稳健和谐"的工作目标，坚决履行企业社会责任，全面推进依法治企，不断提升质量效益。大力弘扬"劳模精神""劳动精神"和"工匠精神"，让劳动光荣、创造伟大成为铿锵的时代强音。

树立稳健发展的形象。玉门油田坚持油气勘探向更加注重高效勘探转变、油田开发向更加注重效益产量转变、炼油化工向更加注重提质增效转变、工程技术服务向提高减亏扭亏能力转变、经营管理向更加注重质效双提转变、党的建设向更加注重从严治党转变、海外业务向全面对口支持转变的工作思路，深入实施创新驱动发展战略，为油田稳健、持续发展，建设"百年油田"注入新力量，为开启跨越发展新征程提供新的强大动力。

（玉门油田分公司）

建塑特色文化　助推企业发展

扎赉诺尔煤业有限责任公司（以下简称"扎煤公司"）1902 年开发建设，先后经历了东清铁路办矿、沙俄资本家办矿和日伪统治时期，1945 年被收复，1958 年设立扎赉诺尔矿务局，1998 年管理权下放到内蒙古自治区负责管理，1999 年改制为扎赉诺尔煤业有限责任公司，2002 年管理权由自治区转为呼伦贝尔市管理，2007 年管理权回归中央直属企业——中国华能集团公司，隶属华能煤业有限公司管理。

目标引领、理念铸魂

将百年历史高度浓缩，把蕴藏在百年历史中的精神提炼升华，铸造百年老矿的灵魂，以此来统领队伍，展示历史，激人奋进，开拓进取，这是企业发展的内在推动力。

2002 年年初，扎煤公司决定以企业文化建设突破观念屏障，提升管理水平，精心打造企业发展之魂，提出了"三步走"企业发展战略。2003 年，历时4 个半月，通过广泛征集、反复研讨论证，提炼并形成了颇有扎煤特色的理念识别系统，它包括"自强不息、不断超越"的扎煤精神；"资源是基础、市场是关键、人才是根本"的企业哲学；"诚信、双赢"的市场营销理念；"追求利润最大化，回报员工、奉献社会"的企业价值观等，构筑了"扎煤文化"的核心。确立了企业标识、旗帜、广告词、标准色、标准字，形成了完整的文化识别系统。在借鉴、探索、创新的基础上，形成了一个集企业发展战略、理念文化、

标识文化、文化积淀展示、礼仪文化、道德文化、制度文化七个方面系统运作、整体推进的企业文化建设体系。通过"熟记、认知、领悟、内化、实践"，使企业目标和理念成为员工的自觉行动。

《扎煤企业文化手册》《强企之魂》《太阳升起的报告》《奔向光辉灿烂的明天》，强有力的视听冲击，成为扎煤人奋勇向前、扬帆远航的不竭动力，展示了扎煤人奋发向上、与时俱进的优良品质。

以人为本、塑形育人

大力推进学习型企业建设。扎煤公司从提高公司管理人员综合素质入手，通过领导讲学、党校教员授课、分组讨论和领导点评相结合，加强干部培训工作，形成高管人员轮训机制，提高干部队伍的综合素质；采取政策奖学、舆论兴学、制度保学、进修强学等方式，鼓励员工自学成才和岗位成才。广泛开展了技能培训，书香扎煤·全员阅读和岗位练兵，技术比武，职工创新工作室、大师、劳模工作室等活动，着力提升员工整体素质。先后涌现出一批"全国劳动模范""华能集团劳动模范""冀中能源杯·第三届感动中国的矿工"等先进人物。

建立了企业内部人才激励机制。扎煤公司实施管理人员公开招聘、竞争上岗，为人才脱颖而出和人尽其才、才尽其用创造了良好环境。

深化员工职业道德建设。扎煤公司以贯彻落实国家《公民道德建设实施纲要》为抓手，扎实开展理想信念，文明单位道德讲堂建设，学习、宣传、推荐评选道德模范和身边好人，开展学雷锋志愿服务，进行讲文明树新风公益宣传，注重家庭、家风、家训建设，职工"四德"和诚信教育等群众性精神文明创建以及规范礼仪行为，普及文明用语，佩戴工作卡上岗和进行群众性技术革新，提合理化建议等活动，促进了员工整体素质的提高。

积极培养选树先进典型。扎煤公司每年评选一次公司级劳模；两年进行一次党内创先争优表彰；共青团开展"十佳青年""青年岗位能手"等评比，选树青年典型；在群众性技术创新活动中，开展"双杯"竞赛选树活动等，激励和调动了广大员工的积极性，使员工学有方向，赶有目标。

加强了以净化、亮化、绿化、美化为主要内容的环境建设。扎煤公司投入资金改造了住宅小区生活环境，增设了体育健身器械，铺设了草坪，更新了树种，每年都培育花卉装点美化环境，达到环境清新整洁，优美怡人。以世纪广场、悠然园等场地为基础，不断加强文化设施和文化阵地的建设，相继筹建了职工图书馆、荣誉室、历史博物馆、体育馆和矿山地质公园，为职工家属提供了宽敞、清雅的文体娱乐活动场所。

开展丰富多彩的员工文化活动。开展群众性广场文化活动，形成浓郁的文化氛围，将文化娱乐活动与培植企业理念、陶冶情操、融洽感情、增进团结、鼓舞斗志融为一体；扎煤公司每年都坚持开展公司矿工节文化活动和竞技性文化活动文艺表演。

培育品牌、创新管理

根据扎赉诺尔煤炭在浅部开采时有一层红褐色水秀的现象，扎煤公司早在2003年就在国家工商总局申请了商标注册，并总结提炼出"扎赉红煤"产品品牌，确定了"扎赉红煤，送无限温暖、还碧水蓝天"的产品广告词。同时，按照"诚信、双赢"的营销理念，不断强化品牌意识、市场意识和服务意识，以用户满意为标准，深化全面质量管理工作，完善现场质量管理体系，以管理创新和技术创新提高产品质量，满足用户需求，增强产品竞争力。

文化融合、追求卓越

2007年年初华能集团重组扎煤公司，将文化融合提升到企业有效重组的最高境界。而扎煤公司作为华能旗下的全资子公司，其文化融合，必须在华能集团主质（母公司）文化路径下来进行，核心价值理念必须与华能集团保持高度一致。

在思想上融合做到认识到位，思想统一。以华能文化核心理念为本源，扎煤公司通过认真分析研究、召开座谈会征求意见，形成了以华能"三色"企业核心理念为主体的，具有企业特点的"华能企业文化解读"，并发各单位学习贯彻，做到规范地宣传、准确地传播，有机地融合。

在制度上融合做到管理方式接轨。扎煤公司以建立现代企业制度为目标，完成对公司本部机构的整合调整，在保持稳定的基础上缩减机构、减少浮员，由22个处室整合为12个部室，实现与华能集团管理体制的接轨，提高了管理效能。制定实施了新的《员工管理办法》，推行岗位绩效工资制，激励积极性、激发创造性。形成一套自上而下，涵盖安全生产全方位、多领域、多角度的安全管理保障体系，确保了安全生产的持续、稳定发展。

在行为融合上，扎煤公司按照华能"以电为核心、煤为基础、电煤路港运一体化"的战略定位，发挥煤炭的基础作用，发扬"想干事、干成事、干好事"的工作作风，做到跟进到位、融合到位，保证了各项工作的稳步推进。

通过三融合，扎煤公司广大员工对华能集团的归属感、对华能文化的认同感变成了一种完全的自觉行为，心往一处想、劲往一处使、一心一意谋发展，实现了"一个企业、一个中心、一支队伍"的基本要求，展现了扎煤公司公司员工高素质、守信用、可信赖的职业形象。

固本强基、共铸安康

2008年以来，扎煤公司领导班子与时俱进，临风谋篇，把安全文化建设融入中心工作，延伸企业管理的切入点和落脚点，高起点启动安全文化，高标准打造本质安全化企业。

以"加强安全文化建设，打造平安和谐企业"为目标，在"时时如履薄冰"安全理念和"安全第一、预防为主、综合治理"安全方针的引领下，扎煤公司积极探索和建立保证安全生产的长效运行机制，形成和颁布了《扎煤公司安全文化建设实施方案》，明确了公司开展安全文化建设的意义、指导思想、目标与内容，提出组织实施的原则和具体措施，总结提炼了10个系统安全观，编发了《扎煤公司安全文化手册》，形成了具有扎煤特色的"四六"安全文化建设体系。

同时，积极履行华能集团提出的"以人为本、安全发展"的安全责任理念，以防范事故、保障安全为重点，从"管理性、装置性、操作性、指挥性"入手，深入推进安全管控体系建设，突出安全管理的真实效果；以加强"一通三防"管理为依托，用好安全监控、矿压观测等设施，保证所有环节都处于受控状态；扎实开展隐患排查、"反违章"专项治理工作，规范"两票"管理程序，夯实安全基础；坚持安全质量标准化与安全性评价相结合，不断改进检查方式，提高各单位持续达标能力；结合"白国周班组管理法"，以提高全员安全素质为重心，通过宣传渗透、培训教育、"三程"贯彻等形式，提高员工安全意识和操作水平，规范安全行为；同时，大力实施"科技兴安"战略，提高安全生产技术装备水平，安全基础管理能力进一步加强。

勤廉成业、正气兴企

扎煤公司认真贯彻落实国资委《关于推进中央企业廉洁文化建设的指导意见（试行）》，按照华能集团公司《关于廉洁文化建设实施意见》精神，积极培育廉洁文化建设，编辑出版了《警示教育读本》《时代先锋》《廉洁从业文件汇编》《纪检监察工作优秀论文集》和《扎煤公司廉洁文化手册》等教育读本，教育党员干部牢记党的宗旨，在潜移默化、循序渐进中使广大员工感受到廉洁文化的教育和熏陶。一是融入员工群众生活当中，唱响主旋律，把好廉政关，用歌声烘托廉洁文化氛围，用歌声感染人和教育人。二是把艺术性融入廉洁教育，利用廉洁书法、漫画、板报展览、电视广播等形式，让员工群众体验到廉洁文化教育的乐趣，潜移默化地受到启迪。三是充分利用厂矿、段队公共醒目地点，制作固定的箴言、警句和廉洁文化用语上墙面、上桌面、上报面、上屏面，建立党风廉政建设教育基地，实现了党员干部在参与中接受，在接受中感悟，在感悟中升华的良好目的，促进了企业和谐发展。

（作者谭志成，华能扎赉诺尔煤业有限责任公司）

坚定农信文化自信　成就农信事业辉煌

山西省运城市联社多年来十分重视企业文化建设，而企业文化建设成果也反过来促进和助推了运城市联社各项业务的发展。可以说，运城市联社既是企业文化建设的积极推动者，又是企业文化建设的切身受益者。

牢记一颗初心，用"背包精神"凝聚全员精气神

2009年到2012年，面对当时经营业绩持续下滑、各项排名全省靠后的困难局面，运城市联社决心从企业文化入手，找回农村信用社的灵魂和初心，用一个文化核心凝聚起干部员工的精气神来。

经过在全市范围内筛选、甄别、挖掘、发现，运城市联社终于在盐湖区陶村镇发现了一个始终坚守农信人本色、数十年服务群众任劳任怨、成绩显

赫却默默无闻的基层信用社主任——冯玉锁。通过走访大量群众，发现冯玉锁身上有着农村信用社人最闪光、最动人、最具生命力的东西。这种东西老百姓欢迎，干部员工拥护，农信事业需要，党和人民需要。而这种东西到底叫什么？当时并没有一个明确的称谓。

直到 2012 年，冯玉锁调任夏县联社并在短短时间内把一个全省倒数的落后信用社提升到全省联社前列，运城市联社再次走访他，了解他，分析他时，才发现，他不同于雷锋，不同于孔繁森，不同于李素丽，不同于新中国成立以来 100 多个模范人物中的任何一个。他是农村信用合作领域独一无二的文化符号。从老一辈信合人那里，市联社找到了一个关键词，那就是"背包"，信用社人用以服务群众、支持生产、随身携带、上门服务的背包。运城市联社把冯玉锁精神定义为"背包精神"。

"背包精神"的概念一提出，即得到了广泛反响。运城市老百姓认为，供销社传承的是"扁担精神"，信用社传承的是"背包精神"！

从那以后，围绕"背包精神"，该社做了大量的工作，并把这一定义推广到全国。当时新华社、《中国农村金融》杂志等国家媒体都认可了这一称谓。运城市农村信用社系统也掀起了学习冯玉锁、传承"背包精神"的热潮。正是这种文化符号，切中了当时运城农信的短板，激发了干部员工干事创业的热情，所以才在短短几年时间，让运城农信的经营业绩持续上升，一度位居全省第一。

坚守一个宗旨，用服务文化感染客户你我他

运城市联社始终把"服务文化"作为提高竞争力的关键。银行业的竞争，归根结底就是服务的竞争。基于这种考虑，连续多年，运城市联社都把提升服务质量和水平作为全辖区重点内容列入年度工作报告，并成立由联社主任担任组长、分管领导担任副组长的领导组负责督促落实。

2011 年，开展"服务跟进机制建设年"活动，2012 年，开展"创新服务年"活动，2013 年实施"扶持现代农业百亿项目大行动计划"，2014 年，开展"金融服务提升年"活动，2015 年，启动了"普惠服务建设年"，开展"百日服务大提升"活动。2016 年和 2017 年，运城市联社连续两年在全辖区开展以"比服务、比技能、比环境、比管理、比创新，提升经营质效"为主要内容的"五比一提升"服务竞赛活动，努力形成"上级服务下级、机关服务基层、全员服务客户"的服务氛围，打造充满"温馨、温暖、温情"的农信服务文化。2018 年，又在全辖区开展"提升新形象服务新时代"竞赛活动，进一步夯实优质文明服务基础。

运城市联社抓服务的一个有效抓手就是客户投诉热线。这是农信社伸向各个网点、广大客户的有效"触角"，能够随时感应到客户对农信社的态度和需求变化。市联社发现客户有效投诉，会建立台账并第一时间责成条线人员妥善解决。问题解决好了，客户会少扣分，解决不好客户会多扣分。这一方面可以有效化解潜在的负面舆情，另一方面可以化敌为友，把即将流失的客户变为永久的客户甚至客户源。

驰而不息，久久为功。如今，上门服务、便民服务、特色服务已经成了运城市联社的品牌。在当地，老百姓遇到困难时，更愿意找信用社。许多外出务工人员，家里留守老人和儿童有个啥事，有时会先打电话让信用社人过去帮忙。

打出一个品牌，用金融集群支持实体和"三农"

如果说"背包精神"是运城市联社的企业文化的灵魂和核心，那么"服务文化"和"品誉文化"则是该社企业文化的"两翼"。品誉，就是品牌、品位和品格，是信誉、荣誉和声誉。

品牌和声誉是撬动企业文化、提升服务水平的有效杠杆。"背包银行新传人"冯玉锁这一重大典型报道出来后，引起业内极大反响，得到山西省委省政府的充分肯定。运城农信的形象也在全省和全国得到很大改善。此后每年，运城市联社都要邀请媒体记者和社会知名人士深入挖掘运城农信系统的新人新事新经验、好人好事好典型，努力打造运城农信品牌和声誉。目前已经采访挖掘典型人物近 200 个。

2014 年，运城市联社联合运城市总工会、运城市政府金融办、人行运城中心支行、运城银监分局等，对运城农信 60 多年来涌现的 10 名信合功臣、30 名信合楷模和 109 名光荣信合人进行了隆重表彰。这些典型人物的事迹不仅在当地报纸、电视台和网站上予以报道，而且结集出版，如《身边冯玉

锁》《农信脊梁》《农信服务升级版》《农信新一代》《农信共产党人》等，形成运城农信企业文化建设丛书，有效扩大了运城农信的品牌影响力。

（作者张宏展，系运城市联社企业文化科科长）

坚持服务优先　推行感动服务

"坚持服务优先，走出支持地方经济社会发展的新路径"，是近年来山西省联社党委确定的八项重点工作之一，也是山西农信企业文化建设框架内最核心、最关键、最紧迫的内容之一。面对这项"经常在抓、反复在做"的工作，如何找到抓手，怎样求得突破，达成什么效果，榆次农商银行主要做了以下三个方面的探索和尝试。

将"服务提升"从"软指标"变成了"硬杠杠"

第一，在董事会层面，不仅把"服务文化建设"列为了专项议题，写进榆次农商银行"第二个五年发展规划"，而且细化到"1357"工作目标中，明确"在省联社企业文化大纲内，归纳总结榆次农商银行特色子文化，并抓好践行"。

第二，连续在三个季度的业务竞赛活动方案中，除设立"组织资金""贷款质量"和"中间业务"指标外，榆次农商银行还专门加入"服务质量"考核内容，并将其中的"服务态度""活动开展"和"业务差错率"全部列为了扣分项，上不封顶。

第三，榆次农商银行成立了以董事长为组长，行长为副组长，综合办公室、人力资源部、纪检监察室等部门组成的服务文化建设督导小组，每周开展一次抽查，每月进行一轮督导，每季下发一次通报，不仅将服务情况在每周例会上进行"典型"公布，更将通报结果直接计入季度考评序列，将服务提升到了更加突出的位置。

将"服务标准"从"微笑服务"变成了"感动服务"

所谓"感动服务"，就是要使榆次农商行提供的服务超出客户的预期。通俗地说，就是要让客户在享受服务的过程中体验一种意想不到的感动。比如，客户带着孩子来办理业务，怎样让他们放心？客户生病来办理业务，如何缓解他们的身体不适？午餐时段仍在等候办理业务的客户，怎样让他们不用饿着肚子排队？再如，将填单业务和柜台经办分离，并公示各类单据填写标准，从而大大减少客户等待时间等，榆次农商行根据各个营业网点的不同条件，分别做了相应的对策和预案。此外，在构建社区银行方面也进行了探索，如，提倡在一些老年客户多的网点（如文苑街支行），建立"夕阳红俱乐部"和"养生俱乐部"；在一些新建的中高档小区附近的网点（如万科支行），建立"亲子俱乐部"；在一些商业繁华区的网点（如东城支行、营业部），建立"财富俱乐部""咖啡俱乐部"或"读书俱乐部"。

将"服务文化"从"条条框框"变成了"行动纲领"

受海底捞服务文化的启示，榆次农商行曹双马董事长经常勉励员工"用力做只能把事情做成；用心做才能把事情做好"。为此，我们把"服务文化建设"概括为了五句话，并持之以恒地加以践行：一是要有井井有条的管理，即：座椅摆放有序，环境舒适整洁，氛围温馨愉悦。二是要有人性化的等位服务，即：客户在等候办理业务的过程中，免费提供 WiFi 上网，免费提供各类糖果、饮品，免费提供擦鞋服务等。三是要有人人参与的创新服务，即：善于持续接受来自职工和客户的建议，如在营业厅提供手机充电服务；在洗手间放置护手霜、啫喱水；在理财宣传区播放业务办理演示短片等。四是要有无微不至的关怀，即：当客户戴眼镜的时候，会主动拿眼镜布；当天气变冷的时候，会主动提醒添衣保暖；当客户支取大额的时候，会主动示意注意安全。五是要有无处不在的微笑服务，即：不能只是柜员或大堂经理在微笑服务，而是每一名工作人员，不论什么岗位、什么分工，面对客户都要一样真诚地微笑、真诚地服务。

总之，服务说到底，其实质就是"用心"加"细节"，给客户提供的增值服务、感动服务越多，所得到的认可和回报就越多。

（作者李文新，系榆次农商银行副行长）

关于国有企业开展企业文化创建的思考

扎实推进社会主义文化强国建设，是学习贯彻落实党的十九大报告精神的重要内容。近年来，伴随着国有企业的发展壮大，企业文化建设工作不断创新、发展，初步形成了相对完整的企业文化体系，得到了企业广大干部员工的普遍认可，积累了诸多成功做法和经验。

企业文化创建要坚持党的领导

北京地铁车辆装备有限公司在企业文化创建过程中，公司党委给予高度重视，充分发挥"把方向、管大局、保落实"作用，经多次会议研究，确定了"坚持以习近平新时代中国特色社会主义思想为指导，以中华民族伟大复兴的中国梦为引领，以社会主义核心价值观为支撑，以中国特色社会主义文化为底蕴，以加强党的领导和加强党的建设为核心"的企业文化创建指导思想，以上级企业文化为主旨，以公司 58 年辉煌发展历程和优秀文化积淀为基础，致力于文化内化于心、外化于行、固化于制、显化于物，不断提升京车公司的凝聚力、创新力和竞争力，做到了真正把握好企业文化建设的重点任务与工作目标有机结合。在创建过程中，公司党委坚持抓好两级党组织建设和党员干部队伍建设，调动党员干部积极性，发挥支部战斗堡垒作用和党员先锋模范作用，切实做好党建与企业文化创建的融合，保障了企业在中国特色社会主义旗帜下健康发展的正确方向。

企业文化创建要以公司发展战略为牵引

企业要发展，要实现战略目标，就需要强大的动力做支撑。而在世界一切事物中，人的力量是最重要的。物质的力量是有限的，先进的文化总是产生正能量，能为企业战略的实现持续提供取之不尽、用之不竭的精神动力。而企业文化的创建就是要站在公司发展的高度，结合公司发展实际，本着"为企业发展服务"为导向，才能实现"抓文化促中心"工作的初衷。北京地铁车辆装备有限公司主要业务为修造地铁车辆。在开展企业文化创建过程中，坚守和秉承"创新、协调、绿色、开放、共享"的发展理念，突出以"四个全面"战略布局为总引领，牢牢把握京津冀协同发展战略和首都城市战略定位，围绕公司提出的"精心打造集研发设计、生产制造、车辆维修、保障服务于一体的城市轨道交通车辆领域整体服务商"的战略目标，展开了系列文化创建基础性工作，切实做到了让文化保证各个环节、各个项目的落实，推动了各项业务发展。

企业文化创建要贯穿经营突出全程

要想开展好文化创建必须要有宏观的设计规划、责任清晰，要重视和落实过程化和目标化。北京地铁车辆装备有限公司较早就成立了企业文化创建领导小组，坚持"公司领导亲自抓、主责部门责任到人、职能部门积极联动"的工作机制，设立了翔实的创建计划（包含长远规划、建设计划、实施方案、宣传发动、教育培训、资源保障等）。确立了以"全面深化企业文化建设，构建具有自身特色的文化建设模式，实现企业文化与公司发展战略的有机统一、与员工成长进步的有机统一、与企业核心竞争力打造的有机统一，使每一个部门、每一个岗位、每一名员工成为自觉践行企业文化的主体力量，实现企业文化建设体系化、规范化、流程化、经常化"的文化建设目标，尽可能做到以制度确保深化推广工作的落实，践行"文化创建过程就是文化宣贯过程，文化提炼就是价值凝聚"的工作理念，切实有效地提升企业凝聚力、向心力和创造力。

企业文化创建要突显企业自身特点

企业文化的个性特征，关系到企业文化的品质和成长走势。在培育和建设高品位的企业文化过程中，深入理解并着力突出个性化特征是至关重要的。北京地铁车辆装备有限公司是有着 58 年辉煌发展历程和优秀文化积淀的老国企。在 58 年的发展历程中，逐步形成了"艰苦奋斗的创业文化、开拓进取的创新文化、追求卓越的品牌文化、凝心聚力的团队文化、以人为本的和谐文化"特有的企业文化，以及"打造精品车，为城市轨道交通服务"的企业理念。深厚的文化积淀和优秀文化不仅鞭策、激励着一代代员工为公司发展建设不懈奋斗，而且作为宝贵的文化财富得到了传承与发扬光大，成为公司企业文化的重要来源。

以此为基础，我们提炼和总结了企业文化模型为一辆在轨道上行驶的地铁电动客车，由主导理念、特色理念和员工行为规范三个层面组成。其逻辑关系是：车头寓意为主导理念（即企业宗旨：精修细造塑品牌，服务首善创一流），强化了京车公司的属性，明确了责任和目标；车身寓意为特色理念（包含经营理念、管理理念、质量理念和创新理念），是京车公司企业文化的支撑，凸显了京车公司的文化特点；车轮部分寓意为员工行为规范（包含生产操作人员、技术人员、质量检验人员、售后服务人员和生产保障人员行为规范），是在主导理念、特色理念的引领下，对员工行为的约束和规范。主导理念、特色理念、行为规范形成了相互推动、相互促进、密切关联的文化结构。

其中，重点进行交流的是员工行为规范部分，是以文化育人的关键环节，是理念的动态体现，是向全体员工、服务对象及社会公众展示企业文化具体内容和品牌形象的具体要求。例如，生产操作人员行为规范是：保养设备到位、生产作业依规、自检互检无误、工序联动高效；质量检验人员行为规范是：执行标准不走样、现场巡检不应付、过程监督不马虎、记录翔实不出错。以上各项行为规范的具体内容就是密切结合企业多数员工为车辆修造工人和质量检验工人的这个实际，编写出员工可以读懂的规范，接地气的规范，从而实现发自内心的践行。

企业文化创建要实现可量化可考核

企业文化的核心就是员工价值观的培育、发展、凝聚。北京地铁车辆装备有限公司融合党建与企业文化，涵盖上级单位的企业文化内涵，彰显公司自身的基础性、全面性、深入性，建立"一文、一化、一成效"的考核评价机制，让文化建设更加对接地气。

一是明确规矩，让职工明确什么可以做，什么不可以做；二是制定可行性制度，将规矩进行详化，对员工和部门提出企业文化评定的基本要求，让员工有具体的行为规范可以参照；三是细化分解可量化，这是企业文化考核的重要手段，例如：将工作任务完成率进行量化、以职务为导向进行量化、以学习培训情况进行量化等，每一项考核都确定考核权重，让员工明晰涉及文化建设无小事；四是科学运用考核结果，加大对企业文化考核的重视，对考核结果可以采取晋升、奖金激励方式，同样也可用于惩罚，尤其是企业文化考核不过关的员工，业绩再高也要慎重选用。企业文化考核的难点不是让员工认为是在被"管"，被制度约束，而是要让大家发自内心地认同企业的价值观。

在新形势下，国有企业深化改革已是趋势，企业文化创建是公司核心竞争力的重要组成部分，是提升员工执行能力的重要手段，也是推动公司文化管理的前提和条件，它体现了广大员工共同的理想信念及价值追求，更是公司逐步迈入文化管理及关乎改革得失成败的重要基础和保证。北京地铁车辆装备有限公司在各级领导的带领下，将一如既往地坚持国有企业文化创建的正确方向，解放思想、实事求是、与时俱进，加速企业文化创新发展，为国有企业生产经营不断注入新动力。

（作者于京辉，系北京地铁车辆装备有限公司党委工作部部长）

科学设计测评体系　筑牢文化实践根基

文化测评是把脉企业文化现状的必要环节，也是优化工作思路和方法的重要工具。2011 年起，长庆油田着手建立文化成效测评制度，推行"一页纸测评"，把实践行为作为测评对象，把取得成效作为测评标准，通过面对面访谈的方法，通过评价文化理念融入基层管理、融入岗位工作的广度、深度和质量，实现了对文化建设的引导、反馈、分析和持续改进。

一、背景介绍

企业文化建设有两个重点和难点。一是如何落地，二是如何测评。落地解决的是企业文化理念融入管理、融入岗位、融入员工的问题，测评解决的是分析、评价、修正和完善的问题。特别是测评工作，牵扯定性量化、诊断评估、绩效考核等问题，难度更大。中国石油在《企业文化建设"十二五"规划》中明确提出，要强化评价考核，落实国资委评价体系，对本单位企业文化工作情况、建设情况和效果进行检查评估。

长庆油田连续十年推行理念实践，有效解决了文化落地的问题，员工队伍逐步统一了"实践才是企业文化灵魂"的观念，筑牢了开展测评的认知基础。

在我们推出测评制度前，部分单位已经开始探索企业文化考评机制，出台《考评办法》。我们发现，这些考评办法大都存在误区误导：

一是关注表面，建设导向有偏差：如有的只关注有没有悬挂理念、有没有组织活动、有没有硬件建设……这是典型的"墙上挂文化""花钱建文化"，短期可见效，但不走心，很难触及员工思想和行为。

二是内容庞杂，考核重点不明晰：从理念宣贯到氛围营造、从活动组织到系列宣传，把工作考核和文化考核混为一谈。

三是程序简单，员工参与程度弱：一般由企业文化科主导，接受考评者，仅限于作业区书记、政工干事等专职从业者，普通员工不是考核主体，导致企业文化与具体工作脱节。

为了正本清源，纠正偏差，引导长庆文化健康科学发展，2011 年，长庆油田公司党委组织开展文化测评课题研究，最终颁布实施《长庆油田企业文化建设成效测评办法》。

二、具体举措

（一）把握两个测评原则

第一，测评是文化建设的导向牌，公司测评什么，基层就会重视什么，文化建设就会突出什么。如果只测评查资料、看台账、听汇报的传统方法，流于形式，易于造假，容易导向表面化，偏离文化本质。

第二，员工行为受思维影响，体现企业文化的潜移默化，是文化可视化、可量化的关键部分。测评行为和工作质量，可以直接考量到文化养成层面。

我们从长庆油田公司提倡的标准、学习、团队、创新、和谐五种文化入手，确定五个测评项：学习和改进、团队精神、解决问题、关怀和发展员工、步调一致性，每个测评项又细分为 2～3 个具体问题，总题量控制在一张 A4 纸之内。

以"学习和改进"为例，设置两个现场问答题：1. 你单位去年在哪些工作中实现了"尊崇标准"基础上的"持续改进"？2. 你单位去年向内部外部学习了哪些好做法和经验？问题不空洞，不陌生，所以不被排斥。员工结合自己岗位，只谈具体做法，测评人员判断做法是否符合理念实践要求，是否契合长庆文化建设诉求。

直接测评行为养成，让事实说话，用效果评判。在同一个问题上，一个单位有大量好做法、好经验，则说明思维水平、工作能力、氛围营造都走在正确的路上，优秀文化的苗子已经生根发芽。

（二）细化如何测，用科学程序确保测评结果真实有效

在顶层设计中，长庆油田公司把文化测评分为

三级测评，分级实施。一级测评是公司对各二级单位的综合评价；二级测评是各单位对其下属单位的综合评价；三级测评是作业区、班组的自我评价。这其中，二级测评是核心，既是一级测评的重要得分依据，也是引导三级测评有效开展的保障。

二级测评主要包括下列步骤：

一是成立测评组：由公司企业文化处监督，各厂企业文化科、相关科室和作业区共同组成测评小组，分别测评领导组和员工组。我们还从骨干队伍中聘任 5 名"企业文化测评师"，打造了长庆油田公司自己的专业测评队伍。

二是拟定现场测评表：我们根据《测评办法》中确定的测评表框架，每年结合重点工作部署，拟定本年度测评的《现场测评表》。测评推行六年以来，《现场测评表》每年都有调整改进，确保了现场测评效果和质量。

三是现场访谈测评：受测单位自己至少推荐领导三人、员工三人，分两组参加测评。测评人员按照《现场测评表》，面对面进行提问，测评对象根据本职工作和切身感受，进行真实回答，测评人员详细记录回答要点。

四是合议评分：每次测评结束后，测评小组对照各单位领导组和员工组回答要点，结合平时掌握的事实情况，按照统一的评分标准，进行合议评分，两组对照，印证一致性和真实性。合议评分，最大程度交流信息以避免出现偏差。

五是申诉和复审：测评结果及时反馈给受测单位，如果对评分有疑义，可在两天内向测评小组提出申诉，并提交申诉材料，写明申诉缘由。测评小组对申诉材料进行合议复审，确定是否调整得分。

（三）合理运用结果

推动工作持续改进才是测评目的，有效运用测评结果改进工作，才是测评的最终目的。我们主要在三个层面上运用考核结果。

其一，每次测评结束，我们会以正式公文形式发函，对受测单位的测评结果进行详细分析，列出优劣得失，点出改进要求，把成绩反馈的过程，变成文化培训的过程。

其二，与业务考核、评先选优挂钩，增加基层重视程度。长庆油田公司党委已将文化测评纳入党群考核体系，推行实现全面覆盖。每年推荐、评选的各类企业文化荣誉，测评成绩是重要参考项。各

单位把测评与基础工作考核挂钩，通过设置奖励系数等，推动工作全面开展。

其三，着重聚焦低分项，把"低分项是否得到改进"列为下一年度测评项，追踪工作进度，关注工作成效，形成持续改进的良性循环。测评本身也坚持每年改进，以适应公司发展形势和文化管理要求。

（四）三级测评联动，各层面统筹兼顾才能协调推进

二级测评是长庆油田公司文化成效测评的核心，它关注的是基层生产单位实践文化理念、持续改进工作的质量水平。对于厂级的企业文化规划部署、组织推进，我们用一级测评来评价；对于最基层生产单元的文化管理现状，我们用三级测评来评价。

一级测评评价一个单位企业文化建设整体水平。我们引入了较多的传统评价方法，包括"领导重视程度""工作部署与执行""文化阵地建设""文化活动组织"等，其中二级测评抽样占到总成绩的40%，仍然是核心要素。实践证明，这种一级测评方法，既评价了文化实践这个"根"，又兼顾了文化建设的"枝和叶"，是定性与定量的有机结合，测评成效明显。

三级测评是各作业区及下属生产单元的自我测评。在五个测评项的基础上，问题更具体，更有针对性。领导班子成员与员工代表一起，通过集体讨论的方式做出自我评价，目的在于自我发现问题、改进问题。自评成绩不作任何考核用。

三、效果意义

一是统一了员工对企业文化的认知。员工认识到，企业文化不神秘、不遥远，我的工作态度和工作成效，就是在体现文化、积淀文化，个人尽职尽责，企业文化才能厚积薄发。

二是通过对测评结果的数据分析，及时调整工作思路和重点。长庆油田公司党委在测评中发现新矛盾，解决新问题，制定了领导干部文化联系点等一批制度，组织了企业文化"基础标准化＋实践创新化"等课题研究，总结推广了"岗位亮点互讲""活动积分制""诚信超市"等一批基层文化工作案例，推动文化建设长效化、科学化。

三是最终形成了长庆文化"价值引导—理念实践—教育示范—成效测评"四位一体的建设体系。以测评为抓手，连续三年开展文化标杆创建活动，21个二级单位、121个基层单元通过测评验收，实现

了长庆文化建设整体上水平，为长庆油田公司、提质增效提供了坚定的文化支撑。

（作者刘治栋，长庆油田）

百万油田 美丽矿区 幸福生活

新疆油田公司准东采油厂是中国石油天然气集团公司新疆油田分公司下属的二级单位，是集油气勘探开发、油藏地质研究、油田工程技术服务、生产服务和矿区服务等为一体的综合性业务单位，下设22个基层单位，是中国陆上油田首次采用海洋油田模式开发，即生产基地（油田作业区）和生活基地（准东矿区）两分离管理模式的中石油基层二级企业。准东采油厂努力承担起矿区建设、经济发展、文化繁荣、社会稳定、民族团结、宗教和谐的重要职能，践行政治、经济和社会责任。

一、同心同向、同力同德——塑造和谐的干群关系

（一）打造"四好班子"，以上率下，示范引领

准东采油厂党委管理着7个基层党委，15个党总支，128个党支部，2355名党员。在创建"四好"班子活动中，认真贯彻上级党委决策部署，团结带领各族群众，克服油价持续低迷、机构重组整合、企业扭亏解困、维护矿区稳定面临的诸多矛盾与困难，抢抓机遇，埋头苦干，油田开发、深化改革、维护稳定、廉政建设等各项工作成效显著。六年来，厂领导班子年度考核群众信任度均在98.7%以上，被中国石油天然气集团公司评为"四好"班子。

（二）强化队伍建设，激发全员内在动力

准东采油厂在加强职工队伍建设中，积极推行"人尽其才、才尽其用、酬显其绩"的人才观，全面贯彻"尊重劳动、尊重知识、尊重人才、尊重创造"的方针，为人才的成长提供健康和谐的环境，努力形成人心思进、团结和谐、共促发展的良好氛围。

（三）完善政工管理体系，提高思想政治工作效率

准东采油厂及时解决了干群矛盾，调动广大员工的工作积极性和工作热情。近年来全国工人先锋号、铁人先锋号伊拉克艾哈代布项目部，全国模范职工小家火烧山作业区，中国石油天然气集团公司

先进基层党组织李晓华站党支部、沙南作业区**沙采二队党支部**、离退休职工管理中心第十九党**支部等**一批优秀集体应运而生。

持续的石油精神传承和和谐企业文化沉淀，培养出了全国劳动模范李晓华，中国石油天然气集团公司技能专家魏昌建（享受国家津贴）、劳动模范林伟、优秀共产党员王进俭等众多先进典型，他们在平凡的工作岗位上过得硬、扛得起、干得好、亮点多。他们热爱企业，勇于担当，业绩骄人，成**为**推动企业发展壮大的中坚力量，也是石油精神的传承者，示范引领，凝聚合力。

二、延伸服务、传播文明——提升和谐的党群关系

（一）深化"红细胞"工程，密切群众血肉联系

一个党员一面旗。针对准东矿区社会化管理力量薄弱、意识形态领域工作繁重、复杂的形势，**准东采油厂**结合实际开展了党员服务社区"红细**胞**"工程，制定工作方案，对党员在社区服务居民**群众**、参与社会公益性活动及发挥作用情况进行积分管理，有效调动党组织和在职党员参与社区建设工作的积极性。全厂1200余名在职党员进入准东矿区6个社区，其中307名党员担任了社区楼栋长、单元长，个个党员"红细胞"利用业余时间认领社区任务，为社区服务、为居民服务、为党旗添光彩。在管好自己、带好家庭、带好邻居、带好楼道，在民情信息、民生救助、便民服务、政策宣传、纠纷调解、治安联防、环境监督、活动组织等方面切实发挥了先锋模范作用，受到了社区居民群众的好评。"红细胞"如同星星之火，为社区输送了正能量，传递了好声音。"红细胞"工程的开展，锻造了党员的服务意识、责任意识，是党的群众路线的创新发展，促进**党群**关系的融洽、融合。

（二）关注民生关切，"互联网＋"网络真情

水之缘志愿者、爱心妈妈、美丽准东爱心车队等众多志愿者服务团体在准东油田、矿区如雨后春笋竞相迸发，在传播准东好声音，传递准东正能量的文化、文明建设中发挥了重要作用，特别是海外之家青年志愿者服务队，主要服务于海外员工家属，形成了月月有安排、季度有主题的常态化、制度化运行，解决后顾之忧，稳固大后方，让奋战在伊拉克等五个国家市场的200名准东石油人安心"冲锋陷

阵"。自2012年该志愿者服务队成立以来，服务水平跃上了新台阶，获中国石油天然气集团公司"十大青年志愿服务标杆集体"荣誉称号。

准东采油厂利用新媒体加强舆论引导，主办的"美丽准东"微信公众平台，传递呼声，释放情绪，收集舆情；形成了线上回应＋线下服务的特色工作模式，处理职工群众诉求事不过夜，增强了群众的信任感和归属感。

三、交流交融、真心真情——营造和谐的民族关系

（一）突出文化引领，结对认亲传递真情

2017年，在新疆油田驻南疆"访民情、惠民生、聚民心"工作队所在地，喀什地区泽普县依克苏乡托万恰卡村，由准东采油厂为驻村年轻干部举办的上千人参加、融合三个民族的简朴热烈的集体婚礼，在喀什地区、南疆三地州引起了强烈的反响与好评。婚礼不仅体现了民族间兄弟情深，展现了民俗风貌，凝聚了民心，更展示了石油人承担社会责任的良好企业形象，彰显了准东采油厂以文化引领、情感融合、思想交流为宗旨的民族团结进步工作的丰富内涵。近年来全厂广泛开展结对认亲活动，近千名少数民族员工结了汉族亲戚。

（二）践行责任担当，"访、惠、聚"传递温暖

准东采油厂主动作为，在全疆首创性开展企业主导的"访惠聚"工作，建设"领导包点、支部联点、干部驻点"的"三位一体"工作机制，联点困难户，扶贫帮困，倡导志愿服务，营造嵌入式社区环境，形成了独立工矿区"12345"工作法，持续丰富完善形成"4个双"，即"双支委""双单元长""双联点""双结对"，构建"访惠聚"活动长效机制，促进了各民族文化交往、感情交融。

四、正信正行、依法合规——引导和谐的宗教关系

准东采油厂组建以厂属干部为主、驻矿单位干部为辅的联点干部队伍；实行少数民族领导干部联系活动场所、定期与宗教人士谈话的工作机制，依法规范宗教事务，保证宗教场所活动有序开展。结合准东地区企业管理社会的实际特点，出台了强化宗教事务管理的一系列制度。形成独特的宗教事务管理模式，一是对宗教事务管委会纳入基层领导班

子管理。厂考核组每季度对管委会成员在政治思想素质、道德素质、能力素质、履行职责方面进行测评，分信教群众、成员互评、联点干部测评三层面考核。二是对宗教场所，纳入基层单位管理。建立完善制度，解决"谁来管、怎么管、依据是什么"，与生产单位同步开展安全维稳工作，保证宗教活动规范。同时以"双五好"宗教创建活动为载体，在爱国宗教人士管理上探索形成了尊重、信任、激励、培养和自立"10字管理法"，加强了对管委会成员、宗教人士培训，促进宗教与社会主义社会相适应。强化爱国宗教人士使命担当，发挥好模范带头作用，坚定不移维护祖国统一、维护社会稳定、维护民族团结，矿区宗教场所连续两年获得克拉玛依市"双五好"宗教场所和新疆维吾尔自治区"平安宗教场所"荣誉称号。

五、石油精神、海外传承——锻造和谐的海外关系

传承石油精神，为国家加油为民族争气。2011年，由31名准东石油人组成的团队首次踏上了伊拉克的土地，来到了艾哈代布油田。200名准东石油人发扬"三老四严、苦干实干"的石油精神，克服重重困难，逐步承担了年生产能力千万吨级大油气田的油气水生产处理、集输、发供电、采供水、天然气等系统运行，实现安全运行2000天，外运回国原油超千万吨，成为国家能源战略中东标志性项目。随着海外业务的不断壮大，准东采油厂油田管理技术服务涉及吉尔吉斯、土库曼斯坦等五个国家，凭借着精良服务和石油精神，不断赢得甲方单位信赖，在海外树立了准东石油人、新疆石油人的良好形象。

随着油田的发展、文化的融合，当地雇员增多，极大改善了当地居民生活水平，准东石油公司开发的项目得到了油区居民、伊方合作伙伴、当地政府的高度认同，扩展了项目发展空间。准东石油人用汗水见证了油田日新月异的变化，用奉献表达着石油人的忠诚，为国家加油，为民族争气，在古老的底格里斯河畔保障着能源安全，续写着新的辉煌。

六、引领文化、关切民生——提升和谐的文化氛围

（一）打造文化名片，唱响"我为祖国献石油"主旋律

2017年，准东采油厂长期培育打造的"准噶尔之声"合唱团，以"颂歌献给党、唱响中国梦、新疆好地方、共筑石油魂"为主题，承担了中国石油天然气集团公司新年专场合唱音乐会的演出，在全系统160万石油人面前展现了准东石油人爱国爱党、奉献能源、建设家园的壮志情怀，砥砺前行、昂扬向上的精神风貌，专场音乐会反响巨大。

系列丰富多彩的文化活动，吸引了不同群体的职工积极参与，有效发挥了先进文化陶冶情操、凝聚人心、寓教于乐的良好功效，创造形成了"人造文化、文化化人"的良好氛围，职工的凝聚力明显增强，和谐相处的关系更加融洽，在精神层面实现了和谐统一。

（二）突出文化引领，繁荣社区文化

准东采油厂统筹解决矿区民本、民生突出问题，积极引入社会服务机构，解决矿区服务、养老及托幼等问题；加大基础设施更新维护，持续推进物业"一站式"服务，建设和谐准东，美丽矿区，全面建成了西北地区首个"全国安全社区"，全国绿化模范集体，创造了安居乐业的和谐环境，职工群众安全感、获得感、幸福感日益提升。

和谐是美的一种形态，和谐可以凝聚人心，和谐可以团结力量，和谐可以成就伟大事业。党群、干群、民族、宗教、企地关系的和谐，推动了准东采油厂的持续稳定发展，也体现了企业的社会责任、政治责任的使命担当。增强了企业的凝聚力、向心力和感召力，为企业的蓬勃发展注入了强大的精神动力。

（中国石油新疆油田分公司准东采油厂）

文化融合 凝魂聚气 助推企业健康发展

随着金隅的快速发展，如何进一步促进并购企业母、子文化的有机结合，使二者之间相得益彰，是当前乃至今后加强企业文化建设，提升企业软实力，推动企业持续、健康发展的重要课题。对于承德金隅来说，如何让来自五湖四海、文化背景各异、专业水平参差不齐的企业职工认同金隅文化，相互融合，凝魂聚气，形成合力，共促企业发展成为公司党委工作的重中之重。

承德金隅水泥公司日产7500吨熟料水泥生产线作为集团水泥板块单体生产能力最大的生产线，是

金隅"十二五"期间水泥板块"大十字"战略布局中的重点项目；于2013年4月开工建设，2014年3月点火试运行，3个月内完成生产线达产达标，投产当年实现经济效益。在此过程中，公司全体干部职工把公司当成自己的家，把同事当成自己的兄弟姐妹，分工不分家，紧密配合，互相促进，融合智慧，于奋斗中缔结友情，于团结中笃定成功，为公司的建设发展贡献着力量。

传承文化　统一思想　融会于心

承德金隅水泥公司拥有职工490人，其主要由原并购企业煤矿工人、社会招聘人员、各兄弟单位抽调及安置接收人员组成。其中，大部分对金隅的企业文化、管理模式和发展前景认识模糊。针对这一实际，公司党委首先从宣贯金隅文化入手，统一思想，拉近距离，从而步调一致，形成合力。

一是从机制上奠定企业文化融合基础。文化是制度的灵魂，制度是文化的规范。制度中包含了大量的企业文化内容和信息，是企业文化融合的执行载体，而企业文化融合工作的最终执行也是靠制度反映出来的。为此，在推动企业文化融合中，承德金隅公司党委建立健全企业文化各级领导组织，通过成立党群工作部、党支部、工会分会、团支部，加强对企业文化建设的领导，落实企业文化融合的工作责任，为企业文化建设提供组织保障。

二是充分发挥企业管理人员引领作用。承德金隅公司管理人员中原企业留任人员较多，因此，他们必须做到先行一步，深入学习领会金隅"干事文化"的精神内涵，对母、子文化间"共性"与"个性"的认识要比一般员工更加全面透彻。只有这样，才能充当好文化融合的桥梁，担任好文化融合的宣传员、指导员和管理员。为此，承德金隅公司党委组织了多方面的学习和培训，通过"走出去、请进来"的教育形式，加强对干部队伍的文化培养，使其能够率先垂范、以身作则，积极实践金隅文化，带头弘扬金隅精神和核心价值观，做到身教与言传统一，为全体职工做好示范。金隅党委书记、董事长姜德义到承德金隅项目建设现场调研时勉励员工"企业的融合关键在文化，一定要用金隅先进的文化理念去融合，才能实现企业真正的脱胎换骨、涅槃重生，"让人受到鼓舞。

三是注重发挥舆论宣传作用。自成立以来，承德金隅水泥公司党委不断利用各类宣传媒介，如报纸、网络、电视、标语标识、展板、宣传栏、会议、专题讲座等，宣传金隅文化，使职工所见、所闻、所感、所想都是集体和企业文化内容，营造出文化融合的舆论氛围，不断地向职工传递文化融合的信息，达成文化融合的共识。通过文化宣贯，真正改变了职工的思维和行为方式，使之成为职工的工作及生活习惯。

搭建平台　丰富内容　激活主体

文化的融合不是一蹴而就的，需要潜移默化，日积月累，并且要靠良好的环境和载体去不断放大和传播。这就要求企业要加强文化活动阵地建设，积极发挥企业群众组织作用，承德金隅公司党委按照"立足实际、面向职工、激活主体"的原则，运用职工喜闻乐见的方式，搭建职工便于参与的活动平台，开辟职工乐于接受的渠道，充分调动广大职工参与企业文化建设的积极性、主动性和创造性。公司运用宣讲报告、技能竞赛、文体活动等形式，广泛开展创建争做、岗位建功等活动，把思想性、知识性和趣味性统一起来，以引导企业全体职工自主地融入到企业文化建设中去，使企业文化建设有声有色、扎实有效。与此同时，公司在抓好生产经营的同时，还为职工修建了高标准文化娱乐场所，如在职工食堂修建了音响、卡拉OK、舞台、灯光等设施齐全的500平方米的多功能厅；在公司厂前区修建了篮球场地；在办公楼、中控楼修建了设施齐全的台球室、乒乓球室、健身房、图书室、党员活动室，供职工在工作之余休闲、娱乐、学习。高标准、先进的硬件设施丰富了职工的业余文化生活。

关爱职工　凝聚人心　构筑和谐

承德金隅公司党委全面推进凝聚力系统工程，认真落实《经常性思想政治工作条例》，加强对职工的关爱，增强职工的主人翁意识，努力为职工办实事、解难事、办好事，真正为职工排忧解难，解除他们在思想、生活和工作上的后顾之忧。

一是开展厂务公开、民主管理工作，先后建立完善民主管理制度。建立了职工沟通机制，采取召开座谈会、设立意见箱等措施，为职工答疑解惑。

二是加强对职工进行安全教育，增强安全自我保护防范的同时，为职工办理意外伤害、重大疾病、特殊疾病互助保险，建立职工帮扶专项基金，为职工在工作、生活中遇到意外伤害提供经济扶助。

三是考虑到职工来自四面八方，由于工作紧张，长时间不能回家与家人团聚，承德金隅公司开展了为职工祝贺生日的活动。这一活动使企业的发展成果惠及到广大职工，让职工感受到了金隅大家庭的温暖，深受广大职工欢迎。

四是开展送清凉慰问活动。承德金隅公司在炎热的夏季慰问不辞劳苦在一线默默奉献的干部职工，为他们送去矿泉水、饮料、绿豆、冰糖等防暑降温物品。

五是凡有职工因病住院、直系亲属病故、职工婚孕、生活困难的，公司领导均到场探望，帮助他们解决实际困难，真正为他们送去企业的关怀和温暖。

如今的承德金隅无时无处不体现着金隅文化的力量和影响。继承、提高、发展金隅文化，打造具有承德金隅水泥公司特色的子文化，是承德金隅人的不懈追求，实现企业发展目标，为金隅发展做贡献是承德金隅水泥公司的责任和使命。承德金隅公司党委将继续加强企业文化建设、弘扬主旋律、传播正能量，为"金隅梦"的早日实现增光添彩。

（承德金隅水泥有限责任公司）

构建企业文化　成就木兰花香

本溪木兰花乳业有限责任公司前身为始建于1953年的本溪市国营小堡畜牧场，是本溪市唯一的大型奶牛饲养和鲜牛奶生产基地。2003年，公司进行了体制改革，由公司管理层收购，员工持股，国有股退出，组建了本溪木兰花乳业有限责任公司。

在文化建设方面，本溪木兰花的团队文化、班组文化有声有色。

建立企业文化管理体系

木兰花乳业公司领导班子重视企业文化，坚持构建企业文化，健全文化制度，天天班前会，让车间班组文化落地。创新，是木兰花乳业公司发展的生命。木兰花乳业公司坚持"务实、创新、奉献、报国"的企业精神；坚持"忠诚、结果、双赢"的经营理念；秉承"争行业先锋，创企业名牌，做中国最专业

的巴氏奶品专家"的企业愿景，不断进行设备更新、产品出新，科技创新。近年来公司取了长足的进步和发展。

木兰花乳业公司将企业文化视作企业理性管理的一个标志。确立了"务实、创新、奉献、报国"企业精神；"忠诚、结果、双赢"的经营理念和食品安全质量方针；"沟通协作，诚信经营，为顾客提供优质安全、营养健康的产品和满意的服务是木兰花人永恒的宗旨"；靠前指挥，马上行动的企业作风；"争行业先锋，创企业名牌，做中国最专业的巴氏奶品专家"的企业愿景等。将公司文化对接到基层，构建了具有特色的班组文化：乳品车间"质量、成长、团队"；专送部"辛苦我一人，方便千万家"；外埠部："忠诚、结果、双赢"；物流中心："安全、正点、服务"等，这些子文化已变成了木兰花人的自觉行为规范。

加强品牌文化建设

把员工的爱国敬业精神、理想信念、组织纪律观念等方面的教育与企业文化建设有机地融为一体，增强企业文化对广大员工的吸引力、影响力和渗透力，有效促进了企业文化建设与企业生产经营的协同发展。

将无形的企业精神以有形的制度渗入企业经济活动之中，将企业的目标和理念细化成工作制度、行为规范和准则，对工作程序、操作规则、岗位职责、举止仪态等进行制度化的规定，让员工自我约束、自觉行动。

木兰花乳业公司乳制品加工车间秉承"质量、成长、团队"的企业文化，坚持"产品质量是企业生存与发展的生命"。车间管理人员、科技人员、班组人员必须有个人成长规划；车间班子人员及全体人员必须发扬团队精神。

木兰花乳业公司先后斥巨资引进国际国内先进的生产流水线，配合符合国家 GMP 食品安全生产的工艺流程，生产"木兰花"牌塑袋装、塑杯装、屋形包装、百利包装、瓶装五大系列 30 多个花色品种，使"木兰花"牌系列产品的加工技术与工艺水平均达到了国内一流水平。

公司先后通过了 ISO 9001 质量管理体系认证，ISO 2200 食品安全管理体系认证，HACCP 食品安全规划管理体系认证以及 QS 食品生产安全体系

认证。

为满足消费者日益增长的消费需要，木兰花乳业公司加快发展步伐，加大投资力度，扩大生产规模。2016 年 10 月，百利包、钻石包、玻璃瓶、塑料瓶、三角杯、利乐枕、碗型机、杯型机等十余条生产线正式投产。项目建成后，严格按照国家《企业生产乳制品许可条件审查细则（2010 版）》要求，制定生产操作规程，建立质量检验制度，保证产品质量符合要求，使公司的产品得到更高的品质突破和质量的保障。在满足企业产品需求的同时，积极开拓省外周边市场，通过调整市场营销策略、确立良好的产品形象，使产品的销售步入稳定的运行轨道。通过企业 CI 形象策划，做好系列产品的形象定位，保护产品在市场的良好信誉，以确保产品销售渠道畅通。

开展企业文化活动，培育团队意识

确立木兰花乳业公司质量文化："质量是企业的生命""质量是名牌的基础""不关心产品质量，就等于不关心你自己""产品就是人品""质量在我心中、质量在我手中"。在公司质量文化的基础上，还建立了班组质量文化，如"乳品加工车间质量文化是精益求精，质量第一；物流班组质量文化是消除隐患，防微杜渐；专送销售班组服务质量文化是辛苦我一人，方便千万家等，为确保质量文化的落实，加强企业标准化管理，2008 年年初，公司根据标准化管理要求，颁布了 201 个企业技术标准、管理标准、工作标准。

木兰花乳业公司将企业文化活动与生产经营活动相结合，既丰富员工文化生活，又融洽与业主的关系，提升了企业形象。开展困难职工帮扶，为员工排忧解难，尊重员工的主体地位，引导员工树立主人翁意识，积极为企业发展献计出力，激发了员工立足岗位、建功立业的使命感，更加自觉地融入企业大家庭，积极为企业、为社会奉献智慧、力量。

实施品牌战略，做强做大企业

好奶源生产好奶，木兰花乳业公司一直注重自营牧场建设，为广大消费者提供安全健康的优质奶。早在 2001 年，公司与省农垦总公司联合投资 1500 万元，联建了"辽宁小堡现代奶牛饲养示范场"，2003 年，从新西兰引进良种奶牛 100 头，后良种奶牛存栏达到 1200 余头，成为辽宁省城市奶牛饲养示范基地。奶牛场运用先进的奶牛饲养管理技术，从饲料生产、TMR（全混日粮）、饲养管理、疫病防治、良种繁育、厅式挤奶到冷链储运实行全过程监控，确保原料奶高于国家标准的质量要求，2004 年通过"辽宁省无公害牛奶产地"的认定。2008 年 9 月本公司奶牛场被国家农业部农垦局审定为 20 个"农垦现代化养殖示范场"之一。2008 年年末，乳业"三聚氰胺事件"发生后，木兰花乳业公司为满足产业长远发展战略的需要，在吉林双辽地区与当地业户合作，建立自己的奶源生产基地，全面实施了"退户进厅"的管理模式。2013 年，公司以发展生态奶牛养殖基地建设，促进农民增收、农业增效为目标，建立一个存栏规模为 2000 头的奶牛养殖场，占地约为 180 亩，总投资为 10000 万元。目前，一期建设已经完工。通过完善良种繁育、兽医防疫、产品质量检测和技术服务等相关体系建设，引进了国内外先进设备，扩大了良种奶牛规模，创新了管理模式，推进奶牛养殖方式向规模化、集约化、标准化转变，实行绩效考核后奶牛乳房炎控制在 2% 以内搬迁后，单产由 2014 年年初的 3 吨稳步提升到 2017 年初的 9.5 吨。

近年来，木兰花乳业公司营销也产生了质的飞跃，稳步形成了具有木兰花营销特色的零售、专送、团购、郊县、外埠营销及"互联网＋"的营销模式，在稳定本地市场 70% 份额的基础上，陆续开发沈阳、大连、鞍山、长春、哈尔滨等地市场，产品辐射辽宁、吉林、黑龙江东北市场。

木兰花乳业公司在经营中，全面实施品牌战略，精心打造公司的"木兰花"产品品牌和"新鲜健康每一天"的服务品牌。"木兰花"牌系列产品已经形成了辽宁中部城市及辽、吉、黑东北市场广大消费者心中的知名品牌。

木兰花乳业公司把建设优秀的企业文化当作公司发展的战略之一，促进公司高效、长远发展。经过多年的拼搏与不懈的努力，木兰花乳业公司逐步成为省内乳品行业较有竞争力的知名企业。作为中国乳制品工业协会会员，连续多年被评为"中国食品安全诚信示范单位""中国中小企业创新 100 强""辽宁名牌产品""辽宁省著名商标""辽宁省重点龙头企业""本溪十佳名特产品"及市 5A 级"诚信单位"，并先后荣获"辽宁老字号""本溪市传统品牌"的光荣称号。

（本溪木兰花乳业有限责任公司）

诚信之道促发展　文化之魂聚力量

深圳市维业装饰集团股份有限公司（以下简称"维业股份"或"公司"）成立于 1994 年，注册资本 1.36 亿元，是国内建筑装饰领域的著名企业，于 2017 年在深交所创业板上市（股票代码：300621）。公司已连续 13 年入选中国建筑装饰"百强"企业前列（目前位列第十一位），荣获"中国建筑装饰 30 年行业开创型企业""改革开放 30 年建筑装饰行业发展突出贡献企业""广东省优秀企业""广东省最具社会责任感企业""广东省著名商标""深圳知名品牌"等荣誉称号，打造出了以人民大会堂为代表的一大批精品工程，综合发展实力、品牌影响力、市场竞争力深受社会认可。

24 年来，维业股份在不断扩充企业规模，增强企业发展硬实力的同时，始终注重企业文化建设的示范引导作用，以诚信之道促发展，以文化之魂聚力量，构建出了具有企业自身特色的企业文化体系，将企业文化的"软实力"逐渐打造成核心竞争力之一。

一、以诚信之道打造企业名片

"唯诚、维信，业竞成"，维业以诚信立业，以精品立世。在企业发展过程中，公司始终秉承"唯诚、维信、优质、高效"的企业精神，从企业信用、安全生产信用、经营信用、纳税信用、环保信用等各方面都建立了自己的标准体系，做到在商业经营中不失信、坚决履行合同条款；在工程管理中不违规、确保工程的安全与质量；依法履行纳税义务，不偷税、不漏税、不逃税；不使用污染材料，提倡绿色环保材料等，着力提升"诚信文化"的内涵与价值，使诚信建设取得了显著的成效：连续 22 年被广东省工商局评为"守合同重信用企业"；荣获 2012—2013 年度、2014—2015 年度"国家守合同重信用企业""广东省最佳诚信企业""广东省诚信示范企业""企业信用评价 AAA 级企业"等荣誉称号，诚信品牌已成为维业股份的一张亮丽名片和核心竞争力之一。

作为一家建筑装饰公司，维业股份视工程质量和效率为企业的生命。公司以"诚信文化"为依托，建立"质效文化"，并渗透到工程管理当中。以精益

求精、追求卓越的"工匠精神"以及"做一项工程，树一块品牌"的精品意识，打造了人民大会堂、故宫慈宁宫、北京华尔道夫酒店、北京颐和安缦酒店、深湾会顶级私人会所、海南博鳌国宾馆、深圳湾 1 号、南宁华润幸福里、腾讯大厦、北京首都国际机场、华润系列工程、万达广场等数千项高品质的工程，多次获得了鲁班奖、全国建筑工程装饰奖等国家及省市级奖项。对于每一项工程，维业股份都坚持"对客户负责、对人民负责、对企业负责"的态度，抓好安全生产和质量监督，将"绿色、低碳、节能、环保"的产品理念融合于生产经营工作当中，打造良心工程、放心工程、省心工程，没有因发生重大安全生产责任事故而受到重大环保处罚，也没有因严重污染问题而引起的群体性事件。

二、以关爱文化凝聚企业力量

维业股份高度重视人文关怀工作，把每一位员工都当成家人，努力营造"家文化"的氛围，围绕"345"的企业文化方针，即达成"三个"目标，打造"四大"文化工程，搭建"五个"员工平台，以关爱文化凝聚员工力量，增强企业荣誉感。

（一）达成"三个目标"

维业股份将企业责任贯彻到客户、员工和社会当中，以客户为尊，为客户提供"过程放心、结果省心"的精品工程，将员工当作企业发展资本，搭建事业平台，以"工匠精神"不断追求工程质量的精益求精，为社会铸造匠心之作，努力将维业打造成受客户尊敬、受员工喜爱、受社会认可的百年企业。

（二）打造"四大"文化工程

"维业之声"大赛——以唱歌、演讲、演艺等形式，为员工提供一个展示个人才艺的平台，增强员工自信，活跃公司氛围，挖掘公司人才，激发员工潜力，并持续开展周年庆、新春年会等重大活动，成为企业文化的一条重要纽带。

"维业关爱"行动——通过对内和对外的关爱行动，全面体现对员工的关爱和对社会的责任。

对内开展"女神节"、员工旅游、"闹新春、抽红包"、赏大片等活动，设立困难员工补助金，在传统节日发放过节费及礼品，在员工生日、结婚等重要日子发放祝福礼金，设立员工食堂，发放人才补贴，为适合条件的员工提供宿舍及人才住房等措施，全

方位关爱员工的工作、生活及成长，营造和谐的劳动关系，让员工感受企业文化的温暖力量。同时，公司设立了志愿者爱心服务队，动员广大员工参与爱心公益事业，传递维业正能量。公司一直坚持规范化管理，无违反劳动法规，无拖欠职工工资，无涉税问题，获得了"广东省最佳雇主""广东省企业文化示范基地""深圳企业文化建设十佳单位"等称号。

维业股份对外热心社会公益事业，履行社会责任，展现企业的责任担当。

"维业强健"计划——以日常体育锻炼和组织参加企业运动会、篮球赛等重大活动相结合，调动员工参与体育锻炼的积极性，增强员工体质。

"维业学院"进修——设立图书借阅室，让员工从书海中汲取营养，获得智慧；线上和线下培训相结合，推行微学习平台，内容覆盖各个层级各个岗位，实现全天候学习、移动化学习，打造学习型组织。

（三）搭建"五个"员工平台

维业股份将员工个人发展与企业发展相结合，搭建自我成长、创业帮扶、快乐工作、利益共享、专项扶持五个平台，形成共创、共享、共担、共赢的事业生态链，增强员工对企业的归宿感和认同感。

三、以爱心公益践行社会责任

"能力越大，责任越大"，维业股份董事长张汉清先生多次强调，维业要始终秉承一颗对社会的公益之心、责任之心、感恩之心，积极承担起自身的社会责任，尽全力回馈社会。维业股份公司坚持不懈地支持文化、教育、救灾等社会公益事业，多次为社会贫困儿童、少年捐款，为优秀学生提供助学金，为洪涝、地震等灾区捐款捐物，为陆河县人民医院捐赠救护车辆，捐资兴建河田中学维业体育馆，在四川农业大学设立维业奖学金，为陆河县河田中学捐书等，以爱心公益发挥行业领军企业的导向性作用，在社会上树立了爱心企业的典范形象。

在未来的发展道路上，维业股份还将始终不渝地积极推进企业文化建设，履行企业责任，争当优秀的企业公民，实现企业的稳定良性发展，为员工、客户、社会创造更大的价值！

（深圳市维业装饰集团股份有限公司）

学习《弟子规》 建设"家文化" 推动四海永续发展

鞍山四海大酒店始建于 2003 年 9 月，2005 年 5 月 29 日开业。开业十多年来，始终坚持靠文化立根，以诚信为本，按党的政策导向发展，创造了良好的经营效益和社会效益，创建独具特色的四海品牌，其中一个重要因素是得益于四海"家"文化的倡导实施，得益于中华优秀传统文化的传承和对《弟子规》的学习和应用。

自觉传承，把《弟子规》作为四海"家"文化的核心内容和固有部分

开业之初，四海酒店就把企业文化建设工作放在企业发展的战略地位进行思考运作。根据酒店行业的特点和四海长远发展目标，酒店创始人、董事长洪岩确定酒店的企业文化是以"家"为核心的四海"家"文化，其核心理念的内涵就是让酒店成为顾客的家和员工的家，让来店消费的每一位顾客都能感受到家的感觉和家的关怀。酒店对员工像对自己家人一样关心爱护，员工对酒店像对自己的家一样尽职尽责。酒店把自古以来人们最想拥有，最为关心，最具亲和力、凝聚力的家作为企业文化的核心理念，蕴含了优秀传统文化的基因，与优秀传统文化一脉相承，有着密切的内在联系。四海酒店通过深入倡导实施，狠抓"家"文化理念体系的学习、内化、践行、落实，推动酒店经营发展的同时，坚持与时俱进，文化创新，针对酒店经营实践中和员工队伍中出现的新情况、新问题，丰富发展"家"文化内容，采用贴近实际、管用有效的新理念。结合实情，四海酒店公司决定把《弟子规》作为四海"家"文化的一个教案，组织全店员工学习《弟子规》。因为《弟子规》是开发心智，育人成才的好教材，2008 年 4 月，酒店正式下发《关于开展学习"弟子规"活动的通知》，以此为发端，四海大酒店学习、应用优秀传统文化——《弟子规》活动深入扎实地开展起来。

内化于心，把《弟子规》作为员工的必修课

四海酒店制定了学习达标标准，规定入职满 1 年，50 周岁以下的员工普遍达到"四会"：会朗读、

会背诵、会解释、会应用。酒店特意印制了四海版的《弟子规》，发给员工人手一册，还印制了图文并茂的《弟子规》原文和解释画报3000余份发给员工学习。在员工宿舍，开设了文化长廊，将《弟子规》与"家"文化的理念体系一起展出，员工食堂每天反复播出员工集体学习背诵《弟子规》的视频，电梯前室的电视，专门用于全天候反复播放《弟子规》的原文，酒店围墙的外侧绘制了《弟子规》的原文和图解，形成了《弟子规》"文化墙"。这一系列的举措，营造了浓厚的《弟子规》学习氛围，使全店员工时刻置于《弟子规》的教诲和氛围熏陶之中。与此同时，酒店还在《四海为家》报上开辟了《弟子规》学习园地，为员工交流学习《弟子规》的收获和体会搭建平台，组织开展《弟子规》知识有奖问答，举行《弟子规》知识竞赛活动，成绩优异的，酒店都给予精神鼓励和现金奖励，有效地激发了广大员工学习《弟子规》的自觉性和积极性。新入职的员工在招聘洽谈时，把认同企业规则，愿意学习《弟子规》作为必要条件，员工入职培训时，把《弟子规》的宣讲作为固有内容，使《弟子规》的学习真正成为四海员工的必修课。酒店定期组织对《弟子规》的学习情况和效果进行验收考核，凡在职员工，人人都在考核之中，经考核达标的予以鼓励，没达标的给机会限定达标期限，连续三次考核仍不达标的，取消评选"三好员工"的资格。通过有效地督促和引导，促成了员工由不愿学变成了自觉学，由"要我学"到"我要学"的局面。有的还把《弟子规》拿回家中组织家人学，教给孩子学，目前在四海大酒店，学习《弟子规》已经成为员工每天生活不可或缺的组成部分。

强调践行，让《弟子规》成为员工的行为准则

学习《弟子规》，要求员工会朗读、背诵和解释固然重要，但根本的目的是践行和应用。四海酒店要求员工要立足岗位学习应用《弟子规》，对客户服务中，在与上级、同事和顾客的交往中乃至在家庭和社会上的生活来往中，都要用《弟子规》的教诲规范和约束自己的言行，用自己的作为体现四海人的素质，诠释《弟子规》内涵。对于践行《弟子规》做得好的员工，酒店公开给予表扬和奖励，有悖《弟子规》教诲，损害酒店声誉的，予以严肃的批评处罚，用正负激励的措施，逐渐使员工对《弟子规》的应用

养成习惯，形成自觉。我们编写了《弟子规》新解应用100句，联系酒店员工的工作生活实际，同样采用"三言一句"的形式，做出简明注释，提出应用要求，使员工能够直接明了地应用《弟子规》。我们还坚持抓典型，树样板，不断总结宣传在践行《弟子规》中做得好的部门和个人，树立了正确的导向。现在到四海的客人，随时能感受到员工应用《弟子规》的范例。诸如，有时客人对服务有了意见提出设诉，接待人员自然想起"父母责，须顺承"，视顾客为"衣食父母"，把顾客的报怨作为改进服务的指令，立即认真改正，给客人以满意的回复，有的客人酒后失态，言行失礼，员工就会用"言语忍，忿自泯"约束自己不与人计较，照常面带微笑，热情服务。员工间出现摩擦，有了矛盾，双方都会用"兄道友，弟道恭，兄弟睦，孝在中"化解矛盾，维护和谐。酒店销售部员工始终秉承《弟子规》"凡出言，信为先，诈与妄，奚可焉"的教诲，销售酒店的产品时，与客户诚信交往，使忠诚客户不断增多，销售渠道逐步拓展，从而带来了酒店稳定的经营效益。

落地生根，《弟子规》催生了四海发展的生机活力

《弟子规》的本义是家教、家规、家训，也可称作"人之规"，四海员工学用《弟子规》把这一思想放大为"四海为家"，把酒店当作自己的"家"一样关心爱护，尽责效力，人人都主动为"家"想事、做事、成事。董事长"有良心就有责任心，工作是个良心活，我有责任心"的教导已成为四海员工的座右铭。"做好自己的工作，不让领导操心"，每天应该做什么，应该怎样去做，应该做到什么程度，都是员工对自我的严格要求。发自员工内心的这种自觉，使以往靠制度约束，靠领导督促的管理状况，变为自主管理、自我管理、自觉管理，逐步走向"心本"管理的新境界。和谐共进，相亲相爱，是《弟子规》带给四海的欣喜，员工们都视自己为四海家人，彼此间都以兄弟姐妹相称，上下级之间，员工与员工之间，部门与部门之间都能和睦相处，思想上、工作上、心理上乃至自己家里的事情上，都能保持良好的交流和沟通，工作上互相帮助，生活上互相关心，真切地体现在每个人的行动上。

新员工入职后，老员工都主动向他传授服务技

能，教会他接待服务的要领。每逢宴会场次多而集中，无论是领导还是普通员工，都能顾全大局，主动增援，而且是无偿地付出，自觉奉献。无论是哪个部门员工，生活有了困难，家中有了难事，员工们都会伸出援手帮他迈过这个坎，酒店董事长洪岩对员工更是关爱有加，和员工结下了真挚而深厚的友情，让员工切身感受了如家的感觉，快乐地工作着，幸福地生活着。因而企业的向心力、凝聚力与日俱增，员工的归属感、责任感显著提升。

学用《弟子规》，使四海在育人铸魂，全面提升员工素质上成效更为明显。在《弟子规》的教诲和熏陶下，四海员工能够对"斗闹场"自觉远离，"市井气"拒之不染，"邪僻事"无以立足，知荣辱，知里外，知大小，知先后，知慎言，知敏行，知源泉，知感恩，知不如，知自励，做有修养、有道德、有品位的四海人，成为员工普遍的向往和追求。员工中已有 32 人加入中国共产党，扩大了基础党员队伍。

在组织员工认真学习《弟子规》的同时，四海酒店还通过自办的《四海为家》报，连续刊载《增广贤文》《朱子家训》《二十四孝》等优秀传统文化的内容，用优秀传统文化的丰厚滋养，为四海发展立根铸魂，为实现四海基业长青的发展目标注入生生不息的动力。

（鞍山四海大酒店）

立足长远　精准施策
锻造百年太钢特色品牌

太原钢铁（集团）有限公司（以下简称"太钢"）始建于 1934 年，目前已形成年产 1200 万吨钢（其中 450 万吨不锈钢）的能力，是集矿山采掘和钢铁生产、加工、配送、贸易为一体的特大型钢铁联合企业，也是目前全球单体工厂生产规模最大、工艺技术装备水平最高、品种规格最全的不锈钢企业。2018 年上半年，太钢实现营业收入 386.94 亿元，同比持平；实现税金 24.38 亿元，同比增长 41.23%；实现利润 32.64 亿元，同比增长 365.45%，经营业绩位居国内大型钢铁企业前列。

经济新常态下，钢铁行业产能严重过剩，产品同质化竞争异常惨烈，优质品牌往往意味着差异化的竞争优势，代表着消费者的信任和选择，钢铁企业开展品牌经营势在必行。太钢主动适应国家供给侧结构性改革大势，立足长远，精准施策，精心塑造质量、创新、绿色、责任四大品牌优势，全力锻造百年太钢特色品牌。2018 年 6 月 20 日，第十五届"世界品牌大会暨中国 500 最具价值品牌排行榜"揭晓，太钢以 186.61 亿元的品牌价值再次跻身"中国 500 最具价值品牌"榜单，太钢自 2013 年以来连续六年登榜，品牌价值增幅达 151%，这是太钢长期致力于打造民族钢铁工业品牌结出的硕果。

质量品牌："质量是企业的品格"

高质量是品牌经营的基础，没有优质的产品质量，品牌塑造就无从谈起。太钢提出，做企业如同做人，做人讲人品，企业讲产品，一个人好与不好，是受人尊重还是被人鄙视，主要是看人品。从这个意义上讲，质量事关太钢形象、品格和尊严，质量就是企业的品格。

太钢是一个传统的特殊钢厂，对产品质量一直情有独钟。即使是在钢铁工业突飞猛进、大干快上的时代，太钢也没有刻意追求规模扩张，始终坚守产品质量的信心不动摇，始终聚焦产品质量持续提升核心竞争力。而特殊钢企业之所以特殊，首先是产品特殊，产品特殊是因为应用领域特殊，特钢主要应用于国家重点工程、新兴领域，这些行业对产品质量要求很高。"高、精、尖、特"始终伴随着高风险，太钢生产的车轴钢、铁路运输专用钢、核电用钢、造船用钢、航空航天用钢等，都运用于国民经济关键领域，如果质量出现问题，后果不堪设想。从这个意义上说，产品质量事关太钢生死存亡，质量是特殊钢企业的生命线，质量品牌塑造至关重要。

2006 年和 2015 年，太钢两次荣获全国质量奖，成为冶金行业唯一先后两次获得全国质量奖的企业，这进一步增强了太钢走"增品种、提品质、创品牌"精品之路的战略定力。近年来，太钢坚决遵循"精细化"和"用数据说话"的六西格玛管理理念，逐步形成了"全员参与、持续改进、快速提升"的具有特色的六西格玛文化，创造性地开展实物质量对标等工作，形成了具有公司特色的质量管理新模式，推动公司质量管理向科学化、精细化、法治化迈进。大力倡导"质量兴企、用户至上"的核心价值观和"提升质量、人人有责"的质量经营理念，明确要求全体职工在各自的岗位上找到提升质量的坐标，做到事事、时时、处处一丝不苟，精益求精，形成了"人人关注质量、人人把好质量关、人人为提升质量出力"的浓厚氛围。树立以用户为中心的全员营销理念，推动从生产型企业向服务型企业转变，大力推行"技术＋服务"的双经理制，帮助用户科学选材、用材，为用户提供专业化、个性化的增值服务，真正做到生产的是产品，输入的是需求，输出的是满意，把太钢办成用户满意的加工厂，以服务质量的新提升为质量品牌塑造增添美誉。

创新品牌："勇于摘取钢铁工业皇冠上的一颗颗明珠"

习近平总书记指出，化解产能过剩的根本出路在创新。锻造百年太钢特色品牌，必须擦亮创新这块金字招牌。太钢提出，不创新就没有出路，创新既是企业生存发展之道，也是对国家、对人民的责任和担当，必须勇于摘取钢铁行业皇冠上的一颗颗明珠。

2017年6月，习近平总书记在太钢钢科碳材料公司考察时鼓励我们，"要在创新上再加把劲，为中国制造作出更大贡献"，这更加坚定了我们打造创新品牌的信心和决心。从新中国第一炉不锈钢、第一张冷轧硅钢片，到第一块不锈钢连铸板坯，再到全球最大的不锈钢企业……太钢的价值始终是在创新和创造中体现的，创新为太钢争得了无上荣耀。新常态下，钢铁产能严重过剩是事实，但过剩的主要是落后产能、低水平产品，高端需求仍然旺盛。太钢年产1000万吨钢的体量不算大，但如果这1000万吨钢都成为国家不可或缺、无可替代的精品，就极有价值。作为太钢，必须敢创新、能创新、会创新，沉下心来创新，矢志不移创新，就是要通过技术创新提升品质、填补空白、创造市场，把创新融入一切工作始终，努力建设创造价值的公司，当好创新的"国家队"。

太钢成功研发笔尖钢的消息曾一度引爆各大媒体，笔尖皇冠太钢造，彰显的是太钢聚焦技术创新、打造创新品牌的磅礴力量。太钢坚持问题导向和目标导向，在创新上重点突破，精准发力，全力打造

竞争新优势。一是围绕深化改革重点推进，全力推动经营机制市场化改革，加快从单纯的材料生产商向服务商的转变，倒逼经营方式转变和经营绩效改善；二是构建起包括SBU（战略经营单元）、重大命题承包、"一站式"的首席工程师和产品工程师等制度在内的充满活力的技术创新体制，加快推进由标准执行者向标准生产者的转变，不断增强在不锈钢行业的话语权和引导力；三是瞄准"高、精、尖、特"靶向发力，系统梳理钢铁短缺品种，深度跟踪用钢行业产业升级趋势，大力研发独有的、领先的特色和高端产品，做别人做不了和做不好的产品，笔尖钢、最新一代核电不锈钢、新能源汽车用硅钢等一大批新产品先后问世。近两年来，我们在现有基础上，新出台了推动创新的激励办法，对重大品种质量改进、提升实施精准激励、即时激励。"闻新则喜、闻新则动、以新制胜，鼓励创新、宽容失败、反对守成"的创新文化理念正成为全员的共识和自觉行动，创新品牌的底色也必将更加耀眼。在国家发改委发布的全国1331家国家企业技术中心2017—2018年评价结果中，太钢技术中心位列第14位，居全国冶金行业和山西省企业第一位。今年开始，太钢每年将安排8000万元重奖科技质量人员和技术团队，进一步激发全员创新热情，扩大技术领先优势。太钢正在推动中国制造向中国创造转变、中国速度向中国质量转变、中国产品向中国品牌转变中扮演愈加重要的角色。

绿色品牌："绿色发展是生存的前提、发展的基础"

太钢地处省会城市，处于太原市的上风向，80多年的发展使"十里钢城"逐渐被不断扩大的城区所包围，环境保护状况备受各级政府和广大市民关注。可以说，绿色发展已经成为太钢生存的前提、发展的基础，走绿色低碳之路、叫响绿色发展品牌更是太钢实现百年梦想的必由之路。

作为钢铁从业者，必须以勇气、智慧和责任主动顺应生态文明发展大势，让绿色真正成为太钢发展的主色调。辩证来看，日益严格的环境要求，对企业既是挑战，也是机遇。能否适应未来社会对节能减排的要求，一定会成为钢铁企业兴衰成败和竞争力强弱的分水岭。一方面，随着社会的发展，钢

厂从人们眼中的"香饽饽"变成了如今的"臭豆腐"，"把太钢从太原搬出去"的声音一直萦绕在我们耳边。人们希望钢厂既是财富的创造者、就业岗位的提供者，更是生态文明的承载者、环境优美的大花园。另一方面，从太钢自身竞争力来看，节能环保不仅关系到企业的成本、质量，更关系到企业的品牌、形象，决定着企业的市场竞争力。低消耗、低排放本身就是效益，品牌形象也同样能给企业带来巨大的价值。

很难想象，一个浪费资源、污染环境的企业，会生产出优质产品，会有强大的品牌影响力和良好的社会形象。我们相信，只要太钢坚持绿色发展战略，持续推进节能减排、发展循环经济，不断向社会提供绿色产品和绿色服务，就一定能叫响绿色发展品牌，一定能成为都市型绿色钢厂典范。

近年来，我们以科技创新和管理创新为支撑，加快实现工艺装备绿色化、制造过程绿色化、产品应用绿色化，努力把太钢建成冶金行业节能减排和循环经济的示范工厂，让绿色发展成为公司新的发展方式、新的效益增长点和竞争力，逐步形成了完整的循环经济产业链。

在制造过程绿色化方面，我们以技术创新为支撑，实现从原料到生产全过程的资源能源有效利用和污染控制；在工艺装备绿色化方面，我们抓住结构调整的机遇，在几轮大的技术改造和项目建设中，着力瞄准国际一流水平，坚持自主创新，走装备大型化、工艺现代化、生产高效化、环保一流化的发展之路，高起点实施技术改造和项目建设；在产品绿色化方面，通过调整结构，以高强度、耐腐蚀、轻量化、长寿命和便于回收为特性的不锈钢、冷轧硅钢、高强韧钢材等高效节能长寿型绿色产品集群已经形成。

2017年，太钢成为由工信部组织评选的全国首批绿色工厂，这对我们坚持塑造绿色品牌是巨大的鼓舞。太钢正在为"美丽中国"建设做着应有的贡献，绿色正在成为太钢新的名片。

责任品牌："履责才显担当，责任成就不锈钢第一品牌"

履行社会责任是现代企业提升综合竞争力的核心要素，一个没有社会责任感的企业，是无法树立百年品牌、打造百年老店的。长期以来，太钢坚持做富有责任、备受尊重的企业，以实际行动践行着履行社会责任的庄重承诺。

习近平总书记曾在《之江新语》中指出，"现代企业是社会的细胞，社会是孕育企业成长的母体。所以，企业在自身发展的同时，应该当好企业公民，饮水思源，回报社会，这是企业不可推卸的社会责任，也是构建和谐社会的重要内容。"太钢的发展得益于社会，回报社会是太钢应尽的责任，二者是辩证统一的关系。我们明确提出，企业承担社会责任，一是法律层面上的社会责任，要自觉遵守法律法规。二是，要重视利益相关方的利益，妥善处理与股东、用户、员工、社会等利益相关方的关系，要确保国有资产的保值增值，要为用户提供优质的产品和服务，要为员工创造更好的工作、发展和生活条件，要坚持走绿色低碳发展道路，要为国家和社会创造财富，提供就业岗位、缴纳税收等。三是道德意义上的社会责任，企业要积极热心地参与社会公益事业。

太钢将坚持把履行社会责任作为企业转型升级的重要内容，致力于把社会责任理念自觉融入企业发展战略和生产运营的全过程，通过全员参与、全方位覆盖和全过程融合完善责任管理，推动深层次履责。

有责任才有品牌，有责任才有竞争力，有责任才有和谐共赢，有责任才有基业常青。近年来，太钢坚持以生产"高、精、尖、特"钢铁产品作为履行社会责任的最基本要素，持续推动技术创新和新品开发，对推动关键钢铁材料的国产化进程发挥了积极作用。坚持以建设全球绿色钢厂典范为目标，加速构建固态、液态、气态废弃物循环经济产业链，在污水处理、钢渣治理、余能余热利用、公众参观等方面继续引领行业发展，实现了企业与城市、自然和社会的和谐相处。坚持以和谐企业共建、发展成果共享为理念，在职工安全生产、权益保障、产业链供应链建设、反倾销等方面持续发力，自觉接受职工和社会公众监督，推动企业与职工、客户、供应商等利益相关方的共同成长，展现了诚信、守法、公正、负责任的社会公民形象。

太钢连续荣获中国工业企业履行社会责任"五星级企业""最佳环境信息披露奖""最具社会责任感企业"等荣誉，企业社会责任发展指数长期位居中国企业领先者行列，塑造了负责任企业公民的良好形象，责任品牌塑造初见成效。

品牌不仅代表企业的形象，更代表企业的责任、追求和境界。展望未来，太钢将立足打造质量、创新、绿色、责任四大品牌优势，重点发力，以点带面，在改革发展中促进品牌形象提升，全力锻造百年太钢特色品牌，为实现百年太钢梦凝聚强大合力！

（作者杨林汇，太原钢铁（集团）有限公司）

培育项目特色文化　提升企业品牌形象

近年来，随着山东电力工程咨询院有限公司总承包工程的增多，在对项目部企业文化建设的过程中，山东电院逐渐探索和总结出了一套适合项目部企业文化建设的经验方法，确定了由党群工作部为策划主体、项目部为实施主体的工作模式，因地制宜地制定项目文化建设整体方案，用特色文化营造和谐的项目文化氛围，提高企业员工的向心力和凝聚力，促进了生产经营和重点工程建设，提升了企业品牌形象。

明确核心要求，完善组织机构建设

开展项目文化建设，不是简单地写个标语、拉个横幅，而是要结合企业的核心价值观和生产经营目标，明确项目文化建设的核心内容，即把项目文化建设视为影响企业稳定和发展的重点来抓。山东电院高度重视项目文化建设，坚持齐抓共管的原则，形成党、政、工、团共同监管、共同建设的强大合力。根据不同项目的地域和特点，成立专项团队，策划和制定具体项目的文化建设方案，并且设立专人负责跟踪。同时，在资金上给予了大力支持，保障项目文化建设的顺利进行。

规范理念落地，强化项目文化核心

"和"文化作为企业文化的核心，是企业价值观的集中体现。在"和"文化的指引下，山东电院严格规范文化理念落地，统一公司 logo 标识的使用，更新院区视觉识别系统。以公司合并重组为契机，编制企业文化手册，找准企业文化定位。同时，对项目工地的施工区、办公区、生活区等进行整体规划

和布置。在施工现场设置了工地文化墙、企业理念牌、施工简介牌和宣传栏等，通过统一整齐的展示橱窗，对工程概况、组织机构、质量标准、安全施工等内容进行公示。在室内办公场所悬挂标准规范的企业标识、企业核心价值观、工作和安全理念等；在生活区设立艺术长廊、员工活动区等，既塑造了统一的企业形象，提高了企业品牌，又给人以整洁愉悦之感，陶冶了员工情操、稳定了团队。

创新建设思路，提升项目文化温度

项目文化是针对不同的总承包工地，结合当地特色文化，因地制宜并创新性地开展文化建设而逐步探索打造出来的。山东电院组织项目员工讨论制定项目主题文化，先后打造了"魅力湄洲湾""大美板集""和美上海庙""PAMPASUL 创未来"等项目主题文化，让项目变得更加温暖、更有魅力。同时，在山东电院的每一个总承包工程中，项目部成立伊始便着手工地文化的建设和布置方案设计，在内蒙古上海庙盛鲁百万机项目工地现场，我们打造了独具特色的蒙古包和徽派建筑样式的休憩小站，既彰显了浓郁的地方特色，又契合了施工方的家乡情怀，有力地助推了和美上海庙项目文化的建设。

抓实安全文化，构建项目文化重点

山东电院公司深入贯彻落实安全"和"文化建设要求，积极将"和"安全文化引入到电力建设管理中，牢固树立"三个任何"安全理念，营造出良好的安全文化氛围，并通过多样化手段，以文化落地生根促进安全管理水平提升。编制《安全文化建设实施方案》，组建安全文化建设机构，全面促进安全"和"文化贯彻落实；以"安全教育月"为契机，开展形式多样的"和"安全文化宣贯培训活动；创新安全文化宣贯途径，充分利用内部期刊《工程建设资讯》、网站、微信公众号、微博等平台促进安全教育工作，广泛开展参与面广、影响力大的党员责任区创建、安全生产知识竞赛等活动，增强全员安全意识。

拓展岗位文化，夯实项目文化基础

岗位文化是企业凝聚力、向心力的重要要素，也是员工实现个人价值的主要途径之一。近年来山东电院公司在宣贯渗透公司"和"文化理念的同时，

精心培育"岗位文化",坚持以奋斗者为本的人才理念。驻外项目部在项目前期,邀请院内外专家,对安全、技术、文化、心理等进行专题培训,大力营造了敢于创新、不断进取的文化氛围。此外,开展了"雏鹰培训"计划,将新入院的应届毕业生分派到各项目部,加强实践锻炼和培训,为青年技术人才搭建了交流沟通和提高的平台,促进了青年人的快速健康成长,进一步丰富了项目文化建设的内涵,促进了企业的健康发展。同时,鼓励员工在工作中创新,凡个人在经营、管理、技术、质量等领域产生有所发明、有所创造、有所创新的做法、成果,均给予奖励,并推广应用。先后成立多个职工创新工作室,涌现出了一批劳动模范,极大地推动了公司项目文化建设。

活跃阵地文化,提升项目文化品位

良好的工地环境,是企业形象和管理水平的具体体现。按照山东电院项目部企业文化建设标准,结合标准化工地建设要求,在每个总承包项目部,均开展了企业文化方案设计,有力地提升了项目部文化品位。依托打造"幸福山东院",充分发挥项目党支部、分会和团支部作用,积极开展形式多样的职工文体活动,营造了良好的生产经营氛围,增强了职工的归属感。在重大节日期间,山东电院文体协会文艺小分队还组织"走进一线,相聚项目"等慰问演出活动,让项目部员工感受到了大家庭的温暖。此外,驻外项目部还积极参加社会实践活动,牵手项目驻地的贫困学校,开展爱心捐助和帮扶活动,得到了社会各界的一致好评和认可,在项目部营造了团结、奋进、互助、温馨的环境。

(作者郑帅,山东电力工程咨询院有限公司)

文化引领中冶高质量发展

中国冶金科工集团有限公司(简称中冶集团)是中国特大型企业集团,是新中国最早一支钢铁工业建设力量,是中国钢铁工业的开拓者和主力军。中冶集团及其所代表的中国冶金建设行业兴起于1948年鞍钢修复;1998年冶金部所属的所有勘察、设计院和施工企业的人事权及资产划入中冶集团公司管理,真正意义上的集团公司形成;2008年12月,中冶集团发起设立中国冶金科工股份有限公司(简称中国中冶)。2009年9月,中国中冶在上海、我国香港两地成功上市;2015年12月8日,中冶集团整体并入中国五矿集团公司,成为其全资子企业。

中冶集团按照"做冶金建设国家队、基本建设主力军、新兴产业领跑者,长期坚持走高技术高质量发展之路"的战略定位,以"一天也不耽误,一天也不懈怠"朴实厚重的中冶精神,大力提升质量效益,全力推进改革创新,不懈倡导并履行国有资产保值增值责任和企业社会责任,奋力踏上"聚焦中冶主业,建设美好中冶"的新征程。

一、中冶文化的再造与发展

中冶集团及其各子公司都拥有几十年发展的悠久历史,拥有丰富而优秀的企业文化。70年来,无数中冶人筚路蓝缕,构筑起了新中国的钢筋铁骨与铮铮脊梁,优秀企业文化随之得到不断地传承和发展。

2012年,中冶集团陷入史上最严重的危机之中。被称之为"三座大山"的三大亏损企业亏损严重,带息负债高达1700亿元,应收账款和存货高达2100亿元,连续三年被国务院国资委定为债务风险特别监管企业,连续两年被评为经营业绩考核最低的D级。整个集团亏损高达73.6亿元,名列中央企业第三大"亏损大户"……在世界钢铁行业格局深刻调整、中国钢铁产能严重过剩的形势下,企业面临被击垮的风险。在极其危险的境况下,以国文清为代表的中冶集团领导班子首先从文化的再造入手,重塑企业核心价值,持续引领企业发展战略,带领17万中冶人发起了改革脱困、奋力自救的大决战。

提出并带头践行了"一天也不耽误,一天也不懈怠"朴实厚重的中冶精神。

制定了"聚焦中冶主业,建设美好中冶"的美好愿景和发展目标。

形成了"效率创造价值,创新驱动发展,品质铸就永恒"的核心价值观。

高度概括出以"要站在国际水平的高端和整个冶金行业的高度,以独占鳌头的核心技术、持续不断的革新创新能力、无可替代的冶金全产业链整合优势,承担起引领中国冶金建设走向更高水平、走向世界发展的国家责任"为主体的企业责任观。

发展完善了以"做冶金建设国家队、基本建设主力军、新兴产业领跑者，长期坚持走高技术高质量发展之路"为主的核心战略体系。

继承发展了以"忠党报国、吃苦耐劳、敢打敢拼、勇攀高峰"为核心的优良品质，成为中冶人最鲜明的精神标识。

擦亮了"中冶人，用心铸造世界"的品牌形象。

创造出了"一个核心，五个引领"的独具特色的党建文化。

中冶集团始终坚持推进企业文化体系建设进程，精耕细作、精益求精，充分发挥主观能动性和创造性，提高企业文化宣贯力度，企业文化建设工作不断取得新进展，企业及员工文化水平不断提高，中冶文化成为企业和谐创新、持续发展的强大内在驱动力，中冶知名度和美誉度得到了大幅增强，中冶员工在"一天也不耽误，一天也不懈怠"的中冶精神的指引下，朝着"聚焦中冶主业，建设美好中冶"的发展愿景不懈奋斗。

二、以"红色基因""蓝色畅想""金色愿望"勾勒了中冶文化的内涵气质

（一）传承"红色基因"，构建文化体系

中冶企业文化源自中冶人强大的"红色基因"，根红苗正，健康茁壮成长。文化自信是民族自信的源头，历史文化传统决定道路选择。习近平总书记在十九大报告中指出："坚定文化自信，推动社会主义文化繁荣昌盛。""中国共产党从成立之日起，既是中国先进文化的积极引领者和践行者，又是中华优秀传统文化的忠实传承者和弘扬者。"

中冶人光辉历程的起点是1948年，当时伴随着钢铁工业在全国的布局而发展。中冶10家施工企业和12家科研、勘察、设计企业相继诞生，投入到鞍钢、武钢、包钢、攀钢、首钢、上钢、邯钢等一批大中型钢铁企业技术改造工程，在中国钢铁工业走向现代化的进程中，中冶成为铸造国家实力的中坚力量。

中冶集团始终坚持党的领导，吸取"红色基因"先进文化，坚持创新性发展，继承党的优良传统，坚决贯彻落实中央部署，继续坚持"一个核心，五个引领"（以党的领导为核心，实施政治作风引领、发展战略引领、制度创新引领、破解改革难题引领和国企文化引领），具有鲜明的时代特征，着力加强企业党的建设，走出一条听党指挥、勇担国家重任、引领行业的特色文化之路，为企业改革发展营造了优良的文化环境。

（二）实践"蓝色畅想"，文化驱动企业

中冶企业文化源自中冶人强烈的"蓝色畅想"，在充满机会和挑战的时代，为应对日益复杂、动荡和多元的世界，我们需要创造性的思维方式和系统的认识论。作为国家级创新型企业，中冶集团以科技创新为抓手，加快企业产品转型升级，推动企业转型发展。在"做冶金建设国家队、基本建设主力军、新兴产业领跑者，长期坚持走高技术高质量发展之路"的战略引领下，集团科技创新水平取得了长足的发展，整体科技实力大幅提升。集团科技成果数量和质量有了显著提高，国家科技奖、行业科技奖及"中冶集团科学技术奖"屡创佳绩，中冶集团累计获得中国建设工程鲁班奖92项（含参建），国家优质工程奖158项（含参建），中国土木工程詹天佑奖15项（含参建），冶金行业优质工程奖606项。拥有53000多名工程技术人员，24个国家级科研平台，累计拥有有效专利22923件，连续四年位居中央企业第四名。这是中冶集团打造"国家队"科技水平最有力的体现。

国务院提倡文化创新，要大力发展支持文化产业。中冶集团借助东风，坚持走出钢铁企业周边、走出大山大沟，到"有草的地方放羊、有鱼的地方撒网"，另辟蹊径，开拓市场。近年来，企业成功转型，业务结构持续优化，基本建设业务大幅跃升，新兴产业强力崛起，中冶新的增长和竞争优势在加速形成。作为以技术和管理为龙头的工程公司，在市场开拓方面，注重在基本建设领域、新兴产业领域做到独具特色；在人力资源管理方面，持续推进"基于员工个人知识转型、企业整体知识结构调整的企业转型"，提升了专业化品牌的基础和保障。2017年新签合同6101亿元，同比增长20%，新签合同连续三年每年刷新一个千亿元新高。

存在决定意识，文化影响效益。在改革发展中与时俱进的中冶特色文化和核心元素，内化于心，外化于行，不断为企业转型发展提供精神动力、智力支撑和思想保障。企业文化建设的不断推进，使

中冶集团在发展过程中得到了强大的文化支撑力和推动力，并从中获得巨大的收益。大浪淘沙过后留下的是具有品牌实力和核心竞争力的企业。

（三）怀揣"金色愿望"，勇担国家责任

中冶企业文化源自中冶人庄重的"金色愿望"，四海相通，用心铸造世界。站在新的起点上，深化供给侧结构性改革将围绕唱响质量变革、效率变革、动力变革的主旋律，再塑新的竞争优势和可持续发展能力，大力培育和积极传播体现中冶特色的使命与发展愿景、积极向上的企业核心价值观、诚实守信的经营理念、社会责任感与开拓意识强烈的企业精神，战略的顶层设计不断完善、逐渐提升，企业文化建设得到了前所未有的重视和更大力度的推进。

党的十八大以来的五年，是中冶集团走在崭新道路上的 5 年，是中冶发展进程中极不平凡的 5 年。中冶集团深化改革，全面转型，持续推进高技术、高质量、高速度发展。2012 年以来中冶集团积极调动干部员工的积极性、主动性和创造性，通过一刊、一报、一网、一微信、一展厅以及借助主流媒体等宣传渠道，加大企业文化宣传力度，全方位、多层次、宽领域地开展宣传报道工作，展示中冶不断发展的新成果和广大党员干部职工奋发有为的精神风貌，为企业改革发展营造了优良的舆论与文化环境。中冶人坚定必胜信心，牢牢把握"树立正气、破解难题、提升管理、稳健发展"的工作总基调。促进思想观念的大转变，促进作风建设的大加强，促进基础管理的大提升，促进重点工作的大突破。扬长避短，注重优势互补，突出比较优势，构建中冶"回归主业"盈利模式。从 2012 年巨额亏损 73.6 亿元，名列央企亏损前列，到 2017 年实现利润 89.7 亿元，实现华丽转身，经营业绩年年推高，企业利润稳步增长。

新时代，中冶集团将全面贯彻党的十九大精神，坚持以习近平新时代中国特色社会主义思想为指导，肩负使命、砥砺奋进、拼搏实干，以"一天也不耽误，一天也不懈怠"的中冶精神，按照"做冶金建设国家队、基本建设主力军、新兴产业领跑者，长期坚持走高技术高质量发展之路"的战略定位，为加速培育世界第一冶金建设运营服务"国家队"，为全面推进中冶高质量发展，"建设美好中冶"而不懈奋斗。中冶人怀揣伟大梦想展望未来，共同绘就一幅绚丽多彩的冶金巨图。依靠战略引领、纪律严明和以中冶精神为核心的文化支撑，回归科研设计主业，向高端打，往前沿冲，把工程技术优势、建造与运营管理优势、装备制造与成套优势匹配起来，形成新的综合竞争优势。让中冶集团成为党和国家最可信赖的依靠力量的"国企"典范，让中冶集团全力打造世界第一冶金建设运营服务"国家队"在全球生动体现，为党在赢得具有更多新的历史特点的伟大斗争中做出重要贡献。

三、中冶文化发展不断演进和提升，多措并举为打造优秀文化提供有力支撑

中冶集团企业文化建设起步于规范运作的 1998 年，由此，中冶集团企业文化建设开启三步走策略，特色文化成果不断涌现。

一是强力推进，完善企业文化体系，形成了较为规范的中冶文化。2007 年 8 月发布了《中国中冶施工现场品牌识别手册》，同年 11 月发布了《关于进一步加强中冶品牌建设的决定》；2008 年 8 月发布了《关于新形势下进一步加强中冶文化建设的通知》；2014 年 10 月 10 日建立起了企业文化的顶级管理制度——中冶企管 44 号《中冶集团暨中国中冶企业文化管理制度》（一共 6 个制度），主要规定了管理机构与职责权限、企业文化建设、企业文化管理与评估内容；2015 年 6 月《关于认真执行〈中国中冶施工现场品牌识别手册〉及相关工作要求的通知》，推进了施工现场形象规范建设。

二是创新提升，大力倡导文化自觉，鼓励文化自强。中冶集团大力倡导各子企业文化自觉，抓住文化特点，凸显文化成效。实行"一主多元"的企业文化建设模式，强化文化建设的系统性和文化管理的有效性。坚持引导子企业培育和发展具有代表性的特色子文化，形成了一批重要成果。在挖掘子企业企业文化特色、促进子企业学习交流的基础上，推进了围绕企业发展战略和生产经营活动开展的企业文化建设，强化了工作针对性，提高了工作效率和效益，成为中冶文化继续腾飞的坚实基础。2006 年后，中冶联合中国企业文化促进会，培养 300 人的企业文化管理师队伍、创建了 40 家"企业文化建设全国示范单位"；组织参加了多届中企联举办的"全国企业文化优秀成果、全国企业文化优秀案例、全国企业文化建设突出贡献人物评选活动"等。开展的企业文化建设活动得到中冶集团领导及各子企业领导高度重视，中冶企业文化人才队伍不断壮大，形成一大批有中冶特色的企业文化新成果。

三是凸显战略性，中冶集团积极致力于企业文化与企业战略的融合，逐步走上了引领企业发展的道路。2012年以来，为应对经济发展新常态和钢铁行业去产能转型发展的严峻形势，中冶集团创造性地提出了"聚焦中冶主业，建设美好中冶"的发展愿景，描绘出把中冶打造成为"青年人理想向往的高地，中年人创业发展的平台，老年人休养生息的港湾"的美好前景。大力倡行了"一天也不耽误，一天也不懈怠"的新时期中冶精神和"勇于拼搏、开拓创新、严谨精明、忠党报国"的中冶企业家精神，制定并着力实施了打造"四梁八柱"升级版、再造"美好中冶"新优势，"做冶金建设国家队、基本建设主力军、新兴产业领跑者，长期坚持走高技术高质量发展之路"等不同阶段的战略定位。形成企业综合竞争力的有效管用的真正意义上的企业文化。与中国五矿集团实施战略重组，两大集团进入战略融合的新阶段，文化融合首当其冲，企业文化建设面临全新的形势和要求，以文化的传承、弘扬、发展、创新促进企业持续、健康、有序发展，任务艰巨，责任重大。

（中国冶金科工集团有限公司）

综

合

篇

规划与纲要

国家"十三五"时期文化 发展改革规划纲要

中共中央办公厅　国务院办公厅

序　言

文化是民族的血脉，是人民的精神家园，是国家强盛的重要支撑。坚持"两手抓、两手都要硬"，推动物质文明和精神文明协调发展，繁荣发展社会主义先进文化，是党和国家的战略方针。

"十二五"时期我国文化建设取得显著成就，《国家"十二五"时期文化改革发展规划纲要》确定的各项任务顺利完成。特别是党的十八大以来，以习近平同志为核心的党中央团结带领全党全国各族人民，开辟了治国理政新境界，开创了中国特色社会主义事业新局面，社会主义文化建设进一步呈现出繁荣发展的生动景象。中国特色社会主义理论体系最新成果的学习宣传教育不断加强，中华民族伟大复兴的中国梦和社会主义核心价值观深入人心，主旋律更响亮、正能量更强劲。文化体制改革进一步深化，文化事业文化产业持续健康发展，文艺创作日益繁荣，中华优秀传统文化广为弘扬，人民群众精神文化生活更加丰富多彩。文化走出去步伐加快，国际传播能力大幅提高，中华文化国际影响力进一步提升。我们比历史上任何时期都更接近实现中华民族伟大复兴的目标，更有信心和能力铸就中华文化新的辉煌。

"十三五"时期是全面建成小康社会决胜阶段，也是促进文化繁荣发展关键时期。在新的历史起点上，夺取中国特色社会主义新胜利，赢得具有许多新的历史特点的伟大斗争，必须充分发挥文化引领风尚、教育人民、服务社会、推动发展的作用。全面建成小康社会，迫切需要补齐文化发展短板、实现文化小康，丰富人们精神文化生活，提高国民素质和社会文明程度。适应把握引领经济发展新常态，推动改革全面深化，促进社会和谐稳定，迫切需要牢固树立和贯彻落实创新、协调、绿色、开放、共享的发展理念，增进社会共识、营造良好氛围，激发全民族创造活力。高新技术发展日新月异，社会信息化持续推进，互联网影响广泛而深刻，迫切需要拓展文化发展新领域，发展壮大网上主流舆论阵地，更好运用先进技术发展和传播先进文化。世界多极化、经济全球化、文化多样化、社会信息化深入发展，综合国力竞争日趋激烈，迫切需要提高文化开放水平，广泛参与世界文明对话，增强国际话语权，展示中华文化独特魅力，增强国家文化软实力。面对新形势新要求，要进一步坚定文化自信，增强文化自觉，奋力开创中国特色社会主义文化建设新局面，为做好党和国家各项工作提供强大的价值引领力、文化凝聚力和精神推动力。

一、总体要求

（一）牢牢把握文化发展改革的指导思想

高举中国特色社会主义伟大旗帜，全面贯彻党的十八大和十八届三中、四中、五中、六中全会精神，以马克思列宁主义、毛泽东思想、邓小平理论、"三个代表"重要思想、科学发展观为指导，深入学习贯彻习近平总书记系列重要讲话精神和治国理政新理念新思想新战略，切实增强政治意识、大局意识、核心意识、看齐意识，紧紧围绕统筹推进"五位一体"总体布局和协调推进"四个全面"战略布局，坚持以社会主义核心价值观为引领，坚持社会主义先进文化前进方向，坚持中国特色社会主义文化发展道路，坚持依法治国和以德治国相结合，坚持以人民为中心的发展思想和工作导向，坚持把社会效益放在首位、社会效益和经济效益相统一，全面推进文化发展改革，全面完成文化小康建设各项任务，建设社会主义文化强国，更好地构筑中国精神、中国价值、中国力量、中国贡献，为实现"两个一百年"奋斗目标、实现中华民族伟大复兴的中国梦奠定更加坚实的思想文化基础。

（二）把新发展理念贯穿于文化发展改革全过程

——坚持创新发展。适应社会主义市场经济和高新技术发展要求，体现文化例外要求，加大改革力度，全面推进文化内容形式、方法手段、载体渠道、体制机制、政策法规等创新，激发动力、增强活力、释放潜力，推动出精品出人才出效益。

——坚持协调发展。统筹城乡、区域文化发展，统筹文化发展、改革和管理，正确处理政府与市场、国有与民营、对内与对外等重要关系，促进文化事业全面繁荣、文化产业更好发展、优秀传统文化传承弘扬。

——坚持绿色发展。尊重规律，增加优秀精神文化产品和优质文化服务供给，净化社会文化环境，提升文化产业发展质量和效益，推动形成绿色发展方式和生活方式。

——坚持开放发展。推动中华文化走出去，提高国际传播能力，更好发出中国声音、展现中国精神、提出中国主张，借鉴吸收世界有益文化成果，深化不同文明交流互鉴。

——坚持共享发展。面向基层，贴近群众、依靠群众、服务群众，保障人民基本文化权益，满足人民群众日益增长的精神文化需求，提高群众文化参与度和获得感。

（三）全面实现文化发展改革的目标任务

——马克思主义中国化最新成果广泛普及，中国梦引领凝聚作用进一步增强，富强民主文明和谐、自由平等公正法治、爱国敬业诚信友善的社会主义核心价值观更加深入人心，国民思想道德素质、科学文化素质和社会文明程度显著提高。

——精神文化产品创作生产更加活跃繁荣，哲学社会科学创新发展能力不断提升，文化精品不断

涌现，网络文化健康发展，社会精神文化生活丰富多彩。

——现代传播体系逐步建立，传统媒体与新兴媒体融合发展取得阶段性成果，形成一批新型主流媒体和主流媒体集团，网络空间更加清朗，社会舆论积极向上。

——现代公共文化服务体系基本建成，基本公共文化服务标准化、均等化水平稳步提高，体现地方和民族特色的文化设施网络基本形成，公共文化供给与群众文化需求有效匹配。

——现代文化产业体系和现代文化市场体系更加完善，文化市场的积极作用进一步发挥，做优做强做大一批文化企业和文化品牌，文化整体实力和竞争力明显增强，"十三五"末文化产业成为国民经济支柱性产业。

——中华优秀传统文化传承体系基本形成，中华民族文化基因与当代文化相适应、与现代社会相协调，实现传统文化创造性转化和创新性发展。

——文化开放格局日益完善，中华文化影响力持续扩大，中国故事、中国声音广泛传播，良好国家形象全面展示，国家文化软实力和国际话语权进一步增强，促进世界文化多样化发展。

——文化宏观管理体制改革不断深化，微观运行机制进一步健全，文化法治建设深入推进，中国特色社会主义文化制度更加成熟更加定型。

二、加强思想理论建设

坚持用马克思列宁主义、毛泽东思想、邓小平理论、"三个代表"重要思想、科学发展观和习近平总书记系列重要讲话精神武装全党、教育人民、推动实践，不断巩固马克思主义在意识形态领域的指导地位，增强广大干部群众中国特色社会主义道路自信、理论自信、制度自信、文化自信。

（一）深化中国特色社会主义理论体系的学习研究宣传

把深入学习宣传贯彻习近平总书记系列重要讲话精神和治国理政新理念新思想新战略作为重中之重，深化中国特色社会主义和中国梦的学习宣传教育。继续编辑出版《习近平谈治国理政》、修订出版《习近平总书记系列重要讲话读本》等。结合"学党章党规、学系列讲话，做合格党员"学习教育深化理论宣传。深入实施马克思主义理论研究和建设工程规

划纲要。抓好马克思主义哲学和党史国史、社会主义发展史的学习研究。发展中国特色社会主义政治经济学。坚持和创新党内学习制度，制定党委（党组）中心组学习规则。组织开展面向基层群众的对象化、互动化的理论宣讲。加强对各种社会思潮的辨析和引导，出版一批通俗理论读物。深入实施高校思想政治理论课建设体系创新计划。加强青少年理想信念教育。

（二）繁荣发展哲学社会科学

坚持马克思主义立场观点方法，按照立足中国、借鉴国外，挖掘历史、把握当代，关怀人类、面向未来的思路，着力构建中国特色哲学社会科学。建立健全哲学社会科学管理体制，加强哲学社会科学创新平台、研究基地、传播中心建设。加强话语体系建设，注重以我为主设置议题，积极开展中国哲学社会科学国际学术研讨活动。举办当代中国马克思主义论坛系列理论研讨会。加强对各类讲座论坛、社科机构的引导和管理。发挥国家哲学社会科学基金示范引导作用，强化考核评价工作。充分发挥中国特色新型智库作用，形成定位明晰、特色鲜明、规模适度、布局合理、能进能出的中国特色新型智库体系。扶持哲学社会科学优秀著作出版。编写哲学社会科学普及读本。

（三）加强意识形态领域管理

落实党委（党组）意识形态工作责任制，建立健全考核、督查、问责机制。推动各级党校、行政学院和干部学院开设意识形态工作课程和讲座。坚持党管宣传、党管意识形态、党管媒体，落实属地管理、分级负责和谁主管谁负责的原则，加强意识形态阵地管理，建立健全网络意识形态工作机制，维护国家意识形态安全。

三、提高舆论引导水平

牢牢坚持党性原则、坚持马克思主义新闻观、坚持正确舆论导向、坚持正面宣传为主，把政治方向摆在第一位，高举旗帜、引领导向，围绕中心、服务大局，团结人民、鼓舞士气，成风化人、凝心聚力，澄清谬误、明辨是非，联结中外、沟通世界，加快构建现代传播体系，健全舆情引导机制，强化媒体社会责任，发展壮大主流媒体，切实提高新闻舆论传播力、引导力、影响力、公信力。

（一）做强做大主流舆论

适应分众化、差异化传播趋势，加快构建主流舆论矩阵。加强党报党刊、通信社、电台电视台等重点新闻媒体建设，提高宣传报道专业化水平。加强和改进正面宣传，做亮党中央治国理政新理念新思想新战略重大主题宣传，做活经济宣传，做好热点引导。综合运用微博、微信、移动新闻客户端等传播方式，拓展主流舆论传播空间。建立和完善民意调查等制度。做好重大突发事件新闻报道和权威信息发布，把握舆论引导的时度效。加强和改进舆论监督，发挥舆论监督建设性作用。

（二）推动媒体融合发展

扶持重点主流媒体创新思路，推动融合发展尽快从相"加"迈向相"融"，形成新型传播模式。支持党报党刊、通信社、电台电视台建设统一指挥调度的融媒体中心、全媒体采编平台等"中央厨房"，重构新闻采编生产流程，生产全媒体产品。明确不同类型、不同层级媒体定位，统筹推进媒体结构调整和融合发展，打造一批新型主流媒体和媒体集团。

（三）发展壮大网上舆论阵地

遵循网络传播规律，强化互联网思维，加快网络媒体发展。加强重点新闻网站和政府网站建设。加强移动互联网建设和生态治理。强化网站主体责任，健全网站分级分层管理体制。加强教育引导，进一步提升网民网络文明素养。将新闻网站采编人员纳入新闻记者证制度统一管理，纳入新闻采编人员职业资格制度，健全职称评价体系。统筹推进网络舆论引导、网络文化建设、网络文明传播、网络公益活动，增亮网络底色、激发网络正气。

（四）规范传播秩序

规范地方媒体、行业媒体管理。规范推进电台电视台实质性合并，健全节目退出机制。建设视听新媒体集成播控平台。开展视听类智能终端设备入网认证工作。制定互联网分类管理办法。完善互联网法律法规，将现行新闻出版法律法规延伸覆盖到网络媒体管理。完善网站新闻来源许可机制，加强新闻信息采编转载资质管理，规范商业网站转载行为和网络转载版权秩序。建立完善网络版权使用机制。实行新闻采编专业人员职业资格制度，加强职务行为信息管理。加强互联网信息搜索引擎、即时通信工具、移动新闻客户端等管理，明确微博、微信等的运营主体对所传播内容的主体责任。加大对新闻界突出问题治理力度。严厉打击网络谣言、有害信息、虚假新闻、新闻敲诈和假媒体假记者。

四、培育和践行社会主义核心价值观

把社会主义核心价值观融入经济社会发展各领域、贯穿社会生活全过程，加强教育引导、舆论宣传、文化熏陶、实践养成和制度保障，注重通过法律和政策向社会传导正确价值取向，推动社会主义核心价值观宣传教育落细落小落实，不断增强价值观自信，巩固全党全国各族人民团结奋斗的共同思想基础。

(一)推进社会主义核心价值观学习实践具体化系统化

加强对社会主义核心价值观的研究阐释和宣传普及，充分运用各类媒体、文艺作品、公益广告和群众性文化活动等开展主题宣传。强化实践养成，注重典型示范，开展文化培育，精心设计开展多样化的人民群众喜闻乐见的活动。修订和实施爱国主义教育实施纲要，丰富教育内容、创新教育载体，增强中华民族归属感、认同感、尊严感、荣誉感和命运共同体意识。把社会主义核心价值观纳入国民教育体系，增强学生爱国精神、社会责任感和实践创新能力。发扬红色传统、传承红色基因，用好革命历史类纪念设施、遗址和各类爱国主义教育示范基地等红色资源。弘扬社会主义法治精神，把社会主义核心价值观融入法治建设，推动公正文明执法司法，彰显社会主流价值。推动社会治理体现社会主义核心价值观要求，强化公共政策的价值导向，探索建立重大公共政策道德风险评估和纠偏机制。

(二)加强和改进群众性思想政治工作

加强对社会热点难点问题的应对解读，合理引导社会预期，组织开展理论宣讲和形势政策教育，设计有特色有实效的活动载体。推动基层党组织、基层单位、城乡社区有针对性地加强思想政治工作，创新新经济组织和新社会组织的思想政治工作方式。加强青少年思想政治工作。加强高校思想政治建设。持续深入推进"基层工作加强年"活动。健全人文关怀和心理疏导机制，培育自尊自信、理性平和、积极向上的社会心态。

(三)深入推进公民道德建设

加强社会公德、职业道德、家庭美德、个人品德教育。发挥党员干部的模范带头作用。举办中国公民道德论坛。礼敬英雄人物，加强对全国重大典型和道德模范、时代楷模的学习宣传，广泛推出"最美人物"、善行义举和身边好人。建立健全先进模范发挥作用的长效机制。弘扬中华传统美德，创新发展乡贤文化，开展孝敬教育、勤劳节俭教育、文明礼仪教育。加强社会诚信建设，推进诚信建设制度化。弘扬劳动最光荣、劳动者最伟大的观念，加强企业文化建设，培育创新创业精神。

(四)深化拓展群众性精神文明创建活动

广泛开展群众性精神文明创建活动，修订完善各类创建测评体系。加强和改进文明城市创建管理，培育城市精神。加强农村精神文明建设。加强文明行业文明单位创建。培育优良家风家教，传承优良校风校训。针对群众反映强烈的突出问题，开展专项文明行动。完善文化科技卫生"三下乡"长效机制。倡导文明健康生活方式。制定国家礼仪规程。实施全民文明礼仪教育养成行动，培育文明行为习惯。规范升国旗仪式、成人仪式、入党入团入队仪式等礼仪制度。广泛开展军民警民共建精神文明活动。落实党和国家有关政策规定，加强对各类评比活动的规范管理。

五、繁荣文化产品创作生产

深入贯彻《中共中央关于繁荣发展社会主义文艺的意见》，着力扶持优秀文化产品创作生产，推出更多传播当代中国价值观念、体现中华文化精神、反映中国人审美追求的精品力作。

(一)把握正确创作导向

牢固树立以人民为中心的创作导向，坚持"二为"方向和"双百"方针，努力为人民抒写、抒情、抒怀。抓好中国梦和爱国主义主题文艺创作，讲好国家民族宏大故事，讲好百姓身边日常故事。建立支持文艺工作者长期深入生活扎根基层的长效保障机制。

(二)推动文化内容形式创新

加强规划指导，加大对具有示范性、引领性作用原创精品的扶持力度。抓好文学、剧本、作曲等基础性环节，支持戏剧、电影、电视、音乐、舞蹈、美术、摄影、书法、曲艺、杂技等艺术门类创新发展，鼓励戏曲流派创新，推动交响乐、歌剧、芭蕾舞等艺术品种的中国化、民族化。推进高雅艺术进校园活动。发挥国家艺术基金、国家出版基金的积极作用。

（三）发展网络文艺

加强网络文化产品创作生产，推动网络文学、网络剧、微电影等新兴文艺类型繁荣有序发展。推动传统文艺与网络文艺创新性融合，促进优秀作品多渠道传输、多平台展示、多终端推送。培养优秀的网络文艺创作、生产、传播和评论人才。健全网络文艺思潮研究分析机制，加大对网络文艺引导力度。

（四）完善评价激励机制

建立健全科学合理的文化产品评价体系，把价值取向、艺术水准、受众反应、社会影响等作为主要指标，合理设置反映市场接受程度的量化指标。建立健全中国特色的收视率调查系统。深化全国性文艺评奖制度改革。引导和规范出版物推荐活动。加强马克思主义文艺理论与评论建设，培养高素质评论队伍。

（五）加强版权保护

全面实施国家知识产权战略，以版权保护促进文化创新。完善版权相关法律法规、行政执法体制和社会服务体系，推进国家版权监管平台建设，依法打击侵权盗版行为，保护版权权利人利益。建立健全信息网络传播权长效保护机制，推进软件正版化工作。推进原创文化作品的版权保护，规范网络使用。完善版权运用的市场机制，推动版权贸易规范化。发展版权产业，形成全产业链的版权开发经营模式。

六、加快现代公共文化服务体系建设

坚持政府主导、社会参与、重心下移、共建共享，坚持缺什么补什么，注重有用、适用、综合、配套，统筹建设、使用与管理，加快构建普惠性、保基本、均等化、可持续的现代公共文化服务体系。

（一）完善公共文化服务网络

鼓励各地按照国家基本公共文化服务指导标准，自主制定富有特色的地方实施办法，健全各级各类公共文化基础设施。立足实际，注重实效，做好公共文化馆、图书馆、博物馆、美术馆、乡镇（街道）综合文化站、村（社区）综合性文化服务中心等的规划建设。提高广播电视播出机构的制播能力和发射（监测）台、卫星地球站、直播卫星平台的承载能力。建设国家和地方应急广播体系。探索农村电影放映

长效机制。鼓励社会力量投资或捐助公共文化设施设备。

（二）推动基层公共文化设施资源共建共享

统筹公共文化设施网络和重点文化惠民工程，避免重复建设。整合宣传文化、党员教育、科普普法、体育健身等资源，建设乡镇（街道）、村（社区）的综合文化服务设施。合理利用历史街区、民宅村落、闲置厂房等，兴办公共文化项目。以县级图书馆、文化馆为中心推进总分馆制。推进公共文化设施免费开放。

（三）创新公共文化服务运行机制

推动各级政府购买公共文化服务。鼓励社会组织和企业参与公共文化设施运营和产品服务供给。建立"按需制单、百姓点单"模式，明确由基层选定为主的公共文化服务项目，健全配送网络。推进数字图书馆、文化馆、博物馆建设。开发和提供适合老年人、未成年人、农民工、残疾人等群体的基本公共文化产品和服务。完善公共文化考核评价，探索建立第三方评价机制。

（四）推动老少边贫地区公共文化跨越发展

与国家脱贫攻坚战略相结合，实施一批公共文化设施建设项目。加强少数民族语言频率频道和涉农节目建设。为贫困地区配备或更新多功能流动文化服务车。支持少数民族电影事业发展。加大文化扶贫力度，建立健全"结对子、种文化"工作机制。

七、完善现代文化市场体系和现代文化产业体系

加快发展文化产业，促进产业结构优化升级，提高规模化集约化专业化水平，促进文化产品和要素在全国范围内合理流动，促进文化资源与文化产业有机融合，扩大和引导文化消费，提高文化产业发展质量和效益。

（一）发展壮大文化市场主体

发展骨干文化企业，推动产业关联度高、业务相近的国有文化企业联合重组，推动跨所有制并购重组。以党报党刊所属非时政类报刊、实力雄厚的行业报刊为龙头整合报刊资源，对长期经营困难的新闻出版单位实行关停并转。降低社会资本准入门槛，鼓励和引导非公有制文化企业发展。支持"专、精、特、新"中小微文化企业发展。

（二）推进文化市场建设

着力构建统一开放、竞争有序的现代文化市场体系，完善文化市场准入和退出机制。加快文化产品市场建设，发展基于互联网的新型文化市场业态，发展电子票务、电影院线、演出院线、网络书店等现代流通组织形式。健全文化要素市场，完善文化资产评估体系。创新文化投融资体制，推动文化资源与金融资本有效对接。鼓励有条件的国有文化企业利用资本市场发展壮大，推动资产证券化。加强文化消费场所建设，开发新型文化消费金融服务模式。发展文化旅游，扩大休闲娱乐消费。培育和发展农村文化市场。加强城乡出版物发行网点建设。规范出版物市场价格行为。加强文化行业组织建设，发展文化中介服务。规范文化产业统计。加强文化市场管理，深入开展"扫黄打非"。

（三）优化文化产业结构布局

加快发展网络视听、移动多媒体、数字出版、动漫游戏、创意设计、3D 和巨幕电影等新兴产业，推动出版发行、影视制作、工艺美术、印刷复制、广告服务、文化娱乐等传统产业转型升级，鼓励演出、娱乐、艺术品展览等传统业态实现线上线下融合。开发文化创意产品，扩大中高端文化供给，推动现代服务业发展。围绕"一带一路"建设、京津冀协同发展、长江经济带发展等国家战略，加强重点文化产业带建设。发掘城市文化资源，推进城市文化中心建设。支持中西部地区、民族地区、贫困地区发展特色文化产业。

（四）强化文化科技支撑

落实中央财政科技计划管理改革的有关要求，通过优化整合后的科技计划（专项、基金等），支持符合条件的文化科技项目。运用云计算、人工智能、物联网等科技成果，催生新型文化业态。加强虚拟现实技术的研发与运用。推动"三网融合"。制定文化产业领域技术标准，深入推进国家文化科技创新工程。依托国家级文化和科技融合示范基地，加强文化科技企业创新能力建设，提高文化核心技术装备制造水平。加强文化资源的数字化采集、保存和应用。

八、传承弘扬中华优秀传统文化

坚守中华文化立场，坚持客观科学礼敬的态度，扬弃继承、转化创新，推动中华文化现代化，让中华优秀传统文化拥有更多的传承载体、传播渠道和传习人群，增强做中国人的骨气和底气。

（一）加强中华优秀传统文化研究挖掘和创新发展

系统梳理中华文化的历史渊源、发展脉络、时代影响，阐明中华文化的独特创造、价值理念。厘清中华优秀传统文化的内涵，改造陈旧的表现形式，赋予新的时代内涵和现代表达形式。加强中华优秀传统文化典籍整理和出版，推进文化典籍资源数字化。推动文博单位开发相关文化创意产品。

（二）开展中华优秀传统文化普及

完善中华优秀传统文化教育，加强中华文化基因校园传承。推动中华优秀传统文化图书音像版权资源共享。加强戏曲保护与传承。普及中华诗词、音乐舞蹈、书法绘画等，举办经典诵读、国学讲堂、文化讲坛、专题展览等活动。鼓励媒体开办主题专栏、节目。利用互联网，推动中华优秀传统文化网络传播。加强语言文字研究和信息化开发应用，大力推广和规范使用国家通用语言文字，科学保护各民族语言文字。

（三）加强文化遗产保护

大力强化全社会文物保护意识，加强世界文化遗产、文物保护单位、大遗址、国家考古遗址公园、重要工业遗址、历史文化名城名镇名村和非物质文化遗产等珍贵遗产资源保护，推动遗产资源合理利用。加强馆藏文物保护和修复。建立健全国家文物督察制度，完善文物登录制度。规范文物流通市场，加大非法流失海外中国文物追索力度。加强考古发掘和整理研究。健全非物质文化遗产保护制度。加强国家级文化生态保护实验区建设，支持非物质文化遗产展览、展示、传习场所建设。推进非物质文化遗产生产性保护。

（四）传承振兴民族民间文化

加强对民间文学、民俗文化、民间音乐舞蹈戏曲、少数民族史诗的研究整理，对濒危技艺、珍贵实物资料进行抢救性保护。扶持民族民间文化社团组织发展。规范和支持非国有博物馆建设。把民族民间文化元素融入新型城镇化和新农村建设，发展有历史记忆、地域特色、民族特点的美丽城镇、美丽乡村。打造一批民间文化艺术之乡。

（五）保护和发展传统工艺

加强对中国传统工艺的传承保护和开发创新，

挖掘技术与文化双重价值。推动传统工艺走进现代生活，运用现代设计改进传统工艺，促进传统工艺提高品质、形成品牌、带动就业。

九、提高文化开放水平

推动中华文化走出去，统筹对外文化交流、传播和贸易，创新方式方法，讲述好中国故事，阐释好中国特色，让全世界都能听到听清听懂中国声音，不断增强中国国际话语权，使当代中国形象在世界上不断树立和闪亮起来。

（一）加强国际传播能力建设

提升重点媒体国际传播能力，加强项目实施效果评估。建设国家新闻发布平台。推动理论创新、学术创新和表达创新，把话语体系建设研究成果转化为外宣工作资源，在国际上推动形成正确的中国观。

（二）扩大文化交流合作

用好中外人文交流机制，深化政府间文化交流。加强与"一带一路"沿线国家文化交流合作。推进国际汉学交流和中外智库合作。支持民间力量参与对外文化交流，发挥海外侨胞的积极作用。鼓励社会组织、中资机构等参与海外中国文化中心、孔子学院建设。扩大与海外青少年文化交流。加强与港澳台文化交流合作，共同弘扬中华文化。

（三）发展对外文化贸易和投资

培育对外文化贸易主体，鼓励和引导各种所有制文化企业参与文化产品和服务出口，加大内容创新力度，打造外向型骨干文化企业。稳定传统优势文化产品出口，利用跨境电子商务、市场采购贸易等新兴贸易方式，提高数字文化产品的国际市场竞争力，推动文化装备制造技术标准走出去。支持中华医药、中华烹饪、中国园林、中国武术等走出去。大力发展文化服务外包。鼓励各类企业在境外开展文化投资合作，建设国际营销网络，扩大境外优质文化资产规模。支持文化企业参加重要国际性文化节展。

（四）吸收借鉴国外优秀文化成果

统筹引进来和走出去，以我为主、为我所用，积极吸收借鉴国外有益文化成果、先进经营管理理念和有益做法经验。吸引外商投资我国法律法规许可的文化产业领域，推动文化产业领域有序开放，提升引进外资质量和水平。鼓励文化单位同国外有实力的文化机构进行项目合作，学习先进制作技术和管理经验。开展知识产权保护国际合作。

十、推进文化体制改革创新

遵循社会主义精神文明建设规律，把握文化创作生产传播特点，进一步发挥市场在文化资源配置中的积极作用，加强制度创新，构建确保把社会效益放在首位、社会效益和经济效益相统一的体制机制，调动全社会参与文化发展改革的积极性、主动性、创造性。

（一）全面深化文化体制改革

正确处理党委、政府、市场、社会之间的关系，建立健全党委领导、政府管理、行业自律、社会监督、企事业单位依法运营的文化体制机制。加大供给侧结构性改革力度，增强文化产品和服务有效供给。深化公益性文化事业单位改革，强化社会服务功能。推动国有文化企业加快完善文化生产经营机制，提高市场开发和营销能力。引导非公有资本有序进入、规范经营，鼓励社会各方面参与文化创业。科学区分文化建设项目类型，可以产业化、市场化方式运作的以产业化、市场化方式运作。推广政府和社会资本合作（PPP）模式，允许社会资本参与图书馆、文化馆、博物馆、剧院等公共文化设施建设和运营。加强文化领域重要基础性制度研究和评估，进一步完善体制机制。

（二）完善文化管理体制

加快文化立法进程，强化文化法治保障，全面推进依法行政。抓好公共文化服务保障法、网络安全法、电影产业促进法等法律的实施。深化文化行政管理体制改革，推动政府职能转变，赋予文化企事业单位更多的法人自主权。健全互联网管理领导体制，加强互联网文化管理法规制度建设，完善有关管理工作联动机制。健全国有文化资产管理体制机制。深化文化市场综合行政执法改革，理顺执法机构与有关行政管理部门之间的关系，全面落实行政执法责任制。推进文化类社会组织和行业自律建设，深化文联、作协、记协改革。

（三）深化文化事业单位改革

分类推进文化事业单位改革，进一步明确不同单位的功能定位。深化人事、收入分配、社会保障、经费保障等制度改革，加强绩效评估考核。推动公共文化馆、图书馆、博物馆、美术馆等建立事业单位法人治理结构。加大对党报党刊、通信社、电台电视台、时政类报刊社、公益性出版社等主流媒体扶持力度，加强内部管理，严格实行采编与经营分开，规范经营活动。在坚持出版权、播出权特许经营前提下，允许制作和出版、制作和播出分开。

(四)建立健全有文化特色的现代企业制度

加快国有文化企业公司制股份制改造，科学设置内部组织结构，强化经营管理。深化内部改革。完善社会效益和经济效益综合考核评价指标体系，建立健全社会效益的具体评价标准，建立考核结果与薪酬分配挂钩的绩效考核制度。推动党政部门逐步与所属文化企业脱钩，理顺主管主办单位与出资人机构关系。

十一、加强文化人才队伍建设

坚持党管干部、党管人才，突出抓好思想政治建设，全面提高能力素质，加快培养造就一支政治坚定、业务精湛、作风优良、党和人民放心的文化人才队伍。

(一)加强思想政治建设和职业道德建设

选好配强宣传思想文化单位领导班子，做到讲政治、强党性、敢担当、勇创新、严律己。大力加强马克思主义新闻观、文艺观教育，开展分层分类培训。深入开展"深入生活、扎根人民"、"走基层、转作风、改文风"等主题实践活动。

(二)培养造就高层次人才

加强领军人才建设，建立健全重大文化项目首席专家制度，培养集聚一批有深厚马克思主义理论素养、学贯中西的思想家和理论家，造就一批人民喜爱、有国际影响的学术大家、艺术大师和民族文化代表人物。加强新闻出版传媒领域高层次人才培养。实施中国特色新型智库高端人才培养计划，壮大公共政策研究和决策咨询队伍。加强文化产业投资运营、文化企业管理、媒体融合发展、网络信息服务等方面复合型人才、紧缺人才培养，多渠道引进海外优秀文化人才。

(三)加强基层宣传文化人才队伍建设

推动解决基层宣传文化单位人员配备、基本待遇、工作条件等方面的实际问题，表彰长期坚守基层、业绩突出的先进工作者，建强基层宣传文化队伍。打造专兼结合的基层工作队伍，扶持民间文艺社团、业余队伍，培养乡土文化能人、民族民间文化传承人和各类文化活动骨干。强化职业院校文化艺术类专业建设，鼓励民间艺人、技艺大师到职业院校兼职任教。深入推进服务农民、服务基层文化建设先进集体创建活动。加强西部及边疆地区基层文化人才队伍建设。大力发展文化志愿者队伍，鼓励社会各方面人士提供公共文化服务、参与基层文化活动。

十二、完善和落实文化经济政策

加大政策创新和执行力度，进一步健全文化经济政策体系，增强针对性、拓展覆盖面，更好地发挥引导激励和兜底保障作用，为坚持把社会效益放在首位、社会效益和经济效益相统一提供强有力的支撑。

(一)加强财政保障

完善公共财政文化投入机制，多渠道筹措资金支持文化发展改革。合理划分各级政府在文化领域的财政事权和支出责任，明确地方主体责任。进一步完善转移支付体制，加大中央和省级财政转移支付力度，重点向革命老区、民族地区、边疆地区、贫困地区倾斜，落实对国家在贫困地区安排的公益性文化建设项目取消县以下(含县)以及西部地区集中连片特困地区地市级配套资金的政策。加大政府性基金与一般公共预算的统筹力度。中央和省级财政继续设立宣传文化发展专项资金，整合设立中央补助地方公共文化服务体系建设专项资金。加大政府向社会力量购买公共文化服务的力度。中央和地方设立文艺创作专项资金或基金。创新文化产业发展专项资金管理模式，提高资金使用效益。加大文化企业国有资本经营预算投入，补充企业资本金。省属重点文化企业，经省级政府批准，2020年年底前可免缴国有资本收益。建立财政文化预算安排与资金绩效评价结果挂钩制度。通过政府购买服务、原创剧目补贴、以奖代补等方式，着力扶持文艺院团发展改革。

(二)落实和完善文化税收政策

落实经营性文化事业单位转制为企业以及支持文化创意和设计服务、电影、动漫、出版发行等文化企业发展的相关政策，落实支持社会组织、机构、个人捐赠和兴办公益性文化事业的相关政策。研究非物质文化遗产项目经营等方面的税收优惠政策。按照财税体制改革的总体要求，结合文化产业发展的实际需要，完善相关政策，加强对政策执行情况的评估督察，推动文化企业把社会效益放在首位、更好实现社会效益和经济效益有机统一。

（三）发展文化金融

鼓励金融机构开发适合文化企业特点的文化金融产品。支持符合条件的文化企业直接融资，支持上市文化企业利用资本市场并购重组。规范引导面向文化领域的互联网金融业务发展。完善文化金融中介服务体系，促进文化金融对接。探索开展无形资产抵押、质押贷款业务。鼓励开发文化消费信贷产品。

（四）健全文化贸易促进政策

简化文化出口行政审批流程，清理规范出口环节经营性服务和收费，推进文化贸易投资外汇管理便利化，提高海关通关便利化。加强对外文化贸易公共信息服务，分领域、分国别发布国外文化市场动态和文化产业政策信息。支持开展涉外知识产权维权工作。

（五）加强文化建设用地保障

将文化用地纳入城乡规划、土地利用总体规划，在国家土地政策许可范围内，优先保证重要公益性文化设施和文化产业设施、项目用地。修改城市用地分类与规划建设用地标准，完善文化设施用地类型，增加建设用地混合使用要求，保障文化事业文化产业发展。新建、改建、扩建居民住宅区，按照国家有关规定规划和建设相应的文化体育设施。鼓励将城市转型中退出的工业用地根据相关规划优先用于发展文化产业。

十三、组织实施

各级党委和政府要从全局和战略高度，充分认识"十三五"时期文化发展改革的重要意义，把本规划纲要提出的目标任务纳入经济社会发展全局，作为评价地区发展水平、衡量发展质量和考核领导干部工作业绩的重要内容，切实加强组织领导，抓好贯彻实施，力戒形式主义。要牢牢把握文化发展改革的正确方向，坚持和完善党委统一领导、党政齐抓共管、宣传部门组织协调、有关部门分工负责、社会力量积极参与的工作体制和工作格局，形成推动文化建设的强大合力。

中央网信办、文化部、新闻出版广电总局要根据本规划纲要，抓紧制定本领域的专项规划，报中央文化体制改革和发展工作领导小组批准后实施。国家发展改革委、财政部、国土资源部、商务部、税务总局等要按照职责分工，切实落实有关政策，做好各项重点工程的实施和保障。中央文史馆、国务院参事室等相关部门要积极发挥作用。各地要结合实际，编制好本地区文化发展改革规划。各地区各有关部门要加强对本规划纲要实施情况的跟踪分析和监督检查，推动各项任务措施落到实处。

关于实施中华优秀传统文化传承发展工程的意见

中共中央办公厅　国务院办公厅

文化是民族的血脉，是人民的精神家园。文化自信是更基本、更深层、更持久的力量。中华文化独一无二的理念、智慧、气度、神韵，增添了中国人民和中华民族内心深处的自信和自豪。为建设社会主义文化强国，增强国家文化软实力，实现中华民族伟大复兴的中国梦，现就实施中华优秀传统文化传承发展工程提出如下意见。

一、重要意义和总体要求

1. 重要意义。中华文化源远流长、灿烂辉煌。在5000多年文明发展中孕育的中华优秀传统文化，积淀着中华民族最深沉的精神追求，代表着中华民族独特的精神标识，是中华民族生生不息、发展壮大的丰厚滋养，是中国特色社会主义植根的文化沃土，是当代中国发展的突出优势，对延续和发展中华文明、促进人类文明进步，发挥着重要作用。

中国共产党在领导人民进行革命、建设、改革伟大实践中，自觉肩负起传承发展中华优秀传统文化的历史责任，是中华优秀传统文化的忠实继承者、弘扬者和建设者。党的十八大以来，在以习近平同志为核心的党中央领导下，各级党委和政府更加自觉、更加主动推动中华优秀传统文化的传承与发展，开展了一系列富有创新、富有成效的工作，有力增强了中华优秀传统文化的凝聚力、影响力、创造力。同时要看到，随着我国经济社会深刻变革、对外开放日益扩大、互联网技术和新媒体快速发展，各种思想文化交流交融交锋更加频繁，迫切需要深化对中华优秀传统文化重要性的认识，进一步增强文自觉和文化自信；迫切需要深入挖掘中华优秀传统文化价值内涵，进一步激发中华优秀传统文化的生机与活力；迫切需要加强政策支持，着力构建中华优秀传统文化传承发展体系。实施中华优秀传统文化传承发展工程，是建设社会主义文化强国的重大战略任务，对于传承中华文脉、全面提升人民群众文化素养、维护国家文化安全、增强国家文化软实力、推进国家治理体系和治理能力现代化，具有重要意义。

2. 指导思想。高举中国特色社会主义伟大旗帜，全面贯彻党的十八大和十八届三中、四中、五中、六中全会精神，坚持以马克思列宁主义、毛泽东思想、邓小平理论、"三个代表"重要思想、科学发展观为指导，深入贯彻习近平总书记系列重要讲话精神和治国理政新理念新思想新战略，紧紧围绕实现中华民族伟大复兴的中国梦，深入贯彻新发展理念，坚持以人民为中心的工作导向，坚持以社会主义核心价值观为引领，坚持创造性转化、创新性发展，坚守中华文化立场、传承中华文化基因，不忘本来、吸收外来、面向未来，汲取中国智慧、弘扬中国精神、传播中国价值，不断增强中华优秀传统文化的生命力和影响力，创造中华文化新辉煌。

3. 基本原则。

——牢牢把握社会主义先进文化前进方向。坚持中国特色社会主义文化发展道路，立足于巩固马克思主义在意识形态领域的指导地位、巩固全党全国人民团结奋斗的共同思想基础，弘扬社会主义核心价值观，培育民族精神和时代精神，解决现实问题、助推社会发展。

——坚持以人民为中心的工作导向。坚持为了人民、依靠人民、共建共享，注重文化熏陶和实践养成，把跨越时空的思想理念、价值标准、审美风范转化为人们的精神追求和行为习惯，不断增强人民群众的文化参与感、获得感和认同感，形成向上向善的社会风尚。

——坚持创造性转化和创新性发展。坚持辩证唯物主义和历史唯物主义，秉持客观、科学、礼敬的态度，取其精华、去其糟粕，扬弃继承、转化创新，不复古泥古，不简单否定，不断赋予新的时代内涵和现代表达形式，不断补充、拓展、完善，使中华民族最基本的文化基因与当代文化相适应、与现代社会相协调。

——坚持交流互鉴、开放包容。以我为主、为我所用，取长补短、择善而从，既不简单拿来，也不盲目排外，吸收借鉴国外优秀文明成果，积极参与世界文化的对话交流，不断丰富和发展中华文化。

——坚持统筹协调、形成合力。加强党的领导，充分发挥政府主导作用和市场积极作用，鼓励和引导社会力量广泛参与，推动形成有利于传承发展中华优秀传统文化的体制机制和社会环境。

4. 总体目标。到2025年，中华优秀传统文化传承发展体系基本形成，研究阐发、教育普及、保护传承、创新发展、传播交流等方面协同推进并取得重要成果，具有中国特色、中国风格、中国气派的文化产品更加丰富，文化自觉和文化自信显著增强，国家文化软实力的根基更为坚实，中华文化的国际影响力明显提升。

二、主要内容

5. 核心思想理念。中华民族和中国人民在修齐治平、尊时守位、知常达变、开物成务、建功立业过程中培育和形成的基本思想理念，如革故鼎新、与时俱进的思想，脚踏实地、实事求是的思想，惠民利民、安民富民的思想，道法自然、天人合一的思想等，可以为人们认识和改造世界提供有益启迪，可以为治国理政提供有益借鉴。传承发展中华优秀传统文化，就要大力弘扬讲仁爱、重民本、守诚信、崇正义、尚和合、求大同等核心思想理念。

6. 中华传统美德。中华优秀传统文化蕴含着丰富的道德理念和规范，如天下兴亡、匹夫有责的担当意识，精忠报国、振兴中华的爱国情怀，崇德向善、见贤思齐的社会风尚，孝悌忠信、礼义廉耻的荣辱观念，体现着评判是非曲直的价值标准，潜移默化地影响着中国人的行为方式。传承发展中华优秀传统文化，就要大力弘扬自强不息、敬业乐群、扶危济困、见义勇为、孝老爱亲等中华传统美德。

7. 中华人文精神。中华优秀传统文化积淀着多样、珍贵的精神财富，如求同存异、和而不同的处世方法，文以载道、以文化人的教化思想，形神兼备、情景交融的美学追求，俭约自守、中和泰和的生活理念等，是中国人民思想观念、风俗习惯、生活方式、情感样式的集中表达，滋养了独特丰富的文学艺术、科学技术、人文学术，至今仍然具有深刻影响。传承发展中华优秀传统文化，就要大力弘扬有利于促进社会和谐、鼓励人们向上向善的思想文化内容。

三、重点任务

8. 深入阐发文化精髓。加强中华文化研究阐释工作，深入研究阐释中华文化的历史渊源、发展脉络、基本走向，深刻阐明中华优秀传统文化是发展当代中国马克思主义的丰厚滋养，深刻阐明传承发展中华优秀传统文化是建设中国特色社会主义事业的实践之需，深刻阐明丰富多彩的多民族文化是中华文化的基本构成，深刻阐明中华文明是在与其他文明不断交流互鉴中丰富发展的，着力构建有中国底蕴、中国特色的思想体系、学术体系和话语体系。加强党史国史及相关档案编修，做好地方史志编纂工作，巩固中华文明探源成果，正确反映中华民族文明史，推出一批研究成果。实施中华文化资源普查工程，构建准确权威、开放共享的中华文化资源公共数据平台。建立国家文物登录制度。建设国家文献战略储备库、革命文物资源目录和大数据库。实施国家古籍保护工程，完善国家珍贵古籍名录和全国古籍重点保护单位评定制度，加强中华文化典籍整理编纂出版工作。完善非物质文化遗产、馆藏革命文物普查建档制度。

9. 贯穿国民教育始终。围绕立德树人根本任务，遵循学生认知规律和教育教学规律，按照一体化、分学段、有序推进的原则，把中华优秀传统文化全方位融入思想道德教育、文化知识教育、艺术体育教育、社会实践教育各环节，贯穿于启蒙教育、基础教育、职业教育、高等教育、继续教育各领域。以幼儿、小学、中学教材为重点，构建中华文化课程和教材体系。编写中华文化幼儿读物，开展"少年传承中华传统美德"系列教育活动，创作系列绘本、童谣、儿歌、动画等。修订中小学道德与法治、语文、历史等课程教材。推动高校开设中华优秀传统文化必修课，在哲学社会科学及相关学科专业和课程中增加中华优秀传统文化的内容。加强中华优秀传统文化相关学科建设，重视保护和发展具有重要文化价值和传承意义的"绝学"、冷门学科。推进职业院校民族文化传承与创新示范专业点建设。丰富拓展校园文化，推进戏曲、书法、高雅艺术、传统体育等进校园，实施中华经典诵读工程，开设中华文化公开课，抓好传统文化教育成果展示活动。研究制定国民语言教育大纲，开展好国民语言教育。加强面向全体教师的中华文化教育培训，全面提升师资队伍水平。

10. 保护传承文化遗产。坚持保护为主、抢救第一、合理利用、加强管理的方针，做好文物保护工作，抢救保护濒危文物，实施馆藏文物修复计划，加强新型城镇化和新农村建设中的文物保护。加强历史文化名城名镇名村、历史文化街区、名人故居保护和城市特色风貌管理，实施中国传统村落保护工程，做好传统民居、历史建筑、革命文化纪念地、农业遗产、工业遗产保护工作。规划建设一批国家文化公园，成为中华文化重要标识。推进地名文化遗产保护。实施非物质文化遗产传承发展工程，进一步完善非物质文化遗产保护制度。实施传统工艺振兴计划。大力推广和规范使用国家通用语言文字，保护传承方言文化。开展少数民族特色文化保护工作，加强少数民族语言文字和经典文献的保护和传播，做好少数民族经典文献和汉族经典文献互译出版工作。实施中华民族音乐传承出版工程、中国民间文学大系出版工程。推动民族传统体育项目的整理研究和保护传承。

11. 滋养文艺创作。善于从中华文化资源宝库中提炼题材、获取灵感、汲取养分，把中华优秀传统文化的有益思想、艺术价值与时代特点和要求相结合，运用丰富多样的艺术形式进行当代表达，推出一大批底蕴深厚、涵育人心的优秀文艺作品。科学编制重大革命和历史题材、现实题材、爱国主义题材、青少年题材等专项创作规划，提高创作生产组织化程度，彰显中华文化的精神内涵和审美风范。加强对中华诗词、音乐舞蹈、书法绘画、曲艺杂技和历史文化纪录片、动画片、出版物等的扶持。实施戏曲振兴工程，做好戏曲"像音像"工作，挖掘整理优秀传统剧目，推进数字化保存和传播。实施网络文艺创作传播计划，推动网络文学、网络音乐、网络剧、微电影等传承发展中华优秀传统文化。实施中国经典民间故事动漫创作工程、中华文化电视传播工程，组织创作生产一批传承中华文化基因、具有大众亲和力的动画片、纪录片和节目栏目。大力加强文艺评论，改革完善文艺评奖，建立有中国特色的文艺研究评论体系，倡导中华美学精神，推动美学、美德、美文相结合。

12. 融入生产生活。注重实践与养成、需求与供给、形式与内容相结合，把中华优秀传统文化内涵更好更多地融入生产生活各方面。深入挖掘城市历史文化价值，提炼精选一批凸显文化特色的经典性元素和标志性符号，纳入城镇化建设、城市规划设计，合理应用于城市雕塑、广场园林等公共空间，避免千篇一律、千城一面。挖掘整理传统建筑文化，鼓励建筑设计继承创新，推进城市修补、生态修复工作，延续城市文脉。加强"美丽乡村"文化建设，发掘和保护一批处处有历史、步步有文化的小镇和村庄。用中华优秀传统文化的精髓涵养企业精神，培育现代企业文化。实施中华老字号保护发展工程，支持一批文化特色浓、品牌信誉高、有市场竞争力的中华老字号做精做强。深入开展"我们的节日"主题活动，实施中国传统节日振兴工程，丰富春节、元宵、清明、端午、七夕、中秋、重阳等传统节日文化内涵，形成新的节日习俗。加强对传统历法、节气、生肖和饮食、医药等的研究阐释、活态利用，使其有益的文化价值深度嵌入百姓生活。实施中华节庆礼仪服装服饰计划，设计制作展现中华民族独特文化魅力的系列服装服饰。大力发展文化旅游，充分利用历史文化资源优势，规划设计推出一批专题研学旅游线路，引导游客在文化旅游中感知中华文化。推动休闲生活与传统文化融合发展，培育符合现代人需求的传统休闲文化。发展传统体育，抢救濒危传统体育项目，把传统体育项目纳入全民健身工程。

13. 加大宣传教育力度。综合运用报纸、书刊、电台、电视台、互联网站等各类载体，融通多媒体资源，统筹宣传、文化、文物等各方力量，创新表达方式，大力彰显中华文化魅力。实施中华文化新媒体传播工程。充分发挥图书馆、文化馆、博物馆、群艺馆、美术馆等公共文化机构在传承发展中华优秀传统文化中的作用。编纂出版系列文化经典。加强革命文物工作，实施革命文物保护利用工程，做好革命遗址、遗迹、烈士纪念设施的保护和利用。推动红色旅游持续健康发展。深入开展"爱我中华"主题教育活动，充分利用重大历史事件和中华历史名人纪念活动、国家公祭仪式、烈士纪念日，充分利用各类爱国主义教育基地、历史遗迹等，展示爱国主义深刻内涵，培育爱国主义精神。加强国民礼仪教育。加大对国家重要礼仪的普及教育与宣传力度，在国家重大节庆活动中体现仪式感、庄重感、荣誉感，彰显中华传统礼仪文化的时代价值，树立文明古国、礼仪之邦的良好形象。研究提出承接传统习俗、符合现代文明要求的社会礼仪、服装服饰、文明用语规范，建立健全各类公共场所和网络公共空间的礼仪、礼节、礼貌规范，推动形成良好的言行举止和礼让宽容的社会风尚。把优秀传统文化思想理念体现在社会规范中，与制定市民公约、乡规民约、学生守则、行业规章、团体章程相结合。弘扬孝敬文化、慈善文化、诚信文化等，开展节俭养德全民行动和学雷锋志愿服务。广泛开展文明家庭创建活动，挖掘和整理家训、家书文化，用优良的家风家教培育青少年。挖掘和保护乡土文化资源，建设新乡贤文化，培育和扶持乡村文化骨干，提升乡土文化内涵，形成良性乡村文化生态，让子孙后代记得住乡愁。加强港澳台中华文化普及和交流，积极举办以中华文化为主题的青少年夏令营、冬令营以及诵读和书写中华经典等交流活动，鼓励港澳台艺术家参与国家在海外举办的感知中国、中国文化年（节）、欢乐春节等品牌活动，增强国家认同、民族认同、文化认同。

14. 推动中外文化交流互鉴。加强对外文化交流合作，创新人文交流方式，丰富文化交流内容，不断提高文化交流水平。充分运用海外中国文化中心、孔子学院，文化节展、文物展览、博览会、书展、电影节、体育活动、旅游推介和各类品牌活动，助推中华优秀传统文化的国际传播。支持中华医药、中华烹饪、中华武术、中华典籍、中国文物、中国园林、中国节日等中华传统文化代表性项目走出去。积极宣传推介戏曲、民乐、书法、国画等我国优秀传统文化艺术，让国外民众在审美过程中获得愉悦、感受魅力。加强"一带一路"沿线国家文化交流合作。鼓励发展对外文化贸易，让更多体现中华文化特色、具有较强竞争力的文化产品走向国际市场。探索中华文化国际传播与交流新模式，综合运用大众传播、群体传播、人际传播等方式，构建全方位、多层次、宽领域的中华文化传播格局。推进国际汉学交流和中外智库合作，加强中国出版物国际推广与传播，扶持汉学家和海外出版机构翻译出版中国图书，通过华侨华人、文化体育名人、各方面出境人员，依托我国驻外机构、中资企业、与我友好合作机构和世界各地的中餐馆等，讲好中国故事、传播好中国声音、阐释好中国特色、展示好中国形象。

四、组织实施和保障措施

15. 加强组织领导。各级党委和政府要从坚定文化自信、坚持和发展中国特色社会主义、实现中华民族伟大复兴的高度，切实把中华优秀传统文化传承发展工作摆上重要日程，加强宏观指导，提高组织化程度，纳入经济社会发展总体规划，纳入考核评价体系，纳入各级党校、行政学院教学的重要内容。各级党委宣传部门要发挥综合协调作用，整合各类资源，调动各方力量，推动形成党委统一领导、党政群协同推进、有关部门各负其责、全社会共同参与的中华优秀传统文化传承发展工作新格局。各有关部门和群团组织要按照责任分工，制定实施方案，完善工作机制，把各项任务落到实处。

16. 加强政策保障。加强中华优秀传统文化传承发展相关扶持政策的制定与实施，注重政策措施的系统性协同性操作性。加大中央和地方各级财政支持力度，同时统筹整合现有相关资金，支持中华优秀传统文化传承发展重点项目。制定和完善惠及中华优秀传统文化传承发展工程项目的金融支持政策。加大对国家重要文化和自然遗产、国家级非物质文化遗产等珍贵遗产资源保护利用设施建设的支持力度。建立中华优秀传统文化传承发展相关领域和部门合作共建机制。制定文物保护和非物质文化遗产保护专项规划。制定和完善历史文化名城名镇名村和历史文化街区保护的相关政策。完善相关奖励、补贴政策，落实税收优惠政策，引导和鼓励企业、社会组织及个人捐赠或共建相关文化项目。建立健全中华优秀传统文化传承发展重大项目首席专家制度，培养造就一批人民喜爱、有国际影响的中华文化代表人物。完善中华优秀传统文化传承发展的激励表彰制度，对为中华优秀传统文化传承发展和传播交流作出贡献、建立功勋、享有声誉的杰出海内外人士按规定授予功勋荣誉或进行表彰奖励。有关部门要研究出台入学、住房保障等方面的倾斜政策和措施，用以倡导和鼓励自强不息、敬业乐群、扶正扬善、扶危济困、见义勇为、孝老爱亲等传统美德。

17. 加强文化法治环境建设。修订文物保护法。制定文化产业促进法、公共图书馆法等相关法律，对中华优秀传统文化传承发展有关工作作出制度性安排。在教育、科技、卫生、体育、城乡建设、互联网、交通、旅游、语言文字等领域相关法律法规的制定修订中，增加中华优秀传统文化传承发展内容。加大涉及保护传承弘扬中华优秀传统文化法律法规施行力度，加强对法律法规实施情况的监督检查。充分发挥各行政主管部门在传承发展中华优秀传统文化中的重要作用，建立完善联动机制，严厉打击违法经营行为。加强法治宣传教育，增强全社会依法传承发展中华优秀传统文化的自觉意识，形成礼敬守护和传承发展中华优秀传统文化的良好法治环境。各地要根据本地传统文化传承保护的现状，制定完善地方性法规和政府规章。

18. 充分调动全社会积极性创造性。传承发展中华优秀传统文化是全体中华儿女的共同责任。坚持全党动手、全社会参与，把中华优秀传统文化传承发展的各项任务落实到农村、企业、社区、机关、学校等城乡基层。各类文化单位机构、各级文化阵地平台，都要担负起守护、传播和弘扬中华优秀传统文化的职责。各类企业和社会组织要积极参与文化资源的开发、保护与利用，生产丰富多样、社会价值和市场价值相统一、人民喜闻乐见的优质文化产品，扩大中高端文化产品和服务的供给。充分尊重工人、农民、知识分子的主体地位，发挥领导干部的带头作用，发挥公众人物的示范作用，发挥青少年的生力军作用，发挥先进模范的表率作用，发挥非公有制经济组织和社会组织从业人员的积极作用，发挥文化志愿者、文化辅导员、文艺骨干、文化经营者的重要作用，形成人人传承发展中华优秀传统文化的生动局面。

关于营造企业家健康成长环境弘扬优秀企业家精神　更好发挥企业家作用的意见

中共中央　国务院

企业家是经济活动的重要主体。改革开放以来，一大批优秀企业家在市场竞争中迅速成长，一大批具有核心竞争力的企业不断涌现，为积累社会财富、创造就业岗位、促进经济社会发展、增强综合国力作出了重要贡献。营造企业家健康成长环境，弘扬优秀企业家精神，更好发挥企业家作用，对深化供给侧结构性改革、激发市场活力、实现经济社会持续健康发展具有重要意义。为此，提出以下意见。

一、总体要求

1.指导思想

全面贯彻党的十八大和十八届三中、四中、五中、六中全会精神，深入贯彻习近平总书记系列重要讲话精神和治国理政新理念新思想新战略，着力营造依法保护企业家合法权益的法治环境、促进企业家公平竞争诚信经营的市场环境、尊重和激励企业家干事创业的社会氛围，引导企业家爱国敬业、遵纪守法、创业创新、服务社会，调动广大企业家积极性、主动性、创造性，发挥企业家作用，为促进经济持续健康发展和社会和谐稳定、实现全面建成小康社会奋斗目标和中华民族伟大复兴的中国梦作出更大贡献。

2.基本原则。

——模范遵纪守法、强化责任担当。依法保护企业家合法权益，更好发挥企业家遵纪守法、恪尽责任的示范作用，推动企业家带头依法经营，自觉履行社会责任，为建立良好的政治生态、净化社会风气、营造风清气正环境多作贡献。

——创新体制机制、激发生机活力。营造"亲""清"新型政商关系，创新政企互动机制，完善企业家正向激励机制，完善产权保护制度，增强企业家创新活力、创业动力。

——遵循发展规律、优化发展环境。坚持党管人才，遵循市场规律和企业家成长规律，完善精准支持政策，推动政策落地实施，坚定企业家信心，稳定企业家预期，营造法治、透明、公平的政策环境和舆论环境。

——注重示范带动、着力弘扬传承。树立和宣传企业家先进典型，弘扬优秀企业家精神，造就优秀企业家队伍，强化年青一代企业家的培育，让优秀企业家精神代代传承。

二、营造依法保护企业家合法权益的法治环境

3.依法保护企业家财产权。全面落实党中央、国务院关于完善产权保护制度依法保护产权的意见，认真解决产权保护方面的突出问题，及时甄别纠正社会反映强烈的产权纠纷申诉案件，剖析侵害产权案例，总结宣传依法有效保护产权的好做法、好经验、好案例。在立法、执法、司法、守法等各方面各环节，加快建立依法平等保护各种所有制经济产权的长效机制。研究建立因政府规划调整、政策变化造成企业合法权益受损的依法依规补偿救济机制。

4.依法保护企业家创新权益。探索在现有法律法规框架下以知识产权的市场价值为参照确定损害赔偿额度，完善诉讼证据规则、证据披露以及证据妨碍排除规则。探索建立非诉行政强制执行绿色通道。研究制定商业模式、文化创意等创新成果的知识产权保护办法。

5.依法保护企业家自主经营权。企业家依法进行自主经营活动，各级政府、部门及其工作人员不得干预。建立完善涉企收费、监督检查等清单制度，清理涉企收费、摊派事项和各类达标评比活动，细化、规范行政执法条件，最大程度减轻企业负担、减少自由裁量权。依法保障企业自主加入和退出行业协会商会的权利。研究设立全国统一的企业维权服务平台。

三、营造促进企业家公平竞争诚信经营的市场环境

6.强化企业家公平竞争权益保障。落实公平竞争审查制度，确立竞争政策基础性地位。全面实施市场准入负面清单制度，保障各类市场主体依法平等进入负面清单以外的行业、领域和业务。反对垄断和不正当竞争，反对地方保护，依法清理废除妨碍统一市场公平竞争的各种规定和做法，完善权利平等、机会平等、规则平等的市场环境，促进各种所有制经济依法依规平等使用生产要素、公开公平公正参与市场竞争、同等受到法律保护。

7.健全企业家诚信经营激励约束机制。坚守契约精神，强化企业家信用宣传，实施企业诚信承诺制度，督促企业家自觉诚信守法、以信立业，依法依规生产经营。利用全国信用信息共享平台和国家企业信用信息公示系统，整合在工商、财税、金融、司法、环保、安监、行业协会商会等部门和领域的企业及企业家信息，建立企业家个人信用记录和诚信档案，实行守信联合激励和失信联合惩戒。

8.持续提高监管的公平性规范性简约性。推行监管清单制度，明确和规范监管事项、依据、主体、权限、内容、方法、程序和处罚措施。全面实施"双随机、一公开"监管，有效避免选择性执法。推进综

合监管，加强跨部门跨地区的市场协同监管。重点在食品药品安全、工商质检、公共卫生、安全生产、文化旅游、资源环境、农林水利、交通运输、城乡建设、海洋渔业等领域推行综合执法，有条件的领域积极探索跨部门综合执法。探索建立鼓励创新的审慎监管方式。清除多重多头执法，提高综合执法效率，减轻企业负担。

四、营造尊重和激励企业家干事创业的社会氛围

9. 构建"亲""清"新型政商关系。畅通政企沟通渠道，规范政商交往行为。各级党政机关干部要坦荡真诚同企业家交往，树立服务意识，了解企业经营情况，帮助解决企业实际困难，同企业家建立真诚互信、清白纯洁、良性互动的工作关系。鼓励企业家积极主动同各级党委和政府相关部门沟通交流，通过正常渠道反映情况、解决问题，依法维护自身合法权益，讲真话、谈实情、建诤言。引导更多民营企业家成为"亲""清"新型政商关系的模范，更多国有企业家成为奉公守法守纪、清正廉洁自律的模范。

10. 树立对企业家的正向激励导向。营造鼓励创新、宽容失败的文化和社会氛围，对企业家合法经营中出现的失误失败给予更多理解、宽容、帮助。对国有企业家以增强国有经济活力和竞争力等为目标、在企业发展中大胆探索、锐意改革所出现的失误，只要不属于有令不行、有禁不止、不当谋利、主观故意、独断专行等情形者，要予以容错，为担当者担当、为负责者负责、为干事者撑腰。

11. 营造积极向上的舆论氛围。坚持实事求是、客观公正的原则，把握好正确舆论导向，加强对优秀企业家先进事迹和突出贡献的宣传报道，展示优秀企业家精神，凝聚崇尚创新创业正能量，营造尊重企业家价值、鼓励企业家创新、发挥企业家作用的舆论氛围。

五、弘扬企业家爱国敬业遵纪守法艰苦奋斗的精神

12. 引导企业家树立崇高理想信念。加强对企业家特别是年轻一代民营企业家的理想信念教育和社会主义核心价值观教育，开展优良革命传统、形势政策、守法诚信教育培训，培养企业家国家使命

感和民族自豪感，引导企业家正确处理国家利益、企业利益、员工利益和个人利益的关系，把个人理想融入民族复兴的伟大实践。

13. 强化企业家自觉遵纪守法意识。企业家要自觉依法合规经营，依法治企、依法维权，强化诚信意识，主动抵制逃税漏税、走私贩私、制假贩假、污染环境、侵犯知识产权等违法行为，不做偷工减料、缺斤短两、以次充好等亏心事，在遵纪守法方面争做社会表率。党员企业家要自觉做遵守党的政治纪律、组织纪律、廉洁纪律、群众纪律、工作纪律、生活纪律的模范。

14. 鼓励企业家保持艰苦奋斗精神风貌。激励企业家自强不息、勤俭节约，反对享乐主义，力戒奢靡之风，保持健康向上的生活情趣。企业发展遇到困难，要坚定信心、迎接挑战、奋发图强。企业经营成功，要居安思危、不忘初心、谦虚谨慎。树立不进则退、慢进亦退的竞争意识。

六、弘扬企业家创新发展专注品质追求卓越的精神

15. 支持企业家创新发展。激发企业家创新活力和创造潜能，依法保护企业家拓展创新空间，持续推进产品创新、技术创新、商业模式创新、管理创新、制度创新，将创新创业作为终身追求，增强创新自信。提升企业家科学素养，发挥企业家在推动科技成果转化中的重要作用。吸收更多企业家参与科技创新政策、规划、计划、标准制定和立项评估等工作，向企业开放专利信息资源和科研基地。引导金融机构为企业家创新创业提供资金支持，探索建立创业保险、担保和风险分担制度。

16. 引导企业家弘扬工匠精神。建立健全质量激励制度，强化企业家"以质取胜"的战略意识，鼓励企业家专注专长领域，加强企业质量管理，立志于"百年老店"持久经营与传承，把产品和服务做精做细，以工匠精神保证质量、效用和信誉。深入开展质量提升行动。着力培养技术精湛技艺高超的高技术人才，推广具有核心竞争力的企业品牌，扶持具有优秀品牌的骨干企业做强做优，树立具有一流质量标准和品牌价值的样板企业。激发和保护老字号企业企业家改革创新发展意识，发挥老字号的榜样作用。

17. 支持企业家追求卓越。弘扬敢闯敢试、敢

为天下先、敢于承担风险的精神，支持企业家敏锐捕捉市场机遇，不断开拓进取、拼搏奋进，争创一流企业、一流管理、一流产品、一流服务和一流企业文化，提供人无我有、人有我优、人优我特、人特我新的具有竞争力的产品和服务，在市场竞争中勇立潮头、脱颖而出，培育发展壮大更多具有国际影响力的领军企业。

七、弘扬企业家履行责任敢于担当服务社会的精神

18．引导企业家主动履行社会责任。增强企业家履行社会责任的荣誉感和使命感，引导和支持企业家奉献爱心，参与光彩事业、公益慈善事业、"万企帮万村"精准扶贫行动、应急救灾等，支持国防建设，在构建和谐劳动关系、促进就业、关爱员工、依法纳税、节约资源、保护生态等方面发挥更加重要的作用。国有企业家要自觉做履行政治责任、经济责任、社会责任的模范。

19．鼓励企业家干事担当。激发企业家致富思源的情怀，引导企业家认识改革开放为企业和个人施展才华提供的广阔空间、良好机遇、美好前景，先富带动后富，创造更多经济效益和社会效益。引导企业家认识把握引领经济发展新常态，积极投身供给侧结构性改革，在振兴和发展实体经济等方面作更大贡献。激发国有企业家服务党服务国家服务人民的担当精神。国有企业家要更好肩负起经营管理国有资产、实现保值增值的重要责任，做强做优做大国有企业，不断提高企业核心竞争力。

20．引导企业家积极投身国家重大战略。完善企业家参与国家重大战略实施机制，鼓励企业家积极投身"一带一路"建设、京津冀协同发展、长江经济带发展等国家重大战略实施，参与引进来和走出去战略，参与军民融合发展，参与中西部和东北地区投资兴业，为经济发展拓展新空间。

八、加强对企业家优质高效务实服务

21．以市场主体需求为导向深化"放管服"改革。围绕使市场在资源配置中起决定性作用和更好发挥政府作用，在更大范围、更深层次上深化简政放权、放管结合、优化服务。做好"放管服"改革涉及的规章、规范性文件清理工作。建立健全企业投资项目高效审核机制，支持符合条件的地区和领域开展企

业投资项目承诺制改革探索。优化面向企业和企业家服务项目的办事流程，推进窗口单位精准服务。

22．健全企业家参与涉企政策制定机制。建立政府重大经济决策主动向企业家问计求策的程序性规范，政府部门研究制定涉企政策、规划、法规，要听取企业家的意见建议。保持涉企政策稳定性和连续性，基于公共利益确需调整的，严格调整程序，合理设立过渡期。

23．完善涉企政策和信息公开机制。利用实体政务大厅、网上政务平台、移动客户端、自助终端、服务热线等线上线下载体，建立涉企政策信息集中公开制度和推送制度。加大政府信息数据开放力度。强化涉企政策落实责任考核，充分吸收行业协会商会等第三方机构参与政策后评估。

24．加大对企业家的帮扶力度。发挥统战部门、国资监管机构和工商联、行业协会商会等作用，建立健全帮扶企业家的工作联动机制，定期组织企业家座谈和走访，帮助解决企业实际困难。对经营困难的企业，有关部门、工商联、行业协会商会等要主动及时了解困难所在、发展所需，在维护市场公平竞争的前提下积极予以帮助。支持再次创业，完善再创业政策，根据企业家以往经营企业的纳税信用级别，在办理相关涉税事项时给予更多便捷支持。加强对创业成功和失败案例研究，为企业家创新创业提供借鉴。

九、加强优秀企业家培育

25．加强企业家队伍建设规划引领。遵循企业家成长规律，加强部门协作，创新工作方法，加强对企业家队伍建设的统筹规划，将培养企业家队伍与实施国家重大战略同步谋划、同步推进，鼓励支持更多具有创新创业能力的人才脱颖而出，在实践中培养一批具有全球战略眼光、市场开拓精神、管理创新能力和社会责任感的优秀企业家。

26．发挥优秀企业家示范带动作用。总结优秀企业家典型案例，对爱国敬业、遵纪守法、艰苦奋斗、创新发展、专注品质、追求卓越、诚信守约、履行责任、勇于担当、服务社会等有突出贡献的优秀企业家，以适当方式予以表彰和宣传，发挥示范带动作用。强化优秀企业家精神研究，支持高等学校、科研院所与行业协会商会、知名企业合作，总结富有中国特色、顺应时代潮流的企业家成长规律。

27. 加强企业家教育培训。以强化忠诚意识、拓展世界眼光、提高战略思维、增强创新精神、锻造优秀品行为重点，加快建立健全企业家培训体系。支持高等学校、科研院所、行业协会商会等开展精准化的理论培训、政策培训、科技培训、管理培训、法规培训，全面增强企业家发现机会、整合资源、创造价值、回馈社会的能力。建立健全创业辅导制度，支持发展创客学院，发挥企业家组织的积极作用，培养年轻一代企业家。加大党校、行政学院等机构对企业家的培训力度。搭建各类企业家互相学习交流平台，促进优势互补、共同提高。组织开展好企业家活动日等形式多样的交流培训。

十、加强党对企业家队伍建设的领导

28. 加强党对企业家队伍的领导。坚持党对国有企业的领导，全面加强国有企业党的建设，发挥国有企业党组织领导作用。增强国有企业家坚持党的领导、主动抓企业党建意识，建好、用好、管好一支对党忠诚、勇于创新、治企有方、兴企有为、清正廉洁的国有企业家队伍。教育引导民营企业家拥护党的领导，支持企业党建工作。建立健全非公有制企业党建工作机制，积极探索党建工作多种方式，努力扩大非公有制企业党的组织和工作覆盖。充分发挥党组织在职工群众中的政治核心作用、在企业发展中的政治引领作用。

29. 发挥党员企业家先锋模范作用。强化对党员企业家日常教育管理基础性工作，加强党性教育、宗旨教育、警示教育，教育党员企业家牢固树立政治意识、大局意识、核心意识、看齐意识，严明政治纪律和政治规矩，坚定理想信念，坚决执行党的基本路线和各项方针政策，把爱党、忧党、兴党、护党落实到经营管理各项工作中，率先垂范，用实际行动彰显党员先锋模范作用。

各地区各部门要充分认识营造企业家健康成长环境、弘扬优秀企业家精神、更好发挥企业家作用的重要性，统一思想，形成共识和合力，制定和细化具体政策措施，加大面向企业家的政策宣传和培训力度，狠抓贯彻落实。国家发展改革委要会同有关方面分解工作任务，对落实情况定期督察和总结评估，确保各项举措落到实处、见到实效。

"一带一路"文化发展行动计划（2016—2020 年）

中华人民共和国文化部

为深入贯彻十八大和十八届三中、四中、五中、六中全会精神，深入贯彻习近平总书记系列重要讲话精神，落实经国务院授权，由国家发展改革委、外交部、商务部联合发布的《推动共建丝绸之路经济带和 21 世纪海上丝绸之路的愿景与行动》（以下简称《愿景与行动》），加强与"一带一路"沿线国家和地区的文明互鉴与民心相通，切实推动文化交流、文化传播、文化贸易创新发展，特制订本行动计划。

一、指导思想与基本原则

（一）指导思想

高举中国特色社会主义伟大旗帜，以邓小平理论、"三个代表"重要思想和科学发展观为指导，深入贯彻落实习近平总书记系列重要讲话精神，坚持社会主义先进文化前进方向，认真贯彻落实《愿景与行动》的整体部署，助推"一带一路"沿线国家和地区积极参与文化交流与合作，传承丝路精神，促进文明互鉴，实现亲诚惠容、民心相通，推动中华文化"走出去"，扩大中华文化的国际影响力，为实现《愿景与行动》总体目标和全面推进"一带一路"建设，夯实民意基础。

（二）基本原则

政府主导，开放包容。坚持文化对外开放战略布局，发挥政府引领统筹作用，加强与"一带一路"沿线国家和地区政府间文化交流，着力建立长效合作机制，充分发挥国内各省区市优势，鼓励社会力量积极参与、共同建设。

交融互鉴，创新发展。秉承和而不同、互鉴互惠的理念，尊重"一带一路"沿线国家和地区人民的精神创造和文化传统，以创新为动力，充分运用互联网思维和新科技手段，推动"一带一路"多元文化深度融合。

市场引导，互利共赢。兼顾各方利益和关切，遵循国际规则和市场规律，充分发挥市场在资源配置中的重要作用，调动各方积极性，将文化与外交、经贸密切结合，形成文化交流、文化传播、文化贸易协调发展态势，实现互利共赢。

二、发展目标

准确把握"一带一路"倡议精神，全方位提升我国文化领域开放水平，秉承立足周边、辐射"一带一路"、面向全球的合作理念，构建文化交融的命运共同体。着力实现以下目标：

——文化交流合作机制逐步完善。与"一带一路"沿线国家和地区政府、民间文化交流合作机制进一步健全，部际、部省等工作机制进一步完善。形成政府统筹、社会参与、市场运作的整体发展机制和跨地区、跨部门、跨行业的文化交流合作协调发展态势。

——文化交流合作平台基本形成。加快在"一带一路"沿线国家和地区设立中国文化中心，形成布局合理、功能完备的设施网络。以"一带一路"为主题的各类艺术节、博览会、交易会、论坛、公共信息服务等平台建设逐步实现规范化和常态化。

——文化交流合作品牌效应充分显现。打造文化交流合作知名品牌，继续扩大"欢乐春节"品牌在沿线国家的影响，充分发挥"丝绸之路文化之旅""丝绸之路文化使者"等重大文化交流品牌活动的载体作用。

——文化产业及对外文化贸易渐成规模。面向"一带一路"国际文化市场的文化产业发展格局初步形成，文化企业规模不断壮大，文化贸易渠道持续拓展，服务体系建设初见成效。

三、重点任务

(一)健全"一带一路"文化交流合作机制

积极与"一带一路"沿线国家和地区签署政府间文件，深化人文合作委员会、文化联委会等合作机制，为"一带一路"文化发展提供有效保障。加强上海合作组织成员国文化部长会晤、中国—中东欧国家文化部长会议、中阿文化部长论坛、中国与东盟"10+1"文化部长会议等高级别文化磋商。推动与沿线国家和地区建立非物质文化遗产交流与合作机制。与沿线国家和地区建立文化遗产保护和世界遗产申报等方面的长效合作机制。支持国家艺术基金与沿线国家和地区的同类机构建立合作机制。

完善部省合作机制，鼓励各省区市在文化交流、遗产保护、文艺创作、文化旅游等领域开展区域性合作。发挥海外侨胞以及港澳台地区的独特优势，积极搭建港澳台与"一带一路"沿线国家和地区文化交流平台。充分考虑和包含以妈祖文化为代表的海洋文化，构建 21 世纪海上丝绸之路文化纽带。引导和扶持社会力量参与"一带一路"文化交流与合作。

(二)完善"一带一路"文化交流合作平台

优先推动"一带一路"沿线国家和地区的中国文化中心建设，完善沿线国家和地区的中心布局。着力打造以"一带一路"为主题的国际艺术节、博览会、艺术公园等国际交流合作平台。鼓励和支持各类综合性国际论坛、交易会等设立"一带一路"文化交流板块。逐步建立"丝绸之路"文化数据库，打造公共数字文化支撑平台。

(三)打造"一带一路"文化交流品牌

在"一带一路"沿线国家和地区打造"欢乐春节""丝绸之路文化之旅"等重点交流品牌以及互办文化节(年、季、周、日)等活动，扩大文化交流规模。

与"一带一路"沿线国家和地区共同遴选"丝绸之路文化使者"，通过智库学者、汉学家、翻译家交流对话和青年人才培养，促进思想文化交流。推动中外文化经典作品互译和推广。

积极探索与"一带一路"沿线国家和地区开展同源共享的非物质文化遗产的联合保护、研究、人员培训、项目交流和联合申报。加大"一带一路"文化遗产保护力度，促进与沿线国家和地区在考古研究、文物修复、文物展览、人员培训、博物馆交流、世界遗产申报与管理等方面开展国际合作。鼓励地方和社会力量参与文化遗产领域的对外交流与合作。

繁荣"一带一路"主题文化艺术生产，倡导与沿线国家和地区的艺术人才和文化机构联合创作、共同推介，搭建展示平台，提升艺术人才的专业水准和综合素质，为丝路主题艺术创作储备人才资源。

(四)推动"一带一路"文化产业繁荣发展

建立和完善文化产业国际合作机制，加快国内"丝绸之路文化产业带"建设。以文化旅游、演艺娱乐、工艺美术、创意设计、数字文化为重点领域，支持"一带一路"沿线地区根据地域特色和民族特点实施特色文化产业项目，加强与"一带一路"国家在文化资源数字化保护与开发中的合作，积极利用"一带一路"文化交流合作平台推介文化创意产品，推动动漫游戏产业面向"一带一路"国家发展。顺应"互联网+"发展趋势，推进互联网与文化产业融合发展，鼓励和引导社会资本投入"丝绸之路文化产业带"建设。持续推进藏羌彝文化产业走廊建设。

（五）促进"一带一路"文化贸易合作

围绕演艺、电影、电视、广播、音乐、动漫、游戏、游艺、数字文化、创意设计、文化科技装备、艺术品及授权产品等领域，开拓完善国际合作渠道。推广民族文化品牌，鼓励文化企业在"一带一路"沿线国家和地区投资。鼓励国有企业及社会资本参与"一带一路"文化贸易，依托国家对外文化贸易基地，推动骨干和中小文化企业的联动整合、融合创新，带动文化生产与消费良性互动。

关于加强品牌文化建设的指导意见

中国企业文化研究会

为宣传贯彻中国共产党十九大报告提出的"坚定文化自信""倡导创新文化""弘扬劳模精神和工匠精神""营造劳动光荣的社会风尚和精益求精的敬业风气"等精神，推动落实习近平总书记提出的"中国制造向中国创造转变，中国速度向中国质量转变，中国产品向中国品牌转变"的重要指示，执行《国务院办公厅关于发挥品牌引领作用推动供需结构升级的意见》、工信部等七部委《关于加快我国工业企业品牌建设的指导意见》和国务院国资委《关于加强中央企业品牌建设的指导意见》等文件精神，以品牌文化引领品牌建设，促进国家品牌发展战略的实施，打造具有世界水平的中华民族品牌，特提出本指导意见。

一、加强品牌文化建设的重要意义

品牌是某一产品（服务或企业）属性、名称、包装、价格、历史、声誉、广告方式等用以区别其他竞争者的有形资产和无形资产的总和。品牌作为巨大的无形资产和最佳经济效益的载体，是一个企业产品服务质量、创新能力，市场竞争力和发展后劲的重要标志，是国家软实力与核心竞争力的综合体现，代表着供给结构和需求结构的升级方向，也是经济全球化中重要的要素资源。品牌是国家的名片，是国家软实力的重要体现。塑造国际知名品牌能够产生巨大的榜样力量，增强民族的自豪感和文化自信，引领全球资源配置和市场开拓，增强国家在全球经济体系中的话语权。

品牌文化是企业在生产经营过程中企业构建的被目标消费者认可的一系列品牌精神文化、制度行为文化和物质文化的总和。品牌文化体现着企业和消费者在品牌中的共同价值观、审美观、独特信念、利益认知、情感归属、仪式、规范、传统以及个性化形象。品牌文化建设是通过赋予品牌深刻而丰富的文化内涵，建立鲜明的品牌定位，充分利用各种有效的内外部传播促成消费者对品牌在精神上的高度认同，创造品牌信仰，最终形成强烈的品牌忠诚的过程。加强品牌文化建设，推动企业增强品牌观念，赋予产品和服务丰富的人文科技内涵，树立企业优秀品牌形象，对于我国企业发展、社会文化繁荣和国家软实力提升都具有重要而深远的意义。

（一）加强品牌文化建设是落实国家品牌发展战略的当务之急

在我国经济结构转型升级的关键阶段，实施品牌发展战略，建设质量强国是深入贯彻落实五大发展理念、推动我国供给侧结构改革的必然要求，是加快经济发展方式由外延扩张型向内涵集约型转变、由规模速度型向质量效益型转变的战略性举措。中国目前已成为世界第二大经济体和制造业大国，涌现出一批我国自主品牌产品和品牌企业，中国知名企业在国际市场中的地位逐步提升，但品牌发展总体滞后于经济发展，不同程度存在产品质量不高、创新能力不强、企业诚信意识淡薄等问题，中国制造的高附加值和自主品牌产品还不多，我国经济发展质量同发达国家之间还存在一定差距，品牌建设仍是我国经济社会发展的"短板"。造成这种状况的原因，从企业来说，主要是品牌意识不强，品牌培育水平不高，品牌建设人才缺乏，品牌文化建设亟待加强。国家品牌发展战略为企业品牌文化建设提供了前提和依据，切实加强品牌文化建设为品牌发展战略提供支撑和引领是落实国家品牌发展战略的当务之急。

（二）加强品牌文化建设是品牌塑造的首要内容和重要保证

品牌塑造是品牌拥有者对品牌进行的设计、宣传、维护的行为和努力，品牌建设是品牌定位、品牌规划、品牌形象、品牌扩张的过程。内容应包括理念确认、品牌资产应用、信息化渠道、客户拓展、媒介管理、品牌搜索力、市场活动、口碑管理、品牌虚拟体验管理等，其中首要内容是确定品牌塑造的基本文化理念，树立品牌和塑造工作的灵魂。企业品牌的知名度和竞争力绝不仅仅是来自人力、物力、财力的投入，更重要的是靠品牌中无形的文化力，一个优秀的企业品牌，必须有属于这个品牌的文化作为灵魂，才能具有更长久的生命力。在品牌建设中，文化起着凝聚和催化的作用，使品牌更有内涵，品牌的文化内涵是提升品牌附加值和产品竞争力的源动力，品牌是文化的载体，文化是凝结在品牌上的企业精华，也是对渗透在品牌经营全过程中的理念、意志、行为规范和团队风格的体现。品牌文化建设是品牌建设的首要内容和保证。向知识要财富，向文化要空间是现代市场向企业提出的新要求。品牌建设早已从产品、质量支撑的阶段走到了文化经营阶段。知识经济条件下创造出来的品牌，不但要求突破传统品牌单纯以质量高和使用价值高满足社会的文化意识，更要注重品牌中的知识品味，以及现代知识所彰显的具有时代特色的文化品味。品牌的内涵越来越脱离产品有形的物质特性，而转向消费者对品牌全方位的体验感受，品牌文化特征日益突出。品牌文化建设为品牌定向凝心、定位铸魂、定型塑形、定势聚力、定义增值。品牌文化建设是品牌建设任务中的重中之重。

（三）品牌文化建设是企业文化建设的重要组成部分

品牌文化是透过品牌展现出来的企业文化，它是品牌的灵魂，也是企业的核心竞争力之一。企业的文化与品牌共生一体，互为表里，一流的国际化企业，必然具有享誉全球的品牌与极具影响力、感召力的企业文化。企业是品牌人格化的主体，品牌文化是企业文化的重要组成部分。高层次的企业文化应是以企业价值观为核心，以品牌文化为形象，以企业社会责任文化为己任，以民族文化为根基的全方位的企业文化。没有企业文化的品牌，很难形成独具一格的品牌文化；没有品牌文化的企业文化很可能是低层次的，缺乏卓越指向的文化。企业品牌建设的实施，使企业文化、品牌文化成为一个有机的整体。品牌文化的公众认知度、公众信任度及市场开拓力、资源整合力、资本扩张力、无形资产聚集力取决于企业文化对品牌根基稳固的贡献程度。品牌文化在公众中的知名度、认可度、偏好度、美誉度、信誉度、满意度、忠诚度要依靠企业扎扎实实练内功建立。优秀的企业文化将会助力品牌文化

的建设和培育，促进企业价值、品牌形象的提升，世界级品牌没有一个不是建立在成熟的企业文化之上的。品牌文化代表了企业核心的理念，并在传递的过程中逐渐形成企业特有的气质和风格。未来企业的竞争是品牌的竞争，更是品牌文化的竞争，培育具有个性和内涵的品牌文化是保持品牌经久不衰的必由之路。

（四）品牌文化是树立自主品牌消费信心，满足人们更高层次的物质文化需求的基础

党的十九大报告指出"中国特色社会主义进入新时代，我国社会主要矛盾已经转化为人民日益增长的美好生活需要和不平衡不充分的发展之间的矛盾"。提升品牌文化含量和文化品位，让消费者通过感知体验物质产品和服务方式的同时，享受到其中的文化之美，提高幸福指数。品牌文化定位于目标消费市场的需求，服务于消费者的需要，目的是要与既定的目标消费者产生对于品牌文化认同的共鸣，进而促进产品的销售。品牌文化的建立，让消费者在享用商品所带来的物质利益之外，还能有一种文化上的满足。品牌文化代表着一种价值观、一种品位、一种格调、一种时尚、一种生活方式，它的独特魅力就在于它不仅仅提供给顾客某种效用，而且帮助顾客去寻找心灵的归属，放飞人生的梦想，实现他们的追求。优秀的品牌文化是民族文化精神的高度提炼和人类美好价值观念的共同升华，凝结着时代文明发展的精髓，渗透着对亲情、友情、爱情和真情的深情赞颂，倡导健康向上、奋发有为的人生信条。优秀的品牌文化可以生生不息，经久不衰，引领时代的消费潮流，改变亿万人的生活方式，甚至塑造几代人的价值观。优秀的品牌文化可以以其独特个性和风采，超越民族，超越国界，超越意识，使品牌深入人心，吸引全世界人民共同向往、共同消费。优秀的品牌文化可以赋予品牌非凡的扩张能力和强大的生命力，充分利用品牌的美誉度和知名度进行品牌延伸，进一步提高品牌的号召力和竞争力。最为重要的是，优秀的品牌文化还可以使消费者对产品的消费成为一种文化自觉，成为生活中不可或缺的内容。

二、加强品牌文化建设的总体思路

（五）指导思想

企业品牌文化建设要以党的十九大提出的"文化

是一个国家、一个民族的灵魂。文化兴则国运兴，文化强则民族强"和习近平总书记关于"中国产品向中国品牌转变"精神为指导，以先进的企业文化为统领，以品牌精神文化建设为核心，以全面推进品牌价值理念转化为根本任务，以发挥品牌引领作用推动供需结构升级为主题，以满足消费者精神文化需求为出发点和落脚点，坚持以人为本、重在建设，建设个性鲜明、形象独特、不可复制、具有浓厚人文色彩和高尚文化品味的品牌文化，以企业品牌文化建设引领企业品牌建设，为创建国际一流企业和促进国家品牌发展战略的实施、早日实现中国品牌强国和质量强国梦提供文化支撑，贡献力量。

（六）建设目标

到 2020 年年末，大多数企业建立起以品牌精神文化为核心，制度文化为保障，行为物质文化为支撑和载体的品牌文化体系。品牌意识得到加强，品牌文化资源得到整合，品牌定位更加合理、品牌传播更加广泛，品牌个性更加突出、品牌形象更加优化，中国品牌形象获得国内市场和国际社会的广泛认可。涌现一批品牌文化建设示范单位，形成一批可复制、可推广的企业品牌文化建设经验，中国企业品牌文化建设取得阶段性成果。为形成一批产品优质、服务上乘、具有广泛影响力的知名品牌和培育一批拥有自主知识产权和国际竞争力的自主品牌，提供文化支撑。

（七）基本原则

战略导向。企业发展战略是品牌文化建设的前提和依据。品牌文化建设需要依托企业发展战略特别是企业品牌战略措施来推动实施，企业品牌战略需要品牌文化建设营造氛围，提供文化支撑和引领。科学合理的战略方向能使品牌文化建设取得预期的效果，明确清晰的战略目标指引着品牌文化建设的方向，切实有效的战略措施为品牌文化建设提供重要载体和途径。企业品牌文化建设要与企业品牌战略相适应，一体化运行。以战略为导向的品牌文化建设强调引领性、方向性、全局性、长期性和基础性。

系统规划。企业品牌文化建设是企业文化建设的重要组成部分，要搞好顶层设计，做出系统规划。从企业发展的实际情况出发，明确责任，协调好有关部门的关系，科学制定规划，合理安排投入，体系化策划，项目化逐步推进。在企业核心价值观的

统领下，努力实现企业品牌文化与企业质量文化、安全文化、服务文化、社会责任等专项文化的协调配合，同步发展。

价值主导。在品牌文化建设中，要着力建设品牌精神文化，以确立品牌核心价值为根本任务。品牌的核心价值是品牌文化的精髓，是品牌资产的基础，它让人们明确、清晰地识别并记住品牌的利益点与个性，是驱动消费者认同、喜欢乃至热爱一个品牌的主要力量。品牌核心价值也是品牌营销传播活动的原点，即企业的一切营销活动都要围绕品牌核心价值而展开，或体现与演绎核心价值，或丰富与强化核心价值。品牌核心价值的文化内涵，就是其蕴含的深刻的价值内涵和情感内涵，也就是品牌所凝练的价值观念、生活态度、审美情趣、个性修养、时尚品位、情感诉求等精神象征。品牌的核心价值一旦确立并始终不渝地坚持，就会在消费者大脑中烙下深深的印迹，成为品牌对消费者最有感染力的源泉。

以人为本。品牌文化建设要坚持以人为本，树立"依靠人"是企业发展根本前提、"提高人"是企业发展根本途径、"尊重人"是企业发展根本要求、"为了人"是企业发展根本目的的理念。品牌文化是体现品牌人格化的一种文化现象。任何产品的品牌文化都必须以消费者为导向，研究目标消费者的需求心理、文化背景、消费观念、审美观、文化价值观及其特定需求，适应其文化价值取向和审美取向，定位要以消费者接受信息的思维方式和心理为准绳，突破信息传播沟通的障碍，将定位信息进驻于消费者心灵。品牌文化由消费需求决定，随着消费者需求的变化而变化。努力培养顾客对品牌的情感，不断将这种情感引导注入到品牌文化中，增强品牌的人性创意和审美特性，提升品牌文化意蕴，努力将品牌审美带入到顾客的生活过程。满足人性需求的品牌文化才是最有生命力的。

彰显个性。品牌个性，就是品牌中能够凸显竞争优势，展现独特理念的人性化、哲理化特征，是品牌中最能体现差异、最激进活跃的部分，也是品牌形象中最有价值、无法模仿和替代的部分。品牌个性是品牌形象的核心，强势品牌一定都有鲜明的个性。品牌创建的核心是建立品牌个性，品牌个性是品牌显现出来的人性化的主张，它以品牌定位为基础，品牌个性反映了品牌定位，又往往是品牌定

位的深化。创建个性化的品牌文化，是品牌战略的核心使命。中国品牌要彰显中国特色、中国品格、中国气派。

继承创新。品牌文化建设要以企业优秀的历史文化为基础。深入总结、挖掘和提炼企业的历史文化内涵，是增加和提升品牌价值的基本方法和要求，也是增强品牌社会影响力和消费者吸引力的重要途径。企业的历史文化越悠久，底蕴越深厚，品牌文化的内涵就越丰富，越有魅力，品牌的彰显力就越强，对消费者的吸引力也越强。在继承的基础上品牌文化需要不断创新，在实施企业名牌战略中，追求现有的或传统的品牌与追求质量、品种创新是辩证的统一，创新是一个系统工程，主要是观念创新、体制创新、技术创新、服务创新等。只有不断深入了解消费者的内在心理和需要，开发更新的技术和生产方法，不断推出更新的产品，才能推陈出新奉献精品，把握竞争致胜的主动权。没有传统就没有品牌的延续和发展。要加强知识产权意识，保护民族品牌文化资源，构建自身的知识产权保护体系。在大众创业万众创新活动中，让民族创新活力充分迸发，尊重职工创造性劳动，鼓励职工的创新行为，才能开创自主品牌大发展的新局面。

三、加强品牌文化建设的重点任务

（八）加强品牌文化理论和应用研究

品牌文化建设是一项极具探索性、挑战性的长期任务，要切实发挥理论研究对实践的指导作用。各企业要站在现代社会制高点上，要以前瞻性思维，紧紧围绕品牌文化的有关理论、品牌文化建设、品牌文化传播、品牌文化营销、品牌文化与中国传统文化、现代社会文化的关系、品牌全球化的跨文化冲突与管理、品牌文化评估与品牌文化建设考核等重点、难点问题进行深入研究，为进一步提高中国企业品牌文化建设水平提供有力的理论支撑。在理论研究工作中，要坚持理论和实践相结合，注重对现实问题的理论思考，密切跟踪中国企业品牌文化建设的新实践和新发展，从理论和实践的结合上正确回答品牌文化建设中面临的新问题，提高对品牌文化建设规律的认识和把握能力，不断通过理论创新推动实践创新。企业文化建设的主管部门、企业领导、有关社团要充分认识加强品牌文化理论研究的重要性，制订研究计划，加强组织领导。以品牌

文化理论研究成果及其转化推动品牌文化建设健康发展。

（九）品牌文化动态评估

品牌文化状况评估是品牌文化建设的基础性、经常性、先导性工作，是品牌文化建设的依据。品牌塑造是个持续提高的过程，评估也应该是动态的。建设品牌文化首先要理清企业可以利用的各种内外文化资源，根据品牌定位筛选出与品牌定位相符的各种文化要素。在企业文化系统因素中找出与品牌文化相一致的内容，确保品牌文化与企业文化的一致性。品牌文化建设、创新要解决品牌核心价值理念与企业文化的一致性及与企业发展战略特别是品牌发展战略的适应性问题。在企业发展过程中，企业内各种不同层次、不同群体之间的文化之间，会存在一定程度的不协调，既有价值观方面的冲突，也有经营思想、决策方式、管理制度等方面的差异，评估过程中要找出这些冲突和差异表现及其原因，给出化解的办法，以便理性地面对文化差异，进行充分的文化沟通，找到文化共识。要通过文化评估，盘点企业文化资产的存量，为品牌文化建设创新提供依据。

（十）品牌文化建设规划

要运用系统论的方法，从全局的角度，对品牌文化建设的各方面、各层次、各要素统筹规划，以集中有效资源，高效快捷地实现目标。品牌文化的顶层设计要体现整体关联性，注重要素之间围绕核心理念和顶层目标所形成的关联、匹配与有机衔接。品牌文化建设的顶层设计要从企业实际出发，表述简洁明确，可实施、易操作。品牌文化战略和建设规划在品牌文化建设中起着关键的作用。品牌文化战略是企业战略的重要组成部分，是其中的一个分战略，要有自身的战略定位、战略思考和战略发展目标。建设规划要与企业整体规划、企业文化建设规划同时进行。品牌文化建设的实施步骤要与企业发展战略、企业文化战略相一致，实施过程应有系统的规划，详细的计划，明确的目标，具体的责任、任务和清晰的进度安排、时间节点。

（十一）品牌文化体系优化

品牌文化体系由精神、制度、行为、物质四方面组成。品牌精神文化包括品牌价值观、品牌经营哲学、品牌伦理道德、品牌情感、品牌个性，是品牌文化的核心，是品牌管理的指导思想和方法论。

品牌制度文化是在品牌营销活动中形成的与品牌精神、价值观等意识形态相符合的企业制度和组织结构。品牌行为文化包括品牌营销行为、品牌传播行为、品牌个人行为，是品牌精神文化的转化，是品牌与消费者关系建设的核心过程，是企业经营作风、精神风貌、人际关系的动态体现，也是企业精神、企业价值观的折射。品牌物质文化是品牌产品内在的物质文化要素。包括产品文化、包装文化、名称和标志文化等。品牌文化体系建设最主要的任务是丰富完善品牌价值理念体系，形成并巩固全体员工创造优秀品牌的共同思想基础。品牌价值理念的丰富完善要以自身的历史文化为基础，以企业发展中的现实问题为导向，以企业未来发展战略为依据。

（十二）品牌价值理念转化

在品牌文化建设、创新中，品牌价值理念体系的丰富完善和文本化的完成，是品牌文化建设新的起点。品牌文化建设更重要的任务是推进品牌价值理念的全面转化。要统筹规划，使品牌价值理念真正成为品牌建设的精神动力和灵魂。把品牌核心价值观融入品牌战略实施、品牌规划制定、品牌定位把握、品牌质量提升、品牌自主创新、品牌营销传播、品牌要素识别、品牌资产保护、品牌价值评价、品牌危机预警、品牌应用等一系列品牌管理制度和管理流程。在品牌价值理念的转化上，要通过开展形式多样的宣传教育活动，实现企业上下、内外对品牌价值理念的深刻理解和广泛认同，内化于心；要将品牌价值理念贯穿到企业的各项规章制度和工作流程、工作标准中去，形成体现品牌价值理念的制度体系，使品牌价值理念转化为职工可遵循的行为准则和行为规范；要把品牌价值理念体现在产品的生产销售和服务等经营管理活动中，体现在职工日常行为和企业对外形象上，讲好品牌故事，打造出一批企业品牌、企业家品牌、劳模品牌、产品品牌、服务品牌等体现现代文化价值的品牌，生成品牌集群效应，实现品牌核心价值理念在品牌建设中全方位、全过程的转化。

（十三）中外品牌文化融合发展

在积极推进企业调整重组工作中，企业要注重品牌文化的融合。使企业调整重组的过程成为不同企业品牌文化互相交融、整合的过程，成为新企业品牌文化模式形成和发展的过程，成为企业成员共同意识、共同价值观融合的过程。中国企业正面临着与国际市场接轨和国际化市场竞争的挑战，经济全球化必然伴随品牌国际化。党的十九大报告指出："要以'一带一路'建设为重点，坚持引进来和走出去并重，遵循共商共建共享原则"，"构建人类命运共同体，促进全球治理体系变革"。在跨文化发展的国际形势下，文化融合是"民心相通"的必要前提。国际化的品牌必须跨越区域、国家、文化、意识形态的差异，为不同社会、经济、文化背景下的消费者所接受。这就需要建设与不同文化相融合、包容的品牌文化。建设开放包容的品牌文化就要以理念识别系统整合跨国经营理念和发展战略，形成颇具国际风范的品牌特质内涵；以企业形象识别系统整合品牌形象国际化元素；以品牌识别系统整合适应国际准则的管理制度、市场营销以及公关文化活动等；以视觉识别系统准确传达品牌理念，通过产品的外观、包装、陈列展示、宣传广告等视觉语言予以表达，以满足不同社会形态或文化背景中特定人群的心理感受。善于利用国际通行文字、符号、造形及色彩所产生的视觉形象力和号召力，以实现与国际公众有效的心理沟通，提升中国品牌的国际竞争力。"一带一路"建设中企业在跨文化管理和文化融合中，要学会"讲好中国品牌故事"，让世界看到中国人民梦想的坚守、勤劳勇敢的品格、对和平发展的奉献。

（十四）品牌文化全媒体传播

品牌文化传播是企业通过各种媒介将特定的品牌文化信息完整地有计划地传递给企业员工和社会公众并使其得到共享的过程。企业通过不同的工具和途径，将已提炼出来的品牌价值理念等有针对性、有计划地呈现出来，并为企业内部和外部所认知、认同。品牌文化传播是品牌文化建设工作的关键环节，具有重要意义。对内是品牌文化的接受、内化过程，最终目的是让品牌文化深入员工内心。对外是为企业创造文化品牌，提升产品或服务品牌的附加值，增强客户或消费者对企业和品牌的忠诚度、依赖感，以文化的感召力影响社会。当前，我们正处在网络信息时代，这个时代具有网络化、信息化、智能化的鲜明特征。品牌文化传播要紧跟时代步伐，探索进行品牌文化全媒体传播，即品牌文化传播要覆盖所有的媒体形式并有全媒体的传播手段。通过全媒体传播，大力提高品牌文化传播的效果。要坚守正确的政治方向、舆论导向，组织真实、优质的传播内容，提供正能量的海量信息，运用全媒体"讲好中国品牌故事"。品牌文化传播的核心是满足用户个性化需求，为消费者营造愉快难忘的消费体验，引导消费者自愿地以使用某种品牌或接受某种服务为时尚。当前，消费者的生活方式、娱乐方式、接受信息方式都在发生深刻变化。品牌文化全媒体传播要不断研究这种变化、适应这种变化，体现一定的前瞻性、预见性，搭建起更加平等开放的平台，构建起更加迅捷高效的信息互动交流模式，使不同年龄、不同区域、不同文化背景的人都能成为自己的用户。要综合运用大众传播、群体传播、人际传播等方式，构建全方位、多层次、宽领域的品牌文化传播格局。

（十五）品牌文化交流展示

品牌文化具有外倾、外向的特征，是需要公众认同的文化，又是市场开拓文化。品牌文化的公众认知度反应品牌市场的广度，品牌文化的公众信任度，代表品牌市场的深度。因此，品牌文化需要用多种载体、多种形式充分地交流展示。要充分利用国家和社会提供的交流展示平台。国务院批准自2017年起，将每年5月10日设立为"中国品牌日"。这是国家引导人们认识中国品牌、使用中国品牌、推广中国品牌，大力宣传知名自主品牌，讲好中国品牌故事，提高自主品牌影响力和认知度的重要举措。中国企业要以此为契机，深度解析一批中国优秀品牌的核心基因、文化联想，对消费者群体的影响，全面提升企业的品牌价值，见证中国品牌科技创新的奇迹，展示出中华文化的魅力。

（十六）品牌文化考核评价

没有评价就没有管理。在企业品牌战略的实施过程中，品牌文化评价和品牌文化建设工作考核必不可少。品牌文化评价是在企业建立了以品牌精神、价值观为核心的精神文化的前提下，着眼于消费者对品牌文化在市场上的地位即商品的文化为消费者接受的程度，对品牌文化的效果，包括品牌感知度、品牌满意度、品牌市场表现、品牌联想、品牌形象、品牌影响力、品牌忠诚度等进行评估。品牌文化建设工作考核，主要着眼于企业内部责任主体、主管部门及全体员工在品牌文化建设中所承担任务完成的情况监督管理。要探索建立完善企业品牌文化评价体系和品牌文化建设考核体系。考核评价体系的建立要坚持导向性，体现科学性，具有操作性。考核评价的目的是为了品牌文化的不断创新。在品牌

文化的建设过程中，企业根据市场和消费需求的变化，要及时检验品牌文化的定位和效果，在此基础上进行品牌文化的完善和创新。要不断优化品牌文化的管理操作流程，控制品牌文化管理幅度，精确品牌半径，避免品牌文化资产流失，与客户保持良好的沟通，提高理解能力和品牌文化融入性。根据品牌现有和未来的市场占有率、盈利能力指标对品牌文化分类管理。在传承品牌优秀文化的基础上，要有与时俱进、锐意进取的创新意识，及时吸纳现代科学文明成果，使品牌成为具有鲜活生命力、历久弥新、经久不衰的文化品牌。

四、加强品牌文化建设的主要措施

（十七）加强品牌文化建设的组织领导

企业决策层、经理层要把加强品牌文化建设作为提高企业软实力和国际竞争力的战略任务来抓。企业党组织在领导企业文化建设的总体布局中，要更加重视品牌文化建设，把握品牌文化建设的方向和时代脉搏，为品牌文化建设的健康发展提供政策导向和良好的社会环境，使品牌文化建设发展与中国社会主义先进文化的繁荣发展相协调，与社会主义核心价值体系相一致。要在企业文化建设领导体制中，明确品牌文化建设责任。把品牌文化建设作为评价所属企业发展水平、发展质量和负责人业绩的重要内容。品牌文化建设要建立健全由企业文化建设主管部门牵头、品牌管理部门主导、全体员工共同参与的工作机制。企业文化建设主管部门要充分发挥统筹指导作用，使品牌文化建设与企业创新文化、安全文化、质量文化、诚信文化、营销文化、服务文化、合规文化、廉洁文化、人力资源文化、风险文化、保密文化、责任文化等专项文化建设有机结合，融为一体，相得益彰，互相促进，协调发展。要团结社会各方面的力量，共同推进品牌文化建设，逐步形成各级党和政府主管部门宏观指导，企业党组织、决策层、经理层自觉推进，全体员工共同参与，学术、科研单位、高等院校提供理论支撑，社团、中介机构提供咨询服务、技术指导的品牌文化建设格局，营造全社会推进品牌文化建设的良好氛围。

（十八）提升企业家文化素养和责任理念

品牌文化是企业领导者信念、价值观的具体化，是企业家精神的人格化。企业领导者的经营管理水

平、创新能力、文化品味、人格魅力等对品牌文化都具有直接的影响。企业家和领导者群体要具有强烈的自觉的文化担当精神。企业家是品牌文化的创造者、倡导者、践行者，要像担当经济、政治、社会、生态责任那样，自觉担当起品牌文化建设创新的责任、企业优秀品牌文化传承的责任、品牌文化资产保值增值的责任。企业家要不断学习文化知识，提高文化素质，锻造优秀的文化品质，在品牌文化建设中发挥引导示范作用。企业家要提升全员品牌文化建设重要性认识，营造品牌文化氛围；要与团队共同提炼出个性鲜明且能与消费者产生心灵共鸣的品牌价值，并以非凡定力坚持维护品牌核心价值；要围绕品牌核心价值制定品牌建设的各项制度和管理流程，使其具有可操作性。

（十九）加强品牌文化建设典型经验宣传推广工作

21世纪是"文化管理"的时代，也是"文化致胜"的时代。企业文化建设成为现代企业管理的关键环节、企业竞争的重要方面。越来越多的企业认识到企业文化对企业管理和可持续发展的重要意义，把企业文化建设作为提升企业核心竞争力的重要途径，但品牌文化建设相对滞后。推进品牌文化建设的健康发展，需要借鉴经验、典型引路和榜样的示范力量。要广泛深入进行调查研究，本着实事求是、与时俱进的精神总结企业品牌文化建设的先进经验。把典型的案例、成功的做法、有价值的资料、切实可行的方法路径等收集起来，进行系统梳理深入分析，提炼出一批具有普遍指导意义、可推广的企业品牌文化建设经验。同时，采用多种形式进行宣传推广。要在认真总结经验的基础上，培育、建设一批品牌文化建设示范基地和品牌文化建设标杆单位。充分发挥这些基地、单位品牌建设的示范作用，交流品牌文化建设经验、展示品牌文化建设成果。

（二十）加强品牌文化人才队伍建设

加强品牌文化人才队伍建设是品牌文化建设自身科学发展的基础条件和重要任务。企业在加强品牌专业人才的引进、培养、使用的同时，要加强品牌文化建设人才的选拔、培养。要充分发挥专业机构、行业组织和媒体的作用，凝聚品牌文化建设的内外合力。加强培训工作，帮助企业文化建设工作者和企业经管管理骨干学习掌握品牌文化建设的基本理论和实务操作技能，开阔视野，拓宽思路，提

高工作水平，尽快建立一支素质高、专业精、能力强、有激情、负责任的品牌文化建设专业队伍，为中国品牌文化建设提供人才保障。

（二十一）加强品牌文化建设的物质保障

企业要根据品牌建设的战略目标和实施步骤，加大资金投入，将品牌文化建设所需资金纳入年度预算，为品牌文化建设提供坚实的资金保证。品牌文化建设的投入是战略投资、未来投资和长远回报，是有形投资无形产出。要健全投资保障机制，把企业品牌文化建设经费纳入企业经常性预算，加大品牌文化活动经费投入，加强品牌文化基础设施建设，为企业品牌文化建设提供有力的财力和物质支持。

上海市企业文化建设三年行动计划纲要（2017—2019年）

上海市思想政治工作研究会
上海市企业文化促进会

"十三五"期间，是我国全面建成小康社会决胜阶段，是上海基本建成"四个中心"和社会主义现代化国际大都市的冲刺阶段。站在新的历史起点，上海企业文化建设将承载新使命、新任务，进一步发挥文化引领价值、凝聚共识、服务社会、推进发展的作用。为指导推动全市企业文化建设创新发展、内涵发展、开放发展，特制定《上海市企业文化建设三年行动计划纲要（2017—2019）》。

一、指导思想和遵循原则

（一）指导思想

高举中国特色社会主义伟大旗帜，全面贯彻党的十八大和十八届三中、四中、五中、六中全会精神，坚持以马克思列宁主义、毛泽东思想、邓小平理论、"三个代表"重要思想、科学发展观为指导，紧密团结在以习近平同志为核心的党中央周围，深入贯彻习近平总书记系列重要讲话精神，紧紧围绕"五位一体"总体布局和"四个全面"战略布局，牢固树立和贯彻落实创新、协调、绿色、开放、共享的发展理念，准确把握企业文化建设的时代主题和历史使命，以社会主义核心价值观为引领，以推动城市创新驱动发展、经济转型升级为根本，以促进企业改革发展和员工全面发展为己任，遵循企业文

发展规律、内铸精神、外塑形象，不断增强企业活力和竞争力，为上海继续当好改革开放排头兵、创新发展先行者，迈向卓越的全球城市，实现"两个一百年"奋斗目标和中华民族伟大复兴的中国梦贡献力量。

(二)遵循原则

——坚持价值导向，引领发展。高扬社会主义核心价值观旗帜，把核心价值观融入企业改革发展的全过程，贯穿生产经营和管理服务的各环节，成为企业文化的精髓与灵魂，转化为企业的发展战略、理想愿景、使命责任、思想理念和规划举措，转化为企业职工的精神追求和实际行动。

——坚持以人为本，以文育人。把以人民为中心的工作导向放在突出位置，全心全意依靠工人阶级，尊重职工主人翁地位，注重共建共享，保障职工群众政治、经济、文化和社会权益，满足职工群众日益增长的精神文化需求，提高企业职工文化参与度和获得感，让全体职工共享改革发展成果。

——坚持传承创新，彰显特色。注重创新创造，推进企业文化理念体系、运行机制、手段载体创新，传承优秀传统文化基因，激发海派企业文化活力，丰富企业精神时代内涵，培育独具魅力的企业人文特质，营造鼓励创新、宽容失败的文化氛围，塑造具有鲜明个性、行业特点、企业特色的文化品牌形象。

——坚持统筹协调、形成合力。注重协调均衡，强化组织指导，统筹政府、企业和员工三大主体，统筹不同区域、不同产业、不同所有制企业文化建设发展，推进企业文化建设与企业党建工作、思想政治工作、精神文明创建等协调联动，促进企业与城区、社区和自然和谐发展，共建创新之城、人文之城、生态之城。

——坚持重在建设、提升水平。紧密结合经济社会发展的新形势、科学技术进步的新特点、企业改革发展的新任务、职工精神文化的新需求，科学规划、布局谋篇、顶层设计，探索和尊重企业成长规律、企业文化形成和发展规律、文化育人规律，重在建设、贵在创新，形成具有国际影响力的"海派企业文化"。

二、总体目标和重点任务

(三)总体目标

2019 年，基本完善上海企业文化建设的指导协调、阵地载体、政策保障、展评发布、公共服务等支撑体系，巩固提升党政引导、企业自觉、职工参与、制度规范、社会支持的企业文化建设工作格局，使全市企业文化建设的制度设计更加科学、参与主体更加丰富、覆盖领域更加广泛、文化创新更加活跃、特点特色更加鲜活、文化生态更加良好，在全国企业文化建设中走出上海路子、推出上海经验。

(四)重点任务

——实施"同心逐梦"行动。深化中国特色社会主义和中国梦宣传教育，用科学理论武装头脑，用共同理想凝聚共识。紧紧围绕加快建设具有全球影响力的科技创新中心、基本实现"四个中心"和社会主义现代化国际大都市的总体目标，结合各地区、各行业、各系统实际，精心组织面向企业的对象化、分众化、互动化的重大主题宣讲，切实把党中央治国理政新理念新思想新战略讲全、讲准、讲透，用企业职工视角、职工话语、职工情怀，讲好追求中国梦的上海目标、讲好实现中国梦的企业责任、讲好践行中国梦的身边故事。持续深入开展覆盖不同行业的"中国梦·劳动美"系列主题活动，引导广大职工立足岗位、励精图治、同心同德、齐心协力，在追逐梦想的征程中撸起袖子加油干，用今天的努力浇筑明天的辉煌。

大力培育和践行核心价值观，更好地构筑企业精神、企业力量、企业价值，为上海继续当好排头兵先行者提供精神动力和道德滋养。综合运用社会媒体、企业媒体定期发布各行各业涌现的时代楷模、道德模范、最美人物、身边好人等，用道德模范的先进事迹引领社会凝聚人心，"好人好报"的价值导向温暖人心，不断放大上海工匠、凡人善举的光和热，在企业昂然挺立起一座座道德灯塔，激励广大职工比学赶超，争当一流员工，争创一流业绩。拓展广度深度，创新形式载体，抓好《关于进一步把社会主义核心价值观融入法治建设的指导意见》的贯彻落实，指导促进企业将核心价值观由"软性要求"向"硬性约束"转变，引导鼓励企业切实把核心价值观贯穿于企业制度和企业管理，转化为行业规章、岗位规则，以制度体现道德理念，使之内化为员工的精神追求，外化为员工的自觉行动。

——实施"迈向卓越"行动。弘扬海纳百川、追求卓越、大气谦和、开明睿智的城市精神，践行创新、协调、绿色、开放、共享的发展理念，构筑起企业与战略谋划相匹配、与创新发展相衔接、与凝聚职工相融合的企业文化体系。用理念的创新，推动体制机制创新、经营管理的创新和科学技术的创新，着力营造惟不忘初心者进、惟从容自信者胜、惟改革创新者强的文化生态，着力掌握一批关键核心技术、集聚一批科技领军人才，着力打造一批自主创新企业、一批自主创新品牌，推动企业成为创新发展主战场、生力军，为建设创新之城、人文之城、生态之城，为实现"卓越的全球城市"愿景作出贡献。

坚持用企业理念、愿景、使命、价值观凝聚职工群众。加强集团文化建设，促进学习型企业建设，培育适宜组织学习和创新的文化氛围，搭建知识平台，促进知识共享，完善知识结构，锻造匠志、锤炼匠心、潜修匠技、传承匠德，促进创新文化成果推广转化和应用，增强企业整体学习力和创新力。加强专项文化建设，从行业特征和企业特点出发，建设好人本文化、诚信文化、安全文化、质量文化、环保文化、服务文化、品牌文化、廉洁文化、责任文化等，推动企业价值理念转化为管理优势、竞争实力。注重处理好母子文化关系，在用集团总部核心价值体系覆盖子公司的同时，建设好子公司的特色文化，增强企业文化的活力。要注重企业的功能性特点，凸显院所文化、项目文化、场站文化、班组文化等特色。通过媒体推介、行业举荐、社团厚植、院校孵化等方式，打造一批具有全国乃至国际影响力的"海派企业文化"品牌，提升上海企业形象力，让企业文化迈向卓越。

——实施"责任担当"行动。倡导公正、包容、责任、诚信的价值取向，增强企业的社会责任意识，培育企业的社会责任担当精神，拓展企业的社会责任履行领域，推动社会责任在企业落地生根。丰富企业社会责任内涵和外延，鼓励企业在公序良俗、扩大就业、依法纳税、公益慈善、环保生态、公共事业、志愿服务、帮困扶贫、员工福祉等方面履行社会责任，对社会发展和人民幸福做出企业贡献。加强各行各业职业道德、职业责任、职业操守、职业技能、职业自律、职业作风宣传教育，引导广大企业职工增强责任自觉，树立正确的市场观、质量观、服务观、利益观，为社会负责任地做产品、做服务、做公民。

提升企业履行社会责任的品牌形象，以命名上海市企业文化建设示范基地为激励，修改完善上海市企业文化建设评估指标体系，将企业社会责任履行情况作为"上海市企业文化建设示范基地"和"上海市企业创新文化品牌"展评的重要指标，并作为申报的前置条件，提高申报企业履行社会责任的透明度和公众知晓率。协调全国和本市社会组织、主流媒体指导举办"上海企业社会责任论坛"，引导企业思考社会责任、呼唤社会责任、践行社会责任。发布上海企业创新文化品牌联盟宣言，优化完善"年度上海企业创新文化十佳优秀品牌"展评机制，创新推出《上海企业社会责任品牌形象》发布载体阵地，集中展现上海企业守诚信、懂感恩、敢担当、负责任、作贡献的品牌形象。

——实施"阳光关怀"行动。把思想政治工作作为企业党组织一项经常性、基础性工作来抓，把解决思想问题与解决实际问题结合起来，既讲道理，又办实事，多做得人心、暖人心、稳人心的工作。聚焦经济发展新常态、推进供给侧结构性改革，针对股市楼市、就医就学、收入税收等职工群众关切的话题，讲清"怎么看""怎么办"，引导职工多看主流、多看本质、多看光明面。推进人文关怀心理疏导进企业，针对职工多样化思想特点和心理需求，创新职工心理援助（EAP）服务工作机制，普及心理健康基础知识，培育职工心理服务志愿者队伍，鼓励有条件的行业或企业利用现有资源设立职工心理援助热线、员工心灵港湾、心理咨询室。推动人文关怀心理疏导示范点在企业的合理均衡布局，重点扶持一批具有企业特色的人文关怀心理疏导工作项目。

创新文化润心、文化安心、文化宽心、文化暖心载体，积极探索市民修身行动计划在企业的多种实现形式。推进企业文化阵地和文化品牌建设，引导企业以需求为导向，加强企业报刊、网络、图书室、活动室、俱乐部、文化广场等阵地建设，优先安排与职工切身利益密切相关的企业文化项目，加强内容、设施、场所管理，为职工提供实实在在的文化服务。构建以社会公共文化设施为支撑的企业文化交流平台，为指导企业文化建设、服务职工文艺创作、推动职工文化交流、展示职工文化风采提供内容配送、项目服务和专业指导。鼓励支持企业打造一批职工文化品牌和项目。传承企业优秀文化传统，办好企业文化节、艺术节、读书节、科技节，广泛开展展览展示、读书演讲、文艺汇演、体育健身、美术舞蹈、书法摄影等业余文化活动，用歌声凝聚力量，用舞姿传递真情，用笔墨描绘美好，用相机定格感动。

——实施"互联网＋"行动。加快构建全方位覆盖、多终端访问、跨平台多通道发布的企业文化信息网络平台，便于各类企业和广大员工参与企业文化建设。适应"微时代"宣传文化工作的特点，支持引导企业加强与社会媒体沟通合作，鼓励、支持企业开设官方微博、开设微信公众号，设计制作"微电影""微故事""微言录""微视频""微访谈""微展示""微直播"等，综合运用企业网站、微博、微信、多媒体终端等传播企业文化。组织协调本市高级政工师、企业文化建设示范基地宣传文化骨干等开设工作微博，打造跨企业、多层次的企业文化建设工作微博群，对企业培育践行核心价值观进行有创意的传播。发挥@东方日记本主题微博和微信账号的教育发动作用，形成线上线下、企业之间连线、连通、联播、联动的格局，增强企业文化传播的影响力。

加强企业文化成果的开发、集成与共享。结合"党的诞生地·一线一站"主题宣传活动，组织开展上海企业文化创新品牌联展。继续组织上海市企业文化建设示范基地申报评审，创新上海企业创新文化品牌推介宣传，组织开展"海派企业精神"研讨发布活动，建立上海企业文化建设数据库，加强企业文化骨干全员培训，结集全市企业文化建设典型经验、创新品牌和优秀案例，编辑出版"上海企业文化建设系列丛书"，提升理论价值和应用价值。支持各类所有制企业开展多种形式的跨行业、跨区域文化交流、文化合作、文化研讨活动，鼓励支持社会力量参与企业文化建设。

三、组织实施和进度安排

（五）组织指导

在市委宣传部领导下，上海市思想政治工作研究会、上海市企业文化促进会负责指导《上海市企业文化建设三年行动计划纲要》的实施工作。各地区、委办思研会（企业文化促进会）根据《行动计划纲要》，结合本地区、本系统实际，将有关任务纳入相应工作计划，充分履行工作职责，发挥各自优势，密切配合，形成合力。市思研会秘书处发挥组织协调作用，会同有关方面共同推进企业文化建设。

区、委办思研会（企业文化促进会）负责指导本地区、本系统的实施工作。要把推进企业文化建设作为培育和践行社会主义核心价值观的具体举措，纳入各自的贯彻实施方案。要协调指导归口管理的企业因地制宜开展实施，特别是上海企业创新文化品牌联盟单位、上海市企业文化建设示范基地要率先行动。《行动计划纲要》相关内容，将作为今后上海企业文化建设示范基地申报评审的重要依据。

加强《行动计划纲要》实施的指导督促，深入基层开展调研，及时总结推广实施"五大行动"的做法经验，提升本市企业文化建设整体水平。

（六）进度安排

启动实施。2017年上半年，推动和指导各地区、各部门制定实施方案并启动实施。协调编制《行动计划纲要》任务分工，做好启动动员和宣传工作。

深入实施。2017年下半年至2018年上半年，继续完善工作机制，加强过程管理，针对薄弱环节，补齐工作短板，积极推进"五大行动"的实施。2018年，组织进行中期评估。

总结评估。2019年下半年，组织对《行动计划纲要》实施情况进行总结和评估，向社会发布《上海市企业文化建设白皮书》。

中国石油化工集团公司企业文化建设纲要（2016年修订版）

中共中国石化党组

不同企业以及企业发展的不同阶段，对于企业文化的需求是不完全相同的，不同环境也对企业文化会有不同诉求，"世异则事异""事异则备变"。同质化、僵化的文化就是枷锁，哪怕曾经非常美好，这就是企业文化为什么需要维护、修订、再造、提升、创新甚至颠覆的主要原因。中国石化党组以内外环境的深刻变化以及发展新理念和愿景为根据，顺势而动、推出企业文化建设纲要升级版，转载于后，以飨读者。

企业文化是构成企业核心竞争力的关键所在，是企业发展的原动力。以"爱我中华、振兴石化"的企业精神和"三老四严""苦干实干""精细严谨"等优良传统为重要内涵的企业文化在中国石化的改革发展中起到了有力的引领与支撑作用，是激励中国石化攻坚克难、不断前进的制胜法宝。为扎实培育和践行社会主义核心价值观，有效落实中央"创新、协调、绿色、开放、共享"的发展理念，积极适应市场化和国际化发展要求，中国石化企业文化需要在继承优良传统的基础上不断创新与发展，以进一步凝聚广大员工干事创业的精神力量，引领与推动公司持续健康发展。

一、中国石化核心价值理念

核心价值理念是企业文化的核心和灵魂，是指导企业行为和员工行为的根本指南。中国石化核心价值理念体系包括企业使命、企业愿景、企业价值观和企业作风。

（一）企业使命：为美好生活加油

企业使命表明公司存在的根本目的和理由。中国石化坚持把人类对美好生活的向往当作企业发展的方向，致力于提供更先进的技术、更优质的产品和更周到的服务，为社会发展助力加油；坚持走绿色低碳的可持续发展道路，加快构建有利于节约资源和保护环境的产业结构和生产方式，为推进生态文明建设作贡献；坚持合作共赢的发展理念，使公司在不断发展壮大的同时，为各利益相关方带来福祉。

（二）企业愿景：建设世界一流能源化工公司

企业愿景是企业的长远发展目标，表明企业发展方向和远景蓝图。为实现上述愿景，中国石化将致力于以下四方面实践：

致力于成为可持续发展企业。全面实施"价值引领、创新驱动、资源统筹、开放合作、绿色低碳"发展战略，迅速适应环境变化，加快转方式调结构、提质增效升级，使公司在已领先的竞争领域和未来的经营环境中努力保持持续的盈利增长和能力提升，保证公司长盛不衰。

致力于成为利益相关方满意企业。更加突出技术进步和以人为本，努力提供优质的产品、技术和服务，展现良好的社会责任形象，让员工、客户、股东、社会公众以及业务所在国（地区）的民众满意，努力成为高度负责任、高度受尊敬的卓越企业。

致力于成为绿色高效能源化工企业。以能源、化工作为主营方向，做好战略布局和业务结构优化，在发展好传统业务的同时，不断开发和高效利用页岩气、地热、生物质能等新兴产业。开发绿色低碳生产技术，研发生产环保新材料，促进煤炭资源清洁化利用，努力成为绿色高效的能源化工企业。

致力于成为世界一流企业。世界一流企业不仅需要一流的规模，更需要一流的质量和效益，一流的企业文化管理和品牌形象，以及一流的市场化、国际化竞争能力。中国石化要对照世界一流企业的标准，通过艰苦不懈的努力，成为治理规范、管理高效、文化先进、市场化程度高、国际化经营能力强、拥有世界一流技术、人才和品牌的先进企业。

（三）企业价值观：人本、责任、诚信、精细、创新、共赢

企业价值观是全体员工共同遵循的、在企业制定战略和进行生产经营行为时必须坚守的原则和标准。

人本——以人为本，发展企业。从广大客户和社会公众的需要出发，确定企业发展方向，研发一流产品，提供一流服务。把员工作为企业发展的主体力量，为员工全面发展创造条件，让员工生活得更加幸福。

责任——报国为民，造福人类。继承弘扬"爱我中华、振兴石化"的企业精神，切实履行好国有企业的经济、政治和社会责任。同步贡献业务所在国（地区），履行好相关的经济、法律和社会责任。全体员工坚守"有岗必有责，上岗必担责"，为企业发展拼搏奉献。

诚信——重信守诺，合规经营。把信用立企作为企业的发展之基，依法经营，规范运作，做到"每一滴油都是承诺"，为企业树立良好品牌形象。

精细——精细严谨，止于至善。以严格的要求和一丝不苟的态度，养成精细严谨的工作作风，追求生产上精耕细作、经营上精打细算、管理上精雕细刻、技术上精益求精，努力提升生产经营管理水平。

创新——立足引领，追求卓越。坚持创新驱动，把发展动力转到依靠创新驱动上来，大力推进科技创新、管理创新和商业模式创新，引领市场发展，打造行业标杆，成就卓越品质。

共赢——合作互利，共同发展。坚持开放包容、精诚合作、互惠和谐。遵循和尊重业务所在国（地区）法律法规、文化习俗，汲取、融汇合作方的优秀文化和先进经验。帮助客户提升价值，企业发展惠及周边社区民众，与利益相关方共同发展、互利共赢。

（四）企业作风：严、细、实

企业作风是企业在长期的生产经营活动中形成的工作风气，是企业内质的外在表现。中国石化坚持弘扬"苦干实干""三老四严"等石油石化优良传统，将"严细实"贯穿到企业经营管理的全过程。

严：就是"严字当头"。对待工作，有严格的要求、严密的组织、严肃的态度、严明的纪律。

细：就是"细字当先"。工作中要始终拿着"放大镜"，对每个节点、每个工序、每个需要检查或注意的地方，一丝不苟，一点一点去做好过程控制和节点控制。

实：就是"实字当家"。坚持当老实人、说老实话、办老实事，踏踏实实工作，清清白白做人，静下心来谋发展，沉下身子做事情。

二、企业文化建设的指导思想和基本原则

（一）指导思想

按照社会主义核心价值观要求，继承中华民族和石油石化优良传统，吸收借鉴国内外现代企业管理和文化管理的优秀成果，建设与世界一流企业相匹配、与社会共同价值观相融合、具有国际化公司特征的企业文化，推动公司实现更高质量、更有效益、更可持续发展。

（二）基本原则

源于实践，引领发展。坚持从企业改革发展实践中提炼价值理念和管理模式，用先进的企业文化引领企业改革发展的新实践。

继承传统，与时俱进。继承和发扬企业优良传统和管理经验，结合时代发展要求，借鉴国内外先进企业的文化管理模式，持续优化推进企业文化建设。

突出共性，上下一致。坚持中国石化核心价值理念的统一性，各单位要在中国石化核心价值理念的统领下，培育和塑造符合本单位实际的企业文化，实现文化共性与文化个性、本土文化与海外文化的有机融合，相得益彰。

统筹规划，有序推进。企业文化建设是一项长期复杂的系统工程，要围绕改革发展的重点任务和突出问题，找准切入点和着力点，增强工作的系统性、针对性和实效性。

领导垂范，全员参与。各级领导人员是企业文化建设的倡导者与推行者，必须身体力行、以上率下，充分发挥示范带动作用。全体员工是企业文化建设的主体，要在实践中不断学习、践行和传播，共同建设和发展企业文化。

三、企业文化建设的主要任务和组织实施

企业文化管理是现代企业先进而有效的管理方式之一，是改善企业管理的重要途径。当前，中国石化正处于建设世界一流能源化工公司的关键阶段，更需要发挥文化管理的本质作用，引领和支撑公司持续健康发展。

（一）指导制度建设

以中国石化核心价值理念为导向，修订完善现有制度，指导制定新制度，建立体现文化导向、与价值理念协同一致、务实管用的制度体系，确保制度建设体现公司核心价值理念要求。

（二）转化成员工自觉行为

把价值理念落实到生产经营的全过程，落实到每名员工的岗位责任中，切实提升企业的执行力、竞争力。持续完善和推行《员工守则》和《职工违纪违规行为处分规定》，以共同的行为准则引导和规范全体员工行为。

（三）推进专项文化建设

专项文化包括企业在某一经营管理领域用于指导经营管理实践的工作理念、管理模式、工作制度和行为规范等内容。积极开展专项文化建设是企业文化融入经营管理实践的有效方式，是提高企业基础管理水平的有效途径。集团公司将同步推进专项文化建设，如安全文化、环保文化、质量文化、法治文化、廉洁文化等。各单位要结合实际，深化专项文化建设，提高企业文化与经营管理的融合度。

（四）规范基层文化建设

加强价值观管理和价值理念落地的实践研究，有效推进并进一步规范基层文化建设。结合"三基"工作，突出"严细实"导向，增强基层单位企业文化建设的实践性和可操作性。强化理念融入流程、制度、职责，推动中国石化核心价值理念及战略举措在基层落地、在岗位践行。通过开展讲"石化故事"、评选"感动人物"等活动，引导广大基层员工积极参与企业文化建设。

（五）加强跨文化管理

重视文化差异对公司改革发展和国际化经营的影响，系统开展跨文化管理研究，掌握企业在跨文

化条件下克服冲突、提升管理、促进共赢的规律和对策。开展跨文化管理针对性培训，增强公司国际化经营管理人才在复杂文化环境下的沟通能力和经营管理能力。有效推进境外企业、境内合资合作企业以及混合所有制企业的跨文化管理工作，为公司国际化发展及体制机制改革建立和谐有利的文化环境。

（六）提升企业形象

加强品牌管理。根据核心价值理念内涵，加强品牌战略研究、规划、整合及传播，规范品牌、商标的使用与管理，充分发挥中国石化品牌及组合品牌的市场影响力和辐射力，不断提升品牌价值。

注重形象塑造。适时修订《集团公司视觉识别手册》，规范使用形象标识，不断提升标识的价值和影响力。加强企业形象正面宣传，维护好社会公共关系，提高突发事件应对能力，营造良好的社会舆论环境。

履行社会责任。为社会提供安全可靠的产品和服务，努力创造就业岗位，诚信交纳税款，积极参与社会公益事业，切实履行好企业应尽的社会责任。

（七）强化组织实施

加强宣传推广。集团公司将统一制作相关宣传片、手册、海报及广告等，引领并规范各单位企业文化宣传。各单位要积极选树先进典型，加大宣传推广力度，引导员工自觉践行核心价值理念，确保中国石化核心价值理念入眼入脑入心。对外通过提供优质的产品和服务，策划开展社会公益活动，加强品牌宣传，展示和传播中国石化良好形象。

持续总结交流。定期组织企业文化培训，进行经验交流，引导各单位科学规范开展企业文化建设。适时开展企业文化建设先进单位评选表彰工作，培育一批企业文化建设示范点。定期开展企业文化建设调研，总结推广企业文化建设的有效经验。

完善保障措施。各单位党政主要领导是第一责任人，对本单位企业文化建设负总责。要建立完善企业文化建设主管部门统筹策划，相关部门分工负责，所属单位贯彻落实并及时反馈的工作体系。要建立完善企业文化建设考核评价机制，推动企业文化建设科学高效开展。要将企业文化建设经费纳入年度预算，为企业文化建设提供必要的资金支持和物质保障。

企业文化建设纲要（2015—2020年）

中国交通建设股份有限公司

第一章　总则

第一条　为进一步贯彻落实中国交建二次党代会精神，助推"五商中交"战略实施，明确"十三五"企业文化建设目标任务，打造中国交建企业文化升级版，制定本纲要。

第二条　本纲要所称企业文化建设是指以提高员工人文修养和自我管理素质为基本途径，以培养企业核心价值理念为手段的企业管理工作。包括企业文化基础建设、企业特色文化建设。

第三条　当今时代，文化要素已经成为产品竞争力的核心要素，文化素质已经成为领导者和员工的首要素质，文化优势已经成为企业发展日益重要的软实力优势。企业文化是企业核心竞争力的重要组成部分。

第四条　公司发展历史悠久，培育了甘于吃苦、勇于创新的文化传统。经过合并重组、收购兼并，公司在壮大企业经济实力的同时，逐步形成了开放包容的特色文化。

第五条　企业文化建设以邓小平理论、"三个代表"重要思想、科学发展观为指导，全面贯彻党的十八大和十八届三中、四中全会精神，贯彻落实习近平总书记系列重要讲话精神，围绕"五商中交"战略，服务"世界一流"目标，重塑文化基因、加快文化融合、强化文化引领，为中国交建率先建成世界一流企业提供强大的精神动力和文化支撑。

第六条　打造企业文化升级版的着力点是：适应"五商中交"战略，传承中华优秀传统文化，吸收现代商业文明理念，追求价值创造，推动由工到商、工商相融的文化基因重塑；响应公司专业化、一体化改革要求，强化整体意识、推进文化深度融合、构建既集中统一又包容开放的中国交建主体文化；支持建设世界一流企业目标，顺应国际发展潮流，建设有中交特色的全球文化。

第七条　企业文化建设坚持下列基本原则。

（一）领导垂范与全员参与相结合。企业文化建设要发挥领导带头示范效应、尊重员工主体地位，要让全体员工广泛参与企业文化建设，不断践行企业文化核心理念，将文化理念内化为行为习惯。

(二)联系实际与引领发展相结合。企业文化建设要全面围绕和服务企业发展战略，用企业发展的新实践丰富充实企业文化内涵，又以企业文化引领企业改革发展实践，实现文化与管理的有机融合，推进企业持续健康发展。

(三)继承传统与顺应时代相结合。在弘扬公司优良文化传统、继承文化管理经验的基础上，结合企业国际化、一体化、信息化发展的时代要求，努力形成既体现公司优秀传统品质又反映时代特征、既有中国特色又与国际接轨的企业文化。

(四)突出共性与兼顾个性相结合。贯彻"集团整体利益最大化"的要求，既强调整体意识引领，又鼓励多样实践，推动文化深度融合，建设更加和谐统一、更具凝聚力、更具价值创造力的中国交建主流文化，引领各子公司开展富有个性的企业文化实践。

第八条 企业文化建设的总体目标是：以学习宣贯社会主义核心价值观为引领，巩固团结奋斗的思想基础，奠定遵纪守法的制度基础，夯实崇德向善的道德基础，提升科学发展的文化基础，形成企业文化的强大合力。

第九条 企业文化建设的具体目标是：

(一)统一思想认识，围绕"五商中交"战略，顺应企业国际化、一体化、信息化发展趋势，构建独具中交特色的企业文化体系。

(二)企业文化理念全面融入公司经营管理，深入人心，员工自我管理意识增强，集团文化、母子公司文化、社会文化与企业文化进一步融合，企业文化的管理功能作用日益显现。

(三)品牌传播成效显著，企业形象不断彰显，品牌知名度和影响力不断扩大，品牌管理体系进一步完善，母子品牌相辅相成，建立起与世界一流企业相匹配的品牌体系。

(四)认真总结企业文化建设典型经验，树立一批先进典型。学习企业文化建设先进理论，总结公司企业文化建设经验，形成企业文化建设理论成果和实践成果。

第二章 企业文化基础建设

第十条 企业文化基础建设包括理念识别系统、行为识别系统和视觉识别系统建设及重要文化专项活动。

第十一条 理念识别系统是企业文化的核心内容。中国交建理念识别系统主要内容包括：

企业使命：固基修道，履方致远。

企业愿景：让世界更畅通，让城市更宜居，让生活更美好。

企业核心价值观：公平、包容、务实、创新。

企业精神：交融天下，建者无疆。

中国交建所属各级企业要统一强化宣贯落实上述理念，不得在此之外构建自身的企业文化核心理念。

第十二条 行为识别系统是理念识别系统的外化和表现，包括在企业文化理念引导下管理行为、市场行为和员工行为。

以社会主义核心价值观为引领，以中国交建理念和"崇德崇学，向善向上"员工价值准则为导向，结合企业实际，分别制定中国交建高管人员、管理人员、普通员工行为规范，引导和规范企业行为和员工行为。

第十三条 视觉识别系统是理念识别系统的视觉化，包括企业标识、旗帜、品牌等基础要素及其应用。根据企业发展新形势、新任务、新特点进一步修订中国交建视觉识别系统规范手册，强化推广使用中国交建标识，提高标识使用的覆盖面、准确度。规范母子企业商标品牌使用管理。

第十四条 积极宣贯落实中宣部、中央文明办颁发的《培育和践行社会主义核心价值观行动方案》，开展爱国主义教育活动、群众性精神文明创建活动、学雷锋志愿服务活动、诚信建设制度化等活动，以社会主流文化建设推进中国交建企业文化建设。建立企业文化建设、精神文明建设、履行企业社会责任的一体化工作体系。

第十五条 遵循企业文化建设规律开展工作。充分利用各种载体，实现中国交建企业文化核心理念深入人心、识别系统全面覆盖。开展主题鲜明、形式多样的文化活动，建立规范统一的文化礼仪，让企业文化理念入人心、入行为、入制度、入管理。通过制度的规范、约束、激励使文化内化于制度体系、外化于行为体系、贯穿于考核评价体系。加强企业典型的塑造、学习、宣传，进一步发挥典型的示范、引领、激励作用。强化企业历史的发掘和阐释，以企业历史传承和强化企业文化。进一步加强宣传阵地建设，创新宣传理念宣传手段，发挥正面宣传鼓舞人、激励人的作用，形成企业文化建设和传播的互动提升。做好舆论引导，塑造良好的企业形象，营造良好的社会舆论氛围。

第三章　企业特色文化建设

第十六条　企业特色文化建设是指根据企业组织及经营管理特点开展的专业性、专题性文化建设，是落实中国交建理念的重要载体。包括：安全、法治、绿色、品牌、子企业、项目部、境外企业的文化建设。

第十七条　安全、质量、绿色文化建设。牢固树立"以人为本、安全第一"的安全文化理念，深化"人人为安全负责"的安全管理文化，持续养成"人人保安全"的行为习惯，强化安全文化的延伸渗透，初步建立安全文化考核奖罚机制。

牢固树立"质量即是生命、质量决定发展效益和价值"的质量文化理念，建立健全质量监督管理体系，落实全员质量责任，积极开展群众性质量活动，提升全员质量意识，努力形成人人关心质量的良好氛围。

牢固树立"节能低碳、绿色发展"的绿色文化理念，建立健全节能减排管理体系，以典型引路、示范带动、绿色基层建设等活动为抓手不断强化全体员工的环保意识和节能意识。

第十八条　法治文化建设。深入贯彻落实中央依法治国若干重大问题决定精神，认真学习宣传依法治国的重要意义，积极组织开展"学习宪法、尊法守法"等群众性主题活动。全面推进法治央企建设行动，努力营造依法治企的法治文化氛围。制定完善的合规管理制度，提高全体员工的合规意识，形成良好的企业合规文化，使依法办事和按章操作成为员工的行为习惯。

第十九条　品牌文化建设。以央企使命、实力、责任、共赢为内核，坚持"创新驱动"发展理念，坚持"用心浇注您的满意"服务理念，持续深化中国交建品牌内涵。着力塑造一批特色鲜明、具有行业引领力的专业子品牌，构建公司品牌体系。积极培育企业英模，构建公司荣誉体系。积极推进公司标识系统规范化标准化，制定品牌建设规划和品牌管理办法。从视觉系统、品牌体系、产品服务、能力水平、社会责任五个方面加强品牌传播。构建以报纸

网站新媒体和舆情监测为一体的宣传舆论工作阵地，加强与社会媒体的沟通合作，塑造中国交建好形象。

第二十条　子企业文化建设。子企业文化建设要强化整体意识，按照"一体同心、多元多样"要求，既要强化中国交建母文化的主导地位，又要形成符合实际的个性子文化。子企业要把文化建设重心放在本质一体化、细节丰富化、工作具体化上，建设共有精神家园；在中国交建统一企业文化核心理念和标识、统一规划企业文化建设工作、统筹开展大型文化活动的基础上，子企业要按照企业文化建设规律、结合企业实际组织开展企业文化建设工作；子企业要确保中国交建文化核心理念的统一性、视觉识别系统规范性、文化活动的融入性，用基层丰富实践诠释和传播中国交建文化核心理念；子企业要准确把握中国交建企业文化核心理念，开展文化发掘提炼活动。

第二十一条　项目文化建设。项目部是公司最基层生产经营组织，员工聚集中心，也是展现企业文化最直接的窗口。要大力贯彻落实《中国交建项目部文化建设管理规定》，提高项目文化建设基本要求的覆盖面，积极总结各子企业开展项目文化建设的经验，发现典型、培育典型、推广典型，推动项目文化建设普及与提高。积极开展其他基层组织文化建设，及时总结经验，形成制度。

第二十二条　境外企业文化建设。适应国家"走出去"战略和公司海外发展优先战略要求，大力推进境外企业文化建设。坚持"魂在中华、根在中交、行在海外"的境外企业文化方针，贯彻落实《中国交建境外企业文化建设实施意见》，牢固树立企业使命意识和责任意识，着力推进科学发展、依法合规、和谐共赢等理念的培育及相应文化体制机制的建设。注重跨文化管理实践，积极开展对外文化交流，实现与所在国文化的深度融合和共同发展，建设适应国际发展潮流、符合企业发展战略、具有企业特色的全球文化，提升公司国际市场竞争力和中华文化国际影响力。启动跨文化管理基础研究，开展国际机构的文化导入研究。

第四章　企业文化建设保障

第二十三条　强化组织领导。要推进企业文化落地生根，推进企业文化建设"一把手"工程，建立宣贯传导机制。各级企业党组织负责人是企业文化

建设的第一责任人，要带头践行公司文化理念，积极落实文化建设的各项任务。各级子公司要设立企业文化建设指导机构，进一步完善企业文化主管部门负责、各职能部门配合、全员积极参与的企业文化建设格局。

第二十四条　加强体制机制建设。积极探索文化管理路径，按照企业管理的基本方法开展企业文化建设，不断完善文化理念转化机制，把文化理念融入公司管理制度。制定完善企业文化建设规划，加强过程控制，狠抓工作落实，确保稳步推进。把经常性宣贯培训和专项宣贯培训结合起来，完善企业文化宣贯培训机制。完善企业文化建设交流机制，学习借鉴其他优秀企业文化建设成果。

第二十五条　加强人力和财力保障。企业文化队伍建设纳入公司人才发展规划，通过专项培训、考察交流、实践锻炼等方式，努力构建素质过硬、业务精湛、结构合理的企业文化建设专兼职人才队伍，为推动公司企业文化建设工作提供智力保证。设立企业文化建设专项经费，为企业文化建设提供必要的资金支持和物质保障，确保企业文化建设顺利推进。

第二十六条　加强检查与考核。加强企业文化建设的科学化管理，形成调研、规划、实施、检查、评价工作体系。公司及各级子企业要不定期对所属企业文化建设情况进行督导检查，年度进行考核，并将考核结果纳入对子企业党建考核内容。各级子企业要通过检查与考核查找差距、发现问题，有针对性地制定有效措施，不断加强和改进企业文化建设工作。

第五章　附则

第二十七条　本纲要由公司党委工作部（企业文化部）负责解释。

第二十八条　本纲要自印发之日起施行。

他山之石——国外企业文化建设借鉴

别用此刻的眼界　限制对未来的想象

稻盛和夫

我们总是拼命工作，但也有怀疑工作意义的时刻，为此，就要寻找答案。

人生总在迷惑之中。你越是认真工作，这样的迷惑或许就越深。你有时突然会疑惑："我为什么要这么做？究竟为什么要干这项差事？"越是认真、拼命工作的人，就越会思索劳动的意义，思考工作的目的。他们为这些人生最根本的问题烦恼，并常常陷入找不到答案的迷途之中。我过去也曾经是这样。在我工作的第一家公司，我反复进行着各种实验，有失败也有成功。当时在无机化学的研究者中，同我年龄相仿的，有人拿到了奖学金赴美留学；有人在优秀的大企业里，使用最尖端的设备进行最先进的实验；而我在一个如此破旧、衰败的企业里，连最起码的设备都没有，日复一日地做着混合原料粉末这样简单的工作。"一直从事如此单调的工作，究竟能搞出什么科研成果来？"我问自己。再进一步地想："自己的人生将会怎样呢？"想到这些，我不禁心灰意冷，一度过得很消极。

每天比昨天进步一点，哪怕只一厘米，解除这样的迷惑，一般人的方法是和自己说：要预见到将来。就是说，不要将目光仅仅放在当下，而要从长远角度规划自己的人生蓝图；要把眼前的工作看作这长期规划中的一段过程。这也许是合乎逻辑的方法。然而，我采用的方法与此相反——我采用短期的观点来摆正自己对工作的态度"将来会搞出什么样的研究成果""自己的人生将会怎样"，我不再痴迷于

这些不着边际的远景，而只是留神眼下的事情。我发誓，今天的目标今天一定要完成。工作的成绩和进度以今天一天为单位区分，然后切实完成。在今天这一天中，最低限度是必须向前跨进一步，今天比昨天，哪怕只是一厘米，也要向前推进。我就是这样思考问题的。同时，不单单是前进一步，而且要反省今天的工作以便明天"要做一点改良""要找一点窍门"。在前进一步时，一定同时是在改善、改进。奔着每一天的目标去，让每一天都有所创新，就会天天前进，天天获得积累。为达到目标，不管外面刮风也好、下雨也好，不管碰到多大的困难，我都全神贯注，全力以赴。先是坚持1个月，再坚持1年，然后是5年、10年，锲而不舍。这样做下去，你就能踏入当初根本无法想象的境地。将今天一天作为"生活的单位"，天天精神抖擞，日复一日，拼命工作，用这种踏实的步伐，就能走上人生的王道。

取胜之道：全力过好"今天"这一天，每天持续过好内容充实的"今天"这一天，我在经营公司的时候就一直坚持这一点。公司创建至今，我们从来不建立长期的经营计划。新闻记者们采访我的时候，经常提出想听一听我们的中长期经营计划。当我回答"我们从不设立长期的经营计划"时，他们总觉得不可思议，露出疑惑的神情。那么，我们为什么不建立长期计划呢？因为说自己能够预见到久远的将来，这种话基本上都会以"谎言"的结局而告终。"多少年后销售额要达到多少，人员增加到多少，设备投资如何如何"，这一类蓝图，不管你怎样着力地描绘，但事实上，超出预想的环境变化、意料之外事态的发生都不可避免地会出现。这时就不得不改变计划，或将计划数字向下调整。有时甚至要无奈地

放弃整个计划。这样的计划变更如果频繁发生，不管你建立什么计划，员工们都会认为，"反正计划中途就得变更"，他们就会轻视计划，不把它当回事。结果就会降低员工的士气和工作热情。

同时，目标越是远大，为达此目的，就越需要持续付出不寻常的努力。但是，人们努力，再努力，如果仍然离终点很远很远，他们就难免泄气。"目标虽然没达成，能这样也就可以了，差不多就算了吧！"人们常常在中途泄气了。从心理学的角度看，如果达到目标的过程太长，也就是说，设置的目标过于远大，往往在中途就会遭遇挫折。与其中途就要作废，不如一开始就不要建立。这是我的观点。

自京瓷创业以来，我只用心于建立一年的年度经营计划。3 年、5 年之后的事情，谁也无法准确预测，但是这一年的情况，应该大致能看清，不至于太离谱。做年度计划，就要细化成每个月甚至每一天的具体目标，然后千方百计努力达成。今天一天努力干吧，以今天一天的勤奋就一定能看清明天。这个月努力干吧，以这一个月的勤奋就一定能看清下个月。今年一年努力干吧，以今年一年的勤奋就一定能看清明年。就这样，一瞬间、一瞬间都会过得非常充实，就像跨过一座一座小山。小小的成就连绵不断地积累、无限地持续，这样，乍看宏大高远的目标就一定能实现。这个方法就是最确实的取胜之道。

别以现在的能力，限制你对未来的想象。在建立目标时，要设定"超过自己能力之上的指标"。这是我的主张。要设定现在自己"不能胜任"的有难度的目标，"我要在未来某个时点实现这个目标"，要下这样的决心。然后，想方设法提高自己的能力，以便在"未来这个时点"实现既定的目标。如果只用自己现有的能力来判断决定"能做"还是"不能做"，那么，就不可能挑战新事业，或者实现更高的目标。"现在做不到的事，今后无论如何也要达成。"如果缺乏这种强烈的愿望，就无法开拓新领域，无法达成高目标。我用"能力要用将来进行时"这句话来表达这一观点。这句话意味着"人具备无限的可能性"。也就是说：人的能力有无限伸展的可能。坚信这一点，面向未来，描绘自己人生的理想。这就是我想表达的意思。

但是，很多人在自己的工作和生活中，很轻率地下结论说："我不行，做不到。"这是因为他们仅以自己现有的能力判断自己"行"还是"不行"。这就错了。因为人的能力，在未来，一定会提高，一定会进步。事实上，大家今天在做的工作，几年前来看，你也会想："我不做，我做不好，无法胜任。"可是到了今天，你不是也觉得这个工作挺简单的？因为你已经驾轻就熟了。人这种动物，在各个方面都会进步。"神"就是这么造人的——我们应该这么思考。"因为我没有学过，没有知识，没有技术，所以我不行。"说这话可不行，应该这样思考：因为我没有学过，所以我没有知识，没有技术。但是，我有干劲、有信心，所以明年一定能行。而且就从这一瞬间开始，努力学习，获取知识，掌握技术。将来密藏在我身上的能力一定能开花结果。我的能力一定能增长。对人生抱着消极态度，认为自己的人生就将以碌碌无为而告终，这么思考的年轻人并不多。但是，一旦面临困难的问题时，几乎所有的人都会脱口而出说自己"不行"。绝对不要说"自己不行"这种话。

面对难题，首先要做的就是相信自己。"现在也许不行，但只要努力一定能行。"首先相信自己，然后必须对"自己解决问题的能力怎样才能提高"进行具体深入的思考。只有这样，通向光明未来的大门才会打开。

（作者系日本著名的实业家。本文摘自《企业研究》）

"中国制造 2025"与"德国工业 4.0"的异同之处

欧朦熙

在杭州参加 G20 峰会时，习近平主席 G20 致辞中给我留下最深刻的印象就是"中国企业现在的问题是大而不强，大而不优，所以中国的发展将要转换，要转变"。我认为这方面德国都给了我们一个很好的借鉴，18 世纪末开始了以水和蒸汽为动力的机器生产革命，让不可能变成了可能，这就是工业 1.0。20 世纪初开始了流水线生产，成本降下来了，这就是工业 2.0。20 世纪 70 年代 IT 和机器开始替代人工，一下子可以生产出更精准的产能，这就是工业 3.0。今天的人和物是可以联在同一个平台进行信息交换，这就是工业 4.0。

工业 4.0 的工程未来一定包含了大数据、云计算、网络安全、VR、3D 打印、物联网等技术。客户通过 VR 就可以购物。企业利用 3D 打印可以提供给客户定制化的产品，但是成本不变。物联网可以给客户带来很大的便利，举个例子，我在北京生活，对雾霾已经习惯了，但是我还是想在家里离它稍微远一点，所以我在网上买了一个空气测试器和一个小米的智能空气净化器，这样的话我看外面空气不太好，可以通过我的手机上的 APP，就可以在家里看空气怎么样，从外面打开空气净化器。

再举一个跟工业精密相关的例子，"德国博士"的精密机器及电器工程、电子螺丝机系统可随时掌握各处螺丝的精密程度，并把这些数据及时地反馈给工程师与检测员。现在已经在飞机的制造方面被广泛应用，大家能想象，如果飞机松或少了一个螺丝多么危险，所以这些很重要，因为人都是会出错，但是机器没有错。

工业 4.0 的发展如何？全世界关于工业的专利注册从 2010 年 400 多家到 2015 年的 5100 多家，增长了 12 倍，这不单能证明工业 4.0 发展的速度，而且也能看出如果不抓精，未来就没有更多的空间。

德国不断在高铁、工程、建设、绿色能源等领域取得成功，而且也是工业 4.0 的领头羊。我在德国工厂考察的时候，注意到他们的工厂很干净，操作很规范，简约但不简单。一个管理人员在介绍这个工厂的各个环节时，回答了我所有的问题。我当时就想问他，比如今天你生产了多少，这个原料是从哪里来，这个工厂正在用的电力是多少，另外可以看到时时更新的数据，什么生产问题都能回答。

这种系统在德国的汽车制造业、电子电器业、机器设备制造业、化学工业、可再生能源等领域并不少见。这个图是所有已经在开始应用工业 4.0，或者正在开始应用 4.0 的德国企业。其中有大众、宝马、西门子公司，其他的中文名字我就不知道，反正能看出来很多，而且从这个图片也能看出来德国有点像中国一样，他们在某一个地方分布会比较多，比如中国的深圳。

经济学家对德国工业的展望是 2013 年至 2025 年化学、机械和电子产业将增长 30%，年增长是 2.2%，12 年间汽车业将增长 20%，IT 业则将增长 15%，德国整体经济增长 11.6%，从这个就可以看出来利用 4.0 这些企业会对整个德国经济带来大

的好处。虽然欧洲面临着经济困难，但工业 4.0 的到来让德国走出了困境。

西门子公司 2005 年在杭州发展会上通往工业 4.0 的道路，描绘出德国 10 年以后的工厂。如：3D 打印机工业以及如何接待客户。我最大的希望就是在场的各位企业家把我今天所讲的工业 4.0 加入到你们的中国梦，并且 2025 年实现这个梦，邀请我到你们的智能工厂参观。

说到德国工业 4.0，其主要特点是：首先是连接，客户和公司或者工厂连接，客户在办公室直接能看出来我现在所定的产品，马上所有的信息都能看出来，同时公司、工厂可以反映给一些建议。我去德国的时候发现最大的就是有的工厂虽然很费电，但基本都是用绿色能源，完全不需要电线，而是通过太阳能和风能去创造。也就是说德国的工厂和我们消费者多半是订单式合作，可以根据消费者直接需求为客户提供量身定做的服务。而德国工业 4.0 和"中国制造 2025"的主要区别是：大小的区别。中国工业特别大，就像习近平总书记所说的，不是特别强。按照它的大体量来讲不算是特别强，德国的虽然小，但是它其实是特别成功，特别强。中国的工业还有很大的进步空间，德国地区的空间那么多。所以，只要把这个把握起来，我觉得中国的 2025 就会超过德国的 4.0。所以，在"中国制造 2025"的大背景下，中国企业应有自己努力的方向。比如环境保护、绿色发展，我们那边有工厂，并不代表周边环境会受到伤害。但这个也要理解中国的工业体量很大，这有一些方面，还可以提高，我自己认为考虑到工业发展速度那么快，其实 2025 年说的是要包容，要慢慢地成长。"中国制造 2025"与"德国工业 4.0"的对接，还要考虑到 2035，2045，一直到未来。

（作者系 G20 工业发展投资顾问，杭州 G20 峰会欧盟国家专家代表。本文为作者在"中外企业文化 2016 南宁峰会"上的发言）

中美企业管理的文化差异以及借鉴

罗杰·布拉德肖

管理认知一个企业的价值观，而价值观则认知

这个企业的一种文化，企业文化有两个原则性的因素，就是价值观和企业的个性。

价值观这个词我们在英语中经常使用，但它有着不同的意思，首先它可以用来形容一个商品值多少钱。但是在商界我们谈到价值观的时候，它就与原则有更多的相关。价值观决定着企业的决策，赋予一个公司自己的特性，同时也决定着这个公司在未来的成功。说到中美企业之间的差异，这有3个不同的重点，第一是逻辑思维；第二是不同意见；第三是表达的方式。

我们来简单地讨论一下东西方的逻辑思维有何不同。同时，这在新闻界又十分注重这种运用，在西方我们的思考是现行的思考。在英文中他们在写英文新闻报道的时候，他们很注重一段文字的逻辑性过度，整个文章的脉络就是线性的脉络。语言学家就开玩笑，因为东方包含中国、日本和韩国这样的地区的思维方式大多是绕环的，所以语言学家形容西方的思维方式是这样线性的，东方的思维方式是这样绕环的。在中国的一些文章写作中你可以在第一段描述一个主题，然后第二段又跳到另一个主题，这其中不存在任何逻辑关系，所以在西方人看来理解就有点困难，霍华德先生应该感同身受。

在处理互相之间不同意见的时候，东西方也存在着差异。西方人，尤其是美国人非常喜欢辩论，他们时时刻刻都准备着向对方提出自己不同的见解。美国人经常倾向于觉得自己就是正确的，所以有时候他们会有点难相处，但是我发现很多中国朋友也是这样。我们在东方包括中国、韩国、日本的这样文化圈，人们会发现更难对别人当面提出拒绝，但是他们会用迂回的方式表达我不同意你这个观点。对中国人来说，这是一件很自然的事情，因为我们从小就耳濡目染，但是对刚到东方的比如美国人来说，他们就会发现有点难以琢磨。美国人在发表自己观点的时候就比较开诚布公，倾向于公开表达，而且句子一般都是以我为中心，我怎样、我怎样。而在东方自己的不同观点一般不会当面发声直接说出来，东方的思考倾向于更多地指向我们怎样、我们怎样。而这样的一种行为或者是思考的方式，我可以在某些新闻报道或高校等地方看到，因为我曾经在中国的多所大学任教。

价值观还可以从以下的另外三个方面体现，首先是意识形态；二是个人与集体的关系；三是人际关系。在美国，当一个企业在去做一个判断的时候，他们更多会依赖于现有的规则、原则、法理以及规范，当然中国也有许许多多的规范，可能有成百上千的规范，但是在美国各种各样的规范会以成文的方式呈现。而在中国，在解释规则的时候会根据不同的情况进行变通，他们会根据个人或者某个公司的情况去重新阐释规则。

说到个人与集体的关系，在西方个人主义是比较流行的，他们非常重视个人权利，呼唤个人的自主自己去做决定，以及通过这种做决定去取得成就。在西方重视个人成就的同时也重视对个人的问责，所以当他们用个人主义去为自己获得成就的同时，也要承担由此而来的责任。而在中国就要保持一种集体主义为主的思维，同时也要保持这个集体的和谐。但在企业经营实践中当你太注重和谐的时候会发现好像很难对这些事情问责，没有办法让某一个人去承担他所应该承担的责任。

对我来说，我是《中国日报》的高级编辑，我会对部下或记者指出他们的错误，我发现中国的年轻人比较好接受，但是像这样的问责很少从高层下来，多是通过一个第三方转达到个人。当《中国日报》的领导对某件事进行表扬的时候从来都是表扬集体。但是在美国有功的人就会跳出来说：是我做的是我做的。况且，解决冲突的方式也不通，尤其是在美国，当两个人有冲突的时候，他们会选择直接当面对质，或者咨询自己的律师，然后会到法庭当面对质。而在东亚，一般依靠可信的第三方介入，这个第三方可能是更高层的领导，或者是一个能够更加体会双方感受的人。还有两个非常有趣的因素，一是时间观念。我经常会注意到这一点，大家可能也知道，我在日常的工作中也和领导有一些接触，像这样的正式会议大家都会准时到场，但是在一些非正式的会议就不会这样了。在非正式会议其实在美国如果约定了时间就会按照时间准点出现，但是在中国可能会早一点或者迟一点。

还有，中美企业胜负观的不同。在美国我从小就有一个深切的体会，赢得比赛就是一切。在英语中失败者是一个非常不好的表达，如果你不赢你就是一个失败者。而在东亚则有一种以退为进、虽败犹荣的说法。在短期看来，也许他们这一次是失败的，但是他们也从中获得一些收益，从而"放长线钓大鱼"，在远期中取得胜利。你经常会听到有人评价美国人太急功近利。在他们投资一个公司或者国家的时候，他们希望快速地进入，然后赚钱之后快速地撤出。但是德国就不太一样，西门子进入中国花了很长的时间去慢慢地盈利。

再说公司的个性。企业的个性是对它企业价值观的践行或者一种表达。但是我们需要明白的是无论是东方还是西方，有很多企业正在取得成功，而且这样的成功企业越来越多。做一个简单地对比，西方倾向于仰赖，并且奖励个体的才干，而在中国则是仰赖集体行动，在表彰的时候也是表彰集体。但是可以看到这样的情况在中国慢慢地变化，而在美国也在慢慢地变化，大家都越来越厉害。在西方还可以看到他们十分鼓励竞争，因为这样的竞争可以让中产阶级更好地发展。竞争在美国来说，对于每个人从小到大都是家常便饭，从小时候的运动比赛，到小朋友打架，再到公司和同事竞争，这种竞争文化可能在发展过程中比较特殊，在英国和德国竞争意识就没有那么强烈。我来到中国有30年了，但是在前面的20年，我在大学里面，在公司里面都很少看到竞争。但是在近10年这样的情况慢慢变化，中国也越来越注重竞争，这点也可以在比赛中看出一个端倪，中国越来越积极地参加足球比赛和篮球比赛，篮球比赛还进入了奥运会。而在中国只是更多用一种集体的形式来表现，不是个人与个人的竞争，通常以一个集体的姿态与另外一个集体的竞争。

如果从文化角度，按时空按时交分析西方企业成功的原因，首先是人工融入公司，就是在这个的公司员工有归属感。其次，非常重要的是，这个员工能不能在工作中得到一种强烈的满足感。也就是说他在工作中能不能取得快乐或者幸福的感觉。在中国的年轻人当中这样的观点越来越流行，但是在西方长久遗留的传统是我在找工作的时候会想一下我做这个工作会不会开心。

公司员工之间他们有着共通性的思维或感受。这在中国的企业中也能看到。应该看到：近40年内提出的"公司的愿景和目标"对企业的成功非常重要。在20世纪80年代末或者90年代初"公司愿景"这个词就非常流行，但这个词具有多样性。在中国以前会倾向于要求大家表现出来的方式是雷同的，不要和别人不一样，今天，每个人不同的个性在公司都能得到尊重以及发扬。

说到各部门的协同工作，是要帮助员工提高他们的工作效率。同时，要让所有的员工得到同等公平的机遇。在美国一些大企业里女性员工知道自己的待遇肯定比不上同级别的男性员工，这种情况在全世界各地也十分常见。但是在美国有法律规定，你要为每个人提供平等的机遇，甚至是为残疾人。

说到员工的自豪感及热情，领导与员工的密切交流是非常重要的。据我个人的经历来说，新华社和《中国日报》，在《中国日报》大部分的领导都认识我，而且跟我的交流也很密切，但是在更大的新华社就比较少有领导跟我交流。在中国这个观念有时会比较严重，领导就是领导，下面的员工就做好自己的本分就好了。

说到在员工身上投资，让他们去学习，让他们去培训。公司让员工参加培训提升员工的能力，在中国是很流行的，并且现在越来越流行。

由于不同的文化中可能会成为融合的障碍，导致文化冲突。但是现在大家都很注意去促进文化的融合，但是在另一个方面来说，不同的文化也能够为管理的观念提供不同的参考视角。在美国也有一个说法，就是最终能够引领潮流变化的并不是管理，而是领导的能力，领导力。也就是说过度地管理不放出一些自由，对于公司的发展来说是一种障碍。

（作者系《中国日报》海外版高级专家）

感受"谷歌"的企业文化

李 维

在2017年由著名职业分析网站Comparably对全美境内大中型企业文化评估的名单中，谷歌当选为拥有全美最佳企业文化的科技公司。即便是在那些非科技行业，也有相当多的被访人员把票投给了谷歌。作为全球第一大计算机科技产业公司，谷歌总部设在寸土寸金的美国硅谷，其分公司广泛分布在全世界各个国家和地区。除了广为人知的轻松而高档的工作环境与免费而丰富的食堂餐饮外，谷歌有很多毫不逊色的企业文化策略使得谷歌能占据当今科技行业的领头位置。

名实相符的工作自主自由

谷歌作为第一批大胆尝试让员工自由选择工作

时间的公司，能够让员工按照自己的时间来安排工作，进而让个人的创意与效率达到最大化。每个员工作息完全由员工自己来决定。有人从早上6点开始工作，也有的甚至到下午才开始工作。谷歌的办公大楼时刻进出的员工们有些人是下班，有些人是上班。这种看似懒散的工作作息实际上充分考虑到了员工的个性，那些腼腆或是更愿意独自完成工作项目的工程师，以及那些平常要照顾家庭的员工们常常选择早于或者晚于一般的朝九晚五的作息时间。灵活的工作时间给了更多人充分平衡生活和工作的空间，投入到工作后身心能更加专注。同时谷歌对于工作自由度的追求甚至已经到了一种极致的程度，并被硅谷科技公司们争相效仿。

除了在各自的公司上班，谷歌的员工有无限制的在家工作的机会，大多数人会选择每周有一天或几天在家工作，前提是保质保量完成本职工作。平日里谷歌园区内的工程师们可以在任意一栋大楼里工作，网络和即时通信软件给了员工非常灵活的工作空间，人们不必再禁锢与一个个小小的隔间里，有些人想在咖啡厅工作，在会议室工作，甚至在停车场工作都可以。园区内凡有网络的地方，无须向任何人提前申请，都可以成为谷歌员工的办公地点。

谷歌的工程师还可以跨地区甚至跨国家工作。美国加州的工程师可以周末飞到北京，周一在那里的分公司上班。这看似疯狂的事情实际上是谷歌公司文化氛围极其重要的一部分。这种灵活的工作方式极大地刺激了员工的工作积极性，从而提高了工作效率。

鼓励员工创造力

谷歌内部的信息分享可谓畅通无阻，有着"让创造力竞相迸发的"氛围。每一个第一天到公司的员工即可有看到公司所有产品代码的权限。每个组到个人都做什么项目，负责哪一块，全部公开透明化。任何一个员工对公司内部的任何产品有疑问或者建议，都可以直接联系到对应的负责人。同时谷歌也鼓励这样的做法。从门厅的过道到卫生间的墙上，都贴满了员工们对于开发产品的建议讨论或者是测试的心得。任何一个员工对于产品的代码有什么更新，哪怕是点滴思想火花和灵感，只需要在自己的本地计算机上开发，然后和对应负责人确认后就可以直接提交到现行的代码库里了。这使得全公司上

下对于产品的更新都是实时的。

谷歌对于员工在技术上的错误有极高的宽容，即使是系统崩溃，只要回溯到上一个版本即可。极少追究员工的个人责任。这看似危险的权限与宽容也正来源于谷歌对于员工创造力的支持与信任。谷歌鼓励员工每周拿出20%的时间自主支配。如果员工觉得目前的个人项目更感兴趣，可以将这20%的工作时间放在个人项目的开发里，反之，如果公司项目对于员工更具有吸引力，则这20%的时间员工也可以用于工作中。

将以人为本落在了实处

谷歌的发言人曾无数次在媒体面前说过，谷歌最重要的财富是公司的员工。在实际工作环境中也的确能够充分体现出这一点。谷歌优秀的公司福利在世界范围内被人广为所知。区别于一般的公司食堂，每天三顿的工作餐也体现谷歌的创新和文化融合的精神。从中国的川菜，到法国的甜点，应有尽有。公司员工可以自由选择不同主题的餐厅和别具风格的饭菜。员工可毫无拘束地和上司在食堂一起吃饭和交谈。谷歌的员工甚至被允许邀请朋友参观和在食堂一起享受免费午餐。"不出百步必有食物"已成了谷歌公司员工调侃自己生活的一件趣闻。

无限制的假期和每年免费的体检、理疗、旅游等福利无时不刻地体现了谷歌对于员工的重视。公司每周都有对于新技术的分享和培训课程供员工参加。

同时项目组与组之间的转换也十分便利。谷歌的员工可以按照自己的兴趣爱好和职业规划选择自己想要参与的项目。正如谷歌的创始人谢尔盖·布林所说："我们公司的创造力就是我们的员工。我们以后如果遇到瓶颈，那一定是我们没能以足够快的速度雇到最聪明、最能干的员工。所以，我们必须要对员工负责，让他们长期留在公司，为公司服务"

全方位的培训支持与多样化的升职途径

在谷歌，任何一门编程语言和技术在公司内部都有相关的培训课程。一个前端工程师如果想要学习后端的存储技术，除了可以从公司内部的资料中自学，还可以报名各种各样的内部培训班，从初级到高级。各个水平、各个级别的课程都有对应的网课，或如学校教学面对面的课程。谷歌十分鼓励员

工不断学习，除了在公司内部大大小小的课堂之外，每一个申请在大学里接受继续教育的员工都会得到相当部分的学费赞助。每当有新的科技发布会或者学术研讨，谷歌都会鼓励员工积极参加，并且提供与会经费。

谷歌每周五都会有称为 TGIF 的公司内部活动，除了可以让员工和公司有非常直接的对话外，也为员工提供了一个了解公司其他产品的机会。不同组的员工会在一起畅所欲言，交流经验，员工可以提出对于公司管理以及产品创意等的各种想法。

相关员工的晋升，除了传统的技术转向管理之外，谷歌的工程师们也可以选择专注于技术方面。谷歌用不同的数字来评级员工们的资历。对于同一个数字级别可以是工程师，也可以是管理人员。经理们在参与产品和团队管理的同时也可以参与代码设计，而一个工程师也可以有多个工程师同时与他汇报交流项目进展，这样在大方向的职责模糊利于拓宽思路、相互启发，然而具体工作十分细化的管理方式给了员工职业选择的宽松度。员工们可以根据自身情况来选择在公司中的职业发展方向，更可通过交谈、统筹和与不同岗位员工打交道，熟悉了解各岗位后，有机会走进管理层；而乐于钻研的员工可以在工程师的道路上不断晋升，而不会受到任何职位上下级与管理研发之间的牵制。

坦诚相待的管理理念和直面挑战的工作氛围

我们的传统文化更讲究谦逊、礼让。当问题出现时，只要不影响公司本身的运营，很多时候员工或者上司的并不会把直面问题，怕有时会让人难堪。而在谷歌，无论是一次演讲语气的运用，还是同事之间的沟通，年轻的工程师经常会对上级和有多年经验的工程师们所设计的产品提出问题与改进的意见，上下级之间也会在产品的设计方面直抒胸臆，甚至在会议之中也无处不在地直白对话，从而帮助年轻人在职场方面更健康成长。

谷歌提倡自己的员工努力走出"舒适区"，迎接各种各样的挑战。每一个员工都可以随时联系整个公司内部任意一个人，去询问对于代码设计的意见和建议。对于不熟悉的领域，谷歌鼓励工程师们讨论和自己做产品试验。谷歌有专门的试验平台，供那些想要挑战自己，不断创新的工程师们去做各种各样的创新试验。如果一个员工想要换到别的内部

团队去，谷歌会鼓励这样的员工对于对应的产品组提出建议或者甚至直接参与研发与讨论。每一个谷歌员工都不断在丰富自己和挑战自己的过程中不断成长。

"罗马不是一天建成的"，谷歌立于今日之势的文化也不是一朝一夕练就的。毕竟卓越的公司总是少数。成功的企业文化往往也要从自身的条件中去生长。在企业走向国际化的今天，谷歌文化给我们的启示在于：即使不能够直接引用谷歌成熟而成功的企业文化，至少在公司发展方向上，需要让全体员工感受到企业的发展与自己发展的关联与自身责任；感受可以触摸到的企业人文关怀；感受宽容失败的融合大器，这也是我们传统文化所提倡的。

（作者单位为美国佐治亚理工学院）

德国中小型企业与德国人的"工匠精神"

黄　灿

2015 年李克强总理在《政府工作报告》中首次提出了"中国制造 2025"这一宏大的产业升级计划，吹响了向着中高端制造业进军的号角。而提到中高端制造业，我们很自然地就会想到德国。德国素来有"制造业王国"之称，极高的产品质量让德国人在两百多年以来的绝大部分时间里都居于中高端制造业的统治地位。德国人对自己生产的产品所表现出的认真负责，精益求精的"工匠精神"也广受赞誉。显然，产品的质量很大程度上由生产者素质决定。所以"工匠精神"是德国制造业高质量水平的重要直接因素。另一方面，德国的工业企业类型属于典型的"二元结构"，除了有举世闻名的大众、西门子等大型企业外，也有被赫尔曼·西蒙称为"隐形冠军"的庞大的中小企业群体。"德国大约有 370 万家企业，其中 99% 以上属于中小企业"。研究德国人"工匠精神"对振兴我国制造业无疑有启迪意义。

德国中小企业对产品质量与生俱来的执着

据西蒙教授调查，有许多德国中小企业占据了其所在行业份额的 70%～90%。中小企业要在利基市场取得这样的地位，唯一的办法就是依靠产品质

量取胜。再加上中小企业不具有系统重要性，经营出现问题甚至破产都不会引起有关部门的注意，所以其独立性更强。这些因素决定了利基市场浓厚的竞争氛围。所以企业对技术改进尤为重视。"德国的中小企业拥有极强的创新研发能力，它们中的54%为市场带来过产品或工艺流程上的创新，比欧盟的平均值高出 20 个百分点。"而这个数据还很可能被较大地低估了。这些"隐形冠军"行事相当低调，很多中小企业从来不会申请专利。一方面，是因为专利申请的花费过高，手续太烦琐；另一方面，保持低调也是这些"隐形"冠军保护自我的重要方式。为了保证在狭小的市场里生存下去，中小企业必须尽自己最大的努力积累技术优势。而突破性创新产生周期往往多达几十年，如果这些中小企业把赌注都押在突破性创新上，很可能在它到来之前企业就被那些关注于持续性创新的对手淘汰了。所以中小企业的生存环境决定了它们更加看重持续性创新，它们的员工必须持续不断地投入到技术的改良中去。

当然，德国的大型企业也需要在产品质量上打败对手以求生存，它们的社会影响力也比较大。而大型企业往往多多少少拥有一定的垄断地位，为数众多的员工也容易产生搭便车的心理，他们的创新意愿要小得多。另外，对于一个企业来说客户是创新灵感的重要来源。大企业虽然有细致的市场营销规划和一流的市场营销机构，但在它们的研发和管理人员与客户之间隔着大量的生产和服务人员。而中小企业则不同，由于企业体量更小，客户也更少，负责与客户接触的往往就是企业里的技术工人，甚至是研发人员和高层管理人员，客户的要求和建议很容易就会被吸收，由此带来更多的技术改进。而技术改进所产生的经营上的反馈效应又会促使企业对技术改进更加执着。这些都决定了大型企业与中小型企业相比其创新意愿更弱。而且大型企业对德国人品性的塑造作用相对来说是比较小的。"在德国，中小企业的就业人数占稳定就业人数的68%左右，远超过大型企业的 32% 的水平。并且德国82.9%的培训岗位是由中小企业提供的。"此外德国大企业的这些特点也并不是德国所特有，一些其他国家也有很优秀的大型企业，但却没有哪个国家像德国那样拥有如此多优秀的中小企业。据西蒙教授统计，全球大约有 3000 家隐形冠军，其中超过半数在德国。但光有这些还不够，中小企业必须具有将执着于技术改进的精神转移给员工的能力。所以要想弄清楚德国中小型企业对德国人"工匠精神"存续所起的作用，我们必须了解其企业文化。

德国中小企业的企业文化

首先，由于绝大多数中小企业都是家族企业，在企业所有者眼中企业不仅仅是一种谋生手段，更是一种需要，员工则是他们进行这项伟大工程最亲密的伙伴。他们对美国人那种为了追求利润最大化而对员工"hire and fire"的做法嗤之以鼻。这种价值观伴随着家族企业强大的影响力，在德国形成了一种波纹效应，立足长远已经成为德国中小企业的普遍特点。他们对员工真诚相待，也很愿意保护员工的利益，对员工进行长远的投资。

其次，"二战"后随着工会力量的增强，员工参与公司管理得以制度化。该制度体系随着时间的推移而日渐完善。比如联邦德国《企业法》规定：企业必须建立企业职工委员会。企业职工委员会在社会福利、人事问题和经济问题上拥有"共决权"。这一制度更好地保证了员工的利益，也使企业成了一份需要员工精心管理的资产。

再次，中小企业有注重员工发展的传统。在技能培养方面，早在魏玛年代，德国机械设备制造业联合会就已经是推进技能标准化的先锋。其下的德国技术学校委员会（DATSCH）确立的培训标准被各界广为采纳，对德国工匠技术水平的提高贡献极大。可以说 DATSCH 是德国"双元制教育体系"确立的第一功臣。在人事晋升方面，技术高超、表现良好的员工甚至有机会进入企业管理高层。这也导致中小企业的管理层专家化在德国非常普遍。以生产热水器的威能公司为例，"威能的人事目标是希望75%的管理人员是通过内部上升通道选拔出来的。"

最后，德国中小企业不吝回报社会，而且其优秀的产品也往往会对社会产生正外部性，这提升了员工对自己工作的荣誉感。不少企业每年都会自愿拿出销售额的一部分用于各类社会公益活动。比如著名的 3D 打印公司 EOS（Electro Optical System）是一家创业基金会的董事会成员，专门为那些缺乏资本的创业者提供支持。此外，这些中小企业的有些产品还能为全球环保事业做出重大贡献。

德国政府对中小企业的扶持

首先，德国政府通过设立一系列的法律法规为中小企业创造了良好的法律环境。因为中小企业与它所处的地区有很强的关联作用，所以联邦政府一般会将部分关于促进中小企业发展的立法任务交给各州政府，让中小企业的发展更多地与地区发展紧密结合，促进了社会利益的进一步优化。比如双元制职业教育中居于核心地位的厂内培训就是在各州政府的规制下进行的。此外，对各邦统一的法律规制也是必不可少的。比如联邦政府出台的《中小企业减负法》"设立了16项具体的减负措施，例如将企业报税的起征点从35万欧元提高到50万欧元，有效地降低了一部分中小企业的财务成本，避免中小企业以及中小企业的创立者承受更多的行政压力"。

其次，虽然这些隐形冠军创收能力很强，但毕竟规模有限，特别是在对技术开发进行长期投入时，它们也需要向外界融资。但因为几乎所有的德国中小企业都拒绝上市，没有发行股票，所以他们向外界融资的主要通道就是向银行贷款，但这时他们又会面临缺乏有效担保的尴尬处境。德国政府有时会直接为中小企业提供财政补贴，但更倾向于通过商业安排为中小企业提供融资渠道和服务。为此德国政府成立了一批政策性银行——比如德国复兴信贷银行和一些地区性的商业开发银行等——为中小企业提供信贷服务，又或者成立专项基金，为优秀的中小企业提供长期低息贷款。此外，德国政府还出资建立了一些信用保证协会，为中小企业向商业银行贷款提供担保服务。

最后，中小企业体系单薄，又往往地处偏远，其收集信息的能力有限，为它们提供更好的信息服务也是政府的一项重要任务。德国政府专门在联邦对外贸易署设立了信息处，该信息处负责在世界范围内收集整理相关信息，然后将信息提供给企业。同时德国政府也会积极推进一些联合协会参与中小企业的咨询工作，比如德国机械设备制造业联合会。"该协会有3000多家中小型会员企业""它建立了一个由20000多企业决策者和专家，以及来自于德国机械设备制造业联合会委托的400人的专家队伍组成的服务网络，为会员企业提供各种服务"。

由于自身的特质以及所处的市场位置，拥有巨大影响力的德国中小企业生来就拥有更强的竞争基因。但这只涉及企业自身。德国中小企业完美地将这种基因移植到了员工身上，有效地激发了员工对产品质量精益求精的精神。这正依靠了其独特的企业文化。这种文化很注重保护企业内部所有员工的权益，虽然职位有高低不同，但每个人都能为企业的发展给出自己的意见，每个人都能通过努力从企业那里得到自己想要的东西。对他们来说，在自己的企业工作不仅仅是一种谋生手段，更是一份事业，一份荣耀。这些员工往往对自己所在的企业有很强的归属感，甚至会出现不少一家几代人都在同一家企业工作的情况。所以，即使这些员工不是企业法律上的拥有者，他们也愿意为了企业的发展而持续不断地投入精力，认真细致地做好自己的工作。这种每个员工的点滴积累的"工匠精神"是中小企业持续不断的创新能力的主要源泉，是德国制造精益求精的保障。但是在市场上中小企业面对外部冲击是脆弱的，离不开一个有利的成长环境。在这一方面，德国政府发挥了恰到好处的作用，主要从法律规制、金融制度供给、信息供给三个方面确保了中小企业稳定发展的大环境，进而为中小企业滋养德国人可贵的"工匠精神"提供了保障。

（作者系中南财经政法大学学者。本文摘自《现代企业》）

英国企业青睐灵活工作制

黄培昭

时下在英国，告别办公室坐班制的灵活办公现象越发普遍。据英国劳动力调查机构最新公布的数据，有将近1000万的英国人有时或一直在远程工作；同时，英国兰卡斯特大学近期的一项研究也发现，约半数雇主计划在2017年年底前，采用允许其雇员在家办公的灵活工作制。英国《金融时报》报道说，"灵活工作制"正在成为企业的流行词。这种办公模式允许雇员在确保完成工作的前提下，自由选择工作地点和时间。

据英国《每日邮报》报道，随着科技的发展进步，2015年英国有420万上班族在家办公，比2005年增加了80万。报道还援引英国官方资料显示，相较于10年前1/8的上班族选择在家办公，2015年该比例升至 1/7。《金融时报》指出，灵活工作制成为一大趋势，究其原因，一是移动电话、互联网等已成为人们生活和工作的必需品，为灵活的远程办公提供了强有力的设备和技术支撑。二是越来越多的用人单位因地制宜，根据实际情况出台符合自身特点的工作机制，而不是"一刀切"地要求员工掐着点上下班。三是企业出于与其他单位激烈竞争，需要留住人才以图更好发展的综合考虑。

据统计，在英国，信息通信业已有超过 1/5 的上班族不在办公室办公。值得一提的是，越是高层的管理人员，越有可能获得在家办公的许可。女性在家办公数量更多，因为更多的女性希望工作时间灵活，方便照顾孩子和家庭。

整体上看，灵活办公利大于弊。雇主们无须锱铢必较地考核员工出勤情况；员工们也获得了全新的工作自主权。不过，灵活办公也存在着潜在弊端。办公设备是便携的，无线上网也十分便捷，这就意味着人们"随时随地都能办公""工作没有结束时"。因此，这种办公模式也许会使人"健康恶化、身心疲惫"，而"刚性工作制的严格界限至少会让工作远离我们的家和我们的床"。

一家致力于推动在家办公的机构认为，灵活办公的好处不言而喻，虽然目前从事家庭办公的人数占比大幅攀升，但仍需多做努力，让雇主相信实行新型工作制将会呈现惠及企业以及员工的双赢局面。

该机构负责人法莱克斯顿强调，工作的重点是所做的事，而非在什么地方工作。他认为，依靠先进技术，人们能够快速引进灵活有效的工作程序，减少时间消耗以及各项成本，但工作形式转换中所需的信任仍是个大问题。不过，法莱克斯顿也预计，将有更多的单位和机构改变做法，实行灵活工作制。

（作者系《人民日报》驻英国记者。本文摘自《人民日报》）

只做紧固件　不走寻常路

李 瞧

在庞大繁杂的核电产业链上，不乏法国电力、西屋电气、三菱、阿海珐、中广核等自带光环、体量巨大的"明星"们，他们被聚光灯环绕，一举一动都牵动着大众的心，但数量更多的则是那些戏份不多，但也至关重要的"配角"们，比如各种零部件、系统服务商等，他们的靠谱到位，对核电站的安全运行，也是功不可没。

就好比一部以核电为主题的电视连续剧，明星、主角的起起落落固然引人入胜，但配角们的人生遭际，也颇耐人寻味。虽然台词不多，镜头很少，但也鲜活生动，姿态各异。而法国 Cathelain，就是这样一种存在——这家只做紧固件的家族企业，自 1904 年创立，已有 113 年历史。将自己定义为"紧固件专家"的 Cathelain，目前除了为石化行业提供标准件外，还为核电领域以及军用航空航天、核潜艇提供非标准紧固件。其最引以为傲的是，可以为客户量体裁衣，依据其图纸及特别要求定制紧固件，并为紧急订单提供快速服务，最重要的，是没有最小数量限制！这也就是说，即便客户只想定制一件产品，那也妥妥的没问题。

在第十二届中国国际核电工业展上，在友人介绍下，我见到了 Cathelain 公司核电业务发展部经理德拉特。将一身西装穿得妥妥帖帖的德拉特，戴着一副蓝框绿底的眼镜，很职业，又时尚。有二十多年国际业务经验的德拉特虽然 11 个月前才加盟该家族企业，但谈起 Cathelain"无法比拟"的优势时，满满的都是自豪。

该企业每年约 1000 万欧元的营业额，其中核电领域贡献为 200 万～300 万欧元。应用于核电和军用航空航天、核潜艇领域的非标产品都是小批量、高标准、严要求，为此，Cathelain 的产品不但经过法国电力 EDF 认证、RCC-M 质量认证、ASMEⅢ-QMO 质量认证，还配备了先进的实验室，可进行超声波探伤检查、液体渗透探伤、磁粉探伤、3D 立体检查等内部质量检测。从 1974 年瑞典的 Ringhals 核电站开始，Cathelain 在核电领域已有近 50 年的服务历史。随后，伴随核电建设大潮，其非标紧固件走进了比利时、南非等国家的核电站，并进入中国市场，服务了秦山、大亚湾、岭澳、宁德、红沿河、方家山、福清、防城港以及在建的田湾核电站等。当然了，大部分都是借由配套阀门走进中国，但也有两家企业点名要求其直接供货的，比如东方阿海珐和 Pal Filters Beijing，前者已有十年订货历史，而后者购买其非标产品和特殊螺钉也有四五年了。

早在法国第一座核电站诞生时,该企业即为其提供非标件。在法国电力协会精挑细选的 105 名成员中,Cathelain 是唯一一家紧固件企业。"我们每天都会遇到紧急订货的情况,也经常为法电排忧解难。"德拉特告诉我,法电在核电站停堆检修时,经常会向他们求救,甚至会要求在下订单当天就收到紧固件,"我们库存的材料非常丰富,所以生产周期很短,完全可以满足他们的要求。"他的自豪溢于言表,尽管并不为大多数人所知,但其产品的可靠在业内有口皆碑。

谈及 Cathelain 独特的理念,德拉特更愿意称之为"小众奢华"路线。犹如旅游时的大众跟团游和高端定制游,紧固件产品的用量非常大,但选择了后者的 Cathelain 只提供其中一小部分非标产品。"对于我们来说,一千个标准件与一百个非标件,花费的时间一样,而且后者需要重新设置机器参数、调整生产线并加装独特的工具,但我们还是选择后者:一来企业本身比较小,二来后者的产品附加值也更高。"德拉特表示,事实也验证了企业战略的正确性。

目前企业有 75 名员工,平均年龄 37 岁。出乎意料的是,这家位于法国北部一个千人村庄的企业,自诞生之后,就一直没有"挪过窝"。十多年前,为了引进现代化的生产和管理,企业曾考虑过搬迁和旧址改造两个方案,最终,因为员工大都是当地人,Cathelain 选择了继续留在本乡本土,因为"这是根"。但这个家族企业也并非一直都这么平安顺遂。十年前,Cathelain 也曾被某大集团收购,由于理念不同,家族代表被请出局,企业一度濒临破产。全体员工怒而罢工,最终与集团脱钩,并赢回了家族代表,继续走自己的"小众奢华"之路。"虽然是家族企业,但这个家族只派出一个代表担任掌门人,而且掌门人每年都会将营业额的 8% 投入到设备更新以及产品开发和人才招聘中,而不是装入个人腰包或者分红,这就保证了企业的持续发展,因也赢得了所有员工的信任。"德拉特说,现在的第四代掌门人,也将在小规模定制的道路上坚定地走下去。

在全球化的冲击下,Cathelain 也面临着挑战。也因此,具有 20 年大企业国际运作经验的德拉特,被委以重任,承担了为家族企业带来新鲜血液的重任。而中国这个全球最大的核电市场,对渴望有拓展的 Cathelain 公司来说,自然也是至关重要。"除了向合作伙伴推荐我们的紧固件,挖掘存量市场的

其他需求,比如维修更换等,我们也希望能为其他企业供货,通过为核电阀门配套而进入中国核电市场,此外,我们也非常愿意助力中国企业走出去。"德拉特早已制定了详细的客户拜见计划,即便并不广为人知,但可靠的品质保证,无疑是 Cathelain 最响亮的名号。

(作者系《中国工业报》记者。本文摘自《中国工业报》)

西方企业品牌塑造的文化理念和文化方式

梅 娅

根据众多的调研显示,一家企业的品牌文化,对这家公司的整体业务有着重大的影响,所以一家公司如果想要扩大业务的话,就应该把精力多放在品牌文化的建设上。品牌文化、公司文化是一个融合体,融合了价值、信仰、礼仪、竞技以及一些企业故事在里面。每一家企业都是经过时间洗礼而成长起来的,品牌建立也需要时间检验的过程。

品牌文化这个概念,涉及三个相关的理念:愿景、使命、价值观。什么是愿景?愿景就是企业最终想发展成什么样,举个例子,迪士尼公司的愿景是让人们感受到快乐;所谓使命就是企业所从事的工作和事业,可口可乐公司的使命是让世界充满活力;价值观就是用于支撑你的品牌文化体系,帮助你完成使命的一系列价值所组成的概念。

这些概念看上去比较简单,但是常常需要付出很多的工作。为什么这么说?因为这需要仔细地思考我们目前状况是什么,今后想发展成为什么,这不仅需要企业管理者去做,还需要企业的管理层、员工去思考这个问题,并且做这件事。可口可乐这种大公司,虽然涉及的工作内容比较多,但每位员工都明白企业的品牌文化和使命、愿景、价值观。Zippo 公司在面试员工的时候,都会经过两轮面试,确保他们了解并且认同公司的价值观,在试用期间也会继续观察这个员工是否适合这个工作以及环境,这是非常重要的。因为作为企业员工,在企业不管是岗位还是环境,都要有一个正确准确的角色定位,虽然有知识、能力,但是更为重要的是要和企业相同的价值观。

苹果公司的标语是"非同凡响",所以提供的产品与普通的手机和电脑是不一样的,产品的质量很高,因此费用也很高。它代表着一个人的个性——独立。

建立一个好的品牌文化有什么好的方面?首先,一个好的品牌文化能够吸引高素质的员工。企业有了高素质的员工,并给予员工足够的动力,员工提高了工作效率,也就会创造出更多更好的产品和服务。其次,好的品牌文化还会增加客户对企业和产品的忠诚度。如果提高了客户忠诚度,企业在营销投入上就不用花那么多的费用。最后,还可以增加企业的收入和市场份额,降低客户或者消费者对于价格的敏感度,这样企业就可以创造更多的利润。还有一些企业会组织一些社会慈善活动,这样也会让客户愿意花更多的钱购买他的产品。

美国西南航空公司在国际金融危机期间,很多员工被离职或者减薪,但更多的人即使薪资有所下降仍然选择跟企业在一起,没有离职。Facebook 和 Google 公司,他们对员工的福利体现在为员工提供很好的办公环境。具体来讲,包括员工不需要穿正装,对员工服装没有过多要求;在工作间歇可以喝茶或者有比较长的休息。

那么中国和西方品牌文化上有什么差别?比较显著的一个区别在于东方讲究集体主义,西方讲究个人主义。个人主义可能更讲究独立、享受,追求个人的一些利益。集体主义可能更讲究家庭,以家庭为主,还有集体利益的问题。

此外,不同的行业涉及不同的品牌文化。因为在不同的文化背景下,不同的行业所遵循的品牌文化价值理念是不一样的。如酒店行业巨头希尔顿酒店和万豪酒店,更注重的是提供服务产品的品质;食品行业,在智利讲的更多是健康和方便。

10 年前,麦当劳经历过一次市场衰退。管理者因此开始反思,这个行业到底发生了什么?实际他们做汉堡产品做了很多年,有了很成熟的市场,可是为什么市场会开始萎缩呢?经过调研,他们发现是客户的需求变了。譬如在智利,更多的人开始注重健康,他们发现自己的身体变得很胖,又不爱做运动,于是人们开始改变饮食习惯,吃一些健康的食物。所以麦当劳接下来对他们的食品产品做了一些改变,每一家麦当劳店都会提供沙拉。在麦当劳的商业宣传片里,你会看到蔬菜的一些特定镜头,比如西红柿。而奢侈品行业,消费者想购买的是一些独特、优质、高质的产品。因此在不同的文化背景和不同行业下,品牌文化也是不同的。

品牌文化对于企业的身份和品格是非常重要的。我们来自于不同的文化背景——东西方文化的差异,造成我们有不同的价值观,像智利的公司和中国的公司就有不同的品牌文化。

在相同的公司、相同的产品,但是在不同市场下也会有不同的表现。一些欧洲公司在中国的营销多用一些奢华的概念吸引中国人,但是同一家欧洲公司,在自己国家做营销的时候,更注重的概念不是奢华而是历史性。

了解这些异域文化,有利于我们文化建设"择善而从"。

(作者系智利驻华大使馆文化参赞助理。本文为作者在"中外企业文化 2017 长沙峰会"上的发言)

欧洲企业如何用文化打造品牌

杨 力

品牌文化是指通过赋予品牌深刻而丰富的文化内涵,建立鲜明的品牌定位,并充分利用各种强有效的内外部传播途径形成消费者对品牌在精神上的高度认可,创造品牌信仰,最终形成强烈的品牌忠诚。

品牌文化受到两种"力"的影响,即企业文化和消费者知觉的影响,一个从内往外走,一个从外往内走,二者对品牌文化都有影响

企业文化是公司内部文化,包括愿景、使命、信念和价值观,要把企业文化的内容传递到品牌里,才能打造出品牌文化,并且通过品牌把公司的价值观传递给消费者。现在有的公司,对自己的企业文化非常清楚,但是却无法将企业文化传递出去,这就需要品牌文化的影响力,宣传公司的企业文化。

企业文化影响品牌文化,品牌文化也会影响企业文化。品牌文化对内也有两方面的影响,即品牌价值观对公司员工和管理层的影响。这个影响力也会传递给消费者,但在传递的过程中会出现一些问题,所以目前很多品牌内部的价值观无法传达。

品牌既有名誉、质量、可靠性的表层体现，也有一致性、企业的价值观、消费者知觉的深层内涵

除了名誉的表层意义，质量和可靠性也是品牌的基础含义。譬如某款手机，之前一直做得很好，后来转型做电脑，仍然用原来的品牌。消费者知道，如果手机做得好，电脑也应该做得比较好，所以质量和可靠性对品牌非常重要。

同样，具有深层内涵的一致性、企业的价值观和消费者知觉也是品牌不可或缺的含义。如果某公司一直提供非常好的服务或者非常好的产品，那一致性就比较高，但是一致性也有另外一层意义，即产品、品牌和企业文化要一致。如果某公司客服对消费者服务不到位，譬如消费者买了该公司的产品，发现有问题，给客服打电话。客服的态度不好，那说明公司的一致性还不到位，消费者就不再相信这家公司。

公司的价值观没有让消费者感受到，分为两个问题：一是公司价值观没有传递给消费者；二是公司价值观在内部也没有落实。如果消费者在公司网站上看到了公司价值观，但在与公司人员沟通的时候没感受到，那一致性还是有问题。对于消费者而言，一致性非常重要。品牌不仅会受到企业文化的影响，也会受到消费者知觉的影响。最好的广告不是公司在电视、电台广播或者海报上打的广告，而是消费者的评价。当然谁都不会说自己很差，但是公司最大的评价者是第三方，就是消费者。他们的知觉，比自我评价更重要。有一位德国人曾说过，"品牌是你不在房间里的时候，别人对你的评价"，即品牌文化不会一直追随消费者，但是如果公司的价值观明确，品牌内涵传递给了消费者，消费者就可以帮公司创造文化。

怎么传播品牌文化？

从企业文化中创造品牌文化还是比较容易的，因为这是属于公司内部的方面，但是最难的是如何将品牌文化传递给消费者？

第一，产品。如果公司的价值观是为消费者提供高品质的产品，但是产品不到位，这是公司很大的损失。如果将公司的价值观附加到产品上，消费者和客户会通过产品感受到公司的企业文化。

第二，服务。与消费者沟通时，销售人员和客服直接代表了公司品牌文化的形象。不管在中国或者西方，很多公司在销售产品的过程中，提供的服务特别好，销售人员说的也很好，但是卖完产品后，公司觉得任务已经完成，赚了钱就完事了，但事实上并不如此。

第三，售后服务。最大的企业文化传导，即品牌文化和消费者传导的内容，就是售后服务。此时消费者知道销售过程已完成，但是如果公司卖完产品后，还提供一流的售后服务，那公司的价值观将被消费者所认可。

在国内，这方面做得较好的行业是电商。传统销售模式是，当产品卖给消费者后，很少会有消费者评价，所以公司得到的反馈比较少。但是电商的销售模式是，满意的消费者或者不满意的消费者，他们都会进行点评，4星、3星到1星，这样不论是售货方或是购货方一目了然，其他的消费者也会按照这些评价来挑选产品。譬如在网上购买一件衣服，不管这件衣服是A或者B，质量都差不多，那消费者肯定先看评价。如果有5星或者3星的卖家，大家都知道最终会选哪一家。因为服务非常地重要，是创造企业文化和品牌文化的重要一环。

第四，广告。有些公司的广告跟他们自己企业文化的价值观，并不相符。像耐克的广告就很明确，独立、更强、成功，Just do it是他们的口号。他们的广告也是按照他们的价值观来做的。如果广告做得非常漂亮，但是没有企业文化的内涵，肯定是创造的内容有问题，而且消费者买到产品后，感觉不到企业文化，——因为广告和企业文化有区别，客户肯定会不满意。

苹果的价值观是可靠性、设计精美、首选材料、精英、服务，"我们做的每一件事，都是为了突破和创新，我们坚信应该以不同的方式思考，挑战现状的方式是通过把我们的产品设计得十分精美，使用简单和界面友好。我们只是在这个过程中做出了最棒的电脑"。消费者可以通过产品感觉到苹果的品牌文化是什么。

苹果公司和亚马逊在服务方面做得非常好。现在的苹果公司，公司的价值观没有变，但是一致性变了，所以价值观和产品是不一致的。因此，一致性非常重要，品牌的文化和产品都要和内部的文化一致，如果达到这个维度之后，才会获得客户的认同。

兰博基尼最早是做拖拉机的公司，为什么突然决定要做跑车？因为跟法拉利竞争。兰博基尼是费鲁吉欧·兰博基尼（Ferruccio Lamborghini）的姓，作为兰博基尼汽车的品牌创始人，他非常热爱跑车，并且还是一位朴素的生意人，但却具有前瞻性的眼界。法拉利也是创始人——被誉为"赛车之父"的意大利人恩佐·法拉利（Enzo Ferrari）的姓。在 20 世纪 20 年代的时候，兰博基尼公司的拖拉机做得非常好，广告一直也是客户满意的，所以买产品的人越来越多，赚了很多钱。兰博基尼还做拖拉机，但是不同的品牌，现在既做拖拉机也做跑车。

无品牌和"制造"品牌

标志蕴含了很多含义，可以表达一些想法传递到品牌和产品里。现在海外有很多公司开始做无品牌，这是个流行趋势。因为这些公司已经不通过标志的方式做广告，完全依赖于消费者对产品的信赖。当然这跟价值观有关系，所以这些公司觉得不需要通过标志的方式做广告，虽然产品没有标志，但是公司还是有标志的。没有一个公司是无品牌的。产品可以无品牌，但是公司不可能无品牌，因为公司的品牌还要表达公司的价值观。

德国制造、意大利制造和中国制造的含义很清楚。德国制造代表着德国人做事情都做得很到位，很严谨、很细致；意大利产品跟德国的产品相比，质量跟他们 99％ 一样，但是价格比他们低。如果一个设备是意大利制造，不会得到跟德国制造同样的认同，这是因为公司的价值观没有传递到意大利制造的品牌里面。如果是西装、皮鞋这些方面，意大利制造则代表时尚及质量好。

中国制造现在有什么含义？在西方，如果一个产品是中国制造，可能会代表着质量不好、价格低。事实并不如此，消费者购买的所有电子产品基本都来自于中国，这些产品质量很高，价格有高有低。中国企业要扭转人们的偏见和认识，需要一个完全改变中国品牌形象的过程。目标越大，需要的时间越长，树立国家品牌形象，需要更长的时间。

希望到 2025 年的时候，在西方国家，如果买到中国制造的产品，其意思已经不是质量低、价格低，而是高品质、高质量、价格适中的代名词。

（作者系意大利丝路创新公司副总裁。本文为作者在"中外企业文化 2017 长沙峰会"上的发言）

宝洁公司在全球的跨文化管理及启示

李　琛

总部在美国俄亥俄州辛辛那堤市的宝洁公司，创建源头可追溯到 19 世纪 30 年代中期，至今已有近 180 年的历史，在全球拥有近十万雇员，经营 300 多个品牌，产品畅销 180 多个国家和地区，是世界迄今最大的日用消费品公司之一。基于在全球化背景下国际商业的发展，人们越来越关注跨文化管理的方法和路径。而宝洁（P&G）有着独特而悠久的跨文化管理历史和文化，自然而然地受到学者和营销者关注，也成为各国相关专业留学生必看、必学、必调研的典型案例。

一、革故鼎新，在继承传统中，吸收现代文化

人们对先进文化的认识和科学管理的认知和掌握总是要经历一个实践、认识、再实践、再认识的过程，宝洁公司的跨文化管理也是如此。20 世纪 90 年代以前一段时间，宝洁公司的生产经营由于组织文化过于严格、禁止佩戴标签披露身份（道奇森，江恩和萨尔特，2006 年）等，表现出过于传统和刻板的管理，影响了他们加入贸易组织的机遇。最不能忽视的是：1997—1998 年，由于文化的牵引力不足，宝洁的每股收益率下降了 14％～15％，收入增长远低于该组织设定的 7％ 的内部目标；特别是公司的优质产品很难占领发达国家市场；加之在一段时间内，宝洁公司没有推出新产品，没有跟上在世界上的发展潮流，各方面信息都聚焦到"公司的文化不足以适应新兴的竞争市场，"宝洁的组织文化受到质疑。

1999 年，时任宝洁公司的首席执行官雅格就果断地提出了"通过改变组织结构和文化来促进创新和营销技术，克服公司官僚、传统和缓慢的文化，以快速、创新和由 IT 驱动的文化，建立一个更具适应性的公司"的策略，该项改革被称为宝洁公司文化变革的组织重组计划。该计划从一系列市场调查切入，在不同国家采用了不同的销售对策，更加注重优化其跨文化管理，关注创新和发展速度，关注研究不同文化背景下消费者的心理需求；注重企业文化中

的"利益诉求与情感诉求的结合"。通过对不同国家风土人情的了解，实施差异化的品牌营销与市场精准细分战略。如：在中国市场"舒肤佳"与中华医学会推广"健康、杀菌、护肤"的理念；洗发水的"去屑、健康、柔顺"理念等，都以自信为品牌的诉求点，提升了品牌的文化内涵，同时，宝洁公司还在中国构建起了完善的市场调研系统和消费者数据库，并将这一系统推广到全球有宝洁产品的各地。再以推广卫生巾品牌"护舒宝"为例：在澳大利亚"护舒宝"的广告干脆畅谈其防漏效果，类似贴心地关注消费者需求，自然受到消费者欢迎。

保洁公司正是通过改变基于全球产品线条的组织，在社会上有着良好的形象和声誉，培育了一大批忠诚的顾客，为该公司的可持续发展赢得了竞争优势。到 2005 年，实现了 13%～15% 的年增长率和全球营业额从 380 亿美元增长到 700 亿美元，实现了业务目标并保持了在消费品市场的领先地位。

二、通过不同区域人力资源管理系统开发领导力

（一）文化熏陶从招聘开始

21 世纪以来，宝洁公司受益于跨文化管理，逐步拓宽了全球化人才培养和跨文化管理的视野和思路。基于公司新人才多来自于校园招募，在很长时间内也很少通过猎头或外部招聘从竞争对手的麾下招聘经验丰富的人才。为缩短新员工用对文化环境的适应期（适应组织文化），宝洁公司的文化系统从员工招聘开始，就彰显着自身的文化，通过人才招聘影响到人才选拔聚集的程序，并将核心价值观、信念和原则转移给新员工。

宝洁的一位前任 CEO 尼尔·迈克尔罗伊常说："我们培养未来管理人才的工作年复一年地进行，不论景气与否。要不是这样做，若干年后，我们就会有断层，而我们承受不了断层。"公司随时随地亮出自己的人才招聘主张："我们相信不断完善自我并且发展他人是每一个员工的责任"在宝洁的管理层基本上看不到空降兵。宝洁以尊重和培养人才为己任，并依靠文化传承而使公司可持续发展，宝洁也愿意投入大成本主动选择内部培养人才。宝洁认为：公司的利益与员工休戚相关。公司通过公正的竞争和晋升机会，让每一位员工都有归属感，并能忠诚地为宝洁工作，与保洁共荣辱。

（二）完善的员工培养制度

宝洁的历届领袖都潜心通过不断完善内部发展制度使核心价值观得以传承。宝洁高层管理人员职业生涯的起步几乎都是作为应届毕业生加入宝洁的，且均是从基层做起（包括所有 CEO）。早年在麦克洛伊掌门时就特别强调"人才培养、领导力的开发，并且将这项责任向下传导，在宝洁想要获得晋升，单凭提升业务是不行的，还要提升下属，没有培养出合格的接班人就没有晋升的机会"。宝洁公司的直接经理制度促使每一位员工，不论身居何处，从初进公司就开始接受直接经理的指导，这是全球"宝洁人"都能享受的文化共性。每一位员工的直接经理对"下属"都负有业务教习和督导的责任，并且直接经理要通过平时工作中的交流，将已经理解并融入自己血脉的地域文化，宝洁的员工培养如同师傅带徒弟般地、潜移默化地影响和传递给自己指导的员工，久而久之这种直接经理制度为宝洁公司建立起一种互相影响、互促共勉的文化体系，增强了公司员工的凝聚力。

（三）创设公平的激励机制

宝洁公司的激励因素极具文化品位，极具典型意义的是：为每一位员工都提供完善并且有竞争力的薪资体制，以及享有各种基本福利政策。如：在物质上，宝洁公司推行员工持股计划。无论你在世界的哪个角落，只要是宝洁公司的员工都可以购买公司境外股票，以激发员工的主人翁意识；在精神层面上，最普适性的激励是对员工的尊重和工作的认可，常常受到大会表彰，发放荣誉证书，为员工们提供免费的咨询教育服务，享受亲情化管理，让员工从理念到实践、从根本上树立人人都可以成长为领导者的观念。公司适应国际化运营需求，将国际化人才的招募和开发作为重点，为了使海外公司秉承诚信价值观，助推和"加速宝洁在全球各地据点的同化"，更加顺畅地"传承企业文化"，宝洁公司敢于对年轻人委以重任。为了配合全球化和多元化的战略，保障核心价值观能在全球复制，宝洁公司常规性地组织许多国际经理人到宝洁的美国总部开会，除了各方人员"混个脸熟"、便于协同配合工作，重要的是领略和接受宝洁公司的文化熏陶。

三、将培育文化落到实处

落实员工政策，实施全员培训与发展计划，解

决文化差异，发挥培训作用，是宝洁应对跨文化管理的最佳利器。20世纪90年代初公司设立了"宝洁学院"，为宝洁从领导力到人力、人才开发提供了有力支撑。

（一）分析和识别文化差异

一直以来，宝洁公司都能正视多元、多样文化共存、碰撞、交流、交锋、共融的现状，通过宣传、动员，将不同的看法规范理顺为一种新的、适应企业发展战略的统一的价值观念。宝洁公司在校园招聘阶段就扫描有意向来宝洁公司工作的候选人简历，包括未签署制造、财务、研究、营销和销售等职能的学生简历，为潜在员工或准员工尽早履行职责，制定快速的职业发展道路，纳入公司内部长期职业培训计划。编制适应性训练方案，使员工掌握不同的文化背景知识，掌握与不同文化的人打交道的技巧，学习和了解不同文化背景下的社会经济、文化以及企业经营管理的具体情况，学习国际通用语言和合作知识，在合作中把文化冲突缩小到最低限度，建立相互尊重的、平等的、正规的交往，提高员工对不同文化的理解能力和文化适应能力，化解文化冲突，实现文化协同。

（二）全面推行"四位一体"的绩效评估

对员工全面实施"工作和发展规划系统（W&DP)"培训，该系统将人才供应、人才培养、职位设计、职位评价、职业生涯管理、绩效考核、薪酬激励等职能统一到这个平台上来，其呈现的方式就是涉及业绩评价、能力评估、个人发展和未来一年工作计划"四位一体"的绩效评估。通过每年进行审查和定期更新、补充、完善新的内容，鼓励上级培训和发展下属，并通过非正式的外展指导为该计划提供补充。宝洁公司开设了大学，高级管理人员与下属和新员工分享经验和见解。每个员工的上级会与员工探讨他们能力的优势和需要改进的能力项目，新员工在这个地方工作的大部分时间都是为了更多地了解组织的文化（Anon，2011）。这种业绩与能力并重的做法，使宝洁公司员工的能力得以快速提升。

（三）传承宝洁文化

宝洁公司拥有传统的、道德的经营技巧，以及内部非正式的合理安排及关于组织行为的"做与不做"的公认规则，这些品质已成为宝洁人"坚实的组织自律文化"，通过强化培训和实践，这种文化逐步被所有组织成员所接受并得以向社会辐射。宝洁人信奉"无论是革命性的还是创新的，还是改革的，公司的最终目标是最大化股东的利润，这应该是公司文化的根本。"

当前，从我国顶层设计的人类命运共同体构建到"一带一路"倡议落实；从我国企业"走出去"实现"政策沟通、设施联通、贸易畅通、资金融通、民心相通"到"G20峰会和中非合作论坛"，跨文化管理已是话题。而宝洁公司，建立了已被员工接受的核心价值观和严格的道德规范、独特的文化，包括员工管理、绩效监测，变革管理，招聘管理、跨文化培训等这对正在深化改革的企业有借鉴意义。

（作者系皇家墨尔本理工大学商务硕士）

中国企业文化建设大事记

二零一六年中国企业文化建设大事记

1月15日，国内首个由人力资源和社会保障部职业技能鉴定中心、中国就业培训技术指导中心颁发的企业文化（员工帮助计划）实训指导师和三级心理咨询师证在长沙经开区总工会颁发，长沙经开区总工会80名企业工会骨干在经开区首届企业文化（员工帮助计划）实训指导师毕业典礼上获此殊荣。

1月15日，为聚焦基层企业文化建设与专项文化创新工作，总结"十二五"企业文化建设的成绩与不足，研讨"十三五"企业文化发展的方向和任务，中国企业文化研究会创新工作交流会在中航工业东安公司召开，国内40余家企业参加了会议。会上，6家单位就安全、品牌、创新、服务等企业文化建设及文化创新工作中的典型经验和做法进行了交流与分享。中国企业文化研究会副秘书长王建对经验交流单位的经验和工作进行了点评，对"十二五"期间中国企业文化建设与专项创新工作进行了总结，并提出了"十三五"时期中国企业文化建设的方向和任务。会议期间，与会人员还参观了中航工业东安公司，进一步了解企业文化建设情况。

4月21—22日，由中国机械政研会主办的中国机械政研会2016年会暨机械工业"十三五"企业文化发展论坛在苏州召开，会议总结2015年及"十二五"工作，分析了机械工业发展面临的形势和任务，发布了《机械工业"十三五"企业文化发展规划》，并对示范单位、先进单位和先进工作者进行了表彰。

4月25日，国务院国资委举办"走出央企"系列文化交流活动联想行。国资委宣传局副巡视员金思宇带领考察团在联想集团高级副总裁、中国区总裁童夫尧，联想集团副总裁、商用事业部销售总经理叶明等陪同下，参观了品牌体验中心、北京工厂及附属仓库。联想集团董事长兼首席执行官杨元庆莅临活动现场并与大家互动交流，将此次活动推向高潮。

4月27—29日，中国企业文化研究会学术部主办的"第五期新常态下推进基层企业文化创新工作座谈会"在深圳召开，来自全国30多家企业、100多位企业单位代表参加了会议。会议就企业如何在新的经济形势下体现时代特质，以创新精神引领企业腾飞发展，深入学习贯彻习总书记"五大发展理念"，打造新常态下企业再次攀升等方面展开学习和讨论，中建钢构、招商银行、广西玉柴、华融湘江银行四家企业进行了代表性发言。

6月7日，国务院国资委在中国国电河北衡丰发电有限责任公司召开中央企业精益管理文化现场交流会，交流推广中央企业精益管理文化的经验和做法，促进企业提质增效工作向更高层次迈进。会议深入学习贯彻习近平总书记系列重要讲话精神，认真落实李克强总理等国务院领导有关重要指示精神，积极践行五大发展理念，全面落实国资委战略，以"精益管理文化"为抓手，主动融入中心，服务大局，打好国有企业提质增效攻坚战。国资委宣传局局长卢卫东出席会议并讲话，中国国电集团公司党组书记、董事长乔保平出席会议，党组副书记、副总经理张国厚出席会议并致辞，国资委宣传局副巡视员金思宇主持会议。

6月12日，中国企业文化研究会召开专家学者座谈会，参加会议的有：北京市财贸管理干部学院王成荣教授、中国科学院研究生院管理学院徐艳梅教授、北方交通大学经济管理学院黎群教授、北京市委党校嘎日达教授，中国企业文化研究会领导及部门主任参加了会议。会议对"企业文化竞争力指数设计和企业文化竞争力排行榜可行性"进行了广泛深入的探讨。会议由常务副理事长、秘书长孟凡驰教授主持。

6月14日，为进一步推动市国资委系统企业文化建设上新台阶，上海市国资委党委、市国资委召开以"发展新理念与国有企业文化建设"为主题的2016市国资委系统企业文化论坛。上海市政府副秘书长、市国资委党委书记、主任金兴明，市委宣传部副部长、市文明办主任潘敏，解放日报社党委书记李芸出席论坛并分别讲话和致辞。论坛上，上海市国资委系统部分企业发起成立"市国资委系统企业文化建设联盟"，进一步整合资源，以先进理念引领企业文化建设，促进国企改革创新与转型发展。

6月16日，由中国建筑业协会主办、中国建筑业协会建筑史志与企业文化分会（以下简称"中建协文化分会"）承办的"全国建筑业企业文化建设经验交流会"在鲁班家乡、孔子故里——山东省曲阜市召开。此次会议以"弘扬工匠精神、传承鲁班文化"为主题，来自全国各地的近400位业内同仁济济一堂，为我国建筑业吹响了文化建设的号角。会议期间，中建五局、中铁四局、中建八局一公司、中天集团、陕建十一建集团、天津天一和中亿丰建设集团7家先进企业在会上分享了各自的文化建设经验，为行业企业有针对性地开展企业文化建设提供了借鉴。与会代表普遍认为，活动恰逢其时、内容丰富，专家讲座质量高、发言企业有特色，参加祭祀活动有感触，收获很大。

6月23日，中共中央政治局委员、中央书记处书记、中宣部部长刘奇葆出席"中华文化走出去"工作会议，强调要深入学习贯彻习近平总书记系列重要讲话精神和治国理政新理念新思想新战略，进一步坚定文化自信，统筹文化交流、文化传播、文化贸易，着力弘扬中华优秀传统文化、传播当代中国价值观念、展现当代中国发展成就、体现人类共同价值追求，更好展示中华文化的独特魅力。

6月25—26日，由中国企业文化研究会主办、天能集团承办的"民营企业文化创新与社会责任"——首届中国民营企业文化论坛暨天能集团现场会"在浙江长兴召开。本届论坛的主旨是：紧紧围绕贯彻落实党的十八届五中全会精神以及习近平总书

记在民建、工商联委员联组会上"两个不动摇""三个没有变"的讲话精神，回顾总结改革开放以来民营企业文化建设的经验，深入探索民营企业文化建设的创新发力，加快提升民营企业转型升级中的文化自觉，引领民营企业发挥更大责任与担当，促进民营企业"十三五"时期发展新常态下的经济转型，推进中国特色民营企业文化建设的繁荣与发展。来自全国各地的专家、学者、企业家及民企企业文化工作者200余名代表参加了会议。

7月11日上午，由中国企业文化研究会理事长胡平同志召集的企业文化专题研讨会在京举行。参加研讨会的有：中国农业银行原监事长、党委副书记车迎新、中国航空工业集团原监事长曾良才、国家电力投资集团党群工作部主任荆玉成、中国交通建设股份有限公司原企业文化部部长杜胜熙、中国建筑总公司企业文化部副主任陈莹等领导和专家。中国企业文化研究会常务副理事长华锐，副理事长李世华、吴建明、副秘书长王建参加了会议。座谈会的主题是"第四次工业革命与企业文化"。常务副理事长、秘书长孟凡驰同志主持会议。胡平理事长对我国传统文化、创新文化、互联网文化、品牌文化、生态文化、伦理文化、企业家文化、班组文化等进行了重点阐述。他鼓励大家，面对当前经济社会形势，要用中国特色文化武装人们的头脑，用中国文化作基础，把西方文化融入进来，关心社会，关注公益事业，做到人人是文人，人人是商人，人人是善人，做善事。企业文化要跟上时代步伐，走在时代前面，总结新经验，推动企业文化适应第四次工业革命，在第四次工业革命中创新中国企业文化。

7月14—16日，全国卫生系统第十一届走向人文管理高层论坛在哈尔滨召开，论坛的主题是"建设以人文精神为核心的医院文化；关爱患者，从关怀医务人员做起"。医药卫生委的常务理事、理事单位参加会议的代表有112人，各地医疗机构参加会议的人员总计有800多人。

7月20日，国务院国资委宣传局和经济日报社在京联合举办国有企业创新文化研讨会。研讨会以"创新文化与工匠精神"为主题，通过领导讲话、专家授课、现场交流、圆桌论坛等形式，深入学习贯彻习近平总书记系列重要讲话精神和李克强总理有关重要指示，积极践行"创新、协调、绿色、开放、

共享"五大发展理念，认真落实全国科技创新大会和中央企业科技创新工作会议精神，加快实施创新驱动发展战略，积极推进创新文化建设，大力培育工匠精神，为国有企业改革发展提供智力支持和政策指引。

7月21—23日，由中国企业文化研究会主办的"第三届全国企业文化传媒论坛"在吉林省长春市举行。此届论坛以"互联网＋时代的企业文化传播与全媒体构建"为主题，聚焦互联网＋的企业文化传媒问题，围绕在新常态下如何推动企业文化全媒体深度融合，企业文化传播模式如何创新变革，如何构建创企业文化传播全媒体体系，如何实现企业文化全媒体内容生产、传播与价值增值的交流互动，如何实现企业品牌价值提升等问题展开讨论和交流。来自全国各地的160多家企业200多名代表出席了论坛开幕式。

10月9日，中国保险行业协会文化建设与传播专委会成立暨2016保险公众宣传大比武表彰大会在京召开。保监会办公厅、保监会党委宣传部等相关领导出席会议，中保协会长朱进元出席并作总结讲话。会议正式成立中保协文化建设与传播专委会，同时对保险公司、地方行业协会在"2016年7·8全国保险公众宣传日暨保险文化建设推进周"期间活动开展情况及优秀内部刊物获奖单位进行表彰。华夏保险在全国数十家保险公司中脱颖而出，喜获2016年"7·8全国保险公众宣传"最佳组织奖、最佳人气奖。同时，其内部刊物《华夏视线》荣获2016年度保险行业优秀内刊评选最佳编辑奖。

10月12日，"2016辽宁省企业文化峰会"在中航工业沈阳飞机设计研究所的文体活动中心召开，本届峰会的主题是"辽宁新一轮全面振兴中的企业文化变革"，主旨是"交流聚力、融智分享、文化创新、振兴发展"。省内相关专家学者和会员代表共80余人参加了会议。此次峰会坚持"以文赴会"的原则，共收到80余篇申报论文，评选出30篇，汇编出版《优秀论文选》。会议还表彰了2016年度企业文化建设"优秀单位"和"先进工作者"。

10月12日，2016长江中原论坛暨中国企业文化大会在河南省郑州市举办，此次论坛主题为"新商业文明的传承与创新"，来自国内外企业文化方面的专家学者、企业家、文化名流、长江商学院校友等500余人参加论坛。作为第十二届大河财富中国论

坛十月季的重磅活动，此次论坛由长江商学院、河南日报报业集团、中国国际商会共同主办，吸引了众多企业家和政经学界精英。美国著名经济学家、诺贝尔经济学奖得主爱德华·普利斯科特在论坛现场发表主旨演讲。

10月26日，由国务院国资委宣传工作局指导、北京师范大学心理学院主办的"2016中国EAP与职业心理健康年度论坛"在北京师范大学隆重召开。本届论坛旨在进一步深化企业文化建设，推进中央企业职业心理健康（Employee Assistance Program, EAP）工作，帮助中央企业深入了解EAP行业最新发展动态，学习专业知识，交流实践经验，切实加强中央企业深化改革和并购重组中的人文关怀和心理疏导工作。

11月3日，以"勇担社会责任、弘扬企业文化"为主题的2016年中国水泥企业文化研讨会在古城西安召开。会议由中国水泥协会、中国机械冶金建材工会全国委员会、陕西省水泥协会联合举办。本次会议是在全球经济低迷，中国经济发展增速放缓，且中国水泥工业产能严重过剩、企业效益不断下滑、企业文化建设活动开展举步维艰的大背景下进行的，值得欣慰的是，本次会议得到了重组后的金隅冀东水泥公司及冀东陕西大区、冀东海德堡（扶风）水泥有限公司、冀东海德堡（泾阳）水泥有限公司、冀东水泥凤翔有限公司的大力支持和赞助。

11月12—14日，中国企业文化研究会主办、广西投资集团协办的"深入推进企业文化创新 迎接第四次工业革命——中外企业文化2016南宁峰会"在南宁举办。峰会围绕贯彻中央关于企业改革转型、"中国制造2025"等精神，分析新一轮工业革命中我国企业发展带来的挑战与机遇，研讨创新企业文化的思路、方法、模式，总结推广新时期企业转型发展的典型经验。来自全国各地的660名中外企业代表参加了会议。国务院国资委、国家工信部、中国企业文化研究会、广西自治区国资委等有关方面的领导或负责同志莅临峰会指导。

与会代表普遍认为，本届峰会是中外企业文化研讨交流的一次盛会，全国优秀企业家和企业文化工作者代表相聚南宁，深刻分析第四次工业革命中我国企业发展的机遇与挑战，深入研讨如何把握新的重大战略机遇、推动我国企业实现弯道超车，如何突破思维瓶颈、推动中国企业创新转型，如何构

筑中国企业文化软实力、努力成为全球企业新典范。与会代表一致反映，我们要弘扬长征精神，不忘初心、坚定信心，拥抱第四次工业革命，在中国企业文化发展的新长征路上阔步前行，全面推动第四次工业革命背景下的创新企业文化，进一步促进中国企业大发展大提升，为"两个一百年"宏伟目标的实现做出新贡献。

12月10日，中国金融思想政治工作研究会在京召开了2016年度全国金融系统思想政治工作和企业文化建设调研成果评审会。中华全国总工会主席团委员，中国金融工会党组副书记、常务副主席，中国金融政研会副会长张东风出席并主持了会议。会议邀请中国社科院马克思主义学院党委书记、院长邓纯东等17名行业内外思想政治工作和企业文化领域、企业经营管理方面的专家组成评审委员会，对调研成果进行了评审。

12月10日，由工业和信息化部指导，工业和信息化部工业文化发展中心主办的"中国工业文化高峰论坛"在京举行，本届论坛以"坚持文化自信　建设制造强国"为主题，探讨在工业领域坚持文化自信、塑造中国工业新形象、助力制造强国建设。全国人大常委会原副委员长、国家制造强国建设战略咨询委员会主任路甬祥，工业和信息化部总工程师张峰出席论坛并致辞。

12月24日，中国企业文化研究会理事长胡平同志就2017年企业文化研究与实践工作召开企业文化座谈会。参加座谈会的有：中国建设银行、中国工商银行、中国农业银行、中国石油集团、华电集团、大唐集团、中信集团、中国交通建设股份有限公司、同仁堂集团、金隅集团等单位。中国企业文化研究会领导、各部门主任参加了会议。参加座谈会的代表介绍了本单位企业文化建设做法，分享了其他单位的典型经验，分析了当前企业文化面临的实际问题和今后企业文化建设需要解决的重点难点问题。与会代表一致认为：当前应认真学习贯彻党的十八届六中全会精神，把党的建设与企业文化建设有机地结合起来，领导干部管好自己，带好队伍，发挥作用；用传统文化对年轻员工进行教育，将正确的理论转化为员工的正确行为；企业走出去、产品走出去、文化怎样走出去，"一带一路"跨文化融合问题；提升中华民族的文化自信心，开展组织形式多样的文化活动，让员工自觉参与其中，入脑入

心，扎根落地；将专项文化与企业的经营效益有效结合，把专项文化作为企业发展的有力支撑。会议代表建议，对今后的工作重点进行探讨和研究：重点研究文化自信；企业文化考评体系；企业品牌文化；企业文化传播的方法和策略；树立跨文化融合的经验和典型等方面内容，建议多层面开展企业文化研讨和交流活动。

二零一七年中国企业文化建设大事记

1月23日，中央企业宣传思想工作会议在京召开，总结2016年中央企业宣传思想工作，交流经验，分析形势，研究部署2017年工作。国资委副主任、党委委员黄丹华出席会议并讲话，国资委副秘书长彭华岗出席会议。中国航天科技集团公司、中国石油化工集团公司、中国宝武钢铁集团有限公司、中国长江三峡集团公司、中国中车集团公司、中国广核集团有限公司等企业在会上作了经验交流。国资委各厅局、有关直属单位负责同志，经验交流企业代表在主会场参加会议。各中央企业分管宣传工作的负责同志，党群（政工）部门、宣传部门同志，企业报刊网站等媒体负责同志1600余人在分会场参加会议。

1月23日，中国金融思想政治工作研究会第五次会员代表大会暨五届一次理事会日前在京召开。中国金融政研会第四届会长、中国金融工会党组书记、兼职副主席郭利根，中国思想政治工作研究会秘书长吴建春，中华全国总工会主席团委员、中国金融工会党组副书记、常务副主席、中国金融政研会第四届副会长张东风，中国金融工会副主席、中国金融政研会第四届副会长杨树润，国务院国资委新闻中心主任、中央企业党建政研会副会长兼秘书长毛一翔，中国思想政治工作研究会办公室主任王毅以及中国金融政研会第五次会员代表大会136名代表出席了会议。吴建春、毛一翔分别致辞。

3月17日，中华优秀传统文化传承发展工作座谈会在京召开，中宣部部长刘奇葆强调要深入学习贯彻习近平总书记关于传承发展优秀传统文化的重要论述精神，贯彻落实《关于实施中华优秀传统文化传承发展工程的意见》，进一步坚定文化自信，坚持创造性转化、创新性发展，在扬弃继承、转化创新中传承发展优秀传统文化，不断推动中华文化现代

化。会上，文化部党组成员、副部长董伟，住房和城乡建设部副部长黄艳，光明日报社总编辑杜飞进，山东省委常委、宣传部长孙守刚，福建省委常委、宣传部长高翔，中央文史研究馆馆长、"中华传统文化百部经典"主编袁行霈，北京市教育委员会主任刘宇辉，中央电视台主持人董卿等作为代表分别发言。他们在发言中介绍了各自部门、各自单位、各自领域传承发展中华优秀传统文化的经验做法，也对今后的工作提出了意见和建议。

3月20日，国务院国资委宣传局在京召开《国有企业企业文化管理测评标准》（以下简称《标准》）专项课题验收评审会。经过听取汇报、查阅资料、认真审议，验收评审专家委员会一致同意《标准》专项课题通过评审验收。

4月11日，国务院国资委宣传局在京召开《中央企业企业文化调研数据分析和研究报告》专项课题验收评审会。经过与会专家的深入研讨、评议和表决，一致同意专项课题通过验收。

4月26—28日，由中国企业文化研究会主办、中国企业文化研究会学术部承办、中交第一航务工程局有限公司协办的"第十届中国企业文化百人学术论坛"在天津市举办。来自全国各地的260多位企业代表和专家学者参加了本次论坛。在开幕式上，中国企业文化研究会常务副理事长、秘书长孟凡驰教授，中交一航局副总经理何俊峰致辞。国务院发展研究中心对外经济研究部部长赵晋平出席会议并讲话。会议中，中国社会科学院学部委员、中国区域经济学会会长金碚教授，上海外国语大学国际工商管理学院院长范徵教授，中国企业改革与发展研究会副会长、《中国企业报》总编辑李锦等发表学术观点。中交第一航务工程局有限公司、交通银行股份有限公司、中国中车集团、中国工商银行、北京海纳川汽车部件股份有限公司、中国航空工业南京机电、中国建筑第六工程局有限公司、中车长春轨道客车、中石油渤海钻探、鞍钢集团等，发言代表分别就"一带一路"建设中跨文化管理与文化融合的顶层设计、一带一路建设中驻外企业多元文化团队建设、"一带一路"建设中驻外企业人本文化建设等专项问题分别进行广泛深入的研讨和交流。中国企业文化研究会学术委员会副主任赵春福教授、中国科学院大学管理学院博导徐艳梅教授分别给予了深度点评并做学术观点的阐述。与会代表认为，在"一带

一路"建设中，论坛契合时代需求和企业实践发展需要，既具有理论前沿性和时代先进性，又对企业具有实践指导意义，为企业的企业文化实践和理论研究的高度对接搭建了好的平台。论坛发布了2017—2018年中国企业文化研究会重点研究课题。

5月23日，全国政协在京召开"坚定文化自信，讲好中国故事"专题协商会。中共中央政治局常委、全国政协主席俞正声主持会议并讲话。30位委员和地方代表、专家学者在会上发言，对坚定文化自信、讲好中国故事提出意见建议。中宣部常务副部长黄坤明介绍有关情况。中央网信办、教育部、文化部、国家新闻出版广电总局等部门负责同志与委员互动交流。中共中央、国务院有关部门和单位的负责同志到会听取意见建议。

5月25—26日，由中国企业文化研究会和上海市企业文化促进会联合主办，以"弘扬优秀传统文化 创新企业经营管理"为主题的第二届中国民营企业文化论坛在上海召开。来自全国各地的有关部门领导，专家、企业家等各方代表460余人聚集一堂。在开幕式上，第九届、十届全国人大副委员长许嘉璐，国务院特区办原主任、商业部原部长、中国企业文化研究会理事长胡平，全国政协常委、第九届、十届全国工商联常务副主席孙安民出席会议。在总结仪式上，中国企业文化研究会常务副理事长、秘书长孟凡驰教授，以"传统文化在民营企业中的传承与弘扬"为题做了报告。

7月22日，中国企业联合会、中国企业家协会主办的2017年全国企业文化年会在北京召开。会议以"弘扬优秀文化 引领创新发展"为主题，深入探讨了新形势下坚持"四个自信"，全面推进企业文化建设，以促进企业实现更高质量、更高水平的发展，并对2016—2017年度全国企业文化建设突出贡献人物、全国企业文化优秀案例和全国企业文化优秀成果进行了表彰。来自国务院国资委、工业和信息化部、全国工商联、全国总工会的有关领导，地方企联和行业协会的有关领导，以及来自全国的企业家、专家学者、企业代表、媒体代表、各地企联和行业协会代表400多人参加了本次年会。

7月28日，中宣部召开全国宣传部长专题工作会议，学习贯彻习近平总书记在省部级主要领导干部专题研讨班上的重要讲话精神。中共中央政治局委员、中央书记处书记、中宣部部长刘奇葆出席会

议并讲话，强调要认真学习宣传贯彻习近平总书记重要讲话精神，把思想和行动统一到讲话精神上来，以优异成绩迎接党的十九大胜利召开。

8月3—4日，由中国企业文化研究会主办，中国企业文化研究会学术部承办的第四届中国企业文化传媒年会在内蒙古自治区呼和浩特市成功举办。会议以"推动企业媒体融合发展，深度提升企业传媒价值"为主题，围绕深入贯彻习近平总书记系列重要讲话精神，聚焦"互联网＋"时代背景下的企业文化传媒创新发展问题，围绕全媒体传播如何助力企业经营发展、"互联网＋企业传媒"如何实现、党建、宣传、思想、文化、品牌一体化传播、"互联网＋"时代企业舆情管理与危机应对、企业传媒如何提高受众的关注度和参与度、以创新思维打造现代企业传播新模式、发现企业传媒新价值、开创企业传播新格局等问题展开深入交流和讨论。来自全各行业的150多家企业，260多位代表出席了本届年会。

8月24日，陕西省国有企业文化建设现场会暨《铸魂追梦》首发式在陕煤集团所属神南矿业召开。会议由陕西省国资委主办、陕西煤业化工集团承办，旨在深入贯彻落实习近平总书记关于文化自信的重要讲话精神、省委《关于坚定文化自信的意见》和全省意识形态工作会议精神。省国资委党委书记孙安会出席会议并讲话，省国委副巡视员杜芳军主持会议提出了贯彻会议精神具体要求。省委宣传部副部长李彬参加并指导会议。陕煤集团党委书记、董事长杨照乾在会上致辞。大会同时举行了省属国有企业文化建设成果集萃《铸魂追梦》首发仪式。陕煤集团神南矿业、陕西能源集团、陕西建工集团的代表就企业文化建设工作作了现场交流发言。省属国有企业及部分驻陕中央企业分管思想文化建设的领导及部门负责人约100余人参加了会议。

9月2日，中国企业文化研究会成立"企业文化专家委员会"。企业文化专家委员会由来自著名企业的有造诣的14名专家组成，胡平理事长为在京的专家委员颁发了聘书。会上专家委员对当前企业文化应着重研究的问题、品牌文化与品牌塑造的关系进行了分析和探讨，胡平理事长做了重要讲话。中国企业文化研究会领导和部门主任参加了会议。

9月7日，由中国企业文化研究会医药卫生委员会主办、解放军302医院承办的"全国卫生系统第十二届走向人文管理高层论坛"在北京解放军302医院举行，医药卫生委员会理事、各医疗单位近200多人参加了活动。此次高层论坛主题鲜明、形式多样、内容丰富，既促进了理论研究，又增进了同行友谊，将对提升军地医院党建科学化水平、加快推进医院全面协调可持续发展，产生积极重要的影响。

9月27—28日，全国工商联分别召开年青一代民营企业家和知名民营企业家座谈会，学习领会《中共中央国务院关于营造企业家健康成长环境弘扬优秀企业家精神更好发挥企业家作用的意见》精神，就深入贯彻落实文件精神听取意见建议。全国政协副主席、全国工商联主席王钦敏出席座谈会并讲话；中央统战部副部长，全国工商联党组书记、常务副主席徐乐江主持会议。

10月19日，备受关注的全国纺织行业首批"中国纺织大工匠"命名推介大会暨"工匠精神与诚信文化发展"论坛在陕西省西安市举行。本次会议由中国纺织工业联合会指导，中国财贸轻纺烟草工会支持，中国纺织职工思想政治工作研究会主办，陕西省纺织职工思想政治工作研究会承办。来自全国各省市纺织行业主管机构（协会）、产业工会和纺织服装企业领导，以及新闻媒体代表共计200多人出席会议

11月11—14日，由中国企业文化研究会举办的"坚定文化自信、培育品牌文化、打造中国品牌——中外企业文化第十五届峰会"在湖南长沙隆重召开，来自全国各地的560余名中外企业等代表参加了峰会。在开幕式上，中国企业文化研究会常务副理事长兼秘书长孟凡驰同志，受中国企业文化研究会理事长胡平同志委托致辞。国务院国资委新闻中心主任毛一翔、中国工业和信息化部消费品司副巡视员王小青代表国家部委出席会议并讲话。中国企业文化研究会副理事长、地方企业文化社团代表、连云港市企业文化学会会长李万来致辞，中国企业文化研究会企业专家委员代表、中国农业银行原监事长车迎新致辞。中国企业文化研究会副理事长、国务院国资委宣传局原副巡视员李世华代表中国企业文化研究会正式发布《关于加强品牌文化建设的指导意见》。中国建筑一局（集团）有限公司党委书记、董事长罗世威和三一重工集团董事、执行总裁易小刚做了典型报告。会议中，首都经贸大学原校长文魁教授、北京财贸职业学院院长王成荣教授、北京工商大学国际学院院长王真教授分别就当前中国品牌塑造的问题分析与对策、文化立企与自主品牌的

建立、品牌维护与传播的路径方法等企业关心的热点问题发表学术观点。中石油大庆油田、中国华信能源有限公司、中信集团、中国中车股份有限公司、鲁泰纺织股份有限公司、鞍钢集团有限公司、中国建设银行、用友网络科技股份有限公司和新浪网等企业参会代表围绕"以文化引领打造企业品牌""特色文化品牌建设""品牌文化管理与品牌维护"等主题展开了热烈的对话交流和深入研讨。智利驻华大使馆文化参赞助理 Andrea Mella、意大利丝路创新公司副总裁 Jacopo Maria Bettinelli 就"国外品牌文化建设与品牌塑造方法"与参会代表开展跨文化交流。在总结仪式上，孟凡驰教授做了题为"品牌文化与文化品牌"的报告。

12 月 2 日，中国金融思想政治工作研究会在京召开了"2017 年度全国金融系统思想政治工作和企业文化建设调研成果评审会"。中国金融政研会2017 年调研工作以社会主义核心价值观为价值引领，着眼于新常态下金融新形势、新挑战，落脚于当前金融系统新任务、新问题，认真开展调查研究，努力推出一批有分量、有价值的调研成果。截至报送日期，各金融机构推报调研成果（论文）1030 项（篇），充分展示了金融业思想政治工作和文化建设的最新成果，为金融业稳定发展提供了有价值的对策建议。

2016 年部分企业文化书目

序号	书名	作者	出版社
1	企业文化研究	孟凡驰	中国经济出版社
2	中央企业企业文化报告 2014—2015	黎群、金思宇	中国经济出版社
3	集团化管控与企业文化建设	徐明	中国社会科学出版社
4	媒介融合时代的传媒集团企业文化建设——以宁波日报报业集团为样本的研究	何伟	浙江大学出版社
5	企业文化要素研究——基于文化生成与发展的视角	林祝君	中国劳动社会保障出版社
6	企业文化塑造	陈春花	机械工业出版社
7	原力觉醒：如何打造企业文化内生力	荆玉成	中信出版集团
8	高成长企业组织与文化创新	陈春花、赵曙明	机械工业出版社
9	美国杰出公司企业文化研究	李文明、孙炯光、赵锐	科学出版社
10	企业文化重构	王吉鹏	中国财富出版社
11	弘扬企业文化　争做企业优秀员工	张东辉	企业管理出版社
12	万向企业文化	张琼	机械工业出版社
13	企业文化与商业模式研究：对话美国中小企业家	李文明、孙炯光、赵悦	科学出版社
14	卓越之星：国家电网公司企业文化建设示范点案例集	国家电网公司	中国电力出版社
15	企业文化的多维审视	丁孝智	新华出版社
16	不懂企业文化你怎么管公司	骆华、孙科柳	北京理工大学出版社
17	企业文化与企业绩效	张其仔等	经济管理出版社
18	国有企业文化建设工作	谢军、马树林、马俊、黄辉	红旗出版社
19	贵派企业文化（学会感恩　担当责任）	范桥平	北京联合出版公司
20	企业文化管理	易晓芳、陈洪权	华中科技大学出版社
21	新世纪工商管理精品教材：企业文化概论	朱成全	东北财经大学出版社
22	企业文化符号传播工具：理论与实践	李文勇	复旦大学出版社

续　表

23	浅论企业文化	唐绍林	中国文史出版社
24	中国航天文化的发展与创新	《中国航天文化的发展与创新》编委会	北京大学出版社
25	核电工程建设总承包管理企业核安全文化建设探索	朱玉璧	江苏大学出版社
26	品牌文化与品牌战略	李滨	西安交通大学出版社
27	企业文化必修课	孔祥靖	中国经济出版社
28	企业文化沙龙丛书	胡建德、钱津编	企业管理出版社
29	中国企业文化发展报告	张晓明、史东辉	社会科学文献出版社
30	企业伦理与文化案例精选	魏文斌	苏州大学出版社
31	文化—企业制胜之道（优秀企业文化读本）	本书编写组	苏州大学出版社
32	文化的逻辑	杨杜	经济管理出版社
33	企业软实力的演化与评价——从文化动力到影响力	禹海慧	西南财经大学出版社
34	构建企业文化—基业长青的最强大引擎	张其金	中国商业出版社
35	企业战略变革的企业文化要素影响研究	刘明明	经济科学出版社
36	共赢·共治·共享：国企治理中的哲学思维	姚晋川	重庆出版社
37	国有企业治理现代化	张银平	国家行政学院出版社
38	VI 设计	姚松奇、甘露	中国青年出版社
39	匠人精神成就一流人才	蔡少惠	北京日报出版社
40	工匠精神：成为一流匠人的 12 条工作哲学	付守永	机械工业出版社
41	管理者枕边书	刘啸	企业管理出版社
42	文化价值与企业经营	喻莎莎	人民日报出版社
43	轻松落地企业文化	马永强	北京时代华文书局
44	企业文化定位·落地一本通	王明胤	中华工商联合出版社
45	企业文化与外派员工管理	刘容志	武汉大学出版社
46	企业文化学概论	李磊	中国劳动社会保障出版社
47	中国石化企业文化故事集	中国石化企业文化部、中国石化报社编著	中国石化出版社
48	中职职业素质教育规划教材：企业文化·职业素养	韩卫宏	机械工业出版社
49	共同体：打造企业文化利益共同体	高玉	中国财富出版社
50	企业文化管理与实践	石娟	科学出版社
51	燕赵文化与冀商企业家精神研究	赵现锋、孟华兴等	中国经济出版社
52	苏南企业文化建设案例选编	徐志坚、掌海啸等	南京大学出版社

续　表

53	组织学习文化对员工组织承诺的影响研究：基于靠前知识型企业的调查	蒋秀娟	南开大学出版社
54	企业帝国继承之争："商务文化"篇	吴斐	武汉大学出版社
55	贵烟故事/贵州中烟工业有限责任公司企业文化建设系列丛书	白云峰	贵州大学出版社
56	从理念到行为习惯：企业文化管理	陈春花	机械工业出版社
57	事业合伙人　知识时代的企业经营之道	康至军	机械工业出版社
58	10 天读懂企业文化—讲理论．析案例．品故事	孟祥林	经济科学出版社
59	以客户为中心　华为公司业务管理纲要	黄卫伟	中信出版社
60	职工文化学	乔东、李海燕	清华大学出版社
61	阿里铁军—阿里巴巴销售铁军的进化、裂变与复制	宋金波、韩福东	中信出版社
62	重塑价值：中国企业转型路径	陈雪频	中国友谊出版公司
63	盛隆群体老板之路：盛隆文化读本	盛隆电气集团	知识产权出版社
64	跨文化管理案例/国际商务案例集	王云凤	经济科学出版社
65	西南地区锡都个旧矿业文化研究	刘烈武	西南财经大学出版社
66	跨文化管理	上海外国语大学国际工商管理学院	格致出版社
67	工匠精神	惠新	中国商业出版社
68	大我为先（森冠文化）	罗乐风	北京大学出版社
69	个体—组织文化契合对员工敬业度的作用机理研究	高建丽	中国劳动社会保障出版社
70	中国企业创新转型的探索与实践	李建忠	上海三联出版社
71	新常态、新视角论文集	余晖原	北京理工大学出版社
72	整合为王	余江	光明日报出版社
73	道商智慧	李海波	化学工业出版社
74	顺丰速运成功的秘诀	安建伟	广东经济出版社
75	中国石油一建公司企业文化辞典	中国石油天然气第一建设公司	石油工业出版社
76	文化驼人	王春峰	河南人民出版社
77	在华跨国企业绩效管理文化差异研究	祁大伟	人民日报出版社
78	转型："互联网＋"时代的企业突破之路	张启峰	世界知识出版社
79	道德经直击管理核心	张泰玮	上海三联书店
80	跨文化管理：理论和实践	唐宁玉、王玉梅	科学出版社
81	新时期民营企业管理研究	陈庆玲	中国水利水电出版社

续　表

82	稻盛和夫的实学：活用人才	[日]稻盛和夫	东方出版社
83	京瓷哲学：人生与经营的原点	稻盛和夫	东方出版社
84	匠人入神	[日]本田宗一郎	民主与建设出版社
85	丰田文化：复制丰田 DNA 的核心关键	[美]杰弗瑞·莱克、迈克尔·豪瑟斯	机械工业出版社
86	社会企业家：影响经济、社会与文化的新力量	[瑞典]安德斯·伦德斯特罗姆、伊冯·范·弗里德里希、伊丽莎白·桑丁	清华大学出版社
87	精诚团结	盖瑞·查普曼、保罗·怀特、哈罗德·迈拉	中国商业出版社
88	商业的本质	[美]杰克·韦尔奇、苏茜·韦尔奇	中信出版社
89	让战略落地：如何跨越战略与实施间的鸿沟	[美]林文德、马赛斯等	机械工业出版社
90	横向领导力	罗杰·费希尔	北京联合出版公司
91	中国企业文化建设"十三五"指导意见	中国企业文化研究会编	中信出版社
92	信仰的力量	中宣部党建杂志社	红旗出版社
93	共赢·共治·共享：国企治理中的哲学思维	姚晋川	重庆出版社

2017 年部分企业文化书目

序号	书名	作者	出版社
1	企业文化新使命——互联网时代的企业精神家园	王成荣	中国经济出版社
2	从文化建设到文化管理	王吉鹏	中国人民大学出版社
3	文化长青——企业文化持续建设四步骤	仲杰	企业管理出版社
4	工会与企业文化建设	王成荣、张慧、乔东等	清华大学出版社
5	广药故事：传奇四百年，爱心满人间	广药集团企业文化建设委员会	广东旅游出版社
6	企业文化：理论·案例·实训	张岩松	清华大学出版社
7	中国优秀企业文化（2016—2017）	尹援平	企业管理出版社
8	企业驱动力：文化的力量	张国有	企业管理出版社
9	万达新媒体工作法	万达集团企业文化中心	中信出版社
10	血缘制度文化——中国家族企业传承	甘德安	经济科学出版社
11	公司的社会责任理论探究	武正雄	吉林大学出版社
12	解密华为成功基因丛书：华为的企业文化	陈广	海天出版社
13	干法：打造一流企业文化22策略	史德安	清华大学出版社
14	企业的人性面	道格拉斯·麦格雷戈	北方妇女儿童出版社
15	心派企业文化设计与落地	宋联可	中国财富出版社
16	漫谈中国文化：金融　企业　国学	南怀瑾	东方出版社
17	华为管理法：任正非的企业管理心得	黄志伟	古吴轩出版社
18	企业文化案例	屈燕妮、周鸿	经济管理出版社
19	国有企业创新文化实例研究	国务院国资委宣传局	中国财富出版社
20	加拿大杰出公司企业文化研究：基于加美英企业的比较	李文明、孙炯光等	科学出版社
21	中国企业文化演化研究	王少杰、涂玉龙、尹博文	中国财政经济出版社
22	中层领导力	马媛	广东经济出版社
23	新传播视阈下的企业文化传播和企业形象构建	曹月娟、胡勇武	上海交通大学出版社

续　表

24	组织文化维度对企业探索性创新与开发性创新的影响研究	郭晓彤	南开大学出版社
25	肖坦论企业文化	肖坦	经济管理出版社
26	季克良：我与茅台五十年	季克良等	贵州人民出版社
27	论道老字号	王成荣等	高等教育出版社
28	弘扬中华文化　建设良好家风	向亚云、景扬、王溪明	企业管理出版社
29	传统文化与企业管理	刘彬、邱胜	金盾出版社
30	文创品牌的秘密：从创意、设计到营销	沈婷、郭大泽	广西美术出版社
31	从《易经》学管理	曲龙	民主与建设出版社
32	五粮液酒文化研究	郭五林	清华大学出版社
33	隐形管理——无为管理的至高境界	孟建勇	经济管理出版社
34	企业文化	杨月坤	人民邮电出版社
35	德国企业文化概论	陈巍	浙江大学出版社
36	家族企业文化	李繁、任黛藤	经济科学出版社
37	家族企业文化传承与创新研究	刘莉	经济科学出版社
38	企业文化概论	王薇	机械工业出版社
39	中国文化元素与企业国际化战略——"一带一路"沿线的中国企业	哈嘉莹，尚晓燕	对外经贸大学出版社
40	秦朔访问：照亮世界的中国企业家精神	秦朔	东方出版中心
41	中国文化企业报告2017	陈少峰、张立波、王建平	清华大学出版社
42	向生而生	李海东	中国友谊出版公司
43	百炼成王　向王阳明学企业经营与管理	邹新华	企业管理出版社
44	创新文化的标杆学习对企业内部创业绩效的影响机制研究	陈向军	经济科学出版社
45	全国金融系统思想政治工作和企业文化建设调研成果	中国金融思想政治工作研究会	中国金融出版社
46	王石：真正的理想，不会落幕	韦康博	广东经济出版社
47	人生正能量	严正言	中国致公出版社
48	思维格局文库：企业管理法则	"思维格局文库"编委会	福建科学技术出版社
49	公司合作文化—基于博弈论的解析	王梓木	中信出版社
50	佛山企业家文化研究	张军	广东南方日报出版社
51	中美家族企业治理机制比较研究：基于文化价值观的视角	张莉	经济管理出版社

续　表

52	知心、聚心、塑心——心力管理的操作艺术	刘鹏凯	清华大学出版社
53	不懂带团队　你就自己累	曹守金	中国致公出版社
54	从"心"开始　合肥供水集团变革成长中的文化力量	南开大学商学院企业文化研究中心　合肥供水集团	机械工业出版社
55	麦肯锡极简工作法	刘易斯	天津科学技术出版社
56	未来的组织：企业持续成长的智慧	章永宏、罗旭	机械工业出版社
57	先带人心后带团队	贾琦	文化发展出版社
58	马云工作法	陈实	江西美术出版社
59	以文化人，以人化城——城市文化建设研究	刘观伟	中国社会科学出版社
60	任正非：商业的本质	孙力科	北京联合出版公司
61	团队管理缺少这 9 种核心文化怎么行？	陆丰	机械工业出版社
62	李嘉诚：我一生的理念	李永宁	北京联合出版公司
63	洞见：领导者决策与修炼	项保华	企业管理出版社
64	中国自信的文化考量：文化自信铸就匠世匠心	张继宏	东方出版社
65	在华跨国公司内部价值观冲突管理研究	刘重霄	首都经济贸易大学出版社
66	新环境·新对策：中小企业战略管理研究	梁松	中国水利水电出版社
67	企业文化与企业安全教程	杨少龙	北京理工大学出版社
68	当代企业品牌策划与管理的理论与实践研究	王保利	中国水利水电出版社
69	责任与忠诚	慕小刚	企业管理出版社
70	跨文化管理	上海外国语大学国际工商管理学院	经济管理出版社
71	英国杰出公司企业文化研究	李文明、孙炯光、赵悦	科学出版社
72	企业文明与企业发展	李正祥	经济日报出版社
73	文化与战略	许景宏	中国财富出版社
74	物流企业文化	邱小平等	经济管理出版社
75	品牌文化	刘光明	经济管理出版社
76	高等院校品牌管理系列教材：品牌案例实务	郑苏晖、丁俊杰	经济管理出版社
77	全球化之路：中国企业跨国并购与整合	陈威如、丁远、王高、忻榕、杨国安	中信出版集团
78	孔子的智慧：迈向全球化领导之路	石滋宜	外语教学与研究出版社

续　表

79	如何培养工匠精神：一流人才要这样引导、锻炼和培养	阿久津一志	中国青年出版社
80	企业文化生存与变革指南	埃德加·沙因	浙江人民出版社
81	大数据浪潮：企业文化、高效团队和商业奇迹	托马斯·唐古兹、弗兰克·拜恩	人民邮电出版社
83	企业的人性面	［美］道格拉斯·麦格雷戈	浙江人民出版社
84	营造技能为本的文化	［美］帕特里克·格劳普、罗伯特J.弗罗纳	机械工业出版社
85	流动的精益生产：在流程型企业中建立精益生产文化	［美］雷蒙德·C.弗洛伊德	上海交通大学出版社
86	创新的科学与文化：一段苏格拉底式的旅程	杰·饶、弗兰·川	北京大学出版社
87	苦酿百威：啤酒之王的百年风云	威廉·克诺德斯德	国际文化出版公司
88	品牌思维　世界一线品牌的7大不败奥秘	沃尔夫冈·谢弗	古吴轩出版社
89	战略的本质	斯图尔特·克雷纳、戴斯·狄洛夫	中国人民大学出版社
90	伟大管理的12要素	［美］罗德·瓦格纳、詹姆斯·哈特	中国青年出版社
91	企业的大数据战略	马克·冯·里吉门纳姆	浙江人民出版社

后　记

《中国企业文化年鉴2017—2018》(以下简称《年鉴》)是继2004年由中国企业文化研究会创刊以来连续编辑的第八卷。我们收录了近两年企业文化研究的前沿成果和优秀案例。值得注意的是：在这两年，企业文化建设高潮迭起。一方面是，身居国家发展大环境中好事多、喜事多、政策宽松。如：2016年年初我国的《政府工作报告》首提培育"工匠精神"；2016年10月习近平总书记全国国有企业党的建设工作会议上强调国企必须具备"六种力量"；2017年1月中共中央办公厅、国务院办公厅发布《关于实施中华优秀传统文化传承发展工程的意见》；2017年5月7日中共中央办公厅、国务院办公厅再次印发《国家"十三五"时期文化发展改革规划纲要》，明确了全面实现文化发展改革的目标任务；2017年9月8日，中共中央国务院《关于营造企业家健康成长环境弘扬优秀企业家精神更好发挥企业家作用的意见》正式发布，中央首次以专门文件明确企业家精神的地位和价值；中国企业文化研究会2017年11月发布《关于加强品牌文化建设的指导意见》。这些政策在宏观、中观层面为企业文化建设指明了方向、提供了遵循和指导。另一方面，我国改革进入深水区，企业转型升级任务艰巨，弯道超车需高超技艺、市场竞争异常激烈，创新发展面临的困难多、问题多、人们对满足多方需求的质疑多，都对文化共识提出了紧迫要求。

《年鉴》编辑工作始终以"服务企业经营管理，推动企业文化事业"为宗旨，关注最新趋势，把握正确方向，贴紧企业经营，以翔实的资料，丰富的内容，全面、深入地记录中国企业文化建设的实践和发展。在改革开放40年，中国企业文化研究会成立30周年之际，我们编辑第八卷《年鉴》与以往卷有着不同的意义和价值，在四大篇章10个栏目中对国内知名专家学者、企业家的理论与实践成果进行了一次总结性的刊登发表，将聚焦改革开放以来部分有代表性的优秀企业文化成果载入史册。本卷《年鉴》主要体现以下特点。

一是集中反映了企业文化建设研究的最新成果。《年鉴》的编写立足于为全国各行各业企业文化建设服务。在板块设计上，恪守正确的历史观、文化观、全局观，所选用的理论、观点、案例等材料着重记载全国企业文化建设与研究的新课题、新成果、新趋向，对国内企业文化建设的重要会议、大事记、中外企业文化建设的著作书目、一些企业对文化建设战略的规划和纲要，进行了全面系统的客观阐述；再现了不同所有制的企业人抓住机遇，积极应对挑战，在企业文化建设更高层次上的研究成果；对有关领导、专家、学者为科学、果断、精准地诠释、破解企业文化建设理论和实践的难题出实招、想实策等创造性研究成果给予了专门的板块展示。《年鉴》各方观点在社会主流价值观的牵引下，在企业文化建设研究的百花园里呈现出"一元多样"、相容共促，争芳斗艳的兴盛景象。

二是真实地记录和浓缩了我国企业通过文化软实力助推硬实力增长的生动实践。本卷《年鉴》入编的成果，映衬出企业在改革和文化建设取得成果的共性特征是：善于将"中华优秀传统文化作为孕育企业核心价值观的沃土"、将"革命文化和社会主义先进文化作为滋养企业文化的甘霖"、将"西方优秀文化作为优化企业理念的肥料"，彰显出时代精华。正是由于有先进文化的引领才使得一些国有企业不负众望，能够成为"党和国家最可信赖的依靠力量；成为坚决贯彻执行党中央决策部署的重要力量；成为贯彻新发展理念、全面深化改革的重要力量；成为实施"走出去"战略、"一带一路"建设等重大战略的重要力量；成为壮大综合国力、促进经济社会发展、保障和改善民生的重要力量；成为我们党赢得具有许多新的历史特点的伟大斗争胜利的重要力量"；一些民营企业敢于担当，在国家战略实施中与国有企业站在同一起跑线，在国内外的建设实践中，在谋求企业供给与满足市场需求侧的生产经营中，善于讲述、创造中国故事、传播中国经验，也将企业文化建设理论提升到新高度、新水平、新境界。

三是民营企业文化建设的理论和实践文章比重显著增加。尽管民营企业文化建设不平衡、甚至多数民营企业的文化建设与我国进入世界 500 强的民营企业相比差距悬殊，但大量来自于不同行业民营企业文化建设的观点和成功案例在本卷《年鉴》中得以再传播、再提升。特别是一些后起之秀和文化翘楚，他们提供的最鲜活、最有说服力的理论文章和实践经验，为繁荣丰富具有中国特色的企业文化展示了独有的魅力，具有令人信服的理论价值和辐射意义，是弥足珍贵的理论与实践结合的美文。就作者而言，可谓"英雄不问出处"；就企业成功经验、观点集锦、案例分享，是"三分天下有其一"。同时，折射出我国很多民营企业经历了激烈市场竞争的考验和企业规模及外部环境变化后，已经具备了较强的市场生存、适应能力，企业文化也经历了由早期的不规范发展到今天的主动提升和文化自觉，昭示出通过企业文化建设来强化公司的管理，守正出新的实践探索。

四是栏目创新凸显和满足读者个性化要求。在实践篇，大量呈现了各类有借鉴意义和有助于提升先进文化的思想、观点、主张；同时捕捉和揭示了不同企业的专项文化建设有普适和借鉴意义的做法。如：品牌文化、服务文化、创新文化、廉洁文化、质量文化、安全文化、营销文化、诚信文化等专项文化建设如何进一步深植深化等；项目文化、班组文化、厂矿文化、院所文化、场站文化等基层特色文化建设案例，色彩斑斓、各领风骚的企业文化建设"样态"系统展示，增加了企业文化建设的智慧结晶，突出了鲜明化和时代感。

本卷《年鉴》在发出征稿通知后，得到相关各界的积极响应，在此，向文稿的作者表示诚挚的谢意！同时，为了全面记录企业文化信息和研究成果，入编了一些公开发表的学术论文、优秀案例、专述文章，在编辑过程中为了符合栏目要求，个别章节略有删改，因时间关系没来得及一一提前通知，在此深表歉意！向支持本卷《年鉴》编辑工作的社会团体、相关媒体、企业家和企业文化工作者的鼎力相助表示感谢；向中国五矿集团、交通银行、北京金隅集团、北京现代、北京城建股份公司、太原钢铁、华友钴业、华能伊敏、中交上海航道局、空间电子信息技术研究院、中港疏浚、山东电力工程咨询院等企业给与的大力支持表示衷心的感谢！

衷心希望从事企业文化建设研究与实践的各位专家、学者、同仁，对《年鉴》以关注和关切，同样也诚恳希望各位同仁对《年鉴》提出批评和指导建议。

中国企业文化研究会

《中国企业文化年鉴》编辑部

2018 年 9 月 30 日